威海年鉴

WEIHAI YEARBOOK

2018

威海市人民政府主办
威海市地方史志办公室编

方志出版社
Publishing House of Local Records

图书在版编目（CIP）数据

威海年鉴．2018/威海市地方史志办公室编．--北京：方志出版社，2018.8
ISBN 978-7-5144-3236-7

Ⅰ．①威… Ⅱ．①威… Ⅲ．①威海－2018－年鉴 Ⅳ．①Z525.23

中国版本图书馆CIP数据核字（2018）第205363号

威海年鉴（2018）

编　　者：威海市地方史志办公室
责任编辑：王海荣
出 版 人：冀祥德
出 版 者：方志出版社
地址　北京市朝阳区潘家园东里9号（国家方志馆4层）
邮编　100021
网址　http://www.fzph.org
发　　行：方志出版社图书经销中心
电话（010）67110500
经　　销：各地新华书店
印　　刷：威海红太阳彩印有限公司
开　　本：889×1194　　1/16
印　　张：26
字　　数：1000千
版　　次：2018年8月第1版　2018年8月第1次印刷
印　　数：0001～5000册
ISBN 978-7-5144-3236-7　　定价：300.00元

威海市地方史志编纂委员会
（兼威海年鉴编纂委员会）

主　　　任：张海波

第一副主任：杨　丽

副　主　任：林　强　杨万友　张宗波　隋建波　刘金军
于所航　许祖强　邓　勇　李　峰　王子明
耿祥星

委　　　员：刘勤显　杨志伟　徐东晖　王厚全　于　军
于胜涛　刘树伟　乔　军　王京伟　于松涛
周　宁　鞠宏宇　耿　涛　王浩见　毕晟磊
冷文波

《威海年鉴(2018)》编审人员

主　　　审：杨　丽

副　主　审：林　强　张宗波

主　　　编：耿祥星

执 行 主 编：冷文波

副　主　编：赵　刚　李美志　宋明岩

执行副主编：李洪格

编　　　辑：（按姓氏笔画排列）
于鹏飞　王　瑛　任天庆　闫拥军　李传强
李洪格　沙　鋆　侯志杰　赵平洋

数 据 审 核：秦玉宝

英 文 翻 译：于鹏飞　侯志杰

编　　　务：郑　凯

威海市地图

威海市地图审图号：鲁 SG(2013)247 号

市委
市政府
孙家疃街道
鲸园街道
环翠楼街道
刘公岛
刘公岛景区(5A)
威海至青岛200海里
黄
海
鸡鸣岛
海驴岛
环翠区
竹岛街道
经济技术开发区管委会
皇冠街道
西苑街道
威海站
嵩山街道
凤林街道
温泉镇
翠
区
临港经济技术开发区管委会
毛泽东像章珍藏馆(3A)
苘山镇
草庙子镇
汤泊温泉度假村(4A)
天福山起义纪念馆
文登东站
文登营镇
天福街道
威海机场
龙山街道
环山街道
G309
张家产镇
天沐温泉度假区(4A)
高村镇
荣乌高速
G18
侯家镇
泽库镇
张家埠新港(建设中)
靖海湾
海
苏山岛
青岛至石岛128海里
岛至张家埠120海里
嵩山镇
嵩山水库
沙龙王家
泊于镇
港西镇
王家
成山镇
马家疃
好运角
西霞口景区(4A)
荣成湾
天鹅湖景区(3A)
埠柳镇
桥头镇
圣水观景区(3A)
纸坊水库
伟
德
荣
山
伟德山
553
花斑彩石风景区(2A)
俚岛镇
崖西镇
荫子镇
夏庄镇
后龙河水库
荣成市
寻山街道
崖头街道
荣成站
大水泊镇
城西街道
成
大疃镇
崂山街道
桑沟湾
威海至青岛200海里
滕家镇
上庄镇
王连街道
东山街道
宁津街道
市
虎山镇
斥山街道
桃园街道
万米海水浴场
赤山景区(4A)
人和镇
港湾街道
石岛湾
镆铘岛
槎山风景区(3A)
王家岛
至韩国仁川210海里
长会口
图　例
设区市驻地
区、市驻地
镇、街道办事处驻地
设区市界
区、市界
威海站
铁路及车站
城际铁路
建设中
高速公路
G309
国道及编号
省道

威海市城区图审图号：鲁 SG(2013)248 号

威海中心城区
市委
市政府
人民广场
环翠楼公园
环翠区委区政府
幸福门
环翠楼街道
刘公岛
黄
海
威
海
湾
杨家湾
经济技术开发区

图片专辑

在省环保厅发布的2017年全省空气质量情况中，威海市“蓝天白云，繁星闪烁”天数362天，比全省平均天数多86.6天，比上年增加3天，为全省“蓝天白云，繁星闪烁”天数最多且唯一全年未出现重污染天气的城市。

2017年7月16日，位于威海东部滨海新城的威海逍遥湾国际海水浴场正式对外开放

邢燕　摄

政务活动

2017年6月20日，中共威海市委书记孙述涛（中）到威海东部滨海新城调研

市新城办提供

2018年2月6日，中共威海市委副书记、市长张海波（左）会见日本宇部市市长久保田后子

王彦博　摄

2017 年 12 月 7 日，威海市人大常委会主任王学文（中）一行到迪尚集团调研

市人大常委会办公室提供

2017 年 10 月 10 日，政协威海市委员会主席高旭光（中）到威海海大老年康复中心走访慰问

市政协办公室提供

2017 年 3 月 16 日，中共威海市委副书记霍高原（前中）到威海高技术产业开发区调研美丽乡村和精准扶贫工作

威海高技术产业开发区管委办提供

中国共产党威海市第十五次代表大会

2017 年 3 月 1 日，中国共产党威海市第十五次代表大会在威海国际会议中心开幕　　杨　正　摄

威海市第十七届人民代表大会第一次会议

2017 年 3 月 21 日，威海市第十七届人民代表大会第一次会议在威海国际会议中心开幕

夏志忠　摄

中国人民政治协商会议第十三届威海市委员会第一次会议

2017 年 3 月 20 日，中国人民政治协商会议第十三届威海市委员会第一次会议在威海国际会议中心开幕

夏志忠　摄

文明城市建设

2017年11月14日，中国文明网发布第五届全国文明城市名单和复查确认继续保留荣誉称号的往届全国文明城市名单。威海市通过复查确认继续保留全国文明城市称号，荣成市、乳山市入选第五届全国文明城市，威海市实现全国文明城市全域覆盖“一片红”。

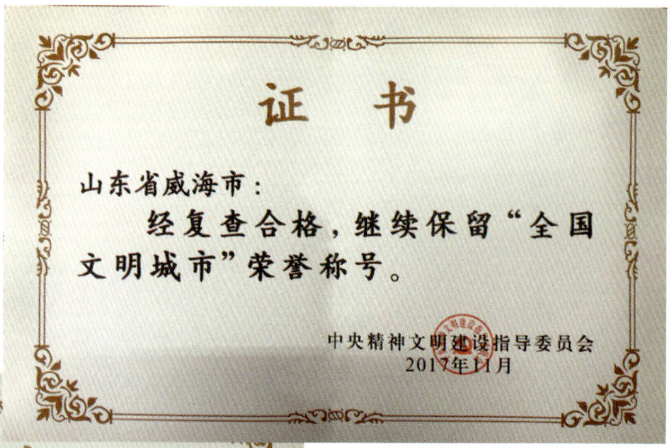

证 书

山东省威海市：

经复查合格，继续保留“全国文明城市”荣誉称号。

中央精神文明建设指导委员会
2017年11月

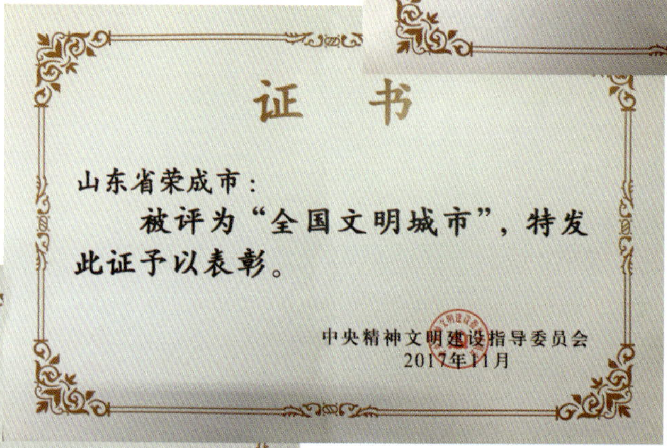

证 书

山东省荣成市：

被评为“全国文明城市”，特发此证予以表彰。

中央精神文明建设指导委员会
2017年11月

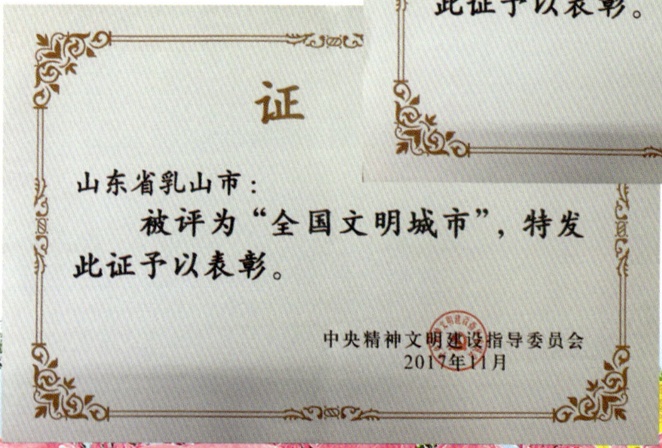

证

山东省乳山市：

被评为“全国文明城市”，特发此证予以表彰。

中央精神文明建设指导委员会
2017年11月

2017 年 11 月 17 日，威海市获得“第五届全国未成年人思想道德建设工作先进城市（区）”称号

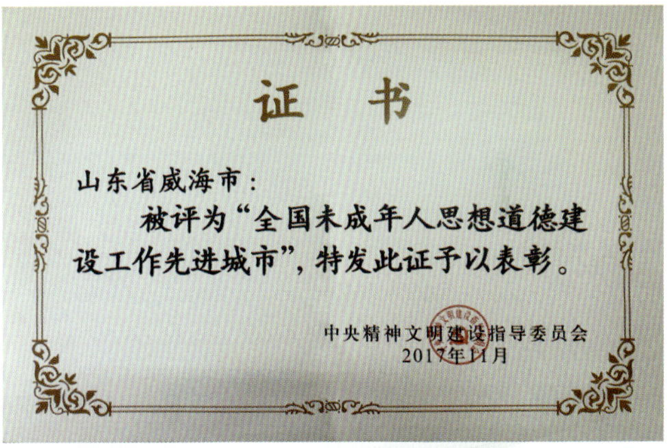
证　书

山东省威海市：

被评为“全国未成年人思想道德建设工作先进城市”，特发此证予以表彰。

中央精神文明建设指导委员会
2017年11月

市文明办提供

道德模范

刘长城　威海市残疾人就业服务中心主任，2017年11月，被评为第六届全国道德模范（助人为乐类）

王　伟　生前系乳山市公安局特巡警一大队教导员，2017年6月29日，被省委宣传部追授“齐鲁时代楷模”称号

中国好人

2017年，威海市有6人登上“中国好人榜”，分别是：敬业奉献好人王胜忠、毕忠晶、李燕，助人为乐好人张义江、刘艳芬，见义勇为好人曲鳞昌。全市入选“中国好人榜”的总人数为57人。

市文明办提供

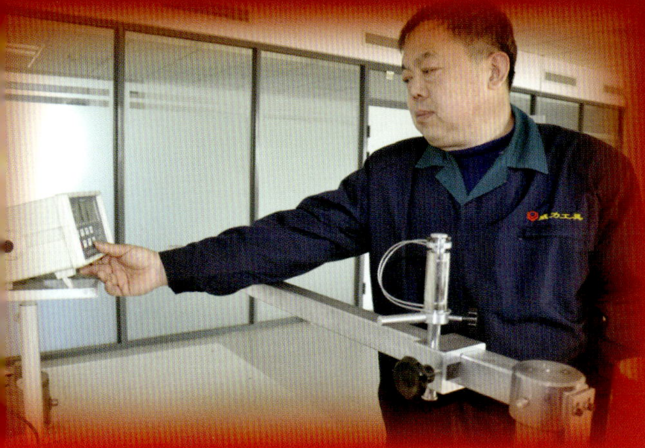

王胜忠　威海市文登威力工具集团有限公司产品研发部部长、高级技师

毕忠晶（女）威海高技术产业开发区神道口小学教师

李　燕（女）威海临港经济技术开发区国家税务局税政科科长

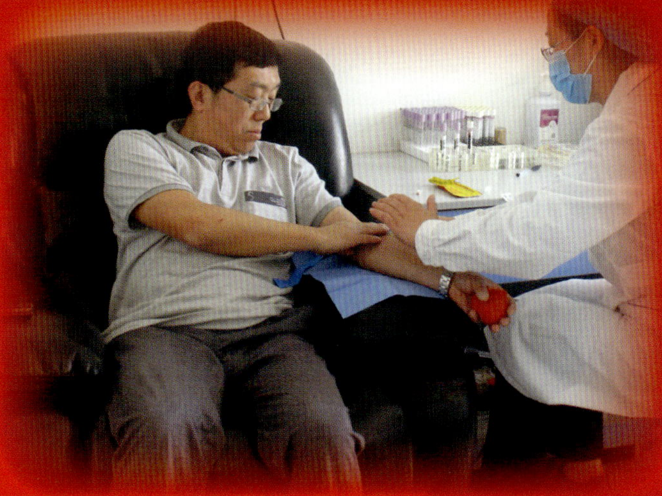

张义江　威海临港经济技术开发区桐康物业服务有限公司总经理

刘艳芬（女）荣成市石岛管理区宣传群团办群众团体科科长

曲麟昌　山东省荣成市俚岛边防派出所战士

蓝色经济区建设

2017 年，威海市六大重点区域（东部滨海新城、南海新区、好运角旅游度假区、双岛湾科技城、里口山城市山地公园、乳山滨海新区）实施基础设施项目、产业项目共 127 个，累计完成投资 197.5 亿元，完成计划的 103.3%，比上年增长 12.7%。其中，48 个基础设施项目完成投资 71.3 亿元，完成计划的 105.2%，增长 13.9%；79 个产业项目完成投资 126.2 亿元，完成计划的 102.3%，增长 12.1%。

土库曼斯坦加尔金内什气田项目核心装备-536吨特大型复合板吸收塔整体出厂

东部滨海新城
好运角旅游度假区

热烈庆祝海梦号胜利下水

市发展改革委提供

威海中韩自贸区地方经济合作示范区建设

2017 年，继续深入推进中韩自贸区地方经济合作示范区建设，在跨境电商、贸易便利化、服务业合作等方面取得一系列阶段性成果。先后参加了中韩自贸区联合委员会第一次工作会议、第二届山东—仁川友好合作联席会议，汇报了示范区建设情况，得到两国商务主管部门的肯定。

6 月 10 日，威海市经贸代表团赴韩国开展经贸促进活动，推动食品药品、跨境电商及高端医院等合作项目。副市长杨丽（中左一）等参观威海馆

6 月 16 日，山东省商务厅一韩国驻青岛总领馆经贸合作会议在威海东山宾馆召开

6 月 28 日，威海一仁川地方经济合作联合委员会及分委员会成立。威海一仁川地方经济合作联委会第一次工作会议在威海海悦建国饭店召开

市商务局提供

国家服务贸易创新发展试点城市

2017年，全市完成服务进出口总额214.4亿元，比上年增长23.6%。其中，完成服务出口149.1亿元，增长34.3%；完成服务进口65.3亿元，增长4.6%。全市登记离岸服务外包合同4930份，增长112.9%；合同金额48.0亿元，增长145.9%；执行金额38.6亿元，增长144.2%。

5月28日，2017北京国际服务贸易交易会开幕。威海市相关区市商务主管部门、市服务贸易协会相关负责人及部分重点企业代表参会，并开展招商引智系列活动

7 月 11 日，山东省服务贸易创新发展专项培训在东山宾馆举行

市商务局提供

11 月 21 日—22 日，国务院发展研究中心对外经济研究部到威海市评估服务贸易创新发展试点工作。22 日，召开服务贸易创新发展试点两周年评估座谈会

山东出口食品农产品质量安全示范省成果展暨第八届威海国际食品博览会

6 月 16 日—19 日，由山东省商务厅、山东出入境检验检疫局和威海市政府联合主办的山东出口食品农产品质量安全示范省成果展暨第八届威海国际食品博览会在威海国际展览中心举办，10 多个国家和地区的 202 家优质食品企业参展，吸引国内外专业采购商约 3500 人，达成意向订单量约 16.5 亿元，现场销售额约 3000 万元。

C169

688

威海市重要产品追溯体系
流通千万里
追溯零距离
B|C
追溯宝
山东省服务名牌
追溯行业领导品牌
韩国海洋水产部认证品
查询机
威海追溯
威海追溯
电子结算一体机

李传强　夏志忠　摄

第九届中国威海国际人居节

9月15日—17日，第九届中国威海国际人居节在威海国际会议中心举办，主题是“提升城市设计·繁荣建筑文化”，重点举行1个仪式、2项竞赛、2个展览、6个会议等11项主题活动。

中国威海国际建
银 奖

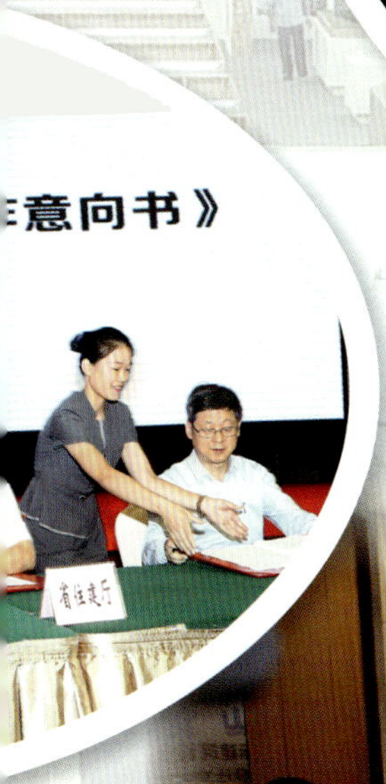
意向书》

市住建局提供

第九届中国威海国际建筑设计大奖赛暨
2017全国大学生建筑设计方案竞赛评审会议
庄晓亭
臧奥奇

第十届中国威海国际渔具博览会

10月13日—15日，第十届中国威海国际渔具博览会在威海国际展览中心举办，总面积3.6万平方米，设1700多个国际标准展位，800多家国内外企业参展，60个国家（地区）的2500多名国内外专业采购商到会洽谈、交易。达成国际订单1.29亿美元，国内订单4.49亿元。

C112
C112
C061

李传强　摄

餐饮区请上二楼
威海航龙复合材料研究公司
东莞市艺友渔具有限公司（旺城路亚）
C226
C300
C360
C362
慈溪市海星渔具有限公司
Cixi Haixing Fishing Tackle Co., Ltd.

全国沙滩手球锦标赛暨国际沙滩手球邀请赛

6 月 24 日—26 日，2017 年全国沙滩手球锦标赛暨国际沙滩手球邀请赛在威海南海新区国家沙滩手球训练基地举行，国内外 26 支代表队 400 余名运动员参赛。

威海南海新区管委办提供

“威高地产杯”
2017 年威海超级铁人三项系列赛

9 月 30 日，2017 年威海铁人三项世界杯赛暨“威高地产杯”2017 年威海超级铁人三项系列赛开幕式在威海半月湾主赛场举行。为期两天的比赛中，34 个国家和地区的 1328 名运动员参加 48 个组别的比赛，威海选手获得多个组别的冠军。

市体育局提供

数字威海

面积：5797.74 平方公里
常住人口：282.56 万人
海岸线：985.9 公里
地区生产总值：3480.10 亿元
固定资产投资：2941.89 亿元
对外及对港澳台贸易进出口总额：1404.91 亿元
旅游接待总人数：4311.93 万人次
旅游消费总额：596.50 亿元
社会消费品零售总额：1607.94 亿元
一般公共预算收入：273.08 亿元
住户存款余额：1800.68 亿元
城镇居民人均可支配收入：42703 元
农村居民人均可支配收入：18963 元
城镇居民恩格尔系数：27.8%
农村居民恩格尔系数：29.2%
年末公路通车里程：7064.46 公里
城市供水总量：1.50 亿立方米
全社会用电总量：117.03 亿千瓦小时
固定电话用户总数：40.77 万户
移动电话用户总数：338.49 万户
宽带网用总户数：108.86 万户
城镇化率：66.46%
建成区绿化覆盖率：46.1%

编辑说明

一、《威海年鉴（2018）》以马克思列宁主义、毛泽东思想、邓小平理论、“三个代表”重要思想、科学发展观、习近平新时代中国特色社会主义思想为指导，坚持辩证唯物主义和历史唯物主义的立场、观点和方法，全面、系统、准确地记载威海市自然、政治、经济、文化、社会等方面发展变化的基本情况，旨在为各级领导科学决策提供市情依据，为各行各业提供信息服务，为国内外各界人士了解威海、研究威海提供窗口和媒介，同时为编修地方志储备资料。

二、《威海年鉴（2018）》是创刊以来的第21册，承载2017年度全市各项事业发展的基本情况，重点反映社会主义现代化建设进程中的新成就、新经验、新举措和遇到的新问题。为增强信息的时效性，保证资料的连续性和完整性，部分资料适当上溯下延。封底设二维码，可链接威海市情网。

三、《威海年鉴（2018）》主要分类目、分目、条目三个层次，部分分目下设子目。条目为主要信息载体和基本撰写形式，条目标题用黑体，外加**【】**。各类目、分目间交叉重复的资料，或区别视角、各有侧重分别记述，或设置参见，引导查找。

四、《威海年鉴（2018）》设33个类目：特载、大事记、威海概况、中国共产党威海市委员会、威海市人民代表大会、威海市人民政府、中国人民政治协商会议威海市委员会、中国共产党威海市纪律检查委员会、民主党派、社会团体、法治、军事、经济监督与管理、农业、海洋与渔业、工业、信息产业、交通·邮政、城乡建设与环境保护、商务、口岸、旅游·会展、财政·税务、金融、科学技术、教育、文化、卫生·计划生育、体育、社会生活、区市概况、开发区建设、人物。

五、《威海年鉴（2018）》检索方法有目录和索引，分设在卷首和卷尾。目录中类目、分目附有英文翻译；索引主要采取主题分析法制作，并按主题词首字汉语拼音字母顺序排列。

六、年鉴资料由市直各部门（单位）、中央和省驻威单位、各区市负责提供，且均经撰稿单位负责人审签。反映全市国民经济和社会发展总体情况的数据，以威海市统计局公布的为准；各项事业中具体数字由各部门（单位）提供，使用时请注意出处；部分数据因四舍五入的原因，存在总计与分项合计不等的情况。2014年2月27日，文登市撤市设区，书中有关市区资料如无特别说明，均不含文登区。

供稿单位审稿人名单

（按供稿单位顺序排列）

林　强	张宗波	乔新跃	张瑞英	于所航	许祖强
张　璟	刘勤显	曲　赓	王浩见	王　晓	王永池
张思玉	杨万友	吴顺中	高　飞	李建军	李英春
戴海波	谷衍宁	李淑芳	周　宁	毕礼伟	陈伟胜
李光华	于富波	贾国哲	刘德柏	王大铭	许宏妮
王麦壮	陈　文	刘昌毅	张建岭	孙新强	刘士侠
肖　超	王锡友	李向阳	吴志刚	郝　芳	邹积军
张世权	殷德涛	戚黎明	邓　勇	李　峰	于松涛
毕兴全	张兴民	李大伟	彭　霞	陈学凯	傅世涛
周　华	宋绪京	王笑丰	董晓阳	张广强	王吉明
杨志伟	姜伟国	于　泽	刘玉华	李亚平	隆新华
刘树伟	徐海洋	刘　勇	刘　鹏	崔卫兵	王　华
周　军	于胜涛	宋修德	王治强	李　刚	徐承峰
毕健康	乔　军	宋修骞	唐会启	邓基刚	董文敏
蔡玉虎	毕可德	刘向阳	初克基	刘　元	陈俊新
黄　强	张　亮	王曙明	肖　怡	周明伟	邱中国
姜永利	王延伟	侯庆华	张　刚	曲天军	刘光海
邵静河	王建光	李海建	王　洁	李　忠	刘韶伟
丁新强	谭先国	肖洪冰	李令武	马常清	曲　斌
齐　卫	王琛松	鲍江伟	许文波	李世新	王厚全
王孝卿	李文胜	徐东晖	尹作升	徐晓飞	周春杰
张　晖	姜华平	孙承武	徐向晨	张宗军	徐宇工
杜树宇	徐援政	褚大志	孙宗勇	耿祥星	耿　涛
周德纯	丛华清	崔　江	王子明	宋吉信	栾　波
徐志勤	王维强	李忠楠	沈燕萍	脱永鹏	王继静
宫洪霞	邹文政	卢树刚	江玲玲	傅　磊	

目　　录

CONTENTS

特　载
Special Issue

大事记
Chronicle of Events

威海概况
General Situation of Weihai

中国共产党威海市委员会
The Weihai Municipal Committee of the Chinese Communist Party

威海市人民代表大会
The Weihai Municipal People's Congress

威海市人民政府
The Municipal People's Government of Weihai

中国人民政治协商会议威海市委员会
The Weihai Municipal Committee of the Chinese People's Political Consultative Conference

中国共产党威海市纪律检查委员会
The Weihai Municipal Committee for Discipline Inspection of the Communist Party of China

民主党派 Democratic Parties

社会团体 Social Group

法 治
Rule of Law

军　事
Military Affairs

经济监督与管理
Economic Supervision and Management

海洋与渔业
Ocean and Aquatic Products Industry

工 业
Industry

信息产业
Information Industry

交通·邮政
Transportation · Posts

城乡建设与环境保护
Urban and Rural Construction& Environmental Protection

商　务
Commercial Affairs

口 岸
Port

旅游 · 会展
Tourism · Exhibition

财政 · 税务
Public Finance · Tax

金 融
Finance

科学技术
Science and Technology

教 育
Education

文 化
Culture

卫生·计划生育
Health · Family planning

体 育
Sports

社会生活
Social Life

区市概况
General Situation of the District and County-level Cities

开发区建设
Development Zones Construction

人 物
Figures

附 录
Appendices

索 引
Index

特　　载

在中国共产党威海市第十五次代表大会上的报告（摘要）

（2017年3月1日）

中共威海市委书记　孙述涛

大会的主要任务是：以党的十八大和十八届三中、四中、五中、六中全会精神为指导，动员全市各级党组织和广大党员进一步解放思想、坚定信心，践行“创新、协调、绿色、开放、共享”新发展理念，贯彻“稳中求进”工作总基调，争当全省“走在前列”排头兵，为提前全面建成小康社会、实现现代化幸福威海建设新跨越而努力奋斗。

过去五年的工作成绩和主要经验

市第十四次党代会以来，在以习近平同志为核心的党中央和省委的坚强领导下，市委团结带领全市广大党员干部群众，紧紧围绕建设现代化幸福威海的总目标，深入实施“全域城市化、市域一体化”“产业强市、工业带动、突破发展服务业”等重大战略，凝心聚力干事创业，务实奋进转型跨越，全市经济、政治、文化、社会、生态文明和党的建设都取得新的成绩。

牢牢把握争当全省“走在前列”排头兵的目标定位，扩大总量与提质增效并重，综合实力和竞争力迈上新台阶。坚持以符合五大发展理念的GDP论英雄，创造性地落实供给侧结构性改革任务，以务实科学的态度抓转调、提质量、增后劲。全市主要经济指标增幅快于全省平均水平，地区生产总值年均增长9.3%，一般公共预算收入年均增长15.4%，税收占一般公共预算收入的比重超过80%，在全省科学发展考核中连续多年位居前列，群众满意度调查保持全省第一。坚持把创新作为发展的永恒主题，连续开展自主创新年活动，以企业为主体的科技创新体系加快完善，重大科技平台建设取得突破，工信部电子信息技术综合研究中心成功落户，高技术产业开发区成为山东半岛国家自主创新示范区的重要组成部分，全市高新技术产业产值比重达到40%。全面实施“威海英才计划”、蓝色产业领军人才团队支撑计划，泰山系列人才工程专家数量实现突破性增长。

牢牢把握新型城市化发展的大趋势，坚定不移地走威海特色城市发展道路，全域城市化、市域一体化格局初步形成。按照“中心崛起、两轴支撑、环海发展、一体化布局”的城市发展格局，全力推进全域城市化、市域一体化，入选第一批国家新型城镇化综合试点，获批国家产城融合示范区。全面启动重点区域开发建设，积极推动东部滨海新城、文登同城化、南海新区、乳山产业结构四个“三年突破”，文登撤市设区，临港区升级为国家级开发区，出口加工区升级为综合保税区。健全农村居民市民化机制，户籍人口和常住人口城镇化率分别提高到57.3%和65%。稳步推进新型社区建设，积极建设美丽乡村，农村环境综合整治全面完成。实施了一大批事关长远发展的重大项目，青荣城际铁路、荣文高速公路建成通车，胶东调水工程建成通水，石岛湾核电站、文登抽水蓄能电站、龙山湖等启动建设。坚持生态立市、环境优先，在全省率先实现环境空气质量全面达到国家二级标准，获得中华环境奖，被评为国家海洋生态文明建设示范区。

牢牢把握工业在全局发展中的基础性地位，致力产业转型提升、集群发展，具有较强竞争力的特色产业体系日趋完善。坚持产业强市、工业带动、突破发展服务业，一产抓特色促跨越、二产三产抓结构上规模，三次产业在更高层次上协调融合发展的格局正在形成。实施产业集群发展战略，传统产业稳步提升，新兴产业贡献逐年加大，医疗器械与生物医药产业园、碳纤维产业园、电子信息与智能制造产业园、海洋高新技术产业园、服务贸易产业园等高端产业园区呈现强劲发展势头。荣成海洋生物产业园获批省级高新区和国家农业科技园区。推动全域旅游、医疗健康、金融等现代服务业快速发展，获批国家全域旅游示范区、全国健康城市试点、国家智慧城市试点。加大农业结构调整力度，成功创建国家现代农业示范区、国家农产品质量安全市。加快推进蓝色经济区建设，国家海产品质检中心、国际海洋商品交易中心、山东船舶技术研究院和海洋职业学院等一批重大平台投入使用，海洋牧场和沙窝岛国家远洋渔业基地建设取得突破，海洋优势产业加快转型升级，获批国家海洋高技术产业基地试点。

牢牢把握改革开放这一动力源泉，着力破解发展难题、拓展发展空间，区域发展的新优势不断扩大。政府简政放权取得实质性成效，商事制度改革持续推进，行政审批和行政事业性收费项目分别压减52.9%和69.6%，市场主体数量增长近一倍，其中新登记企业数量增长2.5倍。投融资体制改革实现重大突破，组建城投、水投、交投、新城股份和国有资本运营公司，全省首家民营银行蓝海银行获批筹建，上市企业达到16家，新三板和其他场外市场挂牌企业达到144家。农村三项改革基本完成，教育、社会保障等领域改革扎实推进，城市公立医院改革和中医药改革经验在全国推广。对外开放优势进一步凸显，我市成为中韩自贸区地方经济合作示范区，获批国家服务贸易创新发展试点城市，在贸易便利化、功能性口岸建设、跨境电商等领域取得一系列先行先试成果，全市利用外资和外贸进出口保持稳定增长。

牢牢把握以人民为中心的发展思想，切实保障改善民生，人民群众的幸福感、获得感进一步增强。坚持不懈加强民生建设，民生财政支出比重达到83.9%，城镇登记失业率全省最低，各项社会保障和救助标准全省领先，养老、医疗保障在全省率先实现城乡统筹和市域统筹，城镇和农村人均可支配收入进一步提高，各区市全部通过全国义务教育发展基本均衡县验收，人均卫生资源和主要健康指标位居全省前列，建档立卡贫困人口全部实现省定贫困线脱贫。坚持不懈加强民主政治建设，人大、政协作用充分发挥，统战、群团、民族、宗教、外侨、对台、信访、党管武装等工作实现长足发展，第七次获得“全国双拥模范城”。坚持不懈推进法治威海、平安威海建设，地方立法工作取得显著成绩，司法体制改革顺利推进，法治政府建设迈出新步伐，安全生产持续加强，健康城市建设成效明显。海陆一体平安建设和食品农产品“双城联创”经验在全国推广。

牢牢把握文化发展正确方向，持续开展文明创建活动，城市整体文明水平显著提高。城市因文明而美丽，人民为城市而骄傲。经过全市上下的不懈努力，以地级市第一名的成绩成功创建全国文明城市。持续推进“君子之风·美德威海”建设，大力实施文明市民培育工程，建立健全社会信用体系，中国特色社会主义、中国梦和社会主义核心价值观深入人心，崇德向善、诚实守信、公益互助的社会风尚更加浓厚。积极实施文化惠民工程，推动文化产业发展壮大，创作了一大批优秀文艺作品，群众精神文化生活更加丰富，被评为首届文化强省建设先进市。在“5·29”山火面前，全市人民同舟共济、众志成城，沉着应对、无私奉献，充分展现了文明城市的新高度。

牢牢把握全面从严治党新要求，从严从实管党治党，为经济社会发展提供了坚强政治保证。深入学习贯彻以习近平同志为核心的党中央治国理政新理念新思想新战略，用当代中国马克思主义凝聚思想共识，广大党员干部的政治意识、大局意识、核心意识、看齐意识不断增强。精心组织开展党的群众路线教育实践活动、“三严三实”专题教育、“两学一做”学习教育，持续开展机关作风建设年和大兴学习之风活动，广大党员干部工作作风、能力水平、创新意识进一步提升。坚持新时期好干部标准，从严规范干部选拔任用和监督管理，探索建立“六位一体”考核监督机制，有效激发广大党员干部干事创业激情。坚持分类施策，抓好农村、社区、“两新”组织和机关、国有企业、高校等领域党建工作，基层党组织的政治功能和服务功能不断强化。以民族复兴为主题，打造了胶东（威海）党性教育基地。党员教育管理更加严格，党代表作用发挥实现常态化。坚决落实党风廉政建设责任制，建立了巡察机制，探索开展专项巡察工作，实现向市一级党政机关派驻纪检机构全覆盖。创新廉政教育，科学运用监督执纪“四种形态”，驰而不息纠正“四风”，坚决落实中央八项规定精神，深入整治侵害群众利益的不正之风和腐败问题，切实抓好巡视反馈意见整改落实，以零容忍态度惩治腐败，全市党风政风和社会风气持续好转。

2017年是地级威海市成立三十周年。三十年来，历届市委团结带领全市人民解放思想、敢闯敢干，攻坚克难、艰苦创业，谱写了一篇篇勇立潮头、开拓进取的壮美华章。经过三十年的发展，威海发生了翻天覆地的变化，昔日的边陲小城发展成为在国内外具有较强影响力和竞争力的沿海开放城市。三十年风雨兼程，成就令人鼓舞；三十年砥砺前行，经验弥足珍贵。一是始终坚持发展第一要务不动摇。三十年来，无论形势如何变化，无论顺境还是逆境，我们都把发展作为解决一切问题的关键，把中央和省委指示精神与威海实际紧密结合，创造性地开展工作，牢牢站稳全省第一方阵。发展是党执政兴国第一要务，必须坚持以经济建设为中心，坚定信心，振奋精神，推动更有效率、更有质量、更加公平、更可持续的发展。二是始终坚持敢为人先的精神不动摇。建市初期我们“按特区模式办、照特区样子干”，近年来我们努力争当全省“走在前列”排头兵。不怕困难怕落后等优良传统，激励着威海人民干成了许多看起来不可能、但对威海发展至关重要的大事。面对激烈的竞争态势，必须继承和发扬敢为人先的精神，有第一就争，见红旗就扛，为推动威海发展持续注入精神动力。三是始终坚持“一张蓝图绘到底”的韧劲不动摇。从建市初期的“环保优先”“科教兴威”“借韩兴威”，到以自主创新为第一动力，再到“全域城市化、市域一体化”“产业强市、工业带动、突破发展服务业”，我们在实践中不断丰富和完善发展思路，一届接着一届干，威海才有了这样好的发展局面。对这些经过实践充分证明的重大战略，必须锲而不舍、久久为功，不犹豫、不动摇、不折腾。四是始终坚持改革创新的品格不动摇。作为改革开放30年全国18个典型之一，我们坚持解放思想不停歇，改革创新不停步，用改革的办法解决发展难题，用开放的视野拓展发展空间，用创新的思维推动工作突破。伟大事业要继续前进，必须传承改革开放创新的优良基因，不断增添发展新动力，厚植发展新优势。五是始终坚持以人民为中心的思想不动摇。我们把“一切为了群众、一切依靠群众”作为工作的根本遵循，注重发挥群众的主体作用，下大力气办好民生实事，全市人民在共建共享中增强了对城市的归属感和自豪感。人民对美好生活的向往，就是我们最大的动力，必须增强宗旨意识，努力让群众有更好的教育、更稳定的工作、更满意的收入、更可靠的保障、更高水平的医疗卫生服务、更舒适的居住条件、更优美的环境。六是始终坚持党要管党、从严治党这个根本保障不动摇。历届市委和各级党组织切实担负起管党治党政治责任，着力加强党的思想、组织、作风、反腐倡廉和制度建设，形成了各级领导班子同心合力、广大党员干部齐心协力、全市上下凝心聚力的生动局面。全面从严治党永远在路上，必须紧抓党建不放松，真管真严、敢管敢严、长管长严，实现干部清正、政府清廉、政治清明。这些宝贵经验，也是未来发展必须遵循的重要原则，务必长期坚持、不断完善。

在充分肯定成绩的同时，我们也清醒地看到工作中存在不少困难和问题，主要是：经济发展不够充分，产业和企业的支撑能力不足，经济规模和质量效益有待进一步提升；城市的要素集聚能力还不强，交通、水利等基础设施建设仍需加大力度，城市功能亟待进一步完善；人才瓶颈制约尚未根本破解，科技创新的引擎作用没有得到充分发挥；公共服务供给水平与人民群众的需求还有差距，对困难群众和弱势群体的帮扶成果需要进一步巩固；环境资源约束加大，生态环保、节能减排等任务紧迫而艰巨，安全生产形势严峻；党的建设还存在薄弱环节，一些基层党组织战斗堡垒作用和党员先锋模范作用发挥不够，少数干部担当意识、能力水平与发展的需要还不适应，反腐倡廉任重道远，等等。我们一定要增强忧患意识，保持清醒头脑，坚持问题导向，努力在实践中把问题解决好，把各项工作提高到新水平。

切实担负起实现现代化幸福威海建设新跨越的历史重任

当前，我们站在了一个新的历史起点上。回顾过去，我们牢记省委、省政府建立地级威海市的战略意图，深化改革、扩大开放、开拓创新，取得了经济社会发展的巨大成就。展望未来，中央希望东部率先发展、山东走在前列，省委要求我们为全省“走在前列”多作贡献，全市人民期盼建成更高水平、更加全面均衡的小康社会，实现现代化幸福威海建设新跨越。未来五年，我们还将迎来中国共产党成立100周年，实现第一个“百年目标”。置身新时代，面对新使命，我们必须不忘初心，继续前进，在推进中华民族伟大复兴、建设经济文化强省进程中创造新业绩、争当排头兵。

未来五年，是推动发展动能转换、实现转型跨越、厚植发展优势的关键时期。我们要全面、辩证、发展地认识和把握新形势，既要看到世界经济的复杂性、不稳定性、不确定性，更要看到我国致力于打造开放共赢的合作模式、积极拓展发展空间，为我们在更大范围扩大开放、深化合作、配置资源提供了重要机遇；既要看到经济发展面临的风险挑战，更要看到新的动能加快成长、向好因素不断积聚，为我们推动经济发展行稳致远增强了信心和底气；既要看到我们的传统优势正在弱化，更要看到我们开展的一系列打基础、利长远的工作已经开始显现成效，产业支撑、科技支撑、人才支撑和基础设施支撑能力越来越强；既要看到经济社会发展任务增多，肩上的担子更重了，更要看到风清气正的政治生态已经形成，广大干部群众干事创业的激情越来越高，我们完全能够在新的起点上实现新的发展、新的跨越。

未来五年，全市工作总的要求是：**高举中国特色社会主义伟大旗帜，以邓小平理论、“三个代表”重要思想、科学发展观为指导，全面贯彻党的十八大和十八届三中、四中、五中、六中全会精神，深入贯彻习近平总书记系列重要讲话和视察山东重要讲话、重要批示精神，统筹推进“五位一体”总体布局，协调推进“四个全面”战略布局，牢固树立和贯彻落实新发展理念，坚持稳中求进工作总基调，坚持以推进供给侧结构性改革为主线，坚持生态立市、科教兴市，坚持全域城市化、市域一体化和产业强市、工业带动、突破发展服务业，推动各项事业和全面从严治党迈上新台阶，努力提前全面建成小康社会，实现现代化幸福威海建设新跨越。**

主要目标任务：**提前实现“两个翻番”目标，生产总值、城乡居民收入比2010年翻一番，经济规模和质量效益大幅提升，提前实现全面小康领域、人口、区域全覆盖，人民群众的安全感、归属感、成就感和幸福感显著增强，打造更具影响力的宜居、宜业、宜游、宜学的卓越城市。**

——*加快建设更具活力的创新创业之城。*科技创新、金融商务、文化创意、高端制造等城市核心功能明显增强，空运、海运、陆运及信息化服务不断完善，创新创业环境进一步优化，成为企业和人才争相涌入、竞相发展的目的地。重要领域和关键环节改革取得决定性成果，有利于创新发展的体制机制进一步健全，各类市场主体公平竞争，各类市场要素有序流动，大众创业、万众创新的局面基本形成。经济社会各领域对外开放的广度、深度进一步拓展，在国内外的知名度和美誉度显著提升。

——*加快建设更富魅力的文明幸福之城。*全域城市化、市域一体化的城市形态更加清晰，户籍人口和常住人口城镇化率分别达到68%和70%以上。以社区营造为重点，各项服务设施更加健全，形成社区“15分钟生活圈”。全体市民普遍享受到均等化、优质化公共服务。主要健康指标位居全国前列。文明城市建设成果不断巩固，人民思想道德素质、科学文化素质明显提高，威海文化的影响力持续提升。人民民主不断扩大，各方面力量充分凝聚，社会活力明显增强。法治威海建设持续深化，地方立法稳步推进。公共安全体系更加完善，社会和谐稳定、安宁有序。廉洁威海建设深入人心，风清气正、廉洁高效的环境氛围更加浓厚。

——*加快建设更可持续的绿色生态之城。*生态立市、绿色发展理念深入人心，生态文明制度体系更加健全，逐步实现生产生活方式绿色化。山、海、湾、滩、岛、泉、河流、湿地及土地等自然资源得到有效保护、集约利用，形成多层次、成网络、功能复合的市域生态空间体系。全面完成节能减排任务，能源和水资源消耗、建设用地、碳排放总量得到有效控制，环境空气质量稳定达到国家二级标准，生态环境质量保持领先。森林覆盖率不断提高，城市公共绿地系统进一步完善。人居城市品牌内涵更加丰富，价值显著提高。

提前全面建成小康社会，实现现代化幸福威海建设新跨越，需要我们在坚持三十年来成功经验的基础上，牢牢把握以下原则：

*一是必须坚定不移地同以习近平同志为核心的党中央保持高度一致。*党的十八大以来，习近平总书记以非凡的政治勇气、高超的政治智慧、坚定的政

治担当，创造性地提出了一系列治国理政新理念新思想新战略，带领全党全军全国各族人民开创了中国特色社会主义伟大事业和党的建设新的伟大工程新局面。习近平总书记是党中央的核心、全党的核心。我们必须进一步增强“四个意识”特别是核心意识、看齐意识，更加紧密地团结在以习近平同志为核心的党中央周围，更加坚定地维护以习近平同志为核心的党中央权威。要把学习贯彻习近平总书记系列重要讲话精神和即将召开的党的十九大精神，作为重大政治任务，学而思、学而信、学而用，努力把先进理论转化为谋划工作、解决问题、推动发展的强大武器，坚定威海工作的正确方向。

二是必须自觉践行新发展理念。创新、协调、绿色、开放、共享五大发展理念，是党对我国改革发展实践经验的总结和提升。我们要更加自觉地把创新摆在发展全局的核心位置，筑牢长远发展的核心动力基础；更加自觉地把协调作为持续健康发展的内在要求，着力实现各层次、各领域、各方面的协调均衡发展；更加自觉地把绿色作为永续发展的必要条件，坚定走生产发展、生活富裕、生态良好的发展道路；更加自觉地把开放作为繁荣发展的必由之路，加快构建更高层次的开放型经济、开放型社会；更加自觉地把共享作为中国特色社会主义的本质要求，努力让人民群众有更多获得感、更高满意度。

三是必须坚决贯彻稳中求进工作总基调。稳中求进工作总基调，既是做好各项工作的方法论，也是治国理政的重要原则。我们要把稳中求进工作总基调贯穿于经济社会发展各领域，保持战略定力，坚持底线思维，既要在巩固“稳”的基础上下功夫，切实做到既定战略稳、经济增长稳、社会大局稳、社会预期稳；更要在激发“进”的力量上出实招，高点定位，奋发有为，抓住优势领域推动引领发展，突出关键环节实现率先突破。

四是必须坚定争当全省“走在前列”排头兵的信心决心。争当全省“走在前列”排头兵，符合中央和省委的要求，符合威海发展的阶段性特征，符合全市人民的强烈期盼。我们要坚持争当全省“走在前列”排头兵的目标不动摇，自觉把威海工作放在全国全省大局中找定位，提升发展标杆，提升工作标准，提升精神境界，以敢于担当、勇于负责的勇气，以改革创新、干事创业的精神，推动各项工作争创一流水平。

奋力开创经济社会发展新局面

未来五年，全市各级党组织和广大党员要立足当前，着眼长远，抢抓战略机遇，突出工作重点，狠抓工作落实，推动经济社会持续健康发展。

一、加快同城融合，提升城市内涵，全面迈入市域一体发展的新时代

顺应城市发展规律，突出城市工作地位，以全域城市化、市域一体化为方向，以本地农村居民市民化为核心，在全面提升各区域发展质量的同时，加快推动同城化、一体化发展，努力构建布局合理、功能互补、市域一体的组合型都市区。

优化城市形态。认真落实《山东半岛城市群发展规划（2016—2030年）》，以建设国家产城融合示范区为契机，加快东部滨海新城开发建设，引领中心城市空间优化和转型升级。按照大城市的标准，坚持“中心崛起、两轴支撑、环海发展、一体化布局”，进一步做大做强中心城市，扩大规模容量，完善城市功能，提高辐射带动能力。有序推进双岛湾科技城开发建设，加快周边城镇市区化改造，打造成中心城区的重要片区。加快文登城区、南海新区、临港区、中心城区的对接，实现同城融合发展。加快突破南海新区，强化石岛管理区、乳山滨海新区的产业、基础设施、公共服务和生态支撑，加快管理体制创新，向特色中小城市发展，打造南部城市隆起带。好运角旅游度假区、昆嵛山旅游度假区、里口山城市山地公园要坚持生态保护性开发，打造知名山海旅游目的地。荣成城区、乳山城区要提升要素集聚吸纳能力，形成规模化的城市组团。稳妥推进新型社区建设，加快基础设施和公共服务向农村延伸。

提高城市品质。城市的魅力，在文化、在内涵、在品质。要提高城市空间的规划、设计、建设水平，推动特色自然景观与城市布局形态有机融合，让城市充分体现文化传承、历史记忆、地域特色和鲜明个性。坚持以产兴城、以城带产，进一步优化城市产业结构，实现产城高度融合发展。坚持控制规模、优化结构、丰富功能，着力推动房地产业转型升级。以营造幸福宜居社区为着力点，加强文化、教育、医疗、养老、体育休闲等设施建设，提供覆盖面更广的公共服务保障，自下而上激发城市活力。进一步理顺城市管理和执法体制，加快智慧城市建设，提高城市管理服务的精细化水平。健全完善农村居民市民化推进机制，畅通农村居民进城渠道，让广大农村居民更便捷地融入城市。

增强城市综合承载能力。完善内畅外联、高效便捷的综合交通体系，积极推进莱西—海阳—乳山—荣成高铁、桃威铁路改造工程，开工建设荣乌高速绕城段、文莱高速项目，启动威海新机场规划建设，推动港口融合发展，进一步提高对外通达水平；推动城市轨道交通规划建设，加快推进环山快速公路、东部滨海新城至南海新区公路等项目，打通交通连接关键点，建成优势交通工具半小时通达型城市。加快推进石岛湾核电站、文登抽水蓄能电站、龙山湖等重大能源、水利设施项目，实施中水深加工处理利用工程，加快地下综合管廊等现代城市设施建设。统筹布局公共服务设施，完善城市道路、公共交通、水电气暖、信息等配套设施，进一步健全城市公用设施网络和运行安全保障体系。

彰显城市宜居品牌优势。坚持生态立市、环境优先，持续加强环境保护、资源节约。实施“蓝色海湾”行动，开展海岸带、沙滩、近海海域修复整治，推进中美海洋垃圾防治工作。实行最严格的环境保护制度，全面落实大气、水、土壤、噪声污染防治行动计划，大力推进河长制。高标准实施山水林田生态保护和修复工程，有序推进退耕还林工作，开展大规模绿化行动，加大自然保护区和重要生态功能保护区建设管理力度。加强节水保水工作，实施能源和水资源消耗、建设用地等总量和强度双控行动，在全省率先实现碳排放峰值目标。坚持“三生共融”，深入推进美丽乡村建设和乡村文明行动，持续提升农村人居环境。大力发展循环经济，培育壮大环保产业。健全环境保护联动联防和生态补偿机制，探索海洋碳汇交易，开展环境污染责任保险试点，落实排污权有偿使用和交易制度。加强生态文明教育，引导全市人民自觉养成绿色低碳的生活方式和消费模式。

威海的城市发展正在全面迈进全域城市化、市域一体化的新时代。我们要牢固树立一盘棋思想，加强顶层规划设计，打破体制机制障碍，完善一体化发展的政策制度体系，着力推动城市规划建设一体化、产业布局一体化、基础设施一体化、公共政策与服务一体化，走出一条具有威海特色的新型城市化道路。

二、突出转型提升，振兴实体经济，推动产业向高端化集群化方向发展

深入实施“产业强市、工业带动、突破发展服务业”战略，更加注重实体经济这个根本，推动传统产业转型升级，培育壮大新兴产业，大力发展新经济新业态新模式，加快推进三次产业、产业与互联网、产业与城市化的深度融合。

*强化工业主导地位。*以工业化、信息化融合为切入点，加快机械制造、食品加工、运输装备、纺织服装等传统产业的智能化升级、绿色化改造、服务化延伸，突出抓好海洋食品、渔具、地毯、轮胎等传统特色优势产业，实现“威海制造”向“威海智造”转变。大力发展高端制造业和战略性新兴产业，加快推进医疗器械与生物医药产业园、碳纤维产业园、电子信息与智能制造产业园等高端产业园区建设，努力打造在国内外具有较强影响力的千亿级产业集群。落实工业强基工程，推动企业实施规范化公司制改革。实施品牌和质量强市战略，弘扬新时期劳模精神和工匠精神，开展质量提升行动，形成一批具有持续创新力、竞争力的名牌产品和名牌企业。积极推进军民融合深度发展。坚持以供给侧结构性改革为主线，加快淘汰落后、过剩产能，有序处置僵尸、空壳企业，为增加有效供给腾出宝贵资源。

*突破发展服务业。*进一步解放思想，深入开展服务贸易创新发展试点，加快构建服务业特色产业体系。优化全域旅游、商贸流通、现代物流等产业，培育壮大现代金融、电子商务、科技信息、医疗健康、家政养老、文化创意、体育休闲等产业，积极培育服务业新兴业态。集中力量建设面向日韩的服务贸易产业园，建设以高端医疗健康服务为主的国际医疗健康产业城，建设服务本地、辐射周边的区域性金融板块，建设业态丰富、一体发展的国家全域旅游示范城市。

*做优现代特色农业。*深化农业结构调整，发展精致农业，培育壮大都市休闲农业。积极推进农地“三权分置”，促进规范流转、高效利用。加快发展新型经营主体，培育职业农民，完善社会化服务体系，提高农业经营规模化、组织化、产业化水平。全力推进农业标准化生产，强化全过程的食品质量安全监管，争创国家食品安全示范城市。

*深入推进蓝色经济区建设。*以产业发展为核心，统筹配置海陆生产要素，建设现代化海洋经济新区，打造国家海洋高技术产业基地和海洋经济发展示范区。全面推动养殖、捕捞、加工、造船等产业转型升级，大力发展海洋生物医药、高端海洋装备、休闲渔业等新兴产业，高标准建设涉海产品交易平台，建成规范的国家级冷链物流基地，选择优势产品集中培育北方乃至全国海产品定价中心和交易中心。加快建设海洋高新技术产业园、海洋生物遗传育种中心、国家浅海综合试验场等平台，打造海洋技术成果转化中心，抢占海洋科技制高点。

发展需要产业支撑，发展需要实体经济，发展更需要千千万万的企业。支持企业、支持产业、支持实体经济发展，是我们义不容辞的责任。要构建亲、清新型政商关系，进一步优化政策、优化服务，尊重企业、尊重企业家，持续加强企业家队伍建设，坚定不移地支持企业做精做优、做大做强，扶持壮大一批领军企业，支持发展一批“行业小巨人”，加快培育一批充满活力的中小微企业，努力形成“大企业顶天立地、小企业铺天盖地”的发展格局。

三、强化创新引领，拓展发展空间，充分激发和形成发展新动能

坚持在中央、省全面深化改革的大框架下先行先试、大胆探索，在国家大开放格局中找准定位、主动作为，创造更多发挥先发优势的引领型发展。

*扎实推进重点领域改革。*紧紧围绕中央、省顶层设计，进一步细化工作方案，落实改革措施，更好地发挥重大改革的牵引作用。紧紧围绕实施重大战略，推动土地利用、财政金融、科技创新、投融资、审计和国有企业等领域改革创新，选择若干区域或领域实施集中突破。紧紧围绕建设服务型政府，深化“放管服”改革，推进“互联网+”政务服务。紧紧围绕承接改革政策红利，积极争取、加快推进国家、省重大试点工作，努力推出一批可复制可推广的“威海经验”。紧紧围绕群众关心关注的问题，综合推进教育、文化、医疗卫生、社会保障等领域改革，不断增强群众对改革的获得感。充分发挥市委全面深化改革领导小组在推进改革中的主导作用。

*高水平扩大对外开放。*积极推进中韩自贸区地方经济合作示范区建设，主动参与国家自贸区战略，加快构建开放型经济新体制。坚持引资引智引技并举，深入推进精准招商，更好发挥外资企业对促进实体经济发展的重要作用。进一步提高通关便利化水平，推动服务贸易创新发展，大力发展外贸新兴业态，加快内外贸一体化发展，实现对外贸易转型升级、优进优出。积极参与“一带一路”建设，开拓沿线国家市场，促进双向投资合作健康有序发展。各类开发区是对外开放的龙头，要进一步创新体制机制，高标准推进二次创业，实现全方位上档升级。全力推进威海综合保税区建设，打造全市开放型经济发展的重要载体。

*加快实施创新驱动发展战略。*以建设山东半岛国家自主创新示范区为抓手，整合创新资源，强化协同创新，集中打造立足山东半岛、以两化融合为特色的国家区域创新中心。更好地发挥工信部电子信息技术综合研究中心的作用，争创国家制造业（高性能医疗器械）创新中心，积极推动北京高科联盟威海科创城等项目建设，争取更多高校院所来我市设立分支机构和科技园、创业园。依托重大科技创新平台，引企业、引人才，留企业、留人才，育企业、育人才。组织开展国际高层次人才交流活动。围绕产业链部署创新链，加快重点产业的创新平台布局，鼓励行业骨干企业牵头成立技术创新联盟。强化企业创新主体地位，鼓励企业加大研发投入，建设研发平台，提高技术创新能力。实施科技型企业“千帆计划”，鼓

励行业领军企业向研发型企业转型，扶持壮大科技型中小企业群体。实施产学研合作创新专项计划，建设一批技术转移、交易和科技服务机构，促进科技成果资本化、产业化。建立金融、资本、基金与科技融合的平台与机制。用创新的精神研究制定支持创新的政策，加大财政投入力度，转变财政支持方式，激发科技创新活力。

人才是第一资源。我们要把人才工作放到更加突出的位置，把握人才成长和发展规律，搭建人尽其才的舞台，创新容人留人的政策，构建务实管用的人才工作机制，真正形成重才、聚才、用才的良好氛围。

四、发展民主政治，建设法治威海，汇聚团结奋进的强大正能量

坚持党的领导、人民当家作主和依法治国有机统一，保障人民权益，维护公平正义，调动一切积极因素，巩固发展民主团结、政通人和的政治局面。

加强社会主义民主建设。深入贯彻中央《关于加强社会主义协商民主建设的意见》，推动政党协商、人大协商、政府协商、政协协商、人民团体协商、基层协商和社会组织协商制度化建设。支持人大及其常委会充分发挥地方国家权力机关作用，使立法、监督、决定重大事项和人事任免更好地体现人民意志。支持人民政协履行政治协商、民主监督、参政议政职能，发挥人民政协作为协商民主重要渠道和专门协商机构的作用，增强政协工作活跃度。大力发展基层民主，不断扩大人民群众有序政治参与。

最大限度凝聚各方力量。创新新形势下的统战工作，加强同民主党派、工商联和无党派人士的团结合作，凝聚新的社会阶层人士，推进党外代表人士队伍建设。重视听取民主党派和无党派人士提出的意见、批评、建议。扎实做好民族、宗教、外侨、对台、老龄等工作。充分发挥工会、共青团、妇联等人民团体桥梁纽带作用。加强党管武装工作，深入开展双拥共建，进一步巩固军政军民团结。

发挥法治的引领和规范作用。坚持党领导立法、保证执法、支持司法、带头守法，加快建设法治威海。推进重点领域立法工作，提高地方立法的科学性、针对性、有效性。完善执法体制、程序，推进综合执法，建设法治政府。支持司法机关独立行使职权，进一步提升司法公信力。深入实施“七五”普法规划，积极培育法治文化，完善公共法律服务体系，使尊法学法守法用法成为全市人民的共同追求。

法治是治国理政的基本方式，是治理体系和治理能力现代化的重要体现。我们一定要对法律怀有敬畏之心，大力弘扬法治精神，带头依法办事，带头遵守法律，不断提高运用法治思维和法治方式深化改革、推动发展、化解矛盾、维护稳定的能力，真正成为社会主义法治的忠实崇尚者、自觉遵守者、坚定捍卫者。

五、坚定文化自信，深化文明建设，全面提升城市文化软实力

文化自信是更基本、更深沉、更持久的力量。要坚持物质文明和精神文明互促共进，坚定文化自信，增强文化自觉，繁荣发展先进文化，为建设现代化幸福威海提供坚强思想保证、强大精神力量、丰润道德滋养。

加强科学理论引领。突出迎接、宣传贯彻党的十九大这条主线，坚持正确政治方向、舆论导向和价值取向。深化中国特色社会主义和中国梦宣传教育，深入学习宣传党中央治国理政新理念新思想新战略，创新宣传方式，提高宣传效果，引导全社会坚定道路自信、理论自信、制度自信、文化自信。坚持党管宣传、党管意识形态，认真落实意识形态责任制，切实抓好理论、舆论、文化、教育、网络等各类阵地管理，唱响主旋律，弘扬正能量，提升传播力。

提升城市文明水平。强化价值引领、实践养成、典型示范，推动社会主义核心价值观入法入规、入脑入心、融入生活。深化“君子之风 · 美德威海”建设，持续开展主题宣传教育实践活动。巩固提升文明城市建设成果，广泛开展“爱文明家园 做文明市民”行动，深入推进群众性文明创建活动，推动学雷锋志愿服务制度化。弘扬优秀传统文化，加强家风、校风建设，深化青少年思想道德教育。推进政务诚信、商务诚信、社会诚信和司法公信建设，积极创建国家信用示范城市。

促进文化繁荣发展。坚持把社会效益放在首位，实现社会效益与经济效益相统一，持续深化文化体制改革。加快文化产业园区、骨干文化企业和文化产业项目发展，推动文化创意与相关产业深度融合，以文化产业的快速发展带动文化事业的水平提升。深入实施文化惠民工程，建成图书馆新馆、群众艺术馆新馆，加强基层综合性文化服务中心等基础文化设施建设，进一步提升公共文化服务均等化、标准化、社会化、数字化水平。大力发展文学艺术、新闻出版、广播影视等事业，繁荣文化精品创作，推进媒体融合发展，强化文化市场监管。加强文化遗产保护传承，深入实施文物重点保护工程、乡村记忆工程和历史文化展示工程，切实做好革命文物保护工作。积极开展对外文化交流合作，让更多威海优秀文化产品走出去。

文化是城市的灵魂。威海传统文化与社会主义先进文化相接，本土文化与外来文化交融，形成了包容开放、文明法治、创新进取的城市人文气质。我们要坚持传承与创新相统一，进一步提升城市文化内涵，打造更高品质的人文环境，用文化凝聚思想共识，用文明引领社会风尚，努力为新一轮改革发展凝聚强大而持久的动力。

六、增进民生福祉，促进社会和谐，带领全市人民共同创造幸福美好生活

坚持发展为了人民、发展依靠人民、发展成果由人民共享、发展更多惠及全市人民，以更高标准、更大力度保障民生，让人民群众对美好生活的向往不断变成现实。

让群众共享更加充分的就业和保障。实施更加积极的就业政策，鼓励以创业带动就业，加强困难人员就业援助，提高全民就业创业质量。织密扎牢民生保障网，实施全民参保登记计划，形成覆盖全民、市域一体、均衡协调的社会保障体系。完善社会救助制度，鼓励社会力量参与社会救助，实现应保尽保、分类施保。大力实施保障性安居工程，推进棚户区改造，努力满足群众特别是中低收入家庭基本住房需求。

让群众共享更加优质的教育。实施教育优先发展战略，深化教育综合改革。扎实推进基础教育综合改革试验区等试点，大力实施素质教育，合理

规划教育布局，加大学校建设力度，切实解决普通中小学大班额问题。大力发展公办幼儿园，积极扶持普惠性民办幼儿园。力争实现高中阶段学生免除学杂费。建设现代职业教育体系，完善校企合作机制，实现产教深度融合。优化提升特殊教育。密切与驻威高校的共建合作，提升高等教育服务经济社会发展能力。统筹推进民办教育、继续教育，满足群众多样化、多层次教育需求。

*让群众共享更加健康的生活。*以提高全民健康素养和健康水平为目标，构建社会、环境、人群“三位一体”的健康促进模式，加快建设健康城市。深化医药卫生体制改革和公立医院综合改革，广泛开展健康机关、健康企业、健康学校、健康社区、健康家庭等健康细胞工程建设。落实全面两孩政策，积极应对人口老龄化趋势，加快构建医养融合服务体系。大力发展体育事业，实施全民健身计划，促进全民健身与全民健康深度融合。

*让群众共享更加安全的社会环境。*加快健全公共安全体系，深化海陆一体平安建设，提高城市安全防范水平。深化社会治理创新，推动政府治理与社会自我调节、居民自治的良性互动，形成多元共治局面。全面落实重大决策社会稳定风险评估制度，进一步加强和改进信访工作，完善矛盾纠纷化解机制。坚持党政同责、一岗双责，全面加强安全生产和食品药品安全监管，妥善应对自然灾害和突发事件。

小康不小康关键看老乡，不让一个人掉队的小康才是全面小康。在提前全面建成小康社会、实现现代化幸福威海建设新跨越的征程中，我们要巩固扶贫成果，提高扶贫实效，建立长效机制，决不落下一户贫困家庭、丢下一名贫困群众。

七、坚定不移推进全面从严治党

实现美好蓝图，关键在党，关键在党要管党、从严治党。全市各级党组织要自觉肩负起全面从严治党的政治责任，把严的要求贯穿于管党治党的全过程，以从严治党的新成效为经济社会发展提供坚强政治保证。

*加强和改善党的领导。*充分发挥各级党委总揽全局、协调各方的领导核心作用，健全完善领导小组和工作协调推进机制，切实加强对各领域的政治、思想和组织领导，更好地把方向、管大局、作决策、保落实。大力推进各级党委领导经济社会发展工作的制度化建设，健全党委研究经济社会发展战略、定期分析经济社会形势、研究重大方针政策、听取工作汇报等工作机制。坚决落实主体责任，进一步完善党建工作述职评议、考核评价、追究问责等制度，推动形成上下联动、齐抓共管的党建工作格局。

*强化党的思想政治建设。*持之以恒抓好党性教育，巩固扩大党的群众路线教育实践活动、“三严三实”专题教育成果，推进“两学一做”学习教育常态化制度化，深入学习贯彻党章党规、习近平总书记系列重要讲话。扎实做好党的十九大精神教育培训工作，把广大党员、干部的思想统一到党的十九大精神上来。完善干部理论学习和党委中心组学习制度，发挥胶东（威海）党性教育基地、各级党校等阵地作用，建设学习型党组织和领导班子。

*加强和规范党内政治生活。*以党章为根本遵循，认真贯彻落实《关于新形势下党内政治生活的若干准则》和《中国共产党党内监督条例》，着力增强党内政治生活的政治性、时代性、原则性、战斗性。坚持民主集中制，严格落实集体领导制度，健全完善党委（党组）议事规则和决策程序。严格党内组织生活，坚持和完善“三会一课”、民主生活会、组织生活会、领导干部双重组织生活以及民主评议党员、谈心谈话等制度，推动党的组织生活制度化、经常化、规范化。开展严肃认真的批评和自我批评，使广大党员干部思想受到洗礼、灵魂受到触动。建立健全党内监督体系，注重发挥外部监督作用，加强对权力运行的制约和监督，切实做到有权必有责、有责要担当、用权受监督、失责必追究。

*建设高素质干部队伍。*坚持党管干部原则，坚持德才兼备、以德为先，坚持五湖四海、任人唯贤，坚持好干部标准，严格按干部任用条例选干部、配班子。着眼领导班子长远建设需要，探索建立优秀年轻干部、女干部和党外干部发现、储备、培养锻炼和选拔使用有机衔接的工作机制。切实做好老干部工作。持续开展大兴学习之风活动，加强干部专业化教育培训，完善干部交流轮岗、挂职锻炼等制度，进一步提升干部理论水平、专业素养与实践能力。广大基层干部是推动发展、维护稳定的基本力量，要多关心、多关注、多关爱，让他们安心扎根基层、埋头服务群众、甩开膀子推动发展。

*弘扬干事创业的优良作风。*大力倡树科学务实的政绩观，鼓励党员干部集中精力办实事、解难事，打基础、利长远，脚踏实地，埋头苦干。深化机关作风建设年活动，着力提升干部队伍执行力，在狠抓落实上下功夫，确保各项工作一抓到底、见到实效。不断完善“六位一体”考核监督机制，更加注重考核监督结果运用，让锐意进取、干事创业的干部脱颖而出，让为官不为、懒政怠政的干部没有舞台。加快建立正向激励和容错纠错机制，旗帜鲜明地为敢于担当的干部担当，为敢于负责的干部负责，大力营造想干事、敢干事、干成事、不出事的浓厚氛围。

*提升基层党建工作水平。*制定落实《威海市2017—2022年党的基层组织建设规划纲要》，进一步夯实基层基础。创新推动城市、农村、“两新”组织和机关、国有企业、高校等各领域党组织建设，实现党的工作全面进步、全面过硬。积极适应党员流向变化和城市化快速推进的趋势，以区域化党建为载体，构建“城市大党建”格局。持续深化基层服务型党组织建设，扎实做好农村、城市社区“两委”换届工作，选优配强基层党组织带头人，整顿软弱涣散基层党组织，提升基层党务工作者专业化、职业化水平。加强基层党员队伍建设和监督管理，充分发挥基层党员的先锋模范作用。探索扩大党内基层民主，扎实推进党代表任期制工作。

*营造风清气正的政治生态。*党风廉政建设和反腐败斗争关乎党的生死存亡。各级党组织要切实担负起主体责任，各级纪委要切实担负起监督责任，坚持惩防并举，深化标本兼治，加快构建不敢腐、不能腐、不想腐的长效机制。坚持不懈抓好中央八项规定精神落实，驰而不息纠治“四风”，健全完善规章制度，确保作风建设取得新成效。坚决整治侵害群众利益的不正之风和腐败问题，持续推动全面从严治党向纵深发展。科学把握实践监督执纪“四种形态”，坚持挺纪在前，既重抓早抓

小、治病救人，又重刮骨去毒、高压震慑。深化纪律检查体制改革，健全完善派驻监督、巡察监督制度体系，推进市县巡察全覆盖和县级派驻全覆盖。按照上级部署，稳步实施监察体制改革，实现对行使公权力的公职人员监察全覆盖。加强廉政文化建设，坚持改进作风与加强党性修养、正面引导与反面警示相结合，引导党员、干部明德修身、遵规守纪，带头树立优良家风，永葆共产党人政治本色。全面推进"廉洁威海"建设，持续推动党风政风民风向上向善。

空谈误国，实干兴邦。面对新形势新使命，面对全市人民的信任和期盼，全市广大党员要以"功成不必在我"的胸襟和"建功必须有我"的担当，不忘初心、继续前进，真抓实干、善作善成，决不辜负党和人民的重托。让我们更加紧密地团结在以习近平同志为核心的党中央周围，在省委的坚强领导下，万众一心、奋勇争先，为提前全面建成小康社会、实现现代化幸福威海建设新跨越而努力奋斗，以优异成绩迎接党的十九大胜利召开！

（市委办公室提供）

政府工作报告（摘要）

——在威海市第十七届人民代表大会第二次会议上

（2018 年 1 月 4 日）

威海市市长 张海波

一、2017 年政府工作回顾

过去的一年，在省委、省政府和市委的坚强领导下，市政府和全市人民一道，深入学习贯彻习近平新时代中国特色社会主义思想，牢牢把握争当全省走在前列排头兵的目标定位，加快实施全域城市化、市域一体化和产业强市、工业带动、突破发展服务业战略，统筹做好稳增长、促改革、调结构、惠民生、防风险等各项工作，现代化幸福威海建设迈出新步伐、取得新成绩。

——经济运行稳中向好、质量提高。全市生产总值预计 3550 亿元，增长 8.2% 左右，比上年加快 0.2 个百分点；经济质量效益指标增幅总体快于生产指标，一般公共预算收入 273.1 亿元，增长 9.5%，主要经济指标增幅保持全省第一方阵。

——转型升级步伐加快、持续见效。三次产业比重预计由 7.0 ∶ 46.4 ∶ 46.6 调整为 6.6 ∶ 45.8 ∶ 47.6，高新技术产业产值比重由 40% 提高到 41%；"三去一降一补"任务有效落实，商品住房去化周期降至 16 个月的合理区间。

——环境治理聚焦发力、成效明显。万元生产总值能耗预计降低 4.9% 左右，主要污染物排放量完成削减任务，PM2.5 平均浓度近五年来最低，环境空气质量稳定达到国家二级标准，入选全国节水型社会创新试点示范市。

——民生保障全面改善、持续加强。城镇和农村居民人均可支配收入预计分别增长 8.5%、7.8% 左右，城镇登记失业率为 1.65%，180 个省定扶贫工作重点村全部"摘帽"。

——文明创建持续深入、再结硕果。获评全国未成年人思想道德建设工作先进城市，荣成市、乳山市成功创建第五届全国文明城市，实现全国文明城市"全域一片红"。

一年来，我们坚持目标导向和问题导向，突出重点、突破难点，下大气力抓了以下六个方面的工作：

（一）超前谋划、精准定位，大力实施新旧动能转换重大工程。坚持以供给侧结构性改革为主线，按照"四个城市"发展定位和"五区九基地"发展格局，扎实推进新旧动能转换重大事项。

*重点产业培育取得新突破。*大力推进制造业转型升级，新增国家级制造业单项冠军企业 3 家，战略性新兴产业主营业务收入增长 14% 以上。成功举办"健康中国与助推山东康养产业发展"座谈会，加快建设国际医疗健康产业城，医疗健康、养老养生等多业态融合发展。举办中国服装设计大赛、第九届中国威海国际人居节及国际建筑设计大奖赛，时尚创意产业加快破题。全域旅游扎实推进，入选全国森林旅游示范市，华夏城被评为国家 AAAAA 级旅游景区。建成 15 个文化产业公共服务平台，规模以上文化企业数量增长 57.6%。现代物流、软件服务外包等现代服务业加速突破，电子商务交易额预计增长 32.5%。由我市制定的《海洋牧场休闲服务规范》国家标准获批发布，建成国家级海洋牧场示范区 5 处、省级海洋牧场示范项目 19 处、省级以上休闲渔业示范基地 33 处，入选国家海洋经济创新发展示范城市。

*重点项目建设取得新突破。*实施市级重点项目 185 个、重点工业投资项目 118 个，谋划储备新旧动能转换重大项目 116 个。开展智能制造专项行动，威达机械、华力电机获批国家智能制造专项，天润曲轴、迪尚集团入选国家智能制造试点示范项目。招大引强取得新突破，马夸特开关、康得碳谷科技等一批重大项目签约落地，预计全市实际到账外资 88 亿元，增长 10%。惠普公司入驻威海，亿和精密加工、大振电子等总投资 12 亿美元的 5 个配套项目先后落户，向打造全球打印机新高地迈出坚实步伐。

*重点平台打造取得新突破。*采取"一中心三平台"模式，启动创建国家区域创新中心。工信部电子信息技术综合研究中心、哈工大创新创业园等重大创新平台建设加快推进。设立树枝状及超支化聚合物应用创新中心等高端研发平台，助力前沿产业破土萌发。威

高集团、迪尚集团获批国家级工业设计中心。服务贸易创新发展综合服务平台、国际海洋商品交易中心等大宗商品交易平台、文登西洋参交易中心等特色综合服务平台投入运行。

（二）综合施策、标本兼治，全力打赢五场攻坚战。结合做好十九大安保维稳工作，着力营造安全稳定和谐的社会环境。

*安全生产攻坚战细致入微、扎实到位。*组织开展安全生产大检查、百日攻坚治理等整治行动，排查治理隐患4.9万项。全力推进化工产业安全生产转型升级，全面加强海上安全管理，清理取缔海洋涉渔“三无”船舶1258艘。安全生产形势总体稳定，生产安全事故起数下降29.4%。

*生态环保攻坚战多管齐下、集中整治。*以中央环保督察、国家海洋督察为契机，深入开展环境保护突出问题排查整治。大气方面精准发力，狠抓扬尘治理，全面取缔整治1234家“散乱污”企业，完成53台电力企业燃煤锅炉超低排放改造，淘汰治理98%的分散燃煤锅炉。水环境方面河海统筹，504条河流全部推行“河长制”，完成城乡河道综合整治214公里，禁养区内513家畜禽养殖场全部关闭搬迁。扎实做好自然保护区问题整改，推进金海滩、大乳山等7个海岸带修复整治项目。荣成市成功创建全国首批生态文明建设示范市。

*脱贫攻坚战聚焦短板、精准施策。*推进贫困村整体提升工程，新建扩建扶贫产业项目92个，规划建设精准扶贫产业示范区15处、项目示范基地73个。推进精准扶贫直通车工程和金融扶贫工程，发放“富民农户贷”“富民生产贷”2.5亿元。规范扶贫资金管理使用，推动阳光扶贫、廉洁扶贫。

*金融风险防控攻坚战分类处置、有效防范。*开展金融风险排查处置专项行动、防范和打击非法集资活动、互联网金融风险专项整治，积极推动“破圈断链”，排查担保圈74个，防范化解171家风险企业和潜在风险企业的资金链风险，非法集资案发数量和金额分别下降63.6%和90.3%。

*社会稳定攻坚战全民参与、共治共享。*加强和改进信访维稳工作，开展化解信访积案集中攻坚活动。开展城乡社区协商示范点建设，推行警务助理、法律顾问进村进社区。海上平安建设经验成为全国典型，乳山市被评为全国平安建设先进县。

（三）聚焦重点、把握关键，着力增强三大动力。全面总结地级威海市成立30周年的经验，聚焦改革、开放、创新三大动力，千方百计提升发展活力和区域竞争力。

*改革全面发力、多点突破。*新争取21项省级以上改革试点，229项重点改革任务取得阶段性成果。362家规模企业完成规范化公司制改制，光威复材在创业板上市，新增新三板挂牌企业9家、区域股权市场挂牌企业25家。459个村完成集体产权制度改革，新增土地流转面积7万亩，乳山市获批全国农村综合性改革试点试验县。基础教育、学前教育省级改革试验区建设加快推进。开展生育保险和职工基本医疗保险合并国家试点。医药卫生体制改革、健康城市建设扎实推进，被确定为首批公立医院综合改革国家级示范城市。威海市及荣成市荣获首批全国社会信用体系建设示范城市。

*开放先行先试、深度拓展。*扎实推进中韩自贸区地方经济合作示范区、国家服务贸易创新发展、跨境电商综合试验区等试点工作，外贸进出口总额预计1380亿元，增长16%。服务贸易支行等多项服务贸易试点经验全国推广，服务贸易进出口额增长20%。开通国际海运快件业务，跨境电商零售出口增长1.6倍。主动参与“一带一路”建设，建设多式联运铁路枢纽中心，开通中欧集装箱班列，在沿线国家投资项目49个，贸易额增长44.8%。威海综合保税区建设进展顺利。乳山口港获批国家一类开放口岸。

*创新要素集聚、活力增强。*出台企业研发财政补助政策。促成产学研合作项目120项，技术交易额增长11.1%。引进山东铝业职业学院，与20家高校科研院所建立产学研合作战略联盟关系，成立威海职业教育联盟。完善“英创会”招才引智长效机制，实施国外智力引进项目49个，引进各类人才2.3万人。新增泰山产业领军人才23名，评选首届“威海工匠”47名，新增高技能人才8871人。获批创建全国质量强市示范城市，成功创建钓具产品国家产品质量提升示范区，威高集团获得中国质量奖提名奖，新增山东名牌产品27个。新建创业孵化基地10处，高区、迪尚集团入选国家“双创”示范基地。新增高新技术企业73家、科技型中小企业483家，各类市场主体总量增长14.4%。

（四）全域统筹、市域一体，加快推进新型城市化建设。坚持区域协同、城乡一体、陆海并重，持续推动全域城市化、市域一体化发展。

*产城融合发展步伐加快。*深入推进“四个突破”战略，东部滨海新城招商引资快速突破，全年签约入驻20个产业项目，市委党校、市职业中等专业学校、廉政教育基地投入使用，龙山湖主体工程完工；文登同城化、乳山产业结构调整步伐加快，南海新区获批省级经济开发区体制机制创新试点。双岛湾科技城、好运角旅游度假区、里口山城市山地公园等重点区域实施基础设施和产业项目127个，完成投资191.1亿元，增长9.1%。

*人口市民化步伐加快。*制定人口市民化规划和实施意见，加快推进本地农村居民市民化。实施38个老旧小区综合整治，开工棚户区改造1.9万户，新建新型社区36个。实施农村改厕9.6万户，农村改厕治污经验全国推广。虎山镇被评为全国特色小镇，羊亭镇、初村镇被评为省级特色小镇。

*基础设施建设步伐加快。*实施20项区域内应急供水工程，帮助267个因旱缺水村应急打井，充分发挥引黄调水工程作用应急调水，确保大旱之年城乡供水正常。加快推进乳山河地下水库、南海挡潮闸等水利工程建设，抗旱保障能力进一步增强。实施环山快速路、文莱高速公路等23项重大交通项目，香水河大桥建成通车，威海机场旅客吞吐量突破200万人次。新开工地下综合管廊18.5公里、海绵城市工程12平方公里。全面完成铁路沿线环境综合治理。整治城市违法建设7539处、429.8万平方米。被确定为全国“城市双修”试点城市和全省城市设计试点城市。

（五）完善制度、补齐短板，织密扎牢民生保障网。坚持从群众关心的问题抓起，全面提高民生保障和公共服务水平。

*社会保障救助更加有力。*实施职

工大病保险制度，建立困境儿童基本生活保障制度，居民基础养老金标准、居民医保财政补助标准、失业保险金标准、城乡低保标准、特困人员供养标准都有新提高。建立政府救助保险制度，政府买单为全体市民投保重大自然灾害和意外事故保险。

*公共服务供给更加到位。*贴近群众需求办理28件民生实事。新建、改扩建中小学校18所，增加学位2万个。新建、改扩建公办幼儿园17所，增加学位4890个，普惠性幼儿园比例由80%提高到84.3%。设立医养结合机构16处，新增护理型养老床位1638张。组建医疗联合体16处，推动优质医疗资源共享和下沉。“双安双创”全域推进，成功创建国家食品安全示范城市和国家农产品质量安全市。

*群众文化生活更加活跃。*基层综合文化服务中心实现全覆盖，获批全国公共文化服务标准化试点城市。建成11家城市书房，为全民阅读创造便利条件。举办首届文化惠民消费季，发放文化惠民消费券2.8万张。举办铁人三项世界杯赛、威海市第五届运动会等赛事活动，新建改造健康主题公园12处、健康步道30条、镇级全民健身中心34处。

*各项社会事业全面进步。*制定普法责任清单，镇级公共法律服务中心实现全覆盖。国防动员、人民防空、民兵预备役工作进一步加强。民族、宗教、妇女儿童、外事、侨务、对台、档案、史志、地震、气象、慈善、残疾人等事业取得新进步。

（六）依法行政、从严治政，全力打造精简高效政务生态。扎实推进廉洁威海建设，进一步深化“放管服”改革，加快建设法治政府、服务型政府、廉洁政府。

*便民利企服务进一步优化。*实施政府提速工程，开展联系服务企业行动，着力让企业和群众办事更加省心、省力、省钱。取消、调整、减免4项政府性基金和15项行政事业性收费，进一步降低企业负担。实施“多证合一”“一照一码”，扩大“县域通办”业务事项范围，方便企业就近登记。开展减证便民专项行动，取消调整59项证明和盖章类材料。构建全项进驻、全域覆盖、全网统办的“三全”政务服务网络，率先完成“一窗式”“一门式”政务服务模式改革，完成市县镇联审联批国家服务标准化试点工作；建成全市统一的电子证照库，90%以上行政许可事项可全程网办，实现“零跑腿”或“只跑一次”。

*行政权力运行进一步规范。*配合市人大常委会开展地方立法工作，《威海市节约用水条例》《威海市饮用水水源地保护条例》等地方性法规正式颁布实施。坚持能减则减、宜放尽放，完善清单管理模式，编制公共服务事项目录、服务指南，削减市级行政权力事项88项。深入推进政务公开。推开综合行政执法体制改革和行政执法监督体制改革，实现“双随机一公开”监管全覆盖。

*政府工作作风进一步改进。*主动接受人大及其常委会法律监督和工作监督、政协民主监督、社会监督和舆论监督，办理人大代表建议63件、政协提案296件。驰而不息纠治“四风”，毫不松懈整治庸政懒政怠政，全年行政问责81人，查处发生在群众身边的不正之风和腐败问题255起，处理294人。

二、2018年政府工作的目标思路

2018年是贯彻落实党的十九大精神的开局之年，是改革开放40周年，是决胜全面建成小康社会、实施“十三五”规划承上启下的关键一年。政府工作的总体要求是：全面贯彻落实党的十九大精神，以习近平新时代中国特色社会主义思想为指导，深入贯彻习近平总书记视察山东重要讲话、重要指示批示精神，坚持稳中求进工作总基调，坚持新发展理念，紧扣我国社会主要矛盾变化，按照高质量发展的要求，统筹推进“五位一体”总体布局和协调推进“四个全面”战略布局，牢牢把握争当全省走在前列排头兵的目标定位，以供给侧结构性改革为主线，以新旧动能转换重大工程为统领，大力实施全域城市化、市域一体化战略，大力实施产业强市、工业带动、突破发展服务业战略，大力实施城市国际化战略，统筹推进稳增长、促改革、调结构、惠民生、防风险各项工作，推动质量变革、效率变革、动力变革，促进经济平稳健康发展和民生福祉持续改善，努力实现现代化幸福威海建设新跨越。

主要预期目标为：生产总值增长8%左右，一般公共预算收入增长9%左右，外贸进出口稳定增长，城镇和农村居民人均可支配收入均增长8.5%左右，居民消费价格涨幅控制在3%左右，城镇登记失业率控制在2%以内，全面完成省下达的年度节能减排降碳约束性目标。

党的十九大要求“创新引领率先实现东部地区优化发展”，中央经济工作会强调“支持东部地区率先推动高质量发展”，我们要牢牢把握争当全省走在前列排头兵的目标定位，在新时代历史坐标系中找准奋斗方位，主动对标先进，积极争先进位，按照“1+33333”的工作体系，制定实施三年行动计划，明确现代化幸福威海建设的路线图和时间表，努力打造更具影响力的宜居、宜业、宜游、宜学的卓越城市。

一是强化“一个统领”，坚定不移推动高质量发展。把新旧动能转换作为统领经济工作的重大工程，坚持产业引领、项目拉动、企业支撑，强化改革、开放、创新三大动力，加快建设现代化经济体系，促进新动能持续快速成长，推动全市经济在实现高质量发展上不断取得新进展。

二是实施“三大战略”，高点定位引领城市转型跨越。大力实施全域城市化、市域一体化战略，坚定不移地走特色城市化发展道路；大力实施产业强市、工业带动、突破发展服务业战略，夯实城市发展的产业根基、动力支撑；大力实施城市国际化战略，培育国际竞争新优势，拓展对外合作新空间，塑造城市开放新形象，丰富卓越城市的品质内涵，推动开放城市向国际化城市迈进。

三是突出“三个力保”，补齐短板夯实长远发展基础。坚持立足大局、着眼长远、把握关键，全力保证交通快速通达，全力保障水资源安全，全力保护海岸线等生态资源，谋划推动一批牵动全局的重要事项、重大工程，有效破除城市发展的瓶颈制约，进一步提升城市承载能力和发展后劲。

四是打好“三大攻坚战”，牢牢守住发展的底线、红线。树立底线思维，强化抓重点、补短板、强弱项的责任担当，全力以赴打好防范化解重大风险、精准脱贫、污染防治的攻坚战，坚决保住基本、兜住底线，着力营造安全稳定的社会环境。

五是坚持“三个聚焦”，精准发力推进重点工作加速突破。坚持聚焦区域、聚焦产业、聚焦政策，找准区域发展的突破口，提高产业发展的精准度，打好政策支持的组合拳，强化谋篇布局、顶层设计，增强工作的前瞻性、战略性、全局性，推动重点区域率先突破、重点产业快速发展、重点工作加速见效。

六是强化“三个整合”，高效联动保证工作落实。加快整合“12345”政务服务热线、整合共享政务信息系统、整合政务督查力量，充分运用大数据等信息化手段，精准了解社情民意，高效办理群众诉求，全面提升政府决策和服务水平，进一步增强执行力，雷厉风行狠抓落实，更好服务群众、服务企业、服务发展。

三、2018 年政府工作重点

（一）牢牢把握主线、紧扣动能转换，加快建设现代化经济体系。坚持以供给侧结构性改革为主线，突出制造业优化升级，在“破”“立”“降”上下功夫，大力破除无效供给，大力培育新动能，大力降低实体经济成本，提高全要素生产率。

*实施重点产业集群培育工程。*突出龙头带动、链条延伸、要素聚集，实施“中国制造 2025”威海行动计划，集中力量培育七大千亿级产业集群。新一代信息技术产业集群，推动实施惠普打印机、亿和精密加工等重点项目，规划布局集成电路产业，打造计算机外设产品研发生产基地。新医药与医疗器械产业集群，推进实施威高手术设备和可降解支架等重点项目，争取在高精尖医疗设备、康复医疗设备等领域形成集聚效应。先进装备与智能制造产业集群，重点发展高档数控机床、医用特种机器人、轨道交通装备、节能环保装备、高技术船舶与海洋工程装备等优势产品。碳纤维等复合材料产业集群，推动康得碳谷科技等重点项目建设，延伸碳纤维综合制品产业化链条，加快发展先进高分子、石墨烯等前沿材料。海洋生物与健康食品产业集群，重点发展海洋保健品药品、海洋功能食品等高附加值产品，进一步提高中国海洋食品名城的国际知名度。时尚与休闲运动产品产业集群，推动纺织服装、家纺地毯、皮具钓具等传统产业与文化时尚元素、工艺设计跨界融合，打造全国知名的时尚创意城市和时尚产业基地。康养旅游产业集群，重点引进高端医疗保健、养生疗养、健康管理、医学美容等健康服务机构，加快建设国际医疗健康产业城、健康医疗大数据中心和康养特色小镇。

*实施新经济培育工程。*坚持以“四新”促“四化”，聚焦数字经济，实施工业互联网战略和大数据战略，促进物联网、云计算、大数据、人工智能与实体经济深度融合，推进企业商业模式变革和流程再造，加快在休闲经济、共享经济、创意经济、网络经济等领域培育新动能。推动“工业制造”向“工业智造”转变，实施机器换人、数字化与智能工厂建设、智能制造示范提升“三大工程”，引导企业探索应用各类智能制造新模式。推动“生产型制造”向“服务型制造”跨越，支持推广总集成总承包、个性化定制、柔性化生产等商业模式，鼓励企业由单一产品供应商向系统解决方案提供商转变。推动“单一业态”向“多元业态”融合，促进“文化 +”“物流 +”“旅游 +”“健康 +”“养老 +”等跨界融合渗透，引导企业拓展发展空间。推动“互联网 +”向“云 +”迈进，实施“企业上云”专项行动，引导企业利用大数据和云计算，实现管理、业务等方面的数据化转型，插上在“云端”飞翔的翅膀。

*实施现代服务业突破工程。*坚持发挥优势、补齐短板、突破重点，大力推动“六个提升”，促进传统服务业优化提升，新兴服务业加速成长。提升游客体验丰富性，围绕争创国家全域旅游示范区，推进黄金海岸提质、乡村旅游提升、景区旅游提标，开发工业旅游、红色旅游、冬季旅游、夜间旅游等系列产品，构建业态丰富、一体发展的全域旅游格局，让游客充分感受城市的品质和温度。提升康养品牌吸引力，积极培育国医康养、海洋康养、温泉康养等新兴业态，构建全领域、全周期、全链条康养产业体系，打响“四季威海 · 康养福地”品牌。提升现代物流通畅度，推动港口资源整合，促进国家一类开放口岸突出特色、加快发展，加大“无水港”合作建设力度，建设多式联运铁路枢纽中心，大力发展临港产业园区、铁路物流产业园区，做强做优跨境物流、冷链物流等产业，创建冷链物流示范城市。提升商贸流通特色化，优化特色商圈布局，大力发展电子商务，推动传统商贸和实体商业转变经营模式，培育“商品 + 服务”“购物 + 休闲”“消费 + 体验”等新业态。提升商务服务专业化，积极培育中介服务机构，强化精准招商提升酒店业发展层次，增强会展活动承接能力。提升生活服务便利性，加快发展家政服务、教育培训、体育休闲等产业，更好满足群众多层次、多样化消费需求。

*实施海洋经济转型突破工程。*强化科学用海、科技兴海、产业强海、生态护海“四个导向”，深入推进蓝色经济区建设，争创国家海洋经济发展示范区，推动海洋渔业大市向海洋经济强市跨越。聚焦海洋产业转型，突破发展海洋生物制药、海洋健康食品、海洋高端装备等产业；加强国家级远洋渔业综合基地、海洋牧场示范区建设，减船转产压减近海捕捞产能 1.8 万千瓦。聚焦产业链条延伸，创新海洋经济融合发展新模式，加快培育海工设计、海洋物流、涉海服务等新兴产业。聚焦综合平台建设，加快建设海洋科技产业聚集示范区，打造有影响力的海洋科技创新中心；支持海洋高新技术产业园创建国家农业高新技术产业示范区，推动 15 个海洋特色园区创新发展；加快国家浅海综合试验场、海洋生物遗传育种中心、山东船舶技术研究院、迪沙集团海洋药物与功能食品研发中心等平台建设，提高海洋科技成果转化能力。聚焦金融服务创新，组建海洋投资公司，创新海上保险、航运融资、大宗海产品交易等海洋金融服务，引导社会资本投资海洋经济。聚焦优势品牌培育，打响优质海产品、休闲渔业等区域品牌，加快有定价权的海产品综合服务平台建设，支持企业掌握行业主导权。

*实施高效生态安全农业提升工程。*坚持质量兴农、绿色兴农，推动农业政策从增产导向转向提质导向，调好调顺调优农业结构，加快培育农业发展新动能。大力发展高效农业，建设西洋参、无花果、大姜、茶叶、葡萄等特色种植区，新增现代果园 2 万亩；培植壮大农业“新六产”，高标准建设汪疃农耕文化体验园，打造山水田园示范区。大力发展生态农业，开展绿色防控

技术推广行动，实施耕地质量提升计划和优质粮食工程，新增水肥一体化面积7万亩，强化技术创新保障粮食安全。大力发展安全农业，加强追溯体系和信息平台建设，增加绿色优质农产品供给。

实施质量品牌提升工程。弘扬“幸福威海·品质承载”城市质量精神，支持企业在增品种、提品质、创品牌上攻坚发力，争创全国知名品牌创建示范区，创建全国质量强市示范城市。实施品牌强农工程，加强地理标志品牌保护，擦亮“威海农产·品味自然”“威海苹果·甜蜜诱惑”等农产品区域公用品牌形象。开展重点行业质量提升行动和群众性质量管理活动，夯实企业质量管理基础。推进国家碳纤维及其复合材料产业计量测试中心等公共检验检测服务平台建设。大力实施标准化战略，争创国家医疗器械技术标准创新基地，鼓励更多企业争当标准“领跑者”。

各位代表！加快新旧动能转换，建设现代化经济体系，相关工作都要工程化、项目化，围绕产业来谋划，依托项目来推进，依靠企业来实施。今年全市重点推进116项新旧动能转换重大项目、155项市级重点项目、147项市级重点工业投资项目。要按照“五个牢牢抓在手上”的思路，把目标和责任落实牢牢抓在手上，把产业和项目培育牢牢抓在手上，把园区和平台建设牢牢抓在手上，把政策和机制创新牢牢抓在手上，把环境和能力建设牢牢抓在手上，进一步夯实经济转型升级的基础，推动经济发展质量变革、效率变革、动力变革。

（二）强化创新驱动、补齐人才短板，加快建设创新型城市。围绕创建国家创新型城市，争创国家促进科技和金融结合试点城市、国家知识产权示范城市，加快实施创新驱动发展战略。

加强创新平台建设。加快创建国家区域创新中心，支持工信部电子信息技术综合研究中心、哈工大创新创业园建设，在高性能医疗器械领域争创国家制造业创新中心，引进更多协同创新的平台机构，构建“1+3+N”创新格局。开展企业研发平台提质升级行动，依托行业优势企业争创国家技术创新中心，支持更多企业创建省级以上技术研发平台，促进创新平台开放联合、资源共享。建设军民科技协同创新平台，打造军民融合创新示范区。

加强创新产业园区建设。加快国家自主创新示范区建设，推动医疗器械与生物医药、电子信息与智能制造、碳纤维等高端产业园区加快布局创新产业项目，构建“一区多园”创新产业发展格局。建设核能利用国际创新示范园，加强核能相关产业开发利用。规划布局中欧水处理及膜技术创新产业园。加强校地协同创新，吸引高校院所来我市设立产业研究院和科技园、创新园。

加强创新型企业培育。强化以企业为主体的创新体系建设，实施“千帆计划”“科技型中小企业雏鹰成长行动”，培育一批具有创新能力的排头兵企业。开展单项冠军企业培育提升行动，支持企业走“专精特新”发展道路，培育更多的瞪羚企业、独角兽企业和隐形冠军企业。加强国家“双创”示范基地建设，搭建国家级服装设计、建筑设计创新创业平台，构建全链条“双创”生态圈，促进大众创业、万众创新上水平，打造充满活力的“最暖创业城市”。

加强创新人才引进培养。深化人才发展体制机制改革，完善招才引智政策。深化提升“威海英才计划”，制定离岸创新人才、青年创新人才支持政策，实施干部国际化能力培养“双百计划”，升级“产学研合作特聘专家”“校地合作人才”等人才工程，打响“英创会”引才品牌，加强与欧美同学会等团体联谊交流，大力引进国家“千人计划”、泰山系列人才工程专家团队等创新人才。密切与驻威高校共建合作，促进更多高校毕业生留威创业就业。深化产教融合，引导职业院校开门办学，鼓励企业参与举办职业教育，培育更多适应产业需求的高技能、创新型“威海工匠”。

（三）坚持高点定位、对接国际标准，推动形成全面开放新格局。全面总结改革开放40周年的经验，牢牢抓住城市国际化战略、招商引资、开放型经济新体制“三个着力点”，进一步拓展开放的范围和层次，在新一轮高水平对外开放中增创新优势。

高标准实施城市国际化战略。坚持世界眼光、国际标准、本土优势，制定城市国际化建设行动纲要，建立评价指标体系，推动建设开放型国际经济活跃城市、区域性国际交往门户城市、标准化国际生态宜居城市。加强城市功能国际化、规范化建设，加快双语标识、国际学校、涉外门诊、自助导游等服务体系建设，在城市建设、语言环境、文化教育、医疗服务、休闲旅游、社会管理等方面与国际化标准全面接轨。开展系列国际交流活动，推进友好城市交流、海外联络联谊，提高城市知名度和国际影响力。

高效能推进精准招商。坚持把招商引资作为经济工作生命线，全面优化外商投资环境，运用整体思维谋划产业招商，瞄准世界500强、央企百强企业及行业隐形冠军企业，有针对性地开展建链招商、补链招商、强链招商。探索组建企业化管理、市场化运行的招商机构，提升招商队伍专业化水平。强化重点区域合作，着力深化欧美、深耕周边，争取对德国制造业招商取得新突破，争创中德中小企业合作区。坚持大胆假设、小心求证，统筹算好眼前和长远、静态和动态、局部和全局的平衡账，增强招商引资的精准度和实效性。

高水平构建开放型经济新体制。务实推进中韩自贸区地方经济合作示范区建设。扎实开展国家服务贸易创新发展试点，培育服务出口基地和特色小镇，设立“一带一路”国家云服务运营中心，加快建设服务贸易产业园。推动威海综合保税区正式封关验收，加快发展保税加工、保税物流、保税服务产业。加强国际贸易“单一窗口”建设和推广，提高对外贸易便利化水平。推行行政“二号章”、“大部制”、用人制度、薪酬制度等改革措施，创新开发区体制机制。发挥高区、经区、临港区等国家级开发区的主阵地作用，推动开发区“二次创业”。

高层次深化双向开放合作。坚持“引进来”和“走出去”相结合，主动融入“一带一路”建设。积极培育本土跨国公司，鼓励企业创新对外投资方式，并购境外研发、设计、营销、品牌等价值链优质资源，设立境外协同创新中心、工业设计中心、品牌营销中心，以投资带动贸易发展、产业发展。实施境外百展市场开拓计划，提升国际食品博览会、国际渔具博览会等展会层次。坚持扩大出口与高质进口并重，进一步优化外贸结构。积极培育外贸新业态，争创国家级跨境电商综合试验区。

（四）全面深化改革、优化发展环境，激发各类市场主体活力。坚持使市场在资源配置中起决定性作用，更好发挥政府作用，实施“改革落实行动计划”，加快推进基础性关键领域改革，提高各项政策的精准性、靶向性。

优化政策支持环境。做好政策法规立改废工作，建好政策“工具箱”，形成支持实体经济发展的政策叠加效应。全面落实支持国有企业、民营企业发展的政策，让企业充分享受政策红利。降低实体经济成本，降低制度性交易成本，全面清理涉企收费，组织开展“红顶中介”专项治理。帮助企业降低用能、物流成本。推进财政事权和支出责任划分改革，调整优化财政支出结构，压缩一般性支出，深入推进“拨改投”，加大对重点领域和项目的支持力度。健全企业家参与涉企政策制定机制，避免出现“桃子政策”“抽屉政策”，实实在在增加企业的获得感。

优化金融服务环境。大力发展普惠金融，强化科技支行、小微企业贷款风险补偿基金、小额贷款保证保险、农业融资担保等政策措施，帮助企业破解融资难题。推动威海蓝海银行和城商行、农商行等地方法人银行机构完善治理结构。推动企业加快对接多层次资本市场，争取新增上市挂牌企业15家。鼓励企业提高直接融资比重，促进更多金融活水流向实体经济。

优化投融资环境。强化实体经济吸引力和竞争力，优化存量资源配置，促进有效投资特别是民间投资合理增长。整合投融资公司，加强政府投资引导基金运营管理，推动设立产业发展基金，助力新兴产业和创新型企业加速成长。加强政府债务管理，严格控制新增债务。深化国企国资改革，开展混合所有制改革试点，推动国有民营经济双向参股。规范PPP项目运作，引导更多社会资本参与基础设施、公共服务等领域建设。

优化市场监管服务环境。正确处理管理与服务的关系，健全涉企服务和市场监管机制。持续深化商事制度改革和投资审批制度改革，取消不必要的行业门槛和隐性壁垒。规范涉企检查行为，推行跨部门“随机联查”，避免干扰企业正常生产经营。探索包容创新的审慎监管机制，建立事中事后监管新模式。

优化社会信用环境。深入开展信用提升年活动，加强政务诚信建设，引领商务诚信、社会诚信和司法公信建设走向深入。深化统计管理体制改革，加强统计数据质量管理。推进部门和行业信用管理，探索实施信用积分评价制度，扩大市场主体信用记录覆盖面。强化行业自律和信用监管，实施联合激励惩戒，让守信者一路畅通、失信者寸步难行。

优化企业家成长环境。完善联系服务企业机制，加快构建亲清新型政商关系，营造尊重企业家价值、鼓励企业家创新、发挥企业家作用的良好社会氛围。实施优秀企业家培育计划，开展企业家“青蓝接力”行动，助力年轻一代企业家健康成长。

（五）坚持生态立市、推动绿色发展，提供更多优质生态产品。树立和践行绿水青山就是金山银山的理念，巩固提升生态环境比较优势，积极创建国家生态文明建设示范市。

坚持不懈倡导绿色发展方式。实施百企节能降耗工程和节能产品惠民工程，培育循环经济示范企业和示范项目，推广应用节能新技术，调整能源结构、运输结构。严格实行区域新建项目排污总量减量、等量替代，从源头上减少污染。开展全民节水行动，推进田间工程节水改造，提高工业用水重复利用率。开展节约型机关、绿色家庭、绿色学校创建活动，推动形成绿色生活方式。

全力以赴解决环境突出问题。加大中央环保督察反馈问题整改力度，对中央环保督察交办的245件案件组织回头看。结合即将开展的省环保督察，继续开展环境突出问题综合整治攻坚行动。大气污染防治抓“稳固”，编制大气污染源清单，重点抓好“散乱污”企业和分散燃煤锅炉整治，强化扬尘污染防治，确保环境空气质量继续稳定达到国家二级标准。水污染治理抓“提升”，扎实推进工业废水污染源全面达标、工业集聚区水污染集中治理、城镇生活污染防治、流域环境和近岸海域综合治理等工作，全力开展集中式饮用水水源地环保执法行动。土壤污染治理抓“基础”，开展土壤环境质量监测，加强农业面源污染防治，建成固体废物处置中心，提高危险废物规范化管理水平。

多措并举保护生态系统。培育一批专门从事生态保护修复的专业化企业，高标准实施生态系统保护和修复工程。实施河道水库绿化整治工程，打造沿河环库的绿色林带、景观林带和经济林带。完善城市山体公园管理机制。支持威海植物园建设。坚持绿化、花化、彩化统筹兼顾，年内成片造林6万亩，推动“绿满威海、四季多彩”。全面落实“河长制”，开展“清河清库”行动。探索推行“湾长制”，开展黄金海岸生态保护试点，严控围填海项目，推动近岸海域沙滩养护、还滩还海，恢复海岸自然属性。

夯实责任加强生态环境监管。建立“一个系统、四个平台”，完善环境问题处置长效机制，进一步健全自然资源资产产权制度，建立生态补偿机制。实施环保机构监测监察执法垂直管理制度改革。加快建设河流跨境断面、污水溢流口自动监测监控设施，新建20个环境空气自动监测站。开展第二次全国污染源普查。全面推行排污许可证制度，加强企业环境信用体系建设。

（六）坚持全域统筹、强化规划引领，加快推动市域一体化发展。坚持以人的城市化为核心，以全域城市化、市域一体化为方向，加快同城融合、协同发展。

统筹推进“多规合一”。树立“全域威海观”，编制市域一体空间统筹规划，统筹全域生态、生产、生活空间，推动市域统筹一体化布局、产城融合一体化发展、城乡均衡一体化提升、陆海并重一体化开发、基础设施一体化建设、生态环境一体化保护。启动新一轮城市总体规划编制，划定生态保护红线、永久基本农田、城镇开发边界三条控制线。统筹国民经济和社会发展规划、城乡规划、土地利用规划及生态保护、林地保护、海岸带保护、水安全保障等专项规划，建成“多规合一”综合应用系统，形成城乡统筹、全域覆盖、要素叠加“一张蓝图”。加强非城镇建设用地管理，集约节约利用土地资源。推动城市设计全覆盖和智能化，统筹建筑布局，协调城市景观，保持特色风貌。

统筹推进重点区域开发。深入实施“四个突破”战略，扎实推进国家产城融合示范区建设。集中力量开发建设东部滨海新城、双岛湾科技城、南海新区等重点区域，加快周边区域城市化改造，实施国际经贸交流中心、高端人才创新创业基地等重点项目，加速聚集产业项目。推动好运角旅游度假区、里口山城市山地公园、乳山滨海新区、昆嵛山旅游度假区等区域生态保护性开发，打造知名山海旅游目的地和“慢生活”体验区。

统筹实施“城市双修”工程。优化“城市家具”设计和布局，塑造整洁和谐的公共空间。制定户外广告设置规划导则，推行分区控制。加大城市违法建设治理力度，推进“城市伤疤”治理。实施19个老旧小区综合整治。完善物业管理机制，提高物业管理水平。推开新建住宅全装修。推进地下综合管廊和海绵城市建设。健全城市网格监管体系，提高城市精细化管理水平。完善5G通信网络等数字基础设施，加快推进智慧城市建设。

统筹实施乡村振兴战略。科学制定乡村振兴战略规划，健全城乡融合发展体制机制，加快推进农业农村现代化。加强农村综合产权交易中心建设，新增土地流转面积5万亩。积极培育新型农业经营主体，支持发展家庭农场，新增农业科技示范主体1000个。加快美丽乡村建设，实施“百村示范、千村提升”行动，推动建设田园综合体。开展新一轮乡村文明行动，夯实乡村治理基层基础。加快户籍制度改革落地步伐，完成500个村集体产权制度改革，推动本地农村居民市民化。坚持因地制宜、一镇一策，精心培育特色小镇、重点示范镇，打造一批乡村振兴战略示范村。

统筹推进基础设施建设。按照构建市域一体、国内通达和联通海外“三大交通圈”的思路，聚焦客流通达、物流集散，编制全市综合交通网发展规划。加快推进莱荣高铁、文莱高速公路、环山快速路、乳山口跨海大桥等重大项目，规划疏港铁路，完成城市轨道交通规划报批，做好威海新机场选址工作，全方位开拓空中航线，加密班列开行频次。围绕建立“南北连接、中心贯通、江黄共济”的水资源保障体系，统筹做好广蓄水、引客水、淡海水、用中水、治污水的文章。实施龙角山、坤龙邢水库增容和黄垒河拦蓄利用等工程，做好南水北调南线工程规划论证，加强中水利用管网规划建设。坚持陆海统筹、水岸共治、管护并重，加强海岸线等生态资源保护。实施“蓝色海湾”“生态岛礁”等工程，推进黄垒河、乳山河、母猪河分段综合整治，加强自然保护区和湿地、林地资源保护恢复工程建设。组织实施4大类、43项城建重点工程，加快“一带四轴”绿道网络建设。

（七）尊重群众意愿、增进民生福祉，切实提高保障和改善民生水平。紧紧围绕解决民生领域的不平衡不充分问题，积极主动回应群众关切，进一步加强基本公共服务和基本民生保障。

办好人民满意教育。坚持教育优先发展，扎实推进基础教育综合改革试验区等试点工作。实施学前教育三年行动计划，解决好婴幼儿照护和儿童早期教育服务问题。建立消除“大班额”长效机制，着力解决中小学生课外负担重等突出问题。推进立德树人工作，启动中小学图书馆式学校建设和师生“大阅读”工程，加强学生艺术素养评价。推进特色高中建设，提升高中阶段教育普及水平和质量。扩大中职学生接受高等教育规模。东部滨海新城优质高中投入使用，加快推进市中小学生综合实践教育中心三期工程。

加强就业和社会保障。注重解决结构性就业矛盾，解决好性别歧视、身份歧视问题。实施积极就业政策，推动公共就业服务、职业技能培训、援企稳岗政策延伸覆盖，城镇新增就业3.3万人。深入实施全民参保计划，启动实施职工长期护理保险制度，深化医保支付方式改革，提高居民医保财政补助标准。提高城乡最低保障标准、困境儿童生活保障标准。加快建立多主体供应、多渠道保障、租购并举的住房制度，完善促进房地产市场平稳健康发展的长效机制，支持发展住房租赁市场，新开工棚户区改造2.9万户，采取租补结合的方式，帮助住房困难家庭实现“安居梦”。

打赢脱贫攻坚战。坚持既不降低标准，也不吊高胃口，瞄准特定贫困群众精准帮扶，对全部建档立卡贫困户再摸底、再确认，将因病因灾新致贫人口纳入扶贫范围，“一户一策”细化帮扶措施，实施有效救助。因村制宜推进社会扶贫、金融扶贫、产业扶贫，打造扶贫示范基地100个。加强考核监督，完善长效机制，巩固提升脱贫成果，确保小康路上不让一户一人掉队。

加快健康城市建设。深化医药卫生体制改革，健全分级诊疗、现代医院管理和药品供应保障制度，建成紧密型医疗联合体6处，着力解决“看病难、看病贵”问题。加快国家中医药综合改革试验区建设，推动国医院开业运营。实施“健康细胞”工程，强化重大疾病预防控制，提升计划生育和妇幼健康服务水平。开展残疾人精准康复行动。广泛开展全民健身活动，举办铁人三项世界杯赛，做精做活帆船、垂钓等品牌赛事。推进国家医养结合试点、居家和社区养老服务改革试点，新建社区养老服务中心20处。

扎实推进文化建设。积极创建国家公共文化服务体系示范区。深入实施文化惠民工程，开展文化惠民消费季活动。推动“全民阅读·书香威海”建设，新建城市书房8处、共享图书柜25处。启用市图书馆新馆、群众艺术馆新馆。加强动漫创意、艺术品交易、油画创作等基地平台建设，积极培育新型文化业态。实施优秀传统文化传承弘扬工程。发掘老洋房、乡村记忆馆、文物保护遗址的文化内涵，讲好威海故事，留住威海记忆。深化新闻出版、广播影视等领域文化体制改革。积极培育和践行社会主义核心价值观，深化“君子之风·美德威海”建设，开展文明单位、文明家庭、文明校园等群众性精神文明创建活动，扎实开展“爱文明家园、做文明市民”行动，巩固提升文明城市创建成果。

各位代表！人民群众对美好生活的需要，就是政府工作的努力方向。在广泛征求群众意见建议的基础上，今年我们确定为群众办理12件实事：(1)新建改扩建中小学校26所、普惠性幼儿园17所，持续改善城乡办学条件；(2)推行家庭医生签约服务，城乡居民签约服务率分别达到30%和65%以上；(3)

实施市区7条瓶颈路打通工程，治理“背街小巷”20处；(4) 绿化整治河道35条，优化沿河生态环境；(5) 改造农村供暖设施281处，实现农村公共场所清洁供暖全覆盖；(6) 建设小游园23处、山体公园5处，新增城市绿道48.8公里，方便群众就近健身休闲；(7) 推动“厕所革命”，改造提升中心城区公共厕所25处，完成农村改厕11.3万户；(8) 中心城区开通优化7条公交线路，提高换乘便利性；(9) 利用老建筑建设城市博物馆等公益文化空间8处，丰富群众文化体验；(10) 新建社区居家养老服务组织72个，打造15分钟社区养老服务圈；(11) 实施农村饮水安全巩固提升工程，改善252个村的居民饮水条件；(12) 新建农业社会化综合服务中心31处，为农户提供一站式、全链条服务。我们将紧扣群众所思所想所盼，聚焦痛点难点堵点，坚持尽力而为、量力而行，一件事情接着一件事情办，一年接着一年干，努力把民生实事办到群众的心坎上，实实在在增加群众的获得感、幸福感。

（八）筑牢基层基础、凝聚攻坚合力，加强和创新社会治理。大力加强平安威海建设，打造全民共建共治共享的社会治理格局，全方位提高人民群众安全感。

*全力夯实社会治理基石。*坚持政府治理和社会调节、居民自治良性互动，强化城乡社区治理，选优配强“小巷总理”和村居工作队伍，高标准建设农村社区服务中心157处，建好用好四级综治中心。健全立体化社会治安防控体系，打好公安基层基础建设三年攻坚战，建设应急通信政务专网、移动警务应用平台。依法严厉打击传销、黄赌毒等违法犯罪活动。深入实施“七五”普法规划。健全公共法律服务体系。有效开展法律援助。深化社会组织管理制度改革，推进社会组织承接政府转移职能。

*全力守住安全生产底线。*健全风险分级管控和隐患排查治理双重预防机制，落实安全生产领域失信行为联合惩戒机制，强化企业主体责任落实。深入开展“大快严”集中行动、化工产业安全生产转型升级专项行动、道路交通“平安行·你我他”行动，加强重点领域专项治理。加强气象、水文、地震等工作，健全综合防灾减灾体系。强化应急教育培训、装备配备和预案演练，提高应急处置能力。开展“食安威海”品牌引领行动，实施餐饮质量安全提升工程，保障群众“舌尖上的安全”。

*全力筑牢风险防控屏障。*继续开展排查安全隐患防范四类风险专项行动。加强金融风险防控，做好企业担保圈、民间借贷、互联网金融等重点领域风险防范和处置，严厉打击违法违规金融活动，守住不发生系统性金融风险的底线。着力解决网上虚假信息诈骗、倒卖个人信息等突出问题。完善社会矛盾预防和排查化解综合机制，推进诉调对接中心、行业调委会、人民调解员队伍建设，推进律师参与矛盾化解、仲裁参与诉调对接、村级法律顾问兼任人民调解员工作创新，用心用情用力解决群众利益诉求。

*协调发展各项社会事业。*加强国防动员、民兵预备役、打击走私和人民防空建设，巩固和促进军政军民团结。依法保障妇女、儿童、老年人、残疾人合法权益，大力发展社会福利和公益慈善事业。继续做好民族、宗教、外事、侨务、对台、仲裁、档案、史志、对口支援和扶贫协作工作。

四、建设人民满意的服务型政府

（一）强化政治过硬、执行有力的责任担当。坚持把政治建设摆在首位，推进“两学一做”学习教育常态化制度化，开展“不忘初心、牢记使命”主题教育，强化“四个意识”，坚决维护以习近平同志为核心的党中央权威，自觉以习近平新时代中国特色社会主义思想武装头脑、指导实践、推动工作。坚持把雷厉风行、专业务实作为政府鲜明的工作风格，推行工作项目化、项目清单化、清单责任化，量化细化实化政府工作。完善决策部署执行、监督、考评、奖惩等工作机制，健全正向激励、容错纠错、澄清保护机制，推行跟踪督查、综合督查、下沉督查，落实主体责任，确保政令畅通。

（二）强化依法行政、阳光运行的法治理念。坚持把政府工作全面纳入法治轨道，落实好重大决策公众参与、风险评估、合法性审查等五项制度，强化行政决策法定程序的刚性约束。树立整体政府理念，深化大部门制度改革，优化部门内部科室设置，推动行政职能整合和资源优化配置。加强行政执法监督，促进严格规范公正文明执法。自觉接受人大法律监督、政协民主监督，认真办理人大代表建议和政协提案，广泛听取民主党派、工商联、无党派人士意见。深入推进政务公开，畅通政民互动渠道，让人民群众更直接更有效地监督政府。

（三）强化务实高效、便民利企的服务意识。持续深化“放管服”改革，深入推进削权减证等“五大行动”，创新政务服务体制机制，以更彻底的放权、更到位的监管、更精准的服务，为企业松绑、为群众解绊、为市场腾位。深入推进“互联网＋政务服务”，深化政务服务平台建设与应用，推动线上线下深度融合，让数据多跑路、群众少跑腿。进一步整合公共资源交易平台，实现公共资源交易全流程电子化。推动“政府上云”，加快政务信息系统整合共享，建成全市共用的电子政务云。整合建立全市统一的“12345”政务服务热线，实行“一号受理、限期办结、综合督办、双向反馈、回访全覆盖”，确保群众诉求快速高效处置。

（四）强化清正廉洁、纪律严明的优良作风。深入推进廉洁威海建设，开展廉政教育和廉政文化建设，严格落实全面从严治党责任，把廉洁从政贯彻到政府工作各环节。推进审计监督全覆盖，加强对重点领域、关键环节、重要岗位权力运行的监督制约，深化扶贫领域腐败和作风突出问题专项治理，铲除滋生腐败土壤。持续整治“四风”问题，坚决反对特权思想和特权现象，巩固拓展落实中央八项规定精神成果。用好监督执纪“四种形态”，抓早抓小、防微杜渐，严厉查处侵害群众利益的“害群之马”，以反腐倡廉的决心和成效，取信于民、服务于民、造福于民。

各位代表！新思想引领新时代，新使命开启新征程。让我们紧密团结在以习近平同志为核心的党中央周围，在市委的坚强领导下，不忘初心、牢记使命，以更加饱满的激情、更加务实的作风，不断开创各项工作新局面，努力争当全省走在前列排头兵，为实现现代化幸福威海建设新跨越而努力奋斗！

（市政府办公室提供）

编辑　闫拥军

大 事 记

1 月

1日 即日起，威海市居民基础养老金标准由每人每月110元提高至120元，惠及全市37.6万名老年居民。

4日 全市经济工作会议召开。

9日 在乳山市举办的“牡蛎品鲜汇”上，中国水产流通与加工协会授予乳山市“中国牡蛎之乡”和“2016最具影响力水产品区域公用品牌”称号。

同日 省财政厅公布的信息显示，2016年山东省威海、日照、烟台、青岛4个城市入选国家开展“蓝色海湾整治行动”城市。

10日 市委副书记、市长张惠会见到威海考察的比利时贝卡尔特集团首席执行官泰乐一行。

15日 副省长王书坚在威海市主持召开座谈会，征求基层干部群众对省政府工作、省政府党组和《政府工作报告》的意见建议。

17日 中国共产党威海市第十四届纪律检查委员会第八次全体会议召开。

同日 工业和信息化部发布全国第一批制造业单项冠军示范企业和培育企业名单，山东威达机械股份有限公司和天润曲轴股份有限公司分别入选首批制造业单项冠军示范企业和培育企业。

23日 省政府办公厅在山东省政府网站公布山东省新的中小城市试点名单，确定威海等8个城市为大城市试点，荣成等15个市（县）为中等城市试点，乳山等15个市（县）为I型小城市试点，威海经济技术开发区泊于镇等10个镇为新生小城市试点，威海市环翠区张村镇等30个镇为重点示范镇。

2 月

3日 市委、市政府召开2016年度全市工作总结表彰大会，动员全市上下进一步统一思想、坚定信心，再接再厉、乘势而上，奋力夺取2017年各项工作新胜利，不断开创经济社会发展新局面。

7日 经威海海关审核后，退税代理机构为一名外籍旅客办理退税55.22元，是威海市办理的首笔外籍旅客离境退税业务。

11日 “中国秧歌之乡”授牌仪式在乳山市人民政府广场举行，乳山市成为中国文联在山东省授牌的第一个县级市。

13日 威海经济技术开发区《威海海西头国家级海洋公园总体规划》通过国家海洋局批复。

16日 国家旅游局在官方网站公布新一批AAAAA级旅游景区名单，威海市的华夏城景区入选，是继刘公岛景区后威海市第二家国家AAAAA级旅游景区。

20日 全国首批海运进口澳大利亚屠宰肉牛到港暨口岸启动仪式在石岛新港举行。由泰祥集团进口的1195头屠宰肉牛抵达石岛新港，标志着中澳自贸协定每年100万头肉牛出口中国海上通道正式启用。

22日 中国共产党威海市第十四届委员会第十次全体会议召开。

23日 美国国际贸易委员会发布中美轮胎双反案最终结果，认定自中国进口的卡客车轮胎未对美国国内产业构成实质损害或损害威胁。美国海关将

华夏城景区　　威海日报社提供

不会对自中国进口的这类产品征收反倾销和反补贴税。这是中国轮胎行业应诉美国双反调查取得的首次胜诉。这一案件的胜诉得益于浦林成山（山东）轮胎公司提供的实证。

3 月

1日—3日 中国共产党威海市第十五次代表大会召开。应到代表380名，实到代表370名，符合法定人数。十五届市委举行第一次全会，选举产生新一届市委领导机构。全会选出孙述涛、张惠、霍高原、王亮、傅逊、侯世超、刘运、戴龙成、傅广照、刘广华为市委常务委员会委员，孙述涛任市委书记，张惠、霍高原任副书记。

2日 国家标准委下发《关于下达第九批国家农业标准化示范项目的通知》，文登区申报的西洋参生产标准化示范区项目入选，是威海市唯一实施该项目的区市。

3月 中共威海市第十五届纪律检查委员会举行第一次全体会议。会议选举产生新一届市纪委常委、书记、副书记。傅逊当选为书记，邱洪京、尹玉翠、张利春当选为副书记。

5日 2017中国威海·国际英才创业峰会海外博士（日本）威海行活动在海悦建国饭店开幕。人力资源社会保障部留学人员和专家服务中心副主任李璟，中国留日同学总会会长汪先恩，省外国专家局局长张祝秀，市委常委、市政府副市长、市委政法委书记傅广照参加活动。

9日 “2017中国威海·国际英才创业峰会——中德人才技术交流合作对接会”举行。德国代表团一行在威海期间实地参观考察威高集团。

10日—11日 14位能源与材料领域的国家“千人计划”专家深入威海市40多家企业实地考察指导，为企业送去“金点子”，助力企业转型升级。

20日—23日 中国人民政治协商会议第十三届威海市委员会第一次会议召开。应出席委员324人，实际出席319人，符合法定人数。会议审议十二届市政协常委会工作报告和提案工作报告，围绕事关全市经济社会发展的重大问题协商建言，选举产生十三届市政协领导班子。高旭光当选为市政协主席，李淑芳、戚建波、刘亚东、任慧春、徐东明、夏景华、陈伟胜当选为副主席。

21日—24日 威海市第十七届人民代表大会第一次会议召开。实有代表334名，实际出席318名，符合法定人数。市长张惠向大会作政府工作报告。经过大会选举，王学文当选为市第十七届人大常委会主任，毕礼伟、丛培卿、张竞、李文基、于东海当选为副主任；张惠当选为市人民政府市长，王亮、杨丽、叶立耘、张伟、高书良、周永迪当选为副市长；李向阳当选为市中级人民法院院长，王锡友当选为市人民检察院检察长。

4 月

4日 副省长、省公安厅厅长孙立成一行到乳山市看望慰问全国公安系统二级英雄模范王伟的亲属，副市长、市公安局局长叶立耘等陪同。

10日 国家食品药品监督管理总局公示首批国家食品安全示范城市综合评议结果，威海进入公示名单。

14日 第一届山东省渔具标准化技术委员会第一次全体委员大会在威海召开，将省渔具标准化技术委员会秘书处设在位于威海市的国家渔具质量监督检验中心，是第一个落户威海的标准化技术委员会秘书处。

17日 国家沙滩手球训练基地正式落户威海南海新区。

18日—19日 省委书记刘家义到威海市调研，先后考察威海临港经济技术开发区嘉和社区、威海南海新区蓝色创业谷、三角轮胎南海产业园、文登区市民中心。市领导孙述涛、张惠、侯世超、叶立耘陪同调研。

19日—20日 中共中央政治局常委、国务院总理李克强，在山东省委书记刘家义，省委副书记、代省长龚正等陪同下，考察威海港、威高集团、孙家疃医院、迪尚集团和皇冠市场监管所。市委书记孙述涛，市委副书记、市长张惠，市委常委、秘书长侯世超等分别陪同考察。

19日—20日 省政协副主席、民革山东省委主委孙继业率侨商代表调研组到威海市就健康与养老产业发展情况进行专题调研，并召开座谈会。市政协主席高旭光陪同调研并主持座谈会，副市长杨丽出席座谈会并介绍相关情况，市政协副主席、民革威海市委主委李淑芳，市政协副主席、威海综合保税区管委主任徐东明陪同活动。

21日 袁隆平与荣成鸿德海洋生物科技有限公司签约成立袁隆平院士工作站，标志着荣成市海洋生物科技产业与现代生态高效农业深度融合迈出新的一步。

23日 “泛海扬帆山东大学生创业行动”首届创客节暨“泛海扬帆”山东大学生创业示范基地揭牌仪式在威海南海新区北京交通大学威海校区举行。

24日 国务院办公厅对2016年落实推进供给侧结构性改革、适度扩大总需求、促进创新驱动发展、保障和改善民生等有关重大政策措施真抓实干、取得明显成效的26个省（区、市）、90个市（地、州、盟）、127个县（市、区）予以表扬，威海市、荣成市上榜。

25日 威海海关空运监管现场首批跨境电商出口货物在海关监管下顺利通关，是威海市首批通过空运方式出境的跨境电商货物。

27日 威海工匠命名表彰大会召开，威海市首批47名威海工匠受到表彰。

5 月

1日 为期4个月、被称为“史上最严”的伏季休渔期正式开始。

3日 威海市推进“两学一做”学习教育常态化制度化工作座谈会召开。

4日 国务院原则同意《威海市城

市总体规划（2011—2020年）》，威海市作为山东半岛的区域中心城市、重要的海洋产业基地和滨海旅游城市，将在确定的777平方公里城市规划区范围内，实行城乡统一规划管理；到2020年，中心城区常住人口控制在130万人以内，城市建设用地控制在128平方公里以内。

同日　《全国海洋经济发展“十三五”规划》发布，在重点海洋产业集群培育方面，威海市海洋渔业、可再生能源业两大重点产业入围国家规划，威海国家浅海综合试验场被确定为重要科技平台。

6日　九江市委书记杨伟东率九江市党政考察团到威海考察市规划展览馆、东部滨海新城规划馆、地下管廊工程、刘公岛爱国主义教育基地等。威海市委书记孙述涛会见考察团一行，市委副书记霍高原、副市长周永迪陪同考察。

9日　威海中世韩国国际学校幼儿园租用的车辆在环翠区陶家夼隧道内起火，车内1名司机和11名学前儿童身亡，1名随车女教师重伤经抢救无效离世。事故发生后，省委、省政府，市委、市政府高度重视。当日，省政府成立事故调查组，威海市相关部门全力配合调查。山东省和威海市公安部门6月2日通报，威海“5·09”客车起火案件是一起司机人为实施的放火案件。

11日　山东省卫生与健康大会召开，市委书记孙述涛在济南主会场作题为《产业促进事业发展水平　事业巩固健康城市根基》的典型发言。

11日—12日　中央文明办专职副主任夏伟东带领调研组到荣成市调研全国文明城市创建工作。省委宣传部副部长、文明办主任刘宝莅，市委常委、宣传部部长刘广华陪同活动。

12日　市委副书记、市长张惠会见到威海考察的韩国仁川市副市长赵东岩，副市长杨丽会见时在座。

同日　爱国卫生运动65周年暨全国爱国卫生工作座谈会在杭州召开，威海市作《擦亮卫生城市品牌　共建共享健康威海》的典型发言。

15日　第十三届文博会颁奖暨总结大会在深圳会展中心举行。威海市委宣传部获得优秀组织奖，威海市展团获得优秀展示奖。

16日　根据公安部及省公安厅统一部署安排，威海市启用全国统一版机动车号牌选号系统。

同日　位于威海临港经济技术开发区的威海市植物园揭牌，标志着威海市首家植物园正式启动建设。

17日　全国第一个智能海洋气象预警系统在荣成石岛投入使用。

18日　全省首个军民融合产业转移中心落户威海南海新区，中国航天（威海）军民融合产业转移中心和中国·山东航天科技博览基地揭牌仪式在南海新区举行。

22日—23日　国家卫生计生委副主任王培安到威海调研医养结合工作。市委书记孙述涛，市委副书记、市长张惠，副市长高书良分别陪同调研。

25日—26日　省委常委、省纪委书记陈辐宽到威海，就学习贯彻中央纪委七次全会和省纪委八次全会精神，推进党风廉政建设和反腐败工作等进行调研。市委书记孙述涛，市委常委、市纪委书记傅逊等参加活动。

27日　全市城市管理暨“城市双修”动员会召开。

28日　“迪尚”第十一届中国时装设计大赛成果奖评选及颁奖活动在威海举行。中国服装数字化设计迪尚研发中心和国家纺织面料馆迪尚面料中心正式揭牌。

6　月

2日　“甲午国殇·民族复兴”专题讲座在山东大学（威海）知行会堂举行，国防大学战略研究部教授、国防大学战略研究部原主任金一南少将应邀以《百年沧桑——从东亚病夫到民族复兴》为题作专题讲座。

6日　威海市城市党建工作会议召开。

7日　农业部总畜牧师马爱国率农业部抗旱工作组到威海市考察农业旱情以及抗旱工作。

9日　“威海南海万和杯”2017年全国海钓锦标赛（山东威海站）开幕式在威海南海新区举行，现场举行“中国钓鱼名城”授牌仪式，威海市成为全国首个获得“中国钓鱼名城”称号的城市。

11日　第十一届中国电子政务高峰论坛暨“2017中国新型智慧城市创新50强”发布会举行，威海市获得“2017中国新型智慧城市创新50强创新服务奖”。

13日　财政部、国家海洋局联合复函，威海市入选国家“十三五”第

5月28日，“迪尚”第十一届中国时装设计大赛成果奖评选及颁奖活动在威海举行

威海日报社提供

二批海洋经济创新发展示范城市（共7个）。

15日—16日 由中华环境保护基金会与威海市政府共同主办的2017中华环境奖获奖者经验交流会在威海举行。

16日—19日 由山东省商务厅、山东出入境检验检疫局和威海市政府联合主办的山东出口食品农产品质量安全示范省成果展暨第八届威海国际食品博览会在威海国际展览中心举办。10多个国家和地区的202家优质食品企业参展，吸引国内外专业采购商约3500人，达成意向订单量约16.5亿元，现场销售额约3000万元。

19日—20日 工业和信息化部副部长陈肇雄到威海调研，市委副书记、市长张惠，副市长张伟陪同调研。

21日 国务院办公厅印发《关于建设第二批大众创业万众创新示范基地的实施意见》，公布示范基地三大类92个。其中，威海火炬高技术产业开发区入选区域示范基地，迪尚集团入选企业示范基地。

22日 中国社会科学院与《经济日报》在北京共同发布《中国城市竞争力报告No.15》，威海市2016年宜居竞争力指数排在全国第28位。

23日 中国共产党威海市第十五届委员会第二次全体会议召开。

同日 威海口岸国际海运快件业务启动仪式在威海国际物流园举行，威海市成为全国第二个开通国际海运快件业务的城市。

24日—26日 2017年全国沙滩手球锦标赛暨国际沙滩手球邀请赛在威海南海新区国家沙滩手球训练基地举行，国内外26支代表队400余名队员参赛。

29日 在全国食品安全宣传周主场活动上，威海市被授牌命名为首批国家食品安全示范城市，国家农产品质量安全市同时授牌。威海市成为全国唯一的整建制创建为国家食品安全示范市和国家农产品质量安全市的城市。

同日 副省长王书坚到威海调研新旧动能转换工作，市委副书记、市长张惠，副市长张伟陪同调研。

同日 全省首家民营银行——威海蓝海银行股份有限公司开业仪式举行，是全国第一家以服务海洋经济为特色定位的民营银行。

同日 环境保护部发布《2016中国近岸海域环境质量公报》，在对全国27个主要海水浴场的水质监测中，威海国际海水浴场等4个海水浴场水质为优。

28日—30日 首届威海国际苹果种植设备技术展览会（Interpoma China 2017）在威海国际展览中心举行。展览面积1万平方米，标准展位200多个，参展企业70家。

7 月

1日 威海市在山东省独家启动为期一年的生育保险和职工基本医疗保险合并试点工作，统一执行职工医保待遇的享受条件。

即日起，海关通关一体化改革在全国实施。当日，威海海关受理全国通关一体化报关单287票，均由计算机系统自动放行。

3日—8日 2017年全国棒球冠军赛暨全国棒球公开赛在威海临港经济技术开发区全民健身中心棒球场举行，北京、天津、山东、江苏等8支代表队参赛。

4日 威海市通过国家节水型城市建设情况现场复查。

4日—9日 “那香海杯”2017年全国青少年帆板锦标赛在荣成市好运角旅游度假区那香海海水浴场举行，全国15个省市代表队的200多人参赛。

6日—7日 全国政协委员、诺贝尔文学奖得主、中国作家协会副主席莫言到威海参观考察。威海市政协主席高旭光，市委常委、秘书长侯世超分别陪同考察。

7日 全国食品安全宣传周商务部主题日活动启动仪式暨重要产品追溯体系建设现场会在威海举行。

12日 市委召开全市领导干部会议，宣布中共山东省委关于威海市领导调整的决定：张海波任中共威海市委委员、常委、副书记，提名为威海市人民政府市长候选人；免去张惠的中共威海市委副书记、常委、委员职务。

14日 威海市第十七届人大常委会第四次会议表决任命张海波为市政府副市长，接受张惠辞去市政府市长职务的请求；会议经过审议，投票决定张海波为市政府代理市长。

同日 住房和城乡建设部印发《关于将保定等38个城市列为第三批生态修复城市修补试点城市的通知》，威海市入选试点城市。

18日 首届中国城市信用建设高峰论坛发布《中国城市信用状况监测评价报告2017》，荣成市获得国家城市信用建设创新奖，在全国361个县级市综合信用指数排名中名列第一。

18日 2017全国药品不良反应监测中心主任座谈会在威海召开。

21日 临汾市委书记岳普煜一行6人到威海考察。威海市委书记孙述涛会见考察团一行，市委副书记霍高原，市委常委、秘书长侯世超陪同考察。

同日 市委副书记、代市长张海波会见到威海考察的韩国驻青岛总领事馆总领事李寿尊一行，副市长杨丽陪同会见。

同日 全国房车标准起草培训会议暨中国房车产业出口基地揭牌仪式在荣成市举行，中国汽车工业协会房车委员会授予荣成市“中国房车产业出口基地”称号。

24日 省政协副主席赵润田率省政协调研组到威海市就推进提案公开工作进行调研。市政协主席高旭光、副主席任慧春等陪同调研。

25日 海关总署发布“2016中国外贸百强城市名单”，威海市再度入选，位列全国第45名、全省第4名。

26日 团中央书记处书记徐晓一行到威海调研指导共青团工作，团省委书记陈必昌，副市长、市公安局局长叶立耘等陪同调研。

27日 全国卫生城镇和健康城市工作经验交流会在威海召开。国家卫生计生委副主任、国家中医药管理局局长、全国爱卫办主任王国强，共青团中央书记处书记徐晓，副省长王随莲，世界卫生组织驻华代表施贺德，市委副书记、代市长张海波等出席会议，副市长高书良代表威海进行经验交流。

同日 威海市新旧动能转换重大工程座谈会召开。

7 月 28 日，“2017 威海绿色骑行”活动在威海举行　　威海日报社提供

28 日　由全国爱卫办和世界卫生组织共同举办的“2017 威海绿色骑行”活动在威海举行。国家卫生计生委副主任、国家中医药管理局局长、全国爱卫办主任王国强，市委副书记、代市长张海波，副市长高书良以及世界卫生组织驻华代表施贺德与世界卫生组织、国家部委、共青团系统的中外嘉宾及国内 100 余位市长，近 200 人参加。

31 日　农业部公布全国首批境外农业合作示范区和农业对外开放合作试验区，威海市的“荣成农业对外开放合作试验区”和“俚岛海科中国斐济渔业综合产业园”分别入选“国家农业对外开放合作试验区”和“国家境外农业合作示范区”建设试点。

8　月

4 日　交通运输部官方网站公布“十三五”全面推进公交都市建设第一批创建城市 50 个城市名单，威海市入选。

5 日　众诚智库、经济观察报城市与政府事务研究院共同发布“2017 年中国县域经济 50 强”榜单，荣成市位列全国第 19 名、全省第 4 名。

6 日　第十届国际树枝状大分子峰会在威海召开，这是该峰会首次在发展中国家举办。

11 日　“国际军事比赛—2017 · 海洋之杯”舰艇比赛在俄太平洋舰队海上训练中心闭幕，代表中国人民解放军海军参赛的驻威海海军 91827 部队某舰艇摘得桂冠。

同日　“新港明珠杯”全国跆拳道竞演大会在威海南海新区举行，各省市的 14 支代表队 300 余名运动员参赛。

15 日　副省长、省禁毒委主任、公安厅厅长孙立成会见到威海市参加第三届金砖国家禁毒工作组会议的巴西、俄罗斯、印度代表团团长。副市长，市禁毒委副主任、禁毒办主任、公安局局长叶立耘陪同会见。

14 日—17 日　“2017 香港山东周”活动在香港举办。市委副书记、代市长张海波率团参加相关活动，充分利用鲁港搭建的交流平台，聚焦推动新旧动能转换，开展经贸洽谈和文化交流活动，进一步深化与香港的经贸合作。

17 日—18 日　省政协副主席雷建国带领调研组到威海调研海洋产业转型升级情况，市政协主席高旭光、副主席夏景华陪同调研。

20 日　住房和城乡建设部公布第三批 38 个“城市双修”试点城市名单，威海市入选。

22 日—23 日　省委副书记、济南市委书记王文涛到威海调研新旧动能转换、文化旅游发展等情况，威海市领导孙述涛、张海波、霍高原、侯世超等分别陪同调研。

同日　省政协副主席、民建山东省委主委郭爱玲率省政协调研组到威海调研齐鲁文化与“一带一路”专题，市政协主席高旭光、副主席李淑芳等陪同调研。

23 日—24 日　连云港市委副书记、市长项雪龙率考察团到威海考察城市管理工作，威海市领导张海波、王亮、戴龙成、周永迪分别陪同考察。

同日　省人大常委会副主任张新起带领调研组到威海调研海上搜救工作。市人大常委会主任王学文、副主任毕礼伟分别陪同，副市长张伟出席座谈会。

26 日　省委常委、组织部部长杨东奇到威海市，就发挥企业党组织作用、推动绿色发展进行调研。市委书记孙述涛，市委常委、组织部部长刘运分别陪同调研。

同日　“刘公岛杯”第十二届横渡刘公岛海湾全国游泳邀请赛开赛，全国 11 个省、直辖市，37 个城市的 900 名选手参赛。

同日　住房和城乡建设部等五个部门发布《关于公布 2017 年改善农村人居环境示范村名单的通知》，全国有 99 个村成为美丽乡村示范村，文登区界石镇梧桐庵村上榜。

28 日　国务院医改办、国家卫生计生委、财政部、国家中医药管理局联合发布通知，将威海在内的 15 个城市确立为公立医院综合改革首批国家级示范城市，威海也是山东省唯一入选城市。

9　月

1 日　全市中小学开学第一天。市领导孙述涛、张海波、王学文、高旭光分别走进中小学校，与学生和教师一起参加开学典礼，同上开学第一课。

同日　威海光威复合材料股份有限公司在深圳证券交易所正式挂牌上市，为威海市在创业板上市的首家企业。

2 日　首列由威海始发的铁路集装箱国际货运班列驶出文登火车站，威海至德国汉堡中欧班列正式开通。

4日 健康中国与助推山东康养发展工作汇报会在威海召开。全国政协副主席、民革中央常务副主席齐续春，省政协副主席、民革山东省委主委孙继业，市领导孙述涛、张海波、高旭光、戴龙成、高书良、李淑芳出席活动。

同日 “2017中国地级市民生发展100强”发布，威海名列第16位，比上年上升14位。

6日 省委常委、政法委书记林峰海一行到威海调研政法综治工作，市领导孙述涛、张海波、霍高原、傅广照、叶立耘等参加调研。

15日 山东省第一列“点对点”中欧班列——海铁联运中欧班列（威海港—杜伊斯堡港）从威海港口岸查验服务中心驶出，威海港口岸查验服务中心正式启用。

同日 第九届中国威海国际人居节在威海国际会议中心开幕。第九届中国威海国际建筑设计大奖赛暨2017全国大学生建筑设计方案竞赛、第五批山东省工程勘察设计大师颁奖仪式同日举行。市委副书记、代市长张海波出席开幕式并为获奖者颁奖，副市长周永迪出席活动。第九届中国威海国际人居节于17日闭幕。

18日 市委书记孙述涛会见到威海考察的德国马夸特集团首席执行官哈罗德·马夸特博士一行。市委常委、秘书长侯世超，副市长杨丽陪同会见。

19日 威海市首个德国独资项目马夸特开关（威海）有限公司在威海临港经济技术开发区举行奠基仪式。

19日—20日 “2017山东美国商务周”在济南举办，威海市委副书记、代市长张海波率团参加相关活动。

21日 全国生态文明建设现场推进会对首批国家生态文明建设示范市（县）进行表彰并授牌，46个城市获得国家生态文明建设示范市（县）称号，荣成市入选。

21日—22日 中国山东海内外高端人才交流会暨2017中国威海·国际英才创新创业大会在东山宾馆举行。2017中国威海·国际英才创新创业大会暨第三届“北洋之星”电子信息及机器人创新创业项目大赛举行人才项目合作签约暨颁奖仪式。

27日 “走过30年·迈向新征程”威海市推进新旧动能转换重大工程动员大会在威海国际会议中心举行，回顾地级威海市成立30年来的光辉历程，分享创业发展的丰硕成果，展望催人奋进的美好未来，动员全市上下进一步解放思想、改革创新，以实施新旧动能转换重大工程为引领，推动各项工作提速增效，争当全省走在前列排头兵，努力提前全面建成小康社会、实现现代化幸福威海建设新跨越。

30日 2017年威海铁人三项世界杯赛暨“威高地产杯”2017年威海超级铁人三项系列赛开幕式在威海半月湾主赛场举行。在为期两天的比赛中，34个国家和地区的1328名运动员参加48个组别的比赛，共决出40余个组别的比赛冠军，并诞生首个超级“铁三”组的赛会纪录奖。威海选手获得多个组别的冠军。

10　月

1日 即日起，威海市上调城乡低保和特困人员保障标准。城乡低保标准由每人每月540元和每人每年3850元提高至580元和4500元，城乡特困人员基本生活标准为每人每月870元和每人每年5850元。城乡集中供养特困人员照料护理标准按照保障对象失能、半自理、自理能力确定为三个档次，分别为每人每年10990元、5495元及3297元。

2日—4日 2017荣成全国航空嘉年华暨山东省第七届全民健身运动会航空航天模型大赛在荣成举办，全国各地180支参赛队500余名选手参赛。

9日—11日 全市美丽乡村建设和精准扶贫集中督导现场会议举行。

11日 全市“营造企业家健康成长环境弘扬优秀企业家精神更好发挥企业家作用”座谈会召开。

12日—16日 “市民卡杯”威海市第五届运动会在市体育场举办，参赛总人数8000多人，决出金牌978枚、银牌480枚和铜牌428枚。

13日—15日 第十届中国威海国际渔具博览会在威海国际展览中心举办。总面积3.6万平方米，设1700多个国际标准展位，800多家国内外企业参展，60个国家（地区）的2500多名国内外专业采购商到会洽谈、交易。达成国际订单1.29亿美元，国内订单4.49亿元。

15日 即日起，威海失业保险金由每月1000元提高到1080元，执行山东省政府调整失业保险金标准后的最高额。

同日 由威海市委宣传部，文登区委、区政府，八一电影制片厂联合摄制的胶东革命历史题材故事片《天福山起义》在济南万达影城首映。

20日—22日 “威海·南海杯”2017年UIM世界XCAT摩托艇锦标赛中国系列赛威海大赛在威海南海新区金滩国际海水浴场举办，意大利、澳大利亚、俄罗斯等国家的12条职业动力艇参加。

25日 农业部办公厅公布2017年休闲渔业品牌创建主体认定名单。荣成市烟墩角村、荣成市东楮岛村入选最美渔村，威海长青基地、泓泰海洋生态基地、威海西港小石岛基地、威海汤泊温泉基地入选全国精品休闲渔业示范基地（休闲渔业主题公园），中国威海国际路亚赛入选全国最有影响力的休闲渔业赛事，文登经济开发区大溪谷基地、荣成市瓦屋石村基地、文登区小观镇二王家村基地、石岛桃园度假村入选全国休闲渔业示范基地。

同日 市委副书记、代市长张海波会见美国爱琅医疗器械公司CEO乔治·莱昂蒂斯一行，副市长杨丽陪同会见。

27日 健康中国与助推山东康养产业发展座谈会在威海举办，全国政协副主席、民革中央常务副主席齐续春，民革中央副主席兼秘书长李惠东，副省长王随莲，省政协副主席吴翠云、孙继业，市委书记孙述涛，市委副书记、代市长张海波，市政协主席高旭光等出席会议。会上举行了威海国际医疗健康产业城揭牌仪式。

28日—29日 2017中国山地自行车公开赛（威海·环翠站）在环翠区华夏城举行，全国800余名运动员参赛。

31日 农业部公布第三批国家级海洋牧场示范区，荣成市俚岛镇东部海域鸿源海洋牧场名列其中，全市国家级海洋牧场示范区总数达 5 个。

11 月

1 日 惠普三星打印机业务首日暨惠普入驻威海仪式举行。

2 日 由泰国吞武里医疗集团和威高集团合资设立的全市首家中外合资医院——威里医院正式运营。

同日 威海市政府与北汽集团合作成立新能源汽车零部件产业基金项目战略合作签约仪式举行。北汽集团有限公司党委书记、董事长徐和谊，市委副书记、代市长张海波分别致辞；市委常委、常务副市长王亮，北汽集团有限公司副总经理、北汽产投公司董事长张建勇共同签署战略合作框架协议。

3 日 中国共产党威海市第十五届委员会第三次全体会议召开。

同日 反映威海新农村建设的电影《美丽小渔村》在中央电视台电影频道“喜庆十九大 优秀国产展映影片”播出。

7 日 2017 世界互联网工业大会在青岛举行，威海市获得“2017 智能制造优秀城市”奖。

9 日 第六届全国道德模范及提名奖获得者名单公布，威海市长城爱心大本营创始人刘长城上榜，为第六届全国道德模范（助人为乐类）。

同日 威海国际医疗健康产业发展合作洽谈会开幕，21 位康养领域的日韩专家与威海市康养产业相关企业和机构进行深入交流，共谋合作发展。

11 日 2017 年全国徒步大会（威海站）暨鲁滨逊“11+11”持杖健走活动在威海开幕。大会举行会旗授旗仪式，市委副书记、代市长张海波接旗，副市长杨丽致辞。

12 日 “2017 年中国百强城市排行榜”发布，威海市名列第 52 位，与上年持平。

14 日 中国文明网发布“第五届全国文明城市名单和复查确认继续保留荣誉称号的往届全国文明城市名单”。威海市通过复查确认继续保留全国文明城市称号，荣成市、乳山市入选第五届全国文明城市。至此，威海市实现全国文明城市全域覆盖“一片红”。

17 日 2017 年中国—欧盟膜技术研究与应用研讨会在威海召开。

同日 工业和信息化部公布 2017 年国家级工业设计中心认定结果，迪尚集团有限公司工业设计中心、威高集团有限公司工业设计中心入选。2013 年入选的金猴集团有限公司、2015 年入选的三角集团有限公司顺利通过复核。

18 日—19 日 威海市首届知名农产品展销会暨第八届苹果擂台赛在威海国际展览中心举行。50 多种农产品参展，20 余家苹果生产企业争夺精品威海苹果的桂冠。

20 日 威海市人民政府与北京医院合作共建北京医院威海分院框架协议签订仪式在北京医院举行。副市长高书良、北京医院院长王建业共同签署合作框架协议。

23 日 首届中国县域经济高峰论坛暨《中国县域经济报告（2017）》发布会揭晓 2017 年全国综合竞争力百强县（市）名单，荣成、乳山市分别位列第 15 位和 91 位。

23 日 第十七届全国“村长”论坛发布 2017 年中国名村影响力 300 佳榜单，荣成市成山镇西霞口村与虎山镇唐家村分别位列 21 位和 212 位。

30 日 农业部优质农产品开发服务中心正式发布《2017 年度全国名特优新农产品目录》，威海市的威海苹果、荣成大花生、荣成苹果、荣成无花果、乳山草莓、乳山生姜、乳山绿茶 7 个产品入选。

12 月

1 日 即日起，山东省开展水资源税改革试点。威海市在全市开展取水计量“零点行动”，以确定适用水资源税征收的起始取水量数据。

7 日 省人大常委会副主任夏耕带队到威海市走访联系驻威海的省人大代表，听取代表对省人大常委会工作的意见和建议。市人大常委会主任王学文、副主任于东海等陪同活动。

同日 威海市纪念天福山起义 80 周年理论研讨会在文登区举行，邀请党史、军史和学术界专家、学者开挖“红色矿藏”，传承天福精神，扩大红色威海影响力。

7 日—8 日 国务院发展研究中心公共管理与人力资源研究所调研组到威海调研社会治理创新工作，市委常委、政法委书记傅广照陪同活动。

8 日 《威海市节水型社会创新试点实施方案》通过水利部、科技部节水型社会创新试点实施方案专家审查会评审，威海市被列为全国 4 个节水型社会创新试点之一。

9 日 在 2017 中国（海南）美丽乡村颁奖大会盛典上，荣成市成山镇的西霞口村获评“2017 年中国美丽乡村 · 最具魅力村”，河口村获评“2017 中国美丽乡村 · 宜居示范村”。

14 日 由黄海造船有限公司建造的亚洲最大的豪华新型客滚船“和谐云港”号正式交付使用。

17 日 第三届“中国美丽乡村建设发展论坛”在北京举行，威海市获评“中国最美乡村旅游目的地”。

18 日 副省长于国安到威海调研海域使用管理工作。市委副书记、代市长张海波，副市长高书良陪同调研。

27 日 在“CCTV2017 寻找中国最美乡村推介活动”颁奖典礼上，荣成市宁津街道东楮岛村获评“CCTV2017 中国十大最美乡村”，是山东省唯一获评的村落；宁津街道留村获“年度十佳魅力新农村”称号。

29 日 全市经济工作会议召开。

31 日 在省环保厅发布的 2017 年全省空气质量情况中，2017 年威海“蓝天白云，繁星闪烁”天数 362 天，比全省平均天数多 86.6 天，比上年增加 3 天，为全省“蓝天白云，繁星闪烁”天数最多且唯一全年未出现重污染天气的城市。

编辑　闫拥军

威海概况

建置沿革

【地理位置】 威海市位于山东半岛东端，地处北纬36° 41′— 37° 35′、东经121° 11′— 122° 42′。北、东、南三面濒临黄海，北与辽东半岛相对，东与朝鲜半岛隔海相望，西与烟台市接壤。东西最大横距135公里，南北最大纵距81公里，总面积5797.74平方公里，其中市区面积2606.65平方公里（含文登区）。海岸线长985.9公里。辖环翠区、文登区、荣成市和乳山市。

【建置隶属】 威海历史悠久，新石器时代中期，境内就有人类聚居。夏、商、周三代，今市境为东方嵎夷之地，有莱夷聚居。北齐天统四年（568年），境内设文登县，今市境尽属之。此后，朝代更替，但隶属文登县未变。

明洪武三十一年（1398年），为防倭寇侵扰，设威海卫，威海之名即由此而来。清光绪二十四年（1898年），英国强租威海卫。光绪二十六年（1900年），设威海卫行政长官署，属英国殖民部。1930年10月，中国收回威海卫，置威海卫行政区，直属国民政府行政院。

1950年5月，成立文登专区，辖威海、荣成、文登、昆嵛、乳山、海阳、牟平、福山8个县。1956年2月，文登专区撤销，今威海地域改属莱阳专区。1958年10月，莱阳专区改为烟台专区。1967年2月，烟台专区更名为烟台地区，今威海地域属之。1983年8月，撤销烟台地区，设烟台市（地级），威海市改为省辖县级市，由烟台市代管，文登、荣成、乳山3个县归烟台市管辖。

1987年6月15日，威海市升为地级市，原县级威海市设为环翠区；烟台市的荣成、文登、乳山3个县划归威海市管辖。1988年10月，文登县改为省辖县级市，由威海市代管；11月，荣成县改为省辖县级市，由威海市代管。1993年7月，乳山县改为省辖县级市，由威海市代管。2014年2月27日，撤销文登市，设立威海市文登区。

（市史志办）

【行政区划】 至2017年底，威海市辖环翠区、文登区、荣成市和乳山市2个区2个市（威海火炬高技术产业开发区、威海经济技术开发区、威海临港经济技术开发区属于国家级开发区，开发区管理委员会是市政府派出机构），共48个镇、24个街道，2462个村、429个社区。

2017年末威海市行政区划表

表1

区市名称	镇、街道名称			
环翠区	张村镇	羊亭镇	温泉镇	初村镇
	崮山镇	泊于镇	桥头镇	草庙子镇
	汪疃镇	苘山镇	环翠楼街道	竹岛街道
	鲸园街道	嵩山街道	孙家疃街道	田和街道
	怡园街道	凤林街道	西苑街道	皇冠街道
文登区	文登营镇	大水泊镇	张家产镇	高村镇
	泽库镇	侯家镇	宋村镇	泽头镇
	小观镇	葛家镇	米山镇	界石镇
	龙山街道	环山街道	天福街道	
荣成市	人和镇	成山镇	滕家镇	埠柳镇
	俚岛镇	大疃镇	崖西镇	港西镇
	夏庄镇	虎山镇	上庄镇	荫子镇
	港湾街道	桃园街道	东山街道	斥山街道
	王连街道	宁津街道	崖头街道	城西街道
	崂山街道	寻山街道		

续表1

区市名称	镇、街道名称			
乳山市	夏村镇	海阳所镇	白沙滩镇	大孤山镇
	徐家镇	南黄镇	冯家镇	下初镇
	午极镇	育黎镇	诸往镇	崖子镇
	乳山寨镇	乳山口镇	城区街道	

说明：表中环翠区包括环翠区、威海火炬高技术产业开发区、威海经济技术开发区、威海临港经济技术开发区

（王书清）

自然环境

【地质】　威海市位于山东省胶北断块隆起的东端，其南侧与胶莱凹陷的东部边缘接壤。境内出露地层自老至新有晚太古界的胶东群、中生界上侏罗系莱阳组和白垩系下统青山组及新生界第四系。褶皱构造有乳山—威海复背斜，其轴在乳山台依，向北东经昆嵛山主峰、汪疃、羊亭，在田村倾没，轴向北东。断裂构造有近南北向的双岛断裂，北北东向的金牛山断裂和老母猪河断裂，北东向的牟平—即墨断裂（迹经乳山西部），北西向的望岛断裂、海埠—神道口断裂、俚岛—海西头断裂。岩浆岩主要有元古代的昆嵛山岩体和文登岩体及中生代燕山晚期艾山阶段的伟德山岩体和石岛岩体、崂山阶段的槎山岩体和龙须岛岩体。

（苗丰麟）

【地貌】　威海市属于起伏缓和、谷宽坡缓的波状丘陵区。区内除昆嵛山主峰泰礴顶海拔高度923米以外，其他山地丘陵都在700米以下，大部分为200～300米的波状丘陵，坡度在25度以下。山体主要由花岗闪长岩构成，山基表面多为风化残积物形成的棕壤性土，土层覆盖较薄，但土壤通透性好。山丘中谷地多开阔，多平谷；平原多为滨海平原和山前倾斜平原。其中，低山占土地总面积的15.77%，丘陵占52.38%，平原占27.56%，岛屿占0.28%，滩涂占4.01%。河网密布，河流畅通，地表排水良好。地势中部高，山脉呈东西走向，水系由脊背向南北流入大海。北东南三面环海，海岸类型属于港湾海岸，海岸线曲折，岬湾交错，多港湾、岛屿。

（王文刚）

【气候】　威海市地处中纬度，属于北温带季风型大陆性气候，四季变化和季风进退都较明显。与同纬度的内陆地区相比，具有雨水丰富、年温适中、气候温和的特点。另外，受海洋的调节作用，又具有春冷、夏凉、秋暖、冬温，昼夜温差小、无霜期长、大风多和湿度大等海洋性气候特点。全市历年平均气温12.2℃，历年平均降水量737.7毫米，历年平均日照时数2480.0小时。

（周浩亮）

【水文】　威海市河流属半岛边沿水系，为季风区雨源型河流。河床比降大，源短流急，暴涨暴落。径流量受季节影响差异较大，枯水季节多断流。全市有大小河流1000多条，流域面积50平方公里及以上河流35条，其中母猪河、乳山河、黄垒河三条较大河流贯穿于文登、乳山境内，总流域面积2766平方公里，占全市土地总面积的47.7%。母猪河流域面积1092平方公里，河长64公里；乳山河流域面积1039平方公里，河长78公里；黄垒河流域面积635平方公里，河长71公里。2017年，全市径流系数为0.18。

2017年威海市大中型水库蓄水量统计表

表2　　单位：万立方米

日期（月.日）	1.1	2.1	3.1	4.1	5.1	6.1	7.1	8.1	9.1	10.1	11.1	12.1
大型	2014	2074	2164	2121	1902	1622	2223	2213	8590	7910	7090	6570
中型	4527	4407	4243	4010	3603	3221	2735	2567	7402	7072	6814	6427
大中型合计	6541	6481	6407	6131	5505	4843	4958	4780	15992	14982	13904	12997

说明：大型水库包括米山水库、龙角山水库、八河水库

（张明芳）

【土壤】　全市土壤类型有棕壤、潮土、盐土、风沙土、褐土、水稻土、山地草甸土7个土类。依其各自的发育程度、附加成土过程和土壤属性，又分为棕壤性土、棕壤、潮棕壤、白浆化棕壤、潮土、盐化潮土、褐土、滨海盐土、流动风沙土、半固定风沙土、固定风沙土、潜育水稻土、山地草甸土等13个亚类、18个土类、153个土种。

棕壤土类是全市分布最广、面积最大的土类，遍及全市的山丘地区，占土壤总面积的83.5%。潮土类为威海市第二位的分布土类，占土壤总面积的13.2%。

从土壤（耕地）质地可归为三大

类：砂性土、轻壤土、中壤土。从土体构型可分为15种类型，按其对作物的影响主要归纳为五大类型：均壤质型，均沙、夹沙、夹砾石型，夹黏、均黏型，夹白浆型，硬（砾）石底型。从化学性质看，威海市成土母质大部分为酸性岩风化物，一般呈微酸性，pH值为6.5～7，有明显的淋溶作用、黏化作用和生物积累作用。

（陈洪江　姜宏浩）

【海域】 威海北、东、南三面为黄海环绕，海岸线总长985.9公里，约占山东省的1/3、全国的1/18。海岸类型属于港湾海岸，海岸线曲折，沿海有大小港湾30多处，岬角20多个，并有众多优质海滩分布。全市大小海岛185个，其中，面积500平方米以上的84个，有居民岛屿6个。

（市史志办）

自然资源

【土地资源】 2017年底，全市土地总面积57.98万公顷（5797.74平方公里）。其中，农用地44.20万公顷，占总面积的76.23%；建设用地8.99万公顷，占15.51%；未利用土地4.79万公顷，占8.26%。其中，耕地面积为19.46万公顷，占总面积的33.56%；园地面积为3.54万公顷，占总面积的6.11%；林地面积为10.81万公顷，占总面积的18.65%；草地面积为1.58万公顷，占总面积的2.73%；城镇及工矿用地面积为7.91万公顷，占总面积的13.64%；交通运输用地面积为2.59万公顷，占总面积的4.47%；水域及水利设施用地面积为5.99万公顷，占总面积的10.33%；其他土地面积为6.09万公顷，占总面积的10.50%。

（张钦钦）

【水资源】 威海市地处山东半岛最东端，内无大江大河，水资源主要来源于境内的大气降水。全市多年平均降水量762.2毫米，降水总量33.07亿立方米，多年径流深度256.0毫米，地表水资源量14.84亿立方米，地下水资源量5.14亿立方米，扣除地表水与地下水相互补给的重复计算量后，全市多年平均水资源量16.86亿立方米。

（于泉贵）

【矿产资源】 至2017年底，全市共发现矿产（含亚矿种，下同）49种，其中查明矿产资源储量的23种（含地下水），占全省查明矿产总数（85种）的27%。查明矿产中包括能源矿产1种、金属矿产8种、非金属矿产9种、稀有稀土分散元素矿产3种、水气矿产2种。其中铁、铜、铅、金、锆及硫铁矿、化肥用蛇纹岩、石墨、玻璃用砂、高岭土等矿产列入《山东省矿产资源储量表》。

（张钦钦）

【生物资源】 威海市具有丰富的海洋生物资源，特别是在浅海和潮间带，各种生物资源种类繁多、分布广泛、资源量大。全市海域平均生物量为353克／平方米，平均生物密度586个／平方米；有生物资源779种，其中，动物647种、植物132种。动物资源中，鱼类有100余种，包括小黄鱼、棘头梅童鱼、黄姑、鲈鱼等；虾蟹类主要有鹰爪虾、中国对虾、毛虾、脊尾白虾、三疣梭子蟹、日本蟳（赤甲红蟹）等；贝类主要有栉孔扇贝、鲍鱼、泥蚶、文蛤、菲律宾蛤仔、魁蚶、牡蛎、中国蛤蜊、贻贝等；腔肠类主要有海蜇等；棘皮类主要有刺参、海胆、海星等。植物资源中，主要有褐藻纲的海带、裙带菜，红藻纲的石花菜、条斑紫菜，以及海草类的大叶藻等。

威海市木本植物有75科195属516种（含变种、亚种、变型）。其中珍稀濒危树种有19科23属29种，野生树种有54科132属270种，主要栽培树种有62科136属279种；古树名木树种有22科32属42种，引进树种有9科10属17种。珍稀濒危树种有29种，其中国家重点保护野生植物有：玫瑰、东北茶藨子、软枣猕猴桃、狗枣猕猴桃、葛枣猕猴桃、紫椴6种；中国珍稀濒危植物有：核桃楸1种；国家珍贵树种有：蒙古栎、朝鲜槐、刺楸3种；山东特有树种：小叶鹅耳枥、锐齿槲栎、刺榆、三桠乌药、光萼溲疏、小米空木、三叶海棠（裂叶海棠）、北枳椇（拐枣）、大叶胡颓子、楤木、迎红杜鹃、映山红、腺齿越桔、野柿、华山矾、毛萼野茉莉、玉玲花、单叶蔓荆、荚蒾19种。

威海市动物资源有647种。陆生野生哺乳动物有梅花鹿、狐狸、豹猫、獾、黄鼬、刺猬、野兔、蝙蝠等。鸟类已查到250余种，其中，候鸟、旅鸟占70%以上，留鸟种类较少。列入国家保护的野生动物Ⅰ级的有梅花鹿、中华秋沙鸭、金雕、黑鹳、东方白鹳、白头鹤、大鸨7种，Ⅱ级的有大天鹅、鸳鸯、灰鹤、苍鹰、松雀鹰、角鸊鷉、黄嘴白鹭、黑脸琵鹭、白额雁、灰背隼、红隼、红角鸮、普通雕鸮、鹰鸮、纵纹腹小鸮、长耳鸮等16种；其余鸟类及狐狸、豹猫、獾、黄鼬、刺猬等列入山东省重点保护野生动物。

（曲晓妮）

【旅游资源】 威海市旅游资源丰富，自然资源与人文资源兼备。至2017年底，有旅游景区（点）80多处，其中刘公岛、华夏城为国家AAAAA级旅游景区，成山头、赤山法华院、乳山银滩、大乳山、天沐温泉、汤泊温泉、仙姑顶、林海湾旅游区、环翠楼公园等13处为国家AAAA级旅游景区。自然资源以“海、岛、滩、湾、泉、山”为特色，全市拥有近1000公里海岸线，沿线沙滩细腻绵延，海水碧蓝纯净，有国际海水浴场、文登金海滩、乳山银滩等天然海水浴场10多处，有威海湾、伴月湾、九龙湾等海湾16个，有刘公岛、海驴岛等大小海岛185个，有优质地下温泉9处，有昆嵛山、圣经山、里口山、铁槎山、大乳山等山地风景区。人文资源以秦汉文化、民俗文化、道教文化、甲午文化、英租文化为代表。全市登录的不可移动文物点490处，各级文物保护单位85处，其中全国重点文物保护单位2处、省级文物保护单位29处。刘公岛甲午战争纪念地、圣经山摩崖石刻、威海英式建筑、天福山革命遗址等在全国有重要影响。中国甲午战争博物馆被评为首批国家一级博物馆，天福山起义纪念馆被评为全国爱国主义教育基地。全市初步形成以东夷文化遗存、成山头秦汉遗迹、圣经山摩崖石刻、明清海防遗迹、刘公岛甲午战争纪念地、威海英式建筑、天福山革命遗址等板块为主的人文旅游景观体系。

（蒙春利）

自然灾害

【旱灾】 受持续高温干旱天气影响，2017年6月至8月，全市所辖区市68个镇（街道）大部分农田干旱缺水，大部分水库塘坝出现干涸，农业生产全面受灾，玉米、花生、果树等经济作物因旱损失严重，部分农田的农作物绝产绝收。灾害共造成受灾人口98.77万人，因旱需生活救助人口4620人，其中因旱饮水困难需救助人口3208人；农作物受灾面积13.9万公顷，其中成灾面积 4.9万公顷，绝收面积2.1万公顷，造成直接经济损失15.78亿元。

（毕　巍）

人口·民族

【人口】 2017年末，威海市常住人口282.56万人，其中，城镇人口187.79万人，比上年末增加4.54万人。

（孙丹丹）

【民族】 威海市有46个少数民族，分别是朝鲜族、满族、佤族、蒙古族、回族、彝族、苗族、拉祜族、土家族、傣族、维吾尔族、白族、壮族、达斡尔族、布朗族、布依族、傈僳族、锡伯族、侗族、哈尼族、藏族、瑶族、土族、纳西族、哈萨克族、黎族、撒拉族、赫哲族、鄂温克族、畲族、仫佬族、仡佬族、羌族、鄂伦春族、东乡族、俄罗斯族、水族、景颇族、柯尔克孜族、裕固族、高山族、塔吉克族、独龙族、毛南族、乌孜别克族、京族。2017年底，少数民族户籍人口2.20万人（其中农村少数民族群众5921人），暂住人口5.30万人，总人口7.50万人，占全市总人口的2.7%。人口总数最多的5个少数民族依次是朝鲜族（2.04万人）、满族（1.73万人）、佤族(6483人)、彝族(6160人）和蒙古族（5732人），以上5个民族占少数民族总人口的74.8%。

（林　蓉）

方　言

【概况】 分布在威海市辖区内的汉语方言，称威海方言。威海方言属于汉语官话方言中的胶东方言。威海方言在李荣主编的《中国语言地图集》中属于胶辽官话区。威海方言具有胶辽官话的一些基本特点，例如：

1. 声母分尖团，如：精≠经，积≠基，尖≠坚；趣≠去，妻≠期，千≠牵；相≠香，西≠希，线≠现。

2. 普通话读tʂ　tʂ‘　ʂ声母的字，方言中分为两组声母，例如：知≠枝，耻≠齿，超≠抄，处相处≠楚，书≠梳。

3. 中古日母字方言里基本读为零声母，例如：乳＝雨，荣＝永，人＝阴，日＝椅，染＝眼，软＝远，等等；少部分读为l声母，例如“仍扔锐”等字。

4. 中古端组合口呼韵母，方言里大多丢失韵头u而变读为开口呼，例如“段tan、对tei、推t‘ei、团t‘an、村ts‘en、蹲ten、孙sen”等字。

5. 普通话中，韵母为e而声母为零声母或舌根音的部分字，方言读为uo韵母，例如“饿蛾河”等字。

6. 中古咸深摄韵母和山臻摄韵母合并读为n韵尾，没有主要元音鼻化现象，这一点跟其他山东方言有所不同，例如“胆蓝三暂寻林餐滩难但赞线天前端真春顺纯村”等字。

7. 中古平声次浊字，无规则地分化为两类读音，一部分为阳平，另一部分为阴平，即蓝≠兰，南≠男，鱼≠余。

8. 清声母入声字基本归入上声，例如“急笔曲出黑福桌窄切质拍歇说发”等字。

威海方言内部存在着一定的差异。青少年与中老年之间，有新派、老派的差异，表现在新派词汇上有比较明显向普通话靠拢的趋势，而老派则更多地保留着地方特色。但这并不是威海方言的主要内部差异，威海方言的主要内部差异表现在地域上。根据其内部差异，威海方言大致可以分为三个片儿，即环翠片儿、文荣片儿、乳山片儿。

（市史志办）

民　俗

【概况】 新石器时期东夷先民就在威海耕山牧海、繁衍生息，民俗文化源远流长。传统习俗“大约朴鲁为多”，“淳直”“仁厚”“尚质少文”。相传秦始皇曾于境内召文士登山颂德而“文教大兴”。由是，“人知教子”“世重耕读”，风俗丕变、“质有其文”。淳朴仁厚之古俗与“俗尚礼仪”之新风蔼然交融，成为境内民俗传统最突出的特色，传承千年。因所处自然地理环境和其他条件各不相同，在风尚习俗的某些方面，亦显示出多样性特点。以种植业为主的农村、以渔业为主的沿海渔村，其生产、生活、禁忌和信仰习俗多有不同；而同为农村或山村，因生产行业、生产技艺之不同，风俗亦各有别。

历史上，威海地区民俗也因移民、航运、外出谋生等原因，不断与区域外相互交流。此为境内风尚习俗多样性的又一重要原因。如有些节日习俗，邻村之间往往明显不同，正是明清以来大量移民带来的各地不同民俗文化与境内习俗兼容并存的结果。宋代产生于江南的“妈祖”信仰，随元代海运的兴起传播到境内沿海；而清初以来延续300余年的闯关东，不但将威海习俗带到东北，也将东北风俗携回家乡。如秃尾巴老李的传说和人参的故事，在威海和东北同样广泛流传；正月十五到祖茔送灯、看灯碗水汽和灯花大小预卜当年旱涝丰歉等产生于东北长白山区的满族古俗，在当地早已失传，但在威海各地却得以保存。

近代，随着封建社会的没落和西

方文化的传入，威海民俗也随之不断演进。辛亥革命后，男人剪辫子，女人禁缠足，各种封建礼教逐渐废除，出现新的社会风尚。英租威海卫，把西方一些风俗传入境内。抗日战争时期，民主政府成立后，不断破除封建陋习，树立新的社会风气。20世纪80年代后，随着改革开放的不断深入，经济和社会生活的发展变化，中外交流的日益畅达，具有时代气息、兼容中西文化特色的民俗事象逐步增多。

【婚嫁习俗】 择偶　旧时青年男女婚配多由家长包办，通媒结亲，即所谓“父母之命，媒妁之言”。择偶考虑的基本条件是门户相当，品貌、年龄般配，同时也很重视家风优劣等。20世纪40年代，境内在抗日根据地民主政府废除了封建包办婚姻，青年男女始有婚姻自主权。1950年5月1日，《中华人民共和国婚姻法》颁布施行，婚姻自由得到法律保护。50—60年代，自由恋爱者较少，多数青年仍由介绍人牵线搭桥。70—80年代，多数青年自由恋爱，择偶仍要认真考虑父母的意见，得到父母的认可。90年代后，出现婚姻中介结构，许多人找对象更注重个性，涉外婚姻开始出现并逐渐增多。进入21世纪，随着社会经济的不断发展，择偶条件更加多样化。

订婚　正式确定婚姻关系为订婚，俗称“定亲”“掰亲”。富裕人家定亲时，双方要交换定亲文书，俗称“送柬”“下柬”。正式定亲比较隆重，双方家庭都要设宴会亲族。男女所用柬帖分别印有龙、凤图案，称“龙凤帖”。一般人家往往简易行事，双方互换庚帖既视为“下柬”，亲事就可定下。有的甚至不用柬帖，只凭口头一诺，即可定亲。中华人民共和国成立后，这些习俗随《中华人民共和国婚姻法》的颁布而消亡。青年男女经过接触和了解，感觉满意，互赠礼品即视为定亲，然后登记领取结婚证。

送日子与下彩礼　结婚日子由男方选定，称“择好日”。婚嫁“好日”选好后通知女方家以征求同意，俗称“送日子”。“送日子”时，男方向女方送聘礼，俗称“下彩礼”“送彩礼”。旧时富裕之家彩礼一般有金银首饰、钱币、布料、小麦、全猪、全羊等。贫寒人家的彩礼不过一两块做衣服的布料。中华人民共和国成立后，结婚为求吉利，多数人仍要找人“择好日”。

结婚　境内俗称男子娶亲为“将媳妇”，女子出嫁叫“出门子”。“好日”前一天，荣成、乳山等地女方家要向男方家送嫁妆。文登、威海卫等地则是迎娶之日嫁妆随花轿一起到男方家。中华人民共和国成立后，婚礼习俗日趋文明、简便，但仍有沿袭旧俗之例。20世纪50年代，迎亲由坐花轿改为坐马车，盖头、抱轿、跨鞍、坐三日、婚后告庙、拜族中长辈等习俗逐渐消失，女方嫁妆多为被褥、箱柜、椅子、凳子及梳洗用具。60年代，迎亲一般用自行车。“文化大革命”期间，按“革命化”要求，不举行婚礼行仪式、不宴请亲朋。登记后，选一“好日”，男方把女方领进门，全家人吃碗喜面，婚礼即告成。在农村有结婚当日，新郎、新娘即下地参加生产队集体劳动的。70年代，结婚迎亲除乘自行车外，农村也有坐拖拉机的。嫁妆有自行车、缝纫机等“大件”。20世纪70代末至80年代初，结婚铺张之风渐兴。虽然政府和群团组织大力倡导喜事新办，并组织集体婚礼，但铺张之风没有得到有效遏制。在一些贫困农村，结婚索要彩礼之风日甚。80年代后，迎亲的交通工具逐步改用汽车。嫁妆多为电视机、录音机等家用电器，并在结婚前送到新房中。90年代起，结婚仪式日趋隆重，并呈中西结合之势。新娘传统的红妆，多改为白色婚纱。多用鲜花装饰的轿车迎娶新娘、接送女方宾客，租用录像车全程拍摄婚礼过程。城乡许多家庭陪嫁物品从彩电、冰箱、洗衣机、空调等全套家电到沙发、家具、摩托车等。进入21世纪，陪送轿车、房子的亦不在少数。结婚典礼一般在饭店、宾馆举行，并请婚庆公司和专职司仪主持。婚宴一般都摆几桌、几十桌，有的甚至上百桌。参加婚礼者除亲戚外，同学、战友、同事人数大增。宴后，喜主要向宾朋回赠“喜包”（内装“喜饼”或“抓果”，喜糖、喜烟等）。结婚后，新郎、新娘外出旅游度蜜月渐成时尚。

看出息与站九　新婚三日后，新娘家人要择日到新郎家看望新娘，俗称“看出息”“望出息”，乳山称“开箱”。乾隆《威海卫志》载：婚后第九天，新郎陪伴新娘回娘家省亲，俗称“站九”。近现代，多改在新婚后第二日或第三日回娘家省亲，但习俗仍称之为“站九”。“站九”时，女家要烙“喜饼”，文登、荣成、乳山称“媳妇饼”，环翠区要烙“抓果”，由女儿带回婆家分赠亲友、邻里。自婚宴设于宾馆、饭店起，女方家要在结婚前日将“喜饼”“媳妇饼”或“抓果”送到男方家，待婚宴结束时分赠宾朋。至此，婚嫁程序结束。

【谷雨节】 为农事节气，时值境内谷、黍、玉米、高粱等春作物播种季节，农谚有“清明耕一半，谷雨种一半”。因地理位置及鱼虾洄游规律所致，谷雨前后，鱼虾便洄游到境内近海，故有“谷雨百鱼上岸”之谚。沿海渔民视此节为仅次于春节的重要节日。届时，渔民备全猪（带皮脱毛并用腔血抹红）、大枣饽饽、白酒、香烛、鞭炮等，聚集于海边举行隆重的祭船、祭海、祭海神娘娘的活动，以祈出海平安，回来鱼虾满舱。祭毕会饮，共食祭余。之后，渔民一年一度的海上生产正式开始。“文化大革命”初期，祭海、祭海神娘娘的习俗被禁止，但祭船、聚餐活动一直沿袭。改革开放后，沿海渔民谷雨祭海活动复兴，并不断将新文化、新观念、新思想渗透到谷雨节中，逐年增加具有现代海文化内容的娱乐活动，吸引了大批中外游客。1991年，荣成市开始在谷雨节期间举办渔民节，1992年更名为荣成国际渔民节。后因沿海气温较低，不便游客海上游乐，1993年（第三届）将荣成国际渔民节改在7月下旬举办（连续举办四届后，改为每三年举办一次）。但沿海渔民祭海（祭船、祭海神娘娘）、聚餐活动仍在谷雨节举行，并沿袭下来。

境内多温泉，民间俗称“汤”。俗传谷雨洗温泉澡可去百病，故汤泉周边地区的妇女多于此日结伴同浴，各汤谷雨三日只向妇女开放亦约定成俗。清章炳兰曾作《文登竹枝词》记此俗：“如意泉温赛五香，却他百病胜仙方。大家女伴闲相约，谷雨同来七里汤。”至今，妇女谷雨洗温泉澡习俗犹存。

（市史志办）

国民经济与社会发展

【国民经济平稳较快发展】 2017年，全市实现国内生产总值3480.1亿元，按可比价格计算，比上年增长8.1%，其中，第一产业增加值235.48亿元，增长2.5%；第二产业增加值1580.49亿元，增长7.5%；第三产业增加值1664.13亿元，增长9.6%。三次产业结构由7.1 ∶ 45.6 ∶ 47.3调整为6.8 ∶ 45.4 ∶ 47.8。

【三次产业协调并进】 农业生产稳步发展 全年实现农业增加值58.36亿元，比上年增长2.2%；林业增加值0.58亿元，增长10.1%；畜牧业增加值32.07亿元，下降0.3%；渔业增加值144.47亿元，增长3.3%；农林牧渔服务业增加值10.44亿元，增长9.4%。受土地干旱严重、播种面积减少等因素影响，全市粮食总产量较上年下降8.2%，达64.44万吨。全年水果总产量113.06万吨，增长11.7%，其中苹果102.15万吨，增长12.1%。全年肉类总产量18.28万吨，下降0.7%；禽蛋类总产量14.77万吨，下降5.8%。奶类总产量11.66万吨，下降18.6%。全年水产品总产量257.37万吨，增长0.6%。水产养殖面积8.32万公顷，增长0.9%；养殖产量170.22万吨，增长2.2%。全年投产专业远洋渔船302艘，远洋渔业产量37万吨，增长0.5%。年末农业机械总动力515.14万千瓦，增长1.1%；有效灌溉面积12.62万公顷，其中节水灌溉面积9万公顷。全市规模以上农业龙头企业发展到391家，其中国家级企业10家、省级44家、市级162家。新注册农民专业合作社269家，总数达3616家，入社成员16.46万户，辐射带动农户28.46万户。

工业生产较快增长 全市规模以上工业企业达1860家，实现增加值增长8.1%。规模以上工业企业主营业务收入增长7.9%，利税增长10.6%，利润增长10.6%。产销衔接良好，产品销售率为98.82%。高新技术产业产值达到3015.15亿元，占规模以上工业总产值比重为41.1%，比年初提高1.15个百分点；“千帆计划”入库企业达2008家。节能减排工作取得新进展，全年完成污染减排项目56个，投资额9.29亿元。

服务业繁荣发展 举办国际食品博览会、国际渔具博览会等活动，大力推进中心商圈建设，社会消费品零售总额1607.94亿元，增长10.4%。全年接待旅游总人数4311.93万人次，增长10.3%；实现旅游消费总额596.5亿元，增长14.9%。年末公路通车里程7064.46公里（含农村公路、国省道）。全年各种运输方式共完成客运量3592.03万人次，增长6.8%；货运量9877.68万吨，增长12.3%；港口货物吞吐量7806.46万吨，增长3.3%；集装箱吞吐量100.1万标箱，下降5.9%。

名牌创建迈上新台阶 全市拥有中国驰名商标35件，地理标志商标41件；山东省著名商标133件，威海市知名商标230件。拥有中国名牌产品19个，山东名牌产品247个，山东省服务名牌88个；中国质量奖提名奖1个，山东省省长质量奖获奖企业4家，获奖个人1名。

【内需拉动作用增强】 全面贯彻落实国家宏观调控政策，坚持投资消费协调拉动，国内需求保持平稳增长。注重调整优化投资结构，固定资产投资较快增长，全年固定资产投资比上年增长8.7%。第一产业投资下降13.3%；第二产业投资增长12.6%，其中工业投资增长14.2%；第三产业投资增长2.9%。一、二、三产业投资结构为1.4 ∶ 65.0 ∶ 33.6。房地产开发较快回升，全年完成投资275.44亿元，增长28.1%；房屋施工面积3824.79万平方米，增长7.5%；竣工面积498.94万平方米，增长1.9%；商品房销售面积1006. 51万平方米，增长10.3%。消费需求持续繁荣，全年社会消费品零售总额1607.94亿元，增长10.4%，其中批发和零售业零售额1428.5亿元，增长10.1%；住宿和餐饮业零售额179.43亿元，增长13%。城镇市场实现消费品零售额1323.41亿元，增长10.4%；农村市场实现消费品零售额284.53亿元，增长10.1%。全年居民消费价格上涨1.3%，其中食品烟酒类价格上涨0.2%，衣着类价格上涨1.2%，居住类价格上涨1.5%，交通和通信类价格上涨2.4%，教育文化和娱乐类价格上涨2.0%，医疗保健类价格上涨4.4%，其他用品和服务类价格上涨0.9%，生活用品及服务类价格下降0.7%。全年工业生产者出厂价格上涨4.1%，工业生产者购进价格上涨8.9%。

【对外及对港澳台经济稳步回升】 全年对外及对港澳台贸易进出口总额1404.91亿元，比上年增长17.8%，其中出口855.71亿元，增长8.9%；进口549.2亿元，增长35.2%。从贸易方式看，一般贸易进出口862.56亿元，增长24%；加工贸易进出口500.46亿元，增长9.4%；其他贸易进出口41.89亿元，增长62.8%。从企业性质看，内资企业进出口909.92亿元，增长27.0%；外商及港澳台商投资企业进出口494.98亿元，增长7.1%。招商引资工作扎实推进，全年新批准外资及港澳台资项目191个，合同资金74.84亿元，增长11.3%；实际到账资金87.95亿元，增长10.1%。第一、二、三产业到账资金分别占全市到账资金的2.1%、57.9%和40.0%，投资结构进一步优化。利用国内资金972.17亿元，增长15.1%。对外及对港澳台经济合作迈出新步伐，全年新核准设立境外企业（机构）25家，完成中方投资额60.54亿元，增长40.3%；对外承包工程完成营业额66.28亿元，增长8.6%；外派各类劳务人员12675人，增长5.6%。

【财税金融稳健运行】 全市实现一般公共预算收入273.08亿元，比上年增长9.5%，其中税收收入216.62亿元，增长9.5%。一般公共预算支出359.56亿元，增长6.2%，其中医疗卫生与计划生育支出增长10.7%，文化体育与传媒支出增长19.3%，公共安全支出增长8.8%，教育支出增长7.2%。金融业平稳运行，年末金融机构本外币存款余额

3380.16亿元，比年初增加267.33亿元，其中住户存款余额1800.68亿元，比年初增加108.98亿元。本外币贷款余额2217.64亿元，比年初增加315.24亿元，其中非金融企业及机关团体短期贷款余额721.05亿元，比年初增加63.94亿元。保险机构实现保费收入99.34亿元，增长14.1%，支付各项赔款和给付34.52亿元，下降3.1%。

【城市建设加快推进】 全市城镇化率66.46%，比上年提高1.46个百分点。年末，全市城市建成区面积282.51平方公里，建成区绿化覆盖率46.09%，建成区绿地率44%。城市载体功能加快提升，全年发电155.54亿千瓦小时，下降2.9%；全社会用电量117.03亿千瓦小时，增长7.7%，其中，工业用电量71.97亿千瓦小时，增长8.3%。全市全年天然气供气量1.72亿立方米，增长27.7%，燃气普及率100%；集中供热面积7722万平方米，增长10.3%。全市环境保护系统共有环境监测站4个，地表水集中式饮用水源保护区12个，面积1406平方公里。全年完成污染减排项目56个，投资额9.29亿元。全市空气质量优良率88.1%，蓝天白云天数362天，空气质量全省最优。城市基础设施不断完善，启动全市综合交通网中长期发展规划及旅游轨道交通规划编制研究，莱荣高铁项目前期工作全面启动，推进文莱高速公路、环山路改建等重点基础设施项目建设，加强G18荣乌高速威海绕城段、东部新城至南海新区快速通道、环烟威（昆嵛山）西部通道的规划论证，地下综合管廊、海绵城市建设顺利推进，入选国家第三批“城市双修”试点。

【社会事业协调发展】 *城乡居民收入稳步提高* 全年全体居民人均可支配收入33788元，增长9.2%，其中城镇居民人均可支配收入42703元，增长8.5%；农村居民人均可支配收入18963元，增长7.9%。2017年全日制就业劳动者月最低工资标准为1810元，非全日制就业劳动者小时最低工资标准为18.1元。

劳动就业形势良好 实施更加积极的就业创业政策，强化公共就业服务，举办春风行动、人力资源市场招聘月等各类招聘活动，积极开展“四型就业社区”建设，推荐环翠区海源社区入选第4批国家级充分就业社区，入选省级社区7家。发挥“线上＋线下”人力资源市场作用，拓展“现场＋网站＋微信＋自助＋手机＋媒体”用工信息发布渠道，有力促进各类群体就业。启用职业技能培训远程视频监控系统，加强实时动态监管，搭建管、教、学良性互动平台，提升就业培训质量。实施“创业威海”行动计划，全面落实各项扶持政策，着力打造“最暖创业城市”。2017年，全市城镇新增就业3.76万人，农村劳动力转移就业1.03万人，城镇登记失业率1.65%。

社会保障体系进一步完善 全市有210.29万人参加基本养老保险，连续第13次调增企业退休人员养老金，惠及全市35.13万名退休人员，居民基础养老金标准提高至每人每月120元。有251.97万人参加基本医疗保险，居民医保补助标准提高到每人每年480元；有2.51万人领取失业保险金。有6342名职工享受工伤保险待遇，有1.79万名女职工享受生育津贴待遇。城市低保标准由每人每月540元提高到580元，农村低保标准由每人每年3850元提高到4500元，城乡低保标准比例达1.55：1以内，将城市特困人员基本生活标准按照城市低保标准的1.5倍确定为每人每月870元，农村特困人员基本生活标准按照农村低保标准的1.3倍确定为每人每年5850元，城乡特困人员集中护理标准按照完全丧失自理能力、具备部分自理能力和具备生活自理能力分别确定为每人每年10990元、5495元和3297元。农村五保集中供养标准每人每年7000元，分散供养标准每人每年4600元。年末，全市各类养老机构及收养性社会福利单位共139家，其中敬老院50所，拥有床位26697张，收养人员12609人。全市为24343名低保对象发放低保金6819.2万元。投入资金6089.8万元，供养10403名五保老人。

科技事业成果丰硕 全年获得科技类国家级奖励3项，促成技术合同858项，成交金额33.1亿元。全年专利申请量8326件，其中发明专利申请量3074件，占总申请量的36.9%。新体系建设取得新进展，新获批认定国家级科技企业孵化器1家、国家级众创空间1家、国家专业化众创空间1家，省级科技企业孵化器8家、省级众创空间16家。年末，全市拥有国家级科技企业孵化器7家、省级19家，国家级众创空间12家、国家专业化众创空间1家、省级众创空间37家。全市孵化机构总数106家，新增孵化面积24.4万平方米，总孵化面积180万平方米；新增在孵企业176家，在孵企业总数1517家。大型科学仪器平台入网仪器新增106台，总数1412台。全市产业技术创新战略联盟累计26家，其中国家级2家、省级5家。

其他社会事业协调发展 年末，全市常住人口282.56万人，其中城镇人口187.79万人，比上年末增加4.54万人。教育、文化、卫生、体育、广播电视、新闻出版、外事、侨务、史志、档案、气象、妇女儿童、老龄、残疾人等事业都取得新成绩。

（孙茂堃）

蓝色经济区建设

【概况】 2017年，威海市深入贯彻落实海洋强国战略，扎实推进蓝色经济区建设，加快打造新动能为主导的现代化海洋产业体系，助力山东省新旧动能转换，努力在海洋经济高质量发展中率先走在前列。全市实现海洋生产总值1307.54亿元，比上年增长13.9%，海洋生产总值占GDP比重37.6%。三次产业结构由上年的12.6：57.6：29.8调整为12.5：55.0：32.5。

海洋一产质效双增 2017年，全市海洋经济第一产业实现增加值163.35亿元，比上年增长7.2%。海洋渔业实现增加值449.1亿元，增长12%，占海洋生产总值的比重34.3%，位居各行业首位，对整个海洋经济增长的贡献率30.2%，拉动增长3.7个百分点，为全市海洋经济平稳较快发展作出重要贡献。4处海洋牧场入选首批国家级海洋牧场示范区，入选

数占全省1/3，海洋牧场面积发展到8万公顷。全市远洋渔船保有量稳定在370艘，约占全省74%，获批远洋渔业作业渔场总数16处。全市水产品产量257.3万吨，实现远洋产量37万吨，产值44亿元，与上年基本持平，回运远洋水产品32万吨。水产养殖产量167.2万吨，产值232亿元，分别增长2.3%、2.2%。海产品加工产量355万吨、产值830亿元，分别增长6.1%和6.4%。

海洋二产加快动能转换　2017年，全市海洋经济第二产业实现增加值718.96亿元，比上年增长13.1%。加快推进全市海洋经济创新发展示范市建设和新旧动能转换步伐，海洋设备制造业发展优势显现，全年实现增加值174.1亿元，增长15.8%，快于海洋生产总值增速1.9个百分点。大力发展高附加值、高技术含量船型，大型高端船型研发和制造具备国内领先水平，渔船、公务船等设计制造能力及产量居全国前列。全市整船完工量118.4万载重吨，造船产能利用率93%。海洋环境保护专用仪器设备制造、海洋渔业相关产品制造、海洋制药设备制造、海洋石油生产设备制造业增速较快，增速分别为30.1%、26.4%、24.4%、22.9%。

海洋三产突破发展　2017年，全市海洋经济第三产业实现增加值425.23亿元，比上年增长18%。突出滨海旅游全域化，华夏城获批国家AAAAA级旅游景区。全市实现旅游消费总额596.5亿元，比上年增长14.9%。接待游客4311.9万人次，比上年增长10.3%。其中，国内游客消费553.6亿元，增长15.1%，接待游客4262.7万人次，增长10.4%。增开威海到韩国釜山、威海到营口集装箱航线，借助釜山航线换船契机，开行威海—韩国群山集装箱直航线。全市港口货物吞吐量达到7806万吨，旅客吞吐量163万人，集装箱吞吐量100万标箱。金融服务业体系更加完备，成立全省首家涉海民营银行——蓝海银行。涉海商务服务业取得重要成果，威海国际海洋商品交易中心，累计交易额突破8亿元。中国海参交易中心和渔具交易中心，实现全国1/4的海参交易量和一半以上渔具交易量。

【《威海市蓝色经济区发展规划（2016—2025）》修编】　2017年，威海市开展蓝区规划修编工作，加快“十三五”期间蓝区战略落实。6月，市政府印发实施《威海市蓝色经济区发展规划（2016—2025）》。新“规划”明确“创新驱动、海陆统筹、生态优先、开放融合、共享协调”五大发展原则，提出六大重点区域（东部滨海新城、南海新区、好运角旅游度假区、双岛湾科技城、里口山城市山地公园、乳山滨海新区）建设发展目标，确定“三大定位、三维开发、五项统筹”（三大定位即国内领先的海洋经济强市、国际知名的海洋休闲城市、国际知名的海洋开放城市，三维开发是指市域一体开发、跨域协同开发、对外融合开发，五项统筹就是统筹产业、创新、生态、资源和开放五大领域）的发展战略，着力构建环海经济走廊，海陆联动发展产业轴、海洋健康休闲产业轴，近海保护开发带、远洋拓展开发带的“一廊、两轴、两带”规划布局。市发展改革委牵头深入实施新规划，协调各相关部门、单位制定推进计划，围绕五项统筹，确定重点任务27项。围绕产业发展、海洋特色产业园区、海洋创新研发平台、海洋特色小镇等方面筛选确定重点项目78个。年内，78个重点项目完成投资111.54亿元，占年度计划投资100.7%，累计完成投资506.65亿元。

【国家海洋经济示范区创建】　2016年12月，国家发展改革委、海洋局联合印发《关于促进海洋经济发展示范区建设发展的指导意见》，提出拟于“十三五”期间，在全国设立10～20个海洋经济发展示范区。2017年上半年，市发展改革委牵头协调相关部门，编制完成《威海市海洋经济示范区总体方案》。示范区规划面积148平方公里，突出荣成北部的“滨海休闲旅游带”、东部的“海洋牧场带”、南部的“融合发展核心区”，形成“一核两带”的总体布局。申报方案经省发展改革委同意报至国家发展改革委。

【六大重点区域建设】　2017年，威海市六大重点区域（东部滨海新城、南海新区、好运角旅游度假区、双岛湾科技城、里口山城市山地公园、乳山滨海新区）实施基础设施项目、产业项目共127个，累计完成投资197.5亿元，完成计划的103.3%，比上年增加12.7%。其中48个基础设施项目，计划投资67.8亿元，完成71.3亿元，完成计划的105.2%，增长13.9%；79个产业项目，计划投资123.3亿元，完成投资126.2亿元，完成计划的102.3%，增长12.1%。

【蓝区重大事项建设】　2017年，威海市一批蓝区重大事项建设取得积极进展。国家海产品质检中心二期工程通过验收；海洋商品国际交易中心成功开展监管库及融资抵押业务，完成1.5万吨监管库的改造、累计融资额5085万元；山东船舶研究院17个项目获得立项，创立5个研究中心和实验室，签订10个合作意向；威海综合保税区完成卡口、内卡口设备安装以及外卡口机房、查验场地、中转库等建设；中韩自贸区地方经济合作示范区，双方不断以各种形式加强交流互动，推动双方在创业创新、医疗美容、健康产业等更多领域开展合作；推进远洋渔业基地建设，印尼马老奇、斯里兰卡、加纳、乌拉圭等远洋渔业基地累计完成投资5430万美元；威海海洋高新技术产业园，完成投资6.1亿元；国家浅海综合试验场运行保障机制研究报告通过国家海洋局专家评审，完成土地征用和划拨、取得海域使用权证；海洋生物遗传育种中心，正在完善建设方案；沙窝岛远洋渔业基地，完成投资约5.9亿元，冷链物流库C区试运营；山东海洋产权交易中心威海中心完成注册、挂牌。

【省级海洋特色产业园建设】　2017年，威海市大力推进海洋特色产业园建设，不断提升海洋特色产业园聚集功能。4个省级海洋特色产业园区集聚企业405家，其中，涉海产业为主导的企业278家，占总数的68.6%。园区企业共实现主营业务收入871亿元，其中，涉海业务收入732.2亿元，占主营业务收入的84.1%。

【蓝区建设专项资金】　2017年，威海市安排省区域战略推进专项资金8000

万元，扶持项目16个，主要涉及新旧动能转换重大基础设施、南海新区基础设施、旅游基础设施、省级以上科技创新平台、“一带一路”重点合作园区以及特色小镇等方面。安排市级蓝区专项资金1100万元，扶持项目10个，围绕海洋智能装备、市级以上海洋科技创新平台、公共服务平台、海洋水产品精深加工、海洋文化旅游等方向，重点突出海洋产业发展。

【参与“一带一路”建设】 2017年，威海市参与“一带一路”建设工作取得积极进展。开行威海—德国汉堡铁路集装箱国际货运班列和威海港—德国杜伊斯堡港海铁联运两条中欧班列，成为全省唯一一个开行两条中欧班列的地市；在全国率先开通中韩海运跨境电商出口业务，率先开通中韩海运EMS速递邮路进出口业务，获批建设山东省首批跨境电子商务综合试验区；“荣成农业对外开放合作试验区”和“俚岛海科中国—斐济渔业综合产业园”分别入选10个“农业对外开放合作试验区”和10个“境外农业合作示范区”建设试点；东亚海洋试验场（威海国家浅海综合试验场）功能定位通过国家海洋局审核；举办第十届国际树枝状大分子峰会，全球首家国际树枝状及超支化聚合物应用创新中心在会上揭牌；举办2017年中欧膜技术研究与应用研讨会；组织企业参加2017年哈萨克斯坦阿斯塔纳世博会、中国农业企业“走出去”培训暨“一带一路”国家经贸合作洽谈会等活动；召开全市范围“一带一路”政策解读培训会，通过具体的操作实务、境外投资案例讲授了如何对接国家、省“走出去”“引进来”金融政策以及如何做好风险防范及经验做法。

（王　伟）

民营经济

【概况】 2017年，全市民营经济工作紧紧围绕市委、市政府“产业强市、工业带动、突破发展服务业”战略部署，印发《中共威海市委威海市人民政府关于支持非公有制经济健康发展的意见》，聚焦创新与创业，加快推动民营经济在新旧动能转换中发挥支撑作用、实现健康发展，全市民营经济保持稳健向好态势，发展新动能、经济新活力加速释放。

市场主体高速增长　2017年，随着“多证合一”、简易注销登记制度、“县域通办”、“一审核准制”等商事制度改革深入推进，企业注册登记便利化不断提升，大众创业万众创新活力显著增加。全市民营经济市场主体总量26.24万户，注册资金3784.79亿元，实缴税金98.6亿元，比上年分别增长14.7%、26.47%和25.8%；其中私营企业7.4万家，注册资金3554.22亿元，实缴税金84.55亿元，分别增长14.75%、26.77%和24.89%。私营企业家数占全市企业总家数90%，注册资金占全市企业注册资金总额65%，成为市场主体的主力军。

工业生产稳健运行　2017年，全市有规模以上民营工业企业1387家，比上年增加89家，实现主营业务收入5073.94亿元、利润314.83亿元、利税462.17亿元，分别增长6.38%、8.75%和9.17%，增速比上年同期均增长3个百分点以上，各项指标占全市规模以上工业企业的比重分别为73.07%、75.36%和75.99%。

资本市场蓬勃发展　光威复材首次在深圳创业板上市，融资10.4亿元，全市境内外上市企业总计17家，居全省第7位。“新三板”挂牌公司新增9家，总数40家，居全省第5位。区域股权市场挂牌企业新增25家，累计126家。发行非金融企业债券12支，总额112.6亿元。吸引豪迈资本、新北洋、鲁信投资等先后设立服务贸易、智能装备、知识产权等多支特色化专业产业基金，总规模达23亿元。

新旧动能转换成效显著　环球渔具、威力工具、海马地毯被认定为全国第二批制造业单项冠军示范（培育）企业，三角轮胎等8家企业被认定为首批山东省制造业单项冠军企业，兴泰金属等24家企业被认定为首批山东省中小企业“隐形冠军”企业。实施40个“机器换人”示范项目，认定三角集团等5家企业为第一批威海市智能工厂（数字化车间），推荐天润曲轴、迪尚集团获得2017年国家智能试点示范项目。迪尚集团获批国家双创企业示范基地和首批国家纺织服装创意设计试点平台，威海高技术产业开发区获批新型工业化产业示范基地（医疗器械）。

【营商环境】 精简项目审批流程，推进“联审联批”，企业立项阶段审批时限由32个工作日压缩到5个工作日，民营企业和国有企业在准入、资金、用地、手续办理等项目立项审批方面享受同等待遇。实行投资核准备案制，企业投资项目核准事项由19项缩减为15

3月30日，威海市钓具产业创新发展论坛举办

威海市中小企业局提供

项，外商投资项目核准事项由19项缩减为14项，除省定核准的项目，其余一律实行备案制，不设置任何前置条件。打造“四全”政务服务新模式，一是全项进驻，省内率先实现依申请政务服务事项100%进厅上网；二是全域覆盖，省内率先推行“一窗式”“一门式”改革，完成全国首个市县镇联审联批国家级标准化试点工作；三是全网通办，市级262个行政许可事项“零跑腿”，可全程网办率由35.6%提高到93.9%；四是全程监督，实现市县镇三级政务服务事项办理过程实时监控、窗口服务行为全过程监督。创建全国信用示范城市，“一网三库”信用管理平台（“信用威海”网站和企业法人、非企业法人、自然人信用信息数据库）投入运营，建立联合奖惩“发起—响应—反馈”工作机制，发布首批13类“红名单”和9类“黑名单”信息3317条，威海市和荣成市双双入选全国首批12个社会信用体系建设示范城市。实施小微企业“双升”战略，建立“个转企”“小升规”“规改股”“股上市”培育库，完成“个转企”350家；新增“小升规”企业166家，规模以上工业企业总数1860家；完成规范化改制企业362家，累计完成857家，改制率达51.72%，提前超额完成全省2019年底达50%的目标。

【新旧动能接续转换】 特色细分产业抓出新成效，着力推动钓具产业转型升级，威海市获评“中国轻工业特色区域和产业集群创新升级示范区”，推动荣成房车产业扩张出新规模、获评“中国房车产业出口基地”，文登电机产业在技术创新、产业协作、品牌共享等方面合作出新成效，乳山毛衫产业打造出“龙头企业＋特色小镇”新模式，区域特色经济品牌凸显。围绕新一代信息技术、新医药与医疗器械、先进装备与智能制造等重点产业集群，推荐50个项目争取国家、省各类专项资金1.1亿元，出台《关于加快新旧动能转换促进工业企业提质增效的实施意见》并配套落实扶持资金1.4亿元；制订修订中小企业发展和钓具产业提升2个专项资金管理办法，为370多家民营企业、钓具企业和基地平台项目落实扶持资金1420万元。创新能力实现新提升，由威高集团牵头组建的制造业（高性能医疗器械）创新中心成为省内首家省级制造业创新中心，新认定市级企业技术中心（“一企一技术”研发中心）46家，争创省级31家；新认定市级工业设计中心16家，争创国家级工业设计中心2家。2017年底，全市高新技术企业达228家、“千帆计划”入库科技企业1753家，高新技术产业产值占规模以上工业总产值比重达40.83%，列全省第4位；科技孵化机构超过100家，其中市级科技企业孵化器34家、省级19家、国家级6家，省级众创空间37家、国家级11家，孵化总面积180多万平方米，在孵企业1460家。检验检测服务平台迈向高水平，天弘质量检验中心入选国家中小企业公共服务示范平台，国家碳纤维产业计量测试中心获批筹建，威海市气瓶检验检测基地完工，大量高精仪器设备、高级检测人才、科研创新项目、检验检测技术将同步推向市场。质量品牌战略开创新局面，威高集团获得第三届中国质量奖提名奖，实现威海市中国质量奖零的突破；2家企业和1名个人获市长质量奖，27个产品和18个服务项目被认定为山东名牌。2017年底，全市有注册商标总量2.3万件，其中中国驰名商标35件、山东省著名商标133件、地理标志商标42件。

【企业家队伍素质提高】 启动中小（民营）企业“百千万”人才培训工程，2017—2020年培训领军企业家1000人以上、中高层管理者4000人以上、创业创新和技术技能人才2万人以上，2017年采取境外插班省级培训、复旦大学企业家高级研修班、“中小企业大讲堂”等方式，培训各类人才6000多人。组建市青年民营企业家商会，大力选拔优秀年轻非公有制经济代表人士进入各级工商联领导班子。把弘扬优秀企业家精神与“创新发展看鲁企”和“厚道鲁商”倡树行动紧密结合，推荐威高集团、联桥集团、泰祥集团等10家企业入选全省“五星级”厚道鲁商企业，推荐颐阳集团、威力工具等优秀企业在全省30多家主流媒体集中宣传报道，推荐晨源分子新材料总经理李武松获山东青年五四青年奖章和山东青年创业奖。大力引进海内外高层次人才，分批举办“海外博士（日本）威海行”“国际医疗健康产业发展合作洽谈会”等“英创会”主、分会场活动19场，吸引20多个国家的180多名高端人才与企业签约或达成合作意向项目177个，涉及医疗器械、生物制药、装备制造、新材料、电子信息等产业。通过“英创会”“校企合作恳谈”等多形式、多渠道引进各类人才3万人，接收8000多名毕业生到各类企业工作。落实创业和人才住房补贴政策，为小微型企业发放社会保险补贴120万元，为符合条件的363名博士、硕士研究生发放住房补助330万元，向284家初创小微型工业企业发放创业服务补贴券140万余元。

【国际市场开拓】 鼓励民营企业开拓国际市场，争取各级扶持资金920多万元，支持境外展览、资质认证、注册商标和贸促活动项目377个。2017年，全市新备案境外投资项目25家，中方协议投资额60.5亿元，比上年增长40.3%；新签对外承包工程合同额79.1亿元，增长4.9%；完成营业额66.3亿元，增长8.6%。组织企业参加境内外展会182个，参展企业831家次，展出面积3.26万平方米，涵盖日韩、欧美等传统市场以及俄罗斯、拉美、中东、东盟等“一带一路”沿线国家及新兴市场。大力发展外贸新业态，蓝创进出口获评省级外贸综合服务平台，全市外贸综合服务平台进出口63.5亿元，带动全市进出口增长2.2个百分点；省级跨境电商新业态主体达18家，跨境电商零售出口13.6亿元，居全省首位，比上年增1.8倍。推动轮胎、渔业等国际产能合作项目“走出去”实现重要突破，三角集团投资5.8亿美元在美国建设商用车轮胎生产基地，成山集团投资2.99亿美元在马来西亚建设轮胎生产基地，可有效规避反倾销政策限制；宝马渔业集团建设乌拉圭基地二期项目，在南美洲打造综合性远洋渔业基地；总投资8.6亿美元的威高股份收购美国爱琅公司全部股权项目获得国家发改委信息报告确认函，威海国际合作公司刚果金机场航站楼建设项目加快推进。提高口岸通关效率，启用威海港口岸查验服务中心，实现进出口集装箱集中申报、集中查验、集中放行，平均通关时间由 60 分钟减少至 10 分钟左右，继续保持口岸通关效率全省第一的优势。

【税费负担减轻】 落实涉企税收优惠政策，2017 年对 239 家企业落实研发费用加计扣除优惠 9.39 亿元，对 76 家高新技术企业预缴减免企业所得税 1.76 亿元，对 1.78 万家企业落实小型微利企业所得税减免税 1.73 亿元。规范涉企收费秩序，全面实施收费清单管理，编制政府定价、政府指导价的涉企经营服务性收费项目清单、涉进出口环节收费目录清单，并在政府网站上进行公示。推动价格机制改革，落实全省输配电价改革方案，年可减轻工商企业电费负担 1.5 亿元；落实省直供电试点政策，全市 65 家企业列入试点名单，全年减少电费支出 1.2 亿元；下调非居民和特种行业用水综合水价，年可减轻企业负担 650 多万元；实施天然气输配价格改革，降低非居民用气购销差价，累计年减轻用气企业负担 3000 多万元。开发建设全市统一的公共资源交易电子服务系统，全面停收交易服务费，为投标人节约经营成本 1500 余万元。降低进出口企业通关成本，免除 3.72 万标准箱进出口集装箱吊装、移位、仓储费用，为近 1000 家企业减负 1734 万元。

（周永平）

【个体私营企业协会工作】 深入推进非公有制企业党建工作，报请市委组织部批准成立了市个体私营企业党委，扩大党建工作“两个覆盖”（党的组织覆盖和工作覆盖）。组织开展“亮身份、亮职责、亮承诺”活动，先后举办“两学一做”专题讲座 22 场次，培育党建工作示范点 5 处。积极服务个体、私营经济发展，举办“全国先进个体工商户”事迹报告会，对全市 150 多家个体私营企业负责人进行法律维权知识培训，组织开展了商事制度改革后新设立小微企业三周年活跃度调查，协助拓宽融资渠道，通过银企对接、动产抵押、股权质押、商标权质押等方式，助力个体、私营企业融资达 50 余亿元。市个体私营企业协会被评为“全国个私协会系统先进单位”。

（王现茂）

8 月 21 日，全市非公有制经济走访调研动员会议召开

威海市工商局提供

精神文明建设

【群众性精神文明创建活动】 2017 年，全市深化各类创建活动，实现全国文明城市“全域一片红”。深入实施文明市民培育工程，在巩固提升明城市建设成果的基础上，推动文明创建由市区向县域拓展，由城区向农村延伸，由“城”的文明向“人”的文明聚焦，持续改善公共环境、优化公共秩序、提升公共服务，在年度全国文明城市复查测评中取得优异成绩：威海市蝉联全国文明城市称号，荣成市、乳山市入选第五届全国文明城市，实现全国文明城市“全域一片红”。威海市创建工作成效得到上级充分肯定，中央文明办领导分别于 5 月、11 月到威海调研，对威海市文明城市创建及文明旅游工作取得的成绩给予高度评价。威海市开展文明市民培育工程，推动文明城市建设常态长效的工作经验，在全国创建文明城市工作经验交流会上进行典型交流。深入开展“爱文明家园 做文明市民”行动，围绕文明出行各项工作，每季度组织开展一次专项测评，通报问题并督促抓好整改落实。2017 年，通报反馈问题 370 余件，跟踪完成整改 350 余件，整改完成率 95%，组织开展“拒绝车窗抛物，让文明随车而行”“小手拉大手 文明一家人”等系列主题教育活动，进一步营造守秩序、讲文明的良好社会氛围。按照以规范促常态的思路，研究起草文明单位、文明村镇、文明社区、文明家庭、文明校园等系列创建活动管理办法和考核细则，健全完善“年初立项、日常管理、年底测评”的动态管理机制，进一步提升工作的规范化、制度化水平。组织开展全国、省级、市级文明村镇、文明单位、文明社区、文明行业、文明校园推荐复查工作，新增全国文明村镇 4 个、文明单位 5 个、文明校园 1 个，新增省级市级文明村镇 20 个、文明单位 22 个、文明社区 6 个，新增市级文明村镇 260 个、文明单位 93 个、文明社区 28 个，高质量完成各项工作任务。

【乡村文明行动】 持续加大对城乡环卫一体化、移风易俗督导推进力度，推动各项工作实现新突破：移风易俗微电影作品《琴声喜洋洋》获得全省“移风易俗树新风”微电影大赛二等奖；移风易俗工作经验在全省移风易俗工作培训电视会议上进行交流发言；在半年和年终全省乡村文明行动城乡环卫一体化、移风易俗群众满意度电话调查中，成绩均名列全省前茅；威海市及荣成市、环翠区、乳山市、文登区为全省城乡环卫一体化工作先进市和先进县（市、区）；威海市及乳山市、文

7月11日，省文明办到威海市调研志愿服务工作

威海市文明办提供

登区、环翠区为全省移风易俗工作先进市和先进县（市、区）。

【志愿服务】 指导各类志愿服务组织围绕文明出行、扶贫助残、生态环保等方面，常态开展形式多样的志愿服务活动，形成“月月有主题、周周有活动”的局面。扎实推进志愿服务项目化运作，其中姚洪波获得2017年全国学雷锋志愿服务“四个100”先进典型最美志愿者称号，“轮椅上的画家梦”获得第三届全国志愿服务项目大赛金奖。积极选树志愿服务先进典型，推荐4名志愿者、4个志愿服务项目、3个志愿服务组织、4个志愿服务社区获评全省“四个100”先进典型。

【道德模范、身边好人学习宣传】 不断完善机制、强化措施，扎实推进身边好人线索推荐工作，持续深化道德模范和各级身边好人推荐评选，着力打造向上向善的好人文化，推动形成了推荐好人、学习好人、争当好人的浓厚氛围。推荐刘长城入选第六届全国道德模范；推荐环翠区殷树山刘彩凤夫妇、荣成市曲麟昌、张晓东等入选第六届全省道德模范；评选30名市级道德模范。另有2人入选“好人365”封面人物、6人入选“中国好人榜”、38人入选“山东好人榜”、121人入选“威海好人榜”，引领形成公民道德建设“群星灿烂”与“七星共明”的先进群体格局，营造了学习好人、争当好人的浓厚社会氛围。认真组织开展礼遇道德模范活动，为全市128名市级道德模范和身边好人进行健康查体，对11名生活困难的道德模范和身边好人进行走访慰问，利用“君子之风·威海好人365”栏目，常年对各类道德先模进行宣传，树立崇德向善的社会风尚。

【未成年人思想道德建设】 2017年，威海市作为全省唯一地市，入选第五届全国未成年人思想道德建设工作先进市，荣成市、乳山市分别入选第五届全省未成年人先进县（市、区）；威海市4个单位、5名先进个人分别获得全省未成年人思想道德建设工作先进单位、先进个人荣誉称号。相关工作经验在全省未成年人思想道德建设工作培训班上进行典型发言；在中央文明办《未成年人思想道德建设工作简报》刊登2篇经验交流。坚持集中活动与常规活动、网上活动与实践活动、巩固提高与做响品牌相结合，不断创新方式方法，丰富活动载体，扎实开展清明祭英烈、学习和争做美德少年、童心向党歌咏、向国旗敬礼等“我的中国梦”系列主题教育实践活动，其中在全省“国学小名士”经典诵读电视大赛、“乡村学校少年宫成果展示”等活动赛事中，均取得历史最好成绩。

【网络文明传播】 加强网络文明志愿者队伍建设，文明威海微信平台粉丝数量比上年增长了14倍，网络文明传播工作基础进一步夯实。加强网上正面宣传，突出威海特色，通过威海文明网、“文明威海”微信公号等工作平台，组织开展各种网络文明传播活动，326篇稿件被中国文明网选用刊登，数量位居全省第二名，有力宣传展示威海市精神文明建设成效，凝聚思想共识，引领社会风尚，汇聚文明正能量。

（冷　冰）

3月3日，全市“弘扬雷锋精神 共建幸福威海”大型学雷锋便民服务公益活动举行

威海市文明办提供

生态文明建设

【概况】 威海市践行绿水青山就是金山银山，以创新、协调、绿色、开放、共享发展理念为引领，推动生态文明建设融入经济建设、政治建设、文化建设、社会建设过程中，坚持生态立市、环境优先，人与自然和谐相处。2017 年，环境空气质量连续达到国家二级标准，荣成市获得“国家生态文明建设示范市”称号。

【生态环境质量】 2017 年，威海市环境空气质量连续 2 年达到国家二级标准，位居全省第一，获山东省人民政府通报表扬，并给予 1000 万元奖励。“蓝天白云、繁星闪烁”天数为 362 天，空气质量为优的天数为 132 天，环境空气优良率为 88.1% 。二氧化硫、二氧化氮、一氧化碳指标分别为 10 微克每立方米、17 微克每立方米、1.0 毫克每立方米，达到国家一级标准；可吸入颗粒物(PM10)、细颗粒物(PM2.5)、臭氧指标分别为 55 微克每立方米、28 微克每立方米、159 微克每立方米，达到二级标准。环境空气质量综合指数 3.44，比上年改善 8.5%，5 项主要污染物二氧化硫、二氧化氮、可吸入颗粒物、细颗粒物、一氧化碳分别比上年改善 33.3%、15.0%、12.7%、20.0%、9.1%。全市 13 条主要河流 13 个考核监测断面，其中 7 个断面优于或达到国家地表水环境质量三类标准，4 个断面达到国家地表水环境质量四类标准，1 个断面达到国家地表水环境质量五类标准。所有河流水质达标率为 100%，实现了《威海市水污染防治行动计划》中 2017 年度的水质目标。全市主要饮用水水源地水质保持优良状态，水质均达到或优于地表水环境质量三类标准，达标率 100%。全市近岸海域海水水质继续处于优良状态，其中达到国家海水水质一类标准的海域占 65.2%，达到国家海水水质二类标准的海域占 34.8%，近岸海域功能区达标率为 100%。

【生态环境治理】 编制 2017 年大气污染防治实施方案、秋冬季大气污染治理攻坚行动实施细则，1234 家“散乱污”企业全部完成清理取缔和整改；53 台电力企业锅炉全部完成超低排放改造；建成区内 78 台锅炉全部拆除；16 个挥发性有机物项目全部完成治理；134 座加油站全部完成三级油气回收改造。重要流域划分为 3 个控制单元、13 个子单元，实施一河一策精细化管理。开展母猪河流域综合治理，禁养区内 513 家禽畜养殖场全部完成关闭或搬迁。

【海洋生态文明建设】 编制完成《威海市海岸带保护条例》，印发《关于规范市区养殖用海秩序推动养殖产业可持续发展的意见》。在全省率先规定禁止新增围海养殖，严格控制填海造地工程。实施海洋生态修复整治工程，利用省级补助资金 7000 多万元，开展海域海岛海岸带整治修复工程。刘公岛、海驴岛、南小青岛、大王家岛及鸡鸣岛等 5 个修复项目成功列入国家“生态岛礁”工程项目库，稳步推进威海南海新区黄金海岸生态文明建设示范项目。

【生态农业发展】 发展绿色休闲旅游，建成省级以上休闲渔业示范基地 33 个。建立农业标准化生产基地，创建省级示范基地 12 个、市级示范基地 26 个。新发展“三品一标”企业 45 家，认证产品 57 个；新增“三品”标准化基地面积 3700 公顷，“三品一标”产品产地认定面积占当地食用农产品总面积的比率 73% 以上。新建、扩建面积产业园 666.7 公顷，新建粮食高产高效示范方 8066.7 公顷，花生高产高效示范方 333.3 公顷，新建现代苹果园面积 4046.7 公顷。开展农作物秸秆综合利用，小麦秸秆切碎还田率 92% 以上，玉米秸秆还田率 80% 以上。

【农村综合整治】 加强农村环境综合整治，利用中央补助农村环境综合整治资金 540 万元，对 100 个村开展农村环境综合整治；利用省级农村环境综合整治资金 803 万元，对 131 个村开展农村环境综合整治。

【生态文明宣传】 年内，利用市财政专项资金 200 万元，全面推进环境宣教重点任务。起草《威海市环境保护宣传教育办法》；完成环境保护部、中华环保基金会在威海市举办的“2017 中华环境奖获奖者经验交流会”；运用威海政务通“顺顺”的卡通形象，制作环保职责分工解读动漫；培养了普陀路小学、环翠楼街道商圈党群服务中心等社区、学校、志愿者队伍先进环保典型；开展公益广告有奖征集活动，从全国各地 700 余幅作品中评选出平面类、视频类、音频类获奖作品 16 部；加强媒体宣传，通过广播、电视、报纸

6 月 15 日，第九届中华环境奖经验交流会在威海市召开

威海市环保局提供

以及微博、微信等各类媒体，加大对生态文明建设的宣传，发稿400多篇，全方位宣传环保工作亮点、成绩、典型。

（牛晓琳）

全面深化改革

【概况】 2017年，市委召开全面深化改革领导小组会议11次，研究审议重大改革方案48个，全市各级新争取国家、省级改革试点22个，229项年度重点改革任务完成或取得阶段性成果。

【经济体制改革】 加快推进新旧动能转换，入选国家"十三五"海洋经济创新发展示范市，电子信息与智能制造产业园入选"中国制造2025"示范基地，威海高技术产业开发区入选国家创新创业示范基地，环翠区入选省首批双创区域示范基地。深化"放管服"改革，削减市级行政权力事项88项，实施政府提速工程，全面推行"一窗式""一门式"政务服务模式，率先推行登记注册"一审核准制""县域通办"模式和"双告知"制度，超过90%的行政许可事项可实现全程网办"零跑腿"，实施"三十一证合一"。推进住建、农业、文化、交通等大部门制改革，深化农业、文化市场综合执法体制机制改革。推进国家（威海）区域创新中心建设，获批建设省碳纤维技术创新中心、高性能医疗器械创新中心，设立中俄技术创新合作中心，重大产业公共创新平台达24个。深化军民融合，市政府与科技部合作共建军民融合科技评估平台，全省首个军民融合产业转移中心落户南海新区、军民融合产业联盟落户环翠区。推进国有企业改革，出台加快推动国有企业改革的25条意见，完成威海港混合所有制改革。深化国、地税征管体制改革，联合办税实现全市覆盖。深入推进国家服务贸易创新发展试点，8项创新经验被国家、省推广。加快培育外贸新动能，打造了6个省级跨境电商综合服务平台、6个公共服务海外仓，推动国际物流园启动国际海运快件业务，全市旅游购物和跨境电商出口均居全省第一。深化对韩开放合作，成立威海—仁川地方经济合作联合委员会，与韩国仁川签署贸易便利化合作协议。率先启动国际贸易"单一窗口"国家标准版试点，开通了省内首个"点对点"中欧班列。推动开发区"二次创业"，威海南海新区获批省经济开发区体制机制创新试点。获批创建全国质量强市示范城市，环翠区钓具产业获批创建"国家产品质量提升示范区"。出台加快推进农业转移人口市民化实施意见，入选"十三五"全面推进公交都市建设首批创建城市，新型城镇化综合试点顺利通过国家评估，成为全国城市化工作15个典型地区之一。农村改革全面深化，完成2184个村的农村土地承包经营权确权登记颁证，完成1163个村的集体产权制度改革，所有的镇（街道）建立产权交易中心分中心，累计流转土地6.29万公顷。

【民主法治领域改革】 扎实推进立法工作，出台《威海市节约用水条例》《威海市饮用水水源地保护条例》《威海市海岸带保护条例》等。加强人大依法监督，制定市和市级预算决算审查监督办法等3项制度。完善人民政协协商制度，出台加强和改进人民政协民主监督工作实施意见，率先启动"互联网+界别+委员"联络模式。强化"党代表任期制"和"两代表一委员"工作制度化保障，社区党代表、人大代表、政协委员工作室扩大到73个。推进区市、镇（街道）建立城乡社区协商示范点，机关事业单位、企业等沟通协商机制建制率超过90%。在文登区试点大统战工作格局，改革经验被中央统战部和省委统战部推广。推动法治威海建设，全面建立党政一体法律顾问制度，镇（街道）公共法律服务中心、村（社区）司法行政工作室覆盖面达80%、60%，村（社区）法律顾问实现全覆盖。

【文化体制改革】 制定《文明市民促进条例》，深入实施文明市民培育工程，启动市民文明行为大讨论活动，荣成、乳山入选全国文明城市，威海顺利通过复审，实现全国文明城市创建全域覆盖。完善现代公共文化服务体系，基层综合性文化服务中心覆盖率达99.6%，基本建成"市县镇村四级公共文化设施网络"，建成24小时"城市书房"11家。深化全国公共文化服务体系标准化试点建设，形成标准228项，顺利通过国家验收。推动区（县）级图书馆落实总分馆制，市图书馆、群众艺术馆等成立理事会，市广播电视台、威海报业集团改革取得阶段性成果。完善意识形态和网络管理机制，出台网络舆情应急处置办法、网络评论工作办法，在市级各类媒体平台统一开设"权威发布"媒体专栏。推动文化创意与其他产业融合发展，建成15个文化产业公共服务平台。

【司法体制和社会治理体制改革】 深化司法责任制改革，首批员额法官检察官遴选工作全部完成，组建审判团队182个和检察团队131个，全市法院、检察院机构编制全部上划省级统管。推进刑事诉讼制度改革，认真落实庭前会议、非法证据排除和法庭调查"三项规程"。基本解决执行难问题，开通不动产"点对点"网络查控系统，推动38个部门单位建立执行协调联动机制，实施悬赏执行、律师调查令制度，实际执结率比全省平均水平高15.7个百分点。健全立体化社会治安防控体系，推进综治中心标准化建设，将"雪亮工程"纳入"智慧城市"建设规划。创新社会治理方式，开发诉调对接信息系统，探索建立"分层递进"多元调解纠纷模式。加快推进"信用威海"建设，威海市、荣成市获得首批国家社会信用体系建设示范城市。不断完善网上信访制度，探索建立"五步联动"听证工作新模式。稳步推进安全生产、食品药品监管等领域改革，肉菜流通追溯体系试点测评结果全国第一，威海被授予第一批"国家食品安全示范城市"称号。

【社会事业体制改革】 完成生产经营类事业单位改革、僵尸事业单位集中清理，推动全市所有公立医院和科研院所建立了法人治理结构，将事业单位全部纳入"双随机、一公开"抽查范围。加快推进基础教育改革，开展普通高中"选课走班"教育教学改革和中小学德育课程一体化试点，全面建设"图书馆式"学校，率先彻底消除超大班额，全面消除起始年级大班额，全面完成了校长职级的评定工作。加快完善现代职业教育体系，推进工业技术学校、交通学校、会计学校3所中等职业学校资源整合，成立威海职业教育联盟，依托职业学院成立全省首个旅游人才（全域旅游）培训基地。加快推进健康城市建设，启动国际医疗健康产业城建设，推进市域人口健康信息平台覆盖所有镇级以上公立医院和标准化村卫生室，上线“健康威海”医疗服务系统，率先实现省级健康促进县全覆盖。深化公立医院改革，成立采购联合体，率先启动药品采购“两票制”，药品价格平均降幅13%，威海被确立为公立医院综合改革首批国家级示范城市。大力推进医联体建设，组建各类医联体16个、远程会诊中心2个，全面覆盖基层医疗卫生机构。加快国家中医药综合改革试验区建设，39个病种纳入中医药优势病种收付费改革试点，威海中医药支付模式成为国家经验样本，国医堂覆盖所有基层医疗机构。完善医养联动工作机制，98%的医疗机构开通老年人就医绿色通道，所有养老机构与医疗机构签署了医疗服务协议，建成医养联合体132处，威海被确定为省级医养结合示范先行区。启动生育和职工医保合并实施国家试点工作，建成两险一体化管理制度体系和运行机制。健全社会养老服务体系，城市社区日间照料中心和农村幸福院服务覆盖全部城市社区和81%的农村社区。实施“创业威海”行动计划，启动创业担保贷款工作，2个镇和30个社区入选首批省级创业型镇（街道）、社区，山东大学生创业示范基地落户威海南海新区。

【生态文明体制改革】 坚决打赢蓝天白云保卫战、水环境治理攻坚战、自然保护区问题整改歼灭战、环境执法监管持久战“四场战役”，全面完成“散乱污”企业取缔治理，环境空气质量5项指标保持全省第一，率先完成市县镇村四级河长制组织体系建设，成为全国首个全部完成节能改造的城市。全面推行控制污染物排放许可制，深化中美海洋垃圾防治交流合作，实施“蓝色海湾”保护行动等工程和“工业绿动力”计划，威海被确定为全国4个节水型社会创新试点城市之一，荣成入选首批国家生态文明建设示范市（县）。推进生态、旅游深度结合，被评为全国首批森林旅游示范市。全面启动“城市双修”试点工作，开展“背街小巷”“断头路”、城市公厕等专项整治。加强对自然生态空间统一确权登记管理，市及各区市不动产登记信息系统相继投入使用，创新探索不动产登记“1113”（排1次队，提交1次资料，1个窗口受理，交易、征税和登记3项业务并联办理）服务新模式，群众办事时间压减超过90%。

【党的建设制度改革】 健全干部选拔任用和管理机制，探索建立综合研判机制，不断完善考核监督体系，建立正向激励和容错纠错机制。深化人才发展体制机制改革，成功举办“中国威海·国际英才创新创业大会”。稳步推进群团组织改革，成立市委党的群团改革工作领导小组，市县两级均制定群团改革方案，工会、共青团、妇联、科协改革取得初步成效。全面实施党委书记抓基层党建突破项目，集中力量破解基层党建工作的重点难点问题。探索开展党代表提案工作，市第十五次党代会期间，284名代表提出提案111件。推进全市基层党组织标准化建设，制定“1+7”指导性文件，明确农村、街道、社区等7个领域基层党组织建设标准。

【纪律检查体制改革】 深入推进国家监察体制改革，转隶人员全部到位。深化派驻机构改革，实现市一级党和国家机关派驻机构全覆盖。印发《进一步强化监督执纪问责确保市委市政府决策部署贯彻落实的意见》，深入开展“问责年”活动。严格落实提名考察办法，完成区市纪委领导班子换届考察。强化执纪审查，全市所有镇（街道）全部实现执纪审查“零”突破。开展巡察工作，完成巡察4轮。探索建立廉洁制度体系，研究制定党风廉政建设标准化制度，推行基层党风廉政建设“三堂课”工作制度。出台《关于建设廉洁威海的实施意见》，组织开展廉洁机关建设、党员干部廉洁家风建设以及“廉洁威海杯”书画摄影、主题征文、标语征集“三项活动”等。

（李宇翔）

机　构

【中国共产党威海市委员会】

书　记　孙述涛

副书记　张海波　张　惠*（女）　赵熙殿*　霍高原*

常　委　孙述涛　张海波　张　惠*（女）　赵熙殿*　王学文*　高旭光*　霍高原*　王　亮　曹元怀*　傅　逊　侯世超　刘　运　戴龙成　傅广照　刘广华　邹积军

秘书长　侯世超

市委办公室

主　任　林　强

△市委、市政府信访局

局　长　（缺）

副局长　王永池（主持工作）

市委组织部

部　长　刘　运

常务副部长　于东海*　（缺）

市委“两新”工委

书　记　孙玉建

△市委老干部局

局　长　于所航

市委离退休干部工委

书　记　张思玉(女)

市委宣传部

部　长　王　亮*　刘广华

常务副部长　许祖强

市委统战部

部　长　高旭光*　戴龙成

常务副部长　姜文秋(女)

市委政法委（社会管理综合治理委员会办公室与其合署）

书　记　刘茂德*　傅广照

常务副书记　李元敬*　孙新强

社会治安综合治理委员会办公室

主　任　李忠楠*　（缺）

市委政策研究室

主　任　张　璟

编　办

主　任　刘勤显

市委台湾工作办公室（挂市政府台湾事务办公室牌子）
主　任　李英春
市委市直机关工委
书　记　李支润*　王　晓
副书记　王　晓*（正县级，主持工作）
市委市属国企工委
书　记　于东海*　（缺）
副书记　李　峰
在京流动党员党委
书　记　邹建勇
市委火炬高技术产业开发区工作委员会
书　记　刘　伟
副书记　乔　军*　许　日
市委经济技术开发区（出口加工区）工作委员会
书　记　吕晓东
副书记　刘昌清　王炳刚*(挂职)
　　　　邹智敏
市委威海临港经济技术开发区工作委员会
书　记　于文江
副书记　董晓阳*　王　文　梅延良

【威海市人民代表大会常务委员会】

主　　任　孙述涛*　王学文
第一副主任　刘茂德*
副 主 任　张建军*　毕礼伟
　　　　　季恩远*　丛培卿(女)
　　　　　张　竞(女)　李文基
　　　　　于东海
秘 书 长　于开禄*　王炳刚
办公室
主　任　刘增威*　杨万友
研究室
主　任　修振竹
人事代表工作室
主　任　张栩翊*　穆荣庆
法制工作委员会
主　任　张吉军
财政经济工作委员会
主　任　张立成
预算工作委员会
主　任　刘健民*　俞　宏（女）
内务司法工作委员会
主　任　焦　杨(女)
教育科学文化卫生工作委员会（挂民族侨务外事工作委员会牌子）
主　任　李大超
城乡建设和环境资源保护工作委员会
主　任　曲静娟*（女）　褚昭晓
农业与农村工作委员会
主　任　穆荣庆*　（缺）
法制委员会
主　委　丛培祥
财政经济委员会
主　委　孙世都
内务司法委员会
主　委　刘志东
教科文卫委员会
主　委　张春晓(女)
城乡建设和环境资源保护委员会
主　委　李延茂
农业与农村委员会
主　委　李支润
民族侨务外事委员会
主　委　于连波

【威海市人民政府】

市　长　张　惠*（女）
副市长、代市长　张海波
副市长　张海波　王学文*
　　　　房德阳*　张　波*（女）
　　　　王　亮　杨　丽(女)
　　　　叶立耘　傅广照*
　　　　徐连新*　刘广华*
　　　　张　伟　高书良　周永迪
秘书长　夏景华*　王　清
市政府办公室
党组书记　夏景华*　王　清
主　任　张宗波
法制办（2014年10月24日调整为政府办挂牌机构）
主　任　刘宝华*　刘士侠
副主任　刘士侠*（主持工作）
人防办（2014年10月24日调整为政府办挂牌机构）
主　任　毕可德*　戚黎明
发展和改革委员会
主　任　徐东明*　邓　勇
粮食局（2014年10月24日调整为发改委直属机构）
局　长　宋修骞
物价局（2014年10月24日调整为发改委直属机构）
局　长　毕兴全
经信委
主　任　张展开*　杨志伟
市委工业工委
书　记　张展开*　杨志伟
高校工委
书　　记　傅广照*　高书良
专职副书记　吕　伟
教育局
局　长　于胜涛*　徐东晖
科技局
局　长　王厚全
公安局
局　长　叶立耘
政　委　李　刚
监察局（与纪委机关合署）
局　长　陈　舰*　邱洪京
民政局
局　长　栾　波
司法局
局　长　刘志东*　李元敬
财政局
局　长　李文基*　李　峰
人社局
局　长　王子明
国土资源局
局　长　李大伟
住房和城乡建设局
局　长　周永迪*　于胜涛
市委建设工委
书　记　于胜涛
规划局
局　长　徐东晖*　宋修德
城市管理执法局
局　长　王治强
交通运输局
局　长　刘树伟
市委交通运输工委
书　记　刘树伟
水利局
局　长　王　清*　董晓阳
农业局
局　长　戴海波*　周　华
副局长　周　华*（主持工作）
林业局
局　长　李延茂*　王笑丰
副局长　王笑丰*（正县级，主持工作）
海洋与渔业局
局　长　马端兴
商务局
局　长　邓　勇*　乔　军
文化广电新闻出版局
局　长　杨万友*　王京伟

体育局
局　长　丛华清
卫生和计划生育委员会(中医药管理局)
主　任　王大虎*　周德纯
审计局
局　长　王树芳*　于松涛
环保局
局　长　毕建康
统计局
局　长　周　宁
副局长　周　宁*（主持行政工作）
旅游发展委
主　任　肖　怡(女)
工商局
局　长　张兴民
质监局
局　长　彭　霞(女)
安监局
局　长　陈学凯
食品药品监督管理局
局　长　傅世涛
外事侨务办公室
主　任　杨志伟*　李建军
民族宗教事务局
局　长　褚昭晓*　李忠楠
市政务服务中心管理办公室
主　任　丛培祥*　高　飞
国资委
主　任　李　峰
威海火炬高技术产业开发区管理委员会
主　任　刘　伟
副主任　乔　军*　傅华涛*　谭远国
吴惠民　岳初建*　孙法春
柯学民　王广飞（科技副主任）
威海经济技术开发区管理委员会（挂出口加工区管委牌子）
主　任　吕晓东
副主任　刘昌清　于明涛　姚桂礼
梁永波　许宏妮(女)*
赵　冰　姚玉峰(科技副主任)
威海临港经济技术开发区管理委员会
主　任　于文江
副主任　董晓阳*　王　文　梅延良
邵明光　王海民*　丛　涛
蔡曙光　王维钢
刘瑞刚（科技副主任）
山东省威海监狱
第一政委　刘志东*　李元敬
监狱长　戚　健

公安局交警支队（分局）
支队长（局长）　王道珊
政　委　刘　勇

【中国人民政治协商会议威海市委员会】

主　席　董天祥*　高旭光
副主席　李淑芳(女)　戚建波
刘亚东(女)　任慧春
徐东明　夏景华　陈伟胜
张　剑*　任怀平*　李　丹*
王汝壮*
秘书长　林治刚*　戴海波
办公室
主　任　隋建波
研究室
主　任　王警卫
委员活动工作室
主　任　于加林
提案委员会
主　任　袁文龙
经济委员会
主　任　王金昌
科教文史委员会
主　任　胡禄太
台港澳侨和民族宗教外事委
主　任　丛卫东
社会法制委员会
主　任　王书国
联络工作委员会
主　任　安　立

【中国共产党威海市纪律检查委员会】

书　记　傅　逊
常务副书记　陈　舰*
副书记　姜子敏*　邱洪京
尹玉翠(女)　张利春
派驻第一纪检组
组长　曲爱民（女）
派驻第二纪检组
组长　刘晓光
派驻第三纪检组
组长　宋文静（女）
派驻第四纪检组
组长　李建军
派驻第五纪检组
组长　曲建龙
派驻第六纪检组
组长　徐　科
派驻第七纪检组
组长　孙洪毅

驻市法院纪检组
组长　王殿彬
驻市检察院纪检组
组长　芮海波
驻市公安局纪检组
组长　冷伟鹏
驻市卫生计生委纪检组
组长　隋一忠*　鞠爱君（女）

【市委巡察办】

主　任　谷衍宁
第一巡察组
组　长　焦　华(女)
第二巡察组
组　长　于松涛*　(缺)
副组长　由占胜（主持工作）
第三巡察组
组　长　栾国栋
第四巡察组
组　长　单锦国
第五巡察组
组　长　(缺)
副组长　王建华（女，主持工作）

【法院、检察院】

威海市中级人民法院
院　长　李向阳
副院长　时述森　杨文昌　王树远
邱会军　于荣勋
威海高技术产业开发区法院
院　长　(缺)
副院长　宫云举（主持工作）
威海经济技术开发区法院
院　长　(缺)
副院长　宋　光（主持工作）
威海市人民检察院
检察长　王锡友
副检察长　孟　莲(女)　任建波
马绪福*　姜　勇
毕新状
威海高技术产业开发区检察院
检察长　姜志芳(女)
威海经济技术开发区检察院
检察长　耿建忠

【民主党派】

民革威海市委
主　委　李淑芳(女)
民盟威海市委
主　委　周　宁

民建威海市委
主　委　毕礼伟
民进威海市筹委会
主　委　陈伟胜
农工党威海市筹委会
主　委　李光华
致公党威海市委
主　委　于富波
九三学社威海市委
主　委　贾国哲

【社会团体】

总工会
主　席　任慧春*　张　竞(女)
常务副主席　刘德柏
共青团威海市委
书　记　赵　冰*　王大铭
副书记　王大铭*（主持工作）
妇女联合会
主　席　张春晓*（女）　许宏妮(女)
社会科学界联合会（与市委宣传部合署）
主　席　刘昌毅
文学艺术界联合会
主　席　安　立*　张建岭
归国华侨联合会（与市政府外事侨务办公室合署）
主　席　王　钢*　杨志伟
科学技术协会
主　席　王麦壮
工商业联合会
主　　席　夏春亭*　杨　丽(女)
党组书记　陈　文
红十字会
会　　长　高书良
常务副会长　徐志勤
东部滨海新城指挥部办公室
主　任　王炳刚*　张术晓

【市属事业单位、经济组织】

中共威海市委党校
校　长　孙述涛*
常务副校长　曲　赓
副　校　长　连殿武　史凤鸣*
　　　　　　王绍臣　王肖杰
市行政学院
院　长　曲　赓
副院长　赵熙波
市社会主义学院
院　长　高旭光*　戴龙成
副院长　（缺）
威海日报社
社　长　孙盛川*　鞠宏宇
市老年大学
校　长　谷立波
市接待处
处　长　周德纯*　李世良
市档案馆（挂市档案局牌子）
局长（馆长）　耿　涛
市委党史研究室
主　任　王浩见
市政府驻北京办事处
主　任　邹建勇
市政府驻济南办事处
主　任　单浩仁
副主任　单浩仁*（主持工作）
市政府驻韩国办事处
主　任　刘永胜
威海仲裁委员会秘书处
秘 书 长　王书国*　（缺）
副秘书长　郝　芳（女，正县级，主持工作）
市地方铁路管理局
局　长　刘　鹏
市城管调度指挥中心
主　任　姜林凯
市公路管理局
局　长　李树刚*　刘　勇
市港航管理局
局　长　徐海洋
市民用航空管理局（市民用航空站）
局（站）长　崔卫兵
市广播电视台
台　长　毕晟磊
市农业机械管理局
局　长　张广强
市畜牧兽医局
局　长　（缺）
中国国际贸易促进委员会威海市委员会（中国国际商会威海商会）
会　长　戚黎明*　毕可德
市中小企业局、民营经济办公室
局　长（主任）　蔡　琳*　乔新跃
刘公岛管理委员会（市景区管理行政执法局）（挂市旅游发展中心牌子）
主　任　王京伟*　刘　震
局　长　周德刚
市机关事务管理局
局　长　吴顺中*　岳初建
市政府调查研究室
主　任　刘　勇*　张展开
市地方史志办公室
主　任　耿祥星
蓝色经管办（高端产业聚集区管理办）
主　任　王　涛
威海职业学院（市技术学院）
党委书记　吴永刚
院　　长　周春杰
副 书 记　周春杰　高亮亭*
　　　　　王　波*
副 院 长　孙忠峰　李建刚*
　　　　　孙思炯　曲桂东
　　　　　张秀玲(女)
威海技师学院
党委书记　隋永华
院　　长　石曰众
副 书 记　石曰众
副 院 长　姜德志　程学兵
威海海洋职业学院
党委书记　李耀华
院　　长　张宗军
副 书 记　张宗军
副 院 长　常建忠　王星淘
纪委书记　王树春
山东省文登师范学校
党委书记　张华燕
校　　长　韩文斐
山东省乳山幼儿师范学校
党委书记　车学辉
校　　长　苗　雨
市体育运动学校
校　长　李小谦
市立医院
院　长　侯文金
威海市中心医院
院　长　丛海波
党委书记　黄峻峰
市中医院
院　长　兰胜才
市妇幼保健院（市妇女儿童医院）
院　长　林治军
市疾病控制中心
主　任　邹东明
市残疾人联合会
理事长　王维强
市供销合作社联合社
主　任　隋秀敏*　唐会启
副主任　唐会启*（正县级，主持工作）
监事会主任　邹德强

服务业发展局
局　长　宋吉信*　刘宝华
市住房公积金管理中心
主　任　孙世都*　宋吉信
市口岸办
主　任　高　飞*　王　钢*
　　　　刘向阳
市金融办
主　任　张　刚
市胶东地区引黄调水工程建设管理局
局　长　矫　健
市政府投融资中心
主　任　于海容(女)
农业综合开发办
主　任　丁玉敏
社会保险服务中心
主　任　王吉会
人力资源公共服务中心
主　任　李志杰

【区、市】

中国共产党威海市环翠区委员会
书　记　张宏璞
副书记　徐　明　宋华东
常　委　张宏璞　徐　明　宋华东
　　　　邢海波　孙青松(女)
　　　　梁　明　孙　军　荣传伟
　　　　门盛庆
威海市环翠区人民代表大会常务委员会
主　任　刘光辉
副主任　黄式璞　柳富胜*
　　　　韩　静(女)　张才波*
　　　　吕剑峰*　戚务海
　　　　刘玉波　沙建强
威海市环翠区人民政府
区　长　徐　明
副区长　徐　明*　邢海波
　　　　隋良杰*(女)　荣传伟*
　　　　黄式璞*　石　磊*
　　　　王大治　尹振山
　　　　沈燕萍(女)　张　鹏(挂职)
政协威海市环翠区委员会
主　席　连业礼
副主席　谢洪禄*　许德勤
　　　　隋良杰(女)　黄福涛
　　　　张华龙　邓　洁(女)
中国共产党威海市环翠区纪律检查委员会
书　记　孙青松(女)

中国共产党威海市文登区委员会
书　记　吴宏飞
副书记　林　恒　张海军（挂职）
　　　　张建亭*　黄峻峰
　　　　姜进军（挂职）
常　委　吴宏飞　林　恒
　　　　张海军（挂职）　张建亭*
　　　　黄峻峰　姜进军（挂职）
　　　　隋同朋　张　辉*（挂职）
　　　　姜全文　刘黎宁　王肇刚
　　　　于晓东　刘昌杰
　　　　王军华(女)
　　　　申万兵（挂职）
　　　　付文柏（挂职）
威海市文登区人民代表大会常务委员会
主　任　吕洪波*　张建亭
副主任　李健夫　曲衍安*
　　　　王丽珍(女)　江先才
　　　　孙显林　褚元鹏
威海市文登区人民政府
区　长　林　恒
副区长　林　恒*　张　辉*（挂职）
　　　　王肇刚　申万兵（挂职）
　　　　孟艳玲(女)　刘黎宁*
　　　　孔　军　张晓威　王　亮
　　　　于昌利（挂职）
政协威海市文登区委员会
主　席　毕庶杰
副主席　王江炜　邓树科*　杨学文
　　　　黄梅花(女)　张世模*
　　　　毕卫刚　姜浩宁　姜红江
中国共产党威海市文登区纪律检查委员会
书　记　姜全文

中国共产党荣成市委员会
书　记　江　山
副书记　刘昌松　王洪晓　吕劭伟*
　　　　张校林（挂职）
常　委　江　山　刘昌松　王洪晓
　　　　吕劭伟*　张校林（挂职）
　　　　周承凯　张　勇　郑跃文
　　　　曲卫伟*　王　刚　张宗涛
　　　　李洪霞(女)
　　　　胡小飞（挂职）　张国杰
荣成市人民代表大会常务委员会
主　任　王秉伟*　吕劭伟
副主任　徐志兵　于志平*　刘书国
　　　　王凤阳　慕林辉
　　　　田永霞(女)

荣成市人民政府
市　长　刘昌松
副市长　王洪晓*　王　刚
　　　　胡小飞（挂职）
　　　　王继静(女)
　　　　徐志兵*　张宗涛*
　　　　刘　伟　于澎田（挂职）
　　　　马一东　李文海
政协荣成市委员会
主　席　战大海
副主席　张积聚　刘建忠　郭光远
　　　　孙建明　毕天夫*
　　　　张新颖(女)　武华锋
中国共产党荣成市纪律检查委员会
书　记　张　勇

中国共产党乳山市委员会
书　记　周　兵
副书记　宫本杲　李国徽
常　委　周　兵　宫本杲　李国徽
　　　　丁甫春　战国生　樊西民
　　　　卫　玮　孔祥雷　李映华
　　　　纪华艳(女)
　　　　唐大鹏（挂职）
乳山市人民代表大会常务委员会
主　任　马　泽*　姜翠萍
副主任　于新建*　高翠玲(女)
　　　　矫伟宏　高　波　孙保广
　　　　侯常青
乳山市人民政府
市　长　宫本杲
副市长　宫本杲*　战国生
　　　　唐大鹏（挂职）
　　　　宫洪霞(女)　袁国选
　　　　许　鹏　曹永刚
　　　　王晓通（挂职）
政协乳山市委员会
主　席　王祥芹
副主席　李新权　丛宝云　王月珍*
　　　　宫洪霞(女)*　高　波*
　　　　曲华良　于　馗　张　平
中国共产党乳山市纪律检查委员会
书　记　李映华

威海市援青干部　葛平修
（市委组织部提供）

【中央、省驻威海单位】

威海市国家安全局
局　长　刘华明*
　　　　马　群（主持工作）

威海市气象局
局　长　王孝卿
山东省威海市国家税务局
局　长　邱中国
威海市地方税务局
局　长　张洪起*
　　　　姜永利（主持工作）
中华人民共和国威海海关
关　长　徐崟善*　初克基
中华人民共和国荣成海关
关　长　董　军*　刘　元
中华人民共和国威海出入境检验检疫局
局　长　陈俊新
中华人民共和国荣成出入境检验检疫局
局　长　黄　强
中华人民共和国威海海事局
局　长　张　亮
山东省威海船舶检验局
局　长　王曙明
威海市邮政管理局
局　长　于　洋
中国邮政集团公司威海市分公司
总经理　周　军
中国联合网络通信有限公司威海分公司
总经理　刘玉华（女）
中国移动通信集团山东有限公司威海分公司
总经理　李亚平
中国电信股份有限公司威海分公司
总经理　隆新华
国网威海供电公司
总经理　李　刚
党委书记　马德俭
中国银行业监督管理委员会威海监管分局
局　长　侯庆华
中国人民银行威海市中心支行
行　长　王延伟
中国农业发展银行威海市分行
行　长　曲天军
中国工商银行股份有限公司威海分行
行　长　刘光海
中国农业银行威海分行
行　长　吴照军*　邵静河
中国银行股份有限公司威海分行
行　长　王建光
中国建设银行股份有限公司威海分行
行　长　李海建
中国邮政储蓄银行威海市分行
行　长　李　忠
交通银行股份有限公司威海分行
行　长　王　洁
山东省农村信用社联合社威海办事处
主　任　刘韶伟
威海市商业银行
董事长　谭先国
行　长　赛志毅
监事长　邓　卫
山东威海农村商业银行股份有限公司（威海农商银行）
董事长　丁新强
中国人民财产保险股份有限公司威海市分公司
总经理　顾恩谭
中国人寿保险股份有限公司威海分公司
总经理　马常清
威海市烟草专卖局（公司）
局　长（总经理）　邓基刚
中国石化销售有限公司山东威海石油分公司
经　理　吕呈兴*　董文敏
党委书记　董文敏*　孙树唐
中国石油天然气股份有限公司山东威海销售分公司
经　理　蔡玉虎
华能威海发电有限责任公司
厂　长　姜伟国
党委书记　陈玉国*　刘　青
山东省威海体育训练基地
主　任　崔　江
山东大学（威海）
党委书记　刘建亚*　尹作升
党委副书记　柴月禄*　赵玉璞
　　　　郭培良　周慧如
校　长　刘建亚
副校长　韩建新　陈冠军
　　　　刘　海
纪委书记　柴月禄*　郭培良
哈尔滨工业大学（威海）
校　长　徐晓飞
党委书记　姜　波
党委副书记　王建文　赵国亮
副校长　钟诗胜　曲世友
　　　　赵国亮　张文丛
纪委书记　王建文
山东药品食品职业学院
党委书记　张立敏*　刘玉东
院　长　李爱玲(女)*
　　　　张　晖(女)
党委副书记　李爱玲(女)*许学新
副院长　李淑霞(女)
　　　　贾　强　杜进元
纪委书记　车献庆
山东交通学院威海校区
党委书记、管委会主任　陈松岩*
　　　　姜华平
党委副书记　宋光军*　程伟渊
管委会副主任　宋光军*　程伟渊
　　　　刘庆波
纪委书记　程伟渊
山东外事翻译职业学院
院　长　孙承武
党委书记　魏世江*　耿喜华
党委副书记　魏世江　蒋忠英
副院长　韩晓玲　李庆祥
　　　　王　建　王淑云
　　　　王培进
哈尔滨理工大学荣成校区
院　长　徐向晨
党委书记　端木永东*　刘云峰
党委副书记　王　坤
副院长　杜　野（常务）
　　　　张桂华　王　坤

说明：* 表示年内离任
　　　Δ 表示部门管理的机构

（各相关单位提供）
编辑　闫拥军

中国共产党威海市委员会

综　述

【概况】 中国共产党威海市第十五届委员会于2017年3月产生，任期5年。至2017年底，实有委员47人，常务委员会委员10人，候补委员9人。市委下设市纪委机关（监察委）和办公室、组织部（市委非公有制经济组织和社会组织工委）、宣传部（社科联）、统战部（民族宗教事务局）、政法委（综治办）、政研室（全面深化改革领导小组办公室）、编办、台办、市直机关工委、巡察办10个工作部门，另设信访局、老干部局（市委离退休干部工委）2个部门管理机构。

【全市经济工作会议】 1月4日，全市经济工作会议召开，深入学习贯彻中央和全省经济工作会议精神，总结2016年工作，研究部署2017年经济工作，动员全市上下进一步统一思想、坚定信心，抢抓机遇、奋发有为，促进经济平稳健康发展，保持社会和谐稳定。

会议指出，2017年，全市上下牢固树立和贯彻新发展理念，主动适应经济发展新常态，着力推进供给侧结构性改革，经济结构进一步优化，新旧动能转换步伐加快，“三去一降一补”任务有效落实，对外开放取得新突破，重点领域改革继续深化，市域一体化发展进程加快，生态环境质量持续提升，民生保障持续加强，经济社会保持平稳健康发展。

会议要求，要深入学习贯彻中央和全省经济工作会议精神，进一步统一思想、凝聚共识，坚定发展的信心决心。习近平总书记在中央经济工作会议上的重要讲话，从全局和战略的高度，回顾总结中共十八大以来和2016年党中央领导推动经济工作的重大成就、宝贵经验，深刻分析了当前国内外经济形势，明确提出2017年经济工作的总体要求、目标任务、宏观政策和重大举措，系统阐述经济工作中一系列重大理论和实践问题，充分体现以习近平为核心的党中央治国理政新理念新思想新战略，为做好经济工作提供科学指南和重要遵循。全省经济工作会议，以中央经济工作会议精神为指导，就做好全年经济工作作出全面部署。全市各级各部门一定要认真学习、深刻领会，切实把思想和行动统一到中央、省委的决策部署上来，更加坚定扎实地把各项工作落到实处。

会议指出，2017年经济工作总的要求是，全面贯彻中共十八大和中共十八届三中、四中、五中、六中全会精神，深入贯彻习近平总书记系列重要讲话和视察山东重要讲话、重要批示精神，统筹推进“五位一体”总体布局和协调推进“四个全面”战略布局，坚持稳中求进工作总基调，牢固树立和贯彻落实新发展理念，适应把握引领经济发展新常态，坚持以提高发展质量和效益为中心，坚持以推进供给侧结构性改革为主线，坚持生态立市、科教兴市、产业强市和全域城市化、市域一体化，全面做好稳增长、促改革、调结构、惠民生、防风险各项工作，促进经济平稳健康发展和社会和谐稳定，实现现代化幸福威海建设新跨越，以优异成绩迎接中共十九大胜利召开。

会议强调，做好2017年的经济工作，要坚持稳中求进工作总基调，保持战略定力，精准发力，持续用力。“稳”，就是发展战略要稳，坚持建设现代化幸福威海的总目标和“全域城市化、市域一体化”“产业强市、工业带动、突破发展服务业”等既定战略不动摇，一张蓝图绘到底；经济增长要稳，坚持发展第一要务不动摇，适应新常态、把握新常态、引领新常态，确保经济平稳健康发展；社会大局要稳，着力改善民生，创新社会治理，有效防控各类风险，坚决维护社会和谐稳定；社会预期要稳，引导社会理性看待发展中的困难和挑战，进一步强化“信心比黄金更重要”的意识，增强全社会信心，凝聚发展合力。“进”，体现在目标定位上，就是要按照争当全省“走在前列”排头兵的要求，自我加压、高标奋进，以符合新发展理念的GDP论英雄，有质量有效益可持续的速度能搞多快搞多快，坚决站稳全省发展第一方阵；体现在优势领域上，就是要挖掘潜力、探索创新，在国家新型城镇化综合试点、中韩自贸区地方经济合作示范区、国家服务贸易创新发展试点、国家自主创新示范区等改革试点上先行先试、率先突破，实现引领式发展；体现在机遇把握上，就是要善于把上级精神与威海实际结合起来，把一切可以利用的因素和资源，转化为推动威海发展的具体措施，抢占先机、率先突破。

会议指出，推进供给侧结构性改

革是经济工作的主线。全市上下抢抓宝贵“窗口期”，在落实“去降补”任务的同时，拿出更多精力研究“转调创”，把去产能的着力点落实到优化产业结构上、把去库存的突破口落实到推进新型城市化上、把去杠杆的重心落实到创新投融资体制机制上、把降成本的成效体现在打造良好营商环境上、把补短板的核心任务落实到统筹协调发展上，努力用战术上的领先赢得战略上的领先，取得了显著成效。要按照中央和省委的要求，把深化供给侧结构性改革摆在更加突出的位置，坚持这些工作思路不动摇，发挥优势、挖掘潜能，巩固成果、乘势而上，推动这一重大改革向更广纬度、更深层次、更大空间深化拓展。

会议强调，要突出工作重点，狠抓关键领域的突破。牢牢把握实体经济这个根本，在提升核心竞争力上下功夫，明确产业发展方向，突出创新引领，推动开发区转型升级，打造良好营商环境；牢牢把握本地农村居民市民化这个核心，在提升全域城市化内涵和质量上下功夫，进一步突出城市工作地位，把握城市发展规律，研究城市发展方向，加快城市发展步伐；牢牢把握改革开放这一动力源泉，在增强区域发展活力上下功夫，更好发挥改革的牵引作用，大力培育开放新优势，积极扩大有效投资；牢牢把握以人民为中心的发展思想，在提升人民群众的归属感、获得感和幸福感上下功夫，始终把民生改善放在首位，全力维护社会和谐稳定，深化文明城市创建成果。

会议从8个方面安排2017年的经济工作。一是全力振兴实体经济。落实支持企业发展的各项政策，打好财税、金融、产业、科技、投资、行政服务等政策组合拳，营造更加优质的营商环境，为实体经济发展保驾护航。大力弘扬企业家精神和工匠精神，培育和壮大实体经济发展的中坚力量，促进威海经济从数量型向质量型、品牌型转变。二是深入推进“三去一降一补”。落实深入推进供给侧结构性改革的实施意见，加快淘汰落后和过剩产能，推动“僵尸企业”重整重组，推进房地产去库存，扎实做好去杠杆防风险工作，持续降低实体经济企业成本。深入推进农业供给侧结构性改革，统筹农村一、二、三产业融合发展。三是积极促进产业跨界融合发展。坚持“产业强市、工业带动、突破发展服务业”，统筹推进先进制造业、现代服务业发展和农业现代化，大力发展海洋产业、健康产业、智能产业、新材料产业、绿色产业、休闲产业、创意产业，加快培育特色产业集群。四是增创开放型经济发展新优势。发挥先行先试政策叠加效应，统筹抓好对外开放各项试点工作，大力推动外贸稳增长调结构，进一步增强精准招商实效。五是加快推进关键性改革。深入推进简政放权、放管结合、优化服务，引导国有和民营企业加快建立现代企业制度，加快推进财政、金融和社会领域的各项改革，不断激发市场活力和社会创造力。六是加快推进新型城镇化。坚持产城融合发展，推动重点区域开发建设，统筹城乡基础设施建设，加强智慧城市建设，加快推进“三个市民化”，进一步提高城镇化率。七是加强生态环境保护。落实环境保护主体责任，深入开展空气质量全面优化行动和水污染综合防治工作，加强资源保护和节约集约利用，持续用力、久久为功改善生态环境。八是进一步织密扎牢民生保障网。大力推进精准扶贫、精准脱贫，加强就业和社会保障工作，完善公共服务配套设施，加强公共安全保障，毫不放松地抓好安全生产工作，努力提高人民群众幸福感和满意度。

会议强调，全市各级党组织和广大党员干部要牢固树立党管经济意识，提升能力水平，加强工作研究，主动担当干事，狠抓工作落实，当好推动经济发展的“主攻手”和“排头兵”。要切实加强党对经济工作的领导，把落实党中央经济决策部署作为政治责任，增强“四个意识”特别是核心意识、看齐意识，做到党中央制定的方针政策必须执行，党中央确定的改革方案必须落实。要持之以恒地大兴学习之风，加强调查研究，坚持“拿来主义”，进一步提高推动经济发展的能力和水平。要继续保持干事创业的精神状态，只为发展想办法、不为困难找借口，抓住想干事、敢干事这两个关键点，进一步健全完善“六位一体”考核监督机制，加快建立正向激励机制和容错纠错机制，着力营造干事创业的良好氛围。要把抓落实作为改进作风的关键，从严要求、真抓实干，树立整体党委、政府意识，树立正确的政绩观，多做打基础、利长远的工作，为经济平稳健康发展奠定坚实基础。

【中国共产党威海市第十四届纪律检查委员会第八次全体会议】 1月17日，中共威海市纪委十四届八次全体会议召开。全会强调，各级要认真学习贯彻习近平总书记重要讲话和十八届中央纪委七次全会、省纪委十届八次全会精神，坚持真抓实干，强化标本兼治，严肃党内政治生活，严格党内监督，扎实推进作风建设，切实履行好管党治党政治责任，持续推动全面从严治党不断向纵深发展。

全会指出，十八届中央纪委七次全会和省纪委十届八次全会是在全面深化改革、决胜全面建成小康社会的关键时刻召开的一次十分重要的会议。全市各级党组织和广大党员干部，要把学习贯彻中央纪委和省纪委全会精神特别是习近平总书记重要讲话精神作为重要政治任务，紧密联系实际，全面、科学、系统、准确地学习领会，真正内化于心、外化于行，提高政治站位，坚定政治方向，切实把思想和行动统一到党中央部署要求上来，着力增强管党治党的思想自觉和行动自觉。

全会指出，中共十八大以来，市委坚决贯彻落实中央和省委决策部署，坚定不移推动管党治党重大政治责任落地生根。各级纪委聚焦监督执纪问责主业主责，党风廉政建设和反腐败斗争各项任务渐次展开、深入推进。各级各部门上下同心、齐抓共管，推动全面从严治党不断取得新成效，担当有为、干事创业的氛围更加浓厚，风清气正的政治生态逐渐形成，人民群众对全面从严治党的信心和决心持续增强、获得感和幸福感与日俱增。与此同时，也要清醒地看到，管党治党宽松软问题尚未根本改变，党风廉政建设和反腐败斗争的形势依然严峻复杂，必须以咬定青山不放松的恒心和韧劲，以更坚定的信心和决心、更坚强的意志品质、更强烈的责任担当，踏石留印、抓铁有痕，坚定不移把全面从严治党引向深入。2017年工作的总体要求是：全面贯彻中共十八大和中共十八届三中、四中、五中、六中全会精神，深入贯彻习近平总书记系列重要讲话精神，统筹推进“五位一体”总体布局，协调推进“四个全面”战略布局，坚决维护以习近平为核心的党中央权威，认真贯彻落实中央纪委、省纪委和市委部署要求，推动全面从严治党向纵深发展，严肃党内政治生活，加强党内监督，把纪律挺在前面，强化监督执纪问责，在坚持中深化、在深化中坚持，让作风建设成为亮丽名片，让“廉洁威海”成为金字招牌，把党风廉政建设和反腐败斗争引向深入，以优异成绩迎接中共十九大和省第十一次党代会、市第十五次党代会胜利召开。

全会强调，要切实抓好党风廉政建设和反腐败工作各项任务落实，以真抓实干推动正风反腐取得新进展新成效。一要严明政治纪律和政治规矩，进一步树牢“四个意识”，特别是核心意识、看齐意识，时刻在思想上政治上行动上同以习近平为核心的党中央保持高度一致，把党中央大政方针不折不扣落实到位。二要扎实推进作风建设，锲而不舍落实中央“八项规定”精神，驰而不息纠“四风”，在常和长、严和实、深和细上下足功夫，一个节点接着一个节点抓，一个环节扣着一个环节推，一个问题接着一个问题解决，不断巩固和扩大作风建设成果。三要持续保持反腐高压态势，始终坚持无禁区、全覆盖、零容忍，做到惩治腐败力度决不减弱，零容忍态度决不改变，坚决打赢反腐败正义之战。四要推动全面从严治党向基层延伸，层层传导压力，打通“最后一公里”，全面解决不作为、乱作为、慢作为的问题，让群众看到实效，夯实党的基层基础。

全会要求，要全力做好标本兼治文章，推动全面从严治党不断向纵深发展。一要坚定理想信念，加强党性修养，深入挖掘当地优秀文化资源，加大党性党风党纪教育力度，引导党员、干部筑牢廉洁从政的纪律底线和道德高线。二要严肃党内政治生活，继续保持开展批评和自我批评的优良作风，探索更加符合实际、便于实行的党内组织生活方式方法，努力构建严肃党内政治生活的长效机制，净化党内政治生态。三要强化对党的各级领导机关和党员干部的监督，充分发挥巡察监督作用，不断增强派驻监督实效，持续加强对“一把手”的监督，完善领导班子议事制度，构筑党内监督体系。四要深入推进制度建设，健全内容科学、程序严密、配套完备、有效管用的制度体系，把权力关进制度笼子。

全会强调，要切实加强党风廉政建设和反腐败工作组织领导，履行好管党治党政治责任。一要不忘初心，强化责任意识，各级党组织要将党风廉政建设工作纳入重要议事日程，全力推动落实。党员领导干部要牢记自己的党内职务，特别是各级党组织书记，要在严格自律、率先垂范的同时，抓好班子，带好队伍。二要坚守担当，有效落实责任，勇于担当、善于担当，坚持严字当头，把党风廉政建设和中心工作同部署同落实同考核，切实增强全面从严治党系统性创造性实效性。三要失责必问，强化责任追究，继续紧跟中央要求，贯彻落实好问责条例，进一步加大问责力度，充分发挥问责的利剑作用，对典型问题及时公开通报曝光，使失责必问、问责必严成为常态。各级党委要全力支持纪委履行职责、开展工作，为深入推进党风廉政建设和反腐败工作提供有力保障。各级纪委要认真履行党章赋予的职责，强化监督执纪问责，努力建设一支忠诚干净担当的纪检监察干部队伍。

全会号召，2017 年将召开中共十九大和省第十一次党代会、市第十五次党代会，做好纪律检查工作意义重大。要更加紧密地团结在以习近平为核心的党中央周围，强化政治担当，忠诚履行职责，谦虚谨慎、戒骄戒躁，不忘初心、继续前进，不断取得全面从严治党新成效，为提前全面建成小康社会、实现现代化幸福威海建设新跨越作出新的更大贡献。

【全市工作总结表彰会】 2 月 3 日，市委、市政府召开 2016 年度全市工作总结表彰大会，动员全市上下进一步统一思想、坚定信心，再接再厉、乘势而上，奋力夺取全年各项工作新胜利，不断开创经济社会发展新局面。

会议指出，面对错综复杂的发展形势，全市上下牢牢把握稳中求进工作总基调，以新发展理念为引领，坚持既定战略不动摇，深入推进供给侧结构性改革，集中力量干成一批打基础利长远的大事要事，取得一系列具有重大意义的突破，城市综合实力和竞争力稳居全省第一方阵，供给侧结构性改革取得积极成效，重点区域建设全面提速，一批重大科技平台和高端产业园区启动建设，若干领域工作实现重大突破，一批重大项目落地开工或建成，群众获得感、幸福感越来越强，党风、政风、社会风气风清气正，实现“十三五”良好开局，涌现出一大批先进单位、先进企业和先进个人。

会议指出，威海发展进入新的阶段，面临的任务、环境、形势都发生了新的变化。全市上下既要充分认识到形势的复杂性、不稳定性、不确定性，又要看到全国经济稳中有进、稳中向好的基本态势不会改变，新的发展动能正在加快集聚形成；既要看到全市各方面的困难和矛盾还比较多，更要看到全市拥有产业基础好、创新意识强、开放氛围浓、干部精神状态好等诸多有利因素，把握机遇、顺势而为，推动发展不断迈向更高台阶。广大党员干部进一步强化责任担当，立足各自岗位，想干事、敢干事、干成事、不出事，以良好的作风带动和凝聚全社会的智慧和力量，形成凝心聚力干事创业的强大合力。

会议指出，想干事是状态，更是一种基本的责任，每个人都应该做到敬重自己的事业、热爱自己的工作、履行自己的职责，使干事创业、勇争一流成为威海干部的鲜明品格。要守土有责、守土尽责，踏踏实实干出一番事业；要永不满足、竞强争先，在大局中找定位，在履职中提标准，在对标中争一流；要保持定力、久久为功，始终坚持发展第一要务不动摇、坚持建设现代化幸福威海这个总目标不动摇、坚持重大发展战略不动摇，继续保持“功成不必在我”的胸襟和“建功必须有我”的担当，把抓工作的出发点放在为党尽责、为民办事上。

会议强调，敢干事是担当，更是必须具备的素质，每个人都应该做到任务面前不推诿、困难面前不退缩、矛盾面前不回避，使敢于担当、创新突破成为威海干部的鲜明品格。要主动担责、敢作敢为，牢记职责使命，只要对党的事业有利、对威海发展有利、对威海人民有利的事情，就要坚定不移地干，一抓到底、抓出成效；要迎难而上、敢于碰硬，继续弘扬“只为成功想办法、不为失败找理由”的精神，勇于直面挑战，善于化解矛盾，用逢山开路、遇河架桥的魄力和勇气，打通前进之路、发展之途；要大胆探索、敢闯敢试，聚焦问题、拓宽眼界、创新思维，创造更多创新性、突破性、引领性的工作成果。

会议指出，干成事是要求，更是能力水平的体现，每个人都要苦练内功强素质、把握机遇抢先机、团结一心促落实，使务实奋进、善做善为成为威海干部的鲜明品格。要把“大兴学习之风”作为一项长期任务，主动带着问题学、联系实际学，研究新思路、提出新举措、谋求新突破；要善抓机遇，找准上级政策与威海实际的结合点，主动融入国家开放大格局、大战略，把握融合发展规律，不断增强经济发展活力；要练就和利用好抓落实这项基本功，确保定一件干一件、干一件成一件，形成实实在在的工作成果；要心往一处想、劲往一处使、拧成一股绳，营造和谐共事的浓厚氛围，在合作中觅商机、求发展。

会议强调，不出事是底线，更是事业发展的保障，每个人都要坚定党性不动摇、坚守底线不越界、恪守规矩不偏移，让遵纪守法、干净干事成为威海干部的鲜明品格。要重修养，坚持用马克思主义理论最新成果武装头脑，把立德、修德、践德作为终身课题；要讲法治，带头学法守法用法，不断提升依法办事的能力和水平，自觉当好法治威海建设的推动者、守护者；要守纪律，严格遵守党的各项纪律和规矩，牢固树立“四个意识”特别是核心意识、看齐意识，自觉同以习近平为核心的党中央保持高度一致，在大是大非面前坚持原则、敢于亮剑；要把廉洁从政作为至关重要的生命线，自重自省、慎独慎微，踏踏实实干事、清清白白为官。

会议强调，想干事、敢干事、干成事、不出事是广大党员干部的必备素质，保护干事创业者的积极性是各级党委的重要职责。要以“出于公心而非私心”为标准，抓紧建立正向激励机制和容错纠错机制，以宽阔的胸襟和坚定的态度鼓励广大干部大胆试、放心闯，让干事者专心谋事，让开拓者奋勇前行。要把担当、干事作为选人用人的重要导向，贯穿干部选拔任用工作全过程和各方面，让想事干事的人有机会、有舞台、受重用。要人尽其才、才尽其用，把合适的人放在合适的岗位上，发挥其应有的作用。

会议要求，各级各部门要把思想和行动统一到市委的决策部署上来，把心思和精力凝聚到干事创业上来，努力开创各项事业新局面。进一步增强发展信心和工作动力，抓住想干事、敢干事这两个关键点，主动对标先进、学习先进、争当先进，以更加过硬的作风和务实的举措推动各项工作不断取得新突破。进一步增强宗旨观念和服务意识，多站在企业和群众的角度换位思考，贯彻全面从严治党的要求，继续加强作风建设，持续推动政风转变，以更加优质高效的服务为企业营造良好的营商环境。进一步增强担当意识和责任意识，以高度的政治觉悟和不折不扣的执行力，确保各项决策部署落到实处，为实现现代化幸福威海建设新跨越作出新的更大贡献。

【中国共产党威海市第十四届委员会第十次全体会议】 2月22日，中国共产党威海市第十四届委员会第十次全体会议召开。全会决定，中国共产党威海市第十五次代表大会于2017年3月1日在威海召开。

全会审议并原则通过中共威海市第十四届委员会向市第十五次党代会作的工作报告，决定将这个报告提交市第十五次党代会审议；审议并原则通过中共威海市第十五届市委委员、候补委员和市纪委委员候选人预备人选名单；讨论通过《关于党费收缴使用管理情况的报告》；投票确定威海市出席中共山东省第十一次代表大会的代表候选人预备人选。

全会认为，市第十五次党代会是在全面实施“十三五”规划，深入推进供给侧结构性改革，加快全面建成小康社会、实现现代化幸福威海建设新跨越决胜阶段召开的一次十分重要的会议，对于进一步统一思想、明确目标、凝聚力量，以坚强的定力践行新发展理念，以坚定的信心实现发展蓝图，在新的历史起点上勇当全省“走在前列”排头兵，具有重大而深远的意义。

全会号召，全市各级党组织和全体共产党员，要牢固树立“四个意识”特别是核心意识、看齐意识，更加紧密地团结在以习近平为核心的党中央周围，高举中国特色社会主义伟大旗帜，以邓小平理论、“三个代表”重要思想、科学发展观为指导，全面贯彻中共十八大和中共十八届三中、四中、五中、六中全会精神，深入贯彻习近平总书记系列重要讲话和视察山东重要讲话、重要批示精神，团结带领全市人民，统筹推进“五位一体”总体布局，协调推进“四个全面”战略布局，牢固树立和贯彻落实新发展理念，坚持稳中求进工作总基调，坚持以推进供给侧结构性改革为主线，深入实施“全域城市化、市域一体化”“产业强市、工业带动、突破发展服务业”等既定战略，全面做好改革发展稳定各项工作，以优异的成绩迎接市第十五次党代会、省第十一次党代会和中共十九大胜利召开。

【中国共产党威海市第十五次代表大会】 3月1日，中国共产党威海市第十五次代表大会在威海国际会议中心开幕，3月3日闭幕。大会认为，市第十四次党代会以来，在以习近平为核心的党中央和省委的坚强领导下，市委团结带领全市广大党员干部群众，紧紧围绕建设现代化幸福威海的总目标，深入实施“全域城市化、市域一体化”“产业强市、工业带动、突破发展服务业”等重大战略，凝心聚力干事创业，务实奋进转型跨越，全市经济、政治、文化、社会、生态文明和党的建设都取得了新的成绩。牢牢把握争当全省“走在前列”排头兵的目标定位，扩大总量与提质增效并重，综合实力和竞争力迈上新台阶。牢牢把握新型城市化发展的大趋势，坚定不移地走威海特色城市发展道路，全域城市化、市域一体化格局初步形成。牢牢把握工业在全局发展中的基础性地位，致力产业转型提升、集群发展，具有较强竞争力的特色产业体系日趋完善。牢牢把握改革开放这一动力源泉，着力破解发展难题、拓展发展空间，区域发展的新优势不断扩大。牢牢把握以人民为中心的发展思想，切实保障改善民生，人民群众的幸福感、获得感进一步增强。牢牢把握文化发展正确方向，持续开展文明创建活动，城市整体文明水平显著提高。牢牢把握全面从严治党新要求，从严从实管党治党，为经济社会发展提供了坚强政治保证。

大会指出，2017年是地级威海市成立30周年。30年来，历届市委团结带领全市人民解放思想、敢闯敢干，攻坚克难、艰苦创业，谱写了一篇篇勇立潮头、开拓进取的壮美华章。经过30年的发展，威海发生了翻天覆地的变化，昔日的边陲小城发展成为在国内外具有较强影响力和竞争力的沿海开放城市。30年风雨兼程，成就令人鼓舞；30年砥砺前行，经验弥足珍贵。一是始终坚持发展第一要务不动摇；二是始终坚持敢为人先的精神不动摇；三是始终坚持"一张蓝图绘到底"的韧劲不动摇；四是始终坚持改革创新的品格不动摇；五是始终坚持以人民为中心的思想不动摇。六是始终坚持党要管党、从严治党这个根本保障不动摇。

大会强调，展望未来，中央希望东部率先发展、山东走在前列，省委要求威海为全省"走在前列"多作贡献，全市人民期盼建成更高水平、更加全面均衡的小康社会，实现现代化幸福威海建设新跨越。未来五年，威海还将迎来中国共产党成立100周年，实现第一个"百年目标"。置身新时代，面对新使命，必须不忘初心，继续前进，在推进中华民族伟大复兴、建设经济文化强省进程中创造新业绩、争当排头兵。

大会指出，未来五年，全市工作总的要求是：高举中国特色社会主义伟大旗帜，以邓小平理论、"三个代表"重要思想、科学发展观为指导，全面贯彻中共十八大和中共十八届三中、四中、五中、六中全会精神，深入贯彻习近平总书记系列重要讲话和视察山东重要讲话、重要批示精神，统筹推进"五位一体"总体布局，协调推进"四个全面"战略布局，牢固树立和贯彻落实新发展理念，坚持稳中求进工作总基调，坚持以推进供给侧结构性改革为主线，坚持生态立市、科教兴市，坚持全域城市化、市域一体化和产业强市、工业带动、突破发展服务业，推动各项事业和全面从严治党迈上新台阶，努力提前全面建成小康社会，实现现代化幸福威海建设新跨越。主要目标任务：提前实现"两个翻番"目标，生产总值、城乡居民收入比2010年翻一番，经济规模和质量效益大幅提升，提前实现全面小康领域、人口、区域全覆盖，人民群众的安全感、归属感、成就感和幸福感显著增强，打造更具影响力的宜居、宜业、宜游、宜学的卓越城市。

大会强调，提前全面建成小康社会，实现现代化幸福威海建设新跨越，需要在坚持30年来成功经验的基础上，牢牢把握以下原则：一是必须坚定不移地同以习近平为核心的党中央保持高度一致。二是必须自觉践行新发展理念。三是必须坚决贯彻"稳中求进"工作总基调。四是必须坚定争当全省"走在前列"排头兵的信心决心。

大会要求，未来五年，全市各级党组织和广大党员要立足当前，着眼长远，抢抓战略机遇，突出工作重点，狠抓工作落实，推动经济社会持续健康发展。一、加快同城融合，提升城市内涵，全面迈入市域一体发展的新时代。顺应城市发展规律，突出城市工作地位，以全域城市化、市域一体化为方向，以当地农村居民市民化为核心，在全面提升各区域发展质量的同时，加快推动同城化、一体化发展，努力构建布局合理、功能互补、市域一体的组合型都市区。二、突出转型提升，振兴实体经济，推动产业向高端化集群化方向发展。深入实施"产业强市、工业带动、突破发展服务业"战略，更加注重实体经济这个根本，推动传统产业转型升级，培育壮大新兴产业，大力发展新经济新业态新模式，加快推进三次产业、产业与互联网、产业与城市化的深度融合。三、强化创新引领，拓展发展空间，充分激发和释放发展新动能。坚持在中央、省全面深化改革的大框架下先行先试、大胆探索，在国家大开放格局中找准定位、主动作为，创造更多发挥先发优势的引领型发展。四、发展民主政治，建设法治威海，汇聚团结奋进的强大正能量。坚持党的领导、人民当家作主和依法治国有机统一，保障人民权益，维护公平正义，调动一切积极因素，巩固发展民主团结、政通人和的政治局面。五、坚定文化自信，深化文明建设，全面提升城市文化软实力。要坚持物质文明和精神文明互促共进，坚定文化自信，增强文化自觉，繁荣发展先进文化，为建设现代化幸福威海提供坚强思想保证、强大精神力量、丰润道德滋养。六、增进民生福祉，促进社会和谐，带领全市人民共同创造幸福美好生活。坚持发展为了人民、发展依靠人民、发展成果由人民共享、发展更多惠及全市人民，以更高标准、更大力度保障民生，让人民群众对美好生活的向往不断变成现实。

大会强调，实现美好蓝图，关键在党，关键在党要管党、从严治党。全市各级党组织要自觉肩负起全面从严治党的政治责任，把严的要求贯穿于管党治党的全过程，以从严治党的新成效为经济社会发展提供坚强政治保证。要加强和改善党的领导，充分发挥各级党委总揽全局、协调各方的领导核心作用；强化党的思想政治建设，持之以恒抓好党性教育，推进"两学一做"学习教育常态化制度化，扎实做好中共十九大精神教育培训工作；加强和规范党内政治生活，着力增强党内政治生活的政治性、时代性、原则性、战斗性；建设高素质干部队伍，进一步提升干部理论水平、专业素养与实践能力；弘扬干事创业的优良作风，引导党员干部集中精力办实事、解难事，打基础、利长远，脚踏实地，埋头苦干；提升基层党建工作水平，进一步夯实基层基础，实现党的工作全面进步、全面过硬；营造风清气正的政治生态，持续推动全面从严治党向纵深发展。

大会指出，面对新形势新使命，面对全市人民的信任和期盼，全市广大党员要以"功成不必在我"的胸襟和"建功必须有我"的担当，不忘初心、继续前进，真抓实干、善作善成，决不辜负党和人民的重托。更加紧密地团结在以习近平为核心的党中央周围，在省委的坚强领导下，万众一心、奋勇争先，为提前全面建成小康社会、实现现代化幸福威海建设新跨越而努力奋斗，以优异成绩迎接中共十九大胜利召开。

【威海市推进"两学一做"学习教育工作座谈会】 5月3日，威海市推进"两学一做"学习教育常态化制度化工作座谈会召开，深入学习贯彻习近平总书记重要指示精神和党中央、省委部署要求，对全市推进"两学一做"学习教育常态化制度化作出部署安排。

按照中央和省委的部署要求，威海市各级党组织将“两学一做”学习教育作为重大政治任务坚决抓在手上，按照抓基层、重创新、求实效、创品牌的思路，着力实施“六定六促”工作法，聚焦问题、扭住关键，精准施策、持续发力，推动学习教育取得明显成效，党员干部“四个意识”显著增强，党内政治生活更严更实，基层党建薄弱环节得到全面加强，党员先锋形象进一步树立。

会议指出，推进“两学一做”学习教育常态化制度化，是坚持思想建党、组织建党、制度治党紧密结合的有力抓手，充分体现了党对马克思主义执政党建设规律的准确把握和科学运用，充分体现了持续用力抓根本抓基础抓长远的战略谋划和政治考量。威海市各级党组织要深刻认识推进“两学一做”学习教育常态化制度化的重大意义，把推进“两学一做”学习教育常态化制度化作为强化“四个意识”的实际行动，作为全面从严治党的战略性、基础性工程，作为争当全省“走在前列”排头兵、实现现代化幸福威海建设新跨越的坚强组织保证，进一步统一思想认识，增强行动自觉，把这项重大政治任务抓在手上、抓紧抓实。

会议强调，推进“两学一做”学习教育常态化制度化，重在深入学、扎实做、持续改，融入日常、抓在经常，立根固本、久久为功。各级党组织要在“学”上深化拓展，把学党章党规、学系列讲话作为经常性教育的基本内容，贯通起来学习、统一起来领会，及时跟进学习习近平总书记最新讲话和指示，跟进学习党中央最新决策部署和新出台的制度法规等，在持续学、深入学、结合实际学上下功夫，自觉用马克思主义中国化最新成果武装头脑、指导实践、推动工作。要在“做”上持续用力，教育引导广大党员干部始终牢记自己的第一身份是共产党员，第一职责是为党和人民工作，严格对照“四讲四有”标准和“四个合格”要求，不断衡量和检视自己，用实际行动体现信仰信念的力量。要在“改”上从严从实，进一步强化问题意识、问题导向，围绕中央和省委提出的三个层面要求，结合省委巡视“回头看”反馈意见，结合长期制约基层党建工作的问题，结合群众反映强烈的问题，结合近几年党内政治生活中查摆出来的问题，即知即改、立行立改，同时将制度建设贯穿于问题整改的全过程，着力构建系统完备、科学规范、运行有效的党建制度体系。

会议要求，要坚持以上率下、层层示范，更加突出领导干部的带动作用，更加突出基层支部的主体作用，更加突出先进典型的示范作用，着力推动“两学一做”学习教育向纵深发展。要紧紧抓住“关键少数”，各级党员领导干部要在“学”上要有更高标准，在“做”上要有更实举措，自觉向党中央对表、对标，带头旗帜鲜明讲政治，带头强化党性修养，带头增强自律意识、标杆意识、表率意识、担当意识，自觉走在前列、干在实处。要牢牢抓实基层支部，树立党的一切工作到支部的鲜明导向，注重把思想政治工作落到支部，把从严教育管理党员落到支部，把群众工作落到支部，抓基层强基础，破难题补短板，抓创新促提升，使党支部真正成为教育党员的学校、团结群众的核心、攻坚克难的堡垒。要用好用活先进典型，加大先进典型宣传和培育力度，扎实开展好基层组织建设“对标、规范、超越”主题活动，以点带面、强力示范，统筹兼顾、规范提升，推动基层党建全面进步全面过硬。

会议指出，推进“两学一做”学习教育常态化制度化，根本目的是用习近平总书记重要讲话精神武装全党，保持党的先进性和纯洁性，激励全党为实现崇高目标而不懈奋斗，不断开创中国特色社会主义事业新局面。各级一定要把推进“两学一做”学习教育常态化制度化，贯穿于全面从严治党各项任务，贯穿于经济社会发展全过程，切实把学习教育的成效体现到管党治党责任落实上，体现到攻坚克难、干事创业上，体现到富民安民上。要切实加强组织领导，强化责任，分类指导，真督实导，以钉钉子的精神，一级抓一级，层层抓落实，以推进“两学一做”学习教育常态化制度化为动力，不断开创现代化幸福威海建设新局面，以优异成绩迎接中共十九大和省第十一次党代会胜利召开。

会议强调，要高度重视，精心组织，牢牢把握“两学一做”学习教育常态化制度化的深刻内涵、目标任务和基本要求，更好地用习近平总书记系列重要讲话精神武装头脑，指导实践，推动工作。各级领导干部要坚持率先垂范，学在前、做在前，带头旗帜鲜明讲政治，带头践行四个合格标准，带头强化党性修养，带头勇于担责、敢于担当，形成以上率下、层层示范的整体效应。要结合自身实际，抓紧研究制定各部门、各单位推进“两学一做”学习教育常态化制度化实施方案，及时作出安排部署，既要遵循统一要求，做好规定动作，又要区分不同领域、不同层面的基层党组织和党员特点制定措施，增强学习教育的针对性和有效性。要强化典型引路，选树打造先进典型，总结推广务实管用的经验做法，做到以点带面、共同提高。要坚持以学践行，以改促做，把推进“两学一做”学习教育常态化制度化，与落实市第十五次党代会确定的目标任务相融合，与市委、市政府重大战略部署相衔接，与学习贯彻中共十九大和省第十一次党代会精神相统一，进一步激发党员干部干事创业的热情，将学习教育成效转化为推动经济社会平稳健康发展的不竭动力，为全面建成小康社会、实现现代化幸福威海建设新跨越提供坚强组织保证。

【威海市城市党建工作会议】 6月6日，威海市城市党建工作会议召开，贯彻落实习近平总书记关于加强和改进城市基层党建的重要指示精神，结合推进“两学一做”学习教育常态化制度化工作座谈会精神，对城市党建工作进行安排部署。

会议指出，近年来，威海市各级高度重视城市党建工作，思想认识水平不断提高，统筹融合发展趋势逐步增强，宗旨观念得到充分体现，基层党组织在社会治理和城市管理中的领导和引领作用进一步彰显。市委书记孙述涛在充分肯定城市党建工作取得的成绩后指出，随着“全域城市化、市域一体化”战略的深入推进，全市发展重心加快向城市转移，城市党的建设到了整体谋划和重点推进的新阶段。基层党组织是党全部工作和战斗力的基础，营造幸福宜居社区，自下而上激发城市活力，关键要发挥好基层党组织在凝聚共识、优化服务、维护稳定等方面的作用，充分组织和发动群众，以群众“小事情”的解决促成党委、政府“大事业”的发展，真正将党的政治优势、组织优势转化为治理优势、服务优势，不断巩固党在城市的执政基础，增强党组织的凝聚力和战斗力。

会议要求，各级党组织要牢固树立“城市大党建”理念，与时俱进、改革创新、拓宽视野、破解难题，全面提升城市党建工作水平。要本着“区域统筹、重点突破、整体推进”的理念，推动村改社区、社会组织、非公企业、商圈和商务楼宇、网络媒体等新兴领域党建工作上有新提升，确保“无盲区、无死角、全覆盖”。要以社区营造为中心，发挥党的基层组织的作用，着力在精准掌握需求、健全服务机制、教育引导群众上下功夫，把人民群众对美好生活的向往变成现实。要在强化机关党建“走在前、作表率”引领作用基础上，积极破除城市党建工作中存在的隶属、级别等观念束缚，在更大范围、更宽领域、更深层次上推进共建互补。要通过人往基层走、钱往基层投、政策向基层倾斜等方式，加强基层力量、经费、场所、权责保障。各级党组织负责人要增强责任意识和危机意识，避免“就党建抓党建”，坚持把党建与社区建设、民生需求结合起来，与完善社会治理体系建设结合起来，以党建统领全局，以党建凝聚人心。

会议强调，城市党建工作是一项十分复杂的系统工程，要坚持“党建抓实了就是生产力、抓细了就是凝聚力、抓强了就是战斗力”的理念，全力抓责任、抓督导、抓创新，确保各项任务落实落地。各级各部门要坚持抓好党建是最大政绩，把城市党建作为全面从严治党向基层延伸的重要任务，各级党组织负责人既要带头抓、主动抓，又要一级抓一级、一级带一级，切实做到真管、敢管、会管。要注重超前规划、统筹设计、高标准推进，形成各具特色的党建品牌。要鼓励大胆创新，积极探索符合实际、行之有效的党建工作新理念、新路径、新模式，培养打造一批“喊得响、立得住、可复制、可借鉴”的党建示范点，努力提升全市城市党建工作水平，为打造更具影响力的宜居宜业宜游宜学的卓越城市作出新贡献。

会议要求，各区市、开发区、街道党（工）委主要负责人要抓紧抓好会议精神的学习传达，专题研究贯彻落实本次会议精神的具体意见；要主动适应“全域城市化、市域一体化”发展要求，切实把城市党建摆在重要位置，围绕强化政治引领、更好地服务中心工作和服务党员群众等方面认真研究谋划城市党建；要根据确定的工作任务全面压实责任、细化责任分工、加大督查力度，推动各项任务落实、落细、落地。

【中国共产党威海市第十五届委员会第二次全体会议】 6月23日，中国共产党威海市第十五届委员会第二次全体会议召开。

全会一致认为，省第十一次党代会是在全省全面建成小康社会决胜阶段和由大到强战略性转变的关键时期召开的一次十分重要的会议，对于进一步动员全省广大党员干部群众，奋力开创经济文化强省建设新局面，具有十分重要的意义。全市各级党组织和广大党员、干部，要把学习贯彻省党代会精神作为重要的政治任务，把思想认识统一到大会精神上来，把力量凝聚到落实大会确定的各项目标任务上来。要牢牢把握大会的主题，进一步强化“四个意识”，更加紧密地团结在以习近平为核心的党中央周围，更加自觉地在思想上政治上行动上同以习近平为核心的党中央保持高度一致，更加扎实地把中央、省委的各项决策部署落到实处。牢牢把握过去五年的成绩和经验，进一步增强发展定力，坚持以经济建设为中心，坚持发展第一要务不放松，坚持既定战略不动摇，把科学的、切合实际的、符合人民愿望的蓝图一绘到底。牢牢把握走在前列的目标定位，进一步坚定争当排头兵的信心，坚持以符合“五大发展理念”的GDP论英雄，符合科学发展的速度能搞多快搞多快，永不满足，永不懈怠，坚决站稳全省第一方阵。牢牢把握未来五年的发展任务，找准工作的结合点、切入点和着力点，努力创造更多创新性、突破性、引领性的工作成果。牢牢把握推动全面从严治党向纵深发展的重点任务，进一步强化“第一政绩”意识，不断增强全面从严治党的系统性、创造性、实效性，为经济社会发展提供坚强政治保证。

全会指出，学习贯彻省第十一次党代会精神，深刻领悟是基础，自觉落实是关键。要把贯彻落实省党代会精神与落实市第十五次党代会精神、实施“十三五”规划结合起来，与落实李克强、刘家义到威海考察调研时的重要指示精神结合起来，既要统筹兼顾，把方方面面的工作做好，又要突出重点，坚持以提高发展质量为中心，以推进供给侧结构性改革为主线，以加快新旧动能转换为统领，强化改革、开放、创新三大动力，突出转型、生态、民生三个重点，搞好区域、城乡、陆海三个统筹，以重点带全面、促全局，努力实现创新发展、持续发展、领先发展。要牢牢抓住供给侧结构性改革这条主线，加快推进新旧动能转换，以重点区域开发建设为抓手，加快实现同城化、一体化发展；以高端产业园区建设为抓手，推动产业向集群化高端化迈进；以打造国家区域创新中心为抓手，全力建设创新型城市；以争取和推进重大改革试点为抓手，塑造更多引领式发展。要巩固深化文明城市创建成果，全面提升文化软实力，切实做好意识形态领域工作，坚持不懈用党的理论创新成果凝心聚魂；强化文明市民培育，在文明城市建设常态化、长效化上下功夫；大力推进文化小康建设，强力推进文化产业发展，更好满足人民群众日益增长的精神文化需求。要坚持以人民为中心的发展思想，推进社会主义民主政治建设，加快建立覆盖城乡、惠及全民的公共服务体系和社会保障体系，深化平安建设，严格安全生产和食品药品安全监管，让人民群众拥有更多的获得感幸福感。

全会强调，实现现代化幸福威海建设新跨越，关键在党，关键在党要管党、从严治党。全市各级党组织要把抓好党建作为最大政绩，坚持思想建党、组织建党和制度治党紧密结合，推动全面从严治党向纵深发展。要扎实推进“两学一做”学习教育常态化制度化，引导广大党员筑牢信仰之基、补足精神之钙、把稳思想之舵。要努力营造政治上的绿水青山，切实增强党内政治生活的政治性、时代性、原则性、战斗性。要着力打造忠诚干净担当的执政骨干队伍，大力营造想干事、敢干事、干成事、不出事的浓厚氛围。要不断强化各领域基层党组织政治功能和服务功能，推动基层党组织建设全面进步全面过硬。要坚持不懈加强作风建设，持之以恒落实中央“八项规定”精神，驰而不息纠正“四风”。要坚定不移推进党风廉政建设和反腐败斗争，坚持把纪律挺在前面，运用好监督执纪“四种形态”，着力构建不敢腐、不能腐、不想腐的有效机制。要通过扎实有力的党建工作，提高各级党委领导经济社会工作的能力。广大党员、干部要强化分清轻重缓急的能力，强化统筹协调的能力，强化职责所在的担当，强化工作执行力，更好地服务群众、服务企业、服务发展，确保省党代会部署的任务落到实处。

全会号召，全市各级党组织和全体共产党员要更加紧密地团结在以习近平为核心的党中央周围，牢牢把握争当全省走在前列排头兵的目标定位，以只争朝夕的精神、敢做善成的勇气、扎实严谨的作风，全力以赴落实好省第十一次党代会确定的各项目标任务，为奋力开创经济文化强省建设新局面作出应有贡献，以优异成绩迎接中共十九大胜利召开。

【威海市委党的建设工作领导小组会议】 8月17日，威海市委党的建设工作领导小组会议召开，强调要深入学习贯彻习近平总书记系列重要讲话精神特别是在省部级主要领导干部专题研讨班上的重要讲话精神，坚持抓好党建是最大政绩，牢固树立“四个意识”，旗帜鲜明讲政治，始终在思想上政治上行动上同以习近平为核心的党中央保持高度一致，以党建新成效推动各项工作走在全省前列。

会议指出，推进党的建设新的伟大工程，根本目的在于充分发挥党的领导核心作用，提高党的执政能力，真正体现出中国特色社会主义的鲜明特点。全市各级党组织和广大党员干部，要切实增强建设伟大工程的政治自觉、思想自觉和行动自觉，牢固树立“四个意识”，旗帜鲜明讲政治，坚决维护习近平总书记核心地位、领袖权威，坚定维护以习近平为核心的党中央权威，高起点谋划、高标准推进党建工作，不断推进全面从严治党向基层延伸、向纵深发展。要充分认识全市相关领域党建工作打下的良好基础、取得的成功经验，充分看到党员队伍和领导干部队伍的良好精神风貌，充分相信党员领导干部和基层党组织，坚持站位更高、标杆更高、要求更高，通过强化基层党组织建设，更好发挥党组织和党员先锋模范作用，更好地团结和凝聚全市广大群众。

会议要求，要坚定不移把党的建设作为各项工作的统领，始终把党的建设放到工作大局中去思考、定位、谋划和落实，加强顶层设计，搞好压力传导，做到党建工作与中心工作目标同向、工作合拍、措施配套，下气力、出实招，坚决杜绝党建工作与业务工作“两张皮”、不融合等问题。要牢固树立大抓基层的鲜明导向，将城市党建和农村党建作为重中之重，同步加快国企、机关、高校等领域党的建设，进一步整合资源、统筹协调，强化组织领导和具体指导，不断扩大党的组织和工作覆盖面，筑牢党的基层根基，提高党的执政能力，为区域发展提供坚强的组织保证。要强化思想转变、工作转变、作风转变，深入分析当前基层党建面临的现实问题，顺应群众参与政治生活和社会活动的积极性，确保党建工作跟得上社会发展速度，跟得上群众的精神需求。要结合打造过硬支部，进一步强化基层党组织的政治功能和服务功能，发挥好基层党组织战斗堡垒作用和先锋模范作用，建立协作高效的基层治理体系，把夯实基层党建基础的过程变成解决发展问题、提高治理能力、满足群众需求的过程。

会议强调，加强党的建设是全党的共同使命，是复杂的系统工程。各级各部门要进一步强化责任意识和使命意识，把党的建设作为首要政治任务，切实担负起管党治党的政治责任，共同推动党的建设新的伟大工程不断实现新突破。各级党委（党组）要切实履行好党建工作主体责任，党委（党组）书记要认真履行第一责任人责任，党委（党组）班子成员要认真履行“一岗双责”，坚持以上率下，强化示范引领，在提升抓好党建工作的能力、严肃党内政治生活、加强作风建设、落实党建工作责任上做好榜样、当好表率、树好标杆。要认真总结推广已有党建工作成果，加大宣传力度，以润物无声的方式讲好“威海故事”，同时积极学习借鉴外地党建工作先进经验，逐个领域搞好谋划和创新。要深入研究新时期党建工作规律，解放思想、与时俱进，自觉运用党建基本规律指导基层党建实践，以党建工作水平的新提升，推动全市各项工作落实到位、走在前列，以优异成绩迎接中共十九大胜利召开。

【“走过30年·迈向新征程”威海市推进新旧动能转换重大工程动员大会】 9月27日，“走过30年·迈向新征程”威海市推进新旧动能转换重大工程动员大会在威海国际会议中心举行，回顾地级威海市成立30年来的光辉历程，分享创业发展的丰硕成果，展望催人奋进的美好未来，动员全市上下进一步解放思想、改革创新，以实施新旧动能转换重大工程为引领，推动各项工作提速增效，争当全省走在前列排头兵，努力提前全面建成小康社会、实现现代化幸福威海建设新跨越。

会议指出，30年来历届市委、市政府团结带领全市人民，自强不息、干事创业，风雨兼程、砥砺奋进，抓住了一次又一次难得的发展机遇，干成了一件又一件被认为不可能、而对长远发展又至关重要的事情，不断开创了富民强市的新局面，使威海由一座海防小城成长为充满生机与活力的现代化沿海开放城市。经过30年的发展，威海综合实力大幅提升，产业体系日益完善，城市化步伐不断加快，改革开放不断深化，生态建设成效显著，社会更加和谐稳定，民生福祉持续改善，党的建设全面加强，经济社会各项事业都取得令人瞩目的成绩，站在新的历史起点上。

会议指出，成绩的取得，离不开党中央、国务院的英明决策、亲切关怀，离不开省委、省政府的坚强领导、大力支持，离不开历届班子的薪火相传、久久为功，更离不开全市广大人民群众和社会各界的和衷共济、团结拼搏。30年来威海的每一步发展，都凝聚着全市人民的智慧与心血，都饱含着广大干部群众的奋斗与奉献，都体现着280万威海儿女的不懈追求与美好梦想。30年发展成绩来之不易，经验弥足珍贵。一是必须始终坚持党的领导不动摇；二是必须始终坚持发展第一要务不放松；三是必须始终坚持改革开放创新不止步；四是必须始终坚持解放思想不停歇；五是必须始终坚持久久为功不折腾；六是必须始终坚持干事创业不懈怠；七是必须始终坚持群众立场不偏移。

会议强调，中共十八大以来，在新中国成立特别是改革开放以来全国发展取得的重大成就基础上，党和国家事业发生历史性变革，全国发展站在新的历史起点上，中国特色社会主义进入新的发展阶段。即将召开的中共十九大，将提出一系列具有全局性、战略性、前瞻性的新思路、新战略、新举措，明确宣示举什么旗、走什么路、以什么样的精神状态、担负什么样的历史使命、实现什么样的奋斗目标。站在承前启后、继往开来的历史节点上谋划威海未来的发展，必须牢固树立“四个意识”，在思想上、政治上、行动上与以习近平为核心的党中央保持高度一致，自觉把威海的发展融入全党“进行伟大斗争、建设伟大工程、推进伟大事业、实现伟大梦想”的丰富实践中，牢牢把握发展的阶段性特征，努力在迅速变化的时代中赢得主动，在机遇与挑战并存的新征程中赢得胜利。要更加紧密地团结在以习近平为核心的党中央周围，牢固树立和践行新发展理念，按照统筹推进“五位一体”总体布局、协调推进“四个全面”战略布局的要求，坚持既定战略不动摇，始终保持艰苦奋斗的实干精神、百折不挠的拼搏精神、争创一流的进取精神，从最坏处着眼，做最充分的准备，朝好的方向努力，从胜利走向胜利，不断铸就新的辉煌。

会议指出，当前及未来一个时期，要咬定建设现代化幸福威海这个目标不动摇，深入实施“产业强市、工业带动、突破发展服务业”和“全域城市化、市域一体化”等重大战略，推动各项事业迈上新台阶，努力实现从“威震四海”到“威扬四海”的历史性跨越；咬定打造更具影响力的宜居、宜业、宜游、宜学的卓越城市这个目标不动摇，着力构建良好的政务环境、商务环境、生态环境、文明环境、法治环境、诚信环境，加快建设更具活力的创新创业之城、更富魅力的文明幸福之城、更可持续的绿色生态之城；咬定争当全省走在前列排头兵这个目标不动摇，时刻保持不进则退的危机意识，积极开展寻标对标，确立更高发展定位，树立更高发展标杆，努力推动创新发展、持续发展、领先发展，牢牢站稳全省第一方阵。

会议强调，全市上下要认真学习、深入贯彻即将召开的中共十九大精神，全面落实市第十五次党代会的各项决策部署，既要统筹兼顾、协调推进各项工作，又要抓住关键、实施重点突破。当前，核心任务是按照省委、省政府的要求，以推进新旧动能转换重大工程为抓手，深化供给侧结构性改革。各级各部门要以对发展、对人民、对城市、对历史高度负责的精神，进一步增强责任感、紧迫感、使命感，找准突破口，打好优势仗，努力在全省实施新旧动能转换重大工程中打头阵、当标兵，为威海未来发展积聚新动能、厚植新优势。

会议要求，要把培育壮大特色产业作为推进新旧动能转换的主战场，深入实施“产业强市、工业带动、突破发展服务业”战略，加快推动产业高端发展、集群发展、融合发展，做好优势产业提升的文章，做好新兴产业培育的文章，做好产业融合发展的文章，做好优化发展环境的文章，为新旧动能转换夯实基础、强化支撑。要把强化科技创新作为推进新旧动能转换的强力引擎，实施创新驱动战略，坚持从威海实际出发，瞄准最具备基础、最迫切需要、最可能突破、最具牵引带动作用的领域集中发力，全力突破重大科技平台，突出企业的创新主体地位，把人才作为创新的第一资源。要把全面深化改革作为推进新旧动能转换的动力支撑，贯穿于经济社会发展的各领域和全过程，精准对接发展所需、基层所盼、民心所向，以更加坚决的态度破除瓶颈制约，突出优势领域抓改革，着眼补齐短板抓改革，聚焦关键环节抓改革，最大限度释放和激发全社会的创新活力。要把扩大对外开放作为推进新旧动能转换的关键所在，着力优化对外开放新格局，不断增创对外开放新优势，加快构建对外开放新体制。要把深化作风建设作为推进新旧动能转换的根本保障，把抓好党建作为最大政绩，全面落实管党治党责任，推动全面从严治党向纵深发展，不断提高各级党组织领导经济社会工作的能力，锻造更加优良的机关作风，提升发展标杆，主动担当作为，强化体制机制保障，确保新旧动能转换各项任务落到实处。

会议强调，各级各部门要提高站位、凝聚共识，主动寻标对标，进一步提升境界、提升标准、提升位次，坚定争当走在前列排头兵的信心和决心，努力推动创新发展、持续发展、领先发展。要明确目标、突出重点，集中精力推动实施新旧动能转换重大工程。要把目标和责任落实牢牢抓在手上，自觉强化政治担当和责任担当，把实施新旧动能转换重大工程作为重大的政治任务、作为经济转型升级的主攻方向、作为补齐发展短板的重要举措来抓，兼顾优势拓展和短板提升，用好动能转换关键窗口期，紧紧围绕以“四新”促“四化”推动各项工作，努力实现弯道超车、变道换向；要把产业和项目培育牢牢抓在手上，坚持产业为王、项目为王、企业为王，聚焦产业、聚焦区域、聚焦政策，“一业一策”地研究引导方向、具体措施和扶持政策，有针对性地加强专业招商、定向招商，“大胆假设、小心求证”，算好项目平衡账，努力把新旧动能转换落到实实在在的产业和项目上；要把园区和平台建设牢牢抓在手上，充分发挥各类开发区的主阵地作用，切实增强各类重点园区的承载功能，更好利用各类创新平台的集聚效应，促进技术、人才、创投资金等创新资源有效聚集，形成转型升级的动力源和增长极；要把政策和机制创新牢牢抓在手上，持续释放政策红利，打造体制机制创新的试验田，努力集中各类要素资源，形成叠加效应，通过机制创新来更好激发发展活力。要进一步振奋精神、转变作风，把雷厉风行、专业务实作为鲜明的工作风格，积极推行工作项目化、项目清单化、清单责任化，从细从实落实好各项工作任务，凝聚更多智慧和力量谋划发展、推动发展，形成推动转型跨越发展的强大合力，以实际行动迎接中共十九大胜利召开。

【全市美丽乡村建设和精准扶贫集中督导现场会】 10月9日—11日，全市美丽乡村建设和精准扶贫集中督导现场会议举行，深入学习贯彻全省美丽乡村建设现场会议精神，立足全市实际，进一步统一思想，提升认识，重示范、建精品、促提升，确保美丽乡村建设和精准扶贫工作持续走在全省前列。

会议指出，各级各部门要按照市委、市政府统一部署，把美丽乡村建设作为深入推进农业供给侧结构性改革的重要载体，把脱贫攻坚作为当前重大政治任务、经济任务、民生任务，思想高度重视，行动措施有力，统筹谋划、一体推进，取得了明显成效。各级各部门要在实施全域城市化、市域一体化发展战略的大背景下，深刻认识加快推进美丽乡村建设和精准扶贫工作的重要性，进一步统一思想认识，提高政治站位，凝聚工作合力，补短板、强弱项，建精品、促提升，努力走在全省前列，为提前全面建成小康社会、实现现代化幸福威海建设新跨越奠定坚实基础。

会议要求，要突出工作重点，坚持“以城带乡、以工促农、以商富农、以游活农”的基本原则，因村制宜、分类推进、梯次打造，全方位提升美丽乡村建设的内涵和水平。要突出规划引领，根据全域城市化、市域一体化发展的总体布局，优化完善城乡体系和村庄布局规划，加快编制全域美丽乡村建设规划，城乡一体、多规合一、相互衔接，做到一村一规、彰显特色。要加快推进新型社区，带动一批农民过上高质量城市化生活，通过减少农民来富裕农民；加快“三线一环”美丽乡村精品示范村建设，打造一批全域旅游农村精品板块；加快推进面上农村“七改”工作，不断提高农民群众幸福感、获得感。要突出产业培植，全面深化“三农”领域改革，推进“三权分置”、培植新型主体、打造专业化服务公司、培养职业农民，重构生产体系、经营体系、组织体系，重塑农村发展新优势。要突出典型带动，按照规划设计，集中抓紧推进，培植树立好典型，以更高的标准、更先进的理念、更科学的方法，加快推进威海市美丽乡村建设。要突出融合推进，将其与精准扶贫、集体经济薄弱村发展、农村精神文明建设等工作结合起来，一体谋划、同步推进。

会议强调，推进美丽乡村建设是一项系统工程，关键在于强化党的领导，健全工作机制，明晰责任体系，密切联动配合，集中资源力量，凝聚起建设美丽乡村的强大合力。要强化力量整合，进一步完善党委统一领导、党政齐抓共管、农村综合部门组织协调、有关部门各负其责的农村工作领导体制和工作机制，使农村基层领导力量真正得到加强。要强化资金政策统筹，整合涉农资金，集中用于脱贫攻坚、美丽乡村建设，发挥好财政资金的示范作用，形成多元化、可持续的投入格局。要强化责任落实，坚持目标引领，充分发挥“六位一体”考核监督机制作用，推动督查考核常态化长效化。要加大美丽乡村建设、精准扶贫的舆论宣传力度，及时总结推广好典型、好做法、好经验，在全市营造良好氛围。各级各部门要深入贯彻习近平总书记“三农”重要战略思想，全面落实全省美丽乡村建设现场会议精神，扎实工作，勇于创新，努力开创全市美丽乡村建设新局面，以优异成绩迎接中共十九大胜利召开。

会议要求，各级各部门要统一思想促落实，把思想统一到中央、省委和市委要求上来，聚力美丽乡村建设，优化提升大环境，引进培育新主体，发展壮大新产业，加速农村发展新旧动能转换，助力脱贫攻坚，实现村强民富。要典型带动促落实，各区市要围绕美丽乡村建设、田园综合体、特色小镇，深入开展“百村示范、千村提升”工程，抓紧开展全域美丽乡村调研规划，加快推进全域美丽乡村进程。要合力共建促落实，各级各部门要心往一处想、劲向一处使、拧成一股绳，凝聚强大的推进合力，形成全市上下一盘棋的良好格局。要强化督导促落实，按照“六位一体”督导考核要求和部署，整合督导力量，改进考核方式，引进第三方机构，客观准确评价区市和部门工作成效，确保各项工作顺利推进。

【全市“营造企业家健康成长环境弘扬优秀企业家精神更好发挥企业家作用”座谈会】 10月11日，全市“营造企业家健康成长环境弘扬优秀企业家精神更好发挥企业家作用”座谈会召开。会议强调，认真贯彻落实好中央《关于营造企业家健康成长环境弘扬优秀企业家精神更好发挥企业家作用的意见》，政企联手、内外同心，攀高比强、创新创业，进一步提升全市企业家队伍建设水平，推动企业家在全市经济社会发展中发挥更大作用。

会议指出，中共中央、国务院出台《关于营造企业家健康成长环境弘扬优秀企业家精神更好发挥企业家作用的意见》，明确了企业家的地位和作用，就着力营造依法保护企业家合法权益的法治环境、促进企业家公平竞争诚信经营的市场环境、尊重和激励企业家干事创业的社会氛围，作出了全面部署，对调动广大企业家的积极性、主动性、创新性，引导企业家爱国敬业、遵纪守法、创业创新、服务社会，具有重大而深远的意义。建市30年，威海能够取得令人瞩目的发展成绩，与有一支优秀的企业家队伍是分不开的。广大企业家创业激情足，肯于吃苦，想事干事，把企业做得越来越大；改革意识强，敢闯敢干，敢为人先，创造出了一批批闻名全省全国的改革经验；谋事干事实，做事执着，不浮躁、不懈怠，把产品产业做到了行业高端，创造了一批隐形冠军。广大企业家是威海发展的功臣，也是威海发展的宝贵财富。希望广大企业家大力弘扬永不满足、不断创新的企业家精神，进一步提升自己，以做大为方向，以做强为目标，不满足、不停步，推动企业实现更大发展，为建设现代化幸福威海作出更大贡献。

会议要求，各级各部门要认真学习、深入贯彻落实中央文件精神，深刻认识到企业家的重要性，坚定不移地关心企业家、服务企业家、支持企业家，千方百计为企业发展排忧解难、保驾护航。要全力以赴为企业家创新创业打造良好环境，坦荡真诚地同企业家交往，设身处地为企业着想，构建“亲”“清”新型政商关系。要以市场需求为导向深化“放管服”改革，进一步放宽市场准入，尽最大努力为市场主体“松绑”，充分激发市场创新创业活力。要建设公平竞争诚信经营的市场环境，把企业诚信作为重要内容，积极探索建立企业和企业家诚信经营激励约束机制。要营造尊重企业家、保护企业家、支持企业家的浓厚氛围，让企业家社会上有地位、政治上有荣誉、工作上没有后顾之忧。要大力倡导弘扬企业家精神，加快提升企业家能力素质，抓好青年企业家培养，打造一支素质优良、结构合理的企业家队伍。

会议强调，不论是加快经济发展，还是维护社会和谐稳定，都离不开企业和项目。广大企业家要深刻认识到自身的责任所在，进一步强化机遇意识、责任意识，发扬敢想敢干、勇于开拓的进取精神，努力做大做强企业。要履行好政治责任，旗帜鲜明讲政治，强化党性修养，拥护党的领导，坚定对中国特色社会主义制度的强大信心，坚决执行党的基本路线和各项方针政策。要履行好发展责任，认真学习借鉴国内外优秀企业的经验做法，主动融入新旧动能转换重大工程、“产业强市、工业带动、突破发展服务业”等重大战略实施，不断解放思想、求新求变，争当转型发展、科学发展的践行者。要履行好社会责任，继承和发扬好优良传统，把追求经济效益与实现社会效益紧密结合起来，依法照章纳税，维护职工权益。要切实加强企业党建工作，坚持党的组织同步设置、党的工作同步开展，充分发挥好党组织团结凝聚职工群众、服务人才成长、引领先进文化建设等作用，把党组织的政治优势、组织优势、群众工作优势与现代企业经营管理优势结合起来，打造企业核心竞争力，为建设现代化幸福威海再立新功。

会议要求，中央出台的《意见》充分说明对企业家地位和作用的高度肯定，有利于引导全社会认知，提振企业家信心。落实好《意见》，营造企业家健康成长环境、弘扬优秀企业家精神、更好发挥企业家作用，政府的首要责任是全面做好涉企服务，为企业发展营造良好环境。各级各部门要坚持需求导向和问题导向，从解决企业问题入手，不断地改进工作、优化服务，实实在在增加企业获得感。要围绕政企互动来优化涉企服务、优化营商环境，构建“亲”“清”新型政商关系，主动问计问需于企业家，健全企业家参与涉企政策制定机制，切实提高政策实效性，让企业反映的问题能汇集上来，也让政府的声音能传递到企业，形成良性互动。要围绕减负松绑来优化涉企服务、优化营商环境，促进各级减负政策落实到位，切实解决好政策落地“最后一公里”问题。要围绕明晰责任来优化涉企服务、优化营商环境，强化整体政府理念，进一步健全清单管理制度，站在全局来定位职能、履行职责，协调联动为企业服务。要围绕规范执法来优化涉企服务、优化营商环境，推行跨部门“随机联查”，加强行政执法监督，用活信用监管措施，提高综合执法效率，更好维护企业权益。要围绕平台建设来优化涉企服务、优化营商环境，根据企业发展需求规划建设各类公共服务平台，围绕产业链来构建服务链，降低企业研发成本，助力企业发展。要围绕鼓励创新来优化涉企服务、优化营商环境，把优化涉企服务与实施新旧动能转换重大工程结合起来，科学把握以“四新”促“四化”的导向，激发企业家创新活力和创造潜能。要围绕狠抓落实来优化涉企服务、优化营商环境，发扬雷厉风行、专业务实的工作作风，推行工作项目化、项目清单化、清单责任化，以钉钉子的精神把各类问题解决好、反馈好，做到事事有着落，件件有回音。要围绕正向激励来优化涉企服务、优化营商环境，构建鼓励创新、宽容失败的导向和氛围，形成支持和激励企业家干事创业的社会环境，齐心协力振兴实体经济、推动新旧动能转换、促进经济社会转型跨越发展，以实际行动迎接中共十九大胜利召开。

【中国共产党威海市第十五届委员会第三次全体会议】 11月3日，中国共产党威海市第十五届委员会第三次全体会议召开。全会深入学习贯彻中共十九大精神和省委十一届二次全会精神，听取和讨论市委书记孙述涛受市委常委会委托作的工作报告，审议通过《中共威海市委关于深入学习贯彻党的十九大精神的意见》和《中国共产党威海市委员会工作规则》。

全会一致认为，中共十九大是在全面建成小康社会决胜阶段、中国特色社会主义进入新时代的关键时期召开的一次十分重要的大会，在党和国家发展进程中具有划时代的重大里程碑意义。习近平总书记代表十八届中央委员会向大会作的报告，作出了中国特色社会主义进入新时代、全国社会主要矛盾已经转化为人民日益增长的美好生活需要和不平衡不充分的发展之间的矛盾等重大政治论断，系统阐述了习近平新时代中国特色社会主义思想，深刻回答了新时代坚持和发展中国特色社会主义的一系列重大理论和实践问题，是一篇闪耀着马克思主义真理光芒的纲领性文献。大会选举产生的以习近平为核心的新一届党中央，是一个政治坚定、坚强有力的领导集体，一定能够团结带领全党全军全国各族人民，决胜全面建成小康社会，夺取新时代中国特色社会主义伟大胜利。省委十一届二次全会紧密结合山东实际，审议通过了《中共山东省委关于深入学习贯彻党的十九大精神的决议》，提出了明确的贯彻落实意见。各级各部门一定要按照中央决策部署，按照省委全会要求，把深入学习宣传贯彻中共十九大精神作为首要的政治任务，切实把思想统一到中共十九大精神上来，把力量凝聚到实现中共十九大确定的各项任务上来，积极投身新时代中国特色社会主义伟大实践。

全会充分肯定了市委常委会2017年以来的工作。一致认为，2017年大事喜事多、重大改革事项多、急难险重任务多。面对新形势新任务新要求，新一届市委常委会坚持以习近平新时代中国特色社会主义思想为指引，在省委的坚强领导下，团结带领全市广大党员干部群众，深入贯彻中共十八大及历次全会和中共十九大精神，全面落实市第十五次党代会的各项部署，紧紧围绕“实现现代化幸福威海建设新跨越”的总目标，铺下身子抓落实，撸起袖子加油干，努力打造更具影响力的宜居、宜业、宜游、宜学的卓越城市，争当全省走在前列排头兵，全市经济、政治、文化、社会、生态文明建设和党的建设都取得了新成绩。

全会审议通过的《中共威海市委关于深入学习贯彻党的十九大精神的意见》，从七个方面对学习贯彻中共十九大精神作出部署：一是深入学习宣传贯彻中共十九大精神，用党的最新理论成果武装头脑、指导实践、推动发展；二是以供给侧结构性改革为主线，加快培育和壮大发展新动能；三是推动社会主义民主政治建设，巩固和发展生动活泼、安定团结的政治局面；四是发展中国特色社会主义文化，全面提升城市文化软实力；五是坚持以人民为中心的发展思想，不断满足人民群众日益增长的美好生活需要；六是加快建设更可持续的绿色生态之城，进一步丰富幸福威海的城市品牌内涵；七是坚定不移全面从严治党，不断提高党的执政能力和领导水平。

全会指出，学习宣传贯彻中共十九大精神是首要的政治任务。各级党组织要以高度的政治自觉，采取多种方式，迅速兴起学习宣传贯彻热潮。广大党员干部群众要认真研读中共十九大报告和党章，准确领会把握中共十九大精神的思想精髓、核心要义，原原本本、原汁原味学习好中共十九大精神，真正学懂弄通做实。要深刻领会和把握中共十九大的主题，深刻领会和把握中共十八大以来党和国家事业取得的历史性成就、发生的历史性变革，深刻领会和把握中国特色社会主义进入新时代和社会主要矛盾发生变化的重大论断，深刻领会和把握新时代中国共产党的历史使命，深刻领会和把握习近平新时代中国特色社会主义思想的重大指导意义，深刻领会和把握新时代坚持和发展中国特色社会主义的基本方略，深刻领会和把握分两步走全面建设社会主义现代化强国的宏伟蓝图，深刻领会和把握新时代推进各项事业发展的重大举措，深刻领会和把握新时代党的建设的新要求。要在全面系统的基础上突出重点、抓住关键，把着力点聚焦到习近平新时代中国特色社会主义思想是党必须长期坚持的指导思想上，聚焦到5年来党和国家事业取得历史性成就和发生历史性变革上，聚焦到作出中国特色社会主义进入了新时代、全国社会主要矛盾已经转化为人民日益增长的美好生活需要和不平衡不充分的发展之间的矛盾等重大论断的深远影响上，聚焦到贯彻落实中共十九大的重大决策部署上，聚焦到习近平总书记是全党拥护、人民爱戴、当之无愧的党的领袖上。全市各级党组织和广大党员干部要更加牢固树立政治意识、大局意识、核心意识、看齐意识，旗帜鲜明讲政治，坚定维护习近平总书记核心地位和领袖权威，始终做到绝对忠于核心、坚定拥护核心、时刻紧跟核心、坚决捍卫核心，自觉维护以习近平为核心的党中央权威和集中统一领导，以实际行动推动习近平新时代中国特色社会主义思想在威海落地生根、开花结果。

全会指出，学习贯彻中共十九大精神，关键是吃透精神、把握实质，紧密结合威海实际，加快推动现代化幸福威海建设实现新跨越。要深化供给侧结构性改革，加快实施新旧动能转换重大工程，坚定不移推进“产业强市、工业带动、突破发展服务业”战略，增强经济创新力和竞争力。要加快市域统筹、一体发展，大力推进全域城市化、市域一体化，加快重点区域开发、重大基础设施建设，实施乡村振兴战略，进一步完善城市功能和市民化推进机制，坚定不移地走具有威海特色的城市化路子。要发展社会主义民主政治，加强党的集中统一领导，实施政府提速工程，推进法治威海建设，大力发展基层民主，切实做好统战、对台、外侨、群团、双拥等工作，充分激发人民群众的创造活力。要发展中国特色社会主义文化，牢牢掌握意识形态工作领导权，持续巩固和深化文明城市建设，完善公共文化基础设施，促进文化产业融合发展，全面提升城市文化软实力。要坚持以人民为中心的发展思想，积极推进各项事业城乡统筹、市域统筹，持续巩固脱贫攻坚成果，加强社会治理创新，不断满足人民日益增长的美好生活需要。要更加自觉地坚持生态立市、环境优先，践行“绿水青山就是金山银山”的理念，走生产发展、生活富裕、生态良好的文明发展道路，加快建设更可持续的绿色生态之城。

全会强调，学习贯彻中共十九大精神，夺取新时代中国特色社会主义伟大胜利，必须毫不动摇坚持和完善党的领导，毫不动摇把党建设得更加坚强有力。要牢牢把握新时代党的建设的总要求，坚持和加强党的全面领导，坚持党要管党、全面从严治党，以加强党的长期执政能力建设、先进性和纯洁性建设为主线，把党的政治建设摆在首位，用习近平新时代中国特色社会主义思想武装头脑，打造高素质专业化干部队伍，加强基层组织建设，坚定不移推进党风廉政建设和反腐败斗争，以全面从严治党的新成效为经济社会发展提供坚强政治保证。要增强学习本领、政治领导本领、改革创新本领、科学发展本领、依法执政本领、群众工作本领、狠抓落实本领、驾驭风险本领，不断提高党的执政能力和领导水平，切实肩负起新时代赋予的神圣使命，努力展现新作为、续写新篇章。

全会审议通过新修订的《中国共产党威海市委员会工作规则》，根据新形势下市委工作的需要，对相关制度机制进行细化完善，进一步提升市委工作的制度化、规范化水平。

全会号召，全市各级党组织和全体共产党员，要更加紧密地团结在以习近平为核心的党中央周围，坚持以习近平新时代中国特色社会主义思想为指导，不忘初心、牢记使命，锐意进取、埋头苦干，努力争当全省走在前列排头兵，实现现代化幸福威海建设新跨越，为开创经济文化强省建设新局面，为实现中华民族伟大复兴的中国梦而不懈奋斗。

【全市“坚持党建引领 夯实基层基础”工作推进会议】 11月14日—15日，全市“坚持党建引领 夯实基层基础”工作推进会议召开，深入学习贯彻中共十九大精神，研究加强基层党的建设的任务和措施，切实把党的政治优势转化为治理优势，进一步强化基层基础支撑，打造共建共治共享的社会治理格局，全面提升党领导下的社会治理能力和治理水平，为实现现代化幸福威海建设新跨越奠定坚实基础。

会议指出，中共十九大基于中共十八大以来党和国家事业取得的历史性成就、发生的历史性变革，作出中国特色社会主义进入新时代的重大判断。进入新时代，应对社会主要矛盾转化，推进社会治理体系和治理能力现代化，解决现阶段威海面临的突出问题，都要求更加注重基层基础建设，推动社会治理创新。各级党组织和广大党员要做政治上的明白人，进一步强化“四个意识”，站在推进党的建设伟大工程、增强党的长期执政能力建设的高度，积极适应新形势新变化新要求，充分认识夯实基层基础的重要性和紧迫性，不断夯实基层基础工作，推动社会治理体系和能力建设，真正发挥基层党组织的领导作用和引领作用。

会议强调，坚持党的领导，是强化基层基础工作的根本原则和首位要求。各级党组织和广大党员干部要切实增强党的意识、党员意识，把党的领导贯穿于基层基础工作和社会治理创新的各个方面，不断夯实党长期执政的根基。要按照中共十九大提出的要求，坚持以提升组织力为重点，突出政治功能，切实把基层党组织建设成为宣传党的主张、贯彻党的决定、领导基层治理、团结动员群众、推动改革发展的坚强战斗堡垒。要优化组织设置，构建严密完整、科学合理的治理体系，发挥党组织在各类组织中的核心作用、在服务群众中的主体作用、在社会事务中的主导作用，在党的领导原则下做好新一届村、城市社区“两委”换届选举工作，不断夯实党的基层基础。要健全工作制度，构建系统完备、务实管用的运行机制，坚持领导带头、示范引领，进一步完善民主议事制度，健全从严从实管理党员机制，严格落实“三会一课”、主题党日等组织生活制度，不断增强党支部的凝聚力、战斗力、组织力。要强化各区市、开发区和镇街党（工）委书记第一责任人和直接责任人职责，压实党组织书记主体责任，列出党委及党委书记抓基层党建工作的问题清单、责任清单、任务清单，把“书记抓，抓书记”的要求真正落到实处。

会议要求，要全面夯实基层基础，扎实推进党领导下的社会治理体系建设，不断提升社会治理能力，确保社会既充满活力、又和谐有序。要大力发展优质均衡的民生事业，按照“坚守底线、突出重点、完善制度、引导预期”的要求，真正把人民群众的小事当作自己的大事，从人民群众关心的事情做起，从让人民群众满意的事情做起，一件事情接着一件事情办，一年接着一年干，努力使人民群众的获得感、幸福感、安全感更加充实、更有保障、更可持续。要着力培育多元规范的社会组织，支持社会组织在党领导下健康发展，进一步激发社会组织活力，让更多规范、专业的社会组织参与到社会治理中来。要建立健全务实管用的诚信体系，提高认识、加强领导、强化措施，促进社会互信，为社会治理奠定良好基础。要持续推进规范高效的平安建设，强化人力和技术装备的配备，保障群众安全、维护和谐稳定。要全力打造畅通有序的沟通渠道，切实做好信访工作，健全矛盾排查化解机制，发挥好“两代表一委员”作用，实现联系群众“零距离”、服务群众“零障碍”、信访问题“零积累”，推动群众诉求依法理性表达、合法权益依法有效保护。要全面提升能力素养，始终按照马克思主义政治家的标准严格要求自己，担起忠诚履职的责任，增强主动担当的意识，提升群众工作的本领，发扬狠抓落实的作风，打造一支高素质专业化干部队伍。

会议强调，各级各部门要迅速组织广大党员干部传达学习好会议精神，深刻理解、全面把握党建工作和基层基础工作的重大意义和现实要求。要真重视，站在贯彻落实中共十九大精神的高度，充分认识抓党建实基层强基础的重要性，切实把加强党的建设、夯实基层基础作为主要负责人的看家本领，守住主责主业，真正抓实抓好。要真清楚，充分了解下情、掌握实情，全面摸清各地各部门在党建领域、在基层基础工作中的突出的问题、存在的差距，沉心调研、静心思考，认真学习借鉴市内外先进经验做法，做好与各地各部门实际结合的文章，明确工作思路、确定努力方向。要真去抓，采取管用有效措施，建立完善制度体系，切实把党建和基层基础工作抓紧抓实抓出成效，以抓基层基础工作的新成效推动各项工作开创新局面、迈上新台阶。

【全市推开国家监察体制改革试点工作动员部署会】 12 月 5 日，全市推开国家监察体制改革试点工作动员部署会议召开。会议深入学习贯彻中共十九大精神，以习近平新时代中国特色社会主义思想为指导，按照中央、省委关于深化国家监察体制改革试点工作的部署要求，对全市推开国家监察体制改革试点工作进行动员部署。

会议指出，深化国家监察体制改革，是以习近平为核心的党中央作出的一项重大战略部署，是一项事关全局的重大政治体制改革，对于健全中国特色国家监察体制，构建党统一指挥、全面覆盖、权威高效的监督体系，增强党自我净化自我完善自我革新自我提高能力，推进国家治理体系和治理能力现代化，夺取反腐败斗争压倒性胜利都具有十分重大的意义。全市各级党委、纪委和相关部门一定要提高政治站位，从政治和大局的高度，充分认识这项工作的极端重要性，坚持以习近平新时代中国特色社会主义思想为指导，深入贯彻落实中央和省委系列改革部署，切实强化责任意识、使命意识、担当意识，自觉把思想和行动统一到中央和省委要求上来，自觉把推进改革的过程作为落实“四个意识”、坚定“四个自信”的过程，以最坚决的态度、最有力的担当、最细致的工作，认真抓好深化国家监察体制改革试点各项工作，向党中央和省委交上一份满意答卷。

会议强调，全市各级党委、纪委和相关部门要认真谋划、精心组织，倒排工期、挂图作战，把关键环节抓得紧而又紧、把时间节点抓得细而又细、把工作衔接抓得密而又密、把制度流程抓得实而又实，确保党中央和省委决策部署不走样、不跑偏。要聚焦改革目标抓落实，采取有力措施凝聚起理解改革、支持改革、参与改革的强大正能量。要聚焦重点关键抓落实，抓住转隶这个关键环节，把思想政治工作做细致、做在先，确保思想不乱、队伍不散、工作不断。要聚焦机制建设抓落实，完善监察业务工作流程，确保监察工作有据可依、有章可循、规范运转。要加强党的领导，层层传导压力，压紧压实责任，严明纪律要求，加强宣传引导，营造良好舆论氛围，确保深化国家监察体制改革试点任务有条不紊、有序推进、圆满完成。

【全市国有企业改革发展工作会议】 12 月 8 日，全市国有企业改革发展工作会议召开。会议强调，深入学习贯彻党中央关于国有企业改革发展的一系列决策部署和省委的有关要求，强化党的领导，坚定信心，扎实推进，开拓创新，推动国有企业在践行新发展理念、加快新旧动能转换、助推全市重大发展战略中发挥更大作用。

会议指出，市国有企业是推进全市新型城市化战略的重要力量，是引领产业转型发展的重要引擎，是提升全市人民幸福感的重要保障，在经济社会发展中一直发挥着举足轻重的作用。各级各部门要准确把握国有企业定位，认清形势要求，进一步增强加快国有企业改革发展的紧迫感和使命感，理直气壮做强、做优、做大国有企业，确保实现国有资产保值增值。

会议强调，各国有企业要坚持党的绝对领导，把党组织研究讨论作为董事会、经理层决策重大问题的前置程序，把党的领导融入公司治理各环节，保证国有企业改革发展的正确方向。党委书记要抓好党建责任落实，党组织要切实履行好“把方向、管大局、保落实”的职责，主管部门要建立健全监管制度，跟踪开展督促检查，不断提升国企党建科学化水平。要加强干部队伍建设，着力培养一批优秀的国有企业领导人员。要进一步加强党风廉政建设，突出监督重点，完善“三重一大”决策监督机制，严格日常管理，对苗头性、倾向性问题及时“扯扯袖子、咬咬耳朵”，真正把纪律和规矩挺在前面。

会议强调，各级各部门要把推动国有企业改革发展列入重要议事日程，坚决落实省委、市委部署要求，加大改革推进力度，使国有企业资本结构布局更加优化，法人治理结构更加健全，内部组织结构更加扁平高效。要加强政策扶持，搞好对接服务，为国有企业改革发展营造良好氛围。各国有企业要落实新发展理念，按照“有利于国有资产保值增值、有利于提高国有经济竞争力、有利于放大国有资本功能”的方针，大力实施创新驱动发展战略，坚决落实好“三去一降一补”硬任务，积极融入全市重大战略，力争在实施新旧动能转换、创新发展、转型发展上勇当排头兵、主力军，推进“全域城市化、市域一体化”战略、满足人民日益增长的美好生活需要中有更大作为，促进国有企业转型升级提质增效。

会议要求，各级各部门要强化目标导向，站在建设现代化经济体系、加快新旧动能转换的高度，更加务实、精准地谋划和推动各项重点工作，促进国有企业在创新发展、持续发展、领先发展中有更大作为。主动“寻标对标”，聚焦解决问题、补齐短板，有的放矢地出政策、定措施、建机制，进一步增强深化国企改革的针对性、实效性。要强化政策导向，宣传好、落实好《关于加快推动国有企业改革的实施意见》，坚持雷厉风行、专业务实，推行工作项目化、项目清单化、清单责任化，确保各项支持政策发挥效用，各项改革任务落地落实。要强化责任导向，敢于先行先试，在完成规定动作的基础上，勇于增加自选动作，在体制机制、政策措施等方面积极主动创新，努力破除发展梗阻，最大限度地释放国有企业发展活力。各国有企业要认真履行主体责任，积极推动转型升级、创新发展，既当好推进新旧动能转换的排头兵，又当好优化公共服务供给的主力军，不断开创改革发展新局面，为经济社会发展作出新的更大贡献。

【全市经济工作会议】 12月29日，全市经济工作会议召开，深入学习贯彻中央经济工作会议和全省经济工作暨金融工作会议精神，总结2017年工作，研究部署2018年工作，动员全市上下以习近平新时代中国特色社会主义思想为指导，适应新时代、聚焦新目标、落实新部署，抢抓机遇、奋发有为，努力推动全市经济社会持续健康发展。

会议指出，2017年，全市上下深入学习贯彻习近平新时代中国特色社会主义思想，牢牢把握争当全省走在前列排头兵的目标定位，加快实施全域城市化、市域一体化和产业强市、工业带动、突破发展服务业战略，统筹做好稳增长、促改革、调结构、惠民生、防风险等各项工作，经济社会保持了平稳健康发展。

会议要求，要深刻理解和把握习近平新时代中国特色社会主义经济思想，深刻理解和把握中央对当前经济形势的科学判断，深刻理解和把握明年经济工作的总体要求和科学安排，深刻理解和把握加强党对经济工作领导的根本要求，切实把思想统一到中央对经济工作的部署和要求上来。要牢牢把握中央确定的正确方向和根本原则，紧密结合各地区各部门实际，强化战略思维、辩证思维，把谋篇布局作为一项重要的基础性工作，进一步增强研究工作、推动落实的前瞻性、战略性、全局性。要正确处理“稳”与“进”、高质量发展与率先发展、集中攻坚与重点突破、令行禁止与探索创新的关系，始终保持永不懈怠的精神状态和一往无前的奋斗姿态，坚持发展第一要务不动摇，坚持以经济建设为中心不动摇，坚持争当全省走在前列排头兵的目标不动摇，保持定力、精准发力、持续用力，创造性地推动中央和省部署要求在威海落地生根。

会议强调，2018年全市经济工作总体要求是：全面贯彻落实中共十九大精神，以习近平新时代中国特色社会主义思想为指导，深入贯彻习近平总书记视察山东重要讲话、重要指示批示精神，坚持稳中求进工作总基调，坚持新发展理念，紧扣全国社会主要矛盾变化，按照高质量发展的要求，统筹推进“五位一体”总体布局和协调推进“四个全面”战略布局，牢牢把握争当全省走在前列排头兵的目标定位，以供给侧结构性改革为主线，以新旧动能转换重大工程为统领，大力实施全域城市化、市域一体化战略，大力实施产业强市、工业带动、突破发展服务业战略，大力实施城市国际化战略，统筹推进稳增长、促改革、调结构、惠民生、防风险各项工作，推动质量变革、效率变革、动力变革，促进经济平稳健康发展和民生福祉持续改善，努力实现现代化幸福威海建设新跨越。

会议要求，要突出关键环节抓突破，努力在高质量发展中发挥引领作用。作为东部沿海较发达地区，必须切实担负起党中央赋予的“率先推动高质量发展”的重任，勇于在深化供给侧结构性改革上当先锋，在实施新旧动能转换重大工程上打头阵，在推动质量变革、效率变革、动力变革上趟新路，努力为全国全省的发展大局创造经验、多作贡献。要在产业集群培育上集中用力，继续坚持产业强市、工业带动、突破发展服务业战略，实施重点产业、骨干企业三年膨胀计划，强化产业链意识，加快推进高端产业园区建设。要在挖掘海洋潜力上集中用力，思路要开阔，思想要解放，眼光要放远，虚心学习借鉴国内外先进经验，真正把海洋优势发挥足，把海洋潜力挖掘好，把海洋经济做大做强。要在产城人融合发展上集中用力，重点区域开发要强化产业培育，园区建设要更加注重配套服务，乡村振兴要以发展现代农业为抓手。要在创新驱动发展上集中用力，全力加快国家区域创新中心建设，坚持以提升产业价值和投资回报为目的的创新模式，积极构建以企业为主体的技术创新体系，加大人才培养引进力度。要在提升开放层次上集中用力，大力实施城市国际化战略，加快推进中韩自贸区地方经济合作示范区建设和服务贸易创新发展试点工作，提高外资外贸质量，推动各方面各领域与国际标准接轨。要在品牌质量提升上集中用力，把品牌质量强市建设作为长期战略，全面加强质量管理，培育一批知名产品品牌和区域品牌。要在激发市场主体活力上集中用力，实施企业梯次培育计划，深化“商事”制度、“放管服”等改革，以改革促体制优化、促效能提升、促环境改善。构建“亲”“清”新型政商关系，尊重企业家、培育企业家、服务企业家，弘扬优秀企业家精神，发挥好企业家在产业发展、领域发展、城市发展中的引领作用。

会议要求，要坚持以人民为中心的发展思想，持续推动民生改善、社会和谐稳定。紧紧围绕人民群众对美好生活的需要，突出问题导向，找准症结、精准施策，尽力而为、量力而行，切实把经济发展的成效体现在民生改善上。要从讲政治的高度坚决打好防范化解重大风险、精准脱贫、污染防治三大攻坚战，紧扣社会主要矛盾变化进一步加强和改善民生，以党建为引领打造共建共治共享的社会治理格局，不断增强人民群众的获得感、幸福感、安全感。

会议强调，做好2018年经济工作，要坚定争当全省走在前列排头兵的信心决心，加快推动创新发展、持续发展、领先发展。一是坚持产业为王、项目为王、企业为王，全面深化供给侧结构性改革。要以项目建设为支撑，加快推动新旧动能转换，切实提高产业项目建设的精准度和实效性。要以产业聚焦为主导，大力实施产业培育“六大工程”，重点产业集群培育工程要聚焦七大千亿级产业集群，新经济培育工程要聚焦数字经济发展，现代服务业突破工程要聚焦短板提升，海洋经济转型突破工程要聚焦平台建设，高效生态安全农业提升工程要聚焦质量兴农、绿色兴农，质量品牌提升工程要聚焦供给质量提高，加快建设更具竞争力的现代产业体系。要以服务企业为根本，做到“加减”结合，降低实体经济企业成本，优化支持企业发展的政策环境，实实在在增加企业的获得感。二是牢牢把握城市国际化战略、招商引资、开放型经济新体制“三个着力点”，全面拓宽开放的思想观念、范围层次和体制机制，在更高层次培育国际竞争新优势、拓展对外合作新空间、塑造城市开放新形象。三是整合集聚各类创新资源，加快建设创新型城市，构建政、产、学、研、用、金、服“北斗七星”一体联动的协同创新模式，促进研发与需求对接、创新与产业融合、技术与市场衔接、人才与产业互动，着力提升区域整体创新能力。四是做好新形势下金融工作，优化金融服务环境，深化地方金融改革，有效防范化解各类金融风险，促进经济和金融良性互动、健康发展。五是树立全域威海观，以全域城市化、市域一体化为方向，大力推动市域统筹一体化布局、产城融合一体化发展、城乡均衡一体化提升、陆海并重一体化开发、基础设施一体化建设、生态环境一体化保护，加快同城融合、协同发展。六是坚持民生优先，聚焦热点、难点、堵点问题，主动回应群众关切，解决好民生领域的不平衡不充分问题，进一步提高保障和改善民生水平。七是着力优化发展环境，打造精简高效的政务生态环境、亲商安商的企业成长环境、诚信文明的社会环境，为推动高质量发展提供支撑保障。八是突出抓重点补短板强弱项，坚决打好防范化解重大风险、精准脱贫、污染防治三大攻坚战，形成加快新旧动能转换、推进经济转型升级的良性倒逼机制，打牢全面建成小康社会的坚实基础。

会议要求，全市各级党组织要按照党中央的要求，认真履行领导经济工作的职责，坚持党对经济工作的集中统一领导，不断加强对政策的研究和争取，以敢于担当的精神推动工作创新突破，持续强化抓落实的作风，持之以恒正风肃纪，努力为推进全市经济高质量发展提供坚强政治保证。

【重要决策和部署】 1月22日，市委印发《中共威海市委巡察工作办法》，就落实全面从严治党要求，加强对基层党组织和党员干部的监督作出部署。

1月22日，市委印发《关于繁荣发展社会主义文艺的实施意见》，就推进全市文艺工作繁荣发展作出部署。

3月3日，市委印发《中共威海市委关于加强自身建设的决定》，就加强新形势下新一届市委自身建设作出部署。

3月6日，市委印发《孙述涛同志在中国共产党威海市第十五次代表大会上的报告》，就全市党员干部群众认真学习和领会市党代会精神，统一思想，抓好贯彻落实作出部署。

5月15日，市委印发《中共威海市委巡察工作规划（2017—2021年）》，就落实全面从严治党要求，贯彻中央和省委、市委关于巡察工作的决策部署作出规划。

9月12日，市委印发《关于深化人才发展体制机制改革的实施意见》，就激发人才创新、创造、创业活力，以人才集聚推进供给侧结构性改革和加快新旧动能转换作出部署。

9月28日，市委、市政府印发《关于加快推进生态文明建设的实施方案》，就加快建设更可持续的绿色生态之城作出部署。

10月17日，市委、市政府印发《关于建设国家（威海）区域创新中心的意见》，就建设具有强大带动力的区域创新中心，推动新旧动能转换、实现转型跨越作出部署。

10月27日，市委印发《关于认真学习宣传贯彻党的十九大精神的通知》，就全市认真学习宣传贯彻中共十九大精神，坚定自觉地用习近平新时代中国特色社会主义思想统一全市广大党员干部群众的思想和行动，把智慧和力量凝聚到落实中共十九大提出的各项任务上来提出要求。

11月3日，市委印发《关于深入学习贯彻党的十九大精神的意见》，就深入学习贯彻中共十九大精神，组织动员全市各级党组织和广大党员干部群众坚定自觉地用习近平新时代中国特色社会主义思想统一思想和行动，实现现代化幸福威海建设新跨越提出要求。

11月5日，市委印发《关于深入学习贯彻党的十九大精神大兴调查研究之风的通知》，对深入学习贯彻中共十九大精神，在全市大兴调查研究之风，开展重点课题调研作出部署。

12月7日，市委、市政府印发《关于加快推动全市国有企业改革的实施意见》，就全面推动全市国有企业加快改革步伐作出部署。

12月12日，市委、市政府印发《关于支持非公有制经济健康发展的意见》，就支持全市非公有制经济健康发展，助推新旧动能转换作出部署。

12月14日，市委印发《中国共产党威海市委员会工作规则》，就深入落实全面从严治党要求，加强和改进市委工作，提高执政能力和领导水平作出部署。

12 月 14 日，市委印发《中国共产党威海市委员会常务委员会议事决策规则》，就深入落实全面从严治党要求，推进市委常委会议事决策科学化、民主化、制度化作出部署。

12 月 20 日，市委、市政府印发《关于规范政商交往构建新型政商关系的若干意见》，就构建“亲”“清”新型政商关系，营造风清气正政治生态，推进廉洁威海建设作出部署。

（张志全）

【扶贫开发工作】 2017 年，威海市围绕高标准高水平打赢脱贫攻坚战的工作要求，立足“造血”扶贫这个中心、聚焦巩固提升这个工作重点，从责任到位、数据精准、长效稳固、凝聚合力、协作共赢、严督实考 6 个方面狠抓工作落实，推动全市脱贫攻坚工作取得扎实成效。全市 5.65 万名建档立卡贫困人口、180 个省定扶贫工作重点村基本实现省定标准脱贫退出。

扶贫机构理顺到位　加强扶贫开发领导小组力量，市扶贫开发领导小组成员单位由 43 个增加到 51 个，确保责任到位、工作落实。加强扶贫专门工作力量，采取调度通报、督导考核等方式，强化基层力量，全市专职扶贫干部达 203 名。加强扶贫干部培训教育，培训区（市）、镇（街）分管领导及扶贫业务人员、村干部和驻村工作队等 6000 人次，提升扶贫干部思想认识水平，提高工作能力。

规章制度完善到位　制定脱贫攻坚总体规划，编制《威海市“十三五”脱贫攻坚规划》和年度推进计划，把扶贫开发与农业供给侧结构性改革、美丽乡村建设有机结合，为整体工作提供指导。健全完善扶贫工作制度，印发《威海市贫困人口动态调整管理办法》《关于进一步巩固脱贫成效加快建立精准扶贫长效机制的通知》《威海市市级财政涉农资金整合支持脱贫攻坚管理办法（试行）》等系列文件，加强项目管理、资金监管、信息核查、督导考核等制度建设，增强扶贫工作规范性、操作性。制定完善扶贫办管理规章，建立完善差旅、报销、值班、休假、用车等系列规章制度，做到用制度管人管事。

政策整合到位　坚持脱贫不脱政策，继续按每村至少 30 万元标准安排重点村财政扶贫专项资金，全市投入财政专项扶贫资金 8189 万元，持续开展产业扶贫项目建设。印发《农村最低生活保障制度与扶贫开发政策有效衔接的实施意见》，把符合条件的 2350 名农村低保人口统筹纳入扶贫政策覆盖范围。核查出符合条件的 1640 名相对贫困人口，及时纳入帮扶范围；协调有关部门将城市低保标准提高到 6960 元，并研究建立城乡统一的困境儿童基本生活、医疗、教育、就业、住房等保障制度；协调相关责任部门将 504 个集体经济薄弱村纳入帮扶解困范围。

全面提升扶贫对象识别精准度　深入开展数据清洗工作，对录入国家系统的贫困人口、重点村数据进行反复核查，并联合住建、人社等部门对贫困人口危房、医疗参保情况进行核查，对相关数据进行全面的校对更新，确保扶贫数据精准度。退出一批稳定脱贫人口，制定印发《威海市贫困人口动态调整管理办法》和《关于做好 2017 年扶贫对象动态调整工作的通知》，组织区市人民银行、编办、工商、公安、国土等部门进一步进行数据比对，核查出资产过高人员 3437 户、7312 人，坚决予以清退，确保扶贫对象精准。识别一批市标贫困人口，对家庭收入不能稳定达 3850 元（威海市农村低保线）及在“三保障”（义务教育、基本医疗和住房安全有保障）等方面出现问题的全市农村人口进行全面核查，认定 851 户、1640 人作为 2017 年市定标准贫困人口；对收入低于 2017 年市定标准 4500 元及“三保障”等条件的人员进行核查，按照程序纳入 2018 年市标贫困人口范围，并全部录入全国扶贫开发信息系统。筛查一批重点帮扶人口，筛选确定“贫中之贫、困中之困”人员 794 户、1335 人，按规定程序纳入重点帮扶范围，有针对性地开展优先保障和重点帮扶。

开展“问题整改落实季”　全力开展贫困识别退出核查抽查，督导各区市全力开展贫困识别退出核查抽查工作，区市级自查 53 个镇（街道）、120 个重点村、667 户贫困户；市级核查 7 个区市、16 个镇、43 个重点村、215 户贫困户。全面开展成效核查，组织相关行业部门，以落实脱贫人口“三保障”台账为重点，再次排查有没有政策不到位的现象，确保不出现因政策落实不到位而返贫的情况。将新出现危房的 455 户已退出贫困家庭作为重点对象列入改造计划。为 478 名因特殊情况未参加居民基本医疗保险的贫困人口开通“绿色通道”，实现“应保尽保”。进一步加强精准扶贫档案管理，督导各区市按照《全市精准扶贫档案规范化管理提升工作方案》进行自查整改，对贫困识别退出档案实行规范化、标准化管理；同时对“插花村”档案重新进行补充完善和整理归档，对档案要素、纸质档案与系统一致性进行全面复核修正，提高档案的有效性。

筑牢扶贫产业基础　继续加强扶

12 月 20 日，威海市文登区米山镇西山后村举行生态园股权认购发放仪式

威海市扶贫办提供

贫项目建设，逐步健全项目评审委员会和专家库，严格落实扶贫项目评审机制，全市在库各类专家138名；坚持把扶贫产业开发作为脱贫攻坚的基础工程，2017年，对180个重点村投入扶贫专项资金5900万元，建设扶贫产业项目92个，其中特色种养37个，光伏发电37个，加工制造10个，乡村旅游4个，全市扶贫专项资金建设项目达318个。推进扶贫产业示范基地建设，制定印发《关于加强全市精准扶贫示范基地建设的指导意见》，规划建设扶贫产业项目示范基地87个，先后召开两次现场推进会，总结经验做法。不断提升扶贫项目运营管理水平，制定《威海市扶贫产业项目管理办法》，从资产登记、权属界定、运行管护、收益分配等各个环节规范扶贫项目管理，建立起事前、事中、事后全过程监管制度。

促进行业帮扶精准　协调相关行业部门，完成64个重点村宽带基础设施建设、38个村饮水质量提升工程、62个村电网改造升级工程等188项基础设施提升工程，改善重点村的生产生活条件。扎实推进健康扶贫，对全市4058名患有93种疾病的因病致贫建档立卡贫困人口进行分类救治，并落实“先治疗、后结算”等减免政策，全力解决因病致贫、因病返贫问题。深入推进教育扶贫，资助建档立卡贫困家庭学生1090人次，发放各类助学金105.57万元。继续实施“雨露计划”项目，确定补助对象187名。创新开展“靓居工程”，针对家庭环境卫生条件差的600户已脱贫贫困户，累计投入100多万元统一进行房屋整修。

加大社会扶贫力度　继续开展“精准扶贫直通车”活动，围绕健康、助学、助残、志愿服务、科普培训等领域，开展“中医药进农村”“乡村就业大篷车”“巾帼扶贫车间”“公益助残”“金晖助老”“泛海助学”“靓居工程”等活动，直接受益农村贫困人口超过3.6万人次。设立村级扶贫基金，制定《关于设立村级扶贫基金的指导意见》，统筹利用扶贫产业项目收益、重点村集体经济发展项目收益，以及部分社会扶贫资金，重点救助因事故、灾害、大病等意外事件致贫的特殊困难户和返贫风险高的家庭，全市村级扶贫基金达500万元规模，精准救助贫困人口达1335人。扎实做好“过暖冬”“过好年”工作，全力开展涉及住房保障、慈善捐助、健康下乡、志愿服务、文化保障、供暖保障、集中攻坚等七大类行动，发放贫困户生活保障资金1.04亿元、过冬物资3.51万件（套），保障贫困群众温暖过冬。不断强化包村帮扶，市级领导赴联系镇村走访调研90多次，各帮扶部门单位、企业和个人直接投入款物价值超过2400万元，协调引进资金2000多万元，帮助贫困村建设、引进产业项目89个；第一书记走访村民5.54万户次，包村帮扶取得扎实成效。不断完善社保兜底功能，至2017年底，全市现有建档立卡贫困人口中，有4.59万人参保居民医保，4.03万人参保居民养老保险，为8041名建档立卡贫困人口报销医药费5786万元，为2.7万人发放养老金3499.8万元。

持续加大金融扶贫力度　2017年，协调行业资金、整合涉农资金达4.08亿元用于扶贫开发。鼓励支持小额扶贫贷款，完善《威海市小额扶贫信贷贴息和风险补偿操作暂行办法》，协调市及区市两级财政累计支持5600万元作为贴息担保资金，大力推广“富民生产贷”和“富民农户贷”，至2017年底，全市发放“富民生产贷”和“富民农户贷”超过2.5亿元，带动5000多名建档立卡贫困户脱贫增收500万元。开展扶贫特惠保险，拟订《威海市2017年度扶贫特惠保险实施方案》，通过保人身、保意外、保收入一揽子保障项目，切实提高贫困群众防范化解风险能力，年全市投入财政补贴资金541万元，惠及贫困群众4.16万人。

精准实施督导考核　扎实开展督导调研，组织各区市、开发区和镇（街道）主要负责人，到联系镇、帮扶村和贫困户家中走访调研900人次，开展各类大督查6次，走访村庄670个次、走访贫困户2421户次，确保扶贫开发各项工作顺利开展。落实责任担当，组织镇村干部、第一书记等进村入户，逐户核查贫困户家庭收入情况，结合行业部门涉贫政策落实，面对面与贫困群众算清收入账、政策账，逐户建立收入清单，由贫困户、入户调查扶贫干部和帮扶责任人三方签字确认，坚决杜绝“虚假脱贫”等现象。引入第三方评估，对全市180个重点村经济收入、财政专项扶贫资金管理及318个产业项目运行情况进行检查评估，查改问题432个。开展扶贫领域专项治理，重点围绕扶贫资金和干部作风两个方面，进行自查自纠，发现各类问题284项，向8个区市、13个市直成员单位发出限期整改通知。建立宣传考评激励机制，及时总结发现扶贫开发工作新亮点，进行深度发掘整理。2017年，在国家级媒体刊发稿件104篇，在省级媒体发表463篇，全省17地市扶贫宣传考核名列第八名，获得“我眼中的脱贫攻坚”影像资料征集活动优秀组织奖。

【威海—枣庄扶贫协作】　威海市认真贯彻落实省委、省政府扶贫协作重要战略部署和第一次联席会议重要决定，突出产业扶贫、就业扶贫、社会扶贫“三个重点”，抓住人才、资金、政策“三个关键”，与枣庄市结对单位协同开展扶贫协作，取得丰硕成果。

推进改善民生“六大帮扶工程”　2017年，市级及各结对区市拨付扶贫协作“六大帮扶工程”资金1679万元，资助枣庄市建档立卡贫困家庭学生5517人；资助贫困母亲2125人发展家庭种养业；补助生活困难贫困老党员1968人；助行贫困残疾人1040人；资助贫困道德模范6人；协助枣庄市1.07万名建档立卡贫困人口增收脱贫。对“农村敬老院资助工程”750万元资金进行捆绑使用，集中建设薛城区养老服务中心；筹资500万元，支持山亭区改建特教学校。积极拓展与枣庄市的劳务协作，出台《威海市—枣庄市劳务扶贫协作机制》，组织企业分赴枣庄市中区、滕州市、山亭区、台儿庄区、峄城区五地举办“威海市—枣庄市就业扶贫专场招聘周”活动，达成用工意向1489个。

引导社会力量参与扶贫协作　威海市妇联捐建枣庄市5处留守儿童活动站，并为枣庄市1040名贫困母亲购买“女性安康保险”；威海团市委为枣庄市贫困中小学生购买爱心包裹200个，并发动社会参与，为枣庄贫困群众捐献衣物3000余件；市残联结合威海市贫困残疾人家庭无障碍智能化改造项目，为60户枣庄市建档立卡重度残疾人家庭进行无障碍智能化改造，提高重度残疾人的生活自理能力。威海市承接枣庄医疗、教育、商务及机关行政人员交流培训106人，通过相互学习借鉴，促进双方共同提高。

开展现代农业协作　威海企业采取“订单式”帮扶模式，在枣庄建立六大扶贫协作产业基地（马铃薯、石榴、核桃、大枣、板栗、花椒），每个产业基地分别选择1个专业合作社，精准对接建档立卡贫困户。威海市财政部门对参与收购贫困户农产品的企业进行价格差额补助。威海市农业局联合枣庄农业局在山亭区桑村镇苏庄村合作建设的13.3公顷螺丝椒生产基地；威海家家悦集团共收购枣庄市特色农产品810吨，采购金额243万元。

开展金融和旅游产业协作　威海市商业银行投资枣庄分行，发放各类贷款8154万元，其中涉农贷款6240万元，为枣庄市农业农村发展及扶贫开发提供资金支持。组织威海市26家旅游企业赴枣庄对接考察，设计出“枣庄一日游”“枣庄二日游”“枣庄三日游”等旅游产品，威海龙威旅行社开通多班台儿庄古城直通车，有效促进枣庄市旅游产业发展。

开展其他产业协作　威海市文登区与枣庄市峄城区合作支持枣庄市书源笔业、富源玩具、旭升制刷、红成玩具在贫困村建设扶贫车间，带动贫困人口就业增收；迪尚集团同枣庄方正服装、海扬中泰服装等进行合作，实行订单生产，2017年累计贸易额2675万元；环翠区三阳纺织在台儿庄区投资1.2亿元建立科宏纺织有限公司，成为当地最大的纺织企业。在2016年枣庄市“威海馆”正式营业的基础上，2017年在威海市开设“枣庄馆”展销农产品，促进两地商贸流通业快速发展。

（邢　奎）

组织工作

【概况】　2017年，全市组织系统深入学习贯彻习近平新时代中国特色社会主义思想和中共十九大精神，认真落实中共威海市第十五次党代会部署，把握全面从严治党主线，聚焦主责主业，强化担当作为，从严从实抓培训、选干部、聚人才、打基础，为实现现代化幸福威海建设新跨越强基固本、凝聚力量。

【抓思想教育促素质提升】　认真开展党内教育　扎实推进“两学一做”学习教育常态化制度化，制定实施方案，召开工作座谈会作出全面部署，组织开展4次督导调研，层层传导责任压力。出台《关于坚持以上率下推进过硬支部建设的意见》，明确29项指标任务，从市级领导所在支部做起，引领全市领导班子成员所在支部开展示范支部创建工作。建立党员先锋指数评价体系和不合格表现负面清单，列出4大项25条党员不合格表现负面清单，组织党员对照负面清单、对照先模人物和身边典型开展“党性体检”，找差距、抓整改，促进模范作用长效发挥。推广支部主题党日制度，进一步严肃和丰富党内组织生活，推动学习教育融入日常、抓在经常。

精准实施干部培训　坚持理想信念教育这个根本，在党校主体班次开设经典导读与基本理论、习近平总书记系列重要讲话精神、党性教育与党性锻炼3个专题单元，扎实开展党的宗旨、党规党纪、优良传统和党风廉政教育。把学习贯彻习近平新时代中国特色社会主义思想和中共十九大精神作为首要政治任务，精心组织安排7期专题学习班，对1600多名市管干部开展集中轮训。突出服务全市重大战略需要，深入贯彻落实市委“大兴学习之风”要求，围绕全面深化改革、新旧动能转换等重点，强化干部专业能力培训，全力服务市委市政府重点工作。全年累计举办各类班次38期、专题讲座169场，培训2.2万人次。

深化提升基地建设　瞄准“争创全国一流、世界有影响的教育基地”目标，着力推进胶东（威海）党性教育基地建设上档升级、作用有效发挥，新建历史选择展馆、幸福威海展馆，新增金猴集团、迪尚集团教学点，打造《寻梦威海》舞台剧和17部影视教学片，进一步升华精神内涵、完善教学体系、打造精品课程，市级干部培训班次均设置基地教学相关课程。8月25日—27日，省委组织部统筹推进胶东党性教育基地建设专题研讨会在威海市召开，与会领导专家对基地建设工作给予高度评价。

【抓精选严管促干部有为】　突出精准规范选用　修订完善《市管干部选拔任用工作流程》和纪实工作实施细则，出台《市直机关事业单位科级干部选拔任用和备案管理暂行办法》《市属国有企业领导人员选拔管理暂行办法》等系列规范性文件，形成覆盖各领域各层级的干部工作制度体系。按照市委部署，完成筹备召开市第十五次党代会和市人代会、政协会换届选举工作。坚持事业需要、岗位要求与人选条件有机结合，稳妥做好市直部门、单位和开发区县级干部调整充实工作，持续优化各级班子结构、增强整体功能。注重加大干部交流力度，通过组织调训、上派下挂等方式，加强年轻干部、女干部和党外干部的培养锻炼，做好在国家部委、省直厅局挂职年轻干部的跟踪培养，对经过历练比较成熟的干部打破隐性台阶、大胆选拔使用。

突出全面从严监管　强化干部选拔任用工作监督，在市级领导班子换届工作中，采取卡、片、函、谈、书“五位一体”模式，狠抓换届风气监督，实现换届“零举报、零违纪”。严格落实人选审核把关的重要措施要求，加强选人用人监督，坚决防止干部“带病提拔”。坚持抓早抓小抓预防，健全谈话提醒、函询诫勉等机制，有针对性地采取提醒谈话、函询和诫勉等措施“咬耳扯袖”，防止小毛病演变成大问题，全年提醒、函询、诫勉干部84人。建立健全正向激励机制，研究出台《关于激励干部干事创业建立容错纠错机制的实施办法（试行）》，切实为敢于担当者担当、为敢于负责者负责，营造支持改革、鼓励创新、宽容失误的良好氛围。

突出科学考核评价　修订完善考核监督体系，建立健全考核监督常态化工作机制，对市委和市政府重大决策、重要事项、重点项目开展全方位、多维度的综合评价，通过细化指标、量化考核，推动全市重点工作有效落实。扎实推进市级机关“创新创效”项目评选，探索推行区市差异化考核，鼓励各级各部门集中资源力量攻坚克难，使考核督导作用更加精准有力。把考核结果作为科学评价领导班子和领导干部工作实绩的重要依据，对实绩突出、考核优秀的单位和个人，在评先选优、干部使用上优先予以考虑，实现工作导向、考核导向、用人导向有机统一。

【抓基层基础促全面过硬】 坚持理论提升、标准引领　把加强党建研究摆在突出位置，成立威海市党建研究会，确定27个课题开展调查研究，推动破解党建重点难点问题，提升党建理论化水平。组织举办习近平党建思想与威海党建实践研讨会等系列活动，组织专家、学者为威海党建把脉问诊。制定《关于推进全市基层党组织标准化建设的意见（试行）》及农村、街道社区、机关事业单位、国有企业、非公企业、社会组织和学校7个领域配套文件，围绕基层组织设置、班子队伍建设、党员教育管理、党内组织生活、基本工作保障等明确309条具体标准，全面规范基层党组织建设。建立基层党建联系点和联系村居党员干部制度，定期走访调研，听取一线声音，加强工作指导，提高工作的针对性、实效性。

坚持问题导向、精准施策　围绕提升农村党建，紧扣“两委”换届选举，全面开展村情研判和审计督查，按照“好人＋能人”标准选优配强村“两委”班子；聚焦抓党建促脱贫攻坚，强化第一书记选派和市直部门单位联系村工作，5个村级集体经济发展典型做法被上级予以推广。围绕突破城市党建，召开全市城市党建工作会议，强化社区、单位、行业党建互联互动，开展服务活动3.8万次，共驻、共建、共治、共享格局取得新进展；分领域召开国企、“两新”、高校党建工作座谈会，全面落实上级部署要求，抓牢抓实基础工作，推动党建工作水平进一步提升。围绕规范党员管理，市及各区市全部组建在京流动党员及军队退役士兵党组织，1200余名流动党员、失联党员纳入党组织有效管理；深入推进抓党建促稳定工作，积极化解基层矛盾；遴选23名优秀党员在市级主要媒体集中宣传报道，营造学先进当先锋的氛围。

坚持平台拓展、示范带动　着力推进“智慧党建”工程，充分运用“灯塔——党建在线”“党建新视线”“威海党建”公众号等信息化平台，推出“威威谈党建”动画微党课，策划“对党说句心里话”系列访谈，编印《党员服务手册》，推动党的政策声音到一线、入人心。实施党建示范引领工程，设立200万元“红色引擎”专项资金，选树39个党建示范点和20个党员教育示范基地，发挥典型引领作用。“完善农村基本监督管理制度，建设党组织领导下的村级治理机制”经验做法，入选全国基层党建创新优秀案例。全面推行镇党代会年会，在全省率先推行党代表提案工作，党代表参政路径和深度有效拓展。

【抓人才支撑促转型发展】 以统筹思维构建立体布局　出台《关于深化人才发展体制机制改革的实施意见》，配套制定《支持重点企业加快引进高层次产业人才实施办法》等4个文件，着力破除人才发展体制机制障碍。完善人才工作领导小组运行机制，先后组织召开7次领导小组会议，形成部门齐动、区市联动、企业主动的人才共建格局。优化人才工作考核办法，明确39项考核目标，广泛调动抓人才工作的积极性。全年各级各部门共实施特色人才项目44个，其中国际树枝状大分子峰会、苹果产业技术论坛等，均为首次在中国举办。

9月21日，“2017中国威海·国际英才创新创业大会”启动

威海市委组织部提供

以国际视野汇聚全球资源　畅通高层引才渠道，成功争取海外赤子为国服务行动计划等4项国家级重大人才活动，200多名“千人计划”专家到威海考察对接。拓展海外引才网络，开展4次海外推介活动，组织21家企业赴美国、俄罗斯、日本等9国举办人才交流活动15场，与6家海外专家组织签订战略合作协议。高规格举办“中国威海·国际英才创新创业大会”，吸引来自16个国家的62名外籍院士专家参会，全年19场分会场活动达成人才引进意向177个。

以需求导向深化产才融合　实施“一区一园一策”工程，建设碳纤维产业园、外专“千人计划”创业园等人才聚集园区，引进28个院士创新团队。优化升级“威海英才计划”，量身打造蓝色产业领军人才计划、服务贸易领军人才支持计划等11项产业人才工程，2017年威海市新增泰山产业领军人才23名，入选数量位居全省第二位，金泓集团引进的博士游晓蓉入选山东省首批“一事一议”杰出人才。建立“同城化”聚才机制，11所驻威海高校人才享受市属人才同等待遇。实行重点园区、重点企业负责人举荐人才制度，16名紧缺人才直接纳入市级人才工程支持。

以优良生态激发人才活力　发挥威海人才协会“磁场”作用，成立医疗卫生、企业发展、海洋科技、产业博士4个专业委员会，举办人才大讲堂等主题活动32场次。注重加强政治引领、政治吸纳，依托胶东（威海）党性教育基地，分批次组织600多名专家人才参观学习。推选56名专家为市级以上党代表、人大代表和政协委员，增强人才荣誉感、归属感。

（栾　鑫）

宣传工作

【概况】 2017年，全市宣传思想文化战线深入学习宣传贯彻习近平新时代中国特色社会主义思想，认真贯彻落实市第十五次党代会决策部署，以迎接、学习、宣传、贯彻中共十九大精神为主线，强化“四个意识”、坚定“四个自信”，积极服务中心大局，把握正确舆论导向，持续深化城乡文明创建，扎实推进社会主义核心价值观建设，突破发展文化产业，优化升级公共文化服务体系，各项工作取得新进展新成效，为加快实现现代化幸福威海建设新跨越提供有力思想舆论保证和精神文化动力。

【习近平新时代中国特色社会主义思想和中共十九大精神宣传普及】 全力做好中共十九大迎接宣传工作，制定中共十九大精神宣传工作方案，全面动员各级各相关部门以及各类媒体，从十九大召开前到十九大闭幕后，分“喜迎十九大”“庆祝十九大胜利召开”“学习宣传贯彻十九大精神”三个阶段，通过“砥砺奋进的五年”系列成就宣传以及报道评论、数字图说、公益广告、百姓宣讲等形式，在全社会营造喜迎十九大、欢庆十九大、学习贯彻十九大精神的浓厚氛围，组织各级先后开展中共十九大精神宣讲488场、受众24.31万人。大力实施理论惠民工程，广泛开展“社科普及周”活动，组织7期理论骨干培训班、36期“学理论、懂政策，做明白人——政民互动平台”微访谈，举办“中国梦·党在心中”百姓宣讲活动210场次，郭永怀事迹宣讲团被中宣部评为“基层理论宣讲先进集体”，并作为唯一集体代表在全国表彰大会上作交流发言。着力抓好党委理论学习中心组学习，制定《全市县级以上党委（党组）中心组2017年理论学习计划安排意见》和《威海市党委（党组）理论学习中心组学习管理办法》，推进中心组学习制度化、规范化和常态化。加强和改进社科理论研究，组织开展2017年度社科重点课题研究，完成第二十次社科优秀成果奖评选、评出优秀作品96项，组织召开全市新型智库联席会议，举办第二届“中华复兴论坛”。

【建市30周年系列活动】 聚焦“回望历史总结经验，凝心聚力实现跨越”主题，精心策划和筹备开展建市30周年系列活动，激发广大市民热爱家乡、建设家乡的热情干劲。高标准组织筹办“建市30周年发展成就展”，以“改革、开放、创新”为主题，以“科学发展、干事创业，建设现代化幸福威海”为主线，对建市30年尤其是近10年的经济社会发展成果，在威海国际展览中心进行全面展示，累计接待参观市民5万人次。精心抓好政论专题片创作、摄制与展播，以“致敬威海三十年”为主题，以代表性事件、亲历者口述穿插串联，综合历史与现实影像资料，全方位、多侧面梳理讲述威海30年来改革开放、基础设施、生态保护、科技创新、产业强市、全域城市化、精神文明建设、人民生活等各领域的发展历程，推出后网上阅读量突破20万人次，受到社会各界一致好评。高质量举办群众性文化活动，组织调动市文广新局、市文联等市直部门以及各区市力量，先后开展交响合唱音乐会、“岁月如歌”合唱会、京剧票友节以及广场舞大赛、读书朗读大赛、主题征文、诗歌朗诵、美术书法摄影作品展等群众性文化活动，得到群众广泛欢迎、积极参与。组织开展主题创作与出版工作，推出报告文学《沧海九歌》、纪录片电影《大西洋的威海渔民》等作品，编辑出版发展成就专辑《筑梦前行》《威海市社会科学优秀成果获奖作品文库（11～20卷）》《威海文集》《威海名人》等书籍，涵盖威海经济、政治、文化、社会、生态文明和党的建设等各个领域，成为总结威海30年发展最鲜活的人文资料。策划开展系列媒体宣传活动，从3月开始，威海日报社、威海广播电视台陆续组织推出建市30周年系列专题专栏报道、节目480多篇（期），在上级重要媒体推出专版报道、系列报道30篇，通过“三十而立”网络名博威海行活动推出系列威海主题微博、微信、头条号文章，阅读量超过956万人次，引起市域内外社会各界群众广泛关注与好评。

【全面提升全国文明城市创建水平】 扎实推进全国文明城市复查测评、县级全国文明城市创建工作，威海市顺利通过第五届全国文明城市复查测评，荣成市、乳山市入选县级全国文明城市，实现全国文明城市“全域一片红”。深入实施文明市民培育工程，扎实推进“爱文明家园　做文明市民”行动，研究制订《关于文明城市常态化建设的实施方案》《威海市深化“爱文明家园　做文明市民”行动实施方案》，在持续抓好“排队上下车、礼让斑马线、不乱扔杂物”的基础上，不断提质扩面，将治理车窗抛物、公共场所不自觉排队、大声喧哗、随地吐痰等纳入实施内容，持续组织实地督导检查和第三方测评，威海市在全国创建文明城市工作经验交流会上作重点交流。持续深入推进未成年人思想道德建设工作，威海市作为全省唯一地级市成功入选第五届全国未成年人思想道德建设工作先进城市。研究制定《威海市级及以上文明单位创建管理办法》《威海市市级及以上文明单位考核细则》，进一步明确市级以上文明单位创建管理的原则、标准、要求，威海市文明单位创建经验做法被全省推广。

【组织实施新一轮乡村文明行动】 研究制定《关于进一步深化乡村文明行动的实施意见》，对新一轮乡村文明建设进行总体规划安排。着力巩固提升城乡环卫一体化、移风易俗工作成果，督促推动乡村文明风貌持续向更高层次水平迈进，威海市城乡环卫一体化、移风易俗两项工作在全省群众满意度调查中始终名列前茅。联合文明委成员单位面向基层开展“新农村新生活”培训等文明创建活动，合力提升基层文明建设水平。

【深化君子之风·美德威海建设】 深入培育践行社会主义核心价值观，深化“图说我们的价值观”系列公益广告宣传，面向中小学校推广传唱“幸福少年——社会主义核心价值观”组歌，广泛开展微电影征集展播、学做“小小君子”等主题实践活动，开办“君子之风·美德威海——社区　我们的家”电视专栏，引导各领域各行业不断加深对社会主义核心价值观的理解认识。着力加强爱国主义教育，精心组织纪念中国人民解放军建军90周年、纪念全民族抗战爆发80周年主题宣传教育活动，天福山革命纪念馆获批省级专项扶持资金，爱国主义题材电影《天福山起义》完成拍摄并首映播放。大力传承弘扬优秀传统文化，深入实施“乡村儒学”“社区儒学”推进计划，开展“书香威海·全民阅读”以及经典诵读等活动，组织尼山书院、道德讲堂、威海讲坛等阵地定期举办主题讲座，建成乡村儒学讲堂示范点72处，5处历史文化展馆被评为山东省县及县以下历史文化展示“十百千”示范点。深化拓展“四德工程”建设，推动农村、社区、机关、学校建立善行义举“四德”榜，组织定期发布诚信“红黑”名单，10家企业入选全省五星级“厚道鲁商”品牌企业，所辖区市全部通过全省“四德工程”建设示范县（区、市）复查测评。

【典型选树宣传】 大力开展道德模范、身边好人推荐评选和学习宣传，持续不断在各个层面选树推介先模榜样，6人入选“中国好人榜”、38人入选“山东好人榜”、3人入选“山东好人之星”，刘长城入选第六届全国道德模范，殷树山刘彩凤夫妇以及曲麟昌、张晓东入选第六届省级道德模范，乳山市民警王伟被确定为全省重大典型并被追授“齐鲁时代楷模”称号。

【志愿服务制度化规范化建设】 建好用实全市志愿服务信息综合平台，常态化组织开展“精准扶贫”“文明出行”等志愿服务活动，月月有主题、周周有活动，“轮椅上的电商梦”精准扶贫残疾人志愿服务项目获得全国学雷锋志愿服务“四个100”先进典型称号，“轮椅上的画家梦”获得第三届全国志愿服务项目大赛金奖。届次化评选市级志愿服务先进典型，遴选表彰30个优秀志愿服务组织、56名优秀志愿者、28个优秀志愿服务项目、11个优秀志愿服务社区，南海高级中学获评全省学雷锋活动示范点、姚洪波获评全省岗位学雷锋标兵。

【推进文化改革发展】 启动媒体管理体制机制改革，积极推进报业集团、广播电台改革。印发《关于组建威海市国有文化资产管理理事会的通知》和《关于进一步深化文化市场综合执法改革的实施意见》，全面推进组建威海市国有文化资产管理理事会、深化文化市场综合执法改革、推进传统媒体和新兴媒体融合发展、区市级广播电视台改革发展等改革任务。建立市级文化产业重点项目库，集中力量推进年初确定的33个重点产业项目和18项重点工作任务。建立“五个一批”项目推进机制，首批确定52个“五个一批”项目，聚焦聚力予以推进，35个文化产业项目进入省级重点文化产业项目库，3家企业获评山东省重点文化企业、项目和园区。围绕建设时尚创意城市目标，引导推动各区市确立各自特色文化产业品牌、推进文化创意与相关产业融合发展，制定出台《威海市文化产业公共服务平台建设和管理暂行办法》，拟建的19个服务平台有15个具备专业化服务功能。出台《威海市贯彻落实〈关于加强文化领域行业组织建设的实施意见〉工作方案》的通知，开展文化领域行业组织专项治理，加强文化领域行业组织建设。

【繁荣发展公共文化事业】 扎实推进“文化惠民、服务群众”实事，进一步做好“五馆一站”［博物馆、纪念馆、图书馆、文化馆（站）和美术馆］免费开放，完成送戏下乡2566场、放映公益电影3.04万场。不断升级城乡公共文化服务设施，市群众艺术馆、市图书馆新馆建设扎实推进，建成城市书房11处，村（社区）综合性文化服务中心覆盖率达99.6%。广泛开展“幸福威海·我的梦”广场文艺演出等群众性文化活动，组织举办送示范课进基层330场次、公益文化培训1000场次。加强文化遗产传承保护，实施国家级、省级非遗传承人抢救性保护计划，组织申报第五批非遗传承人评选，扶持120个传承人收徒传艺440人。

【文艺精品创作】 积极推进当地题材原创作品创作，组织拍摄电视剧《温暖的村庄》、电影《美丽小渔村》，组织创作长篇广播剧《郭永怀》、吕剧《邵本道》、报告文学《沧海九歌》等一批反映威海、反映时代的文艺精品。1名个人和2件作品获得第十届“泰山文艺奖”奖项，4件作品获得省第十二届“文艺精品工程”优秀作品奖，1件作品获得全国第十四届精神文明建设“五个一工程”奖，市委宣传部获全省“文艺精品工程”组织工作奖并在全省表彰大会上作为唯一地市发言。

【幸福威海主题宣传】 以深入学习宣传贯彻市第十五次党代会精神为主线，精心组织“全域城市化、市域一体化”、“产业强市、工业带动、突破发展服务业”、4个“三年突破”等重大发展战略宣传和新旧动能转换、脱贫攻坚、全域旅游等重点工作宣传，各类媒体共策划推出重点专题专版90个，在中央及省主流媒体刊发重点稿件900篇。积极做好对上对外宣传，抓住用好铁人三项赛、人居节、食博会等重大活动契机，精心设置议题话题，吸引境内外媒体到威海采风报道，先后在新华社、中国新闻社、《走向世界》、凤凰网等境内外媒体刊播稿件400篇，进一步擦亮“蓝色休闲之都 世界宜居城市”“走遍四海，还是威海”等城市品牌。完成城市宣传画册和专题片、康养论坛宣传画册等外宣品制作。

【宣传文化阵地管理】 深入开展“扫黄打非”“清源”“秋风”等专项治理行动，加强对各类网吧、演艺等文化场所管理，依法从严整治违法违规传播行为和传播平台，全市文化市场始终保持健康向上、平稳有序的良好态势。认真执行新闻例会、新闻阅评、新闻发布等制度，积极抓好微博、微信等新媒体平台运行管理，妥善做好突发事件信息发布，举办市级新闻发布会66场次，“@威海发布”微博入选2017年山东最具影响力党政新闻发布微博，“威海发布”微信跻身山东政务微信排行榜。

（林一龙）

统战工作

【概况】 2017年，威海市各级统战部门和统一战线广大成员全面贯彻落实中共十八大、中共十八届历次全会和中共十九大精神，深入学习贯彻习近平新时代中国特色社会主义思想特别是统一战线系列重要讲话精神，牢记“务必忠诚干事、务必激情干事、务必团结干事、务必为民干事、务必廉洁干事”，坚持“服务大局出人才、服务发展出效益、服务群众出形象”，形成各领域统战工作齐头并进、争创一流的良好局面。

【加强统战工作组织领导】 组织召开市委统一战线工作领导小组专题会议，在市级机关党支部中探索增设统战委员，文登区率先构建县级统战大部制。成立威海市欧美同学会，设立秘书处，增加编制 2 名，组建分会 7 个。组建威海市青年民营企业家商会，加强年轻一代民营企业家培养教育。成立市工商联参政议政专委会。帮助民建、致公党、九三学社市委做好基层支部调整工作，考察有关人选，推动多党合作健康发展。创建威海“大统战”家园微信群平台，组织开展慰问刘公岛驻军、资助贫困准大学生等系列活动。

【落实中国共产党领导的多党合作和政治协商制度】 扎实推进协商民主工作，协助市委制定印发 2017 年度政治协商计划，并积极协调落实。组织召开协商会、情况通报会 12 次，考察调研工作 3 次；举办“威海统一战线讲坛”2 次，就深入了解统一战线历史、深化多党合作教育等进行专题讲座；召开民主党派秘书长联席工作会议 10 次。出台《威海市统一战线调研课题招标管理办法》，就加强和改进民主党派调研工作进行协商部署，民主党派完成调研报告 24 篇，形成参阅件 16 期，协商建言 7 期，为市委、市政府科学决策提供重要参考依据。围绕贯彻落实全省支持非公有制经济健康发展工作会议精神，开展“下基层、摸实情、提对策”千家非公有制企业走访调研活动，走访调研企业 1001 家，向市委、市政府上报《威海市非公有制经济发展调研报告》，收集意见建议 612 条，由各区市、国家级开发区负责协调解决 473 条，提报市委市政府协调解决 139 条。组织召开全市统一战线“三服务”现场观摩会，年初部署，年底落实，总结推广“三服务”先进典型和经验做法，提升统战工作实效。充分发挥民主党派联系广泛的优势，指导九三学社威海市委引进同仁堂·鲁信中医康养综合体项目落户东部滨海新城。

【党外知识分子工作】 组织市党外文化艺术工作者联谊会举办“同心携手 砥砺奋进”威海统一战线纪念建市 30 周年优秀书画摄影作品展，进一步增强全市统一战线部门“四个自信”。协助省委统战部在威海南海新区举办“泛海扬帆山东大学生创业行动”首届创客节暨“泛海扬帆”山东大学生创业示范基地揭牌活动，建立大学生创业示范基地。

【新的社会阶层人士统战工作】 召开全市新的社会阶层人士统战工作会议，扎实推进新的社会阶层统战团体建设。发动社会新阶层党外知识分子联谊会向环卫工人捐赠西瓜 1500 余公斤，开展“新阶层同心公益行”进社区、资助弱势群众活动，向贫困学生发放爱心助学金 15 万元。成立威海市社会组织联合会，搭建起社会组织统战工作载体平台。组织社会组织联合会帮助贫困村销售滞销西瓜 1 万余公斤。

【工商联工作】 协调相关部门印发《关于开展“深入企业、帮解难题、增强四信、促进发展”活动的通知》，加强各级领导干部和非公有制经济人士的联系，构建“亲”“清”新型政商关系。充分发挥工商联独特优势，以小分队形式赴外地开展招商推介活动，先后赴重庆、北京等地，访问重庆市涪陵区工商联、重庆市山东商会、重庆市医药集团以及全国工商联、全国工商联旅游业商会、全联房地产商会等商会及企业，赴俄罗斯、瑞典大力宣传和推介威海发展环境。围绕推介东部滨海新城，先后组织开展异地商会东部滨海新城行活动和山东省女企业家协会、济南市威海商会东部滨海新城行两次大型活动，介绍多批客商赴东部滨海新城进行考察，引进“连成·智造小镇”项目。建立企业项目信息库，为企业对外推介和经济合作奠定基础。

【民族工作】 贯彻落实市委、市政府民族工作实施意见。指导市民宗局组织民族工作干部及市伊斯兰教协会负责人赴温州、义乌、芜湖等地学习城市少数民族流动人口管理和伊斯兰教管理工作经验做法，推荐威海经济技术开发区韩乐坊社区、市毛纺织集团作为第四批省级民族团结进步创建示范单位。举办庆祝建市 30 周年暨民族团结进步宣传月文艺汇演和书画展。积极探索建设“合作社 +”平台，通过建立健全“合作社 + 大棚基地”“合作社 + 企业”“合作社 + 农户”等模式，从生产、管理、加工等环节向少数民族群众倾斜，改善生产生活创造条件。指导民宗、公安、教育等部门妥善处置涉及少数民族群众的矛盾纠纷 7 起、少数民族群众子女入学问题 1 起、维吾尔族群众上访事件 1 起，维护了民族领域和谐稳定。

【宗教工作】 贯彻落实市委、市政府宗教工作实施意见，两区两市民族宗教事务局机构性质和人员编制落实到位，与党委统战部实现合署办公，在政府序列中保留名称。指导市民宗局开展宗教活动场所规范化建设，加强对全市佛道教活动场所的安全检查。深入开展宗教政策法规学习月活动，组织宗教团体负责人及区市宗教活动场所负责人 40 人参观胶东（威海）党性教育基地，组织市基督教两会赴广州、深圳、南京参观见学。加强对天主教上访人员的教育引导，切实做好中共十九大期间民族宗教领域安保维稳工作。进一步整治佛道教领域突出问题，坚决抵御境外宗教渗透，依法治理宗教领域非法活动，着力解决宗教领域的难点重点问题，宗教慈善周活动累计捐助投入善款 48 万元。

【港澳台及海外统战工作】 年内，2 次组团赴香港对香港友好协进会、香港山东商会等社团进行访问交流，进一步巩固与友好社团的感情联系；召开香港威海商会在港乡亲座谈会，进一步加深香港同胞与威海亲情纽带关系。赴深圳、青岛、烟台等地，与香港重点人士联系交流，完成了省委统战部交办的专项任务。着力加强与台办、侨办、商务等部门的协调联系，积极挖掘威海港澳台及海外统战资源，壮大工作队伍。做好台籍台胞台属工作，定期走访慰问老台胞，协调上级部门资助困难台胞，帮助台胞台属解决子女入学、高考等实际困难。市欧美同学会秘书处举办美俄艺术作品联展，和美国克利夫兰中美商会联合召开美国进出口新政解读和贸易风险防范交流会，邀请中国科学院、欧美同学会中东欧分会到威海考察，在美国、俄罗斯、加拿大设立威海市欧美同学会海外工作站，与中国科学院培训中心签署战略合作协议，促成中国科学院与威海职业技术学院达成共建检验检测认证学院合作意向、共建院士工作站，为哈尔滨工业大学（威海）、市立医院引进博士各1名，助推威海对外开放向更深层次、更高领域拓展。

【党外代表人士队伍建设】 注重教育，出台《市委统战部新旧动能转换工程实施工作方案》《关于加强市社会主义学院教育培训工作的意见》，印发《2017年市委统战部教育培训计划》，举办民主党派领导班子成员“不忘合作初心 继续携手前进”专题培训班、青年企业家培训班、社会新阶层党外知识分子培训班、中国传统文化与企业管理讲座、全市年轻一代民营企业家理想信念报告会，进一步提升党外代表人士的政治把握能力、参政议政能力、组织协调能力、合作共事能力、解决自身问题能力。注重安排，协助九三学社市委顺利实现新老交替；印发《关于推荐提名第十三届市政协委员人选有关问题的通知》，严肃纪律，严密程序，严格把关，市政协委员换新率61%，有60名上届委员因履职不力被取消资格，完成市政协换届人事安排和届中委员调整，帮助各区市做好政协换届及届中调整工作，完成新一届全国和省政协人选推荐工作，推荐全国政协委员人选1名，省政协委员人选15名；印发《市委统战部关于工商联（民间商会）各级组织换届工作的实施意见》，指导市及区市工商联顺利实现领导班子新老交替，协助省委统战部对省工商联换届驻威执委、常委、副主席、副会长人选进行考察。注重管理，出台《中共威海市委统战部关于严肃会议（培训）纪律的通知》，将相关情况纳入党外人士年度履职考核，作为政治安排和实职推荐的参考依据。

【脱贫济困工作】 市委统战部帮助联系村建设38千伏光伏发电项目，投资硬化道路、文化大院、安装路灯、购置健身器材，援建绿色生态大棚，协调有关单位升级改造村内排水沟、砌筑花墙，安装栅栏；组织党员干部与联系村贫困户结成帮扶对子，春节、“七一”、全国扶贫日期间上门走访慰问。组织实施“泛海助学山东行动”，资助家庭贫困大学生150名。深入开展统一战线同心助学活动，发动统一战线成员捐款10万元，向53名贫困准大学生发放助学金。对7个大学生创业项目分别给予3万～5万元无偿资助。指导各民主党派深入实施统一战线“健康扶贫”活动，集中统战系统医疗资源，实现优势叠加，引导各民主党派组成服务小分队，开展免费义诊、送医下乡、送药下乡等医疗救助活动6次，为1000余名群众提供专业医疗服务；组织开展助老助残大病救助等捐赠扶贫活动8次，捐助款物40万元。启动全市统一战线“爱心拉面”活动，向环卫工人捐赠拉面1.6万碗；环翠楼大药房、燕喜堂大药店、威海阳光雨露公益服务中心等在其临街店设立环卫之家300余处；104家清真餐饮店、500余名穆斯林群众积极响应，环卫工人1200余人受益，新华社、央视及省电视台等主流媒体予以宣传，进一步树立统一战线的良好形象。

12月6日，威海市统一战线“爱心拉面”活动启动仪式举行

威海市委统战部提供

【统战队伍建设】 加强统战干部队伍建设，争取市编办支持，对市委统战部内设科室进行调整，增加科室2个，设置办公室、党派科（民宗科）、干部科（联络科）、新阶层科（知工科）等科室；在全市选调4名能力强、素质高的科级干部充实到部机关工作。重新调整领导班子成员工作分工，进一步明确部机关科室工作职责。召开全市统战调研宣传信息工作会议，密切与宣传部门和主流媒体的联系协作，利用在《威海日报》开设的《同心威海·“三服务”在行动》专栏，深度宣传推广统战工作先进典型和先进经验，进一步提高统战工作知名度。

【全市统战部长会议召开】 3月20日，全市统战部长会议召开。传达学习全省统战部长会议精神和市委书记、市人大常委会主任孙述涛对全市统战工作的批示。市委常委、统战部部长戴龙成出席会议并讲话。各区市、国家级开发区党（工）委统战部交流发言。各民主党派、工商联及统战团体负责人应邀列席会议。

【“泛海扬帆”山东大学生创业示范基地落户南海新区】 4月23日，“泛海扬帆山东大学生创业行动”首届创客节暨“泛海扬帆”山东大学生创业示范基地揭牌仪式在威海南海新区北京交通大学威海校区举行。省委统战部常务副部长赵强讲话，中国泛海控股集团董事、副总裁、董事会秘书徐建兵，中国西部人才开发基金会理事长兼秘书长汪文斌，省就业和人才服务中心主任赵振国，市委常委、统战部部长戴龙成分别致辞，赵强和徐建兵共同为基地揭牌，国家工商总局商标局原局长、泛海公益基金会秘书长李建昌和省委统战部副部长张静出席仪式，山东省17地市统战部门和人社部门相关负责人参加活动。与会人员观摩了2016年创业行动资助创业项目发展成果展，实地参观了泛海扬帆基地、创业谷展厅和智能投影谷。创客节期间，举办大学生创业者深度培训、帆友会双创论坛等活动。

【民主党派领导班子成员专题教育培训班举办】 6月6日—9日，“不忘合作初心，继续携手前进”民主党派领导班子成员专题教育培训班在威海市社会主义学院（市委党校）举办。市委常委、统战部部长戴龙成出席开班式并讲话，各民主党派领导班子成员、支部主委、机关驻会人员，各区市、国家级开发区部分统战干部参加培训。培训期间，学员赴胶东（威海）党性教育基地进行现场教学，赴东部滨海新城进行市情考察。

【威海市社会组织联合会成立】 6月13日，威海市社会组织联合会成立大会暨第一届会员大会举行。会上审议并通过《威海市社会组织联合会章程（草案）》《威海市社会组织联合会第一届会员大会选举办法（草案）》，选举产生威海市社会组织联合会第一届理事会理事。理事会选举孙玉荣为会长，李川、马浩然、张建芬为副会长，张建芬兼任秘书长。

【全市新的社会阶层人士统战工作会议召开】 8月2日，全市新的社会阶层人士统战工作会议召开，市委书记孙述涛对全市新的社会阶层人士统战工作作出批示，市委常委、统战部部长戴龙成出席会议并讲话。

【全市非公有制经济走访调研动员会议召开】 8月21日，全市非公有制经济走访调研动员会议召开，落实全省支持非公有制经济健康发展工作会议精神，研究部署“下基层、摸实情、提对策”千家企业走访调研活动。市委常委、统战部部长戴龙成出席会议并讲话。市委统战部、市工商联领导班子成员参加会议。各区市、国家级开发区党（工）委统战部部长、常务副部长、办公室主任（统战科长），工商联党组书记、办公室主任，市直有关部门单位分管负责人，市各民主党派驻会负责人，市委统战部、市工商联科级干部与会。

【威海统一战线庆祝建市30周年优秀书画摄影展举行】 9月23日—26日，市委统战部主办、市党外文化艺术工作者联谊会承办的“同心携手 砥砺奋进”威海统一战线庆祝建市30周年优秀书画摄影作品展在市美术馆举行。市委常委、统战部部长戴龙成参观展览。展出作品186幅，其中美术作品99幅、书法作品55幅、摄影作品32幅，展示了广大统一战线成员聚力现代化幸福威海建设、喜迎中共十九大胜利召开的精神风貌。

【全市统一战线推进“三服务”工作座谈会召开】 11月24日，全市统一战线推进“三服务”工作座谈会召开。市委常委、统战部部长戴龙成出席会议并讲话。各民主党派市委会（筹委会）主委及驻会负责人，各区市、国家级开发区党（工）委统战部部长、常务副部长，市委高校工委、市工商联、市民宗局负责人，市委统战部领导班子成员、科级干部参加会议。会前，戴龙成带队实地查看乳山市统一战线服务中心、党外知识分子社会服务基地，文登区创客小镇、推进县级大统战工作现场，荣成市崖头街道曙光社区统战联络站、网络界人士联谊会，威海临港经济技术开发区创新创业基地、威达集团，威海市浙江商会，环翠区统战之家、“幸福威海”教学点，威海经济技术开发区众科创新工业园党群服务中心、韩乐坊社区，山东大学海洋生物繁育综合实验室，威海高技术产业开发区联桥集团、海外学人高科技创新园，清真餐饮“爱心拉面”活动发起地吾德清真拉面馆等统一战线“三服务”工作现场。

【威海市欧美同学会成立】 12月9日，威海市欧美同学会（威海市留学人员联谊会）成立大会召开，市委常委、统战部部长戴龙成出席会议并讲话。市政协副主席、民进市委筹委会主委陈伟胜代表各民主党派、工商联、有关统战团体表示祝贺，省欧美同学会秘书长程海峰致贺词，中国科学院科技培训中心，欧美同学会总会留美、留苏等10个分会负责人到会祝贺。大会审议通过《威海市欧美同学会（威海市留学人员联谊会）章程》，选举产生威海市欧美同学会（威海市留学人员联谊会）一届理事会会长、副会长、理事，聘请了名誉副会长，任命了秘书处负责人员。赵玉璞当选会长。会上，威海市欧美同学会与中科科技培训中心签署战略合作协议，与俄罗斯圣彼得堡华侨华人协会、克利夫兰中美商会签署战略合作协议并授予他们海外工作站称号。会后，与会代表参观美俄艺术作品联展，考察威海城市规划馆和东部滨海新城规划建设情况，赴荣成郭永怀纪念馆进行专题教育。

（孙冬青）

政策研究

【调查研究】 2017年，市委政研室围绕市委中心工作和领导关注重点，充分发挥参谋辅政作用，着力抓好调查研究工作。围绕市第十五次党代会和三次市委全会、全市经济工作会议、全市工作总结表彰大会、全市推进新旧动能转换重大工程动员大会等重要会议，深入开展调查研究，工作成果不同程度进入领导决策。围绕重大课题开展调研，形成调研报告、参阅件，均得到市委主要领导批示。结合贯彻中共十九大精神，围绕威海社会主要矛盾变化、关于“两步走”新目标与现代化幸福威海建设相衔接等30个重点调研课题，在全市谋划开展大兴调研之风活动，形成一批有价值的调研成果。组织开展“百题调研”活动和调研成果评选，评选出优秀调研成果90篇，调动各级各部门调研积极性。充分发挥《威海通讯》平台作用，围绕各级重要会议、全市重点工作以及市领导重要讲话设立专题，及时刊载全市经济社会发展中的新经验、新亮点，全年刊载260余篇。高质量完成市委领导就新旧动能转换、国家区域创新中心建设、城市建设管理、基层党建、美丽乡村建设等调研的服务工作，形成良好的工作导向。

【信息服务】 围绕中央大政方针、省委重要决策部署以及事关全市发展大局的重要问题和薄弱环节，广泛搜集省内外先进经验和创新举措，进一步提升《学习借鉴》《每日参考》的办刊质量；聚焦党建、信用体系建设、实体经济发展等重点领域，以问题为导向，发挥各级各部门的主观能动性，提出合理化意见、建议，进一步提升《参阅件》的前瞻性和针对性。全年形成《每日参考》242期、《学习借鉴》9期、《参阅件》9期，市委主要领导批示11次。认真总结威海市先进工作经验和成果，积极向上宣传推介，先后在省级以上媒体刊发各类稿件5篇。

【深化改革】 认真研究谋划，严把改革方案质量关，严格改革方案报审流程，全年共组织召开市委全面深化改革领导小组会议11次，审议通过《中共威海市委巡察工作办法》《威海市"十三五"重要改革举措实施规划》等48项改革文件。牵头起草2017年改革工作要点、"十三五"重要改革举措实施规划，并逐一明确责任、分解落实、建立调度台账。加大改革督察力度，配合中央改革办和省委改革办分别对"身份证三项制度改革""国有文化企业改革""特检机构整合改革"进行督察，对省委改革办重点督察和评估内容、省暗访报告提出的6个方案落实情况开展自查。坚持全面督察、专项督察、联合督察以及明察暗访相结合，围绕服务贸易创新发展试点、智慧城市试点等开展各类督察15次，并对有关试点、改革方案推进落实情况开展"回头看"，有力推动改革工作落实落细。注重改革成效宣传，对公安改革、"放管服"改革、服务贸易创新发展、党风廉政建设"三堂课"、不动产登记改革等经验进行总结提炼，加大向上推荐力度，4项改革经验被省委改革办采用推广。完成"全面深化改革进行时"区市板块宣传和"将改革进行到底"系列宣传，指导和推动各区市、开发区完善改革宣传机制，增强群众改革获得感。

（钱　龙）

机构编制工作

【简政放权转变政府职能】 *持续削减行政许可等权力事项* 2017年，市编办提请市政府完成2批次市级行政权力事项调整工作，承接省政府下放管理层级或委托实施行政权力事项75项，削减市级行政权力事项88项，调整市级涉行政审批及相关行政权力中介服务事项10项。

编制公开公共服务事项目录、服务指南 组织60个市直部门、单位编制公布715项市级公共服务事项，对427项依申请服务事项逐项编制服务指南，至5月底，公共服务事项目录通过政府和部门网站、政务服务网和政务服务大厅公开，服务指南在政务服务大厅摆放，方便基层群众办事。

组织编制镇（街道）行政权力清单 组织各区市、国家级开发区梳理镇（街道）实施的行政权力事项，72个镇（街道）行政权力清单全部编制公开，覆盖市县镇三级的行政权力清单体系于5月底全面建立。

组织开展减证便民专项行动 深入镇（街道）、村（社区）、企业摸清证明盖章类材料底数。5月，审核形成《威海市取消调整的证明和盖章类材料目录》，涉及19个部门、单位46个事项的59项证明和盖章类材料。9月，公布《威海市政务服务事项需村（社区）开具证明材料清单》，保留涉及29个事项需村（社区）开具的12项证明材料，专项行动取得初步成效。威海市简政放权改革有关经验做法在全省机构编制部门放管服改革研讨推进会议上发言交流。

【行政管理体制改革】 *综合行政执法体制改革全面推开* 6月，市委办、市政府办印发《关于推进综合行政执法体制改革的实施意见》，推进执法重心下移、减少执法层级、相对集中行政处罚权、规范行政执法主体、优化执法力量配置等为重点，确定具体改革任务12项。确定在市县镇三个层级同步推进的改革推进机制：市级改革，以部门领域内综合执法为主，改革后保留17支执法队伍。县级改革，两区两市实行跨部门跨领域综合执法和部门领域内综合执法相结合，组建综合行政执法局，形成"1+7"为主的改革模式，即除1支综合执法队伍外，保留市场监管、安全生产、公共卫生等7支专业执法队伍。国家级开发区整合组建综合行政执法局，推动一个区域一支执法队伍。镇级改革，实行县级派驻执法中队与镇（街道）设立综合执法办公室相结合，构建"镇街主导、部门参与、资源统筹、联合执法"的镇（街道）综合执法工作格局，解决了基层执法力量薄弱与县级执法下沉难问题。

大部制改革持续发力 按照一件事情由一个部门负责的原则，在有关重点行业领域持续深化大部门制改革。住建领域，撤销正处级的市房管局，有关行政管理职责并入市住建局，将市住建局和原市房管局及其所属9个单位，整合调整为住建局所属4个单位；农业领域，将工作相对独立的市农机局、市畜牧局调整为市农业局所属二级事业单位，由市农业综合执法支队统一行使农业领域执法职责；文化领域，将工作相对独立的市文化市场综合执法局调整为市文广新局所属二级事业单位，同时将环翠区文化市场综合执法局并入市文化市场综合执法局，减少执法层级；交通领域，设立交通工委，作为市委派出机构，与市交通运输局合署，统筹协调全市交通运输工作。撤销市会展办公室（市政府直属正处级财政拨款事业单位），全市会展行业管理等职责并入中国国际贸易促进委员会威海市委员会。

做好重点领域和行业体制改革 配合市纪委在全省率先完成国家监察体制改革，推进市纪委派驻机构全覆盖改革，会同市经信委启动实施盐业体制改革，研究印发《威海市食盐监管体制改革方案》，由经信部门负责盐业行业管理职能，食品药品监督管理部门负责食盐质量安全监管。

【分类推进事业单位改革】 生产经营类事业单位改革 2014年威海市报省备案从事生产经营活动事业单位26家，至2017年9月，改革任务在全省率先全部完成。其中，撤销11家，实行扎口管理6家，转企改制9家，收回事业编制496名。

集中清理僵尸事业单位 确定“僵尸”事业单位46个，至5月，清理处级事业单位6个，科级以下事业单位40个，收回事业编制115名。

事业单位法人治理结构建设 召开全市公立医院科研院所法人治理结构建设工作动员大会，制定《威海市市属公立医院科研院所法人治理结构建设工作协同推进方案》，出台《威海市市属公立医院法人治理结构建设工作实施方案》《威海市市属科研院所法人治理结构建设工作实施方案》，配套出台《威海市市属实行法人治理事业单位外部理事（董事）管理办法（试行）》《威海市市属实行法人治理结构事业单位外部监事管理办法（试行）》《威海市市属实行法人治理结构事业单位外部理事外部监事报酬管理暂行办法》，形成了“1+2+3”的政策框架体系，全市21家公立医院和2家科研院所新的法人治理结构入轨运行。

创新公益服务 探索对利用国有资产举办的非营利性组织可依照规定按事业单位进行登记，设立威海东部滨海新城建设咨询院、威海市实验外国语学校、威海市京剧团等单位，支持社会力量兴办公益事业，节约机构编制资源。

【保障全市中心工作大局】 开展理论性前瞻性对策性研究 围绕激发重点领域生机活力，组织开展住建、交通、农业、文化等领域专题调查研究，提出深化大部门制的思路建议。围绕“推进开发区二次创业”，召开国家级开发区管理体制改革座谈会，从优化国家级开发区、南海新区管理体系、职责权限、机构设置、运营模式等方面入手，会同研究提出简政放权、优化服务的具体意见，吸收进《关于进一步推动开发区转型升级的实施意见》。围绕基层政府组织体系和服务能力创新，重点了解镇街行政管理体制、职责关系、事权划分、管理权限、干部队伍等基本情况，为推进镇街管理体制创新积累一手资料。

强化重点领域和关键环节机构编制支持力度 适应威海市国有资本规模扩大、国有资产监管范围拓宽等实际，撤销市国有资产管理办公室，设立市政府国有资产监督管理委员会，为实现国有资产精准有效监管提供体制机制保障。支持综合保税区建设发展，将威海经济技术开发区出口加工区管理局更名为威海综合保税区北区管理局，理顺管理体制。强化人才在“全域城市化、市域一体化”重大战略的引领支撑作用，设立市人才开发中心、市人才创新发展院，负责高层次、高技能人才引进和服务，同时作为综合经济部门的优秀人才储备平台。为加强党政专用通信服务保障能力，设立市专用通信局，规范县级专用通信管理机构。加强重点领域安全保障，设立副处级规格的市公安局石岛湾核电分局，将市森林公安局（市公安局森林警察支队）机构规格调整为副处级。立足于推进常态化制度化的党员干部教育，设立正处级规格的胶东（威海）党性教育基地管理办公室，理顺县级党性教育基地管理机构的隶属关系。

全力保障民生事业及一线用编需求 配合解决“大班额”问题和学前教育事业发展需要，2017年，全市批准中小学编制使用计划604名、公办幼儿园用编计划82名，占事业单位用编计划的39%。在编制2018年用编进人建议计划时，又向省编办申报381名计划用于中小学教师招聘。为党委巡察、扶贫开发、东部滨海新城建设、环境宣教和疾病预防控制等重点领域工作增编227名。

（宋泽阳）

台湾事务

【概况】 台胞服务 2017年，到威海台胞2.5万人次。年内，对台资企业进行全面走访排查，摸清台资企业存续情况，详细了解台资企业现状，汇总形成全市台资企业正常经营情况一览表，进一步完善台资企业信息库。新受理台胞投诉案件和求助事项8件，全部处结，结案率100%。建立与各类台胞密切联系信息群8个，及时解决台胞生活、生产经营中出现的实际困难和问题，组织举办涉台法律知识讲座。

对台经济 年内，全市新批台资项目8个，全年实际利用台资2350.14万美元，比上年增长56.9%。

交流交往 年内，全市应邀赴台交流项目77项，303人次，累计有677项、2729人次赴台考察交流。7项两岸交流活动被评为山东省2017年度优秀对台交流项目。

涉台宣传教育 年内，在中国台湾网、华夏经纬网、山东省网站及有关网络媒体发稿400多篇次。获得全省稿件采稿三等奖，《台湾赠送大陆梅花鹿“点点”诞下第七胎》获得中国台湾网2017年度优秀稿件奖。

【台湾妈祖联谊会一行到威海参观考察】 1月3日，台湾妈祖联谊会荣誉会长、台湾大甲镇澜宫董事长颜清标，妈祖联谊会会长、镇澜宫副董事长郑铭坤一行到威海参观考察，市委副书记赵熙殿会见了客人。在威海期间，先后参观石岛天后宫、荣成烟墩角村和环翠楼公园，考察威海刘公岛海峡两岸交流基地。

【全市台胞台属座谈会召开】 1月17日，市台办召开全市台胞台属座谈会，驻威海的台资企业负责人、台湾籍管理人员及台属等40人参加。市台办对上年威海与台湾经济文化交流合作取得的成就作总结，对台资企业为威海市经济社会发展作出的贡献表示感谢。与会台胞台属就海峡两岸关系、加强威海与台湾交流合作、增进驻威海台胞台属联谊等方面提出许多建设性的意见建议。

【杨文达一行到威海考察】 2月8日—9日，台湾中华两岸连锁经营协会健康产业委员会执行主席杨文达、台湾祥宝尊荣集团董事长林哲弘一行4人，到威海考察投资健康养老产业。先后考察威海光华医院新建门诊病房综合楼、光华医院养护院项目及高区后峰西社区，就推动健康养老项目合作、发展基层社区养老机构等事宜与有关负责人和企业家进行座谈交流。

【赴福建、海南海峡两岸交流基地考察学习】 3月4日—11日，市台办、刘公岛海峡两岸交流基地、山东省海峡两岸交流示范点相关部门和单位负责人一行8人，赴福建、海南学习考察海峡两岸交流基地工作。先后参观考察福州三坊七巷、马尾船政文化园、莆田湄洲岛妈祖祖庙、泉州闽台缘博物馆、厦门青礁慈济宫以及海南保亭黎族苗族自治县等6个全国海峡两岸交流基地，听取福建、海南两省台办的情况和经验介绍，了解交流基地建设和以基地为平台开展对台交流工作情况。

【台湾少数民族人士山东参访团到威海考察】 3月14日—15日，新北市议会议员杨春妹带领台湾少数民族人士山东参访团一行32人到威海考察，考察了刘公岛海峡两岸交流基地、环翠区海源社区，并与威海有关人士进行联谊活动。

【“两岸情深——李沃源先生暨台湾艺术家邀请展”举办】 4月3日，“两岸情深——李沃源先生暨台湾艺术家邀请展”在威海富城艺术馆和威海东方艺术学校明德艺术馆同时开展。市政协副主席李淑芳、台北市山痴画会会长李沃源出席开展仪式并致辞。画展展期为4月3日—5日，展出14位台湾画家280幅精品画作。

【台湾两岸医事交流协会理事长黄松雄率团到威海考察交流】 4月14日—16日，台湾两岸医事交流协会理事长黄松雄、台湾开达集团董事长杨文达一行11人到威海考察交流。市委副书记霍高原、副市长杨丽分别会见黄松雄一行。在威海期间，黄松雄一行重点考察东部滨海新城，与威海经济技术开发区管委、东部滨海新城指挥部有关负责人举行座谈交流，双方就共同推动东部滨海新城医疗健康产业城合作事宜达成初步意向，并实地考察新城项目建设情况。

【赴台开展海峡两岸珍稀动物保育交流】 4月11日—17日，市台办、刘公岛管委组团赴台开展海峡两岸珍稀动物保育交流。交流团先后考察屏东海洋生物博物馆、垦丁公园梅花鹿园、台北市立动物园、台湾动动教育学会等，分别在台北市立动物园、动动教育学会参加了海峡两岸珍稀动物保育交流座谈会，双方就开展珍稀动物族群管理、建立两岸珍稀动物保育交流机制进行交流探讨，达成多项共识。

【基隆市基层社区青年团到威海考察】 5月9日—12日，基隆市青工总会总会长江荣庆、基隆市暖暖区理事长联谊会会长吴丽美率基隆市基层社区青年参访团一行17人到威海考察交流。考察了环翠区“12349”呼叫中心、环翠区社区工作管理局、海源社区和乳山市民服务中心、北海社区，与部分社区负责人就社区服务、管理、养老等方面进行座谈交流；召开海峡两岸（威海）青年企业家座谈会，与威海青年企业家就加强经济文化、服务贸易、旅游文化及青少年交流合作等深入座谈。

【赴广东开展招商活动】 5月15日—19日，市台办组织环翠区台办、市商务局和南海新区商务局工作人员6人，到广东深圳和东莞开展招商活动。考察了深圳市台商投资企业协会、东莞市台商投资企业协会、徐福记食品有限公司、台达电子有限公司、东莞利泰五金制品有限公司等机构和台资企业，与全国台湾同胞投资企业联谊会荣誉会长郭山辉、东莞市台商投资企业协会会长蔡俊宏等60位台商进行座谈交流，举行威海东部滨海新城投资推介会。

【拍摄《筑梦齐鲁·携手未来》宣传片】 5月19日—20日，省台办联合省广播电视台拍摄组一行7人到威海，为制作反映台湾青年就业创业的宣传片《筑梦齐鲁·携手未来》拍摄采景，先后考察、采访了刘公岛海峡两岸交流基地和威海创业大学。

【市委对台工作会议召开】 6月8日，市委对台工作会议在东山宾馆召开。会议传达学习省委对台工作会议和市委书记孙述涛对台工作批示精神，总结全市对台工作情况，安排部署对台工作任务。市委副书记霍高原出席会议并讲话，市政府副市长高书良主持会议，市台办作全市对台工作报告。各区市、国家级开发区、南海新区党（工）委分管负责人，市委对台工作领导小组成员单位以及市直和中央、省属驻威海有关部门单位分管负责人，各区市台办、涉台机构主要负责人，市台联会会长等130人参加会议。

【林武雄率参访团一行到威海参观考察】 6月5日—10日，台湾社区发展协会联合总会秘书长林武雄率参访团一行到威海参观考察，并出席社区研讨活动。在威海期间，参访团一行分别出席海峡两岸（威海）社区管理研讨会，参观环翠区北山社区、海源社区、翠竹社区（长城爱心大本营）、戚东夼社区、“12349”居家服务中心和荣成凤凰湖社区、东寨社区，考察威海市慈善总会、儿童福利院、威高天伦院、东发老年公寓，听取社区及各有关机构情况介绍，并就社区发展、管理、养老、义工服务以及公益机构软硬件设施、护理服务、内部管理等进行交流。

【台北市妇女会一行到威海考察】 6月19日，由台北市妇女会理事长王怡心带领的31位妇女会成员到威海考察，与威海市妇联及市女企业家协会开展了威台“姐妹情，一家亲”交流活动。在威海期间，妇女会成员考察威高集团、里口山书院等，分别听取情况介绍。

【赴上海等地开展招商活动】 6月26日—30日，市台办组织招商小分队到上海、嘉兴、南京等地招商。在上海市，与旺旺集团进行招商对接，共同探讨合作开发荣成海带事宜。在嘉兴市，考察全国台企联前会长郭山辉在嘉兴投资建设的世合理想大地特色小镇。在南京市，重点考察台商杨文达投资的江苏原生园养生产业发展有限公司，洽谈合作事宜。

【孟庆斌到威海调研】 6月29日—30日，山东省台办主任孟庆斌到威海调研。先后考察日月光（威海）半导体有限公司、东部滨海新城和台湾会馆有限公司，副市长高书良陪同调研。其间，孟庆斌与市委副书记、市长张惠进行工作座谈。

【陆炳文一行到威海考察】 7月3日—6日，台湾文化艺术界联合会理事主席、台湾地区中华将军教授书画院院长陆炳文一行到威海考察。先后考察刘公岛海峡两岸交流基地、山东省海峡两岸交流示范点——威海东方艺术学校，并祭拜环翠区靖子龙王庙内的妈祖。

【郑铭辉率台湾道教参访团到威海考察交流】 7月27日至8月1日，台湾道教总庙无极三清总道院主任委员郑铭辉率台湾道教参访团一行28人，到威海参加第八届海峡两岸（威海）道教文化研讨会，市委副书记霍高原会见台湾客人。期间，台湾客人考察了乳山玉虚观、文登圣经山、石岛天后宫等，并与威海道教界人士进行交流座谈。

【台湾艺术家在威海举办水墨创作展】 7月29日，威海春秋艺术馆邀请台北海洋技术大学教授、副校长陈合成等6位台湾艺术家，到威海举办水墨创作展，展出台湾艺术家作品120幅。

【台湾彰化县工业会一行到威海考察】 8月29日—30日，台湾彰化县工业会一行6人应邀到威海考察，考察了东部滨海新城、双岛湾科技城、环翠区羊亭镇科技产业园区等。

【海峡两岸医养融合创新示范产业园签约】 9月1日，威海市在东部滨海新城举行海峡两岸医养融合创新示范产业园合作签约仪式。市委常委、统战部部长、东部滨海新城建设指挥部总指挥戴龙成，台湾福德健康股份有限公司董事长黄松雄等台湾客人以及新城办、市城投公司有关负责人出席签约仪式。

【组织参加第23届鲁台经贸洽谈会】 9月1日—4日，以高书良副市长为团长，各区市、国家级开发区、市直有关部门人员组成的代表团赴潍坊参加第二十三届鲁台经贸洽谈会。主要参加“新动能新机遇新发展”高峰论坛、两岸交流30周年图片展暨台资企业成果展，以及两岸高端装备制造业项目对接洽谈会、两岸园区产业合作洽谈会、两岸康养产业合作洽谈会等专题活动。

【全市台办系统人员赴潍坊对标学习】 9月3日—4日，全市台办系统一行13人赴潍坊对标学习对台工作，参观了第23届鲁台会——两岸交流30周年图片展暨台资企业成果展，考察了奎文区、潍城区、青州市、昌乐县工作亮点，重点学习当地台办开展对台工作的先进经验和做法。

【拍摄《“望乡30年”两岸同胞交往交流三十周年鲁籍人士访谈》网络视频专题片】 9月7日—8日，省台办联合鲁网拍摄组一行4人到威海拍摄采《“望乡30年”两岸同胞交往交流三十周年鲁籍人士访谈》网络视频专题片景。先后拍摄采访了刘公岛海峡两岸交流基地、威海东方艺术学校、台湾会馆等场景，并对威海市台联会会长戚明安等3人进行专访。

【台湾大学生研习营在威海举办】 2月11日—18日，8月22日—9月13日，举办了第十四届、第十五届、第十六届3届台湾大学生中华文化研习营，台湾世新大学、玄奘大学等30所台湾高校的140位师生到威海参加研习活动。其间，台湾师生参观了刘公岛海峡两岸交流基地、威高集团展厅、郭永怀事迹陈列馆等，接受民族复兴教育；参加了国学讲座，听取孔子及孔子思想授课；考察山东大学（威海）、威海职业学院、山东外事翻译职业学院，与驻威海高校师生交流座谈；考察威海创业大学，接受创业服务指导；参与威海电视台幸福之旅节目《奔跑的课堂》，接受甲午战争历史教育。

【秦慧珠到威海考察交流】 9月15日，台北市议会议员秦慧珠一行20人到威海考察交流，考察了刘公岛海峡两岸交流基地。

【台湾华夏医师协会参访团到威海考察交流】 9月22日—23日，台湾中国国民党屏东县党部前主委、台湾华夏医师协会会长苏清泉，率台湾华夏医师协会参访团一行30人到威海考察交流，先后考察了威高集团和刘公岛海峡两岸交流基地。

【陈江山到威海考察交流】 10月12日—19日，基隆市议会议员陈江山一行27人，到威海考察交流，参观了刘公岛海峡两岸交流基地、民族复兴教育基地、威海市环翠区“12349”居家服务呼叫中心，环翠区幸福威海展厅，考察了威高集团和东部滨海新城等。

【连恩典到威海考察交流】 10月18日—25日，基隆市议会议员连恩典先生一行32人，到威海考察交流。参观了刘公岛海峡两岸交流基地、民族复兴教育基地、古北社区，考察了西霞口集团、威高集团及东部滨海新城等。

【海峡两岸媒体记者到威海采访报道】 10月22日，海峡两岸媒体山东行联合采风活动到威海采访，台湾中评社、工商时报社及大众日报社、鲁网等两岸媒体记者，采访了威高集团和刘公岛海峡两岸交流基地，对威海市社会发展、文化传承、经济建设等方面的情况和所取得的成就进行报道。

【林丰正一行到威海经贸考察】 10月26日，台湾中国国民党前副主席林丰正一行12人，到威海进行经贸考察，考察了刘公岛海峡两岸交流基地和东部滨海新城等。市委副书记、代市长张海波，市委副书记霍高原，市委常委、统战部长戴龙成分别会见了客人。

【李妮一行到威海考察交流】 10月27日，台湾中华海峡两岸交流促进会理事长李妮、台湾海峡金融研训协会理事长颜令凯一行到威海，前往刘公岛海峡两岸交流基地考察，参观了中国甲午战争博物馆，了解了北洋水师及中日甲午战争历史，看望了台湾赠送威海的梅花鹿和长鬃山羊。李妮代表台湾书法家方瑞丰赠予威海海峡两岸交流基地《双鹤图》，双鹤意寓好好，祈愿两岸和平，共同发展。中国甲午战争博物院丛华滋副院长接受赠图，将收藏证书和该院出版的《馆刊》和《北洋海军研究》等书籍由李妮转交方瑞丰。

【沈宝霖到威海考察】 10月26日—28日，台湾绿固新型墙体材料有限公司董事长沈宝霖一行到威海考察投资秸秆利用项目。市台办组织市商务局、农业局、住建局、农机局等有关人员与台商进行座谈，并陪同台商前往南海新区，考察卓达建材工厂。

【威海市台胞台属联谊会第五届会员代表大会召开】 12月12日，威海市台胞台属联谊会第五届会员代表大会在东山宾馆召开，会议通过第四届理事会报告，选举产生新一届理事会。副市长高书良出席会议并讲话，威海市侨乡进出口有限公司董事长李杰当选为市台联会新一届会长。

（郎松波）

党校工作

【概况】 至2017年底，中共威海市委党校有教职员工82人，内设13个职能处室，有专职教师45名，其中教授5名、副教授25名。在省委对全省17地市党委落实办党校管党校建党校主体责任情况考核中，威海市获得优秀等次，威海市委党校被市委、市政府评为2017年度优秀单位。

【党校新校启用】 8月19日，中共威海市委党校新校正式启用，原文化中路59号校区停用。9月15日，威海市委常委及人大、政协主要负责人集体到市委党校新校检查指导工作。新校位于威海东部滨海新城松鹤路18号，2015年6月19日动工，投资3.16亿元，总占地面积7.2公顷，建筑面积4.98万平方米，绿化面积4万平方米。新校采用南北中轴对称布局，前区是教学区，主要建筑有综合教学楼、大报告厅、图书馆；后区是生活区，主要建筑有学员公寓、文体中心、餐厅和附属楼。能满足在校1000人办学需要，达到中共山东省委《关于贯彻〈中国共产党党校工作条例〉的实施意见》中规定的办学规模。

【教学工作】 全年举办主体班次和专题班次30期，培训干部4520人。“五大讲堂”举办160期，其中“名家讲堂”58期、“发展讲堂”44期、“书记讲堂”18期、“红色讲堂”38期、“英才讲堂”2期。在校培训进修处增加社会培训处的职能，负责胶东（威海）党性教育基地教学、异地教学、合作办学的承接工作，共举办异地培训班次33个，培训1698人次；原市反腐倡廉预防职务犯罪警示教育基地接待43场次，受众1339人次。招收2017级在职研究生86人。

习近平新时代中国特色社会主义思想和中共十九大精神培训宣讲工作　举办市管干部中共十九大精神专题学习班7期，培训1721人，培训在校学员346人。参与社会宣讲130场次，与威海日报社联合创办“学懂弄通做实—深入贯彻党的十九大精神”和“党的十九大精神与镇街基层工作创新”专栏，与市广电台、市委组织部电教中心联合创办“十九大精神‘微宣讲’”19讲。

突出主业主课　坚持把马克思主义中国化最新成果作为理论教育中心内容，把习近平新时代中国特色社会主义思想作为重中之重，加大新课开发力度，打造精品课程，全力推进“进教材、进课堂、进学员头脑”，引导学员坚定中国特色社会主义道路自信、理论自信、制度自信、文化自信。

严抓学员管理　对主体班次学员实行住校制，对学员出勤、遵规守纪、外出观摩、学习笔记、党性材料、学员交流等内容进行全面量化考核；探索实行双班主任制度，随时掌控学员动态；强化班委会作用，加强学员自我管理。在参训学员中开展“两带来”活动，实现教学相长、学学相长。

深化课程提升　积极参与胶东（威海）党性教育基地各教学点的展馆完善、课程提升、教材编写等工作。着力打造精品课程，重点完善了《甲午国殇》《红色胶东现象解读》《汲取历史智慧　致力民族复兴》3堂主课，编写印刷胶东（威海）党性教育基地系列教材、讲稿。统筹推进胶东党性教育基地建设专题研讨会在威海召开，与会专家对胶东（威海）党性教育基地建设给予高度评价。

【科研工作】 明确智库导向　组织召开全市党校系统科研工作座谈会议和贯彻落实市第十五次党代会精神理论研讨会，并与市委办、市政府办及政研室等部门进行对接，制定年度党校重点调研方向，将卓越城市建设、突破服务业发展、威海市人才问题、加强基层党建工作、威海市域一体化发展的体制机制问题等确定为校级重点课题的选题方向，并精选骨干教师组成课题组进行选项研究。

坚持问题导向　紧密围绕市第十五次党代会精神及市委市政府的中心工作，开展对策性研究，起草的《环翠区党建引领社会治理的调研报告》《荣成市社会信用体系建设的经验与启示》《十八大以来我市全面从严治党情况民意调查》3篇调研报告获市委主要领导批示，并以市委《参阅件》印发。

抓好科研组织　组织完成各级各类科研课题40项的申报，其中立项的14项，结项12项。申报参评省党校系统优秀科研成果奖5项、威海市社会科

威海市委党校新校区　　威海市委党校提供

学优秀成果奖 5 项；获省委党校优秀科研成果奖 4 项、省委组织部优秀成果二等奖 1 项、市第十九次社会科学优秀成果奖三等奖 4 项。与中共中央党校科研部、山东省委党校联合举办全国党校系统首届当代中国马克思主义论坛。

【师资质量提高】 制订全年师资培训计划，开展“师资培训周”、组织新课集体研讨和试讲、举办全市党校系统学习习近平总书记在哲学社会科学工作座谈会上的讲话精神专题培训班和学习贯彻中共十九大精神理论骨干培训班，选派教师 40 人次到上级党校、行政学院以及国内知名高校学习提升；组织开展全市党校系统精品课观摩评选活动，并在全省党校系统精品课观摩评选活动中获得一等奖，《习近平法治政府建设思想》入选国家行政学院录播课程；完善教师绩效考核办法，加大教学质量在教师绩效考核中的比重。积极推进领导干部上讲台工作，有 10 名市委常委 16 人次，部门、乡镇负责人 52 人次到党校授课。

（梁　斌）

党史资料征集研究

【深化党史正本研究】 2017 年，市委党史研究室组织力量对《中共威海历史》（第二卷）进行新一轮修改，对书稿进行修改补充完善，切实把好党史编纂的政治关、史实关、文字关，完成近 30 万字的征求意见稿。组织对《中共环翠区历史》（二卷）和威海经济技术开发区编撰的《革命生涯》进行审读，提出了修改意见。

【深入开展党史专题研究】 组织对威海起义、刘公岛伪海军起义、红色乳娘和抵制历史虚无主义等进行系统研究，邀请中央、省委党史研究室和北京八路军山东抗日根据地研究会等省内外专家现场指导，撰写了《从威海起义看抗日民族统一战线在胶东的实践》《从刘公岛走出来的胶东军区海军支队》等研究论文。参与筹备组织召开纪念天福山起义爆发 80 周年理论研讨会，参与胶东（威海）党性教育基地《红色胶东》教材的编写、修改，参与《威海名人》的编辑。

【《执政山东》征编工作】 组织协调好《执政山东——社会主义建设时期地（市）、县委书记口述史》征编工作，做好各区市外出采访、查档的协调服务，指导对征集的各类文稿进行整理汇编。同时，启动《执政山东——社会主义建设时期市（地）、县委书记口述史料》各区市卷的编辑。征集采访文稿 46 篇、回忆文稿 18 篇、署名文章 900 余篇，共计 200 万字，实现了主要征集对象的全覆盖。威海市委党史研究室“口述史”征集的经验做法被中央党史网刊载、人民网转载。

【推进《改革开放实录》的征编工作】 协调指导承担省级课题的 6 个部门对研究《改革开放实录》课题初稿进行多次修改完善，按时报省课题组。加强对《改革开放实录》威海卷征编的协调督导。对已完成的 90 个课题、200 万字的初稿进行审看，提出了修改意见，指导其按统一规范进行修改完善。

【党史资料征集】 做好省委党史室统一部署的党史资料征集。梳理威海市社会主义革命和建设时期有影响的党史事件、人物，为省委党史室编辑《红色齐鲁 365》提供选题 33 个、资料 3 万字。收集整理威海土地革命时期 260 名红军、11 万字资料和新民主主义革命时期珍贵图片 300 余幅并配以文字说明，为省委党史室编辑《红军将士在山东》《中共山东画史》提供基础资料。

【地方党史宣传教育】 *扎实推进党史馆建设* 梳理研究中共威海历史，收集相关图片资料 2600 余张，起草《威海党史陈列馆布展大纲》8 万字，组织进行讨论修改 2 次，为布展奠定基础。为区市党性教育基地展馆提供资料支持和布展指导。组织遴选申报第三批省级党史教育基地，威海市有 5 处场馆入选。

协调创作反映威海市党史题材的文艺作品 向省电视台导演团队推介威海重大党史事件，将马石山十勇士、张玉华将军事迹搬上山东省建军 90 周年文艺晚会舞台，进行广泛的宣传。

拓展党史宣教的渠道和形式 对威海党史网页面进行优化，对内容进行充实，浏览量突破 11 万人次。建立党史微信群、公共邮箱，制作党史文化刊板，传播党史文化，交流工作信息。为《威海党建研究》提供党史方面文章资料 3 篇。

【编辑出版《中共威海市历次代表大会文献汇编》】 收集整理 1953 年 1 月召开的威海市（县级）首次党代表大会至 2017 年 3 月中共威海市（地级）第十五次代表大会形成的会议文件及相关资料，编辑出版《中共威海市历次代表大会文献汇编》。全书分上下两册，上册收录 1953 年 1 月至 1987 年 5 月县级威海市召开的第一至第八次党代会文件资料；下册收录 1988 年 6 月至 2017 年 3 月地级威海市召开的第九至第十五次党代会的文件资料。为社会各界特别是党员领导干部了解威海市推进中国特色社会主义建设和改革开放历程，研究重大历史事件的决策过程，总结历届市委执政经验教训，把握威海未来发展的战略走向，提供了一部内容全面、资料翔实的资料书，也为在全社会开展党史学习教育，做到知党爱党兴党、知史爱国强国，提供了一部生动丰富的教科书。

（邵　洁）

机关党务工作

【概况】 2017 年底，市直机关有党支部 860 个，党员 1.53 万名。市委市直机关工委积极服务中心，建设队伍，狠抓作风，开展“明主责、干主业、抓主题、倡主导、做主角”五主行动，推动市直机关党建工作在新起点上实现新发展。

【中共十九大精神的宣传学习】 按照中央、省委、市委要求，围绕中心、紧贴大局，党建业务融合能力进一步增强。印发《中共威海市委市直机关工委关于学懂弄通做实党的十九大精神的通知》，要求市直机关党组织要学在先、走在前，广大党员干部要作表率、树标杆。组织党支部书记带头宣讲中共十九大报告精神，组织2期机关党支部书记轮训班，108名支部书记全部轮训一遍。开展“书记第一讲”、领导动员、专家授课、研究讨论等方式，在市直机关掀起学习宣传贯彻中共十九大精神的热潮。

【地级威海市成立30周年系列活动】 举办市直机关庆祝建党96周年暨“岁月如歌”喜迎地级威海市成立30周年合唱比赛，有70支代表队、86个单位、3000余名机关党员干部参赛。参与组织威海市第五届运动会，市直机关有96支代表队2100 名机关干部参赛。

【过硬支部建设】 制定发布《在市直机关党支部开展“创‘干事先锋队’做‘服务排头兵’”主题实践活动的实施意见》，对市直机关党支部建设制定“想干事、敢干事、干成事、不出事”的标准，对市直机关党员提出在服务大局、服务发展、服务群众中争当排头兵的要求。通过争创活动深入持续开展，逐步将市直机关党支部打造成为教育党员的学校、团结群众的核心、攻坚克难的堡垒。

【市直党组织设置和管理】 按照市委主要领导批示，开展了理顺调研，对市直部门单位党组织设置、管理、机关党务干部配备、工作保障等提出可操作性的意见建议，进入市委决策。经中共威海市第十五届委员会第34次常委会议研究通过《关于规范理顺市直党组织设置及管理工作方案》，决定对隶属市委的25个市直部门单位党委改设为党组，并以每名党员1000元的标准核拨党建活动经费。

【党建考核】 制定《2017年度党建工作动态考核目标管理清单》，分17大项35小项细化党建考核项目，利用“党建动态考核系统”，每月实时对各单位党建工作进展情况进行考核。开展党组织书记述职评议，组织市直各部门单位及中央、省属驻威海国有企业的108名党组织书记进行集中述职，进一步加强党组织书记的管党治党意识。

【基层组织建设】 深入推进“两学一做”常态化制度化，建立领导班子成员参加下级党组织组织生活会制度，派员参加部门组织生活会70次。对32个出缺的党组织班子及时进行换届补选，审核接收38名预备党员，52名预备党员按期转正。

【作风建设】 规范统一市直机关办公标识和挂牌上岗工作　制发《关于规范统一市直机关办公标识及工作人员挂牌上岗的通知》，安装发放门牌、功能牌、桌牌和胸牌1270个，督促落实工作人员挂牌上岗制度。

督查市直部门单位转变作风、提速增效情况　工委领导班子成员带队，抽调市纪委、组织部部分工作人员，随机选取56个市直部门单位，围绕着转变作风提速增效、新旧动能转换、放管服开展情况、机关党建制度落实、工作纪律遵守情况等关键点开展督查，现场指出问题，促进作风转变。

市直文明单位创建工作　年内，制定《市直文明单位创建管理办法》，收集整理文明单位申报表、复查表。对6个单位进行复查审核，对8个申报文明单位进行立项审核。

（申　鹏）

信访工作

【概况】 2017年，威海市市、县两级党政信访部门受理群众信访事项6604件，其中来信及网上投诉事项4807件，来访1797批。全市所发生的上访案件基本化解在当地，信访形势持续呈现平稳有序态势。

【矛盾隐患排查】 注重抓早、抓小、抓苗头，坚持定期排查和集中排查、专题排查相结合，严格排查制度，加强分析研判，超前介入化解，最大限度把矛盾隐患化解在基层和萌芽状态。全年矛盾隐患基层化解率达98%。

【信访事项办理质量提升】 开展“三无”（无越级访、无集体访、无重复访）镇（街道）、办信规范化镇（街道）创建和优秀案例评选活动，深入推进网上信访，全面实施台账管理，强化系统实时监测，受理的信访事项及时受理率、按期办理率均达100%。威海市在全省信访基础业务规范化建设常态化抽查中，取得总分第三名的成绩。纳入满意度评价的信访事项，群众对信访部门和责任部门满意率均超过90%。

【信访积案化解】 对纳入化解范围的信访积案，分级建立台账，通过采取领导包案、分包督导、会商调度等措施逐案落实责任，因案施策、分类化解，切实做到诉求合理的解决问题到位、诉求无理的思想教育到位、生活困难的帮扶救助到位、行为违法的依法处理。全市共化解信访积案190件，其中重大积案53件。

【法治信访】 坚持把法治信访的理念和要求贯穿到信访工作各个层面，落实法定途径分类处理信访投诉请求机制，以扎实做好信访事项复查复核、公开听证为突破口，推动信访渠道畅通有序、工作依法透明。建立“快、细、准、严、实”工作机制，复查复核信访事项41件；建立宣传发动、培训促动、质量带动、督导推动、机制驱动“五步联动”听证工作模式，引入专家、律师等社会第三方力量，开展示范单位创建活动，全市举行听证会400次，促进信访问题依法妥善化解。

（蔡云松）

老干部工作

【加强老干部工作顶层设计】 2017年，市老干部局根据中央及省文件要求，结合威海市实际，起草了具体文件。9月，由市委办、市府办联合印发

《关于进一步加强和改进离退休干部工作的实施意见》。11 月，召开市委离退休干部工作领导小组会议，专题研究贯彻落实 36 号文件的跟进措施。根据省委老干部局通知精神，11 月，印发《关于为离退休干部党组织书记发放工作补助的通知》，为全市离退休干部党组织书记及班子成员发放工作补助。根据省委老干部局等六部门印发的《关于进一步规范组织离退休干部开展活动的通知》（以下简称《通知》）精神，联合市财政、人力资源和社会保障局、卫生计生委等六部门，对《通知》中部分内容进行调整，并征得市纪委、市委组织部、市审计局的同意后印发《关于进一步规范组织离退休干部开展活动的通知》，指导规范基层离退休干部活动开展。

【离退休干部思想政治建设和党组织建设】 以中共十九大胜利召开、地级威海市成立 30 周年为契机，在全市离退休干部中开展“畅谈十八大发展变化、展望十九大胜利召开、回顾三十年丰硕成果”主题实践活动。先后组织举办贯彻落实中共十八届六中全会精神报告会、推进“两学一做”常态化制度化座谈会、学习中共十九大报告知识竞赛等活动，同时，对离退休干部工委工作网站进行全新改版升级，创建威海市老干部微信公众号，充分利用新媒体做好新形势下离退休干部思想政治建设工作。推进离退休干部党组织科学化、规范化建设，督导符合条件的单位成立党支部，对因自然减员、年龄大、身体差等原因不能正常开展活动的支部进行理顺、撤并。年内新增党支部 101 个，撤并党支部 2 个，至年底，有党支部 443 个，其中市直离退休干部党支部 97 个。

【老干部政治、生活待遇落实】 *落实老干部政治待遇* 组织召开市直离退休干部党支部书记迎新春座谈会，通报 2016 年市直老干部工作情况及 2017 年工作打算。举办 2017 年春节慰问老干部大会，市领导向市级老干部、市直离退休干部代表通报了全市经济社会发展情况。落实完善情况通报、文件传阅、参加重要会议和重大活动、重大事项向老干部征求意见等制度，从政治上关心、尊重老干部。

完善老干部生活待遇 与“12349”居家服务呼叫平台合作，为市直离休干部购买助医、助洁等家政服务 3200 小时。联合市卫计委开展离休干部就医环境优化大提升行动，进一步完善就医、取药、诊疗、住院、结算等细节服务，放宽离休干部慢性病用药剂量，方便老干部就医问诊。协调市人力资源和社会保障、财政等部门，将市直 137 名企业离休干部精神文明奖金纳入财政发放范围。持续做好全面联系老干部工作，全年电话联系老干部 800 人次，上门走访 400 人次，为老干部解决报刊征订、政策咨询等实际问题 100 余件。5 月和 7 月，组织对居住在上海、北京、吉林等地的 5 名易地安置离休干部进行走访慰问。

【喜庆中共十九大胜利召开暨地级威海市成立 30 周年主题活动】 在全市离退休干部中举办“颂歌美丽威海”文艺演出、“礼赞美丽威海”书画摄影展、“回眸美丽威海”老干部工作 30 年成果展、“美丽威海 30 年”主题征文、“助力美丽威海”志愿服务活动、“巡礼美丽威海”参观观摩、“祝福美丽威海”主题寄语 7 项主题活动，庆祝中共十九大胜利召开暨地级威海市成立 30 周年。10 月 20 日，举办集中展示活动，重点对文艺演出、书画摄影展和 30 周年成果回顾进行展示，市领导张海波、王学文、高旭光、刘运出席活动，并陪同老干部观看文艺演出和展览。11 月 20 日，中组部老干部局副局长杨保平到威海市专题调研离退休干部党建工作，并参观威海市老干部工作 30 周年成果展。市委离退休干部工作领导小组成员单位，市政协、市委宣传部及各区市 16 批次 800 名老干部和老干部工作人员参观威海市老干部工作 30 周年成果展。市关心下一代工作委员会办公室组建党史国史教育“五老”宣讲团 103 个，开展党史国史教育活动 686 场次，受教育青少年达 12 万人。

【老干部文化养老】 *经验交流与培训* 8 月，召开全市离退休干部文化养老现场会议，邀请省委老干部局、离退休干部工委指导工作，通过参观现场、表彰典型、座谈交流等方式，引导各区市互相学习借鉴。举办首期全市文化养老骨干培训班，培训各区市、市直部门文化团体骨干 70 人。

文化养老主阵地建设 市老年大学积极推进一体化建设，新增分校 2 所、教学培训基地 2 所，镇（街道）设立教学站点 35 个，组织开展庆“七一”暨毕业汇报演出、“幸福威海”广场老年大学专场演出、主题诗词楹联大赛、最美系列评选等活动，切实发挥文化养老示范引擎作用。市老干部活动中心依托器乐学会、戏曲学会、中心艺术团等组织，开展“喜迎地级威海市成立 30 周年专场文艺演出”、庆“七一”纳凉晚会、母亲节华联时装专场秀等活动，成功实现向文化养老平台的转型。

文化养老典型培育 组织开展离退休干部文化养老示范点创评活动，在场所、制度、队伍建设等方面进行评选，考察评选出首批示范点 22 处。在山东省第七届老干部艺术节中，威海市参赛节目舞蹈《天福山 1937》、舞蹈《耕耘天地间》、吕剧《一个钱包》取得优异成绩，总分列全省第二，并获得团体金奖、创新奖、组织奖。

（林理杰）

编辑　闫拥军

威海市人民代表大会

综　述

【概况】　威海市第十七届人民代表大会代表总额为338名，市十七届人大一次会议时实有代表334名。市十七届人大设法制委员会、财政经济委员会、内务司法委员会、教育科学文化卫生委员会、城乡建设与环境资源保护委员会、农业与农村委员会、民族侨务外事委员会7个专门委员会。市人大常委会下设办公室、研究室、人事代表工作委员会、法制工作委员会、财政经济工作委员会、预算工作委员会、内务司法工作委员会、教育科学文化卫生工作委员会（挂民族侨务外事工作委员会牌子）、城乡建设和环境资源保护工作委员会、农业与农村工作委员会。

【威海市第十七届人民代表大会第一次会议】　3月21日—24日，威海市第十七届人民代表大会第一次会议举行。会议听取审议《政府工作报告》《市人大常委会工作报告》《市中级人民法院工作报告》《市人民检察院工作报告》，书面印发并审议《关于威海市2016年国民经济和社会发展计划执行情况与2017年国民经济和社会发展计划（草案）的报告》《关于2016年威海市和市级预算执行情况与2017年威海市和市级预算（草案）的报告》《关于2016年高技术产业开发区财政收支执行情况与2017年财政收支（草案）的报告》《关于2016年经济技术开发区财政收支执行情况与2017年财政收支（草案）的报告》《关于2016年临港经济技术开发区财政收支执行情况与2017年财政收支（草案）的报告》，分别作出相应的决议。会议表决通过关于设立威海市第十七届人民代表大会专门委员会的决定及组成人员人选名单，选举王学文为市第十七届人民代表大会常务委员会主任，毕礼伟、丛培卿、张竞、李文基、于东海为副主任，王炳刚为秘书长，常委会委员29人；张惠为市人民政府市长，王亮、杨丽、叶立耘、张伟、高书良、周永迪为市人民政府副市长；李向阳为市中级人民法院院长；王锡友为市人民检察院检察长。

【常委会会议】　第1次会议　4月19日举行。会议审议通过《威海市人大常委会关于加强自身建设的意见》，补选王学文为省十二届人民代表大会代表，表决通过市十七届人大各专门委员会委员人选，决定人事任免事项，并组织相关人员向宪法宣誓。

第2次会议　5月23日举行。会议听取审议市政府关于服务贸易创新发展情况的报告、关于2015年度市级预算执行和其他财政收支审计查出问题整改情况的报告以及《威海市饮用水水源地保护条例（草案）》《威海市节约用水条例（草案）》。

第3次会议　6月28日举行。会议听取市人大法制委员会对《威海市节约用水条例（草案）》进行统一审议情况的汇报，听取审议市政府关于贯彻实施《中华人民共和国文物保护法》情况的报告、市人民检察院关于侦查监督工作情况的报告，决定人事任免事项，并组织相关人员向宪法宣誓。

第4次会议　7月14日举行。会议表决任命张海波为市人民政府副市长，同时接受张惠辞去市人民政府市长职务的请求；经过审议，投票决定张海波为市人民政府代理市长。

第5次会议　8月24日举行。会议听取市人大法制委员会对《威海市饮用水水源地保护条例（草案）》进行统一审议情况的汇报、2017年国民经济和预算上半年执行、2016年市级预算执行和其他财政收支审计等工作情况，审查并批准2016年市级决算、2017年威海市地方政府债务限额及市级预算调整方案。会议审议通过《威海市人民代表大会代表履职守则》，决定人事任免事项，并组织相关人员向宪法宣誓。

第6次会议　10月23日举行。会议听取审议市政府关于全域旅游、人才工作、现代农业发展情况的报告，听取审议关于2017年威海环保世纪行活动情况的报告。会议审议通过《威海市和市级预算决算审查监督办法》，决定人事任免事项，并组织相关人员向宪法宣誓。

第7次会议　12月20日举行。会议听取审议市政府关于代表建议办理情况的报告、关于物业管理情况的报告、关于体育工作情况的报告、关于2016年度市级预算执行和其他财政收支审计查出问题整改情况的报告、关于威海市2017年下半年地方政府债券分配使用意见及市级预算调整方案、《威海市海岸带保护条例（草案）》以及市人大常委会代表资格审查委员会关于个别代表的代表资格变动情况报告，作出关于批准威海市2017年市级预算调整方案的决议、关于深入学习贯彻中国共产党第十九次全国代表大会精神的决议。会议讨论市人大常委会拟提请市十七届人大二次会议审议的工作报告，讨论通过市十七届人大二次会议建议议程、主席团和秘书长建议名单、议案审查委员会建议名单，决定市十七届人大二次会议召开时间。会议决定人事任免事项，并组织相关人员向宪法宣誓。

常委会工作

【贯彻落实市委重大决策部署】 根据市委考核监督要求，对重点区域开发建设、金融工作和全域旅游发展等情况，组织进行集中督导，实地视察列入督导范围的47个重点项目和重点园区建设情况，听取各区市、国家级开发区、南海新区及18个市直部门的工作情况汇报，并进行评议。市委主要领导对督导评议情况报告作出重要批示，促进区域工作的开展。东部滨海新城作为新一轮城市发展的重点区域，是“全域城市化、市域一体化”的重要板块，围绕推进新城建设进程，组织开展专题视察，督促抢抓政策机遇，优化顶层设计，完善工作机制，加大招商力度，推动项目精准引进、落地落实，加快新城发展。按照市第十五次党代会提出的“高水平扩大对外开放”的要求，组织对服务贸易创新发展、综合保税区建设情况进行调研视察，推动形成全面开放新格局。针对服务贸易创新发展中的薄弱环节和突出问题，提出具有针对性、可操作性的意见建议。市委主要领导作出批示予以推进，市政府召开专门会议进行研究部署，有效推进服务贸易创新发展试点工作。组织开展全域旅游发展情况专题调研，针对资源整合力度不大、旅游资源与历史文化结合不紧、海洋文化挖掘不深等问题，要求整合资源、培育龙头、突出重点、完善配套，推动旅游产业转型升级、提质增效，相关建议市委主要领导批转市政府及有关部门研究落实。

【地方立法】 秉承科学立法、民主立法、依法立法的理念，紧紧抓住提高立法质量这一关键，在彰显特色上下功夫、在有效管用上做文章，确保立法决策与市委决策相统一、立法进程与发展大局相适应。在9月份召开的第二十三次全国地方立法工作座谈会上，全国人大常委会委员长张德江对威海市立法工作予以高度评价、充分肯定，指出“《威海市城市风貌保护条例》立足‘千里海岸线，一幅山水画’的海滨城市特色，为人民保存了一幅立体的、体现现实人文精神的水墨画”。突出问题导向，让立法选题更具针对性。坚持把立法工作的着力点和落脚点放在推动和保障全市经济社会持续健康发展大局上，针对威海市供水形势持续紧张、饮用水水源地安全隐患日益突出、海岸线开发利用粗放等问题，将节约用水、饮用水水源地保护、海岸带保护等项目列入年初立法计划，出台《威海市节约用水条例》《威海市饮用水水源地保护条例》两部地方性法规，《威海市海岸带保护条例（草案）》通过初审。其中，《威海市饮用水水源地保护条例》对上位法没有明确的非规模化畜禽养殖专业户、散养户监管和污染防治措施等作出规定，为加强行政监管提供及时有效的法律依据。推行开门立法，让调研论证更具广泛性。常委会领导成员带头，认真组织开展调研论证，采取实地调研、座谈研讨等形式，深入基层听取群众意见，拓展立法调研的广度和深度。在《威海市节约用水条例》立法调研中，选择对部分工业用水企业、城市绿化单位、居民小区、农村节水灌溉区等进行实地调研，先后召开8次立法座谈会，听取市民代表、主要用水企业、水库管理机构的意见和建议，为制定针对性、可操作性较强的节约用水措施奠定了基础。完善征集意见反馈机制，拓宽公民有序参与立法途径，通过《威海日报》、威海人大网站刊发法规草案全文，广泛征求社会各界意见；将一审后的法规修改稿，书面征求部分人大代表意见，最大限度地凝聚社会共识，努力使每一项立法都符合宪法和法律精神，反映人民意愿，经得起历史和实践检验。创新配套机制，让立法工作更具实效性。健全立法相关配套制度，进一步优化完善立法工作流程，理顺起草、论证、协调、审议等各环节，细化工作任务、标准和责任，提升立法工作质量和效率。制定立法项目库管理办法，实行立法项目滚动储备、动态管理，计划项目原则上从项目库中选择确定，增强立法工作的前瞻性、主动性和计划性。完善立法专家顾问制度，加强立法咨询委员队伍建设，从法学专家、知名律师和相关行业专家中严格遴选，新增聘6名立法咨询委员、总数达到26名，立法能力和立法水平不断提升。

【重点监督】 对经济工作的监督　围绕提升经济运行质量，听取审议2017年上半年全市国民经济和社会发展计划执行情况的报告，围绕加快新旧动能转换、夯实经济企稳回升基础、积极扩大有效投资等方面提出意见建议，保持经济社会稳中有进、稳中向好的良好发展态势。持续加强对预算决算、审计查出问题及整改等工作的监督，建立完善预算决算审查监督工作机制，出台预算决算审查监督办法、加强市级部门预算审查监督若干规定、预算审查前听取市人大代表和社会各界建议若干规定、人大代表预算审查监督联络员和专家咨询委员会工作规则等5个文件，增强预算审查监督的民主性和透明性。围绕补齐农业发展短板、深化农业供给侧结构性改革，组织开展现代农业发展情况专题调研，督促加快转变农业发展方式，促进农业增效、农村发展、农民增收。人才资源是推动发展的战略性资源，常委会把人才工作列为年度重点议题，围绕人才培养、引进和使用等方面，深入开展调查研究，提出打造人才政策升级版、建设高水平研发和创新平台等审议意见，让更多人才引得进、留得住、用得好，为推动产业转型升级、新旧动能转换提供支撑。

对生态文明建设的监督　良好的生态环境是最普惠的公共产品，聚焦“绿水青山就是金山银山”的生态文明发展理念，结合中央环保督察工作，持续开展威海环保世纪行活动。重点围绕燃煤锅炉淘汰治理、散乱污企业取缔清理、畜禽养殖企业整治、入海入河排污口整治以及市中心区露天烧烤、建筑工地扬尘治理等方面，先后10次进行集中检查或明察暗访，督导检查36个点位，在新闻媒体上发表稿件45篇，推动环保督察工作开展和环保突出问题的整改落实，取得良好社会效果。

对民生问题的监督　为促进社会事业全面发展，对全市体育工作情况进行调研，对群众体育、竞技体育、体育产业发展中的问题提出意见、建议，促进全民健身与全民健康深度融合，推动体育强市和健康城市建设。提高物业管理水平，对于巩固和提升文明城市创建成果、促进社会和谐意义重大。着重围绕老旧小区物业管理、车位租售及管理、私搭乱建等突出问题，对全市物业管理情况进行专题调研，提出探索建立“政府引导、社会调解、业主自治、和谐有序、城乡一体”物业服务新机制的建议，助推威海市物业管理工作标准化、规范化、专业化。着眼推动解决群众合法诉求，认真做好人大信访工作，全年受理人民群众来信来访510多件次，及时交办、转办和督办，维护了群众合法权益。

对法治建设的监督　将公检法机关依法履职作为监督重点，对法院执行工作、检察院侦查监督工作、公安机关平安威海建设等情况，组织开展视察调研，面对面地沟通反馈情况，督促和支持公检法机关规范执法、公正司法，营造公平正义的法治环境。高度关注法律法规的正确有效实施，组织对《中华人民共和国文物保护法》的实施情况进行检查，听取审议相关报告，要求发挥资源优势，挖掘创意潜力，提高文物保护利用水平。积极配合上级人大开展执法检查、立法调研等活动10余次，提出意见和建议110多条。同时，出台关于进一步加强规范性文件备案审查工作的意见和工作规则，加大主动审查力度，备案审查政府规章6件、规范性文件11件，做到有件必备、有备必审、有错必纠。

【重大事项决定和人事任免】　紧贴全市中心工作，抓住全局性、根本性、长远性的重大问题，认真行使重大事项决定权。持续关注政府债务管理情况，对2017年威海市地方政府债务限额、地方政府债券分配使用意见进行合理性合规性审查，全面规范地方政府性债务管理，切实防范化解财政金融风险，促进经济社会持续健康发展。对2016年市级财政决算情况、2017年市级预算调整方案，及时进行审查批准，维护预算的严肃性和权威性。坚持党管干部与人大依法任免相统一，规范完善人事任免程序，共任免国家工作人员95人次，为各项工作开展提供保障。全面落实宪法宣誓制度，组织相关人员进行宪法宣誓，增强宪法意识、公仆意识。

【代表工作】　健全完善代表工作机制　研究制定关于进一步深入开展“双联”活动的意见，密切常委会组成人员与人大代表、人大代表与群众之间的联系。坚持市人大常委会组成人员分工联系代表，走访联系代表180多人次，广泛听取代表意见建议。出台《威海市人民代表大会代表履职守则》，对代表出席会议、参加活动、联系选民等作出明确规定，规范了代表履职行为。坚持邀请代表参与常委会有关活动，配合上级人大在威海开展的相关工作，先后组织代表参加各项专题活动500多人次，畅通代表知情知政、监督建言渠道。建立代表履职保障机制，组织对市以下三级初任人大代表和各区市代表机构工作人员800多人进行培训，提高代表履职能力。

拓宽代表联系群众渠道　指导环翠区积极探索开展社区代表工作站试点，推进代表履职重心下沉，选民可预约代表反映有关问题，使代表与选民面对面地互相交流。至年底，环翠区已建成代表工作站10个，接待群众340多人次，解决代表联系群众“最后一公里”的问题。在文登区试点开展区镇两级人大代表向选民述职，加强选民对代表履职行为的监督，扩大和保障选民的知情权，增强代表履职的责任感和使命感。

提高代表建议办理实效　完善代表建议处理、反馈、落实机制，建立督办管理台账，对代表提出的意见、建议，逐件研究筛选整理，通过加强协调督办、听取办理情况报告等措施，着力提高办理质量。各承办部门和单位高度重视、认真研究，推动改进工作、完善政策、解决问题，十七届人大一次会议期间代表提出的63件建议全部办结，解决或基本解决56件，受客观条件制约或受法规政策限制暂时无法解决的7件，代表满意率、基本满意率100%。

【自身建设】　坚持把党的领导作为第一原则，牢固树立政治意识、大局意识、核心意识、看齐意识，在思想上政治上行动上同党中央保持高度一致。坚持把党的领导贯穿于人大依法履职全过程，自觉维护市委总揽全局、协调各方的领导地位。中共十九大召开后，及时召开常委会党组扩大会议传达学习、交流研讨，及时作出关于深入学习贯彻中共十九大精神的决议。严格落实全面从严治党新要求，制定市人大常委会关于加强自身建设的意见，全面加强思想政治、纪律作风、干部队伍和机关规范化建设，努力提高依法履职水平。着力加强思想政治建设，扎实推进“两学一做”学习教育常态化制度化，坚决贯彻“一准则两条例”，坚持和完善党组理论学习中心组等学习制度，定期组织集中学习、专题研讨，认真召开民主生活会和组织生活会，坚持常委会党组成员带头上党课，引导党员干部不断提升与岗位职责相匹配的政治能力。着力加强纪律作风建设，严格执行中央“八项规定”精神和省委、市委各项规定，研究制定市人大常委会机关党风廉政建设实施意见和主体责任清单，建立党风廉政建设承诺制度，定期组织开展党风廉政警示教育，认真落实“一岗双责”，从严从实抓好干部监督管理，深入推进正风肃纪。着力加强机关规范化建设，全面推进精细化管理，对规章制度和重点工作进行流程再造，形成14项重点工作目标责任制和工作流程，推动人大工作的规范化、制度化。认真落实中央和省委、市委关于进一步加强和改进人大工作的要求，组织召开全市人大工作座谈会，研究探讨加强和改进新形势下人大工作，加强对各区市、镇（街道）人大工作的指导，不断提升全市人大工作整体水平。

（于云龙）

人大知识

什么是人民代表大会制度?

人民代表大会制度是我国的根本政治制度。这一制度的内容主要有以下方面：

(1) 各级人大都由民主选举产生，对人民负责，受人民监督。民主选举是民主集中制的基础。选举权和被选举权是人民行使国家权力的重要标志。选民（在直接选举中）或选举单位（在间接选举中）有权依照法定程序选举代表，并有权依照法定程序罢免自己选出的代表，这对于保证各级人大真正按照人民的意志、代表人民的利益行使国家权力，是非常重要的。

(2) 人大和它的常委会集体行使国家权力，集体决定问题，严格按照民主集中制的原则办事。宪法规定了人大及其常委会的职权。按照这一规定，全国性的重大问题经过全国人大及其常委会讨论和决定，地方性的重大问题经过地方人大及其常委会讨论和决定，而不是由一个人或少数几个人决定，这就能使国家的权力最终掌握在全体人民手中。

(3) 国家行政机关、审判机关、检察机关都由人大产生，对它负责，向它报告工作，受它监督。人民代表大会统一行使国家权力，在这个前提下，明确划分国家的行政权、审判权、检察权。这样，既能使我们国家的行政、审判、检察机关不脱离人民代表大会或者违背人民代表大会的意志而进行活动，又能使各个国家机关在法律规定的各自职权范围内独立负责地进行工作，形成一个统一的整体。

(4) 中央和地方国家机构职能的划分，遵循在中央统一领导下，充分发挥地方的主动性、积极性的原则。全国人大和地方各级人大各自按照法律规定的职权，分别审议决定全国的和地方的大政方针。全国人大对地方人大不是领导关系，而是法律监督关系、选举指导关系和工作联系关系。国务院对各级地方政府是领导关系。全国人大和国务院决定的事情，地方必须遵照执行，同时给地方以充分的自主权。这样，既有利于统一领导，又有利于发挥地方积极性，加快社会主义现代化建设步伐。

(5) 我国是一个统一的多民族国家，各少数民族聚居的地方实行民族区域自治。民族区域自治地方的自治机关，一方面受中央和上级机关的领导，行使宪法赋予的一般地方国家机关的职权；另一方面享有宪法和法律赋予的自治权。这样，就能够把各民族紧密地团结在一起，保障国家的独立和繁荣。

威海市人民政府

综　述

【概况】 威海市第16届人民政府设市长1人，副市长7人。第17届人民政府设市长1人，副市长6人。市政府有工作机构43个,其中工作部门32个、派出机构6个、其他行政机构5个。

【人民政府常务会议纪要目录】

第16届第96次　1月19日　市长张惠主持

1. 关于突破发展服务业特色产业的实施意见

2. 威海市“十三五”科技创新规划

3. 关于加快推进山东半岛国家自主创新示范区（威海）建设发展的实施意见

4. 威海市防治船舶及其作业活动污染水域环境应急能力建设规划

5. 关于开展政府救助保险工作的实施意见

6. 威海市区2017年经营性国有建设用地出让计划

7. 关于开展“威海工匠”评选表彰工作的意见

8. 关于2016年度企业纳税表彰的意见

9. 关于2016年度全市对外开放工作表彰奖励的意见

第16届第97次　2月17日　市长张惠主持

1. 政府工作报告（讨论稿）

2.2017年市政府为民办实事项目安排建议

3. 关于市管国有企业经营和监管情况

4. 威海市审计结论落实办法

5. 关于给予王某行政撤职处分的意见

第17届第1次　3月27日　市长张惠主持

1. 加强市政府领导班子和政府自身建设

2. 市政府领导工作分工

3. 关于《政府工作报告》2017年目标任务分解的意见

4. 关于2017年全市政府系统人大代表建议和政协提案办理的意见

5. 关于加强政府自身建设的意见（修订草案）和威海市人民政府工作规则（修订草案）

第17届第2次　4月10日　市长张惠主持

1. 关于支持软件和信息技术服务业发展的若干意见

2. 关于加强和改进新形势下公安基层基础工作的实施意见

3. 威海市安全生产巡查工作制度

4. 关于“威海工匠”评选推荐的意见

第17届第3次　4月28日　市长张惠主持

传达学习习近平总书记在广西考察时的重要讲话精神，李克强总理在山东及威海市考察时的重要讲话精神，以及省委书记刘家义在威海市调研时的重要指示精神，研究贯彻落实的具体措施

第17届第4次　5月3日　市长张惠主持

1. 威海市全面实行河长制工作方案

2. 关于加快海洋牧场建设推进休闲渔业发展的意见

3. 关于加快新旧动能转换促进工业企业提质增效的实施意见

4.2017年市政府规章制定计划

5. 威海市农业水价综合改革实施方案

6. 关于2015—2016年度县级政府及国家级开发区质量工作考核情况

7. 关于国家碳纤维复合材料产业计量测试中心项目筹建工作的意见

8. 威海市国家工作人员不作为乱作为问责办法

第17届第5次　5月16日　市长张惠主持

1. 威海市新旧动能转换重大工程总体方案

2. 威海市城市轨道交通线网规划

3. 关于推进综合行政执法体制改革的实施意见

4. 威海市公立医院法人治理结构建设工作实施方案、威海市科研院所法人治理结构建设工作实施方案

第17届第6次　6月6日　市长张惠主持

1. 关于实施政府提速工程的意见

2. 关于加快发展生活性服务业促进消费结构升级的实施意见

3. 威海市蓝色经济区发展规划（2016－2025）

4. 关于促进大数据发展的意见

5. 关于稳步推进农村集体产权制度改革工作的实施意见

6. 威海市人民政府规章制定程序规定

7. 威海市生育保险和职工基本医疗保险合并实施试点方案

8. 关于加快威海市网格化环境监管体系建设的意见

第17届第7次　6月21日　市长张惠主持

1.2017年以来全市安全生产情况及下步工作安排

2. 关于推动开发区转型升级创新发展的行动计划

3. 关于扩大开放促进招商引资的实施意见

4. 关于深化改革推进出租汽车行业健康发展的实施意见、威海市网络预约出租汽车经营服务管理实施细则、威海市巡游出租汽车客运管理办法

第17届第8次　6月23日　市长张惠主持

1. 关于在市场体系建设中建立公平竞争审查制度的实施意见

2. 关于加快推进农业转移人口市民化的实施意见

3. 关于加强城市风貌保护的实施意见

第17届第9次　7月22日　代市长张海波主持

通报省化工产业安全生产转型升级专项行动督查组在威海市实地督查情况，研究省督查组反馈问题整改落实工作

第17届第10次　7月28日　代市长张海波主持

1. 全省环境保护突出问题综合整治攻坚动员大会精神及威海市贯彻意见、《2017年环境保护突出问题综合整治攻坚方案》

2. 全省国有企业改革发展工作会议精神及威海市贯彻意见

3. 全省支持非公有制经济健康发展工作会议精神及威海市贯彻意见

4. 全市抗旱保供水工作情况

5.2016年度市级预算执行和其他财政收支审计结果报告

6. 威海市守信联合激励和失信联合惩戒办法

7. 威海市市级财政专项资金管理办法

8. 首届威海市文化惠民消费季实施方案

9. 关于给予陈某某、刁某某、丁某某开除公职处分的意见

10. 研究了当前工作

第17届第11次　8月21日　代市长张海波主持

1. 关于威海市保障中央环境保护督察工作的有关情况

2. 关于加快推进生态文明建设的实施方案

3. 关于金融支持新旧动能转换的意见

4. 第九届中国威海国际人居节总体实施方案

5. 关于威海市“城市质量精神”征集的有关情况

第17届第12次　9月15日　代市长张海波主持

1. 关于进一步推动开发区转型升级创新发展的实施意见

2. 关于建设国家（威海）区域创新中心的意见

3. 威海市人民政府重大行政决策程序规定

4. 关于给予邵某开除公职处分的意见

第17届第13次　9月30日　代市长张海波主持

1. 听取毕建康、王笑丰、王传良、杨志伟、陈学凯分别就威海市保障中央环保督察工作情况及建立长效管理机制的意见、国家林业局驻合肥森林资源监督专员办事处约谈市政府主要领导相关情况及善后处置工作意见、近期威海市附近海域2起海上安全事故处置情况及加强海上安全生产管理的意见、全省化工产业安全生产转型升级专项行动重点工作落实督查情况及整改意见、全省非煤矿山及工贸行业安全生产大检查在威海市开展执法检查情况及整改意见所作的汇报，安排部署当前工作

2. 关于深化放管服改革进一步优化政务环境的意见

3. 关于推进农村地区供暖工作的实施意见

第17届第14次　10月13日　代市长张海波主持

1. 关于全市新旧动能转换考核的情况

2. 关于全市规范性文件清理的情况

3. 威海市海岸带保护条例

4. 威海市建筑垃圾管理办法

5. 关于规范市区养殖用海秩序推动养殖产业可持续发展的意见

6. 威海市依法依规推进企业破产重整防范化解金融风险工作方案

7. 关于进一步增强校车安全服务能力保障学生交通安全的意见

8. 关于2016年度市科学技术奖励评审的意见

9. 关于2017年市级科技计划拟立项及资金安排的意见

10. 关于给予王某某行政撤职处分的意见

第17届第15次　10月28日　代市长张海波主持

1. 威海市健康城市建设规划（2017－2020年）

2. 关于支持非公有制经济健康发展的意见

3. 关于加快推进全市国有企业改革的实施意见

4. 威海市饮食业油烟污染防治办法

5. 关于补充完善《威海国际经贸交流中心PPP项目投资建设合作协议》的意见

6. 关于2016年度市管企业负责人业绩考核及薪酬分配的意见

第17届第16次　11月10日　代市长张海波主持

1. 关于加强城市规划区内非城镇建设用地管理工作的意见

2. 威海市金融业发展绩效考核办法和威海市金融业发展奖励办法

3. 关于落实市委“大兴调查研究之风”重点调研课题任务分工的安排意见

第17届第17次　12月1日　代市长张海波主持

1. 威海市湿地保护总体规划

2. 关于调整威海市区土地级别与基准地价的意见

3. 威海市政务服务热线整合工作方案

4. 威海市政务信息系统整合共享实施方案

5. 威海市加快推进医养结合暨养老服务业转型升级工作实施方案

6. 关于改革社会组织管理制度促进社会组织健康有序发展的实施意见

7. 关于加强困境儿童保障工作的实施意见

8. 威海市区部分街道命名、更名、调整和注销方案

9. 关于调整威海市城乡低保标准和确定特困人员供养标准的意见

10. 威海市户外广告设置管理办法

11. 威海市鼓励仿制药质量和疗效一致性评价工作专项政策

第17届第18次　12月15日　代市长张海波主持

1. 政府工作报告（讨论稿）

2.2018年市政府为民办实事项目安排意见

3.2018年威海市市级重点项目、重点工业投资项目、城建重点工程安排意见

4.2018年威海市市级政府类投资项目计划

5.2018年市级财政预算收支安排意见

6. 关于2017年下半年地方政府债券分配及市级预算调整的意见

7. 高技术产业开发区、经济技术开发区、临港经济技术开发区、南海新区2018年财政预算收支安排意见

第17届第19次　12月15日　代市长张海波主持

1. 威海市盐业体制改革实施方案、威海市食盐监管体制改革方案

2. 威海市"企业上云"行动计划（2018－2020年）

3. 威海市餐饮质量安全提升工程实施方案

4. 威海市公共体育服务办法

6. 关于进一步深化文化市场综合执法改革的实施意见

7. 关于促进区市广播电视台改革发展的实施意见

8. 威海市推进市以下财政事权和支出责任划分改革实施方案

9. 威海市统筹推进县域基本公共服务均等化实施方案

10. 威海市政府性债务管理办法、威海市政府性债务风险应急处置预案

第17届第20次　12月27日　代市长张海波主持

1. 关于加快推进和完善家庭医生签约服务工作的实施意见

2. 关于进一步完善计划生育特殊家庭扶助关怀政策的意见

3. 关于全市主要经济指标2017年预计完成情况及2018年初步安排意见

4. 威海市化工产业安全生产转型升级专项行动工作方案

5. 关于深化统计管理体制改革提高统计数据真实性的实施意见

6. 关于2017年度粮食安全责任考核的安排意见

7. 关于给予张某某开除公职处分的意见

8. 干部任免事项

【重要决策和部署】

1月23日　《威海市人民政府关于加快公共体育服务体系建设的实施意见》威政发〔2017〕1号，要求提升公共体育服务水平，提高市民身体素质、健康水平和生活质量，为提前全面建成小康社会、实现现代化幸福威海建设新跨越提供有力保障。

3月16日　《威海市人民政府关于印发威海市审计结论落实办法的通知》威政发〔2017〕2号，要求提升审计监督成效，维护财经秩序，促进法治政府、服务型政府、廉洁政府建设。

4月5日　《威海市人民政府关于印发威海市人民政府工作规则的通知》威政发〔2017〕5号，要求全面正确履行政府职能，大力建设法治政府、服务型政府、廉洁政府。

4月6日　《威海市人民政府关于加强政府自身建设的意见》威政发〔2017〕6号，要求大力建设法治政府、服务型政府、廉洁政府，全面完成市第十七届人大一次会议确定的目标任务。

4月27日　《威海市人民政府关于支持软件和信息技术服务业发展的若干意见》威政发〔2017〕8号，要求深入实施产业强市、工业带动、突破发展服务业战略，抢抓国家服务贸易创新发展试点机遇，加快推动软件和信息技术服务业跨越式发展。

5月16日　《威海市人民政府关于加快海洋牧场建设推进休闲渔业发展的意见》威政发〔2017〕9号，要求加快海洋牧场建设，推动休闲渔业提质增效，促进渔业转型升级和全域旅游发展。

5月16日　《威海市人民政府关于加快新旧动能转换促进工业企业提质增效的实施意见》威政发〔2017〕10号，要求深入推进供给侧结构性改革，加快新旧动能转换，促进工业企业提质增效。

6月7日　《威海市人民政府关于实施政府提速工程的意见》威政发〔2017〕11号，要求持续优化政务服务，切实提高行政服务效能，加快推进新旧动能转换，打通联系服务企业和群众"最后一公里"，切实优化服务环境，构建精简高效的政务生态。

6月23日　《威海市人民政府关于支持民营银行发展的意见》威政发〔2017〕12号，要求进一步激活金融市场内生动力，推动经济金融健康发展。

7月6日　《威海市人民政府关于扩大开放促进招商引资的实施意见》威政发〔2017〕13号，要求进一步加强招商引资工作，促进经济转型升级、提质增效。

7月6日　《威海市人民政府关于印发威海市网络预约出租汽车经营服务管理实施细则的通知》威政发〔2017〕14号，要求规范网络预约出租汽车经营服务行为，保障运营安全和乘客合法权益。

7月6日　《威海市人民政府关于印发威海市巡游出租汽车经营服务管理办法的通知》威政发〔2017〕15号，要求加强巡游出租汽车经营服务管理，维护市场秩序，保障各方当事人合法权益。

7月6日　《威海市人民政府关于在市场体系建设中建立公平竞争审查制度的实施意见》威政发〔2017〕16号文，要求稳步推进公平竞争审查制度实施，健全工作机制，加强执法监督和责任追究，维护公平竞争的市场秩序。

7月6日　《威海市人民政府关于促进大数据发展的意见》威政发〔2017〕17号，要求进一步促进大数据产业发展和新型业态培育，加快推动大数据健康发展和广泛应用，强化大数据对政府治理、经济转型、社会服务的支撑。

8月4日　《威海市人民政府关于印发威海市守信联合激励和失信联合惩戒办法的通知》威政发〔2017〕18号，要求加快推进"信用威海"建设，构建信用联合奖惩机制，营造诚实守信的信用环境。

8月17日　《威海市人民政府关于印发威海市土壤污染防治工作方案的通知》威政发〔2017〕19号，要求全面构建科学、务实、有效的土壤污染防治体系，切实保护土壤环境，防治和减少土壤污染，促进土壤资源永续利用。

8月28日　《威海市人民政府关于金融支持新旧动能转换的意见》威政发〔2017〕20号，要求推动金融回归服务

实体经济的本源，合理引导和配置金融资源，聚焦新技术、新产业、新业态、新模式，促进产业智慧化、智慧产业化、跨界融合化、品牌高端化，进一步发挥金融支持新旧动能转换的功能作用。

9月27日 《威海市人民政府关于印发威海市人民政府重大行政决策程序规定的通知》威政发〔2017〕22号，要求规范重大行政决策行为，健全依法、科学、民主决策机制，强化决策责任，减少决策失误，保证决策质量。

10月25日 《威海市人民政府关于公布市政府规范性文件清理结果的决定》威政发〔2017〕23号，要求深入推进放管服改革，加快新旧动能转换，推动政府提速增效。

11月18日 《威海市人民政府关于印发威海市鼓励金融业发展奖励办法的通知》威政发〔2017〕24号，要求优化金融生态环境，加快金融业改革发展，提高金融业服务经济社会发展的能力。

12月12日 《威海市人民政府关于加强困境儿童保障工作的实施意见》威政发〔2017〕25号，要求进一步加强困境儿童关爱保护工作，提升困境儿童保障水平，为困境儿童健康成长创造条件。

12月10日 《威海市人民政府关于调整威海市区土地级别与基准地价的通知》威政发〔2017〕26号，要求加强土地价格管理，促进土地优化利用，引导土地市场健康发展。

12月13日 《威海市人民政府关于威海市区部分道路命名更名调整起止点和注销的通告》威政发〔2017〕27号，要求对市区部分道路予以命名、更名、调整起止点和注销，更好地适应经济社会发展需要，方便人民群众生产生活。

12月25日 《威海市人民政府关于印发威海市盐业体制改革实施方案和威海市食盐监管体制改革方案的通知》威政发〔2017〕28号，要求推进盐业体制改革，实现盐业资源有效配置，进一步释放市场活力，促进盐业持续健康发展。

12月28日 《威海市人民政府关于推进市以下财政事权和支出责任划分改革的实施意见》威政发〔2017〕30号，要求推进市以下财政事权和支出责任划分改革，加快建设现代财政制度，加快形成统一领导、法治规范、权责明晰、运转高效的财政体系。

12月28日 《威海市人民政府关于印发威海市政府性债务管理办法的通知》威政发〔2017〕31号，要求进一步规范全市政府性债务管理，切实防范化解财政金融风险，促进经济社会持续健康发展。

12月31日 《威海市人民政府关于助推新旧动能转换进一步加强就业创业工作的实施意见》威政发〔2017〕32号，要求进一步加强就业创业工作，在新旧动能转换中实现就业转型，以就业转型助推新旧动能转换，促进经济社会持续健康发展。

12月31日 《威海市人民政府关于授权国家级开发区管委行使安全生产行政管理职权的决定》威政发〔2017〕33号，要求落实属地安全生产监管责任，理顺国家级开发区安全生产行政管理体制。

【市人大代表建议、市政协委员提案办理】 年内，市政府系统承办人大代表建议63件、政协提案296件，涉及经济发展、社会管理、民生保障、环境保护、城乡建设、依法行政等方面工作。经过各承办单位的共同努力，办复率100%。

【政务信息】 年内，市政府办公室信息科共采用各区市、国家级开发区、南海新区和市政府各部门、单位信息1403篇。其中，采用各区市、国家级开发区和南海新区信息714篇，采用各部门、单位信息689篇；刊发《参阅件》5期、《威海政务信息》125期、《信息参考》24期。上报信息573篇，被省级以上政务信息刊物采用296篇。其中，《国办专报》采用26篇，《国办综合》采用7篇，《山东政务信息·报国办》采用146篇，《山东政务信息·专报》采用29篇，《山东政务信息·要情》采用1篇，《山东政务信息·普刊》采用87篇。国务院领导批示15篇，省政府领导批示9篇，市领导批示18篇。

【政务调研】 2017年，市政府调研室撰写调研报告30多篇，编发《决策参阅》16期，被市委、市政府领导批示、进入决策15篇次；编发《威海发展研究》12期，刊发文章207篇；编发《信息专报》83期，市政府领导批示37篇；获得全省政府系统优秀调研成果一、二、三等奖10篇。开展保证交通通达、水资源供需保障、海岸带河道山体湿地生态保护等重点课题调研，制定“三年行动计划”。开展“两步走”新目标与现代化幸福威海建设相衔接研究，科学谋划发展路径，提出工作导向。围绕税源经济、实体经济发展、民间融资、土地二级市场税收、开发区二次创业体制机制、放大港口优势助推大物流大发展、传统产业转型发展、促进外贸平衡发展、医联体建设等系列专题进行了决策调研。围绕国企改革、降低企业经营成本、加快科技服务业发展、居家和社区养老服务、实施大数据战略、机关事业单位编外用工、高端医疗人才资源引进配置、共享单车规范管理、人才争夺战等群众关心、社会关注的问题深入调研，破解发展难题，提出对策建议。

【市长公开电话与网上信箱】 年内，市长公开电话接听处理群众来电、来信23.66万个（件）。其中，办理来电22.22万个，办结率99%以上；处理信箱邮件1.44万件（市长信箱、人民网、市民网和手机短信平台），办结率99%以上，完成回访6.8万余次。全年编发《12345市长公开电话简报》63期，《12345市长公开电话呈批件》3期，网上信息公开185条。群众关注的热线问题主要集中在居民生活、三农问题、劳动保障、环境保护、社会治安、房屋管理、物业管理、道路运输管理、城乡建设、道路交通安全等方面。对群众反映的问题，按照24小时“一号受理”的要求，全时段、全天候提供便捷、高效、规范的热线服务，做到“事事有着落、件件有回音”。市长公开电话的作用得到切实有效的发挥，成为畅通民意诉求渠道、密切干群关系的重要桥梁和领导掌握社情民意的重要渠道。

（田巍巍）

【机关事务管理】 机构编制调整 威海市市级机关事务管理局经批准更名为威海市机关事务管理局，增设财务与资产管理科，生活科更名为后勤服务管理科。

清洁供暖改造　菊花顶区域供暖系统更新改造为天然气供暖，完成安装燃气锅炉3台，铺设供气专线1200米，改造供热管道1.19万米。

办公用房管理　统筹调剂安排市级机关办公用房总面积1.32万平方米，纳入集中办公区实施标准化管理，统一配备物业、安保和生活服务，满足了市监察委、编办、仲裁委和市政协等14家单位的新增办公用房需求。

公务用车管理　建成覆盖全市各级的公务用车集中监管信息平台，纳入网上统一监管公务用车2413辆，实现车辆实时轨迹监控和公车用途管理。公务用车定点维修全面实施，喷涂公务用车统一标识595辆，组织实地查验、网上巡查864辆次，公车管理步入信息化轨道。

公共机构节能　督导推进节约型公共机构示范单位创建，其中市立医院获评省能效领跑者，并成为全省首家、全国前3个通过CQC能源和环境2个体系认证的医疗机构。联合开展节水型示范单位创建，遴选产生市级节水型示范单位7家。

机关幼儿教育　机关幼儿园改扩建项目全面完成，在园幼儿全部迁回新校园，组织开展全市学前教育系统“小手拉大手，文明全家行”宣传活动，机关幼儿园获评省级文明单位。

（于立军）

政务服务中心

【概况】　2017年，市政务服务中心进驻窗口单位71个，其中40个部门单设窗口、14个部门统一进驻综合代理窗口、8个公共服务单位窗口、9家中介服务机构；进驻各类服务事项763项，其中行政许可事项417项、其他行政权力事项294项、公共服务事项52项；进驻收费服务事项22项。全年办理各类服务事项4.3万件，咨询服务5.2万余件。收到锦旗29面，表扬信28封。

【政务服务事项规范管理】　组织对市政府所有部门、单位依申请政务服务（含行政许可、其他权利和公共服务）事项的办理情况、执行部门相对集中行政审批权情况、独立业务系统使用情况等进行全面调研，严格按照市政府规定的“两集中、四到位”（部门行政审批职能向行政审批科集中、行政审批科向政务服务中心集中，行政许可科设立到位、人员编制到位、事项进驻到位、窗口授权到位）标准，逐个部门列出问题清单，提出整改目标，最终确定将45个部门（单位）的763项政务服务事项和5家公共服务企业的14项服务事项纳入市政务服务中心办事大厅集中办理；将116项政务服务事项纳入9个部门办事大厅集中办理，做到政务服务事项进厅率100%。非涉密行政许可事项全部纳入政务服务网平台网上办理，做到上网率100%。

【政务服务模式改革】　深入调研论证，起草《关于印发威海市推行“一窗式”“一门式”政务服务模式改革实施方案的通知》，并经市政府办公室印发实施，在省内率先推进“一窗式”“一门式”政务服务模式改革。在市、县两级政务服务中心，按照前台综合受理、后台分类审批、统一窗口出件的服务模式，推行“一窗式”改革，实现“一站式”服务，在率先完成市政务服务中心“一窗式”服务模块改革任务，为各区市窗口建设的通过集中培训、现场指导、巡回督查等措施，组织市县两级政务服务中心全部完成建设工程项目模块化审批、市场主体设立后置许可事项跟踪联办办事大厅“一窗式”综合受理窗口设置并全部投入试运行。在镇级便民服务中心，按照县级统筹、平台统一、业务统办的服务模式，推行“一门式”改革，实现柜员化服务。通过指导试点先行、现场会推进、全面检查等措施，组织全市镇级便民服务中心“一门式”改革工作顺利完成。在省内率先实现同类服务事项“一门”办理、“一站”服务。

【全程网办“零跑腿”服务】　根据《威海市推行网上审批深度办理工作实施方案》，组织对进驻政务服务平台的行政权力和公共服务事项，全部按照事项公开、在线预审、全程网办的标准要求，逐个部门、逐个事项进行重新界定网办等级。对全程网办等级的政务服务事项，通过快递邮寄申请材料和批文证照，实现“零跑腿”；对法律法规要求必须申请人亲自到场核验的事项，做到“最多跑一次”。通过市政府办公室发文向社会公布可全程网办和“只跑一次”行政许可事项目录，市级可实行全程网办行政许可事项262项，占市级行政许可事项的93.9%，行政许可事项网上申办率与全程网办率均在省内名列前茅，全市通过快递邮寄证照批文1.65万余件。

【政务服务平台建设】　依托政务服务平台和政务服务网、手机APP，进一步升级完善政务服务平台功能，在省内创新开发建设全市统一的用户管理中心、身份认证系统、综合受理系统等平台配套软件，实现与省级统一身份认证和用户互认，实现“一点登陆、多点互联、全网漫游”，实现政务服务网与政府门户网站网上服务功能的切换，实现基于居民身份证号码、企业社会信用代码为唯一识别的“一号申请”。省内率先建设全市统一的电子证照库，采集存量证照信息近90万条，录入证照85.1万余件，市民政局、质监局等15个部门的79个批文证照实现纸质证照、电子证照同步制发，增量证照实时入库。

【审批流程再造】　进一步优化建设工程项目审批流程，升级完善平台软件，将联席会议、联合踏勘等配套机制纳入建设工程项目模块化审批网上办理流程，与全省投资项目在线审批监管平台相结合，实行“一号、一表、一图”管理，全流程网上办理。全市共办理模块化审批项目557件，用时1560个工作日，比改革前压缩92.7%。国务院深化“放管服”改革工作督察组对此高度评价，专门调取工作成果材料。创新推行全市一体化的后置许可事项跟踪联办，组织对企业、农民专业合作社和个体工商户3类市场主体涉及的后置许可事项进行认真梳理，分别建立后置许可事项分类目录，在政务服务平台开发建设全市统一的市场主体设立跟踪联办系统，与“双告知”系统同步运行，根据申请人的自主选择，提供两个以上后置许可事项的联办服务，实行“一表制”和“一号通”，全流程网上办理，提高服务效能30%以上。

【行政权力电子监察】 根据省、市政府统一部署和市编办《关于调整市级行政权力电子监察职责的通知》，全面承接由市纪委、监察局承担的行政权力电子监察职责。依托政务服务平台和现在设施设备，积极开展电子监察工作，将政务服务平台运行情况同步纳入电子监察内容，经市政府办公室印发《关于进一步做好政务服务平台建设运行工作的通知》，通过政务服务云平台自动、实时对市县镇三级政务服务工作进行数据监察、视频监察，实现服务事项办理过程实时监控、窗口服务行为全过程监督。通过电子监察系统及时预警纠错，不定期通报监察结果，及时发现并督导部门分中心、各区市政务服务大厅整改问题73件次。

【政务服务监督管理】 按照“纵到底、横到边”要求，加强对全市政务大厅的监督管理，制定实施《威海市审批授权首席代表资格条件和审批权限管理办法》，统一规范全市政务服务系统标识门牌，将部门办事大厅纳入中心政务服务窗口一体化规范管理，统一加挂“市政务服务中心×××部门分中心”牌子。扎实推进市县镇联审联批国家级标准化试点工作，以全国最高分——95分通过国家标准委员会专家组验收。定期开展业务培训，推行主动服务、上门服务、预约服务和代办服务。完善监督考核方式，强化窗口业务运行监督管理，组织窗口统一签订《服务承诺书》，通过政务服务平台电子监督、现场评价、电话回访、短信评价、满意度测评，保持中心窗口办件服务100%测评。全市政务服务系统群众满意率保持在99.9%以上，窗口服务保持“零投诉”。

【公共资源交易中心职能整合】 全面承接土地矿产交易职责，线上成交土地53宗，成交额24.97亿元。拓展交易场所，进一步优化政府采购、建设工程项目交易流程，完成线下各类进场交易项目1952个，交易额93.37亿元。建成启用场地预约系统、政府采购保证金代收代退系统，建成全市统一的公共资源交易电子服务系统，并在省内率先实现与省级公共资源交易电子化服务平台规范对接。严格执行省、市政府规定，对纳入平台的交易项目全面停收交易服务费，为企业节省交易服务费1500多万元。被表彰为“2017年度全国公共资源交易宣传工作先进单位”，1人被评为“全国公共资源交易十佳业务能手”。

（曹术友）

机关事业单位人事管理

【公务员队伍建设】 *考试录用* 2017年，市人力资源和社会保障局切实加强公务员考录工作，实行面试考官跨市交流、全程录音录像、人大代表和政协委员全程监督，全年招考录用公务员（含参照公务员管理人员）313人。

考核与奖励表彰 指导乳山市人社局开展平时考核试点工作；积极督导市直各部门根据工作职责完善部门的平时考核工作。平时考核采取周记实、月小结、季度考评的办法进行，年度考核以平时考核为基础，采取总结述职、业绩考核、年度测评的办法进行，实行定量与定性相结合的考核评价办法。认真执行上级有关规定，严格控制和规范评比达标表彰活动，共推荐省直部门与省人社厅联合表彰的先进集体17个、先进个人24名；省部级以上表彰的先进集体10个、先进个人4名。

统计与档案管理 抽调专人高标准完成2017年度公务员信息采集和统计年报工作，对统计报表的大数、要数、新数进行梳理和分析，把统计工作的“死数字”变成“活资料”，提高公务员管理工作的信息化水平，2016年公务员统计数据质量全省领先。按照省委、市委组织部相关要求，对纳入审核范围干部档案存在的问题进行“回头看”，共复核乡科级干部档案800余卷次，反馈问题3000余条。严格档案“入口关”，按档案专项审核要求审核新纳入管理的干部档案400余卷次，验收入库80余卷。市委组织部、市人社局联合印发《关于进一步规范干部信息联络员队伍管理工作的通知》和《关于进一步规范管档人员队伍管理工作的通知》，深入推进档案工作制度化、规范化建设及档案数字化准备工作，提高管档工作水平。

【事业单位人事管理】 *公开招聘* 严格按规程要求规范招聘程序、审核招聘计划，不断扩大用人单位用人自主权，探索分类面试考试方法，面试考官全部实现跨市交流，面试考场实行全程录音录像，组织考生全程封闭体检，完成2017年度事业单位公开招聘工作，聘用事业单位工作人员2187人。

岗位设置管理 首次设立残疾人和西藏籍定向岗位，确定5名残疾人士为拟聘用人员，这是威海市首次以事业单位公开招聘的方式聘用定向户籍的残疾人。科学核准岗位，为威海经济技术开发区、荣成市500多个事业单位以及市海洋与渔业监察支队、刘公岛林场等30多个市属事业单位动态调整核准了岗位。加强对事业单位竞聘方案审核把关，规范完善事业单位竞聘上岗工作程序，为50多个市属事业单位审核竞聘工作方案，为2000多人办理岗位聘用备案核准。根据高校职称改革有关要求，指导威海职业学院完成职称改革后首次竞聘上岗工作。

事业单位改革 市人社局会同市编办、市卫计委等部门出台《威海市公立医院法人治理结构建设工作实施方案》，落实公立医院内部用人自主权，在人员控制总量内，根据工作需要，按规定自主制定岗位设置和招聘方案，自主聘用人员，对紧缺的专业人才、高层次人才可采取考察方式直接招聘。会同市科技局等部门出台《威海市科研院所法人治理结构建设工作实施方案》，落实科研院所人事管理自主权，自主组织公开招聘。会同市编办等部门出台《威海市属实行法人治理结构事业单位外部监事管理办法（试行）》，对市属实行法人治理结构的事业单位实行外部监事管理。会同市卫生计生委印发《关于在全市基层卫生计生服务机构增设基层卫生高级专业技术岗位的通知》，在

全市乡镇、社区及以下卫生计生服务机构增设基层卫生高级专业技术岗位。

【机关事业单位工资制度改革】 会同市文明办、市直机关工委、市财政局规范市直机关事业单位精神文明奖发放办法。扎实开展全市法官、检察官和司法辅助人员工资制度改革，完成入额法官、检察官工资套改，建立员额法官、检察官和司法辅助人员绩效考核奖金制度。组织开展机关事业单位"吃空饷"问题回头看，建立健全防治"吃空饷"问题长效机制。全面落实县以下机关公务员职务与职级并行制度，全年为292名县以下机关公务员晋升职级并兑现职级待遇。深入推进事业单位绩效工资制度，建立中小学校长职级绩效工资调整机制，调整中小学班主任津贴、内地民族班办班学校绩效工资。

【军队转业干部安置】 加强计划安置、自主择业军转干部管理服务、企业军转干部解困和稳定工作，全年接收安置军转干部337名，其中选择计划安置141人、选择自主择业安置196人。加强军队转业干部教育培训，会同市委组织部对2016年安置的转业干部进行为期半个月的封闭培训，培训合格率达100%。加强与自主择业军转干部群体的沟通联系，扎实做好政策解释宣传和待遇落实工作，为1000名自主择业军转干部按时兑现各种待遇。创新建立与企业军转干部代表每月定期沟通机制，企业军转干部解困政策100%兑现到人，2017年，全市上访量比上年下降20%，总体保持稳定。

（丛海平 丛瑜）

外 事

【概况】 *外事接待* 2017年，威海市邀请接待外宾考察团组22批176人次。其中接待比利时西弗兰德省省长、韩国驻华大使、澳大利亚驻华公使、韩国丽水市议会市长、德国巴德爱市市长等高层次团组5批33人次。

友好交往 不断推动友好城市文化、体育、教育交流，与韩国群山市开展第二期群山文化学堂，为中韩自贸区经济合作示范区建设营造社会氛围。组织政府代表团、民间代表团赴韩国龙山区、日本宇部市等开展友好城市交流。与日本宇部市共同组成中学生乒乓球联合队参加全国友好城市协会与日本自治体国际化协会共同举办的日中友城中学生乒乓球比赛大会，庆祝中日邦交正常化45周年。均衡国际友好城市布局，通过国际友人驻外使领馆等多渠道联系，着重在加拿大、法国、塞浦路斯、俄罗斯、挪威、白俄罗斯、乌克兰等国家物色友好合作城市。威海市荣誉市民约翰·费阿德里安·文被省政府评为"山东省荣誉市民"，恩瑞克·德里奥利、埃里克·勒·劳斯泰克被省友好协会评为"山东省人民友好使者"。

因公出国管理 年内，审核审批因公出国(境)团组298批726人次。研究拟定《关于进一步规范威海市国家工作人员因公临时出国（境）管理工作的实施意见》，加强对出访成果的调度、分析和利用，初步建立因公出访监督绩效评估机制。为企业出国开辟绿色通道，申办APEC商务旅行卡267张。

涉外管理 规范各单位与领馆的交往活动，与韩国、日本驻青岛总领馆进行2次工作会晤，协调处理各类领馆交往事项18起。及时调度国际会议举办情况，为哈尔滨工业大学（威海）审核国际会议2个。不断健全涉外突发事件应急处置机制，妥善处理涉外应急案件28起，工作经验被外交部在全国范围内推广。办理对外邀请确认函162批179人次，办理领事认证3321份，代办因私签证3199人次。

【SME2GO项目经理一行到威海考察】 2月14日—16日，SME2GO（欧盟中小企业海外发展项目）项目经理伍尔夫·博尔伯斯一行3人到威海，旨在考察威海市智慧化城市建设情况，推动与波罗的海地区中小企业走出去对接合作事宜。15日，召开SME2GO项目对接座谈会，市发改委、经信委、科技局、环保局、中小企业局等部门负责人与伍尔夫进行对接洽谈。客人考察了威海高技术产业开发区新医药与医疗器械产业园规划施工现场，参观了威高集团产品展厅，考察了威海高技术产业开发区创新创业基地、威海云计算中心及北洋电子信息创业孵化器等，为双方深入交流合作奠定基础。

【日本守口门真日中友好协会会长一行到威海考察】 3月1日—2日，日本守口门真日中友好协会会长原正和、事务局局长安元春一行2人到威海考察，旨在推动大阪府守口门真地区与威海市开展友好交流合作，宣传推介4月在该市举办的第2届日中产业展，邀请威海市企业参展。召开座谈会，市外侨办、商务局与客人进行了座谈，双方围绕互派企业参加日中产业展及威海国际食品博览会等系列展会，推动双方经济、文化、教育等各领域合作进行广泛探讨。

【日本宇部工业高等专科学校研修团到威海交流】 3月7日，日本宇部工业高等专科学校研修团一行4人到威海考察山东华菱电子有限公司、威海樱泉国际经济技术合作有限公司、宇王水产集团等3家企业，了解威海市日资及对日合作公司业务情况，与相关负责人进行面对面交流。

【英国驻上海总领事馆经济领事一行到威海考察】 3月8日—10日，英国驻上海总领事馆经济领事林洁希、英国驻华使馆高级地区事务官员（山东）唐洋洋等一行4人到威海考察。10日，召开经验交流座谈会，市发改委、商务局、国资办相关负责人参加。双方围绕威海市国有企业改革进程及经验做法、中韩自贸区地方经济合作示范区建设、威海重点产业及全市对英交流合作等进行广泛探讨交流。客人实地考察威海临港经济技术开发区中韩跨境贸易电子商务产业园、开泰体育用品有限公司、豪顿华工程有限公司等，进一步了解外资企业在威海投资情况，对威海的投资环境表示满意，并希望与威海开展多领域交流合作。

【韩国驻青岛总领馆领事一行到威海考察】 3月9日，韩国驻青岛总领馆领事李康源一行2人到威海考察，与在威海的韩国企业代表举行座谈。

【中德人才技术交流合作对接活动举办】 3月9日，“2017中国威海·国际英才创业峰会——中德人才技术交流合作对接”活动在威海举办，德国驻华大使馆政治处吴伟（Uwe Stoffregen）一行4人到威海开展人才交流对接活动，中国国际人才交流协会办公室主任夏兵、省外国专家局副局长杜广选陪同活动，副市长张伟出席活动并讲话。在威海期间，德国代表团一行参观考察威高集团，听取关于引进国外人才、自主技术创新和对外开展国际交流合作的情况介绍，代表团一行对威海市优越的人才发展环境、良好的创新创业载体给予高度评价。

【SME2GO项目组一行到威海考察】 3月26日—27日，SME2GO项目经理伍尔夫·博尔伯斯及瑞典YES国际集团总裁李慎之一行5人到威海考察。26日，副市长张伟会见客人。项目组一行考察未来机器人有限公司的水下机器人项目，并先后与北洋集团和威高集团开展座谈。项目组一行详细了解“北洋杯”创新创业大赛的相关事宜，并表示会积极组织瑞典企业参加。

【美国圣塔·巴巴拉市威海关系委员会成员一行到威海开展教育交流】 3月26日—31日，美国圣塔·巴巴拉市威海关系委员会成员、圣马克斯高中校长艾利克斯一行3人到威海开展教育交流。29日，市外侨办与客人进行座谈，积极为友城间经济、科技、教育等多领域交流搭建平台达成共识。在威海期间，客人先后考察威海市第一中学、威海实验中学、塔山中学、恒山实验中学等学校，与学生进行课堂互动，鼓励威海市青少年积极走出国门，开阔眼界，为两市持续长久的友好交流作出贡献。

【日本签证政策说明会举办】 为使威海市企业和公民申请赴日签证顺利进行，6月22日，举办“日本签证政策说明会”，日本驻青岛总领馆中山领事一行应邀专程到威海，就日本因私签证政策的新规定以及申请签证时需要注意的事项等方面进行讲解。威海市近30家的各类企业、劳务派遣公司以及出入境中介机构等41人参会。说明会期间，中山领事就参会人员关于签证及入境日本等遇到的种种问题进行了解释及解答。此次说明会是领馆授权代办因私签证业务以来的第一次，收到良好效果。

【欧亚远航国际经济文化交流中心客人到威海考察】 7月7日，欧亚远航国际经济文化交流中心主任于海滨一行2人到威海考察，双方就进一步推动威海与独联体国家交流合作事宜进行工作座谈。围绕友城拓展、人才引进、产业交流合作等方面进行探讨，初步确定一批友城结好意向性城市，双方将围绕信息互换、团组互访等工作重点推进相关国家和城市的交流合作。

【省外办主任薛庆国一行到威海调研】 7月15日，省外办主任薛庆国率省外办相关处室负责人一行4人到威海进行专题调研，参观考察迪尚集团和三星电子（山东）数码打印机有限公司。市委、市政府主要领导会见调研组一行，并就外事服务地方经济发展进行深入交流。

【威海市正式启用领事认证电子签名和防伪二维码】 自7月21日起，威海市在国内领事认证贴纸上启用电子签署和防伪二维码技术，并就此有关事项分别照会韩国、泰国驻青岛总领馆。统一启用的电子签名和防伪二维码技术，可有效提高领事认证的防伪功能和工作效率，进一步增强国内领事认证的公信力，为民众提供更加便捷优质的领事认证服务。

【张海波会见韩国驻青岛总领事馆总领事】 7月21日，市委副书记、代市长张海波会见韩国驻青岛总领事馆总领事李寿尊一行，副市长杨丽会见时在座。张海波表示，威海与韩国地缘相近、文化相通，长期以来双方在经贸、文化等方面保持着密切友好的合作关系，希望韩国驻青岛总领事馆与威海共同努力，继续搭建双方交流合作的良好平台，进一步拓展双方合作空间，扩大双方合作领域，实现互利共赢发展。李寿尊就如何深化韩国与威海的合作交流意见，希望双方进一步深化友谊、共谋发展，为中韩友好合作作出新的贡献。

【威海—宇部代表队参加“中日友好交流城市初中生乒乓球友谊比赛大会”】 8月4日—8日，为纪念中日邦交正常化45周年，由中国人民对外友好协会、中日友好协会、中国乒乓球协会、日中友好协会、日本乒乓球协会联合举办的“中日友好交流城市初中生乒乓球友谊比赛大会”在国家奥林匹克体育中心举行。威海市城里中学与友好城市日本宇部市各选派2名男女选手，共同组成威海—宇部代表队参赛并获得季军。

【澳大利亚驻华大使馆公使一行到威海考察】 8月6日—7日，澳大利亚驻华大使馆公使衔参赞邓博文（Dan. Tebbutt）一行到威海考察，目的是考察威海市对澳合作企业，推动威海与澳洲的进一步合作。副市长高书良与邓博文一行进行座谈。客人深度考察荣成石岛港、临港碳纤维产业园、泰祥集团、奥瑞凯爆破设备有限公司、迪尚集团等。邓博文表示，澳大利亚重视与威海在农畜产业、能源产业、旅游、教育等领域的合作，希望双方能够增进沟通，实现互利共赢。

【德国图林根州巴德爱市市长一行到威海考察】 8月9日—10日，德国巴德爱市市长迈克尔·布罗德富尔一行6人到威海考察。9日，威海市副市长高书良会见客人一行，双方就健康养生、医疗、旅游、智能制造等领域的合作交换意见。客人考察威高集团以及威海临港经济技术开发区观澜国际老年公寓，对威海市医疗、康养产业实力及发展前景给予高度评价，表示将帮助威海市宣传推介，提高在德国的知名度。

【瑞典YES国际集团总裁到威海考察】 8月11日—12日，瑞典YES国际集团总裁李慎之一行到威海考察。客人就市外侨办与SME2GO项目组3月洽谈成果进行跟踪推动。考察威海旅游产业和威高集团，进一步探索开发威海市与SME2GO项目组在更多领域的合作机会。

【俄罗斯远东发展部远东贸易发展局客人到威海考察渔业合作】 8月16日—17日，俄罗斯远东发展部远东贸易发展局副局长弗拉基米尔·耶罗科霍夫一行3人到威海考察中国海参交易中心。16日，在蓝天宾馆举办渔业养殖合作座谈会，省渔业厅项目中心、威海市海洋渔业局、外侨办负责人以及双举、好当家等部分海产养殖企业负责人参加座谈。

【哈萨克斯坦商务研修班一行到威海参观考察】 10月26日，由商务部国际商务官员研修学院（商务部培训中心）承办的“2017年中国与哈萨克斯坦商业文化融合研修班”一行27人到威海，参观考察威海职业学院和威高集团。副市长高书良会见哈萨克斯坦客人。

【意大利客人到威海推动足球产业合作】 10月26日—30日，意大利对华友好协会（ICFA）秘书长、中国区主席，意大利巴西利卡塔大区足协主席路安娜·王一行3人到威海考察，调研威海青少年足球培训、足球学校、足球产业相关情况，推动意中足球领域交流合作。27日，客人考察威海高技术产业开发区的后峰西小学、古寨小学，并与市体育局负责人、学校校长及教练员、裁判员代表举行座谈。考察南海新区，并与南海新区负责人进行座谈，双方就足球培训基地建设、足球教育、足球产业（3D鞋垫、混编草皮）以及中外合作办学、南海新区在意大利招商等合作事宜进行探讨。

【威海市友好交流团考察日本宇部市】 11月4日—5日，威海市友好交流团一行11人到日本友好城市宇部市考察，参加了第66届宇部节暨两市结好25周年纪念活动，并与宇部市日中友好协会胁坂宣尚会长、山下理事长等进行座谈。4日，宇部市市长久保田后子等会见交流团一行。

【市政府代表团会见中国驻日本使馆文化参赞】 为深化威海市对日文化交流合作，11月6日，威海市政府代表团一行6人会见中国驻日本使馆文化参赞陈诤，开展交流座谈。陈诤介绍对日文化交流情况及发展趋势，鼓励威海市积极参与两国文化交流项目。

【2017中国·威海（东京）旅游推介会在日本举办】 11月7日，威海市在日本东京举办“走遍四海 还是威海”2017中国·威海（东京）旅游推介会。国家旅游局驻日本代表处首席代表王伟、中国贸促会驻东京首席代表鞠文永、日本山东经济文化团体联合会执行副会长闫蓬勃、前新宿区议会议员根本二郎等日方嘉宾及企业、机构代表、新闻媒体记者共90余人参加推介会。

【威海市赴日交流合作代表团到日本考察】 11月9日，由市政府、市外侨办、市文广新局以及旅发委等部门分管负责人组成的威海市赴日交流合作代表团一行7人会见中国驻大阪总领事李天然，介绍威海市包括渔业产业、环境保护等领域的总体发展成果以及对日文化旅游等领域交流合作情况。11月10日，威海市交流合作代表团考察位于日本大阪府门真市的守口门真日中友好协会，与协会会长原正和、事务局长安元春以及协会主要干部、会员企业负责人等进行交流座谈。

【美国自然医学博士王惠民到威海考察】 11月24日，美国自然医学博士、远热疗法创始人Henry Wang（王惠民）到威海考察山东药品食品职业学院。王博士介绍了远热疗法的治疗原理，双方有意向加强合作，共同开展科研项目合作，联合培养学生，并与相关医院合作，促进学生就业。

【比利时西弗兰德省省长卡尔·德卡卢维一行到威海考察】 12月3日—4日，比利时西弗兰德省省长、西弗兰德省孔子学院理事卡尔·德卡卢维、前贝卡尔特亚洲区总裁赫尔曼·范达乐一行4人在省外办欧非处处长周家伦的陪同下到威海考察。考察威海一战华工纪念馆，推动双方在“一战华工历史”研究方面的交流合作。3日，市委副书记、代市长张海波与客人进行会谈，副市长杨丽等参加。

（赵　静）

港澳事务与华侨事务

【概况】 联络联谊　2017年，威海市接待巴基斯坦、美国、德国等30多个国家和地区的海外侨胞210多人次。组织参加“第十一届大邱中华文化祝祭”活动和仁川华侨节中华文化庆典活动。举办2017“海外侨胞故乡行—‘一带一路’沿线国家侨领走进山东”活动，60余名海外侨领对威海市进行实地考察。推荐威海市中小学生综合实践教育基地为山东省华文教育基地，举办“中国寻根之旅海外华裔青少年夏令营”活动，有90余名海外华裔青少年参加。

为侨服务工作　年内，办理“三侨考生”身份认定、华侨子女入学证明、归侨侨眷身份认定、受理接待归侨侨眷和华侨华人来信来访等涉侨事件累计74件次。针对贫困归侨侨眷，争取上级扶贫补助资金40.4万元。乳山市滨海新区闻涛社区被授予“全国为侨公共服务示范单位”称号，荣成市俚岛镇大庄许家社区和环翠区孙家疃街道被授予“全省为侨公共服务示范单位”。示范单位创建活动的开展进一步促进基层侨务工作“标准化、信息化、一体化”建设，为归侨侨眷民提供更完善、更便捷的服务。

引资引智工作　持续开展“邀请侨商看威海”活动，先后邀请接待日本、韩国、英国、俄罗斯等22批次外宾团组、25批次海外华商、150名高层次人才到威海考察，推动IGBT模块封装及测试设备生产项目落地。成功引进中瑞企业加速器入驻海域城孵化器，促成北洋集团与瑞典国家孵化器和科技园协会签署合作意向书，建立合作关系。推荐中瑞企业加速器智能监护系统项目参加“北洋杯”电子信息大赛，并获三等奖。积极参与“2017中国威海·国际英才创业峰会”系列活动，征集推荐海外高科技项目15个，邀请侨商嘉宾参加项目对接洽谈会等主会场活动，达成合作意向2个。先后组团出访韩国、荷兰、意大利、瑞典、阿联酋、巴基斯坦等国家和中国香港地区，举办企业座谈会、项目政策推介会7次。

【香港中联办一行到威海考察】 1月26日，香港中联办（中央人民政府驻香港特别行政区联络办公室）一行6人到威海考察。双方围绕协助威海企业到香港设点，利用香港作为平台拓展海外市场，促进两地企业经贸合作等事宜进行探讨。

【舒磊一行到威海考察】 2月4日，巴基斯坦中国梦语言文化培训学校董事长舒磊，巴基斯坦（中国）山东商会威海分会会长蔡晓萌一行5人到威海考察。舒磊介绍了学校发展规划以及在巴山东籍华人华侨发展状况，积极宣传、推介威海，促进巴基斯坦和威海在经济、科技、文化等方面的交流。

【郁伯仁一行到威海考察】 2月20日，前中国驻巴基斯坦拉合尔领事馆总领事郁伯仁、巴基斯坦（中国）山东商会会长程晓耘、巴基斯坦（中国）山东商会威海分会会长蔡晓萌一行5人到威海考察。双方希望以此次考察活动为契机，保持密切联系，开展经常性的交流活动，搭建起威海与巴基斯坦之间合作的桥梁，在更宽领域、更多方面、更深层次上谋求新的合作。

【张汝惟一行到威海考察】 2月25日，美国北加州山东同乡会会长、美国硅谷科创公司总裁张汝惟一行3人到威海参观考察。张汝惟表示将积极宣传和推介威海，为威海市人才引进、项目招商作出积极贡献。

【泰国山东总商会、德国山东商会会长到威海考察】 3月6日—8日，泰国山东总商会会长冯文亮、德国山东商会会长曲永刚等6名海外侨领到威海考察。在威海期间，冯会长、曲会长分别在市商务局作题为“泰国招商经验”和“欧洲招商经验”的讲座，详细介绍泰国、德国投资环境，并在“走出去”与泰国企业合作建设经贸特区及山东特色商品泰国集散中心，与德国企业开展技术合作等方面进行深入探讨。分别考察了威高集团、威海市地方土特产交易中心、威海临港经济技术开发区创新创业基地、碳纤维产业园等。

【符爱国一行到威海考察】 3月14日，加拿大哥伦比亚省鲍威尔市侨领、海玉湾度假村有限公司首席执行官符爱国与总经理符珍一行5人到威海考察，并就拟牵线加拿大哥伦比亚省鲍威尔市与威海市结好城市等事项进行交流探讨。

【张红鸽一行到威海考察】 3月27日，奥地利奥中商业协会中国事务总监张红鸽一行2人到威海考察，并就下一步威海市与奥地利方开展经济、科技、文化、环保、农业等多领域合作进行探讨。

【刘金美到威海考察】 4月10日—11日，南部非洲山东总商会副会长兼副秘书长、全非洲妇女联合会副会长、玮滔资源有限公司董事长刘金美（Susan）一行到威海，考察了金猴集团、海马集团，分别就进一步拓展非洲贸易业务进行交流和洽谈。

【冯文亮一行到威海考察】 4月13日，泰国山东总商会会长、泰国中国和平统一委员会副会长、山东省海外交流协会常务理事、泰国泰山国际集团公司董事长冯文亮一行5人到威海考察。双方分别介绍了投资环境，并就泰国企业与威海企业开展交流合作等方面进行深入探讨。

【刘小任一行到威海考察】 4月14日，美国好莱坞国际娱乐集团总裁刘小任一行到威海考察，并就拟在威海进行Mapping 3D激光水幕项目投资等意向进行交流座谈。

【全市外派教师工作座谈暨总结表彰会议举行】 4月20日，全市外派教师工作座谈暨总结表彰会议在蓝天宾馆举行。会议的主要议题是总结工作，交流经验，表彰先进。各区市外侨办、教育局负责人，国家级开发区商务局、教育局分管负责人，外派教师和派出单位负责人共30余人参加会议。会议对蒲芳等4名优秀外派教师进行表彰，4位优秀外派教师分别进行工作汇报和经验交流。

【曲永刚、包有增一行到威海考察】 4月21日，德国山东商会会长曲永刚、阿联酋中正集团董事长包有增一行4人到威海考察。就中德双方在嵌入式系统开发设计、技术合作等方面开展技术对接活动，围绕中阿（富吉拉）商贸物流园推进、促进园区拓展及威海与阿联酋开展进一步合作等进行深入交流。

【张加明一行到威海考察】 4月27日，在韩山东同乡会会长张加明一行3人到威海考察，在韩山东同乡会将与市外侨办保持密切联系，关心和参与威海建设，为团结侨社、服务侨胞作出积极贡献。

【安平一行到威海考察】 5月8日，加拿大魁北克省山东同乡会会长安平一行受邀到威海考察，旨在推动魁省相关城市与威海市建立友好关系，探讨双方在幼教联合办学、经贸投资合作等领域开展交流事宜。

【法国、日本侨商到威海考察】 5月10日—12日，法国跨文化中心主席、法中国际商务中心董事长陈明红，日本博奥实业株式会社董事长李立斌博士一行4人到威海考察。客人考察威高工业园、威海临港经济技术开发区碳纤维工业园区和威海经济技术开发区韩乐坊，听取东部滨海新城的布局和规划及未来发展趋势介绍，与威海临港经济技术开发区商务局进行商务座谈。

【重庆市侨联一行到威海考察交流】 5月18日—19日，重庆市侨联专职副主席、秘书长刘松勇，经济科技部部长牟童等一行3人到威海考察交流，威海市委副书记霍高原会见客人并座谈。客人先后参观考察威海经济技术开发区韩乐坊韩国商品交易中心、威海高技术产业开发区山东海富光子科技股份有限公司等园区及侨企，对威海市打造品牌化、专业化的韩国商品集散地，助力推广多种形式商业新载体，以及大力扶持和鼓励高新技术企业发展的做法和取得的成绩给予高度评价，并表示将加强两会间工作交流，充分利用侨界力量搭建两地间多方合作平台，为两地间经济社会发展多作贡献。

【参加“2017首届世界通商大会暨海外知名侨商南通行”活动】 5月21日—24日，威海市外侨办组织市侨商会8位侨商赴南通市参加“2017首届世界通商大会暨海外知名侨商南通行”活动，出席大会开幕式、第三届“海外创业风云人物”颁奖仪式、全球通商在线APP项目和全球侨团“百团联盟”启动仪式、“2017世界通商峰会”和“2017‘一带一路’海内外企业对口恳谈会”等系列活动，并参观苏通科技产业园、海门开发区，考察江海商务大厦、招商局江苏重工、宝钢精密钢丝等企业，就具体项目合作进行洽谈和对接。

【孙德俊一行到威海考察】 6月12日—14日，韩国仁川华侨协会会长孙德俊一行6人到威海考察，副市长高书良在蓝天宾馆会见客人一行。其间，客人参观考察威海东部滨海新城规划展厅、威海临港经济技术开发区中韩跨境电子商务产业园、拓展碳纤维展厅、创新创业产业基地、威海海创模具科技有限公司和威高集团有限公司等。

【王海泥一行到威海考察】 6月19日—23日，塞浦路斯国家工商联中国业务部负责人王海泥一行4人到威海考察，旨在考察威海市医疗健康产业及相关园区情况，推动园区双向互动。在威海期间，客人先后考察威海东部滨海新城国际医疗健康产业园规划情况，与威高集团相关负责人就海外投资事宜进行初步探讨，考察威海南海新区规划建设情况，为双方交流合作奠定基础。

【重庆市两区侨联到威海考察】 6月21日—23日，重庆市侨联专职副主席、秘书长刘松勇率领重庆市渝中区、渝北区侨联负责人等一行4人到威海考察交流。在威海期间，重庆市侨联一行与威海市侨联进行座谈交流。渝中区、渝北区侨联分别与威海市侨联签订缔结友好侨联协议书，约定了长时期友好交流与合作事项。客人还参观威海经济技术开发区韩国商品交易中心、威海临港经济技术开发区钓具之都博览城等商品流通和电商企业。

【陕西省侨联一行到威海考察交流】 6月23日，陕西省侨联党组成员、纪检组组长王建彬等一行3人到威海考察交流。双方就各自侨联基本情况，工作亮点等进行沟通交流，并就侨务扶贫、侨务信息化建设等工作进行深入探讨，双方加强两会间工作交流及信息共享，充分发挥侨界优势，为两地经济发展作出更多贡献。

【杨翠萍一行到威海考察】 7月18日—19日，香港特别行政区政府驻上海经济贸易办事处副主任杨翠萍、香港特区政府驻山东联络处主任王诺君等一行到威海考察。市委副书记、代市长张海波，副市长杨丽在东山宾馆会见客人一行。杨翠萍一行先后走访市外侨办、市商务局、市贸促会和市工商联，围绕协助威海企业到香港设点，利用香港作为平台拓展海外市场，促进两地企业经贸合作等事宜进行探讨。实地考察威海光威复合材料股份有限公司、三角集团有限公司，与企业相关负责人进行座谈交流。

【巴基斯坦（中国）山东商会会长回访威海企业家】 7月25日，巴基斯坦(中国）山东商会会长程晓耘到威海，对赴巴基斯坦考察归来的威海企业家进行回访，并就巴基斯坦的投资环境与政策进行深度介绍与解答。

【2017年海外华裔青少年“中国寻根之旅”夏令营——山东威海营活动开营】 7月27日，2017年海外华裔青少年“中国寻根之旅”夏令营——山东威海营开营仪式在威海市中小学生综合实践教育中心举行。意大利、荷兰、加拿大、澳大利亚的90名营员参加开营仪式。开营仪式上，威海市中小学生综合实践教育中心被山东省侨办设立为山东省华文教育基地。

【威海市代表团参加“2017香港山东周”活动】 8月14日—17日，“2017香港山东周”活动在香港举办，市委副书记、代市长张海波率团参加相关活动。其间，张海波一行积极利用鲁港搭建的交流平台，宣传推介威海投资环境和“1+5”特色产业园区，洽谈合作项目，与新老客户进行沟通联系，签约项目9个，总投资17.5亿美元，进一步深化与香港在贸易、旅游、金融、文化、品牌推广等领域的合作。

【林凤英一行到威海考察】 8月23日—24日，印尼巴中校友会主席林凤英一行20人到威海考察，并就华文教育和推动印尼华裔青少年“中国寻根之旅”活动的深入开展，与市外侨办华文教育负责人进行座谈交流。考察团在威海市外派印尼的华文教育教师的陪同下，参观刘公岛“爱国主义教育基地”和毛泽东像章珍藏馆。

【“海外侨胞故乡行——‘一带一路’沿线国家侨领走进山东”活动首站在威海举行】 8月28日，由中国侨联主办、山东省侨联及地市侨联共同承办的2017“海外侨胞故乡行——‘一带一路’沿线国家侨领走进山东”活动在威海开启。30多个国家、地区的60多名海外侨胞、华文媒体记者参加，山东省侨联主席梁波、威海市副市长高书良出席欢迎仪式并致辞。8月29日，侨领们参观考察威高集团、威海医疗器械与生物医药产业园、威海电子信息与智能制造产业园、双岛湾科技城、威海东部滨海新城、韩乐坊、威海盛世韩企中国总部基地等。

【阿联酋侨联驻山东省办事处在威海挂牌成立】 8月29日，阿联酋侨联驻山东省办事处挂牌仪式在山东侨乡集团举行。阿联酋侨联驻山东省办事处的成立，建立威海市与阿联酋华侨华人及侨社团长期稳固的关系，加强山东省、威海市与阿联酋经济、文化等方面的交流合作，为山东省、威海市企业走出去、开拓海外市场搭建良好的平台。

【顾毅风一行到威海考察】 9月18日—20日，德国籍华裔智能机器人研发专家，VMT GmbH高级工程师顾毅风一行应邀到威海考察并与相关企业洽谈项目对接。考察威海新北洋正棋机器人股份有限公司、文登筑丰五金有限公司、天润曲轴股份有限公司、威达公司、威海临港经济技术开发区创新创业基地，参观威海东部滨海新城规划馆和威高集团展厅。

【夏德发一行到威海考察】 9月29日，全英华人生命科学学会夏德发一行到威海考察，旨在推动威海市对英国苏格兰地区交流合作。双方就环翠区楼宇经济、对英国交流合作以及威海市对苏格兰地区友好城市交流等进行深入探讨。

【王学鹏一行考察威海】 10月12日，巴西冀鲁同乡总会会长王学鹏一行7人到威海考察，旨在促进威海与巴西经贸友好往来。

【非洲和中东地区投资风险讲解座谈交流会举办】 10月20日，威海市侨商投资企业协会在联桥集团会议室举办非洲和中东地区投资风险讲解座谈交流会。中国驻坦桑尼亚经济商务代表处代表林治勇到会作主题讲座。威海侨商会20家会员企业代表和各区市外侨部门分管领导参加会议并实地考察了联桥集团。

【参加“第十一届大邱华侨中华文化祝祭”活动】 10月13日—17日，市海外交流协会文化交流团一行5人赴韩国大邱市参加“第十一届大邱华侨中华文化祝祭”活动。威海非物质文化遗产传承人交流了剪纸、面塑、捏泥人、变脸和魔术等中国传统文化项目，旨在展示山东胶东民俗艺术，传播中华文化。大邱华侨协会会长臧汝林为每位团员颁发感谢状。

【参加仁川华侨节中华文化庆典活动】 10月20日—10月25日，威海市海外交流协会文化交流团一行5人，赴韩国参加仁川华侨节中华文化庆典活动。考察团在仁川中华街分别进行了剪纸、面塑、糖人、泥塑、鲁绣和书法等中国传统文化展演和介绍，收到了良好的反响和传承效果。仁川华侨协会会长孙德俊为每位团员颁发感谢状。

【王维征一行到威海考察】 11月3日，香港金蔚蓝集团有限公司董事长王维征一行4人，在香港山东商会联合总会常务副会长尹国桥的带领下，到威海考察东部滨海新城规划馆、逍遥湖、国际医疗健康产业城和教育产业区域等项目建设情况。市委常委、统战部部长、东部滨海新城建设指挥部总指挥戴龙成会见客人。

【曹明权一行到威海考察】 11月6日—8日，韩国全国韩籍华人总联合会会长、韩国新华报社社长曹明权，海外华文新媒体合作发展联盟联合主席兼秘书长、《焦裕禄》系列影视作品摄制组总出品人陈俊余，韩中自由贸易（FTA）民间商贸委员会驻威海办事处首席代表宋修威一行5人，到威海考察荣成市经济开发区，深入探讨在荣成建立影视基地的相关事宜。

【薛杨一行到威海考察】 11月9日—10日，加拿大西北大西洋商会会长薛杨陪同加拿大大西洋海参有限公司总裁高颂文、中国区总代表王俊一行到威海考察。客人先后考察中国海参交易中心、威海宇王集团、山东圣洲生物科技有限公司，参观海参口服液、粉剂加工生产线，与相关企业负责人就海参深加工技术进行探讨。

【孙国强到威海考察】 11月17日，越南中国商会山东企业联合会常务副会长孙国强到威海考察，考察了东部滨海新城和市容市貌，就新旧能转换和威海名优产品走出去进行探讨。

【包有增一行到威海考察】 11月7日—23日，阿联酋华侨华人联合会副主席、阿联酋中正集团董事长包有增，阿联酋华侨华人联合会副主席、联合国国际生态安全合作组织迪拜代表处首席代表张少平到威海考察，副市长高书良会见客人。包有增一行先后考察山东侨乡集团、荣成诚安集团有限公司、威海诚远海洋生物科技有限公司、文登义乌小商品市场、文登温州商会、威海浙商城、乳山ACE英文教育中心、东部滨海新城等，就开展园区合作和项目对接进行深入沟通和交流探讨，并与侨乡集团就中阿（富吉拉）自由经济区项目及中阿（富吉拉）商贸物流园项目开展洽谈，达成初步共识。

【周兴一行到威海考察】 11月15日—16日，中法关系促进会会长周兴、法国沃克吕兹省经济与旅游发展办公室主任艾马努埃尔·毕可帮一行5人到威海考察，与市商务局、人社局、国土局等部门、单位相关负责人座谈，就温泉医疗健康项目、引进海外专家和国际人才、建立友好城市、市政建设等方面深入交流，并达成多个合作意向。市委副书记、代市长张海波会见客人一行。

【郑晓梦一行到威海考察】 12月2日—3日，加拿大加中文化商贸协会会长郑晓梦一行4人威海，分别考察了山东颐阳集团、威海水务集团、东部滨海新城。

【巴西TMX能源公司考察团到威海考察】 12月11日，巴西TMX能源公司董事长HIURY一行7人到威海考察。在威海期间，考察团与市侨联进行座谈交流，希望能够密切与威海的交流，通过侨联组织建立起威海与巴西的桥梁，借助中国的“一带一路”倡议，推动威海更多的企业走进巴西。

【袁菲菲一行到威海考察】 12月27日—29日，法国卢瓦尔大区中法友好协会副会长袁菲菲、法国山东协会副会长谷泉威一行3人到威海参观考察，与市文广新局、档案局等有关部门负责人就“一战华工历史”进行座谈交流，参观了山东大学（威海）和威海职业学院。

（赵　静）

编辑　闫拥军

中国人民政治协商会议威海市委员会

综　述

【概况】　中国人民政治协商会议第十三届威海市委员会于2017年3月换届产生。至2017年底,有委员328名,常委63名。其中,中共委员128名,占委员总数的39%;非中共委员200名,占委员总数的61%。政协第十三届威海市委员会下设办公室、研究室、委员活动工作室3个办事机构以及提案委、人口资源环境和经济委、科教文卫体和文史资料委、台港澳侨和民族宗教外事委、社会法制委、委员联络工作委6个专门委员会。

【政协第十三届威海市委员会第一次会议】　3月20日—23日举行,应出席委员324名,实到委员316名。会议听取并审议政协第十二届威海市委员会常务委员会工作报告和提案工作报告;与会委员列席威海市第十七届人民代表大会第一次会议,听取并讨论政府工作报告及其他有关报告;委员们围绕全市改革发展重大问题和涉及群众切身利益的实际问题,认真撰写提案,积极建言献策,提交提案331件;会议选举产生政协第十三届威海市委员会主席、副主席、秘书长和常务委员,高旭光当选为市政协主席,李淑芳、戚建波、刘亚东、任慧春、徐东明、夏景华、陈伟胜为副主席,戴海波为秘书长;会议审议通过政协第十三届威海市委员会第一次会议决议。

【政协常务委员会会议】　十二届二十八次会议　2月15日举行。应到常委70人,实到64人。会议传达学习山东省政协十一届五次会议精神;审议通过市政协关于增设和调整专门委员会的决定及有关人事事项。

十二届二十九次会议　3月14日举行。应到常委70人,实到65人。会议听取市委统战部关于十三届市政协委员人选情况的说明;审议通过十三届市政协委员名单、关于召开市政协十三届一次会议的决定和会议其他有关事项,决定市政协十三届一次会议于3月20日在威海举行;审议通过政协第十二届威海市委员会常务委员会工作报告(草案)、提案工作报告(草案)和两个报告的报告人名单;审议通过市政协2017年重点协商活动计划(草案)。

十三届一次会议　3月23日举行。应到常委63人,实到62人。会议听取关于十三届市政协副秘书长人选和专门委员会设置的说明;审议通过政协第十三届威海市委员会副秘书长名单和有关人事事项;审议通过政协第十三届威海市委员会关于设置专门委员会的决定,决定设置6个专门委员会。

十三届二次会议　8月1日举行。应到常委63人,实到59人。会议听取市政府关于上半年全市经济社会发展情况通报和市政府办公室关于市政协十三届一次会议以来提案办理情况通报;审议通过有关人事事项;围绕"加快新旧动能转换",听取市直有关部门工作情况介绍,组织部分委员进行议政发言。会后形成书面报告报送市委。

十三届三次会议　11月9日举行。应到常委63人,实到60人。会议邀请中共中央党校教授就学习贯彻中共十九大精神作专题辅导报告;传达学习中共十九大精神,传达学习省政协十一届二十八次常委会议和市委十五届三次全会精神;审议通过《政协威海市委员会关于深入学习宣传贯彻中国共产党第十九次全国代表大会精神的决议》。

十三届四次会议　12月22日举行。应到常委63人,实到61人。会议听取市委统战部关于增补十三届市政协委员协商名单和辞去委员职务决定有关情况的说明,审议通过增补委员名单、辞去委员职务决定和召开市政协十三届二次会议的有关事项,决定市政协十三届二次会议于2018年1月3日在威海举行。会议审议修改政协第十三届威海市委员会常务委员会工作报告和提案工作报告,审议通过市政协2018年重点协商活动计划(草案)。

【专题协商会】　7月27日,召开"因地制宜推进新型城市化建设"专题协商会。市政协委员围绕推动全域城市化提质增效、推进市域一体化协调发展、创新城市发展融资理念、强化城市生态环境保护等方面提出意见和建议,市发展改革委、住建局、规划局等7个部门负责人积极回应,与委员沟通协商并现场进行答复。

8月18日,召开"解决环保突出问题"专题协商会。市政协委员围绕协商议题提出意见和建议,市环保局、住建局、农业局等6个部门负责人积极回应，针对委员的意见、建议进行现场答复。

11月20日，召开“优化科技创新环境”专题协商会。5位市政协委员先后发言，提出意见和建议。市发展改革委、经信委、科技局等8个部门负责人积极回应，与委员沟通协商并现场进行答复。

【对口协商会】 11月20日，召开“鼓励扶持文化产业发展”对口协商会。6位市政协委员围绕协商议题提出意见和建议，市文广新局、旅游发展委、财政局等5个部门负责人积极回应，与委员沟通协商并现场进行答复。

【界别协商会】 5月10日，召开“积极推进‘医养结合’养老服务业发展”界别协商会。4位市政协委员围绕建立新型养老社区、发展社区居家养老服务、解决老式居民楼老人“下楼难”问题、加强老年人医疗保健信息跟踪、加强威海市养老服务业志愿者队伍建设等方面提出了意见和建议，市卫生计生委、民政局、财政局等3个部门负责人积极回应，与委员沟通协商，答复解决措施。

【重点提案办理协商会】 12月8日，召开“新常态下促进实体经济发展”重点提案办理协商会。市政协委员围绕协商议题提出了意见和建议，市发展改革委、经信委、财政局等8个市直部门负责人积极回应，与委员沟通协商，提出办理措施。

【基层协商会】 8月4日，召开“加快改善老生活区物业管理和卫生状况，营造社区和谐发展环境”基层协商会。市、区政协委员和市民代表围绕协商议题提出意见和建议，市、区两级住建局、环卫局等有关部门负责人积极回应，与委员沟通协商并现场进行答复。

12月13日，召开“加强业主委员会建设”基层协商会。4位政协委员、4位市民代表、2位业主委员会代表围绕协商议题提出意见建议。市、区两级物管办、2个街道办、2个居委会负责人积极回应，现场解答相关问题，并与委员、市民代表等沟通协商，提出对策措施。

【其他重要活动】 4月19日—20日，山东省政协副主席、民革山东省委主委孙继业率侨商代表调研组到威海市就健康与养老产业发展情况进行专题调研。在威海期间，调研组一行先后到东部滨海新城和南海新区进行实地考察，并召开座谈会。市政协主席高旭光陪同调研并主持座谈会，副市长杨丽出席座谈会并介绍相关情况。

4月25日，举办十三届新任委员培训班，邀请省政协研究室主任魏余秀、提案委原副主任孙青松分别就人民政协发展历程与实践创新和如何撰写政协提案作辅导讲座。培训班上，住威海的省政协委员及市政协常委等向新任委员介绍履职经验和体会。

4月27日，召开市政协秘书长与各民主党派市委、市工商联驻会负责人联席会议。会议通报了十三届市政协领导分工、机构设置和年度工作安排情况，听取各民主党派市委、市工商联驻会负责人关于机构基本情况和年度履职计划的介绍，就进一步做好新形势下多党合作和政协工作进行交流探讨。

5月16日，市政协主席高旭光率调研组到威海高技术产业开发区调研国家(威海)创新中心建设推进情况。实地考察华菱光电、三星电子、华田智能装备加速器、威高集团等，并召开座谈会，听取情况介绍，了解创新中心建设及相关项目推进落实情况。

5月19日—20日，省政协常委、原济南军区空军副司令员吴辉建率省政协中共、特邀界委员调研组，到威海市调研建设海洋牧场、加快渔业转型升级情况。调研组先后到荣成市好当家集团、蓝润水产有限公司、泰祥集团、寻山集团等企业进行实地考察，并召开座谈会听取情况介绍和委员意见、建议。

5月23日，召开市政协界别工作会议，研究部署做好新形势下的政协界别工作，并邀请省政协副秘书长、机关党组成员曲伟就“推进新时期政协界别工作创新发展”，围绕如何认识界别、界别怎样设置和划分、怎么做好界别工作、界别召集人的职责4个方面，作专题辅导讲座。

6月27日—30日，市政协主席高旭光带领市政协领导班子成员和部分市政协委员，对各区市、国家级开发区和南海新区推进实施“全域城市化、市域一体化、重点区域开发”战略情况进行集中督导。督导组一行先后观摩重点项目建设运营现场51个，听取有关工作情况介绍，与项目负责人进行互动交流，对各区市、国家级开发区和南海新区的工作进行民主测评。

6月底至7月底，举行委员“亲民为民界别月”和“进社区、进企业、进学校”活动。市政协各界委员共参加公益慈善活动400多人次，为基层和群众办实事好事600多件，捐款捐物

6月30日，市政协领导及部分委员到环翠区调研

威海市政协办公室提供

6月27日，市政协领导班子成员和部分市政协委员观摩烟墩角海上牧场
威海市政协办公室提供

折合人民币300多万元。

7月21日，组织部分市政协委员就口岸开放及大通关建设情况进行视察，实地察看威海港、威海检验检疫局技术中心和威海国际物流园，详细了解全市口岸建设发展情况，并召开座谈会听取工作情况汇报和委员意见、建议。

7月24日，省政协副主席赵润田率调研组到威海市，就推进提案公开工作进行调研。实地考察威海高技术产业开发区双岛湾科技城规划开发与环境保护等提案的办理落实情况，并召开座谈会听取市政协提案工作情况和推进提案公开工作情况汇报，听取环翠区政协、市发展改革委、人社局、民政局和部分住威海的省政协委员对制定提案公开办法的意见、建议。

8月17日—18日，省政协副主席雷建国带领调研组到威海市调研海洋产业转型升级情况。调研组一行先后到威海经济技术开发区黄金岸线修复现场，荣成长青海洋牧场、海洋食品博览中心、靖海集团、好当家集团，实地考察海岸带生态修复、近海渔业资源保护、海洋牧场建设和海洋企业转型发展情况。

8月22日—23日，省政协副主席、民建山东省委主委郭爱玲率省政协调研组到威海市，就齐鲁文化与“一带一路”专题进行调研。调研组一行到赤山法华院、荣成民俗馆、圣经山以及迪尚集团等地，实地考察威海市在推进齐鲁文化产品、齐鲁文化产业走向国际等方面的工作情况，并召开座谈会，听取市发展改革委、经信委、海洋与渔业局等7个部门关于文化融入“一带一路”建设的工作情况汇报。

9月1日，市政协书画联谊会、摄影联谊会在市美术馆联合举办“庆祝地级威海市成立30周年”书画摄影作品展。

9月8日，组织部分政协委员，对全市重点河流环境保护和整治情况进行视察。先后到钦村河、涝台河、张村河、草庙子河、母猪河、九龙河等重点河流整治现场，实地察看河流的生态保护和综合整治情况，听取工作情况介绍，并就有关问题与相关负责人进行沟通交流。

9月27日，组织部分市政协委员，对全市法院执行工作情况进行视察。先后到市法院立案大厅（便民服务平台）、科技法庭、数据集控中心（执行指挥中心）和环翠区法院诉讼服务中心进行实地考察，并召开座谈会听取市法院关于全市法院执行工作情况介绍和市政协委员意见、建议。

10月27日，由民革中央和山东省政协主办，市政府、市政协承办的“健康中国与助推山东康养产业发展”座谈会在威海举行。全国政协副主席、民革中央常务副主席齐续春出席会议并讲话。民革中央副主席兼秘书长李惠东，民革中央调研部部长付悦余，民革中央调研部副部长周丽萍，中国气象局副局长宇如聪，副省长王随莲，省政协副主席吴翠云、孙继业，省政协常委、民革山东省委秘书长高贤德，市领导孙述涛、张海波、高旭光等出席会议。会上，国家部委领导、专家围绕康养产业各专业领域作发言，对康养产业未来的发展提出具体思路，发表了《康养产业发展威海共识》。

10月27日，举行健康中国与助推山东康养产业发展洽谈会，共谋康养事业发展，共商康养产业合作，30个康养产业项目现场进行集中签约。民革中央副主席兼秘书长李惠东，民革中央调研部部长付悦余，民革中央调研部副部长周丽萍，省政协副主席孙继业，省政协常委、民革山东省委秘书长高贤德，市领导张海波、高旭光、戴龙成、杨丽等出席洽谈会和签约仪式。会上，威海东部滨海新城推介了国际医疗健康产业城，威海高技术产业开发区推介了医疗器械与生物医药产业园。

11月23日，组织部分市政协委员对威海市品牌建设和质量强市战略推进实施情况进行视察。先后到市政务服务中心、迪尚集团、万丰镁业公司、国家海产品质量监督检验中心（威海），实地考察部门和企业在规范服务标准、提高质量管理水平、加强技术机构建设等方面情况，并召开座谈会听取市直有关部门工作情况介绍和委员意见、建议。

12月6日，组织部分市政协委员，对全市创新平台建设情况进行视察。先后到威海市机器人与智能装备产业研究院、山东船舶技术研究院、迪尚服装时尚设计国家专业化众创空间、华田智能制造孵化器、国家空港地面设备工程技术研究中心、迪沙海洋药物与功能食品研究院，实地考察创新平台建设情况，并就有关问题与相关负责人进行沟通交流。召开座谈会，市科技局、发展改革委、经信委等7个市直部门的负责人围绕视察主题作工作情况介绍，7位政协委员提出意见和建议。

12月14日，组织部分市政协委员，对威海市医疗健康产业发展情况进行视察。先后到威里医院、威高天伦苑康养中心、孙家疃社区卫生服务中心、欣娃母婴健康养护中心，实地考察医疗健康产业发展情况，并就有关问题与相关负责人进行沟通交流。随后召开的座谈会上，市发展改革委、经信委、民政局等8个部门的负责人围

10 月 27 日，威海国际医疗健康产业城揭牌仪式举行
威海市政协办公室提供

绕视察主题介绍工作情况，10 位市政协委员提出意见和建议。

专门委员会工作

【提案委员会】 2017 年，提案委员会收到政协提案 335 件，其中市政协十三届一次会议期间收到提案 331 件，平时提案 4 件，立案 320 件。至 12 月底，所有立案提案全部办结，办结率为 100%。制定出台《威海市政协提案办理协商办法》，为开展提案办理协商提供政策机制保障。举办提案撰写知识培训班，邀请省政协提案委专家对新任政协委员进行集中辅导。围绕“新常态下促进威海实体经济发展”议题，召开重点提案办理协商会。协助省政协调研组就推进提案公开工作开展调研并召开座谈会。

【人口资源环境和经济委员会】 年内，组织召开“因地制宜推进新型城市化建设”专题协商会、“解决环保突出问题”对口协商会、“加快老生活区物业管理和卫生状况 营造社区和谐发展环境”基层协商会。组织部分市政协委员，对威海市“品牌建设和质量强市战略”推进实施情况进行视察。协助省政协调研组就“加快完善我省生育保障机制情况”开展调研并召开座谈会。协助省政协经济委员会围绕“降低企业经营成本，大力振兴实体经济”开展专题调研，并组织威海市 50 家规模以上企业填写《降低企业经营成本情况调查问卷》。

【科教文卫体和文史资料委员会】 年内，配合省政协完成《记忆山东》（包含《记忆胶东》和《记忆半岛海疆》）丛书有关文史资料的征集工作，供稿 230 多篇。将 20 世纪八九十年代出版的《威海文史资料》1 ~ 6 辑进行整理并重新出版。征集地级威海市成立以来 50 名政协委员的先进事迹，编辑出版 16 万字的《威海文史资料第二十四辑——同心筑梦》。先后组织召开“积极推进‘医养结合’养老服务业发展”界别协商会、“优化科技创新环境”专题协商会、“鼓励扶持文化产业发展”对口协商会。精选出版《艺海追梦——庆祝地级威海市成立 30 周年威海市政协书画摄影联谊会会员作品集》，并举办庆祝地级威海市成立 30 周年书画摄影作品展。协助省政协调研组就“落实《山东省参与建设丝绸之路经济带和 21 世纪海上丝绸之路实施方案》有关情况”开展专题调研。

【台港澳侨和民族宗教外事委员会】 年内，为推动口岸开放和大通关建设，组织部分市政协委员对全市口岸工作开展视察调研。组织有关部门赴新疆，就少数民族人口转移就业和宗教活动场所规范管理工作进行考察调研。组团赴香港参加“山东非物质文化遗产走进香港”活动。协助省政协调研组分别就“健康与养老产业发展”和“进一步加强我省与港澳地区青少年文化交流”开展专题调研。

【社会法制委员会】 年内，组织开展《威海市节水用水条例》的立法协商工作，组织市政协委员召开座谈会，对相关问题进行充分协商，征求委员意见和建议，为条例的制定出台发挥建设性作用。组织召开“加强业主委员会建设”基层协商会。组织部分市政协委员，对全市创新平台建设情况进行视察。

【委员联络工作委员会】 年内，加强与政协委员联系联络，对日常委员来信来访及时处理认真接待。为住威海的省政协委员参加省政协十一届五次会议、省政协常委会议和省政协培训班的召开做好协调服务保障工作。组织推荐政协委员参加法院庭审活动 26 人次，参加公务员考试考场监督和面试监督 12 人次，参加有关部门听证会和座谈会 7 次，参加各类会议和活动 100 多人次。

（孙宏强）

编辑 闫拥军

中国共产党威海市纪律检查委员会

综　述

【概况】　中国共产党威海市纪律检查委员会与威海市监察委员会合署办公，实行一套工作机构、两个机关名称的体制，履行纪律检查、国家监察两项职能。中国共产党威海市纪律检查委员会（威海市监察委员会）机关内设16个职能室（部），1个直属事业单位，市纪委设11个派驻纪检组。至2017年底，实有在职人员165人。

【政治问责】　深入开展“问责年”活动，健全责任分解、监督检查、倒查追究的完整链条，聚焦“两个责任”（党委主体责任、纪委监督责任）落实不力、懒政怠政、基层“三转”（转职能、转方式、转作风）不到位等问题，加大政治问责力度，既追究直接责任，又追究主体责任、监督责任和领导责任，以常态化问责唤醒责任意识、激发担当精神。年内，实施党内问责182起，其中问责党组织64起，问责党员领导干部135人，党政纪处分45人。

【落实中央“八项规定”精神、纠治“四风”】　认真研究“四风”问题新特点、新规律，既深挖细查顶风违纪、隐形变异问题，又发现和纠正以形式主义、官僚主义方式对待党中央决策部署，把同党中央保持一致仅当口号等突出问题。查处违反中央“八项规定”精神问题115起、处理138人、党政纪处分79人，比上年分别增长85.4%、48.4%和41.1%。组织开展财政专项资金、因公出国（境）、公款购买购物卡等自查自纠和专项治理活动。督促责任部门建立公车监督管理平台和公车数据库，对5724辆公车信息统一登记，从制度层面杜绝公车违纪问题。建立市直部门单位县处级领导干部操办婚丧喜庆事宜“一承诺两报告”制度，定期检查形成长效机制。坚持重要节点必通报、典型问题必通报，对34起、48人通报曝光。

【巡察工作】　市委高度重视巡察工作，将主体责任扛牢抓实，市委书记亲抓亲管，主持研究制定市委巡察工作办法和五年工作规划，多次批示、督促落实。市纪委主动向上汇报取得指导支持，加强部门沟通协调，确保在全省率先组建机构、开展工作。坚持把政治巡察要求贯穿始终，充分发挥巡察震慑、遏制和治本作用。市委开展4轮巡察，共巡察单位44个，发现问题543个，根据巡察移交问题线索诫勉谈话、批评教育117人，党政纪处分48人。按照省纪委部署，实现向市一级党和国家机关派驻监督全覆盖，督促驻在部门全面履职尽责。

【执纪审查】　坚持惩前毖后、治病救人，不断深化“四种形态”（第一种形态：经常开展批评和自我批评、约谈函询，让“红红脸、出出汗”成为常态；第二种形态：党纪轻处分、组织调整成为违纪处理的大多数；第三种形态：党纪重处分、重大职务调整的成为少数；第四种形态：严重违纪涉嫌违法立案审查的成为极少数）运用成效，把更多精力用在第一、二种形态上，经常对党员干部进行谈心谈话、提醒教育，使红脸出汗、咬耳扯袖成为常态。通过第一、二种形态处理915人次。市纪委常委同112名区市党政主要负责人和市直部门单位主要负责人廉政谈话，市纪委各派驻纪检组同驻在部门695名县处级干部廉政谈话。坚持从严执纪审查，保持反腐败斗争压倒性态势。全市纪检监察机关接受信访举报1568件次，处置问题线索1254件，谈话函询320件次，立案687起、党政纪处分691人，立案数和党政纪处分人数比上年分别增长26.3%、11.1%。市纪委派驻纪检组和所有镇（街道）纪（工）委全部实现纪律审查“零”突破。认真贯彻监督执纪工作规则，研究制定《关于规范执纪审查工作的实施意见》《威海市纪律检查机关走读式谈话场所使用管理办法（试行）》，按照省纪委要求建成走读式谈话室，确保执纪审查工作安全规范。

【“微腐”治理】　深入贯彻落实习近平总书记重要批示精神和中央纪委、省纪委工作部署，始终把查处发生在群众身边不正之风和腐败问题作为重要政治任务，强力推进扶贫领域监督执纪问责。强化线索排查，通过受理举报、自查自纠、重点检查、纳入巡察、入户走访等方式，精准发现问题。强化督导督办，市纪委领导班子成员带队对7个镇（街道）进行重点督导和集中整治查处；制定《聚焦扶贫惠农领域对发生在群众身边的不正之风和腐败问题进行专项整治的工作方案》，督促主责部门落实监管责任，形成市、区市及镇（街道）三级统筹，职能部门主管负责，纪检监察机关监督执纪问责的齐抓共管工作机制。强化执纪问责，建立问题线索提级管理制度，市纪委转办问题线索，一律由区市纪（工）委直接查办。问题比较集中、群众反映强烈的重要线索，市纪委直查直办。查处发生在群众身边不正之风和腐败问题255起、处理294人、党政纪处分165人，比上年分别增长160%、124.4%和60.2%，通报曝光50起68人。聚焦规范基层权力运行，着眼构建不敢腐、不能腐、不想腐机制制度，搭建全面从严治党向基层延伸平台载体，在全市层面实施以廉政教育课、集中议廉课、述廉评议课为主要内容的基层党风廉政建设“三堂课”制度。省委常委、省纪委书记陈辐宽和市委书记孙述涛分别作出重要批示，给予充分肯定。修订完善了17个农村党风廉政建设标准化制度，选取部分镇（街道）、村居进行试点，并着重在村级事务公开、村级公章管理等方面进行有益探索。

【深化国家监察体制改革试点工作】市委深入贯彻落实中央和省委系列改革部署要求，深化国家监察体制改革，第一时间成立市委书记任组长的改革试点工作小组及办公室，召开动员部署会议。市委书记全力当好“施工队长”，多次主持会议研究制定方案、部署改革任务，在机构设立、编制划转、办公场所等方面提供坚强保障。市纪委全力靠上、牵头抓总、精心组织、统筹推进，多次召开会议，加强工作调度，协调解决难题，聚焦人员转隶和组建挂牌关键环节，严格审核转隶人员档案，全面排查转隶人员任职回避情况，逐人开展谈心谈话，研究确定人员转隶和机构组建方案，落实办公办案场所，确保市、区市两级监察委员会顺利组建挂牌，各项工作扎实有序开展。

【廉洁威海建设】 聚焦巩固全面从严治党成果、凝聚全市反腐倡廉合力、打造优良政治生态，向市委提出旗帜鲜明建设廉洁威海的建议，推动市委、市政府研究出台《关于建设廉洁威海的实施意见》，并将其纳入市党代会报告和政府工作报告，作为重点工作部署推进。市委、市政府成立领导小组及办公室，市纪委根据市委要求牵头抓好贯彻落实，统筹推进7大廉洁工程，深化廉洁机关、廉洁区市、廉洁基层、廉洁文化、廉洁家风建设指导，联动开展“廉洁威海杯”三项征集活动、“树清廉家风·创最美家庭”等各类共建活动，各级各部门按照职责分工深入扎实推进，廉洁威海建设不断向基层拓展延伸，风清气正的政治生态不断巩固提升。分类研究建立标准化规范化的廉洁制度体系，农村基层党风廉政建设廉洁指标体系已试点完成。按照市委统一部署，研究制定《关于规范政商交往构建新型政商关系的若干意见》，划出政商交往底线，规范政商交往关系。

【廉洁教育】 重点围绕学习宣传贯彻中共十九大、省市党代会和各级纪委全会精神，深入推动廉洁威海建设等，策划13个主题系列宣传，在省级以上媒体刊发各类信息宣传稿件300余篇。组织全市2.3万名党员干部参加全省学《中国共产党廉洁自律准则》《中国共产党纪律处分条例》在线答题，参与人数全省第一。全面升级改版市纪委网站，创建开通廉洁威海微信公众号，高标准建设威海市反腐倡廉教育展厅，“一网一微一厅”宣传教育阵地上档升级。广泛宣传“红廉文化”，系统整理当地廉洁文化和清官廉吏事迹，编辑制作廉洁威海专题片，组织3000余名党员干部重温入党誓词，坚定理想信念。深入开展“警示教育月”“反腐倡廉教育季”活动，对中共十八大以来全市查处的30余起严重违纪典型案例剖析通报，编辑相关忏悔录，制作《从誉到狱》《监狱写实》等专题片和10余个忏悔视频，指导党校开设警示教育课程，教育党员干部汲取教训、警钟长鸣。指导各级改扩建廉政教育基地（展厅）、廉政文化示范点30多个，创编廉政剧目30余个在基层巡演。

【纪检监察队伍建设】 深入贯彻落实全省纪检监察干部队伍建设会议精神，紧密结合“两学一做”学习教育常态化制度化，强化纪律建设、作风建设、能力建设，全面打造忠诚干净担当的纪检监察干部队伍。研究制定《中共威海市纪委关于加强自身建设的意见》《中共威海市纪委常委会议事决策规则（试行）》《市纪委推进新旧动能转换工作方案》，提升服务保障中心工作能力水平。采取学思讲堂、外出调训、自办培训、轮岗锻炼等方式，提升素质能力，举办学思讲堂18期，组织29批96人次参加中央纪委、省纪委培训班，举办全市纪检监察干部业务培训班。完善干部选拔任用交流制度，内部挖潜、优化配备，人尽其才、岗尽其专，调整交流38人，进一步优化结构、激

8月17日，市委常委、市纪委书记傅逊（前右二）一行到文登区调研基层党风廉政建设“三堂课”工作　　威海市纪委办公室提供

发活力。加强日常监督，组织开展机关作风纪律常态化检查。及时调查核实反映纪检监察干部问题线索，谈话函询8人，谈话提醒、约谈18人，诫勉谈话9人，党纪处分2人，因监督责任落实不力问责9人。

【重要会议及活动】 1月17日，召开中共威海市纪委十四届八次全体会议。传达学习十八届中央纪委第七次全会和省纪委十届八次全会精神，回顾总结2016年全市党风廉政建设和反腐败工作情况，对2017年工作任务进行部署。市委书记、市人大常委会主任孙述涛出席会议并讲话，市委常委、市纪委书记傅逊代表市纪委常委会作题为《强化政治担当，忠诚履行职责，持续推动全面从严治党向纵深发展》的工作报告。

2月6日—9日，举办全市纪检监察干部业务培训班。市委常委、市纪委书记傅逊出席开班式并讲话。

3月3日，召开中共威海市纪委十五届一次全体会议。会议选举产生新一届市纪委书记、副书记、常委。傅逊当选为中共威海市第十五届纪律检查委员会书记，邱洪京、尹玉翠、张利春当选为副书记。新当选的市纪委委员出席会议。

3月30日，召开十五届市委第一轮巡察工作动员部署会议。市委常委、市纪委书记、市委巡察工作领导小组组长傅逊出席会议并作动员讲话，市委常委、组织部部长、市委巡察工作领导小组副组长刘运主持会议。

4月24日，召开全市基层党风廉政建设“三堂课”现场会。省纪委宣传部副部长、宣传处处长李亮科，市委副书记霍高原，市委常委、市纪委书记傅逊出席会议。

5月25日—26日，省委常委、省纪委书记陈辐宽，省纪委办公厅主任陈培华，省纪委第四纪检监察室主任张月波，省纪委研究室副主任张莉莉，省纪委正科级秘书王传法一行5人，到威海调研党风廉政建设工作。市委书记孙述涛，市委副书记、市长张惠，市委常委、市纪委书记傅逊等陪同。调研期间，陈辐宽一行先后到威高集团、环翠区张村镇嘉祥社区、环翠楼街道办事处和市规划展览馆等实地考察，并召开座谈会。

7月27日，召开十五届市委第二轮巡察工作动员部署会议。市委常委、市纪委书记、市委巡察工作领导小组组长傅逊出席会议并作动员讲话，市委常委、组织部部长、市委巡察工作领导小组副组长刘运主持会议。

8月14日，市委常委、市纪委书记傅逊参加所在的市纪委机关党支部组织生活，并为全体党员上党课，各常委、副局长交流学习习近平总书记在省部级主要领导干部专题研讨班开班式上的重要讲话精神心得体会。

11月3日，召开中共威海市纪委十五届二次全体会议。市委常委、市纪委书记傅逊出席会议并讲话，会议传达学习中共十九大和省委十一届二次全会、省纪委十一届二次全会、市委十五届三次全会精神，对全市纪检监察机关学习贯彻工作作出部署。

11月14日，召开十五届市委第三轮巡察工作动员部署会议。市委常委、市纪委书记、市委巡察工作领导小组组长傅逊出席会议并作动员讲话，市委常委、组织部部长、市委巡察工作领导小组副组长刘运主持会议。

11月19日，召开威海市深化国家监察体制改革试点工作办公室全体成员第一次会议。市委常委、市纪委书记、市深化国家监察体制改革试点工作小组副组长兼办公室主任傅逊出席会议并讲话，会议传达学习中央深化国家监察体制改革试点工作精神，明确各小组任务和职责分工。

11月30日，召开威海市深化国家监察体制改革试点工作办公室全体人员第二次会议。市委常委、市纪委书记、市深化国家监察体制改革试点工作小组副组长兼办公室主任傅逊出席会议并讲话，会议传达中央、省深化国家监察体制改革试点工作安排部署、研究讨论威海市实施方案。

12月5日，召开全市推开国家监察体制改革试点工作动员部署会议。市委书记、市深化国家监察体制改革试点工作小组组长孙述涛出席会议并讲话。市委常委、市纪委书记、市深化国家监察体制改革试点工作小组副组长兼办公室主任傅逊主持会议。

12月6日，召开威海市深化国家监察体制改革试点工作办公室全体人员第三次会议。市委常委、市纪委书记、市深化国家监察体制改革试点工作小组副组长兼办公室主任傅逊出席会议并讲话。会议传达学习《市县改革试点工作实施方案会审会议精神》《市县深化国家监察体制改革试点工作指导意见》，研究讨论《威海市级检察机关涉改部门人员转隶工作方案》《威海市深化国家体制改革试点工作任务分工安排》，并部署相关工作。

（于　源）

编辑　闫拥军

民主党派

中国国民党革命委员会威海市委员会

【概况】 2017年，民革威海市委新发展党员2人，党员总数100人。其中，中高级职称64人。有14人在各级人大、政协任职。加强做好党务工作，积极履行参政党职能，社会服务工作取得显著成绩。

【党务工作】 抓好学习和思想工作 按照中共山东省委统战部、市委统战部的要求，学习贯彻中共十九大精神，参加专题教育培训班，组织学习座谈和学习心得交流；参加市政协组织的中共十九大精神学习活动、革命教育活动；组织"庆祝党的十九大胜利召开书画家笔会"。按照民革中央和民革省委的要求，深入开展"不忘合作初心，继续携手前进"主题教育活动，制定实施方案，完善工作机制，学习贯彻中共十九大精神和习近平新时代中国特色社会主义思想。

进一步加强自身建设 参加民革省委的换届大会，履行代表的权利和义务。调整工作机构设置和人员配置，重新划分支部和专委会机构，按界别成立5个支部，成立组织部、综合部、社会活动部和参政议政部。重新制订机关各项工作制度，切实提高机关工作制度化、规范化水平。组织参加各类培训班8次，进一步提高了民革全党员的素质。

做好宣传信息工作 积极稳妥地利用好"民革e家"信息平台。组织撰写两位党员的事迹，报民革省委编撰《实践者行——民革优秀党员报道集(山东篇)》；参加市政协编撰的《同心筑梦》一书组稿工作；积极撰写18篇信息稿件并报送市委统战部、民革省委和民革中央；上报民革省委6份社情民意专项信息。向《团结报》、民革省委等报刊及网站投稿20余篇。

【参政议政】 积极参加政治协商、参政议政和民主监督，大力开展提案和调研工作。参加了对中共威海市委全委会报告、市政府工作报告、市政协全委会报告征求意见和其他协商活动。提交18份政协提案，其中以市委会名义提交有《关于加快中医药优秀人才培养促进我市中医药事业健康发展的建议》等4份集体提案。《关于建立防范金融风险应急预案系统与联运机制的建议》等4份提案被市政协评为优秀提案。围绕威海市海水浴场管理、海产品加工污染、美丽乡村建设、对外开放存在的问题等9个专题进行深入调查研究。发挥民主监督职能，党员中的各级人大代表、政协委员以及受聘各级政府及其部门的特邀（约）人员，积极参加有关视察、检查、调研等活动，提出意见和建议，履行参政议政、民主监督职能。

【社会服务工作】 做好"健康中国与助推山东康养产业发展座谈会"相关工作，围绕威海市东部滨海新城建设，先后向西安等16个高校集中城市的当地民革组织，发送情况简介120份，并且通过微信群予以转发，广泛吸引外地高校到威海市合作办学。打造"爱心文具袋 考试送祝福"进校园活动品牌，有6127名考生或家长领取了价值3万多元"爱心文具包"。市委会机关干部为贫困大学生捐款，开展"慈心一日捐"活动,参加"统一战线爱心拉面"捐助活动。开展"健康扶贫"活动，制定扶贫方案，举行健康讲座和义诊活动，为扶贫村捐款捐物2万元。强化法律援助，开展"博爱·牵手"活动，发挥法律界专家的人才优势，打造"民革威海市委会联系社区服务点"的工作品牌。年内，民革党员有16人次为孤寡老人、困难学生和重病患者等社会弱势群体捐款捐物折合人民币9万多元。

（为　民）

中国民主同盟威海市委员会

【概况】 2017年，中国民主同盟威海市委新发展盟员17人，盟员总数317人。其中，中高级职称228人，占盟员总数的72%。民盟威海市委被民盟山东省委评为2017年度盟务工作先进单位；有10位盟员被民盟山东省委评为先进个人。盟员高永吉（项目第一完成人）的"坎地沙坦酯原料与制剂关键技术体系构建及产业化"项目获2017年度国家科技进步二等奖，张宁获得"全国乡村旅游带头人"称号，郭刚获得"全国电子信息行业优秀企业家（最具社会责任奖）"称号。有12人获得省级奖励或荣誉称号。

【党务工作】 加强自身建设，重视学习培训。组织民盟威海市委委员到民盟青岛市委参观学习。领导班子成员累计参加省委统战部、民盟省委、市政协、市委统战部组织的重要学习活动10多人次。以“不忘合作初心，继续携手前进”为主线，组织盟员到郭永怀纪念馆进行爱国主义教育，到曲阜市干部政德教育基地接受传统文化教育，到临沂市红色革命教育基地接受革命传统教育，邀请上海民盟市委的专家到威海举办“信念的坚守与历史的抉择”盟史讲座。10月27日，在威海高技术产业开发区老年大学成立“盟员之家”和“威海民盟书画院”，同时举办庆祝中共十九大召开暨威海民盟书画院成立书法美术摄影展和书画笔会。在市美术馆举办“喜迎十九大迈向新征程——习近平用典书法展”。

【参政议政】　在广泛深入调研的基础上，提交了“高职院校开展创新创业教育助力产业发展”“加快发展家政服务业”“加快推进垃圾分类”3个调研报告，均得到市主要领导的批示，在市委统战部年终评比中分获一、二、三等奖。协调市发展改革委、财政局、旅游等部门和华夏文旅集团，协助广西北海盟市委完成了对AAAAA景区申报工作的调研。在市两会期间，人大代表、政协委员和全体盟员共提政协提案34件，市人大议案2件，其中7件提案被市政协评为2017年度优秀提案。

【社会服务工作】　组织书画家到扶贫村撰写200多副春联，给20多户贫困村民送去节日慰问品。组织医疗界盟员到村义诊，为村民诊断治病患，发放防治糖尿病的科普资料和药物。文登区支部与天佑养老机构结对，在埠口老年公寓挂牌设立社会服务基地，并与医疗卫生支部盟员一起为300多名老人查体治病。书画院成立后组织书画家到神山葡萄庄园举办笔会，书画家积极参加民盟山东省委、中共威海市委统战部和民盟市委举办的书画展览。环翠区支部法律工作者走进社区开展法律服务，为30多名社区老人讲解法律维权知识。盟员们积极参与慈善公益事业，民盟威海市委委员、人大代表、政协委员及其他盟内骨干积极参与资助贫困大学生、“爱心拉面”捐助活动，累计捐款2万余元。

（姜茂林）

中国民主建国会威海市委员会

【概况】　2017年，民建威海市委发展新会员8人，全市有会员114人。其中，市人大常委会副主任1人、人大代表1人，市政协常委1人、政协委员9人；区市人大常委会副主任1人，区市政协常委3人、政协委员14人。民建威海市委被民建山东省委表彰为宣传信息工作先进单位，《关于制定多层住宅加装电梯管理办法的建议》获评民建山东省委优秀参政议政成果奖。

【参政议政】　加强调研工作统筹力度，提高参政议政质量和水平，2017年，累计提交建议、提案26件，为区域发展建言献策。《关于制定多层住宅加装电梯管理办法的建议》《关于开展节约用水宣传》提案被威海市政协评为优秀提案。紧密结合中共威海市委、市政府的中心工作和社会热点，开展深入细致的调查研究，为政府决策献计献策，提交调研报告5篇，其中《关于加强昆嵛山抽水蓄能电站环境保护的建议》《关于推动威海市服务外包产业进一步发展的建议》《加强对城市小区物业管理的建议》《关于我市水资源开发利用情况的调研报告》和《关于委托第三方立法的调研报告》获市委书记孙述涛批示，受到了承办部门的高度重视和有效落实。积极履职监督职责，组织会员参加特邀监督员意见征求会、纪委的党政主要领导廉政情况民主测评、法检两院的案审旁听、市委全委会和政府工作报告意见征求、年度政风行风评议工作等。

【自身组织建设】　*入会关口前移，发展高素质参政队伍*　为增强会员综合素质，提升民建组织整体水平，民建威海市委会创新会员发展模式，关口前移，主动作为，面向全市范围的优秀无党派人士主动寄发邀请函，努力吸纳更多有代表性的企业家、社会新阶层人士和专家、学者入会；对有意向入会的积极分子，由市委会主要领导接待约谈，深入了解其入会目的、对党派认知以及参政能力等情况；为提高会员参政议政能力，市委会注重在高级知识分子阶层发展会员。

创新活动形式，凝聚组织向心力　民建威海市委会努力创新会员活动形式，为新会员举行简单而热烈的入会仪式，增强其对组织的认同感；针对新会员年轻、思想活跃、喜欢交流的特点，组织参观天福山起义纪念馆、植树造林等户外活动，提升团队精神，增强凝聚力；走访慰问老会员，培养组织归属感；组织骨干会员赴重庆、上海参观民建成立纪念馆和中共一大会址，重温光荣历史、接受红色教育、增进党派凝聚力；指导各支部自主开展丰富多彩的活动，增进会员信任度，提升组织向心力。举办宏观经济政策讲座，开展企业摸底走访，以活动为载体扩大影响力，迅速发展基层组织。

加大宣传力度，扩大社会影响力　借助现代网络媒体，充分发挥“威海民建之家”微信群的作用，及时传达上级的学习文件、工作指示和会议精神，交流各支部的活动信息，展示优秀会员的风采事迹，组织大家参与社会公益服务等，增进彼此团结友谊活力，增强民建组织的向心力，网上办会的经验被民建省委表彰推广。市委会创办《民建简讯》（季刊），汇总每个季度的工作信息，不仅面向会员，还上报民建省委、市政协和统战部，扩大了党派社会影响力。宣传信息工作取得突破，信息上报数量在市统战部党派考核中名列第三，被民建省委授予先进单位称号。

精心筹备换届，成功完成基层交接　2017年，民建威海市委会认真落实换届要求，严格履行组织程序，积极配合统战部门先后完成了支部班子述职、班子人选考察、群众评议、支部大会筹备等前期准备，精心安排基层支部换届具体环节，确保各支部换届工作有序进行，完成支部换届任务，实现了基层班子的政治交接，夯实了民建组织的基层基础工作。

【社会服务工作】　*依托服务平台，提升民建社会美誉度*　依托民建威海市委会打造的“捐资助学平台”“健康查体平台”“法律援助平台”三大平台，积极开展社会服务，助力民生改善。年内，先后为张村滨海明珠幼儿园、威海高技术产业开发区第二实验小学和威海经济技术开发区泊于镇中学捐助书籍、运动器材和电脑等价值6万多元。会员企业开展送医下乡和送医进社区活动20多场次，免费为基层群众体检800多人次、开展医疗保健知识讲座8场次。市委会组织法律界会员与市妇联合作的“彩虹筑梦——关爱妇女儿童行动”6月初正式启动，为急需帮扶、救助的妇女儿童开展法律援助和经济救助。广大会员积极参与社会公益、“慈心一日捐”等活动，为社会公益事业奉献爱心。

助力精准扶贫，切实为帮扶村服务 民建威海市委与桥头镇涧北村结成帮扶对子，做好送医下乡、送法进村和捐资助学，为困难学生捐款2.7万元。将精准扶贫工作重点转移到壮大集体经济，结合该村地处所前泊水库上游，生态环境优良，适合发展生态绿色农业的特点，筹资20万元新建一处占地700平方米的现代标准化蔬菜大棚，并联系专业农业合作社租赁经营，解决该村村民就近就业、增加个人收入的同时，还为村集体经济提供长期、稳定的租赁收入来源，更好地推进新农村建设。

（曲志华）

中国民主促进会威海市委员会筹备委员会

【概况】 2017年，中国民主促进会威海市委筹委会新发展会员9人，会员总数80人。其中，具有中高级专业技术职称54人，占会员总数的68%。会员中有市政协委员12人（常委2人），环翠区政协委员3人。民进威海市委筹委会主委陈伟胜于3月当选为市政协副主席、6月当选为中国民主促进会山东省委员会常务委员和中国民主促进会第十二次全国代表大会代表。在民进山东省委“我与民进共成长”主题征文活动中，2人分别获得二、三等奖。

【参政议政】 市政协十三届一次会议提交提案23件，优秀提案9件，《发展威海影视产业带动文化事业发展的建议》被市政协列为重点督办提案。完成的《关于加强规范管理我市民办教育培训机构的调研报告》《关于我市设立地方出版社的调研报告》得到市委、市政府主要领导的批示。《关于对现行道路交通事故社会救助基金使用情况的调研报告》由中共威海市委统战部上报省委统战部。《关于大力扶持沿海缺水城市发展海水淡化产业的建议》被中央统战部《零讯》采用。《关于优化我市科技型中小企业融资环境的调研报告》被《威海通讯》刊登。《现行休渔期制度下我国渔业发展前景堪忧的建议》由中共威海市委统战部上报中央统战部，转交农业部并采纳，休渔期由6月1日提前至5月1日。认真做好2017年度统战理论调研宣传“四新工程”优秀成果报送工作，会员撰写的《新形势下加强青年一代党派成员统战工作研究》的报告上报市委统战部，并参与省委统战部评选。由市政协主编的《同心筑梦》收录3名委员的先进事迹。选派1名经济专家参加市委统战部开展的“下基层、摸实情、提对策”千家企业走访调研活动。

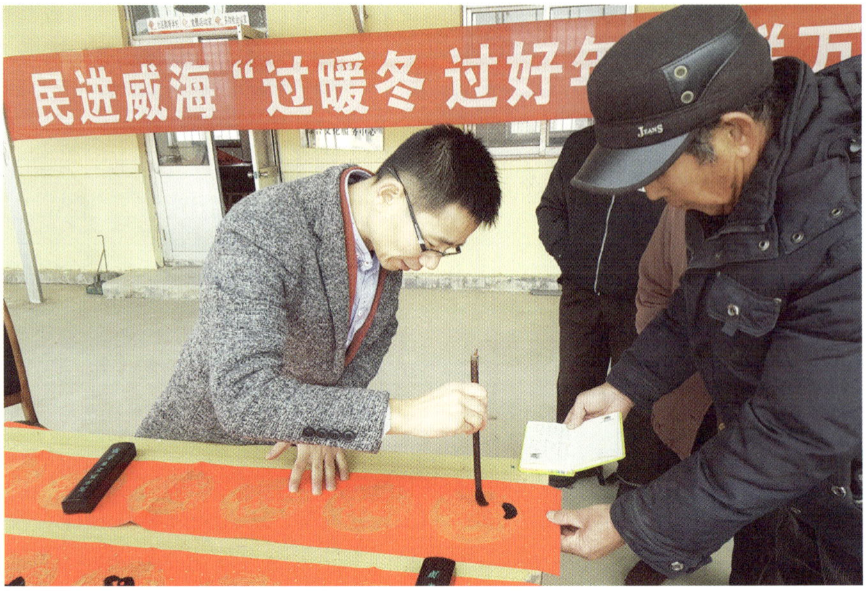

1月17日，“春联万家活动”举办　　刘　辉　摄

【社会服务工作】 积极帮扶威海临港经济技术开发区汪疃镇前白鹿村，出资2万元资助村贫困学生；组织开展“过暖冬”“过好年”活动，为7户因病致贫的村民送去慰问品。2017年春节，在帮扶村开展“春联万家活动”，共给村民赠送春联210副，福字420个。积极响应市委统战部微信捐款资助贫困大学生及“爱心拉面”的号召，捐款2.3万余元。在建军节为刘公岛驻岛部队送去价值1.4万元的保健品。会员鞠述晔为荣成市滕家镇大落村修路捐款5万元。

（刘　辉）

中国农工民主党威海市委员会筹备委员会

【概况】 2017年，中国农工民主党威海市委筹委会新发展党员7人，党员总数81人。其中，具有中高级专业技术职称58人，占党员总数的72%。有市政协委员7人（常委1人），环翠区政协委员4人。年内，农工党威海市委筹委会和环翠区小组被农工党山东省委表彰为全省助力扶贫先进集体和基层组织。

【参政议政】 充分利用政党协商、政协协商等平台，围绕全市中心工作建言献策。围绕群众关注和社会热点难点问题，尤其是医药卫生、人口资源与环境等领域，向市政协十三届一次会议提交《推动“分享经济示范城市”建设发展释放经济增长新动能助力突破发展服务业》《关于重视山系蓄水，促进海绵城市建设》等23件提案，全部予以立案。其中《关于在我市发展大健康产业的建议》获评市政协2017年度优秀提案。关注民生问题，反映社情民意，年内向市委统战部提交信息17件。充分发挥农工党界别优势积极开展调研活动，提升履职成效。紧紧围绕“十三五”规划和威海市委、市政府重点工作精心选题，组织3个调研小组开展调研，形成《关于推进我市医联体建设的调研报告》《关于加强我市中医针推事业发展的调研报告》和《关于加强我市垃圾分类处理的调研报告》3篇调研报告，其中前2篇得到威海市主要领导的批示。

【社会服务工作】 充分利用农工党医疗卫生资源，结合双周主题助力健康扶贫。开展“同心扶贫送健康义诊”活动3次，走进温泉镇张家山村，为上百名村民进行义务诊疗。进行查体、诊疗及健康知识咨询上百人次，发放健康宣传材料400余份，投入查体费用2万余元，同时为查体的村民每人建立一份健康档案，并对体检结果和后续治疗持续关注。6月22日，农工党威海环翠小组到羊亭镇开展第十届环境与健康宣传周“送医、送药、送健康”义诊活动，9名医疗专家为当地的村民提供了疾病防治、健康体检等医疗检查和咨询，同时为就诊的村民发放宣传资料100余份，向村民普及环境与健康知识，提高村民爱护环境、珍惜健康意识。10月17日，积极开展全国扶贫日活动，3名党员随市中医院到荣成市滕家镇进行义诊活动。落实全市统一战线工作会议上的讲话精神，积极参加中共威海市委统战部组织的各种爱心捐助活动，参加爱心捐资助学活动，共捐款3500元；参加“八一”拥军活动，捐助物资折合3600元；参加“一碗面，温暖一座城”爱心活动，捐款2400元。

（杜　平）

中国致公党威海市委员会

【概况】 2017年，中国致公党威海市委发展党员8人，党员总数99人。其中，担任省政协委员1人；市人大代表3名，市政协委员15人（常委4人）；区人大代表1名，区政协委员5人（常委2人）。年内，环翠区支部获得致公党中央“坚持和发展中国特色社会主义实践活动”先进集体；威海经济技术开发区支部主委朴恩女获得致公党中央社会服务工作先进个人；获得致公党省委表彰的先进集体3个、先进个人（优秀工作者）15人。

【参政议政】 全年提交调研报告、提案、社情民意信息63篇。其中9篇得到省政协、致公党省委采用；《关于加强房地产领域监管促进行业健康发展的建议》《关于减少碳排放促进养殖业转型升级的调研报告》《关于大力培育制造业单项冠军企业的建议》《关于大力推进金融业支持实体经济发展的建议》4篇调研报告、社情民意信息得到市领导批示；获中共威海市委统战部评选的全市民主党派调研报告一等奖、二等奖、三奖各1个。《关于加强农村畜禽养殖污染综合整治的建议》提案在市政协十三届二次会议议政发言。

【“不忘合作初心　继续携手前进”专题教育活动】 3月11日，举办“不忘合作初心　继续携手前进”主题教育活动。邀请中国致公党创始人、旅美侨领——司徒美堂的孙女司徒月桂到威海，为全体致公党党员及其他民主党派成员作“不忘合作初心 继续携手前进”专题党史教育报告。

【基层组织换届完成】 2017年，致公党威海市委会严格按照致公党省委及中共威海市委统战部的要求部署，加强领导，精心筹备，完成了6个基层支部、6个专门委员会的换届任务，选好用好基层主委，配备了优秀的基层委员，储备了一批的优秀后备干部。

【文登区支部成立】 8月3日，致公党文登区支部正式成立。选举产生了致公党文登区支部第一届委员会，明确了此后的工作目标和任务。文登区支部有党员5人，涉及教育、非公有制企业等多个行业。

【社会服务工作】 全面开展脱贫攻坚活动，积极贯彻落实中共威海市委、市政府关于扶贫脱贫攻坚工作的要求，全面开展以“同心—助力扶贫”为主题的扶贫攻坚活动。2017年，致公党市委为威海经济技术开发区桥头镇方吉村新修道路安装路灯34盏，总价值约5万元，方便了500多名村民夜间的出行。做好暖群众人心的工作，5月26日，致公党威海市委联合威海经济技术开发区支部、爱心党员企业威海佰恩国际贸易公司到崮山镇中村开展了“同心·助力扶贫”捐助活动，为中村新修建的村委办公室、休闲娱乐大院捐助了办公桌椅，购置了一批健身器材，总价值约5万元，受益干部群众达300多人。年内，全体致公党员累计为社会各界捐款捐物达100多万元。

（刘京璞）

九三学社威海市委员会

【概况】 2017年，九三学社威海市委发展新社员8名，总人数146人，90%以上社员拥有中高级专业技术职称。其中，省政协委员1人，市人大代表2人，市政协委员15人（常委3人）。年内，社市委在参政议政、参政党理论研究、培育和践行参政党政治美德“三大品牌”建设成效突出，各项工作齐头并进。社市委被九三学社山东省委评为全省2017年度参政议政三等奖；主委贾国哲获得九三学社中央坚持和发展中国特色社会主义学习实践活动“全国先进个人”称号，并被授予“参政议政全国先进个人”称号。4人获得九三学社山东省委员会表彰。

【参政议政】 加强调查研究，切实履行参政党职能。“两会”期间，社市委发动全体社员积极建言献策，提交市政协提案37件，市人大建议2件，数量、质量位居各界别前列。在十一届省政协五次会议《关于对我省协同创新的建议》《关于在矿山地质环境治理方面东西部并重的建议》提案得到落实。《关于开展生物防火林带建设及多彩林相更新的调研报告》《关于建立威海市胃癌防控体系建设的调研报告》调研报告获得一等奖，《关于大力提升我市智能制造水平的建议》《关于我市进一步加大力度集聚人才创业创新发展的建议》被市政府有关文件采纳，《曲兴建议及时对我市农业种子市场进行整治》《关于我市实施分级诊疗情况的调研报告》《关于做大做强我市贝类产业的调研报告》《关于我市推行“蓝卡模式”医疗服务的调研报告》得到市委书记孙述涛批示。参加中共威海市委统战部组织的全市非公企业走访调研活动，完成了组织交给的各项任务。《关于建立威海市胃癌防控体系建设》的调研报告得到市委、市政府重视，2017年拨付专项经费1300万元用于农村胃癌筛查，惠及3.4万名农民，这项活动在全国尚属首次。

【参政党理论研究】 4月，由中国海洋大学出版社出版发行的参政党理论研究专著《贾国哲文集》，收录了贾国哲有关参政党理论研究方面的文章35篇，受到社会各方面的关注。《求同存异是科学处理多党合作中一致性与多样性的总钥匙》在《联合日报》《山东统一战线》发表，《传承九三学社文脉 开创九三学社未来》在《齐鲁社刊》发表；《论政党协商与政协协商的差异性关联性融合性》《传承九三学社文脉开创九三学社未来》《对习近平新时代民主党派民主监督思想的学习与阐释》收录在《九三学社山东省委思想建设研究论文集（2017）》。贾国哲出席九三学社山东省委第三届齐鲁科学论坛，作《参政党理论研究体会》《习近平科学思维方式给多党合作以重要的方法论指引》发言。《求同存异是科学处理多党合作中一致性与多样性的总钥匙》《关于统战理论原始创新、集成创新、引进消化吸收再创新的思考》获2016年度全省统战理论调研宣传“四新工程”优秀理论调研成果二、三等奖。《运用法治思维与法治方式深化人民政协协商民主》的课题获省政协课题最高的优秀等次。《习近平科学思维方式给多党合作以重要的方法论指引》被评为全国优秀理论成果一等奖，被中共中央党校出版社出版的《党的建设与思想政治工作优秀成果汇编》收录。

【组织建设】 加强组织建设，提高组织保障和凝聚力。年内，按照九三学社山东省委及中共威海市委统战部的要求部署，认真做好换届工作。5月13日，九三学社威海市第三次代表大会召开，贾国哲当选为九三学社威海市第三届委员会主委，高孝忠、曲兴、赵宜楠当选为副主委，任命曲兴兼任秘书长。进一步建立健全基层组织，7月26日，九三学社哈尔滨工业大学（威海）支社成立，选举赵宜楠为主委，程刚为副主委；10月13日，九三学社威海市文登区支社成立，选举孟艳玲为主委，王飞、许艳男为副主委。加上原有的市直支社、环翠区支社、高技术产业开发区支社、经济技术开发区支社，九三学社威海市委在全市建立了6个支社组织。

【社会服务工作】 *“同心开发扶贫行动”品牌建设* 加快推进威海临港经济技术开发区黄岚办事处山马刘村生态农场脱贫开发项目，九三学社威海市委投入资金40多万元，扩建水库面积4290平方米（原有1100平方米），更新了电力设施，建设板房4间，建成大棚2个。开展“送温暖、过好年”慰问活动，为该村150户贫困户赠送大米等计1.86万元；开展精准医疗扶贫，为2名糖尿病重症患者给予8000元医疗扶贫金，并赠送生活用品；组织销售西瓜近1万公斤价值1.4万元，基本解决扶贫村瓜农的西瓜滞销难题；开展“威海统一战线健康服务直通车活动”，13名医疗专家为近200名村民进行诊断，免费发放药品3000多元 。

九三纪念林植树 3月，组织社员在九三学社威海市委员会纪念林举行了第十二届植树活动，栽种乌桕树等280余棵。

慰问驻军活动 7月28日，九三学社威海市委走访慰问刘公岛驻军，赠送慰问品价值6.8万元。组织书法家、画家7人走访慰问海警训练基地、威海边防检查站，现场作画赠送驻区部队官兵。

爱心公益活动 1月，响应“送温暖、过好年”慰问活动，向文登区葛家镇新河村107位60岁以上的老人每人发放500元的敬老慰问金，计5.35万元；9月，赴盛泉养老公寓慰问演出，向市残疾人康复中心的孩子捐献爱心月饼70盒；年内，进行社会公益心理讲座6场2000多人参加，《威海日报》《威海晚报》《直播威海》多次采访报道。

（曲 兴）

编辑 闫拥军

社会团体

威海市总工会

【概况】 2017年，威海市总工会辖2区（环翠区、文登区）、2市（荣成市、乳山市）、3个国家级开发区（威海高技术产业开发区、威海经济技术开发区、威海临港经济技术开发区）总工会。市总工会机关设办公室、组织宣教部、生产保障部、基层工作部、财务资产管理部；下设职工服务中心、劳动关系协调中心、经费审查委员会办公室3个事业单位，筹建网络信息中心。全市有基层工会组织4747个，会员57万人。年内，推荐表彰全国五一劳动奖状1家、奖章1个，省富民兴鲁劳动奖状5家、奖章13个，全国工人先锋号1个、省级7个，市政府表彰"威海工匠"47名。组织开展"技能竞赛月"活动，37名选手晋升职业资格，9名冠军选手获得"威海市技术能手""威海市金牌职工"称号。把"查保促"由专项活动上升为常态工作，3683家企事业单位参与活动，举办专题培训班6142期，培训职工50多万人次，开展应急演练1万多场次，排查整改安全隐患2.7万多项。全市事业、国有、集体及其控股企业、规模以上非公企业的职代会和厂务公开建制率均达100%；全市签订各类工资专项集体合同1968份，覆盖建会企业3445家，建制率达93%，女职工专项集体合同签订率达100%。进一步强化"推进协商民主、强化社会责任"品牌创建工作，100人以上非公企业建制率达90%以上，国有企业和事业单位建制率达100%。建立3293名困难职工的动态档案，发放各类救助金、助学金、慰问金891万元，救助职工2722户，资助困难学生380名。实施第八期"爱心互助保险工程"，参保职工41.8万人，比上年增长13%。全市各类"妈妈小屋"150家，试点建设4家"户外职工爱心驿站"。"创新区域行业工会组织建设"项目获得全省工会工作创新奖，是该奖项首次评选以来威海市总工会连续第四次获奖。

【困难职工走访慰问】 1月4日，威海市工会"冬送温暖"活动正式启动，市政协副主席、市总工会主席任慧春参加活动并走访慰问部分困难职工。市总工会于2016年11月开始对建会单位困难职工进行调查摸底，经过个人申请、基层调查、公示、上报，以及上级工会审核等程序，全市建档困难职工2876户，投入帮扶慰问资金510万元，其中，市直工会建档710户，发放慰问金170万元。

【全市工资集体协商集中要约行动暨全市工资集体协商现场推进会】 2月28日，市总工会联合市人力资源和社会保障局、市工商联、市企业联合会（企业家协会）在龙跃国际大酒店举办全市工资集体协商集中要约行动启动仪式暨工资集体协商工作现场推进会。威海经济技术开发区总工会、荣成市总工会、威海火炬软件企业孵化器工会联合会分别作典型交流。会议对参会的工会干部和协商指导员进行《山东省企业工资集体协商条例》解读及工资集体协商工作注意事项的培训。

【错峰在线微访谈】 3月31日晚7点至8点，市总工会"威海工会在线"首次尝试错峰在线微访谈活动，就"第八期工会会员爱心互助补充医疗保险工程"和"第二届威海市优秀职工评选活动"的有关政策文件进行解读，并与职工在线进行互动交流，宣传工作，解疑释惑，回复职工提出的全部问题，有1万多人浏览访谈内容。

【市总工会第十六届五次全委（扩大）会议】 4月11日，市总工会第十六届五次全委（扩大）会议在蓝天宾馆召开，市委副书记霍高原出席会议并讲话，市人大常委会副主任、市总工会主席张竞作工作报告。会议分两个阶段进行，全委会议替补了威海市总工会第十六届委员会委员和经费审查委员会委员，随后召开的全委（扩大）会议传达了全国总工会十六届五次执委会议和省总工会十四届七次全委会议精神，审议通过威海市总工会第十六届委员会工作报告和威海市总工会第十六届经费审查委员会工作报告。市总工会机关工作人员和市直产业工会主席，市直部分单位（非两委委员单位）工会主席等200余人参加会议。

【《山东省企业工资集体协商条例》知识竞赛】 市总工会、市人力资源和社会保障局、市工商联等市劳动关系三方于3月下发通知，开展《山东省企业工资集体协商条例》网络知识竞赛活动，全市有4万多名职工参与，收到有效答卷5080份，有367人答题正确获得抽奖资格。5月12日举办公开抽奖仪式，现场抽取100名获奖人员。6月16日，市劳动关系三方和市企业家协会、市企业联合会、市广播电视台联合主办的威海市《山东省企业工资集体协商条例》电视知识竞赛在市广播电视台举行，环翠区代表队获得一等奖。

4月27日，威海工匠命名表彰大会召开　　威海市总工会提供

【“威海工匠”命名表彰大会】 4月27日，威海市召开“威海工匠”命名表彰大会，授予卢文涛等47人“威海工匠”称号。市领导张惠、霍高原、张竞、叶立耘、任慧春出席会议，并为“威海工匠”颁奖。张惠讲话，霍高原主持会议，叶立耘宣读表彰决定。

【王晓峰一行到威海调研】 7月19日—20日，全国职工思想状况调研组在中华全国总工会宣传教育部部长王晓峰的带领下，到威海开展调研活动。此次调研围绕“十三五”规划的目标任务、贯彻落实《新时期产业工人队伍建设改革方案》，重点调研了解新时期产业工人的精神文化诉求、思想状况和价值取向，集中反映中共十九大召开前夕，产业工人对改革建设成果的真实感受，为强化产业工人思想政治引领、促进产业工人队伍建设，以及制定出台加强和改进产业工人思想政治工作意见提供有价值的参考。调研采取以座谈会为主、个案访谈为辅的形式进行，分别在市总工会和四八零八工厂威海修船厂召开座谈会。省总工会副主席王星海，市人大常委会副主任、市总工会主席张竞等陪同调研。

【“夏送清凉”活动】 7月25日，市总工会正式启动“夏送清凉”活动，市人大常委会副主任、市总工会主席张竞带队，先后到海滨路、环翠区环卫局、公安集训队及威建集团的建设工地，慰问在烈日下坚守岗位的环卫工人、公安干警和建筑工人。一个月的时间内，市区两级工会组成数10个慰问小组，深入基层慰问一线职工，全市慰问一线职工3.75万名，发放慰问品价值224.8万元。

【王星海到威海督查工会重点工作】 7月25日—27日，省总工会副主席王星海一行7人到威海就全省工会重点工作推进情况进行专项督查，市人大常委会副主任、市总工会主席张竞陪同活动。26日，督导组一行听取威海市总工会关于重点工作落实情况的汇报，并查看相关文件、材料及档案等。督导组分别到荣成市和环翠区进行实地督导，王星海对威海市总工会工作及取得的成绩给予高度评价。

【“中国梦·劳动美·幸福路”职工书法绘画摄影展】 8月29日，“中国梦·劳动美·幸福路”职工书法绘画摄影展在威海美术馆正式开展，参展作品300多幅。举办展览旨在庆祝地级威海市成立30周年，力求全方位、多角度、深层次展示威海建市30年来，在各领域取得的卓越成就，进一步激发全市职工爱岗敬业、与时俱进、开拓创新的工作热情，为建设现代化幸福威海实现新跨越作出新的更大贡献。

【“金秋助学”活动】 2017年度“金秋助学”活动于7月中旬启动，经过基层工会调查摸底、情况公示、填表上报和上级工会的审查核实等工作程序，市区两级工会共救助369名高中阶段以上的困难职工子女，投入助学资金111.15万元。其中，市直资助192名困难学生，投入助学金54.6万元。救助标准为高中、中专生每人2000元，大学新生每人4000元，大学在读生每人3000元。充分发挥互联网的作用，通过“线上”“线下”帮扶互为补充，为困难职工家庭子女提供更高效、更多元的帮扶服务。9月1日，市人大常委会副主任、市总工会主席张竞先后到威建集团和威海公交公司，为44名困难职工送去救助金，帮助解决子女上学难的问题。

【山东省工会女职工特色工作现场推进会】 9月27日—28日，全省工会女职工特色工作现场推进会在威海召开，省总工会副主席魏丽出席会议并讲话，威海市人大常委会副主任、市总工会主席张竞致辞。会上，威海市总工会作“妈妈小屋”建设工作的经验介绍，省总工会4个督查组就前期全省工会女职工重点工作的督查情况作汇报。与会人员先后前往韩乐坊中韩餐饮产业联合工会、威海世一电子、威高集团等，现场参观“妈妈小屋”建设和运作情况。

【全市职工职业技能竞赛月活动】 7月开始，市总工会、市人力资源和社会保障局联合开展全市职工职业技能竞赛月活动。经过广泛发动，层层组织学习培训、比武选拔，近万名职工参加各级工会开展的技能竞赛月活动，最终有251名选手进入9月26日举行的威海市职工职业技能竞赛月活动技能大赛决赛。决赛设9个比赛工种，由理论考试与实际操作两部分组成。11月7日，召开表彰大会，对各工种前5名分别给予表彰奖励，对各工种第1名选手授予“威海市技术能手”“威海市金牌职工”称号，纳入威海工匠后备人选，为38名选手晋升职业资格，其中晋升高级工19人、技师19人。

【山东省劳动模范协会三届二次理事会暨全省劳模助推困难职工解困脱困工作会议】 11月9日，山东省劳动模范协会三届二次理事会暨全省劳模助推困难职工解困脱困工作会议在威海召开。省总工会党组书记、常务副主席、省劳动模范协会会长刘赞杰出席会议并讲话。省总工会副主席、省劳动模范协会名誉副会长李臻作工作报告。威海市委常委、政法委书记傅广照致辞。省总工会副巡视员、省劳动模范协会秘书长周克民主持会议。威海市人大常委会副主任、市总工会主席张竞出席会议。会议期间，与会人员现场学习观摩了威海热电集团和威高集团两家企业在改革发展、工会建设、劳模作用发挥和困难职工解困脱困等方面的经验做法。威海市总工会等5家单位和全国劳动模范王银香在会上介绍工作经验。省劳模协会三届理事会理事，各市劳模协会会长，各市总工会生产保护部部长，省直机关工会分管副主任，有关大企业工会分管副主席参加会议。

【刘赞杰到威海调研】 11月8日—10日，省总工会党组书记、常务副主席刘赞杰到威海，就工会改革和品牌创建工作情况进行调研。威海市人大常委会副主任、市总工会主席张竞，市总工会常务副主席刘德柏陪同调研。调研组一行到威海华菱光电实地了解企业工会与行政沟通协商机制建设及工资集体协商工作情况，到威海环翠区检查指导“户外职工爱心驿站”建设情况，到威海世一电子调研职工创新工作室和职工技术创新活动开展情况，到威海大光辉装饰材料行业联合工会调研区域行业工会组织建设情况，并召开座谈会，听取威海市总工会和威海各区市、国家级开发区总工会关于推进工会改革和品牌建设工作情况的汇报。

（郎济民）

中国共产主义青年团威海市委员会

【概况】 2017年，威海市14岁至35岁青年有43.2万人，其中团员13.2万人，占青年总人数的31%；专职团干部258名，兼职团干部3181名。全市有市直团委66个，基层团委606个，基层团工委203个，团总支490个，团支部5403个。年内，文登区人社局团支部获评“全国五四红旗团支部”，威海热电集团有限公司客户服务中心、荣成政务服务中心获“全国青年文明号”称号；“轮椅上的画家梦”获中国青年志愿服务大赛金奖，“蜂巢无限充电解决方案”项目获第四届“创青春”中国青年创新创业大赛（山东区选拔赛）互联网和APP组金奖；丁勇获“全国向上向善好青年”称号，王威、曹志毅获第十届“全国农村青年致富带头人”称号，张军获“全国百名社工”称号，于云嵩、周晓昱被评为全国“最美中学生”。共青团威海市委被评为2017年度“山东省先进团委”。

【徐晓到威海调研】 7月26日—28日，团中央书记处书记徐晓到威海调研指导共青团工作，并出席全国卫生城镇和健康城市工作经验交流会等系列活动，与健康城市试点市团委负责人进行座谈交流。团省委书记陈必昌，威海市委副书记、代市长张海波，市委副书记霍高原，副市长叶立耘等分别陪同。徐晓先后调研胶东党性教育基地历史选择馆、孙家疃社区卫生服务中心、威高集团、家家悦配餐中心、北竹岛小学等单位，在全国卫生城镇和健康城市工作经验交流会上为威海市青少年事务社工健康服务队和青年志愿者健康服务队代表授旗并讲话。

【青少年政治思想工作】 紧抓政治引领，开展学习习近平总书记系列重要讲话精神、“红领巾相约中国梦”“威海建市30周年”“青春喜迎十九大·不忘初心跟党走”等系列宣传教育活动500余场次；紧抓实践引领，开展“十八岁成人礼”“大学生社团节”“我为核心价值观代言”和“国学达人”挑战赛、“追忆红色经典 争做时代先锋”主题团日等实践活动700余场次，唱响“中国梦”时代主旋律；紧抓榜样引领，开展“两红两优”“十杰青年”“美德少年”等推选表彰工作，使青少年身边榜样更加鲜活、更具引领力；紧抓舆论引领，与报业集团合作共建新媒体中心，与广电台合作设立“青年之声”专栏，形成“一网两微一平台”团属媒体矩阵。

【青年创新创效创优行动】 不断深化“青创先锋”活动，联合开展了塔吊、税务、金融等行业青年职业技能大赛4场；不断深化“青年安全生产示范岗”创建活动，挖掘培养青年安全生产示范岗5个；不断深化“青年文明号”创建活动，创建领域向快递、电子商务领域延伸；不断深化青年对外交流，与韩国统营、富川、台湾基隆等地实现常态化互访，对接经贸、文化合作，主动融入“一带一路”倡议。

【助力脱贫攻坚行动】 组织开展“牵手关爱”“金晖助老”“青联委员服务千家脱贫行动”“青年文明号助千家”，以及实施举办“万名贫困中小学生健康成长工程”“金秋圆梦”“希望乐园”等扶贫活动20多次。捐助贫困中小学生305名，帮扶贫困青少年600余名，结成帮扶对子866对，募集资金60多万元。参与东西协作扶贫，拨款4万元帮

8月3日，威海—门源青少年夏令营活动开营　　共青团威海市委提供

助枣庄200名小学生爱心圆梦。邀请威海市对口支援的青海省门源县18名贫困中小学生与威海当地18名少先队队员结成帮扶对子，开展“手拉手 心连心”威海—门源青少年主题夏令营活动。

【志愿服务行动】 积极推进威海市志愿服务工作体系建设，制定出台《全市注册志愿者和志愿服务组织管理办法》，实现志愿者电子信息卡与威海市民卡的互通互联。已注册志愿者26万余名，提供人身意外保险10万元。筹建3000平方米“志愿威海”公益众创园，为全市志愿服务组织提供集政策指导、资源整合、项目培育等多功能于一体的共建共享公益平台。发动热心商铺业主和依托原有“蓝媒驿站”打造了242个“爱心驿站”，并为有能力的残疾人提供20个就业岗位。招募5000余名志愿者，常态化开展“节水护水”“暑期安全教育”“关爱环卫工人”等主题的“周末志愿行”活动，以及禁毒防艾、金晖助老、阳光助残等志愿服务活动200余次，完成铁人三项赛、人居节、渔博会、全国健康城市大会等志愿服务工作任务，服务时间达1万多小时。

【青年就业创业】 联合山东大学（威海）、哈尔滨工业大学（威海）团委开展“大学生就业引领计划”，首批56名准毕业生到威海企业见习，3名大学生直接录用。持续深化“团银助农”工作，开展“送金融知识进校园”活动60余场次。承接团中央第三批青年信息技能培训，培训青年536人。联合举办威海市创业大赛、第三届电子信息及机器人创新创业大赛，组织发动152个项目参加省赛。加大“鲁青基准贷”“鲁青担保贷”发放力度，累计为36名创业青年发放贷款3481万元；与烟台银行威海分行签署战略合作协议，争取青年创业贴息资金20万元。

【青少年合法权益维护】 推行“团干部+社工+志愿者”综合服务模式，成立全省首个校地社工合作共建的“12355”青少年心理关爱中心，开展“助力中高考阳光行动”和“防艾”“禁毒”宣讲7场，发放材料2.3万份。

【青年生态环保行动】 组织威海市174个少先队大队、15万名少先队员开展以“小手拉大手 共筑碧水蓝天”“小手拉大手 共守文明交通”等为主题的系列活动2200多次，带动家庭2.6万多户；联合环保、体育、海洋渔业等部门开展“关爱千里海岸线”“青少年环保实践”“保护大天鹅”“威海—纽约海洋垃圾防治”“青少年公益健步走”“青春绿色进社区”等6大主题环保实践活动420余次。

【“威爱而来”青年婚恋交友品牌打造】 搭建“威爱而来”单身青年交友联谊公益平台，注册登记机关企事业单位等单身青年1800余人，组织开展“吃着火锅唱着歌”“花艺加咖啡 闻香识女人”“有个恋爱等你谈”等不同形式“威爱而来”单身青年交友主题活动20余场次，参加单身青年3000多人次。

【市（区）两级团委换届完成】 召开共青团威海市第十八次代表大会，选举产生新一届团市委书记、副书记、兼职副书记和常务委员会委员。按时完成市、区（市）两级团委的换届工作，提高基层群众代表在团的领导机构中的比例，建立完善代表提案制度和团代表走访团员青年制度，不断扩大代表大会代表的参与渠道。

【运行方式和管理模式创新优化】 推行“部门+项目工作组”的机关设置模式，改革优化团市委机关职能。打造“专挂兼”相结合的团干部队伍，全市80%以上镇（街道）配备专职团委书记。探索建立党组领导下的书记主持和常委负责的重点工作扁平化推进机制，推动重点工作与配套资源向基层延伸。改革创新团的工作和活动。健全完善机关开放日、青年恳谈会等制度。

【青联、中学共青团和少先队改革】 按照青联改革要求，调整各界别成员构成比例，重点加强委员履职能力建设。明确并加强中学团委对初中少先队工作的领导职责，探索实行团班协作机制。与市教育局联合印发《威海市少先队队室建设参考标准》《关于开展威海市“红领巾示范校”创建工作的通知》等文件，全市174个少先队大队全部建立少先队队室，成立市级少先队辅导员工作室，学校少先队活动100%进课表。

【团组织建设与管理】 巩固和改进学校、企业、机关等传统领域团的建设，新建“两新”组织团组织213家，在城市社区、商业区、互联网企业建立灵活多样的团组织。探索建立完善团干部综合考核评价机制，全市283名专、兼职团干部，联系青年3.37万人，开展线上互动3347次，线下活动2063次，团青联系愈加紧密。严把团员入口关，严控团员学生比例，初中、高中毕业班团员学生比分别控制在29.8%、78%。

【主体责任履行】 2017年，常态化开展“党旗领航 永争先锋”党支部系列活动以及主题党日活动和“青春讲堂”共20多场次，组织“学习十九大”“学习新党章”等专题学习活动10次。依托微博、微信、网站“三位一体”新媒体平台搭建宣传矩阵，组建了1500名网络宣传员队伍，举办新媒体研讨班2期，相继开展“中国好网民”“向上向善好青年”等各类舆情引导活动12次，共青团网络宣传、舆论引导和舆情监控工作取得明显成效。

（丛日奎）

威海市妇女联合会

【概况】 2017年，全市有镇（街道）妇联组织74个，专职妇联干部115人。党政机关、事业单位妇委会227个，村（居）妇联2766个。评选市级三八红旗手70名，三八红旗集体30个。市妇联调整优化内设机构，将原市妇联法律顾问处更名为“市家庭和儿童工作办公室”，强化宣传部网络和新媒体工作职能，落实省妇联改革方案要求，扩大基层组织区域化建设。市妇联被评为全国巾帼建功先进集体和威海市2017年度工作优秀单位。

【妇女思想宣传引领】 围绕迎接中共十九大、学习宣传省市党代会精神、建市30周年等大事、要事，策划开展“巾帼心向党，喜迎十九大”“争做巾帼好网民”“牵手成长时光，共建幸福威海”喜迎建市30周年亲子有奖问答等活动，引导妇女坚定理想信念。评选表彰“第五届威海市巾帼十杰”、十佳巾帼志愿服务项目、威海市三八红旗集体、三八红旗手、巾帼文明岗，开展各类巾帼志愿服务活动300多场次，参与妇女1万多人次，充分发挥其在文明城市创建、优秀传统文化推广、精神文明宣讲等方面的作用。适应“互联网+”加速发展趋势，全市形成各级网站、微信、微博等新媒体平台16个，搭建起联系和服务妇女群众的妇联网群。网上开展最美事迹、妇女儿童最喜爱的家园项目、区市妇联亮点工作展播，开展妇女调研、亮点展示等活动10余项，参与群众20万人次，形成线上线下相呼应的良好局面。

【精准扶贫巾帼行动】 立足妇女生产生活实际，以产业扶贫、爱心扶贫、协作扶贫为重点，着力打造“妇女居家创业就业”“巾帼乡村旅游扶贫公益行动”等品牌，推进妇女居家灵活就业，培植树立发展省级“大姐工坊”、示范基地20处，市级乡村车间、乡村旅游、巾帼电商等居家创业就业示范点近百处，其中设在省定贫困村68处，近万名妇女在家门口实现就业。创新实施“巾帼乡村旅游扶贫公益行动”，引导帮助农村妇女发展乡村旅游，累计参与群众1万人次。分区域开展“留守儿童关爱之旅”“我去乡村认个亲（关爱孤寡老人）”“爱心后备箱”等主题活动，协调各类社会组织开办“管理、厨艺、巧手、电商”——巾帼乡村旅游四课堂人才培训，开展“巾帼乡村旅游扶贫村”展播活动，以“特色发展、妇女参与、创效创收”为导向，培育巾帼乡村旅游扶贫示范村8个，实现乡村旅游项目与妇女脱贫增收的紧密结合。

【家庭文明工程】 开展家风家教宣讲活动，邀请文化学者于丹举办“家和万事兴”公益讲座，承办“圆梦中国人——山东省‘最美家庭’故事巡讲活动走进威海”活动，各级妇联举办家庭文明讲座600场次。制定实施家庭教育“十三五”规划，深入基层举办“父母学堂”家庭教育讲座40场次，有效提升家长科学教子水平。推进文明威海建设，联合市文明办、文广新局评选最美书香家庭100户，弘扬家庭文化风尚。扎实推进新一轮“新农村新生活”培训，招募164名讲师组建讲师团队，深入农村开展培训300场次，培训农村妇女3万人次。助推廉洁威海建设，联合市纪委开展“树清廉家风·创最美家庭”主题活动，讲授“树清廉家风·创最美家庭”，举办家庭廉洁主题教育活动300场次，发挥家庭在推动党风廉政建设中的特殊作用。

【巾帼文明岗评选】 年内，以“建一流队伍、创一流服务、争一流业绩”为导向，在女职工集中的岗位中开展评选活动，教育引导女职工参与企业技术改造和产品升级，激励职业女性岗位成才。评选出服务意识强、群众评价高、工作业绩突出的市级巾帼文明岗71处，争创全国巾帼文明岗3处，全国巾帼建功标兵1名，全国巾帼建功先进集体2个，进一步引领城乡妇女立足岗位建新功、促进和谐作贡献。

【新一轮“新农村新生活”培训】 制定并下发《关于“新农村新生活”培训提升工程的实施意见》，扎实推进新一轮“新农村新生活”培训。积极吸纳专家、学者、志愿者等，招募164名讲师组建区市两级百人讲师团队。各级妇联组织利用农闲时间，围绕家居生活、伦理道德、亲子教育、身心健康、安全防护等培训内容，采取多种培训方式，层层培训宣讲骨干，深入农村开展培训教育，年内举办培训376场次，培训农村妇女3万人次，全面提升广大农村妇女素质。

【爱心工程】 深化“社会妈妈”活动，开展多种形式的结对帮扶活动，为贫困儿童少年送去关爱与温暖。威海妇女网开辟“社会妈妈”救助贫困儿童直通车，定期发布农村留守儿童、进城务工人员子女、贫困家庭子女的生活状况信息及儿童微心愿，发动社会爱心人士通过在线救助和微心愿认领方式，为需要帮助的儿童送去亲情关爱和社会大家庭的温暖。年内结对帮扶1249名贫困儿童，累计捐款捐物达120万元。关爱留守流动儿童，开展“让爱留守——社会妈妈牵手关爱留守儿童”活动，发动“社会妈妈”、巾帼志愿者与全市290名农村留守儿童牵手结对。联合邮政公司开展“温暖邮我”关爱留守流动儿童公益活动，在邮政网点建设7处留守流动儿童之家，为留守流动儿童提供课业辅导、心理疏导、课外托管等服务。实施“关爱母亲·共筑幸福”女性安康工程，为全市妇女提供缴费低廉、保障贴切、理赔快捷的健康保障，发动9.1万名妇女参加女性安康保险，免费为500名建档立卡贫困母亲办理女性安康保险。开展“情系环卫姐妹”活动，发动市女企业家协会会员积极参与，春节期间为市区754名环卫女工捐赠暖心羽绒服，母亲节前夕为市区530名环卫女工免费办理女性安康保险。

【维护妇女儿童合法权益】 开展“建设法治威海·巾帼在行动”法治宣传活动，利用“三八”维权周、“12·4”国家宪法日、法治宣传月等时间节点，送法律知识、送维权服务、送心理咨询服务“进社区、进家庭、到身边”，组织基层妇联干部和巾帼志愿者开展法治宣传活动2870场次。在市综治委维护妇女儿童合法权益联席会议办公室制定出台《威海市贯彻落实〈中华人民共和国反家庭暴力法〉实施意见》的基础上，积极协调法院、公安、民政等部门，制定出台人身安全保护令及实施细则、家庭暴力告诫制度及实施办法，推动建立反家暴庇护所、反家暴伤情鉴定中心等反家暴维权场所、机构。开展威海市“春蕾计划·护蕾行动”，在留守流动儿童集中的学校、妇女儿童活动中心等场所，发放护蕾手册、邀请专家讲座、讲解安全知识读本、开设安全保护模拟课，引导家长和教师关注孩子的健康成长，增强孩子自我保护意识和能力。深入推进“平安家庭”创建活动，联合市综治办推动基层着力化解矛盾纠纷、强化妇女维权服务，命名市级“平安家庭”示范镇（街道）10个，市“平安家庭”示范村（社区）50个。做好妇女信访接待工作，切实发挥“12338”妇女维权热线和妇女信访接待室的作用，接待处理妇女来信来电来访案件

208 起，努力将矛盾纠纷化解在基层。

【儿童工作】 举办儿童节庆祝活动，市级领导分别带领妇女儿童工委成员单位负责人到沈阳路小学、南海实验学校、嵩山第一幼儿园、长峰小学、岗山小学走访看望少年儿童，与孩子们一起欢度节日。依托市妇女儿童活动中心开展少儿特长培训，年培训儿童 1000 余名。承接中国家庭教育学会校外教育专委会课题——“儿童生态道德教育实践与研究”，并获优秀研究课题二等奖。协办、承办全国《儿童权利读本》开发营、全国生态示范夏令营、“童乐汇”冬令营、省“爱心大篷车”送温暖活动及多项赛事。

【基层组织建设】 扎实开展妇代会改建妇联工作，2766 个村（社区）全部完成“会改联”工作，选配副主席、兼职副主席 4300 多人，执委 1.9 万人，改善了工作力量“倒金字塔”问题。先后组织市及各区市妇联干部赴重庆和上海学习改革试点经验，赴淄博参观考察基层组织、妇女儿童家园建设工作，并开展妇联改革观摩和调研活动，举办全市妇联干部培训班，提高妇联干部参与改革、推动改革、落实改革的能力和水平。

【妇女儿童规划实施】 对全市妇女儿童发展“十三五”规划目标职责进行分解，指导各区市妇联及各成员单位全面实施。调整威海市妇女儿童工作委员会成员及联络员，加强妇儿工委领导及协调职能。召开市妇女儿童工作会议，总结“十二五”期间妇女儿童发展成就和经验，部署“十三五”期间妇女儿童工作，表彰 20 个妇女儿童工作先进集体，29 名妇女儿童工作先进个人，其中先进个人记三等功。

【女企业家协会】 搭建各种平台，促进会员及企业成长进步，助推经济转型升级。年内，举办市女企业家协会“成长与发展”系列讲座，提升女企业家管理能力和水平；组织开展“走新城，看变化，谋发展”等考察观摩活动，引导女企业家在重点发展区域交流对接，实现企业与社会的共赢；组织“姐妹情 一家亲”两岸联谊交流活动，引导会员在发展先进制造业、现代服务业和现代农业中寻找新的商机；组织“不忘初心 砥砺前行”走进刘公岛、走进民族复兴教育基地等红色教育活动，引领女企业家坚定理想信念，激发干事创业激情。

【妇女儿童活动中心】 *开展未成年人校外教育活动* 举办书画、歌舞、器乐、科技、体育 5 大门类 17 项儿童特长培训，年受益人数约 1000 人，多名学员在中华童星第 14 届全国青少年艺术人才选拔大赛中获奖；定期开展儿童特长培训免费体验活动，加入“行走齐鲁”中小学校外实践基地（研学实践教育活动）平台，对威海市户口的“低保家庭子女、二级以上重度残疾人家庭子女、孤儿、残疾儿童”免费培训；每月举办 1 ～ 2 次儿童公益教育活动，并承接国务院妇女儿童工作委员会办公室《儿童权利读本》开发项目，承办中国儿童中心与环境保护部宣教中心主办的全国生态教育论坛，承办中国儿童中心全国生态示范夏令营，承办山东省“爱心大篷车”送温暖活动。

开展妇女教育培训活动 利用“玫瑰芳”活动中心，组织合唱、舞蹈、插花、布艺手工、古筝、书法、电子琴等 10 多项培训活动，女干部职工、女企业家等近 1000 人参加；启用市妇女儿童活动中心统一路分部，开设成年女子绘画、烘焙、茶艺、花艺、摄影等精彩课程。深入学校和社区，开展家庭教育指导服务。

开展系列家庭亲子活动 开设亲子阅览室，开展多样亲子阅读体验活动，将亲子阅读渗透到各类文体艺术活动中，2017 年中心被评为全国家庭亲子阅读体验基地。组建“亲子部落”微信群，引领威海市生态道德教育。

（耿瑞铎）

5 月 5 日，女企业家协会会员开展考察观摩活动　　威海市妇联提供

威海市科学技术协会

【概况】 2017 年，全市有市级学会 14 个，会员 5672 人；企业科协 71 个，会员 1.65 万人。建立老科技工作者协会 3 个，其中市级 1 个，县（市、区）级 2 个。在市民政局注册成立的农村专业技术协会 43 个，会员 3955 人。

【科协改革】 7 月 10 日，市委办印发《威海市科协系统改革实施方案》，围绕服务职责定位，推进开放型、枢纽型、平台型组织建设，把科协组织建设成为党领导下团结联系广大科技工作者的人民团体，成为提供科技类公共服务产品的社会组织，成为创新体系的重要组成部分，为实现现代化幸福威海建设新跨越提供科技和智力支撑。

【院士专家工作站、海智工作站建设】 面向具有良好发展潜力的科技型中小企业，建设院士专家工作站、海智工作站，帮助企业培育科技创新团队，提高企业自主创新能力。省科协批准新建威海虹润海洋科技有限公司院士专家工作站、威海晨源分子新材料有限公司海智工作站。

【科技信息企业推广应用服务项目】 成功争取中国科协在威海设立服务子站，新增签约企业91家。举办科技信息企业推广应用服务项目应用工程师培训，培训人员130多人。项目实施取得积极成果，借鉴该专利数据库，成功开发10多项专利技术。

【创客之家】 开展创客之家评审，威海校友三人行众创空间、威海工业设计创意中心、环翠区科技创新孵化器、奇点创客4家机构被省科协授予“山东省创客之家”称号。

【校企联合新型学会组织】 发动哈尔滨工业大学（威海）、山东大学（威海）等4所高校与70多家企业合作成立威海市第一个校企联合新型学会组织——市机电工程与自动化学会。11月4日召开学会第一次会员大会暨成立大会。至年底，学会有团体会员单位79个、个人会员179人，其中企业会员单位75家。

【学术交流】 年内，组织市级学会开展学术交流活动8项，资助投入资金5万元。与威海晨源分子新材料有限公司合作承办第十届国际树枝状大分子峰会，列入省科协“扬帆行动”，争取经费2万元。与市贸促会联合承办“中国医养科技大会暨威海医养产业发展论坛”。

【科技智库】 制定《威海市科技智库建设实施方案》，初选入库专家92位。聚焦威海民生关注、产业发展热点，组织专家开展排污企业实施合同管理、推广柞蚕放养新技术等5项专题调研。

【评选表彰】 联合市人社局开展威海市第十三届自然科学优秀成果奖评选表彰活动，获奖成果55项。经市人才工作领导小组批准，威海市青年科技奖评选周期由3年改为2年，奖励资金由1万元提高至2万元。威海拓展纤维有限公司总经理王文义、天润曲轴股份有限公司铸造事业部总经理于海明被省科协、省人社厅评为山东省优秀科技工作者，并记二等功。

【全民科学素质提升行动】 深入实施《威海市全民科学素质行动计划纲要实施方案（2016—2020年）》，发挥市全民科学素质领导小组办公室的作用，加强与成员单位的协作配合，广泛开展“三下乡”（即有关文化、科技、卫生方面的内容知识让农村知道，促进农村文化、科技、卫生的发展）、“科技活动周”等群众性品牌科普宣传活动，参与群众1.5万多人次，发放宣传资料8000多份。

【科普惠农示范工程】 市科协与市财政局联合扶持发展农村专业技术协会、农村科普示范基地、农村科普带头人各10个，2个农村专业技术协会获省科协、省财政厅重点支持，获奖补资金10万元。依托农村专业技术协会和农村科普示范基地引进推广25项新品种，推广28项新技术。新建9处科普惠农服务站。组织农业专家进村入户开展养殖、种植新技术、新技能培训，全市举办培训班90场次，培训农民8900人次。组织省内知名农业专家编印《现代果业栽培技术》。

【科普惠民社区行动】 积极培育市级优秀科普示范社区10处，创省级以上先进社区8处，争取奖补资金80万元。开展百场健康科普知识讲座。3月9日举办威海市百场健康科普知识讲座开讲仪式，邀请专家作“胃癌防控策略”讲座，200名社区居民参加活动。全年开展健康保健、安全急救等讲座120场次，受众9500人。

【科普信息化】 市科协联合市文广新局开展“科普文化进万家”活动，建设威海科普乡村e站和科普社区e站23处，公众可通过自助查询、点播等形式学习了解科普知识、实用技术，还可通过微信公众号访问“威海科普”、山东科普云平台、“科普中国”信息资源库。与威海智慧北洋信息技术有限公司合作依托威海市民网手机APP，建成“威海科普”手机端和“威海科普”微信公众号。与山东广电网络威海有限公司合作在威海经济技术开发区试点建设“威海科普”智慧电视互动点播平台，公众可以通过互动点播平台自主选择想看的科普视频，满足个性化科普需求，实现精准科普内容点对点推送。与电视台联合开办《科普大篷车》栏目，分为城镇（A）、农村（B）两版，每周播放两期，每期15分钟，全年播放104期。

【全国科普日主场活动】 9月15日，以“创新驱动发展，科学破除愚昧”为主题的2017年威海市暨环翠区全国科普日主场活动在合庆社区举行。副市长张伟等出席活动并参观合庆社区科普体验馆。市医学会、食品药品监督管理局、地震局、计量学会以及环翠区食品药品监督管理局组织多名专家开展义诊、咨询服务活动，邀请中医专家为社区居民作中医养生科普讲座，免费发放各类宣传资料5000份，赠送科普图书300本。

【院士专家科普报告会】 5月23日，邀请中国科学院院士、2016年度山东省

11月4日，市机电工程与自动化学会成立大会召开　威海市科协提供

最高科技奖获得者胡敦欣走进新都中学作“我们和海洋”科普报告。5月23日—24日，邀请中国科学院空间总体部顾问张厚英研究员走进环翠区码头小学、乳山市府前路中学、白沙滩中学为中小学生作“嫦娥奔月　神州华彩”科普报告会。

【青少年科普活动】　4月24日—25日，邀请中国科学院老科学家科普演讲团和省青少年科普专家团的5名专家走进文登区20所中小学举行20场科普报告，3000多名中小学生听取了报告。

【青少年科技比赛】　市科协、市教育局、市科技局、团市委共同组织开展威海市青少年科技大赛，345项作品获奖。组织威海市代表队参加第32届山东省青少年科技创新大赛，93项作品获奖。组织获奖者参加全国青少年科技创新大赛，8项作品获奖。组织代表队参加“第17届山东省青少年机器人竞赛”并获得14个奖项。威海市第一中学姜义铭参加教育部、中国科协、周凯旋基金会共同主办的“明天小小科学家”奖励活动，获得“明天小小科学家”称号，这是山东省参加该项比赛取得的历史最好成绩。

【科技馆建设】　威海市科技馆被中国科协、中宣部、财政部列入免费开放科技馆。利用中央免费开放补助资金购置真鱼与机器鱼共生存等7个展品展项。及时维修故障展项，保持展项完好率在92%以上。全年参观人数12万人次，举办主题展览4次、百姓课堂10场。“流动科技馆进校园”共巡展桥头小学等5所中小学校，展出“食物金字塔”等39件展品，受益师生3000余名。

【科普基础设施建设】　在菊花顶社区等10个社区新建10处社区科普体验馆。命名威海市裕红祥丝绸文化馆等10处市级科普教育基地。北京交通大学（威海）科普教育基地被命名为山东省科普教育基地，获得奖补资金10万元。

（王燕霞）

威海市工商业联合会

【概况】　2017年，威海市工商业联合会（威海市总商会）有会员1.37万个，其中企业会员8852个，团体会员108个，个人会员4735个；有区市级基层工商联组织7个，各级工商联所属商会36个，镇商会48个，街道商会24个。市工商联被评为“山东省工商联系统2017年度市级工商联先进单位”。

【工商联换届】　4月8日，召开威海市工商联第十一次代表大会，选举产生市工商联（总商会）第十一届执委会委员和领导班子成员，副市长杨丽当选为第十一届执委会主席，完成换届任务。指导各区市、国家级开发区工商联按期召开代表大会，换届工作全面完成。12月29日，指导成立威海临港经济技术开发区工商联。

【青年民营企业家教育培养】　9月26日，举办全市年轻一代民营企业家理想信念报告会，选取10位青年民营企业家典型作交流发言。组织青年民营企业家赴胶东党性教育基地（威海）实地开展教育实践活动，引导他们继承和发扬老一辈企业家的优良传统，强化责任担当。针对全市青年民营企业家群体的思想现状进行深入调研，指导组建威海市青年民营企业家商会。在省工商联开展的年轻一代非公有制经济人士“听党话、跟党走、接好班”征文活动中，报送征文11篇，获奖7篇，获奖数量居全省首位，获得“优秀组织奖”。市工商联“‘三举措’坚定理想信念，促年轻一代争做接班人”工作获中华工商时报举办的2017“创新中国”工商联工作特别奖。

【宣传工作】　制定《关于进一步加强调研宣传信息工作的意见》，组织举办1期调研宣传信息工作培训班，为各区市、国家级开发区工商联、商会及会员企业培训宣传骨干80人。突出青年民营企业家群体、会员企业先进典型、精准扶贫行动等重点，通过市工商联网站、微信公众号以及《威海工商界》杂志等媒体，积极宣传坚定信心、创业创新、守法诚信经营、履行社会责任、构建和谐劳动关系等方面的先进典型。

【庆祝地级威海市成立30周年系列活动】　举办庆祝地级威海市成立30周年“书画藏品鉴赏展”和“幸福海岸健步行”活动，120名企业家参加活动，现场直播点击量达80万人次。

【企业家培训】　年内，与市中小企业局共同组织30名民营企业家到复旦大学进行脱产培训，创办并启动威海市工商联文化创意产业沙龙，与“创客联盟”

9月26日，组织年轻一代民营企业家参观地级威海市成立30周年成就展

威海市工商联提供

合作开办天使投资学堂。围绕企业管理、政策解读、法律仲裁知识及金融、保险产品介绍等方面，邀请有关专家、部门领导作专题讲座8场，培训企业家1200人次。

【专题服务活动】 组织举办“民企进校园”活动，引导商会、企业加强与威海职业学院的合作，加大技能人才定向培育和引进力度，帮助企业引进技能人才。牵头与金融办、中小企业局和中国银行威海分行共同承办威海市中小企业金融服务推进活动，为威海市中小企业缓解融资难、融资贵问题搭建新的融资平台。促成威海市政府与中国银行山东分行签订战略合作协议，全面推进银政战略合作关系；市工商联、中小企业局、中国银行威海分行签订《促进威海市中小企业国际化发展战略合作协议》，为中小企业融资提供具体路径和解决方案；中国银行威海分行与4家企业签订《中小企业综合金融服务协议》。组织开展会员企业观摩学习活动，取长补短，相互借鉴，助推企业转型升级。

【经贸交流活动】 对接巴基斯坦山东商会、德国山东商会、香港特别行政区驻上海经贸处、驻山东联络处代表等到威海考察交流，与坦桑尼亚中华总商会、山东商会建立联系，加强沟通合作，为威海市民营企业“走出去”发展搭建平台。组织企业随省工商联赴瑞典、俄罗斯经贸团出国考察，与相关国家商会组织建立合作关系，推动项目对接合作。组织会员企业参加首届“一带一路”中巴（烟台）合作论坛，2家企业现场签定合作协议。

【推动构建“亲”“清”新型政商关系】 牵头起草《关于开展“深入企业、帮解难题、增强四信、促进发展”活动的通知》，推动各级领导干部及相关部门、单位进一步加强与非公企业的联系，切实帮助企业解决困难和问题。成立市工商联参政议政专委会，发挥企业家副主席、副会长、商会会长等主要成员作用，加强与会员企业的联系，畅通了意见和建议反映渠道，为进一步优化威海市营商环境提供有益参考。建立《威海市工商联联系企业、商会制度》，驻会领导及干部分别联系2～4家商会及企业，从加强经常性联系入手，提供及时有效的服务。

【营商环境改善指标考核】 省2017年度经济社会发展综合考核组通过召开座谈会、开展集中评议、选取企业实地考察、委托第三方开展电话访问等形式，对威海市2017年度经济社会发展综合考核营商环境改善指标进行考核。威海市在此项指标考核中位列全省第一位。

【走访调研活动】 全年走访会员企业近200家，详细了解企业生产经营情况、存在困难及意见、建议，积极宣传有关政策规定，引导企业坚定发展信心。围绕降低企业成本、新旧动能转换、全市年轻一代非公有制经济人士思想状况等课题，深入开展调查研究，形成的《关于降低经营成本促进非公企业发展的调研报告》获市政府主要领导批示，并由市政府督查室转发督办。按照市委统战部开展“下基层、摸实情、提对策”千家企业走访调研活动的总体部署，组成3个调研组，分赴荣成市、威海经济技术开发区、威海临港经济技术开发区走访调研，高标准完成调研任务。在市委组织的回乡调研活动中，累计上报调研信息33篇，被市委信息调研室采用6篇。

【精准招商活动】 制定《关于依托所属商会和会员企业开展精准招商工作的实施意见》，建立并定期更新会员企业项目信息库，为企业对外推介和经济合作提供便利。发挥工商联联系广泛的优势，先后赴北京、重庆、济南等地，访问相关工商联及所属商会、企业，宣传、推介威海市及东部滨海新城招商环境。组织举办异地商会东部滨海新城行、乳山行和山东省女企业家协会、济南市威海商会东部滨海新城行等大型招商推介活动，接待多批外地客商赴东部滨海新城进行考察，促成山东温州商会大厦项目签约。

【扶贫工作】 从强化扶贫台账管理入手，推动扶贫工作向精准要成效，为部分贫困村联系调整结对企业，指导企业落实帮扶措施。深化品牌建设，组织开展“暖冬行动”、“精准扶贫直通车——企业助学乳山行”、企业助残“中秋圆梦行动”等多项精准扶贫活动。其中，“精准扶贫直通车——企业助学行动”累计结对帮扶贫困学生350名，发放助学金17.5万元。按照东西部扶贫协作工作会议要求，发动企业结合产业特点开展对口协作扶贫活动，组织企业赴枣庄市及重庆云阳市对接考察，威海市泰祥集团等多家企业与枣庄市相关企业达成合作协议。加强对扶贫活动和扶贫成果的宣传，吸引民营企业加入扶贫行动。威海市鑫通汽车贸易集团在乳山市第二中学设立30万元的助学基金，重点帮扶建档立卡贫困学生及特优生；威海市浙江商会与市慈善总会签订《威海市冠名慈善基金协议书》，标志着首个以商会名义发起的“爱心基金”正式成立。

【“五好”县级工商联建设】 制定“五好”（领导班子好、会员发展好、商会建设好、作用发挥好、工作保障好）县级工商联建设工作实施方案，指导各区市、国家级开发区工商联深入开展创建活动。荣成、乳山、威海高技术产业开发区、威海经济技术开发区工商联被山东省工商联表彰为“五好”县级工商联，荣成、乳山2市工商联被命名为全国“五好”县级工商联。

【“四好”商会建设】 制定“四好”（班子建设好、团结教育好、服务发展好、自律规范好）商会创建工作实施方案，召开所属商会工作会议进行专题部署，指导开展“四好”商会创建活动。年内，指导成立威海市沂蒙商会、江西商会、安徽商会、青年民营企业家商会4家市级商会，指导威海市温州商会、福州商会、吉林商会完成注册登记工作。加强商会党组织建设，发起开展“建过硬支部，创党建品牌，争做新旧动能转换先锋”主题活动，召开商会党建专题工作会议进行部署，组织到党建工作典型单位观摩学习，有力推动商会党建工作整体水平提升。

（席化荣）

威海市社会科学界联合会

【概况】 2017年，威海市社会科学理论工作紧紧围绕落实意识形态工作责任、深化思想理论武装建设、推进理论大众化普及和加强新型智库建设等重点工作，按照年初计划，各项工作积极有序开展，取得较好成绩。

【意识形态工作】 编发《意识形态工作责任制学习材料》，组织各级党委（党组）深入学习贯彻中央和省委意识形态工作部署要求，增强意识形态工作的自觉性、主动性。按照“山东省党委（党组）意识形态工作责任制实施细则”要求，先后向省委上报全市意识形态工作情况2次和向全市通报意识形态领域情况2次，在半年、前三季度、年底3个节点开展意识形态工作专项督导活动，及时完成省委“实施细则”规定动作。为加强对意识形态各领域的分析研判，召开全市意识形态工作联席（扩大）会议，推动形成做好意识形态工作的合力。组织开展全市哲学社会科学活动调研，做好报告会、讲座的审批工作，切实增强哲学社会科学阵地管理。组织召开省委意识形态和中心组督查座谈会，汇报、展示材料得到省委督查组肯定。

【思想理论建设】 党委理论学习中心组学习实现制度化、规范化，根据印发的《关于2016年县级党委理论学习中心组学习情况的通报》，各区市学习先进找差距、借鉴经验促学习，不断提高学习质量和效果。制定《全市县级以上党委（党组）中心组2017年理论学习安排意见》和《威海党委（党组）中心组理论学习管理办法》，推进学习制度化、规范化和常态化。认真做好市委理论学习中心组学习服务，及时向省委宣传部上报市委中心组学习活动22次。主题宣讲再上新台阶，持续掀起学习宣讲十九大精神热潮，先后组织理论骨干培训4期，成立威海市学习贯彻十九大精神宣讲团，制定《关于做好学习贯彻党的十九大精神宣讲工作的实施方案》，开展全市性集中宣讲活动。其间，坚持宣讲、报道各个环节天天审、个个审，确保既持续发力、热情不断，又准确无误、不出纰漏。持续深化“中国梦”教育活动，广泛开展“中国梦·党在心中”百姓宣讲系列活动，组织全市宣讲比赛，组织全市巡回宣讲。4名选手参加省宣讲比赛，获得二等奖3项、三等奖1项。

【“学理论 懂政策 做明白人”品牌建设】 持续开展“学理论、懂政策，做明白人——政民互动平台”微访谈活动，抓好落实，稳步推进各项工作，进一步提高群众参与度，首次采取提前2天通过“威海发布”、提前1天通过《威海日报》进行预告的形式，扩大影响，全年组织37场次，在线发布、解答惠民惠企政策467条。广泛开展“社科普及周”活动，全市集中开展咨询服务活动32场；举办“威海讲坛——市第十五次党代会精神报告会”，引导全市党员干部进一步领会党代会精神，统一思想，抓好贯彻落实。选树典型，深化争先创优，总结撰写的“荣成市郭永怀事迹宣讲团”先进事迹典型材料，被中宣部评为“基层理论宣讲先进集体”，同时被中央电视台《共同关注》栏目播出，被《人民日报》、新华社分别刊发，“郭永怀事迹宣讲团”作为唯一先进集体代表在表彰大会上的交流发言，受到上级宣传部的表扬。《学理论 懂政策 做明白人——威海市理论大众化宣讲品牌调查》，作为省级重点课题，被省委宣传部《决策参阅》2017年第10期采用，在省委讲师团主办的《理论学习》2017年第10期全文刊登。

【学术研究】 组织召开新型智库联席会议，开展2017年度市级社科重点课题研究，组织开展第二十次社科优秀成果奖评选活动，编辑出版《威海市社会科学优秀成果获奖作品文库》（十卷本），与山东大学（威海）共同举办第二届“中华复兴论坛”。

【社会科学优秀成果奖评选】 根据《威海市社会科学优秀成果奖评选办法》（威办发〔2004〕12号）精神，按照公平、公正、民主的原则，威海市第二十次社会科学优秀成果奖评选会议于2017年5月31日至6月2日召开。通过对入选成果的认真审阅、评议、评选，评选出威海市社会科学优秀成果奖96项，其中一等奖10项，二等奖30项，三等奖56项。

威海市第二十次社会科学优秀成果奖获奖名单一览表
（排名不计先后）

表3

奖项	题目	申报渠道	作者
一等奖	威海市中级人民法院关于企业破产审判工作的报告（论文）	威海市中级人民法院	王树远　李慧东
	区域知识承载力与海洋新兴产业集聚耦合研究（论文）	哈尔滨工业大学（威海）	尹肖妮　王国红　周建林
	中国农村金融供给状况及制度创新（著作）	山东大学（威海）	张建波
	关于推动我市城市停车场项目建设和债券融资的思路建议（论文）	市发展改革委	张　愈　王传军　孙瑞康
	威海全域旅游调研报告（论文）	市委政研室	王洪洲　张海峰　蒙春利　张志全　张　尧
	基于物联网的保健服务初始信任模型及关键影响因素识别研究（论文）	哈尔滨工业大学（威海）	柳玉鹏　刘伟华　曲世友　袁梦琳

续表 3

奖项	题目	申报渠道	作者
	威海市人口市民化城镇综合承载力研究（论文）	山东大学（威海）	崔宇明　梁奉军　孔月新 魏苗苗　张　琪
	威海市国土资源史志丛书（著作）	威海市国土局	《威海市国土资源志》编纂委员会
	《礼乐文化与中国审美形态》（著作）		周　怡
	《丁汝昌年谱》（著作）		戚俊杰
二等奖	回归审判中心主义的撤诉规制（论文）	文登区委宣传部	于向华
	《性犯罪记录制度的体系性构建——兼论危险评估与危险治理》（著作）	山东大学（威海）	刘　军
	虚拟社会屏幕官僚的行为逻辑与控制（论文）	山东大学（威海）	孙卓华
	背离与共建：现代性视阈下乡村文化的危机与重建（论文）	山东大学（威海）	闫惠惠　郝书翠
	《中国战略性新兴产业集聚布局、关联效应与生产效率研究》（著作）	山东大学（威海）	吕岩威
	《"一带一路"战略与山东省对外开放研究》（著作）	山东大学（威海）	刘　文
	《集团营销协同实现机制研究——基于企业社会资本的视角》（著作）	山东大学（威海）	魏文忠
	中国文化产品贸易：特征、地位与趋势（论文）	山东大学（威海）	周宏燕
	基于竞合的产业集群技术创新系统机理分析（论文）	荣成市委宣传部	赵运平　綦良群
	创新群众工作机制（论文）	乳山市委宣传部	高书良　刘建忠
	关于加快推进经区文化产业发展的调研报告（论文）	威海经济技术开发区工委宣传部	侯成阳
	威海地区海草房的艺术价值及其旅游开发研究（论文）	威海职业学院	许崇岫　王焕杰　韩　颖 郑永娟　赵景利
	威海市构建充满活力的创业生态系统引领推动全民创业（论文）	威海市人力资源和社会保障局	市人力资源和社会保障局
	君子之风 美德威海：道德建设的创新探索（论文）	威海市委宣传部	林一龙
	荣成市加快推进社会信用体系建设　着力打造"诚信荣成"（论文）	荣成市委宣传部	张　刚
	关于旗帜鲜明地提出建设廉洁威海的调研报告（论文）	威海市纪委	王金明　李建良　徐祥卓 于　源
	产城融合视角下加快推进威海市新型城镇化建设的思考（论文）	荣成市委宣传部	王　静　宋美媛
	威海市全域旅游大数据信息平台建设的调研报告（论文）	威海职业学院	郭海宁　苏善尧　张军涛 崔颖慧　刘岩松
	国家治理视角下经济责任审计内容与方法的创新性思考和研究（论文）	威海市审计局	房元芹　于云龙　闫小伟 黄丽燕　肖　丽
	威海市农业品牌建设现状与发展路径研究（论文）		刘本文　苗翠翠
	"自由呼吸·自在荣成"——荣成市践行新理念的路径选择及愿景（论文）	荣成市委宣传部	尹选芹
	《张闻天的新闻实践研究》（著作）	山东大学（威海）	杨永兴
	《英语教学与研究》（著作）	山东大学（威海）	王湘云
	新闻业的数据新闻转向：语境、类型与理念（论文）	山东大学（威海）	张　超　钟　新

续表 3

奖项	题目	申报渠道	作者
	党性与乡土之间——抗战中后期减租减息运动中的山东农村基层党员（论文）	山东大学（威海）	杨发源
	想象的辩证法——论后理论时代的文艺阐释学（论文）	山东大学（威海）	张　中
	强制阐释、后现代主义与文论重建（论文）	山东大学（威海）	李自雄
	在历史与个体间的诗性飞扬（论文）	山东大学（威海）	于京一
	云组织：职教集团的一种新型治理模式（论文）	山东交通学院威海校区	楚金华
	文登古籍通考（著作）	文登区委宣传部	鞠建林
三等奖	从一起案件开始可以化解多少纠纷——从典型案例论“案多人少”矛盾的另外两条解决路径（论文）	威海市中级人民法院	唐玉沙
	韩国国会肢体冲突与民主转型研究（著作）	山东大学（威海）	洪　静
	实现法治的逻辑基础研究（著作）	山东大学（威海）	张传新
	反思指导性案例的援引方式（论文）	山东大学（威海）	孙光宁
	社会公益服务中的系统排列实践应用与展望	威海职业学院	勇　健
	关于创新做好新形势下群团工作的调研报告（论文）	中共威海市委办公室	王　晓　李　强　田素青
	榜样榜样（著作）	环翠区委宣传部	环翠区委宣传部
	20 世纪西方大国资本主义国有经济研究（著作）	山东大学（威海）	常　辉
	县级公立医院绩效分配改革的实践与探索（论文）	荣成市委宣传部	刘建文　刘昌刚　张彩花
	供给侧改革下的威海工业发展思考（论文）	威海市统计局	丁玉波　桑华鹏
	金融关联对中小民营企业融资便利性的影响（论文）	威海职业学院	孙　玲
	试论新时期财政专项资金制度改革（论文）	文登区委宣传部	宋　伟
	强化城建声像归集　留住城市发展记忆（论文）	荣成市委宣传部	赵锦竹
	以特色小镇建设助推经济转型跨越（论文）	乳山市委宣传部	中共乳山市委办公室
	开展村训家训建设　倡树文明新风正气（论文）	乳山市委宣传部	中共乳山市委办公室
	关于提升县（市、区）政协委员民主监督水平的路径分析（论文）	荣成市委宣传部	姚金鑫　周宇田　赵世喜
	浅谈群众合唱的特点和意义（论文）	环翠区委宣传部	刘　冰
	做好工会工作　推动区域经济转型跨越（论文）	威海经济技术开发区工委宣传部	谭建平
	关于推进“互联网＋政务服务”面临的突出问题及建议（论文）	威海市人民政府办公室	王铁军
	算好“三笔账”扎实开展中医单病种收费试点工作（论文）	威海市物价局	刘春雨　张洪平　王晓华
	威海市道路班车客运价格情况的调研报告（论文）	威海市物价局	赵洪刚
	集聚优势资源　激发创新活力—威海市科技企业孵化机构发展情况简述（论文）	威海市统计局	房　蒙
	关于推进分级诊疗的几点思考与建议（论文）	威海市立医院	蒋凤娥
	探索一体化建设的崭新路径——关于新形势下老年大学转型发展的思考（论文）	威海市老年大学	谷立波　薛善峰
	加快桃威铁路向现代物流业转型发展的思考（论文）	威海市地方铁路管理局	夏海军
	突出双创引领强化产城互动高效推进“三年突破发展”（论文）	文登区委宣传部	威海南海新区工委办公室

续表 3

奖项	题目	申报渠道	作者
	关于引入高端医疗机构 实现医养医美互促共融发展的调研（论文）	文登区委宣传部	威海南海新区工委办公室
	关于医养结合养老服务体系建设的调查与研究（论文）	荣成市委宣传部	乔俊杰
	荣成市镇街规范化管理的探索与思考（论文）	荣成市委宣传部	刘玲玲
	关于特色种养业发展情况的调研报告（论文）	文登区委宣传部	李鲁静
	积极的社会救助制度的构建与完善探索（论文）	文登区委宣传部	林建强
	基层审计机关如何推进政策落实跟踪审计（论文）	文登区委宣传部	王祖超
	墙体广告的困惑与破解——威海市文登区倾力打造清朗文明城乡环境（论文）	文登区委宣传部	谭泉永　林　静
	“互联网＋”背景下精准扶贫产业发展的研究（论文）	乳山市委宣传部	丛众华
	实施品牌战略 推动产业发展——以乳山牡蛎产业发展为例（论文）	乳山市委宣传部	刘佳强　杨绍平
	威海市社区文化建设现状调查与发展研究（论文）	威海职业学院	马　琦
	发展水利 改善民生 共建人水和谐（论文）	乳山市委宣传部	刘佳强　丛众华
	关于农村房屋改造屋顶材料使用的建议——以文登区为例（论文）	文登区委宣传部	王　磊
	威海传统村落调研报告（论文）	乳山市委宣传部	刘建忠　邵欢欢　单华伟
	成长最美——走向核心素养的成长教育的探索与实践（著作）	荣成市委宣传部	鞠文玲
	红色乳山（著作）	乳山市委宣传部	高玉山
	中国共产党威海市环翠区组织史资料（1996.1—2015.12）（著作）	环翠区委宣传部	中共威海市环翠区委党史资料征集研究委员会
	逐梦·助力·筑成长（著作）	威海经济技术开发区工委宣传部	徐海峰
	小学语文合作助学课堂模式初探（论文）	威海经济技术开发区工委宣传部	宋小姣
	“都是我的囚徒”——论弗拉迪米尔·纳博科夫的僭越叙事（论文）	哈尔滨工业大学（威海）	张德霞
	重铸反馈对英语设问能力发展的作用研究（论文）	山东大学（威海）	赵　薇　王俊菊
	英汉翻译课堂上应该教什么？（论文）	山东大学（威海）	薄振杰
	国外教学环境下中国留学生修辞能力状况探究（论文）	山东大学（威海）	李　克　王湘云
	吉川英治《三国志》底本问题考究——兼考《通俗三国志》的底本问题（论文）	山东大学（威海）	武　鹏　高文汉
	研究生就业能力分析及提升对策研究（论文）	哈尔滨工业大学（威海）	马海鹰　杨俊敏　桑　峰
	高职专业建设与区域产业发展对接研究——以山东半岛蓝色经济区为例（论文）	威海职业学院	谭在仁　孙忠峰　高云亭　崔荣章　张军涛
	浅谈信息技术环境下中学体育教学变革现状及发展策略（论文）	环翠区委宣传部	张晓明
	航海技术专业卓越工程师人才培养标准研究与现实（论文）	山东交通学院威海校区	刘　鑫　刘　洋　周连过　孔凡一　张树豪
	文登地名志（著作）	文登区委宣传部	连　疆　丛龙海　邵洪旗
	重释萨丕尔关于“语言”与“文化”关系的论述（论文）	哈尔滨工业大学（威海）	芮晓松　丛晓芳
	日藏《玉烛宝典》钞校本论考——《古逸丛书》底本辨析（论文）	山东大学（威海）	朱新林

（刘昌毅）

威海市文学艺术界联合会

【概况】 2017年，威海市文学艺术界联合会围绕全市中心工作，精心组织主题文艺活动，大力扶持精品文艺创作，认真履行对文艺界的联络协调服务管理职能，完成了各项工作目标，被山东省文学艺术界联合会评为先进单位。

【文艺活动】 全年组织开展文艺志愿服务200余场次，参与服务活动的文艺志愿者4000多人次。其中，“我们的中国梦·书法艺术走进千家万户”活动，向全市2000多个家庭赠送了书法作品。“京剧广场演出”总演出场次700余场，参演人数3800余人次，观众人数15万人次。市文联还相继和有关部门组织了“放歌颂祖国 欢庆十九大——威海市第五届青年歌手暨新作品演唱大赛”“幸福威海我的家——威海市第五届原创歌词歌曲优秀作品评选活动”“2017威海市舞蹈大赛”“威海市第五届曲艺大赛”和“威海市第四届微电影大赛”等活动。先后举办了“大美寻源·筑梦威海”中国画名家作品邀请展、“正道沧桑——刘宝纯诗书画全国巡展”、“如歌的行板——王力克油画作品展”等各类书画艺术展览展示交流活动50次。

【威海市成立30周年系列活动】 正式出版展示威海市30年文学成就的《威海文集》，分中篇、短篇、散文、诗歌（歌词）和纪实文学5卷，收集了威海市150余名作家和作者的作品。举办“见证·我与威海”主题征文活动，收到征文稿件380多篇，150篇结集出版《见证·我与威海》。举办喜迎地级威海市成立30周年威海市美术作品展、书法作品展和“听潮——侯贺良镜头下的威海30年摄影展”。举办第二届“诗意威海”朗诵音乐会。

【文联直属文艺阵地】 全年出版《威海文艺》6期，坚持弘扬主旋律、传递正能量与提倡多样性的高度统一的原则，推出文学、艺术作品，图文并茂。精心打造和管理“威海文艺网”和“威海文联”微信公众号，管好信息舆论阵地。加强“威海文艺网”功能建设，实施全面改版，突出服务文艺界和服务基层。充分发挥“威海文联”微信公众号的作用，对文联重要工作、重要活动及时报道。

【文艺精品】 2017年，获得三项第十届山东省“泰山文艺奖”，戚建波歌曲《“幸福少年”社会主义核心价值观组歌》获得音乐类一等奖和全国精神文明奖，袁学强获得电影艺术类“突出贡献奖”，刘金锋漫画《粉饰》获得艺术作品类三等奖。曲波作词《拉住老区人民的手》获得山东省第十二届精神文明建设“精品工程奖”。史怀宝长篇报告文学《穿越时代的光芒》和乔洪明长篇小说《杨子荣后传》被山东省作协列为山东省文学创作重点扶持项目。山东人民出版社出版长篇小说《不夜·女娲后传》等文艺专著，电影《天福山起义》《美丽小渔村》在全国公映，“荣成渔民号子”参加了全国民歌大赛及展演活动。

【文艺培训】 威海市政府先后邀请山东省文联副主席、茅盾文学奖获得者刘玉民，国家一级作家史怀宝，山东省作家协会副主席许晨等通过百姓讲堂为威海市民举办文学讲座。市文联邀请中国作家协会副主席、山东省作家协会主席张炜和国际诗人、诺贝尔文学奖提名者洛夫到威海市举办讲座，与威海市作家、文学爱好者进行互动培训。组织各文艺家协会会员，到威高集团、乳山市红色教育基地、威海南海新区等开展创作采风活动20次。

9月19日，诗意威海朗诵音乐会举办　　威海市文联提供

（史怀宝）

编辑　闫拥军

法　　治

政法和综治

【概况】 2017年，全市政法系统坚持以“为党的十九大胜利召开创造安全稳定的社会环境”为主线，一手抓从严从实从细做好保安全、护稳定工作，一手抓深入解决源头性、基础性问题，统筹推进平安建设、法治建设和过硬队伍建设，为实现现代化幸福威海建设新跨越提供强有力的政法保障。圆满完成中共十九大安保维稳工作任务，得到省安保维稳领导小组通报表扬，文登区、荣成市受到省委、省政府通报表扬，排查安全隐患防范“四类风险”、涉军维稳“五有工作法”在全省推广。完善立体化社会治安防控体系有关经验在全省社会治安综合治理工作创新暨表彰大会上作交流，海上平安建设经验在全国“雪亮工程”建设推进会上作交流，《法制日报》头版报道威海市构建海陆空立体化治安防控体系的先进经验，乳山市获“全国平安建设先进县（市、区）”和“全省社会治安综合治理先进县（市、区）”称号。

【服务保障发展大局】 坚持将政法工作纳入经济社会发展大局中一体谋划、一体推进，持续提升服务保障经济社会发展的能力水平。全力服务各类企业发展。坚持领导带头联系分包企业，深入生产经营一线调研协调，现场办公，研究解决一批长期困扰企业发展的难题。围绕贯彻市委加快新旧动能转换重大工程建设的部署要求，印发《关于服务保障新旧动能转换的实施意见》，引导各级政法机关充分发挥法治的引领、规范、保障作用，推进全市新旧动能转换重大工程深入实施。围绕重点区域开发、对外开放、绿色发展等方面，组织政法机关开展送法到企业等主题活动，将服务触角延伸到发展战略制定、投资融资安排、交易风险防控等方面，为企业发展提供优质高效的法律服务。积极开展公益诉讼工作。检察机关办理涉及国土资源、环境保护、食品药品、道路交通等领域行政检察监督案件142件，全部收到整改回复。开展环境保护领域公益诉讼案件线索排查，全市排查环保领域案件线索20条，向有关部门发出诉前程序检察建议5份。依法维护市场经济秩序。围绕打击整治集资诈骗、非法吸收存款、传销和变相传销、生产销售假冒伪劣商品等重点领域经济犯罪，健全完善部门联动和区域协作机制，组织开展一系列专项行动，有力打击各类经济犯罪，维护市场主体合法权益和良好市场经济秩序。

【平安威海建设】 坚持超前防范、综合施策，统筹推进打防管控和社会治理各项工作，有效维护国家政治安全和社会持续稳定。集中开展反渗透、反恐怖、反邪教斗争。牢固树立总体国家安全观，坚持情报预警、联勤联动多环节并重齐抓，开展一系列打击整治、教育转化专项行动。持续完善立体化社会治安防控体系。按照《中央关于健全落实社会治安综合治理领导责任制规定》精神，印发实施细则，组织各级认真落实社会治安综合治理责任制，构建覆盖海陆空的立体化防控体系，推动社会治安综合治理工作迈上新台阶。加快推进综治中心和“雪亮工程”建设。在威海经济技术开发区召开全市综治中心暨“雪亮工程”建设推进会，加大区市、镇（街道）、村（社区）三级综治中心的标准化、规范化、实体化建设力度，着力扩大视频监控覆盖面，推动信息互联互通和资源融合共享，所有区市和70%的镇（街道）、50%的村（社区）均建成标准化综治中心，有效发挥信息汇总研判、矛盾防范化解等方面的作用，相关经验在全省推广。全市新增监控探头5.5万台，总数25.7万台，联网摄像机2.1万台，实现农村视频监控村村通、城乡视频监控全覆盖。开展全市排查安全隐患防范“四类风险”专项行动，围绕重点风险领域制定4个具体实施方案，将责任和措施落实到各区市和140多个部门单位；在此基础上，建立分包督导制度，对问题突出的区域落实专人现场办公，督促立行立改。加强和创新社会治理，更加注重夯实基层基础，协同有关部门组织召开“坚持党建引领、夯实基层基础，打造共建共治共享社会治理格局”工作推进会，荣成市创新诚信体系建设和环翠区党建引领加强社会治理创新有关经验在会上推广，示范带动全市社会治理创新工作再上新水平。在农村和城区大力推行“一村一警务助理”和“1+2+N”模式，配备专群力量5035人，实现城乡社区全覆盖。更加注重矛盾纠纷多元调解，推广环翠区人民法院诉调对接经验，各区市全部建成诉调对接中心。积极推进律师参与纠纷化解、仲裁参与诉调对接工作，不断拓宽行业性、专业性人民调解覆盖范围，将大量矛盾化解在初始和萌芽状态。

【法治威海建设】 大力开展普法依法治理工作。认真贯彻实施“七五”普法规划，健全完善以案释法制度，推动落实“谁执法谁普法”的普法责任制，积极开展法治文化阵地和基层法治创建活动，搭建“互联网+”法治宣传平台，先后组织开展法治专题讲座等“法律六进”活动406次，解答群众法律咨询4万多人次，法治威海建设的氛围更加浓厚。不断完善公共法律服务体系。贯彻落实市委、市政府《关于加快推进公共法律服务体系建设的意见》，加强公共法律服务实体平台建设，扎实开展“一村（社区）一法律顾问”工作，村（社区）司法行政工作室覆盖率达70%以上，镇级公共法律服务中心实现全覆盖，文登区、乳山市两处平台获评首批全省公共法律服务示范中心。持续深化司法体制和社会治理体制改革。根据中共中央、山东省委改革部署，提出司法体制和社会治理体制改革工作要点和分工方案，对涉及全市的4大类37项改革任务逐条分析论证，积极稳妥推进改革各项工作。其中，围绕破解执行难题，在全省率先开通不动产网络查控系统，与最高人民法院实现连接，实施悬赏执行、律师调查令制度，建立失信被执行人信用监督、惩戒机制和执行协调联动机制，解决执行难“攻坚战”初战告捷。

【政法队伍建设】　始终坚持中国共产党对政法工作的绝对领导，把“党是领导一切的”重大政治原则贯穿政法工作始终，着力加强政法机关党的建设，确保党的路线方针政策和各级决策部署在政法系统得到不折不扣地贯彻落实。突出政治建警与典型示范相结合、突出从严治警和从优待警相结合，造就一支信念坚定、执法为民、敢于担当、清正廉洁的政法队伍。深入推进“两学一做”学习教育常态化制度化，教育引导广大干警严守党的政治纪律和政治规矩。以新时期政法干警的优秀代表王伟为楷模，全方位开展先进典型事迹宣传。组织开展“2017年度政法人物”候选人评选表彰活动，挖掘、报道政法系统先进人物事迹，产生年度政法人物20名。深入贯彻全面从严治党部署要求，扎实推进政法系统党风廉政建设和反腐败工作，筑牢政法干警拒腐防变的思想防线。注重从思想上、工作上、生活上关心关爱政法干警，激发政法队伍的生机活力。

（元瑞泉）

法治政府建设

【概况】　印发《2017年威海市法治政府建设工作计划》，将《威海市法治政府建设实施纲要》部署的工作任务进一步分解，提出35项工作任务，明确全市法治政府建设的年度重点内容、责任单位和完成时限。建立并组织实施法治政府建设情况报告制度，印发《关于做好法治政府建设情况报告工作的通知》，明确法治政府建设情况报告的主体、内容、形式和时限要求。全面总结2016年度全市法治政府建设工作情况，形成专题报告报送省政府、市委和市人大常委会，并将报告内容公开。建立法治政府建设情况定期调度机制，每半年对全市法治政府建设情况进行调度和总结。加大督导落实力度，对依法行政考核指标进行调整，充实法治政府建设方面的考核内容，使依法行政考核体系更加完善。

【地方立法】　按照体现威海特色、急需先立的原则，科学制定《2017年市政府规章制定计划》，确定6个政府规章制定项目、2个争取项目和1个调研项目。其中，《威海市人民政府规章制定程序规定》等5部政府规章已公布。配合市人大常委会法工委开展立法项目的征集和论证等工作，市政府法制办参与制定2017年地方性法规制定计划。对提请市人大常委会审议的《威海市居民养老服务保障条例》等4部地方性法规草案进行严格审查。参与市人大常委会地方性法规草案的审议工作，参加市人大常委会组织的立法调研13次。创新立法工作机制，建立健全与市人大常委会法工委、市直有关部门协作配合的立法会审机制和与民主党派之间的立法协商机制。完善立法调研机制，充分利用社情民意调查的方式，广泛听取社会公众的意见。地方立法工作的相关经验做法被省政府法制办作为典型在全省政府立法工作会议上进行交流。

【规范性文件制定与审查】　对市政府、各区市政府及其所属工作部门现行的所有规范性文件进行全面清理，完成新一轮规范性文件清理工作。将妨碍“放管服改革”政策落地、阻碍新旧动能转换、违反公平竞争以及涉及生态文明建设和环境保护的文件作为清理重点，清理规范性文件1239件，清理后保留782件，修改93件，废止364件。强化对送审文件的合法性审查，市政府法制办审查市政府规范性文件、市委文件等涉法性文件173件，审查登记各区市和市直部门报备规范性文件98件，将6件市政府规章和9件市政府规范性文件分别报送省政府和市人大常委会备案，报备及时率和规范率均为100%，规章备案工作获得国务院法制办的通报表扬。

【重大行政决策合法性审查】　修订《威海市人民政府重大行政决策程序规定》，细化重大行政决策5个法定程序。按照省政府办公厅《关于进一步做好重大行政决策合法性审查工作的通知》要求，从决策内容是否合法、决策主体是否有权等方面认真履行重大行政决策合法性审查职责。2017年，提交市政府常务会议研究的100个议题项目均经过严格的合法性审查，确保市政府重大行政决策的合法有效。强化重大行政决策合法性审查工作的督导，指导各区市按照重大行政决策程序，完成12件重大行政决策合法性审查工作，涉及园区建设项目、棚户区改造项目、城中村改造、土地征用、破产重组项目等多个方面，提升重大行政决策质量。

【行政执法监督】　全面完成行政执法监督体制改革，在市政府法制办加挂市政府行政执法监督局的牌子，设置独立的执法监督科室，配备专门的监督人员；督导环翠区、文登区、荣成市、乳山市成立行政执法监督局。制定《威海市重大行政执法决定法制审核办法》等，规范行政执法程序，提高行政执法透明度。强化对行政执法主体和执法人员的动态管理，清理不合格执法人员679人。加强对执法人员的培训考试，培训考试执法人员3100余人。加大重点领域的行政执法监督力度，在环境保护、安全生产、食品药品安全等领域开展专项监督和个案监督，发现问题20余个，督促相关部门进行整改。印发《威海市行政执法评议考核办法》，健全行政执法评议考核制度，强化评议考核结果运用。

12月12日，市法制办举办威海市行政复议和行政应诉案例研讨分析会
市法制办提供

【政府法律顾问】 出台《关于建立党政一体法律顾问制度的意见》，选定25名法律顾问为全市20多个党政部门、单位提供法律服务。修订完善《威海市人民政府法律顾问团工作规则》等制度，完善法律顾问分类管理、定期通报等工作机制。发挥以政府法制机构为主体的政府法律顾问作用，深度参与政府及有关部门的涉法事务。2017年，市政府法律顾问出具法律意见书1085件，对重大决策或重大行政执法行为进行合法性审查1件，参与规范性文件草案或立法草案审查81件，审查政府或部门签订的民商事合同1078件，提出修改建议1000余条，为信访案件的处理提供法律意见30件，代理诉讼（仲裁）案件或参与调解50件，开展法治宣传或培训6次，提供法律咨询92次。各区市政府法律顾问出具法律意见书1110件，对重大决策或重大行政执法行为进行合法性审查79件，参与规范性文件草案或立法草案审查172件，审查政府或部门签订的民商事合同1837件，提出修改建议2117条，为信访案件的处理提供法律意见216件，代理诉讼（仲裁）案件或参与调解282件，开展法治宣传或培训36次，提供法律咨询2200次。

【行政复议应诉】 2017年，全市各级行政复议机关办理行政复议案件268件，比上年增长161.7%，依法受理率和按时办结率均达到100%，综合纠错率41%；办理行政应诉案件96件，增长13.8%。其中，在以市政府为共同被告的案件，法院判决结果均与市政府复议决定一致。推进行政复议规范化建设，制定行政复议规范化建设实施方案，明确全市行政复议规范化建设的实施标准。成立行政复议受理中心，实行“统一受理、内部流转、限时办理”的工作模式，达到“进一扇门、办全部事”的服务效果。建立健全行政复议工作机制，实行“容缺受理”、挂牌督办等工作机制，保障群众的救济权利。推进行政复议应诉信息化建设，全面启用行政复议应诉管理平台。完善行政复议配套制度，在立案、审理等环节健全完善配套制度52项，全面规范行政复议立案、审理、决定及送达等各个环节。印发《关于切实加强行政机关负责人出庭应诉工作的通知》，加大对行政机关负责人出庭应诉的督导、问责考核和通报力度，推动行政机关负责人履行出庭应诉职责。2017年，全市行政机关负责人出庭应诉率80.2%，比上年提高47个百分点。加强行政应诉能力建设。举办行政应诉能力提升培训班，培训业务骨干300余人。组织2次行政诉讼案件庭审观摩活动，提升行政执法人员的应诉技巧和能力。制定政府机关防止干预司法的具体落实意见，为防止政府系统领导干部干预司法、插手具体案件处理提供制度保障。与威海市中级人民法院召开各类座谈会3次，建立支持人民法院解决执行难问题的考核督导机制，全年没有发生行政诉讼方面不执行案件。

【机关事业单位合同管理】 组建合同受理中心，实行“统一受理、内部流转、限时办理”的工作模式。2017年，审查市级机关事业单位合同2676件，比上年增长17.4%，涉及服务、买卖、租赁等12个类别和国土资源、卫生健康、财政金融、规划建设等19个领域，合同总金额163.87亿元。完成合同备案1518个，检查合同履行情况报告1587份，审减合同金额7634万元，化解合同纠纷20余起，挽回经济损失2000多万元。帮助有关部门、单位建立健全内部合同管理制度，强化合同管理责任制。以土地收回、工程建设、广告宣传等领域为重点，加大审查力度，对合同风险进行预判分析，梳理合同风险点2100多个，提出防控意见3800多条，审减合同金额2400万元，有效防止国有资产流失。建立重大项目提前介入机制，参与市级重点领域合同的前期论证工作，从源头上为项目落地提供法律保障。提前介入重大项目19个，标的额70多亿元，提出法律建议40多项，提出优化解决方案65个。针对合同审查过程中发现的问题，以一对一的形式反馈给有关单位，提出具体要求。退返合同170件，释明后补充材料390份，约谈相关单位28次。通过规范机关事业单位合同管理，加大政务履约情况监督，经审查的合同中未发生诉讼、仲裁案件，实现问题早发现、早介入、早解决。

（王 冠）

公 安

【概况】 2017年，全市公安机关以全力打好维护稳定主动战、打防管控整体战、基层基础攻坚战、公安改革纵深战、“四项建设”持久战为重点，圆满完成重要活动期间安保警卫及重大案件处置任务，有力维护社会大局持续稳定。市公安局被表彰为全国文明单位；在全省的社情民意调查中，威海市的群众安全感为94.89%、满意度为95.93%，继续位居全省前列；上级领导先后46次作出批示，对公安工作提出表扬；王伟被追授为全国公安系统二级英雄模范、“齐鲁时代楷模”，53个集体和316名个人受到市级以上表彰，其中3个单位、5名个人受到省部级以上表彰。

（蒋　洁）

【打防管控】 打击犯罪效能进一步提升。开展“三打击一整治”、“三年禁毒人民战争”、云端“2017”等专项行动，破获各类刑事案件1.10万起，抓获犯罪嫌疑人3582人，命案破案率100%，抓获命案逃犯17人，其中漂白身份潜逃10年以上的11人，刑侦支队抓获1名潜逃12年的杀人犯，市公安局文登分局抓获1名漂白身份潜逃28年的杀人犯。电信网络诈骗警情、涉案金额分别比上年下降27.6%和2.5%。嫌疑对公账户管控工作经验得到上级领导的批示肯定，破获经济犯罪案件249起，挽回经济损失3.7亿元，其中破获传销案件71起，驱散5200余人。打绺反扒工作成绩突出，市区扒窃类案件下降50.2%，发案率处于较低水平。破获毒品犯罪案件187起，缴获各类毒品折合冰毒15.45公斤；破获食药环犯罪案件201起，增长55.8%。成立荣成市、乳山市技侦大队，实现阵地前移、触角延伸。治安防控网络进一步严密。全面加强治安要素管控，化解矛盾纠纷4327起；与全市340家加油站点签订安全责任状，关停违规寄递企业6家，罚款22万元；梯次启动一级加强勤务，街面违法犯罪大幅下降，城区重点场所发案下降50%；市公安局高技术产业开发区分局创新的“公安＋高校”联动巡控模式特色突出，成效明显。公共安全监管进一步加强。交警部门查纠违法行为148万余起，增长20.1%，实现事故起数和死亡人数“双下降”，全省车管现场会在威海召开，交通安全管理经验在全省推广，“平安行·你我他”行动和道路交通隐患排查治理考核名列前茅，再次被评为全省安全生产先进单位；高速公路交通警察勤务管理模式被省公安厅推广；消防部门圆满完成扑救“8·9”俄罗斯籍渔船火灾等急难险重任务，被威海市委、市政府记集体二等功，“智慧消防”项目获国家级智慧城市典型案例，连续12年未发生较大以上火灾事故；治安部门排查收缴枪支40支、子弹3165发、雷管1812枚、导爆索410米，圆满完成大型活动期间安保任务109场次；边防部门查处违规出海作业船舶679艘、渔船民1442人，破获“7·01”特大海上走私成品油等重大案件3起；出入境管理部门查处“三非”（非法入境、非法居留、非法就业）外国人372人，办理首起组织缅甸籍“三非”人员偷越国境非法务工案件；监管部门在确保监管安全的同时，深挖犯罪594起。

（李恩涛）

【基层基础工作】 全面落实派出所减负工作。推动警力下沉，从机关抽调115名警力到派出所，新接收的民警全部充实到基层，市、区市两级下沉比例分别高于省公安厅标准5个和9.7个百分点。出台权力、义务、服务“三张清单”，厘清派出所职责，考核指标精简到27项，比上年下降40%。创新完善社区警务和“一村一警务助理”工作。推动社区警务与社区治理有机融合，建成“五统一”（外观标识统一、装备配备统一、警务公开统一、规章制度统一、登记簿册统一）标准警务室255个，选派302名民警、434名辅警进驻，吸纳网格员2338人。选配警务助理2665人，在实现全覆盖的基础上，以市公安局环翠分局、经济技术开发区分局为试点，推行警务助理专职化，人年均经费4万多元。全年协破各类案件1692起，抓获违法犯罪嫌疑人员1984人，调处化解矛盾纠纷9672起。全面加强基础保障工作。实现预算投入1.77亿元，增长31.4%，完成26个派出所的新建改造、市级监管医院建设，以及警犬训练基地、公安综合训练基地的规划设计。强化应急突击队、便衣侦察队建设，招收专职船管辅警、专职消防员、乡镇道路交通安管员等。

（蒋　洁）

【公安改革】 “放管服”改革不断深化。66项行政许可和公共服务事项全部纳入政务服务网上大厅办理，32项实现全程网办；完成全国机动车选号系统改革和驾驶人考场软件升级，实现考试全程无纸化；深入实施新型户籍管理制度，户籍人口城镇化率达58.5%，位居全省前列；升级出入境信息系统，在办证量比上年增长30%的情况下，效率提升1倍以上，在全省率先实现接待大厅全域覆盖和再次签注制作权全面下放。警务机制改革深入推进。市公安局高技术产业开发区分局围绕合成侦查，大力推进片区刑侦队建设，做精机关、做强专业队、做实派出所，有效释放机关警力，提高打防效能。辅警管理改革先行先试。在试点的基础上，强化攻坚突破，在全省率先印发规范警辅人员管理工作实施意见，率先完成辅警过渡，省公安厅将威海市作为唯一调研点并给予高度评价。

（张长春）

【“四项建设”】 基础信息化建设。拟定科技信息化委员会和信息化项目建设工作规定，论证项目63个；完成大数据中心等5个系统对接，数据总量达19.4亿条；超额完成新增5万台摄像机的建设目标，总数达25.7万台，联网2.1万台，193个技防村、社区全部建成；人脸识别系统覆盖面不断扩大；加强基层技术创新，1个团队获评全省优秀团队，9项成果获评全省优秀应用系统和优秀装备产品，市公安局环翠分局创新研发的派出所基础工作“一录通”系统有效提高基层基础工作效能；特巡警支队自主研发的无人机系统在全国首届警用无人机战法演练中综合成绩第一。警务实战化建设。研发启用情报指挥研判综合实战平台，推行指挥长制度，市、区市指挥中心全部设立指挥长岗位，荣成市公安局创新建成4G可视化指挥调度平台，实现视频监控与街面巡逻无缝对接，一线警务调度效率提高60%以上；云警务接处警系统上线运行，处置各类警情90.2万起；出台威海市政务服务热线整合工作方案，建立非警务求助事项分流机制，分流率达83%；强化情报支撑，为重大警情提供支撑1100多次，协破案件550多起。执法规范化建设。出

6 月 30 日，市公安局在威海港组织开展实战对抗演练　　市公安局提供

台深化执法规范化建设的实施意见，各区市全部完成案件受理大厅和案件管理中心建设，纳入考核的派出所全部建立受立案登记窗口和案件管理室；加强“清障行动”等执法巡查，开展实地巡查 105 次、网上巡查 175 次，处置重大敏感案事件 13 起，办理刑事复核案件 34 起。队伍正规化建设。市公安局党委被确定为公安部党建调研联系点、“红色引擎”市级党建工作示范点，在全省率先完成派出所民警轮训任务，全省公安机关人群控制培训班在威海举办；大力推行“警师制”，举办枪王选拔赛等比武竞赛 61 场次；建立按季度体能达标测试制度，参测率、达标率和优秀率分别提高 23.5、25.2 和 12.7 个百分点；加强香港威海卫警察史交流研究，出版《香港威海卫警察纪事》；举办第二届改革创新项目展示大赛，3 个项目在全国、全省获奖；市政府专题研究关爱民警工作，设立 1000 万元优抚专项基金；组织开展感动威海警营故事评选、心理服务随警行、功模民警家属子女进警营等活动 22 次，策划拍摄山东首部社区民警题材数字电影《片警“亲戚”》及专题片 4 部，在省级以上媒体刊发稿件 4313 篇；强化执纪监督问责，受理核查检举控告 186 起，查处民警违法违纪案件 7 起 7 人，办理侵害民警执法权益案事件 83 起；筹集救助基金 3000 多万元，批准垫付申请 13 起。

（李恩涛）

检　察

【概况】 2017 年，全市检察机关紧紧围绕“强化法律监督、维护公平正义”的检察工作主题，深化司法办案、改革创新、自身建设，忠实履行宪法、法律赋予的职责，各项工作取得新成绩。

【参与平安威海建设】 规范履行批捕、起诉职责。加强与公安机关、法院的协作配合，保持打击黑恶势力、盗抢骗、制贩毒品等刑事犯罪的高压态势，增强群众安全感。全年批准和决定逮捕各类刑事犯罪嫌疑人 1012 人，提起公诉 3030 人。积极化解矛盾纠纷。对初犯、偶犯、过失犯等情节轻微的刑事案件公开审查、检察宣告 160 件次，促成刑事和解 80 件，不捕、不诉 711 人，减少社会对抗。全面落实领导包案、员额检察官首办、律师参与代理和化解涉法涉诉案件等工作机制，依法办理刑事申诉案件 48 件，处理群众来信来访 1758 件次，化解信访积案 16 件。环翠区人民检察院升级打造“红霞工作室”，组织开展“听民声、察民情、解民忧”活动。威海市人民检察院被最高人民检察院表彰为“全国文明接待示范窗口”，环翠区人民检察院、荣成市人民检察院被连续授予“全国文明接待室”称号。突出加强未成年人司法保护。落实社会调查、犯罪记录封存、案后帮教等制度，对涉轻罪未成年人依法不捕、不诉 17 人，对 20 名未成年人的犯罪记录进行封存。办理侵害未成年人权益犯罪案件 41 件。结合办案，全市检察机关专题开展“防欺凌、防诈骗、防性侵”送法进校园活动 38 场次。完善未成年人检察机构和办案组，建成山东省人民检察院青少年法治教育（威海）基地。依法办理经济犯罪案件。参与调研出台《服务和保障全市新旧动能转换重大工程的实施意见》《加强产权司法保护的意见》等。年内，办理非法吸收公众存款等涉众型经济犯罪 24 件，利用虚开增值税发票、电信网络等手段实施的诈骗犯罪 40 件，走私、生产销售有毒有害食品犯罪 186 件，侵犯知识产权、制售假冒伪劣商品犯罪 43 件。

【推进反腐倡廉工作】 全年立查贪污贿赂犯罪案件 75 人、渎职侵权犯罪案件 29 人，惩治腐败保持强劲势头。其中，立查县处级案件 11 人，国家机关工作人员案件 35 人，贪贿、渎职交织的双罪名案件 22 人。高度重视民生权益保障，立查职业教育系统 19 人、民政系统 9 人、人力资源和社会保障系统 16 人、农村危房改造等惠民扶贫领域 25 人。开展依法惩治“村霸”和宗族恶势力犯罪专项行动，保障基层组织稳定。坚持依法办案、规范办案、安全办案，严格执行全面、全部、全程录音录像等工作要求，牢牢守住办案安全底线。开展办案场所督导检查 4 次、专项督察 11 次。突出加强转隶期间检察人员的监督和管理，坚决守住零事故、不发生错案、不发生干警违纪违法“三条底线”。开展预防警示教育。派员到市住房和城乡建设局、三角集团等 63 个单位开展宣讲活动，7000 余人接受教育；与市邮政系统联合开展“预防职务犯罪邮路”工作。提供行贿犯罪档案查询 1.52 万次。

【完善法律监督格局】 强化刑事立案、侦查活动和刑事审判监督。监督立案 30 件、撤案 20 件，纠正漏捕 34 人，书面纠正违法 53 件。在环境资源和食品药品领域开展“两个专项立案监督”活动，建议移交案件5件，监督立案11件。加强刑事诉讼和审判监督，提出抗诉28件，抗诉后法院改判或发回重审12件、指令再审1件、裁定纠错4件；追诉遗漏犯罪嫌疑人65人，追诉后法院作出生效有罪判决48人。强化刑罚执行、刑事强制措施执行和监管活动监督。高度重视刑罚交付、刑罚变更执行监督，办理减刑假释暂予监外执行案件1215件，提出纠正意见30件。推进社区矫正监督，纠正违法60件、监督收监执行9人。全面开展财产刑执行检察监督，督促执行财产刑金额8587.48万元，提出纠正违法14件。加强刑事强制措施和监管活动监督，纠正刑罚执行活动违法50件，办理羁押必要性审查案件87件。强化民事行政诉讼监督。加强民事行政审判监督，对民事行政生效裁判、调解提出抗诉、再审检察建议29件，提请抗诉6件，法院采纳、改判28件。办理民间借贷、房地产买卖等领域的民事虚假诉讼监督案件28件。对审判程序违法、民事执行活动不当提出检察建议149件。坚持法律监督与释法说理有机统一，成功息诉93件。强化公益诉讼和非诉行政执行检察监督。严格执行提起公益诉讼诉前程序，办理行政执法监督案件162件，督促行政机关主动履职纠错。对穷尽诉前程序的，提起行政公益诉讼3件。聚焦非诉行政案件执行不到位的问题，部署开展专项活动，发出检察建议93份，促成由党委、政府牵头，检察机关、法院和行政执法部门共同参与的工作小组，推动非诉行政案件执行问题的解决，开创非诉行政执行检察监督的“威海模式”，经验做法在全省推广，获全省检察机关创新工作成果一等奖。

市人民检察院青年干警学习讨论中共十九大报告　　市人民检察院提供

【夯实检察发展根基】 开展“讲纪律、提素质、争一流”活动，融合打造党建工作“六大品牌”（开展主题党日活动、加强典型人物宣传活动、实施青年干警“培优工程”、设置“两微一端”新媒体《党建专栏》、开展纪律专题教育、突出党建对于基层院建设的引领作用）。开展“六型”基层检察院建设年活动（忠诚型、服务型、公信型、创新型、智慧型、学习型），建成检察为民综合服务平台，完善统一业务应用系统，优化案件信息公开网和微信平台，运行威检云办公、远程提审和讯问等系统。环翠区人民检察院、荣成市人民检察院被表彰为全省检察机关“六型”建设示范院。完善检察权运行机制，确立独任检察官84名，组建检察官办案组27个。加快落实司法责任制，初步实现“谁办案谁负责、谁决定谁负责”。配合推动国家监察体制改革试点、市纪委派驻纪检组改革。开展能力建设年活动，邀请13人次到市人民检察院授课，选派340人次外出轮训，开展第七届全市优秀公诉人业务竞赛。实施青年人才培养工程，选派6名干警上下互挂，8人在省级以上竞赛、理论研讨等活动中获奖。注重司法规范，专题向市人大常委会报告侦查监督工作情况，邀请人民监督员监督自侦案件42件。发挥纪检监察、对下巡察作用，开展巡察“回头看”、检务督察等活动31次。建立常规抽查和对下评查相结合的案件质量评查体系，评查案件256件。重视文化建设在规范引领中的作用，文登区人民检察院、乳山市人民检察院被表彰为全省检察文化建设示范院。

（王红丽）

法　院

【概况】 2017年，全市人民法院紧紧围绕“努力让人民群众在每一个司法案件中感受到公平正义”的目标，坚持稳中求进的工作总基调，突出抓好司法责任制改革和基本解决执行难两项重点工作，协同推进队伍建设、审判管理和信息化建设，提高工作主动性、创造性和执行力。全年受理各类案件5.69万件，审执结5.63万件（含旧存），分别比上年增长10.4%和8.9%。其中，威海市中级人民法院受理各类案件5534件，审执结5539件（含旧存），分别增长0.8%和6.8%。全市法院员额法官人均结案223.4件，服判息诉率90.9%，民商事一审调撤率56.6%。

【服务平安威海建设】 牢固树立惩罚犯罪与保障人权并重理念，审结一审刑事案件2592件，比上年下降0.2%。审理危险驾驶、交通肇事等危害公共安全犯罪案件1303件，故意杀人、伤害、抢劫、涉黑恶势力等严重危害群众生命财产安全犯罪案件919件。审理非法吸收公众存款、组织领导传销活动等涉众型破坏市场经济秩序犯罪案件9件，一审以非法吸收公众存款罪分别判处谷某玲、郑某芹有期徒刑九年和七年。审理危害食品药品安全、污染和破坏环境等与人民群众生产生活密切相关的犯罪案件34件，一审以生产、销售伪劣产品和假药罪判处金某福有期徒刑七年零六个月，以污染环境罪判处杨某有期徒刑一年零六个月。参与三年禁毒人民战争，审理毒品犯罪案件92件，一审以制造毒品罪判处姜某明死刑。严厉打击贪污贿赂和渎职犯罪，审理职务犯罪案件47件，判处60人，其中原为县处级干部的5人。积极参与社会治安防控体系建设，加强减刑假释与社区矫正的有效衔接，做好精神病人强制医疗工作。严把刑罚执行关，办理减刑假释案件542件，其中裁定不予减刑假释、调减减刑幅度的150件。完善诉调对接平台，将物业、金融保险等多发性纠纷3841件导入诉前调解程序，其中调解成功1836件、司法确认445件。严厉打击缠访闹访和非法上访，以寻衅滋事罪等判处有期徒刑2人。

【服务法治威海建设】 树立依法监督理念，畅通"民告官"渠道。审结一审行政案件370件，其中判决驳回原告诉讼请求、裁定驳回原告起诉的235件，判决行政机关履行法定职责、确认违法、撤销或变更行政行为的31件；审查非诉行政执行案件465件，对符合条件的156件依法裁定准予执行。推动依法行政，继续发布行政审判白皮书，每月通报行政机关负责人出庭应诉情况，全市出庭应诉率80.2%。发挥国家赔偿的权利救济功能，审结国家赔偿案件6件，协调赔偿1件3.8万元。落实"谁执法、谁普法"责任，开展"12·4"国家宪法日宣传活动，发布环境污染、非法集资等典型案例71件。

【保障经济发展】 坚持产权保护和促进交易原则，审结一审商事案件1.43万件，比上年增长14%。服务供给侧结构性改革、新旧动能转换重大工程，制定维护市场经济秩序、促进创新发展的20条意见，依法推动3家企业重整成功、15家"僵尸企业"退出市场。服务重点区域开发建设和企业发展，依法审理涉重点区域、重点企业和重点项目案件732件。围绕服务实体经济、防控金融风险、深化金融改革，妥善审理金融借款、民间借贷、保险、票据等金融案件6329件，并开展专题调研，与有关部门联动防控区域性金融风险。维护房地产秩序，依法审理建设工程、房地产开发等案件927件。服务创新驱动发展和自贸区合作示范区建设，妥善审理知识产权案件183件、涉外商事案件23件。

【维护群众合法权益】 坚持以人民为中心，兼顾案结与事了，全年审结一审民事案件1.53万件，比上年增长5.1%。妥善审理婚姻家庭、赡养抚养等案件6064件，交通事故、医疗损害、环境污染等侵权案件3110件，房屋买卖、物业服务等案件2758件，劳动争议、劳务合同等案件2514件，农村土地承包、征收补偿等案件191件，为245人缓减免诉讼费125.1万元，司法救助99人161.5万元。重视群众来信来访工作，妥善处理各类来信637件次、来访1688人次。完善涉诉信访导入和终结机制，审查申请再审和申诉案件276件，依法决定再审45件。

【攻坚基本解决执行难】 将基本解决执行难纳入信用威海、法治威海建设框架，执结各类案件1.78万件，比上年增长10%，实际执行率等各项指标位居全省前列。市委政法委牵头成立由全市38个部门参加的协调联动工作领导小组，通过最高人民法院、信用威海等网站发布失信名单8487个，推动市信用中心由各成员单位进行联动惩戒，基本建立"一处失信、处处受限"的综合治理执行难格局。在全省率先对接最高人民法院"点对总"不动产查控系统，实施悬赏执行、律师调查令制度，与公安、住房公积金、人力资源和社会保障等部门签署协作备忘录，拓展查人找物渠道。加大执行强制力度，先后7次组织全市人民法院开展凌晨专项集中行动并实现常态化，拘传拘留罚款542人，以拒执罪判处5人。规范执行权行使。开展"转变执行作风、规范执行行为"专项活动，在全国第二家开通终结本次执行程序案件自动巡查系统，实行网络司法拍卖，全面停止线下委托，网络拍品成交274件2.3亿元，成交率88.1%。使用"一案一账号"执行案款管理系统，实现案号、当事人、账号一一对应。在媒体、自媒体开设《破解执行难》专栏，直播拘留现场，制作公益片，拍摄微电影，发布执行公益短信等，营造生效裁判必须履行的浓厚氛围。

【深化司法改革】 在全市首批遴选252名员额法官，全部充实到审判一线；院、庭长办案成为常态，承办案件占结案总数的47.6%。深化审判权运行机制改革。在基层人民法院、中级人民院采取不同模式组建179个专业化团队，实行扁平化管理；建立专业法官会议制，"会诊把脉"重大疑难复杂案件，院、庭长职责由个案监管转变为宏观监督，实现"让审理者裁判，由裁判者负责"。以审判为中心的刑事诉讼制度改革稳步推进。落实庭前会议、非法证据排除、法庭调查三项规程，发挥庭审在查明事实、认定证据、公正裁判中的决定性作用，推动刑事案件证据采集规范化、标准化。严格贯彻罪刑法定、疑罪从无原则和证据裁判、非法证据排除规则，依法宣告无罪1人，裁定准许公诉机关撤回起诉7件。

6月28日，在全市法院凌晨集中执行行动中，一名失信被执行人被拘传至市中级人民法院　　市中级人民法院提供

【加快智慧法院建设】 开通法官一体化工作平台、减刑假释案件远程视频开庭和信息化办案平台，推进庭审语音智能识别、公务外呼语音留痕等系统应用，提升办公办案效能。完善审判流程、庭审活动、裁判文书、执行信息四大公开平台，市中级人民法院开通“12368”短信通知服务平台和庭审直播网，全市法院公布生效裁判文书3.58万件，司法公开的深度和广度进一步拓展。

（周芳朗）

司法行政

【概况】 2017年，全市司法行政系统以法治为引领，深入开展普法依法治理工作，全面提升普法宣传实效性；不断提升法律服务水平，帮助企业索回欠款近2亿元，挽回和避免经济损失近5亿元；深入构建覆盖城乡、便民利民的公共法律服务体系，实现全市“一村（社区）一法律顾问”全覆盖；发挥调解优势，打造共治共享的社会治理格局，市医疗纠纷人民调解委员会获评全国模范人民调解委员会；扎实开展社区矫正安置帮教安全隐患专项整治活动，深入推进社区矫正规范化建设；强化隐患排查整治，威海监狱实现连续16年安全运行无事故；不断提高法律援助为民服务水平，威海市法律援助中心获评第二届全国敬老文明号。

【普法依法治理】 在抓好“法律六进”（法律进机关、进乡村、进社区、进学校、进企业、进单位）的基础上，将宣传范围扩展至车站、港口、机场、景区、商场、工地、军营，开展法治宣传活动450余次，发放宣传资料6.2万份。采取集中宣传、宪法晨读宣讲、专题讲座等形式，组织开展国家宪法日和法治宣传月系列活动，开展主题法治宣传活动120余场、各类青少年主题宣讲活动160余场、《中华人民共和国民法总则》宣讲活动20余次、扶贫攻坚专项法治宣传活动260余次。利用“威海普法”微信、微博等发布信息1000余条，全市实现普法微信、微博“双微”全覆盖。制定“谁执法谁普法”普法责任清单，对全市70个司法部门、行政执法部门和群团组织所负责宣传普及的重点法律法规进行梳理归纳。持续开展“法治文化建设基地”和“法治宣传教育基地”创建活动，全市有9个基地被评为省级示范基地，20个基地被评为市级“双十佳”示范基地，4个基地申报省级示范基地。与环翠区普法办联合建设温泉法治文化公园，已投入使用。与市民政局联合评选表彰20个市级“民主法治示范村（社区）”，环翠区申报为全国法治县（市、区）创建先进单位，环翠区张村镇柳沟村等7个村被表彰为全国、全省民主法治示范村（社区），推广典型经验，树立工作标杆，引领法治创建工作深入开展。

【法律服务】 市委办公室、市政府办公室印发《关于深化律师制度改革的实施意见》，市委政法委印发《关于建立律师工作联席会议制度的方案》，进一步健全律师执业保障机制，完善律师执业管理制度。办理资质管理业务190多件，为80名符合条件的实习律师办理律师执业证，新设立律师事务所8个。围绕中韩自贸区地方经济合作示范区建设和国家服务贸易创新试点工作，成立3个法律服务团，为1700多家中小微企业进行“法律体检”，出具法律意见书7000多份，举办法律培训200多场次。全市律师常年为1700多家企业担任法律顾问，提供各类诉讼及非讼类法律服务2万件，帮助企业索回欠款近2亿元，挽回和避免经济损失近5亿元。律师参与化解和代理涉法涉诉信访工作，接待咨询650余人次。组织律师参与诉前调解工作，在各级诉讼服务中心接待法律咨询3.5万人次，调解案件2400余件，当事人满意度100%。按照公证执业“五不准”要求（不准为未查核真实身份的公证申请人办理公证、不准办理非金融机构融资合同公证、不准办理涉及不动产处分的全项委托公证、不准办理具有担保性质的委托公证、不准未经实质审查出具公证书），规范公证执业行为，提高公证质量，确保全市公证行业健康发展。开展全市公证质量专项检查，抽查329个卷宗，均合格。印发《关于为我市金融改革创新防范金融风险提供公证法律服务指导意见》，有效发挥公证在防范金融风险、保障信贷安全方面的职能作用。加强公证机构和队伍建设，对7个公证处、37名执业公证员进行年度考核。全市办理公证5万余件。在全市司法鉴定行业深入开展“三零”创建活动（执业行为“零违规”、鉴定质量“零投诉”、服务群众“零距离”），加强诚信体系建设，建立完善9家司法鉴定机构和69名司法鉴定人的诚信档案；加强执业监管，组织开展2次案卷评查活动，抽查各机构档案200多本。全市各鉴定机构办案总量8452件，办理司法鉴定援助案件23件，为群众减免费用近5万元。

【社区矫正工作】 举办全市司法行政基层暨社区矫正工作培训班，提升基层司法行政干部综合履职能力。对全市1694名社区服刑人员、7187名安置帮教对象进行拉网式排查，对排查出的问题登记在册，明确专人负责、限期整改。联合威海市人民检察院对全市专项活动开展情况进行督导检查。进一步提升安置帮教工作实效，全市7187名安置帮教对象中解决就业1739人、落实责任田2581人、采取其他方式安置2143人，安置率达90%。在矫人员1694人（其中管制1人、缓刑1561人、假释112人、暂予监外执行20人）。全年撤销缓刑11人、假释2人，给予警告56人次。

【监狱工作】 开展时段、部位、区域、物品重点排查，全年开展隐患排查和清监排查32次。加大安防设施投入和维护，结合百日攻坚治理行动暨双体系建设，加强生产现场管理，消除安全隐患。注重教育改造质量，有132人获得人力资源和社会保障部门统一颁发的职业资格证书。全年办理减刑假释336件，实现办案“零差错”。

【基层工作】 探索“一村（社区）一法律顾问”兼任人民调解员工作机制，充分发挥人民调解网格化管理优势，开展特定区域、特定行业矛盾纠纷集中排查，开展“热点”“难点”矛盾纠纷和苗头性隐患拉网式排查。开展省级明星司法所和规范化司法所创建活动，每个区市打造1～2个明星司法所，全市省级规范化司法所达70%。加强司法行政工作室人员配备和业务培训，切实打通司法行政服务群众“最后一公里”。全市组织排查调处各类矛盾纠纷1.8万件，调处成功率99%；道路交通、医患纠纷、劳动人事、金融保险等专业性、行业性调委会调处纠纷450余件，接待咨询1600余人次；市医疗纠纷人民调解委员会获评全国模范人民调解委员会，3名调解员获评全国模范调解员。

【公共法律服务体系建设】 市委、市政府印发《关于加快推进公共法律服务体系建设的意见》，科学规划指导全市公共法律服务体系建设。文登区、乳山市公共法律服务中心被省司法厅评为首批山东省公共法律服务示范中心。镇级公共法律服务中心实现全覆盖，全部实现网上办公、网上监督。三级实体平台接待法律咨询4万余人次，免费代写法律文书6000余份，化解各类矛盾纠纷4000多件。各区市建立“掌上法律服务大厅”等服务平台，打造各具特色的微信公众号，使公共法律服务步入“互联网+”快车道。拓展“12348”公共法律服务热线平台服务功能，形成集法律咨询、人民调解、普法宣传、舆情分析等多功能于一体的热线平台。市委办公室、市政府办公室印发《关于开展“一村（社区）一法律顾问”工作的实施意见》，市司法局与财政局联合印发《“一村（社区）一法律顾问”补助经费管理暂行办法》。先后两次召开工作推进调度会，实现全市“一村（社区）一法律顾问”全覆盖。建立法律顾问遴选、培训制度，制定服务、评价标准，编制《法律顾问行为规范》等，建立长效机制。市委办公室、市政府办公室印发《关于完善法律援助制度的实施意见》。健全法律援助工作网络，推动法律援助向基层延伸、向部门拓展，“城镇半小时、乡村一小时”法律援助服务圈基本形成。取消法律援助事项范围，将更多的困难群众纳入法律援助范畴。开展“情暖农民工 法援在行动”“军民共建 法援先行”等专项维权活动。成立威海绿洲法律援助与研究中心，设立山东大学（威海）法学院大学生教育实践基地。市法律援助中心被全国老龄工作委员会评为第二届全国敬老文明号。2017年，全市受理法律援助案件2350件，办结2392件，为当事人节省法律服务费用1400万元，挽回经济损失6100余万元。

（李春晖）

仲 裁

【概况】 2017年，威海仲裁委员会受理各类民商事纠纷案件532件，涉案标的额12亿余元。案件类型涉及买卖、房屋买卖（包括商品房预售）、保险、借款、民间借贷、建设工程、租赁、服务、保证、居间、委托、追偿权、合同、装饰装修、承揽、合同开发、合伙、债权、居间、供用电气热力合同等20多类。

【仲裁案件办理】 *效率管理* 简化立案程序，依法降低立案门槛，为当事人提供立案便利，提高立案效率，做到仲裁案件当立则立、当快则快，实现当日申请、当日立案。对基层工作站受理并已达成和解的仲裁案件，简化审批流程，缩短办案期限，在仲裁员指定、仲裁时间与地点选择方面向当地倾斜，减轻当事人往返负担。

质量管理 严把证据关、程序关、文字关，确保仲裁质量优先。加强办案制度建设，健全层级管理制、责任追究制，明确谁主管、谁负责，谁分管、谁担当。

调解工作 坚持“定纷止争”重调解的办案方向，将调解工作贯穿于案件处理的全过程，在仲裁规则规定的各个办案阶段开展调解，尽最大努力促使当事人和解。对于社会影响大或一方当事人相同的批量案件，指定调解经验丰富的仲裁员进行审理调解，有效化解矛盾。11月，与威海经济技术开发区人民法院合作设立全市第一家诉裁对接调解中心。至年末，已提供案件咨询服务150余件，接收案件80余件，调解成功（含即时清结案件）30余件。

【仲裁制度推广】 *普法活动* 在市国有资本运营公司举办主题为“借款及担保实务”的讲座，在市旅游发展委举办主题为“平息涉旅纠纷的仲裁途径”的讲座，在市工商联（总商会）举办主题为“非公有制企业仲裁实务”的讲座。走访全省第一家民营银行——威海蓝海银行，就规范合同争议条款的事宜进行深入交流。对生产型、贸易型的两家涉外龙头企业进行走访，调研涉外企业解决经济纠纷的途径以及就近开展涉外仲裁的重要性与可行性。

仲裁领域拓展 与市旅游发展委共同设立威海市旅游纠纷调解仲裁中心。与市金融办联合召开以探索建立地方金融组织仲裁“绿色通道”为议题的全市地方金融组织仲裁工作座谈会。与市知识产权局、中小企业局共同举办

11月9日，市领导张海波（左三）、叶立耘（左二）等到张村镇公共法律服务中心调研基层司法行政工作　　市司法局提供

9月6日，威海仲裁委与市金融办联合召开全市地方金融组织仲裁工作座谈会　　威海仲裁委秘书处提供

全市钓具产业知识产权纠纷仲裁调解试点项目座谈会，就提升“中国钓具之都”品牌竞争力等问题进行探讨。与部分商会共同举办仲裁工作交流会，就在各个商会的重点会员中规范合同文本、避免纠纷发生、推动企业发展达成一致意见。

【“仲裁讲堂”】 年内，举办4期“仲裁讲堂”。第一、二期分别由仲裁员主讲“破产与仲裁实务”“律师视野中的仲裁实务”，第三期特邀最高人民法院两位专家对《中华人民共和国民法总则》《第八次全国法院民商事审判工作会议纪要》进行解读，第四期特邀山东大学法学院院长就“我国涉外仲裁与金融仲裁的发展现状与问题”进行讲授。

（王禹熙）

典型案例

【甘某等人网络电信诈骗案】 自1月起，文登区连续发生以提升网络借贷信用额度为手段的网络诈骗案件。3月8日—29日，民警根据事先掌握的线索和围绕“资金流”拓展的结果，先后在福建福州、海南三亚等地将犯罪嫌疑人甘某、崔某添等12人抓获。经查，犯罪嫌疑人甘某纠集崔某添等人组成诈骗犯罪团伙，通过互联网发布可以提高“蚂蚁借呗”金融借贷信用额度的虚假信息，采取收取手续费、征信验证费等手段实施诈骗犯罪作案近100起，涉案价值200余万元。

（高　嵩）

【“2·24”非法侵犯公民个人信息案】 2月24日，威海市公安局文登分局在办理一起电信诈骗案件中发现，网名为“niao”的网民涉嫌非法获取计算机信息系统数据罪。经查，犯罪嫌疑人程某辉利用杭州某科技有限公司广告商的身份便利，采取技术手段非法获取网吧上网人员QQ号码1000多万个，并分配添加到175个新QQ号码，变成QQ好友，后售卖非法获利140多万元。

【山东某投资有限公司非法吸收公众存款案】 2月17日，威海市公安局环翠分局破获一起涉嫌非法吸收公众存款案，抓获犯罪嫌疑人王某（山东某投资有限公司董事长）、赛某芳（山东某投资有限公司威海分公司总经理）、宋某（山东某投资有限公司威海分公司和文登分公司负责人）。经查，2014年9月，山东某投资有限公司在威海市设立威海分公司、文登分公司后，在未取得从事金融业务资格的情况下，通过媒体及发放宣传彩页向社会公开宣传，以转让债权支付高额利息为名，向社会公众销售理财产品，并承诺到期还本付息，在威海市非法进行吸收公众存款活动，至案发涉案金额8000余万元。

（靳继龙）

【威海某服装有限公司涉嫌虚开增值税专用发票、骗取出口退税案】 6—11月，威海市公安局高技术产业开发区分局转战山东、河北等7个省，行程近3万公里，破获国家税务总局交办的威海某服装有限公司涉嫌虚开增值税专用发票、骗取出口退税案，涉案金额2.48亿元，抓获犯罪嫌疑人王某、刘某宏，挽回税款2200万元。

（王　璇）

【胡某飞等21人恶势力团伙案】 2016年12月15日，乳山市人民法院对以被告人胡某飞为首的21人恶势力团伙案作出刑事判决，以被告人胡某飞犯强奸罪、介绍卖淫罪、非法拘禁罪、寻衅滋事罪、敲诈勒索罪、诈骗罪、强迫交易罪判处其有期徒刑25年，并处罚金12.5万元，对其余20名被告人分别判处有期徒刑16年至6个月（缓刑1年）不等。其中胡某飞、刘某明、胡某斌等9人不服，上诉至威海市中级人民法院。二审审理认为，胡某飞等多人经常纠集在一起，以暴力、威胁等手段在乳山市区及周围部分县市多次实施违法犯罪活动，为非作恶，扰乱经济、社会生活秩序，造成较为恶劣的社会影响，已形成以胡某飞为纠集者，刘某明、胡某斌为骨干成员的恶势力团伙。该团伙组织较为严密、人员相对固定且人数较多，多次实施非法拘禁、寻衅滋事等违法犯罪活动，属于犯罪集团但尚未形成黑社会性质组织，其中胡某飞系该犯罪集团的首要分子，起组织、策划、指挥作用，且实施强奸2起，介绍卖淫2起，非法拘禁10起，寻衅滋事27起，敲诈勒索8起，诈骗2起，强迫交易19起，应依法予以严惩。上诉人胡某飞、刘某明、胡某斌等9名上诉人提出的上诉理由均不能成立。原审判决认定事实清楚，证据确实、充分，定罪准确，审判程序合法，量刑适当。2017年6月26日，威海市中级人民法院依照相关法律规定，裁定驳回上诉，维持原判。

（周芳朗）

编辑　李洪格

军　　事

威海军分区

【概况】 2017年，威海军分区加强党委集体领导，制定党委常委会议事决策规则和加强党委自身建设措施，持续深化作风建设、推进正风肃纪，扎实巩固基础，部队、民兵预备役、国防动员、综合保障建设全面推进、协调发展。

【思想政治建设】 以学习宣传贯彻中共十九大精神为主线，认真学习贯彻习近平新时代中国特色社会主义思想和习近平强军思想，严密组织党委中心组带机关理论学习、干部理论轮训，开展“严规范、正学风、促转化”学用讲话活动，采取多种形式持续兴起学习贯彻中共十九大精神热潮，理论武装不断深化。深入抓好军委主席负责制学习教育，扎实开展“维护核心、听从指挥”主题教育，密切关注意识形态领域斗争，抓好经常性思想工作，官兵维护核心领导的思想根基更加牢固。结合庆祝建军90周年，推出“打造国动文化、展示强军风采”系列文化活动，开展“唱强军歌曲、读经典书籍、看红色影片、讲传统故事、访革命老区”活动，组织“强军路上斗志扬”全区文艺创演汇演，强军文化得到不断弘扬。加强全民国防教育，联合市委组织部、宣传部出台《关于推动国防教育进市县两级党校领导干部培训体系的意见》，广泛开展“国防教育进校园”和全民国防教育月系列活动，在全市中小学设立“军人荣誉·母校荣光”军旅学子风采栏，组织大学生“爱我国防”演讲比赛，评选表彰10名“基层党管武装工作好书记”和17名“关心国防建设先进个人”，有效激发各级崇军尚武热情。积极参与脱贫攻坚，扎实开展帮扶贫困村，投入40万元帮助乳山市夏村镇战家夼村发展种植产业，取得良好社会反响。新闻报道、信访等工作富有成效。军分区被省军区表彰为政治工作先进单位。

【练兵备战工作】 时刻投入备战打仗训练，深化应急作战问题研究，修订完善方案预案，召开军地联合议战议训会议，保障战区军事斗争准备检查调研，做好应急应战准备。规范日常战备秩序，升级改造军分区、人武部作战室和值班室，完善作战数据库，加强民兵应急分队战备设施建设和民兵队伍指挥通信建设，不断提高战备建设水平。建立军地情报信息共享、应急协调机制，召开全市情报信息交流分析会，引接渔政船舶监控管理系统、4G视频传输系统和公安“天网”系统，抽调海上民兵参加战区联合侦察行动，全年上报各类有效情报信息140余条。严密组织新大纲试训集训，抓好首长机关和民兵训练，组织军分区带人武部、民兵应急分队检验拉动，组织民兵教练员和民兵应急连强化集训，以及部分民兵团干部骨干业务轮训，有效提高应急应战能力，民兵应急分队参加地方抢险救灾行动500余人次。学生军训和军事设施保护工作有序开展。军分区被省军区表彰为军事训练先进单位。

【国防动员工作】 坚持把加强军事斗争国防动员准备作为贯彻中共十九大精神的有力实践，大事大抓、强力推进。严密组织国防动员准备检验评估，协调市委、市政府召开任务部署会，现场办公解决实际问题，组织12家军地单位合署办公，组建市、县两级应急作战指挥部，修订完善16个方案。组织军地13家单位完成7个重点

8月8日，省军区首长到威海检查指导海上民兵工作

威海军分区政治部提供

领域潜力资源核查，采集核准各类数据11万条，建成全市国防动员潜力数据库。组织开展全市民兵组织整顿工作，编组民兵分队和国防动员专业队伍，完成基干民兵整组任务，突出抓好民兵应急分队、海上民兵分队建设，民兵队伍建设质量有新提升。开展基层武装工作调研，研究探索加强基层专武干部队伍建设的措施办法，组织全市基层武装部长军事化封闭集训，有效提高履职尽责能力。高标准抓好征兵工作，深入开展“征兵宣传进校园”活动，探索“一站式体检”方法，落实集体定兵，狠抓廉洁征兵，大学生征集比例达73.1%，创历史新高。军分区被省军区表彰为征兵工作先进单位。组织开展军民融合课题学习和调研座谈，修订威海市“十三五”军民融合深度发展规划，拟制《军分区军民融合协调工作规划》，推动建立市县两级军民融合组织领导机构及其相关办事机构，军民融合迈出新步伐。

【调整改革任务完成】 坚决贯彻上级改革决策部署，成立改革工作领导机构，研究制定调整改革方案，始终对改革实施强有力领导。扎实搞好改革专题教育，跟进做好“一人一事”思想工作，大力宣扬军分区原政治部主任拥护支持改革典型事迹，凝聚拥护支持改革的强大正能量，全区官兵讲政治、顾大局、听招呼，在改革大考中交出合格答卷。协调市委、市政府走访慰问并送别移防部队官兵，召开现场办公会，部署开展移防官兵在威海家庭帮扶活动，解决家属就业、子女教育、医疗保障、社区帮扶等实际困难。

【部队基础建设】 深入贯彻依法治军从严治军方针，广泛开展“学法规、用法规、守法规”和“百日安全”活动，组织“迎改革、遵法纪、保安全”警示教育图片展，增强官兵法纪观念和法治思维。着眼保持调整改革期间和中共十九大前后安全稳定，狠抓部队正规化管理和安全防范，严密组织安全工作大检查，深入开展安全隐患专项排查整治，组织核心涉密人员政治考核，全面固牢安全工作基础。召开新体制规范运行研讨交流会，对工作运行、制度落实、日常管理等作出规范，确保改革后部队平稳过渡、循规运转。严格落实《军队基层建设纲要》，研究制定《关于进一步加强军分区基层建设的意见》《关于加强新形势下区（市）人民武装部民兵教练员、仓库保管员队伍建设的意见》和《军分区职工管理规定》，召开军分区职工大会，结合调整改革、老兵复员退伍等时机，组织军分区首长机关蹲点帮抓，积极解决矛盾问题，有力提高基层全面建设水平。荣成市人武部被省军区表彰为先进团级单位。

【综合保障工作】 积极做好应急作战保障准备，拟制军分区应急保障方案，逐步完善军地联合保障机制。研究探索新形势下保障模式，组织全区保障骨干业务集训，及时优化调整后勤保障力量，严密组织新旧体制经费物资交接分配，确保服务保障不断档。成立驻威海部队全面停止有偿服务工作领导小组，多次召开领导小组会议以及任务部署和调度会议，扎实推动停止有偿服务工作落实，按时间节点完成上级规定任务。

（马晓荣）

武警威海市支队

【概况】 2017年，是武警威海市支队建设经受新考验、谋求新转变、实现新发展的重要一年。支队党委围绕“迎接、保卫十九大召开，学习、贯彻十九大精神”这条主线，着眼有效应对严峻考验，真抓实干，完成各项任务，部队建设蓄势向好。

【思想政治教育】 坚持抓教育铸军魂，确保官兵思想政治坚定。着眼政治年的特殊要求，认真学习“大功三连”先进经验，注重发挥宣传文化阵地作用，举办知识竞赛和入党宣誓活动，持续兴起学习中共十九大精神热潮。突出抓好军委主席负责制学习贯彻，深入开展“学张楠精神、做‘四有’军人”“赞颂新成就、喜迎十九大”系列活动，官兵听党指挥的思想根基更加牢固。主动配合武警党委巡视和军委审计，严密组织“正风肃纪教育清理整治月”活动，大力纠治基层“微腐败”和不正之风，设立基层风气监督员，健全民主渠道，公开公平公正处理敏感事项，部队风气不断纯正。统筹抓好主题教育，积极探索“网络+”政治工作模式，推广使用智慧互动平台，提升了教育质量。注重发挥文化育人功能，举办“长征路·忠诚的足迹”文艺汇演、“军歌嘹亮献给党”歌咏比赛，政治面貌焕然一新，“一队一品”特色文化进步明显，党员之家和3D影院等特色库室深受官兵欢迎。

【练兵备战能力】 坚持抓中心强能力，有效履行职责使命。全力做好中共十九大安全保障，打好维稳战役，全

7月25日，庆祝建军节军民联欢会举行 武警威海市支队提供

面推进战备建设，落实应急力量编携配装，配备中队防暴运兵车。严密组织勤训轮换、新兵教育训练工作和特战干部骨干、教练员集训，承办片区“魔鬼周”训练任务，先后取得山东省总队执勤业务比武竞赛总评第5名、特战干部骨干比武竞赛总评第3名，创历史最好成绩。扎实开展“执勤安全教育整顿”“执勤安全警示日”“我为执勤安全献计策”等活动，严格规范作战勤务值班工作，狠抓执勤隐患治理，中心工作万无一失。先后完成等级警卫、重大会议安保、武装押解、刑场警戒、武装巡逻等各类勤务200余起。

【基层全面建设】 坚持经常抓强基础，扎实推动基层全面建设。精心组织《军队基层建设纲要》学习培训月、党支部书记（党小组长）培训，每季度开展破解难题活动，组织人员到廊坊市支队、临沂市支队参观见学，召开精准抓建观摩会，借势用力搞好成果转化，完善蹲点帮建工作机制，实施精准帮建，促进了基层单位固强补弱、整体提高。荣成中队被山东省总队表彰为“成武式标兵中队”，执勤中队、威海中队和乳山中队被山东省总队表彰为“基层建设先进中队”。扎实开展“百日安全竞赛”和枪弹、保密、违规宴请、预防自杀等专项整治，部队安全稳定形势持续向好。威海市支队被武警部队表彰为“暑期百日安全竞赛优胜单位”。荣成中队被山东省总队表彰为“基层风气建设先进单位”。

【综合保障工作】 坚持抓服务保中心任务，努力增强服务保障效益。注重强化基层保障单元建设，筹措600余万元用于装备、信息化、训练场地建设，保障中心更加完备。扎实开展“明职责、守规矩、钻业务”学习教育和后勤工作“规范周”活动，后勤队伍素质能力显著增强。持续实施“暖心惠兵”工程，年内，对35名特困官兵救助19.6万元，分配使用70套公寓住房，新建士官家属临时来队住房，投入100余万元改善基层配套设施，后勤综合保障服务更加规范到位。

（鲁 光）

武警山东省边防总队海警第一支队

【概况】 2017年，武警山东省边防总队海警第一支队团结带领全体官兵牢记使命、锐意进取、埋头苦干，顺利完成年内各项既定工作目标任务，部队中心主业和全面建设取得了新成绩、新发展。

【思想政治工作】 夯实基础 支队党委严格遵循政治建警根本方针，强化党委集体领导，严格落实领导干部联系基层、过双重组织生活、蹲舰住舱等制度，始终带领官兵走在工作训练一线。凝聚全支队合力重点打造海警37102舰先进典型，先后获得“全国优秀公安基层单位”“山东省青年文明号”称号。深化海警37102舰全国严格党的组织生活制度示范点创建，贯彻“党务服务舰务”理念，党建示范点建设取得初步成效。完成石岛输油管线建设和兵器室改造等工程，新营区东附属楼奠基启动，为部队发展夯实了基础。

“大教育”平台 支队始终用习近平总书记系列讲话统一官兵思想，开展“兵说兵事”“警营脱口秀”“悦读书”等活动，筑牢忠诚警魂。深入推进中共十九大安保专项教育，开展安保专题教育、纪律警示教育授课12次，组织优秀义务兵表彰、先锋党员宣誓和“典型访谈”等活动21项，用思想引领锻造对党忠诚政治本色。

“立体式”文化 注重打造精品文化，编排精品节目，在北海协作区、山东省边防总队、威海市文艺汇演中取得佳绩。指导各舰船持续开展“一片、一室、一墙、一册”创建活动，打造特色文化。结合建军、国庆等重大节点，开展“军歌嘹亮戍海防”歌咏比赛、“热血青春铸警魂”八一文艺汇演等大型活动12场，参加驻地文化活动15场次，充分展现了部队精神风貌和良好形象。

作风建设 坚持从严治党，进一步明确党风廉政责任主体，落实领导干部重大事项报告制度，坚持纪委例会，完善物资采购、经费审批等制度。加强作风养成，组织参观警示教育基地，举办书记上党课4次，开展预防犯罪讲座和警示教育授课8次，保持了部队良好风气。

【部队建设发展】 精细管理 将全年部署为“作风纪律整顿年”，部署“条令条例学习年”活动，举办条令条例集训班、知识竞赛和阶段性考核。扎实开展“安全工作大检查”“百日安全无事故”等活动，真正让“铁规发力、禁令生威”；升级周界报警系统，安装防护系统，实现营区、码头监控全高清覆盖。

常态练兵 紧贴任务深入推进部队实战练兵，提升舰艇按纲施训能力。扎实推进示范舰船建设，派舰船赴江苏交流学习，部署“舰船集中训练月”活动。以“训勤一体”建设为核心，推进实战化训练，在山东省边防总队海上实兵对抗中，支队舰艇模拟推演10余次，最终取得海上实兵对抗胜利。

遂行勤务 为确保重大会议活动安保任务期间辖区绝对平安稳定，支队坚持抓管控、保平安，全体官兵全天候值守，克服任务重、压力大等困难，对海上辖区实行全线管控。年内，支队还先后完成各类勤务8项。

【服务驻地民生】 双拥共建 主动将海警工作融入驻地“平安惠民”工程，各级领导年内批示肯定支队工作6次。对接服务驻地社会民生，为驻地学校开展军训和爱国主义教育20余次。与山东大学心理协会协作开展心理服务近20次；设立法律服务社会化示范点，为官兵提供法律咨询服务90余次。

海陆联动 支队成功承办威海市海陆一体平安威海建设座谈会，与威海市烟草专卖局和荣成海关等单位签署合作协议，联合开展打击海上涉烟违法犯罪专项行动。联合威海边防支队破获“7·1成品油走私案”，抓获涉案人员31人，查获走私柴油300余吨。联合威海、荣成等地海关成功破获“1707特大硅铁走私案”，抓获犯罪嫌疑人21名，查证涉案硅铁8万余吨，案值6.5亿元，先后被中央电视台、人民网等各级主流媒体集中报道100余次。

情报工作　支队牢固树立情报主导意识，与相关11家辖区部门建立协作。加强秘密力量建设，全面调研重点方向、敏感海域的治安热点动态，周密布控侦查，成功破获“9·6泰国食糖走私案”，查获涉案船只1艘、运输车辆9台、涉案人员29人、走私食糖480余吨，涉案金额300余万元。这是支队近年来根据自主经营线索破获的首起海上走私案件。

（董济国）

人民防空

【概况】　2017年，全市人防工作全面落实第七次全国人民防空会议精神，围绕全市经济社会发展大局，解放思想、改革创新，积极作为，较好地完成了各项工作任务。文登区和乳山市被省国防动员委员会表彰为“全省人防先进城市”；威海市人防办、荣成市人防办被省人力资源和社会保障厅、省军区司令部、省人防办表彰为“全省人民防空先进集体”。

【人防工程建设与管理】　编制完成了威海临港经济技术开发区、双岛湾科技城、东部滨海新城人民防空工程规划和地下空间开发利用规划（2016—2030），并通过专家评审。成立清理建成未验收工作领导小组，对建成未验收的人防工程进行全面梳理，制定具体工作方案和实施计划，全力做好建成未验收人防工程的处理工作。做好威海市昆明路等人防疏散干道工程前期工作，研发了人防工程信息管理应用系统，初步建成威海市人防工程基础数据信息库。严格监管人防工程质量，全年进行质量监督检查巡查500余次。结合安全生产月、消防宣传日等对全市早期人防工程进行全面排查治理，加强安全生产监督管理。

7月4日，威海市人民防空封闭式训练　　威海市人防办提供

【组织指挥与信息建设】　积极推进县级人防基本指挥所建设，做好县级人防基本指挥所的选址工作。结合5月24日威海市第19次防空防灾警报试鸣，精心组织防空防灾应急疏散演练活动，全市525所学校32万余名学生参加演练。7月，在市应急疏散基地指挥中心组织全系统的封闭式训练；11月，在乳山市委党校组织由指挥通信工作人员参加的全市人防机动指挥通信系统培训暨综合拉动训练，提高了全市人防训练水平，提升了人防指挥通信人员遂行战时任务能力。按照省人防办的要求，完成人防指挥中心卫星系统、短波电台升级改造工作，人防警报设施实现升级换代。

【行政审批与法规建设】　按照全市加快行政审批体制改革的实施意见，研究制定人防办加快行政审批体制改革的实施方案；根据市政府深化放管服改革的统一部署，进一步优化审批工作流程，加强事中事后监管，完成了与威海市“双随机、一公开”监管平台的对接，提高了行政服务效能，提升了窗口服务水平。市人防办驻政务服务中心窗口被评为“创干事先锋队，做服务排头兵”活动先进窗口，窗口工作人员分别获得“创干事先锋队，做服务排头兵”先进个人、“优秀服务标兵”等称号。出台《威海市人民防空工程监理机构监督管理办法（试行）》《威海市人民防空工程防护（化）设备产品销售安装维护管理细则》等规范性文件。市人防办会同市物价局、财政局联合印发文件，将6级及以上防空地下室易地建设费由每平方米2800元降至每平方米2000元，降低了企业建设成本。

【人防宣传教育工作】　认真落实人防教育进机关、进学校、进社区、进企业、进网络的各项措施，不断提高全社会的人防意识。结合“5·12”全国防灾减灾日、人防“5·24”警报试鸣和应急救援包发放等重大活动节点，加强集中宣传，进一步增强人防工作社会认知度。精心制作了《人防形象》宣传片，帮助市民更好的认识人防、了解人防。对首轮城区应急救援包发放剩余的家庭户一次性发放了应急救援包，并开展了应急救援包使用和防空防灾知识培训，使人防教育真正走进了千家万户。积极配合省人防办组织好在威海举办的全省高等院校防空防灾知识教育师资培训班和中学生人防知识教育夏令营活动，带动老师和学生更加了解人防，宣传人防。

（武佳宁）

编辑　闫拥军

经济监督与管理

发展规划与综合调控

【宏观经济形势分析】 2017年，市发展改革委针对复杂严峻的经济形势，发挥部门宏观管理和综合协调职能，准确把握经济走势，超前谋划工作思路，促进经济社会平稳健康发展。科学谋划拟定发展思路，编制下达2017年国民经济和社会发展计划，引导全市经济及重点行业平稳运行。研究制订一批事关长远发展的政策措施，市委、市政府出台扶持威海国际医疗健康产业城的若干意见、促进大数据发展的意见、降低实体经济企业成本分工方案、守信联合激励和失信联合惩戒办法等，构建起更加科学完善的政策支撑体系。加强经济形势监测分析，坚持经济形势分析联席会议制度，每月定期调度研判经济形势，先后编发《宏观经济监测内参》12期，撰写经济形势分析材料20多篇，为各级领导决策提供参考，经济调控能力不断增强。牵头做好重大事项谋划，编制海洋强市战略方案、蓝色经济区规划、东部滨海新城产业规划、黄金海岸带规划、服务业发展规划、军民融合规划、国民经济动员规划等规划类文件，着力增强发展规划引导，为全市经济社会发展提供指南。深入落实四个“三年突破”战略，研究制定支持文登区同城化发展、乳山产业结构调整等政策措施，开展市域资源助力乳山突破发展专题活动，积极支持全市重点区域建设。

【新旧动能接续转换】 深入落实省、市新旧动能转换工作要求，扎实有序推进工作开展。全省新旧动能转换重大工程正式启动后，威海市迅速行动，全面启动新旧动能转换重大工程，参照省里标准，成立由市长任组长的战略规划领导小组，下设推进办公室在市发改委，牵头制订方案、规划，协调调度、督导推进有关工作。9月，市委、市政府召开新旧动能转换重大工程动员大会，为威海市新旧动能转换进一步明确思路方向、统一思想认识，并在全省率先制定新旧动能转换重大工程总体方案（草案）。着力在政策扶持和体制机制创新上下功夫，出台关于加快新旧动能转换促进工业企业提质增效的实施意见、关于进一步推动开发区转型升级创新发展的实施意见、关于金融支持新旧动能转换的意见、降低实体经济企业成本分工方案、实施政府提速工程的意见等政策文件，进一步优化全市新旧动能转换环境。积极对接省方案、规划编制，成功落实威海市72个重大事项列入省规划。积极推进有关事项实现突破，入选国家海洋经济创新发展示范城市，获批创建全国质量强市示范城市，创建国家制造业（高性能医疗器械）创新中心、中国服装设计创新集成平台、中国（威海）国际建筑设计国家平台等加快建设。出台《2017年度新旧动能转换考核办法》，激励各区市、部门单位“寻标对标”，主动作为，确保新旧动能转换各项任务落到实处。

【固定资产投资调控】 坚持从严控制项目准入条件，严格执行项目审批核准备案制度，规范建设项目审批核准及登记备案程序，推进政府投资项目规范化管理。拟定《威海市市级政府投资项目委托咨询评估管理暂行办法》，规范委托咨询评估行为。印发《2017年威海市市级政府类投资项目实施方案》，下达市级财政投资项目23个。建立全市新旧动能转换重大工程项目库，筛选确定全市新旧动能转换重点项目116个。建立申报中央预算内投资项目全链条管理制度，开展2016—2017年中央预算内投资项目专项督查。进一步深化投融资体制改革，积极推广政府和社会资本合作PPP模式，荣成市获批国家重大市政工程领域PPP创新重点城市，成为全省唯一入选城市；荣成石岛核电配套产业园基础设施项目列入国家44个重大市政工程领域重点PPP项目名单，全市有15个PPP项目签约实施，其中民营企业项目12个，吸引社会资本139.1亿元。深入推进放管服（简政放权、放管结合、优化服务）改革，抓好《关于实施政府提速工程的意见》和《关于深化放管服改革进一步优化政务环境的意见》的落实，逐项梳理报审民间投资项目627个。规划公共资源交易秩序，出台《威海市公共资源交易各方主体行为规范（试行）》，印发《威海市国有建设用地使用权和矿业权网上挂牌出让规则（试行）》，加强国有建设用地使用权和矿业权网上出让管理和指导。加强全市公共资源交易数据的调度和统计，将工程建设项目招投标、政府采购、土地矿产交易全部纳入平台交易。抓好投资运行监测监控，全面掌握投资项目审批、核准、备案情况，调度推进全市固定资产投资进展情况，2017年，全市完成固定资产投资2941.89亿元，比上年增长8.7%。

【产业结构优化升级】 大力实施“产业强市、工业带动、突破发展服务业”战略，三次产业比重预计调整为6.8：45.4：47.8。坚持创新驱动，积极推进国家（威海）区域创新中心建设，印发《关于建设国家（威海）区域创新中心的意见》，编制《国家威海创新中心有限责任公司组建方案》和《国家（威海）区域创新中心专项基金管理办法》。积极推进“双创”工作开展，落实威海高技术产业开发区、迪尚集团入选国家双创示范基地，推荐环翠区、威高集团获批省级双创示范基地。加大创新平台建设力度，光威复合材料国家认定企业技术中心项目进入复审，东兴电子的省高效智能照明电器工程实验室、双连制动的省无铜陶瓷摩擦材料工程实验室等6家成功获批省级工程实验室，进一步增强新兴产业发展技术支撑。全力推进高端产业园区建设，印发《威海市推进高端产业园区和市级重点项目突破发展工作方案》，健全完善工作推进机制。拓展产业发展空间，谋划新一代信息技术、新医药与医疗器械、先进装备与智能制造、康养旅游等7大千亿级产业集群，深入推进“互联网＋”行动，出台《促进大数据发展的意见》，加快新业态培育；指导威高集团、三角集团等第一批山东省创新百强试点企业完成省阶段性评估工作，做好迪尚集团、迪沙集团等5家企业第二批山东省创新百强试点申报工作；争取民革中央和山东省政协在威海市举办“健康中国与助推山东康养产业发展座谈会”，牵头制定拟在全国率先建设威海国际中医药医疗旅游服务先行区建设方案和相关支持政策。积极融入“一带一路”倡议，组织企业参加哈斯塔纳世博会，鼓励推动轮胎、渔业等符合国家政策导向的国际产能合作项目“走出去”，备案境外投资项目总额23.66亿美元。促进三次产业融合发展，落实57个项目列入省农村产业融合发展规划，推动全市35个农村产业融合发展试点示范县、镇、村先行先试，其中威海市以及7个县、镇、村试点经验入选《山东省农村产业融合发展典型案例汇编》；申报的荣成市高新海洋经济农村产业融合发展示范园被纳入省级示范园创建范围。促进军民融合深度发展，落实威高集团和泰祥食品上升为国家级国民经济动员中心，储备上报9家省级动员中心候选企业，推进中国航天（威海）军民融合产业转移中心、中国山东航天科技博览落户威海。推动服务业突破发展，编印《威海市“十三五”服务业发展规划》，落实国际软银外包软件园、恒大海上帝景等10个项目列入全省服务业载体项目名单，加强荣成皇朝马汉等7个省级现代服务业及社会民生产业创新类人才工程项目管理，落实华夏文化旅游集团夏春亭获批服务业泰山产业领军人才，威海纺织集团朱立华获评首批省级服务业专业人才，落实荣成市列为第二批省级服务业综合改革试点单位，环翠区获批省级现代服务业产业集群示范区，加快推动威海市服务业转型升级。2017年，全市服务业增加值比上年增长9.6%，连续8年被省政府授予“全省服务业发展先进市”称号。

【城镇基础设施布局】 围绕全面提高城市综合承载力，进一步完善城镇基础设施布局。构建综合交通运输体系，启动全市综合交通网中长期发展规划及旅游轨道交通规划编制研究，莱荣高铁项目前期工作全面启动，协调推进桃威铁路移交国铁工作，扎实推动青荣铁路清概工作，做好城市轨道交通线网规划编制，有序推进新机场选址工作，支持威海机场停机坪扩建；跟踪省港口资源整合工作动态，研究威海市港口整合意见，落实石岛新港区码头工程获批；做好乳山口大桥可行性研究报告批复和S201田和至温泉段工程建设等有关工作。提高城乡供水安全保障能力，积极推动大中型水库扩建增容，形成覆盖全域的水资源供应网，完成米山水库增容工程市级验收，支持推进八河水库增容、新建泊于水库、逍遥水库增容、乳山河地下水库等项目建设，落实龙角山水库增容工程可行性研究、初设获省发改委批复，积极推进崮山水库除险加固、坤龙邢水库增容等前期工作，建成后可新增供水能力1.2亿立方米。强化城市能源利用保障，稳步推进新能源项目建设，印发《威海市电力建设施工安全专项整治行动方案》，部署完成清洁能源供暖、火电项目自查、自备电厂自查等工作，石岛湾核电站、文登抽水蓄能电站等项目有序推进，研究落实威海市核电产业示范在直供电和余热利用、核能教育等领域有关事宜。指导各区市科学、理性、稳步推进威海市光伏发电项目建设，全市备案分布式光伏发电规模超过165兆瓦。提升城镇污水垃圾处理能力，落实中央资金3552万元，支持威海南海新区污水管网四期、荣成市八河污处理厂配套管网、荣成市俚岛镇南部区域污水管网、威海拓展纤维有限公司碳纤维生产线溶剂回收循环利用、文登热电厂有限公司开发区供热基础设施扩建等5个项目建设。

【重点项目建设】 突出重点项目对投资的拉动作用，着力创新项目管理机制，加快推进市级重点项目建设。严格以质定量，经过筛选提报、部门联审、现场核查、逐项对接、征求意见等环节，坚持不搞市区平衡，以质定量，甄选安排年度市级重点项目185个，年度计划投资496.12亿元。加大省级重点建设项目落实力度，落实纳入省级重点建设项目6个，项目申报成功率位居全省前列。探索创新督导机制，将工业制造类项目实物量作为子项进行考核，促进实体经济快速发展。建立重点项目工作推进微信群，每周两个区市，轮流发布市级重点项目建设情况，以及各区市工作推进中的经验做法，促进区市间互学互促。进一步优化项目服务，引导牵头部门既抓新项目开工、还抓项目投产，既调度项目建设进度、更重视后续项目储备，把项目洽谈、落地、开工、进度、投产、膨胀、储备各环节有机串联起来，形成全年动态的良性循环。注重发挥重点项目的引导和示范作用，在继续推行月调度、季核查、年终综合考评的基础上，适时组织不同主题的现场观摩活动，取得“以重点带全面、以观摩促进展”的良好效果。2017年，全市185项市级重点项目完成投资583亿元，占年度计划的117.5%。

【资金支持】 准确把握国家政策取向和资金投向，提前做好项目储备、准备等工作，积极与相关部门配合、与上级部门对接，不断拓展项目融资渠道，全年累计落实国家、省无偿资金8.1亿元，支持了121个项目建设，其中为56个保障性安居工程配套基础设施建设项目落实中央预算内资金3.4亿元，项目数量和资金规模均创历年新高，有力地推动了城镇化建设、农林水利、高新技术、社会事业、基础设施、产业升级、节能环保、现代服务业等关键领域发展。积极做好债券发行工作，着力推动债券品种延伸，形成城投债、小微型企业增信集合债、地下综合管廊专项债、绿色债、双创孵化债、停车场专项债等6种债券，成功获批5支、额度61.1亿元，约占全市直接融资总额的40%。做好进口设备免税工作，为三角集团、双连电气等企业申请办理进口设备免税1亿元。做好农产品关税配额落实工作，全市落实2.28万吨，比上年增长49%，涵盖国家全部农产品关税配额品种。

【重点领域改革】 加大供给侧结构性改革力度，深入落实推进供给侧结构性改革实施意见，全面落实“三去一降一补”任务，进一步厚植引领发展的优势、夯实率先发展的基础。统筹协调推进全市经济体制改革，编制印发《威海市2017年经济体制改革重点任务》，积极开展改革“回头看”工作，对2014年以来贯彻落实中央、省经济体制改革部署情况和威海市任务进展情况进行回顾总结。深化党政机关公务用车制度改革，印发《威海市公务用车标识化管理实施方案》《威海市市直部门、单位公务用车标识化管理喷涂工作实施方案》，完成保留公车标识化管理，作为示范市参加全国公车改革考核评估。深化医药卫生体制改革，开展2016年城市公立医院改革试点成效考核评估，被国务院办公厅表扬。理顺医药卫生体制改革机制，将市医改办从市发展改革委调整到市卫生计生委。推进行业协会商会与行政机关脱钩，印发《威海市行业协会商会与行政机关脱钩实施方案》。扎实开展“信用推广年”活动，在全省率先出台公共信用信息管理办法、守信联合激励和失信联合惩戒办法，推动在45个部门的263个行政管理和服务事项中查询使用信用记录，实现行政、司法和公共服务单位全覆盖，初步形成常态化的数据归集和信用应用机制，获批国家社会信用体系建设示范城市。

【和谐社会建设】 坚持以人为本、民生优先，认真落实各项惠民利民富民政策，切实解决群众最关心、最直接、最现实的利益问题，推动城乡社会事业全面进步。围绕农业生产和新农村建设，切实抓好农业生产能力提升和农村生活环境改善，坚持藏粮于地，积极推动文登区、乳山市两个产能任务县完成2533公顷高产稳产粮田建设基础上，再开工建设3333公顷，项目建成后，年可新增粮食产能5804吨。加快“海上粮仓”建设，促进远洋渔业发展，组织开展中央投资海洋渔船更新改造项目市级验收，全市240艘远洋渔船已建造完成236艘，其中211艘完成市级验收。积极利用农村清洁能源，支持威高农业生态园等6个大型沼气工程建设，项目个数、扶持资金额位居全省首位；扶持荣成市天泽畜牧养殖场进行标准化改造，不断提升畜牧产品品质。围绕加强生态环境建设，支持建设沿海防护林833公顷，构筑绿色防护屏障；建设双岛湾一期等3个防潮堤、5562米，有效保护周边4.1万人免受风暴潮灾害。提高低碳绿色发展水平，落实能耗强度和能耗总量“双控”审批，节能审查率达100%；支持威海中玻科技有限公司玻璃窑炉烟气脱硫脱硝除尘、威能高速动力有限公司浅层地能利用等2个京津冀及重点地区污染治理项目建设，严格督促指导各区市根据市里下达的2017年煤炭消费净压减任务，科学预测每日煤炭消费预计压减量，落实荣成核电配套产业园开发有限公司20万吨/日海水淡化项目列入省方案；积极引导企业参与碳排放权交易，组织拟纳入全国碳排放权交易市场的18家企业分年度核算并报告2013—2015年的温室气体排放量及相关数据。围绕切实推进精准扶贫，将10个省定贫困村列入千亿斤粮食产能规划田间工程建设项目，完成102个贫困村高标准农田专项扶贫项目建设；积极推进对口支援重庆云阳县、青海门源县等相关工作。

（孙茂堃）

固定资产投资管理

【概况】 2017年，全市上下牢牢把握争当全省走在前列排头兵的目标定位，深入贯彻落实投融资体制改革有关要求，大力实施新旧动能转换重大工程，聚焦发展短板，加强重大项目筛选储备和建设推进，持续强化项目资金保障，积极扩大有效投资，全市固定资产投资总量稳步增长，投资增速继续放缓。全市累计完成固定资产投资2941.89亿元，比上年增长8.7%，高于全省平均增速1.4个百分点，位列全省第5位。

【固定资产投资运行特点】 受国家层面对山东省固定资产投资调控的影响，威海市固定资产投资增速呈现先扬后抑，但运行趋势总体平稳。第二产业投资增长较快，工业投资继续保持全市投资的主导地位。全市第一产业完成投资39.7亿元，比上年下降13.3%。第二产业完成投资1913亿元，比上年增长12.6%；其中工业完成投资1783.86亿元，增长14.2%，占第二产业完成投资的93.2%，占全市固定资产投资的60.6%。第三产业完成投资989.19亿元，比上年增长2.9%。三次产业投资占比调整为1.4∶65∶33.6。房地产市场快速升温，全年房地产投资和新开工面积均保持高速增长，房地产开发完成投资275.44亿元，增长28.1%，增速位列全省第一；全市房地产施工面积3824.79万平方米，增长7.5%；新开工面积906.49万平方米，增加86.8%；竣工面积498.94万平方米，增长1.9%；商品房销售面积1006.51万平方米，增长10.3%。高端产业园区建设有序推进，重点项目对投资拉动作用明显，高端产业园区核心区累计完成投资20亿元，引进项目73个。185个市级重点项目开工183个，建成投产103个，累计完成投资583亿元，占年度计划的117.5%，占全市固定资产投资的19.8%，重点项目建设对投资增长起到重要的推动作用。 新立项项目数量和投资大幅增长，投资后劲明显增强，全市审批、核准、备案固定资产投资项目1666个，比上年增加884个，项目总投资1836.8亿元，增长38.2%，项目数量和投资总额均增长显著。分类型看，审批项目150个，减少40个，总投资340.5亿元，下降40%；核准项目221个，增加90个，总投资452.2

亿元，下降6.2%；备案项目1295个，增加834个，总投资1044.1亿元，增加238.7%。投资到位资金企稳回升，建设资金保障效果较好。年内，全市固定资产投资累计到位资金2745.99亿元，比上年上升7.8%，到位资金保障率为105.9%。资金构成中，自筹资金2439.18亿元，下降3.3%；国内贷款102.92亿元，增长9.7%；利用外资41.85亿元，增长231.6%；国家预算内资金45.95亿元，增长206.7%。

【PPP模式质量效益实现突破】 大力推广PPP模式，质量效益实现新突破。荣成市成为全省唯一获批“国家重大市政工程领域PPP创新重点城市”的城市；荣成石岛核电配套产业园基础设施项目列入国家44个重大市政工程领域重点PPP项目名单，成为全省仅有的3个项目之一。年内，全市有7个PPP项目签约实施，吸引社会资本61.1亿元。

（谭天宇）

国有资产监督管理

【概况】 2017年，市国资委按照国家、省、市关于深化国企国资改革发展的决策部署，狠抓稳增长、促改革、调结构、惠民生、防风险各项工作，有力促进了国企国资改革发展。至12月底，市管企业资产总额达756亿元，比上年增长8.2%；所有者权益达372亿元，增长8.1%；其中，归属母公司所有者权益336亿元，增长7.4%；实现营业收入136亿元，增长2.3%；实现利润总额6.8亿元。

【国有企业改革重组】 加强上市资源培育，积极推进威海港股份公司重组，以增资扩股的方式完成了与北京国信中誉投资管理公司战略性重组，共引进战略投资方投资4.55亿元，为企业加快发展和上市奠定基础。积极推进市属国有企业改革改制，按照“宜改则改、宜退则退”的原则，确定并推进63家企业改革改制，着力破除企业体制机制痼疾。积极推动市直部门单位所属企业分类改革，对29个部门单位所办75家企业研究提出分类改革管理的初步方案，拟定市直部门单位所属企业分类改革意见和实施计划，为深化改革奠定基础。做好市委、市政府批办重要改革事项落实，督导国资集团完成金岭泰苑度假酒店项目工程建设、综合验收及不动产登记手续，为转让移交工信部做好准备。着力推动威海港码头与华能威海发电有限公司煤炭码头及威洋石油有限公司油品码头整合，达成初步整合重组意向。积极推进桃威铁路移交国家铁路有关工作，达成初步意向。加快推动北洋集团和浪潮集团在医疗大数据、大数据创新、云计算业务及智慧城市方面开展合作。

【现代企业制度建设】 加快完善公司章程，完成把党建工作总体要求写入公司章程工作，建立了党组织参与重大问题决策的规则和程序，形成党组织研究讨论作为董事会、经理层决策重大问题的前置程序。健全董事会议事规则，推动企业进一步完善董事会议事规则，提高了董事会决策的规范化、制度化、科学化水平。进一步完善董事会工作报告制度，建立董事会年度工作情况报备制度，强化对企业董事会年度工作的审议、评价及存在问题的整改，有效推进企业董事会规范建设。强化外派监事会监督，对企业2016年度财务决算审计发现的289个问题，督导企业限期整改，完成整改215个问题。

【企业重大事项管理】 积极扩大企业有效投资，累计批复企业抵押、担保融资项目87项，融资总额255亿元；批准投资项目24项，投资金额47.63亿元；固定资产投资6项，投资金额4.33亿元；股权增资6项，投资金额26.26亿元，为推进企业转型升级、实现国有经济持续稳定增长提供支撑。加快推动新旧动能转换重点工程建设，确定威海港智慧港口平台项目、中韩跨境贸易电子商务产业园项目等40项对新旧动能转换具有较强带动作用的项目，实施重点突破，中韩跨境贸易电子商务产业园等项目取得较好进展。确定企业主业和非主业发展战略，对市管企业主业和非主业发展战略重新定位，确定19家市管企业主业34项，保留非主业38项，退出压缩业务20项，为巩固和加强企业主业经营奠定基础。加强企业全面预算管理，严格预算审核，严控成本费用增长。狠抓预算执行，确保预定目标实现。深入推进市民卡工程建设，累计完成发卡103.5万张、激活34.9万张，完成年度计划。

【国资监管体制改革】 完善国资监管制度，制定《关于加快推进全市国有企业改革的实施意见》等7个文件，为深入推进国资监管体制改革、加强国企国资监管提供依据。规范市管企业对外投资行为，围绕各企业主业和保留的非主业发展战略定位，制定规范清理市管企业对外投资意见，推动企业按照压缩管理层级、减少企业数量、解决同质化经营等问题，共立项清理规范企业37家。开展市管企业职工集资风险排查化解，对市管企业职工集资入股情况进行全面排查，建立市管企业职工集资风险台账，有序推进规范整改，清退集资入股资金1.1亿元，占职工集资入股总额的52.38%。加强年终决算审计管理，采取面向全国公开招标方式，择优选聘4家中介机构，对19家市管国有企业2017年度经营情况进行全面审计。加强经营业绩考核管理，严格按照年度考核指标和专项审计结果，核定2016年度企业负责人薪酬总额。结合商业类、公益类企业的不同特点，合理设置了2017年度企业各项考核指标。完善企业主要负责人经营业绩考核指标体系和分档计分考核办法，进一步增强考核的科学性、合理性。

（王海兰）

审　计

【概况】 2017年，全市审计机关依法全面履行审计监督职责，完成审计项目

297个，查出主要问题金额970.67亿元，损益(收支)不实金额52.63亿元，审计处理处罚金额126.95亿元。威海市审计局继续保持“全国文明单位”称号，荣成市审计局、乳山市审计局继续保持“省级文明单位”称号，威海市审计局实施的“威海市2015年财政扶持企业和支农资金管理使用情况专项审计调查”获得2017年度山东省审计厅表彰项目，“威海市2016年度加快重大水利工程建设政策及解决农村人口饮水安全问题政策落实情况跟踪审计”获得2017年度山东省审计厅政策跟踪审计单项表彰项目。

【预算执行审计】 2017年，实现了市级财政审计全覆盖，将国家级开发区预算执行情况纳入市级预算执行审计，统一方案、统一标准、统一实施，保证市级预算执行审计的完整性。拓展财政审计深度，在2016年对扶持企业资金进行重点关注的基础上，通过大数据分析，对涉农资金的管理使用实行市县两级关联审计，促进财政专项资金管理使用的规范。推进延伸审计，对国家级开发区的预算执行审计中，从“审深审透”的需要出发，延伸审计开发区部分镇（街道）财政管理情况，从多个维度综合评价市区镇三级财政运行情况，推动深化预算管理改革，提高预算管理绩效。查出主要问题金额102亿元，提出加强和改进财政财务管理方面的意见建议3条，向纪检监察机关移送案件线索6条。

【领导干部自然资源资产离任审计】 探索开展领导干部自然资源资产离任审计试点工作。围绕贯彻落实上级关于开展自然资产资源离任审计试点工作部署，积极推进贯彻落实，牵头拟定具体实施意见，对文登区原区委书记、原区长开展自然资源资产审计试点工作，查处河道未得到有效保护、个别部门自然资源管理职能履行不严格、水污染防治联动协作机制不健全、环境影响评价审批与验收工作开展不到位、污染源监测未实现全覆盖等方面具体问题，得到市领导批示，推动存在问题的整改。

【经济责任审计】 坚持量力而行、提质增效的工作原则，遵照上级审计机关的要求，在组织部门的支持下，严格执行经济责任审计项目年度计划管理，修订《经济责任审计对象分类管理办法》《领导干部离任经济责任事项交接办法》，压缩全面审计项目总量，大力开展提质增效，进一步优化审计资源配置，确保将精力放在党委、政府关注的重点审计对象上。全年完成经济责任审计项目52个，其中离任交接审计项目22个。

【政策跟踪审计】 围绕推动供给侧结构性改革和新旧动能转换，根据全国、全省统一部署，对稳增长等8项政策、“放管服”政策、精准扶贫政策、“海上粮仓”建设政策等落实情况进行跟踪审计，对保障性安居工程、政府利用PPP模式投资项目、股权引导基金运营和管理情况、全市养老保险基金、国有企业资产质量、涉企收费等项目、资金和事项进行跟踪审计，重点关注相关领域改革发展中的新情况、新问题，检查揭示政策落实和资金使用方面存在的突出问题，向市委、市政府及相关部门单位提出针对性改进意见，推动各级政策及时落实，民生项目更好落地。

7月17日，市审计局数据分析团队召开研讨会　　威海市审计局提供

【政府投资审计】 按照市委、市政府“对政府投资工程进行全过程跟踪监督”的要求，认真执行2017年以来制定出台的投资审计业务管理制度，严把审计关键节点、细化审计操作规程、压实审计质量控制责任，保证投资审计的规范健康发展。在对11个项目进行竣工决算审计中，紧盯项目招投标管理、项目运行及施工管理、工程重大变更等关键部位和领域，切实提高审计成效。全年审减工程造价和招标控制价2.8亿元，出具跟踪审计意见单110份，提出跟踪审计意见413条，有3篇审计专报被市领导批示。

【审计信息化建设】 在广泛调研、充分论证的基础上，构建起联网数据平台、经济责任审计管理系统和政府投资审计管理系统，“一个平台、两个系统”运行后，审计项目从立项、决策、实施、审理、审核到报告实现了全过程、全方位的统一指挥及留痕管理，促进了审计管控的标准化、科学化、精细化。充分发挥大数据分析团队的专业优势，组织开展跨部门、跨行业、全方位的数据分析比对，在筛选确定疑点线索等方面发挥了重要作用，在市级预算执行审计中，审计团队运用大数据技术手段，筛查疑点记录6.7万条、涉及1.6万人，实现了对重点问题、重要线索的“精准打击”。

【内部审计指导】 紧紧围绕全市中心工作和经济发展大局，遵循“管理、宣传、服务、交流”的宗旨，进一步固本强基、做强长板、补齐短板，不断优化审计监督体系，提高内部审计服务质量，通过“抓制度、促规范；抓培训、促创新；抓典型、促提高”的“三抓三促”措施，强化内部审计组织建设和服务意识，开展了内部审计监督工作并取得明显的成绩，并推动内部审计工作持续健康发展。据不完全统计，全市内部审计机构完成各类审计项目1.22万个，审计总金额605.08亿元；促进增收节支5.11亿元；提出建议意见被采纳5114条；对5名责任人进行责任追究，建议给予行政处分5人；向司法机关移送1起案件。

（丛　赟）

物价管理

【概况】　2017年，市物价局围绕加快供给侧结构性改革和新旧动能转换重大工程，深化价格领域“放管服”改革，用好价格杠杆，创新价格监管，优化价格服务，全力助推全市经济提质增效和社会和谐稳定。

【居民消费价格指数】　2017年末，威海市居民消费价格指数（CPI）上涨1.3%，涨幅比上年回落0.5个百分点，比全省、全国分别低0.2、0.3个百分点。综合全年看，CPI基本呈现温和上涨、窄幅震荡走势。全市CPI涨幅峰值在1月，上涨2.5%；峰底在3月，上涨0.2%。从累计比看，CPI涨幅从3月份开始连续10个月保持在1.1%～1.4%的水平上小幅波动，走势比较平稳。居民消费价格呈现七升一降态势。其中，医疗保健类价格上涨4.4%，食品烟酒类、衣着类、居住类、交通和通信类、教育文化和娱乐类、其他用品和服务类价格分别上涨0.2%、1.2%、1.5%、2.4%、2.0%和0.9%；生活用品及服务类价格下降0.7%。对CPI上涨影响最大的是医疗保健类，影响程度为25.3%，交通通信类和居住类影响程度分别是23.7%和22.9%，食品烟酒类影响程度为3.4%。

【利用价格杠杆推动供给侧结构性改革】　落实全省输配电价改革方案，降低工商业销售电价，按2016年用电量计算，年可减轻威海市工商企业电费负担1.5亿元。及时下调非居民用水和特种行业用水综合水价，年可减轻企业负担650多万元。改革天然气销售价格管理方式，由政府定价改为政府指导价；降低非居民用气购销差价，及时启动天然气上下游联动机制，先后4次调整非居民用天然气销售价格，累计年减轻用气企业负担3000多万元。先后3次启动煤热价格联动机制，调整生产经营用热汽价格，动态地平衡供热、用热双方利益。

【涉企收费管理】　贯彻落实国家、省收费减免缓政策，及时取消或停征15项中央设立的行政事业性收费，每年可减轻社会负担4600多万元。下调威海市6级（含）以上防空地下室易地建设费标准，由原每平方米2800元下调至2000元。编印《威海市区实行政府定价的主要涉企收费和价格政策汇编》，制定公布威海市区政府定价、政府指导价的经营服务性收费目录清单、进出口环节收费目录清单，强化社会监督。积极探索涉企收费行为清单制度，填补了涉企收费事中管理的空白。组织开展涉企收费调查，分阶段、有重点地开展涉企收费专项检查，检查范围包括涉行政审批中介服务、行业协会商会、进出口环节、金融、电子政务平台、建设、铁路货运、环境评价等行业领域的100多家单位。坚持边查边改，对检查中发现的问题，及时指导相关单位进行整改。

【价格机制改革】　市委、市政府出台《关于推进价格机制改革的实施意见》，改革顶层设计，推动威海市价格改革向纵深发展，规划威海市价格改革的时间表、路线图，明确责任状，打通改革落地的“最后一公里”。制定具体工作方案，对实施意见部署的28项任务进行细化分解。先后5次在报纸、网络、微信等新闻媒介全方位宣传解读实施意见。对全市落实情况开展专项督查，推动威海市价格机制年度改革任务全部完成，得到省物价局督导组充分肯定，相关工作经验在全省工作会议上进行交流推广。

【公平竞争审查】　市政府印发《关于在市场体系建设中建立公平竞争审查制度的实施意见》，从源头上规范，逐步清理废除妨碍统一市场和公平竞争的规定和做法。先后召开联席会议和联络员会议，健全联席会议规则，制定工作方案；多次以联席会议办公室名义印发文件，印发研讨文章和典型案例；建立公平竞争审查工作台账，定期调度各单位进展情况，推动公平竞争审查制度在威海市落实落地。在市政府、物价网站及《威海日报》等媒体、平台，宣传解读公平竞争审查制度。

【环境保护综合整治攻坚】　及时会同相关部门下发落实鼓励清洁取暖价格政策等文件；对不具备集中供热条件的天然气独立采暖用户执行单独的阶梯气价政策，并将独立采暖第一阶梯气量扩大到1800立方米；取消第三阶梯，利

8月8日，威海市公平竞争审查工作联席会议第一次会议召开

威海市物价局提供

用价格杠杆推进“煤改气”工作；将超计划用水累进加价制度列入《威海市节约用水条例》，在全省率先通过地方性法规建立超计划用水加价制度。注重加强对各区市的指导和督导，推动环保综合整治工作涉及的价格任务全部完成，在全省率先全面实施阶梯价格制度，完成两部制热价改革，将水资源费、污水处理费调整到位。

【威海特色价格指数编制】 按照政府主导、企业参与、市场化运营的原则，积极开展“荣成海产·海带”价格指数编制工作，提高威海市优势特色产品价格话语权。经过充分的准备和有效的工作，并历经5个月封闭调试运行，11月17日，“荣成海产·海带”价格指数在山东省价格指数发布平台上开始试运行。

【公立医院医药价格改革】 编发《威海市区医疗机构医疗服务价格》(2017年版)，加强公立医疗机构市场调节价医疗项目价格监管，探索扩大公立医疗机构价格自主权的有效途径。扎实开展公立医院医药价格改革试点评估工作，深入推进优势病种收费方式改革，新增中医优势病种3个、西医病种167个。

【价格信息服务】 加大价格监测工作力度，增设专门科室。对400多个规格代表品的商品和服务价格进行监测，逐周、逐月对主要商品市场价格情况进行监测分析研判。利用物价网站、市民网和微信等新媒介，每日公布200余种居民生活消费品价格，每周发布工业品、水产品、农副产品等主要商品价格；完善“价比三家”活动，每周对61种民生商品进行比价。积极做好生猪、小麦、玉米等农产品常规调查和农户种植意向等专项调查以及海带特色成本调查，做好相关信息分析发布工作。

【成本监审】 创新成本监审方法，在天然气成本监审等工作中引入第三方监审，为科学合理制定价格政策发挥重要作用。做好资源性、垄断性和公用公益性行业定价成本监审，对高中学费等实施成本监审，核减各种不合理成本1.27亿元。

【价格专项检查】 根据国家、省物价局统一部署，采取事前提醒告诫、事中整改规范、事后跟踪监管的方式，开展医疗和药品、电力、商品房销售等专项检查3次，先后召开政策提醒会4次，对30多家单位进行检查，制裁资金220多万元。

【市场价格监管】 制定完善和优化网格化市场价格监管服务工作实施方案，推行网格化“监管+服务”模式。完善定期检查调度通报制度，落实巡查台账制度。加强事前防范，先后召开涉及电商、烟草、液化天然气等政策提醒告诫会5次。组织召开餐饮业价格政策提醒告诫暨明码标价推进会，推广刘公岛景区的餐前价格确认制度。加强联合检查，市物价局与旅游、盐务、交通等部门联合执法7次。先后对20家旅游购物场所进行巡查，对全市食盐经营者开展专项检查，对16家收费站、事故停车场进行检查，开展专项市场巡查10余次，巡查单位200余家，发放价格提醒告诫函300余份，签订价格自律承诺书100多份。

【价格应急处置】 加强“12358”价格监管平台建设，继续实行旅游旺季、法定节假日和重要活动时期24小时值班制度，坚持价格和收费热点问题周报制度，完善价格应急处置机制，全年处理价格举报投诉咨询1826件，做到“件件有回音，事事有着落”。

（林晓飞　兰红玲）

工商行政管理

【概况】 2017年，市工商局主动作为，积极创新，深入推进“放管服”改革，努力营造高效便捷的准入环境、公平有序的竞争环境和安全放心的消费环境，有力地促进了市场主体持续增长和转型发展。全市市场主体持续保持快速增长态势，全年新增5万家，总量达27万家，比上年增长14.4%；万人拥有市场主体、企业、民营经济市场主体户数均居全省第三位。

【商事制度改革】 “多证合一”改革　9月1日，在企业营业执照、组织机构代码证、税务登记证、统计登记证、社会保险登记证实行“五证合一”基础上，实施“多证合一”改革，实行“一套材料、一表登记、一窗受理”，实现了“三十一证合一”。至2017年底，全市各级登记窗口核发加载统一社会信用代码的“三十一证合一”营业执照1.8万份。全面完成存量企业“一照一码”营业执照换发工作，累计换发执照5万余份。

全程电子化登记改革　积极推进市场主体登记“互联网+政务服务”，探索推行全程电子化登记改革，实现申请、受理、审核、发照全流程网上办理，并予以核发电子营业执照。至10月底，电子营业执照在各区市实现全面“破题”，进一步扩大“零距离”覆盖面，发放第一批电子营业执照37份。

企业简易注销改革　3月1日起，在全市推行企业简易注销登记改革，进一步建立便捷市场主体退出机制。申请简易注销的企业，经国家企业信用信息公示系统(山东)公告45日，无异议的，可以采用简易注销程序。至2017年底，全市有1912家企业通过简易程序办理了注销登记。

登记服务创新　在全省率先推行“一审核准制”，实现当日办结、立等可取；开展有限公司“县域通办”试点，拓宽通办范围，探索局所登记一体化，通办各类业务3万多笔；除股份公司、市国资委投资企业外，将企业登记权限全部下放至各区市，方便企业就近登记，打通了登记服务“最后一公里”。相关做法得到省工商局肯定，并在全省推广。

“联百企、构亲清”行动　根据市委、市政府关于“联系服务企业”的工作部署，紧密结合工商职能特点，确定了广告产业、拟改制企业等关联度较高的100家企业，精准开展“联百企、构亲清”行动。先后发放《威海市创新创业政策汇编》1200本，举办政策法律讲座20期，指导9家企业开展了地理标志商标和马德里商标国际注册工作，帮助7家企业实现股份制改造。

“三型”(规范型、高效型、满意型)

窗口创建行动　着力规范服务标准、提升服务效能、提高服务素质，全面加强窗口建设，深度优化服务环境，打造“三型”登记窗口。市工商局窗口连续15年获得“群众最满意窗口”。全年先后认定“三型”企业登记窗口3个、基层登记窗口4个。

【加强事中事后监管】　部门协同监管　贯彻落实《威海市人民政府关于“先照后证”改革后加强事中事后监管的实施意见》，建立完善联席会议制度。5月25日，牵头组织召开了全市加强事中事后监管联席会议第二次全体会议，副市长张伟出席会议并讲话。会议回顾总结了全市加强事中事后监管作情况，对下一步全市加强事中事后监管、深化“放管服”改革等工作进行了研究部署。同时，推动加强协同监管，会同政务服务中心管理办公室建设“双告知”自动推送平台，将登记信息“点对点”推送到后置许可部门，在全省率先实现实时共享，为加强事中事后监管赢得主动。

企业信用监管　实施了新设企业信用承诺制度。新设企业在登记时签订“信用承诺书”，承诺守法诚信经营，并纳入企业档案。企业、个体工商户、农民专业合作社年报公示率均居全省前五。开展企业年报公示信息抽查，抽查企业7001家。加大行政处罚公示曝光力度，累计公示处罚案件1785起，公示率达100%。依法将9200多家市场主体列入经营异常名录。

风险监管机制　建立风险研判机制。依托“12315”投诉举报平台，加强投诉、举报、监测数据分析，对典型安全生产和突发公共舆情事件进行风险研判，提高监管执法的针对性。建立风险提示机制。组织召开全系统防范和化解执法风险专题座谈会，对工商监管领域风险进行逐一预警指导。开展监管风险排查行动，及时下发风险提示，有效增强了风险应对的靶向性。全年下发风险提示13期，为基层提示风险性问题40余条。

【“双随机、一公开”监管改革】　牵头研发建设威海市“双随机、一公开”（随机抽取检查对象、随机选派执法检查人员，抽查情况及查处结果及时向社会公开）抽查监管平台，开发了手机端APP，实现了与现场检查、检查对象、信息公示平台“三个对接”，为监管改革提供有力载体。组织召开联席会议，配合市政府办公室开展专项督查，加大督导力度，有效推动了监管改革落实。威海市“双随机、一公开”监管工作整体规范推进，提前4个月实现“全覆盖”目标，成为全省首个实现全覆盖的地市。5月，国务院办公厅督查组在威海考察期间给予充分肯定；8月，省编办在市工商局召开会议，演示推广威海市的监管平台。监管平台还被评为全市创新创效项目。至2017年底，市直51个执法部门、区市155个执法部门通过监管平台开展随机抽查700余次，检查各类对象42万户次，公开随机抽查信息6600余条（次）。

5月25日，全市加强事中事后监管联席会议第二次全体会议召开

威海市工商局提供

【公平交易执法】　开展了区域性传销违法活动综合整治行动和打击传销“斩草”执法行动，持续保持高压严打态势，排查涉嫌传销场所窝点3500余个，遣散疑似传销人员5300余人次，立案74起。加强直销监管，严格直销企业会议报备，开展直销企业退换货制度落实情况检查，先后行政约谈直销企业10户次，发出行政提示书3次，实行提前预警，全面规范直销行为。开展会议营销领域违法行为专项整治行动，检查保健品经营者238家、会议营销场所145处，立案3起。开展“促竞争、树品牌、保民生”专项执法行动，先后查办案件184件。

【市场合同管理】　加强流通领域成品油质量监管，组织对全部加油站、油库成品油质量进行抽检，累计抽检1300余批次，抽检覆盖面达100%，抽检合格率达98%。将船用燃料油纳入常态化抽检范畴，先后开展两轮质量抽检，累计抽检80个批次，立案查处3起。开展散煤质量抽检，累计抽检191批次。开展“红盾护农”行动，抽检化肥654批次，立案35起。全力做好保障环保督察工作，累计处理联络组交办案件14起。开展零售场所塑料购物袋专项整治行动，取缔“三无”（无生产日期、无质量合格证以及无生产厂家）产品3.5万件，制止违规行为13起。开展市级“守合同重信用”企业公示活动，公示市级“守合同重信用”企业181家。

【商标品牌战略】　4月25日，联合威海海关举办商标国际注册暨海关备案保护培训班，加强商标品牌培育，培训重点外贸企业160多家。5月8日，出台加快推进马德里国际商标注册培育国际自主品牌专门文件，推动将商标国际注册纳入品牌奖励范畴。9月28日，举办全市商标代理助推品牌发展专题培训班。强化商标品牌保护，开展打击侵犯注册商标专用权和销售假冒伪劣钓具专项整治行动，全年查处商标侵权案件28起。2017年新注册商标5000余件，比上年增长29%，总量达2.4万件。中国驰名商标达35件，山东省著名商标达133件。新增地理标志商标22件，总量达41件。“威海刺参”地理标志商标参加了世界地理标志大会产品展示。

【广告业发展和管理】 实施“商标+广告”行动，召开全市主要媒体和重点广告企业座谈会，编印《全市重点广告传媒单位汇编》。7月6日，举办“融合发展 牵手共赢”威海市广告助推商标品牌推介会，6家广告企业进行现场推介，300家广告和驰名、著名商标企业参会，草签合作协议15件。市广告协会被评为“全国先进广告协会”。加强广告市场监管，实施媒体广告信用评价，提高媒体单位诚信意识。加强广告监测，落实部门联合通报制度，监测广告15.3万条次，下达责令改正通知11件，责令停止发布违法广告23条次，召开违法广告媒体约谈会4次。加强医疗、药品、保健食品、美容、化妆品五大类广告监管，开展医疗美容广告整治行动，立案查处广告案件9件。

【消费者权益保护】 深入实施“诚信威海放心消费”行动，在大型商场、专业市场、企业等设立“消费维权服务站”300家，在164家商场建立质量首负承诺和先行赔付制度，实现消费维权“机构下沉、关口前移”。持续开展“红盾质量维权”行动，组织对流通领域消防产品、儿童玩具、家电等商品进行质量抽检，2017年，抽检938批次，立案查处123起。试点开展网络商品质量抽检工作，对10家网店的15个批次商品进行抽检。召开行政提醒、诚信经营座谈会8场（次），约谈企业195家。同时加大普法宣传力度，举办消费维权知识培训会议，市区130多家大中型商场参加。加强“12315”投诉举报大数据分析，撰写分析报告5篇，为领导决策和监管执法提供参考。落实首问负责制，做好投诉举报受理、分流、转办、督办工作，全年受理咨询投诉举报2.31万件，处理投诉3100件，成功率达到98%，挽回经济损失390.5万元。市工商局“12315”投诉举报中心获得“全省十佳投诉举报平台”。

【网络交易管理】 加强网络市场监管执法，开展2017网络市场监管专项行动，检查网站、网店7100个（次），实地检查网站、网店1626个（次），删除违法商品信息8514条，查处网络违法案件15起。坚持源头治理，采取召开座谈会、现场约谈等形式开展普法教育、加强预警提醒，先后约谈电商51家，全年全系统处理网络投诉举报1200起。积极服务，争创跨境电商综合实验区，得到国家工商总局复函支持。

【消费者协会工作】 深入实施“诚信威海放心消费”行动，会同威海市律师协会组建“消费维权律师团”，聘请20名专职律师作为法律顾问，为全市各级消费者协会组织日常工作开展和履行法定职能提供法律咨询与服务。探索与法院、仲裁机构等建立诉调、裁调对接机制，努力形成维权合力，“3·15”期间，举办第十一届消费者满意单位表彰大会暨电商领域消费维权知识培训。组织对食品生产等行业进行消费体察，加强消费预警，全年发布消费警示20余期，有效引导消费者科学理性消费。加强消费纠纷调处工作，全年解答消费者咨询3000余件，处理消费者投诉162件，处结率达100%，为消费者挽回损失248万元。市消协被评为“全国消协组织先进集体”。

（王现茂）

国土资源管理

【概况】 2017年，全市国土资源管理工作主动适应经济发展新常态，以服务和保障新旧动能转换为主线，坚决履行国土资源保护职责，积极践行“绿水青山就是金山银山”的生态文明观，不断深化“放管服”改革步伐，为实现现代化幸福威海建设新跨越不懈努力，服务发展和资源保护成效受到社会各界一致好评，市国土资源局连续10年被市委、市政府授予“全市优秀单位”称号。

【土地规划】 威海市根据国土资源部土地利用总体规划调整完善工作部署，及时调整全市土地利用总体规划，划定永久基本农田、城市开发边界、生态保护红线“三线”。将土地利用总体规划与全市国民经济和社会发展“十三五”规划、城市总体规划、环境保护规划等专项规划进行衔接，调整后威海市建设用地总规模扩大5333.3公顷，妥善解决东部滨海新城等重点发展区域和重点项目规划不符的问题，为威海市重点产业项目和未来发展拓展了空间。2017年9月4日，山东省人民政府批复同意威海市土地利用总体规划调整完善方案，威海市成为全省首批土地利用总体规划调整完善方案获批的地级市。

【耕地保护】 始终坚守最严格的耕地保护制度，全面落实永久基本农田划定“五项任务”，全市划定永久基本农田面积16.27万公顷，逐级签订保护责任书3384份，埋设界桩5480个。坚决落实耕地保护目标责任制，7个区市耕地保护目标全部通过市政府年终考核，至2017年底，全市实有耕地19.50万公顷，全年农用地转用、占用耕地365公顷，全部做到“占一补一”。乳山市省精准扶贫土地整治示范项目成功获省国土资源厅、省财政厅批复，总投资1500万元，为胶东地区唯一的省级精准扶贫项目。2017年，威海市有百万亩土地整治工程项目8个，建设总规模3901公顷，拟建成高标准农田2600公顷，至年底全部完成市级评审论证，其中4个项目完成工程量的60%。

【土地征收和供应】 年内，审查上报建设用地报件80个，总面积1113.3公顷，其中新增建设用地920公顷，报件数量比上年增长近一倍，保障了重点项目建设用地需求。全年供应建设用地626宗、2800公顷，成交价款204亿元，其中市区出让土地73宗、213.9公顷，成交价款25亿元。批而未供、闲置低效用地处置力度进一步加大，至2017年底，全市2012—2016年度批准土地平均供地率85.2%，排名全省第二，全年处置空闲土地370宗，处置比例22.9%，超额完成省政府制定目标。

【不动产登记管理】 年内，办理各类不动产登记业务25.4万笔。不动产登记中心威海高技术产业开发区、威海经济技术开发区、威海临港经济技术开发区和环翠区4个分中心成功设立，市区实现了“一个中心四个分中心”的不动产登记服务网络布局。围绕“最多让群众跑一次”的目标，通过“多门变一门、多窗变一窗、一地变多地、异地变同城”等服务升级，打造了威海特色的不动产登记“1113”服务新模式，即“跑1次腿，提交1次资料，1个窗口受理，交易、纳税和登记3项业务并联办理”。该服务模式获2017年度市级机关创新创效项目奖，得到市长张海波批示，受到上级领导关注并被国土资源部宣传推广，走在全国前列。

【矿产资源管理】 坚决落实矿山安全生产责任，全年组织开展矿产领域安全生产隐患大检查、安全生产百日攻坚治理等专项行动4次，制定下发了各类安全生产行动实施方案、通知等6份，组织各类检查组293个，排查企业1543家。加大保护区内矿业权退出工作力度，积极推进露天矿山关停工作。组织开展全市采矿权情况调查，彻底摸清全市位于自然保护区、环境保护规划“红线区”范围内矿山底数。有序推进地质勘查，全年完成探矿权项目变更申请审查、发证42宗，成交探矿权2宗，《威海市矿产资源总体规划（2016—2020）》通过省国土资源厅终审。

【地质环境保护】 积极组织开展全市矿山地质环境调查和市县两级《矿山地质环境保护与综合治理规划》编制。年内，验收了威海经济技术开发区南虎口矿山复绿项目和乳山市到根见村搬迁避让2个地质环境治理项目。10月24日，市政府新闻办召开全市地质灾害防治工作新闻发布会，市国土资源局介绍了威海市地质灾害防治工作有关情况，并回答记者提问。

【测绘和地籍管理】 扎实推进数字城市和天地图节点建设，相关成果在全市40多个行业和领域得到广泛应用，取得良好的经济和社会效益。全年落实财政资金261万元，实施威海市基础地理信息数据库建设和“天地图·威海”更新任务。会同多部门在全市范围内开展全覆盖排查整治“问题地图”专项行动、卫星导航定位基准站安全专项整治行动，有力维护了全市地图市场秩序和国家地理信息安全。完成年度土地变更调查，全市1088个、844.6公顷变更图斑顺利通过省国土资源厅和国土资源部内外业核查。加强市区历史遗留土地权属争议调处，全年处理历史遗留土地权属争议案件6宗。

【执法监察】 2017年，发现各类土地违法行为339起，全部整改或立案查处；发现和整改矿产违法行为44起，督导拆除违法建筑74宗、4.2万平方米；发扬“快、细、实、严”工作作风，通过多种途径和措施，做好土地矿产卫片执法检查工作，有效消除违法违规用地数量，顺利通过省国土资源厅验收。与市法院、检察院等协作，在全市建立“裁执分离”机制，缓解了违法拆除难问题，有效震慑了违法用地行为。

12月26日，副市长周永迪（右四）带领市直有关部门负责人调研市区不动产登记工作　　威海市国土资源局提供

【政策法规】 印发《威海市国土资源局关于开展2017年“12·4”国家宪法日暨法治宣教月宣传活动的通知》，积极开展宪法专题学习，注重法治文化和法治阵地的建设。研究制定《威海市国土资源局重大行政执法决定法制审核实施细则》《威海市国土资源局行政执法全过程记录实施细则》及《威海市国土资源局行政执法信息公示实施细则》等一系列规范性文件，提升了国土资源系统行政执法规范化、公开化、法制化建设水平。全年办理行政复议案件15件，驳回11件，未审结4件；办理行政诉讼案件21件，结案14件。

（张钦钦）

质量技术监督

【概况】 2017年，市质监部门牢固树立“质量第一”的意识，坚持服务发展主线，坚守质量安全底线，扎实推进质量强市建设，全力服务新旧动能转换和经济转型升级，完成全年各项目标任务。

【质量强市战略】 完善质量强市工作领导小组联席会议制度和信息报送制度，定期通报创建工作进展，协调解决创建工作问题。开展“城市质量精神”口号征集活动，确定“幸福威海 品质承载”的城市质量精神，凝聚创建工作合力。开展质量满意度测评，市民质量满意度达85.19，居全省前列。聘请质量工作社会监督员，主动接受社会监督，促进质量工作的健康发展。建立市级层面的多部门质量联合执法机制，加大质量监管执法力度。全市的产品质量、工程质量、服务质量显著提高，质量发展水平和质量安全水平不断进步，质量共治机制不断完善，质量文化氛围日益浓厚，全民质量意识明显增强，以全省第三名的成绩通过省政府质量工作考核。2017年10月，威海市以优异的成绩获批创建全国质量强市示范城市，标志着全市质量工作迈入全国先进城市行列。

【质量提升】 按照质检总局和省质监局统一部署，结合威海产业特点，开展质量提升行动。组织召开质量提升工作座谈会，邀请人大代表、政协委员、专家及学者、市直部门和有关企业，就如何开展质量提升行动进行交流探讨，增强质量提升行动的针对性和有效性。采取政府购买服务的方式，举办首席质量官任职培训和卓越绩效管理方式推广培训班2期，引导骨干企业学习实践卓越绩效等先进质量管理方法，全市企业首席质量官新增501名，总数达1019名，居全省第一位。结合威海市产业发展特点和质量提升需求，开展重点产品和行业质量提升行动，渔具和电动机产品质量合格率比上年分别提高4.3和5.9个百分点，环翠区成功创建“钓具产品全国质量提升示范区”，是全国唯一国家级钓具类产品质量提升示范区。开展年度市政府对区市政府(管委)质量工作考核，突出考核指标的导向激励作用，落实区市政府和开发区管委的质量工作主体责任。

【品牌战略】 开展品牌调研工作，形成《关于我市品牌建设的探索与思考》调研报告，为推进全市品牌高端化建设提供方法指导。推动成立威海市品牌建设工作领导小组，品牌工作机制不断完善。召开全市品牌建设工作座谈会，印发实施《威海市品牌建设2017年行动计划》，从品牌培育创建、品牌基础建设、品牌宣传保护等方面明确工作措施，着力打造“优品威海”。开展2017年度威海市市长质量奖评审工作，威海海马地毯集团有限公司、山东达因海洋生物制药股份有限公司等2家企业和威海万丰镁业科技发展有限公司董事长兼总经理朱训明获2017年度威海市市长质量奖。威高集团获得第三届中国质量奖提名奖，实现了威海市中国质量奖零的突破。全市新增27个山东名牌产品和18个山东省服务名牌，数量均居全省第三位。威海高技术产业开发区获批创建山东省医疗器械优质产品生产基地。加大品牌宣传保护力度，开展首个“中国品牌日”主题宣传活动。与威海市民网联合建设“威海品牌”宣传平台，130余家企业入驻平台上线运行。委托中国品牌促进会为全市20家市长质量奖获奖企业进行品牌价值评价，提高企业品牌含金量。

【标准化战略】 年内，完成WTO/TBT预警平台和标准化综合服务平台建设工作，持续更新中韩自贸区政策、TBT通报及韩国标准化信息，为企业发展提供了方便快捷的标准信息资讯服务。持续深化企业产品标准自我声明公开改革，全市有4155家企业自我声明公开标准6955项，比上年增长9.3倍，增长率居全省首位。组织开展标准化奖励评审工作，全市76个标准化项目获奖励资金561.3万元，激发了企业和社会参与标准化建设的积极性。市质监局牵头制订的《海洋牧场休闲服务规范国家标准》获国家标准委批准发布，是全国海洋休闲渔业第一部国家标准，也是威海市首个由政府部门主持制定的国家标准。全市新增国际标准2项、国家标准77项、行业标准53项，标准制修订取得积极成果。全市42个标准化项目入围“山东标准”建设，比上年增长50%。威海市公共文化服务等3个国家级社会管理和公共服务标准化试点项目通过国标委现场评估。文登西洋参生产、荣成原种刺参育苗加工2个国家级农业标准化项目获国家标准委批准立项，立项数居全省第二位。

【质量基础设施建设】 发挥计量基础作用，加强安全防护计量器具监管工作，1.5万余台件安全防护计量器具纳入“智慧质监”监管系统，为基层监管和计量检定工作提供信息支撑。扎实推进认证认可工作，引导企业开展自愿性认证工作，质量管理体系、环境管理体系、职业健康管理体系认证证书总数分别达1192张、420张、317张，提升了企业质量管理水平。不断完善检验检测体系，搭建了一批高水平检验检测公共服务平台，国家海产品中心二期工程竣工，国家碳纤维产业计量测试中心获国家质检总局批准筹建，积极申请筹建山东省热量表产业计量测试中心和山东省纺织服装质量监督检验中心，为全市产业发展提供强有力的技术支撑。

【质量安全监管】 围绕产品质量安全和特种设备安全，严格落实企业主体责任、属地管理责任和部门监管责任，全市6.2万余台特种设备和7500余家工业产品生产企业平稳运行。持续强化重点领域监管，制定《2017年工业产品质量和特种设备安全等重点工作安排》，对重点问题实行销号整改，确保隐患“清零”。组织开展“大快严”集中行动、危险化学品安全综合治理、安全生产百日攻坚治理、化工产业安全生产转型升级等专项检查10余次，检查企业3980家，有效消除安全生产隐患。组织开展客运索道、电线电缆质量安全事故应急处置演练，提高应急处置能力。开展产品质量监督抽查，全年抽查工业产品653批次，抽检合格率达96.32%，比上年提高0.46个百分点。建成“威海市电梯管理与应急处置服务系统”，有效保障人民群众乘梯安全。在全省率先出台《威海市电梯日常维护保养单位考核管理办法（试行）》，对电梯维护保养单位实施百分制考核新模式，提高全市电梯维护保养质量。

【服务新旧动能转换重大工程】 出台《市质监局推进新旧动能转换重大工程工作方案》，从探索动态包容的审慎监管制度、加快品牌高端化建设、用标准引领产业升级、提高审批服务效能、提高事中事后监管水平、完善创业创新主体服务工作机制6个方面制定完善了工作措施，服务新旧动能转换。制定《威海市服务新旧动能转换标准化项目建设行动计划》，以56个标准化建设项目为载体，实施制造业新旧动能转换标准领航工程、农林牧渔新旧动能转换标准推动工程、服务业新旧动能转换标准引领工程、社会管理和公共服务标准创新工程的“四大标准工程”，促进新旧动能转换、产业转型升级和质量品牌提升。

【“放管服”改革】 深入推进“放管服”（简政放权、放管结合、优化服务）改革，落实涉企收费减免政策，全部行政审批事项实现“零收费”“零跑腿”，所有审批事项职能全部实现归并集中，实行“一站式办理”。定期开展依法行政法制教育培训，组织开展全市质监系统武汉大学宏观质量管理研修班培训，有效提升全市质监系统干部职工党性修养和专业素养。建立完善执法全过程记录制度，有效规范执法行为。

2017年威海市获山东名牌产品一览表

表 4

序号	单位名称	产品名称	品牌
1	威海鸿通管材股份有限公司	塑料合金防腐蚀复合管	鸿通
2	山东百圣源集团有限公司	数控无卡轴旋切机	BSY
3	山东威高集团医用高分子制品股份有限公司	一次性使用无菌注射器	洁瑞
4	威海远航科技发展股份有限公司	空瓶检测机器人	yuanhang
5	山东未来机器人有限公司	水下机器人	VVLAI
6	天润曲轴股份有限公司	轮毂	
7	威海万丰镁业科技发展有限公司	摩托车车轮	WFMG
8	文登奥文电机有限公司	超高效三相电动机	奥文
9	山东好当家海洋发展股份有限公司	冷冻调理肉制品	好当家 HOMEY
10	山东好当家海洋发展股份有限公司	冷冻水产品	好当家 HOMEY
11	威海市宇王集团有限公司	冷冻水产品（鱿鱼块、鲐鱼块、红鱼块、鲽鱼块）	宇王
12	荣成市金源水产食品有限公司	冷冻水产品	海利乐 Hailile
13	荣成恒源水产食品有限公司	冷冻水产品	恒缘
14	山东好当家海洋发展股份有限公司	盐渍海带	好当家 HOMEY
15	山东海之宝海洋科技有限公司	盐渍海带	海芝寶
16	山东俚岛海洋科技股份有限公司	盐渍海带	
17	山东万得集团有限公司	床品四件套	贵安居
18	山东安然纳米实业发展有限公司	纳米微元生化床上用品	安然众合

续表 4

序号	单位名称	产品名称	品牌
19	山东汇泉工业有限公司	学生装校服	Valafranca
20	威海市海明威集团股份有限公司	渔线轮	海明威
21	威海海马地毯集团有限公司	功能性纤维软地毯	Hm
22	威海市山花地毯集团有限公司	功能性纤维软地毯	山花地毯 SHANHUA CARPET
23	三角轮胎股份有限公司	轮胎	三角 TRIANGLE
24	浦林成山(山东)轮胎有限公司	载重汽车轮胎	成山 CHENGSHAN
25	腾森橡胶轮胎(威海)有限公司	摩托车轮胎	腾森
26	山东华鹏玻璃股份有限公司	拉伸水晶玻璃杯	石岛
27	山东渔翁信息技术股份有限公司	渔翁云密码服务器系统	渔翁

2017年威海市获山东省服务名牌一览表

表 5

序号	企业名称	服务项目	品牌
1	威海钓具之都集团有限公司	钓具电子商务服务平台	钓具之都
2	山东天弘质量检验中心有限公司	检验技术服务	天弘质检 CELESTICA QUALITY INSPECTION CENTER
3	山东汇润实业集团有限公司	农业技术推广	汇润
4	山东威海农村商业银行股份有限公司	货币金融服务	服务城乡 惠泽大众
5	山东上诚物业服务有限公司	物业管理	上诚物业
6	荣成成山物业有限公司	住宅及工厂服务	成山 CHENGSHAN
7	文登市秀嘉商城	鞋服零售	秀嘉
8	石岛新港港务股份有限公司	港口客货装卸、储运	石岛新港 Shidao Newport
9	威海海悦国际饭店有限公司	客房、餐饮	大屋海悦国际
10	荣成石岛宾馆有限公司	餐饮服务	石岛宾馆 SHIDAO HOTEL

续表 5

序号	企业名称	服务项目	品牌
11	威海昆嵛酒店有限公司	住宿、餐饮、洗浴	昆嵛大酒店
12	荣成市成山友谊宾馆有限公司	ERP餐饮服务	Chengshan
13	威海天沐温泉度假有限公司	住宿、餐饮	
14	威海刘公岛实业发展有限公司	游览景区管理	
15	山东威海西霞口旅游有限公司	游览景区管理	西霞口
16	国网山东省电力公司荣成市供电公司	供电服务	STATE GRID CORPORATION OF CHINA
17	威海市鑫通汽车贸易集团有限公司	汽车修理与维护	鑫通
18	华夏文化旅游集团股份有限公司	文化创意	

（刘　晓）

统计管理

【概况】 2017 年，全市统计系统紧紧围绕全市中心工作，积极开展“创新服务年”活动，以提高数据质量为中心，以改进统计方法为手段，着力推进统计改革创新，持续深化综合分析研判，有效强化统计法制工作，不断提高统计服务水平。威海市统计局、荣成市统计局、环翠区统计局被省人力资源社会保障厅、省统计局、省公务员局联合授予“全省统计系统先进集体”称号。

【统计改革创新】 围绕统计“创新服务年”主题，顺应大数据潮流，深入开展统计改革创新，探索建立了现代服务业、海洋经济产业、健康医疗产业、科技创新产业四大特色统计指标体系。深入研究“四新”（新技术、新产业、新业态、新模式）经济统计制度，探索建立数据质量评估方法和机制，从关联性、匹配性、趋势性等方面科学评估数据，确保数据能客观准确反映威海市实际情况。严格落实中央、省关于深化统计管理体制改革的一系列部署安排，研究制定《威海市关于深化统计管理体制改革提高统计数据真实性的实施意见》。

【统计普查调查】 完成第三次农业普查，坚持重心前置，严把关口，加强调度，全市完成 48.53 万家农户、6287 家农业生产规模经营户、7706 个农业生产经营单位普查表的入户登记和 2724 个行政村、72 个镇（街道）普查表的数据采集、汇总、审核、上报任务，摸清了全市“三农”家底。市统计局获得国家级先进集体称号，环翠区、文登区、荣成市、乳山市获得省级先进集体称号。及时开展第四次经济普查的前期调研工作，组建市第四次经济普查筹备领导小组及办公室，认真做好普查前的经费、物资等各项准备工作。顺利完成 1% 人口抽样调查，规范有序开展了 1% 人口抽样调查培训试点、宣传发动、摸底调查、数据处理等各环节工作，并与市公安局、卫计委等有关部门的数据实现共享。认真开展城乡划分工作，扎实做好城镇化发展的相关基础性工作。严守联网直报“红线”，积极开展全市地方资产负债表编制试点工作，扎实做好“四上企业”（规模以上工业企业、资质等级建筑业企业、限额以上批零住餐企业、国家重点服务业企业）入库和退库的申报工作，巩固拓展了一套表联网直报相关工作，工业、能源、投资、人口社会、贸易、服务业、农业、物价等常规调查稳步推进。

【预警监测机制】 做优做强监测预警，结合省统计局各专业数据评估的最新标准和要求，进一步调整优化评估指标体系，建立了以 GDP 核算为核心，涵盖 GDP 核算涉及的 24 项基础指标的统计监测预警体系，密切加强市县两级统计部门的沟通对接，共同做好监测预警、信息共享等各项工作，形成了上下联动、有机衔接、相互支持的工作格局。聚焦新旧动能转换重大工程，参与制定《新旧动能转换重大工程总体方案》《新旧动能考核方案》，界定了健康服务业、军民融合产业、电子信息产业等指标的考核办法。强化细化月度跟踪，加大对基础数据预先评估分析力度，及时分析把握经济运行中的“形”和“势”，提高监测预警的敏锐度和准确性，增强风险防范的主动性和自觉性。

【统计服务】　强化统计分析信息工作，多篇分析信息被国家统计局网站、《中国信息报》和《山东统计》等刊物采用。抓好日常经济运行分析，每月按时收集整理各专业基础数据，查找支撑GDP增长的因素，增强经济指标解读能力。整合传统纸质服务媒介，在继续提供常规统计产品基础上，为庆祝地级威海市三十周年，出版发行《砥砺前行三十年》特刊。利用政务公开平台、纸质媒体和官方微博、微信等新媒体，及时发布数据，解读统计指标。创新推出“数据威海—掌上市情推送系统”，实现了数据的主动推送和定制服务。不断丰富完善社情民意调查内容，相继开展营商环境、美好生活、群众满意度等7次调查，社情民意调查的影响力和时效性进一步提升。大力加强全市统计视频会议系统建设，在全省率先完成连接全部下属区市和开发区的统计视频会议系统。

【统计数据质量保障】　积极开展统计普法宣传，制定印发《威海市统计法治宣传教育第七个五年规划（2016—2020）》，全面开展“七五”统计法治宣传教育；及时开展新颁布的《统计法实施条例》的学习宣传；在《中华人民共和国统计法》颁布34周年之际，在《威海日报》发表署名文章《认真学习统计法制，坚持依法统计依法治统》。邀请省统计局领导为全市200余名统计执法骨干授课；开展“统计法进校园”活动，在山东食品药品职业学院举办统计法律法规知识讲座。制定《威海市统计局数据质量检查办法（试行）》和《威海市统计局统计执法工作管理办法》，严格“双随机”制度，稳步推进统计执法，对涉及25个镇（街道）的58家企业进行执法检查。严格按照目标绩效管理专项考核工作程序规范做好日常汇总、记录，落实数据质量分级负责制，做到事前、事中和事后数据质量全程实时监控，不断推动统计基层基础建设和提高统计数据质量。

（吴　斌）

安全生产监督管理

【概况】　2017年，市安监局以推进安全生产领域改革发展为主线，以深入落实政府监管责任和企业主体责任为抓手，狠抓责任落实、强化预防控制、推进重点工作、提升治理能力、夯实基层基础，有效预防和遏制各类事故发生，为确保全市安全生产形势总体稳定作出应有贡献。全市全年累计发生各类生产安全事故24起、死亡36人，比上年分别下降29.4%和25%。

【安全监管体制建设】　市政府印发《关于授权国家级开发区管委行使安全生产行政管理职权的决定》，授权3个国家级开发区行使安全生产行政管理职权，具体依法行使安全生产综合监管、行政执法、行政审批、一般生产安全事故调查处理等12项职权，在全省率先彻底理顺国家级开发区安全生产行政管理体制。认真梳理体制不顺、职责不清、界限模糊等问题，按照市政府要求，理顺油品、电力、电信、城际铁路、生产经营单位燃料用气等行业领域的监管体制，进一步“织密织牢”安全生产责任网。

【安全监管责任落实】　修订《市政府领导包区市督导检查安全生产工作方案》，市领导每月对所包区市安全生产重大决策部署落实情况进行一次跟踪督查。健全安全生产考核机制，将负有安全生产监管职责的市直部门同步纳入赋分考核范围。报请市政府出台《威海市安全生产巡查工作制度》，对巡查工作进行制度性安排。市委巡察办公室开展工作时，同步关注安全生产。

【企业主体责任落实】　结合“一法一条例”（《中华人民共和国安全生产法》和《山东省安全生产条例》）宣传贯彻，制定《生产经营单位落实安全生产主体责任守则》，通过强力执法督促企业对照落实；建立完善安全生产领域失信联合惩戒机制和“黑名单”制度，强化安全生产诚信约束。

【“大快严”集中行动】　调整人员、健全机制，加强市安全隐患“大快严”集中行动联席会议办公室建设，密集组织开展全市安全生产大检查、百日攻坚治理、岁末年初安全生产大检查等专项行动，并协调、督促各级各有关部门强化重点领域监管，专项开展油品、修造船、高铁沿线、电气火灾、建筑施工等检查和治理，深入排查治理事故隐患，严厉打击非法违法行为。全市全年检查生产经营单位近5万家次，查

6月16日，威海市“2017年安全生产月宣传咨询日”活动在幸福广场举行
威海市安监局提供

处各类问题隐患5.24万项，完成整改4.98万项，整改率95%。

【重点领域检查整治】 非煤矿山方面，提前一个月完成省里下达的在产矿山“四评级”（安全、环保、资源利用、质量效益）任务，对59家在产矿山进行综合评级，落实分类监管措施。部署开展为期三年的非煤矿山专项整治，并全面抓好节后复产复工、汛期防范等阶段性工作。危险化学品方面，扎实推进危险化学品安全综合治理，开展危化品摸底调查、重点企业安全“体检”等工作，进一步掌控底数、找准症结，按行业、地域建立起安全风险分布档案和重大危险源档案，并及时录入信息管理系统。烟花爆竹方面，对零售网点合理布点、严格审批，并加大经营旺季烟花爆竹安全检查力度，确保销售经营不出问题。工贸行业方面，对全市733家涉氨制冷企业进行全覆盖检查，查处问题和隐患3483项、暂时停产停业15家、立案处罚29家、取缔关闭8家。开展金属冶炼、涉爆粉尘、有限空间等一系列专项治理活动，消除事故隐患。职业卫生方面，开展全市电子制造、蓄电池制造、汽车制造等行业作业场所职业病危害专项治理，并对近年来开展的重点行业专项治理活动进行“回头看”，检查企业543家，行政处罚47.2万元。形成的职业健康“六统一”（统一培训教材、培训时间、人员资格、考核题库、档案管理、调度通报）培训模式列入省《安全生产工作100法》。执法监察方面，周密部署、各级联动，开展了4轮重点企业异地执法、1轮危化品企业专项执法和1轮企业全员培训专项执法，执法检查企业217家、查处隐患1931项、立案处罚110家、责令停产整顿7家，企业处罚率51%。加强执法检查结果应用，部署开展“检查一个企业、规范一个企业、提升一个行业”活动。

【双重预防体系建设】 将安全生产风险分级管控与隐患排查治理双重预防体系建设写入威海市政府工作报告，进行全面部署，采取政府引导、执法推进等方式，督促指导全市1600余家企业完成建设工作，排查辨识风险点1.52万项，其中，一级风险点600项，二级风险点1050项。将双重预防体系建设纳入安全生产标准化创建的重要内容，并实施小微企业同步推进。同时，扎实推进职业健康双重预防建设工作，360家用人单位完成建设。

【安全生产巡查工作】 组织做好省政府安委会安全生产巡查的各项准备和配合工作，对全市各级各领域进行全面巡查。省巡查组在威海期间，巡查市政府及12个市直部门，延伸巡查7个区市政府（管委）、15个区市部门、28个镇（街道），抽查企业39家，巡查发现政府层面问题70项、企业层面问题隐患391项。对巡查反馈的问题，召开专题会议，下发整改方案，建立清单台账，健全工作机制，雷厉风行、专业务实地抓好整改，解决了一批制约安全生产的突出问题。

【化工产业安全生产转型升级专项行动】 制定落实化工产业安全隐患“大快严”紧急行动方案，建立周调度、月通报机制，上下联动、纵横衔接，对化工企业进行全面执法检查，坚决做到企业隐患排查和部门执法检查“两个全覆盖”。其间，全市共检查企业4707家次，查处问题隐患6630项，其中重大隐患16项，全部完成整改。安监系统对危险化学品生产、使用、经营企业全覆盖执法检查的同时，坚决落实安全生产评级为“差”企业停产整顿、新上危险化学品项目暂停审批、在建项目原则上年内不再试车、违法违规企业顶格处罚等措施。

【监管队伍建设】 对镇（街道）安全监管队伍机构、编制、领导职数设置、岗位津贴发放、监管装备和执法车辆配备等情况进行专项检查，市政府签发《检查情况通报》，市政府分管领导行政约谈相关指标符合率低于80%的区市政府（管委）分管负责人，督促相关问题整改到位，提升基层监管能力。强化业务培训学习，举办了为期一周的安监执法人员培训班，培训全市安监执法人员近100人。各级安监部门积极参加全国安全监管监察干部视频培训、网络培训，以及全省双重预防体系观摩、安监干部集中调训等培训。

【安全监管信息化建设】 按照全市安全生产管理“一张网”的规划，制定“智慧安监”平台建设技术方案，并对危险化学品生产、储存和使用企业，地下矿山企业以及其他构成重大危险源企业进行物联网接入普查。

【应急能力建设】 独立设置市安全生产应急救援指挥中心，新增编制5名。深入宣传贯彻《生产安全事故应急预案管理办法》，扎实推进生产经营单位生产安全事故应急预案备案，有计划地开展应急管理专项执法检查、应急预案演练周等活动，进一步提升应急救援能力。

【宣传教育工作】 与市广播电视台、报业集团等主流媒体签订合作协议，将安全生产纳入宣传报道工作规划，常年设置“安全生产、重在落实”“安全生产天天提醒一分钟”等专栏，并密集刊播公益广告，普及安全知识常识，传播安全文化理念。积极利用新闻发布会、行风热线、微博微信等多种形式，及时发布安全生产最新动态。大力开展“安全生产月”“《中华人民共和国安全生产法》宣传周”“《中华人民共和国职业病防治法》宣传周”等活动，强化企业全员安全培训，扎实推进安全生产宣传教育进企业、进学校、进机关、进社区、进农村、进家庭、进公共场所，引导全社会树立安全生产红线不可触碰的鲜明导向。

（甘涌泉）

食品药品监督管理

【概况】 2017年，威海市食品药品监督管理局坚持以人民满意为目标，以创建国家食品安全示范城市为主线，针对影响食品药品安全的突出问题，按照有问题必整治、有整治必有结果的工作思路，大力推广抽查与抽检相融合、监管与服务相融合、执法与宣传相融合、日常监管与专项整治相融合的治理模式，推进行业规范发展、产业提质增效，全市食品药品安全持续稳定向好，全市食品抽检合格率达 97.8%、药品抽检合格率达 98.5%。

【国家食品安全示范城市】 6 月 29 日，国家食品安全宣传周主场活动上，威海市被获评首批国家食品安全示范城市，成为全国唯一的整建制“双安双创”城市。在全国“双安双创”成果展山东展区，威海市小作坊园区化、放心肉菜示范超市、校餐、三安联动等工作亮点得到集中展示，是全省宣传展示亮点最多的城市。11 月，文登、荣成、乳山顺利通过第二批省级食品安全先进县创建试点验收，威海市成为全省唯一的全域创建市。

【食品安全监管】 示范创建　出台《威海市餐饮质量安全提升工程实施方案》《威海市食品小作坊小餐饮和食品摊点规范提升行动实施方案》，全面实施“食安威海”品牌引领行动。食品生产领域，制定《威海市“食安山东”食品生产加工示范企业创建实施方案》，举办培训班 2 次，培训化验员 400 余名，创建“食安山东”食品生产示范企业 41 家，放心食品生产基地 3 处，小作坊集中园区 5 处，通过 HACCP 认证企业 122 家。食品流通领域，制定《食用农产品集中交易市场质量安全管理提升实施方案》《威海市创建省级“放心肉菜示范超市”实施方案》，完成 7 家省级规范化农贸市场创建现场核查、5 家国家级“放心肉菜”示范超市申报、14 处食品摊点示范区创建，指导家家悦集团 2 家连锁门店升级改造设施设备。餐饮服务领域，制定《威海市“明厨亮灶”示范店创建实施方案》《威海市餐饮示范街区创建实施方案》，打造餐饮服务示范街 26 条，创建示范单位 1468 家，创建“食安山东”餐饮服务品牌 17 个。

“三小”（小作坊、小餐饮和食品摊点）规范提升　开展“三小”调查摸底和规范提升，对 454 家小作坊、1501 家小餐饮发放登记证，对 1061 个食品摊点发放食品安全公示卡。小作坊园区化，制定全国第一个《豆制品小作坊集中加工区建设及管理规范》，建成豆制品集中加工园区 4 处；荣成市投资 2 亿元建设干制海产品加工园区，引导 400 多家干制海产品小作坊签约进驻。小餐饮街区化，新打造乐福小餐饮美食城、豪业圣迪美食广场等小餐饮聚集区 5 处，建设餐饮服务食品安全示范街 26 条。小摊点区位化，开展规范化摊点群创建，建成规范化便民食品摊点群 14 个。

食品农产品全程可追溯体系建设　引导保健食品、乳制品、肉制品、食用植物油、食品添加剂等重点食品生产企业全部建立食品安全追溯体系。在全省率先启用山东省食品安全追溯公共服务平台。2017 年，威海市 710 家食品生产企业全部建立电子台账，记录 2705 种产品信息。

食品安全抽检　年内，制定并下达全市食品农产品抽检计划 2.85 万批次，抽检数量达 10.1 批次／千人，发布食品安全抽检信息 188 期，公布 2.28 万批次抽检结果，其中不合格 501 批次，合格率 97.8%。

“三安联动”（食安、农安、公安）机制　与公安、检察院、法院等部门联合组建“三安联动”衔接办公室，建立联动工作机制。在重大案件上，邀请检察院、法院提前介入，提高涉及刑事案件移送质量。与农业、卫计委、商检等部门签订合作备忘录，强化部门间协作配合，联合查办案件 34 起，移交涉嫌犯罪案件 8 起，执行行政强制案件 4 起。

风险清单管理　根据风险会商情况，分领域、分环节制定食品药品安全风险清单，制定相应防控措施，实现“风险清单化、清单责任化”。2017 年，在药品生产领域确定 3 类风险点，药品经营使用领域确定 15 项风险点，食品生产领域确定 12 类风险清单，食品经营领域确定风险点 3 项，医疗器械生产经营领域确定风险点 17 项。建立问题清单反馈落实工作机制，明确市、县两级工作职责，督促企业按照问题清单自查整改，确保企业守法、规范生产经营。

【药品、化妆品监管】 GSP 认证及跟踪检查　对 417 家药品零售（连锁）企业新办、变更和 GSP 认证现场核查，出动执法人员 3594 人次，对全市 19 家药品批发企业、30 家药品连锁总部、805 家零售连锁企业门店、74 家单体零售药店开展 GSP 认证跟踪检查，覆盖率达 51%。依法收回 8 家、撤销 2 家、注销 8 家药品经营企业“药品经营质量管理规范认证证书”。

药品生产企业监督检查　开展监督检查 112 次，检查药品生产企业 24 家、药包材生产企业 11 家、医疗机构制剂室 4 家，跟踪检查企业 6 家，对 5 家使用特殊药品生产制剂企业监督检查 13 次；约谈企业 6 家，对 5 家企业下达“责令改正通知书”，立案查处违法违规企业 1 家，主动申请撤销中药提取物备案 2 家。

药品、化妆品质量抽验　完成省级评价抽检计划 147 批、省重点抽检 259 批（其中生产环节 30 批、流通使用环节 229 批）、地方监督抽检 704 批

2 月 14 日，市食品药品监督管理局联合市教育局开展食品安全春季开学第一课活动　威海市食品药品监督管理局提供

次；化妆品流通领域监督抽检142批次（其中国家级监督抽检26批次、省级监督抽检16批次、市级监督抽检100批次）。

【医疗器械监管】 审批现场核查 2017年，派出检查组79次，出动执法人员300余人次，对威高生物科技公司等12家企业的31个二类产品注册进行质量体系核查15次，复查15次，关闭缺陷项65个；对威高股份有限公司等17家企业的生产许可证延续、变更事项进行体系核查18次，复查18次，发现关闭缺陷项74个；对威高洁盛等11家企业研发的60个二类新产品240批次的样品进行了现场抽样并对样品真实性进行了核查；配合省检查组对威高骨科公司等5家企业的12个三类产品注册进行质量体系核查7次，关闭缺陷项40个，从源头上保障医疗器械产品安全有效。

飞行检查 年内，出动执法人员112人次，对10家医疗器械生产企业，28家医疗器械经营企业完成飞检，关闭问题项86个；对威海市立医院等9家三级医院进行检查，发现并关闭缺陷项32个；配合省食品药品监督管理局对威高骨科、威高药业等10家医疗器械生产企业进行飞检，发现并关闭缺陷项50个；配合省食品药品监督管理局飞检经营企业3家，发现并关闭缺陷项15个。

医疗器械不良事件监测 2017年，全市上报医疗器械不良事件报告共2922份，其中，严重报告815份，占27.9%；二级以上医疗机构全部开展监测工作，医疗器械不良事件报告上报单位覆盖率持续保持100%。

【专项整治】 食品领域，牵头组织开展“守护舌尖安全”整治行动，围绕食用农产品农兽药残留、食品非法添加、集体食堂、网络订餐等开展专项整治20余项；食品生产环节重点加强肉制品、调味品、食用植物油、水产制品、饮用水等重点产品整治；食品流通环节先后开展食用农产品批发市场、进口食品、农村食品安全等专项整治活动；餐饮服务环节针对旅游景区、学校食堂、建筑工地进行集中检查，集中解决影响餐饮食品安全的突出问题。药品领域，开展药品生产质量提升行动、生产企业数据可靠性专项检查、中药材（饮片）经营使用环节专项整治、GSP认证跟踪检查等专项整治。医疗器械领域，对社会反映较为集中的注射用透明质酸钠、定制式义齿、隐形眼镜等产品开展专项整治5次。2017年，全市办结各类食品药品违法违规案件3207件，罚没款949万元，移交司法机关处理案件57起。

【服务食品医药产业发展】 提质增效 进一步压缩简化内部审批环节和时限，在实行一次性告知的基础上，建立容缺受理制度；对8项审批事项、11项行政权力事项和3项公共服务事项实行全程网上办理；畅通绿色通道，开设预约服务。2017年，全程网上办理337件，通过审批绿色通道办理申请事项264件，通过预约服务办理申请事项178件。

药品质量提升行动 出台《威海市鼓励仿制药质量和疗效一致性评价工作专项政策》，对威海市开展仿制药一致性评价药品生产企业给予资金支持，对通过一致性评价的品种每个最高给予250万元资金支持。帮助威海市立医院取得临床试验机构资质，具备承接BE试验能力。迪沙药业、山东华素、达因制药等企业仿制药一致性评价工作全面启动。

检验检测中心建设 加快推进省医疗器械产品检验检测中心威海分中心和药品检验检测中心（总投资2.97亿元、建筑面积2.39万平方米）建设，完成土建工程封顶。食品检测中心加速推进实验室二期工程建设，申报海洋生物制品质量安全检测公共服务平台项目，与威海职业学院筹建“威海检验检测认证学院”，申报食品安全国家标准修订建议3个，药品、保健食品、化妆品检测能力新增项目19项、产品23种、参数184个。

【社会共治】 食品安全信用体系建设 制定《威海市食品安全信用体系建设实施方案》《威海市食品药品安全信用分级分类管理实施方案》《威海市食品药品安全黑名单管理办法》3个总体方案，编制食品安全信用信息资源目录31条。全市2.69万家食品生产经营单位全部建立食品安全信用档案，录入威海市信用信息共享平台，根据信用分级实行分级分类监管。与教育等部门合作，对信用等级高的单位予以奖励；对信用等级低的单位，给予联合惩戒。将严重失信的10家食品生产经营者纳入“黑名单”管理，在媒体曝光。

宣传引导 2017年，公开各类政府信息1200余条；公布本级食品药品抽检信息51期、行政处罚案件信息131期，有重大影响典型案件8起，食品药品黑名单信息7条；发布食品药品预警信息24条。在媒体开设“你点我检”“食安随手拍”“食安你我他”等专题专栏10余个；与威海电视台联合打造《食药现场报道》栏目，收视率达2.4%，居威海市电视节目榜首；“威海食品药品安全”微信公众号，年发布原创信息200多条，关注人数达1.8万人，影响力指数位居全省食品药品监管系统前列。

（汤华飞）

编辑　闫拥军

农　　业

综　述

【概况】　威海是全国首批整建制国家现代农业示范区之一，全国重要的苹果、花生绿色食品原料生产基地，山东省农产品出口大市，耕地面积19.46万公顷，全市农产品年出口额多年保持在15亿美元左右。2017年，全市坚持绿色发展理念，进一步深化改革，全面优化产业布局，着力培育新型经营主体，农业和农村经济发展呈现新局面。全市实现农林牧渔业增加值245.92亿元，比上年增长2.7%。其中，农业增加值58.36亿元，增长2.2%；林业增加值0.58亿元，增长10.1%；畜牧业增加值32.07亿元，下降0.3%；渔业增加值144.47亿元，增长3.3%；农林牧渔服务业增加值10.44亿元，增长9.4%。农村居民人均可支配收入1.90万元，增长7.9%。全市国家级"一村一品"示范村镇6家、省级19家，"一村一品"专业村246个。

【农业社会化服务】　4月起，市农业局在文登区、荣成市、乳山市、威海经济技术开发区各选取1个试点镇，整合各类社会化服务资源，成立农业社会化综合服务中心，探索"农户分散承包、公司集中经营"的新模式，为农户提供农资、耕地、播种、管理、收获、销售等"一站式"农业生产性服务。通过服务中心建设，做活"土地"文章，统一进行托管经营或流转招商，破解"谁来种地、如何种地"的问题，以此发展壮大集体经济，取得良好成效。

（邢　鑫）

【农产品品牌建设】　2017年是威海市农业品牌建设元年，市农业局开展农产品品牌形象征集、品牌创建、品牌塑造等一系列活动。采取面向国内外公开征集、专家评审等方式，确定"威海农产·品味自然""威海苹果·甜蜜诱惑"为威海农产品和威海苹果的广告语，同时确定威海苹果的LOGO图案和卡通形象。评选出2个威海市知名农产品区域公用品牌、27个威海市知名农产品企业产品品牌。获山东省知名农产品区域公用品牌1家，企业产品品牌数量达18家。先后召开全市农产品品牌工作会议，举办"我的果园秀起来"有奖征文摄影、首届国际苹果种植设备展览会、"爱威海·爱威海农产品"首届名优农产品展等系列活动。在威海苹果销售上与首农集团、天虹商场等知名采购商建立合作关系，开拓农产品全国高端市场。

【农产品质量安全监管】　坚持常抓不懈，强化职能，畅通农产品质量安全监管"最后一公里"。在各区市设立专门的农业执法机构，督促基层执法队伍真抓实干，多次集中力量开展专项整治行动，明察暗访"常态化"，将监管压力直接传递至基层，实现农安监管无死角。强化诚信体系建设，设立信用"红黑榜"，开展联合奖惩。深化信息化体系建设，创新"互联网+农安"数字化监管模式，建立全市统一的农产品质量安全监管追溯平台，"大数据"农安监管体制初步确立。6月，威海市获农业部"国家农产品质量安全市"正式授牌。

【农业投入品监管】　国务院新修订的《农药管理条例》自6月1日起实施。威海市加大宣传贯彻力度，高标准、严要求把控农药销售准入门槛，净化农资销售环境。年内，全市出动执法人员5558人次，检查生产经营企业5050家次，查处问题375个，责令整改368

10月18日，全市农产品品牌工作会议召开　　　　市农业局提供

个，办理执法案件71件，涉案金额15.47万元。

【农产品抽检】 2017年，全市配合开展省级蔬菜水果例行监测4次、监督抽查4次，草莓、韭菜、小麦等专项监测7次，共抽检样品960个，合格率99.3%；市级开展苹果、葡萄、大姜、西洋参等当季农产品专项监测8次，共抽检样品253个，合格率98.8%；各区市开展定量检测2056批次，合格率99.9%。对不合格产品全部进行调查处置。市农业局与食品药品监督管理局联合印发《关于全面推行韭菜产品合格证和市场销售凭证管理的通告》，自11月1日起，在全市全面实施韭菜产品“双证制”管理。

（刘泽洋）

【农业产业化龙头企业】 至2017年末，全市市级以上农业产业化龙头企业发展到216家，其中国家级10家、省级44家、市级162家。12月，省农业厅发布《关于递补农业产业化省级重点龙头企业名单的公示》，山东樱聚缘农业科技发展股份有限公司、山东汇润实业集团有限公司等8家市级龙头企业递补为农业产业化省级重点龙头企业。

（邢　鑫）

【农业科技推广与示范】 围绕小麦、玉米、花生、蔬菜和果树领域，全市培育农业科技示范主体1123人，示范推广主推技术24项、主导品种48个，建设农业科技试验示范基地10处，分专业、分批次、分层次培训基层农技人员140人。组织基层100名业务骨干赴浙江大学进行为期5天的综合素质提升培训。组织实施2个省级农业重大应用技术创新项目，其中1个项目获省农牧渔丰收计划奖合作奖。

（冯忠梅）

【家庭农场】 年内，组织开展家庭农场普查摸底，建立并发布优先扶持名录，按因素法计算并下达家庭农场奖励资金20万元。抓好家庭农场培育引导，全市新增家庭农场167家，总数1295家；全市15家家庭农场被评为市级示范场。

【农业标准化基地建设】 积极推行农业标准化生产，督导生产经营主体落实无公害农产品、绿色食品、有机食品生产技术操作规程。全年新增“三品”标准化基地面积3666.67公顷，其中新增无公害标准化基地面积2800公顷，新增绿色标准化基地面积886.67公顷。创建省级农业标准化生产示范基地12个、市级农业标准化生产示范基地26个，充分发挥标准化生产基地的示范、引领与带动作用。至2017年末，全市“三品一标”认定面积14.43万公顷，“三品一标”产品产地认定面积占当地食用农产品总面积的比例达73.7%。

（邹　涛）

【生态农业与休闲农业】 年内，全市新建生态循环农业示范基地3个，新建大型沼气工程2处。在文登区实施农作物秸秆综合利用试点项目，完成秸秆精细还田3867公顷，建成15个秸秆收储中心。全市获评山东省生态循环农业示范创建单位10家，获评山东省生态循环农业示范基地7家。全市各类休闲农业经营主体740个，其中休闲农业园区516个、休闲农庄106个、农家乐103个村1000多户、民俗村15个。全市各类休闲观光农业经营主体接待游客数量410多万人次，实现营业收入21亿多元，其中营业收入500万元以上的休闲农业经营主体发展到95家。

（王　全）

【农产品质量认证】 全年新发展“三品一标”企业45家，认证产品57个。其中，认证无公害农产品企业4家4个产品、绿色食品企业38家44个产品、有机食品企业3家9个产品。无公害农产品复查换证11家企业14个产品，绿色食品续展21家企业28个产品，有机食品再认证16家企业65个产品。至2017年末，全市“三品一标”有效用标单位207家，认证产品352个。其中，无公害农产品企业38家59个产品、绿色食品企业140家191个产品、有机食品企业19家77个产品，登记种植业农业部地理标志单位10家25个产品。

（于海宁）

【新型职业农民培育】 2017年，威海市承担中央和省新型职业农民培育任务800人，安排项目实施区市6个。建立完善培训基地库、师资库和培育对象库，认定培训基地9处，建设省级实训基地7处，师资库成员有市、区市两级专家92人。全年培育新型职业农民800人，认定初级职业农民298人。

【农民专业合作社】 年内，组织开展农民合作社普查摸底，建立并发布优先扶持名录，按因素法计算并下达合作社奖励资金80万元。抓好合作社培育引导，全市新增农民专业合作社246家，总数3616家；有23家示范社被评为市级示范社。全市180个省定贫困村中注册359个农民合作社，村均2

金地种植合作社大型沼气工程的主体工程　　市农业局提供

环翠区康嘉园果品农民专业合作社技术人员与国外农业专家交流经验

市农业局提供

个，实现对省定贫困村的全覆盖。加入合作社的贫困户1907户，涉及贫困人口3499人。11月下旬，市农业局举办全市农民合作社培训班，培训人员120人。

【良种繁育与推广】 按照引种与选育相结合的原则，全市重点开展苹果、无花果、甘薯、西洋参等具有发展优势和地方特色的良种选育与推广，引进新品种64个，初步选出优良品种15个。引进甘薯鲜食品种12个、甘薯淀粉加工型品种10个、苹果新品种50个、桃新品种12个、中草药新品种13个。开展马铃薯品种资源繁种留种工作，播种单株500个，筛选单株50个。开展苹果、无花果新品种选育工作，选出苹果优系和优良芽变5个，青皮无花果优良芽变1个。

（吕　毅）

【政策性农业保险】 继续实施小麦、玉米、花生、苹果政策性农业保险。小麦、玉米保险保费标准均为225元／公顷，其中财政补贴180元／公顷，农户承担45元／公顷；花生保险保费标准为240元／公顷，其中财政补贴192元／公顷，农户承担48元／公顷。小麦保险金额5625元／公顷，玉米保险金额5250元／公顷，花生保险金额6000元／公顷，苹果保险金额3万元／公顷。2017年，全市承保小麦3.66万公顷、玉米4.15万公顷、花生2.62万公顷、苹果1760公顷。因灾理赔总面积1.90万公顷，理赔总金额5467.8万元。

（殷进领）

农村经济管理

【概况】 2017年，全市稳步推进农村各项改革，发展壮大薄弱村集体经济，培育新型经营主体健康发展，加强农村集体“三资”（农村集体资金、资产和资源）管理，强化农民负担监管，促进农村经济持续健康发展。

【农民负担管理】 通过开展涉农乱收费专项治理工作，全市检查村（社区）2728个、合作社2600个，全年发放农民负担监督卡70万份、“一事一议筹资筹劳专用收据”1万本，有效减轻农民负担。

【农村土地承包管理与土地流转】 年内，全市2184个村完成农村土地承包经营权确权登记工作，占涉农村总数的97.3%；完成确权登记的耕地面积12.28万公顷，占家庭承包耕地面积的97.0%；发放土地承包经营权证书42.7万份，占家庭承包户数的96.4%。全市新增流转耕地面积4693.33公顷，占计划指标的100%；累计流转耕地总面积6.29万公顷，占农村耕地总面积的43.1%，其中规模流转面积4.15万公顷，占流转总面积的66.0%。全市贫困村土地流转473.33公顷，实现流转收入299万元，涉及贫困人口2358人，贫困人口平均年流转收益1225元。

【农村财务与集体资产管理】 依托监管平台，对农村集体“三资”实行常态监管。督导各镇（街道）、村（社区）准确、真实、及时、快捷地将农村集体“三资”监管各类信息录入网络监管系统，经常性对信息公开情况进行检查督促，对存在的问题早发现、早制止、早整改。11月中旬，市农业局经管站组

11月下旬，市农业部门举办全市农村集体“三资”管理培训班　市农业局提供

织开展农村干部任期和离任经济责任专项审计工作；下旬，举办农村集体“三资”管理培训班，培训人员120人。

【农村集体经济组织产权制度改革】 年内，市农业局经管站稳步推进农村集体经济组织产权制度改革，全市完成462个村，累计完成1189个村（社区），占总数的43.8%。新开展农村集体招投标项目1501宗，涉及570个村，金额9468万元。全市180个省定贫困村中有116个村完成农村产权改革工作，占贫困村总数的64.4%。11月下旬，举办全市农村改革培训班，培训人员120人。

【农村信访工作】 2017年，市农业局经管站完成行风热线材料3份、农业信息网上访答复1份；完成信访事项征求意见回复函1份；完成省农业厅督办案件4件，接待农村土地承包上访30次，均按程序及时予以处理。

（邹　涛）

种植业

【概况】 2017年，威海市粮食播种总面积12.42万公顷，比上年下降1.1%；单产5189公斤／公顷，下降7.2%；总产64.4万吨，下降8.3%。其中，夏粮播种面积4.96万公顷，下降3.1%；单产3638公斤／公顷，下降36%；总产18.1万吨，下降38.1%。秋粮播种面积7.45万公顷，与上年基本持平；单产6222公斤／公顷，增长12.6%；总产46.4万吨，增长13.0%。秋粮中，玉米播种面积6.44万公顷，与上年基本持平；单产6366公斤／公顷，增长12.8%；总产41.0万吨，增长13.2%。花生收获面积5.53万公顷，下降7.7%；单产4123.5公斤／公顷，增长31.9%；总产22.8万吨，增长21.9%。蔬菜总面积2.13万公顷，总产99.6万吨。

（殷进领）

麦田无人机喷药　　市农业局提供

【生产技术指导与推广】 年内，全市通过强化技术培训与指导，主要推广小麦宽幅精播高产栽培技术，小麦高产高效标准化生产技术模式，冬小麦—夏玉米节水省肥高产高效技术，小麦纹枯病、根腐病综合防治技术，玉米单粒精播高产栽培技术，花生单粒精播节本增效高产栽培技术，韭菜绿色优质栽培技术，设施蔬菜连作障碍综合防控技术，食用菌夏季高效安全生产关键技术，夏季闲置菜棚草菇轻简化高效栽培技术，高温平菇精细化栽培及病虫害绿色防控技术，葱、姜、蒜优质高效安全生产关键技术等23项新技术，推广普及率80%以上，为全市农业增产和农民增收发挥积极作用。

（姜　勇）

【农业支持保护补贴】 威海市耕地地力保护补贴对象为全市种粮（小麦）农民，以小麦种植面积为依据，补贴标准每公顷不低于1875元。全市2017年度小麦种植户数26.65万户，折实种植面积5.00万公顷，比上年增加1376.4公顷。全市发放补贴资金9300余万元，全部通过“财政涉农资金一本通”直接发放到农民手中。种粮大户和种植粮食家庭农场补贴，以小麦种植面积为补贴依据。种植土地面积2.33公顷～13.33公顷，每公顷按照900元标准进行补贴；13.33公顷及以上的，每户限额补贴1.2万元。全市2017年度符合享受农业支持保护补贴政策的种粮大户238户，合计种植面积2452公顷，物化补贴185万元。

（殷进领）

【病虫草鼠害防治】 年内，全市加大对小麦条锈病、小麦赤霉病、麦蚜、灰飞虱等重大病虫的普查力度，发布病虫情报73期，综合预报准确率95%。全年病虫害呈中等发生程度，病虫草鼠发生总面积79.43万公顷，防治面积83.59万公顷，挽回粮食作物损失8.79万吨、油料作物损失4.48万吨、果品损失21.17万吨、蔬菜损失10.27万吨。通过试验示范低毒、低残留药剂及生物药剂，应用植物生长调节剂，推行玉米“一防双减”和花生“一控双增”技术措施等防治措施，达到农药减量控害的目的。全市物理防治面积1.85万公顷，生物防治面积9.32万公顷。

【植物检疫】 年内，全市有疫情监测点41处，实时对植物疫情进行监测。对全市所有苹果、梨产区及辖区内高风险区域进行2次大规模拉网式普查，普查面积1.67万公顷。开展检疫宣传月活动，发放植物检疫宣传手册3500本，张贴宣传栏13处，举办检疫培训班6期次，培训人员700余人。

【植保专业化防治】 实施省农业有害生物统防统治能力建设补助和玉米“一防双减”、花生“一控双增”补助等项目。全市有规范化专业防治组织37个，统防统治组织从业人员1906人，拥有大、中型施药机械946台。2017年，统防统治作业面积13.45万公顷次，其中小麦4.45万公顷次、玉米2.62万公顷次、果树4.43万公顷次、蔬菜1200公顷次、其他1.83万公顷次。

（迟金强）

【测土配方施肥】 2017年，全市采集化验土壤762份，化验土壤指标4829项，开展田间试验17项。在春播秋种时，及时发布玉米、花生、小麦和果树大配方68份。组织技术培训17次、宣传活动15次。全年推广测土配方施肥技术耕地面积20多万公顷。

【酸化土壤改良】 依托山东省耕地质量提升项目土壤改良修复工程，按照项目核心区、示范推广区和辐射带动区梯次推进。在全面实施测土配方施肥的基础上，通过应用功能性有机肥、土壤调理剂、水肥一体化技术、果园生草，以及秸秆肥料化利用等综合配套技术措施，带动农民合作社、种粮大户、家庭农场等新型经营主体进行改良，以此辐射引导广大农民自发改良。通过项目的实施带动，全市可改良土壤面积1万公顷。

（孙洪助）

果茶业

【概况】 2017年，威海市全年水果总产量113.06万吨，比上年增长11.7%，其中苹果102.15万吨，增长12.1%。全面优化产业结构，现代苹果园2.01万公顷，现代苹果规模和技术水平全国领先。强势推进品牌建设，确定将“威海苹果　甜蜜诱惑”作为威海苹果的宣传语，举办首届国际苹果种植设备展览会，提升威海水果品牌知名度。强化农业科技支撑力度，建成苹果产业体系国家级试验站1个，在建设苹果院士工作站1个；与匈牙利圣伊斯特万大学合作，成立中匈果树栽培及砧木育种研发中心，培育抗根癌砧木新品种。

【果茶进出口】 2017年，威海市进出口鲜果、坚果及其加工制成品（不含边贸、易贸）6.73万吨，比上年增长19.3%；货值6.20亿元，下降15.2%。全市进口水果、坚果及其加工制品（不含饮料和酒）1100吨、2900万元，分别下降38.9%、30.9%，主要进口的产品为葡萄酒、巴旦杏仁和椰枣，主要来源国分别为智利、美国和伊朗。全市出口鲜果、坚果及其制成品6.62万吨，增长21.2%；货值5.91亿元，下降14.2%。出口鲜果4.09万吨、2.61亿元，其中鲜苹果3.70万吨、2.37亿元，分别下降9.8%和16.0%，主要出口国家为印度、印度尼西亚和菲律宾。

【果品销售】 2017年，威海产季苹果的收购价格呈现“前高—中平—后低”的态势，价格两极分化比较严重，“优质优价”得到一定程度的体现。前期套袋红富士苹果80毫米以上混级收购价格5.0～7.0元/公斤，同比高出1.0～2.0元/公斤；后期价格回落，80毫米以上混级收购价格3.0～5.0元/公斤，局部区域出现“有价无市”的局面。全市果品贮藏库容38.28万吨，实际储藏果品35.99万吨，比上年增长2.1%。果农入库自存比例相对提高。

【基地建设】 继续推进苹果栽培制度改革，推广苹果矮砧集约栽培模式。2017年，全市新建高标准规模化现代苹果栽培模式示范园686.67公顷，其中6.67公顷～13.33公顷的15处133.33公顷、13.33 公顷以上的29处466.67公顷。

【专家大院建设】 6月27日，现代果业专家大院聘任意大利、德国、荷兰、新西兰、韩国等国的6位专家作为外籍专家顾问，增强专家大院的技术力量，加深国际交流与合作，推动现代苹果产业与国际接轨。

【威海市首届知名农产品展销会暨第八届苹果擂台赛】 11月18日，由威海市农业局、威海苹果行业协会联合主办的威海市首届知名农产品展销会暨第八届苹果擂台赛在国际展览中心举行，50多种知名农产品参展，47份样品参赛，全国近30家区域主流媒体参与报道。经过专家评选委员会评选，评出特等奖3名、一等奖10名、二等奖20名、优秀奖14名，其中山东田又田生态农业有限公司、荣成市正茂果蔬专业合作社、荣成市正宇农场3家企业选送的维纳斯黄金苹果被评为特等奖。维纳斯黄金苹果自2016年起连续两年获得威海苹果擂台赛特等奖，该品种于2011年从日本引入，果实长圆形，果形指数在0.93左右，可溶性固形物最高达21.7%，综合品质高，商品性状好，3年生矮砧集约幼树园每公顷产量达4.18万公斤，早果性和丰产性突出，抗逆性强，高抗炭疽叶枯病。

【茶产业发展规划】 12月，威海市首部茶产业规划——《威海市茶产业转型升级发展规划》出台，以扩大无性系茶园种植面积、提升服务管理水平、增强绿色发展能力、推动加工设备技术升级等8个方面为重点，致力于推动茶产业经济长期平稳发展，促进供给侧结构调整、产业转型升级。其发展方向为种植模式的良种化、规模化和生态化，加工方式的清洁化、机械化和标准化，茶叶消费的大众化、多元化和品牌化。规划到2020年，全市茶园面积发展到26667公顷以上，采摘面积2000公顷以上；水肥一体化茶园面积达20%以上，无性系良种覆盖率达20%以上，“三品”认证茶园面积达60%以上；茶叶产量突破1000吨，总产值3亿元以上，把茶产业培育成全市特色农业的新型支柱产业。

【首届国际苹果种植设备技术展览会】 （详见第254页《旅游·会展·会展》）

【威海苹果行业协会】 6月7日，威海苹果行业协会成立大会暨第一届第一次会员大会召开，会议审议通过威海苹果行业协会章程、协会会费标准、协会财务管理制度和筹备工作报告，选举产生理事会理事24人、监事会监事3人及第一届会长、副会长、秘书长和监事长。

【果树苗木繁育】 根据《威海市级果树苗木繁育基地认定管理办法（2017—2022年）》的规定，经过区市初审推荐

市农业部门在环翠区羊亭镇推广的新型反光地布　　　市农业局提供

和市级考核，山东樱聚缘农业科技发展股份有限公司、威海昱昊园林科技有限公司等5家单位被确定为威海市市级果树苗木繁育基地，有效期为2017—2022年。

【反光地布推广】 2014年，市政府印发《废弃农用反光膜专项整治方案》，逐步建立一套“村收集、镇转运、县处理”的运行机制。2017年，把反光膜治理纳入目标绩效管理考核，印发《关于加强果园反光膜治理工作的通知》；市农业局等部门通过发放《珍爱美好生活　守卫共同家园——致全市广大果农朋友的一封信》、举办培训班等方式推广应用新型反光地布，逐步替代反光膜。9月5日，市农业部门在反光地布应用高峰前，在博优技术纺织品（威海）有限公司、兴海源网具有限公司两家生产企业和威海新元果业技术服务有限公司铺设反光地布现场，组织召开研讨会议，推广使用反光地布。

（王兆顺　陈浪波）

畜牧业

【概况】 2017年，全市畜牧兽医工作紧紧围绕“保供给、保安全、保生态、促增收”的目标，加快新旧动能转换步伐，畜牧业生产稳步发展。肉类总产量18.28万吨，比上年下降0.7%，其中猪肉10.57万吨，下降1.8%；禽蛋类总产量14.77万吨，下降5.8%；奶类总产量11.66万吨，下降18.6%。全市没有发生重大动物疫情和畜产品质量安全事件。

【畜牧业生产】 *产业转型*　根据全市土地利用总体规划、城乡规划和畜牧业发展实际情况，出台《威海市畜牧业发展“十三五”规划》，确定空间布局、产业结构调整方向和发展重点。各区市按照《畜禽养殖禁养区划定技术指南》要求，划定禁养区、限养区和适养区，完成禁养区矢量分布图绘制，建立禁养区内养殖场户清单库。制定《2017年威海市畜禽养殖标准化示范创建活动工作方案》，创建国家级畜禽标准化示范场3个、省级9个、市级13个。文登区获评省级畜牧业绿色发展示范县。

产业融合　促进新型经营主体与电商企业对接融合，发展肉、蛋、奶畜超对接、直营店或商超专柜生产基地8个。推动畜牧业政策性保险工作，促进金融支持畜牧业发展，全市承保能繁母猪4.55万头、育肥猪65.04万头，合计比上年增长293%。

污染整治　与市环保局联合印发《威海市畜禽养殖污染专项整治实施方案》等文件，在全市开展“一控两分三防两配套一基本”粪污处理基础设施标准化改造。全市1083家规模养殖场配建粪污处理设施比达93%，其中设施正常运行比例达97%。中央环保督查期间接到交办件49件，全部办结。按照《集中式饮用水水源保护区畜禽养殖污染整治工作方案》要求，至6月30日前，全部完成集中式饮用水水源地污染整治工作，比计划时间提前半年。

【重大动物疫病防控】 *动物免疫*　全市调拨高致病性禽流感疫苗1335.98万毫升、禽新二联苗94.5万羽份、A型口蹄疫疫苗10.33万毫升、口蹄疫合成肽疫苗184.01万毫升、猪口蹄疫高效苗52.5万毫升、牛羊O—亚Ⅰ口蹄疫疫苗38.67万毫升、羊小反刍兽疫疫苗9.03万毫升，禽流感免疫禽3167.04万羽，口蹄疫免疫猪194.04

规模化养鸡场机械化喂料　　　市畜牧兽医局提供

万头，O—亚Ⅰ免疫牛5.09万头、羊14.24万只，A型口蹄疫免疫牛3.8万头，小反刍兽疫免疫羊6.05万只，应免畜禽免疫率100%。市畜牧兽医局联合公安、交通等部门在交通要道及进入辖区途经重点镇设立防控H7N9流感检查站（点）36个，配合有关部门关闭包括农村集市内的所有活禽交易点80多个，对重点场所开展4轮消毒灭源工作。10月17日，在文登区高村镇举行应急演练，模拟禽群感染疑似高致病性禽流感疫情处置全过程。

疫病免疫效果评估和病原检测　分别在春、秋两季集中对高致病性禽流感、口蹄疫、猪瘟等动物疫病抗体和病原进行2次实验室检测，结合日常监督检测和被动检测，全年检测样品37.53万份。其中，主动检测13.34万份，涉及高致病性禽流感、口蹄疫等病种的血清学和病原学检测；被动检测24.19万份，主要是肉鸡血清样品的H5亚型禽流感非免疫抗体和新城疫免疫抗体检测。

动物卫生监督　开展动物卫生监督风险评估工作，确定养殖场A级183个、B级330个、C级480个，屠宰场A级6个、B级2个，动物诊疗机构A级37个、B级5个，无害化处理场所A级1个、B级1个。全年产地检疫生猪123.83万头、牛1842头、羊1632只、禽2.59亿羽，屠宰检疫生猪30.64万头、牛羊1439头、禽5815.43万羽。市动物卫生监督所在组织人员参加山东省畜牧兽医行业暨第二届（2017）动物检疫检验工职业技能竞赛中获“优秀组织奖”。

病死畜禽无害化处理　病死畜禽无害化处理厂建设任务全面完成，文登区病死畜禽无害化处理厂于2016年6月开工，2017年8月4日取得省畜牧兽医局颁发的“动物防疫条件合格证”，正式投产。病死畜禽收集体系建设有序推进，全市建立病死畜禽暂存点138个，收集处理车11辆。全年病死畜禽无害化处理生猪18.59万头、牛34头、羊666只、家禽576.54万只，毛皮动物胴体2.63万吨。

口蹄疫和高致病性禽流感净化监测　对41个场点的2195份样品进行口蹄疫免疫抗体检测，免疫抗体合格率90.7%；对59个场次的6325份血清样品的H5亚型禽流感免疫抗体检测和25个场次的365份血清样品的H7亚型禽流感免疫抗体检测，免疫抗体合格率99%。

【畜产品质量安全监管】　示范创建工作　组织创建国家食品安全城市、农产品质量安全市、出口农产品示范区、质量强市示范城市等各项工作。按照创建工作年度目标任务，逐项落实各项工作措施。分别通过创建国家食品安全城市国家级测评、出口农产品示范区国家级测评、质量强市示范城市省级测评等。

监管能力建设　开展“瘦肉精”、生鲜乳违禁物质、生猪屠宰、兽用抗菌药、农资打假5个专项整治行动，开展2次综合执法检查。开展畜产品监测222批次，监测合格率100%。开展畜产品质量安全培训103人次。开展“2017年放心农资下乡进村宣传周”活动，发放“明白纸”1200份，解答群众咨询33条。

畜牧品牌化建设　印发《2017年畜产品质量提升和品牌创建工作方案》，受理无公害畜产品认证申请26个，有14家企业通过现场检查。申报全省畜牧旅游示范区典型1家。禾润牧业的“高丽嘿”黑猪肉被评为第32届（2017）山东畜牧业博览会优质产品金奖。

投入品监管　加强兽药追溯系统建设使用工作。组织全市兽药经营单位全部安装山东省兽药追溯系统，使全市的兽药经营实现可追溯。开展兽药市场专项整治，以查处违规使用喹乙醇等抗菌药物为重点，对辖区内兽药生产、经营企业和养殖场等进行拉网式排查。同时，在全市开展非法经营、使用禁限用兽药和饲料添加剂紧急隐患排查整治行动。全市出动执法人员1300余人次，检查饲料生产企业58家、兽药经营企业32家、兽药生产企业3家、规模养殖场540余家，抽检185批次，有11批次产品标签标注不合格，没有发现违法添加和饲喂的情况。

畜禽屠宰行业管理　印发《威海市畜禽屠宰企业示范创建活动工作方案》，组织畜禽屠宰企业开展示范创建活动，开展畜禽屠宰企业飞行检查1次、监督检查1次、年度检查1次。出动执法人员860人次，出动执法车辆170车次，查处违法案件13件，查没违法屠宰生猪产品1.06吨。

（邢莉莉）

林　业

【概况】　2017年，全市林业以提高国土绿化水平、增强森林生态功能、提升生态环境承载力、促进农民就业增收为主线，深入实施造林绿化重点工程，健全完善森林资源保护机制，提高森林质量，保障生态安全，各项工作取得显著成绩，获得“全国森林旅游示范市”“全国林业信息化示范市”等称号。全市完成成片造林4193.3公顷、森林抚育1.09万公顷，实施林业有害生物监测面积6.90万公顷次，实现林业产业总产值86.5亿元。

【造林营林】　全面开展绿色通道建设工程、荒山生态绿化工程、水系生态绿化工程、城镇村绿化美化工程、海岸林带绿化工程、退耕还林还果工程“六林工程”建设，全年完成成片造林4193.3公顷，其中新增人工造林面积2533.3公顷、人工更新造林面积1033.3公顷、退化林修复面积626.7公顷。加大森林抚育工作力度，加强森林抚育经营，落实中央财政补贴资金1640万元，完成森林抚育面积1.09万公顷，进一步调整优化树种结构，提高林分质量和档次。开展欧洲投资银行贷款威海市沿海防护林工程项目，全市已投资4506万元，完成项目造林3911.69公顷，占总任务量的48.7%。推广种植高效树种，在速生楸、速生榆、速生刺槐等树种引种成功的基础上，继续在荣成市崖西镇、乳山市乳山寨镇、威海经济技术开发区龙山湖等区域繁育种植，并通过企业、林业经营大户的典型示范带动作用，逐步向广大林农推广。至年末，全市速生楸、速生榆种植面积80公顷，栽植各种规格苗木50万株。

【森林防火】　年内，全市各级投入防火资金1.17亿元，全面推进森林防火基础设施、专业队伍、防（扑）火装备等各项建设，森林防火能力建设三年行动基本完成。重点推进水网、路网、监控网等基础设施建设，全市新增防火通道367.3公里、检查站92处，改建瞭望塔47处，新增监控探头和智能语音卡点364处。制定《威海市森林消防队伍建设管理规范（试行）》，全市新增森林消防专业队员309人，所有专业队均实现防火期内集中食宿、全天值班备勤。新增高压细水雾灭火器材31台，新换消防水车29辆、运兵车4辆、无人机1架。4月，省森林防火指挥部调派一架Ka-32直升机进驻威海市，航空森林消防工作正式纳入全市森林防火防控体系，至年末，飞行25架次，吊桶洒水40吨。完善森林防火应急预案，全市开展跨区域应急拉动演练52次，组织参加全省第三届森林消防专业队伍技能竞赛，实现演练勤动、实战联动多元化管理，森林扑火实战化水平不断提升。2017年，全市森林防火整体形势平稳，森林火灾数量比上年有所下降。

【林业有害生物防控】 全市林业有害生物发生总面积2.24万公顷，其中病害发生5993.3公顷、虫害发生1.64万公顷，实施监测面积6.90万公顷次，监测覆盖率99.9%。在松林保护方面，全市投资2905万元，防控作业面积3.36万公顷次，伐除病死松树24.45万株，安装诱捕器1.80万套，诱捕天牛441.66万头，地面喷粉2.46万公顷次。在食叶害虫防控方面，悬铃木方翅网蝽、赤松毛虫等虫害轻度发生，没有发生局部成灾的现象，悬铃木方翅网蝽和赤松毛虫的防治率皆为100%。

【林地保护管理】 贯彻执行《威海市林地保护办法》，开展“林地保护宣传月”活动，编制林业法律汇编，发放宣传资料，提高林地林木资源保护意识。加大对林地的用途管制和监督检查力度，严格依法审核转报使用林地项目。开展市区沿海防护林带专项清理整治行动，完成第九次森林资源清查、林地变更调查和国家级公益林落界工作。

【林业执法】 加强林业执法，针对乱采乱挖树木、非法占用林地、乱捕野生动物等行为，进一步加大林业执法打击力度，组织开展严厉打击破坏野生动物资源违法犯罪专项行动、2017利剑行动、百日攻坚严厉打击野外违规用火行为专项行动等，办结各类涉林案件142件，其中涉林刑事案件4件、涉林治安案件3件、林业行政案件134件，罚款183.37万元。

【湿地和自然保护区管理】 编制完成《威海市湿地保护总体规划》，对全市湿地资源进行合理规划及保护。加大对荣成大天鹅国家级自然保护区监管力度，结合环保部通报的遥感监测疑似问题清单、省级检查发现问题通报等，发现问题94处，其中位于保护区范围内的82处，全部完成整改。

【林业产业】 按照生态产业化、产业生态化的发展思路，积极发展特色经济林、苗木花卉、森林旅游等林业产业，全市林业产业总产值86.5亿元。大力发展特色林果产业，新发展一批核桃、碧根果、榛子等干杂果，优化林产品种植结构，全市新发展经济林1586.7公顷，其中干杂果经济林560公顷。加大食用林产品质量安全监管力度，开展市级食用林产品质量安全抽检，完成核桃、板栗、柿子等干果产品监督抽检21批次、风险监测1批次，合格率100%。积极培育产业品牌，威海紫光科技园有限公司美餐乐牌无花果酒被评为山东省知名农产品企业产品，威海神山葡萄有限公司的神山牌葡萄被评为齐鲁放心果品。大力发展森林旅游，在发展休闲采摘、森林观光的基础上，建设发展一批森林康养、森林体验、森林养生等基地，威海山泰种养殖生态园有限公司获批第三批全国森林康养基地试点建设单位，刘公岛国家森林公园被命名为中国森林体验基地，荣成市成山森林公园被命名为中国森林养生基地，文登区昆嵛山国家级森林公园、乳山市诸往镇东尚山村、威海南海新区被命名为中国慢生活休闲体验区（村）。组织参加第十四届中国林产品交易会、第六届黄河三角洲绿化苗木博览会等，参展产品获得多个奖项。威海绿苑园林工程有限公司被评为国家林业重点龙头企业，威海七彩生物科技有限公司被评为省级林业龙头企业。

【国有林场改革】 制定《威海市国有林场改革实施方案》，建立“国有林场＋国有苗圃”管理体制，实行场圃一体化管理，全面启动国有林场改革工作。2017年，全市国有林场改革的主体任务基本完成，16处国有场圃全部划定为公益一类事业单位，国有场圃划转到国有林场，改革工作走在全省前列。

【全国森林旅游示范市创建】 提出“绿游威海，乐享森林”口号，开展全国森林旅游示范市创建工作。9月25日，在2017中国森林旅游节上，威海市获得“全国森林旅游示范市”称号，为山东

9月25日，在2017中国森林旅游节上，威海市获得“全国森林旅游示范市”称号　　　市林业局提供

省唯一获奖的地级市。

【生态文化建设】 开展“湿地日”“爱鸟周广场绘画”“森林防火专题”等系列主题宣传活动。植树节期间，举办“为爱种下一棵树”“我为威海添抹绿”等大型公益活动，全市有84万人次参加义务植树活动，栽植各类苗木469万株。荣成市港西镇鸡鸣岛村获评全国生态文化村，乳山市乳山寨镇玉皇山后村获评山东省生态文化村，荣成市王连街道获评山东省森林乡镇，全市有25个村获评山东省森林村居。

（曲晓妮）

香水河挡潮闸　　　　市水利局提供

水　利

【概况】 2017年，全市完成10大类181项水利工程，获批省以上无偿补助资金3.45亿元。至年末，全市有大中型水库15座、小型水库393座，蓄水量1.29亿立方米。威海市水利局被中央文明办评为全国文明单位，被威海市委、市政府评为工作优秀单位，继续保持“全国水利文明单位”“省级文明机关”“市级文明行业”称号。

【全面实行河长制】 按照中央和省委、省政府全面推行河长制的工作部署，立足实际，因地制宜，确立“六个一”（一条河道、一名河长、一套班子、一本台账、逐一治理、统一考核）的河长制工作思路。至4月底，市、区市两级相继建立工作体系，出台工作方案，全市504条河流（段）落实四级河长2576名，开展巡河7200次，安装河长公示牌2207块，在全省率先完成四级河长制组织体系建设。累计投入资金1500万元，建成市、区市两级河长制信息化管理系统和河长制指挥调度平台，在全省率先实现河长制平台建设区域全覆盖，为“智慧管河”打下基础。出台河长制工作方案和督察督办、考核验收等8项工作制度，河长制工作纳入2017年度市级目标绩效责任制考核。全市落实固定办公场所1000多平方米、财政专项经费4395万元，配备专职工作人员60人，面向社会公开招募社会监督员和义务河长。启动实施河库绿化整治工程，规划用3年时间，对全市504条河道、16座大中型水库水源地实施造林绿化和生态治理。在2017年全省河长制综合考评中，威海市名列前茅，获得省级专项奖励资金400万元。

【水利基础设施建设】 2017年，全市完成10大类181项水利工程，获批省以上无偿补助资金3.45亿元。其中，雨洪资源利用项目6084万元，龙角山、坤龙邢水库增容工程在国家、省立项，泊于水库、乳山河地下水库、香水河挡潮闸新建工程基本完工；海堤项目7600万元，完成威海高技术产业开发区双岛湾防潮堤、荣成市人和镇2个防潮堤项目，新建海堤3公里；河道治理项目，将乳山河、黄垒河、东母猪河、沽河、小落河、昌阳河、青龙河7条河流18个治理项目列入国家《加快灾后水利薄弱环节建设实施方案（2017—2019年）》，7个项目已完成初步设计批复工作，5个项目完成初步设计和专家评审，6个项目完成勘察设计招标工作；除险加固项目2900万元，完成242座病险塘坝和35座小型水库除险加固工程；移民扶持、水利设施维修养护、小农水重点县、饮水安全等方面，实施移民扶持项目5个，建设“美丽移民村”4个，新增节水灌溉面积5933.33公顷，改善418个村22.5万名农村群众饮水条件。

【水资源管理】 年内，《威海市节约用水条例》《威海市饮用水水源地保护条例》两部地方法规出台实施，为加强水资源利用保护和河道水域岸线管理保护及建立完善河库管理长效机制提供法律保障。全市年取水量5万立方米以上的用水户计划用水下达率100%，用水总量控制在4亿立方米以下，低于省政府下达的控制指标；万元工业增加值用水量5.9立方米，万元GDP用水量13.1立方米，农田灌溉水有效利用系数0.69，数据均居全国前列，用水效率明显提高；全市重要水功能区水质达标率85.7%，高于省政府下达的控制目标，水环境质量持续改善。非农业重点取用水户远程在线实时监控率达80%以上，基本实现用水大户从用水计划下达到用水计划执行全程监督、实时监控。威海市入选全国节水型社会创新试点城市，市水利局被水利部评为全国水资源工作先进集体。

【抗旱保供水】 市及各区市投入资金4亿多元，实施20余项区域内应急供水工程，市区7处水源地及荣成市、乳山市境内主要水源地基本实现水网互连互通、水资源统一调配。获批市财政抗旱补助资金和中央特大干旱补助资金2000万元，扶持201个村应急打井。调引黄河水、长江水1.4亿立方米。通过安装节水警示标识牌、悬挂标语口号、开展“节约用水压减一成”活动等多种形式，开展节水宣传，凝聚节水合力。全市城乡供水稳定。

【水安全保障规划论证】 年内，完成《威海市水安全保障总体规划（2016—2050年）》，通过大数据分析测算威海市水资源供需状况，为“全域城市化、市域一体化”发展提出解决水资源保障问题的对策措施，是威海市首次实施的中长期水资源规划论证，为开发利用河流水资源、防治水害、保护河流水生态环境等提供依据。

【体制机制改革创新】 以荣成市为试点，推进小型农田水利设施确权，完成确权117处，颁发产权证。印发《威海市农业水价综合改革实施方案》，围绕健全水价形成机制、夯实水价改革工程基础、建立农业初始水权制度、建立农业用水奖励机制、创新农业用水管理方式5个方面实施农业水价综合改革，全年完成改革农田面积5933.33公顷。推进文登区、荣成市和乳山市小型水库管理体制改革省级试点工作，提升小型水利工程管理水平和服务能力。

（于泉贵）

农业机械

【概况】 2017年末，全市农机总动力515.14万千瓦，比上年增长1.1%；农用拖拉机28.5万台，下降0.8%；各种配套机具50.5万台(套)，下降0.6%。全市综合农机化作业水平提高到92%。

【农业机械化作业】 精心组织三夏、三秋等重要农时季节的机械化生产，开展作业机械的检修、储备和组织调度工作，协调气象、石油、公路等部门提供农机服务工作。健全和完善作业用油保供等应急预案，引导农机企业、农机维修点和农机合作社开展农机生产全方位服务，创新服务方式，推动农机“三包”服务网点与区域农机维修服务中心有机结合，送服务到农户、到田头。三夏期间，全市组织上阵小麦联合收获机4100台、其他各类机械18万台，机收小麦5.47万公顷，小麦联合机收率100%；三秋期间，组织上阵机械14万台，完成机收玉米4.58万公顷、机收花生5.15万公顷、机播小麦5.37万公顷。

【农机专业合作社建设】 围绕解决“谁来种地”的问题，引导农机合作社广泛开展托管式、保姆式等农机化服务，为周边农户提供机耕、机播、机械化植保、机收等一条龙作业。邀请青岛农业大学农机化学院、合作社学院院长对农机合作社理事长进行培训，组织全市农机合作社观摩学习，推动全市农机合作社发展。全市农机合作社168个，承担全市农机总作业量的68%。托管农机作业服务面积200公顷以上的农机合作社达30个，其中托管面积666.67公顷的有2个。农机合作社服务水平和作业手段大幅提升，全市合作社新增大型机具362台套，其中大型拖拉机198台、大型收获机58台、深松设备102台，85个农机合作社与周边农户签订作业合同，17个农机合作社与周边村签订耕、播、收及植保一条龙保姆式服务合同。

【丘陵山区机械化发展】 在主要粮食作物基本实现全程机械化的同时，有计划地加大适合威海丘陵山区特点的经济作物生产机械的推广力度。6月，威海市现代果园创新设备展示会在环翠区举办，现场演示由当地农机企业自主研发的牵引式弥雾机、自走式采摘平台、拖拉机背挂式举升机等一系列现代创新设备；9月，茶叶机械化作业现场会在乳山市举办，现场展示适合威海茶叶生产的采茶机、修剪机、鲜叶分级机和风选机等茶叶生产机械；10月，文登区承办全省中药材机械化作业现场会，在原有机收的基础上，新推出西洋参播种、打垄机械，初步实现西洋参生产的全程机械化；10月底，全市现代果业全程机械化作业演示会在荣成市召开，演示现代果业生产各个环节的20多台（套）作业机械。至年末，全市经济作物综合机械化水平提升至75%。

【农机惠农政策落实】 2017年，全市落实各级农机购置补贴资金3760万元。获得省农机装备创新研发项目2个、续建项目2个，总资金240万元，4家农机生产企业的新型农机设备进入试验推广阶段；获得省农机推广体系建设与改革项目1个，总资金40万元；获得农机化转型升级项目2个，总资金50万元；争取土地深松项目面积3333.33公顷、补贴资金175万元，全部完成。

【全市农机服务信息化建设】 稳步推进全市农机服务信息化建设。在文登区试点，落实区财政资金投入18万元，进行农机化信息服务平台建设。5月，全省第一家农机化信息服务平台在文登区投运。农机化信息服务平台对农机培训、维修、职业技能鉴定等业务系统进行有效整合，对农机作业实行实时调度，指导机械合理流动，减少中间环节，提高办事效率和透明度，方便基层和有条件的农民网上办理业务。

【农机监理】 以拖拉机年度检审为契机，全面开展农机安全执法综合整治活动，全市查处农机违章400余起，完成拖拉机年检1.91万台，办理驾驶证业务2372本、拖拉机挂牌上户439台。结合年度检审和“平安行·你我他”行动等，加大农机安全反光贴的免费推广力度，落实反光贴7.70万贴。结合三夏、三秋安全生产检查工作，加强对重点地区、重要场所和重要农业生产环节的安全管控，严厉打击非法违规农机生产行为；突出对无牌行驶、无证驾驶、未检验作业等行为的打击和治理，消除安全隐患。全市没有发生农机安全生产事故。

（孙志焘）

编辑　李洪格

海洋与渔业

综　述

【概况】　2017年，全市海洋与渔业系统紧紧围绕“海洋强市建设”战略部署，坚持“管船管海管安全，实现产业升级和项目突破”的工作思路，积极谋划海洋经济发展大局，推动海洋与渔业新旧动能转换，重点工作实现重大突破。全市实现海洋生产总值1307.54亿元，比上年增长13.9%，占全年地区生产总值的37.6%；实现水产品总产量257.37万吨，保持平稳；实现渔业经济总产值1398亿元，增长5.2%。

【300吨级渔政执法船交付使用】　1月10日，威海市新建造的300吨级渔政执法船——中国渔政37521船在黄海造船有限公司下水，并于2月底交付使用，进一步增强全市渔政执法管理力量。

2017年威海市渔业生产基本情况表

表6

水产品总产量（万吨）				养殖面积（公顷）			渔业船舶拥有量		
合计	海洋捕捞	海水养殖	淡水养殖	合计	海水养殖	淡水养殖	艘数（万艘）	总吨位（万总吨）	功率（万千瓦）
257.37	87.15	167.28	2.94	83191	79122	4069	1.18	63.36	111.21

【《关于加快海洋牧场建设推进休闲渔业发展的意见》出台】　5月16日，威海市政府印发《关于加快海洋牧场建设推进休闲渔业发展的意见》，意见以蓝色经济区建设、海洋经济强市和全域旅游战略为引领，以海洋与渔业提质增效、转型升级和供给侧结构性改革为目标，以海洋牧场示范区和休闲渔业全产业链建设为重点，加快促进海洋渔业绿色化、集约化、科技化、持续化发展，培育海洋与渔业和旅游经济的重要增长点。明确到2020年，在全市建成8处以上区域代表性强、公益性功能突出的国家级海洋牧场示范区，建成30处以上集休闲、垂钓、体验、观光、科普等于一体的国家级休闲渔业示范基地，打造10个以上特色鲜明的渔业特色小镇，培育1～2个具有国际影响力的休闲渔业品牌赛事，休闲渔业年游客量超过1000万人次，休闲渔业消费额占全市旅游消费总额的20%以上，基本形成生态良好、生产发展、设施完备、产品优质、服务完善、效益显著的发展格局。

海洋牧场　　市海洋与渔业局提供

【渔业“降成本”】　继续落实涉渔收费减免政策，渔船年审过程中继续暂停征收普通渔业资源增殖保护费。自4月1日起，停征渔业船舶和船用产品检验收费，为渔民渔企减负1300余万元。

【获批国家海洋经济创新发展示范市】 6月13日，财政部、国家海洋局联合印发《关于批复威海市海洋经济创新发展示范工作实施方案的复函》，威海市获批国家“十三五”第二批海洋经济创新发展示范城市，直接获得中央财政战略性新兴产业发展专项资金3亿元。威海市海洋经济创新发展将聚焦产业链协同创新和产业孵化集聚创新，重点支持海洋生物、海洋高端装备两大产业发展，加速形成新的发展动能，实现海洋战略性新兴产业规模壮大、技术突破、机制创新，打造国际化海洋科技成果转移转化示范区、国家海洋经济全域化发展先行区、国家海洋战略性新兴产业发展的新增长极、国家海洋产业绿色发展高地。争取到2020年，威海市海洋生物产业增加值达到180亿元，海洋高端装备产业增加值达到83.3亿元，转化海洋高新科技成果280个，新培育涉海龙头企业15家、创新型企业400家，新增公共服务平台15个、企业研发中心112个。

【山东省第一届航海主题文化节在威海举办】 7月26日，由省社科联科普部、省青少年教育科学研究院主办的山东省第一届“筑梦青春，放飞梦想”航海主题文化节在威海举办，全省各地的中小学生和山东交通学院航海学院的学生共30余人登上中国海监4067船，体验文化之旅。

【两个园区入选全国首批农业对外合作“两区”试点】 7月31日，农业部公布全国首批境外农业合作示范区和农业对外开放合作试验区名单，俚岛海科中国斐济渔业综合产业园和荣成农业对外开放合作试验区分别入选国家境外农业合作示范区和国家农业对外开放合作试验区建设试点（简称“两区”试点）。通过“两区”试点，可为威海渔业企业走出去搭建境外、境内两类平台，以外带内、以内促外，进一步形成推动渔业对外合作的双轮驱动和高水平双向开放格局。

【威海市海洋与渔业综合监控平台投入试运行】 8月，威海市海洋与渔业综合监控平台建成并投入试运行。该平台整合海洋渔业监控系统、远洋渔业监控系统、渔港视频监控系统、海域动态监测监视系统、水产品质量追溯系统、海洋牧场观测网、海洋养殖物联网七大板块，实现海洋与渔业各类管理系统和数据统一管理、统一展示、资源共享，构建联动协作、准确高效的海洋综合管理和现代渔业发展模式，打造全国领先的综合性“智慧海洋”大数据平台，是“智慧威海”建设的重要组成部分。

【海洋主体功能区规划】 8月25日，山东省政府印发《山东省海洋主体功能区规划》，将全省海洋国土空间划分为29个功能区，包括8个优化开发区域、3个重点开发区域、18个限制开发区域，以及点状分布的禁止开发区域。威海市文登区海域被列入重点开发区域，环翠区、荣成市和乳山市海域被列入限制开发区域，7个海洋特别保护区、2个自然保护区、6个领海基点岛被列入禁止开发区域。

【“威海刺参”入选2017中国百强农产品区域公用品牌】 9月，在北京召开的第十五届中国国际农产品交易会“我为家乡农产品代言”大型公益活动上，农交会组委会公布2017中国百强农产品区域公用品牌，“威海刺参”榜上有名，成为山东省5个入选品牌之一，也是全省唯一入选的渔业品牌。

【7个渔业品牌获评2017最具影响力水产品企业品牌】 9月22日，2017中国水产品品牌大会在北京召开，大会公布2017最具影响力水产品企业品牌，威海市的好当家、宇王、泰祥、华信、海之宝、浦源、蓝润7个品牌入选，占山东全省的41.2%、全国的8.8%。另外，宇王集团的鱼鳞胶原蛋白系列产品入选2017创新加工水产品。

【共建山东省海洋生物研究院威海分院】 9月22日，山东省海洋生物研究院与威海市文登区政府就共建山东省海洋生物研究院威海分院达成合作意向。共建威海分院是省属科研院所和地方融合发展的一次有益尝试，可充分发挥双方优势，通过合理配置人才、科技、管理等资源，实现紧密配合，高起点、高标准规划，融合一、二、三产业，创新发展、协作和管理模式，打造全省科技创新发展的试验田。

【《关于规范威海市区养殖用海秩序推动养殖产业持续健康发展的意见》出台】 10月25日，威海市政府办公室印发《关于规范威海市区养殖用海秩序推动养殖产业持续健康发展的意见》。意见坚持规划引领与发展需求相结合、尊重历史与逐步优化相结合、科学引导与市场配置相结合、产业发展与生态安全相结合、创新驱动与提质增效相结合的原则，提出八大举措，推动养殖产业持续健康发展。确定到2020年，近海养殖产品养殖密度压缩1/3以上，扇贝养殖面积压缩1/3以上，主导养殖品种良种覆盖率达90%以上，新增外海筏架养殖面积6667公顷以上，海洋渔业科技进步贡献率超过70%，养殖产品质量安全水平稳步提高，养殖用海秩序全面规范，海洋生态环境和沿海养殖场生产环境有效改观等，形成经济高效、产品安全、资源节约、环境友好的现代渔业发展新格局。

【中美海洋垃圾防治“伙伴城市”美方代表团到威海考察】 12月4日—7日，美国国务院海洋和国际环境科学事务办公室康古明、美国国务院中国事务办公室艾莉森·史威尔、美国环保署安德鲁·霍兰、美国国家海洋与大气局雪莉·丽皮亚特、纽约市环保局皮纳·白希一行5人到威海，对海洋垃圾防治工作进行考察。代表团现场考察荣成大天鹅国家级自然保护区、大乳山国家级海洋公园、蓝色海洋整治修复项目等，对威海海洋环境保护工作取得的成绩给予高度评价。双方就深入开展海洋垃圾合作交流进行座谈，威海市海洋与渔业局与纽约市环境保护局签署《海洋垃圾防治“伙伴城市”合作谅解备忘录》。

海洋综合管理

【概况】 2017年，全市海洋综合管理

10 月 19 日，市委副书记、代市长张海波（前右二）、副市长高书良（前右一）带领相关部门负责人就海岸线整治、海域利用和海上应急救援能力建设开展专题调研 市海洋与渔业局提供

工作坚持完善体制机制，加快养殖用海规范、海洋垃圾防治、海岸带保护管理等重点领域治理，统筹科学规划、开发和利用海洋资源，有效推动全市依法管海用海水平不断提高，海洋生态环境持续改善，海洋综合管理事业加快发展。

· 海域海岛管理 ·

【概况】 2017 年，全市海域海岛管理工作以规范市区养殖用海秩序为重点，加快完善海域海岛管理使用的规划体系和制度体系，加大巡查监管力度，进一步提升海域海岛科学开发水平，构建海域海岛资源的集约高效利用格局。

【威海市海洋规划展馆竣工】 威海市海洋规划展馆于 2016 年底开工建设，项目总投资近 500 万元。展厅分为两部分，墙面展示区主要分为海洋综合管理概况、海洋功能区划厅、海域使用规划厅、海洋生态文明建设厅 4 个主题展厅；多媒体互动沙盘展区主要有实体沙盘展示、多媒体互动展示、宣传片展示、自助查询等。工程于 2017 年 12 月竣工通过验收，融知识性、趣味性、综合性于一体，参与性与文化性、景观型与生态型并重。该项工作走在全省的前列。

【海域使用】 按照《山东省海洋功能区划》《威海市海洋功能区划》《威海市区养殖用海整治规范实施方案》等文件要求，严格把关项目用海审批，对不符合区划规划、生态红线等要求的，一律不予通过。2017 年，全市各级海洋行政主管部门审批用海项目 141 宗 2.74 万公顷，其中通过市海域使用审批领导小组会议审议用海项目 4 宗，获得省政府批复的填海项目 7 宗 225.12 公顷。

【海岸带保护】 严格落实海洋生态红线、项目用海审批等制度，开展海岸带综合治理，实行分片包干，推行常态化的海岸带巡查管护机制，有效保护重要岸线资源，全市自然岸线实现零占用。重点加快《威海市海岸带保护条例》编制，在原有工作基础上，对全市海岸带管理和保护状况进行专题调研考察，反复修改完善，保证科学性和适应性，至 2017 年底，《威海市海岸带保护条例》通过威海市政府常务会议讨论和市人大常委会第一次会议审议。

【海域资源市场化配置】 2017 年，全市继续推进海域使用权招拍挂工作，海洋产权交易日渐成熟，市场对海域资源配置的基础性作用进一步强化。乳山市 47 宗海域使用权在山东省海洋产权交易中心威海分中心拍卖交易，交易总面积 9080 公顷，成交总金额 2946 万元。

【海域使用金征收】 依法规范海域使用金征缴，充分利用全市诚信体系建设的有利时机，将欠缴海域使用金的单位列入诚信“黑名单”，依法采取多种途径追缴，取得显著成效。2017 年，全市收缴海域使用金 9459.9 万元，其中追缴 615.25 万元。

【海域动态监管】 制定海域动态监管工作方案，按时完成市级海域动态监视监测的各项任务目标。配合山东省海洋与渔业厅完成全市县级海域动态监管能力建设工作，在全市新建 9 处远程视频监控和无线基站，增强实时在线监控能力。各区市均建立动态监管机构，基本具备业务化运行能力，将海域动态监管业务接入市海洋与渔业安全应急指挥中心，提升围填海项目综合监管水平。完成海域基础数据体系建设，核实更新全市用海权属数据，收集整理全市公共用海数据和涉海规划、涉海统计数据，为高效管海用海提供数据基础。组织海域动态监管专项培训和动管监测车专项业务培训，提高市、区市两级海域动态监管业务化运行水平。

【市区养殖用海整治】 完成市区养殖用海整治规范任务，清理市区近岸筏式养殖用海 6200 公顷、养殖渔船 43 艘，在市区禁养线上设置警示浮标 88 个，实行划片包干，推行严格的常态化执法巡查，全面整治养殖用海秩序，规范养殖用海管理。威海市政府出台《关于规范威海市区养殖用海秩序推动养殖产业持续健康发展的意见》，从长效机制上规范市区养殖用海秩序，为加快养殖由近海向深远海拓展、建设现代化海洋牧场示范区、推动养殖业转型升级打下基础。

【海岛监视监测】 完成双岛湾大岛、西小石、褚岛、黑岛、北小青岛 5 个重点海岛的监视监测工作，建立五个海岛的三维模型、水深地形图和海岛生态环境概况等的现状成果，为海岛开发利用及保护提供有效的数据支撑。

【海洋空间资源调查】 在完成市区海域空间资源调查的基础上，2017 年，文登区、乳山市相继开展海洋空间资源调查工作，调查总面积 512 平方公里，其中文登区 190 平方公里、乳山市 322 平方公里。调查内容主要包括水文地质调查和海洋环境调查，摸清调查海域的海底地形地貌、浅部地层结构、表层沉积物特征、潮流、海水环境质量等，确定底播养殖、筏式养殖、网箱养殖、人工鱼礁4种类型为选划区渔业增殖养殖类型，为养殖用海管理提供科学依据，为用海项目实施提供技术支持与指导。

·海洋监察·

【概况】 2017年，全市海洋与渔业执法系统全力配合中央环保督察和国家海洋督察工作，积极开展威海市“海盾”“碧海”及无居民海岛等专项执法行动，以养殖用海整治、海岸带保护、海域海岛利用等为重点，推行常态化的海洋执法巡查，依法严厉打击各类海洋违法行为，海洋开发利用秩序得到有效维护。

【海洋执法行动】 严格落实《威海市海岸带执法巡查工作规则》，加大海洋执法巡查力度，全面推行属地管理、分段负责、定期报告、跟踪督办、案件移交等责任制度，坚持陆地巡查每周至少2次、海上巡查每周至少1次、督导检查每半月至少1次，开展威海市“海盾”“碧海”及无居民海岛等专项执法行动，落实中国海警局北海分局、山东海警总队“蓝剑2017”“护航蓝区建设”等执法行动部署，确保及时发现和依法查处非法围填海、非法占用海域、海洋环境污染等海洋违法行为，实现海洋监察常态化、网格化、规范化监管，有效保护全市海洋资源和生态环境。2017年，全市开展检查543次，检查海洋工程建设项目413个，立案查处违法案件8起。

【市区沙滩管护】 加强沙滩管护队伍建设，推进常态化沙滩日常执法巡查，对逍遥湖、石家河大桥等重点区域工程项目加强监管，进一步加强沙滩环境治理，沙滩垃圾和污染问题得到有效整治，市区沙滩景观环境不断提升。

【保障市民游客亲海活动】 落实市政府《关于规范市区近岸海域养殖管理 保障市民及游客正常亲海活动的通告》，公开举报电话，强化督查督办，及时协调化解矛盾纠纷。2017年，处置亲海纠纷19起，保障市民和游客正常的亲海活动。

·海洋环保·

【概况】 2017年，认真落实市海洋与渔业局、发展改革委等六部门《关于加快推进全市海洋生态文明建设的意见》，以中央环保督察和国家海洋督察为契机，以海洋生态文明建设为主线，以生态红线管控为载体，以海洋生态修复为抓手，以海洋保护区管护为突破口，以海洋垃圾防治为着重点，加快完善和创新体制机制，统筹推进海洋环境保护各项工作，全市海洋生态环境持续改善。

【海域海岛海岸带修复整治】 获得省级支持资金近7000万元，支持全市7个受损海域开展修复整治项目。积极申报国家“生态岛礁”项目，加快刘公岛“生态岛礁”项目建设。推进“蓝色海湾”整治修复工程。逍遥湖“蓝色海湾”项目加快推进，中央3亿元扶持资金全部到位，至2017年底，累计完成投资5.18亿元，占总投资的70%。5月、12月，国家海洋局北海分局对威海市进行现场检查，对“蓝色海湾”推进工作给予高度评价，列为推进工作优秀第一档。对未完工项目加强监管，针对未竣工验收的38个修复整治项目，采取定期调度和不定期现场检查等方式，加大对工程进展情况和资金使用情况的监督管理力度，对项目建设开展专题督导，保障工程实施规范有序。

【海洋保护区建设】 加大对全市海洋保护区的监管力度，加快推进保护区规范化管理进程。至2017年底，全市有小石岛、塔岛湾、文登、刘公岛国家级海洋特别保护区总体规划获批建设。海西头国家级海洋公园、塔岛湾国家级海洋特别保护区、大乳山国家级海洋公园、文登国家级海洋特别保护区、荣成成山省级自然保护区均建立单独的管理机构，小石岛国家级海洋特别保护区、刘公岛国家级海洋特别保护区、刘公岛国家级海洋公园委托专业机构进行管理，初步实现海洋保护区的专项管理。对保护区内的养殖用海、工程建设等情况进行排查，初步掌握保护区内的人类经济活动情况，为开展保护区整治提供条件。在开展小石岛国家级海洋特别保护区、大乳山国家级海洋公园管护能力建设的基础上，获得省级扶持资金750万元，开展文登国家级海洋特别保护区管控能力建设。

【中美海洋垃圾防治合作】 落实《威海市中美海洋垃圾防治“伙伴城市”工作实施方案》，广泛开展“世界海洋日”等宣传活动，统筹开展24项海洋垃圾防治重点工作，率先在全省设置陆海垃圾拦截网，深入推进海洋垃圾监测。美国代表团到威海市考察，共同签署《海洋垃圾防治“伙伴城市”合作谅解备忘录》，全市海洋垃圾防治工作不断深化。

4月28日，威海市中美海洋垃圾防治合作——垃圾治理志愿服务活动在金海滩海水浴场启动　　市海洋与渔业局提供

【海洋工程环评核准及生态损失补偿】 2017年，在山东省海洋工程环评核准权限下放的基础上，全市海洋与渔业系统按照《中华人民共和国海洋环境保护法》和国务院《防治海洋工程建设项目污染损害海洋环境管理条例》等法律法规，对所有涉海项目海洋环境影响报告书(表)进行审核，出具环评核准意见。同时，按照《山东省海洋生态补偿管理办法》《山东省海洋生态损害赔偿和损失补偿评估方法》等规定，开展海洋工程项目生态损失补偿费征缴工作。

【海洋污染事故处理】 有效开展海洋污染事件调查处置工作。2017年，对3起海洋溢油及1起排污入海事件进行现场调查处理，避免损害范围的进一步扩大。对2起海洋污染信访案件进行督办，解决群众关心的热点、难点问题，维护海洋生态环境秩序。

·海洋环境监测·

【概况】 2017年，开展海洋生态环境、海洋生态环境风险、海洋生态环境监管、公益服务4大类27项监测。全市近岸海域布设站位417个，监视监测面积1.15万平方公里。全年出动各类监测车船100余次，获取监测数据4.98万个，发布各类监测通报159期、《威海海洋监测》季刊4期，通过网站发布信息2000余篇次，为海洋生态环境保护提供数据支撑。

【海洋生态环境监测】 开展近岸海域趋势性、海洋生物多样性、海洋沉积物质量监测。全年取得生物样品49份、趋势性数据2.44万个、沉积物质量数据756个，形成《2017年威海市近岸海域趋势性监测评价报告》等3个报告。

【海洋生态环境风险监测】 开展溢油、赤潮、绿潮、海冰等应急监视监测50余航（车）次，采集样品150余份，编报专题通报32期。

【海水入侵和土壤盐渍化监测】 在双岛湾东侧和西南侧的张村、初村分别布设2个断面9个站位，于4月份开展一次海水入侵和土壤盐渍化监测，取得样品18个、监测数据63个，完成

工作人员开展沙滩监测　　市海洋与渔业局提供

《2017年威海市海水入侵监测与评价报告》《2017年威海市土壤盐渍化监测与评价报告》。

【沙滩油渣监测】 开展国际海水浴场、小石岛滩、金海滩、葡萄滩等市区北部沿岸5处重点区域沙滩油渣监测，每周一测，编制上报监测通报5期，完成《2017年沙滩油污监测评价报告》。

【陆源污染物排海监测】 全市实施监测的陆源入海（河）排污口17个，于3月、5月、7月、8月、10月和11月对pH值、盐度等19项监测指标进行监测。全年取得水质监测样品1122份、监测数据2448个，完成月评价报告102份、监测通报12期和《2017年威海市陆源入海排污口监测与评价报告》。

【海洋工程建设项目监测】 以威海湾、石岛湾和双岛湾新城开发海域为重点，对6个海洋工程项目开展3个航次的海洋环境影响跟踪监测。布设海水质量监测站位141个、沉积物监测站位44个、生物监测站位6个，分别开展海水质量、沉积物和生物监测。全年取得监测数据1.1万个，完成《2017年工程区海洋环境影响跟踪监测与评价报告》。

【公益服务监测】 开展海水浴场监测，6月24日至10月7日，分别对威海半月湾国际铁人三项游泳赛场和小石岛海水浴场进行天文气象监测和外业采样工作，获得水文气象数据954个、水质数据120个，通过媒体发布海水浴场环境状况信息。开展国际铁人三项游泳赛场监测，自3月起，在半月湾海域布设5个断面16个站位，开展水文气象、海水质量、沉积物3大类31个指标的定期监测，为2017年威海长距离铁人三项世界系列赛提供技术保障。开展华能威海电厂温排水环境影响监测，针对华能威海电厂温排水对海域环境的影响，在该厂温排水排放海域布设28个站位，于2月、5月、8月、11月开展涨潮与落潮期监测，完成《2017年华能电厂温排水海洋环境影响评价报告》。

【海洋垃圾监测】 在市区海域布设17个海上、陆上海洋垃圾监测断面，新增5个流域入海垃圾拦截网，基本掌握市区海洋垃圾类型和密度分布情况，完成《2017年威海市海洋垃圾监测与评价报告》。

·渔业生态监测·

【概况】 2017年，在全市近岸海域布设渔业监测站位188个，获取监测数据1万余个，有效维护渔业生态持续稳定。

【重点海水增养殖区监测】 将全市海水增养殖区监测区域分为北海—小石岛、崮山—泊于、荣成湾、桑沟湾、五垒岛湾、乳山湾和乳山浅海贝类7个增养殖区，全年取得样品405份、监

测数据1.22万个，完成《2017年威海市养殖环境监测与评价报告》。

【养殖区加密监测】 根据省海洋与渔业厅部署，对所有养殖区实行站位加密。7—10月，针对港西—泊于海域近岸养殖区开展每周一次的加密监测。

【名优水产品产地监测】 对北海—小石岛刺参产地、荣成市爱莲湾海域刺参产地、荣成市荣成湾海带产地、荣成市桑沟湾海带产地、乳山市牡蛎产地5处名优养殖品种产地进行海洋环境监测，全年取得样品138份、监测数据4315个。

【人工鱼礁区监测】 对北海区、刘公岛区和桑沟湾区3处人工鱼礁区进行海洋环境监测，布设海水质量监测站位13个、沉积物监测站位3个、生物生态监测站位3个，于3月、5月、8月和10月开展4次监测，取得样品87份、监测数据559个。

【养殖风险预防监测】 在市区西部、北部、中部和东部布设10个监测站位，对区域进行海洋环境监测。在威海湾、小石岛、初村北海海域布设生态浮标，进行实时动态监测，根据浮标在线监测数据，开展泊于—港西海水增养殖区精细化环境预报，全年发布养殖环境测报175期。

·海洋预报减灾·

【概况】 2017年，积极推进海洋预报减灾体系建设，在体制机制、观测运维、预警预报、风险防范以及灾害调查等方面不断提升，为“海上粮仓”建设、海上生产活动和“平安渔业”建设提供保障。

【机构建设】 2017年，正式成立市级海洋预报减灾机构，在威海市海洋环境监测中心基础上，增加预报减灾职能，成立威海市海洋与渔业监测减灾中心。文登区、荣成市相继通过相关机构报批，为实现市、区市两级的业务化运行打下基础。

【海洋预报减灾体系建设】 提升海洋观测运维能力，进一步优化海洋观测网络布局。2017年，建设逍遥港海洋站和逍遥港海洋观测浮标，形成国家、省、市三级立体监测网络。提升预报服务支撑能力，加强海洋预报减灾网络平台建设，初步完成预报减灾网络、威海市海洋环境预警报制作系统、发布平台以及气象信息处理系统等软硬件的安装部署。强化资源调查和风险防范，加强海洋资源资产调查，组织开展全市海岸线补充调查行动，进一步掌握威海市海岸线、沙滩、码头等资源分布情况，编制完成威海市海岸带图集，初步建立海洋资源资产清单。

【绿潮（浒苔）灾害应急处置】 坚持“早准备、早发现、早部署、快处置”，连续10年成功处置绿潮灾害。2017年，投资2186.11万元，出动人员7520人次、各类大型机械7286台次，清理处置浒苔15.5万吨，其中无害化处置4.47万吨，有效减轻灾害损失，保护海洋生态环境。

渔业管理

【概况】 2017年，坚持以渔业供给侧结构性改革为主线，积极落实各项惠渔政策和资金，大力建设“海上粮仓”，加快推进海洋渔业转型升级提质增效，以渔船、渔业资源、渔业安全生产、水产品质量安全等为重点，实施最严格的行业管理，开展一系列执法和专项整治活动，渔业发展秩序持续稳定良好。

·渔政管理·

【概况】 2017年，全市依法治渔力度空前、卓有成效，渔船检验和渔船登记业务顺利承接，海洋涉渔“三无”（无船名船号、无船舶证书、无船籍港）船舶等历史遗留问题得到有效解决，海洋渔船管控等成果显著。威海市海洋与渔业监督监察支队先后获得全国海洋伏季休渔管理先进集体、市级文明单位、市直事业单位绩效考核A级单位等荣誉。

【海洋涉渔“三无”船舶清理】 在全省率先启动清理取缔海洋涉渔“三无”船舶攻坚行动，印发《威海市清理取缔海洋涉渔“三无”船舶攻坚行动方案》，按“属地管理、党委领导、政府主抓、部门联动、公众参与”的原则规范有序开展。采取严格执法检查、鼓励主动上交、规范政策补助等措施，通过摸底排查、核查认定、集中拆解等阶段，全市摸排各类海洋涉渔“三无”船舶2639艘，拆解处置2293艘，威海经验先后两次在全省推广。

【渔船包保责任制】 落实《威海市渔船包保责任制实施办法》，完善全市渔船渔港包保责任体系。由区市、镇（街道）、村（社区）及基层渔业经济组织落实人员，实行三级包保，构建以“定人包船（港）”为特色的管理网格，形成齐抓共管、联防联治的有效格局。2017年，全市落实渔船（渔港）包保责任人2226人，基层监管、协管力量得到有效补充。

【渔港认定】 规范渔港经营管理，优化渔港布局，提高渔港安全保障能力，推动渔港信息化、标准化建设。按照市委、市政府和省海洋与渔业厅渔港认定工作部署要求，制定《威海市渔港认定工作实施方案》，完成全市69处渔港认定申报工作。

【依港管船】 制定《威海市依港管船实施办法》，在全省率先推出依港管船工作机制，进一步健全辖区渔船管控工作体系，有效提升渔船、渔港管理质效。全市有69处渔港建立依港管船工作制度，5034艘渔船完成“母港制”申报。

【“智慧渔港”建设】 依托市云计算服务中心，全市所有已认定的人工渔港均安装渔港视频监控，实行公安—渔业部门共享共用，建成“监控实时、调取即时、存储长时、智能管控”的“智慧渔港”管理系统，涉渔违法行为主动防控能力显著提升，依港管船手段有效加强。

【伏季休渔管理】　严格落实新的伏季休渔制度，针对休渔期延长1个月的实际情况，坚持早谋划、早发动、早部署，以属地管理为依托，以严格执法为后盾，构建“党委领导、政府主抓、基层严守、上下联动、陆海联防、公众参与”的休渔管理新机制。休渔期间，全市查办违法案件344起，处罚违法渔船410艘、违法渔港2处，停产晒场310处、鱼粉厂80家，查获非法渔货销售网点4家、非法运输车辆3台。

【涉外渔业管理】　严格每日报进报出、渔船“点名”和越界提醒制度，不定期组织开展涉外渔业综合管理工作督查。对查实的涉外违规渔船，除严厉处罚外，一律在入渔资质和油价补贴申请等方面进行严格限制；构成犯罪的，依法追究刑事责任。

【捕捞渔具管理】　在往年违禁渔具整治的基础上，制定专门方案，加大执法频次，以“地笼子”、非法“老牛网”等违禁渔具为重点，组织开展捕捞渔具集中整治活动。2017年，清缴违禁渔具1.05万套，取得良好的执法效果和社会影响。

【休闲海钓船管理】　对全市海钓企业及海钓船只开展专项执法检查。市海洋与渔业局联合省海洋与渔业监督监察总队第二支队对海钓企业及海钓船只审批运营情况、安全设备配备情况、安全制度落实情况开展联合执法检查。2017年，审核报送休闲海钓船只及平台4艘次。至年底，全市有休闲海钓企业10家、运营船只62艘。

【水生野生动物保护】　开展水生野生动物保护执法行动，重点加强对靖海湾松江鲈鱼水产种质资源保护区的海陆执法检查，开展打击破坏海龟资源等专项执法行动，依法查处各类涉渔违法行为。威海市水生野生动物救护中心救助国家二级保护动物大鲵、鳄龟各1只。开展水生野生保护动物增殖放流工作，2017年11月，在靖海湾松江鲈鱼种质资源保护区放流5厘米以上的松江鲈鱼苗种2.31万尾。

【渔船检验】　严格落实渔船检验和发证程序规定，推出“预检制”等工作制度，有效提高检船效率。全年直接办理渔船营运检验260艘（其中建造检验渔船14艘、监督拆解渔船30艘），出具渔业船舶制造开工批准书32份。启动渔业船舶修造企业技术条件评价工作，全市审查企业24家，取缔非法造船点2处。威海市渔业船舶建造单位技术条件评价和海洋渔业船舶标准船型选定工作被农业部推选为典型。

【海上维权执法】　自9月1日起，威海市中国海监4067船、中国渔政37521船参加指定海域的巡航执法任务。历时3个月的行动期间，坚持每天巡航到点到位，及时、妥善处置各类突发事件，为维护海上权益，营造和谐稳定的渔区环境提供保障。

·渔业安全生产·

【概况】　2017年，面对渔业安全生产发展新形势、新挑战，按照“全覆盖、零容忍、严执法、重实效”的总体要求，重点突出源头治理、风险防控和隐患排查，努力构建渔业安全生产长效机制，全市渔业安全生产形势持续平稳，未发生渔业安全生产责任事故。

【渔业安全生产专项集中行动】　组织开展渔业安全生产隐患“大快严”集中行动（大排查、快整治、严执法）、渔业安全生产“百日攻坚”治理行动、渔港码头成品油专项整治行动、涉渔危险化学品综合治理行动等，坚持进渔港、登渔船、查渔民，全方位查找渔业安全生产隐患。全年派出检查组1697组次，出动检查人员8227人次，排查渔港1688处次、渔船2.52万艘次、渔业生产经营单位330家次，查处渔业安全生产隐患688项。

【渔船安全督查和船用终端抽查】　建立“重点时段、重大事件、重要节日”安全督查和船用终端抽查的督查机制，开展渔船安全督查6次，督查渔港及企业150余个（家）、渔船2000余艘，发现渔业安全生产隐患200余处。开展5次渔船船用终端抽查，抽查渔船2779艘，发现未按照要求配备或开启北斗卫星定位系统的问题渔船612艘。对督查发现的隐患及问题渔船进行及时处置。

【渔业安全技术防控】　市政府投资1300多万元，建设全国一流的海洋与渔业监控指挥平台，通过信息化、网络化手段，实现海洋渔业各类管理系统和数据统一管理、统一展示、资源共享和无缝衔接。12月18日，副省长于国安到监控中心调研。继续推进海洋渔船通导与安全装备项目建设，加快船用终端更新换代和软件升级。至2017年，共争取资金1928万元，配备新一代北斗卫星定位终端3116台、船舶自动识别系统AIS终端3084台，更新换代CDMA终端970台。同时，与终端生产厂家合作，加强技术研发和软件升级，开发完成北斗自动点名、拆卸报警、电子围栏等功能，新增AIS终端会遇、区域报警切换等功能，实现对渔业船舶和渔业港口全海域、全时段、全天候、无缝隙的动态监管。

【安全生产宣传教育培训】　组织开展全市渔业“安全生产月”、“安全生产法”宣传周、世界海洋日宣传等活动，联合威海海事局开展商渔船碰撞警示教育，配合省海洋与渔业监督监察总队举办山东省（威海片区）涉渔防碰撞安全专题培训班、山东省渔业安全应急救援指挥系统等信息系统实操培训班。全市组织开展各类渔业安全专题培训班145期，培训渔船船东、船长、船员代表1.2万人次，发放《船舶避碰》等宣传材料1.5万份。

【应急值守与应急救援处置】　落实24小时值班和领导带班制度，及时做好灾害性天气的预警预报和信息发布工作，指导渔民有效防范和处置渔业生产安全事故。同时，根据海上救援指令积极开展渔船民搜救。2017年，发布海上重要天气预警信息通报129期、禁渔禁航通告56期，核实处置海上险情65起，组织指挥和参与救援行动38起，救助渔民46人、渔船10艘，挽回渔民直接经济损失4000余万元。

【渔业互助保险】　2017年，全市渔业互助保费收入1.07亿元，其中船险保费收入4896.02万元、人险保费收入5880.69万元。审核人身理赔案件620

起，赔付5925.49万元；审核船险案件996起，赔付2708.48万元。

·水产品质量监管·

【概况】 2017年，严格按照“经常巡查、普遍抽检、常年培训、严管严罚”的要求，认真履行水产品质量安全监管职责，加强组织领导，落实监管措施，完善长效机制，积极参与“国家食品安全示范城市”和“国家农产品质量安全市”创建工作，圆满完成各项水产品质量安全监测任务，全市水产品质量安全水平显著提升。

【国家水产品质量可追溯试点项目】 完成国家水产品质量可追溯试点项目建设并通过验收，搭建市、区市、企业三级水产品质量追溯平台，建立水产品生产有记录、流向可追踪、质量可追溯、信息可查询、责任可追究的威海市水产品质量追溯系统，实现质量追溯、信息查询、数据分析、实时监管等功能，增强水产品质量安全管理手段和能力，促进企业信息化、电子化、智能化生产，维护广大消费者知情权，提升水产品质量安全水平。

【全国水产品质量安全示范县建设】 10月20日，荣成市通过农业部现场验收，成为全国水产品质量安全示范县。经过2年的建设，荣成市建成水产品质量安全市、镇、村三级监管体系，实现水产品质量安全网格化管理，构建市、镇、企三级水产品质量检测体系，严格落实水产品质量安全承诺制度、诚信红黑名单制度等，形成全市重视和加强水产品质量安全的良好氛围。

【水产品质量安全整治】 开展水产品质量安全专项整治，对全市水产育苗与养殖企业进行“地毯式”检查，将风险隐患消除在萌芽状态。整治期间，全市出动执法人员588人次，检查企业876家次。

【水产品质量安全监测】 参与开展国家、省、市三级水产品质量安全监测工作，加大抽检频率和数量，扩大抽检覆盖面，对海参、大菱鲆、对虾等重点品种实施全覆盖抽检，坚决防止不合格产品流入市场、流向餐桌。2017年，全市完成844批次水产品产地监测任务，其中监督抽检453批次。

·渔业资源修复·

【概况】 2017年，稳步扩大增殖放流规模，加快现代化海洋牧场建设，有效保护涵养海洋生物资源，改善海洋生态环境，提升全市渔业资源种群结构和质量，为推动渔民增收、渔业增效发挥重要作用。

【增殖放流】 2017年，全市获批增殖放流扶持资金3797万元，实施67个水产苗种增殖放流工作，放流中国对虾、日本对虾、海蜇、三疣梭子蟹、黑鲷、黑鲪等经济类苗种16亿多单位，放流资金规模和数量再创历史新高。9月，在荣成大天鹅国家级自然保护区开展大叶藻增殖活动，为全国首次开展海藻床规模化修复工作。

6月6日，2017年全国“放鱼日”同步增殖放流活动（山东）启动仪式在威海举行　　市海洋与渔业局提供

【水产种质资源保护区建设】 至2017年底，全市省级及以上水产种质资源保护区达15处，保护区总面积1.87万公顷，主要保护品种18个。其中，国家级水产种质资源保护区8处，面积8000公顷，形成布局合理、类型丰富的渔业种质资源保护区建设体系，有效涵养渔业生态资源，促进渔民增收、渔业增效。

小石岛刺参国家级水产种质资源保护区水下影像观测　　市海洋与渔业局提供

【海洋牧场建设】 荣成市爱伦湾海域入选第三批国家级海洋牧场示范区，德明、金滩、华信等8处海洋牧场入选省级海洋牧场示范项目。至2017年末，全市国家级海洋牧场示范区达5处，省级海洋牧场示范项目达19个，海洋牧场建设整体规模居全省首位、全国前列。7月10日，全省海洋牧场建设现场会在威海召开，威海经验在全省推广。

海洋与渔业科技创新

【概况】 积极推动海洋与渔业科技创新，深化基层渔技推广体系改革，引导开展海洋与渔业技术创新、技术推广和产业化，推进科技成果转化，大力提升科技创新引领与服务能力。2017年，威海市入选国家“十三五”海洋经济创新发展示范城市。以此为契机，积极引领海洋产业向高端化发展，带动相关产业向价值链中高端跃升，进一步完善科技创新顶层设计和政策体系，激发全社会的创新热情与开放活力，持续提升企业科技创新能力，培育海洋产业发展内生动力。

【基层渔技推广体系改革与建设】 环翠区、文登区、荣成市、乳山市连续第六年被列为山东省基层渔技推广体系改革与建设补助项目区（市），获得补助资金135万元。各区市积极推进渔技推广体系改革与建设，全面提升渔技推广体系服务效能，促进渔业科技成果转化，推进渔业主导产业发展，建立健全基层渔业技术推广体系改革与建设绩效考核机制。明确6个主导品种和3项主推技术，遴选78名技术指导员，培育884户科技示范户，建设7处试验示范基地，举办培训班34期，培训渔技推广人员及科技示范户、养殖户1720余人（户）次，指导员下乡签到2380余次。

【省级（渔业）行业关键技术培训】 2017年，围绕威海市2017年主推技术和主导品种，利用现代传媒手段和网络技术，采取集中培训与科技下乡相结合的方式，开展重点渔业物联网在渔业生产的应用、渔业生产关键技术、水产品质量安全及控制技术、养殖病害综合防控与规范用药、生态养殖和节能减排等方面的技术培训。在传统培训基础上增加手机培训方式，通过互联网和手机为渔民提供线上学习、技术指导与信息服务。重点对贫困户开展技能培训和帮扶服务，促进渔业贫困户加快脱贫致富。

【水生动物病害测报与重点疫病监测】 做好水生动物病害测报，对刺参、海带、栉孔扇贝、中国对虾、日本对虾、南美白对虾、大菱鲆等10个品种实施病害测报，设立测报点30个，其中省直报点2个、常规测报点28个，总测报面积2000余公顷。对10家虾类养殖单位的对虾苗种采样，开展虾类情况监测。

【海洋经济创新发展区域示范】 “十二五”期间，威海市承担60个海洋经济创新发展区域示范项目，获得省级以上财政资金3.53亿元，带动社会投资50亿元。2017年，完成验收项目39个。在海洋经济创新发展区域示范项目的有力推动下，“十二五”期间，全市海洋生产总值以年均10%左右的速度递增，到2016年达1205亿元，占GDP的比重达37.5%，海洋经济贡献率居全省首位。

【海洋科技创新平台建设】 2017年，全市新创建海洋活性物质、激光海洋工程装备、海洋职能传感装备等10个省级海洋工程技术创新中心，总数达到18家，占全省40%，居全省首位，全市海洋产业公共服务平台建设水平进一步提高。18家省级海洋工程技术创新中心以聚集和培养拔尖创新人才、转化行业标志性成果为重点，以引领全省海洋生物和海洋装备创新发展为目标，遵循“开放、集成、高效”的发展模式建立企业、高校科研院所相互协同的全方位创新体系，以高校和科研院所为支撑，以企业为产业转化基地，在人才培养、科学研究、国际合作等方面开展全方位的合作与交流，探索成立海洋战略性新兴产业发展科技联盟，为威海市乃至全省海洋生物、海洋装备产业发展提供人才、科技支撑。

【科技兴海产业示范基地】 2017年，深入落实全市推进新旧动能转换重大工程建设要求，持续推进全市现代化经济中心建设，促进全市海洋经济转型升级，组织申报威海南海新区科技兴海产业示范基地和好当家海洋生物技术产业示范基地，经过专家现场实地考察与会议评审，两者分别以综合型产业基地和专业型产业基地入选山东省科技兴海产业示范基地。

【海洋与渔业科研成果】 实施点篮子鱼苗种温泉水驯养及越冬技术研究、引进“黄选一号”梭子蟹池塘生态养殖技术研究、海马规模化繁育和养殖关键性技术、太阳能在复合材料船艇上的应用技术、圆斑星鲽工厂化苗种繁育技术等一批海洋与渔业课题，成功突破一些关键技术。其中，好当家集团参与的海洋功能蛋白规模化制备及高值产品产业化、刺参深加工与质量标准关键技术研究及应用项目分获2016年度国家海洋科学技术奖一、二等奖。

海洋捕捞

【概况】 2017年，全市实现海洋捕捞产量87.15万吨，产值92.20亿元。其中，近海捕捞产量50.14万吨，产值48.18亿元；远洋捕捞产量37.01万吨，产值44.02亿元，保持平稳，回运量达80%以上。

2017年威海市海洋捕捞主要产品产量表

表7

种类	鱼类										甲壳类					贝类	头足类			其他类
											虾				蟹					
	鳀鱼	沙丁鱼	白姑鱼	小黄鱼	玉筋鱼	带鱼	梭鱼	鲐鱼	鲅鱼	鲳鱼	毛虾	对虾	鹰爪虾	虾蛄	梭子蟹		乌贼	鱿鱼	章鱼	海蜇
产量（吨）	240494	3019	4221	25877	19015	57458	2860	14993	76926	10418	1352	734	6348	6028	2800	30999	166	219741	4187	7933

【减船转产】 积极贯彻新发展理念，大力推进渔业供给侧结构性改革，整合利用国家渔业油价补贴改革、船舶拆解报废等政策，研究减船转产实施方案，不断压缩近海捕捞强度，加快构建产出高效、产品安全、资源节约、环境友好的现代渔业发展格局。2017 年，争取国家、省减船转产补助资金 2.57 亿元，报废拆解渔船 418 艘、总功率 1.05 万千瓦，减船转产幅度和规范运作程度位居全省首位，全市近海捕捞强度持续下降。

【渔港经济区建设】 继续推进渔港经济区建设试点。全市有 9 处渔港获得国家、省专项资金扶持，资金总额 1.2 亿元；有 3 处渔港获得 2017 年度渔港升级改造项目资格，获得支持资金 3000 万元。渔港经济区建设试点经验在全省推广。

远洋捕捞渔船（鱿鱼钓兼捕秋刀鱼）整装待发　　市海洋与渔业局提供

【远洋渔业】 继续加强远洋渔业基地建设，沙窝岛国家远洋渔业基地获得 2017 年船舶报废拆解和船型标准化（远洋渔业）补助资金 1088 万元。加强船队建设，2017 年，全市专业远洋渔船总数达 365 艘，渔船总功率超过 40 万千瓦 23 万总吨。其中鱿鱼钓渔船 123 艘、金枪鱼延绳钓渔船 108 艘、拖网渔船 96 艘、围网渔船 26 艘、运输船 12 艘。获批船舶报废拆解和船型标准化(远洋渔业)补助资金 3672 万元，更新改造远洋渔船 6 艘，其中金枪鱼延绳钓渔船 2 艘、鱿鱼钓渔船 4 艘，远洋渔船装备水平明显提高，中大型渔船所占比重明显增大。全市外派各类作业远洋渔船 317 艘、作业船员 6000 余人。实施远洋作业项目 16 个，其中大洋性项目 11 个［鱿鱼钓项目 4 个（西南大西洋鱿鱼钓、东南太平洋鱿鱼钓、北太平洋鱿鱼钓、印度洋鱿鱼钓）、金枪鱼项目 3 个（中西太平洋金枪钓、东太平洋金枪钓、印度洋金枪钓）、公海拖网项目 1 个（西南大西洋拖网）、公海围网项目 2 个（北太平洋围网、印度洋围网）、秋刀鱼项目 1 个（西北太秋刀鱼项目）］，过洋性项目 6 个［围网项目 2 个（所罗门围网、加纳围网）、拖网项目 4 个（科特迪瓦拖网、加纳拖网、尼日利亚拖网、朝鲜东部海域拖网项目）］。

【远洋渔船研制】 黄海造船有限公司、荣成市远通船舶修造有限公司、荣成造船工业有限公司等渔船设计和建造单位加快围网、鱿鱼钓、金枪鱼延绳钓、单拖网等先进渔船船型的研发制造，进一步提升省级远洋渔船研发与制造基地实力，扩大规模。2017 年，荣成造船工业有限公司获评山东省远洋渔船研发与制造基地，全市省级远洋渔船研发与制造基地总数达到全省的 60%。

海水养殖

【概况】 2017 年，继续坚持因地制宜的原则，推进海水养殖业转方式调结构，不断向产业链下游和价值链高端延伸，加快构建资源节约型、环境友好型、生态保育型的养殖模式，逐步打造立体节约、多营养级、综合性的藻、贝（鱼）、参（鲍）海洋牧场设施养殖生态方，全市实现海水养殖产量 167.2 万吨，产值 232 亿元。

2017年威海市海水养殖主要产品产量表

表8

种类	鱼类					甲壳类				贝类						藻类				其他类	
						虾			蟹												
	鲈鱼	大菱鲆	牙鲆	鲷鱼	河鲀	南美白对虾	中国对虾	日本对虾	梭子蟹	牡蛎	鲍	贻贝	扇贝	蛤	蛏	海带	裙带菜	江蓠	紫菜	海参	海胆
产量（吨）	925	1646	478	255	4608	6077	2861	2125	5738	535390	7038	33123	176428	230372	35012	352866	44839	48094	10104	38007	2883

【健康生态养殖】 2017 年，获批省级扶持资金 1000 万元，对全市 5 处养殖池塘实施生态高效标准化改造，改造面积 167 公顷，全市健康生态养殖面积不断扩大。重点推进全国水产健康养殖示范创建活动，鼓励企业、合作社和养殖大户按照健康养殖标准加强基础设施改造，规范养殖生产操作，促进节能减排，扩大辐射带动，实现健康养殖。全市省级以上水产健康养殖示范场达 63 处，其中国家级 50 处、省级 13 处。

【标准化养殖】 围绕水产品标准化建设，不断加强管理，提升服务水平，为标准化无公害水产品建设提质增效提供保障。2017年，全市申请认定无公害水产品18个，复查换证34个，全市无公害、绿色和有机水产品总数达205个，地理标志产品总数达12个，通过“三品一标”认证的养殖产品占水产养殖总量的70%以上。

【苗种生产】 2017年，全市新增省级水产原良种场2处，省级以上水产原良种场达17处（其中国家级5处），有全国现代渔业种业示范场4处、省级遗传育种中心6处，处于全省领先地位。全市从事水产育苗生产的单位110余家，育苗水体120万立方米，育苗产量（包括保苗）363亿单位，水产苗种规模化、标准化生产水平进一步提升。

2017年威海市主要水产苗种生产情况表

表9

淡水鱼苗（万尾）		淡水鱼种（吨）	投放鱼种（吨）	海水鱼苗（亿尾）		虾类育苗（亿尾）		贝类育苗（亿粒）		海带（亿株）	海参（亿头）
合计	其中：罗非鱼			合计	其中：鲆鱼	合计	其中：南美白对虾	合计	其中：鲍鱼		
11910	6490	1168	1168	3.58	1.72	29	13	204.44	0.84	67	57.36

【养殖风险监测】 2017年，加大对海水贝类毒素和河鲀鱼河鲀毒素风险监测。全年抽检海水贝类156次、河鲀15次，检测结果全部符合标准，保障公众消费安全。

水产品加工与贸易流通

好当家集团海产品加工车间 市海洋与渔业局提供

【概况】 2017年，以海洋经济创新发展区域示范和“海上粮仓”建设为契机，以渔业供给侧结构性改革为主导，充分发挥资源禀赋优势，主动集聚创新要素，加快优化水产品加工业转型升级，推动水产品贸易流通能力显著提升。

【水产品加工】 重点推进海洋食品、海洋生物制品、海洋医药三个加工产业集群建设，全面提升“海洋三品”集群发展层次，重点扶持“海洋三品”加工企业，培育特色明显、优势突出的以海产品精深加工为主的战略性高端增值产业龙头企业，并以骨干龙头企业为支撑，培育壮大中小企业，不断激发产业集群发展的动力和活力。2017年，全市拥有水产品加工企业868家，其中规模以上企业306家，年加工能力达517.85万吨。

2017年威海市主要水产品加工情况表

表10

水产品加工企业（家）	水产品加工能力（万吨/年）	水产加工品总量（万吨）	水产品冷冻（万吨）	鱼糜制品及干腌制品（万吨）	藻类加工（万吨）	罐制品（万吨）	水产饲料（万吨）	鱼油制品（万吨）	其他水产加工品（万吨）
868	517.85	355.69	261.46	25.49	32.44	10.52	18.68	5.10	2.00

【水产品交易平台建设】 依托荣成海洋商品国际交易中心，利用威海市海洋商品资源和实体市场网络优势，开展海洋大宗商品电子商务。主要开展B2B和F2C两部分业务。至2017年底，B2B业务挂牌上市海产品大宗交易三大类（海带、鱿鱼、鱼粉）15个品种，全年交易额8亿元；F2C业务交易额530余万元，交收率100%。

【“互联网＋现代渔业”】 进一步增强“蛎尚往来·海洋名品馆商城”平台运营能力，依托乳山市特色海域资源，提升“乳山牡蛎”在全国牡蛎市场的知名度和品牌效应。加大网络推广力度，对

"威海刺参商城"搜索引擎进行优化，提高宣传效果和上线率。探索垂直电商发展新路径。投资建设"荣成海带 B2B 直购体验店"。通过融合线上与线下交易，拓展平台的辐射力，培育平台市场黏性，在郑州、上海、西安分别建设一处海带直购体验店。

【市场开拓】 把强化对韩国水产品贸易作为深化中韩自贸区地方经济合作示范区建设的着力点，不断推动水产品出口从传统的生产成本优势向新的核心竞争优势转变，从量能扩张型向质量效益型转变。2017 年，威海市鲜活海产品外贸协会与韩国水产业协同组合中央会签订《运输服务提供合作协议》，双方就韩国产水产食品的运输服务所提供的范围、费用和结算事宜达成协议。该协议可促进对韩国水产品的进口业务，减少企业运输环节中的物流成本，为加强海水养殖、海产品精深加工、鲜活水产品储运等方面的交流提供支撑。

休闲垂钓　　市海洋与渔业局提供

休闲渔业

【概况】 2017 年，继续将休闲渔业作为拓宽海洋渔业功能、促进海洋渔业转型升级，培育渔业发展新动能的重要手段，紧紧围绕全域旅游战略，不断夯实休闲产业发展基础，延伸休闲渔业产业链条，休闲渔业快速发展。市级休闲渔业发展资金项目列支 60 万元，支持威海市广播电视台海洋频道建设，主要用于海洋频道对休闲渔业宣传工作。市财政局设立 1000 万元休闲渔业发展资金，采用"先建后补"的方式，扶持符合相关条件的休闲渔业建设单位。全年新增 3 处省级休闲海钓示范基地，7 处海上多功能休闲平台投入使用，实现产值 85 亿元，比上年增长 28.8%。

【"国字号"休闲渔业品牌居全国首位】 2017 年，农业部首次在全国开展休闲渔业品牌创建活动，并于 11 月公布认定结果，威海市 11 个休闲渔业主体榜上有名，成为全国地级市中获得"国字号"荣誉数量最多的地市。认定名单中威海市烟墩角村、东楮岛村 2 个渔村为"最美渔村"，威海长青基地、泓泰海洋生态基地等 4 个基地为"全国精品休闲渔业示范基地"，中国威海国际路亚赛为"全国有影响力的休闲渔业赛事"，温泉大溪谷基地、荣成市瓦屋石村基地等 4 个基地为"全国休闲渔业示范基地"，有效期至 2020 年 12 月 31 日。

【钓鱼赛事】 10 月，由山东省钓鱼协会、威海市海洋与渔业局、威海市体育局联合主办的"鱼游四海杯"中国威海国际路亚精英赛在小石岛国家级休闲渔业基地举办。中国、澳大利亚、英国等 20 多个国家和地区的 28 支代表队参赛，中国代表队、俄罗斯和法国联队、缅甸代表队获得团体前 3 名。

品牌与项目建设

【概况】 2017 年，以威海市海洋渔业文化、海洋渔业资源禀赋及特色渔业产品为基础，紧紧围绕"威海刺参""乳山牡蛎""荣成海带"三大地域品牌，依托中国海洋食品名城、中国休闲渔业之都、中国海参之都、中国远洋水产品加工与物流基地等"国字号"招牌，通过媒体宣传、文化内涵挖掘等手段，推动地区品牌、行业品牌、企业品牌三大品牌有机融合，不断扩大地方品牌规模，有效提升渔业品牌整体形象。

【品牌宣传与市场推介】 充分发挥品牌在推动供给结构和需求结构升级中的引领作用，统筹渔业品牌建设整体布局，以渔业文化、海洋渔业资源禀赋及特色渔业产品为基础，探索独具特色的渔业品牌发展道路。2017 年，组织举办威海市"30 年海洋与渔业品牌之路"展、"威海刺参"品牌评比、"乳山牡蛎品鲜汇"等活动，在"铁人万里行"运动员服装上印制"威海刺参"广告，威海国际海洋商品交易中心在西安设立荣成海带直购体验店，通过一系列举措，品牌建设成效显著。

【项目落实与燃油补贴】 2017 年，全市落实省级以上海洋与渔业项目 100 多个，补助资金 10 亿多元。其中，山东省"海上粮仓"建设发展资金项目 1954 万元、山东省级海域使用金及海洋生态损失补偿支出项目 9035 万元、海洋经济创新发展示范项目 6646 万元、蓝色海湾整治项目 1.5 亿元、油价补贴政策调整项目 7 亿多元。发放近海捕捞和养殖渔船油价补贴资金 5.3 亿元。全面加强项目资金监管，开展专项督导检查，确保资金使用安全高效。

（谭永超）

编辑　李洪格

工　　业

综　述

【概况】　2017年末，全市规模以上工业企业1860家，从业人员55.5万人，总资产5076亿元。全市拥有37个工业行业大类、142个中类、309个小类，工业产品种类3000多种，初步形成以新信息、新医药与医疗器械、新材料及制品三大战略性新兴产业为先导，以机械制造、食品加工、运输设备、纺织服装四大传统优势产业为支柱，以海洋生物、物联网、智能装备三大未来产业为引领，竞争优势明显、区域特色鲜明的产业体系。2017年，全市规模以上工业企业实现增加值比上年增长8.1%，位居全省第5位；实现主营业务收入7003亿元、利税610亿元、利润418亿元，分别增长7.9%、10.6%和10.6%，分别位居全省第10、第10和第12位。

2017年威海市主要工业产品产量表

表11

产品名称	计量单位	产　量	比上年增长(%)
原盐	万吨	2.63	−10.0
精制食用植物油	吨	2154.00	121.1
冷冻水产品	吨	22.19	2.6
乳制品	万吨	1.86	12.2
罐头	万吨	4.61	17.3
酱油	吨	2369.00	16.1
饮料	万吨	77.76	13.4
饲料	万吨	13.47	2.8
精制茶	吨	606.00	1.2
纱	万吨	4.54	−14.7
布	万米	6211.44	−10.1
蚕丝及交织机织物（含蚕丝≥50%）	万米	170.46	5.8
服装	亿件	2.55	10.5
皮革服装	万件	48.59	14.4
鞋	万双	620.00	0.6
家具	万件	67.58	31.9
纸制品	万吨	24.94	10.9
农用氮、磷、钾化学肥料（折纯）	万吨	11.42	−3.1
中成药	吨	38.49	11.1
化学纤维	吨	507.61	96.5
橡胶轮胎外胎	万条	3193.97	4.8
塑料制品	万吨	6.62	−0.4
水泥	万吨	185.24	−2.0
商品混凝土	万立方米	68.18	−10.8
平板玻璃	万重量箱	1079.94	23.3
日用玻璃制品	万吨	4.95	17.4
纤维增强塑料制品	吨	2314.00	7.7
生铁	万吨	11.61	−25.6

续表11

产品名称	计量单位	产　量	比上年增长(%)
黄金	千克	609.57	12.9
金属切削工具	万件	71.19	17.0
金属切削机床	台	3003.00	–22.0
金属成形机床	台	2864.00	18.6
铸造机械	台	1801.00	6.9
泵	万台	11.67	17.3
衡器（秤）	万台	30.40	24.8
模具	万套	10.40	–9.2
汽车	辆	7992.00	37.9
民用钢质船舶	万载重吨	118.37	21.4
电动机	万千瓦	1675.95	9.1
电力电缆	千米	4380.00	4.9
光缆	万芯千米	1522.00	10.6
显示器	万台	167.21	9.5
打印机	万台	360.86	8.8
硬盘存储器	万台	118.03	36.1
移动通信基站设备	万信道	1119.72	9.8
集成电路	万块	1506.00	22.3
电子元件	亿只	4.80	8.5
钟	万只	3.82	13.9

【骨干企业培育】 2017年，全市实现主营业务收入过10亿元的企业143家，过20亿元的企业45家，过50亿元的企业7家，过100亿元的企业4家。其中，威高集团378.1亿元，金猴集团130亿元，迪尚集团106.6亿元，三角集团101.9亿元。

【产业结构调整】 2017年，全市在建工业项目完成投资1783.86亿元，占全市固定资产投资的比重为60.6%。其中，工业技改投资1411.66亿元，比上年增长42.8%，占全市固定资产投资的比重为48%。118项重点工业投资项目完成投资226.35亿元，占计划投资的104.4%。

【技术创新】 2017年，全市高新技术产业产值占规模以上工业总产值的比重41%，全年完成新产品开发项目2111项，其中443个项目列入山东省2017年技术创新项目计划。年内新认定省级工程实验室6家、市级10家，省级企业技术中心15家、市级24家，市级工程技术研究中心26家，国家级工业设计中心2家、市级16家。至年底，全市拥有市级以上企业技术中心239家，其中，国家级12家、省级116家、市级111家；省级行业技术中心4家、市级4家；国家级工业设计中心4家、省级10家、市级32家；国家级工程实验室6家、省级25家、市级75家；省级工程研究中心4家、市级10家；省级重点实验室11家；市级以上工程技术研究中心247家，其中，国家级2家、省级82家、市级163家。年内，全市专利申请8326件，其中发明专利3074件；专利授权3870件，其中发明专利552件。

【“两化”融合】 （详见第181页《信息产业·综述》）

【品牌和标准化建设】 2017年，新认定山东名牌产品27个、山东省服务名牌18个。至年底，全市拥有中国名牌产品19个、山东名牌产品247个、山东省服务名牌88个、国家地理标志保护产品3个。全市企事业单位主持或参与制修订国际标准2项、国家标准77项、行业标准53项、山东省地方标准38项。至年底，全市企事业单位累计主持或参与制修订国际标准11项、国家标准340项、行业标准462项、山东省地方标准114项。

【节能降耗】 全年万元GDP能耗比上年下降5.58%，超额完成省政府下达的下降3.43%的节能目标任务。建成国家级工业企业能源管理中心2家、省级循环经济教育示范基地1个。6家企业入选山东省节能环保企业100强，2个基地被评为省级节能环保产业化基地，11家企业被评为省级节能环保示范企业，14个单位被评为省级循环经济示范企业。威海市第二热电集团获得“山东省节能突出贡献企业”称号，华力电机等5家企业（成果）获批省级优秀节能企业（成果奖），威海索通公司等2家企业获得省循环经济创新科技重大成果奖，震宇科技获得省循环经济创新科技优秀成果奖，威海双轮集团高效水泵等14家企业的节能产品入选省“节能环保产品”推广目录。在工业企业、公共医疗卫生机构、敬老养老机构推广太阳能集热系统8800平方米；拥有市级以上资源综合利用企业64家，综合利用工业固体废弃物266万吨，利用率达95%以上。

【重点产业集群】 新信息　全市

有规模以上信息技术制造企业181家，从业人员7万人，资产总额417亿元。2017年，实现主营业务收入890.78亿元，比上年增长8.0%，占全市工业的比重为12.9%，占七大产业集群比重为14.6%；占全省行业比重为9.7%，位居全省第三位；实现利税71.5亿元、利润55.1亿元，分别增长18.7%、18.8%。主要产品包括计算机外设产品、电子元器件、电子信息机电产品、电子测量仪器、通信设备等。

新医药与医疗器械　全市有药品生产许可证的生产企业23家、医疗器械生产许可证的生产企业67家，其中规模以上企业36家，资产总额668亿元，从业人员5万人。主要产品有医疗器械、化学原料药及制剂、新型中成药及植物药、生物药物及基因工程药物等10大系列2000多个品种规格。2017年，规模以上企业实现主营业务收入625.6亿元、利税114.8亿元、利润79.7亿元，分别比上年增长9.3%、14.5%和16.7%。

新材料及制品　全市有规模以上新材料及制品企业61家，资产总额237亿元，从业人员8000人。全市基本形成以碳纤维及复合材料、医用新材料、镁铝合金材料和新型节能环保建筑材料为主要支撑，以新型化工材料、光电光热材料、耐磨材料、稀土功能材料、高性能复合材料、高性能钨钼材料、纳米材料、石墨烯材料等为补充的新材料及制品产业体系。2017年，规模以上企业实现主营业务收入424.7亿元、利税21.1亿元、利润14.1亿元，分别比上年增长23.5%、21.3%和16.7%。

机械制造　全市有规模以上机械制造企业322家，资产总额783亿元，从业人员9万人。主要产品有数控大型机床、泵类、压力容器、成套印刷设备、电机、风机、航空地面设备、手动工具、工业机器人等。2017年，规模以上企业实现主营业务收入1228.0亿元、利税97.8亿元、利润66.2亿元，分别比上年增长11.9%、12.8%和16.8%。

食品加工　全市有规模以上食品加工企业454家，资产总额946亿元，从业人员12万人。主要产品有冷冻水产品、冷冻调理食品、藻类食品、即食休闲食品、保健品、粮油果蔬产品、畜禽产品、酒类产品、乳制品、调味品等。2017年，规模以上企业实现主营业务收入1628.5亿元、利税137.4亿元、利润94亿元，分别比上年增长7.6%、12.2%和11.3%。

运输设备　全市有规模以上运输设备企业105家，资产总额715亿元，从业人员4万人。主要产品有多用途集装箱船、汽车运输船、豪华客滚船、海洋工程船、远洋渔船、专用车、改装车、房车、新能源汽车、各类子午胎、曲轴、轮毂、刹车片等。2017年，规模以上企业实现主营业务收入675.6亿元，比上年增长3.3%；实现利润30.1亿元、利税46.2亿元，分别下降11.5%、4.0%。

纺织服装　全市有规模以上纺织服装企业249家，资产总额464亿元，从业人员7万人。主要产品有棉纺织品、服装、机织及手工地毯、家纺产品、鞋及箱包等，产品远销欧洲、美国、日本、东南亚及中国香港、台湾、澳门等20多个国家和地区。2017年，实现主营业务收入708.2亿元、利税39.7亿元、利润25.2亿元，分别比上年增长6.7%、9.4%和11.4%。

【优势产品】　医疗器械　以威高集团有限公司等企业为龙头，重点发展输注耗材、心脏支架及心内耗材、留置针及各种异型针、血液净化设备及耗材、骨科材料、手术设备及附件、ICU产品及附件、大容量注射液及其他药品、肾科产品、生物诊断试剂、人造血浆、手术缝合线、生物种植体等产品。一次性医用注射器、输液器的国内市场份额达25%以上，心脏支架国内市场占有率达25%。

智能终端及打印设备　以惠普打印机（山东）有限公司、山东新北洋信息技术股份有限公司等为龙头，发展激光／喷墨打印机、专用打印机／扫描产品、多功能一体机、自助服务设备、访客一体机、智能快件柜等一批高科技产品，部分产品位居国际和国内领先水平。其中，激光打印机、专用打印机国内市场占有率分别达到18%和10.9%；华菱光电热敏打印头世界市场占有率达12.2%，接触式图像传感器世界市场占有率达6.7%，品牌竞争力在行业内处于第一位，在国内金融设备应用领域市场占有率超过60%；泓淋新型环保智能电源线系列产品在消费电子领域国内市场占有率达30%以上；天力电源公司电动汽车充电机产品技术性能达到国内领先，在国内微型电动车领域市场占有率达80%以上。

碳纤维及制品　以威海拓展纤维有限公司、威海光威复合材料有限公司、威海光威户外装备有限公司、山东环球渔具有限公司等企业为重点，发展聚丙烯腈基碳纤维、中高档碳素钓具和户外用品等产品，是首个国家级碳纤维及复合材料产业基地。其中，威海拓展纤维有限公司拥有国家发展改革委审批的唯一碳纤维制备及工程化国家工程实验室，碳纤维年产能5000吨；威海光威复合材料有限公司是国

11月28日，康得碳谷科技项目暨年产6.6万吨高性能碳纤维项目奠基开工
市商务局提供

内最早生产碳纤维复合材料的龙头企业，预浸料年产能2400万平方米；在建的康得碳谷项目总投资500亿元，计划到2023年建成年产6.6万吨高性能碳纤维生产基地。

海洋食品　以好当家集团有限公司、泰祥食品有限公司等企业为龙头，大力发展以“海洋三品”为主的蓝色海洋食品，形成年产300万吨的能力，主要产品有生鲜海产品、干品、即食食品，其中海洋食品加工产量居全国首位。荣成市被评为国家级食品产业新型工业化产业示范基地。

特种船舶　以中航威海船厂有限公司、黄海造船有限公司、威海三进船业有限公司等企业为龙头，形成较强的特种船舶制造能力，黄海造船有限公司能够批量建造多用途重吊船和大型豪华客滚船，威海市为首批国家船舶出口基地。

汽车及零配件　以天润曲轴股份有限公司、威海广泰空港设备有限公司、荣成康派斯新能源车辆股份有限公司为重点，大力发展专用车、改装车、房车、曲轴、轮毂、刹车片等。天润曲轴股份有限公司是中国规模最大的专业曲轴生产企业，汽车发动机曲轴达100万支的生产能力，主导产品市场占有率30%以上。威海广泰空港设备股份有限公司是国内空港地面设备龙头企业，部分主导产品国内市场占有率达40%～60%。

高效电机　以山东华力电机集团股份有限公司、文登奥文电机有限公司、山东力久特种电机股份有限公司等企业为龙头，主要产品有大功率高速高能量密度永磁电动机、三相异步电动机、变频调速电机、永磁伺服电机、节能高效电动机等系列产品，形成年产3000万千瓦的生产能力，拥有多项国际先进或国内领先水平的专利技术，是国内重要的中小型电机生产基地。

轮胎　以三角集团有限公司和成山集团有限公司为龙头，主要产品有高性能乘用车轮胎、巨型工程机械轮胎、特种轮胎等，全市轮胎子午化率达85%以上，是国内重要的轮胎生产基地。

地毯　以威海市山花地毯集团有限公司、海马集团公司为龙头，拥有国际一流的地毯生产线，年生产能力4500万平方米，产量约占全国的三分之一，产品覆盖五星级酒店、机场等全国高端市场，是国内著名的机织及手工地毯生产基地。

家纺　以艺达家纺公司、山东芸祥绣品有限公司、威海银洁绣品有限公司等企业为龙头，主要产品包含床上用品、抽纱、服饰3大门类，台布、窗帘、餐厅和墙上用品4大系列50多个类别6000余种花色，年生产能力5亿件，被认定为“中国工艺家纺名城”，是国内外重要的工艺家纺产品生产基地。

（王力召　梁佳佳）

企业选介

【山东金洲矿业集团有限公司】　前身为乳山县金矿，1970年4月建矿，2003年改制加入山东黄金矿业股份有限公司。公司下辖山东金洲集团千岭矿业有限公司和山东金洲集团富岭矿业有限公司两家子公司，总资产10亿元，职工1190余人。2017年，生产黄金1137.36公斤，比上年增长5.3%；实现主营业务收入3.31亿元、利润7088万元，分别增长7.5%和4.9%。年内，获得山东黄金集团“安全环保奖”和“山东省企业设备管理优秀单位”“山东省安全生产工作先进企业”“威海市劳动关系和谐企业”等称号。

黄金生产　在采选作业上，通过进行指标倒推、现场办公等，调动各方积极性，保供矿、保运转；继续加大残矿探采力度，残采矿石8.44万吨，生产黄金512.35公斤，弥补产量缺口。在选矿生产上，继续推行内部市场化运营模式，深挖技术和管理潜力，在地质品位大幅下滑的情况下，确保选矿经济技术指标的最优化。在项目建设上，施工两条脉外大巷，实现35线主井和23线盲风井的深部贯通，为深部探矿、采矿工程推进创造条件。在探矿增储上，继续加大各矿区“攻深找盲”力度，全年投入坑探工程量4105米，坑内钻探6682米，新增矿石量27.21万吨，金金属量596公斤。继续开展对外资源考察工作，提交相关项目的尽职调查报告，为走出去搞开发提供依据。

安全环保　持续强化“红线”意识和“底线”思维，扎实推进安全环保综合治理，创出新的“双零”年（重特大事故为零、职工伤亡事故为零）。逐级签订安全环保责任状，严格考核兑现，重点推进风险分级管控和隐患排查治理“双重预防体系”建设，排查风险点54条、危险源264条，全部落实分级管控措施。12月，顺利通过山东省安监局“双重预防体系”建设验收，集团公司总部达到省级标杆企业标准。根据各矿山实际情况，举办井下火灾、一氧化碳中毒、尾矿库溃坝等安全演练活动。推进科技治患，全年投入资金1100多万元，重点推进深部地压控制、安全装备升级等安全技术项目实施。加大环保专项治理力度，完成尾矿库除尘装置自动喷灌改造、燃煤锅炉煤改油改造、选矿废水零排放工艺优化改造等项目。

创新驱动　坚持以创新为引领，深化改革，激发企业内生动力，提升创新对企业效益的贡献率。优化和完善法人治理结构，促进企业管理上档升级。实施“科技兴安”战略，1项成果获国家实用新型技术专利授权，15个科技项目获山东黄金集团、威海市总工会及中国黄金协会奖励。通过职工创新工作室创建、工匠精神宣讲、岗位技能比武等形式，引导员工主动参与创新活动，4名职工获“齐鲁工匠”提名奖和“威海工匠”“乳山工匠”称号，孙徐军创新工作室和宫福祝创新工作室被评为威海市劳模（工匠）创新工作室。

（张岩峰）

【三角集团有限公司】　始建于1976年，已发展为中国轮胎产业的领军企业，主要产品覆盖商用车轮胎、乘用车轮胎、斜交工程胎、子午工程胎和巨胎5大类4000余种规格品种。2017年末，公司轮胎年产能达2300万套，从业人员7124人。2017年，生产轮胎1974万条，出口创汇6.3亿美元，实现利税9.3亿元，上缴国家税金5亿元。

公司建有国家级技术开发中心、国家级工业设计中心、国家工程实验室、博士后科研工作站，在美国设有研发中心，具有强大的技术研发能力，致力于研发满足全球不同地域消费需求

三角集团有限公司全自动硫化车间　　三角集团提供

的道路和非道路轮胎产品，是中国子午胎技术的先行者和领军者。主持和参与制定100多项国家标准和国际标准，2017年被中国计量控制协会和国家轮胎与轮辋标准委员会委托C1、C2乘用车中国湿地标准轮胎的开发，通过了3个技术规范。公司“巨型工程子午胎成套生产技术与设备开发”曾获橡胶行业唯一的国家科技进步一等奖，2017年6月，公司“高性能轮胎直压硫化先进制造工艺及设备”通过验收，填补国内外空白，处于国际领先水平。以安全、节能、舒适等客户需求为导向，不断进行绿色轮胎、缺气保用轮胎、智能轮胎等产品开发，产品性能达到国际一流品牌水平。公司积极推进“两化”融合，采用基于信息化、机器人、自动化的智能制造新模式。在威海南海新区建成的三角华阳年产500万条高性能乘用车轮胎和在威海临港经济技术开发区建成的年产200万条高性能商用车轮胎生产线实现连续稳定产出，智能化制造形成规模，成为行业标杆。公司销售网络辐射180多个国家和地区，在美国、欧洲、中南美、俄罗斯等地设立区域机构。公司坚持全球化品牌战略，推行精益管理，入选“国家品牌计划”，树立中国制造的品牌新形象。12月19日，公司宣布拟投资近5.8亿美元在美国北卡罗来纳州建造国外第一个轮胎生产基地，分期开展高性能乘用车胎和商用车胎项目建设，全部项目预计2023年完工。

（岳中乔　于小玮）

【威海中玻镀膜玻璃股份有限公司】 是中国玻璃控股有限公司的成员企业。公司始创于1965年，是以镀膜玻璃制造为主，具有多种产业结构的大型工业企业，是中国建材百强企业、中国十大玻璃制造商、中国玻璃行业最具影响力企业之一，获评中国名牌、中国驰名商标、山东名牌等。公司基本完成在全国的产业布局，具备多种大规模化生产和可持续发展的能力，在资本结构、产品结构、生产规模、市场开发、经济实力等方面实现跨越式发展，打造参与国际合作与竞争的新优势。2017年，通过提高自主创新能力，调整产品结构，科学提高产品的产量和质量，提升品牌优势，加大节能减排力度，降成本增效益，企业生产形势稳定，企业核心竞争力和可持续创新能力均有较大提高。威海基地克服成本上升、市场竞争激烈、融资难等困难，生产玻璃985.18万重量箱，完成预算的102.3%；总成品率90.9%，比预算提高1.88个百分点；一等品以上比率88.5%，比预算提高3.48个百分点。

节能减排　随着《平板玻璃工业大气污染物排放标准》（GB26453—2011）及《山东省建材工业大气污染物排放标准》（DB37_2373—2013）的颁布实施，公司斥资2000多万元建设的新脱硫系统—NID半干式脱硫系统于2017年10月、11月先后在四线、三线投入运行，设备运行稳定、排放达标，通过环保部门的现场烟气检测，为企业稳定发展提供保障。

科技创新　根据国内外市场需求和公司科技研发实际情况，及时调整创新发展战略实施方案，确定企业在产品研发方向的超前优势，以及产品差异优势、产品质量优势和产品市场优势，提高企业经济效益。2015—2017年，公司承担研发新技术、新产品、新工艺项目28项，其中省部级研发项目2项，取得重要科技成果10项，通过产学研联合开发的节能镀膜玻璃系列产品制造工艺先进、技术含量高、产品性能优，处于国内领先水平；获得发明专利1项，实用新型专利2项；参与制订国家和地方标准9项，其中国家标准3项，行业标准6项；科技成果转化6项，其中新技术、新工艺转化2项，新产品转化4项；成果推广及服务14项，研发的“Ag基可钢化低辐射镀膜玻璃表层改性技术研发”项目被中国建材联合会和中国机冶建材工会全国委员会授予技术开发类三等奖。

（马　骁）

【中航威海船厂有限公司】 原山东省威海船厂，始建于1951年4月，2010年完成整体搬迁扩建工程，迁至威海经济技术开发区皂北湾，占有陆域面积140万平方米、海域面积165万平方米、码头岸线1850米；拥有5万吨级船台1座、10万吨级船坞2座，分别配有400吨、800吨龙门吊等大型起重设备设施，可承造18万吨级以下各类船舶，为省级重点工业企业。2011年1月，中航国际与威海市国资委签订协议，合资经营山东省威海船厂，更名为中航威海船厂有限公司。公司通过ISO 9001：2008、GB/T 19001—2008质量管理体系认证及质量、环境、职业健康安全和能源管理体系认证，拥有国际认证联盟IQNET证书、自营进出口权，为山东省认定企业技术中心、行业技术中心；入选工业和信息化部符合《船舶行业规范条件》企业白名单，被认定为国家高新技术企业。2017年，航运市场依然低位运行，船舶运力、造船产能过剩的格局未能改观，船舶企业仍面临诸多不利因素，中航威海船厂围绕“瘦身健体、提质增效”“海洋强市”，加快产品结构调整，推进战略转型升级，为胶东海运集团建造的880客2160米车道客滚船、为瑞典Stena

中航威海船厂6000吨抛石船　　　　宫本旭　摄

RoRo集团建造的3100米车道930客高端客滚船等项目相继开工。明确以建造抛石船、滚装船、高端客滚船为主的高技术、高附加值船产品定位，拓展并巩固高端客滚船市场，与瑞典Stena公司续签930客3100米车线客滚船订单1艘，合同金额9700余万美元。全年建造完工船舶11艘，其中交付9艘，实现营业收入12.03亿元。实施人才引进计划，先期引进芬兰德他马林海事工程有限公司2名世界船舶设计建造专家，助力高端客滚船项目设计研发和建造管理。推进产学研合作，与哈尔滨工业大学（威海）、哈尔滨工程大学、山东交通学院、山东船舶技术研究院等高等院校和专业研发机构建立交流互动机制，加入山东省船舶与海洋工程装备协同创新产业联盟，实施资源共享、项目联合申报、成果扩散与转化。引进德国邮轮内装公司，启动国内整体舱室系统综合配套企业项目建设，着力打造威海市高端船舶配套产业园，推进船舶配套产业集约化发展。持续深化改革创新，通过调整高管团队、优化组织架构、建成薄板流水线、推行信息共享，以及加强生产策划、集配、仓储、定额管理等方式，实行项目管理纵向到底、专业分工横向到边的矩阵式管理，以此管控生产前期技术、物资准备、工艺策划等各个环节工作，全年生产月度计划完成率、一级节点完成率均达历史最新水平。按期交付的2艘为比利时船东建造的6000吨抛石船，为新一代高附加值、高技术含量的电力推进海洋工程类船舶，为公司转型升级奠定基础。加快办理相关用地规划许可和工程规划许可等搬迁扩建手续，完成1600平方米仓库、300吨吊车等相关设施设备的建设及东部海湾回填等工程，完成基建和设备投资2380万元。

（宫本旭）

【威海市山花地毯集团有限公司】　成立于1982年，是中国最早进入地毯行业的厂家之一，是世界衡量中国地毯业发展水平的标志性品牌。2017年末，公司总资产20亿余元，拥有员工1700多人，其中技术研发人员280人；下辖威海山花华宝地毯有限公司、威海山花惠美地毯有限公司等6家控股子公司和温泉、桥头两大工业园，占地总面积100余万平方米。企业主要生产阿克斯明斯特地毯、威尔顿地毯、单面威尔顿地毯、彩印地毯、方块地毯、簇绒地毯、手工地毯等高端地毯及汽车地毯等产品，拥有地毯毛纱、尼龙及丙纶长丝、纱线及地毯染整、地毯PP纬纱等原材料配套产品，产业链条完整，年综合生产能力1800万平方米。通过2个国际贸易部门、18个驻外分公司、数百家经销商及合作伙伴，建立覆盖国内和全球主要地毯消费地区的销售网络。

公司坚持创新发展战略，先后投资10亿多元用于设备改造和技术升级，从美国、英国等国家引进世界上先进的地毯生产线和技术30多项，与哈尔滨工业大学、山东大学、中央美术学院等高等院校建立合作关系，并依托企业资源优势建立山东省行业技术中心、山东省企业技术中心、山东省企业工业设计中心、威海市机织地毯工程技术研究中心、威海市机织地毯工程实验室等多个省级和市级技术创新平台，连续多年科研经费投入保持在5000万元以上。公司拥有专利50多项，先后承担省级技术创新项目近30项，获得山东省轻工业科学技术进步奖、第20届全国发明展览会银奖、中国商标战略创新奖、山东省产学研（工业设计）展洽会创新奖等。在加快新旧动能转换、工业转型升级提升智能制造的大环境下，2017年，公司引进多套智能制造及机器人设备，覆盖原材料生产加工、地毯织做和地毯后加工整理工序，通过智能设备和公司管理、工艺系统的互联，走上地毯智能化制造之路。6月22日，世界品牌实验室在北京中国大饭店发布第14届“中国500最具价值品牌”排行榜，公司品牌“山花地毯”以60.87亿元的品牌价值连续9届入围，为中国地毯行业唯一入围品牌。公司功能性纤维软地毯被认定为山东名牌产品，方块地毯商标获评山东省著名商标；通过了海关AEO认证（海关高级认证企业）、英国劳氏船级社、中国船级社的监督审核，以及中国民用航空地毯质量体系认证；通过了沃尔玛、力德等国外客户多次验厂工作；与美国波音公司初步合作。2017年，山花地毯服务大批重点工程和地标工程，方块地毯、手工地毯、航空地毯均实现持续增长。

（元慧慧）

【威海海马地毯集团有限公司】　前身是威海地毯一厂，创建于1958年，2003年改制为股份制企业，是一家集设计、研发、生产、安装和服务于一体的专业化地毯制造企业。2017年末，公司辖6家子公司，注册资本5200万元，总资产11亿元，有员工2380人。公司制造基地占地面积46.67公顷，年可生产各类高档地毯1400万平方米、配套用尼龙长丝1万吨、毛纺纱线6000吨。海马地毯定位高端酒店工程领域，涉足星级酒店、高档写字楼、邮轮、高铁和航空产业。产品涵盖机织、簇绒、手工品类，手工地毯曾获原国家经委、轻工部“百花奖”，手工艺术挂毯“长城”被挂进联合国大厅。2013—2017年，公司加快新旧动能转换，年

威海海马地毯集团有限公司高速织机　　褚志伟　摄

均投入6000万元，引进世界先进生产设备，主要包括从欧美引进的高速阿克明斯特织机、高速簇绒织机、数码印花机、筒纱染色机等，共400多台套，全面开启智能化工厂的建设。2017年，公司投入8009万元技术改造资金，引进高速阿克明织机、智能纱架等高速智能化设备，快速反应能力和技术保障能力进一步加强，市场竞争力大幅提高。其中，高档羊毛阿克明斯特地毯年产350万平方米，全球规模最大。12月，公司被工业和信息化部确定为第二批制造业单项冠军企业，高档机织羊毛阿克明斯特地毯被确定为单项冠军产品。公司全年完成主营业务收入18亿元，比上年增长4.5%；实现利税1.2亿元，增长40.8%；实现利润8112.4万元，增长71.8%。

（褚志伟）

【迪尚集团有限公司】 创建于1993年，产业领域涵盖服装进出口、研发设计、生产加工、品牌销售、供应链和金融等，是一家工贸一体、产研结合、市场多元的跨国型集团公司，也是全国最大的服装进出口企业之一，被评为中国服装行业百强企业、中国进出口AAA信用企业、海关AA企业、银行AAA级资信企业、国家重点支持和发展的出口名牌企业、工业和信息化部重点跟踪培育服装家纺自主品牌企业和国家级工业设计中心。至2017年底，集团旗下的威海纺织集团进出口有限责任公司和绮丽集团两大贸易主体有员工2万名，在国内建有威海、青岛、临沂、大连、济宁、贵州六大生产基地，在越南、缅甸、柬埔寨和孟加拉等“一带一路”沿线国家建有四大生产基地，有800多家配套协作企业、3000多家面辅料供应商，年产各类服装 1亿余件（套）。集团在欧洲、美国、日本、韩国等国家和地区设有20多个品牌公司、设计公司、贸易公司和办事处，与400多个国内外服装品牌长期合作，ODM（自主研发设计制造）业务占出口额的95%。集团在美国拥有Brandon Thomas 、Cherry Elegance Fashion等5家服装公司、10个自主品牌；2012年，收购韩国服装公司AVISTA公司，将其BNX和TANKUS等4个国际品牌收入囊中。

2017年，集团提出“DDM—Digital Design Manufacturer”的全新概念，建设专业化平台，开展个性化定制、柔性化生产，打通客户需求和设计、制造的新型供需关系，建立新型商业模式。1月，集团打造的迪尚智慧时尚生活方式集成创新平台入选全国第一批纺织服装创意设计试点园区（平台）。4月20日，中共中央政治局常委、国务院总理李克强到迪尚集团视察，对集团的发展提出新的要求。5月，集团与中国服装协会联合成立中国服装数字化设计研发中心，重点研究服装设计与数字化科技手段的融合。中心数字化服装设计和3D建模基础研究完成，实现设计源头数字化。5月28日，集团与中国服装设计师协会共同举办“迪尚杯”第11届中国时装设计大赛，为发现和培育中国本土设计师、带动创新创意提供平台，迪尚集团与5名参赛获奖选手签约合作。6月，集团入选国家第二批双创示范基地。7月，集团在工信部、中国服装协会和中国服装设计师协会支持下设立中国服装制造高级体验中心（DCCM）。DCCM定制体验中心利用三维人体扫描和人脸3D成像技术，为每一位顾客建立专属人体数字模型，配备形象顾问，提供着装总体解决方案，最终通过移动终端完成推送、订购，形成服装零售新模式。集团建立“单品智造”生产线，将传统工厂制造转变为小批量、柔性化生产“智造”。集团联合中国纺织工程学会数千家供应商，建立国家纺织面料馆迪尚面料中心，整合面辅料信息数据30多万份，覆盖服装面辅料全品类，完成对产品品类划分、标准制定，实现在线实时可视化智能查询。集团与阿里巴巴开展战

国家纺织面料馆迪尚面料中心　　威海高技术产业开发区管委办提供

略合作，联手打造高效产销协同体系。

（屈　飞）

【威高集团有限公司】　始建于1988年，以一次性医疗器械和药业为主业，大力发展房地产业，壮大旅游餐饮服务业，稳健发展金融业，多业并举，联动发展。下辖医用制品、血液净化、骨科、生物科技等9个产业集团、60多个生产子公司，医疗器械和药品主要有输注耗材、输血器材、心内耗材、留置针及各种异型针、血液净化设备及耗材、骨科材料、手术设备及附件、手术机器人、微创器械及设备、ICU产品及附件、大容量注射液及其他药品、肾科产品、生物诊断试剂、手术缝合线、牙种植体等50多个系列500多个品种8万多个规格，为国内领先的医疗系统解决方案制造商之一。积极进入医疗健康和服务领域，开展肾透析服务，在全国建有数十家肾透析中心。2017年末，总资产400多亿元，占地面积600多万平方米，净化车间260多万平方米。全年实现主营业务收入378亿元，上缴税金18亿多元。4月19日，国务院总理李克强视察威高集团，对其发展予以充分肯定。

集团系国家“863”产业化基地、国家火炬计划重点高新技术企业，获中国工业大奖（行业唯一获奖企业）、行业排头兵企业、全国守合同重信用企业、全国自主创新示范单位、全国助残先进集体、全国五一劳动奖状、全国实施卓越绩效模式先进企业、中国专利山东明星企业、国家技术创新示范企业、中国最具投标实力医疗器械品牌供应商第一名等荣誉。6月，由威高集团、赤山集团等7家企业发起设立的山东省首家民营银行——威海蓝海银行正式开业。11月，入选2017年度国家级工业设计中心，在第11届中国产学研合作创新大会暨第26届山东省产学研展洽会上，获评中国产学研合作创新示范企业、中国产学研合作十佳好案例。2017年，名列中国民营企业500强第154位、中国民营制造业500强第86位、中国企业500强第418位、中国制造业企业500强第194位、中国医药工业百强第11位，入选中国人民大学发布的“中国企业创新能力百千万”排行榜，获评2017年中国创新力医疗器械企业及中国质量奖提名奖。集团坚持以技术创新调整产品结构，提高自主创新能力。建有国家级企业技术中心、植入器械国家工程实验室、院士工作站、博士后工作站、泰山学者实验室等创新平台，与中国科学院、中国工程院、军事医学科学院、301医院等单位开展产学研合作，建立30多家研发中心或联合实验室，在北京、天津、长春、深圳设立研发机构，拥有研发和管理人员4000人。拥有发明专利150多项，自主知识产权产品600多项，高科技含量和高附加值产品达80%以上，其中120多种产品达到国际先进、国内领先水平，100多种产品打破国外垄断，30种产品被列入国家火炬计划、国家“863”计划等国家项目，获国家科技进步二等奖和技术进步二等奖5项。全年新开发产品立项59项，取证产品30余项，新上市产品20余项。威高博士后科研工作站被评为山东省优秀博士后科研工作站。2月，工业和信息化部电子信息与智能装备发展研究院在威海注册成立。6月，苯乙烯类热塑性弹性体、聚己内酯医用高分子原材料的研发和产业化入选国家重点研发计划生物医用材料研发与组织器官修复替代重点专项，多孔腔镜手术机器人系统设计与产品研发入选国家重点研发计划数字诊疗装备研发重点专项。坚持科学管理，贯彻实施卓越绩效评价准则，建立大质量概念下的质量标准体系，推进扁平化管理，实施ERP、SRM、BPM等信息系统，打造完善的信息化管理平台。在行业内首家通过ISO 9000认证，通过了CCC、CMD、ISO 13485质量体系认证及欧盟CE认证、GMP认证等，30多种产品获得美国FDA认可。实施名牌战略，产品销往国内30多个省、自治区、直辖市，三级医院全国覆盖率83%、血站覆盖率约80%，高端输注耗材、血袋等产品市场占有率60%以上，骨科系列、血液净化系列、心内耗材系列产品市场占有率约30%。产品远销近100个国家和地区。坚持实施“走出去”战略，先后与世界银行、美国美敦力公司、日本日机装株式会社、韩国IT公司等企业建立战略合作关系，在美国、日本、英国、德国、法国建有研发中心，吸收全球医疗先进技术，提高自主创新能力。9月，耗资8.5亿美元收购美国爱琅公司；11月，与泰国吞武里医院集团合资建立的威海市首家中外合资医院——威里医院正式运营；12月，收购威海华东数控股份有限公司，成为华东数控公司第一大股东。集团勇担社会责任，支持社会公益和慈善事业，先后开展威高光明行动、威高爱心工程、威高生命接力工程等，累计捐款捐物（折款）4亿多元。8月，与清华大学无障碍发展研究院签署战略合作协议，共同推进无障碍事业；12月，“威高·爱”青少年脊柱侧弯救助项目在青海省人民医院正式启动。

（王保明）

威高集团有限公司透析机生产车间　　王保明　摄

【威海北洋电气集团股份有限公司】2017年，威海北洋电气集团股份有限公司围绕主营业务精准发力，聚集转型升级发展势能，各项工作稳中求进、协同发展，呈现主营业务稳健向好、动能转换持续加快、发展后劲不断增强的良好局面。坚持政治导向，将党建总体要求写入公司章程，形成党组织与公司治理结构的有机融合。集团全年完成主营业务收入30.25亿元，比上年增长5.8%；实现利润4.35亿元，增长20.8%；完成工业增加值7.36亿元、出口交货值8.32亿元。

物联网业务　物联网业务单笔合同额突破2900万元，销售合同额过1亿元，威海北洋光电信息技术股份公司驻新疆办事处创新模式，全年完成销售收入880万元。由集团设计实施的威海市首批“城市书房”落地，深耕打磨样板工程，不断拓展市场空间；图书高频产品市场占有率提高到57%以上，积极推广威海智慧档案中心项目成功经验；军民融合稳步发展，成为承担FRID产品的预研发阶段全国三家企业之一；光纤传感产品实现在地下综合管廊监控、硫磺皮带机、国内高速公路隧道、国内大型水电站工程温度监测等领域的全面应用。

智慧城市业务　集团获得“中国智慧城市最具影响力企业”称号和“中国新型智慧城市创新50强创新服务奖”，智慧城市的“威海模式”得到业内专家和有关各方的一致认可。中标平安文登、公交电子站牌系统三期等项目，积极推进食品药品监管平台、旅游产业运行监测系统等12个大项目。

云中心服务业务　云中心全面保障电力、环境、网络、数据安全，零业务中断、零安全事故。进一步完善平台建设提升服务能力，为全市254家机关事业单位提供服务。在提升平台建设的同时，着力推动智慧消防数据资源中心系统、智慧交通三期大数据系统等项目研发。

电子信息创投业务　2017年，孵化器引进在孵企业近30家、众创空间项目20个，实现入驻企业数量、质量的同步提升。逐步对外输出管理服务，由经营自由孵化器向孵化器运营方向升级，承接环翠区科技创新孵化器和威海创新园工业设计中心运营项目。威海北创投资基金累计完成7个项目企业的股权投资，签订投资合同金额5040万元，实际投入企业金额4620万元。

专用打印扫描业务　山东新北洋信息技术股份有限公司重点聚焦金融行业和物流行业，在金融行业，充分发挥全产业链的协同效应，推动银行网点智能化转型；在物流行业，持续构建和完善公司在物流行业的全产业链布局，向国内领先的智能物流装备及解决方案提供商转变。山东华菱电子股份有限公司挂牌“新三板”。上市公司业务利润均大幅提升。

加工制造业务　集团主动适应结构转型、驱动转向的新常态，努力摆脱市场被动局面，围绕新兴产业热销产品，寻找消费型电子产品切入点，培育新的经济增长点。山东新康威电子有限公司研发成功两种规格的智能快速充电适配器，与其他产品顺利通过军工资质扩项专家评审。山东宝岩电气有限公司自主研发的宽带载波通信模块使用的耦合变压器批量供货。

（王　靖）

【华能威海发电有限责任公司】　2017年，华能威海发电有限责任公司克服发电市场竞争激烈、煤价持续高位运行等困难，综合施策，真抓实干，主要生产指标再创历史新水平，上缴税金3.23亿元。公司获得中国华能集团有限公司“提质增效标杆电厂”和“山东省环境保护技术监督先进单位”“全国‘安康杯’竞赛优胜单位”等称号。

安全生产　开展“安全生产责任制深化落实年”活动，分级管控能力不断提升。完善安全生产管理体系和应急机制，强化急救操作培训，风险防范和应对能力全面增强。加大反违章整治力度，高标准开展安全设施标准化整治，强化高风险作业过程督查，风险防控能力继续加强。全年没有发生人身设备不安全事件，没有发生机组非停。

提质增效　紧紧围绕生产经营重点要素和主要环节，制定措施方案，层层落实责任，成效显著。全年完成发电量102.16亿千瓦小时，比年度计划超发4.7亿千瓦小时，比调度计划超发1.88亿千瓦小时；实现销售收入34.15亿元，增收2.05亿元；实现利润完成4.57亿元，盈利水平继续保持行业前列。

节能环保　落实山东省《煤炭消费减量替代工作行动方案》，完成在役4台机组超低排放改造工作，二氧化硫等污染物排放值均实现下降，优于国家最新排放标准。全年减少耗煤15万余吨，污染物减排5000余吨，成为威海市首家获得国家排污许可证书企业。开展机组横向对标活动，生产指标进一步降低，六号机组获全国火电机组竞赛一等奖，供电煤耗、厂用电率最优奖；三号机组获全国火电机组竞赛三等奖。

项目发展　1.98万千瓦光伏国家“6·30”项目顺利投产，实现并网验收、反送电、并网启动三个一次成功，在绿色综合能源战略中再次迈上新高度。供热总量、供热面积比上年增长15%。

（祖金川）

6月30日，容量为19.75兆瓦的华能威海海埠光伏电站一期工程投产

华能威海发电有限责任公司提供

【威海热电集团有限公司】 2017年，威海热电集团有限公司以“管理提升年”为主题，深化改革、创新、管理，加快新旧动能转换，争当全国同行业“走在前列”排头兵，圆满完成各项计划工作任务。全年发电19亿千瓦小时，供汽126万吨，售热量1640万吉焦，实现主营业务收入12.3亿元，新增供暖面积240万平方米（含汽改水），新增资产总额8%；获得全国产品质量、服务质量放心消费联盟单位和山东省职工技术创新竞赛示范企业、企业文化建设先进单位、燃气热力行业服务提升年活动“优质服务示范企业”、青年安全生产示范岗等称号31项，收到感谢信172封、锦旗90面、热线电话及微信等形式的表扬1020条，被省委组织部确定为党建工作直接联系单位。

企业改革　公司按计划完成“互联网+企业管理、制度创新、流程创新”，推进企业持续、健康、高质量发展。吸收中国农发重点建设基金有限公司资金1亿元，集团注册资本金增加到4亿元，企业性质由国有独资公司改制为国有控股公司。修订完善公司章程，规范党委会、董事会、监事会、职代会、经营层“四会一层”议事规则和决策程序，形成决策科学、监督有效、运行稳健的公司治理运作机制。

安全生产　开展“大快严”集中行动，坚持管业务（生产）必须管安全，党政同责，一岗双责，深化安全生产改革，突出重点，建立健全风险防控和隐患排查治理体系。深化专项治理，全面排查整治安全隐患，严防各类安全事故发生。组织职工安全知识学习3597人次，现场考试9756人次，对30多家到公司施工单位610人次进行安全培训，开展各类专业安全演练351次、事故预想445次、消防演练76场，举办安全知识竞赛。完成特种设备作业人员证的复审、新增等工作。至年底，安全运行2625天，被评为威海市“查保促”安康竞赛先进单位。

4月28日，威海热电集团有限公司现代化中水深度加工利用系统一次调试成功　　威海热电集团提供

生态环保　坚持高起点定位、高标准规划、高水平设计、高质量推进，历时8个多月，搬迁沙石30万立方米，完成主厂区中水输送管线7.5公里、科技新城热电厂输送管线18.2公里，建设中水处理车间1万平方米，安装设备设施40多台套，建成年处理中水1300万吨、日产工业水2.5万吨、年产工业水900万吨一期工程。4月28日，一次调试启动成功，水质质量和数量可满足两厂区热电生产用水需要，同时兼顾部分社会绿化工程用水，成为全省第一家利用中水发电供热的企业，打造威海中水深度加工资源化利用新亮点。公司为全省首家一次性通过超低排放验收的地方热电企业，为确保清洁供暖，先后淘汰低效燃煤锅炉总容量203吨/小时，扩大集中供热区域，对已拆除小锅炉但集中供热覆盖不到的区域，实施“煤改电”清洁能源供暖工程，采用空气源热泵技术，替代区域小锅炉采暖。在羊亭银兴名流小区、黄岚、界石空气源供热站分别安装52台、46台、56台空气源热泵，总容量3644千瓦，供热面积26万平方米。空气源热泵在威海气象条件下，平均能效比（COP）达2.5，节能效果明显。

行风建设　开展“用户是亲人”主题行风活动，对服务区7个镇（街道）100多个社区分片进行走访，发放《供热知识手册》3600多份，征集各类问题101个，全部处结完毕。建立与社区联系长效机制，以制度规范服务行为，做到服务环节“零推诿”、服务事项“零积压”、服务质量“零差错”、服务用户“零距离”。开展“互联网+”微信收费等便民服务，创新听、看、讲、修、留、跟踪回访“5+1”工作法，打造供暖服务“保姆团队”。完成主管网安装、改造2.11万米，二级管网、分支管网安装、改造13.83万米，三级管网改造1.53万户，新建、改造站房66座，蒸汽管网安装、改造5957米。全力创建特色供热品牌，被评为山东省燃气热力行业服务提升年活动优质服务示范企业、威海市行风评议优胜单位。

（张华才　宫淑玉）
编辑　李洪格

信息产业

综　述

【概况】　威海是全国信息化试点城市、数字城市建设示范市、首批全国农村党员干部现代远程教育试点市、首批基于云计算的电子政务公共平台建设和应用试点示范地区、山东省数字城市试点市、国家和山东省智慧城市试点市、国家信息消费试点市、"宽带中国"示范城市，连续5届获得"中国城市信息化50强"称号，连续4年入选中国智慧城市建设50强和中国十大智慧城市。2017年，获得"中国智慧城市最具潜力城市奖"和"2017年智能制造优秀城市"称号。

【基础设施】　2017年，威海市深入实施"宽带中国"战略，加快宽带网络升级改造，加快实施城市光纤到楼入户、农村光缆进村工程，统筹提高城乡宽带网络普及水平和接入能力。全市骨干通信网和接入网全部实现光纤化改造，城市出口带宽达1200G，宽带用户总数108.86万户，所有省扶贫工作重点村均实现100%光纤覆盖。至2017年底，威海电信业务总量43.94亿元；固定电话交换机总容量173万门，用户总数40.77万户；移动电话交换机总容量830万门，用户总数338.49万户，其中4G以上移动电话用户203.18万户。

【新信息】　全市现有规模以上信息技术制造企业181家，从业人员近7万人，资产总额417亿元。2017年，规模以上企业实现主营业务收入890.78亿元，比上年增长8%，占全市工业的比重为12.9%，占七大产业集群比重为14.6%；占全省行业比重为9.7%，位居全省第三位；实现利税71.5亿元、利润55.1亿元，分别增长18.7%和18.8%。主要产品包括计算机外设产品、电子元器件、电子信息机电产品、电子测量仪器、通信设备等。

【"两化"融合】　2017年，市经信委获评山东省"两化"融合推进先进单位。万丰镁业、泰祥食品、宏安集团3家企业入选第四批国家"两化"融合管理体系贯标试点，至2017年底，全市总数达到11家，其中天润曲轴、金猴集团、成山集团、三角集团通过国家认定。泓淋电子、拓展纤维、天罡仪表等8家企业入选省级贯标试点，全市区域"两化"融合发展水平位居全省前列。全市建有各级电子商务园区（基地）26个，全年实现电子商务交易额约1939亿元，增长32.1%，网络零售额约270亿元，占社会消费品零售总额的16.8%。拥有迪尚集团、泰祥食品、金猴集团等6家省级电子商务示范企业，其中迪尚集团获评国家电子商务示范企业。

【智能终端及打印设备】　威海市智能终端及打印设备以惠普打印机、新北洋公司等为龙头，发展了激光／喷墨打印机、专用打印机／扫描产品、多功能一体机、自助服务设备、访客一体机、智能快件柜等一批高科技产品，部分产品位居国际和国内领先水平。其中，激光打印机、专用打印机国内市场占有率分别达18%和10.9%；华菱光电热敏打印头世界市场占有率达12.2%，接触式图像传感器世界市场占有率达6.7%，品牌竞争力在行业内处于第一位，在国内金融设备应用领域市场占有率超过60%；泓淋新型环保智能电源线系列产品在消费电子领域国内市场占有率达30%以上；天力电源公司电动汽车充电机产品技术性能达到国内领先，在国内微型电动车领域市场占有率达80%以上。

（王力召）

智慧威海建设

【概况】　2017年，威海市深入推进智慧城市建设，统一规划顶层设计，全面深化资源整合，统筹引领市域发展一体化，扎实推进示范项目建设，取得阶段性成果。2016年中国信息社会发展报告显示，威海市信息社会指数在全国336个城市中位列第20位。新华网、央视新闻、山东新闻联播相继报道了智慧威海建设情况。中国电子商会和中国智慧城市产业联盟授予威海市"2017中国智慧城市最具潜力城市奖"。

【基础服务保障体系基本建成】　科学谋划智慧城市顶层设计编制，按照近远期建设结合、前瞻性和可操作性结合的方针，高起点编制《智慧威海十三五发展规划》，统筹建设布局。下发《关于推进政府数据资源向社会开放利用工作的实施意见》《推进"互联网＋"行动实施方案》《威海市政务信息资源共享管理办法》等指导性文件，规范管理模式。建成省内第一批光网城市，城市出口带宽760G，家庭宽带普及率80%，农村光缆进村覆盖率达97%，4G

网络实现城区全覆盖。基本建成全市统一的信息资源共享交换平台，完成资源目录梳理工作，实现与省级共享交换平台的无缝对接。推动人口和法人等基础数据库建设，实现基础共享数据库“零”的突破。

【市域一体化全域发展】 市委、市政府确立“市域一体、分步实施”的策略，推动区市智慧城市建设。乳山市建成智慧城市运营管理中心、智慧城管、智慧社管、诚信乳山等系统平台，有效提升城市管理水平。环翠区建成社会管理服务指挥平台、“平安环翠”公共安全管理平台、“环翠网格”数字化城市管理平台，极大提高政府机构和社会单位的信息服务能力。文登区积极推动“智慧政务”项目建设，有效整合政府网站群，实现政府数据资源共享、共用。荣成市组建智慧城市管理运维公司，全程参与项目建设运营，启动智慧城市指挥中心、智慧公交、渔港码头监控等4个智慧应用项目。威海高技术产业开发区实现政务资源大整合，政务资源统一向威海云计算中心的汇聚，推动全区教育网站集群改造，实现优质数字教育资源的普及共享。威海经济技术开发区东部滨海新城建设的地下综合管廊全长33公里，建立的智慧地下管线信息共享平台，成功入选“国家住建部信息化示范项目”。威海临港经济技术开发区在智能工厂和数字化车间建设方面进行有益的探索，推动“两化”融合，拉动智慧产业的发展。威海南海新区积极打造“互联网＋智慧社区”，构建“镇街一张网、管区一网格、社区一单元”网格化体系。

【智慧民生应用建设】 平安城市 构建社会治安动态监控网，打造容量20万路的公共视频共享服务平台，对行业部门监控资源进行整合汇聚和分析应用，对外提供视频惠民服务。全市探头总量达18.4万台，探头密度达每平方公里33台，城区探头密度达每平方公里110台。

智慧交通 实时监测、全面掌控全市的交通情况，自动调整信号配时，优化交通组织。工作日早、晚高峰路网平均车速比上年提高18%和14%，平均拥堵时间下降18%，该项目获山东省智能交通系统综合评价第一名和山东公安科技进步一等奖。

智慧社保 打造“人社公共服务一体化信息便民工程”，实现近90%业务即时办结，借助网上办事大厅、自助服务终端和手机APP方式，实现近80%的业务全天候无间断信息化服务。应用效果得到人力资源和社会保障部的高度关注和充分认可。

数字城管 数字化城市管理系统平台累计处理各类城市管理问题160多万件，案件采集数量从每年8万余件增加到每年50余万件，案件处结率从33.06%提高到99.69%，案件处置总体水平居全国前列、全省一流。

智慧公交 全部营运线路均实现智能调度运行和GPS车辆定位，市中心区共建成电子站牌630余座，公交枢纽实现电子站牌全覆盖，手机公交APP客户端日点击量平均在7.6万次左右。

智慧水务 建成供水管线数字化调度系统，实现对水厂、水池、管网、泵房等现场数据实时自动检测采集，形成实时的动态的供排水生产管理体系。管网漏损率由2012年的25%降到2016年的10.7%，达到全国先进水平。

智慧供热 建成省内最大的低温循环水智能调节平台和热网管理系统，供热机组效率提高35%，节能27.6%，实现全方位动态智能平衡调节，做到按需供热、按需用热。

市民网 接入全市60个委办局的服务14大类2400余项，包括15类账单的查询缴费，700余项在线办事服务，70%以上的服务延伸至各区市，惠及全市280万市民。入选2016年世界互联网大会“中国在线服务”最佳实践案例。

市民卡 市民卡共采集142万条制卡数据，发卡103.5万张，特约商户已发展近3000家，水、电、气、暖、数字电视等公共事业代扣代缴、市立二院居民健康应用、乘坐公交、出租，停车场支付、校园应用试点等业务全面上线。

【智慧产业融合创新】 发挥信息技术的引领作用，实现应用和产业联动发展，充分利用日本软银落户威海市契机，组建市软件和信息技术产业联盟、市“两化”融合推进联盟，发挥集群效应的优势，出台扶持软件和信息服务业发展的意见，打造威海市软件产业品牌。深入贯彻落实“中国制造2025”发展规划，全力推进电子信息与智能制造产业园区建设。威海电子信息技术综合研究中心、电子信息和智能装备产业园、三星生产基地和产业“双创”示范基地等项目落地。组织威高集团、三角集团、威达机械、天润曲轴等19家企业实施25项机器换人示范工程。海马地毯、华鹏玻璃4家企业列入省“机器换人”专项资金扶持项目，入选数量列全省第一。金猴集团、天润曲轴通过国家“两化”融合管理体系认证。威高集团、三角集团等20家企业入选国家和省级“两化”融合管理体系贯标试点。

（王鹏跃）

无线电管理

【概况】 2017年，全市无线电管理工作继续按照“三管理、三服务、一突出”（即管资源、管台站、管秩序，服务经济社会发展、服务国防建设、服务党政机关，突出做好重点无线电安全保障工作）的总体要求和“四个体系”（即完善的无线电管理法律法规体系，完整、先进的无线电管理技术标准规范体系，有力、高水平的无线电管理技术支撑体系，高效、权威的无线电管理行政管理体系）建设的总体部署，科学配置无线电频谱资源，加强台站规范化管理和基础技术设施建设，着力提升行政执法和监测保障能力，全市电磁环境不断优化，空中电波秩序保持良好态势。在全省无线电管理工作综合考评中10年获得9次第一名，连续10年保持“省级文明单位”称号，始终保持全省系统走在前列的排头兵。

【频率台站管理】 至2017年底，全市有设台单位2641个，各类无线电台站19286部，其中，广播电视台34部，高频电台6部，甚高频、特高频电台

2108部，船舶电台4452部，卫星地球站4个，公众移动通信基站12376个，微波接力站22个，业余电台267部，无线接入基站10个，其他电台7部，分布在航空、广电、通信、气象、交通、渔业、燃气、建筑、宾馆酒店、洗浴娱乐、小区物业等众多行业和领域，遍布市区及乡镇。全年完成行政许可38项，核发电台执照82个，换发执照112个，指配超短波频率5个、船舶呼号15个、核发无线电发射设备销售备案证5份；全年完成频占费收缴85.2万余元；贯彻“放管服”要求，优化服务效能，行政许可事项按时办结率100%，其中当天办结率达76.3%。连续12年被评为“部门政务服务先进办事窗口”。开发“业余无线电学习平台”，进一步加强业余无线电事中事后监管，助推业余无线电爱好者业务技能的提升及业余电台管理更加规范化、精细化；举办3次业余无线电爱好者操作等级验证考试，59人参加考试，为29名考试合格者颁发操作证书。

无线电频谱使用评估　对广播电视频段进行全面监测，新建立电视频段监测数据库，完成7个固定站和1个移动站的数据采集任务；对各区市广播电视台和省广播电视台昆嵛山转播台等6家单位进行台站核查，检查各类广播电视台站45部，未发现违规设置广播电视台站行为。

同步推进事中事后监管和非法设台查处　检查设台单位63家，其中通过“双随机、一公开”（随机抽取检查对象，随机选派执法检查人员，抽查情况及查处结果及时向社会公开）监管平台检查15家单位，对发现问题依法予以处置并公示检查结果；运用“无线电台站移动监管系统”核查设台单位48家，设台地址和数量变更的2家单位按要求限期整改，清理部分“僵尸用户”；开展航空无线电台现场核查活动，为威海国际机场信息变更的台站换发电台执照，责令民航青岛空管站对13部电台补办设台手续；加大非法设台查处力度，查处“黑广播”8起、非法设置使用对讲机6部、卫星电视干扰器1套，均依法予以处置。

发射设备销售市场检查　加强发射设备销售市场检查，检查区域上由主要面向主城区拓展到各区市，实现全域管控，通过检查新发现销售商14家，督促按规定办理备案手续。

【检测监测保障工作】　2017年，检测各类公众移动通信基站31部，规范出具检测报告。严格落实监测值班责任制，全年监测监听6.1万小时，重点加大对航空导航、广播电视、水上通信等重要频段的监测力度，保障各类无线电业务正常运行。严格实行24小时值班，完善应急处置预案，满完成春节、“两会”、“一带一路”国际合作高峰论坛、省第十一次党代会、中共十九大、铁人三项赛等重大任务和重大活动期间无线电安全保障工作。在全国高考等12类重要考试中成功协助防范利用无线电作弊行为，其间查获作弊案件2起、阻断作弊信号1起，维护了考试公平公正。受理并快速处置无线电干扰投诉11起。举办岗位练兵和监测技术演练，提升监测保障水平和应急处置能力。

9月25日，海市无线电管理办公室举办无线电监测技术演练

威海市无线电管理办公室提供

【技术设施建设】　认真落实无线电管理技术设施项目应用技术带头人制度，“威海电磁环境态势及变化的研究”和“威海市无线电监测站监测能力评估及规划建议”两个课题顺利通过专家组评审；1个课题项目获市科学技术三等奖；充分利用“监测检测设备使用自动管理系统”，加强设备使用管理，实现对设备出入库使用的全程智能化管控；购置考试无线电安全保障系统，大幅提高对作弊信号的快速甄别和压制能力；对移动监测站天线进行改造，提高移动监测能力；加强信息网日常管理维护，确保安全正常运行。

（蔡媛媛）

电　信

【概况】　2017年，全市骨干通信网和接入网均全部实现光纤化改造，城市出口带宽达1200G，宽带用户总数108.86万户，所有省扶贫工作重点村实现100%光纤覆盖。至2017年底，威海电信业务总量43.94亿元；固定电话交换机总容量173万门，用户总数40.77万户；移动电话交换机总容量830万门，用户总数338.49万户，其中4G以上移动电话用户203.18万户。

【中国联合网络通信有限公司威海市分公司】　2017年，中国联合网络通信有限公司威海市分公司加快4G和全光网络建设，丰富产品设计，提升信息通信服务能力，加强行风建设，落实电话实名制，强化网络安全，推出了系列为民、惠民服务新举措，企业经济效益和社会效益实现双提升。获得山东省富民兴鲁劳动奖状，受表彰中国联通好员工

1人、威海工匠1人、山东创新能手1人、威海市优秀员工2人。

信息化支撑能力提升　加快光网城市建设，持续扩大光纤接入网络规模，2017年新增宽带FTTH端口3万个。全区实现全光网络覆盖，实现了城市光纤到楼入户、农村光缆进村，宽带接入能力满足100～200M带宽需求，满足各类用户提速需求。提升用户接入速率，市民宽带可提速到100M，宽带接入速率50M以上用户占比近90%，联通电视用户均实现专网接入，并上线本地台。加快4G基础网络建设，新建基站155处，优化了通信信号质量，网络人口覆盖率达95.98%，面积覆盖率达86.23%。

"互联网＋"信息化平台应用　制定覆盖工业互联网集成、云计算、物联网、大数据4大核心领域的人才建设计划，加强信息化支撑队伍建设，完善支撑体系。优化创新业务组织体系，建立"综合化＋专业化"的支撑架构，强能力、促发展、树优势，打造威海联通"产业互联网专家"品牌形象。打造工业互联网联盟，形成产业链合作，为企业客户提供一点式支撑和一体化解决方案，推动威海企业实现新旧动能转换。加强创新业务产品的研发能力，以威海市加快新旧动能转换为契机，聚焦环保、医疗、教育、工业互联网等重点行业，努力践行与省政府签署的"互联网＋战略合作协议"，助推企业上云。2017年，平安监控、社区网格、"12345"平台、政务网等全区性项目持续推进，完成了智慧党建、智慧刘公岛、检务通、威海市环翠区公安巡更系统、鲸园办事处物管通、环翠机关公车管理等信息化项目建设，极大地提高了行业工作效率。信息化建设应用为人居城市、幸福威海建设提供了强力保障。

行风建设　组织开展客户口碑提升活动和客户感知专项攻坚行动。严格营业服务标准化，对厅内等待客户关怀式问候，主动送上一杯水，对办理业务有困难的客户开通绿色通道，免排队办理业务。设立客户接待室，客户投诉第一时间处理，及时联系客户，处理及时率100%，客户满意率在98%以上。拓展全业务电子化服务，客户可以通过微博、微信、网上营业厅、手机营业厅、短信营业厅、QQ、"10010"热线等多种渠道自助服务。2017年在"行风热线"听取客户问题31件，所有问题均在24小时内妥善解决。全年累计申诉率40.74件／百万户，圆满完成省通信管理局的管控目标值。不明扣费申诉率为0，无恶意扣费。深入推行宽带三项服务承诺：免费无条件提速、速率货真价实、480限时服务。2017年公司获得威海市第十一届消费者满意单位称号。

提速降费　倡导"明明白白消费"，对各类业务的资费标准明码标价，完善消费提醒，对流量异常费用波动进行跟踪分析处理。持续推进提速降费工作，推出全国流量不限量、省内流量不限量"冰激凌"套餐，联合腾讯、百度、阿里推出大流量产品，为用户提供了高速上网、手机电视、可视电话等丰富的业务体验，满足用户日益增长的流量需求。根据集团公司《关于取消手机国内长途和漫游费相关事项的通知》，自2017年9月1日起，面向所有手机用户取消手机国内长途和漫游费。全面推进网络实名制，新入网用户实名制达100%。

网络安全　强化网络安全管理，净化网络环境，加强防范通信网络诈骗宣传，通过营业厅、网厅、手厅、微信公众号、公益短信等用户触点向社会宣传提醒通信信息诈骗类型和危害，有效提高了群众的防范意识。加强应急队伍建设和物资储备，提高对自然灾害、重大活动及突发情况的快速反应能力。面对2017年夏季的持续暴雨、雷电、强降雨灾害，公司第一时间投入到防汛抗灾中，有效保障了群众通信畅通。加大对重点活动的保障力度，顺利完成了国际铁人三项赛等重点活动的通信保障任务。持续开展进社区服务活动，组织志愿者队伍深入社区面对面服务客户。坚持通过送信息化下乡，有效降低农民通信费用支出，大流量套餐引导更多的农村客户使用手机上网。主动开展联系村活动，帮助联系村安装视频监控和联通电视等，积极开展"慈心一日捐"活动，充分树立了优秀企业公民形象。

（刘序阳）

10月25日，威海联通重阳节到前进村慰问老人　彭　林　摄

【中国移动通信集团山东有限公司威海分公司】　2017年，中国移动通信集团山东有限公司威海分公司（以下简称威海移动公司）加快转型发展，服务威海经济建设，全面推进4G深度覆盖，强化有线宽带全面覆盖建设，率先商用NB－IoT（窄带物联网）网络，为威海智慧城市建设和信息化发展作出应有的贡献。连续多年被市委、市政府评为"年度经济发展突出贡献单位"称号。

强化网络建设　威海移动公司立足于宽带战略和智慧城市的总目标，坚持打造4G精品网络的建设理念，全年总投资5.7亿元，主要用于4G网络和NB－IoT（窄带物联网）建设，通过加快骨干传输网络建设，加大家庭有线宽带网络建设，完善网络覆盖优化建设等方面，推进智慧城市加速发展。借助大数据平台精确定位网络覆盖盲点，精准建设，对6000余处热点区域通过宏站、微站、室分等方式强化立体覆盖，截至12月底累计建设4G站点841处，蜂窝物联网站点216处，扩大对高铁、风景区、高校、农村等区域4G网络覆盖的深度和广度，为物联网业务发展提供有力支撑。

提升服务水平　威海移动公司不断强化业务和服务的协同，持续推进客户满意度和忠诚度稳步提升。聚焦短板改善，深入分析、挖掘客户投诉蕴含的机会和资源，为产品设计、业务流程、营销方式的优化提供重要依据，客户的感知得到有效提升；夯实业务和服务基础，重点抓一线基层单元的基础管理，在窗口人员服务标准和服务规范上下功夫，加强监督和检查，形成窗口人员服务提升的闭环管理，窗口服务质量再上新台阶；开展惊喜化服务、总经理接待日等活动，快速解决影响客户感知的问题，对客户反映的问题做到“事事有回音，件件有着落”，进一步树立企业服务的好口碑；持续优化网络覆盖，不断提升客户良好通话感知，实施提速降费、流量不清零等举措让利给客户，客户满意度和忠诚度持续保持业内领先优势。

助力智慧城市建设　2017年新建IDC机房投产，总出口80G直连青岛IDC云，为政府机关、企事业单位提供超大容量、安全高速、绿色节能、优质服务的网络平台。借助ICT集成能力，继续提升政务信息化支撑服务能力。为市机关事务局打造智慧公车监管平台后，又相继将区县局整合进平台，实现政务公车监管全覆盖；以威海移动建设的卫计委“智慧医疗专网”为载体，为威海中心医院、荣成26所乡镇医院、乳山人民医院提供移动医护、医院随访系统等信息化解决方案，助力医疗服务提升；为全市“天网工程”6000余个监控点位提供高品质、稳定光缆传输链路，在线率达99%，助力威海平安城市建设；打造“智慧消防”项目，实现车辆、人员、消防器材管理智能化，提升消防保障效率；参与出租车电召平台建设，为全区3000多辆出租车配备智能终端设备，实现车辆信息回传、远程定位、广告远程投放等功能；12月12日，全省第一家召开窄带物联网NB-IoT试商用发布会，发布智慧路灯、智慧停车场等相关应用。

履行社会责任　积极响应国家提速降费要求，9月1日全面取消国内长途和漫游费。为深化“宽带中国”建设，推进“互联网+”信息化服务，2017年新建27.3万户家庭有线宽带客户接入预覆盖工程，整体预覆盖用户达130万户，全市有线宽带覆盖率90%。农村宽带新接入552处、社区宽带新接入508处、建设楼宇宽带5375栋。扩容了当地OTT-TV业务平台，总容量达到472G，可承载35万机顶盒终端和用户，满足日益增长的社会需求。协助热电集团建设智慧热网，实现住宅小区楼宇远程智能温控，节能减排，大幅提升市民满意度；为公交建设智能化电子站牌管理系统平台，覆盖全市1000多个公交站点，为广大市民出行提供便利；市民可通过平台为“12349”便民服务热线长期提供独家的技术支撑和保障，服务居民累计达65.8万户，上门服务10.1万次，呼叫总量已达122.7万次，成功救助生病老人389人，居民满意度极高；积极配合各地开展“美丽乡村”建设，对农村的有线宽带、手机终端等实施特惠政策，以信息化助力村庄建设和发展。

（李　智）

12月12日，威海移动窄带物联网业务应用推广会召开　威海移动公司提供

【中国电信股份有限公司威海分公司】 2017年，中国电信股份有限公司威海分公司（以下简称中国电信威海分公司）以提升基础业务产能为重心，以深化划小机制改革为动力，以建设天翼4G和全光网“双百兆”精品网络为保障，大力发展“互联网+”、大数据、云和物联网等新技术新应用，全力助推“智慧城市”建设，实现业务规模快速发展。

“双百兆”精品网络初步建成　在基础通信网络建设上，建成天翼4G和全光网“双百兆”精品网络。继续加速推进FDD 4G网络建设，全年投资5000多万元，进行LTE五期和六期工程，新开通4G基站610个，至2017年底，基本实现全市城区99%以上全覆盖和农村地区90%以上覆盖。深入推进“宽带中国 光网城市”战略，全年投资3000多万元实施宽带光纤到户，全年新接入商务楼宇、居民小区和行政村374个，全市互联网出口带宽120G，出口利用率65%，宽带端口41.5万个，威海市区及县城城区宽带网覆盖达90%以上。

“提速降费”工作　全面推广光宽提速，降低移动业务和宽带业务资费，让利于民，在全市主推“50M普及百兆引领”，免费提速宽带用户达到10万多户，基本上实现50M起步、最高200M入户，全市电信有线家庭宽带用户平均网速达70M，100M及以上速率宽带用户占比达40%以上。下调业务资费，让利于民，相继推出大流量和不限量套餐，并搭配光网宽带和天翼高清电视业务融合，三网融合后用户综合价格下降幅度达50%以上。

积极推进智慧城市建设　中国电

8月19日，中国电信威海分公司组织志愿开展健康骑行宣传业务

中国电信威海分公司提供

信威海分公司利用自身在传统网络、物联网产业、云及大数据等方面的优势，大力推动企业和政府部门信息化改革，为客户提供私人订制的信息化解决方案，为促进地方经济的转型发展贡献力量。通过智慧党建系统、智慧安监系统、智慧交通系统等应用，优化政府职能部门的工作流程，提高了工作效率；全面发挥物联网优势，整合物联网产业链资源，全面助力当地企业向智能制造、智慧制造转型。2017年6月，中国电信成为全球首家NB-IOT网络全面商用的运营商。深入走访了解当地制造企业，整合产业上游资源，降低模组成本，为企业制定优惠的物联网资费套餐，为适合进行物联网转型的企业量身制定物联网改造计划，消除传统企业在进行物联网业务发展时的顾虑，将传统的附加值低的产品改造成为具有科技含量的高附加值产品，先后联合多家当地企业进行物联网产品开发。利用自身的渠道优势，帮助物联网企业进行物联网产品营销，完成物联网产业链上下游的链接，使整个物联网产业形成了可持续的良性循环；结合自身网络优势，推出云网融合业务，将云计算产品同强大的互联网专线结合起来，为企业提供周到的一站式服务，进一步降低企业成本，为企业信息化发展减负助力。针对技术力量薄弱的企业，联合当地互联网公司，打造基于“天翼云”的软件应用，直接可向企业提供云端服务，进行定制化开发，为企业进行新旧动能转换提供强大的信息化支撑。

提升客户服务水平 2017年，中国电信威海分公司装机平均时长、修障平均时长和装机履约率几项主要指标均在全省系统内排名前列。聚焦客户服务关键问题点，严格落实“首问负责制”，组织开展“诚信经营、感谢有你”专项“服务提升”行动，提高客户触点服务问题响应的及时性和客户感知度；着重提升窗口服务水平。7月，向社会公布“当日装、当日修、慢必赔”的服务举措，面向光纤宽带用户提供星级直享服务。开展营业厅服务评价，落实三级自营厅服务达标，根据省公司综合满意度评价及暗访数据采样，及时分析客户综合度及营业厅服务达标情况。强化营业厅管理，落实服务公示与承诺，全面规范落实各项服务公告及承诺，严格规范各渠道营销动作，加强各渠道节日营销行为管控，营业厅内公布投诉电话和用户意见簿，及时处理用户意见和建议，用户满意达98%以上；提升服务差异化与显性化，提升用户感知。组织开展“新媒体客服劳动竞赛”，通过新媒体手段满足移动互联网时代客服诉求，传播服务文化。组织全市客服人员开展“星级服务评定工作”“投诉处理人员服务技能大赛”“装维光宽带智慧家庭技能竞赛”等活动，全面弘扬服务文化；畅通社会监督渠道，提升行业满意度。优化投诉处理流程，建立和完善投诉热点问题源头控制机制和“投诉预警机制”，提升投诉处理及时率，提升投申诉管控水平。

构筑和谐企业建设 在推动企业快速发展的同时，中国电信威海分公司内树企业精神，外塑企业形象，全力构建和谐企业，积极回馈社会。加强网络信息安全管理，维护用户合法权益，严格落实用户实名制要求，加强技术手段管控，做好防范和打击通信信息诈骗专项工作。2017年关停涉诈号码970例，积极践行社会责任，自觉参加社会志愿服务。参与2017年威海铁人三项世界杯赛暨超级赛、第九届威海国际人居节等重大赛事以及海阳核电站应急演练等通信保障工作，为促进“美丽威海”建设作出积极贡献。

（孙连钊）

编辑　闫拥军

交通·邮政

综　述

【概况】　2017年，威海市交通运输局深入推进交通供给侧结构性改革，积极实施新旧动能转换重大工程，扎实做好稳增长、调结构、促改革、惠民生、防风险各项工作，开创“交通引领经济发展”“交通引领城市发展”的新局面，获评2017年度工作优秀单位。年末公路通车里程7064.46公里（含农村公路、国省道）。拥有威海湾港区、石岛港区、龙眼湾港区、蚂江港区、靖海湾港区和乳山口港区6个国家一类开放口岸（港区）、16个一类开放作业区、113个经营性码头泊位，开通国际、国内班轮航线21条，每周55个航班。全年铁路(不含城际铁路,下同)、公路、海运完成客运量3592.03万人次、客运周转量36.23亿人公里，分别比上年增长6.8%、3.3%；完成货运量9877.68万吨、货运周转量411.15亿吨公里，分别增长12.3%、7.8%。全年民航运输完成旅客吞吐量203.8万人次、货邮吞吐量5729吨，分别增长17.4%、9.0%。港口完成货物吞吐量7806.46万吨，增长3.3%；集装箱吞吐量100.10万标准箱，下降5.9%。公路运输完成客货运输总周转量168.8亿吨公里，增长9.6%，全省排名第五。全年新增机动车7.25万辆，保有量80.18万辆，其中新增小型汽车6.08万辆，保有量66.16万辆。全市邮政系统完成邮政业务总量14.92亿元，增长28.6%。

【基础设施建设】　重点项目前期工作有序推进，轨道交通线网规划提报市政府常务会议研究通过，并通过省住房城乡建设厅组织的专家审查，建设规划完成初稿；文莱高速项目完成法人变更，6.95亿元补偿费用拨付到位；荣乌高速威海绕城段项目调入全省“十三五”高速公路网规划；乳山口大桥项目可行性研究报告获省发展改革委批复立项；东部新城至威海南海新区快速通道、环烟威（昆嵛山）西部通道的规划论证取得成效。大项目建设快速推进，省道S201威东线田和至温泉段改建、威海港多式联运综合服务中心等23个重点项目完成投资15.8亿元。各项目共争取各类补助资金5亿元。

【行业创新发展】　港口规划发展取得重大进展，牵头协调解决制约威海港发展的18个重大事项，完成5个，销项3个。国际物流大通道建设取得重大突破。向南开行韩威广越海铁联运跨境集装箱运输班列，向西开行“潍威韩”海铁联运冷藏集装箱班列和威海—德国汉堡铁路集装箱国际货运班列、威海港—德国杜伊斯堡港海铁联运两条中欧班列，其中威海港—德国杜伊斯堡港班列是山东省首列“点对点”中欧班列，向东开行威海—韩国群山集装箱直航线，向北运作拟打通至俄罗斯的运输通道，更加突出威海“一带一路”关键节点城市的地位。中韩陆海联运运输货物2731吨，价值3022.5万美元。服务全域旅游取得重大成效。牵头编制以“一环两纵七横”为主骨架的全域旅游交通网络规划，新开通2条公交旅游专线，新投放88个省际市际旅游包车指标，新开发刘公岛旅游码头直通车水陆联游特色旅游项目，年接待游客新增10万余人次。

【行业转型发展】　新业态有序发展，积极推动“互联网+交通运输”融合发展，“互联网+”平台覆盖行业全领域，完成包括8个子项目的交通物流综合平台建设。新模式持续推广，积极推动货运场站加快发展跨境电商业务，威海港国际物流园海运快件监管中心正式启用。新技术加快运用，编制《新旧动能转换威海港国际集装箱绿色引擎驱动发展实施方案》，策划包含20个子项目、总投资约125亿元的威海港动能转换绿色引擎驱动项目，其中向省交通运输厅申报的威海港靠港船舶使用岸电项目获得专项补贴1672万元，威海港集团公司成为全省首批享受国家岸电补贴政策的港口企业。

【行业改革】　重点领域改革稳步推进，市委设立中共威海市委交通运输工作委员会，作为市委的派出机构，根据市直交通运输管理体制及机构调整情况，将市公路局党委、市地方铁路局党委、市港航局党委划归市委交通运输工委管理。积极稳妥推动交通综合行政执法体制改革，成立140人的交通运输综合执法支队。威海市出租汽车行业改革3个配套文件于9月1日起实施。

【安全监督】　安全生产监管。编制涵盖6大监管体系的安全监管标准，研发启用安全监管平台，成立64人的安全生产专家库。深入开展化工产业安全生产转型升级专项行动，注销4辆违规车辆的道路运输证，取消1家运输企业经营资质。维护行业稳定。围绕班线客运、出租改革、道路货运、寄递物流、实名验证等重点领域做好安保维稳工作。第一时间落实环保督察交办事项，完成6个交办事项的现场调查落实等工作。质量监督。围绕9项重点监督工程，规范建设程序、监管程序、操作程序，推进品质工程、平安工地建设，有效防范质量安全事故发生。

【服务民生】 农村公路畅通水平显著改善。全市投资4.7亿元，完成农村公路改造172公里；投资3575万元，完成874公里县乡公路生命防护再完善工程及58公里村级公路生命防护工程；投资2762万元，对11座农村公路危桥进行大修改造。精准扶贫提升标杆，将原定8个帮扶村4.5公里村道改造升级任务提升至27.3公里，完成投资792万元，惠及30余个帮扶村，受惠群众1万余名，同时对10个精准扶贫示范基地农村公路下达150万元补助投资计划；提前半年开通两个帮扶村城郊公交线路，方便沿线60多个村的群众出行。荣成市获评全国首批“四好农村路”示范县和全国城乡交通运输一体化示范县。乳山市获评全省城乡交通运输一体化示范县，入围全省“四好农村路”示范县创建名单。民生公交服务创优，优化调整公交线路，建成文登区智能调度中心，提升服务能力，全市2441个村实现城乡公交线路通达，威海市入围“十三五”全国首批50个“公交都市”创建名单。

【行业管理】 市场监管体系全面健全，深化放管服改革，承接省下放行政许可事项1项，取消市级行政处罚和其他权力事项4项，推动22项审批事项“零跑腿”，查处各类违法违章营运车辆1200余辆次。信用体系监管全行业覆盖，其中在超限超载治理中，对24家企业开具停业整顿通知书，注销1部3次以上违章车辆营运证件，对104名驾驶员超限行为作出考核计分处理。健全综合运输调度统计分析体系，立足“大交通”，建立日常工作协调机制，推动工作互通、信息共享，编发《威海交通综合运输信息》89期。加快建立行业文明创建体系，大力实施提速增效工程，修订完善各类岗位职责、标准、制度170多项；全面启动以“两个引领、四个提升”为主线的行业文明建设；以“礼让斑马线·文明我先行”活动为载体，推动文明创建走在全市前列，公交车、出租车礼让斑马线率100%。

（刘　胜）

【威海交通场站管理有限公司】 2017年，威海交通场站管理有限公司积极履行国有企业保障民生、服务社会职责，实现威海客运中心和市级公务用车调度中心的平稳运行，获评山东省“工人先锋号”、山东省“推行协商民主、强化社会责任”先进单位、威海市工会工作先进单位等。

威海客运中心　威海客运中心全年到发旅客683.29万人次，比上年增长27.6%；进站车辆260万辆次、公交车29.20万班次。10月1日，到发旅客3.66万人次，创运行后旅客单日周转量最高纪录。客运中心最高时开通动车27对、普列4对。12月28日，威海至石家庄往返动车开通。公司全面启动“威海客运枢纽公共服务标准化”省级试点创建工作，以标准构建、流程建设驱动内部管理提质增效。与威海市道路运输管理处及市区8家出租车公司建立联动机制，与威海公共交通集团有限公司强化运力调度，有效解决高峰时段、恶劣天气到站旅客的疏运问题。开展“共建文明和谐枢纽站”活动，与各驻站单位共同开展“爱心接力 让爱传递”活动，以“助残、助老、助弱、助幼、便民”为宗旨，开通绿色通道。联合济南铁路局烟台车务段威海站、威海北站及各驻站单位等开展反恐防暴演练、送新兵文艺演出，组织团队拓展、培训学习等活动，促进一体化服务流程建设。成立“小海豚”志愿服务队，开展夏送清凉、冬送姜汤、雨天撑伞等活动，全年帮扶旅客2万人次。与市残疾人联合会及高校、医院等联合，完善枢纽站公益服务保障机制，展示良好窗口形象。

威海市级公务用车调度中心　保障市直119个、威海经济技术开发区20个车改单位的用车服务，与全市72个事业单位、118家企业建立用车合作关系，完成10余场大型会议、赛事活动等及大雨暴雪等极端天气的应急用车保障工作。全年派车1.63万辆次，安全运行230万公里。

（卢　腾）

交通运输综合执法

【概况】 2017年，威海市交通运输综合执法支队不断强化执法队伍建设，加大监管力度，以专项整治活动为重点，保持对违法违章行为的高压态势。全系统检查各类营运车辆2.10万辆次，查处各类违法违章营运车辆1600余辆次，对各种违法违规行为起到有效震慑作用，保证道路交通运输市场健康、稳定、协调发展。

【交通运输综合执法体制改革】 年内，威海市交通运输监察支队整合市交通运输局、交通运输管理处、农村公路养护管理处、港航局等相关部门承担的行政执法职责，完成交通运输综

威海客运中心工作人员为旅客引导服务　　卢　腾　摄

合执法体制改革。威海市交通运输监察支队更名为威海市交通运输综合执法支队，重新核定事业编制140人，行使公路路政、道路运政、水路运政、港口行政等方面的行政执法职责。

【危险品运输监管】 结合辖区内化工企业分布和生产经营运输情况，重点加大对化工园区、危险化学品集中交易市场通往国省道的路口等重点区域的执法检查力度，走访相关危险品运输源头企业18家，查处违法违章危险品运输车100余辆次，进一步规范全市危险品运输市场经营秩序。

【出租市场监管】 对重点区域、路段采取错时执法模式，蹲点守候执法，严厉地打击非法从事出租汽车经营行为。结合网约车许可进度，制定执法计划，采取教育引导、约谈整改、上路执法、行政处罚相结合的方式，分阶段对不合格网约车非法营运等行为进行集中整治。查处非法营运“黑车”410余辆次，其中网约车270余辆次，维护乘客合法权益，保证出租客运市场规范运行，确保过渡期内网约车市场规范运行。

【客运班车、旅游包车监管】 根据班车客运、旅游客运市场规律，联合旅游、景区管理部门，组织执法力量在节假日期间及旅游旺季对旅游景点、车辆人员密集区域、重点路段开展专项检查，查处客运包车、旅游包车等各类违法违章营运客车450余辆次，保障旅游客运市场规范、安全运行。

【超限超载监管】 年内，与公安部门开展联合“治超”40余次。深化与各相关责任单位的联勤联动、信息共享机制，采取固定和流动检查相结合的方式，对非法改装、超限超载车辆进行集中整治，查处超限超载运输货车120余辆次。

【散流物体运输监管】 加强对散流物体运输的监察管理，在检查区域上实现市区扬撒治理工作具体化、全覆盖，查处扬撒运输货车140余辆次，督促整改密闭措施不到位的运输货车600余辆次，制止违规倾倒330余次，配合相关部门从源头上控制扬尘污染。

【规范化建设】 强化各项制度建设，推出《重大行政执法决定法制审核实施细则》《行政执法信息公示办法实施细则》《行政执法全过程记录实施细则》等制度，制定《执法风险管控体系建设实施方案》《交通运输监察执法暨安全监管工作规范》等文件，将执法过程的各个重大环节进行规范。理顺完善内部配套管理制度，采取痕迹化管理、网格化管理、廉政安全流程化管理、执法风险管控体系建设等系列措施，提高规范化水平，夯实交通运输行政执法基础工作。

（岳　兰）

市交通运输监察支队执法人员对营运客车进行检查　市交通运输局提供

港口建设与管理

【概况】 全市港口统称为威海港，由威海湾港区、石岛港区、龙眼湾港区、蜊江港区（已停产）、靖海湾港区和乳山口港区6个港区组成，全部为国家一类开放口岸，其中乳山口港区为2017年6月获得国务院批准。包含威海新港、威洋石油码头、龙眼港、三进船业码头、三星重工码头、伽耶船厂码头、石岛港、朱口港、好当家港（凤凰尾港）、荣喜港、远通船厂码头、和兴船业码头、南海新港（张家埠新港）和乳山口港等16个一类开放作业区。拥有经营性码头泊位113个，其中1万吨级以上泊位42个、5000吨级泊位16个。全市具备港口经营资质的企业66家，其中综合性港口10家、专业性港口16家、从事危货作业的渔业码头19家、船舶港口服务类企业（从事为靠泊船舶提供油料、物料及生活品供应业务）21家。2017年，全市港口完成货物吞吐量7806万吨，比上年增长3.3%，其中外贸3318万吨，增长5.6%；集装箱吞吐量100万标准箱，下降5.9%。港航安全生产形势持续稳定，实现安全生产零事故。强化重点项目引领作用，加快重点项目建设，不断提升港口承载功能。威海湾港区防波堤工程等3项在建重点项目完成投资1.8亿元，累计完成投资10.1亿元，占总投资的83.3%。其中，石岛港区12～15号泊位工程全部完成并通过交工验收。石岛港区16～18号泊位工程、威海港航道工程及扩建工程等3项工程通过省交通运输厅竣工验收。大力推进港口防污染先进技术应用，编制完成《港口和船舶污染物接收、转运及处置设施建设方案》，经市政府审批实施。方案综合分析威海市港口、船舶污染物排放状况，预测2020年港口、船舶污染物产生量，明确污染物接收、转运及处置设施建设目标、内容、运管方案和保障措施。

【中韩自贸区威海港国际集装箱多式联

运综合服务中心项目一期工程投入使用】 项目位于威海港集团新港区，毗邻作业区，占地总面积46.15公顷，疏港铁路专用线贯穿其中，为入驻海运、货代、船代、物流等航运企业及辅助业提供集装箱陆海联运、海铁联运、集装箱堆存、装卸及拆拼、公共仓储、区域分拨与配送、口岸报关等物流公共服务，是具有口岸服务功能的多式联运型物流园区。该项目是山东省、威海市重点规划建设的货运枢纽（物流园区）之一，被纳入交通运输部《“十三五”货运枢纽（物流园区）建设方案》《威海市国民经济和社会发展第十三个五年规划纲要》《威海市交通运输“十三五”规划》等相关规划。一期工程建设总占地面积12万平方米，2017年底建成并投入使用。

【威海港肉类指定口岸正式启用】 11月14日，一批进口巴西冷冻牛肉抵达威海港，这是威海港自获批进口肉类指定口岸资质后开展的首次进口肉类业务，标志着威海港肉类指定口岸正式启用。威海港已开通青岛港和大连港外贸内支线，每周分别为8个、3个航班，运输船舶密集。随着进口肉类货物量的不断增加，可为威海及周边地区肉类进口企业提供更加便捷的口岸通道，推动全市进出口贸易快速发展。

【威海港集团公司岸电项目建成】 威海港集团公司落实国家节能减排战略决策，大力推进岸电工程立项和建设，加快绿色港口建设步伐。新建成总容量5900千伏安的岸电设备工程，分为客运码头2000千伏安高压变频岸电系统工程项目和货运码头低压变频岸电系统工程项目两部分，总投资约2900余万元。至2017年底，公司所有码头已全部具备散货船舶及大型国际、国内客滚班轮高低压双制式变频岸电供电能力，岸电技术在国内处于领先地位。

威海港客运码头2000千伏安高压变频岸电系统
市港航局提供

【威海港引航站】 威海港引航站负责对进出威海市港口区域的船舶提供引航服务，下设石岛分站、龙眼分站、南港区分站、乳山分站4个基层分站。2014年，推行新版《引航安全管理体系》，建成并运行集引航申报、管理、监控、结算等功能于一体的信息化引航指挥调度系统。2016年12月，第一艘专业引航交通艇“威引1”建成并投入使用。2017年9月，实行引航水域整合，将引航员持有威海、龙眼、石岛等不同港口水域作业资质证书的作业范围，统一整合为威海行政区域内各港口及其附近水域，实现“三证合一、一证通用”，解决引航员不能跨水域作业问题。2017年，引领各类船舶5083艘次、总吨6259.04万吨。其中，引领“河北张家口”轮靠泊威海港，创下引领船舶的吃水深度记录；引领集装箱船“阿瑞斯”轮靠泊荣成鑫弘重工码头，创下引领船舶的最大尺寸纪录。

【威海湾港区】 主要由威海港集团新港作业区、华能威海发电有限责任公司煤码头作业区、威洋石油有限公司码头作业区和三进船业码头作业区组成。

威海港集团新港作业区　威海港集团是专业从事港口生产经营和建设的港口企业，主要从事集装箱、散杂货、油品、国际快件、旅客、车辆等装卸、仓储业务，以及货运代理、航运、仓储物流、保税服务、贸易、旅游等。新港区东邻华能威海发电有限责任公司，西邻杨家湾，南邻海埠村、沟北村，北邻威海湾，码头岸线总长3925米，陆域面积210万平方米，水域面积471万平方米。主要从事集装箱、散杂货、成品油运输及国内国际客运业务，拥有码头泊位17个，其中3万总吨客滚泊位3个，3万总吨客运泊位、2万总吨客滚泊位各1个，10万吨级、7万吨级泊位各1个，5万吨级泊位3个，2万吨级泊位4个，1万吨级及以下泊位3个。拥有各类港区仓库7座，总面积6.9万平方米，其中保税仓库面积4.4万平方米；散杂货和集装箱堆场面积80万平方米。拥有各种主要港口装卸作业设备410台（套）、运输车辆126辆，其中门机17台、岸桥6台、场桥2台、41吨轨道吊4台、装载机28台、叉车92台、汽车起重机4台、正面吊6台、牵引车49台。已开通每月至韩国、日本、青岛、大连、黄埔等港口的国际国内集装箱班轮航线和至韩国仁川、平泽以及至大连等港口的国际国内客滚班轮航线200多个班次，被列为中韩陆海联运试点口岸；开通多条至潍坊、东营、莱州、京唐等环渤海港口的散杂货和集装箱中转航线。2017年9月，开通威海港——德国杜伊斯堡港中欧班列。该班列全部使用带有中欧班列标志的专用集装箱和中铁总公司中欧班列特定编号，是山东省首条“点对点”中欧班列。2017年，完成货物吞吐量4468万吨，其中外贸2334万吨，集装箱73.3万标准箱；运送旅客130.1万人次、滚装车辆13.7万辆。

华能威海发电有限责任公司煤码头作业区　位于威海湾港区东南端，是华能威海发电有限责任公司投资建设的企业自用煤炭专用码头，主要用于装卸煤炭和粉煤灰。码头全长430米，拥有2个2万吨级泊位、1个2000吨级港作船码头泊位，防波堤长180米，堆场面积4.6万平方米，设计年吞吐能力500万吨。码头配备5台卸船机及输煤系统、2个3000立方米干灰储罐输送系统。2017年，完成货物吞吐量401万吨。

威洋石油有限公司码头作业区　位于威海湾港区东南端，西邻华能威海发电有限责任公司煤码头，是威洋石油有限公司投资建设的企业自用石油专用码头、国家一类开放作业区，主要接卸成品油、液化石油气、燃料油、液体化工品。码头有5万吨级、2000吨级成品油、液体化工品专用泊位及工作船专用泊位各1个，配置配套的消防、污水处理等辅助设施，设计年吞吐能力200万吨。码头成品油储存量16.8万立方米（其中9.8万立方米为国家成品油公共保税库），液化气储存量5200立方米。码头配备国外先进的输油、输气设备，辐射能力强，输转效率高，安全性能好。在安全管理上，加强风险分级管控与隐患排查治理双重预防机制建设，对储罐增设液位高低报警连锁和紧急连锁装置，进一步提高安全系数。2017年，码头成品油吞吐量46万吨。

三进船业码头作业区　位于威海经济技术开发区崮山镇皂埠口，是三进船业有限公司投资1.12亿美元建设的企业自用码头，拥有船台4座、船坞1座、浮船坞1座和舾装码头7座，并设有CASLINE分段流水线1条，为国家一类开放作业区。威海三进船业有限公司于2000年11月成立，2014年停产，2015年12月重组。2016年9月7日，重组后生产的第一艘船H1051下水，2017年1月10日完成交付。2017年，建造并交付各类船舶6艘，实现产值4.7亿元。

【石岛港区】 主要由石岛港作业区、朱口港作业区和荣喜港作业区组成。

石岛港作业区　位于荣成市石岛管理区东南端的石岛湾西侧，是集客货、集装箱、散杂货冻品和船舶修理等功能于一体的现代化港口，为国家一类对外开放口岸。港区面积200万平方米，货场面积20万平方米，水域面积240万平方米，有生产性泊位14个，其中1万吨级以上泊位9个、5000吨级泊位5个。装卸设施有集装箱装卸桥6台、轮胎式集装箱场桥6台、集装箱正面吊运机5台、斯太尔集装箱拖车150辆、门座式起重机15台、16吨轮胎吊4台、集装箱正面吊3台、集装箱堆高机2台、拖轮4艘、320吨浮吊1艘。已开通国际客滚班轮航线2条（石岛—韩国仁川、石岛—韩国群山）、国际集装箱班轮航线3条（石岛—日本关东、关西，石岛—韩国—日本）、国内集装箱航线1条（石岛—青岛外贸内支线）。先后获批中韩陆海联运试点口岸、进口冰鲜水产品指定口岸、进口食用活水生动物指定口岸、荣成海关跨境电商监管场所、进口肉类指定口岸、进口澳大利亚屠宰用肉牛指定海运口岸。2017年，完成货物吞吐量1811万吨、集装箱吞吐量26.7万标准箱、客运量33万人次。

朱口港作业区　位于荣成市人和镇朱口村，港区面积7900平方米，水域面积500万平方米。拥有1万吨级泊位1个。2017年，完成货物吞吐量1.85万吨。

荣喜港作业区　位于荣成市人和镇靖海湾畔，港区面积8万平方米，货场面积4000平方米，水域面积10万平方米。有5000吨级泊位1个、3000吨级泊位2个、40吨汽车吊2台。2016年获批为国家一类开放作业区，主要从事鱼、货、石油类产品的装卸、储存和船舶维修。2017年，完成货物吞吐量35.6万吨。

【龙眼湾港区】 主要由龙眼港作业区、马山港作业区组成。

龙眼港作业区　位于荣成市成山镇西霞口龙眼湾港区内，是全国第一家村办国家一类开放港口，以石油、煤炭、矿建、木材、水产品等散杂货运输和船舶修理为主。港区面积106万平方米，水域面积150万平方米。有泊位8个，其中5万吨级泊位1个、1万吨级泊位3个、5000吨级泊位2个、3000吨级泊位2个。主要装卸设备有正面吊2台、30吨岸吊13台、叉车8辆、60吨集正面吊2台、斯太尔自卸车24台。2013年9月，将马栏湾纳入龙眼湾港区总体规划。已开通龙眼港至韩国平泽客滚班轮航线。先后获批中韩陆海联运试点口岸、进口冰鲜水产品指定口岸、进口食用活水生动物指定口岸。2017年，完成货物吞吐量352万吨。

马山港作业区　位于荣成市成山镇养鱼池湾，港区面积50万平方米，货场面积1万平方米，水域面积20万平方米。有3000吨级泊位2个、16吨起重机1台、5吨轮式装载机1台，主营装卸煤炭、盐、矿砂等散装货物。2017年，完成货物吞吐量32.9万吨。

【靖海湾港区】 主要由张家埠港作业区、南海新港（张家埠新港）作业区、好当家港（凤凰尾港）作业区组成。

张家埠港作业区　位于文登区靖海湾港区北岸，码头岸线总长220米，拥有1000吨级泊位3个，进港航道13公里，是国家一类开放口岸作业区。港口装卸设备最大起重能力16吨，主要经营柴油、汽油、煤炭、盐等。2017年，完成货物吞吐量18.2万吨。

南海新港（张家埠新港）作业区　位于文登区靖海湾港区西岸，泽库镇前岛村南，是新建港口作业区。一期工程拥有5000吨级杂货泊位2个，码头岸线长305米，年设计吞吐量107万吨。2017年，完成货物吞吐量18.7万吨。二期工程主要建设2个5万吨级通用泊位、3677米防波堤和5万吨级航道，码头岸线长521米，设计年通过能力333万吨。至2017年底，完成防波堤工程建设3000米。

好当家港（凤凰尾港）作业区　位于荣成市西南端、靖海湾畔，面积3.5万平方米，堆场面积2.5万平方米，仓库面积1万平方米，水域面积12万平方米。有3000吨级泊位1个、1000吨级泊位1个、70吨汽车吊1台、8吨电动吊1台、大型装载机2台，主营散杂货装、成品油。2017年，完成货物吞吐量42.5万吨。

【乳山口港区】 主要由乳山口港作业区组成。乳山口港老港区有500吨级泊位1个、1000吨级泊位1个，港口装卸设备最大起重能力16吨；新港区有2万吨级散杂货泊位2个，码头全长390米，设计年吞吐能力194万吨，配备门座式起重机4台、装载机5台，最大起重能力25吨。2017年6月24日，被国务院批准为国家一类对外开放口岸，主要以装卸煤炭、矿石等散杂货为主。2017年，完成货物吞吐量80.8万吨。2008年成立乳山兴港海上游乐有限公司，主要承担小青岛—旗杆石和南黄岛—挂子场陆岛旅客运输业务，拥有客船4艘、快艇5艘，共188客位。2017年，完成客运量2.52万人次。

（宫本胜）

海　运

【概况】 2017年，全市海上运输新建、新增省际运输船舶5艘2.89万载重吨，淘汰船舶5艘1.65万载重吨。至年底，全市省际运输船舶达到91艘62.4万载重吨（1万载重吨以上普通货船13艘），主要从事国内沿海及长江中下游干散货物、油品运输业务；中韩班轮运输企业5家，客箱班轮5艘4001客位1202箱位，从事威海至韩国客货（箱）运输；国际船舶管理公司15家，代管船舶（挂中资方便旗）38艘28.9万载重吨，主要从事近、远洋国际货物运输；市内水运企业（海上旅游公司）9家，拥有旅游客船、游艇48艘429客位，主要从事辖区陆岛旅客运输和海上游览观光业务。全市港口开通国际、国内班轮航线21条，每周55个航班。其中，客货班轮航线6条，每周29个航班（通往韩国仁川、平泽、群山等地5条，每周15个航班；通往大连1条，每周14个航班）；集装箱班轮航线15条，每周26个航班（通往日本横滨、九州、关东、关西和韩国仁川、平泽、群山、釜山等地12条，每周15个航班；通往青岛、大连等国内沿海港口3条，每周11个航班）。全市开辟威海至刘公岛、刘公岛至鸡鸣岛、小石岛至褚岛、环威海湾、荣成西霞口至海驴岛、荣成荣喜码头至苏山岛、乳山港至小青岛、乳山挂子场至南黄岛等8条海上旅游观光航线，开发海国际海水浴场、威海九龙湾、荣成桑沟湾、乳山银滩和威海南海新区南海金滩5处海上游览观光项目。2017年，全市水运企业完成客运量487.8万人，比上年增长12.4%；完成客运周转量3.8亿人公里，下降3.5%；完成货运量1915.6万吨、货运周转量244.7亿吨公里，分别增长5.9%、6.5%。

【发展国际邮轮旅游产业财政奖励】 12月21日，市港航管理局、财政局、旅游发展委联合印发《发展国际邮轮旅游产业财政奖励意见》。意见对开展到威海始发航线或挂靠航线业务的境内外邮轮公司、提供邮轮服务的邮轮港口（码头）经营企业、船舶代理公司分别制定奖励政策。其中，邮轮公司按年度进行奖励，根据吨位和航次实施差别补贴。5万总吨以下邮轮，每增开5个航次为一个档次。

【威东航运有限公司】 威东航运有限公司所属“新金桥Ⅱ号”“新金桥Ⅴ号”分别从事威海、青岛至韩国仁川客货运输业务，2017年，开拓天津—京仁集装箱航线和太仓—仁川集装箱航线。同时，在客运方面充分利用“互联网+”技术，实现携程网等线上线下的互联互通，客源从当地拓展到全国。建立实施船舶动态监控值班体系，确保营运安全。2017年，安全运行1438航次，运送旅客17.8万人次、集装箱15.7万标准箱，总收入1.13亿美元。该公司全面推进船舶更新工作，预计2018年以“新金桥VII”轮替换“新金桥II”轮。公司始终把为旅客、货主提供优质、文明服务放在首位，把体系化服务管理贯彻到经营活动的全过程，先后获得中国物流与采购联合会颁发的“AAAA级物流企业”资质证书，被评为2017年度威海市对外经济贸易先进单位、纳税明星企业、对外经济贸易特别贡献企业等。

【威海市海大客运有限责任公司】 山东省唯一一家经营威海至大连航线客滚运输业务的水运企业，拥有“生生1”轮和“生生2”轮2艘客滚船，总吨位3.12万吨，总客位3186个，车道线1815米。其中，“生生2”轮是国内第一艘满足“安全返港”要求的新型豪华客滚船。公司始终以安全为主线，全面落实安全生产“组织机构保障、规章制度、物质资金、管理、事故报告和应急救援”五大保障责任，确保安全生产主体责任落实到位，持续保持安全标准化一级达标企业，年度核查为“优秀”。2017年，投入安全生产资金260余万元，为安全营运提供保障。组织消防救生等各项应急演练120余次，组织消防、车辆移位等综合应急演练4艘次。连续10年被中国海事局授予“安全诚信公司”称号。2017年，安全运营1192航次，运输旅客74万人次、车辆6.6万辆次。

【威海胶东国际集装箱海运有限公司】 由威海宏桥贸易有限公司和韩国正仁海运株式会社出资成立的中韩合资国际海运企业。2009年开始从事威海至韩国平泽的客货班轮运输业务。2012年公司资产重组，威海港集团有限公司持有84.0%的股份。2016年，拓展经营范围，兼营进出口货物的国内、国外运输代理业务。拥有“中达永安”轮（2.41万总吨750客位214箱位）。为优化运力，提高中韩客货运输档次，公司建造新船更替“中达永安”轮，于2017年3月开工，预计2018年建成并投入运营。2017年，运送旅客11.66万人次、集装箱5.17万标准箱，实现经营利润3688.84万元。

【荣成华东海运有限公司】 由石岛集团有限公司、韩国斗宇海运株式会社及金裕锡三方共同出资成立的中韩合资国际海运企业，主要从事荣成石岛港至韩国仁川港的客货运输业务。拥有客滚船“华东明珠Ⅷ”轮（3.5万总吨1500客位），每周3个航班，航程12小时。2017年，运送旅客15万人次、集装箱5.3万标准箱。

【石岛国际航运有限公司】 由荣成石岛新港港务股份有限公司与韩国沧溟海运株式会社合资成立的国际海上运输企业，主要从事荣成石岛港至韩国群山港的客货运输业务，是中国唯一至群山港的客货班轮航线。拥有客滚船“SHIDAO”轮（750客位203箱位），每周3个航班。2017年，运送旅客18.5万人次、集装箱2.6万标准箱。

【威海市旅游码头有限责任公司】 是威海市国有资本运营有限公司和威海刘公岛实业发展有限公司控股的有限责任公司，从事威海至刘公岛、环刘公岛观光游以及海上观光、垂钓、婚纱摄影等旅游客运业务，是交通运输系统安全生产标准化达标二级企业。拥有旅游船艇26艘，其中威海—刘公岛航线营运船舶20艘2600客位、环岛航线营运船舶4艘490客位、游艇和登陆艇各1艘。岛内码头可同时停靠客渡船5艘，岛内候船大厅6500平方米。岛外刘公岛客运中心地上三层分别设置候船大厅、售票大厅和旅游服务大厅等，拥有固定泊位6个、浮码头泊位4个，大小停车位1200余个。2016年，把码头引桥和港用趸船改造成浮码头，疏导旅游旺季客流。2017年，运送游客318.8万人次，其中实施豪华游营销策略，打造高端VIP快速观光通道，接待高端客户31批次。

【山东侨乡国际旅游有限公司】 成立于2013年11月，其前身为威海顺航海上旅游有限公司，隶属于山东侨乡集团。拥有“侨乡号”客船，从事威海沿海短途游览观光业务。“侨乡号”功能设施趋于邮轮模式，可载客499人，船内设置33套贵宾间和标准间客房、11个餐饮包间、可容纳376人的演艺与餐饮大厅、可容纳36人的独立贵宾厅。2015年起，公司创新管理理念，运用“互联网+”思维模式营销，提高公司整体效益。2017年，继续与青岛、日照等地旅行社保持战略合作联盟，进一步拓展散客旅游市场。4月17日，承办“侨乡号”第四届太阳文化节。全年接待游客23万人次，总收入1600万元。

【荣成市鸡鸣岛旅游开发有限公司】 位于荣成市港西镇鸡鸣岛村，成立于2011年10月9日，主要从事鸡鸣岛至朝阳角陆岛旅客运输业务，是交通运输系统安全生产标准化三级达标企业。拥有客渡船3艘170客位。有鸡鸣岛及虎头角500吨级泊位各1个。岛内有渔家乐30余家，可接待游客吃饭、住宿300余人；岛外虎头角码头总长190米，占地总面积3000平方米，设有候船室、大小停车位300余个。2017年，运送旅客17.2万人次。

【山东威海西霞口旅游有限公司】 位于荣成市成山镇西霞口龙眼湾港区内，1997年7月8日成立，股东为荣成西霞口旅游控股有限公司，有旅游客船6艘537客位，主要从事龙眼港至海驴岛旅游运输和景区服务管理业务，是交通运输系统安全生产标准化三级达标企业。2009年4月起，公司对海驴岛至骡子头陆岛交通码头进行加固整修，于2015年竣工验收。海驴岛码头可同时停靠客渡船4艘，龙眼港客渡码头拥有固定泊位5个，可同时停靠客渡船5艘，拥有大小停车位400个。2017年，运送游客16万人次。

（宫本胜）

道路运输与管理

【概况】 2017年，全市有客运班线407条、客运车辆1081辆（含客运包车462辆），二级以上汽车客运站6个，公交线路325条、公交车辆2252辆，巡游出租汽车2490辆，经营性货车2.61万辆，维修业户2149家（一类26家、二类243家、三类1703家、摩托车维修业户177家），汽车综合性能检测站7家，驾校21家、教练车1250辆、教练员1318人。全年完成货运量7896万吨、货运周转量165.8亿吨公里，分别比上年增长14.0%和9.7%；客运量2834万人次、客运周转量29.3亿人公里，分别增长6.3%和4.2%。

【运力结构优化】 引导营运车辆向低碳化、专业化、大型化方向发展，禁止高污染车辆进入运输市场，全市新能源营运车辆达4497辆，比上年增长7.0%；“大专特”货车达到1.67万辆，占营运货车总数的64.0%，所占比例提高8个百分点；积极推进国三重型柴油营运货车管控，其中6880辆达到环保检测标准或报废、退市，占所需完成总数的98%。

【产业结构调整】 道路客运方面，积极融入综合运输体系，瞄准城铁通达盲点和对接周边机场合理规划省际、市际客运班线，组织开通威海机场至中心城区及各区市的机场专线。道路货运方面，积极培育先进运输试点业务，多式联运、甩挂运输、冷链物流等特色运输组织方式实现市场化运作，跨境电商业务实现规模化发展，威海港国际物流园海运快件监管中心正式启用，全年完成跨境电商进出口货物208万单，直接经济价值1.6亿美元。出租客运方面，利用现代信息技术提升传统巡游车运营效率和服务水平，推行电召服务运营模式，推广二维码、市民卡等非现金支付方式，全市电召APP全年完成叫单数35.7万单。机动车维修方面，大力倡导绿色维修经营理念，推广应用节能减排新设备和新工艺，全市二类以上维修企业普遍与资质企业签订危险废弃物回收协议。驾驶员培训方面，引导创新供给服务方式，对已有计时培训系统进行升级改造，督促驾校全面落实计时培训制度，推广网络预约培训、一对一特服培训等新模式。

【管理服务规范】 加强规范化建设，全面梳理建立部门职责清单、权力清单、责任清单、安全监管标准清单及公共服务事项清单，推行“双随机、一公开”监管方式，行业管理的规范性、公平性和有效性进一步提升。严格落实“一个窗口受理制度”，将道路运输从业资格认定、从业人员诚信考核、客货站级验收等其他权利事项集中纳入政务服务中心，以实现群众“零跑腿”“少跑腿”为目标，方便群众办事，中心窗口4个季度均被评为优胜服务窗口，年度被评为群众最满意窗口。

【安全生产】 安全责任体系日益健全，编制涵盖全行业的道路运输安全监管标准清单，形成标准化、规范化、清单式的安全监管模式。人员管理能力不断提升，完成道路运输企业主要负责人和安全管理人员能力考核，1061人取得合格证书。安全专项活动全面深入，开展行业内各领域的专项整治行动，在重点推进的化工产业转型升级行动中，对全市危货运输企业实施网格化管理模式，做到零容忍、全覆盖，全年行业内安全生产形势保持总体稳定。

【行业文明建设】 围绕打造“阳光蓝的”“快修直通车”“幸福e驾”等行业服务品牌，组织开展警的巡防联动、“雷锋日”献爱心、高考运输服务、维修服务进社区进军营、文明交通进驾校等活动。全年行业涌现好人好事2031人次、拾金不昧折合现金约140万元，出租“阳光蓝的”获评全省道路运输行业“十大创新服务品牌”。

（王鹏炜）

【威海交通运输集团有限公司】 成立于1988年，有员工2000人，辖8个客货运分公司、5个二级以上汽车站。公司在大力发展客货运主业的同时，涉足房地产、酒店旅游、车辆维修、石油销售、建筑建材及公交校车等领域，具有国家二级客运、货运企业经营资质。至2017年末，公司拥有车辆909辆，其中班线客车及客运包车427辆、货车20辆、公交车212辆、校车135辆、教练车43辆、租赁车10辆、非营运车62辆。2017年是公司的转型创新深化年。公司发挥资源、品牌优势，大力发展校车、公交车业务，通过网络平台宣传公营车业务，开展专车接送服务，加大威文、威乳城际快线的管理力度，提升服务质量。交运五分公司建315千伏变电站。威海汽车站实施运游结合，将原由旅游汽车分公司经营的威海旅游集散中心交由威海汽车站运营，为出站旅客提供旅游服务；组建威海交运校车管理服务有限公司，为威海市唯一的校车运营公司。公司坚持安全发展，各项安全考核指标均优于标准。公司奉行“真诚相伴”的企业发展理念，主动适应经济发展新常态，社会美誉度不断增强，先后获评中国道路运输百强诚信企业、全国交通运输企业文化建设优秀单位、全省交通系统文明建设先进单位等。

（陈　莹）

【威海市联运有限公司】 成立于1988年，是威海市唯一具有山东省A类联运经营资质的规模型运输代理企业。公司倡树“诚信联运”品牌，不断推行业务升级和自我改造，逐步向现代物流企业迈进。2004年，公司通过GB/T 19001、GB/T 28001质量健康安全管理体系标准认证。公司设有公路快运专线、旅游、汽修、城市客运出租、货运有形市场以及海陆空货物联运全程代理等业务，连续20多年保持市级“守合同重信誉”和“文明单位”称号，先后获省交通运输系统“先进企业”“劳动关系和谐企业”等称号。2017年，公司继续深入创建安全型、节约型和谐企业，注重企业升级和自我完善，保持较好的经营效益。公司主业快运分公司完成综合货物联运量4万余吨；城市出租车驾驶员满意度继续提升，社会影响力不断增强，获评威海市出租客运行业优秀企业；汽修业务效益较稳，增设油改气服务，提高业务收入；威海经济技术开发区货运市场的货运信息服务、设施配套及服务保障等功能进一步完善，对房屋资源进行整合，不断探索新的经营项目和合作商机，保持良好持续发展态势。

（傅　俊）

城市公共交通

【概况】 2017年，全市公交运营线路325条，运营线路总长度1.03万公里，公交车辆2252辆，完成客运总量2.19亿人次，平均日客运量60万人次。其中，中心城区公交运营线路98条，运营线路总长度2872.8公里，公交车辆1221辆，完成客运总量1.49亿人次，平均日客运量41万人次。全市巡游出租汽车2490辆，完成客运总量6000万人次，平均日客运量16.5万人次。其中，中心城区巡游出租汽车1551辆，完成客运总量4000万人次，平均日客运量11.4万人次。

【公共交通服务能力提升】 中心城区新开通和优化调整公交线路21条，新购置节能环保和新能源公交车102辆，改造公交候车亭201座，安装电子站牌100座，“威海公交”手机查询系统注册用户42.6万人。乡镇区域以实施城乡公交一体化和“村村通”工程为载体，为城乡居民出行提供便利，全市具备通车条件的2441个建制村全部实现城乡公交线路通达。

【出租行业改革】 9月1日，《威海市人民政府办公室关于深化改革推进出租汽车行业健康发展的实施意见》《威海市网络预约出租汽车经营服务管理实施细则》《威海市巡游出租汽车经营服务管理办法》3个出租汽车行业改革配套文件正式实施，为促进巡游出租汽车转型升级、规范网络预约出租汽车经营、推进新老业态融合发展提供制度保障。至年底，4家平台公司取得经营资质，核发网约出租运输证车辆185部、网约出租驾驶员证71件。

【巡游出租经营权续标】 组织对市区1451辆巡游出租汽车开展经营权续标工作，结合上一经营期质量信誉考核情况，对所有参加续标车辆及人员资格条件进行全面审查，续标车辆与从业人员资质全部达标。在此基础上，本着高效便民、维护稳定原则，积极服务，化解分歧，经营权续标及车辆审验工作圆满完成，出租行业形势保持总体稳定。

（王鹏炜）

【威海公共交通集团有限公司】 2017年，威海公共交通集团有限公司紧扣“民生第一、服务至上”的发展理念，调结构，补短板，惠民生，优生态，积极履行国企公益职责，圆满完成年初确定的各项任务。全年完成客运量1.61亿人次，营运里程6492.7万公里，与上年基本持平。

民生实事工程　作为市政府向群众承诺要办的实事之一，开通K7、8、45、46、128路以及初村内循环等7条线路，优化调整2、16、36路等14条线路，在10余条主干线路增设区间车、高峰快车，城市公交多层次、差异化服务体系逐步完善。丰富公众出行信息服务，推动智慧公交顺势而上。在文登区建立智能调度中心，实现文登城区13条公交线路手机查询全覆盖；引导公众利用手机查询系统智能出行，用户数42.6万人，日均点击量13.3万人次；在郊区建设100个电子站牌，实现城区公交电子站牌全覆盖。继续加大对城市公交车辆更新换代的步伐，推广新能源和清洁能源等低碳、高效的公交车。购置102辆气电混合公交车，其中包括无障碍公交车4辆，威海市区公交车辆的环保化比重达100%，位于全国前列。继续完善城市公交基础设施，新建、改造世昌大道以及初村、羊亭、威海临港经济技术开发区等周边乡镇公交候车亭201座，将城区120个公交候车亭不锈钢座椅全部更新为防腐木座椅。

文明服务　制定行风建设相关制度，对群众反映的问题和意见逐条进行督办落实，逐一跟踪回访，做到建议和问题事事有着落、件件有答复。年内根据乘客的意见建议，调整10条线路，增设16个站点，增开的107路果农专线车受到群众好评。全年乘客意见、建议处结率100%，群众回复满意率98%。成立1000余名志愿者参加的公交志愿服务队，在市区主要站点开展“排队礼让，文明乘车”“排队日”等活动；大力宣传推动“礼让斑马线”，公交车礼让率达99%；在公交车厢配置4000个车椅座垫和5000个扶手杆防寒套，让乘客在寒冷的冬日感到温暖。加强城市精细化管理，全年处理近2000件下发案件，当天处理当天上报。持续为老年人、残疾人提供免费乘车，为学生等群体提供半价乘车。至2017年底，累计开通免费卡15.9万张，半价卡18.2万张；全年提供免费乘车2941.6万人次，半价乘车1379.6万人次。

内部管理　严格责任落实，着重细化集团—基层单位（部门）—车队三级网格管理体系，确保每个网格都有责任单位、责任人、管理员和巡查员，实行不留死角、没有盲区的全面巡查机制。年内开展“安康杯”“冬日安全百日竞赛”等活动17次，安全综合演练1次，安全生产隐患排查12次，排查车辆5360余辆、灭火器3400余具，下达安全通知书10次，整改验收合格率100%。加强技术机务保障工作，全年完成车辆一级维护1.71万辆次、二级维护2487辆次、小修1.09万辆次。对各部门66项制度进行修订、补充和完善，在企业内部继续推行全面预算管理，完善财务、重点工作、安全、运营服务以及否定与奖励等考核指标体系，加强动态考核、跟踪考核。创新培训方式，采取多种方式提升培训效果，组织开展全员教育培训及演练451次，培训员工近3万人次。举办2017年度企业中层管理人员培训班，邀请东南大学专家教授为191名集团中层以上管理人员授课。

（刘鹏科）

公路建设与管理

【概况】 2017年，全市公路系统以“全域城市化、市域一体化”发展战略为引领，紧紧围绕打造宜居、宜业、宜游、宜学的卓越城市目标，组织实施、协调推进20项续建、新建国省干线工程，总里程约290公里，完成投资16.8亿元，提前超额完成年度预定目标。省道S201威东线、S202文登绕城段、S203蒲石线北段等新改建项目稳步推进，省道S304文三线、S301石烟线、S804荣文线、S205上泽线等9个养护大中修项目完成年度目标。文莱高速项目在土地组卷等方面实现重大突破。荣乌高速绕城段项目获得省、市有关方面批准。至年底，全市国省干线公路通车里程1258公里（国道524公里、省道734公里；高速公路165公里、一级和二级公路1073公里），二级公路以上比重达到98.4%。国省道人口密度4.95公里／万人，面积密度21.7公里／百平方公里，分别位居全省第一位和第二位。

【省道S201威东线田和至温泉段（环山路）改建工程】 至年底，省道S201威东线田和至温泉段（环山路）改建工程累计完成投资6.24亿元。市公路局做好项目建设的组织指挥调度、计划合同、资金管理、进度控制、征迁协调、质量、安全、廉政等工作和路基小桥涵工程的技术指导和行业监督工作，负责实施的大中桥隧道工程全部开工，完成大中桥下部构造总量的80%、隧道工程总量的50%。由各区政府（管委）负责的路基小桥涵工程施工及监理服务招标工作全面完成并进场施工，林地手续办理完毕，征迁及管线搬迁工作基本完成。在项目推进过程中，市政府规划实施综合管廊工程，项目北起海峰路，沿环山路东侧并行，止于桃威铁路，全长7.6公里，估算投资2.5亿元。

【干线公路项目储备】 将15项普通国省道项目列入年度全省公路建设计划，争取省级以上资金3.7亿元。抢抓省“十三五”中期规划调整机遇，全市多个项目实现优化调整，为公路事业的发展储备一批高质量项目。乳山口大桥工程取得省发展改革委的工程可行性研究报告批复，各项手续办理完成。省道S207莱乳线、国道G206文登绕城段、省道S301石烟线、省道S704环海路等前期项目均实现稳步推进。将省道S202威青线等5项工程列入2018年省前期计划，确保公路项目的可持续、良性循环发展。

【文莱高速项目】 5月，省发展改革委正式确定文莱高速项目法人变更为齐鲁交通发展集团有限公司，项目得以重新启动。威海市高度重视，配合齐鲁交通发展集团有限公司做好法人变更、先期开工点选定、临时用地协调等工作。年内，完成境内地面附着物补偿、土地撂荒、土地占补平衡、各类许可手续办理等相关前期工作，完成项目法人变更，8.17亿元补偿费用拨付到位，先期开工点母猪河大桥、乳山河大桥开工建设，土地组卷工作完成。

省道S201威东线田和至温泉段（环山路）改建工程黄家夼大桥施工现场
市公路局提供

【交通综合行政执法体制改革】 年内，威海市全面启动交通综合行政执法体制改革。按照改革方案，市公路局（含高等级公路管理处、直属分局）承担的市与环翠区、国家级开发区的行政执法职责统一交由市交通运输综合执法支队行使；市公路局承担的文登区、荣成市、乳山市行政区域内的行政执法职责，也将交由文登区、荣成市、乳山市交通运输综合执法机构行使。改革后，公路管理机构负责公路行政许可及行政确认（不含公路路产损害事故责任认定）相关工作，承担公路发展规划和行业管理标准的组织实施，组织实施公路养护管理、公路养护巡查及路产损失赔偿收取，承担与行业管理相关的安全监管职责；综合执法机构承担环翠区、国家级开发区范围内的国省道及全市高速公路路政行政处罚、行政强制、行政检查等执法工作，承担公路路产损害事故责任认定，承担与执法职能相关的安全监管责任。

（张裕民）

铁路建设与运输

【概况】 2017年，威海市铁路局着力提高综合运输能力、安全保障水平和社会服务功能，各项工作取得新成绩。全年完成客运量270.2万人次，比上年增长3.0%；完成货运量66.1万吨，增长11.8%；实现总收入3.74亿元，增长13.3%。

【安全生产】 威海市铁路局始终坚持“安全第一、预防为主、综合治理”的方针，着力强化安全隐患排查整治，严格落实安全生产责任体系，修订完善各类规章制度，扎实开展职工技能培训，全面夯实安全生产基础。2017年2月17日，桃威铁路顺利迈过安全生产8000天大关，至12月31日，累计实现安全生产8317天，创造桃威铁路安全生产新纪录，继续在全国地方铁路系统中保持领先水平。

【潍坊至文登铁路冷藏集装箱班列开行】 9月1日，潍坊至文登铁路冷藏集装箱班列正式开行，为山东省内第一条海铁联运冷藏集装箱班列。该班列将货物由潍坊西站出发运至文登站，然后通过威海港、石岛港、龙眼港等口岸将货物出口到韩国、日本等国家，形成一条冷链海铁联运大通道，为威海市冷链物流发展提供一种全新运输方式，助力威海市国家冷链物流发展示范城建设。

【威海至汉堡、威海至杜伊斯堡中欧班列开行】 按照威海市第十五次党代会提出的“完善内畅外联、高效便捷的综合交通体系”的工作要求，威海市铁路局依托资源优势和区位优势，先后于9月2日、15日，开行威海至德国汉堡、威海至德国杜伊斯堡两条中欧班列，桃威铁路成为全国第一家开行中欧班列的地方铁路。班列开通后，货物运输时间比海运缩短一半以上，运输费用比空运节省80%，具有良好的时效保障和成本优势，有助于威海市及周边地区企业开拓欧洲市场，实现国际铁路班列与国际海运航线的无缝对接，打通一条东连韩国和日本、西接欧洲的海铁联运快速通道，吸引更多货物通过威海口岸中转运输，凸显威海市作为“一带一路”重要节点城市的区位优势和枢纽作用。年内，该班列发送5个班次，运送货物近3000吨。

【威海至广州快速集装箱班列优化】 威海市铁路局积极协调中国铁路总公司和中国铁路济南局集团有限公司，将威海至广州快速集装箱班列纳入全路列车运行图，实行图定开行，采用定点、定时发车的客车化运行模式，班列全程运行时间保持稳定；调整优化班列的发车时刻，与货船到港时刻紧密衔接，最大限度地满足集装箱转运的时间要求；6月起，将班列开行密度由原来的每周1班增至2班。年内，该班列到发货物4746标准箱3.41万吨，开行质量在全省名列前茅。

（张　凯）

民用航空

【概况】 2017年是威海国际机场集团有限公司正式挂牌运营的第一个完整年，集团认真梳理各项工作，在安全保障能力、航线网络构建、内部经营管理、服务品质提升等方面都取得新的提高、新的发展。机场全年实现运输飞行1.77万架次，比上年增长16.8%；旅客吞吐量203.7万人次，增长17.4%；货邮吞吐量5729吨，增长9.0%。集团上下一心，奋力进取，在国际旅客吞吐量增幅下降40多个百分点的情况下，实现年初制定的旅客吞

9月2日，威海至德国汉堡中欧班列开行　　市铁路局提供

12 月 25 日，威海国际机场 2017 年旅客吞吐量突破 200 万人次

威海民航局提供

吐量突破 200 万人次的目标，威海国际机场正式跨入国内中型机场行列。

【航线网络构建】 年内，集团针对实际情况，及时调整思路，将航线航班工作重点调整为主攻国内航线。在确保已有韩国航线稳定运营的基础上，扎实开展航班宣传推广，积极协调各方，新增 3 个国内通航点、4 条贯穿航线，沈阳、长春、南京、哈尔滨、杭州等干线城市航班得到全面加密，大连航班达到每周 24 班，“威大空中快线”基本成型。自通航以来，威海国际机场首次实现淡季周航班量 200 班以上，初步建成“内外互补，干支结合，南北贯穿，辐射西部”的航线网络体系。

【安全保障能力提升】 在航线航班、吞吐量大幅增长，保障压力剧增的情况下，集团始终坚持把安全生产摆在突出位置来抓。开展为期 3 个月的安全教育专项整顿，查摆安全隐患 160 多项，全部完成整改；实行 3 次不提前通知、无脚本应急演练，全系统快速反应能力及应急处置水平显著提高，圆满完成重要活动期间的保障任务；投入安全专项资金 720 多万元，硬件安保设备得到强化，顺利通过中国民航山东安全监督管理局年度安全检查，得到安全保障能力、安全管理水平等“九个方面明显提升”的评价，实现第 22 个航空安全年。

【服务品牌建设】 机场改制后，随着公司化运营的不断深入，机构设置、岗位配置得到逐步理顺完善，经营管理水平不断提高。深入巩固“民航服务专项行动”工作成果，开展服务礼仪竞赛、推行岗位规范服务用语，突出对航班延误处置工作，对机场服务工作进行全面梳理。在夏秋季航班延误情况较多，通宵保障频繁以及冬春季首次发生国际航班大面积延误等服务保障过程中，以更加细化的举措、更加优质的服务，进一步提升机场“亲情空港、倾情威海”的服务品牌。

【基础设施建设】 随着威海国际机场航空业务量稳步增长，集团把提高机场运行的安全性和综合保障能力放在重要位置，积极推进停机坪及附属设施扩建、新货库区建设、综合管道沟改造等工程项目。其中，综合管网改造顺利实施，综合服务区道路改造全面完成，新职工停车场投入使用，排水沟排水管网完成连接。停机坪扩建工程进展顺利，立项工作正式启动。

（林　琳）

邮　政

【概况】 2017 年，全市邮政行业完成主营业务收入（不包括邮政储蓄银行直接营业收入）10.98 亿元，比上年增长 24.9%；完成业务总量 14.92 亿元，增长 28.6%。全市快递服务企业完成主营业务收入 7.18 亿元，增长 28.1%。其中，同城 0.45 亿元，增长 7.3%；异地 4.30 亿元，增长 17.5%；国际及港澳台 1.34 亿元，增长 44.2%；其他 1.1 亿元，增长 88.7%。完成业务量 4922.04 万件，增长 11.6%。全市具有快递业务经营许可资质的企业 165 家（法人企业 52 家、分支机构 113 家）。其中，环翠区 115 家（法人企业 26 家、分支机构 89 家）、文登区 16 家（法人企业 9 家、分支机构 7 家）、荣成市 22 家（法人企业 10 家、分支机构 12 家）、乳山市 12 家（法人企业 7 家、分支机构 5 家）。全市有邮政普遍服务网点 101 处，均设有电子化营业场所。其中，综合类业务网点 85 处，纯邮务类业务网点 16 处；城市自办网点 33 处，服务半径平均约 1.5 公里，服务人口平均约 3 万人；农村自办网点 68 处，服务半径平均约 5 公里，服务人口平均约 2 万人。全市设置邮筒（箱）202 处。

【政策扶持】 1 月 11 日，市财政局与市综治办、邮政管理局联合印发《威海市寄递企业安检设备购置市级补助资金管理办法》，威海市成为全省第四个对寄递企业购置安检机给予财政补贴的地级市。到年末，全市寄递企业配置安检机 39 台（环翠区 20 台、文登区 6 台、荣成市 8 台、乳山市 5 台），其中财政补贴配置安检机 36 台，企业自支费用 285 万元，地方政府补贴金额 188 万元。

【快递企业场地建设】 园区建设，规划占地面积 8.53 公顷的威海顺丰产业园项目落户威海临港经济技术开发区，规划建设办公及综合配套服务中心、智能仓储中心、快件中转中心。项目立足于服务威海当地工业产品、农产品、小商品出口及韩国快消品集散分拨、国际海运快件转运枢纽等业务，进行产业园区项目规划及报审工作。快递企业新建、改扩建分拨中心，中国邮政集团公司威海市分公司在威海高技术产业开发区工业园建设一次性满仓存储 1.50 万立方米的智能化仓储场地，于 3 月动工，预计 2018 年 5 月竣工，预算投资 1230 万元，建筑面积 5052 平方米；文登圆通快递在文登区龙山街道新建处理场地面积近2000平方米。

【中韩“海运邮路”建设】 依托对韩贸易桥头堡优势地位，把握中韩自贸区先行先试的有利机遇，加快推进中韩“海运邮路”发展，促进寄递服务与跨境电子商务联动发展。鼓励支持当地快递企业“走出去”和国际快递企业“引进来”，搭建对外合作桥梁，增强国际竞争实力。2017年，中韩“海运邮路”实现海运进口191航次，进口业务量18.4万件123.8吨，日均进口量1000件左右，以日用品、化妆品等为主，通关率97%；实现海运出口286航次，出口业务量20万件715.4吨，日均出口量1200件左右，主要是鱼竿、服装、食品及电子产品等。

【民生实事】 推进快递进社区商区工程。市邮政管理局联合市商务局开展智能快件箱进社区建设工作。组织中国邮政集团有限公司威海市分公司、顺丰快递威海分公司、速递易威海公司等企业积极参与建设。至年末，全市有智能快件箱（处）857处、智能快件箱格口数（个）4.71万个。推进快递进校园工程，选取哈尔滨理工大学荣成校区作为快递进校园工程试点，鼓励在校区建设快件用房，安装丰巢11组1584个格口、邮政公司1组54个格口，支持寄递企业共享使用智能快件箱，顺丰、中通、韵达、申通、圆通等品牌快递只要注册均可使用，实现共享；山东外事翻译职业学院和乳山市小马奔腾物流有限公司联合开办山东外事翻译职业学院乳山校区菜鸟驿站，驿站场地面积约400平方米，各快递品牌统一进驻、统一派送、统一揽收，打造管理规范、统一运行的快递服务平台。

【行政执法】 开展“七五”普法工作，通过微信公众号、网站等多种方式向社会群众开展宣传，向企业赠送2000余册法治资料。加强执法综合管理和监督，完善执法人员资格管理制度，推进执法主体管理信息化。开展跨区域联合执法，与烟台市邮政管理局开展联合执法检查，加强与公安、反恐、国安等部门的联合执法，形成安全监管的工作合力。年内，市邮政管理局纠正和查处违法违规行为56起，下达整改通知书23份，约谈企业6家，警告18起，责令停业整顿3起，罚款1.90万元。

【服务提升】 推进建制村直接通邮工作，检查建制村30个，通邮率100%。推动提升县级城市党政机关《人民日报》当日见报率，开展检查活动4次，检查投递场所12个，确保见报率100%。开展服务质量提升行动，组织“不着地、不抛件”等服务专项治理，加大对主要市场主体服务满意度、时效、申诉率及侵害消费者权益行为等重要指标和信息的披露力度。参与行风热线活动，办理市政协委员提案1件。提高申诉处理水平，全年为消费者挽回经济损失12.04万元，消费者对企业申诉处理结果满意率为93.5%。开展“最美快递员”“邮政服务之星”等评选活动，开展以“诚信快递、你我同行”为主题的“3·15”消费者权益日宣传活动，组织快递企业开展诚信宣誓活动。

【落实“三项制度”】 强化落实收寄验视制度，加大国家邮政局、公安部、国家安全部《禁止寄递物品管理规定》的宣传和培训力度，印发大版报500余张，要求企业在营业场所、处理场地进行公示并对员工进行培训。组织各快递企业印制收寄验视卡，在卡上注明收寄日期和收件工作人员姓名并随包裹一起封箱发走。定期抽查企业是否完善与电商平台、协议客户的安全保障协议，对协议客户投寄物品的安全性严格把关。强化落实实名收寄制度，召开全市邮件快件实名收寄推进会，联合市公安局、国家安全局印发《关于加快全市邮件快件实名收寄信息系统推广应用工作的实施方案》，建立“一周一通报”制度，对系统推广、实名采集率、数据质量等进行实时跟踪，系统安装率100%，企业实名登记率86%。对快递实名制进行宣传，获得广大消费者的理解和支持。强化落实过机安检制度，市政府对寄递企业购置安检机给予财政补贴。邀请专业人员对企业开展安检机操作使用专业培训3次。

（孙艳君）

【中国邮政集团公司威海市分公司】 2017年，中国邮政集团公司威海市分公司以行业改革、创新发展为主线，进一步深化改革，做强、做优、做大威海邮政事业。

完善邮政基础设施 继续加大资金投入力度，强化营投平台支撑作用，构建邮政综合服务网路，提升普遍服务水平。按照行业标准，对多处服务网点进行装修改造，提升网点硬件设施水平；打造数字邮政、智慧邮政，提升用户体验感受，更好地践行普遍服务义务。2017年，装修改造网点6处，网点装修改造率达80%。

推进仓配一体化建设 2014年，公司投资成立威海高新电子商务创业孵化基地。一期建成1.3万平方米网商办公、仓储物流用房，配套建设会议室、餐厅、物流寄递等服务设施。至2017年底，基地入驻电商客户38家，服务电商客户300家，全年日均寄递邮政包裹快递3000余件。基地5000平方米智能化仓储库全面建成，计划引进邮件自动封装设备，为电商客户提供免费封装、仓储等特色服务，提高自动化处理水平，打造威海电商仓储示范品牌。

助力服务三农工作 公司以邮乐网、优惠购为主要平台，有效推进服务三农工作。依托邮乐网平台，全力打造威海馆，实现威海特色海产品——海带、裙带菜、海米、虾皮等线上销售。全国“邮乐919”19天活动期间，实现线上订单1.1万单、销售额10.5万元。市农业局评选的全市首批24家知名农产品品牌厂家全部入驻邮乐网。公司联合驻威海高校开展农产品电商精准扶贫对接活动。通过高校学生的电商知识、微店销售和邮政的寄递服务对接，已开通网上邮乐小店6200个，全年销售寄递樱桃2.5万单150余万元、牡蛎6000余件90余万元、苹果3.2万件96万元，有效助力农民增收。

加快搭建综合平台 全市建成邮政便民服务站1300处，以商超加盟的形式分布在全市重点社区、村庄。在服务功能方面，开通移动、联通、电信话费充值，代收电费，航空、火车、汽车、轮船等票务销售服务，并加载化肥销售、电商包裹代收代投、商易通转账等。公司在22个网点开通代开国税发票业务，全年代开发票3万余张，代征税款2000余万元。

（荣　茜）

编辑　李洪格

城乡建设与环境保护

综　述

【概况】　2017年，威海市住房和城乡建设系统按照“践行新理念、贯彻总基调、争当排头兵”的总要求，创造性地贯彻国家、省、市各项重大决策部署，组建建筑设计国家平台，入选第三批国家“城市双修”（生态修复、城市修补）试点，中德合作提高建筑能效技术与示范研讨会、全国农村厕所污水治理电视电话会议等两个国家级会议在威海召开，新增国家特色小镇1个、省级新生小城市试点1个、省级重点示范镇3个、省级特色小镇6个、省级绿色生态示范镇1个，落实国家、省各类无偿奖补资金11.1亿元，实施一大批重大基础设施和民生项目，城市化率达到66.46%，城市功能和影响力进一步提升。年末，全市环境保护系统有环境监测站4个，地表水集中式饮用水源保护区12个，面积1406平方公里。全年完成污染减排项目56个，投资额9.29亿元。

【品牌建设行动】　年内，市住房和建乡建设系统启动品牌建设行动计划，围绕“把行业管理和品牌建设结合起来，完善工程质量保证体系和联动工作机制，进一步提升工程质量通病治理率、工程优良率和群众满意度，突破装配式建筑发展、BIM技术推广应用、新建民用建筑准全装修等创新性工作，加快培育一支职业化、高水平的工匠队伍，培育一批竞争力强、美誉度高的品牌企业”的目标，重点推动工程质量通病治理活动、建筑施工标准化和精细化管理、美丽乡村标准化建设和示范创建行动、建筑产业现代化、BIM技术应用试点等工作，争创省优质结构工程奖18个、“泰山杯”工程奖 7个，创建全国美丽乡村示范村1个、省级传统村落11个，建设美丽乡村示范区8个、精品示范村18个，在燃气热力、工程监理、工程造价等服务领域各打造2家以上市级服务业知名品牌。

【建设系统“安全生产月”活动】　6月5日，威海市住房和城乡建设系统2017年“安全生产月”启动仪式暨现场应急演练观摩活动在东部滨部新城公共服务区一期工程现场举行，迎接第16个全国“安全生产月”，督导全面落实企业安全生产主体责任。威海建设集团作交流发言，与会人员现场观摩高空坠落和触电应急救援演练，参观威海东部滨海新城公共服务区一期工程项目施工现场和安全体验区，交流安全生产标准化、规范化及绿色施工管理经验。

【第九届中国威海国际人居节】　9月15日—17日，第九届中国威海国际人居节在威海国际会议中心举办，主题是“提升城市设计·繁荣建筑文化”，重点举行1个仪式、2项竞赛、2个展览、6个会议等11项主题活动。其中，第九届中国威海国际建筑设计大奖赛主题是“健康城市 · 共享发展”，2017全国

8月17日，中国建设学会理事长修龙（右二）、省住房和城乡建设厅副厅长李兴军（左三）、威海市副市长周永迪（右一）等参观第九届中国威海建筑设计大奖赛参赛作品展　　市住房和城乡建设局提供

大学生建筑设计方案竞赛主题是“微空间”——城乡空间修补设计，于8月17日—18日举行评审会议。原建设部副部长、中国建筑学会原理事长宋春华，故宫博物院院长、中国文物学会会长单霁翔，国际建筑师协会主席、美国建筑师学会主席托马斯·沃尼尔，中国建筑学会理事长修龙，中国勘察设计协会理事长施设，中国工程院院士何镜堂、崔愷、魏敦山、丁烈云、王建国、刘加平，省住房和城乡建设厅副厅长李兴军，市领导张海波、周永迪出席开幕式。人居节期间，举办主题报告会、国际建筑设计高峰论坛、城市健康与人居环境高峰论坛、“大师论道”高端学术研讨会、学术沙龙、中国建筑学会十三届四次常务理事会议等。

【中德合作提高建筑能效技术与示范研讨会在威海召开】 10月23日，由中国住房和城乡建设部科技与产业化发展中心、德国能源署主办，山东省住房和城乡建设厅协办的中德合作提高建筑能效技术与示范研讨会在威海召开，相关机构负责人及专家、学者100余人参会。会议就被动式超低能耗绿色建筑技术、中德示范项目经验成果进行深入交流，参观考察威海市被动式超低能耗绿色建筑示范项目——威海市海源公园一战华工纪念馆及配套管理房。

（孟德发　毕宜）

城乡规划

【概况】 2017年，威海市规划局坚持规划引领、塑造特色，重点做好规划编制和管理，以服务提升年系列活动为契机，深化“放管服”改革，扎实推进城乡规划各项工作，为全域威海发展作出积极贡献。重点组织开展《威海市城市总体规划（2011—2020）》实施评估、《威海市城市风貌保护规划》《威海老港区城市设计》《初村镇区域发展战略规划及城市设计》等规划编制、控制性详细规划修编工作。

【《威海市城市总体规划（2011—2020年）》实施评估】 依据住房和城乡建设部《城市总体规划实施评估办法》《山东省城市和县城总体规划实施评估办法》以及国家关于城市总体规划改革的最新要求，对威海城市总体规划的市域和中心层面20项内容进行详细客观的评估，根据城市新的发展要求增加威文中心城区层面的评估内容。评估内容涵盖城市发展方向与空间布局、规划阶段性目标落实情况、各项强制性内容执行情况、指导下层次规划编制情况、规划决策机制建立与运行情况、规划实施的相关政策制定情况、规划监督检查工作开展情况、规划实施及下一轮规划编制建议等方面。

【控制性详细规划修编】 为更好地发挥控制性规划的控制与引导功能，结合中央及省、市最新文件精神，组织开展新一轮控规修编工作，针对2008年控制性规划编制存在的系列问题，制定优化方案，包括增加用地弹性控制、加强城市设计引导等，完成政府、火炬、皇冠、张村、北海、港口等15个片区控制性规划动态维护及修编工作，做到“控制性规划全覆盖、实现一张图管理”，为下一步用地管理及出让提供依据。

【威海市城市风貌保护规划编制】 规划分为城市风貌保护规划和城市风貌保护名录两部分。规划围绕美丽中国与生态文明建设理念，完成四大规划任务：构建“一套体系”，将威海市城市风貌保护名录的内容融入风貌保护规划之中，形成较为完善的风貌保护体系；描绘“一张蓝图”，通过对威海市自然资源、历史文化、社会发展的分析与研究，提炼城市风貌特色，通过区域山水格局研究与城市发展预期，构建“七分自然、三分城镇”的威海市风貌空间蓝图；编制“一个名录”，通过全域风貌资源的梳理与整合，形成基于GIS数据库的威海市城市风貌保护名录；形成“一套导则”，通过对城市各组团风貌保护导则的制定，对城市空间风貌的塑造加以引导，为后续城市设计导则和控制性详细规划的编制提供依据。

【威海老港区城市设计编制】 老港区位于威海中心城区核心区域，是滨海岸线上的重要地段、环翠楼至刘公岛轴线上的关键节点。规划通过对老港区特殊的文化、景观、滨海和中心价值进行分析，将其定位为滨海文化港，提出城市客厅、城市秀台、公共海滨三大理念和滨海激活、文化新绎、港城融合三大策略。滨海激活方面，以复合开放的公共文化功能重新定义老港码头，植入与滨海紧密互动的港口历史、文化艺术、花园广场、游乐餐饮、运动休闲五个功能主题；文化新绎方面，将威海卫城墙旧址包含在内，充分挖掘历史文化内涵，重焕老港、老城两大文化主题；港城融合方面，通过引导转型、自主更新等方式，改变现状片层式功能布局，在双轴线空间引入综合文化功能，形成“T”字形的向内渗透布局模式。

【初村镇区域发展战略规划及城市设计编制】 规划在充分分析发展基础、发展趋势和主要短板基础上，形成促进产、城、人融合的三大工作重点：创新引领，拓展区域发展新格局。从医疗健康创新链条和威海医疗产业发展格局出发，突出区域产业发展、服务支撑、交通一体的协同发展，形成“一城两区三园”的空间结构，优化西海岸科技城发展格局。品质示范，建设三生融合新空间。规划运用多规合一的技术手段，借鉴国内成熟高新技术园区的经验，优化总体布局，突出以人为本的支撑体系、科技新城的城市形象、城市价值的片区核心三大设计特点。精细管理，提升建设管理新标准。制定城市设计导则支撑精细管控，打造精美品质高科技新城。

【城乡规划管理体制改革】 完善规划委员会制度。对当前规划委员会的议事规则进行修改完善，进一步扩大职责，设立专业技术委员会，为全域威海发展把好规划决策关。新拟定的规划委员会议事规则已提报威海市委、市政府。完善“阳光规划”制度。深化落实“阳光规划”制度，坚持全方位、全过程公开，增强公众参与度。将行政权力的办理程序、具体要求、办理时限以及有关设定、运行、监督、管理信息向社会全面公开，保证公众知情权、参与权和监督权。坚持规划编制、规划管理全过程公开，通过网站、媒体、规划馆、项目现场等平台，公开公布有关城乡规划建设信息，全方位回应社会诉求，广泛听取公众意见、建议，实现城市规划依法管理和高效服务的共赢。完善城乡规划督察制度。运用卫星遥感监测等多种手段，加强对城市规划实施情况的动态监管。积极配合住房和城乡建设部派驻威海城乡规划督察员开展规划督察工作，对其定期发送的卫星遥感影像中出现的问题，及时按程序办理。同时，抓好每一个变化图斑的实地核查、照片取证等工作。与威海市城市管理与行政执法局等相关部门联合落实涉及违法建设、违法用地变化图斑的查处整改工作。

【审批服务创新】 规范行政审批事项管理。按照国家和省有关政策要求，动态调整完善行政权力清单，持续深化行政审批制度改革，将市规划局负责实施的行政许可事项由8项整合为4项，纳入2017年第一批调整市级行政权力事项。强化规划审批实施管理。全面梳理规划审批事项，归并审批职能，明确审批权限，纳入市区一体化电子审批系统和网上政务平台，严格执行审批流程和时限要求，审批全过程实行规范化、标准化监管。严格落实联席会议和联合踏勘制度，强化部门协同配合，提高审批效率。优化规划审批服务方式。对规划行政权力事项进行全面梳理、规范，完善各类事项的基础信息和流程信息，录入全市统一的政务服务事项数据库，以满足模块化管理、标准化体系和全程网上办理的需要。坚持审批服务“一线工作法”，为建设单位提供全方位的规划指导和技术服务，提前介入、现场办公、跟踪落实，不断提升规划服务质量和审批效率。扎实推进“放管服”改革。着力优化公共服务流程和办事材料，简化办事环节和手续，切实提高办事效率，方便基层群众办事。调度各区市规划管理部门，对有关证明、盖章环节和申请材料进行全面梳理和精简，编制完成规划部门电子证照目录信息采集表和证照模板；配合有关部门推进“一窗式”服务模式改革、网上审批深度办理、政务信息资源共享和部门业务协同等工作。2017年，依法核发建设项目选址意见书35份、建设规模135.08万平方米，建设用地规划许可证93份、用地面积388.15万平方米，建设工程规划许可证262份、建筑面积598.22万平方米，建设工程竣工规划核实合格证101份、建筑面积264.43万平方米。

【事中事后监管】 实施规划审批“双随机、一公开”，明确随机抽查的主体，建立随机抽查对象名录库，编制随机抽查事项清单，建立“双随机”抽查方式等，加强规划审批事中事后监管，规范依法行政。加大规划批后监管力度。进一步强化工程放验线程序，规范建设项目开工程序，加强市区建设工程项目实施的监督管理，有效遏制违法违章建设行为的发生，确保建设项目按批准的规划实施。开展城市违法建设治理行动。配合市城市管理与行政执法局开展违法建设治理工作，严格把好违法建设性质认定关，对40个单位（个人）的违法建设进行确认，总建筑面积5.87万平方米。通过市行政执法平台查处违法建设案件11起，建筑面积8425.36平方米；通过威海市数字城管平台受理案件12起，全部予以答复。在铁路沿线环境综合整治工作中，对在威海经济技术开发区桥头镇报信村城际铁路东侧、原村小学旧址建设的房屋（建筑面积2400平方米），予以认定并复函威海市城市管理与行政执法局。

（张艳红）

城市管理

【概况】 2017年，威海市城管执法局牢固树立“以纪为纲，以城为家，以民为亲，以法为本，以责为重”理念，组织开展城市违法建设治理行动、铁路沿线环境综合整治、“城市精细化管理提升”行动、共享单车治理等，高标准完成各项重大活动的环境保障工作。铁路沿线环境综合治理在全省综合验收中名列第一，在全省率先将无人机成体系引入城市管理，将共享单车纳入常态化、规范化管理。

【城市违法建设治理】 按照全市违建治理行动统一部署，对历史遗留违建按照“一违一档，科学处置，销号管理”的思路，综合运用多种方式依法处置，创新推行“双向进度监察”、专业测绘公司测绘、拆除计划媒体公示等手段，全市整治存量违建7249处426.67万平方米，占计划的126.2%，完成比例全省领先。对新增违建，强化源头防控，创新管控手段，实行露头就打、即查即拆，确保发现在初始、消灭在萌芽，全市拆除新增违建290处3.1万平方米，取得“新增违建得到有效遏制，存量违建不断消减，防控治理保持高压态势”的成效。

【铁路沿线环境整治】 2017年，威海市着眼于将185公里铁路沿线打造成绿色景观长廊，高标准对治理工作查缺补漏、巩固提升，全市完成638个问题点的治理，清运垃圾、土（石）堆436.5万立方米，拆除建（构）筑物14.4万平方米，绿化68.55公里面积370万平方米。在全省组织的检查验收中，以问题治理率100%、造林绿化率100%、验收合格率100%的成绩整体通过省里的综合验收，名列全省铁路沿线环境综合治理工作第一名。

【无人机成体系引入城市管理】 2017年，威海市积极创新智慧城市管理方式，在全省率先将无人机成体系引入城市管理，打造“空中城管”，建成运行无人机监控指挥平台系统。在日常运行中，充分发挥无人机机动性好、时效性强、取证方便、巡查范围广等特点，对主城区、规划控制区实行网格化分区巡查，实现“人防＋技防”的有机结合，共发现凤凰山观光采摘园、城子天龙公馆南山、唐人公馆等违法建设41处，大型违规户外广告30余处，实现对106个在建工地的全方位监控。

【露天烧烤治理】 确定“两严禁、两严格”（严禁室外进行烧烤、加工、制作，严禁油烟超标排放；严格室外占地审批，严格室外卫生、秩序、噪声等管理）管理标准，要求每户设置大垃圾桶一个，每桌设置小垃圾桶一个，产

城市管理执法工作人员为市民讲解沿街商户门头招牌安装要求　桑春磊　摄

生的垃圾随有随清。加强日常检查督导，印发《关于进一步加强城市管理领域环保执法监管 维护良好城市环境的意见》，成立专门的督查队伍，开展专项信息采集，对存在的问题不间断、拉网式排查，对反馈的60余批次的问题及时高效督导解决，圆满完成中央环保督查的各项任务。

【城市容貌秩序整治】 从6月开始，组织开展“城市精细化管理提升”行动，重点开展影响城市容貌秩序的“十乱行为”、早夜市、占道经营等8项整治，对影响市容环境的各类问题进行持续规范整治，规范整治固定摊点200余处，流动商贩6000余次，清理乱堆乱放2000余处，市容环境秩序保持在较好水平。

【共享单车规范化管理】 面对共享单车短时间内激增、影响环境秩序的情况，市城管执法局联合多部门印发《关于促进互联网租赁自行车规范发展的实施意见》，采取约谈负责人、推行限路段限数量“双限”措施、不间断加强巡查清理等多种手段，加大对共享单车的规范管理力度，单车过多过滥、停放无序的状态得到有效遏制，市区单车总保有量控制在合理区间。

【城市管理效能提升】 突出问题发现、问题处置两个关键环节，在提质增效上下功夫。建设采集人员“采集网”、监察人员“监察网”、机关人员“巡查网”，由数字城管采集员进行常态化采集，全年采集问题50多万件；监察人员对重点区域、重点事项进行循环监察，发现问题 5200多个；组织开展“路长制”活动，由40名机关工作人员担任35条主次干道“路长”，发现问题2700余个。对各种渠道发现、上报的问题，逐一录入数据库，建立问题清单，实行销号管理，案件结案率99.3%。建立推行“三级督办”模式，创新推行分组分层面考核，首次将文登区、荣成市、乳山市纳入考核，健全城市精细化管理月考核、月通报制度。

（刘德智）

城市化建设

【概况】 2017年，威海市以推动当地农村居民市民化为重点，制定《关于加快推进农业转移人口市民化的实施意见》，编制《威海市农业转移人口市民化规划（2016—2020年）》，构建农业转移人口市民化政策体系，市域一体化体制机制更加健全。扎实推进新型城镇化综合试点，顺利通过国家、省新型城镇化综合试点现场评估。编制《威海市新型城市化发展报告2017》，从人口集聚、就业支撑、生活便利等5个方面建立全域城市化统计监测和质量评价指标体系。积极推动六大重点区域建设。着力推进东部滨海新城建设，修订国际经贸交流中心项目建设投资合作协议，启动建设一期工程，完成投资2300万元。引入总投资60亿元的恒大国际文旅康养城项目，签署合作协议。邀请中国规划研究院编制完成公共服务区二期项目初步概念性规划。开工威海东部滨海新城综合管廊项目10.6公里。加快推进4个棚户区改造项目，三滩生活区等进入配套收尾阶段。结合特色小镇、新生小城市试点、重点示范镇培育，加快推进其他重点区域和综合保税区基础设施建设、棚户区改造、招商引资等工作。

【城建重点工程】 2017年，威海市实施重点区域建设项目、全域城市化建设项目、中心城区内涵提升与功能更新项目、重点产业项目、民生与公用公益事业项目等五大类48项城建重点工程，当年完成投资242.8亿元。

【城市风貌保护规划编制】 4月27日，市住房和城乡建设局会同市规划局组织召开全市城市风貌保护规划编制工作会议。会议指出，《威海市城市风貌保护条例》是威海市获得地方立法权后制定的第一部实体性地方法规，城市风貌保护规划是条例实施的基础和保证。各区市、相关部门和单位要强化责任意识，抓好任务落实。荣成、乳山市要按照条例要求，同步启动城市风貌保护规划编制工作。

【《威海市城市化发展报告2016》】 4月27日，市住房和城乡建设局组织召开《威海市城市化发展报告2016》专家评审会，5月正式发布。报告系统总结威海市城市化发展经验，分析存在的问题，有针对性的提出发展对策，为“全域城市化、市域一体化”战略提供参考和借鉴；从人口集聚、经济高效、生活改善、环境宜居、社会发展等方面，设计中心城市、县级市、重点片区统计监测和质量评价指标体系，有针对性的开展专题研究，为工作决策提供参考；选取国内先进市与威海市进行对比分析，找出优势和不足，为全面提升城市化发展质量提出对策。

【棚户区改造】 6月7日，威海市召开全市棚户区改造工作推进会，传达全省棚户区改造工作现场会议精神，部署威海市改造任务。2017年，省里分配威海市棚户区改造任务 1.92 万套，开工 1.97 万套，完成年度计划的 102.6%。会同发展改革、财政、国土等部门，紧密衔接 2015—2017 年三年棚改实施情况，按照国家“2020 年基本完成棚户区改造”的整体目标要求，组织各区市开展棚户区调查摸底，制定 2018—2020 年改造规划，三年初步计划实施 5.45 万套，其中 2018 年计划实施 2.98 万套。

【《关于加强城市风貌保护的实施意见》】 6 月 23 日，市政府常务会议研究通过《关于加强城市风貌保护的实施意见》，要求深入实施生态立市、科教兴市、产业强市和全域城市化、市域一体化战略，贯彻落实《威海市城市风貌保护条例》，依法规划、建设和管理城市，保护和塑造城市特色风貌，切实提高城市环境质量。要通过科学规划和严格管理，加快建立城市风貌保护机制，有效保护城市空间格局、历史风貌、地域特征和文化特色。要加强宣传教育，充分动员社会公众参与城市风貌保护，提升城市发展水平。

【滨海新城恒大国际文旅康养城项目】 12 月 8 日，滨海新城恒大国际文旅康养城项目正式签约落户威海东部滨海新城。项目由恒大集团和威海城投置业有限公司合作开发建设，位于东部滨海新城海西路以东、松涧路以南、成大路以北的区域，预计总投资 60 亿元，其中文旅康养配套投资预计约 20 亿元，是集酒店会议区、文旅康养区（其中包括颐养园、长乐园等）、综合配套等恒大文旅康养配套及高端居住休闲区等多功能于一体的文旅康养综合体。

【《威海市农业转移人口市民化规划（2016—2020 年）》】 12 月 9 日，《威海市农业转移人口市民化规划（2016—2020 年）》通过省住房和城乡建设厅组织的专家评审。规划在对威海市农业转移人口市民化发展状况、趋势特征和意愿诉求分析研究的基础上，提出全市人口市民化发展的目标任务、实施路径和政策措施。规划到 2020 年，全市常住人口城镇化率达到 70% 左右，达到市民化载体建设基本完成、落户城镇障碍基本消除、基本公共服务全域覆盖、城乡权益得到有效保障、体制机制更加健全完善的目标。

（孟德发　毕宜）

村镇建设

【概况】 2017 年，威海市在全省率先研发运行美丽乡村建设管理平台，制定美丽乡村标准化建设和示范创建行动实施方案、精品示范创建工作推进方案，联合市质监局发布《威海市美丽乡村规划设计技术导则规范》，启动市域美丽乡村规划方案规划编制，召开 3 次规划设计方案汇报会，10 个示范区、20 个精品示范村建设全面启动，创建全国美丽乡村示范村 1 个，省级美丽宜居镇 2 个、美丽宜居村庄 2 个、传统村落 11 个。制定镇村生活污水处理设施建设运行管理工作指导意见，累计实施农村无害化卫生厕所改造 22.62 万户，环翠区、荣成市、威海高技术产业开发区、威海经济技术开发区、威海临港经济技术开发区通过省级全覆盖认定，获得省委、省政府表彰。全国农村厕所污水治理电视电话会议在威海召开，威海市改厕治污经验获得全国推广。环翠区省级农村供暖试点改造任务已完成，通过省住房和城乡建设厅专家组验收评估。总结环翠区试点经验，结合美丽乡村建设、全域旅游、健康镇村创建等工作，市政府办公室印发《威海市农村地区供暖工作实施意见》，以地方标准形式率先发布《威海市农村供暖技术导则》（DB 3710/T 084—2017），为推开全市农村供暖工作打好基础。10 月 31 日，全省农村地区清洁供暖座谈会在威海举行，威海市农村供暖经验在全省推广。年内，632 户农村危房改造任务全部改造完成。

【美丽乡村建设专题培训会】 3 月 6 日，威海市美丽乡村建设推进领导小组办公室召开美丽乡村建设专题培训会，从美丽乡村总体规划、专项规划设计、规划设计成果及深度要求等方面对《威海市美丽乡村规划设计技术导则》进行讲解培训；从总体要求、建设内容、重点工作、保障措施四方面，对《威海市美丽乡村标准化建设和示范创建行动实施方案》进行解读；介绍国内部分省市美丽乡村经验及做法。

【《威海市美丽乡村标准化建设和示范创建行动实施方案》】 2 月 17 日，市委办公室、市政府办公室联合印发《威海市美丽乡村标准化建设和示范创建行动实施方案》，从美丽乡村标准化建设和美丽乡村的示范创建两个层面，通过创建省、市、县三级美丽乡村示范村和示范区，为全市美丽乡村建设提供示范样本。方案要求，到 2020 年，全市创建省级美丽乡村连片示范区 15 个、示范村 100 个，市级美丽乡村连片示范区 30 个、示范村 200 个，带动 75% 以上的村庄达到《美丽乡村建设规范》综合评价 B 级以上标准。

【住房和城乡建设部调研村镇建设工作】 5 月 8 日—9 日，住房和城乡建设部村镇司副司长卢英方一行到威海市实地调研农村无害化卫生厕所改造、农村生活污水治理、农村地区供暖等工作情况。调研组先后到荣成市污水监控平台、夼子河村，环翠区张村镇福德庄、王家疃村等进行实地考察，对威海市农村改厕、污水治理、供暖工作和《威海市农村改厕技术规则及图集》《威海市农村生活污水处理工程技术导则》两个地方标准给予高度评价。

【4 个村镇入选山东省第四批“美丽宜居小镇、美丽宜居村庄”】 5 月，山东省住房和城乡建设厅公布山东省第四批“美丽宜居小镇、美丽宜居村庄”名单，乳山市午极镇、威海临港经济技术开发区苘山镇入选“美丽宜居小镇”，环翠区张村镇姜家疃村、荣成市港西镇鸡鸣岛村入选“美丽宜居村庄”。至此，全市有省级“美丽宜居小镇”7 个、“美丽宜居村庄”9 个。

【《威海市美丽乡村规划设计技术导则规范》】 4 月 20 日，威海市质量技术监督局发布《威海市美丽乡村规划设计技术导则规范》，规范立足于基础设施配置标准化、公共服务功能标准化、工程质量建设标准化、长效管护机制标准化的要求，对美丽乡村建设总体规划、专项规划等进行规范性指导，对住房改造、村庄环境、市政基础设施、产业发展、电商平台建设等方面提出明确标准，进行村庄分类，引导形成“一村一品、一村一韵、一村一景”，彰显地方特色，统筹协调美丽乡村发展。

【省级农村供暖试点】 2017年初，环翠区被列入全省首批五个农村地区供暖试点县（区）之一。至年末，2017年度省级农村地区供暖试点任务全面完成并通过省住房和城乡建设厅专家组验收，全区87处15.69万平方米农村幼儿园、中小学、卫生室、养老院、便民服务中心等公共服务场所全部通过集中供热、电暖等方式实现清洁供暖；10个村1195户农村家庭完成供暖改造。

【美丽乡村建设信息平台系统】 8月，由威海市美丽乡村建设推进领导小组办公室研发的威海市美丽乡村建设信息平台系统正式上线运行，标志着威海市美丽乡村建设信息管理步入“互联网+”的快速轨道，威海市率先在省内打造出切合威海实际的美丽乡村建设信息平台系统。该平台系统开通市级农村基本情况、美丽乡村标准化提升、示范村（区）创建和省级示范村创建信息档案等板块，通过村、镇登记，动态录入全市美丽乡村建设数据，实现对美丽乡村建设相关信息的快速查询、汇总数据的实时生成和有关统计指标的动态分析，及时掌握工作进展情况。平台从威海市“全域城市化、市域一体化”战略布局出发，率先将地理信息坐标同信息档案相结合，通过引入电子地图的方式标注出威海市所有村庄当前的评价等级，带动威海市美丽乡村建设信息化发展进程。

（孟德发　毕宜）

房地产开发与管理

【概况】 建立市场联合调控机制。进一步调整房地产开发项目收费政策，对开发企业实行差异化管理。会同国土资源等部门制定《关于加强市区房地产市场调控工作的意见》，从土地供应、公积金贷款、制度建设等方面建立热点区域调控机制和联席会议制度。开展4轮全市房地产领域违法违规行为专项整治，下达行政处罚2件，限期改正通知书3件。开展房地产领域矛盾纠纷和风险化解活动。加强预售许可和合同网签管理，核发商品房预售许可证474个，累计重点监管预售资金10.6亿元，办理合同网签4.82万笔、合同备案注销6559笔，分别比上年增长42.2%、4.7%。完成房产测绘报告审核1106份，审核建筑面积790.36万平方米。同时，加强物业管理，受理物业咨询、投诉等136件，组织月度考核等26次，约谈违规企业6家。开展物业服务行业文明创建活动，建立物业管理评审专家库，指导恒大海上帝景小区等13个物业项目完成前期物业服务招投标。2017年，全市完成房地产开发投资275.4亿元，增长28.1%，居全省首位；施工面积382.5万平方米、竣工面积498.9万平方米、销售面积1006.5万平方米，分别增长7.5%、1.9%和10.3%，市场持续回暖，可售商品住房去化周期降至合理区间。住房保障力度进一步加大。开工改造棚户区1.97万套，完成年度计划的102.6%。组织各区市开展棚户区调查摸底，制定2018—2020年全市棚户区改造初步计划。完成38个老旧生活小区整治改造，受益居民约4万户。基本建成公共租赁住房522套，新增发放廉租住房租赁补贴84户，分别完成年度计划的100%和280%。2013年以前及2014年政府投资建设的公租房配租率分别达到90%和100%，超额完成省住房和城乡建设厅下达的指标任务。把符合条件的退役士兵纳入住房保障范围，为41名退役士兵提供住房保障。

【《威海市城镇老旧住宅小区综合整治改造细则》】 2月13日，市质量技术监督局、住房和城乡建设局联合发布《威海市城镇老旧住宅小区综合整治改造细则》。细则规定，城镇老旧住宅小区综合整治改造范围为城镇建成区中1995年前建成投入使用的住宅小区，综合整治改造内容分为必改项和可选项。必改项内容有完善治安防控和消防设施、清理违章和配齐环卫设施4个方面17项内容，包括安装单元防盗门和小区视频监控系统、疏通小区疏散通道、消防车通道等；可选项内容有8项，包括建设小区菜市场等便民服务设施、新增体育健身器材等。

【2016年度房地产开发企业信用评价】 3月，经企业申报、区市主管部门核查、综合评价、社会公示、异议处理等环节，2016年度房地产开发企业信用评价结果最终确定并公布，有200家房地产企业申报参与信用评价，最终威海华夏城房地产开发有限公司等60家企业为“信用AAA级”企业，威海高新置业有限公司等62家企业为“信用AA级”企业，荣成好当家房地产开发有限公司等78家企业为“信用A级”企业。

【既有住宅增设电梯试点】 5月12日，威海市住房和城乡建设局、公安局、财政局等五部门联合印发《威海市既有住宅增设电梯试点实施意见》，提出2017年在环翠区、威海高技术产业开发区、威海经济技术开发区所辖的城市建成区范围内的依法建设并投入使用的，未列入此后10年内房屋征收、拆除计划，且符合增设电梯实施条件的住宅试点增设电梯20台，并通过试点项目的引导示范作用，以点带面、有序推进全市既有住宅增设电梯工作。意见要求，既有住宅增设电梯，应由业主自愿申请并与相关业主充分协商，征得拟增设电梯建筑中专有部分占建筑物总面积2/3以上的业主且占总人数2/3以上业主同意。其中应征得增设电梯所在单元全体业主书面同意；征得加装电梯后可能受到通行、采光、通风等直接影响的利益相关方的书面同意。

【2017威海住宅产业博览会】 9月15日—17日，2017威海住宅产业博览会在威海国际展览中心举行。博览会以“宜居·幸福·创新·跨越”为主题，近30家房地产企业、20多家建材家居装饰企业参展，全面展示威海楼市及家装行业软实力，接待参观群众2.5万人次，成交房屋110余套，现场登记准意向购房客户2000余组。

【威海市房地产调控联席会议制度】 8月30日，威海市政府办公室印发《关于加强市区房地产市场调控工作的意见》，进一步加强对全市房地产市场调控工作的组织指导和统筹协调。9月18日，市住房和城乡建设局、国土资源局、物价局等五部门联合印发《威海市房地产调控联席会议制度的通知》，确定建立威海市房地产市场调控联席会议制度。联席会议负责统筹协调全市房地产市场调控工作，研究分析房地产市场形势，提出房地产市场调控政策措施建议；加强部门联动配合，协调解决房地产市场调控相关问题；拟定全市房地产市场调控工作推进措施并进行督促检查。办理市委、市政府交办的其他事项。联席会议办公室设在市住房和城乡建设局。

【打击囤房炒房等违法违规行为专项行动】 6月1日起，威海市启动打击囤房炒房等违法违规行为专项行动，对房地产市场进行监管整顿。根据要求，房地产开发企业未取得商品房预售许可证，不得以认购、预订、排号、发卡等形式向买受人收取或者变相收取定金等费用；申请预售许可时，须一房一价申报；取得商品房预售许可证后，可售房源须一次性向社会公开，销售价格必须公开透明。同时，严格规范商品房预售网签合同撤销程序，严格审查买卖双方解除合同原因，房款清退及违约金结算情况。

（孟德发　毕宜）

市政基础设施建设

【概况】 2017年，开工建设地下综合管廊18.5公里，指导荣成市、乳山市编制完成地下综合管廊专项规划。顺利通过国务院第四次大督查以及国家、省绩效评价专项检查，全省地下综合管廊专项规划专题辅导会议在威海召开，管廊规划被住房和城乡建设部管廊规程编研中心列为典型案例。《威海市城市防洪规划（2015—2030年）》《威海市海绵城市建设专项规划》经市政府批复实施，指导荣成市、乳山市编制完成海绵城市建设专项规划，开工建设海绵城市12.9平方公里，建设林泉河湿地公园等一批海绵化项目，海绵城市建设初见成效。完成市区海峰河、钦村河及乳山市小滩河等6条黑臭水体整治，全面消除建成区黑臭水体。制定"城市双修"实施方案，启动5条示范路工程。有序推进环山快速路工程，统一南路（胶州路—莱西路）等2条主干道工程建成通车，完成刘公岛路、望海街、上海路、金华北路等20条（段）新建大修市政道路，总长16.5公里，面积26.6万平方米。

【威海东部滨海新城地下管廊项目通过国家考评】 4月，住房和城乡建设部地下综合管廊绩效评价小组到威海东部滨海新城开展地下综合管廊试点年度考评，对管廊建设进度、PPP模式建立与运营、管廊运营维护保障机制建设等予以肯定。2016年，威海市入选国家地下综合管廊试点城市，获得无偿补助资金11亿元，市住房和城乡建设局把地下综合管廊建设作为提升东部滨海新城综合承载能力和基础设施体系现代化水平的重要着力点，按照"规划有统筹、建设有标准、管理有制度、资金有来源、运营有保障"的思路全程跟进。考评通过后，专项补助资金、城镇化资金提前到位5.2亿元，占实际开工投资额的52%。

【威海市入选国家第三批"城市双修"试点城市】 5月26日，威海市出台《威海市生态修复和城市修补工作实施方案》，提出到2020年，"城市双修"工作初见成效，"城市病"有效缓解，城市生态环境有效修复，城市功能和景观风貌明显改善；到2030年，"城市双修"工作取得显著成效，"城市双修"规划建设管理体系基本建立，城市管理和服务规范化、精细化水平进一步提升。27日，全市城市管理暨"城市双修"动员会召开，市委副书记、市长张惠出席会议并讲话，副市长周永迪主持会议。7月14日，住房和城乡建设部印发《关于将保定等38个城市列为第三批生态修复城市修补试点城市的通知》，威海市入选。

【全省城市综合管廊、海绵城市建设和黑臭水体整治工作推进会在威海召开】 6月6日，全省城市综合管廊、海绵城市建设和黑臭水体整治工作推进会议在威海召开，住房和城乡建设部、省住房和城乡建设厅及省内各地市住房和城乡建设、规划等部门的有关负责人、专家等80余人参加会议。省住房和城乡建设厅副厅长孙松青主持会议并讲话，威海市副市长周永迪出席会议并致辞。与会人员实地察看威海东部滨海新城城市综合管廊项目、威海临港经济技术开发区林泉河湿地公园海绵建设项目和环翠区望岛河整治工程。

【金线顶滨海路全线完工通车】 8月1日，金线顶滨海路全线完工通车。金线顶滨海路起于二中北（原海滨路老船厂路口），绕经金线顶区域后，止于四方路路口，道路全线长2384米，标准段红线宽30米，路面宽21.5米，双向4车道，两侧绿化分隔带宽1.25米，人行道宽1.4米，绿化带宽1.6米，是金线顶区域整体开发工程中规划建设的重要区域环路。

【《威海市城市照明总体规划（2016—2030年）》通过评审】 12月，《威海市城市照明总体规划（2016—2030）年》通过市住房和城乡建设局组织专家评审会议。规划以营建滨海宜居新遗产文化城市为总体定位，围绕打造威海夜景照明特色、塑造最美山海城核心品牌，提出"一带三区"夜景照明发展格局，即以市区沿海岸线各滨海公园构成的城市夜景照明风光带为重点，创建山、海、城一体化的城市夜景空间结构，形成夜景照明景观视廊。

（孟德发　毕宜）

园林绿化

【概况】 2017年末，全市城市建成区绿化覆盖率46.1%、绿地率44.0%，市区城市建成区绿化覆盖率46.0%、绿地率44.2%。年内，完成威海湾环境综合整治配套收尾工程，海源公园对外开放并移交环翠区管理。建成健康绿道50公里，栽植乔灌木42.5万株，新增改造绿化面积61.2公顷。实施悦海公园设施增设及改造，幸福公园、海源公园健康步道标识系统制作安装，公园设施设备维修更换及景观提升，公园广场景观照明等用电设施维修更换及监控改造等，为市民提供更好的游园环境。

【威海市区健身绿道建设】 2017年，威海市区完成48.8公里长的健身绿道项目建设。其中，威海东部滨海新城完成33.48公里，环翠区完成9.525公里，威海高技术产业开发区完成双岛湾渔耕文化园绿道1.2公里，威海经济技术开发区完成九龙湾公园绿道3.5公里、黄海路与滨海大道之间的悦海步行街绿道0.21公里，威海临港经济技术开发区完成威青高速与江苏东路路口绿道0.86公里。

【城市小游园建设】 3月15日，市住房和城乡建设局印发《关于加强城市小游园建设管理的意见》，计划“十三五”期间，在市区合理规划建设100处面积在2万平方米以内、市民5～8分钟可达、300～500米服务半径的城市小游园，让市民走出家门就能亲近自然。2017年，威海市区新建22处街头小游园，其中环翠区12处、威海高技术产业开发区4处、威海经济技术开发区2处、威海临港经济技术开发区2处、东部滨海新城完成2处。

【威海植物园揭牌】 5月16日，位于威海临港经济技术开发区的威海市植物园揭牌。威海植物园采用民办公助的方式，由威海临港经济技术开发区文峰集团建设并进行市场化运营。按照规划，植物园分为核心区、拓展区、辐射区，汇集胶东珍稀乡村树种、全国名优特树种，打造集植物汇集、科普教育、生态产业、休闲旅游为一体的威海生态新地标。至年末，完成南方高档树种引进训化基地、特色树种造型园及广场、停车场、路网硬化等基础设施建设，收集、保存植物280余种1000万余株。

威海植物园　　文峰集团提供

【2017年度市级园林绿化示范工程、精细化养护示范绿地和市级园林绿化示范单位、示范小区评选】 年内，市风景园林协会组织开展2017年度市级园林绿化示范工程、精细化养护示范绿地和市级园林绿化示范单位、示范小区评选活动，经申报评审，威海市海源公园改造绿化工程等17个项目获评市级园林绿化示范工程，威海市区公园广场养护管理工程等5个项目获评精细化养护示范绿地，威海市刘公岛海洋开发有限公司等12个项目获评市级园林绿化示范单位、示范小区。

【公园广场不文明、违规违法行为专项整治】 9月18日至12月31日，市住房和城乡建设局牵头在市区公园广场内开展不文明行为、违规违法行为专项整治活动，重点整治违规骑行、违规停放各类代步工具等行为，甩鞭、亲海等存在安全隐患的行为，遛狗、乱扔垃圾等破坏环境卫生的行为，践踏草坪、攀折花木、涂抹雕塑等破坏景观的不文明、违规违法行为，对不文明行为进行教育和劝诫，对典型行为进行曝光，不断提高市民文明素质和城市文明程度。

【威海园亮相第11届中国（郑州）国际园林博览会】 9月29日，第11届中国（郑州）国际园林博览会开幕。其中，威海园占地面积1657平方米，以“山海之间，渔耕桃源”为主题，运用独特的设计元素和多样的表现手法，充分展示威海的本土文化氛围和地域特色，展示宁静和谐、美轮美奂的滨海卫城风貌。最终，威海园获得博览会室外展园综合金奖和室外展园建筑小品大奖。

【威海市首个法治主题公园开园】 12月4日，威海市首个法治主题公园——环翠法治公园正式向市民开放。公园是依托温泉文化广场建设的一座特色法治主题公园，设置民生园、儿童园、孝德长廊三大特色领域，让市民“能看懂、能喜欢、能接受”，将法治教育由说教式、被动式向文化熏陶、感性共鸣、理性思考、自觉接受的形式转化，寓学法于休闲中。

（孟德发　毕宜）

公用事业

【概况】 2017年，威海市全社会用电量117.03亿千瓦小时，比上年增长7.7%，其中工业用电量71.97亿千瓦小时，增长8.3%。城市供水总量1.50亿立方米，下降3.8%。天然气供气量1.72亿立方米，增长27.7%；燃气普及率100%。集中供热面积7722万平方米，增长10.3%。生活垃圾无害化处理率100%。

【城乡供电】 2017年，威海市全社会用电量117.03亿千瓦小时，比上年增长7.7%。其中工业用电量71.97亿千瓦小时，增长8.3%。国网威海供电公司先后获评2017年度威海市工作优秀单位、国网山东省电力公司先进单位等。

电网建设　全年投资4.6亿元，用于基建工程“6开工、2投产”建设，新增变电容量12.6万千伏安、线路长度61.3公里，为核电机组送出以及滨海新城等重点区域开发创造良好条件。斥资2674万元建成苏山岛“通大网电”项目，结束岛上仅靠太阳能、柴油机发电用电的历史。聚焦乡村振兴等战略实施，累计新建改造中低压线路1575公里、新增更换配变763台，完成全部62个省定贫困村电网建设改造，基本消除长期性低电压问题，全面打赢农网改造升级“两年攻坚战”。畅通光伏扶贫“绿色通道”，全市分布式光伏并网容量呈爆发式增长，首次突破“十万”千瓦。积极融入智慧城市建设，高标准完成1.86万户电、水、气、热“多表合一”采集，有效降低公共事业综合运营成本。全市城网供电可靠性、综合电压合格率分别达到99.97%和99.99%，均排名全省前列。

电力供应　完成1614项电网春检、秋检计划，大力推广机器人、无人机等智能化巡检手段，保证电网设备长期运行在最佳状态。深化社会综治体系建设，运用司法手段打赢首例电力设施外破民事案件，全年清理反光膜1855吨、树障1.09万棵，电网故障率下降25%。推广各类智能终端2000余套，率先在全省实现输电线路重要区段全可视和配电架空线路全监测，全面推动故障抢修由用户告知向信息自动获取的“主动式抢修”转变。坚持“不停电就是最好的服务”，创新实施“带电作业”1.1万次、“零点检修”82次，进一步减轻电网检修对客户正常用电的影响。中共十九大期间，选派20名员工赴北京支援，安排1.5万人次24小时在岗保障，完成“设备零故障、客户零闪动、工作零差错、服务零投诉”的保电目标。

电力服务　以深化“你用电·我用心”为内涵，实施“彩虹·心服务·新价值”活动，向社会公开发布6项承诺，客户投诉率等指标长期保持全省

威海供电公司智能营业厅　　国家电网威海供电公司提供

领先。最大限度地释放电改红利，推动输配电价改革政策正式落地，达成市场化交易电量25.15亿千瓦小时，每年可为全市客户节省电费支出1.78亿元。成立威海临港经济技术开发区供电中心和3个园区供电所，全面推行园区“门对门”服务，更好地响应招商引资和用电需求。主动投资1745万元建设到客户设施“红线”，及时解决5.1万千伏安的业扩上电受限问题，全年新增报装容量100.2万千伏安，增长12.9%。配合国有企业剥离办社会职能，累计完成91.3%的“三供一业”（供水、供电、供热和物业管理）供电设施接收改造。加快供电营业厅智能转型，推广“电e宝”等APP用户50万户，居民线上缴费比例达53.8%，逐渐变“群众跑腿”为“信息跑路”。促成53台燃煤锅炉“煤改电”、70余万平方米“电采暖”，新建3个港口岸电项目、4座电动汽车快充站，全面服务于大气污染防治、百姓绿色出行。

（李鹏飞）

【城市供排水】　2017年，全市城市供水总量1.50亿立方米，比上年下降3.8%；生产用水量5883.83万立方米，下降13.4%，占全部供水量的39.2%；居民家庭用水量4041.97万立方米，增长8.1%，占全部供水量的26.9%；用水普及率100%；人均日生活用水量0.13立方米。其中，市区供水总量1.06亿立方米，下降1.9%；生产用水量4303.83万立方米，下降11.1%，占全部供水量的40.6%；居民家庭用水量2741.97万立方米，增长10.9%，占全部供水量的25.9%；用水普及率100%；人均日生活用水量0.14立方米。威海市水务集团有限公司供水量1.00亿立方米，创历史新高。日均供水27.5万立方米，最高日供水量31.7万立方米。出厂水水质合格率100%，管网水水质合格率99%以上。处理污水6606万吨，污水处理率98.1%。处理污泥9万吨，处理率100%。重点工程完成投资18亿元，铺设供排水管道344公里。市区用户57.09万户。

城市供水　受连年干旱影响，2017年市区供水形势极为紧张，经历了7月下旬水库蓄水全面告急市区用水濒临压减、8月原水浊度超高、9月中旬米山水库藻类暴发等诸多严峻挑战。市水务集团加强水源统筹利用，根据水情、雨情变化，科学做好外地水与当地水以及各水源地的科学调度，并对部分水源地继续实行二次提升取水，深挖供水潜力。中水“第二水源”开辟取得重大进展，威海热电集团有限公司规模为3万立方米/日的中水项目建成投运，每天使用中水1万余立方米，节水效果明显。规模为10万立方米/日的岗山净水厂二期工程常规处理部分投入运行，规模为20万立方米/日的深度处理项目准备投运。龙山净水厂及配套管网工程、磨山净水厂及配套管网改造工程等按计划推进。以泊于水库建设为契机，泊于应急供水工程启

动建设。针对混合原水的复杂水质，加大制水环节水质净化力度，除加大常规药剂投加量以外，还投加价格较高的粉末活性炭、水王子和二氧化氯等，强化水质预处理效果。针对藻类暴发等突发情况，采取拦藻、捞藻等措施，跟踪检测原水水质，在水厂增加应急药剂投放，杜绝重大水源污染。全年市区供水保持安全持续，为城市生产生活提供保障。

文登区供水同城化　对米山、磨山、松山及文登营4个净水厂实施工艺改造，全面完善水质检测体系，供水能力和出厂水质双双提升。实施主管道改造、主控阀门更换、地理信息系统建设等10多项基础工程，分区供水、调度、抢修、管控等体系基本成形，办公系统、收费系统等与集团公司总部对接融合。区域供水秩序规范更加有力，总表供水等历史遗留问题加快破题，清理各类欠费832万元，新增用户近1.2万户，用户总数突破7万户，供水、抄表、收费、服务“四到户”模式向纵深推进。全年文登区供水量、销售量分别比上年增长9.6%和12.1%，产销差率下降2.2个百分点。

污水污泥治理　继续加强污水收集、输送和处理体系的管护和完善，加强市区河道管理保洁。突出加大对各类污水超排乱排等问题的专项整治，针对化工企业超标排污问题引入第三方治理模式。坚持把污泥工艺处理和最终产品出路两个问题同步考虑，在原有污泥干化、堆肥等技术路线的基础上，不断创新污泥处理方法和拓展产品出路。投资5000多万元，采用国际先进工艺建成并投运威海临港经济技术开发区污泥处置及有机质固废资源化利用项目。投资2000多万元建设荣成市污泥处理项目。自主研发研制污泥发酵干化工艺和污水处理药剂，申请治污专利3项。高效办理中央环保督察组交办案件14件，并抓住契机，解决老旧管网改造等一批久拖未决的历史问题。9月23日—24日，由市水务集团有限公司与中国城镇供排水协会、《亚洲环保》杂志社等联合主办的全国污泥处理产物出路研讨会在威海召开，国内外业内专家、学者及企业界人士400余人参加会议。其间，与会人员观摩威海临港经济技术开发区污泥项目和威海经济技术开发区污水处理厂，对威海市治污工作给予高度评价。

泊于水库项目建设　泊于水库自2015年12月26日正式开工建设，不到两年时间，枢纽工程基础项目基本完工，标志性建筑溢洪闸桥头堡和管理房主体封顶，库区专业设施顺利搬迁，水库基本达到蓄水条件。移民安置项目龙山湖小区58幢楼全部完成主体结构封顶。同时，围绕市第十五次党代会提出的打造“宜居宜业宜游宜学的卓越城市”战略部署以及新城规划，全面加大水库周边区域开发力度。实施龙山湖小区湖心岛护岸及交通桥工程、拱桥工程，打造集生态旅游、农业休闲采摘、农业文化展示等为一体的龙山湖生态农庄项目。与台湾新北海企业集团签订龙山湖运动文旅小镇项目框架协议，项目总投资35亿元，以“体育+”产业发展为核心理念，以建设国际标准的专项自行车运动场项目为主体，着力打造集体育赛事、训练、休闲、娱乐、教育等完整谱系的国际体育运动项目集聚区和运动文旅特色小镇。

社会服务　围绕“让用户少费事、少跑腿”的目标，窗口业务办理不断提速增效，对行动不便的人群推出“代跑腿”服务，对接融入威海政务服务云平台，推进政务信息公开。开发建设微信公众号，实现服务由线下向线上的全新跃升，关注用户达10万多人，总阅读量136万次，线上收费664万元。持续提升“诚信水务，情润万家”服务品牌内涵，彰显快捷化、亲情化、精细化的水务服务特色。集团公司全年受理各类问题11万件，问题处结率和回访满意率保持100%，数字城管月月满分，收到社会各界赠送锦旗120多面。

国家节水型城市复查　7月4日，省住房和城乡建设厅组织对威海市国家节水型城市建设情况进行现场复查，城市节水工作达到节水型城市考核要求。威海市始终贯彻“节流优先、治污为本、科学开源、综合利用”的用水原则，城市节水工作成效显著，先后获评国家节水型城市、中国水环境治理优秀范例城市。2017年，全市有20家单位获评省级节水型企业（单位）、社区（生活小区）。

《威海市城市防洪规划（2015—2030年）》　7月，《威海市城市防洪规划（2015—2030年）》经市政府批复正式实施。规划提出，以已有防洪工程为基础，以保护生态环境为前提，进一步完善防洪工程体系，采取防洪工程措施和非工程措施，建成适应现代化发展的管理体制，使威海市中心城区的防洪标准达到100年一遇，为威海市的可持续发展提供防洪安全保障。

（孟德发　孙艳伟）

【城市供热】　2017年末，全市蒸汽供热能力1865吨／小时，热水供热能力3302兆瓦；集中供热面积7678万平方米，比上年增长9.7%；管道长度5640公里（不包含外供蒸汽管网，下同）。其中，市区蒸汽供热能力1715吨／小时，热水供热能力2018兆

泊于水库大坝　　市水务集团提供

瓦；集中供热面积6026万平方米，增长10.9%；管道长度4013公里。

《关于推进农村供暖工作的实施意见》出台　10月18日，市政府办公室印发《关于推进农村供暖工作的实施意见》，包括总体要求、基本原则、重点工作、组织实施、保障措施等5个部分。计划到2018年底，农村幼儿园等公共场所和新型社区全部实现冬季清洁供暖，农村供暖的技术支持政策、质量标准体系和监督管理体系基本健全；到2020年底，全市70%以上的村庄实现冬季清洁供暖。10月31日，全省农村地区清洁供暖工作座谈会在威海召开，环翠区等5个供暖试点县（市、区）、12个试点镇汇报经验，与会人员参观环翠区羊亭镇南小城村、张村镇王家疃村等村的农村清洁供暖试点项目。

【城市供气】　2017年，全市天然气供气量1.72亿立方米，增长27.7%；液化气供应量2.64万吨，增长3.6%。其中，市区天然气供应量1.29亿立方米，增长21.9%；液化气供应量1.60万吨，增长1.9%。至年末，全市管网总长度3176.12公里。

市区燃气管网启动升压改造　6月起，威海港华燃气有限公司对市中心城区燃气管网进行升压改造，管网压力由0.2兆帕升级为0.4兆帕，涉及121处调压设施改造，其中北片区49处、中片区36处、南片区36处。

燃气热力行业安全生产百日攻坚治理行动　6月12日至9月，市住房和城乡建设局在全市开展燃气热力行业安全生产百日攻坚治理行动，重点检查安全生产责任制落实、应急管理工作开展、重点部位检查、用户设施设备安全检查等隐患综合整治工作。

《威海市燃气专项规划（2017—2030）》通过评审　7月22日，《威海市燃气专项规划（2017—2030）》通过省住房和城乡建设厅专家评审。规划对威海市区燃气发展的需求预测、气源规划、燃气输配系统规划、汽车加气站规划、液化石油气站规划、应急保障、燃气设施安全保护、建设时序、节能、环保、消防、抗震等方面作了较为全面的规划，对威海市燃气行业发展具有指导作用。

餐饮行业用气安全检查活动　8月1日—31日，市住房和城乡建设局组织开展全市餐饮行业用气安全检查活动。检查范围为宾馆、饭店、学校、医院等使用天然气、液化石油气等燃气的餐饮场所，主要检查燃气使用场所、使用设施、存储环境是否符合相关法律、法规、规范的要求等。

城镇燃气和油气输送管道隐患排查治理督查活动　8月22日—25日，市住房和城乡建设局组织开展对城镇燃气和油气输送管道隐患排查治理督查活动。督查范围包括各区市燃气主管部门（油气管道保护主管部门）、燃气企业、油气输送管道企业。

【城市公共交通】　（详见第194页《交通·邮政·城市公共交通》）

【城市环境卫生】　2017年，全市城市道路清扫面积4240万平方米，其中机械清扫3867万平方米，机械清扫率91.2%；清运城市生活垃圾64.49万吨，无害化处理率100%；有公共厕所339座，水冲公厕比率100%。其中，市区道路清扫面积2620万平方米，其中机械清扫面积2398万平方米，机械清扫率91.5%；城市生活垃圾无害化处理量41.12万吨，生活垃圾无害化处理量41.12万吨，无害化处理率100%；有公共厕所207座，水冲公厕比率100%。

《威海市建筑垃圾管理办法》出台　10月21日，《威海市建筑垃圾管理办法》发布，共5章28条，主要规定建筑垃圾的管理机制、处置核准、综合利用、施工和运输管理、消纳场运营和法律责任等内容，将于2018年1月1日起施行。办法规定，建筑垃圾处置实行核准制度，建筑面积在300平方米以下或者工程投资额在30万元以下的装饰装修工程及建筑垃圾产生量5吨以下的工程，建设单位和施工单位可以不办理建筑垃圾处置核准手续，但应当将建筑垃圾委托环境卫生专业单位或者依法取得建筑垃圾处置核准的运输企业进行清运和处置。市市容环境卫生主管部门负责全市建筑垃圾管理工作。

《威海市环境卫生专项规划（2017—2030）》通过评审　10月27日，《威海市环境卫生专项规划（2017—2030）》通过市住房和城乡建设局组织的专家评审。规划主要包括生活垃圾处置管理、生活垃圾收运、环卫公共设施、环卫工程等方面的内容。

（孟德发　毕宜）

建筑业

【概况】　加快建筑产业转型升级，举办中国（威海）国际建筑设计大奖赛系列活动，现场观展人数超过6万人，获评山东省建筑设计大师1人，启动中国（威海）建筑设计中心项目建设，8月底开通建筑设计国家平台门户网站，是中国建筑学会唯一共享官网。组建建筑设计国家平台，被省政府列为《山东新旧动能转换综合实验区建设总体方案》重点项目，通过国务院审批。全面落实建筑节能标准和绿色建筑星级标准，完成绿色建筑二星级设计（运行）标识工程32个278万平方米，申报省级建筑节能与绿色建筑示范项目29项。开展市委党校综合楼等超低能耗绿色建筑应用试点，中德合作提高建筑能效技术与示范研讨会在威海举办，推广威海经验。推广新建民用建筑准全装修540万平方米。组建BIM技术应用联盟、专家委员会，推进BIM技术试点，威海一中新校区等两个项目被省住房和城乡建设厅列为全省首批BIM技术应用试点示范项目。成立装配式建筑发展产业联盟、专家库，培训全产业链技术骨干1000余人次，全市8家省级装配式产业基地6家建成投产，开工装配式建筑93万平方米，完成省定目标的130%。在全省率先建立安全生产季度分析、标后评估等制度，推行建筑工程安全监督交底和安全文明施工标准化建设，开展安全生产许可证排查和安全生产月、安全生产百日攻坚治理等整治活动，组织召开全市工程质量安全提升三年行动推进会暨质量安全管理标准化工地观摩会，工程质量安全管理水平稳步提升。建筑市场监管与诚信一体化平台率先通过省级验收。全市质量投诉率比上年下降36%，创建国优工程1

项、“泰山杯”工程6项、省优工程18项、AAA工地1个、省级安全文明示范工程5个、省级优良工地11个、省级安全文明小区7个。制定建筑施工扬尘治理工作导则、标准图集，对261个在建项目和65个长期停工工程实行网格化管理，建立扬尘防治长效机制。推进施工图审查制度改革，通过公开招标确定7家施工图审查机构。全市建筑业实现增加值190.11亿元，实现利税34亿元。

【装配式建筑】 5月17日，市政府办公室印发《关于大力发展装配式建筑的实施意见》，要求自2017年起，城市规划区内新建公共租赁住房、棚户区改造安置住房等项目全面实施装配式建造，政府投资工程应使用装配式技术进行建设，新建住宅项目全面淘汰现浇楼梯、楼板，推行标准化预制楼梯、叠合楼板。到2017年底，全市装配式建筑面积占新建建筑面积比例达到10%。到2020年，建立健全适应装配式建筑发展的技术、标准和监管体系，装配式建筑面积占新建建筑面积比例达到25%以上。到2025年，装配式建筑面积占新建建筑面积比例达到40%以上。同时，意见明确了编制发展规划、推行标准化设计、实施工厂化生产等8项重点任务。

【建设工程扬尘整治百日提升行动】 5—8月，市住房和城乡建设局组织开展建设工程扬尘整治百日提升行动，主要针对建设工程扬尘污染整治、文明施工管理、施工环节综合整治方面存在的问题加大监管，集中整治。其中，在土石方开挖源头整治方面，要求施工现场内土石方挖运、装载必须采取喷水湿法作业；施工道路必须硬化，裸露渣土必须覆盖；渣土运输车辆覆盖严密；车辆冲洗设施配备完善，保证一车一洗，不得带泥土驶出工地。遇有5级以上大风或重度以上污染天气时，严禁土石方开挖和装卸等作业。

【威海市第一中学新校区3号艺术楼通过省级超低能耗绿色建筑项目专家评审】 7月20日，威海市第一中学新校区3号艺术楼的施工图设计通过省住房和城乡建设厅组织的2017年度省级超低能耗绿色建筑项目专家评审。至此，全市有国家、省级超低能耗绿色建筑项目5个，总建筑面积4.23万平方米。其中，世昌华庭幼儿园等3个项目共1.43万平方米已竣工并通过验收；市委党校综合楼和威海市第一中学新校区3号艺术楼两个项目共2.8万平方米进入主体施工阶段。

【建筑工程综合执法大检查】 8月22日—31日，市住房和城乡建设局组织开展建筑工程质量安全、市场行为和扬尘治理综合执法大检查，检查范围包括各区市住房和城乡建设局、全市各类建筑工地，内容包括建设行业主管部门和企业履责情况，贯彻省、市安全隐患排查治理、百日攻坚行动等活动落实情况，前期各级组织的督导检查活动提出的隐患整改落实情况等。

【2017年全市建设系统“质量月”活动】 9月21日，2017年全市建设系统“质量月”活动启动仪式在山东科建质量检测评价技术有限公司举行。活动要求围绕“开展质量提升行动，加快建设质量强市”主题，坚持改革创新，推进品牌建设，完善质量诚信建设，弘扬工匠精神，推动建筑业高技能人才队伍建设，促进建筑业持续健康发展。启动仪式结束后，举办2017年全市建设工程质量检测职业技能大赛，全市15家建设工程质量检测机构的75名参赛队员参赛。

【威海建筑市场监管与诚信信息一体化平台通过省级验收】 9月25日，威海市建筑市场监管与诚信信息一体化平台通过省住房和城乡建设厅专家组的评审验收，威海市成为全省首家通过平台验收的城市，标志着全市建筑市场“数据一个库、监管一张网、管理一条线”的行业管理工作走上信息化监管轨道，有利于规范全市建筑市场秩序，建立和完善“建筑市场”和“施工现场”联动机制，健全建筑市场信用管理体系，简化办事程序，提高办事效率。

【威海市建筑职业技能大赛】 10月26日—27日，2017年度威海市建筑职业技能大赛在威海东部滨海新城公共服务区工程现场举办。大赛由市住房和城乡建设局、市总工会、市人力资源和社会保障局联合主办，设砌筑工、抹灰工、钢筋检测员、水泥检测员等8个工种，91人参赛，威建集团的孙昭曙等8名选手分获各工种第一名，获得“金牌职工”“技能能手”称号，威建集团获企业团体一等奖，荣成市住房和城乡建设局获区市团体一等奖。

（孟德发　毕宜）

环境保护

【概况】 2017年，全市环境保护工作紧紧围绕实现现代化幸福威海新跨越的总目标，坚持以改善提升生态环境质量为核心，连续推进中央、省及环境保护部各项行动和大气、水两个贯穿全年的行动计划，牢固树立“绿水青山就是金山银山”的理念，始终坚持生态立市、环境优先、绿色发展，全面打好污染防治攻坚战，各项工作取得新成绩。空气质量考核、攻坚行动评估、机构垂直管理体制改革工作进度全省第一，环境空气质量连续两年达到二级标准，受到省政府通报表扬。威海优美良好的生态环境成为全市的品牌、优势、潜力和财富。全市空气质量优良率88.1%，蓝天白云天数362天，空气质量全省最优。

【获省政府通报表扬】 省政府发布通报，表扬威海市在2016年环境空气质量达到国家二级标准的基础上，2017年，细颗粒物（PM2.5）、可吸入颗粒物（PM10）、二氧化硫（SO_2）、二氧化氮（NO_2）4项污染物年均浓度分别为28微克／立方米、55微克／立方米、10微克／立方米、17微克／立方米，均优于《环境空气质量标准》（GB3095—2012）二级标准浓度限值，环境空气质量达到国家二级标准，位居全省第一位，给予1000万元奖励。

【中央环保督察保障】 市政府主要领导任中央环保督察协调联络组组长，抽调各单位精干力量100多人，配齐配强

6个专项工作组。组建“生态威海”专项微信工作群，市政府主要领导、分管领导第一时间发声。建立限时办结、现场督办、集中评议、专家会商等工作机制，设立长驻区市的案件现场办理小组，交办威海市的245起案件全部按期办结，并开展“回头看”，逐一核查销号，坚决杜绝异地转移和死灰复燃现象发生。开展反馈意见整改，对涉及威海市的2个个性问题、22个共性问题，逐一制定整改方案，定期调度。中央环保督察协调联络组的工作机制、保障模式、组织程序为地级威海市成立以后首创，为国家海洋督察和其他系列重大活动任务提供借鉴。

【监测监察执法垂直管理体制改革】 摸清全市环保部门机构设置、人员编制、管理体制、经费保障等情况，坚持问题导向，高质量、高效率起草《威海市环保机构监测监察执法垂直管理制度改革工作方案》，通过垂直改革领导小组第一次全体会议、市政府常务会议、市委常委会研究后，第一个在全省申请备案、第一个通过备案、第一个出台方案，走在全省前列。

【“蓝天白云”保卫】 强化政策引导，编制2017年大气污染防治实施方案、秋冬季攻坚细则。全市1234家“散乱污”企业全部完成清理取缔和整改；53台电力企业锅炉全部完成超低排放改造；建成区内78台锅炉全部拆除；建成区外101台25吉焦/小时以上锅炉治理完成92台，超额完成年度任务；16个挥发性有机物项目全部完成治理；134座加油站全部完成三级油气回收改造。针对威海市山在城中的区域特点，以环山路改造为重点，狠抓道路、市政、建筑工地和散流物体、裸露土地等扬尘治理，所有建筑工地全面落实“六个百分百”标准（施工工地周边100%围挡、物料堆放100%覆盖、出入车辆100%冲洗、施工现场地面100%硬化、拆迁工地100%湿法作业、渣土车辆100%密闭运输）。2017年，在全市科学发展观观摩中，施工工地实现遮盖“一片绿”。增加生态补偿，将大气生态补偿资金系数由5万元提高到20万元。继续坚持超标预警机制、日报送和旬月季排名通报制度、现场巡查督导制度、网格化监管制度“一个机制三项制度”，强化重污染天气预警预报，与市气象部门加密会商，提高准确度。全市环境空气质量达到国家二级标准，8项指标全省第一，为全省唯一连续两年实现稳定达标的地级市，获奖金4274万元，不再参加全省考核。

【水环境治理攻坚】 强化制度保障，将重要流域划分为3个控制单元、13个子单元，建立超标销号制度和质量通报制度，实施“一河一策”精细化管理。全面完成饮用水源地保护区调整和划定工作。开展母猪河流域综合治理，市委、市政府、市政协领导先后调研视察，给予充分肯定。首创“微信群办公”、纪委参与、挂图作战、日清日结等工作方式，禁养区内513家禽畜养殖场全部完成关闭搬迁，在4个月内搬迁完成率由不足10%达到100%。全市水环境质量稳中向好，国控主要河流、主要饮用水水源地、近岸海域水质达标率均为100%。

【自然保护区问题整改】 全面排查荣成大天鹅、成山头自然保护区，建立问题、责任、措施、时限“四个清单”，实行日调度日报告制度，所有问题按期整改到位，完成率全省最高，得到省环保厅、环境保护部华东督察局、环保部和中央环保督察组领导的认可，顺利通过“绿盾2017”国家专项检查。

【环境执法监管】 开展打击进口废物加工违法行为专项行动，进口固体废物比上年削减80%，妥善处置好当家集团公司疑似渗坑问题。完善网格化环境监管体系，落实财政资金30万元用于建成区200名环保网格员的补助，并纳入2018年预算。联合市编办对全市所有镇（街道）环境保护办公室和专职人员到位情况进行督查。与公安、交通等四部门开展重型柴油车联合路查执法，每月1次，实现机动车尾气治理新突破。完成辐射源安全专项检查，检查单位23家，督导整改问题10起。全年下达处罚152起，罚款560万元，移送司法机关拘留1起。

【辐射源安全监控】 组织完成全省放射源和加速器安全专项检查行动和年度专项检查任务，对23家专项行动涉及的各核技术利用单位进行检查，对10起存在的问题进行督导整改，对国家监管系统进行维护更新，重点对放射源的转入、使用及送贮逐家进行完善检查，修改完善数据500个，确保放射源用源安全。组织荣成市、乳山市核应急办公室参加海阳2017核应急演习，增加实战经验。组织对威海市核应急管理成员进行调整。修订《威海市辐射事故应急预案》，《荣成市核事故应急预案》通过省专家评审。

【总量减排】 完成环境保护部对威海市2016年减排项目核查核算，化学需氧量、氨氮、二氧化硫和氮氧化物排放量分别比2015年削减3.04%、3.49%、5.46%和5.46%，全面完成省环保厅下达的2016年四项污染物减排目标（2.78%、2.82%、5.40%和5.40%）。

【排污许可证发放】 成立威海市排污许可管理工作领导小组，印发《威海市环境保护局排污许可证核发工作程序（试行）》。组织环保管理人员和企业人员培训，邀请相关专家对技术规范和暂行规定作详细解读。完成摸底调查和信息公示工作。完成辖区内2017年要投产的火电、造纸等15个行业企业的调查摸底，督导企业进行基础信息公示。按时间节点完成火电、造纸、钢铁、水泥行业共26家企业的排污许可证发放工作。

【环境宣传教育】 成立市环境宣教信息中心，市财政安排专项资金200万元，全面推进环境宣教“六个一”重点任务。即承办一次大会，圆满组织完成环境保护部、中华环保基金会在威海市举办的“2017中华环境奖获奖者经验交流会”；启动一项制度建设，起草威海市环保宣传教育办法；开设一批专栏，发稿400多篇，全方面展示威海市环保工作亮点、成绩、典型；制作一系列公益动漫，运用威海政务通“顺顺”的卡通形象，制作环保职责分工解读动漫；开展一次公益广告有奖征集，从全国各地700余幅作品中评选出平面类、视频类、音频类获奖作品16部；打造一批先进典型，培养普陀路小学、环

1月12日，2017“生态威海”环保公益广告获奖作品颁奖仪式在普陀路小学举行　　市环保局提供

翠楼街道商圈党群服务中心等社区、学校、志愿者队伍先进环保典型。

（牛晓琳）

附：2017年威海市环境质量公报

2017年，全市环境保护工作积极践行“绿水青山就是金山银山”的理念，攻坚克难、开拓创新，着力解决人民群众关心的环境问题，主要污染物排放总量持续下降，主要环境质量指标进一步改善，环境质量继续保持全省前列。

一、环境空气

威海市环境空气质量连续两年达到国家二级标准，位居全省第一位，获山东省人民政府通报表扬，并给予1000万元奖励。

2017年，“蓝天白云、繁星闪烁”天数为362天，空气质量为优的天数为132天，环境空气优良率为88.1%。

环境空气主要污染物二氧化硫和二氧化氮年均值、一氧化碳24小时平均第95百分位数浓度值3项指标分别为10微克／立方米、17微克／立方米、1.0微克／立方米，达到《环境空气质量标准》（GB 3095—2012）一级标准；可吸入颗粒物(PM10)和细颗粒物(PM2.5)年均值、臭氧日最大8小时滑动平均值的第90百分位数浓度值3项指标分别为55微克／立方米、28微克／立方米、159微克／立方米，达到《环境空气质量标准》二级标准。

环境空气质量综合指数3.44，比上年改善8.5%，六项主要污染物二氧化硫、二氧化氮、可吸入颗粒物、细颗粒物、臭氧、一氧化碳分别改善33.3%、15.0%、12.7%、20.0%、−16.1%、9.1%。

全市城市降水pH年均值范围在6.22至6.51之间，未出现酸雨。

二、水环境

全市13条主要河流共设13个考核监测断面。其中7个断面优于或达到国家地表水环境质量三类标准，4个断面达到国家地表水环境质量四类标准，1个断面达到国家地表水环境质量五类标准。所有河流水质达标率为100%，实现《威海市水污染防治行动计划》中2017年度的水质目标。

全市主要饮用水水源地水质保持优良状态。崮山水库、所前泊水库、郭格庄水库、冶口水库、米山水库、坤龙水库、后龙河水库、逍遥水库、湾头水库、八河水库、龙角山水库和台依水库水质均达到或优于地表水环境质量三类标准。达标率100%。

全市近岸海域海水水质继续处于优良状态。其中，达到国家海水水质一类标准的海域占65.2%，达到国家海水水质二类标准的海域占34.8%。近岸海域功能区达标率为100%。

三、声环境

全市各区市城市区域声环境质量昼间平均等效声级范围为52.0～55.0分贝，均为较好等级。

城市道路交通声环境长度加权平均等效声级范围为66.5～68.6分贝，威海市区城市道路交通噪声强度为二级，处于较好水平，文登区、荣成市、乳山市城市道路交通噪声强度为一级，处于好的水平。

城市〇至四类功能区声环境质量昼、夜平均等效声级范围分别为45.9～38.5分贝、53.4～40.5分贝、54.2～41.3分贝、62.6～46.9分贝、66.2～51.4分贝，均达到相应功能区标准。

四、土壤环境

全市蔬菜种植区及饮用水水源地周边土壤环境质量达到《土壤环境质量标准》（GB 15618—1995）二级标准，处于清洁（安全）水平。

五、辐射环境

全市辐射环境质量保持稳定。

威海市区电离辐射空气吸收剂量率区间范围为62.0～111纳戈瑞／小时，处于威海市环境天然辐射水平正常范围内（小于150纳戈瑞／小时）。

电磁辐射射频电场强度和磁场强度区间范围分别为0.14～2.24伏／米（安全值12伏／米）和0～0.006安培／米（安全值0.032安培／米）；电磁辐射工频电场强度和磁感应强度区间范围分别为8.0～1269伏／米（安全值4000伏／米）和0.063～1.31微特斯拉（安全值100微特斯拉），各项电磁辐射环境指标均达到《电磁环境控制限值》（GB 8072—2014）规定的公众曝露控制限值要求。

六、生态环境

全市生态环境状况指数为58，全省最好，达到国家生态文明建设示范市指标要求（不小于55，且不降低）。

继威海市成为全省唯一被省环保厅评为省级生态市的地级市，文登、荣成、乳山均获得“国家生态市”称号后，2017年，荣成市获评全国首批“国家生态文明建设示范市”。

（威海市环境保护监测站）

编辑　李洪格

商　务

综　述

【概况】 2017年，全市社会消费品零售总额1607.9亿元，比上年增长10.4%。其中，城镇消费品零售额1323.4亿元，增长10.4%；乡村消费品零售额284.5亿元，增长10.1%。批发和零售业零售额1428.5亿元，增长10.1%；住宿和餐饮业零售额179.4亿元，增长13.0%。与人们日常生活密切相关的商品及消费升级类商品全面增长，其中粮油、食品类增长17.5%，家用电器和音像器材类增长18.9%，通信器材类增长19.2%。电子商务交易额1939亿元，增长32.1%。完成货物进出口总额1404.9亿元，增长17.8%；完成服务进出口总额214.4亿元，增长23.6%。在建内资项目到位资金972.1亿元，增长15.1%。新批准外资及港澳台资项目191个，实际到账资金88.0亿元，增长10.1%。新核准设立境外企业（机构）25家，威海市协议投资额60.5亿元，增长40.3%；实际投资额11.9亿元，增长9.9%。

【市场秩序建设】 积极构建企业信用认证和等级评价体系、事前信用承诺、分级分类监管及信用“红黑榜”发布制度，发起成立跨境电子商务诚信联盟，加快推进商务诚信建设，25家企业通过信用认证评级，以此为示范，企业诚信经营意识不断增强，诚信经营水平显著提升。突出重点区域、重点商品、重点环节，加强对食品、药品、农资等重点领域的日常监管和重点整治，年内，全市出动执法人员1.8万人次，查处各类侵权假冒案件526件，捣毁制假售假窝点39个。市商务局获评2017年全国打击侵权假冒工作先进集体。加强单用途商业预付卡管理，督促企业建立健全内控制度，全年组织专项检查5次，检查企业32家次；强化对发卡、售卡企业落实实名购卡、非现金购卡和限额购卡等3项制度的日常监管，全市备案企业19家。改善药品流通行业管理，建立“互联网＋药品”流通模式，实行零差率服务，有效改善药品经营无序竞争。全市医药零售连锁企业41家、单体药店144家、连锁门店1596家，零售连锁率91.7%。积极督导各区市开展二期肉菜流通追溯体系建设，增加节点49个；食用农产品可追溯供应商、商超生鲜追溯均通过考核验收，2家供应商达A级标准。推进商务综合行政执法工作，建设威海市商务局“双随机、一公开”抽查监管平台，设置《权力清单管理》《一单两库、双随机抽取》《抽取记录》《信息公开》等栏目，录入各项基础信息150余条，全年检查典当、拍卖、单用途预付卡、报废汽车回收拆解等商务领域企业37家；制定印发推行商务行政执法公示、全过程记录、重大执法决定法制审核三项工作细则和商务行政执法程序、重大执法决定法制审核流程图等。

【市场体系建设】 通过规划引领、政策扶持等措施，培育威高广场、九龙城等特色商圈；建成韩国生活场景深度体验中心等社区体验店20多处，支持家家悦集团股份有限公司改造建设3处生活超市；盘活商业闲置设施，引进居然之家；牵手京东掌中宝，建成京东社区便利店5处。完成冷链物流示范城市一期创建工作，全省评估验收位居第一。建成威海市冷链运输与配送综合服务平台，对接运输车辆500多辆、冷库114座、冷柜100个，全部实现信息实时上传和车辆动态定位。

威高广场外景　　李传强　摄

【特殊行业发展】 2017年，威海市典当、拍卖等特殊流通行业和再生资源回收行业稳定健康发展，业务领域多方位拓宽，经营环境不断向好，服务经济社会能力日益提高。全市16家拍卖企业创新经营理念，提升专业化、市场化、网络化能力，在稳定司法涉讼拍品主渠道的基础上，积极开展网络拍卖业务。全年举办拍卖会247场，拍卖成交额6.4亿元，其中房地产拍卖成交额3.7亿元、财产权利拍卖成交额2.2亿元、机动车及其他拍品成交额5168.4万元；实现佣金收入866.1万元。26家典当企业依法开展典当业务，充分发挥“短、小、快、灵”的融资优势，为全市经济持续发展作出积极贡献。年末，行业资产总额5.8亿元，注册资金5.2亿元，发放贷款和垫款余额3.9亿元；全年典当业务笔数975笔，累计实现典当总额7.6亿元，营业收入1745.9万元，利润总额642.5万元，缴纳税金142.3万元。

【市场运行和消费促进】 按照“猪肉地方储备充实到不低于当地居民7天消费量”的要求，落实生猪活体储备1.8万头，为市场肉品的正常供应提供保障。以家家悦集团股份有限公司为依托，发挥省内4处常温配送中心优势，建立省级应急保供商品专区，总储备量约100万件，包括小包装粮油、食用油、方便面、火腿肠、矿泉水及应急照明等应急必备商品，实际库存数量远超协议数量，确保关键时期调得出、用得上。建立生活必需品、重要生产资料、重点流通企业和应急商品数据库四大市场运行监测体系，健全市、区市、样本企业三级市场运行监测机制，常态化市场监测点达30多处。配合省商务厅组织开展2016—2017年度山东省储备应急保供实战模拟演练，对《威海市生活必需品市场供应应急预案》进行修改完善，以全面提升应急保障工作的联动性、针对性和实效性。推动做大节假日市场消费，以中秋、国庆等重要节日为节点，开展“中秋国庆双节献礼，低价狂欢购”等主题活动，组织全市各大商场抢抓节日市场机遇，开展品牌商品开仓购、大联展等促销活动，达到活跃市场、促进消费的目的。

【山东出口食品农产品质量安全示范省成果展暨第八届威海国际食品博览会】 （详见第254页《旅游·会展·会展》）

【园区建设】 2017年，威海南海新区获批全省经济开发区第二批体制机制创新试点，威海南海新区威海蓝色产业创新创业公共服务平台、威海临港经济技术开发区创业创新示范平台分别获评第一批、第二批全省经济开发区创新创业公共服务示范平台。年内，全市省级园区货物进出口437.2亿元，比上年增长16.2%，占全市进出口总额的31.1%；到账外资及港澳台资20.3亿元，增长7.4%，占全市到账外资及港澳台资的23.0%。

【威海综合保税区】 威海综合保税区规划面积2.29平方公里。2017年，园区实现工业总产值29.8亿元，比上年增长20.8%；主营业务收入29.7亿元，增长21.2%；进出口总额73.7亿元，增长16.2%；税收收入5802万元，增长29.3%；到位外资及港澳台资4010万美元。

（赵 静）

对外及对港澳台贸易

【概况】 2017年，全市企业与203个国家和地区有贸易往来，完成货物进出口总额1404.9亿元，比上年增长17.8%。其中，出口额855.7亿元，增长8.9%；进口额549.2亿元，增长35.2%，高于全省13个百分点。对外及对港澳台贸易新业态迅速发展，全市跨境电商零售出口额13.6亿元，居全省首位，是上年的2.8倍；直购进口额1522万元，是上年的3.4倍。综合服务企业完成进出口额63.5亿元，带动全市进出口增长2.2个百分点。国际市场结构优化明显，与“一带一路”沿线63个国家和地区有贸易往来，进出口额297.4亿元，增长26.0%。对自贸区国家和地区进出口715.9亿元，增长21.5%。原油进口快速增长，进口原油217.2亿元，增长65.5%，占全市进口总额的39.5%。

2017年威海市进出口综合情况表

表12　　单位：亿元

项目	进出口总额			出口额			进口额		
	金额	比上年增长（%）	比重（%）	金额	比上年增长（%）	比重（%）	金额	比上年增长（%）	比重（%）
合计	1404.91	17.8	100.0	855.71	8.9	100.0	549.20	35.2	100.0
按企业性质划分									
内资企业	909.92	27.0	64.8	533.75	13.2	62.4	376.17	53.5	68.5
其中：私营企业	695.21	32.5	49.5	377.21	16.3	44.1	318.00	58.5	57.9
外商投资企业	494.99	7.1	35.2	321.96	7.3	37.6	173.07	6.6	31.5
按贸易方式划分									
一般贸易	862.56	24.0	61.4	491.74	9.2	57.5	370.82	51.2	67.5
加工贸易	500.46	9.4	35.6	344.11	10.0	40.2	156.35	8.1	28.5

续表12

项目	进出口总额			出口额			进口额		
	金额	比上年增长（%）	比重（%）	金额	比上年增长（%）	比重（%）	金额	比上年增长（%）	比重（%）
其他贸易	41.89	62.8	3.0	19.86	141.5	2.3	22.03	25.8	4.0
按商品构成划分									
初级产品	154.31	9.6	11.0	117.80	9.5	13.8	36.51	10.2	6.6
工业品	1250.60	20.5	89.0	737.91	11.2	86.2	512.69	37.0	93.4
按大类商品划分									
纺织服装				212.17	12.3	24.8			
农 产 品				117.81	9.5	13.8			
轮胎				64.90	18.2	7.6			

2017年威海市重点企业进出口情况表

表13　　单位：万元

企业名称	进出口总额		出口额		进口额	
	金额	比上年增长（%）	金额	比上年增长（%）	金额	比上年增长（%）
华岳集团有限公司	2175191	65.8	27	–	2175164	65.8
三星电子（山东）数码打印机有限公司	849252	42.2	680841	37.3	168411	66.1
三角集团有限公司	566887	17.8	413005	12.4	153882	35.2
威海蓝创进出口有限公司	439333	90.5	100862	389.1	338471	61.1
迪尚集团有限公司	414317	3.3	387551	3.4	26766	1.7
浦林成山(山东)轮胎有限公司	321314	51.3	192949	31.7	128365	95.1
三星重工业（荣成）有限公司	270435	−21.3	179455	−22.0	90980	−19.8
日月光半导体（威海）有限公司	235061	42.3	54632	19.2	180429	51.2
威海世一电子有限公司	222109	17.1	141877	27.1	80232	2.9
黄海造船有限公司	202511	2.3	180364	11.7	22147	−39.3
威海市联桥国际合作集团有限公司	193590	22.7	89523	5.4	104067	42.9
文登信亚机电有限公司	146843	16.2	79032	21.1	67811	11.0
金猴集团有限公司	110717	−23.4	11969	−55.7	98748	−16.0
威高集团有限公司	100495	34.7	36113	16.2	64382	48.0
威海裕罗电器装配有限公司	90974	−9.9	63018	−13.1	27956	−1.7
威海电美世光机电有限公司	82791	10.4	32648	0	50143	18.4
荣成皇朝马汉外贸综合服务有限公司	76337	63.4	42073	46.7	34264	89.9
山东环球渔具股份有限公司	75847	4.1	71126	3.7	4721	11.1
山东云悠天下外贸综合服务有限公司	74769	2425.1	50537	1606.8	24232	–
威海国际物流园发展有限公司	64944	763.8	1366	1.2	63578	930.8
威海仁昌电子有限公司	61360	14.4	41351	16.3	20009	10.7
威海新凯帝电子有限公司	60309	10.8	35049	14.6	25260	6.0
威海市国有资本运营有限公司	58245	–	0	–	58245	–
威海大宇电子有限公司	56701	5.0	30074	6.9	26627	3.0
好当家集团有限公司	56281	−3.1	43260	0.4	13021	−13.1
荣成裕罗电器有限公司	55367	12.7	26973	−11.6	28394	52.6
山东海都海洋食品有限公司	55258	–	52619	–	2639	–
威海金元电线有限公司	51344	−1.2	15386	1.1	35958	−2.1
豪雅光电科技（威海）有限公司	47101	2.9	32233	13.7	14868	−14.8
威海倍佳贸易有限公司	45613	−7.1	45415	−7.2	198	4.8
荣成浦臣水产有限公司	45168	−21.8	39285	0.6	5883	−68.6
威海昌星电子有限公司	44471	28.7	22967	18.5	21504	41.7

续表13

企业名称	进出口总额		出口额		进口额	
	金额	比上年增长(%)	金额	比上年增长(%)	金额	比上年增长(%)
文登威力工具集团有限公司	42640	8.9	42536	8.9	104	-4.6
乳山市福强水产食品有限公司	42286	64.9	25275	58.6	17011	75.4
文登森鹿制革有限公司	42145	-25.9	0	-	42145	-25.9
威海蓝星玻璃股份有限公司	42117	13.3	42104	13.2	13	1200.0
乳山亚细亚机电有限公司	41897	-16.7	33798	-13.0	8099	-29.3
荣成嘉美海洋食品有限公司	41714	-2.1	38607	-9.4	3107	-
山东蓝润水产有限公司	41694	-10.8	33730	-2.8	7964	-33.9
豪顿华工程有限公司	40184	28.3	23487	69.4	16697	-4.4
威海一熙电子有限公司	39922	-3.9	22084	1.7	17838	-10.0
乳山市万和食品有限公司	39649	50.1	20471	36.7	19178	67.6
中航威海船厂有限公司	39522	188.8	33858	175.5	5664	306.0
文登大世汽车配件有限公司	38922	-6.5	16379	-19.4	22543	5.7
开泰体育用品制造（威海）有限公司	38315	-3.2	30821	-7.7	7494	21.1
山东新北洋信息技术股份有限公司	36809	-16.2	29603	14.8	7206	-60.2

【外贸新业态培育】 积极申报国家级跨境电商综合试验区，加快建设山东省（威海）跨境电商综合试验区，省级跨境电商新业态主体达18家。2017年，全市跨境电商零售出口13.6亿元，居全省首位，比上年增长1.8倍。支持外贸综合服务企业做大做强，威海蓝色产业创新创业公共服务平台获评省级外贸综合服务平台，全市外贸综合服务平台合计进出口63.5亿元，带动全市进出口增长2.2个百分点。积极开展市场采购贸易试点，推动旅游购物贸易主体向市场采购贸易转化，备案市场采购贸易经营者46家。

【外贸品牌建设】 引导企业创建国际品牌，开展第二批市级国际自主品牌评选，省级、市级国际自主品牌企业分别达37家、42家。鼓励重点加工贸易企业开展科技创新，推动3家企业成为省级加工贸易转型升级示范企业。进一步优化展会市场，支持企业开展境外展览、资质认证、注册商标以及贸促活动项目377个。组织50多家进出口企业赴境外开展贸易活动5次，接洽一批外贸外资储备项目，促进“三外”（外资、外贸、外经）融合发展。

【国际市场开拓】 实施多元化市场开拓战略，组织引导企业参加境内外展会182个，其中境外展会174个，有效提升企业的国际市场开拓能力，提升威海产品的国际知名度和市场竞争力。创新搭建展会网上服务平台，备案企业572家次，进一步提高市场开拓资金利用率。

【外贸优进优出】 加大进口支持力度，实现外贸优进优出。组织28家进口企业赴日本、泰国、马来西亚、新加坡举办6场境外采购对接活动，达成贸易意向2.5亿元，丰富完善威海市进口商品的国别和种类，促进进口多元化发展。克服不利国际因素影响，稳步开展韩国食品日用品集散地建设，全年进口韩国食品、日用品13.3亿元，比上年增长6.0%。发挥特色口岸优势，在全国首批经海运进口澳洲肉牛。调整市级《支持进口的先进设备和产品目录》，鼓励先进技术设备和关键零部件进口。稳定原油、有色金属等能源、资源性产品进口。全年完成进口549.2亿元，增长35.2%，高于全省13个百分点。

（赵　静）

中韩自贸区建设

【概况】 2017年，继续深入推进中韩自贸区地方经济合作示范区建设，在跨境电商、贸易便利化、服务业合作等方面取得一系列阶段性成果。作为中韩自贸区联合委员会下设的经济合作委员会成员，参加1月份召开的中韩自贸区联合委员会第一次工作会议，并向联委会作示范区建设情况汇报，得到两国商务主管部门的肯定。省政府与韩国产业通商资源部建立的两国省部会商机制、与仁川市建立的联席会议制度均将示范区建设作为共同推动的重要事宜。8月7日—10日，第二届山东—仁川友好合作联席会议在仁川召开，威海市介绍示范区建设情况，并就物流、经贸、旅游等领域的合作议题进行商讨。

【地方经济合作模式创新】 先后4次赴韩国开展经贸促进活动，接待韩国首尔议会、黄海自由经济区厅、仁川市政厅、仁川市议会等团组到威海考察，进一步深化地方经济合作。协调相关职能部门，创新性地与仁川共同组织成立威海—仁川地方经济合作联合委员会及分委员会，于6月召开联委会第一次工作会议，讨论产业合作、科技、通关、文化等7个领域合作议题。积极推动威海市相关部门与仁川对口部门之间建立威海—仁川贸易便利化交流沟通机制，设立贸易便利化交流沟通平台，进一步推进威海—仁川贸易便利化。

【政策研究和宣传】 与威海中韩自贸区地方经济合作研究中心合作，选取100多家与韩国合作密切的企业，开展投资与服务贸易领域调研。联合商务部投资促进事务局在威海市举办2017年国内首场自贸协定政策宣讲会。承办2017年山东省商务厅与韩国驻青岛总领事馆的经贸会议，与韩国驻青岛总领事馆共同组织举办进出口认证支援暨FTA应用促进说明会。举办2017中韩自贸区地方经济合作论坛，中韩两国的13位专家、学者围绕“中韩FTA的实施与发展前景”“中韩FTA背景下威海—仁川增创贸易新优势战略研究”“威海与仁川地方经济合作研讨”“威海加快中韩双向投资及创新创业合作研究”4个主题展开研讨，提出理性分析与合理化对策与建议。

【中韩贸易首选通道构建】 开通威海至德国汉堡和杜伊斯堡港“中欧班列”、“潍威韩”铁路冷藏集装箱班列，构建连接日本、韩国至中欧快速新通道。在全省检验检疫系统率先对入出境船舶全面实施“单一窗口”申报及无纸化管理，创新完成船舶边检全省首单申报并审批通过，实现海关、检验检疫、边检、海事等监管系统的互联互通。正式启用威海港口岸查验服务中心，实现进出口集装箱的集中申报、集中查验、集中放行，集装箱验放时间进一步缩减。开通海运快件业务，成为全国第二个开通海运快件业务的城市。2017年，全市对韩国进出口总额417.8亿元，比上年增长9.1%；其中出口额268.6亿元，增长11.7%；进口额149.2亿元，增长4.7%。

【对韩经贸合作深化】 推动韩国大韩贸易投资振兴公社在威海设立其在中国地级城市的首个代表处（威海贸易馆）。举行全市商协会对韩交流工作座谈会，组织韩国商品经销协会、威海文化交流协会等参加2017韩国未来创造融合协会交流会、2017年中韩经济社会政策研究交流会、2017韩国仁川化妆品企业说明商谈会、中韩经济文化洽谈会等30余场活动。推动威海市首个中韩合资美容医院项目——威海正源美容医院落地。2017年，全市新设韩国投资企业101家，实际使用韩资21.8亿元。

【自贸试验区成功经验的复制推广】 积极贯彻落实《国务院关于做好自由贸易试验区新一批改革试点经验复制推广工作的通知》，开展“政策大宣讲”“干部大培训”活动，宣传自贸区相关政策，协调推动相关部门贯彻落实推广。至2017年底，全部111项经验中威海市复制推广89项，在商事制度改革、涉税事项便利、口岸开放、检验检疫创新、海关创新、改善外商投资管理模式等方面取得积极成效。

（赵　静）

服务贸易创新发展

【概况】 2017年，全市完成服务进出口总额214.4亿元，比上年增长23.6%。其中，完成服务出口149.1亿元，增长34.3%；完成服务进口65.3亿元，增长4.6%。服务贸易主要类别有运输、旅游、建筑服务等传统服务，服务外包作为新兴产业发展势头迅猛。全市登记离岸服务外包合同4930份，增长112.9%；合同金额48.0亿元，增长145.9%；执行金额38.6亿元，增长144.2%。

【试点经验创新】 2016年2月，威海市获批国家服务贸易创新发展试点。威海市将试点作为深化供给侧改革、培育新动能新优势的重要突破口，结合中韩自贸区地方经济合作示范区建设，勇于探索、积极实践，搭建全国第一个商务部服务贸易直报系统“地方板块”，设立全国第一家服务贸易（试点）银行，出台全国第一个《服务贸易人才支持计划实施细则（试行）》，建设服务贸易创新发展综合服务平台及国际服务设计、动漫游戏等10余个专业子平台，建设威海服务贸易产业园，吸引日本软银集团、日本IEC培训机构、浪潮集团等项目落地，形成一批可复制可推广的经验。2017年11月22日，国务院发展研究中心对外经济研究部对威海进行两年试点调研评估，认为威海市发展服务贸易呈现出“亮点多、模式新、转型快”的特点，给予充分肯定。12月14日，国务院副总理汪洋召开第二次国务院服务贸易发展部际联席会议，充分肯定威海市试点做法。同时，会议梳理可在全国复制推广的试点经验5项，威海市贡献2项；可在各省市借鉴推广的试点经验20项，威海市贡献6项。

【精准招商】 威海市获批国家服务贸易创新发展试点后，紧紧围绕服务外包和信息技术服务、海洋服务和运输服

9月27日，在威海东部滨海新城重点项目集中签约仪式上，市商务局推动的浪潮“一带一路”云服务中心项目实现签约　　市商务局提供

务、健康医疗和中医药服务、文化服务4个重点领域，锁定韩国、日本、中国香港、东南亚4个重点区域，先后开展服务贸易专题招商活动12次，确定境内外重点服务贸易展会28个，引导企业开拓国际市场。先后引进总投资1.5亿美元的软银集团全球外包软件园、总投资6.4亿元的威里医院、日本IEC培训机构、韩国希恩提信息技术、韩国八邦呼叫中心、韩国气加电商中国总部、东华软件股份公司智慧城市项目、日立解决方案威海医养产业园、浪潮集团“一带一路”云服务中心等一批服务贸易大项目。韩国SK百朗德保健品生产基地、“韩国商城”跨境电商、浦项大宇高端医院项目及NT医疗机器人等一批服务贸易项目顺利洽谈推进。为打造服务贸易试点的产业发展载体，威海市在核心地带规划34.4公顷，高标准规划建设服务贸易产业园，以服务贸易、软件与服务外包产业为主攻方向，打造国际一流的服务贸易创新发展园区。先期在园区西侧购置2.3万平方米的智慧大厦作为运营主体，采取减免房租、定制装修、拎包入住等，为园区后续发展培植孵化优质资源。

【发展环境优化】　出台《威海市鼓励服务贸易创新发展扶持暂行办法》，从扶持范围、内容、标准及审核等方面规范专项资金使用与管理，对符合条件的企业在服务贸易出口、国际认证和重点企业认定、生产性服务进口、设立研发和检测中心、开拓国际市场等方面给予支持。自2016年2月至2017年末，全市落实国家级专项资金3605万元、省级专项资金940万元、市级财政配套专项资金4000万元，设立2亿元的市级服务贸易发展引导基金，支持服务贸易企业做强做大。威海服务贸易联席会议成员单位积极实施“1210”工程，每个成员单位分别向上争取1项国家级或省级扶持政策、出台2项支持措施、联系服务10家企业，取得良好成效。16个威海服务贸易创新发展联席会议成员单位共同梳理编印《关于支持服务贸易创新发展的57条政策和措施》，市委组织部牵头出台全国第一个《服务贸易人才支持计划实施细则（试行）》，市金融办、商务局和中国人民银行威海市中心支行等联合出台《威海市金融支持服务贸易创新发展实施意见》，市经济和信息化委出台《关于扶持软件和信息技术服务业发展的若干意见》；市科技局、商务局、财政局等联合出台《技术先进型服务企业认定管理办法》。

（赵　静）

粮食购销与加工

【概况】　2017年，威海市及所辖文登区、荣成市、乳山市均设有粮食局，履行管理和服务全社会粮食流通职能。市粮食局设5个职能科室，辖环翠分局1个派出机构和市军粮供应中心、市粮食储备中心（市粮食质量检测中心）、山东威海国家粮食储备库、威海市地方粮食储备库4个直属国有企事业单位。全市粮食系统有国有单位22个、在职职工403人、资产总额9.2亿元。年内，在确保全市粮食安全的基础上，国有粮食购销企业收购粮食9.1万吨，完成粮油加工总量93.6万吨，实现销售收入38亿元。

【粮食市场调控】　全面落实粮食安全部门责任，威海市粮食安全首考取得“开门红”。开展粮食安全隐患“大快严”集中整治和“安全生产活动月”等活动，强化储粮设施、消防等重点部位安全隐患排查，全年发现和整治各类隐患25处。加强粮食市场价格监测和统计调度，全力开展粮食购销，全年国有粮食部门收购粮食9.1万吨，销售出库12.3万吨，粮食库存稳定在合理水平。加强库存粮油规范化管理，开展规范化、科学化储粮活动，扩大“四合一”（粮情监测、机械通风、环流熏蒸、谷物冷却四项技术有机结合）、准低温等绿色生态储粮技术应用覆盖面，加强地方储备和应急成品粮储备管理，定期组织安全检查，确保各类储备粮油数量真实、储存良好。实施军粮供应保障工程，加强军供设施和平战时期保障能力建设，探索军民融合式发展有效途径。实施粮食收购资格认定集中办理和全程网上办理，全市具备粮食收购许可单位达48家。推进粮食社会信用体系建设，建立健全征信应用登记备案和激励惩戒措施，营造良好市场环境。强化粮食库存、粮食政策、粮食市场“三项检查”，全市开展粮食流通监督检查62次，出动执法人员198人次，检查各类企业137家，维护粮食市场正常秩序。

【服务三农和民生】　精心组织夏粮、秋粮收购工作。针对天气干旱、夏粮减产情况，全市腾空仓容21万吨，筹措收购资金2.57亿元，检修机械设备345台套，培训人员223人，夏粮入库7.1万吨，其中外采2.2万吨；开展秋粮产

农户科学储粮示范仓发放现场　　市粮食局提供

购调查，指导和督促各类经营企业严格按市场规律开展购销，收购新玉米1.7万吨。探索粮食产后服务体系建设。编制上报在全市建设9个专业化产后服务中心、总投资2070.39万元的方案。实施农户科学储粮工程，全市2300个储粮示范仓全部加工完成并发放到位。实施放心粮油工程。结合国家实施“中国好粮油”行动计划，强化市、县两级放心粮油配送中心和放心粮店规范化、规模化建设，大力实施主食产业化工程，鼓励、支持家家悦、威高食品等涉粮企业参与居民主食厨房、便民快餐等工程建设，扶持主食产业化项目4个，投入专项资金120万元，年内销售各类放心粮油1.05万吨，实现销售收入4325万元。实施粮食质量安全监管工程。健全完善原粮购销、储存和运输等流通环节质量、卫生安全管理措施，开展“粮食科技宣传周”等宣传活动6场，发放宣传资料3000份；强化质检能力建设，市粮食质检中心通过检验检测机构资质复审，全年检测样品2100批次，合格率100%。

【粮食产业发展新旧动能转换】 根据国家“中国好粮油”行动计划要求，制定《威海市全民均衡营养健康计划》，全力构建威海粮食均衡营养食品供应平台，助力“健康威海”建设。加速粮食物流园区三期和成品粮应急配送中心项目建设。依托粮食物流园区三期工程建设，规划建设1万吨集冷风库、气调库、成品粮库于一体的多功能粮食应急配送中心，构建军民融合、平战结合的军粮供应网络体系。工程已立项，完成前期准备工作。大力扶持骨干粮油企业发展。以已有73家规模以上涉粮企业为重点，引导企业扩总量、求发展。全市粮油加工企业完成加工总量93.6万吨，实现销售收入38亿元，分别占年度计划的104%和108.6%。实施精准招商。制定粮食行业精准招商工作计划，重点依托威海新龙科技有限公司等科技含量较高、具有发展潜力的粮油加工企业进行产业招商，建设生产加工基地。推动智慧粮食、电子商务等体系发展。借力省粮食流通管理云平台建设，打造全市粮食数字化、信息化和电子交易平台。全市20个智能化升级项目全部建设完成，初步实现库、县、市、省四级粮食数据互联互通。

（张　冬）

供销合作

【概况】 2017年，威海市供销社以密切与农民的利益联结为根本，加快新旧动能转换，推进组织、经营、服务创新，各项工作取得新进展。全系统完成销售收入109.4亿元，实现利润7746万元，分别比上年增长11.6%和8.9%。文登区和荣成市供销社再次入选全国“百强县级供销社”，文登区、荣成市、乳山市供销社被纳入全省新一轮深化综合改革40个重点联系县。

【“放心农资”工程】 组织实施“放心农资”工程，培育“放心农资”品牌，对老旧农资门店进行改造升级，改善形象，完善设施。全年建设改造威海市烟农供销农资连锁有限公司宋村店、乳山市供销三农物资配送有限公司大孤山店、威海广丰园农资有限公司小观店等放心农资店15处。

【农业规模化服务】 推广“保姆式”“菜单式”托管服务，重点推进花生、果品、西洋参、大姜等规模化服务。发展综合型、专业型、社区型为农服务中心，为农民和各类新型农业经营主体提供测土配方、智能配肥、农机服务等专业化、系列化、规模化服务。全年建设改造侯家、生格庄、虎山、育黎、下初5处为农服务中心，总数发展到19处。全系统农业专业化服务企业发展到10家，山东汇润实业集团有限公司递补为山东省农业产业化重点龙头企业。

【农民合作社及联合社】 通过共同出资、共创品牌、共享利益等方式，开展农民合作社示范社创建，组织带动农民开展标准化生产。加快同类别生产经营主体和服务机构的再联合、再合作，发起成立各种专业性、行业性、区域性农民合作社联合社，开展系列化服务，增强合作社发展后劲。荣成市虎山农业种植专业合作社、威海市文登区信诺农田管理专业合作社2家合作社被中华全国供销合作总社评为供销合作社系统农民合作社示范社。全系统市级以上农民合作社示范社达34家，专业性农民合作社联合社发展到13家，镇级区域农民合作社联合社发展到31家。农产品标准化基地达9000公顷，拥有“威供”“圣农”“汇润”等18个农产品注册商标，“圣农”牌花生、“创新”牌罐头入选中国农产品流通经纪人协会2017年全国百佳农产品品牌，“汇润”牌苹果、“圣农”牌花生成为全市首届知名农产品企业产品品牌。

【“供销社+互联网”工程】 与“供销e家”平台对接，在全省供销系统率先出台《关于加快打造全市供销电商生态体系的实施意见》，牵头成立威海供销广聚园电子商务有限公司，全国供销总社首批“供销e家”股权投资项目成功落地，全省首家京东网上生鲜馆落户威海，文登西洋参交易中心正式启动，举办第三届网上昆嵛山樱桃节、第三届西洋参文化节，文登区、荣成市、乳山市供销电商运营中心运营，实现“供销e家”县域服务中心全覆盖。加强供销社基层服务站点建设，2017年，完成张家产、虎山、大孤山等20处基层服务站点信息化改造。启动实施“互联网+放心早餐+优质农产品”工程，将放心早餐与优质农产品经营结合，探索打造社区生活便民服务网络，首家“供销e家·艾食尚”旗舰店于年底试营业。

【为农服务组织】 推进基层社分类改造，根据组织机构、资产状况、经营现状等实际情况，稳妥解决历史遗留问题，因地制宜推进基层社改造，突出做好盘活资产工作，开展生产合作、供销合作、信用合作，不断提高基层组织综合服务能力。2017年，上庄、大水泊、南黄3家基层供销社被中华全国供销合作总社评为全国供销合作社基层社标杆社，总数发展到8家。文登区、荣成市供销社入选全国县级供销社“百强社”。筛选确定文登区宋村镇曲格庄、威海经济技术开发区桥头镇涧北村等10个村庄开展党建带社建、村社共建，推动基层组织和经营服务“两个延伸”，实现供销社、村“两委”、合作社三位一体发展，进一步密切与农民组织上和经济利益上的联结。

【现代农业园区建设】　依托系统内农业龙头企业，推进现代农业园区建设，促进现代农业、休闲农业发展。聘请青岛农业大学合作社学院对桥头生态农业休闲产业示范园进行实地考察和初步规划，完成8个农产品大棚建设，整治水塘6个、河道1000米，修建道路4公里。山东汇润实业集团有限公司在文登区米山镇建设73.33公顷现代苹果产业园区，采用微灌施肥模式，打造水肥一体化果品标准化生产基地，带动果品产业升级，助力农民增收。

【昆嵛山樱桃节系列活动】　5月20日，2017年全国群众登山健身大会（文登站）暨“浙商城”第十三届中国·威海（文登）昆嵛山樱桃节开幕，“供销e家”第三届网上昆嵛山樱桃节同期举行。开幕式上，山东供销综合服务平台有限公司与威海市供销电子商务有限公司、威海食在鲜电子商务有限公司与苏州市德洋商贸有限公司分别签订采购协议。其间，与“供销e家”、淘宝、农产网、锡好网等平台开展合作，完成网上下单3万单。

【第三届文登西洋参文化节】　10月12日，由中国合作贸易企业协会、中国旅游协会温泉旅游分会主办，文登区西洋参协会、文登区旅游行业协会承办的第三届文登西洋参文化节暨2017威海（文登）温泉旅游季在文登区张家产镇启动。全国政协委员、中国农产品流通经纪人协会会长于培顺，中华全国供销合作总社经济发展与改革部副巡视员栾海波，山东省供销合作社联合社监事会副主任魏华等出席仪式。文化节的主题为“健康·养生·全域融合”。同日，投资5500万元的西洋参（文登）交易中心正式运营，占地面积3.33公顷，建筑面积1.1万平方米，融西洋参传统销售、大宗商品交易及垂直电商平台于一体，兼具培训、孵化、创业、检测、文旅等功能。

（李海东）

烟草专卖

【概况】　2017年，威海市烟草专卖局（公司）坚持抓基层、打基础、强管理、重创新、挖潜力、提质效，各项工作实现稳中有进、进中向好、好中突破，被省烟草专卖局（公司）授予“2017年卷烟销售任务特别奖”。全年销售卷烟10.3万箱，实现税利6.3亿元，上缴税金5亿元，居全市商贸流通企业第一位。查获各类涉烟违法案件1063起，查获非法卷烟1879万支，涉案总值1132万元；破获符合公安部、国家烟草专卖局标准的网络案件7起，查获的“4•27”案件为多年来全省一次性查获走私烟数量最多、案值最大的一起。助力精准扶贫工作，捐助资金55万元，用于帮扶村项目建设和村容村貌改善。市烟草专卖局（公司）被市委、市政府授予“2017年度纳税明星企业”称号，被环翠区委、环翠区政府授予“2017年度纳税明星企业”等称号，连续10年保持“省级文明单位”称号。

10月12日，第三届文登西洋参文化节在张家产镇群众文化广场开幕
市供销社提供

【卷烟营销和网络建设】　把优化状态、平稳运行摆在首要位置，建立实时的市场状态监测体系，做到货源供应与市场状态相匹配、销售进度与时间进度相同步。坚持因地制宜育品牌，着力优化品类布局，做好细支烟培育，持续做大做强鲁产品牌，实现鲁产卷烟份额增加、价位突破、价值提升。推进市场化取向改革，开展烟草零售许可证登记的负责人、实际经营人、电子结算卡三方信息核对，全市网上订货率81%，电子结算率99.3%，结算成功率保持在99%以上。扎实推进客户服务站建设，开展自律互助小组建设，全市建成自律互助小组711个，客户参与率100%，建立“小组之家”28个，卷烟零售毛利率12.4%。持续强化零售终端建设，制作旗舰店、精品店、标准店、普通店四类终端建设指导手册，从卷烟陈列、品牌培育、数据采集、消费者服务等多个方面开展终端量化评价与改进工作，年内引导140名客户自主投资101万元进行店面升级改造，通过旗舰店考评验收终端29个，建成“黄金叶”“中南海”消费体验店3个。启动聚焦消费者主题营销活动，建立包含2300名消费者的数据库。开展零售户争做“品烟卖烟行家”活动，组织举办“优秀客户上讲台”、小班制培训132场，培训客户3758人次，评选出首批“品烟卖烟行家”零售户122名。探索卷烟消费环境建设，在非禁烟场所完善吸烟设施，在禁烟场所附近开辟吸烟区，使烟民和非烟民的权益均得到保障，营造便利、和谐、文明的卷烟消费环境。

【市场监管】　不断深化联合执法，与山东公安边防总队海警第一支队建立联合打击海上涉烟违法犯罪活动协作机制，与市公安局、工商局、交通运

9月20日，山东省海警第一支队、威海市烟草专卖局举行联合打击烟草专卖品海上走私违法犯罪集中整治行动启动仪式　　　　市烟草专卖局提供

输局、邮政局联合打击寄递渠道涉烟违法犯罪活动，着力构建“点—线—面”防御带，密织烟草市场监管网。开展“齐鲁之盾”（2017）专项行动，以“互联网、物流快递渠道”“非法运输、携带烟草专卖品”“卷烟雪茄烟走贩私”“卷烟经营市场集中整治”4个行动为重点，创新监管手段，采取全面监管与重点监管相结合、定期检查与错时联检相结合等，保持“严打、严查、严控、严管”高压态势。全年查获假烟走私烟1182万支，居全省第二位，比上年增长48.7%；专卖人员人均、社会人口每万人、卷烟销量每万箱平均查获假烟走私烟数量三项指标均居全省第一位。坚持“查烟更要查人，破案更要破网”，强化大要案及网络案件侦破，加强对涉烟违法信息的搜集、整理、分析、运用，实现对涉烟违法犯罪行为的精准监管、有效打击。全年破获符合公安部、国家烟草专卖局标准的网络案件7起，移送司法机关依法刑事拘留35人，逮捕12人，判刑34人；查获的“4•27”案件现场查获卷烟696万支、涉案总值391万元，为多年来全省一次性查获走私烟数量最多、案值最大的一起。严格规范专卖执法行为，印发《全面推行行政执法公示制度 执法全过程记录制度 重大执法法制审核制度工作方案》，制定执法事项清单，依法公开行政处罚案件信息，做好执法监督、案卷评查、卷烟鉴别检验工作，有效促进依法行政。

【企业管理】 以“勇做深耕者、争当排头兵”目标定位，开展解放思想大讨论活动，形成“内挖潜力、外追标杆”的良好局面。开展“精益管理提升年”活动，围绕控本、降耗、提质、增效等内容，开展科级以上干部领题攻关研究，“卷烟消费环境优化研究”“资金管控下卷烟合理库存研究”分别获得全省系统精益管理课题二、三等奖，通过精益管理及课题研究等创效300余万元。深化创新型企业建设，开展全员创新活动，征集“金点子”142条，发布优秀QC成果5项，推广应用优秀创新成果37项，1项创新成果获得省烟草专卖局（公司）科学技术进步三等奖，1项QC成果获得省烟草专卖局（公司）QC成果发布优秀奖，3篇论文获评山东省烟草学会优秀论文奖，4篇论文获评年度学术年会交流论文奖，2项计算机软件获得软件著作权。召开全市系统企业管理与科技创新会议暨“双基”工作现场会，巩固行业商业标准化示范企业建设成果，开展体系换版，发布实施新版企业标准396项，其中管理标准212项、技术标准21项、工作标准163项。加强财审管理监督，强化国有资产管理，严格预算管理和成本费用管控，开展同级审计、经济责任审计和工程项目全过程跟踪审计，审减节约资金160万元。完成物流中心扩建项目建设，持续优化物流配送线路，全年减少配送里程2.2万公里，人均配送效率1199箱，居全省第三位。开展档案工作科学化、规范化建设，市烟草专卖局（公司）被省档案局评为山东省档案工作科学化管理示范单位。围绕“综合素质提升+专业技能强化”，加大精准培训力度，开展争当“岗位专家”活动，全年举办各类培训班390场次，培训8797人次，新取得中级以上职称7人，通过技能鉴定25人，综合通过率比上年提高6个百分点，在全省第三届烟草制品购销职业技能竞赛中获得团体第三名，其中1名选手代表省烟草专卖局（公司）系统参加全国技能竞赛。开展“讲我的故事”主题报告会、“立足岗位、敬业奉献”青年员工好典型评选等活动，妥善推进职工家属区“三供一业”分离移交工作（将家属区水、电、暖和物业管理职能从国企剥离，转由社会专业单位实施管理的项管理工作），保障企业和谐稳定发展。

（纪　靖）

石油供应

【概况】 威海市成品油供应的主渠道是中国石化销售有限公司山东威海石油分公司（以下简称中石化威海石油分公司）、中国石油天然气股份有限公司山东威海销售分公司（以下简称中石油威海销售分公司），社会（单位、集体、民营等）成品油经营企业作为重要补充。2017年末，全市有成品油仓储企业2家（威海威洋石油有限公司、威海巨轮石化有限公司），批发企业12家（包括中石化威海石油分公司4家、中石油威海销售分公司1家、威海威洋石油有限公司以及6家社会企业）；持有成品油零售经营资格的加油站408座，其中，中石化威海石油分公司113座、中石油威海销售分公司39座、大威石油12座、其他社会加油站244座。全市成品油日供应量约2000吨，其中汽油1230吨、柴油770吨。中石化威海石油分公司和中石油威海销售分公司日均供应成品油约1500吨。年内，全市成品油（含汽油、柴油，不含船用燃料油）终端消费量约78万吨（零售量+大客户直供），其中，中石化威海石油分公司约46万吨，中石油威海销售分公司约12万吨，其他公司20万吨。

【中石化威海石油分公司】　作为威海市成品油经营主渠道，担负着全市工、农、渔业生产，交通运输及人民日常生活用油的主要供应任务，在营加油站105座。公司始终坚持以质量与服务为准绳，以质优量足、服务规范、客户员工双满意为宗旨，服务威海经济发展，支持地方经济建设。2017年，公司销售成品油44.06万吨，实现销售收入27.10亿元，实现非油品营业额1.69亿元。

安全环保　将安全生产主体责任分解落实到每个业务主管部门和基层单位，强化责任担当。开展"四不两直"检查（不发通知、不打招呼、不听汇报、不用陪同接待、直奔基层、直插现场），加强现场安全监管，组织开展季度、专项等安全检查17次，查出问题1307项，整改率100%。强化员工安全教育培训，定期开展相关制度及法律法规专题教育培训和各类逃生应急预案演练，提升广大职工的安全意识和自救能力。强化油气回收改造和双罐双线改造施工管理，105座在营加油站全部按要求完成改造。

数质量管理　严格落实各环节数质量管理责任，增强"大质量"意识，按照"以最严格的管理、最严格的执行、最严格的追责来强化数质量管理"的要求，加强油气、非油商品质量管理。加强全环节损耗管理，规范库存管理和损溢处置，避免超限和大耗大溢现象发生，防范数质量风险，实现降耗增效目标。关注油品升级后质量监督，各类抽检全部合格，打造质量过硬的品牌形象。

企业管理　年内，领导班子下基层120余次，中层干部及管理人员下基层300余次，帮助基层解决实际问题40多个。加强工团工作，深化"一团一品"打造工作，打造内（青春倡廉）、外（绿岛公益）两大品牌支撑的"一团多品"模式；组织青年员工参与公司经营管理活动，开展"爱心加油站""情暖环卫工""青春健步行""青年文明号助千家""青年安全示范岗""青年文明号·普法先锋"等主题活动。全面实施"文化育企"战略，着力打造"温馨、和谐、多彩、奋进"加油站；围绕"家文化"，不断加大投入，加强基础设施建设，为员工创造整洁、安全、舒适的生活环境，为员工排忧解难，使其切实感受到企业大家庭的关心和温暖。

（侯名杰）

【中石油威海销售分公司】　是中国石油在威海市设立的全资地市分公司，于2000年进入威海地区开发成品油销售网络，主要从事汽油、柴油、润滑油等成品油的批发、零售以及预包装食品、日用百货、农资、汽车美容、洗车等业务。公司秉承"诚信、创新、业绩、和谐、安全"的理念，以"奉献能源、创造和谐"为宗旨，依托资源和品牌优势，忠实履行服务消费者的职责，销售网络覆盖全市，吸纳社会劳动力300多人，成品油年销售量达12万吨。在成品油质量管理上，持续强化"以质取胜、以量取信"的经营理念，主动履行"每一滴油都是承诺"的社会责任，推进成品油质量升级，按照ISO 9001质量管理体系要求，建立覆盖油品采购、入库、储存、运输和销售等环节的质量管控体系，实现油品全过程质量受控；在履行社会责任方面，利用加油站布局网点，为环卫工人建立"爱心驿站"，免费提供休息、上网等服务。

（王力召　梁佳佳）

投资促进与经济技术合作

【概况】　2017年，全市在建内资项目到位资金972.1亿元，比上年增长15.1%。新实施总投资3000万元以上内资项目286个，合同总额416.7亿元，到位资金156.2亿元。新注册项目587个，新签约、新投产总投资3000万元以上项目分别为364个、354个。全市新开工总投资3000万元以上内资项目中，高端制造业、战略性新兴产业、新型服务业、现代农业项目分别为48个、64个、146个、28个，占比分别为16.8%、22.4%、51.0%、9.8%。全市新设立外资及港澳台资项目191个，合同资金额74.8亿元，增长11.3%；实际使用资金88亿元，增长10.1%。外商及港澳台商投资企业增资踊跃，增资项目78个，增资到账35.2亿元，占全市的40.0%。全市新核准设立境外企业（机构）25家，威海市协议投资额60.5亿元，增长40.3%；实际投资额11.9亿元，增长9.9%。新签对外及对港澳台承包工程合同额79.1亿元，增长4.9%；完成营业额66.3亿元，增长8.6%。派出各类劳务人员1.27万人，增长5.6%。

2017年威海市对外及对港澳台投资情况表

表14　　单位：个、万元

投资国家（地区）	威海市投资企业	设立企业	设立机构	项目总数	威海市协议投资额
美国	23	24		24	168257.7
中国香港	38	41		41	90000.5
乌拉圭	10	10		10	31726.0
马来西亚	1	1		1	22000.0
斐济	5	6		6	16492.5
新西兰	2	3		3	13624.0

续表14

投资国家（地区）	威海市投资企业	设立企业	设立机构	项目总数	威海市协议投资额
韩国	45	33	14	47	12046.7
阿联酋	4	4		4	10814.5
印度尼西亚	6	5	1	6	7904.0
阿根廷	2	2		2	7868.8
加纳	2	3		3	7650.0
赞比亚	1	1		1	7150.0
毛里塔尼亚	1	1		1	7000.0
巴拿马	2	1	1	2	7000.0
柬埔寨	6	9		9	6660.0
德国	6	6	1	7	5500.2
新加坡	6	5	1	6	5324.0
利比里亚	1	1		1	4000.0
伊朗	1	1		1	3000.0
苏丹	3	5		5	2758.0
莫桑比克		5	1	6	2476.8
斯里兰卡	1	1		1	2200.0
老挝	1	1		1	2020.0
西班牙	3	3		3	1791.4
日本	28	16	17	33	1644.8
尼日利亚	3	3		3	1147.5
比利时	2	2		2	1060.0
刚果（布）	1	2		2	1001.0
英属维尔京		2		2	1000.0
埃塞俄比亚	1	1		1	1000.0
加拿大	3	2	1	3	831.8
俄罗斯	5	3	2	5	816.0
肯尼亚		3	2	5	805.0
博茨瓦纳	1	1		1	800.0
赤道几内亚	3	4		4	795.0
缅甸	2	4		4	770.0
越南	3	4		4	538.2
印度	1	1		1	500.0
尼泊尔	1	1		1	500.0
其他国家和地区	28	32	3	35	2464.2

【赴日本、韩国开展经贸促进活动】 6月4日—11日，副市长杨丽率团赴日本、韩国开展经贸促进活动。代表团先后赴日本东京、福冈以及韩国首尔、安山、仁川等地，以服务贸易、医疗健康产业、地方经济合作为主题，举办威海市投资环境及重点园区说明会，拜访中国驻日本大使馆经济商务处、中国驻福冈总领事馆、中国驻韩国大使馆经商处及日本贸易振兴机构、日本九州经济联合会、福冈市政厅等机构和社团组织，考察日本软银集团、伊藤忠商事、丸红株式会社等世界500强企业，洽谈推动SK百朗德保健品生产基地、“韩国商城”跨境电商、浦项大宇高端医院项目及NT医疗机器人等一批服务贸易和健康产业项目。6月8日，考察团参加在日本福冈中日韩跨境电商海外仓举行的中日韩跨境电商海运快件首航仪式。

【赴香港开展经贸促进活动】 8月14日—17日，市委副书记、代市长张海波率团赴香港参加“2017香港山东周”系列活动，充分利用鲁港搭建的交流平台，聚焦推动新旧动能转换，开展经贸洽谈和文化交流活动，集中推介20个新旧动能转换项目。其间，威海市签约项目9个，总投资17.5亿美元。在山东省新旧动能转换重大工程推介会上，威海高技术产业开发区与香港亿和精密工业控股有限公司签约，项目总投资5亿美元；荣成市石岛管理区

8月16日，威海市政府与中国光大国际有限公司签署战略合作协议
市商务局提供

与香港瑞港建设控股有限公司签约，项目一期投资1.8亿美元。威海市政府与中国光大国际有限公司签署战略合作协议。威海市代表团积极宣传推介威海投资环境和特色产业园区，考察亿和精密工业控股有限公司、中国港中旅集团公司、招商局集团、中建筑港集团有限公司等，就办公自动化项目建设、旅游、港口物流、园区开发、新能源、城市轻轨系统、新材料生产等合作事宜深入交流。威海经济技术开发区与香港中建国际有限公司签署战略合作协议，威海东部滨海新城与台湾六福旅游集团签约。

【赴哈萨克斯坦、俄罗斯开展经贸促进活动】 8月31日至9月7日，副市长杨丽率团参加在哈萨克斯坦举办的2017阿斯塔纳世界博览会“山东活动周”活动，杨丽率威海市15家参展参会企业近30人，先后参加“山东活动周”开幕式、“好品山东走进中亚”启动仪式、好客山东·哈萨克斯坦旅游推介会、“一带一路”项目合作推介洽谈会等活动，威高建设、海马地毯等5家企业参展在阿拉木图举办的国际建材与暖通展览会。“山东活动周”开幕前，代表团赴俄罗斯、哈萨克斯坦开展一系列经贸促进活动。在莫斯科举办以旅游和经贸为主题的两场大型推介会，介绍威海市营商环境和旅游资源，俄罗斯政商企业界人士200余人参会，市商务局与莫斯科格林伍德国际贸易中心签订战略合作协议；在哈萨克斯坦，拜访中国驻阿拉木图总领馆和阿拉木图贸易投资商会、阿拉木图市投资服务中心等，重点推动威海国际经济技术合作股份有限公司哈萨克斯坦工程承包项目，考察阿拉木图括克托别机电市场，就威海市电机、工具、木工机械等产品通过该平台进入中亚市场达成意向。

【国内投资促进活动】 9月19日—20日，山东省商务厅、中国美国商会在济南共同举办“2017山东美国商务周”活动。市委副书记、代市长张海波率部分区市及市直有关部门负责人参加活动，开展多场对接洽谈。活动汇聚美国50多名企业代表和山东政商企业界代表400多人参加。其间，张海波先后参加“新旧动能转换与扩大对外开放”论坛、省委主要领导会见重要嘉宾等系列活动，利用高层对接平台开展交流洽谈。张海波陪同副省长任爱荣会见美国惠普全球副总裁一行，推动惠普加快收购三星打印机项目；分别会见美国欧喜集团、美国K2体育有限公司代表，推动美方进一步加大在威海的投资力度；会见美国微软公司代表，推介威海的投资环境和优势产业；分别与美国盛博汇康药业、美国慧博科创等公司的代表作深入交流。

11月13日—16日，市委常委、统战部部长戴龙成率团赴上海开展系列投资促进活动。14日，举办以“四季威海，康养天堂”为主题的威海市投资环境和重点园区说明会，美国先进医疗技术协会、中国医药产业联盟等100余家商协会、投资机构、跨国公司、上市公司以及民营企业的代表参会。15日，考察红星美凯龙集团，就东部新城合作项目进行座谈交流。活动期间，拜访美国华尔街投资集团、上海美国商会、中华两岸连锁经营协会等机构，探讨开展定向商务交流、精准促进园区企业合作事宜，推动在东部新城投资建设金融总部基地等合作项目。

12月8日—15日，省政府在济南举办“2017山东日本商务周”系列活动。活动分两个阶段举办，副市长杨丽等先后率团参加，出席“2017山东日本商务周企业专题对接暨午餐交流会”“选择山东——新旧动能转换带来的合作新机遇对话会”“山东省—住友商事战略合作专题交流会”等系列活动，与住友商事签署《威海市人民政府与住友商事（中国）战略合作协议》。威海港物流园股份公司等商贸流通企业与日本品牌商品展参展企业代表就木材、无公害食品和生态有机肥等贸易项目进行交流。

【“请进来”投资促进活动】 10月27日，由民革中央和山东省政协主办，威海市政府、市政协承办的健康中国与助推山东康养产业发展座谈会在威海举办。全国政协副主席、民革中央常务副主席齐续春出席会议并讲话。民革中央副主席兼秘书长李惠东，民革中央调研部部长付悦余，民革中央调研部副部长周丽萍，中国气象局副局长宇如聪，山东省副省长王随莲，省政协副主席吴翠云、孙继业，省政协常委、民革山东省委秘书长高贤德，市领导孙述涛、张海波、高旭光、戴龙成、杨丽、李淑芳、徐东明等出席会议。大会发表《康养产业发展威海共识》。下午，健康中国与助推山东康养产业发展洽谈会举行，共谋康养事业发展，共商康养产业合作，30个康养产业项目现场集中签约。中共威海市委副书记、代市长张海波致辞，副市长杨丽主持会议。

【产业链招商】 围绕重点产业，开展“建链补链强链”招商。新信息技术产业方面，配合威海高技术产业开发区推动美国惠普收购三星打印机业务，带动亿和精密、帝吉可电子等配套企业落

9月19日，马夸特开关（威海）有限公司奠基仪式在威海临港经济技术开发区举行　　市商务局提供

户，并储备茂森科技、富康电子等多个大型项目。新医药与医疗器械产业方面，推动泰国威里医院正式开业，日本日机装参股威高血液净化公司，引进吉恩必、迪尔杰等医疗器械项目。软件和服务外包产业方面，软银全球外包软件园正式开工建设，浪潮威海海外服务有限公司、韩国气加电商中国总部等10余个项目集体入驻服务贸易产业园。制造业领域，德国马夸特开关项目落地，实现对欧洲招商新突破。康得碳谷科技项目完成签约，成为碳纤维等复合材料产业集群的新载体。

【专业招商】　聘请安永（中国）企业咨询有限公司编制并组织实施《对接世界500强行动方案》，加强与世界500强及行业领军企业的合作对接，达成世界500强签约项目9个，位居全省前列。加强招商平台建设，借助市政府驻韩国办事处和“仁川·威海馆”，加强与韩国前30强企业的对接，全面搭建对韩国招商、贸易、经济文化交流等综合服务平台。将驻欧洲商务代表处迁至德国法兰克福，深入开展对欧洲的产业招商。分别聘请比利时法兰德斯中国商会会长、台商协会会长作为专业招商代表，开展委托招商、专业招商。

【招商服务优化】　深化“放管服”改革，在全省率先将外资及港澳台资项目备案权限下放至各区市商务主管部门。出台《关于扩大开放促进招商引资的实施意见》，明确全市招商引资的工作方向。起草《关于扶持东部滨海新城总部经济发展的若干意见》《关于支持“飞地经济”发展的实施办法》等文件，推动东部滨海新城总部经济集聚发展，研究解决招商引资项目异地落户、市内企业异地搬迁等问题。制作新版《投资指南》《招商项目汇编》等招商资料，丰富招商形式。举办招商引资培训班，各区市、各产业招商部门200多人接受培训。

【“一带一路”建设】　开通威海市文登区至德国汉堡、威海至德国杜伊斯堡等各类铁路集装箱班列4列，规划建设国际物流多式联运中心及配套产业园，形成一条东连韩国和日本、西出中亚欧洲的海铁联运快速通道，进一步强化威海市打造东北亚交通物流枢纽的流通时效和成本优势。至2017年底，威海市企业在“一带一路”沿线20个国家和地区投资项目49个，协议投资额49.3亿元。密切的经贸往来带动进出口高速增长，2017年，全市对“一带一路”沿线国家和地区进出口额297.4亿元，比上年增长26%，高于全市外贸增幅8.2个百分点。

【大项目支撑】　全年新设立总投资过1000万美元的外资及港澳台资项目37个，合同资金额51.3亿元，占合同资金总额的68.9%。马夸特开关、光大生物能源等行业领军企业投资的项目相继落户。制造业利用外资及港澳台资增长较快，新设立制造业项目52个，实际利用资金50.9亿元，比上年增长11.6%，占全市实际利用资金总额的57.9%。服务业利用外资及港澳台资成效显著，新设立服务业项目135个，占项目总数的70.7%；实际利用资金35.2亿元，增长9.9%，占全市实际利用外资及港澳台资总额的40%。中国香港、韩国、美国为主要资金来源地。其中，利用中国香港资金48.2亿元，占比54.8%；利用韩国资金21.8亿元，占比24.8%；利用美国资金10.5亿元，占比11.9%。

【企业全球化布局谋划】　组织成山集团有限公司、威海国际经济技术合作股份有限公司等22家企业赴东南亚、南亚、南美开展经贸促进活动，推动成山集团马来西亚轮胎生产基地、宝马渔业乌拉圭远洋渔业园区等重大项目获

9月15日，威海至德国杜伊斯堡中欧班列开行　　威海市铁路局提供

批。开展联合国采购体系宣传推广和注册工作，联合国采购促进初具规模。全市20多家企业注册进入联合国采购体系，其中迪尚集团有限公司中标联合国采购订单10多个，且单笔订单呈逐步上升态势；威海广泰空港设备股份公司中标联合国飞机牵引车5年采购计划，成为联合国长期供货商。

【优势资源发展空间拓宽】 引导威海的优势产业、高技术产业走向国际，积极融入国际产能合作体系。2017年，新备案境外投资项目25家，威海市协议投资额60.5亿元，比上年增长40.3%。组织企业参加中美投资促进交流活动、第四届“选择美国”峰会、香港投资研讨会、山东—埃塞俄比亚产能合作论坛等活动，推动企业不断优化境外投资布局。全市新签对外及对港澳台承包工程合同额79.1亿元，增长4.9%；完成营业额66.3亿元，增长8.6%。组织企业赴四川、甘肃等地开展劳务对接活动，吸引更多优质人力资源通过威海开展出国劳务。全年派出各类劳务人员1.27万人，增长5.6%。11月16日，全国首批赴以色列从事建筑劳务的工人从威海出发，前往以色列务工。

（赵　静）

国际贸易促进

【概况】 2017年，威海市贸促会继续深化对外交流，提升贸易投资促进工作水平，优化商事法律服务效能，推进会展业转型发展，各方面工作均呈现稳中有进、进中向好的局面。

【第十届中国威海国际渔具博览会】 （详见第254页《旅游·会展·会展》）

【赴哈萨克斯坦、俄罗斯开展经贸旅游促进活动】 8月31日至9月7日，在市贸促会牵头组织下，威海市经贸考察团赴哈萨克斯坦参加2017阿斯塔纳世博会山东周、“好品山东走进中亚”启动仪式、好客山东·哈萨克斯坦旅游推介会等7场主要活动，在俄罗斯举办中国·威海（俄罗斯）旅游合作推介会和中国·威海（俄罗斯）经贸推介会两场大型推介活动，取得丰硕成果。（详见第224页《商务·投资促进与经济技术合作》）

【赴日本开展经贸促进活动】 4月16日—20日，市贸促会组织威海方正国际合作有限公司、威海西港游艇有限公司等5家企业赴日本开展经贸促进活动，访问日本国际贸易促进协会、日中经济贸易中心和日本守口门真日中友好协会等机构，参加在大阪举办的第二届日中产业展览会和日中经济交流会，在大阪举办威海·日本中小企业合作恳谈会，80人参加。重点对接威海西港游艇有限公司与日本造船企业在威海市合作生产玻璃钢游艇和小型钓鱼船项目、威海方正国际合作有限公司收购日本渔线企业生产线项目和威海克莱特菲尔风机与日本核电企业合作生产核电配件项目。

【赴韩国开展经贸促进活动】 4月24日—28日，市贸促会组团赴韩国开展经贸促进及展会宣传推介活动。代表团访问韩国华城商工会议所、韩国忠清南道织物协会等5家商协会机构和12家企业，宣传介绍威海自然环境、经济文化产业优势及威海服务贸易创新发展试点工作情况等，推介威海国际商品展览会和苹果机械设备技术博览会。其间，代表团参加第31届韩国化妆品美容博览会，访问仁川松岛国际会展中心。

【精准招商和跨境电商】 市贸促会主动与国家、省贸促会对接，充分利用国际交流合作的各种渠道，帮助企业走出去寻找商机和投资合作伙伴。促成威海仙秀生物科技有限公司与泰国KTF土质改良研究所对接；与韩国农协联络，引进韩国马铃薯脱毒种薯工厂化、高效、快繁生产技术。市政府印发《山东省（威海）跨境电子商务综合试验区建设实施方案》，积极组织电商企业到先进地区考察学习，促成实质性合作。

【法律服务工作】 发挥贸促系统法律服务资源优势，在做好电子原产地证签证工作的同时，加强涉外商事法律和商事规则的业务培训，在企业中普及国际贸易与投资知识，增强风险防范意识，拓展依法服务领域，提升法律服务水平。全年签发出口商品原产地证书4.12万份，签证金额9.6亿美元，分别比上年增长22.8%、5.7%。其中，非优惠原产地证1.16万份，签证金额5.1亿美元，分别增长1.3%、4.1%；区域自贸协定优惠证2.96万份，签证金额4.5亿美元，分别增长65%、18%。充分发挥山东调解中心威海分中心职能，防范和化解贸易摩擦。组织有关企业参加应对摩擦及“双反”咨询、培训，帮其提前做好应对准备。深入企业走访调研，帮其解决在对外贸易中遇到的困难或纠纷等问题。6月2日，举办威海市贸促会出证认证工作培训班，邀请山东省贸促会专家为企业解读区域自贸优惠原产地规则，50多家企业的代表参加培训。

【国际商会工作】 发挥国际商会联系企业紧密的优势，探索新形势下服务企业的新路径。增进与会员企业的紧密度，通过走访联络，帮助解决实际问题等方式，巩固核心会员，发展新会员。根据产业发展的新趋势发展新兴产业新兴企业入会，优化会员队伍结构，联系紧密型会员企业达260多家。按照民政部门的要求，加强国际商会组织建设的规范化调整，对商会的领导机构在符合规定的前提下进行科学设置，为威海国际商会增强凝聚力，保持持续健康发展提供组织保障。

（邹清晓）

编辑　李洪格

口　岸

综　述

【概况】 2017年，全市口岸完成货物吞吐量7806万吨，比上年增长3.3%，其中外贸货运量3318万吨，增长5.6%；运输国际集装箱89.5万标准箱，增长1.5%；运输出入境旅客108.6万人次，下降4.3%。其中，海港口岸出入境旅客58.3万人次，下降9%；威海国际机场运送出入境旅客50.3万人次，增长1.9%。

【口岸开放】 口岸对外开放实现历史性突破。6月24日，国务院批准乳山口港区实施一类开放。获批开放范围涵盖乳山口港湾内水域，包括1450米岸线和6个泊位，威海市成为全省首个实现辖区海域海港全开放的城市。加快石岛港口岸基础设施建设，协调对接省级查验部门，实现石岛港口岸3个新建泊位通过省政府验收，正式对外启用，年设计吞吐量增加300万吨以上。

【功能性指定口岸建设】 2月19日，全国首批经海运进口的1195头澳大利亚屠宰肉牛抵达石岛新港，石岛新港成为全国第1个获批并运营的海运进境肉牛口岸。4月12日，威海国际机场冰鲜水产品口岸正式启用，首批进口冰鲜水产品——245公斤冰鲜野生大黄花鱼抵达威海国际机场。11月14日，自巴西进口的26吨冷冻牛肉集装箱在威海港口岸通关，标志着全市所有功能性建设口岸全部投入运营。至12月，全市有11个功能性指定口岸资质，占全省的1/3。分别是威海港的进口冰鲜水产品检验检疫口岸、进境食用水生动物指定口岸、进境肉类指定口岸；石岛港的进口冰鲜水产品、进境食用水生动物、进境肉类、进境澳大利亚肉牛指定口岸；龙眼港的进口冰鲜水产品、进境食用水生动物指定口岸；威海国际机场的进口冰鲜水产品、进境食用水生动物指定口岸。市口岸办通过制定预案、加强监管、落实责任，组织相关部门加强口岸查验平台的维护和监管，改进功能分区，简化查验流程，确保各功能性指定口岸均保持良好运营态势。

【国际海运快件业务开通】 市口岸办会同有关部门，协助外运公司向海关总署及商务部申请获批海运快件运营人资质。指导威海国际物流园按照海关要求加快监管场所建设，获得青岛海关支持，获批国际海运快件监管场所资质。牵头制定海运快件监管工作流程，配备最新查验监管设施设备，组织威海海关、威海外运等单位开展测试工作。6月23日，威海市国际海运快件业务开通，成为全国第二个开通此项业务的城市。强化“海运价格、空运速度”的口岸优势，拓宽全市港口、航运等物流业务的发展空间，增强口岸的综合竞争能力。至年末，威海市海运快件累计进出口37.1万单，货值总计4387万元。

【口岸对外通道拓展】 9月1日，开通潍坊—文登—韩日冷藏集装箱班列，经威海口岸海运班轮发往韩国和日本，建成西接昆明至潍坊铁路冷链物流班列，东连威海至韩日海运航线的海铁多式联运通道，为威海对外贸易的发展提供便利快捷的新通道。9月2日起，威海港—汉堡、威海—杜伊斯堡港中欧班列相继开通，打通贯穿韩日、中亚、欧洲的最新便捷货运通道，发挥威海作为中国距离韩国最近城市、对韩日贸易“桥头堡”的优势，助力威海快速融入国家“一带一路”倡议。

【口岸信息化建设】 依托省电子口岸

9月2日，威海—德国汉堡中欧班列正式开通　　　　威海海关提供

公共平台，推进口岸国际贸易“单一窗口”建设，加强统一规划，对接国家标准，组织开展培训、加大推广应用等工作，取得显著成果。在全省率先完成报关、报检、旅游购物等9项业务系统建设，率先在全省实现海、空港现有功能系统全覆盖，货物通关申报实现由“串联”到“并联”的转变，率先实现海关、检验检疫、边检、海事等监管系统互联互通。率先推行国家标准版并保持申报率持续全省领先，全市口岸国家标准版全年申报量3.13万票，报关申报率超过30%，位居全省第一。

【口岸通关改革】 深化“三互”（信息互换、监管互认、执法互助）大通关改革。创新大通关协作模式，全面建立具有国际竞争力的“三互”大通关管理机制，在全省率先实现国际航行船舶联检业务及集装箱查验业务领域全面“三互”大通关。强化“三个一”（一次申报、一次查验、一次放行）通关模式。在全市所有的监管场所，实现提速增效，为外经贸企业提供通关便利。全面实现查验业务“三最”（服务最优、费用最低、速度最快）服务，以口岸检验检疫业务为突破口，在各个查验环节上，组织查验单位研究制定简化程序、提高效率的相关措施，创造更好的营商环境。

【威海港口岸查验服务中心启用】 在深入调研论证的基础上，市口岸办先后6次召集海关、港口、场站等单位召开专题会议，研究制定查验服务中心设施建设方案、查验监管模式、外部场站搬迁方案等，如期完成闸口通道、查验场地、H986系统的安装调试等工程项目，通过查验监管场所资质验收。9月15日，威海港口岸查验服务中心正式启用，实现进出口集装箱的集中申报、查验和放行，集装箱验放时间缩减至5分钟以内，确保全市口岸通关效率全省第一的领先优势。国家口岸办、青岛海关在全省口岸推广威海市口岸有效整合监管资源、全面降低监管风险、成倍提升通关效率，实行进出口集装箱集约化管理和集聚化经营的创新经验和先进做法。

【查验配套服务费改革】 落实和完善查验配套服务费改革的相关措施，全面总结改革试点的经验，建立“诚信守法受益”的口岸激励机制，落实好免除查验没有问题进出口集装箱的吊装、移位、仓储等相关费用的措施。至年末，威海市免除费用的进出口集装箱3.30万标准箱，惠及企业近1000家，为企业减负1520万元；威海市落实1350万元上级补贴，到位资金占全省的76.5%。实施查验配套费改革，有效降低进出口企业通关成本，优化集装箱查验流程，增强企业守法诚信的经营意识，促进外贸业务稳定增长。

【通关便利化水平提升】 2017年，威海海关推动出口分类通关改革。自10月1日起，实行分类通关作业模式，将高风险和低风险货物的报关单证分类审核，低风险货物的报关单证由计算机快速审核，高风险货物的报关单证由海关实施重点审核和查验。作业方式由“纸面人工为主、逐票审核”向“电子自动为主、重点审核”转变，威海海关平均通过速度由原来的37.2分钟缩短到6.6分钟，提速半个小时。威海检验检疫局大幅简化检验检疫流程，自11月1日起，结合货物风险分析和企业信用等级，大幅降低抽批比例；对产品风险低、合格水平高、企业信用好的货物，报检信息审核符合要求后直接放行。威海口岸约80%的入境货物报检信息审核合格后直接通关放行，不再进行现场抽查和实验室检测，威海市进口食品、化妆品近80%可在1～1.5个工作日内办完检验检疫手续，时间缩短88%，切实降低企业的通关成本，增强企业的市场竞争力。威海边防检查站开启自助通关模式，自11月7日起，威海国际机场旅客可在自助查验区域，按照屏幕指引自助通关。旅客自助查验通道广泛适用于持用中国电子普通护照、电子往来港澳通行证、台湾居民来往大陆通行证等符合自助通关条件的旅客。通关时，旅客只需校验证件、指纹和面相信息即可自助通关，实现旅客通关的自动化、电子化和人性化，人均通关时间缩短至7～10秒，为旅客快速通关提供高效、便捷的服务。

【口岸服务】 拓展口岸服务功能。建立中欧班列通关保障协作机制。加强与威海中欧班列沿线国内口岸的全面合作，组织协调二连浩特、阿拉山口等出入境口岸的班列通关服务保障工作，签署口岸合作协议，为威海至汉堡和威海至杜伊斯堡的中欧班列提供全程便捷的口岸保障服务，确保班列的运行。建立企业服务机制。组织联合查验部门，同全市重点外贸企业直接面对面，现场调研指导，有效解决问题50余个。围绕创新通关便利化、国际贸易单一窗口、跨境进出口电商通关流程等管理政策，组织4次政策培训会议。建立信息联络机制。加强口岸信息、政策宣传和共建文明口岸工作，印发《口岸信息联络员制度》《关于深入开展共建文明口岸活动的意见》，强化协调配合，提升口岸凝聚力和战斗力。

【综合保税区建设】 开展综合保税区政策研究，完成《关于威海综合保税区建设的探索研究》调研报告，为领导决策提供参考。指导相关单位按照验收标准加快综合保税区A区基础设施和监管设施建设进度，提前完成查验办公用房、闸口通道等项目。在综合保税区B区加大四大自贸试验区成功经验复制推广力度，在提高贸易便利化水平、优化口岸查验监管等方面成功复制19项改革试点经验，简化通关流程，降低企业税负。

【口岸协管员队伍建设】 2017年，在全省率先探索试行配备口岸协管员的办法，组建口岸协管员队伍，解决全市口岸多年的查验业务不断增长与监管力量不足的问题。按照政府提供经费补助、口岸经营部门派遣人员、口岸查验部门培训使用、市口岸办与财政局监督管理的新模式，制定威海市口岸协管员配备方案，经市政府专题会议研究通过，在全市口岸试行。威海海关、威海出入境检验检疫、威海海事局3家单位配备29名口岸协管员，提升口岸保障服务水平、提高口岸通关效率。

（张朝明）

海 关

·威海海关·

6 月 23 日，威海口岸国际海运快件业务正式启动　　威海海关提供

【概况】 2017 年，中华人民共和国威海海关监管进出境货物 625.7 万吨，比上年增长 4.6%；进出口总值 1376 亿元，增长 13.2%；进出境集装箱 45 万标准箱，增长 1.6%；进出境船舶 1718 艘次，下降 15%；进出境飞机 3428 架次，增长 1.8%；进出境旅客 75.6 万人次，下降 5.6%；审放报关单 53.3 万票，增长 6.1%；实现税收入库 32.5 亿元，增长 22.8%。

【海关监管】 全面分析梳理辖区监管现状、存在问题，制定整改措施，落实加强监管工作相关要求，分解落实工作任务 5 类 135 项，责任落实到岗到人。开展综合治税，税收入库 32.5 亿元，创历史新高。加强邮件、快件监管，加大“水客”治理力度。提升稽核查效能，稽核查追补税款 1728 万元。加强虚假贸易管控工作。扎实做好武警撤收工作。深入开展“国门利剑 2017”联合专项行动，立案侦办刑事案件 17 起，创历史新高，案值 1.18 亿元，涉税 2470 万元；办理行政案件 328 起，案值 5105.53 万元，涉税 265.52 万元。

【海陆空铁多式联运体系建设】 主动融入“一带一路”建设，与市商务局、口岸办等对接，推动与西部“无水港”物流供应链一体化，成功开通省内首条“点对点”快速中欧班列威海—德国杜伊斯堡班列以及威海—德国汉堡中欧班列，打通东联日韩、西接中亚及欧洲的海铁联运通道。被中央电视台《新闻联播》等报道。开通韩国经威海至蒙古、越南、哈萨克斯坦、塔吉克斯坦、吉尔吉斯斯坦等国家的过境业务。

【支持港口发展】 推动监管场所整合并通过验收，建设统一、封闭、集约化的智能化卡口，H986 大型集装箱检查设备正式投入运行，实现对货物的无侵入查验。在码头、海关监管场所全面部署智能视频技术，减少对企业作业过程的介入，提高物流效率。进一步压缩海关通关时间，口岸进、出口通关时间分别为 5.59 小时、0.16 小时，分列青岛关区第 2 位、第 1 位。坚持“5 + 2”工作制、延时工作制、预约加班制，双休日、节假日均安排加值班，正常货物当日放行率 100%。吸引大量外地企业在威海通关，外地企业货运量占口岸货运总量的 47.3%。全力支持南海新港张家埠码头开放运作和乳山口港一类口岸开放。

【服务外贸发展】 大力支持跨境电子商务发展。2017 年，验放出口清单 265.4 万票，货值 1.9 亿美元；进口清单 1.8 万票，货值 234.7 万美元。促进威海—仁川海运邮路业务发展。利用好威海—仁川海运邮路优势，营造便利通关环境，拓展海运邮件业务，验放海运进出境邮件 54.67 万件，比上年增长 2.3 倍，收寄件人覆盖全国。开通海运快件。争取青岛海关的支持，海运快件成功获批，6 月 23 日开通海运快件业务，至年末，验放海运快件 36.4 万件，主要为韩国、日本进口的日用品、化妆品。

【促进贸易便利化】 深化“双随机”机制改革。97.7% 的报关单由计算机随机抽查，查验人员 100% 由计算机随机选择，加工贸易手册核销、核查人员 100% 由计算机随机选择，最大限度减少人为因素的影响。营造“守法便利、违法惩戒”的良好进出口环境。取消 14 项行政审批，对于保留的事权范围内全部 7 项行政审批实行“一个窗口”和网上平台受理。降低出口查验率，出口查验率总体维持在 2% 以下，其中高级认证企业出口查验率在 0.8% 以下。深化企业信息主动披露制度改革，企业自查发现违规问题或差错，并向海关主动报明的，可按规定酌情减轻处罚。

【全国海关通关一体化改革】 先后实现全国通关一体化进口、出口业务在威海海关所有通关现场的顺利切换。验放一体化进口、出口报关单 11.71 万票、10.22 万票。深入开展“自报自缴”“汇总缴税”“原产地自主声明”等税收征管方式改革，自报自缴报关单 7822 票，居青岛关区首位；通过汇总征税缓征税款 1.4 亿元；辖区 7 票中瑞原产地自主声明出口货物在瑞士通关。

【海关总署、总关改革试点和自主性改革】 承担总署执法岗位权责清单试点。全面深化“双随机、一公开”改革，推进布控查验、加工贸易及保税监管、常规稽查等领域的双随机。在关区率先成功试点金关二期多式联运转关、过境系统；率先完成监管场所信息化联网。办理关区首票金关二期保税担保管理系统与财务管理系统联网试点台账限制类担保业务。助力做好国际贸易“单一窗口”推广应用，威海市企业累计应用系统申报报关单 3.1 万票。继续推进免除查验无问题集装箱配套服务费改革，全年查验无问题集装箱及箱式货柜车8295个，免除配套服务费691.4万元。

【海关信息化建设】　探索“智慧监管”，推动监管信息化建设，多式联运综合服务中心、H986大型集装箱检查设备正式投入使用。作为全国首批海关之一承担金关工程二期智能视频应用试点、人脸识别系统试点。推进三级监控指挥中心实战应用，先后查发擅自将海关监管货物存放内贸仓库、擅自移动封存的朝鲜无烟煤等情事。将人脸识别技术与自主开发的“风险旅客识别”系统融合，利用系统查获旅客超量携带物品进境情事255起，其中移交缉私部门立案18起，办理两简案件2起。

（鲍晓康）

2月20日，荣成海关工作人员对进口澳大利亚屠宰肉牛监管　荣成海关提供

·荣成海关·

【概况】　2017年，中华人民共和国荣成海关受理进出口报关单15.38万票，关区占比3.3%；监管进出境船舶3363艘次，关区占比8.8%；进出境旅客32.77万人次，关区占比5.1%，征收税款4.07亿元。行政立案543起，案值6475.56万元，涉税984.04万元，刑事立案13起，案值1.18亿元，涉税2300万元，其中行政立案数量列关区首位。年内，获评第五届全国文明单位、青岛海关年度工作优秀集体、青岛关区三八红旗集体、青岛关区基层党建示范点等。

【全国通关一体化改革】　结合隶属海关功能化改造要求，主动优化机构及人员配置，将3个分散通关现场进行先期整合，取得减员增效的效果。按照全国通关一体化改革部署，自7月1日起，及时调整现场验估、复核监督等环节的作业流程和岗位职责，围绕价格、归类、原产地等要素重新自我定位，确定工作重心，使得口岸物流平稳，进出有序，接收验估指令报关单150票，引导企业“自报自缴”报关单1750票、缴税1.22亿元。提速通关效率，全年进出口通关时间分别为3.43小时和0.28小时，当月进出口通关时间分别为0.69小时和0.08小时，均列关区前列。

【助推辖区海洋经济新旧动能转换】制定实施《支持荣成海洋经济新旧动能转换8项重点工作》，跟踪沙窝岛国家远洋渔业基地、石岛湾国家高温冷气堆核电站、中国房车产业出口基地等重点大项目建设，主动融入、主动参与、主动思考、主动作为，促成鲜活产品商贸物流基地设立运营，为辖区远洋渔业审批减免税款2.98亿元，推进AEO认证，为企业节省流动资金2400万元。宣传“主动披露”制度，逐步向企业守法自律、海关重点稽查的综合治理模式转变，辖区企业向海关主动披露补缴税款527万元，在免于行政处罚的基础上，免征滞纳金200余万元。联合荣成市商务局开展外贸政策巡回宣讲，深入重点企业现场办公，解决中澳肉牛进口通关等实际难题30多个。贯彻国家和总署促进跨境电商发展措施，确保跨境电商出口商品当日验核、当日放行，受理跨境电商一般出口清单7.65万票，监管服装、家用小电器、玩具等出口跨境电商货物423.63吨，总值1175.07万美元。

【风险综合防控】　发挥视频监控在业务办理、作业场所管控中的作用，建设“智能视频监控分析平台”，接入视频图像267路，实现作业现场全覆盖。通过远程视频监控查发远洋渔船违规入厂修理、保税仓库擅自存储非保税货物案件4起。整合报关单、舱单数据以及船舶、监管场所视频、企业等信息参数，自行开发监控脚本和离线数据挖掘程序45个，辅助监控处置虚假贸易、同名异号、放行时效超长、原产地申报不规范等风险问题，提升“双随机”评估、节点内控、业务执法“大体检”等工作效能。在石岛、龙眼2个主要作业现场引入并加强H986集装箱检查系统、RT3000化学物质识别仪等设备应用，提升智能监控水平和海关执法震慑力。

【“日清”工作法试点】　作为青岛关区“日清”工作法的3个试点单位之一，围绕平台测试做好规定动作，明确自身在试点过程中的角色定位，向职能部门反映各项改进意见21条。探索创新动作，发掘新的应用。以督审为主导推动“日清”工作法应用，探索将日常监控情况融入“日清”工作记录中，推进“条目化”管理功效，减少管理上的“真空地带”，为系统推广积累经验。

【海关监管】　制定《荣成海关远程视频监控操作规程》、保税仓库出入库管理等管理制度12项，依规制范，依规管理。严密口岸实际监管。加强原产地、海运费、保险费、仓储费等40多个涉税风险点的常规监控，跟踪开展风险筛查，有效管控辖区外贸态势。围绕监管作业场所资质、危险品仓储经营等16项内容，开展辖区监管作业场所大检查，推进完善档案、卡口联网等工作，采取实地巡查和视频监控等手段强化对10家外轮修造企业的有效管理。落实青岛海关部署，自6月起实施“选”“查”“处”环节分离，明确细化生成查验指令、查验异常处置、双人查验作业等12项部门职责。加强对中韩航线“水客”走私违法行为打击，全年查发班轮旅客非法携带香烟、化妆品入境案件542起，列关区海运旅检现场首位。

【打击走私】 深化与多部门执法协作，开展情报交流、签订合作备忘录、轮流主持年会等活动，构建打私工作合力。总结分析侦破的进口走私檀香紫檀、绕关走私冻牛肉、海上走私成品油等大要案经验，在“国门利剑2017”联合专项行动中，与海警联合开展“青岛利剑1707”打击矿产品走私专项行动，摧毁1个海上绕关走私出口硅铁等资源性矿产品团伙，涉案硅铁8万吨，案值约6.5亿元，抓获犯罪嫌疑人24人，提升打击走私震慑力。

【基层法治建设】 落实“谁执法谁普法”的普法责任制，在“4·26”“6·26”等法治宣传日开展“送法进社区”“送法进企业”法治宣传活动，多维度推进“七五”普法。立足口岸实际，开展中美知识产权联合执法、“龙腾”知识产权保护等专项行动，制定实施“出口知识产权优势企业培塑计划”，助力“品牌荣成”战略实施。邀请青岛关区缉毒业务专家，结合实战案例现场讲授“以壶找冰”等常用查毒战术，借助烟台海关缉私分局缉毒犬，在班轮旅客通关现场开展缉毒突击专项行动，强化现场缉毒震慑力。

（乔俊杰　宋明超）

出入境检验检疫

·威海出入境检验检疫局·

【概况】 2017年，中华人民共和国威海出入境检验检疫局检验检疫出入境货物2.82万批，货值15.43亿美元。其中，出境货物2.03万批，货值9.19亿美元；入境货物7946批，货值6.24亿美元。检疫出入境船舶1591艘次，检疫出入境飞机3432架次。检疫出入境集装箱30.80万标准箱。查验出入境人员75.98万人次，其中，海港查验出入境人员25.34万人次，空港查验出入境人员50.64万人次。签发各类产地证5.33万份，货值20.97亿美元。

【进口商品质量检验】 检出进口水产罐头磷酸盐超标、进口梭子蟹镉超标，均为山东口岸首次检出。检出不合格进口煤炭36批，挽回企业损失29.7万美元，质检总局发布警示通报3个，首次检出并退运环保指标不合格俄罗斯进口煤炭4批。在山东口岸首次检出并退运放射性超标纳米比亚进口花岗岩石材。对检出不合格的智能坐便盖、加湿器、卫生湿巾等4例进口消费品实施召回。其中，对加湿器、卫生湿巾的召回均属全国首次，对智能坐便盖的召回为首次与河北检验检疫局两局联动实施。

【疫病疫情和外来有害生物防控】 加强卫生检疫，开展人感染H7N9禽流感应急处置演练，提高应急处置能力。从入境旅客中检出1例肺结核，为山东口岸首次；从入境船舶中捕获白纹伊蚊16只；发现放射性超标25例，截获肉毒毒素等特殊物品29批次；加强对疑似病例的鼻咽拭子、血液样本等的采集与检测，检出甲流感染者、乙肝携带者等190例；与厦门检验检疫局联合处置1例登革热病例，为威海口岸首次；在出入境人员体检中发现传染病41例，其中HIV3例，疟疾2例。加强动植物检疫，检出检疫性有害生物32种次，在入境旅客携带物中截获熊童子白锦1500株，截获鲜鱼翅、野生狍子角、海马等濒危物种11批次。

【打击进出口假冒伪劣行为】 对3批不如实报检的进口产品实施行政处罚，案例数量占全省检验检疫系统的21%。针对国内市场进口化妆品假冒伪劣多发的情况，推动进口食品化妆品溯源监管平台建设；与威海市食药局联合执法，查获假面膜近2万片，货值20余万元。

【服务中韩自贸区地方经济合作示范区建设】 复制推广国内各自贸试验区成型经验13项，两项创新举措被威海市政府作为创新复制自贸试验区改革试点经验上报山东省政府。着力提高自贸优惠政策利用率，对韩签发自贸协定原产地证书和亚太贸易协定优惠原产地证书3.48万份，比上年增长72.1%，签证数量居全省首位，为出口企业减免进口国关税近7000万美元。推动文登区成为全省首个“原产地签证服务县县通”工程落户政务服务中心的县区，每年可为区内企业节省办证时间5000个工作日，节省费用近100万元。支持威海市建设韩国商品物流集散中心，不断提高验放速度，吸引京东等大型电商和LG化妆品等进口商从威海口岸进口韩国商品。年内，威海口岸进口食品、化妆品货值1.31亿美元，增长35.9%。做好技术性贸易措施研究应对工作，牵头完成质检总局对韩国技术性贸易措施的调查报告，密切关注韩国法律法规、技术标准的更新，指导企业有效应对；提交的《对韩国连续通报苏籽粉丙酸超标的关注》被列为中韩SPS/TBT电视电话会议磋商议题。

【促进和服务新旧动能转换重大工程】 专门制定工作方案，出台11项服务举措。加强相关政策研究，推动威海市省级跨境电商综合实验区建设和升级，促进跨境品牌电商建设。争取山东检验检疫局支持，推动威海市打造国家检验检测认证高技术服务业聚集区。支持威海市建设服务贸易创新发展试点城市，指导威高集团、威海纺织集团创建“中国出口质量安全示范企业”。支持威海市开行全省首条点对点“中欧班列”以及“韩威广越跨境班列”，开通海运快件业务；畅通以威海港为入境口岸的“东亚—中国—中亚”转口贸易运输通道，与二连浩特口岸沟通协调，简化货物出境单证，使企业享受最为便利的通关政策。全程参与指导综保区基础设施建设，确保顺利通过验收。助力威海口岸拓展功能，空港口岸获批进口食用水生动物和进口冰鲜水产品指定口岸；海

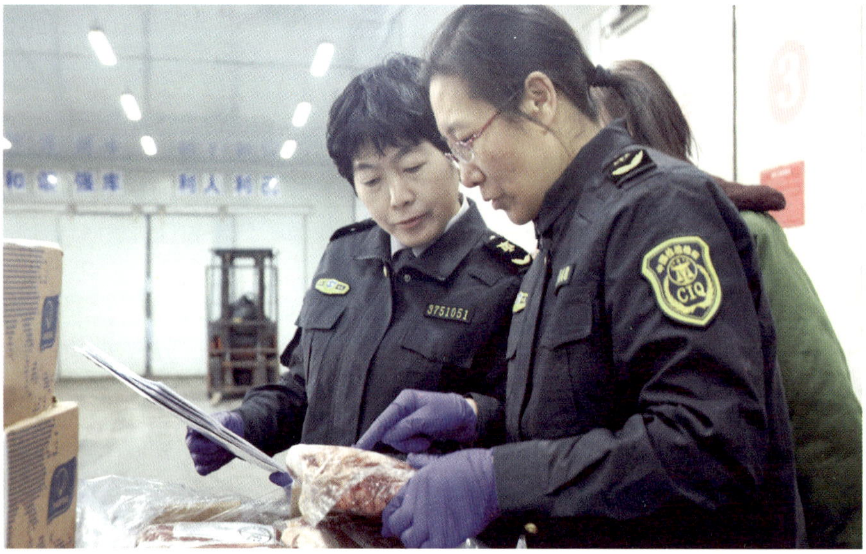

11月14日，威海检验检疫局工作人员对首批进口肉类产品进行查验

威海检验检疫局提供

港口岸在获得进口肉类指定口岸资质后完成首次进口业务。

【进出口产品质量提升】 推动出口食品农产品质量安全示范区建设，威海作为山东两个实地考核点之一通过质检总局组织的出口食品农产品质量安全示范省现场考核。与海洋渔业、畜牧、食药监等部门签订合作协议，实施全面质量监管，确保进出口食品农产品质量安全。落实山东省政府促进农业对外合作的实施意见，帮促特色食品农产品扩大出口。乳山砂梨获得出口美国资格，泡菜首次出口蒙古，热加工禽肉出口欧盟市场，首次出口格鲁吉亚。打造出口南美白对虾养殖示范区和出口示范基地，乳山对虾养殖企业获批山东省首批出口养殖南美白对虾备案资格，指导生产加工企业获得欧盟、美国、韩国等国家和地区的准入资格，首批15.4吨南美白对虾出口加拿大。推进“三同”（同线、同标、同质）工程，上线企业增至25家，三角轮胎有限公司获批山东省首批工业品“三同”企业，开展“三同”进校园、进万家等系列宣传活动，推荐“三同”企业入驻京东、天猫等电商平台，提升产品影响力。

【“三最”口岸建设】 制定22条措施，全面提升通关便利化水平，打造“速度最快、费用最低、服务最好”的口岸通关环境。建立差异化审单机制，审单时间平均缩短30%；实施“一站式”放行，威海口岸约80%的入境货物报检信息审核合格后直接通关放行，不再进行现场抽查和实验室检测，切实降低企业的通关成本，入境检验检疫放行速度全省第一。缩短业务流程，对出境中低风险的食品农产品、木制品等即报即放。入境集装箱空箱查验比例由10%降至5%，出境集装箱查验箱量下降80.5%，平均每批普通箱缩短检验周期30%，冷藏箱缩短检验周期60%；向集装箱场站派驻检验人员，实现入境活鱼集装箱检验放行“零待时”。加强国际贸易“单一窗口”推广应用，在全省率先对出入境船舶实施“单一窗口”申报及无纸化管理，对入境船舶实施差异化监管模式，通关时间缩短75%。全面梳理实验室检测流程，缩短检测周期66%。服务威海远洋捕捞业发展，对赴远洋捕捞的渔船申请国外注册的，实施境外驻地考核，避免渔船往返国内考核造成时间和经济损失，年内先后2次赴境外对28条渔船开展注册评审，全部获得欧盟注册。创新进口食品检验检疫监管模式，在全省率先实施“外检内放”和“空检海放”模式，将流程时长由平均6天缩短至0.5天，提高通关效率，减轻企业负担，避免产品进口后检出不合格实施退运或销毁对进口商造成损失或引发国际贸易纠纷，降低企业成本。

【实验室建设】 1个科研项目获“中国检验检疫学会科技奖”一等奖，1个科研项目获山东检验检疫局“科技进步奖”一等奖，1个科研项目获威海市“科学技术奖”一等奖。获山东检验检疫局“优秀论文奖”一等奖1篇、二等奖2篇、三等奖1篇。2项国家标准发布实施并获威海市标准化奖励。1个质检总局科研项目立项，2个行业标准立项。承担行业标准验证工作2项，完成2个山东检验检疫局科研计划项目。拓展实验室检测项目，检验检测技术中心被评为“威海市优秀检测服务机构”；新增食品化妆品检测项目231个，完成CNAS认可和计量认证新标准转换689项；获批筹建国家化妆品检测重点实验室。

（周 怡）

·荣成出入境检验检疫局·

【概况】 2017年，中华人民共和国荣成出入境检验检疫局检验检疫出入境货物3.52万批，20.24亿美元，比上年分别增长9.6%和14.1%。其中，出境货物2.76万批，13.62亿美元，分别增长9.6%和14.1%；入境货物7604批，6.62亿美元，增长1.5%和26.4%。检出不合格货物496批，货值836万美元，签发各类产地证1.41万份，货值8.43亿美元。其中，普惠制原产地证书2509份，货值1.04亿美元；一般原产地证书4446份，货值3.81亿美元；区域性优惠原产地证书7163份，货值3.58亿美元。查验出入境人员32.17万人次，检疫出入境船舶2110艘次、集装箱12.78万标准箱。年内，获评省级青年文明号、威海市巾帼文明岗。

【业务改革】 探索实施针对定期班轮的“无疫通关”新模式，对入境船舶在疫情风险评估基础上实施差异化管理，以电讯检疫为主，以靠泊、锚地检疫为辅。“互联网＋”模式提高备案注册监管效率，对远洋渔船采取视频评审与现场评审结合进行的方式，备案事项平均办理时间缩短至1.6天。改革监管模式，提高重点货物通关速度。推进实施“三同一快”（同一企业、同一厂区、同一事项、快速办理）备案模式，推动“三同”工程建设，促进出口企业增品种、提品质、创品牌，扩大优质产能，拓展国际国内市场。浦林成山（山东）轮胎有限公司通过“三同”现场验证，成为中国首批10家获得“三同”验证的轮胎企业之一。

【“三同”工程建设】 推动出口食品企业供给侧改革，帮扶出口食品生产企业实现“同线同标同质”，承办出口食品企业内外销“同线同标同质”工程研讨会。帮扶荣成市“三同”企业进驻淘宝、京东、苏宁易购、天猫、美团5家电商平台，累计进驻商超数180余家，销售产品100多种。与第三方认证机构签署荣成市共建HACCP认证监管示范区合作备忘录，辖区4个品牌入选中国“2017年最具影响力水产品品牌”，3家企业入选出口食品“三同”示范企业。

2月21日，荣成检验检疫局工作人员对全国首批海运进口澳大利亚屠宰肉牛进行检验检疫监管　　荣成检验检疫局提供

【口岸执法】 卫生检疫监测，围绕口岸核心能力动态建设，完善口岸联防联控机制，开展口岸卫生安全风险排查，强化对核生化有害因子监测，突出媒介生物截获和送检。出入境人员中检出有症状159人次，确诊86人次。检疫进出境船舶2110艘次，签发船舶免控证书250份，实施卫生处理1849批次。监管进出口农副产品3.45万批、货值19.88亿美元，比上年分别增长10.4%和19.4%。监管食品2.18万批、货值7.63亿美元，分别增长7.3%和17.0%。监管动植物及产品1.34万批、货值12.25亿美元，分别增长19.3%和21.0%。入境动植物疫情检疫，全年截获进境植物疫情59批次。首次从进口蜂蜜中检出欧洲幼虫腐臭病；截获濒红豆杉6株，新鲜蒲公英和三七等20余公斤。开展国门生物安全法律法规宣传和国门生物安全进校园等活动。

【服务经济发展】 印发《荣成检验检疫局积极服务新旧动能转换重大工程24条措施》，落实检验检疫优惠政策，准入目录增加26种远洋自捕品种，为企业节省物流和仓储费用130万元。做好进口澳大利亚屠宰肉牛的检疫监管工作。2月20日，全国首批1195头海运进口澳大利亚屠宰肉牛抵达荣成石岛新港，中央电视台、新华社、《人民日报》等媒体发布相关报道40余篇。全年完成2批3142头海运进口屠宰肉牛监管工作。

【口岸开放】 参与出口食品农产品质量安全示范省创建，加强与荣成市农安办等部门协调配合，促进地方特色资源优势农产品扩大出口。助力“海洋食品”名城建设，推动15家出口食品备案企业对外注册，帮扶企业扩大对外出口市场，实现出口产品多种化、市场多元化。向质检总局推荐1家企业申报中国质量安全示范企业。

（王敬祥）

海　事

【概况】 2017年，中华人民共和国威海海事局全年服务保障船舶11.68万艘次，比上年增长4.8%；保障2231.6万吨货物进出港，下降7.5%；保障924.4万人次海上安全出行，增长11.4%。船舶交通管理中心服务保障成山头水域11.4万艘次船舶安全过境。全年开展船旗国监督检查240艘次，单船缺陷6.2项，滞留23艘次；港口国监督检查127艘次，滞留11艘次。全年组织船员培训考试1.87万人次，适任考试2621人次，新增注册船员2839人（国际航线2259人，国内航线580人），累计注册船员2.4万人。上缴各类规费3579万元，下降4.2%。实施行政处罚207起，增长33.5%。发布海上风险预警信息54期，下降6.9%；协调专业救助飞机15架次、395艘船舶参与救助。中国籍运输船舶等级以上事故0.5件，减少0.5件；死亡失踪0人，沉船0艘，与上年持平；直接经济损失10万元，减少90万元。两级搜救中心成功处置各类海上险情34起，增加3起；救助遇险人员344名，海上人命救助成功率90.3%，救助船舶7艘。年内，指挥中心（VTS中心）党支部获评交通运输系统“先进基层党组织”、团支部获评山东省“五四红旗团支部”。

【“平安海区”建设】 运行“四联”机制，联合市安监、渔业、公安等部门，开展水上非法运输整治等专项活动。牵头启动全市海上搜救应急能力建设规划编制，推动海上溢油应急能力规划实施。修订完善海上搜救、溢油应急预案，召开全市海上搜救及溢油应急工作会议。妥善参与处置“维多利亚”轮火灾等险情事故。探索建立海上交通安全风险分级管控和隐患排查治理“双重预防体系”，深化网格化管理，健全大风防抗“5＋1”等工作机制。开展典型事故案例进航运公司和船员培训机构，督促企业落实全员安全生产责任。加强水上安全宣传教育，连续5年开展“水上安全知识进校园”活动。联合港航管理部门和港口、公司、船舶

7月11日，威海市海上搜救中心组织综合应急演习　　威海海事局提供

开展综合应急演习和各类专项演练26次。组建130余人的海上溢油应急处置志愿者队伍，开展第一期实操训练。

【海事安全监管】 做好重点时段以及涉客涉危等重点船舶的监管。运行“五制五关”长效机制，发布《客运船舶动态监控工作指南》强化动态监控，开展客运船舶安全大检查并滞留船舶10艘，督促客运企业运行“客运十条”、落实主体责任，保障辖区客运安全。严抓“六问六控”机制，建立危险货物分级监管清单，制定船载危险货物安全监管指导手册，完善A级危险货物管控措施，确保1070万吨危险货物安全运输。强化源头管理，严格公司体系审核，收回1家船舶管理公司DOC证书和2艘油船SMC证书，船籍港船舶安全运营无事故。开展安全生产“大快严”检查、“三小油”专项检查、商渔船防碰撞等专项行动，加大低标准船打击力度。

【海事服务能力提升】 制定支持以威海港为龙头的港航经济发展的若干举措，支持保障海铁联运中欧班列开通等重点项目。支持保障乳山口岸开放获批，牵头启动国际船舶联合登临检查。落实“放管服”改革要求，打造微政务平台，实现群众办理业务“零跑腿”或“最多跑一次”。实施船员服务“口袋工程”，新增注册海员近3000人，全市海员总量2.4万人，居全省第二。组织开展辖区首届客渡船技能比武，提升船员安全意识和业务技能。推进海事信用信息与市信用信息系统对接，建立守信激励、失信惩戒联动机制。主动服务“海洋牧场”等新兴产业发展。联合地方政府推进碍航养殖隐患整改，持续加强非法砂石船整治，完成辖区引航员引航范围变更，为国际铁人三项赛、海上重大军事活动等提供安保保障。

【海事管理示范区现代化建设】 全面落实海事管理现代化“示范区”创建指导意见，坚持总体规划、分步实施，打造“五大体系”。完善两级协同联动、统一调度指挥的动态指挥体系，打造以“六个动态”为特征的信息化平台，建立实施海事处动态执法新模式。建设政务服务现代化运行体系，实施政务服务“一体化”。打造“1＋5”队伍建设管理体系，开展执法人员能力等级标识管理。强化装备信息化保障体系，探索实施VTS班组资源管理、大数据应用和智能预警，打造船艇DAS运行模式，自主研发船机管理信息系统。打造思想组织保障体系，实现党建、文化、群团工作上台阶。

（张丽芳）

船舶检验

【概况】 2017年，山东省威海船舶检验局检验船舶257艘次，其中建造检验93艘次，营运检验164艘次，累计34.48万总吨、18.99万千瓦。

【支持辖区企业发展】 增强服务的主动性、自觉性，正确处理检验把关与为民服务的关系，与服务对象交流和沟通，征求意见，解决实际困难。完善服务举措。创新工作思路和工作方法，提高办事效率。发挥船检的职能作用和专业优势，针对企业技术人才不足、水平不高等方面的问题，坚持把技术咨询服务作为一项重要工作。宣传贯彻讲解船舶法规规范，帮助企业建立质量自检制度，开展船厂质检员和航运企业机务人员培训，引导企业加大技术投入，加快技术设备更新换代，加强对技术工人的培训。落实岗位责任制，严格执行政务公开承诺，为辖区企业办实事、解难事。

【船舶检验】 理顺审图工作程序，严格执行图纸审查二审制，把好船舶设计图纸审查关。加大船舶建造检验力度，提高检验到位率，严格执行船舶法规及有关技术规范，严格执行船舶建造检验相关控制程序，严把船用产品检验质量关，保证船舶建造质量。抓好营运船舶检验，保证船舶适航，严格执行船舶营运检验过程控序，严格按照船舶技术法规、规范实施检验，确保检验人员到位，检验项目到位，对发现的问题，及时督促整改。对辖区的老旧船舶、油船及客渡船进行重点检验，全面排查安全隐患，确保船舶具备安全航行技术状态。严格执行质量管理体系，规范检验行为，组织质管人员定期参与现场船舶检验工作，对整个检验活动进行监控，发现问题，及时督促改正。

【船舶检验基础建设】 明确船检工作的定位，做好调查研究。学习中国船级社和江苏、浙江等地方船检机构的经验做法，完善服务品牌建设，打造亮点和特色。完善内部管理机制和工作程序，提高船检工作能力。加强与辖区港航、海事部门联系，建立协调联动机制，对辖区的老旧客渡船、油船等，探索研究切实可行的优惠政策，鼓励船东进行更新改造。

（陈迪波）

边防检查

·威海边防检查站·

【概况】 2017年，中华人民共和国威海边防检查站检查出入境飞机3425架次，比上年增长2.9%；出入境船舶1609艘次，下降20.0%；出入境人员83万人次，下降5.9%；查获在控、在逃人员30人；查处持用变造证件、船员携带反动音视频资料、非法居留等违法违规类案件81起。

【助推口岸经济发展】 全面跟进地方经济发展需求，制定《威海边检站进一步提高边检服务水平助力口岸经济发展攻坚计划实施办法》，研究20项工作措施，发挥边检机关作用，为口岸经济发展保驾护航。建立口岸大数据分析工作机制，定期总结梳理边防检查数据情况，分析口岸流量变化原因，提出建设性意见建议，为市委、市政府决策部署提供参考。建立完善“重大赛事保障通关”和“重大国际活动边检服务与安保”等工作机制，通过一站式、预检式的靠前服务，营造专业快捷便利的口岸通关环境。先后完成国际食品博览会、洲际帆船拉力赛、志愿军烈士遗骸运送专机通关等重大勤务。

【智慧边检建设】 创新“智慧边检”应用体系，突出科技信息化应用实效。升级改造指挥中心，实现口岸200余路视频监控的单屏、多屏、轮巡显示。配备IP网络对讲终端，协调350兆无线对讲系统加入公安通信集群，实现机关与基层、基层与基层间通联调度的无缝对接。建成2条空港口岸执勤现场自助查验通道，大幅提升口岸通关速度。升级梅沙前后台工作站，增设防火墙，铺设双回路数据光缆，确保查验系统安全运行。探索无人机口岸巡查新模式，为服务威海经济建设提供强有力的科技保障。

12月7日，威海边防检查站与威海海事局就建立联动协作机制举行签约仪式　　威海边防检查站提供

【平安口岸建设】 严密口岸管控，创新查缉举措，突出海、空港多种勤务的特色优势，建设情报、核查、处突3个工作专班，建立落实全程五级查缉模式，提升专业处置能力。开展综合性实兵拉动联合演练、“净港”专项行动，集中推进口岸限定区域和锚地专项整治活动，形成口岸查缉高压态势。加强协同作战能力，牵头成立边检业务威海协作区，同市公安局反恐怖支队、威海市国家安全局、威海海关、威海海事局签订协作协议，开展威海港“十九大安保联合巡逻行动”，参加威海国际机场“1＋3”驻点盯防，构筑口岸管控防线，打造立体化、全方位、全覆盖的“口岸防控面”。

（魏云飞）

·石岛边防检查站·

【概况】 2017年，中华人民共和国石岛边防检查站实现部队和口岸“双安全”“双稳定”目标。全年检查出入境（港）人员38.45万人次，比上年增长3.8%；检查出入境（港）船舶2239艘次，增长19.7%。为企业和伤病员工旅客开通绿色通道25次，群众满意率连续10年保持99.7%以上，实现多年“零”投诉。站党委被省边防总队评为先进党委，军政主官被评为“优秀主官”，4名站负责人被评为“优秀领导干部”，24人立功受奖。

【口岸管控体系建设】 印发《重点人员审查指引》《反恐“防回流”工作体系指导意见》等规范性文件，建立健全“信息预查、现场巡查、前台检查、后台核查、跟踪追查”全程查缉模式，提升反恐“防回流”工作成效。与兄弟单位建立互相支援的区域性快反力量，部署开展“砺剑平安石岛”专项行动，加大对口岸违规行为整治力度，营造严打严控高压态势。与海事、海关等8家涉海部门及5家码头企业共同打造“8＋5”口岸联控体系，牵头开展“护航十九大”专项行动，经常性联合组织口岸查缉、锚地巡查和处突演练，提升口岸综合治理水平。狠抓边检信息化建设，升级重点区域和执勤卡口视频监控系统，投入40余万元购买巡航能力覆盖整个石岛口岸的无人机，强化口岸动态掌控。建成并投用2条出入境自助查验通道，提高通关效率。集中采购证件阅读机、身份采集仪等设备，为巡查车辆统一配备4G图文传输系统，提升边检信息化应用水平。强化情报力量建设，完善情报预警网络，深挖行动性、预警性线索，年内整理上报各类情报线索31篇。

【口岸防控】 年内，先后查获违法违规案件18起，配合地方部门完成7艘重点国家船舶在港期间检查监护任务。完善口岸信息动态采集机制，先后派出警力800余人次对码头企业和重点涉外服务单位走访摸排；对3800余名进出口岸限定区域人员进行身份复查，组织锚地登临检查43次，船体检查356

10 月 3 日，石岛边防检查站开展锚地巡查　　石岛边防检查站提供

次，抽查船员携带音视频资料 1100 余份，查获携带暴恐音频资料入境案 1 起、携带政治性有害宣传品案 2 起。

【边检服务能力建设】 完善便民服务举措。贯彻省边防总队《关于进一步提高边检勤务效能的指导意见》，启用边防网上办事大厅，筹备建设 5 个实体化运作的勤务指挥室，最远执勤区域出警时间由 45 分钟压缩到 3 分钟。开展“送法上门”活动，开设“口岸法律讲堂”和边检法律服务热线，先后开展渔船民法制培训 13 场次，为群众提供法律咨询服务 1200 余人次。强化警力内部挖潜、动态调整和精确配置，持续深化“小单元、大科队”勤务模式和“小前台、大后台”查验模式，切实将服务延伸至港区最前沿。跟进石岛新港三期码头建设和验收工作，推行“便民利企十项措施”“五种船舶查验管理模式”，帮助企业最大限度降低运营成本，提升通关保障效能。

（戴逢波）

·龙眼港边防检查站·

【概况】 2017 年，中华人民共和国龙眼港边防检查站检查出入境人员 16.98 万人次，比上年增长 41.3%；出入境船舶 853 艘次，下降 17.5%；查获在控人员 3 人，违法违规人员 8 人。年内，2 个基层单位被山东省公安边防总队表彰为基层建设先进单位。

【口岸管控】 开展“迎接十九大忠诚保平安”主题活动，全面抓好反恐“防回流”，严格规范查验程序，推行“勤前预查、台外抽查、视频巡查、台内检查、后台核查、勤后倒查”6 级查缉机制，加强“2 + N”后台核查队伍建设，运用大数据应用平台，加强重点人员、重点船舶甄别管控力度。查获口岸首起船员携带政治类反动宣传品案件。强化情报搜集，与国安、口岸联检等单位签订《口岸反恐维稳工作协议》，建立长效机制 7 项，实现信息、情报和资源共享。注重科技应用，完成自助查验通道升级验收工作。科学调配执勤警力，探索实行“科—队—边检辅警”联勤模式，实现港区治安管控、口岸安全防控“无缝对接”。建立“无人机 +”巡查新模式，合理规划巡查路线，出动无人机 20 架次，实现对港区全时空、零盲区立体管控。

【边检服务】 围绕经济发展战略部署，以“智慧边检”2.0 建设为主线，深入推行“绿色通关”“诚信快车道”等服务举措，全力做好赴石岛站定向勤务支援。全程跟进龙眼港至韩国平泽航线复航、龙眼港至韩国大山航线开通工作，完成荣成滨海国际马拉松比赛、航空嘉年华等重大活动边防检查任务。固化龙眼港、俚岛港、石岛港分区执勤模式，以勤务指挥室建设为依托，打造指挥调度、勤务管理、信息研判、边检服务、警务督导五大平台，实施一体化边检勤务运转。强化检查员素质培训，健全“法制员全训、业务骨干专训、士官和辅警人员选训”业务培训模式，先后开展 6 类 20 项业务专题培训，一线检查员全部胜任 6 个常见执勤执法岗位。

【岗位技能练兵】 紧贴实战需求，从严从紧施训，紧紧围绕部队“战斗力”核心，推进岗位练兵，遴选军事骨干开展机关、基层巡回教学，开展应用射击、徒手防卫与控制、单警装备使用等 8 类 15 个科目的实战化训练，有效提升官兵实战技能水平。以监护中队为主体，建立 15 人的“口岸处突快反分队”，强化反恐维稳“尖刀”力量，制定 4 类 13 种情形处突预案，配备处突装备 186 件（套），做到常练常备、常备不懈。年内，成功处置突发性事件 5 起，救助伤病旅客群众 7 人。1 人获评公安部边防管理局标兵教练员，3 人获评山东省公安边防总队实战教练员，2 人入选“全省公安机关十九大安保誓师动员大会”受阅方队。

【部队基础保障】 建设“暖心惠警”工程，投资 94 万元，进行空调安装、晾衣房等 7 项工程项目升级改造，提高民生惠警效能和营区智能管控水平。投资 20 余万元建成机关文化长廊、警营文化墙，推进文体中心、警体俱乐部改造工程。投资 123.91 万元加强后勤建设。投资 210 万元完成边检 3710 艇中修工程，投资 82 万元购置 3 台勤务车辆，提升部队保障能力。

（冯瑞林）

编辑　李传强

旅游·会展

综　述

【概况】　2017年，威海市接待海内外游客4311.93万人次，实现旅游消费总额596.5亿元，比上年分别增长10.3%和14.9%。其中，国内游客消费553.55亿元，增长15.1%；接待国内游客4262.74万人次，增长10.4%；入境游客消费2.73亿美元，增长0.3%；入境游客人数49.18万人次，增长1.4%；城乡居民出游旅游消费24.57亿元，增长22.3%；城乡居民人均出游次数5.13次，增长10.2%。威海市被授予“中国最美乡村旅游目的地”称号，接任2018年联盟轮值城市，华夏文化旅游集团获“中国旅游业杰出贡献奖”（飞马奖），威海职业学院获批山东省旅游人才(全域旅游)培训基地。市旅游发展委与市中医药管理局联合评定10家单位为威海市中医药健康旅游示范基地。全市举办规模以上会展活动96项，其中展览28项，专业会议38项，节庆赛事30项。

2月16日，全市旅游工作会议在威海海悦建国饭店召开　市旅游发展委提供

【全市旅游工作会议】　2月16日，召开全市旅游工作会议，贯彻落实全市经济工作会议和全省旅游工作会议精神，部署2017年旅游重点工作，重点突出产业项目支撑，围绕“建设国际知名滨海休闲度假旅游目的地”，强化项目招商和项目建设。推进传统企业提升发展，做好景区提档升级，鼓励引导景区向智慧化、特色化转型发展，推动星级饭店业发展和提质增效，打造多元化旅游产品。大力发展乡村旅游，推进旅游扶贫工作。实施“旅游+”战略，推进一、二、三产业融合发展。发展工业旅游、房车营地、养老养生、中医药健康旅游等。创新旅游宣传营销，提升旅游服务水平，开展旅游安全专项督导检查，确保全市旅游安全生产形势持续稳定。

【全域旅游培训会议】　2月24日，全域旅游培训会议召开，邀请省旅游发展委市场处负责人针对旅游市场营销进行专题授课。各区市、国家级开发区和南海新区旅游主管部门相关负责人，省级旅游度假区、星级饭店和部分旅游景区、旅行社主要负责人等200余人参加培训。会议就全域旅游市场营销等方面进行专题授课。

【华夏文化旅游集团获“中国旅游业杰出贡献奖”（飞马奖）】　5月19日，华夏文化旅游集团股份有限公司获国家旅游局颁发的第三届“中国旅游产业杰出贡献奖”（飞马奖），是山东省唯一上榜企业，全国10家企业获奖。该奖项2015年首次颁发，是旅游业含金量最高的奖项，旨在通过选树投资旅游产业超过100亿元、创新意识强、发展势头好的旅游产业大型民营企业，推动全国旅游业实现持续健康发展。

【威海职业学院获批山东省旅游人才（全域旅游）培训基地】　8月16日至17日，省旅游发展委组织有关专家对威海职业学院申报的山东省旅游人才（全域旅游）培训基地筹备情况进行检查验收。8月31日，威海职业学院被省旅游发展委认定为山东省旅游人才（全域旅游）培训基地，是全省唯一以全域旅游培训为主题的旅游人才培训基地。

【威海市接任2018年联盟轮值城市】　12月15日，山东半岛城市旅游联盟2017年年会召开，威海市接任2018年联盟轮值城市。年会包括山东半岛城市旅游区域合作联盟客源互送活动启动仪式及合作联盟轮值城市交接两项内容。山东半岛城市旅游区域合作联盟七城市（青岛、烟台、威海、日照、潍坊、东营、滨州）旅游发展委分管负责人、旅行社代表参加年会并进行座谈、交流。

【威海市获得“中国最美乡村旅游目的地”称号】 2017年，威海市把美丽乡村建设作为农村三产融合发展的重要载体，把发展乡村旅游作为推进精准扶贫的重要方向。印发《美丽乡村标准化建设和示范创建行动实施方案》《威海市2017年美丽乡村精品示范创建工作推进方案》，以“仙境威海 诗画乡村”为品牌，打造10个示范片区、20个精品示范村，带动全市美丽乡村建设。将全市美丽乡村与传统景区、农业现代园区、休闲基地等按“三线一环”（山景线、海景线、红色线、环城带）设计乡村旅游精品线路。面向全国开展威海美丽乡村品牌标识与广告语征集活动，提升威海美丽乡村的知名度、美誉度和影响力。12月17日，由中国互联网新闻中心举办的第三届中国美丽乡村建设发展论坛在北京举行，威海市被授予由全国百家媒体联合评选的“中国最美乡村旅游目的地”称号，全国有23个地区获此称号。

旅游规划与项目建设

【概况】 2017年，市旅游发展委统筹全域各类要素资源，突出威海特色，编制完成《威海市全域旅游发展规划》。举办威海东部滨海新城（北京）推介会，引进北京特思睿威海书院小镇项目，吸引10余家企业达成初步合作意向。围绕威海“国际化”城市的发展定位，引进高端旅游大项目，持续跟进上海复星集团，引进Club Med度假村高端旅游项目，签订战略合作框架协议。华夏城获评国家AAAAA级旅游景区，新增1家国家AAAA级旅游景区，2家国家AAA级旅游景区和1家国家AA级旅游景区。成山头景区计划投资6亿元，按照国家AAAAA级旅游景区标准实施提升改造工程。

【《威海智慧旅游规划纲要》编制】 3月末，《威海智慧旅游规划纲要》编订完成。明确威海市智慧旅游发展的思路、目标及任务，规划威海市智慧旅游发展的线路图，为全市智慧旅游建设工作提供前瞻性、指导性、方向性的意见，避免项目建设过程中出现盲目和重复建设、浪费资金和走弯路等现象，使威海智慧旅游工作得以健康、有序、高效发展。

【《威海市旅游业发展总体规划》评审会】 8月17日，市旅游发展委召开《威海市旅游业发展总体规划》评审会，邀请山东大学、山东师范大学、青岛大学、威海市规划局等单位5位专家参加。评审专家组通过《威海市旅游业发展总体规划》评审。建议进一步突出核心旅游资源，明确旅游项目开发时序，构建更为完善的旅游产业体系，完善旅游规划图件，增强近期行动计划的可操作性。

【国家A级旅游景区评定】 2月24日，全国旅游资源规划开发质量评定委员会发布2017年第1号公告，批准威海市华夏城旅游景区为国家AAAAA级旅游景区。12月26日，山东省旅游景区质量评定委员会发布公告，那香海旅游景区被评定为国家AAAA级旅游景区。年内，威海市旅游景区质量等级评定委员会评定威海大溪谷文化创意小镇、荣成市樱花湖体育公园为国家AAA级旅游景区，乳山胶东育儿所为国家AA级旅游景区。

旅游宣传与促销

【旅游市场拓展与宣传】 2017年，市旅游发展委强化精准营销，逐步拓展海内外客源市场。重点开拓俄罗斯市场，赴俄罗斯举办2017中国—俄罗斯哈巴旅游产品推介会，参加海参崴太平洋国际旅游展。赴莫斯科、圣彼得堡举办威海旅游推介活动，与俄罗斯“世界无国界”旅游协会签署旅游合作关系谅解备忘录，建立常态化交流机制和渠道，互推旅游产品和资源等合作达成多项共识。邀请俄罗斯28家旅行社和媒体记者到威海开展8天的考察踩线活动。在赤塔、伊尔库等远东城市投放3块户外广告，在莫斯科、哈巴罗夫斯克等地发放近5000册俄文版威海旅游指南。在韩国韩联社新闻台投放以天鹅、温泉为主题的冬季旅游产品广告和以登山、垂钓为主题的春季旅游产品广告。开发日本、欧美市场，宣传推介威海市旅游资源。2次赴日本开展旅游推介活动，在《国家地理频道》（美国、欧洲）、网络平台播出威海旅游纪录片。在中国台湾东森电视台新媒体投放夏天到威海度假主题广告；在香港卫视及其网络平台播出《映像威海》城市纪实宣传片。开展旅游交通精准营销，借助飞机、城铁开通航班、线路的优势，先后赴省内外11个城市举

8月31日，在俄罗斯举行中国·威海（俄罗斯）旅游推介会 市旅发委提供

办“畅游威海·发现精彩”威海旅游推介会，邀请重点客源城市旅行商和媒体记者近500人参加，搭建旅游企业合作平台，达成100多项合作意向，促成10年来首趟旅游专列开通。在威海国际机场、城铁站和济南站投放64块广告牌；冠名省内1组动车“威海号”，宣传威海城市品牌。创新营销方式，与《中国旅游报》《大众日报》等10余家媒体合作进行全域旅游宣传推广，推出新版威海旅游宣传片、新版威海旅游宣传折页等。组织企业参加2017重庆都市旅游节暨城际旅游交易会、济南国际旅游交易会、北京旅游博览会等5次展会，参展企业30多家，设立展位20多个。年内，淄博旅游推介会、“仙境烟台”推介会先后在威海举办，宣传当地旅游资源和优惠的旅游政策。与威海市在资源整合、互送客源、旅游合作保障机制等方面深入合作。组织威海市5家重点旅行社参加在济南开幕的“十万山东人游海北”活动，推出海北州旅游产品。

【“好客山东·威海贺年会 千名少年神游华夏喜迎新春”主题活动】 1月22日，由市旅游发展委、环翠区旅游局指导，华夏文旅威海神游海洋世界主办的“好客山东·威海贺年会 千名少年神游华夏喜迎新春”主题活动在威海神游华夏海洋世界举行，活动分为现场环节和线上微信平台“随手拍”投票活动2个主体部分。“随手拍”活动报名截止当日，“威海旅游发展委员会”微信公众号后台收到投票相关信息436条，98位参与者报名信息有效；累计1992人参与投票，投票页面点击量近5000人，活动期间增加用户数近300人。

【“畅游威海·发现精彩”威海旅游推介活动】 2017年，市旅游发展委组织的“畅游威海·发现精彩”威海旅游推介会分别走进枣庄、临沂、淄博和潍坊等市。威海各区市旅游部门、景区、旅行社负责人等参加，推介会与当地旅游企业搭建合作平台，打造双向合作旅游产品，互推互送客源，建立长期紧密的旅游合作关系。威海旅行商和媒体对当地旅游产品进行踩线考察。在资源整合、互送客源、旅游合作保障机制等方面分别展开深入合作，达成多个合作意向，并实地走访和观摩学习。

【山东半岛城市旅游区域合作联盟推介会】 4月25日—27日，由威海市联合青岛、烟台、日照、潍坊、东营、滨州6个城市主办的山东半岛城市旅游区域合作联盟推介会，赴济南、天津、北京进行3天的旅游宣传促销，是合作联盟成立以来首次“抱团营销”。威海市刘公岛景区、“侨乡”号游轮、赤山景区等10家旅游企业参会，为推介会提供总价值1万多元的旅游纪念品、景点门票等奖品；通过全方位、多角度展示威海旅游新名片，宣传推介威海旅游资源。创新推介形式，将旅游资源纳入七城市综合推介PPT，强化跨区域旅游资源整合推介。

【赴俄罗斯哈巴参加第一届亚太国际论坛】 5月15日—19日，市旅游发展委赴俄罗斯哈巴参加第一届亚太国际论坛活动，现场发放俄文版威海旅游宣传指南，展示俄文版威海旅游网站，与多家远东地区旅行商建立联系；走访俄罗斯重点旅行商，达成向威海输送客源的合作意向；邀请10多家旅行商暑期到威海考察；与包机商沟通，商定开通哈巴至威海包机等事项。

【“旅游让生活更幸福”主题系列活动】 5月19日，第7个中国旅游日，市旅游发展委在里口山城市山地公园举行“旅游让生活更幸福”主题系列活动，启动乡村旅游主题月，倡导全民参与乡村旅游，进行文明旅游宣传。旅游志愿者服务队现场开展旅游服务，举行文艺表演、徒步登山、山地骑行等活动。威海乡村游网络平台，在活动现场设置咨询展位，为加入平台推广的农户办理业务。威海各旅游景区，在中国旅游日前后推出门票优惠政策。

【“互联网＋旅游”新媒体宣传】 2017年，市旅游发展委员会推进“互联网+旅游”发展，官方新媒体设置话题内容，策划主题宣传，在推进全域旅游工作、发布旅游政务资讯、旅游攻略、优惠政策互动等方面发挥作用。5月23日，山东旅游政务信息公众号发布2017年第一季度全省旅游新媒体影响力指数排行榜，威海市旅游发展委官方微信和微博分别位列市级旅游管理机构影响力指数排行榜第1名和第4名。

【“名导带你游山东——大V直播”走进威海】 6月10日，由山东省旅游发展委员会主办的十大文化旅游目的地品牌系列活动“名导带你游山东——大V直播”走进威海。“一直播”、映客直播平台等多家主流直播平台的主播游览刘公岛、华夏城等景区，以主播第一视角加名导精彩解说的形式，将威海“千里海岸线，一幅山水画”的独特魅力展现给全国网友。直播单场实时在线观看映客平台达82万人次，直播累计观看量超过100多万人次，多场直播登上“一直播”映客热门直播及山东省直播热度第一。

【威海—云阳协作扶贫发展推介会】 6月19日—23日，市旅游发展委组织全市重点旅行社负责人，新闻媒体29人到重庆市云阳县，开展5天的座谈交流、旅游推介、踩线考察等旅游扶贫协作工作。两地共同商定2017—2019年旅游扶贫协作内容，探讨云阳旅游线路推广及旅游产品宣传方案。联合举办威海云阳旅游协作发展推介会，两地旅游部门、旅游企业及新闻媒体50人参加。威海市旅游发展委制定关于旅行社推广云阳旅游线路产品的广告补贴办法，鼓励旅行社参与设计、推广云阳旅游产品；筹备两地互设特色旅游商品展馆。举办“云阳县对口帮扶培训班”，邀请山东大学（威海）和威海职业学院知名专家教授、阿里巴巴全球通大学讲师等为云阳从事乡村旅游的30位学员授课。

【“仙境海岸”品牌采风团走进威海】 6月24日—25日，由省旅发委组织的十大品牌目的地之“仙境海岸”品牌采风团走进威海，开展3天的采访和考察活动。由《中国旅游报》、《中国文化报》、新华网、山东电视台等媒体记者组成的30余人采风团，对华夏城景区的神游传奇秀、释怀民宿、迪尚集团、大溪谷国际婚俗文化旅游博览园等考察点实地采访，用独特视角发掘威海旅游新业态新亮点，通过微信、微博、直播、报纸、电视等平台进行全方位报道。

【全省旅游营销培训大会在威海召开】 8月17日—18日，2017山东省旅游市场工作会议在威海召开，省旅游发展委员会副主任张明池出席会议并讲话。省、市、县旅游部门及部分县分管负责人150余人参加会议。会议总结上半年全省旅游市场开发和旅游营销推广工作，部署下半年重点工作。

【参加2017阿斯塔纳世博会“山东活动周”及赴俄罗斯组织旅游推介交流活动】 8月31日至9月7日，市政府副市长杨丽率威海市经贸旅游代表团参加在哈萨克斯坦首都举办的2017阿斯塔纳世界博览会“山东活动周”，并在俄罗斯、哈萨克斯坦开展系列旅游推介活动，深化威海对俄语区旅游领域合作基础。先后在莫斯科世贸中心举办“走遍四海　还是威海”中国·威海（俄罗斯）旅游推介会，参加由山东省旅游发展委主办的“孔子故里·好客山东”哈萨克斯坦旅游推介会。通过威海旅游PPT展示、威海旅游宣传片播放和“礼尚威海”旅游商品展出、发放威海旅游宣传资料等，向与会代表全面介绍威海丰富的旅游资源和特色旅游产品。9月6日，在2017阿斯塔纳世博会中国馆“山东活动周”——“一带一路”项目合作推介洽谈会上，山东东荣国际旅行社与阿斯塔纳市Explore central ASIA旅游公司签署旅游合作意向备忘书。活动签署合作协议4个，达成深度合作意向12个。

【“山东十大文化旅游目的地品牌”采风团到威海考察】 9月17日，由全国知名媒体、旅游达人、重点旅行商等40余人组成的“山东十大文化旅游目的地品牌”采风团到威海市，开展3天的踩线活动，挖掘威海旅游亮点，助力威海旅游营销推广。重点考察定远舰、“侨乡”号游轮、华夏城、赤山、大乳山等重点旅游景区，体验威海旅游演艺、近海游轮观光等，在华夏生态园举行“走遍四海　还是威海”旅游推介会。播放威海旅游新版宣传片和威海乡村游原创方言版MV《站站儿去》，威海旅游企业与省内外旅行商就旅游产品推广、客源互送等事项签订合作意向书。

【俄罗斯旅游考察团到威海考察】 10月9日—16日，俄罗斯重点旅行商、新闻媒体30人对威海市景区、酒店、康养、户外运动等旅游资源进行8天的深度考察踩线。10月10日，针对考察活动举行“走遍四海　还是威海”旅游推介会，围绕旅游产品设计、市场推广等方面，与威海市进行深入交流和对接。俄罗斯媒体对威海市丰富的旅游资源进行采访报道。

【“乘长龙航空　游冬日威海”2017威海旅游（西安、杭州）推介会】 10月23日—27日，威海市旅游发展委联合威海国际机场、长龙航空组织各区市旅游局、重点旅游企业及新闻媒体等40人赴杭州、西安开展威海冬季旅游产品推介活动。10月29日起，威海—杭州航班每天两班，长龙航空将在原有航线的基础上，新开14条客运航线，其中在杭州、西安两个基地分别开通“杭州—威海—长春”“西安—威海—沈阳”2条与威海相关航线。

【“走遍四海　还是威海”中国·威海（东京）旅游推介会】 11月7日，威海旅游文化交流代表团，在日本东京举办“走遍四海　还是威海”中国·威海（东京）旅游推介会，中日双方90余人参加。通过播放旅游宣传片、PPT推介等形式，推广威海市特色主题旅游产品，发布威海市2017年整合优势旅游资源全新打造的精品旅游线路。威海市旅游发展委与亚洲文化观光协会签署旅游关系备忘录。

【参加2017中国国际旅交会（昆明）】 11月17日—19日，由威海市旅游发展委组织乳山市旅游局、刘公岛景区、东荣旅行社赴昆明参加2017年中国国际旅交会（昆明），向各参展旅游机构及市民展示威海的美景、美食和文化风情，发放宣传资料及纪念品，播放威海旅游宣传片，宣传威海旅游资源及特色产品。

旅游行业管理

【概况】 2017年，全市新评四星级饭店1家、三星级饭店1家，撤销三星级饭店1家。至年末，全市有星级饭店59家，其中三星级以上饭店57家。成立旅行社9家，注销旅行社2家，新增出境旅行社4家，新增A级旅行社3家，新增智慧旅行社1家，全市有旅行社139家。其中，出境旅行社18家，智慧旅行社4家；AAA级以上旅行社46家。

建设威海旅游产业运行监测调度平台，实现旅游视频监控实时调取、突发事件远程调度指挥等功能，建设视频监控点位107处，覆盖49家国家A级旅游景区、18家乡村旅游点、7家休闲渔业示范点、4处海水浴场和8家重点景观，是全省首个国家AAAA级以上旅游景区与省旅游发展委、国家旅游局平台实现数据100%对接的城市。

加强涉旅部门联动，建立与全域旅游发展相适应的“1＋3＋N”旅游综合管理和执法体系；建立旅游警察、旅游工商、旅游巡回法庭，设立里口山、刘公岛景区巡回法庭，与市仲裁委联合创新成立旅游纠纷调解仲裁中心，及时解决涉旅纠纷。

加强旅游市场监管，将2017年定为“全市旅游秩序整治年”，大力整治旅游市场不合理低价游、欺客宰客、强制消费等行为，开展专项整治行动27次，出动执法人员322人次，检查涉旅企业300余家。邀请绿维创景设计院工业旅游分院专家对5家涉旅企业现场指导。

【健康养生餐饮研发现场会】 11月9日，市旅游发展委落实“健康中国与助推山东康养产业发展座谈会”会议精神，组织各区市旅游主管部门、部分旅游餐饮企业负责人在文登区召开健康养生餐饮研发现场会，先后参观文登区旅游餐饮企业及现代农业生态园并召开座谈会，各企业分别交流健康养生菜品研发的经验和做法，依托威海市丰富的生态和资源优势，研究打造以康养为核心的健康养生威海菜，打造“四季威海、康养福地”品牌，助推全市旅游餐饮业转型升级。

【“千万市民游乡村”威海站巡讲活动】 3月29日，威海市乡村旅游电商培训暨千万市民游乡村八喜网专场培训班在塔山宾馆举办，市旅游发展委、各区市旅游主管部门、乡村旅游点、重点旅行社等相关负责人130余人参加培训。结合全省开展“千万市民游乡村”活动，八喜旅游网乡村旅游事业部首席执行官、“千万市民游乡村”协调小组负责人到威海进行专题电商培训。展示各类乡村旅游成功营销和策划案例，为旅行社和乡村旅游点提供打造乡村旅游线路产品的新思路和创意及运用互联网开拓乡村旅游市场的新思维。

【省旅游发展委对威海市精品民宿实地验收】 4月15日—16日，省旅游发展委到威海对威海市精品民宿进行验收。检查组先后对威海市环翠区释怀民宿、荣成金石湾海草房精品民宿、文登大溪谷创意小镇、乳山台依湖酒庄民宿等进行实地检查验收，威海市8家民宿通过初查。

【全省旅游信息化工作培训班在威海举办】 6月27日，省旅游发展委在威海市举办全省旅游信息化工作培训班，省旅游发展委员会副主任张明池、国家旅游局信息中心运营处处长刘艳出席。17个地级市旅游发展委（局）信息化工作负责人、全省AAAA级及以上旅游景区负责人260人参加培训。培训结束后，赴威海市旅游公共服务中心实地考察威海旅游产业运行监测调度平台建设情况，召开全省旅游信息化工作座谈会，研究利用信息化手段推动全省旅游产业体制、管理和市场创新，促进全省旅游产业转型升级和提质增效。

2017年威海市三星级以上饭店一览表

表15

名　称	星　级	地　址	电　话
威海金海湾国际饭店	★★★★★	威海市北环海路128号	0631—5688777
威海海悦建国饭店	★★★★★	威海市文化西路177号	0631—5676888
威海卫大厦	★★★★	威海市海港路82号	0631—5285888
威海蓝天宾馆	★★★★	威海市环海路1号	0631—5231670
威海海景花园大酒店	★★★★	威海市连林岛路9号	0631—5262999
威海海源电力集团有限公司职工培训中心	★★★★	威海市环海路9号	0631—5209851
威海阳光大厦	★★★★	威海市统一路88号	0631—5208999
威海塔山宾馆	★★★★	威海市塔山西路10号	0631—5317777
威海抱海大酒店	★★★★	威海市海滨中路29号	0631—3688888
威海百纳中心大酒店	★★★★	威海市新威路58号	0631—5222888
荣成石岛宾馆	★★★★	荣成市石岛管理区迎宾路	0631—7388888
荣成成山友谊宾馆	★★★★	荣成市成山大道398号	0631—7518888
荣成赤山大酒店	★★★★	荣成市石岛管理区海景西路89号	0631—7369999
荣成朝阳山宾馆	★★★★	荣成市石岛管理区西南海村	0631—7358888
文登昆嵛酒店	★★★★	文登区天福路68号	0631—8456888
乳山国际大酒店	★★★★	乳山市胜利街东1号	0631—6878888
荣成市华星宾馆	★★★★	荣成市崖头镇成山大道东首	0631—7565888
威海金海岸大酒店	★★★	威海市海滨北路56号	0631—5230088
威海玉龙湾大酒店	★★★	威海市环海路198号	0631—5128588
威海白云宾馆	★★★	威海市东山路22号	0631—5218888
威海威胜大酒店	★★★	威海市海滨北路47号	0631—5189999
威海电子宾馆	★★★	威海市环海路15号	0631—5262500
威海顺得国际娱乐城有限公司	★★★	威海市统一路407号	0631—5278168
威海东山宾馆	★★★	威海市东山路26号	0631—5269888
威海景缘商务酒店	★★★	威海市纪念路42号	0631—5198999
威海天外天酒店	★★★	威海市文化中路附58号	0631—3667999
威海长威大酒店	★★★	威海市文化西路196号	0631—5670188
威海九九大厦	★★★	威海市鞍山路1号	0631—5626999
威海金猴酒店	★★★	威海市丹东路88号	0631—5666888
威海新闻大厦	★★★	威海市文化中路68号	0631—3653888
威海海兴大酒店	★★★	威海经济技术开发区皇冠花园18号	0631—5985735
威海时代商务大酒店	★★★	威海市青岛中路132号	0631—5977188

续表15

名　称	星　级	地　址	电　话
威海华夏会馆	★★★	威海市华夏路1号	0631—5906888
威海海日大酒店	★★★	威海市珠海路755号	0631—3678999
威海东方大酒店	★★★	威海市新威路92号	0631—5223541
荣成博霞山庄	★★★	荣成市西霞口	0631—7838888
荣成天都大酒店	★★★	荣成市石岛管理区	0631—7326888
荣成山海宾馆	★★★	荣成市邱家渔业公司	0631—7438121
荣成港湾大酒店	★★★	荣成市石岛管理区	0631—7388888
荣成桃园居大酒店	★★★	荣成市石岛管理区	0631—7388888
荣成华星宾馆二部	★★★	荣成崖头镇成山大道东首	0631—7565888
文登西楼富丽华大酒店	★★★	文登区西楼村	0631—8939999
文登西楼喜庆大厦	★★★	文登区文山路93号	0631—8808888
威海凯德餐饮有限公司凯德商务酒店	★★★	文登区昆嵛路37—3号	0631—8458888
文登劳动大厦	★★★	文登区米山路64号	0631—8251782
文登金滩大酒店	★★★	文登南海旅游度假区金乡东路	0631—8961777
乳山宾馆	★★★	乳山市夏村镇	0631—6624561
乳山银滩大酒店	★★★	乳山市银滩管委会	0631—6778888
乳山望海山庄	★★★	乳山市海阳所镇工业园	0631—6793088
乳山正华山庄	★★★	乳山市乳山寨镇	0631—6614046
乳山东海宾馆	★★★	乳山市青山路57号	0631—6622771
乳山金海假日酒店	★★★	乳山市长江路41号	0631—3603999
乳山香榭丽舍大酒店	★★★	乳山市宁波路19号	0631—6855555
威海银鹏大酒店	★★★	环翠区张村镇火炬南路531号	0631—5658555
山东那香海人假日酒店	★★★	荣成市港西镇那香海国际旅游度假区	0631—7861888
威海龙汇酒店	★★★	威海市环山路568—3号	0631—3567888
威海威达大酒店	★★★	威海临港经济技术开发区苘山镇中韩路永乐路	0631—3625588

表16

2017年威海市AAA级以上旅行社一览表

名　称	级　别	地　址	电　话
威海中国旅行社有限公司	AAAAA	威海市海滨北路46号威胜大厦10楼	0631—5271308
威海中国国际旅行社有限公司	AAAA	威海市新威路11号北洋大厦6楼	0631—5818616
山东东荣国际旅行社有限公司	AAAA	威海市海滨北路48号	0631—5287200
山东恒信国际旅行社有限公司	AAAA	威海市钦村路116—6号	0631—5894666
中国国旅（威海）国际旅行社有限公司	AAAA	威海市文化东路4号5楼东	0631—5352119
威海和平国际旅行社有限公司	AAAA	环翠区孙家疃东街173号	0631—5279881
山东两岸国际旅行社有限公司	AAAA	威海市青岛中路66号—6	0631—5326600
威海航空国际旅行社有限公司	AAA	威海市青岛北路24—1号	0631—5319444
威海赤山国际旅行社有限公司	AAA	荣成市石岛管理区法华路	0631—7326555
威海龙威旅行社	AAA	威海市环海路168号	0631—5125633
威海旅行社有限公司	AAA	威海市海港路82—25号	0631—5224318
威海市交通旅行社有限公司	AAA	威海市东城路63号	0631—5301842
威海康辉旅行社有限公司	AAA	威海市渔港路76号	0631—5327018
威海假日国际旅行社有限公司	AAA	威海市戚家夼路3—5号	0631—5311430
威海新天地旅行社有限公司	AAA	威海市戚东夼路11号1楼	0631—5216338
威海乐源国际旅行社有限公司	AAA	威海市海滨北路9号海港大厦706室	0631—5215169

续表16

名　称	级　别	地　址	电　话
山东金北宸国际旅行社有限公司	AAA	威海市塔山中路1-4-101号	0631-5166000
威海海之旅旅行社有限公司	AAA	威海市渔港路79-9号	0631-5336878
威海君悦旅行社有限公司	AAA	威海市统一路405号茂铭大厦501室	0631-5273857
威海开心假期旅行社有限公司	AAA	威海市育华路50-6号	0631-5206366
威海山水旅行社有限公司	AAA	威海市世昌大道89-2号	0631-5868199
威海飞扬国际旅行社有限公司	AAA	威海市青岛北路2号中信小区C座802室	0631-5331117
山东绿苑国际商务旅行社有限公司	AAA	威海市海滨中路58号	0631-5338076
威海丽景国际旅行社有限公司	AAA	威海市金线顶路90号204室	0631-5333333
威海金桥国际旅行社有限公司	AAA	威海经济技术开发区海瞳路38-5号	0631-5996653
威海环球国际旅行社	AAA	威海市体育路2号	0631-5284320
威海石岛国际旅行社有限公司	AAA	荣成市石岛管理区迎宾路1号	0631-7388888
威海华东国际旅行社有限公司	AAA	荣成市石岛广场兴隆居7号	0631-7375666
荣成春风国际旅行社有限公司	AAA	荣成市成山大道桃园大厦9号	0631-7583388
威海和顺旅行社有限公司	AAA	乳山市胜利街115号	0631-6635119
威海龙之旅国际旅行社有限公司	AAA	文登区昆嵛山路43号	0631-8468886
威海大地旅行社有限公司	AAA	威海市新威附路42－3号	0631-5333177
威海康泰旅行社有限公司	AAA	威海市海滨南路30号418室	0631-5962766
威海华运旅行社有限公司	AAA	威海市统一路109-18号	0631-5236769
乳山春秋旅行社有限公司	AAA	乳山市胜利街54号	0631-6634566
威海万协旅行社有限公司	AAA	文登区文山路161号	0631-8259188
威海市运通旅行社有限公司	AAA	文登区文山路93号	0631-8454399
山东中威国际旅行社有限公司	AAA	威海市海滨中路5-3-112号	0631-5285235
威海交运国际旅行社有限公司	AAA	威海市世昌大道116号	0631-5285328
威海顺安国际旅行社有限公司	AAA	威海市海港大厦10楼1012室	0631-5277998
威海军威旅行社有限公司	AAA	威海经济技术开发区青岛中路204-2号	0631-5182882
威海凯悦国际旅行社有限公司	AAA	威海市世昌大道298号恒宇星河广场	0631-5217618
威海景祥旅行社有限公司	AAA	文登区米山路9号	0631-8989389
山东侠客行国际旅行社有限公司	AAA	威海市渔港路39-2-6号	0631-5312200
威海市广衡旅行社有限公司	AAA	文登区环山街道米山路72-5号	0631-8983188
威海海景旅行社有限公司	AAA	文登区环山路55-9号	0631-8982666

景区景点

【概况】 威海旅游资源丰富。至2017年末，有AA级以上旅游景区49家，其中国家AAAAA级旅游景区2家，国家AAAA级旅游景区13家，国家AAA级旅游景区30家，国家AA级旅游景区4家。省级旅游度假区5处，游览景区（点）80多个。省级以上农业旅游示范点78个，其中国家级4个；省级以上工业旅游示范点35个，其中国家级7个；旅游强镇特色村118个。全市海岸线986公里，沿线海水清澈，滩平浪缓，松林成片，海鸟翔集，有50多处港湾岬角、114个大小岛屿和9处地下温泉。国际海水浴场、乳山银滩、小观金滩均属于中国北方海滩中的“金沙滩”。著名的刘公岛是天然植物王国，被誉为“海上森林公园”。海驴岛有“海鸥王国”之称。境内的成山头有“东方好望角”之称，大乳山山势圆润丰满，顶峰突起，被誉为“东方圣母”。

表17

2017年威海市国家AA级以上旅游景区一览表

景区名称	级　别	地　址	获得时间
刘公岛景区	AAAAA	威海市刘公岛	2010年8月
华夏城景区	AAAAA	环翠区华夏路1号	2017年2月
成山头景区	AAAA	荣成市成山镇	2002年10月
赤山景区	AAAA	荣成市石岛管理区	2005年12月
天沐温泉度假村	AAAA	文登区张家产镇	2009年11月
汤泊温泉度假区	AAAA	文登经济开发区大连路2号	2010年5月
银滩旅游度假区	AAAA	乳山市银滩	2002年10月
大乳山滨海旅游度假区	AAAA	乳山市海阳所镇	2009年11月
仙姑顶景区	AAAA	环翠区望岛村西	2010年5月
林海湾旅游区	AAAA	威海高技术产业开发区北环海路178号	2014年6月
环翠楼公园	AAAA	威海市公园路13号	2014年6月
威海海滨生态公园风景带•“侨乡”号游轮（包括幸福门公园、威海公园、悦海公园和海上公园、“侨乡”号游轮）	AAAA	威海海滨沿线	2014年6月
中韩边贸城	AAAA	荣成市崖头街道凭海西路88号	2015年12月
乳山福如东海文化园	AAAA	乳山市银滩旅游度假区	2017年2月
那香海景区	AAAA	荣成市港西镇那香海国际旅游度假区	2017年12月
定远舰景区	AAA	威海刘公岛客运中心码头	2007年10月
槎山风景区	AAA	荣成市人和镇	2007年10月
圣水观景区	AAA	荣成市崖西镇朱埠村	2002年7月
文登青龙生态旅游度假村	AAA	文登区环城路南麦疃后村	2007年10月
岠嵎山景区	AAA	乳山市乳山寨镇	2009年11月
老虎山生态旅游园	AAA	威海经济技术开发区城子村	2011年12月
荣成市博物馆	AAA	荣成市成山大道东段28号	2012年8月
圣经山风景区	AAA	文登区葛家镇西北区	2012年8月
圣水宫景区	AAA	乳山市冯家镇孔家村	2012年8月
多福山景区	AAA	乳山市白沙滩镇	2012年8月
毛泽东像章珍藏馆	AAA	威海临港经济技术开发区苘山镇正气路	2012年8月
天鹅湖景区	AAA	荣成市成山镇	2012年8月
荣成石岛朝阳山旅游区	AAA	荣成市石岛管理区	2012年12月
小石岛旅游景区	AAA	威海高技术产业开发区小石岛大连路2—8号	2012年12月
荣成金石湾艺术园区	AAA	荣成市成山镇	2013年9月
石佛山休闲观光园	AAA	乳山市乳山寨镇赤家口村	2013年12月
小汤温泉	AAA	乳山市冯家镇汤上村	2013年12月
康博尔海洋健康博览园	AAA	威海高技术产业开发区初村兴山路115号	2013年12月
安然纳米集团文化产业园	AAA	威海经济技术开发区环山路610号	2014年11月
乳山金牛谷生态农业观光园	AAA	乳山市午极镇午极村北	2014年11月
山泰生态园	AAA	文登区宋村镇下徐村	2015年11月
半月湾风景区	AAA	环翠区孙家疃街道	2015年11月
台依湖国际酒庄生态文化区	AAA	乳山市夏村镇台依湖西岸零零柒酒庄	2015年11月
里口山风景名胜区	AAA	环翠区张村镇	2015年11月
乳山益天生态旅游观光园	AAA	乳山市白沙滩镇玉前庄村北	2016年12月

续表17

景区名称	级 别	地 址	获得时间
荣成成山森林公园景区	AAA	荣成市成山镇驻地	2016年12月
荣成东楮岛风景区	AAA	荣成市石岛管理区宁津街道东楮岛村	2016年12月
威海韩国不夜城——韩乐坊、韩国风情街景区	AAA	威海经济技术开发区乐天世纪城5号	2016年12月
威海大溪谷文化创意小镇	AAA	文登经济开发区广州东路58-1号	2017年9月
樱花湖体育公园	AAA	荣成市悦湖中路	2017年12月
花斑彩石景区	AA	荣成市俚岛镇	2001年12月
中国钓具之都·博览城	AA	威海临港经济技术开发区周宁路1号	2014年11月
马石山风景区	AA	乳山市诸往镇马石山	2015年7月
胶东育儿所	AA	乳山市崖子镇田家村	2017年12月

（蒙春利）

【刘公岛风景区】 刘公岛位于山东半岛最东端的威海湾内，东西长4.08公里，南北最宽处1.5公里，面积3.15平方公里，最高点旗顶山海拔153.5米，距威海市区旅游码头2.1海里，是国家AAAAA级旅游景区。刘公岛自然风光优美，素有“海上仙山”和“世外桃源”的美誉。岛上地势北高南低，北部直立陡峭，南部平缓绵延。岛内植被茂密，森林覆盖率达87%，有植物100多种、动物20多种，其中银杏、水杉、鹅掌楸为国家重点保护野生植物，岛内栖息的200多只野生梅花鹿为国家一级保护动物。受海洋调节作用，岛内冬暖夏凉海洋性气候特点明显，全年平均气温在12摄氏度左右，是避暑、度假、疗养的理想之地。刘公岛人文景观丰富，有上溯千年的战国遗址、汉代刘公刘母的美丽传说，有清朝北洋海军提督署、水师学堂、古炮台等18处（含日岛）甲午战争遗址，有众多英租时期遗留下来的欧式建筑，素有“东隅屏藩”和“不沉的战舰”之称。2017年，接待游客总量196.8万人次、旅游总收入2.38亿元，比上年分别增长11%和21.5%；团队和散客比46 ∶ 54，散客比重首次超过团队游客，呈现出存量优化、增量优质的发展态势。年内，获得“中国森林体验基地”“山东省服务名牌”等称号。

2017年，规范做好文物资源保护，重点从单一的保护为主转向注重内涵的挖掘与传播，继刘公岛历史建筑保护利用问题纳入全国政协提案之后，按照“搁置争议、共同开发”的思路，北洋海军机械局、屯煤所的修复利用与驻军达成共建共用协议，为军管老建筑的解禁开放探索新模式。西摩尔商业街入选第一批省级历史文化街区榜单，出水铁质文物保护修复、威海湾沉船水下考古等工程项目稳步推进。与华西都市报联合成立全国首家中国近代海军口述历史研究中心。森林资源保护，以人防、技防为依托，成立刘公岛森林消防队，加快森林防火预警系统建设进程；通过精准防控，有效遏制病虫害疫情蔓延态势；推进东部景观林建设和沙滩整治项目。海岛资源保护，实现刘公岛海洋生态特别保护区和刘公岛国家级海洋公园统一管理；海岛修复工程通过山东省海域使用支出项目绩效考评、国家海洋局海岛保护类项目监督检查，生态岛礁工程列入全国生态岛礁工程项目库；海洋观光牧场建设加快推进，相关实施方案获省海洋与渔业厅批复。合资成立帆船游艇专业运营公司，“刘公岛”号帆船首航。实施定远舰展陈升级工程，填补国内同类展览空白。启动岛内旅游码头维修防护、旅游船更新升级换代工程。实施智慧景区建设，完善Wi-Fi覆盖，推进一码通售票系统、景区综合指挥中心建设等系列工程。规范景区管理，执行景区“双随机、一公开”制度和阳光餐饮制度，全面推行依法治旅。在全市首推餐前价格签字确认制度，打造“阳光餐饮”品牌。狠抓安全生产，严格落实一岗双责、党政同责、失职追责制，常态化开展安全培训、安全演练，引进机场二级安检标准，保障景区安全平稳运营。举办20多场专题推介会，覆盖25个重点省市；新增8个客源市场，开通景区天猫旗舰店。冠名全球华人旗袍艺术盛典、横渡刘公岛海湾全国游泳邀请赛等系列活动，与中央电视台、人民网等宣传平台深度合作，全年在中央

8月26日，“刘公岛杯”第12届横渡刘公岛海湾全国游泳邀请赛在刘公岛海域举行 刘公岛管委提供

电视台《新闻联播》等栏目播出消息9次；打造新媒体平台，推出"坐马扎、听故事"等微信专栏，景区新媒体阅读量累计1400多万次，在全国249家国家AAAAA级旅游景区和全省300多家旅游微信微博传播力排名中名列前茅，其中新浪微博年度排位全省第3名。胶东（威海）党性教育基地依托发生在威海的甲午国殇屈辱史、红色胶东革命史和民族复兴奋斗史，以民族复兴为主题，以"梦碎、梦醒、筑梦、追梦"为主线，以"警醒、感悟、自信、坚定"为基调，以回答重大问题、坚定"四个自信"、坚持"三爱"相统一为主旨，以讲故事为主要形式，着重讲好中国共产党的故事、中国特色社会主义的故事和中华民族伟大复兴中国梦的故事，是以党员干部教育为主、覆盖社会各界的综合性教育基地。2017年，开展教学区建设深化提升工作，重点筹建开放历史选择展馆。年内接待班次350批、学员1.67万人，比上年分别增长161%和203%。举办金一南甲午国殇民族复兴专题讲座和中华复兴论坛，组建刘公岛红色宣教团，多措并举讲好刘公岛故事，提升刘公岛教学区在整个基地中的龙头板块地位。

中国甲午战争博物院　国家一级博物馆，其前身为成立于1985年的"威海市北洋海军提督署文物管理所"，是全国重点文物保护单位"刘公岛甲午战争纪念地"的专门管理保护机构，负责管理和保护威海湾南北两岸与刘公岛上28处北洋海军和甲午战争遗址。馆址位于刘公岛北洋海军提督署及其附属建筑内。1992年，经国家文物局批准备案，更名为"中国甲午战争博物馆"。2009年9月11日，经威海市机构编制委员会批准，更名为中国甲午战争博物院。

中国甲午战争博物院陈列馆　由中国科学院院士彭一刚教授主持设计，于2008年建成开放，建筑面积7622平方米。该馆以《国殇·1894—1895——甲午战争史实展》为基本陈列，分甲午战前的中国和日本、日本打开战争魔盒、民族屈辱与抗争、警钟长鸣4个部分进行展示，陈展面积4500多平方米，展出历史照片500余幅、珍贵文物300多件，辅助展品100多件（套），以及大量油画、雕塑等艺术展品，是一座全面展示中日甲午战争历史的综合性展馆。

北洋海军提督署　又称"水师衙门"，建成于清光绪十七年（1891年），位于刘公岛西部南坡傍海高地，坐北朝南，背山面海，占地面积1.7万平方米，是中国近代第一支正规化海军的指挥机构。作为"刘公岛甲午战争纪念地"的代表性文物遗址，是国内保存最完整的军事衙门之一。因是北洋海军提督丁汝昌的驻节之地，故民间又称此为"丁公府"。2010年4月，对北洋海军提督署进行原状复原，2014年7月25日完工向游客开放。工程总投资1200万元，本着遵照历史、严格考证的原则，先后对提督署16个厅室按照原有功能进行原貌复原，总计陈列仿制古典家具300件、历史塑像18尊、各类文物200余件，以及瓷器、字画、楹联、枪械等辅助展品1500余件，真实再现北洋海军鼎盛时期的历史风貌。

龙王庙　位于北洋海军提督署西100米处，始建于明朝末年，清末筹建海防，刘公岛成为北洋海军基地，驻岛北洋海军和北洋护军筹资重修。为砖木举架结构，四合院布局，由山门（倒厅）、东西厢房和正殿组成，前后两院，共计房屋14间，连同庙前戏楼占地面积1700平方米，属道教庙观。正殿内正中供奉东海龙王塑像，两侧设有夜叉、龟相塑像，东西两侧内山墙上分别绘有《三国演义》和《封神演义》故事壁画。

丁汝昌纪念馆　原为"丁汝昌寓所"。建于光绪十五年（1889年），位于刘公岛西端，东距北洋海军提督署约200米，坐北朝南，属砖木举架结构。寓所占地面积7000平方米，布局与安徽巢县汪郎中村丁汝昌故居相似，分三组，左、中、右三跨院落，西院为内寓，东院为侍从住房，中院为丁汝昌办公、住宿和会客的场所，大门两侧为门房和书房。院内有一株百年紫藤，系丁汝昌亲手栽植，老干已枯死，发出的新枝虬曲，生长茂盛，每年5月花团锦簇，清香四溢。光绪十四年（1888年）北洋海军成军后，丁汝昌携眷在此居住6年多，又称"小丁公府"。

威海水师学堂　位于丁汝昌纪念馆西150米处。北洋海军提督丁汝昌奉北洋大臣李鸿章之命，在刘公岛西端择购民地，兴建水师学堂，光绪十五年（1889年）开工，次年建成，当年即招收36名驾驶学生授课。花费购地银、工料银合计近1万两，建筑房屋63间，占地面积1.8万平方米。光绪二十年（1894年）甲午战争爆发时，学堂第一届学生毕业，派登各舰参战。次年2月刘公岛失陷，学堂许多建筑毁于战火，学堂停办。学堂是清末继福州船政学堂、天津水师学堂、广东水陆师学堂之后的第4所海军学堂，因校址在刘公岛上，故又称"刘公岛水师学堂"，是国内唯一一处有迹可寻的近代水师学堂。

铁码头　位于刘公岛西端南面海中，呈"丁"字形横卧于碧波之中，系北洋海军成军（1888年）后，为其舰船提供停泊，补给煤炭、弹药、军械之所。刘公岛铁码头由道员龚照玙主持设计建造，光绪十五年（1889年）施工，光绪十七年（1891年）竣工，工料总造价15.15万两白银。1915年，上部被改接成长205米、宽6.9米的铁架。1935年，因铁板锈蚀进行修建，可停靠万吨轮船；1953年，将锈蚀的铁板、墩柱和铁框等更新。1971年，增建"丁"形引桥。

北洋海防炮台　刘公岛上有6处清代北洋海军时期海防炮台，分别为黄岛炮台、麻井子（又称"公所后"）炮台、旗顶山炮台、迎门洞炮台、南嘴炮台和东泓炮台。连同日岛炮台与威海湾南北两岸炮台遥相呼应，控扼威海湾南北两个海口。炮台主炮均由德国人汉纳根设计，与炮台配套建有地下通道、兵舍、弹药库等，并相互贯通。炮台及配套建筑使用花岗岩砌筑、水泥灌浆，设计合理，工艺讲究，施工严谨，坚固实用。2015年，开工实施日岛炮台修复保护工程和东泓炮台防水保护工程。2016年2月，开工实施旗顶山炮台修复保护工程，最大限度保持原有历史风貌，2016年末，3处炮台修护工程全部完工。

刘公岛博览园　占地面积5万平方米，分为六大展区、19个展厅，采用高新科技与传统工艺相结合的展示手法，全方位、立体化地讲述刘公文化、甲午战争和英租历史三大主题文化，被称为解读刘公岛的百科全书。海圣殿，精选30多吨、上千种天然彩色玉石，由江南玉雕艺人精雕细琢而成的彩玉壁画，讲述汉代皇太子刘民历尽艰辛漂泊至刘公岛，扶危济困、乐善好施的故事。望海楼，始建于唐代，系登州刺史为迎候武则天东巡所建，后毁于战乱。复建的望海楼，高约30米，为博览园最高点，分为春福厅、夏禄厅、秋寿厅、冬禧厅4层，楼内汇集国内20余位工艺美术大师的精品杰作。中华海坛，为纪念甲午战争110周年而建，与天坛、地坛并称的中华海坛，是国内唯一的祭海神坛，坛中高16.8米的“定海神针”巍然耸立，古代宝鼎雄浑大气。英租威海卫历史博物馆，展厅面积1290平方米，通过场景复原、影视蜡像、雕塑等先进展示手段，真实再现作为“七子”之一的威海卫被英国强租32年、刘公岛被英国强租42年的屈辱历史。鲸馆，建筑面积1600平方米，存放有世界上岸最大抹香鲸（长约19.6米，重50.1吨）的表皮、骨骼以及重要器官的标本，并通过模拟海洋生态环境，以展示标本为主体，综合运用图片、展板、多媒体等高科技手段，全面展示抹香鲸及相关鲸类知识，是国内最具规模和特色、档次最高的鲸豚科普教育基地之一。钓鱼岛主权馆，由原甲午海战演示馆改建而成，系国家海洋局宣教中心、市海洋渔业局和刘公岛管委三方共建，于2015年9月7日开放。该馆是国内第一个全面展示钓鱼岛历史与主权的专业场馆，通过近100幅真实的历史图片、翔实的历史资料和珍贵的文物实物，从享有主权、宣誓主权、捍卫主权3个角度，深刻阐释钓鱼岛的沧桑命运，用历史事实和法理道义阐明钓鱼岛是中国固有领土，中国对其拥有无可争辩的主权。

刘公岛国家森林公园　占地面积266.67公顷，树木19个科目、80多种，野生花草50多种，鸟类50多种。树木以黑松为主，有梅花鹿等数十种野生动物栖息，听涛崖、五花石、刘公泉、板疆石、贝草嘴等多处自然景观遍布园中。其中，为纪念北洋海军成军100周年而建的北洋海军忠魂碑，位于刘公岛国家森林公园西部山顶，碑身为白色，六棱形，高28.5米，上书“北洋海军忠魂碑”7个金黄大字，碑文下部两侧是表现北洋海军将士英勇杀敌、浴血奋战的群像浮雕。

刘公岛珍稀动物园　位于刘公岛国家森林公园西部避风朝阳、草木繁茂区域，占地面积3万平方米。国宝大熊猫馆，于2010年9月30日落成，同年11月5日开馆，中国大熊猫保护中心四川雅安碧峰峡基地的一对名为“竹灵”“宁宁”的国宝大熊猫在馆内安居。台湾梅花鹿和长鬃山羊馆，于2011年5月28日开馆。台湾梅花鹿长鬃山羊纪念馆，于2012年6月9日建成开放，记录台湾梅花鹿和长鬃山羊从台湾迁居刘公岛国家森林公园的全过程。麋鹿馆，于2011年8月2日开馆，江苏大丰国家级麋鹿自然保护区的国宝级珍稀动物麋鹿在馆内安居。

中国刻字艺术馆　于2012年4月28日开放，利用修复后的英租时期蒸馏塔改造筹建，陈展面积600多平方米，馆藏200多幅刻字艺术精品，是山东省书法家协会刻字艺术创作基地和曲阜师范大学书法学院刻字教学实践基地。

中国高尔夫博物馆　于2012年5月开馆，分室内展馆和室外遗址两部分。其中，室内展馆展示古董捶丸、国内外各时期仿古高尔夫球及历史文献资料、古董杆具和器具、绘画、报纸、照片等珍贵实物，采用声光电、雕塑等艺术手段，全面、生动、形象地展示高尔夫运动的起源和发展脉络。展馆主题包括高尔夫的起源、中国高尔夫完整进化史、中国近代高尔夫运动兴起、当代中国高尔夫产业发展概况等内容。室外部分，为原址原状修复后的英租时期刘公岛高尔夫球场，设有国际标准9洞，球道总长3029米，沙坑采用苏格兰桶式深坑，球道草采用原球场使用的结缕草，大部分树木保留原始的森林状态，完全传承当年球场的林克斯风格。

苏宝鸿收藏展览馆　由刘公岛管委投资230万元利用英租时期英利商行修复而成，于2013年9月12日完工。陈展面积500多平方米，收藏130余件国宝级文物，涵盖瓷器、玉石、珐琅等文物种类，历史跨越元、明、清3个朝代，具有极高的历史留存、艺术鉴赏和科学研究价值。

“定远”号纪念舰　由威海市港务局于2003年投资建设，是国家AAA级旅游景区。舰船主体依据素有“亚洲第一巨舰”之称的北洋海军“定远”号旗舰，按照长94.5米、宽18米尺寸1：1复制，真实再现历史场景。作为展示甲午历史、弘扬海权文化、普及舰船知识的综合景区，定远舰是唯一的19世纪铁甲舰复制舰。经威海市政府批准，纪念舰于2014年与刘公岛景区实施一体化经营，于2015年12月11日迁至刘公岛客运中心。

历史选择展馆　系修复利用北洋海军机械局和屯煤所等历史文物建筑，展馆室内面积3000平方米，展陈面积2.2万平方米，运用大量历史文献资料图片、展板和油画，以声光电半壁画、LED视频等技术手段，用对比、写实的手法，展现威海的甲午国殇屈辱史、红色胶东革命史和民族复兴奋斗史。作为胶东（威海）党性教育基地的核心部分，分民族救亡道路的艰难探索、历史在国共两党身上聚焦、历尽苦难的中国共产党、万众归心迈向新中国和书写辉煌的历史答卷五大部分。2017年6月，通过中共山东省委组织部统筹推进胶东党性教育基地建设专题研讨会专家验收并正式启用。

（侯恩惠）

【华夏城景区】　位于环翠区华夏路1号，占地面积20平方公里，是一座集旅游、大型演艺及餐饮、住宿等服务设施配套齐全的现代化旅游新城，是国家AAAAA级旅游景区。东方文化区是游乐城的核心景区之一。有华夏第一山门、华夏阁、夏园、圣出观音——大自在、太平寺、龙王庙、龙山瀑布等景点。“神游华夏”是由导演赵安担纲总导演设计制作的世界首个360°旋转行走式大型山水实景演艺，有近700人的专业演出团队。服务中心区占地面积10.67公顷，区内的华夏会馆，有客房230余间，华夏会堂可容纳1500余人就餐或开会。“欢乐华夏”大型游乐项目，占地面积10万公顷，有童话王国、卡通街、欢乐嘉年华、无忧林等部分。

【环翠楼公园】　位于威海市区中心地带，包括环翠楼公园和环翠楼广场两部分，是国家AAAA级旅游景区。环翠楼始建于明弘治二年（1489年），楼台建在威海卫城的西北角，登楼可见碧波浩渺于城东，绿翠掩映于四周，因兼沧海山川之胜、水光山色之美，遂得名“环翠楼”。后因年久失修逐渐倒塌，经过多次重建重修。1944年12月，环翠楼被日伪军焚毁，1977年重新修建，1980年竣工。重建的环翠楼，建筑面积800平方米，高16.8米，登上环翠楼放眼远眺，市区景色尽收眼底。园内有动物区、花卉区、游乐区等。2009年，市政府投资5.22亿元对环翠楼公园进行改造，将环翠楼公园面积由14公顷扩建至53.8 公顷。2013年1月6日，新环翠楼落成开放。新环翠楼由清华大学教授郭黛姮主持设计，坐落于始建环翠楼旧址之上，建筑主体为明清风格，总建筑面积约7500平方米，建筑主体高度为57.7米。建筑外部均采用黄铜材质装饰，总用铜量达700多吨。建筑功能集观光游览、历史陈列、展览展示、文化交流于一体，以历史文脉贯穿全园，分为“一轴”（刘公岛—环翠楼—山顶会所组成一条景观轴线）、“两脉”（山脉和文脉）、“三核”（入口广场、环翠楼、山顶会所）、“四区”（民俗风情街区、娱乐活动健身区、历史文化展示区、自然体验游赏区）。

【威海海滨生态公园风景带·“侨乡”号游轮】 位于威海市区海滨沿线，包括幸福公园、威海公园、悦海公园及海上公园、“侨乡”号游轮5部分，是国家AAAA 级旅游景区。

幸福公园　北起体育路，南至金线顶，东与刘公岛隔海相望，西接中心商业区，全长1465米，平均宽度137米，占地面积20公顷。是集旅游、休闲、商业、餐饮、娱乐为一体的综合性开放式公园，由北向南沿海岸线依次分为海韵、海阅、海赋、海情、海翔5个景区。

威海公园　位于市中心南部，面向威海湾，总面积67.6公顷，是一道集交通、游览、娱乐、休闲于一体，海滨特色鲜明、艺术内涵丰富、人文与自然有机融合的海滨风景线。公园以碧海蓝天为背景，以海洋文化为主题，由北向南，沿海岸线的带状区域依次布局为海伢景区、海恋景区、中心文化广场、海颂景区和海慧景区。公园由护岸、道路、绿化、灯光等部分组成。以威海公园为主体的海滨南路环境绿化美化工程获2001年中国建筑工程“鲁班奖”。

悦海公园　位于威海公园南，海上公园北，海滨路以东，东与刘公岛隔海相望，地块形状呈陆地向海面延伸的一个半岛状，南北长1.3公里，东西向最宽处150米，占地面积15.4公顷，绿化面积8.84万平方米。公园以休闲、健身、家园为设计主题，体现以人为本、生态环境、节能环保、突出特色的理念和休憩功能。公园分为休闲运动区、主广场中心区、科普游憩区及海上游乐区。

海上公园　位于威海经济技术开发区皇冠小区东侧，北与悦海公园相接，总规划面积217公顷，包括游乐园、人工湖、奇石苑、森林生态园、海水浴场、九龙湾旅游度假区6个部分。其中，游乐园、人工湖两大景区占地面积13.4公顷，绿化面积6万平方米，硬化面积2万平方米，湖面面积5.4万平方米。公园规划设计博采国内外众家所长，兼具中国江南水乡特色和日韩海岛风光、中西合璧的独特风格。游乐园区北部绿草鲜花，小径迂回，一派田园风光；中部欧式风格的“创业门”气势宏伟；南部湖区拱桥流水，碧波荡漾，如临江南水乡，成为集儿童娱乐、生态观光、旅游度假等多功能于一体的大型海上游乐园区。被《山东园林》杂志列为1999年全省新建三大优秀公园之一。

“侨乡”号游轮　停泊于威海湾区域。游轮汇集海上观光、海鲜养生、高端娱乐、休闲度假等多种功能，推出刘公岛环岛游、公海看日出、青烟威城际游等特色航线，以国内外中高端游客和商务时尚群体为目标游客，打造中国滨海旅游的旗舰品牌。游轮总长95.8米，垂线间长83.8米，宽15.8米，型深（主甲板）5.4米，服务航速不小于15海里，续航力1000海里，载客量500人。游轮有露天观景甲板、餐饮甲板、娱乐甲板和酒店客房主甲板4层游客活动区，设有多功能演艺大厅、观景酒吧等配套设施。

【仙姑顶景区】 是一座集自然风光、神话传说、道家文化于一体的国家AAAA级旅游景区。仙姑顶是巍峰山脉的主峰，海拔375米，位于环翠区望岛村西北部，距威海市中心约5公里。登上山顶，东瞰大海和刘公岛，北眺威海市景，西望青山翠绿。仙姑庙始建于宋朝，1992年重修，并根据传说中的仙姑生日，恢复每年农历三月十五的庙会。庙会持续7天，举行秧歌、锣鼓、舞龙、京剧等民俗表演。2010年4月28日，经过3年重新设计和精心打造，景区以“仙姑顶玉文化旅游区”的新形象对外开放，以仙姑文化、玉文化和福文化作为景区主题。从辽宁鞍山引进2000多吨优质岫玉，依托道家文化和民间传说，制作近千件大型玉雕艺术品。景区内分布有五行门、通灵元玉、三多桥、如意湖及万寿广场等景观。

【半月湾风景区】 位于环翠区孙家疃街道环海路，是国家AAA级旅游景区。景区礁奇岛多，山拥水裹，林秀海碧，滩平沙细，森林覆盖率68%，负氧离子含量高达5万个／立方厘米，空气纯净清新，环境优美宜人。景区内建有一条总投资10亿元、长10公里的环海景观大道，可以欣赏森林、大海、沙滩和奇岩。梭鱼台、铃铛石、蟒眼滩、猫头山等传统民俗旅游景点。服务驿站、观景台、停车场等配套设施齐全，有帆船基地、游艇等健身项目，可开展绿色骑行、环海健步走、龙王庙会、休闲垂钓、渔家乐等娱乐活动，是休闲、旅游、度假的风景胜地。景区内建有威海市半月湾铁人三项专用赛场，被中国铁人三项运动协会命名为中国铁人三项运动协会专用赛道，连续多年举办铁人三项世界系列赛，吸引国内外选手参赛。

【里口山风景名胜区】 里口山风景名胜区是威海“山、海、城”格局的核心，是城市的“绿核”，2004年被省政府批准为省级旅游风景区，是国家AAA级旅游景区。2012年被列为威海市六大重点开发区域之一，是环翠区园区、景区、城区“三区”共融发展战略的重要板块之一。景区定位为“城市中心区的郊野公园”，本着“服务市民、多元休闲”的理念，依托里口山优美的自然风光和地处城区中央的区位优势，打造成为广大市民闲暇之余享受慢生活的首选目的地以及集休闲养生、旅游度假、体育健身于一体的综合性旅游景区。景区内有广福寺、里口山登山健身步道、国际山地自行车赛道、里口山农业休闲观光园、里口山好客人家等景点。

【中央电视台威海影视城】 位于威海环翠省级旅游度假区，是中央电视台在威海投资建设的一处具有海滨特色的少儿影视外景基地。威海影视城规划总面积34公顷，“大风车”“充气动画城”2座景区占地面积8公顷。其中，大风车景区占地面积6公顷，由正门城堡、演出广场、野外训练营、田园高尔夫、海水浴场等18处景点及若干附属设施组成，其中有海上旋转酒吧和动感电影系统。充气动画城占地面积0.7公顷，是与中央电视台动画部合作开发的“动画城”首期工程，城内设有卡通风格的大型充气设施，是开发智力、锻炼体魄、休闲娱乐的好去处。

【锦湖韩亚高尔夫球场】 位于环翠区孙家疃街道远遥村西北。球场依据整个远遥嘴脊梁地形而建，呈狭长半岛探入海中，三面临海，温度、湿度宜人，球场总投资2990万美元，占地面积100公顷，为18洞72杆的国际级球场。球场变化复杂，打球难度较大，是国内颇具特色的海滨山地球场。

【天沐温泉度假村】 由珠海天沐集团投资兴建，是国家AAAA级旅游景区，位于文登区张家产镇。度假村温泉区包括室外森林养生温泉和室内温泉SPA馆，可同时容纳1500人沐浴温泉，日最高接待量可达上万人。室外温泉区包括鼋山五福泉、鼋水六德汤、美芦荟温泉区、森林静泡区等，设有66个室外特色功能温泉浴池。室内温泉水疗区（含9个功能池）通过一系列的机械功能，利用高压作用使温泉水呈现各种放射性的水柱，高强压地冲击人体各处穴位，促进血液循环，加速毛细血管展开，有效吸收温泉矿物质，同时具有按摩的功效，利于皮肤润滑、解除疲劳等。

【汤泊温泉度假区】 位于文登经济开发区，是一处集天然温泉、休闲娱乐、会务接待、健身养生为一体的综合性休闲度假区，是国家AAAA级旅游景区。汤泊温泉水质清新甘美，出水温度高达78摄氏度，水质澄明清澈，具有祛病、保健等功能，被誉为“温泉中的极品”。其中有极深泉水一眼，采出的泉水可以直接饮用，口感甚佳。区内建有各种温泉泡池60余处，室内、室外、深水、浅水、高温、低温皆有，设施完备，品种齐全，适合不同游客不同季节避暑畏寒的需求。建有28幢温泉湖景别墅，小门独院的温泉泡池，推门可一览水光山色，关门可尽情放松浸泡。

【圣经山风景区】 地处昆嵛山主峰泰礴顶东南，海拔385米，是国家AAA级旅游景区。山顶有两块巨石，分别刻有“圣经山”三字和《太上老子道德经》，山因此得名。金元时期，道教全真派开山祖师王重阳在此创教立派，传经布道，盛极一时。圣经山风光旖旎，古迹繁多，有古老的门亭殿阁、清澈的高山湖泊、奇特的天然老子头像等众多人文自然景观，是一处融道教文化、书法艺术以及文物、森林、高山、湖泊等景观为一体的旅游胜地。老子道德经摩崖石刻位于圣经山山顶的巨石上，巨石高5米，长15.5米，石之阳面峭立如切，随其天然凹面阴刻着《太上老子道德经》上下两卷，146行，5000余字。为国内罕见的大型道教摩崖石刻，颜体楷书，古拙苍润，结构严谨，稍带魏风，刻工精湛，作为主要文物古迹载入《中国名胜大辞典》和《中国旅游大全》。

【文登青龙生态旅游度假村】 位于文登区环城路南麦疃后村，占地面积366.67公顷，2004年正式对外开放。2005年被国家旅游局评为全国农业旅游示范点，是国家AAA级旅游景区，2009年被山东省旅游行业协会评为“好客山东”十佳工农业旅游示范点。度假村按功能划分为自然山水观光、奇峰异石、休闲娱乐、果菜种植、动物养殖等。主要景点有民俗婚庆广场、水上乐园、罗曼园、罗汉岛、动物园等。特有的地形地貌形成情侣石、石尊羊、仙人洞、仙人床等石景，每处石景中都有一段传说，民间仍流传着“八仙过海，雕顶歇脚”的故事。

【山泰生态园】 位于文登区宋村镇下徐村，是借鉴国际先进生态理念打造的现代化农业产业园区，国家AAA级旅游景区。园区占地面积160公顷，坐拥李龙故里美名，尽享回龙山下灵气，拥有将军墓、神仙脚等多处文化古迹。景区青山绿水、鸟语花香，以生态循环为核心，重点打造5000平方米的园林化酒店、66.67公顷的油桃和草莓采摘园、威海规模最大的户外滑雪场等主题景观，涵盖绿色种植、生态养殖、餐饮旅游、休闲养生、纯净泉水等特色项目，融合四季采摘、特色餐饮、主题婚庆、农家乐园、冬季滑雪等综合服务，倡导回归自然，体味纯正生活。2015年，举办全国冬季户外登山挑战赛暨威海首届滑雪文化节。

【威海大溪谷文化创意小镇】 位于文登经济开发区，规划占地面积512.53公顷，由倪氏海泰集团2011年投资30亿元开发建设。2017年9月，被评为全国旅游优选项目，国家AAA级旅游景区。项目在整体规划上秉持依山为骨，养水为魂的主题脉络，划分为动静两个区域。动区主要集婚庆文化、主题游乐、风情体验等功能于一体的文化产业创意基地，建设“爱情之谷”“浪漫之地”等。静区以养生文化为核心，打造中国四合院博物馆、胶东古村精舍。配备溪谷禅修院、体检中心、温泉SPA养生会馆、国药膳食养生会所、禅意瑜伽俱乐部等，为游客提供便捷服务。

【赤山景区】 位于荣成市石岛港西北，山海相连，占地面积1280公顷，因山石颜色发红而得名，以“东方神山”“佛教圣地”“海岛民俗”“森林公园”而著称，是国家AAAA级旅游景区。景区内有赤山法华院、赤山禅院、荣成民俗馆、张保皋传记馆、玉雕馆、仙居山庄、高峡湖、法华塔十大景观区，另有摩崖石刻、无字天碑、仰天大佛、坐佛石等系列景观，并与凤凰湖滨海旅游度假区、旅游码头、海水浴场、天后宫、花村、画村、渔村等连点成线，美不胜收。法华院是威海市最早的开放式佛教寺院，是中国唯一传承中日韩三国友谊的佛教圣地，被誉为“一寺连三国”。

【成山头景区】 位于荣成市成山镇东端，因地处成山山脉最东端而得名，是国家AAAA级旅游景区。景区内最高点海拔200米，东西宽0.75公里，南北长1公里，占地面积250公顷。景区群峰苍翠连绵，大海浩瀚碧蓝，峭壁陡峻，巨浪滔天，气势恢宏，是理想的避暑胜地。1988年被国务院批准为国家级风景名胜区。2005年10月，在由中国国家地理杂志社主办并与全国多家媒体联合评选“中国最美的地方”活动中，成山头风景区被评为“中国最美的八大海岸”之一。区内有海驴岛、花斑彩石、俚岛海滨、成山林场、始皇庙、秦代立石、拜日台、秦桥遗迹等景点。

【中韩边贸城】 中韩边贸城坐落于荣成凭海西路与将军路交汇处，是国家AAAA级旅游景区。东邻荣成客运中心，北邻青威城际铁路荣成站，南邻荣乌高速公路出口，是威海市首家拥有“国字号”冠名的专业市场，依托荣成支柱海洋产业基础和“临韩”的区位优势，以及胶东半岛强大的海洋经济实力，打造面向全国、辐射世界的海洋食品物流配送基地和韩国商品集散中心。荣成中韩边贸城同时是科普教育基地。海洋科技馆建筑面积3400平方米，展馆以“生态海洋，魅力荣成”为主题，通过知识性、互动性、娱乐性的体验方式，展示海洋的形成、变迁、资源以及人类开发利用海洋等一系列科学知识。

【那香海景区】 位于山东半岛最东端的威海好运角旅游度假区内，是国家AAAA级旅游景区。2012年开工建设，计划总投资100亿元。景区资源丰富，集大海、沙滩、黑松林、温泉、岛屿等多种自然资源，依托全地理型资源开发建设健康医疗中心、水上运动中心、文化艺术中心、温泉疗养中心等十大中心和香海假日酒店、威海香海豪生度假酒店等5座酒店；打造旅游服务产业链，承载10余种旅游度假生活方式，以休闲型旅游度假为主的旅游景区。

【槎山风景区】 槎山是国家级森林公园、山东最具代表性的省级地质公园、中国原始地迹遗产保护区，1992年被山东省政府批准为省级风景名胜区，是国家AAA级旅游景区。风景区位于荣成南部黄海之滨，总面积4500公顷，海岸线86公里，主峰清凉顶海拔539.8米。槎山的“槎”字，古代作“筏”字解，船的意思。春夏季节，时有海雾随风漫上岸来，翻卷升腾，形成雾海。时有槎山的部分峰顶浮于茫茫雾海之上，宛如叶叶扁舟，“山如海上槎”，故名“槎山”。因槎山有9座峻美的峰顶，满山的岩石其色似铁，又称“铁槎山”或“九顶铁槎山”。槎山雄伟壮美，道教遗迹众多，自古被称为“大东胜境”。主要景点有云光洞、咸水洞、龙泉井、仙人桥等。

【圣水观景区】 位于荣成市崖西镇朱埠村，是国家级森林公园，国家AAA级旅游景区，是道教全真派发祥地之一，因观内有一泓“圣水”而得名。圣水观山势坐北朝南，宛如一把太师交椅，有30多处自然景观，有气势磅礴的荣成伟德将军碑廊，记载150多位荣成籍将军的手迹生平，是“山东省爱国主义教育基地”“国防教育基地”。

【天鹅湖景区】 位于荣成市成山镇南，为天然潟湖，面积约500公顷，平均水深2米，最深不超过3米，严冬平均水温9摄氏度，是国家AAA级旅游景区。潟湖东有一条长3000米、宽120多米的沙带将其与大海相隔，使湖海各为一方。优美的自然环境，为大天鹅创造良好的越冬条件。每年11月至次年3月，上万只大天鹅和数十种珍鸟从遥远的西伯利亚、内蒙古等地到此栖息越冬，嬉戏觅食，整个湖面热闹非凡，形成中国北方最大的天鹅湖。

【荣成市博物馆】 位于荣成市成山大道东段28号，是国家AAA级旅游景区，山东省农业旅游示范点。馆展面积2100平方米，以荣成的历史变迁为主线，围绕荣成人与海洋的关系，挖掘荣成人与海的深厚文化底蕴，书写荣成人与海共生的历史，彰显荣成儿女创造的历史奇迹。展馆分家园、史事、古港、作舟等八大展示板块，陈列文物1000多件，展示老照片1500余幅，复原古场景3处、运用视频及投影技术8处，各种鱼类标本50余件。充分运用文物、图片、场景复原、多媒体等多种手段，展示丰富多彩的渔家文化，以及荣成厚重的文化积淀。

【荣成石岛朝阳山旅游区】 位于荣成石岛管理区朝阳山南麓，由石岛集团有限公司投资3亿元建设，占地面积253.33公顷，是融合四星级多功能会馆、高尔夫练习场、高尔夫别墅、朝阳山森林公园、36洞高尔夫球场、苗木绿化采摘、朝阳山泉等，集高尔夫运动和休闲度假为一体的综合性旅游度假区，是国家AAA级旅游景区。

【荣成金石湾艺术园区】 位于荣成市好运角旅游度假区内，是国家AAA级旅游景区。园区由威海金石湾文化艺术产业发展有限公司投资建设，集艺术家工作室、美术馆群、艺术品交易基地、艺术教育写生基地、艺术主题商业街区及艺术主题旅游度假基地六大功能性区域于一体，是融合各种高品质生活元素的中国当代文化艺术类主题园区。园区规划占地面积50公顷，建筑面积45万平方米。自2008年开工建设，先后投入3亿元，完成建筑面积5万平方米。其中，建成4000余平方米的金石湾美术馆、1200余平方米的画廊和1.2万平方米的艺术酒店，60余幢艺术家工作室部分建成。

【荣成成山森林公园景区】 位于荣成市好运角旅游度假区成山镇国营成山林场驻地，是集餐饮、住宿、会议、娱乐、休闲养生为一体的综合性森林旅游度假公园，是国家AAA级旅游景区。园区有客房55间，实现Wi-Fi全覆盖，可接待120人住宿及用餐、150人会议及聚会，设有素质拓展、真人CS野战、射箭、赶海、垂钓等娱乐项目。公园内有全国较为完整的“五七”干校旧址、沈秀芹纪念馆、非物质文化遗产展示馆等场馆，免费对游客开放。

【荣成东楮岛风景区】 位于荣成石岛管理区最东端，优美的自然环境、丰富的海产资源、浓郁的渔家文化、众多的民间传说、别具特色的海草房民居、悠久的地方特色文化，使东楮岛成为中国最美渔村之一，是国家AAA级旅游景区。风景区主要以滨海休闲类、民族风情类、历史文化类为主，景区分为海草房观赏园、唐乡主题酒店、乡村记忆馆、赶海钓鱼体验区、浪漫沙滩休闲区、海钓采摘体验区等几大特色体验项目和人文历史资源。

【樱花湖体育公园】 位于荣成市崖头街道绿岛北湖，以绿岛北湖水域为中心，投资总额1.7亿元，占地面积253.33公顷，其中水面面积220公顷，绿化面积33.33公顷，是国家AAA级旅游景区。将绿岛湖周边自然风光、人文景观与体育竞技紧密结合，打造“全民参与型”休闲运动主题公园兼生态体验区。建设6000米长、8米宽的环湖健身路，配套可承办国际赛事的环湖自行车赛道、马拉松比赛和皮划艇训练设施。沿湖周边栽植染井吉野、关山樱、早晚樱等20多个品种的各类樱花1万多株，打造樱花特色景观。设计制作“樱花湖之恋”大型灯光雕塑，配套建设地上和地下停车场、公共自行车、高速Wi-Fi、观景平台等设施，为群众提供高品位、舒适的休闲健身场所。每年冬天有300多只大天鹅在此过冬，设置观鸟平台，让游人近距离观赏大天鹅。

【花斑彩石景区】 位于荣成市东北海岸，离岸50多米，是一座长方形海蚀柱，长约35米，宽约20米，高约9米，总体积7000立方米，是国家AA级旅游景区。由于体积巨大，造型奇特，色彩艳丽，花纹多变，被誉为大东胜景，清道光年间（1821-1850年）被列为荣成八大景之一，被誉为“中华海上第一奇石”。

【好当家高尔夫球场】 地处荣成好当家工业园，球场依山傍海，风景秀丽，景色宜人，占地面积80公顷，18洞72标准杆，球道长度7207码。球会练习场占地面积3公顷，长350多码，宽150多码，有30个打位，是山东省最大的室外练习场之一。球会会所面积5800平方米，有中餐厅、韩餐厅、VIP宴会厅、康体娱乐中心、网球场、宾馆等配套设施。

【银滩旅游度假区】 位于乳山市境内的东南海滨，在沿海岸线20多公里的带状规划区内，林秀海碧，礁奇滩曲，集山、海、岛、湖、泉、河、林为一体，绵延20多公里长的沙滩，坡缓滩平，沙质细腻松软，洁白如银，“银滩”因此而得名，被誉为“天下第一滩”，是国家AAAA级旅游景区。区内有全国最早的潮汐发电站，拥有蓄水量3000万立方米的潮汐湖，以及珍珠湾、白浪湾、宫家岛、三观亭、仙人桥、万亩海防松林带等自然景观，是天然的旅游度假胜地。

【大乳山滨海旅游度假区】 位于乳山市海阳所镇，以景观独特的“大乳山”为中心，景区陆海面积4800公顷，是国家AAAA级旅游景区。景区以乳山口秀丽的海山景观为依托，与营造的大片风景林、生态林、边缘树种、浆果类和观花、观叶、观果植物所形成的丰富林相、季相交相辉映。以“养生文化、康体健身”为主线，根据《黄帝内经》、中医理论以及佛、儒、道博大精深的养生文化建设景区、组织活动，开展福地养生、内海休闲、外海觅踪、文体竞技、挑战极限等一系列游客参与性养生健身活动，是颇具特色的游览、休闲胜地。度假区分为大门景观区、荷合双福、东方琉璃世界、海天康乐园等十四大功能分区。

【乳山福如东海文化园】 位于乳山银滩旅游度假区的中部北斗湾地区，2014年12月，被省文化厅评定为山东省重点文化产业园区；2017年2月，被评定为国家AAAA级旅游景区，6月入选全国优选旅游项目名录。由威海广澳旅游投资有限公司投资开发建设，投资总额20亿元，规划用地面积113.33公顷，海域面积100公顷。园区以“福文化”“东渡文化”“东夷文化”为主题，由一轴——“福如东海”文化旅游主轴；二带——滨海景观带和长江路绿化景观带；四区——“福如东海”书画院区、度假酒店区、游艇俱乐部区和旅游商业区组成，打造具有浓厚滨海特色的、集旅游观光和文化体验于一体的精品文化景区。建成福海龙珠、游客中心、宁海广场、福如东海书画院、文化美术馆、水上运动基地等项目和景点。

【岠嵎山景区】 位于乳山市区西约18公里处，西面山脉南北走向，分水岭为乳山、海阳两市边界，是国家AAA级旅游景区。景区四周众山险立，区内相对高度极大，两条宽阔幽深的沟夼分别自西北、西南宛然向东，汇成人字形而至于东面山口。特殊的地质条件造就岠嵎山特异的自然风光，山上奇石林立，千姿百态，如禽似兽，似人如物，堪称一座天然石雕园。主峰玉皇山，海拔589米。

【圣水宫景区】 圣水宫，又名玉虚观，位于乳山市冯家镇孔家村，是国家AAA级旅游景区，省级重点文物保护单位，名列《中国名胜辞典》之中。景区群山绵亘，峰奇谷幽、林岚深邃、清泉奔涌，素有小昆嵛之美誉，自古就以山异水奇闻名遐迩，自然人文景观丰富。据史书和碑碣记载，唐贞观年间在此建庙曰“圣水宫”。其鼎盛时期在金元，曾是全真教三大圣地之一。景区总投资1.2亿元，规划面积160公顷，是以道教养生为主题的养生文化名山。

【多福山景区】 位于乳山市隋崮山，面积1000公顷，主峰神仙顶海拔395.95米，是《山海经》所述“列姑射日”中的一座海上仙山，是国家AAA级旅游景区。景区以古刹、庙会、圣水、奇石而闻名，山巅天然形成的“负阴抱阳”的独特景观令人称绝。山上建有1000余年历史的碧霞宫及近700年历史的青龙禅寺等古庙名刹，有玉液天池、圣水泉、长寿泉等六大名泉圣水和玄武献寿、青龙飞天、招财金蟾等72处奇石景观，山顶有一“寿星石”栩栩如生，神仙顶因之得名。传统庙会始于明万历年间，有400余年历史，每年农历四月十五前后举行盛大庙会。

【石佛山休闲观光园】 位于乳山市乳山寨镇赤家口村西，是国家AAA级旅游景区。景区建有正华茶场、正华山庄（三星级酒店），茶园面积10余公顷、果园20公顷，温室大棚13座、特色动物园1处、垂钓场1处、原生态山谷（情人谷）1处，特色观光园内栽种各种热带植物、沙漠植物、珍奇植物等。正华山庄可同时供100余人住宿，300余人就餐。动物养殖区有梅花鹿、马鹿、孔雀、珍珠鸡等多种观赏及食用动物。

【小汤温泉】 位于乳山市小汤村南，总面积3公顷，规划建设热带雨林区、星级酒店、特色餐厅3个区域，是国家AAA级旅游景区。热带雨林区内种植热带植物种类数百种，区内完善的配套设施可供1000人同时沐浴，配有先进的按摩冲浪泡池、电脉冲池、煮蛋池、牛奶池等多种风格的温泉，并配有康体理疗中心、水吧、自助餐及购物超市等各种休闲养生娱乐设施。星级酒店客房可容纳约300余人住宿；综合楼内设有20～150人不等的会议室，多功能厅可容纳200多人，配有现代化的会议设施设备，有可供500余人就餐的生态餐厅。

【乳山金牛谷生态农业观光园】 位于乳山市午极镇午极村北，占地面积213.33公顷，以“绿色文化、花园农业”为宗旨，打造“赏、玩、吃、购、娱”一条龙的生态农业观光园，是国家AAA级旅游景区。设生态农业示范园、观光农业旅游园、有机农业绿色园，普及科普教育、展示农业示范基地建设。景区内主干道长4.5公里，两侧景点依次有生态餐厅、莲花池、寿星景区、民俗村、茶园、小木屋、侏罗纪公园等，并设数个玻璃钢材质的动物模型，形象生动逼真。景区主要以生态农业为主，在种植业、养殖业的基础上发展生态旅游，有茶叶、樱桃、杏、蓝莓、树莓等采摘项目。景区内餐饮主要集中在烧烤广场，住宿以大、小木屋为主。

【台依湖国际酒庄生态文化区】 位于乳山市夏村镇台依湖西岸，是国家AAA级旅游景区。由台依湖集团投资开发建设，以台依湖水域为中心，投资总额30亿元，规划用地面积6666.67公顷，建设300座大小风格各异的酒庄。打造集葡萄种植与酿造、现代农业、科普文化、采摘体验、休闲旅游与度假为一体的综合项目。007酒庄、私家葡萄园种植区、房车营地、天鹅湖、养殖场—鹿苑—孔雀园区、薰衣草花海、希望沙滩（儿童游乐沙滩）、湖滨木栈道、私家葡萄园园主留念石刻、海盗船餐厅等景点对外营业，打造万亩葡萄园、千亩水景、千亩公园、百亩湿地四大生态景观。

【乳山益天生态旅游观光园】 位于乳山市白沙滩镇徐家埠村北，规划占地面积65.33公顷，计划总投资2.12亿元，是国家AAA级旅游景区。园区坚持生态优先的原则，将现代特色农业与生态旅游相结合，规划道观人文区、生态采摘区、生态园林区、水苑娱乐区、商务餐饮区5个功能区，是一座集体育休闲、采摘体验、宗教养生、旅游观光、商务活动等为一体的现代旅游景区。先后被评为山东省农业旅游示范点、山东省精品采摘园。

【马石山风景区】 位于乳山市西北部马石山上，主峰海拔467米，占地面积53公顷，是国家AA级旅游景区。系1942年胶东反“扫荡”“马石山十勇士”诞生地、马石山惨案遗址。1943年1月25日，胶东区行政主任公署在陵墓前侧立“马石山殉难军民之墓”；2月18日，立“马石山殉难军民纪念碑”。1971年始建烈士陵园，修建烈士纪念堂，1972年在马石山主峰修建抗日烈士纪念塔。1990年6月，被省政府批准为省级烈士纪念建筑物重点保护单位。2005年12月，被批准为山东省爱国主义教育基地。2013年10月，被省政府批准为省级文物保护单位。2014年8月，被国务院列入首批国家级抗战纪念设施、遗址名录。作为五大抗日英雄群体之一，“马石山十勇士”入选民政部公布的首批300名著名抗日英烈和英雄群体名录。2015年11月4日，被列为国家级爱国主义教育基地。2013年起，乳山市投资5000多万元对马石山风景区整体进行改造，重建马石山十勇士纪念馆、乳山革命纪念馆和宣传教育中心，并成立威海马石山红色教育基地，占地面积1.69公顷，建筑面积2927.5平方米。

【胶东育儿所】 位于乳山市崖子镇田家村，是国家AA级旅游景区。2016年，投资3400万元对原胶东育儿所旧址进行保护性修复，列入乳山市级重点文物保护单位，建成红色教育基地，是加强党性教育、培育和践行社会主义核心价值观的重要载体。由胶东育儿所纪念馆、胶东育儿所旧址两大部分组成，10处展室，建筑面积7520平方米，展陈面积1030平方米。胶东育儿所教育基地布展面积763.8平方米，展出看板222幅、实物427件。反映在生死考验面前，乳娘用朴实无私的行动谱写大爱篇章的事迹，集中展现“忠心向党、大爱无疆”乳娘精神的传承与发展。

【林海湾旅游区】 位于威海高技术产业开发区北海岸，冬暖夏凉，四季分明，属于典型的海洋性气候，是国家AAAA级旅游景区。环海旅游路浴场景区与国家AAAAA级旅游景区刘公岛、中央电视台威海影视城连在一起，形成一道独特的滨海风光。景区陆地面积80.7公顷，海域面积200公顷，由国际海水浴场、林海公园和国际休闲帆船基地3部分组成。

国际海水浴场　东起玛珈山，西至烟墩山，海岸线长2800米，是一个自然天成的半月形海湾。景区景观层次丰富，步移景异，以沙滩、海水为主要基调，突出蓝天、阳光、沙滩、大海、绿树、青草的和谐统一。各项设施精心设置，游人可到海中畅游，可进行运动、休闲、娱乐。浴场内更衣、冲洗等配套服务设施齐全，快艇、摩托艇、海盗船等游乐项目丰富，海上救护、环境保护等管理措施健全。

林海公园　依托环绕国际海水浴场的千亩防护林带，在充分保护松林原始风貌的前提下，利用林间原有的地势地貌，建设以休闲、文化、娱乐、健身等功能于一体的综合性休闲区。公园总占地面积32.7公顷，有幸福大道、儿童乐园、婚庆广场、健身广场、咖啡屋等景点。

国际休闲帆船基地　有各种帆船100余艘，利用国际海水浴场自然优势，以海陆一体、协同发展的“蓝色经济”为创新发展模式，打造亚洲最大、最具影响力的休闲帆船基地。基地主要开展帆船帆板驾驶培训、海上运动休闲娱乐、组织各类海上赛事、航海设备特色展览。基地取得国际帆联认证，是国际帆联指定中国培训基地、国际航海组织重点关注发展联动协会成员、国际帆联NOCSP活动指定训练基地。

【小石岛旅游景区】 位于威海高技术产业开发区小石岛（大连路2-8号），由威海西港小石岛旅游服务有限公司开发建设，是国家AAA级旅游景区。陆地面积1000平方米，海域面积186.67公顷。是国家级刺海参种苗培育基地，胶东半岛最大最优质的刺海参养殖基地之一，省级休闲渔业游示范点。2009年5月投入运营，投资1500多万元。景区内有乘船出海观光、垂钓、特色餐饮三大旅游项目。有游艇码头 1 个、旅游客船 7 艘。

【康博尔海洋健康博览园】 位于威海高技术产业开发区初村镇兴山路 115 号，占地面积 9.07 公顷，是威海康博尔生物药业有限公司投资开发建设和管理的集海洋健康文化展示、海洋健康品研发加工、旅游观光、休闲健身娱乐于一体的海洋健康主题综合旅游景区，国家 AAA 级旅游景区。景区主要有海洋健康博物馆（规划在建）、海洋健康品研发加工展厅、海洋微生态药浴疗养中心、3000 米海岸线观光体验等功能区，内设有海洋健康产品超市、游客接待中心、停车场、健身器材等配套设施。

【老虎山生态园】 坐落于威海市区东南，南枕老虎山，北望威海湾，规划面积 266 公顷，是威海经济技术开发区金城实业发展公司打造的现代农业生态旅游园区，是国家 AAA 级旅游景区。园区融地域文化与生态绿色为一体，有以生态为主题的原生态森林、农业采摘园等 16 个景点，在挖掘丛氏姓氏文化历史的基础上，新增丛氏宗祠堂等仿古建筑。整个景区生态环境优越，文化底蕴丰富，十步临潭，百步入园，景中有诗，画中藏景。

【安然纳米集团文化产业园】 位于威海经济技术开发区环山路 610 号，占地面积 7.8 公顷，是国家 AAA 级旅游景区。景区由安然集团投资开发建设和管理，是集纳米技术文化展示和体验、纳米级活性多肽保健食品研发加工、纳米微元纺织品研发加工、纳米级生物活性肽化妆品研发加工、功能水机研发加工、旅游观光、休闲健身娱乐于一体的纳米健康主体综合旅游景区。设有纳米科技文化馆及纳米纺织品车间观光长廊、纳米级生物活性肽保健食品车间观光长廊、纳米级生物活性肽化妆品观光长廊和水机车间观光长廊等功能区；有游客接待中心、餐饮中心、纳米技术研发中心和产品体验馆、游客娱乐中心、游客健身广场等功能设施；设有孝爱广场、纳米技术文化墙、感恩泉等主题文化景点，弘扬中华传统孝爱文化和纳米健康文化。

【“威海韩国不夜城”——韩乐坊、韩国风情街景区】 位于威海经济技术开发区乐天世纪城，占地面积 5.6 公顷，总建筑面积约 10 万平方米，国家 AAA 级旅游景区，是中国首家韩文化主题商业景区。有韩国商业步行街、丽水门、庆会楼、韩国民俗体验馆、韩国茶艺体验馆等各种主题的韩国文化休闲广场及韩国风情街等。成为中韩友谊、文化、艺术、商品、旅游、信息沟通交流，韩国品牌、商品在中国的展示中心及贸易集散地，韩国建筑、民俗、旅游、饮食、时尚等韩国文化在中国的体验中心。

【毛泽东像章珍藏馆】 位于威海临港经济技术开发区苘山镇正气路 22-1 号，建筑面积约 3000 平方米，国家 AAA 级旅游景区。馆内收藏各个时期的毛泽东像章、军功章、奖章、勋章、纪念章 150 余万枚，收藏 20 世纪 60 年代毛泽东的塑像及相关的瓷器、书籍、宣传画等藏品。

【中国钓具之都·博览城】 位于威海临港经济技术开发区，规划面积 66.67 公顷，总投资 30 亿元，建设商贸城、电子商务中心、钓具孵化器、会展中心、仓储物流中心、科研所、博物馆等十大功能板块，是国家 AA 级旅游景区。

（蒙春利）

会　展

【概况】 2017 年，全市举办规模以上会展活动 96 项，其中展览 28 项，专业会议 38 项，节庆赛事 30 项。会展业市场化、专业化水平不断提高，产业发展势头良好。中国威海国际渔具博览会被山东省商务厅认定为“首批山东省品牌展会”，在第十四届中国会展行业年会上，获评 2017 年度中国十佳专业展览会；威海市贸促会党组书记、会长毕可德获得“2017 年度中国会展经济产业贡献奖”。威海国际会展有限公司和山东威海海洋食品博览中心有限公司入选商务部首批展览业重点联系企业。

【会展机构改革】 4 月，为理顺工作关系，提高工作效能，市编委研究决定，撤销市会展办公室，职责并入市贸促会。经市编办同意，市贸促会设置会展部（会展业管理办公室与其合署）。

【自主品牌展会培育】 2017 年，举办第九届中国威海国际人居节、第十届中国威海国际渔具博览会、第八届威海国际食品博览会、2017 中国威海·国际英才创新创业大会、“迪尚杯”上海国际模特大赛山东总决赛等 10 余项会展活动，提升展会品质与内涵，打造贴近产业、植根威海、充满活力的自主会展品牌。第九届中国威海国际人居节围绕“提升城市设计·繁荣建筑文化”主题，集建筑设计展示、高层论坛、经贸交流等活动于一体，举办第九届中国威海国际建筑设计大奖赛暨 2017 全国大学生建筑设计方案竞赛、优秀建筑设计作品展、国际建筑设计高峰论坛、2017 威海住宅产业博览会等活动，展现威海城市发展的科学成果，搭建住宅产业展示交易平台，推动人居事业全面发展。市广播电视台加强对资源、品牌线下活动的整合营销，挖掘车展、大开仓等广电活动品牌，开发养老、健康等新领域，形成“广电+”的口碑，推出金融创新高峰论坛暨博览会等社会影响和经济效益双赢的新活动。威海报业集团以平台为依托，以服务为根本，全面推进经营创新，先后承办威海市首届农产品展销会、威海市首届民办教育展等。

【会展业发展环境优化】 加强会展管理工作。规范开展备案登记工作，严格审查展会备案登记材料，严把展会质量关，办理各类展会备案登记 29 件。开展会展规范性文件清理和修改及“放管服”改革相关工作；推动会展领域社会信用体系建设，建立会展领域事前信用承诺、分级分类监管和“红黑名单”管理制度；建立部门联动服务监管机制，会同市食品药品监督、知识产权等部门，开展展会食品安全监管、打击侵权假冒、提供法律咨询等工作。发挥会展奖励资金引导作用。对首届大溪谷农业高峰论坛、2016中国钓具之都（威海）渔具博览会等5项活动给予30万元的资金奖励，提高社会企业招会引展、办会办展的积极性。强化创新服务求实效，开展“护航品牌”专项工作，加强与专利、商标、版权等部门的联动，引导企业对展会项目进行商标注册，保护自主品牌。鼓励会展企业对接高端，与国内外知名会展机构合资合作。打造品牌节庆。按照“一区一特色，一节一品牌”的发展思路，协调引导各区市举办特色节庆活动，打造特色鲜明、优势突出、群众参与性强、与地方经济紧密融合的西洋参文化节、沙雕艺术节、温泉节、无花果采摘季等品牌节庆活动。

10月13日，第十届中国威海国际渔具博览会在威海国际展览中心举行

李传强　摄

【组展出展工作】　市贸促会充分发挥贸易促进桥梁纽带作用，巩固与韩国、日本的传统经贸交流网络，深化与韩日企业、协会和中介机构的合作关系，参与“一带一路”建设，寻求在中亚和俄罗斯等“一带一路”沿线国家实现经贸合作突破。全年组织36家企业参加14个国际展览会，完成展出净面积510平方米。组织260余家企业参加天津渔具展、北京渔具展等国内重点展会，扩大国内市场份额。牵头组织威海市经贸考察团赴哈萨克斯坦参加阿斯塔纳世博会山东周活动，世博会期间组织5家企业参加阿拉木图建材暖通展览会，借助世博会平台开拓中亚市场，辐射俄罗斯等“一带一路”沿线国家和地区，推广更多“威海造”。组织5家企业走访日本国际贸易促进协会、日中经济贸易中心和日本守口门真日中友好协会等机构，参加在大阪举办的第二届日中产业展览会。组织企业赴韩国参加第三十一届韩国化妆品美容博览会，走访仁川松岛国际会展中心。

【2017中国医养科技大会暨威海医养产业投资论坛】　11月，由威海市贸促会指导，威海文化创意学会、威海川海健康服务有限公司与中国国际科技交流中心共同策划举办。论坛规模300～500人，邀请有关部门负责人、两院院士、国医大师、研究机构等参加论坛，就“医养结合”老年服务模式的发展、医养产业投资发展模式及产业融合、老年医疗机构的建设与发展等专题开展研讨交流，围绕全市医养产业开展项目对接及考察活动。论坛所有经费通过市场化运作解决。

（张　珲）

【山东出口食品农产品质量安全示范省成果展暨第八届威海国际食品博览会】于6月16日—19日在威海国际展览中心举办，总体展示面积3万平方米。专设“威海经验”展区、“30年海洋与渔业品牌之路”“30年农业品牌之路”特色展区、进口企业专区、“三同”（同线同质同标）食品工程展区及“三同”食材体验中心等特色展区，集中展示地级威海市建立30周年所取得的各项成就。10多个国家和地区的202家食品企业、3500余名专业采购商到威海参展和交流洽谈，达成贸易意向额16.5亿元。将示范省成果展与食品博览会同时同地举办，实现平台共享、资源共享、互利共赢，提升示范省建设和博览会的国际知名度和影响力。

（赵　静）

【首届国际苹果种植设备技术展览会】6月28日—30日，市农业局与慕尼黑展览有限公司合作举办的首届国际苹果种植设备技术展览会（Interpoma China 2017）在威海国际展览中心举行，实现国际知名展览公司在山东省举办展览零突破。展览面积1万平方米，设标准展位223个，有9个国家71家企业参展，其中国际参展商占48%。会议设置苹果种苗繁育、栽培生产技术、果园机械装备与材料等六大主题展区。设置实地观摩环节，入会者实地感受威海传统乔化苹果和现代矮砧苹果的生产栽培过程。中国国际苹果产业技术论坛同期举办。

（王兆顺　陈浪波）

【第十届中国威海国际渔具博览会】于10月13日—15日在威海国际展览中心举行。展览总面积3.62万平方米，设国际标准展位1700个，61个国家和地区的1450家企业2843名采购商注册参会。展会达成国际订单1.29亿美元，国内订单4.49亿元人民币，展会多项指标创历史新高。按举办届数、整体规模、国内外专业采购商数量等综合指标排名，跻身全国60多个渔具类展会的前5名。展会主要指标超过60届的美国渔具展和36届的欧洲钓具展，跨入国际专业大展行列。博览会以品牌影响力、产业带动效应和国际化水平，被省商务厅认定为“首批山东省品牌展会”，在第十四届中国会展行业年会上，被评为“2017年度中国十佳专业展览会”。博览会期间举办2017“鱼游四海”杯中国威海国际路亚精英赛，20多个国家和地区的28支代表队、56名选手参赛。赛事被国家农业部渔业渔政管理局评为2017年全国有影响力的休闲渔业赛事。

（邹清晓）

编辑　李传强

财政·税务

财　政

【概况】 2017年，全市一般公共预算收入273.08亿元，完成预算的100.5%，比上年增长9.5%。一般公共预算收入加地方政府债券收入、返还性收入、转移支付收入和上年结转结余等129.27亿元，收入共计402.35亿元。全市一般公共预算支出359.56亿元，完成预算的109.6%，增长6.2%。一般公共预算支出、上解省级支出和结转下年支出等42.78亿元，支出共计402.35亿元。

市本级一般公共预算收入9.75亿元，完成预算的100.5%，增长8.9%。市本级一般公共预算收入，加地方政府债券收入、返还性收入、转移支付收入、各区市上解收入和上年结转结余收入等143.80亿元，收入共计153.55亿元。市本级一般公共预算支出72.13亿元，完成预算的100.1%，增长7.1%。市本级一般公共预算支出、上解省级支出、返还性支出、补助各区市支出和结转下年支出等81.42亿元，支出共计153.55亿元。

【培育发展新动能】 助推产业转型升级　出台促进工业企业提质增效、支持软件和信息服务业发展的意见，统筹整合资金1.5亿元，对企业实施技术改造、发展智能制造、推进“两化”融合等给予支持。落实重点产业园区奖励政策，支持完善园区基础设施和综合服务配套，增强园区载体功能。

鼓励企业创新研发　出台企业研究开发财政补助政策，对99家企业给予研发费用补助。支持产学研合作，鼓励高层次人才引进和人才团队建设，对95家企业购买科技服务和3家技术转移服务机构给予支持。完善科技支行试点政策，为科技型中小企业发展提供融资支持，发放贷款9.5亿元。

打造创新载体　整合重大科技计划等资金1亿元，支持国家区域创新中心重点项目22个，通过资金补助、财政贴息、优化政策等方式，加快“一中心三平台”［国家威海创新中心和工信部电子信息技术综合研究中心、哈工大创新创业园、制造业（高性能医疗器械）创新中心］建设步伐。推进山东半岛国家自主创新示范区建设，支持搭建军民融合科技评估平台等重大科技创新载体。出台《关于加强财政科研项目资金管理的实施意见》，激发高等院校和科研机构创新活力。

加大融资扶持力度　完善小微企业风险补偿、“政银保”和创业担保贷款政策，加大补贴力度，放宽贷款条件，为中小微企业融资搭建绿色通道。对家家悦、荣鑫科技等37家上市融资企业给予奖励，鼓励企业积极利用资本市场直接融资。

优化发展环境　落实“营改增”及国家促进创新创业、小微企业发展等税收优惠政策，保障企业充分享受政策红利。深化“放管服”改革，取消城市公用事业附加和新型墙体材料专项基金，减半征收水利建设基金，扩大残疾人就业保障金免征范围，取消或停征15项行政事业性收费，年可减轻企业和社会负担1.6亿元。

【助推城市建设发展】 集中财力投入推进东部滨海新城开发建设，市委党校新校、市职业中等专业学校、廉政教育基地投入使用，推进五渚河山体公园、盘鼎河河道治理等重点项目建设。支持环山快速路、地下综合管廊等城市基础设施项目建设，支持机场搬迁、轨道交通等项目开展前期规划论证，开展市区公

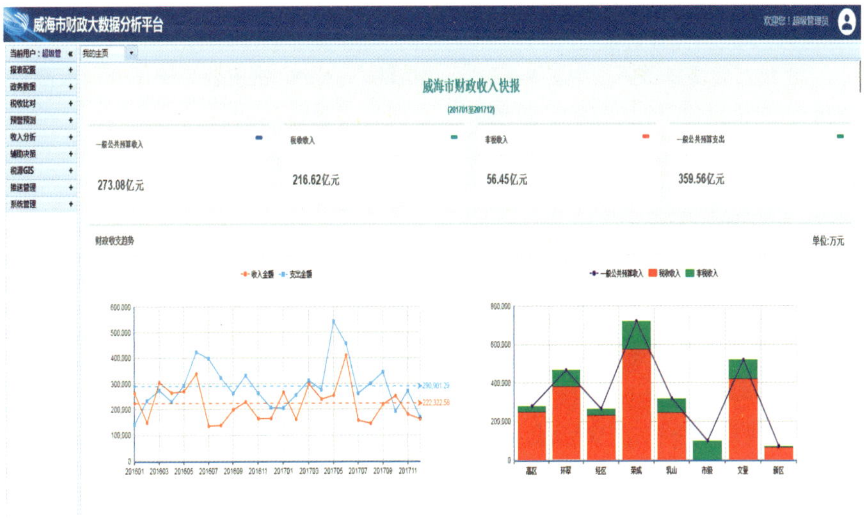

市财政部门建立威海财政大数据平台，开展大数据税收保障工作

市财政局提供

园海绵生态改造和城市小游园建设，增强城市综合承载能力。

多方落实资金　落实地方政府债券94.02亿元，新增债券数量比上年增长70%；落实政策性贷款融资82.2亿元，为棚户区改造提供支持；助推威海市入选国家“十三五”海洋经济创新发展示范城市，获中央财政补助资金3亿元；落实“蓝色海湾”整治行动中央财政补助资金1.5亿元；助推乳山市列入全国农村综合性改革试点试验县，获中央财政补助资金8000万元。

面向社会引资　加大政府和社会资本合作（PPP）模式推广应用，全市PPP项目入库总数达33个，概算总投资716亿元，可带动社会资本投入572亿元。推进政府引导基金规范管理和有效整合，撬动社会资本投向重点产业项目，累计对26个项目完成投资11.9亿元。

【财政保障改善民生】　推动三农发展　推进农业供给侧结构性改革，开展扶持村级集体经济发展试点，加快推进农村一、二、三产业融合发展。落实惠农补贴政策，通过“一本通”系统发放13项补贴资金3.92亿元。制定市级涉农资金统筹整合意见，将39项省级专项资金、52项市级专项资金纳入整合范围。整合各类扶贫资金4.97亿元，180个省定扶贫工作重点村全部脱贫。打造美丽乡村，支持建设16个省级示范村和20个市级精品示范村；按村均1.8万元的标准，将全市村庄纳入农村环境长效管护范围；加强村级组织运转经费保障，全市村均保障标准达10万元。

助力教育事业发展　提高农村规模较小学校的经费保障水平，高职院校生均拨款标准达1.2万元。加大困难学生救助力度，按在校寄宿生30%的比例，对经济困难寄宿生给予生活费补助。解决中小学大班额问题，新建、改扩建学校18所，增加学位2万个，在全省率先彻底消除中小学超大班额、全面消除起始年级大班额。支持实施小学生课后免费托管，在全省率先完成小学生课后托管市域全覆盖、财政全保障。

提高社会保障水平　提高城乡最低生活保障、农村“五保”供养、居民基本养老保险等政策的财政补助标准，救助困难群众3.65万名。支持开发公益性岗位，保障退役士兵合法权益。推进38个老旧住宅小区综合整治，20幢住宅开展多层住宅加装电梯试点，完成632户农村危房改造。建立公安民警抚恤优待基金，保障推进“平安威海”建设。出台政府救助保险政策，为全市居民购买意外保险。

改善医疗卫生服务　提高居民基本医疗保险、基本公共卫生服务补助标准，完善居民大病保险制度。健全医疗救助制度，扩大救助对象范围，提高救助标准，保障困难群体就医需求。支持重大公共卫生服务项目扩面升级，完善产前免费筛查体系，实现妇女宫颈癌、乳腺癌筛查城乡全覆盖。在全国率先启动生育保险和职工基本医疗保险合并试点，强化居民医疗保障。

助推公共事业发展　建成启用11个城市书房，发放2.8万张文化消费券，鼓励市民文化消费。支持2017年威海长距离铁人三项世界系列赛、威海市第五届运动会等赛事活动，推动群众体育事业健康发展。购置更新100辆节能环保公交车，发展低碳、高效、绿色公共交通。提高环境空气质量生态补偿标准，保障大气污染、水污染防治以及工业污染治理、扬尘治理、农村环境治理等工作开展。

【改革管理规范】　强化收入管理　出台《威海市税收保障工作实施方案》，建立税收保障联席会议制度，搭建财政大数据平台，实现23个部门、单位数据的整合共享，完成与省财税库银联网系统、非税收入系统的对接，归集各类数据9800多万条，建立26个分析模型，对房地产、工商业用地等领域开展大数据分析，发现全市税款疑似差异额22.3亿元，成为全省首个财政大数据成功应用案例。

调整支出管理　出台《威海市市级专项资金管理办法》，将财政支出管理重心转向绩效管理和监督检查，加大绩效管理培训力度、健全完善工作机制，加强对重点项目、重点资金的监督，积极推进预决算公开。

推进政策实施　对上级资金实行限时下达，对市本级专项资金进行全面梳理，采取固定扶持资金一次性拨付、据实结算资金先行预拨、切块资金加快分配等措施，提高支出效率，保障各项政策落实。

完善体制机制　制定《关于推进市以下财政事权和支出责任划分改革的实施意见》和《关于统筹推进县域基本公共服务均等化的实施意见》，理顺市与区市之间的事权和支出责任划分，均衡公共资源配置，形成有利于基本公共服务均等化、城乡发展一体化的公共财政保障机制。

加强政府债务管理　制定《威海市政府性债务管理办法》和《威海市政府性债务风险应急处置预案》，建立完善政府性债务监督管理制度框架和风险防控体系，防范化解债务风险。

（张鸿远）

国　税

【概况】　2017年，威海市国税系统完成国内税收收入162.2亿元，比上年增长29.0%，增收36.41亿元。其中，区市及以下级收入完成70.9亿元，增长48.94%，增收23.3亿元。全市国税系统获“全国巾帼文明岗”“全国税务系统先进集体”“全省五四红旗团支部”等省级以上荣誉10项。

【组织收入】　组织税源普查工作　从企业、行业、地区层面开展税源普查，对2095户年纳税额50万元以上企业及纳税1000万元以上大型集团公司，逐户摸底，核实疑点，下发5批次16个行业风险应对任务，查补入库税款2.8亿元。

强化税源分析和风险评估　实行“按月监控、按季讲评、适时调整、年终确认”目标动态管理，每月摸底纳税100万元以上企业税源状况，强化事前预测；建立纳税过1000万元重点企业监控台账，强化事中调度；按季提取206个集团企业数据，强化事后分析，把握组织收入工作的主动权，完善和落实政策增收、管理增收、评估增收和稽查增收等36项具体措施，累计增收6.4亿元，拉动税收增长5.1%。

加强“营改增”行业管理　强化

建筑、房地产企业及土地二级市场税收管理，查补税款1.46亿元，行业入库税款28.67亿元，增长225%。

【税收征管】 推行税源专业化管理　整合两级税收业务管理部门，实施税源的专业化管理；在基层整合设立38个行业税源管理机构，变传统属地管理为专业对象管理。通过运用行业管理模板，加强建筑、房地产等16个行业的管理，实现行业入库税款65亿元，增长38.3%。

创新风险防控机制　设立市区两级风险防控中心，与公安、房管等60多个部门实现数据共享，强化风险的分析和监控；在各区市局单设纳税评估局，专司负责风险分析和评估应对，统筹开展风险应对4505户次，增收入库税款6.4亿元。

发挥稽查部门作用　采用全市统一选案、统筹开展跨区域一级稽查的模式，强化税警协作，查处各类案件33起，破获威海市历史上首起虚开骗税案，涉案金额2.48亿元，挽回税款2200万元。

实现税种管理新突破　强化货劳税管理，建立行业管理模板6个，行业分析监控指标29个，增加税收1.64亿元。强化所得税管理，评查有问题企业592家次，入库所得税1.15亿元。强化进出口税收管理，办理退（免）税57.75亿元；强化反避税管理，完成"乐天"系列等企业反避税调查，增加税收3139万元。强化非居民税收风险管理，入库非居民企业所得税3.55亿元，增长208.7%。

【纳税服务】 深化"放管服"改革，整合依申请业务150项、依职权业务60项，涉税业务流转节点减少为267个，精简办税资料46份，规范42项表证单书。前移15类104项业务，76项业务即时办结，全市平均办税等候时间由上年的9.25分钟，下降为6.53分钟，为全省办税时间最低。重新设置集受理、核查、审批于一体的12个实体化办税厅，环翠区、威海临港经济技术开发区等5个区市国、地税局通过共同进驻政务中心、共建办税厅，实现"一人一机双系统"办理业务。设立10个自助办税网点、26个第三方代办网点。在网上开通34类575项涉税业务，实现37项业务网上覆盖。推广移动办税平台APP，实现16类70余项功能掌上办理，纳税人满意度在全省排名第二位。

【发挥税收职能】 依法落实各项税收优惠122.5亿元，助推转型升级，下放出口退（免）税审批权限，实施征退税一体化，缩短退税周期，并对出口大户建立绿色通道，累计办理出口退（免）税62.9亿元。完善政策辅导长效机制，提高覆盖面，做到应享尽享，为小微企业及个体纳税人落实减免税优惠6.8亿元。落实促进高新技术、企业转型升级、改善民生等税收优惠政策42.1亿元，其中，落实固定资产抵扣税额9.7亿元，支持三农、促进生态立市建设11.7亿元，兑现鼓励创新、节能环保等税收优惠8.8亿元。

（李洪禄）

地　税

【概况】 2017年，威海市地税系统组织各项收入180.06亿元，按可比口径计算，比上年增长17.4%，增幅在全省排名第五位。其中，各区市收入完成155.24亿元，增长15.4%，增幅在全省排名第五位。

【组织收入】 税收分析调度　即时掌控全市收入进度，对全市地税收入结构情况以及变化趋势进行深度分析研究，掌握税源走势变化。通过总结收入预测工作规律，月度收入预测准确率均稳定保持在96%以上，努力服务于地方财源建设和地方财力平稳运转。

重点税种管理　对重点税源企业用地、景区、高尔夫球场以及企业范围内的荒山、林地、湖泊等用地情况开展实地核查，确定土地性质、面积、用途和应征入库数，土地使用税入库34.07亿元、房产税入库17.96亿元。依托房地产市场价量齐升、交投活跃的良好态势，抓好土地增值税、企业所得税预征管理，土地增值税入库24.63亿元、企业所得税入库18.49亿元。开展年所得12万元以上个税申报，全市自行纳税申报人数1.92万人，增长50.3%，自行申报应纳税所得额74.8亿元，个人所得税入库16.37亿元。

社会综合治税　与环保部门合作，为环保税顺利开征打通"最后一公里"。与国土部门合作，建立信息传递制度，做好"以地控税、以税节地"工作。与法院合作，做好不动产强制执行与税费征缴协同联动工作，完善网络司法拍卖制度流程、破产清算转执行信息沟通配合事项。与物价部门合作，做好存量房交易评估有关工作，堵塞因计税价格不准确、难确认造成的税收征管漏洞。

加强欠税清理　清查全市欠税企业1458家，建立欠税管理台账，固化欠税数据，查找管理漏洞和薄弱环节。制定《威海市地方税务局欠税管理指引》，对欠税管理进行规范。建立欠税清缴按月调度制度，全面掌握各单位欠税清缴进度，加大清缴力度，压缩欠税规模。年内，清缴欠税4.9亿元。

【征管改革】 "放管服"改革　取消90余项涉及房产税、土地使用税、个人所得税、企业所得税等税种的行政审批事项，取消全部非行政许可审批事项，不再保留"非行政许可审批"类别。对"三证合一""两证整合"营业执照信息补录2.28万户，纳入正常管理。开展2016年度纳税人信用等级评定工作，评出A级纳税人2337户，B级纳税人1.27万户，C级纳税人897户，D级纳税人438户。

税收风险管理　深化税收风险管理，成立税收风险控制管理中心，负责税源管理、大企业管理和稽查选案，实行税收风险扎口管理，统筹做好全系统税收风险管理分类应对工作。开展股权转让等三项风险核实及市区房地产网签与营业税比对等工作，首次实施享受研发费用加计扣除企业专项检查的"双随机一公开"，降低执法风险。

稽查业务创新　推进稽查业务创新，实现稽查选案、检查、审理、执行职能"外部分离"的稽查模式，全部流程各个环节通过信息化工作平台实现留痕。建立全系统检查对象名录库和执法检查人员名录库，明确随机抽查依据、对象、内容、方式、比例和频次等，分2批次随机抽取检查对象146户，并全部在网站上公示。

【服务发展】 开展“以税资政”活动　围绕“研发费用加计扣除”等经济社会发展的新动向、新趋势，邀请相关部门和高新技术企业，组织召开研发费用加计扣除专题座谈会，研究制定24条有针对性的服务措施，有关问题及建议的调研报告被新华社刊发。

推进“最多跑一次”改革　在威海市人民政府网站和威海市地税局网站上公布第一批“最多跑一次”改革清单139项、流程图37个、示范样本112个，有相关需求的纳税人可以先从网上查询资料、下载填写报告表，一次性准备好涉税资料、一次性办理完毕。至年底，基本实现地税部门80%以上事项可以“零上门”、95%以上事项实现“最多跑一次”。

助力地方企业发展　用好用活税收优惠政策，注重因企施策、精准服务，充分发挥服务新旧动能转换等经济结构调整作用，落实各项减免税费34.08亿元，增长137.6%。同时，拓宽纳税信用评价结果应用渠道，推动纳税信用与信贷信用有机结合、增值应用，开展“银税互动”合作，协助116家企业获得授信额度1.14亿元，发放贷款7817.58万元。

（赵培东）

编辑　沙　鋆

2017年度威海市纳税明星企业名单

威高集团有限公司★★★★★★
三角集团有限公司★★★★★
威海市商业银行股份有限公司★★★★★
山东威海烟草有限公司★★★★★
成山集团有限公司★★★★
华能威海发电有限责任公司★★★★
惠普打印机（山东）有限公司★★★★
家家悦控股集团股份有限公司★★★★
山东达因海洋生物制药股份有限公司★★★★
豪顿华工程有限公司★★★★
山东威建投资控股股份有限公司★★★★
迪沙药业集团有限公司★★★★
华夏文化旅游集团股份有限公司★★★
天润联合集团有限公司★★★
威海港集团有限公司★★★
威海光威集团有限责任公司★★★
山东荣成农村商业银行股份有限公司★★★
威海华发房地产开发有限公司★★★
威海北洋电气集团股份有限公司★★★
赤山集团有限公司★★★
华润置地（威海）有限公司★★★
山东安然纳米实业发展有限公司★★★
迪尚集团有限公司★★★
山东威达集团有限公司★★★
威海市城市开发投资有限公司★★
石岛集团有限公司★★
山东文登农村商业银行股份有限公司★★
威海市国有资本运营有限公司★★
威海广泰空港设备股份有限公司★★
威海华府置业有限公司★★
金猴集团有限公司★★
威海市山花地毯集团有限公司★★
威海魏桥科技工业园有限公司★★
乳山金鼎房地产开发有限公司★★

2017年度威海市纳税新星企业名单

黄海造船有限公司
威海市西郊建设集团公司
山东环球渔具股份有限公司
宏安集团有限公司
威海威东航运有限公司
威海国际经济技术合作股份有限公司
天益龙纳米科技开发有限公司
威海华东数控股份有限公司
威海金泓集团有限公司
山东工友（集团）有限公司
澳瑞凯（威海）爆破器材有限公司
威海伯特利萨克迪汽车安全系统有限公司

金　　融

综　述

【概况】　2017年，全市社会融资规模增加394.4亿元，比上年多增132.6亿元。全市有银行业金融机构29家，全市本外币各项存款余额3380.2亿元，比年初增加267.3亿元，增长8.6%，增幅居全省第8位；本外币各项贷款余额2217.6亿元，增加315.2亿元，增长16.6%，增幅连续7个月位列全省第1位。全市保险机构52家，全市保险业实现保费收入99.25亿元，比上年增长13.0%；支付各项赔款和给付保险金32.97亿元，保障市场主体452.57万个。全市境内外上市企业17家，新三板挂牌公司40家；证券、期货分支机构26家，各类新型地方金融组织104家。

【资本市场发展】　全市实现直接融资145.23亿元。全市证券、期货分支机构26家。光威复材首发上市，全市境内外上市企业17家，居全省第7位。新三板挂牌公司新增9家，总数40家，居全省第5位。区域股权市场挂牌企业增加25家，累计126家。全年发行非金融企业债券12支，总额112.6亿元。吸引豪迈资本、新北洋、鲁信投资等先后设立服务贸易、智能装备、知识产权等多支特色化专业产业基金，总规模达23亿元。

【地方金融组织发展】　全市增加地方金融组织12家，总数104家。其中小额贷款公司24家，注册资本33.3亿元。全市获得业务许可的民间融资机构32家，其中民间资本管理公司24家，民间融资登记服务公司8家，注册资本合计13.5亿元。融资性担保公司17家，其中5家国有控(参)股，4家国有独资，国有背景发起设立融资担保机构数量占比53%，注册资本合计33.23亿元，资产总额36.88亿元，负债总额3.55亿元，净资产33.33亿元，平均资产负债率9.6%。新型农村合作金融试点合作社31家，互助社员1025人，互助资金限额5374.4万元。

【金融风险防范和化解】　制定《威海市金融突发事件应急预案》《地方法人金融机构潜在风险防控与处置预案》等，印发《关于完善化解企业金融风险工作机制的通知》《关于做好打击逃废金融债务工作的通知》等文件，形成风险防范和应急处置合力。全面开展担保圈、企业流动性、银行业机构、地方金融组织、上市公司、企业债券和非法金融活动7个领域风险摸排。排查担保圈74个、实体企业2550家次、银行业机构29家、地方金融组织101家、债券39支、上市公司17家、类金融企业3980家次。全市不良贷款余额37.86亿元，不良率1.7%，全省最低，低于全省平均水平1个百分点。

【金融风险专项整治】　开展交易场所清理整顿“回头看”工作，推进分类处置和整改验收。开展互联网金融风险专项整治，监督从业机构加快整改。清理无证经营的第三方支付机构1家、非法开展虚拟货币交易的机构1家；对4家正常经营的P2P网贷机构进行分类处置，其中2家机构纳入重点整顿对象，1家机构退出P2P行业。全市P2P网贷机构总业务存量为1.68亿元，较规范初期下降53.7%。

【防范和打击非法集资】　对非法集资案件高发领域风险进行全面摸排，组织开展农村地区涉嫌非法集资风险排查、涉嫌非法集资广告资讯信息清理整顿、防范金融风险促进地方金融稳健发展专项整治3次大型攻坚行动，发放各类宣传资料200万份。全年新发非法集资案件数量、涉案金额比上年分别下降61.5%和27.9%，保持全省较低行列。

【重点领域金融风险防控】　高度关注债券违约风险，对全市已审批的债券情况进行统计，向各区市印发债券风险提示函，警示债券到期偿付潜在风险。妥善处置化解一批重点企业风险。以市场化、法制化手段化解华东数控风险。联合威海银监分局对全市担保圈企业风险情况进行摸底排查，并向各区市印发威海市担保圈情况提示函，开展“破圈断链”工作，确保不发生系统性金融风险的底线。

宏观调控

【概况】　2017年，人民银行威海市中心支行落实稳健中性货币政策要求，增强金融服务实体经济能力。至年末，全市住户存款余额1800.68亿元，增加108.98亿元；非金融企业存款余额997.55亿元，增加144.96亿元；广义政府存款余额563.48亿元，增加

33.76亿元。个人住房贷款余额501.16亿元，增加107.38亿元；非金融企业及机关团体短期贷款余额721.05亿元，增加63.94亿元；中长期贷款余额645.24亿元，增加138.13亿元。加大对供给侧结构性改革和新旧动能转换工程的支持力度，深化银企“双向”合作，推进融资对接网络化、常态化。防控金融风险，提升贸易投资便利化水平。全市社会融资规模和存贷款实现较快增长，信贷投放节奏合理均衡，信贷结构继续优化调整。

3月30日，2017年度威海市金融机构反洗钱工作会议召开

人民银行威海市中心支行提供

【货币政策落实】 传达稳健中性货币政策要求，通过召开全市货币信贷工作会议、实地调研、“一对一”约谈等形式，将“货币政策+宏观审慎政策”的双支柱金融调控政策要求传达到辖内各支行和金融机构，并及时向市委市政府专题汇报相关情况。参与央行资金示范区建设工作。制定威海央行资金示范区建设方案，承担抵（质）押品管理的创建工作，是省内7个地市示范区之一。试点开展电票再贴现业务，组织地方法人金融机构开展信贷资产质押再贷款工作，累计发放29.5亿元常备借贷，解决4家法人机构流动性不足，发放再贷款15.29亿元、办理再贴现2.32亿元。对涉农和小微企业贷款考核达标的金融机构进行差别化存款准备金率调整，引导金融机构加强对小微、三农等领域的金融支持。

【货币信贷合理增长】 2017年，货币信贷总量持续增加。有效解决中小微企业融资难问题。推动“政银保”合作模式，扩大小额贷款保证保险规模，累计承保590户，承保金额4106.9万元，比年初增长60.3%。落实中小微企业主办行制度。全市7家金融机构建立中小微企业主办行制度，签约中小微企业1361家，贷款余额91.2亿元，比上年增长25.8%。9家金融机构设立小微企业特色支行或专营机构，其中小微企业特色支行21家、小微企业专营机构2户，累计发放贷款2.38万笔221.49亿元，贷款余额101.06亿元，增长20.2%。5家金融机构运用小微企业贷款风险补偿基金发放小微贷款161笔3.3亿元，增长230%。威海市商业银行、交通银行、兴业银行3家科技支行推广知识产权质押和股权质押等产品，贷款余额10.71亿元，支持新技术行业以及传统行业设备改造和工艺优化。

【强化风险管理】 优化维稳工作机制。利用地方金融稳定工作机制平台，与威海银监分局、市金融办和财政局等单位加大信息交互和风险协同处置，信息交互共享监管报表报告76期次，共享风险信息35条，共同开展市场整顿和检查5次，开展集中宣传6次，处置2家企业风险，化解1家担保圈风险。与市中级人民法院加深互动交流，组织2次集中司法信息交流座谈，使金融机构及时了解金融案件发案态势、审理进程、审理执行难点等热点问题。处置各类金融风险隐患。全年通过风险监测发现、识别各类风险25条，向3家部分监管指标不达标和具有潜在风险隐患的机构下发风险警示函4次，约见机构负责人4次，及时提示经营风险。加大重大事项报告制度落实力度，组织重大事项集中培训1次，专项核查6家次，全年接收各类报告152期，及时了解8家风险企业信息和1家担保圈风险信息，并采取相应防控措施。

【优化外汇服务】 促进跨境投融资便利化，支持重点企业快速发展。将全口径跨境融资宏观审慎管理政策红利及时惠及辖区涉外企业，采取政策宣讲、银企对接、窗口指导等措施促进政策在辖区落地，辖内企业实现跨境融资2.9亿美元，比上年增加2.76亿美元。境外融资平均成本较境内银行降低3～4个百分点。协助家家悦集团先后汇出1650万新西兰元，协助威海威高股权投资基金中心汇出2853.8万美元，确保企业进行境外投资项目。辖内累计境外直接投资额1.16亿美元，比上年增长75.9%。推进跨国公司外汇资金集中运营业务持续拓展。持续贯彻“一对一”跟踪辅导，4家企业累计运作资金总额1.4亿美元，增长3.7倍。推介威海纺织集团进出口有限责任公司、威海市联桥国际合作集团有限公司、荣成泰祥食品股份有限公司申请外汇资金集中运营试点。

（李刚　张浩）

金融监管

【概况】 2017年末，全市银行业总资产4818.15亿元，比年初增加435.25亿元，增长9.9%；处置不良贷款20.43亿元，不良贷款率1.7%；全年无案件和重大风险事件发生，整体实现稳健运行。

【金融风险监管】 防范化解信用风险和不良贷款处置　全面完成不良余额和不良率防控目标，超额完成不良处置任务。开展信用风险专项排查，逐行逐户研判风险企业，制定化解预案，整改分类不准确问题贷款，发现风险隐患贷款7.47亿元，潜在风险企业41户，全面摸清辖区信用风险底数。有效管控大额授信风险。扩大债权人委员会管理范围，组建起点下调至4亿元，组建债权人委员会38个，管理贷款余额385.5亿元，实现大额授信、重点风险和担保圈核心客户3个领域全覆盖，有效管控5家大额风险企业45.26亿元大额授信风险。强化目标管理，逐行划定压降任务，全年辖区处置不良贷款20.43亿元。

管控案防及操作风险　开展“合规制度建设年”活动，编写《合规制度汇编》，督促机构对照梳理自查。对辖内银行业机构开展安全稳定隐患排查，督促机构整改52个风险点。严格落实操作风险管理制度，督促各机构交流高管人员83人次，轮岗重要岗位人员3564人次，强制休假1140人次。抓好案防法规飞行考试机制，案防法规及禁止性规定连续3年测试通过率100%。

流动性风险防控　组织辖内农村中小法人金融机构开展流动性风险压力测试，夯实流动性风险管理基础。督导威海市商业银行、蓝海银行加入城商行流动性互助机制，提升应对流动性风险能力。针对突发事件，第一时间成立应急处置领导小组，制定具体应急方案，约谈机构主要负责人，按日排查各类风险，24小时连续舆情监测，保障日常资金供应。统筹防控重点领域金融风险。

担保圈风险联防联控　深入排查担保圈风险，形成专题报告提请政府关注，得到市政府主要领导的批示肯定。推动政府建立担保圈风险化解责任机制，明确各市（区）政府为风险防控第一责任人，落实辖区78个担保圈的责任包干工作。

政府债务和信息科技风险管理　开展地方政府融资专项排查，督导做好债权债务的承接和转移。至年末，辖区政府平台贷款余额10.57亿元，较年初减少10.33亿元，风险整体可控。开展网络信息安全与信息科技安全保障排查，实现法人机构全覆盖。严密防范外部风险传染。严肃整治互联网金融风险，稳妥推进山东鑫博投资咨询公司市场退出，化解全部2.43亿元存量业务。

【助推经济发展】　支持供给侧结构性改革，全面对接新旧动能转换重大工程，实现金融对实体经济的精准对接、精准服务。立足威海产业发展特点，重点走访重大产业项目和企业，全面融合地方经济发展战略。组织走访企业4483次、项目956次、园区162次，拉动辖区贷款增长，增幅居全省第一位。“分类分策”精准有效。与进走访工作融合推动，双督双促，指导机构科学分类，强化落实。至12月末，辖区优先类企业贷款余额较年初增加88.96亿元，增长34.3%，高于各项贷款平均17.71个百分点；维持、限制、制裁类贷款余额减少25.83亿元。印发《金融支持新旧动能转换意见》，对接全市“五区九基地”产业发展规划。提升薄弱领域金融服务水平，小微贷款全面达标。强化监管考核，狠抓小微政策落地。推动模式创新，重点发展“银税互动”“政银保”“政银担”业务，扩大融资覆盖面。涉农贷款持续增长。围绕支持山东农业“新六产”（一产的一份收入，经过二产加工增值为两份收入、再通过三产的营销服务形成三倍收益，综合起来是六份收入，产生乘数效益）、农村一、二、三产业融合等项目，加大信贷投放力度。精准扶贫有效落实。鼓励创新小额扶贫信贷金融产品和服务，推广“富民农户贷”和“富民生产贷”，余额增长292%，辐射带动2914名贫困人口脱贫。贴近金融服务需求。鼓励银行业下沉服务重心，加大县域金融机具铺设力度，全年新设、升级、改造县域普惠型网点16个，安装自助设备181台，满足县域居民金融需求。

【消费者权益维护】　开展“双录”专项治理，强化跟踪评估，辖区网点全面达标。保障合法权益。压实机构消保主体责任，严格实施首问负责制、领导包干制和机构轮训制，对信访投诉事项深入核查、加强惩戒、力促整改，消费者信访投诉大幅减少，至年末，收到各类信访消保投诉189件，比上年下降12.9%。加强金融知识普及教育。开展“金融知识进万家”宣传服务月活动，开展各类户外宣传2000余场，累计发放宣传材料25万份，宣传受众20余万人，被省银监局评为优秀组织单位；重点关注校园贷问题，在全市15所高校建立金融知识宣教点，举办大型宣讲活动。

【银行业改革】　法人机构改革　督导威海市商业银行全面落实监管要求。完善公司治理，强化内部管理，推进全面风险管理体系建设，完成信用风险管理和押品管理项目建设。强化上市指导，规范经营行为，加大不良贷款处置力度，各项业务稳健发展。在山东省地方金融企业绩效评价中，威海市商业银行连续3年名列商业银行第一名。推动威海蓝海银行健康发展。深入蓝海银行调研指导、协调督办、现场解决问题困难，确保威海蓝海银行于6月29日开业。严格落实银监会对民营银行“贴身监管”的监管要求，实行主监管员“驻行”机制，按周研判经营发展情况、业务合规性和风险情况，年内投放供应链融资14.8亿元。严格规范理财业务发展，督导同业融资比例超标问题，传导监管压力，促其合规稳健发展。

农村中小金融机构改革　强化分

威海蓝海银行外景　　杨　正　摄

类监管。对发展势头较好的威海富民村镇银行、文登建信村镇银行给予重点支持，对4家农商行以及乳山天骄村镇银行、荣成汇丰村镇银行采取审慎管理，增强监管针对性。深化公司治理。开展公司治理自查和现场检查，全面梳理三会一层组织架构以及各项工作规则，督促整改各类问题74个。加强关联交易审查，就部分机构重大关联交易未经董事会审批等问题进行处罚。高度关注高管缺位问题，督促乳山天骄村镇银行、荣成汇丰村镇银行和威海富民村镇银行3名行长补位。优化组织架构。指导文登农村商业银行在省内率先完成财务和会计部门分设，指导威海农村商业银行设立投资理财部，并率先实现理财系统上线。推动创新发展。荣成农村商业银行获批发行二级资本债，威海农村商业银行在烟台莱山区设立的辖区首家农村商业银行异地支行获批开业。

（蔡建龙）

金融服务

【概况】 2017年，在全省率先印发《关于金融支持新旧动能转换的意见》，围绕货币信贷、资本市场、金融改革和创新等方面，出台30项具有针对性、可操作性的政策措施。全市基础金融服务“村村通”覆盖率100%，乡镇实现银行物理网点全覆盖。至年末，全市涉农贷款余额791.10亿元，比年初增加95.23亿元，增长13.7%，实现持续增长；小微企业贷款余额586.72亿元，增加94.71亿元，增长19.3%。资本市场直接融资达145.23亿元。保险业累计为实体经济提供财产保险保障1.46万亿元，保障市场主体452.57万个。

【政银企合作】 建立常态化银企对接机制，推动26家银行与117家企业或项目进行对接，达成授信意向234亿元，其中现场示范性签约21家企业，金额94.2亿元。推广和应用山东省企业网络融资服务平台，实现“7×24”小时全天候线上对接。至年末，发布企业融资需求信息2123条，融资需求金额1497.6亿元，其中成功对接1283条，发放贷款185.4亿元。银地战略合作不断深化。与中国银行山东省分行签订战略合作协议；向国家开发银行、农业发展银行等政策性银行推介全市114个重点项目，总投资1469.1亿元，达成对接项目47个，总投资1292.09亿元。

【直接融资发展】 光威复材首发上市融资10.4亿元。全市境内外上市企业累计17家。中航黑豹定向增发注入资产79.80亿元，完成配套增发16.68亿元。新北洋获核准通过定向增发4.2亿元。更新后备资源库企业82家。推进规模企业规范化公司制改制工作，完成规模企业规范化改制362家，累计完成857家，改制率51.7%。新三板挂牌公司增加9家，总数40家，居全省第5位。其中7家企业实施增发，融资1.95亿元，比上年增加8900万元，增长84%。区域股权市场挂牌企业增加25家，累计126家。其中区域股权市场挂牌企业对接省直投资金、私募股权融资、股权质押融资合计3.7亿元，比上年翻两番。全年发行非金融企业债券12支，总额112.6亿元，发行金额占全省的2.7%，位居全省第10位，下降12.4%。融资结构明显优化，发行首支资产证券化产品，企业债占比从上年的41.7%下降至32.1%。中泰齐东蓝色并购基金增资80亿元，威高股权投资基金增资2亿元。拟上市企业引进股权融资16亿元。

【保险服务】 引导保险业加大对薄弱领域的支持。在省内率先推出西洋参种植保险，提供保障2003.67万元；新推出牡蛎养殖风灾指数保险，保额3100万元；扩大海带、海参等海水养殖天气指数类保险规模，累计提供风险保障6.96亿元；开展对大姜目标价格指数保险的论证工作；小麦旱灾保险赔付5048.15万元，赔付收入比6∶1，有力分担农业风险。完善工作机制，深入推进“政银保”业务，累计承保1204笔，承保金额1.43亿元。开展政府救助保险，在全市首次建立巨灾保险机制，财政资金实现13倍的杠杆效应。完成赔付314.47万元，以打井救灾新型保险理赔方式救助3.5万人，救助暴雨受灾群众1200余户。全市保险业责任险累计承保2475亿元，货运险、船舶险累计380.31亿元，比上年增长44.4%和29.8%；出口信用保险为335家外贸企业提供信用支持14.86亿元。

【普惠金融】 发挥再贷款、再贴现和差别存款准备金率等货币政策工具的导向作用，落实农村新型生产经营主体和小微企业主办行制度，带动信贷资金向三农和小微企业领域倾斜。24家小额贷款公司年内发放贷款54.27亿元，支持涉农和小微企业1248家，贷款余额32.99亿元。17家融资性担保公司在保余额38.4亿元。24家民间资本管理机构投资金额50.15亿元，占全省累计投资金额的17.6%，居全省第一位，其中三农、小微业务占比65.8%；8家民间融资登记服务机构对接金额8.8亿元，占全省对接金额的37.3%，对接成功率89.8%，位居全省首位。31家新型农村合作金融试点合作社参与社员1025人，互助资金限额5374.4万元；累计开展业务180笔，信用互助金额565.7万元，比上年增长2.7倍。

【金融服务创新】 优化科技支行运行机制，245家科技型企业纳入扶持名单，至年末，有184家试点企业在科技支行办理授信业务，授信总额31.21亿元，贷款余额11.52亿元，累计发放贷款48.47亿元。发挥小微企业贷款风险补偿基金增信作用，新增浦发银行、农业银行2家试点银行，合作银行扩大至6家，累计发放贷款207笔，金额4.19亿元，杠杆放大倍数9.32倍。全面放开服贸支行试点企业名单库，累计实现服务贸易项下收付汇1220.71万美元，比上年增长80.0%。

银　行

【概况】 2017年，新增银行业金融机构3家（日照银行、烟台银行、蓝海银行）。全市银行业金融机构达29家，其中政策性银行1家、国有银行5家、城商行5家、股份制银行7家、农村中小金融机构8家、外资银行1家、民营银行1家以及邮政储蓄银行。全市有银行网点532个，从业人员9920人。至年末，全市本外币各项存款余额3380.2亿元，比年初增加267.3亿元，增长8.6%；本外币各项贷款余额2217.6亿元，增加315.2亿元，增长16.6%。

2017年末威海市银行业金融机构本外币存、贷款情况表

表18　　　　单位：亿元

机构名称	本外币存款余额	本外币贷款余额
中国农业发展银行威海市分行	63.80	148.71
中国工商银行股份有限公司威海分行	251.72	243.89
中国农业银行股份有限公司威海分行	336.01	215.13
中国银行股份有限公司威海分行	271.11	177.13
中国建设银行股份有限公司威海分行	267.00	192.70
交通银行股份有限公司威海分行	146.31	81.96
中国邮政储蓄银行股份有限公司威海市分行	250.35	80.21
中信银行股份有限公司威海分行	111.61	66.89
招商银行股份有限公司威海分行	50.32	51.22
上海浦东发展银行股份有限公司威海分行	51.05	37.79
中国民生银行威海分行	63.06	27.22
兴业银行股份有限公司威海分行	67.01	61.43
恒丰银行股份有限公司威海分行	56.80	45.32
中国光大银行威海分行	20.62	35.82
威海市商业银行股份有限公司	539.40	227.49
齐商银行股份有限公司威海分行	23.23	12.83
青岛银行股份有限公司威海分行	100.51	75.36
山东威海农村商业银行股份有限公司	109.39	85.72
山东荣成农村商业银行股份有限公司	222.58	131.83
山东文登农村商业银行股份有限公司	152.36	93.41
山东乳山农村商业银行股份有限公司	130.83	64.69
山东荣成汇丰村镇银行有限责任公司	1.67	1.38
文登建信村镇银行有限责任公司	7.37	6.64
乳山天骄村镇银行股份有限公司	11.91	6.32
威海富民村镇银行有限责任公司	5.69	4.21
韩国友利银行威海分行	3.66	4.84
日照银行股份有限公司威海分行	4.16	1.69
烟台银行股份有限公司威海分行	11.15	9.15
威海蓝海银行股份有限公司	27.88	26.68

（李刚　张浩）

【中国农业发展银行威海市分行】 2017年末，中国农业发展银行威海市分行本外币各项存款余额63.80亿元，全省排名第三位。日均存款余额74.16亿元，增加15.61亿元，日均余额、增加额全省排名分别为第四位和第三位。人日均存款余额6966万元，增加1266万元，全省排名第一位。各项贷款余额148.71亿元，较年初增加

31.21亿元，增长26.6%。贷款余额创历史新高，全省排名第六位，增加额全省排名第四位。年末，实现利润3.1亿元，增加6609万元。连续3年被威海市委、市政府评为“优秀单位”。

持续强化核算意识，不断增强存款增效、存款立行理念，算好“四本账”。全方位、多层次与财政部门沟通协调，主打“贡献牌”“感情牌”，确保社保基金和一般性财政存款稳定增长。鼓励全员营销县域公众存款，不断拓宽存款渠道。制定存款专项考核办法，激发全行营销存款新动力。利用年初贷款规模宽松期，协调各方力量，完善贷前手续，合规支持水利等农业农村基础设施建设项目，累计投放贷款17.1亿元。财政部出台规范政府购买服务新政后，采取高层对接、重点突破、开辟办贷“绿色通道”等措施，集中力量主攻棚户区改造项目，促进棚改贷款快速增长。全年完成审批棚改项目6个、贷款45.9亿元，其中投放近20亿元。年末，全行中长期贷款余额126.1亿元，比年初增加23.53亿元。收购资金运行平稳。将支持粮油收储作为首要任务、基本职责。全年发放储备粮油轮换贷款9161万元，轮换粮食6.32万吨，完成中央储备粮和地方储备粮的轮换工作。做好去库存工作，完成调控粮销售1.58万吨，收回贷款5156万元。全行粮油收购资金供应管理未出现问题。探索东部发达地区农业政策性金融发展之路，立足威海实际，聚焦发力两个重点领域，创新业务发展。完成系统首笔支持农村三产融合项目的审批投放工作，打造“海洋牧场＋三产融合”的广润模式。探索农发重点建设基金与流动性资金贷款融合发展之路，打造“远洋捕捞＋三产融合”的靖海模式。两种模式均入选总行创新业务典型案例。全行全年累计投放创新贷款8.62亿元。把支持脱贫攻坚摆在重要位置，探索支持脱贫攻坚新途径。协调促成吉林大安与文登区政府帮扶对接，联合威海市工商联、光彩会和扶贫办签署脱贫攻坚行动战略合作协议，将2家贷款客户纳入“万企帮万村”扶贫体系，与临沂市扶贫办签订帮扶协议，带动14名国定贫困人口和6名省定贫困人口脱贫。年末，全行扶贫贷款余额19.52亿元，惠及省定贫困人口1139人、国定贫困人口14人。威海市分行被山东省政府评为2017年全省脱贫攻坚先进集体，是全省农发行系统唯一获此殊荣的单位。

（刘　彬）

【中国工商银行股份有限公司威海分行】 2017年，中国工商银行股份有限公司威海分行，围绕供给侧机构性改革和新旧动能转换重大工程工作主线，致力于威海全域城市化、市域一体化战略实施，加大信贷投放力度，引导金融更好地服务实体经济发展，统筹做好稳增长、调结构、防风险等各项工作，全行保持健康稳健发展态势。立足“您身边的银行　可信赖的银行”定位，提升客户服务水平，各项存款均实现稳定增长。年末，本外币各项存款余额251.72亿元，比年初增加16.8亿元，本外币各项存款日均余额239.21亿元，比上年增加19.03亿元。提高信贷投放总量，落实上级行资金支持威海经济发展。各项贷款余额243.89亿元，比年初增加58.25亿元。其中，法人贷款余额137.39亿元，增加31.53亿元；个人贷款余额106.5亿元，增加26.72亿元，法人贷款、个人贷款余额及增量均居国有四行第一位，贷款增量居系统内全省第三位，全年投放各类贷款128亿元，获得威海市“支持地方经济发展突出贡献奖”。坚守资产质量稳控底线，保新增、调结构、控风险和快处置并举，保持经营效益稳定快速增长。全年实现拨备前利润5.58亿元，比上年增加1.06亿元，增长23.6%，拨备前利润、净利润实现“双正增”。推进网点智能化及标准化改造，依托新技术、新业态推广持续提升服务能力。年内，完成17个营业网点智能设备投产，实现全市网点智能化全覆盖，完成6个营业网点标准化装修改造，为客户提供更加智能、快捷、安全的金融服务。履行反假币、反洗钱、防诈骗、外汇政策等金融知识宣传责任，全年5家支行获得地方政府年度工作通报表彰，1家支行获评威海市文明单位。推进金融政策落实，全力做好金融服务工作，先后获得获评威海市委、市政府2017年度工作优秀单位、人民银行同城票据先进管辖行、金融消费者权益保护优秀单位、银行执行外汇管理规定A级等。

（李日　景泉）

【中国农业银行股份有限公司威海分行】 2017年，中国农业银行股份有限公司威海分行围绕威海市争当全省“走在前列”排头兵的目标定位，大力支持地方经济发展，不断优化金融服务，实现社会效益、自身效益双丰收。年末，本外币各项存款余额336.01亿元，各项贷款余额215.13亿元，缴纳税款5172.5万元。先后获评山东银行业良好银行、省级文明单位，威海市“诚信威海　金融行业榜样”企业、创建全国文明城市工作先进单位、金融消费者权益保护工作优秀单位、工作优秀单位、“普惠金融突出贡献奖”等。支持实体经济发展。全年投放法人贷款136.83亿元，重点支持威海南海新区和威海龙山湖辖区棚户区改造、荣成石岛湾核电等大型项目。扶持小微企业客户，成为全省首个小微企业贷款风险补偿基金试点合作银行，累计发放小微企业贷款14.68亿元。与保险公司、担保公司合作，创新发放全省农行系统首笔“银保贷”、鲁担“惠农贷”，解决客户融资难题。服务三农实现新突破。扶持农业产业化龙头企业，全年向省级及以上龙头企业发放贷款25.6亿元。将专业大户、家庭农场作为服务支持重点，推进农村支付服务环境建设，互联网化升级惠农通服务点1891个。网点服务水平进一步提升。持续深化网点经营转型，合理确定网点分类，创新专职加配钞模式，加强渠道建设，增加ATM刷脸取款、掌上银行预约取款功能，提升客户服务体验。加强风险管控力度。突出抓好信用风险、操作风险和案件管控，全年实现信息系统安全生产，未发生案防风险、安全事故及违规事件。强化内控管理，连续多年被省行评为“内控评价一类行”。持续开展打击治理电信网络新型违法犯罪专项行动，全年堵截各类电信网络诈骗案件122起，挽回客户经济损失175万元。开展“学身边榜样　做优秀员工”“留住绿水青山　建设美丽威海”义务植树志愿服务等公益活动，与帮扶村、初村敬老院结对帮扶，为贫困户送温暖，推进责任履行与企业发展的有机融合。

（邹超　鞠玲玲）

【中国银行股份有限公司威海分行】 2017年末，中国银行股份有限公司威海分行本外币各项存款余额271.11亿元，较年初增加20.40亿元。本外币各项贷款余额177.13亿元，增加11.97亿元。其中，本外币公司贷款余额75.31亿元，个人贷款余额101.82亿元，增加12.44亿元。不良贷款余额1.49亿元，减少3300万元，不良率0.8%，下降0.3个百分点。负债业务持续增长。坚持存款立行不动摇，切实转变存款发展模式，构建核心存款持续稳定增长的良性机制，确保各项存款提升和外币存款的优势地位。资产业务稳步发展。细化授信分类，科学引导信贷投向。瞄准地方产业集群和出口型中小企业，全力服务实体经济，加大中小微企业支持力度，批量式拓展新模式贷款。调整信贷结构，优化资产质量。在业务拓展中，高度重视风险管控工作，着眼全行长远发展利益，坚决杜绝短期经营行为，不为短期考核指标而放弃风险底线，确保资产质量稳定。以客户体验为中心，推动产品快速推陈出新、升级迭代，致力于加强客户群建设。年末，公司加权有效客户3140.42户，比年初增加89.62户。全辖行政事业客户218户，增加11户。增加信用卡客户1.13万户，卡户分期渗透率6.9%。个人手机银行交易客户数11.82万户，其中新激活客户6.23万户。在确保“平稳、安全、顺畅”的前提下，推进智能柜台投产工作，完成28家网点的智能柜台推广，投产50台智能柜机、78台手持PAD，提升客户服务体验。威海分行连续11年被省精神文明办公室评为省级文明单位。

（尚加力）

【中国建设银行股份有限公司威海分行】 2017年末，中国建设银行股份有限公司威海分行本外币各项存款余额267亿元，比年初增加15.3亿元；各项贷款余额192.7亿元，增加31.5亿元；实现利税突破6.5亿元。加大对全市重点项目、支柱企业、小企业以及民生领域的信贷支持力度。全年投放大中型客户人民币贷款61.06亿元，年末对公贷款余额80.33亿元。对接棚户区改造、路网改造、海岸线整治等项目，累计投放资金13.41亿元，对公综合融资业务实现恢复性增长。全年申报大中型客户授信项目73户，年末大中型客户授信额度231.31亿元，审批通过处于签约投放阶段金额36亿元。支持小微企业发展，创新推出助保贷、信用贷、善融贷、创业贷等新业务品种。先后搭建重点县域助保贷、两税银税合作及城区助保贷业务平台，助保贷资金池实现辖区全覆盖，到位政府风险补偿金3000万元。小微快贷业务上线并快速推进，实现云税贷业务突破；年末小企业贷款余额34.63亿元，申贷获得率98.7%，小微企业户数748户。拓展战略性业务。完成中国建设银行住房公积金银行结算数据应用系统上线工作，全年受托发放住房公积金贷款4556笔，金额15.91亿元。立足服务民生，全年发放个人住房贷款29.05亿元，年末贷款余额100.38亿元。加大国际业务重点产品服务力度，通过国际业务产品创新为出口企业破解难题。年末外汇存款余额达1.6亿美元，外汇贷款余额1.1亿美元，实现国际结算量21亿美元，完成外汇资金交易量10亿美元，跨境人民币结算量8亿元。文登整骨医院银医通、威海卫医院银医通和先进分诊、山东大学（威海）银校财务直联等系统上线，完成威海市公积金异地转移接续平台建设及住房监管平台与建设银行核心系统、全市企业租赁平台建设和政府公共租赁平台项目初期对接。强化内控与管理基础。把风险防控放在发展的首位，定期对客户的授信、资产质量进行全面重检、集中诊断。开展“春雷行动”和“亮剑行动”，全年多渠道处置不良贷款1.55亿元，现金回收已核销贷款1508.44万元。年末不良贷款余额7077.05万元，不良率0.4%。高度重视内控合规，开展“合规建行，知行合一”和“合规管理强化年”活动，推进银监会系列专项治理、“信贷、柜面、公章、采购”四大专项整治；建立三级操作风险例会制度，推进安全生产大检查和安全稳定隐患排查，全年实现“零案件”“零事故”和违规事项“零报告”。年内，通过全国文明单位复查，获评省行先进单位。

（李　莉）

【交通银行股份有限公司威海分行】 2017年末，交通银行股份有限公司威海分行本外币各项存款余额146.31亿元，比年初增加6.61亿元，增长4.7%；各项贷款余额81.96亿元，增加5.05亿元，增长6.6%。其中，小微贷款余额19.05元，增加1.68亿元；涉农贷款余额18.95亿元，减少1.26亿元。实现经营利润1.53亿元。不良贷款实现“双降”，其中不良贷款余额9100万元，减少7600万元；不良贷款率1.1%，下降1.07个百分点。案防工作扎实有效，未发生案件，被省行授予“案防工作先进集体”称号。威海分行连续第5年获得威海市市级文明单位，下辖高技术产业开发区支行获评2017年中国银行业文明规范服务五星级营业网点。坚持稳中求进总基调，增强服务实体经济质效，服务实体经济，优化信贷结构。信贷投放平稳均衡，提高质量，调整结构，持续支持重点目标客户，做大科技支行，扶持科技企业，支持小微信贷业务发展，利用投行业务解决融资难题。逐步化解产能过剩领域的风险。做优零售业务，提升服务水平。开展“零售业务年”活动，构建零售客户分层分级管理体系，全面提升零售客户管理水平，提高客户质量和综合贡献度。拓展低成本负债业务。加强现金管理、产业链、开放式表内理财等结算业务产品应用，打造“融资＋结算＋理财”的业务模式；发挥普惠型客户和网点作用，提升普惠客户对存款的贡献度。推进同业业务。加强同业营销力度，拓展客户群体，搭建多产品体系，实现合作共赢。防控金融风险，稳定资产质量，严格执行减退加固政策，建立完善临期管理制度。开展保全工作，强化风险预警，开展各项风险排查。开展合规文化建设系列活动，保持案件防控高压态势。完善费者权益保护工作机制，强化分行金融消费者权益保护委员会的职责，落实首问负责制，保持零投诉，保护金融消费者权益。

（丛正方）

【中国邮政储蓄银行股份有限公司威海市分行】 2017年末，中国邮政储蓄银行股份有限公司威海市分行本外币各项存款余额250.35亿元，比上年增加27.82亿元，增长12.5%。其中，个人储蓄存款余额231.39亿元，增加29.97亿元，增长14.9%；公司存款余额18.95亿元，减少2.14亿元，下降

10.2%。各项贷款余额80.21亿元，增加31.52亿元，增长64.7%。累计发放各类贷款9116笔，金额49.56亿元。以“两小”贷款为重点，通过信用村建设、“增提创”主题年大走访等活动，支持三农及实体经济发展，发放小额贷款456笔，金额1.62亿元；发放小微企业贷款3842笔，金额20.33亿元。8月1日，中国邮政储蓄银行三农金融事业部威海市分部挂牌成立，为服务三农注入动力。对小微企业提升服务，将小企业金融部升格为一级部门，负责为小微企业提供综合的金融服务；利用“快捷贷”“鲁青基准贷”“转期贷”等多款产品，解决企业融资困难，小微企业贷款结余17.94亿元，增加2.58亿元。为辖内重点项目、支柱产业企业提供授信支持，全年增加授信6.2亿元，发放贷款13.39亿元，公司贷款结余13.39亿元，增加9.69亿元。提升综合服务能力。提升网点智能化服务水平，增加18台ITM设备，更换15台CRS，自助设备总量86台。个人网银客户23.50万户，增加2.35万户；手机银行客户17.41万户，增加4.58万户。改善营业网点的硬件设施，加强消费者权益保护，完善投诉处理流程，建立邮银投诉协调机制，年内“95580”客户投诉下降47%，外部投诉下降86%。加强风险管控。严格落实案件防控责任制，有效组织案件风险排查，规范经营行为，抓好专项检查工作，开展“违法、违规、违章”行为专项治理工作等14个专项检查，提升案防水平。建设全面风险管理体系，强化信贷资产质量管理，指导辖内各机构和业务部门提早做好重点风险问题的控制和化解工作。全年未发生案件及责任事故，获评威海市金融机构“履行社会责任突出贡献奖”，被市委、市政府评为2017年度工作优秀单位。

（王远栋）

【山东省农村信用社联合社威海办事处】 2017年，山东省农村信用社联合社威海办事处严格落实金融监管政策，以服务城乡、服务三农为己任，持续推进改革发展，倾力支持经济发展，全面化解金融风险，践行负责任银行的社会形象。截至年末，本外币各项存款余额615.59亿元，各项贷款余额375.65亿元，实现各项收入38.93亿元，缴纳各类税金4.3亿元。加大对实体经济信贷投放力度，紧扣客户需求，推动“政银保”“银税通”“光伏贷”“鲁担惠农贷”“富民生产贷”等一系列产品在威海落地。全力打造智e购、智e付、智e生活为一体的互联网金融服务平台，开创“农金员＋智e购”服务新模式，打通线上线下金融服务界限，上线商户767户，上线商品3721款，累计发生交易4.93万笔，交易金额590万元。贯彻落实金融扶贫政策，层层推动扶贫贷款发放，全年累计发放扶贫贷款2.1亿元。践行普惠金融理念，立足“基础金融不出村，综合金融不出镇”的服务宗旨，完成新型助农机具代理社保业务系统项目建设，村民足不出户就能全面办理各项社保业务，全市签约居民社（医）保代缴账户92.3万个，实现代收交易70万笔2.3亿元。各项业务齐头并进，社会效益和经济效益双丰收，先后获得“省级文明单位”“打击整治假币违法犯罪专项行动先进集体”“2017年度山东省内部审计工作先进单位”等称号。

（丛培刚）

【山东威海农村商业银行股份有限公司】 2017年末，山东威海农村商业银行股份有限公司资产总额188.9亿元，本外币各项存款余额109.8亿元，各项贷款余额85.7亿元；实现各项收入9.33亿元，经营利润1.68亿元，缴纳税金1.02亿元，比上年增加1095万元。先后获得“山东服务名牌”“省级文明单位”“山东省节水型企业”“消费者权益保护工作优秀单位”等称号。

转型发展稳步实施。推进“区域银行”发展战略，首家异地支行莱山支行于11月17日开业运营，跨区域发展取得实质性进展。紧密结合实体经济发展和金融消费需求，以打造为不同群体提供差异化服务的特色化主题银行为切入点，打造个贷、小微贷、家庭银行、消费贷、公积金组合贷等主题银行，年末零售类贷款新增3.5亿元，比上年多增5.6亿元，户数增加1088户，占比提高4.04个百分点。普惠金融建设扎实开展。坚持“资金取之于地方、用之于地方”的原则，持续加大实体贷款投放力度，累计投放实体贷款38.8亿元。其中，向种植业、养殖业、农副产品加工、批发零售业、苹果储藏加工业等发放涉农贷款13.2亿元。举办“银企对接”活动20余次，累计投放小微贷款430笔21.7亿元。与环翠区、威海高技术产业开发区、威海经济技术开发区扶贫办签订金融扶贫协议，投放“富民生产贷”等扶贫贷款1550万元。业务创新加快推进。完善“最高额授信”“分还续贷”等产品，规范流程，提高效率，累计发放贷款14亿元，为企业节省成本820万元。推出“双保惠农贷”“政银保”等系列产品，解决贷款担保难的问题；推出“微信申贷”“积贷通”“速贷通”等消费贷款业务，满足各类客户融资需求。针对成长创新型小微企业以及农业龙头企业，推行主办行制度，做好综合金融信息服务，与30余家小微企业建立主办行业务关系，发放贷款5.3亿元。

（兰　旋）

【威海市商业银行股份有限公司】 2017年，威海市商业银行股份有限公司围绕“全域城市化、市域一体化”的发展思路，加大对实体经济的支持力度，融入全市经济社会建设，各项业务实现平稳健康较快发展。至年末，资产总额达2046亿元，比年初增加183亿元，增长9.8%，主要发展指标始终保持平稳较快增长。不良贷款比例1.5%，保持较低水平，资本充足率保持12%以上，各项监管指标全面达标，连续多年被评为二级行。全年实现经营利润24.67亿元，实现净利润16.78亿元，比上年增加4300万元，增长2.6%。全年缴纳各项税金7.3亿元，全口径累计信贷投放1450亿元。围绕“十大模式”，尤其是“两端业务”核心模式，在资产、负债、效益等方面开展模式创新。信用卡正式发行，“税e融”“商车贷”等特色产品全面落地，移动微贷系统正式上线，电子银行业务增量、增幅在全省城市商业银行中均排名第一。枣庄、聊城分行开业，推进菏泽、泰安分行筹建工作。与银河证券、中泰证券、东方证券等券商开展全面战略合作，整合竞争优势，联合开展业务创新，持续提升综合服务，共同推动多赢发展。连续3年在山东省地方金融企业年度绩效评价中排名第一位，连续2

年获中国金融机构金牌榜·金龙奖“全国十佳城市商业银行”称号，获评“金龙十年·中国金融机构非凡成就奖”。

（王　晶）

保　险

【概况】　2017年，威海保险业务持续稳步发展，全市保险业实现保费收入99.25亿元，比上年增长13.0%。其中，财产险公司实现保费25.09亿元，增长7.0%；寿险公司实现保费74.15亿元，增长15.2%。全市有地市级保险机构52家，其中财产险公司27家，寿险公司25家；各类专业中介法人机构3家、分支机构107家。支付各项赔款和给付保险金32.97亿元，其中财产险公司支出14.86亿元，人身险公司支出18.11亿元。全市保险业上缴各类税金5.08亿元，提供就业岗位近3万个。支持和扶助三农事业。服务地方特色农业，创新推出地方财政补贴的牡蛎养殖风力指数保险和西洋参种植保险。全年承保牡蛎413.33公顷，为养殖户提供风险保障金3100万元；西洋参种植保险赔付77笔，赔付保费58.7万元，赔付率210%。提升服务实体经济的能力。启动全市第二轮环境污染责任保险的试点工作，推动行业信用体系建设，开展“信用+保险”试点工作。与乳山市政府签署合作协议，在保险业务合作、产品服务创新等多领域建立战略合作伙伴关系。与市畜牧兽医局、财政局、金融办联合印发《关于进一步做好畜牧业政策性保险工作的通知》，加快推进畜牧保险与病死畜禽无害化处理联动机制。开展扶贫和公益活动。对贫困户实施大病保险精准补偿。对贫困人口起付线标准减半，个人负担部分分段报销比例提高5个百分点，补偿上限提高到每人每年50万元。做好行业扶贫。参与包村扶贫工作，对贫困村捐资修建基础设施、修复村级公路，对贫困户走访慰问，定点购买扶贫地区商品，对帮扶村量身打造涵盖大病、意外、医疗保障综合福利保障保险。发挥行业公益基金作用，全年支出救助金4万元帮助因重大疾病致贫的家庭。

2017年威海市财产险公司经营情况表

表19　　　　单位：万元

公司名称	保费收入	赔款支出
中国人民财产保险股份有限公司威海市分公司	75010.65	49302.82
中国太平洋财产保险股份有限公司威海中心支公司	22756.76	16937.02
中国平安财产保险股份有限公司威海中心支公司	40255.63	15563.77
华泰财产保险有限公司威海中心支公司	3965.40	2159.47
天安财产保险股份有限公司威海中心支公司	2027.35	1517.78
太平财产保险有限公司威海中心支公司	10607.16	5097.91
永安财产保险股份有限公司威海中心支公司	2586.63	2024.70
中国大地财产保险股份有限公司威海中心支公司	12292.07	7512.63
阳光财产保险股份有限公司威海中心支公司	16998.99	9116.95
华安财产保险股份有限公司威海中心支公司	2249.13	1511.52
中华联合财产保险股份有限公司威海中心支公司	18223.08	11546.82
安邦财产保险股份有限公司威海中心支公司	1708.22	1114.76
都邦财产保险股份有限公司威海中心支公司	1597.53	1334.11
安华农业保险股份有限公司威海中心支公司	2155.18	1058.89
永诚财产保险股份有限公司威海中心支公司	1464.59	594.01
渤海财产保险股份有限公司威海中心支公司	1747.53	874.17
长安责任保险股份有限公司威海中心支公司	3061.28	2596.62
中国人寿财产保险股份有限公司威海市中心支公司	11860.35	6055.11
安盛天平财产保险股份有限公司威海中心支公司	5312.37	3469.56
泰山财产保险股份有限公司威海中心支公司	2369.28	1382.31

续表19

公司名称	保费收入	赔款支出
浙商财产保险股份有限公司威海中心支公司	2108.55	733.92
紫金财产保险股份有限公司威海中心支公司	93.07	1194.71
英大泰和财产保险股份有限公司威海中心支公司	1046.52	676.04
信达财产保险股份有限公司威海中心支公司	4126.94	2337.20
华海财产保险股份有限公司威海中心支公司	2162.32	2686.95
安诚财产保险股份有限公司威海中心支公司	2428.90	200.41

2017年威海市人身险公司经营情况表

表20　　单位：万元

公司名称	保费收入	赔款支出
中国人寿保险股份有限公司威海分公司	230114.50	82135.43
中国太平洋人寿保险股份有限公司威海中心支公司	24930.69	12828.46
中国平安人寿保险股份有限公司威海中心支公司	61149.83	6909.31
新华人寿保险股份有限公司威海中心支公司	57574.93	11422.57
泰康人寿保险有限责任公司山东威海中心支公司	36266.59	16796.11
太平人寿保险有限公司威海中心支公司	92262.87	15733.67
长城人寿保险股份有限公司威海中心支公司	5502.80	1022.84
平安养老保险股份有限公司威海中心支公司	736.22	505.29
民生人寿保险股份有限公司威海中心支公司	8410.36	1970.77
农银人寿保险股份有限公司威海中心支公司	17214.51	1591.66
中国人民人寿保险股份有限公司威海中心支公司	20570.04	13945.21
中国人民健康保险股份有限公司威海中心支公司	2576.55	693.72
华夏人寿保险股份有限公司威海中心支公司	33730.81	4724.91
恒安标准人寿保险有限公司威海中心支公司	1644.41	357.83
富德生命人寿保险股份有限公司威海中心支公司	24999.99	3928.22
阳光人寿保险股份有限公司威海中心支公司	5721.51	581.99
中信保诚人寿保险有限公司威海中心支公司	2282.70	175.30
中宏人寿保险有限公司威海营销服务部	2524.81	306.71
华泰人寿保险股份有限公司威海中心支公司	2283.63	358.12
国华人寿保险股份有限公司威海中心支公司	28352.80	985.83
建信人寿保险有限公司威海中心支公司	11918.57	1945.26
百年人寿保险股份有限公司威海中心支公司	11161.67	929.02
天安人寿保险股份有限公司威海中心支公司	58928.04	1267.21
同方全球人寿保险有限公司威海中心支公司	686.37	17.06

（毕婷婷）

【中国人民财产保险股份有限公司威海市分公司】 2017年，中国人民财产保险股份有限公司威海市分公司实现保费收入7.50亿元，为全市27.18万辆/次机动车、560家大中型企业、730余艘船舶、24.5万户家庭以及进出口贸易行业、工业生产行业、运输行业等承担风险责任3307亿元，比上年增长26.7%；累计处理各类赔案6.38万件，支付赔款4.93亿元。公司累计缴纳各类税收1.05亿元。公司保费规模、市场份额、税收贡献、赔付规模保持威海财险行业第一。公司以服务实体经济为出发点和落脚点，倾情服务三农。结合威海市海水养殖业实际，继续开办风力指数型海水养殖系列保险，助推海水养殖业发展；继续开办政策性农业保险业务，2017年公司收取保费535万元。承保的政策性小麦保险因旱灾受损严重，出动理赔人员1500余人次，出动理赔车辆300余辆次。小麦保险因旱灾赔付3706.36万元，玉米和花生保险赔付102万元。针对个人、小微型企业贷款难的问题，率先在威海市开办个人信用贷款保证保险业务，通过保单担保的方式，协助客户进行无抵押贷款。公司全年协助634个小微企业和个人客户获得4660万元的银行贷款。完善短期出口贸易信用险的保障能力，为威海制造"走出去"提供坚实保障。深化产品创新，开发首台（套）重大技术设备责任险、新材料产品质量安全责任保险、高新技术企业科技保险等条款，为全市高新技术产业创新升级服务。成立农村普惠金融事业部，开办面向涉农小微企业、三农的无抵押、少担保的融资贷款业务，解决三农企业"融资难"问题。开展多项社会公益活动，市公司及辖内荣成、乳山支公司均与贫困村结成帮扶对子，累计投入扶贫资金20万元，组织公司员工开展义工活动与社会公益等活动。

（王　永）

【中国人寿保险股份有限公司威海分公司】 2017年，中国人寿保险股份有限公司威海分公司实现总保费收入23.01亿元，比上年增长19.5%，占威海寿险市场份额31.0%，继续保持全市寿险业保费收入第一位。公司内设11个职能部门，下辖环翠、文登、荣成、乳山4个区市支公司和56个营销服务部。公司面向社会各类团体、企事业单位、个人提供人寿、意外、健康、理财等多类保险保障产品，全面覆盖客户在人身险领域的各种需求。至年末，公司累计承保有效客户数136.8万人。全年为全市广大客户提供各类风险保障金额1363.87亿元，受理各类赔（给）付案件12.03万件，赔（给）付金额8.21亿元，全年上缴各项利税合计3969.93万元，累计提供新增就业岗位4000多个，履行社会管理职责、发挥保险保障功能、服务地方经济建设能力不断加强。年内，公司先后获得省教育厅、省计划生育协会、省老龄办学生平安保险工作、计生保险工作、老龄保险工作先进表彰。公司连续多年被威海市委、市政府授予"威海市文明单位"称号。

（赵　林）

【中国太平洋财产保险股份有限公司威海中心支公司】 2017年，中国太平洋财产保险股份有限公司威海中心支公司实现保费收入2.28亿元，其中车险保费收入1.61亿元，非车险保费收入6696万元，占威海保险市场份额9.1%。赔付案件数2.99万件，赔付案金额1.69亿元，赔付率74.4%。稳健发展团车、重客等车险业务，快速拓展非车险新领域业务，加强与寿险及非车险的业务协同能力，形成重大客户服务样板，实现交叉销售业务突破，打造体系化协同发展优势。加快推进数字车险、夯实数字基础，解决"数据孤岛"问题。提升客户管理精细化程度，优化续保流程，补好续保短板，提升存量客户黏度。非车险业务进入相对稳定良性的发展轨道。明确理赔工作应急措施，落实职责分工，实施逐级管控，实现责任到位、防范到位、措施到位、监督到位，为客户服务。开展扶贫济困工作、"慈心一日捐"等活动，被威海市委、市政府评为2017年度工作优秀单位。

（王玲玲）

【中国太平洋人寿保险股份有限公司威海中心支公司】 2017年，中国太平洋人寿保险股份有限公司威海中心支公司实现保费收入2.49亿元，赔（给）付款5.25万件，赔（给）付款金额1.28亿元，缴纳税金376万元。公司下设5家支公司，有81名正式员工和785名营销员。细化"双轮驱动"的全年目标，践行"居安思危、审慎稳健、防控风险、协调发展"的工作方针，实现业务平稳健康发展。完善社会保障、国家灾害救助、社会管理体系等，创新保险产品，做好经办服务，发挥保险在国家治理体系中"社会稳定器"和"经济助推器"作用。开办险种200余个，覆盖人寿、年金和健康保险等领域。参与当地协会和媒体组织的全国保险宣传日等活动，履行社会责任。连续多年开展帮扶送温暖活动，在"慈心一日捐"活动中捐款5000元；开展"益暖齐鲁·为爱同行"公益扶贫助学活动，为文登区葛家镇小学捐助1万元贫困生助学金，价值2万元图书活动。

（刘小菡）

【中国平安财产保险股份有限公司威海中心支公司】 成立于1998年8月，设综合管理部、车险部、客服理赔部、团体业务分部、个人综合金融业务部等多个部门，下设文登、荣成、乳山、威海经济技术开发区、石岛支公司，有员工180余人。业务发展稳健，不断改革创新，提升业务技能和经营管理水平；建立完善的内控体系，强化对事前、事中、事后的风险管控，及时预防和化解经营风险。经营范围涵盖机动车辆保险、财产保险、船舶保险、信用保险等主险种127个、附加险种270个；适应市场需求推出个人抵押贷款房屋保险、律师责任保险、会计师责任保险等70多个新险种。2017年，中国平安财产保险股份有限公司威海中心支公司实现保费收入4.03亿元，支付赔（给）付款1.56亿元，上缴税金5698万元。

（曹丽欣）

【中国平安人寿保险股份有限公司威海中心支公司】 设人事行政室、财务室、销售管理部、销售企划部等部门，下辖经文登、荣成、乳山、威海经济技术开发区4个支公司，青岛路、成山、石岛、苘山4个营销服务部。2017年末，中国平安人寿保险股份有限公司威海中心支公司实现保费收入6.11亿元，支付理赔金3832万元，增长25.4%，缴纳税金1683.61万元。全年销售双福产品7824件，保费5468万元，占全部业务的25.5%，平安福是首款费率市场化的保障产品。全年受理保全件约6.8万件，客户满意度97%。年内推出智慧客服项目，上线“空中”客服，客户通过手机APP连线空中柜员，足不出户就可办理90%的保全业务，通过线上渠道办理的保全业务占比50%以上。全年受理理赔案件6691件，增长17%，标准案件2日结案率98%。推出“闪赔项目”及“重疾先赔”服务，机构闪赔案件664件，累计赔付保险金142万元，最短13分钟完成理赔。重疾先赔案件17件，赔付金额106万元。秉承“专业让生活更简单”的理念，打造平安高科技平台，提升客户的体验度。践行社会责任，推行全民健康理念，推动健步行、万家医疗等健康活动，开展幕天捐书等社会公益活动。

（高　森）

证　券

【概况】 2017年，全市新增证券营业部5家（华林证券、光大证券、长江证券、广州证券、华金证券），有证券、期货机构19家，设有26家分支机构，各类证券交易额5011.6亿元

（窦永刚）

【中泰证券股份有限公司威海分公司】 中泰证券股份有限公司（原名齐鲁证券有限公司）是全国大型综合类券商，在全国28个省、市、自治区设有39家分公司、280多家证券营业部。中泰证券股份有限公司威海分公司的前身是齐鲁证券有限公司威海分公司，2011年10月，经中国证监会批准设立。2015年9月，更名为中泰证券股份有限公司威海分公司，是威海地区唯一的证券分公司，主要负责管理中泰证券威海地区的证券营业部，并经营证券投资咨询、与证券投资活动有关的财务顾问、证券承销与保荐等业务。分公司下设综合营运、理财服务、机构业务等5个部门，设立8家证券网点。秉承植根于威海，服务于威海，与当地经济共成长的理念，为企业和百姓提供全方位、深层次、多渠道，亲情、贴身的资本市场服务。2017年末，威海分公司有员工160余人，投资者开户人数逾16万户，托管客户资产近130亿元，实现证券交易逾2600多亿元，为辖区企业实现融资34亿元，上缴税收近1800万元。

（王　斌）

【海通证券威海高山街营业部】 遵循“务实、开拓、稳健、卓越”的海通经营理念，坚持“稳健乃至保守”的风控品牌，不断开拓和创新，多次被山东省证券业协会评为优秀证券营业部。营业部代理沪深A股、B股、基金（包括开放式基金和封闭式基金）、权证、债券及回购、全国中小企业股份转让（新三板）、三板确权、券商和期货公司合作（IB）业务等多种交易品种。采用多种先进的交易手段，包括自助委托、驻留委托、电话委托、网上委托、手机“e海通财”软件委托等。通过股票质押式回购业务、融资融券、约定购回、场外股权质押融资等多元化融资组合产品，为客户实现速度快、期限灵活的融资服务。为客户提供综合性增值服务，包括市值管理、股权激励方案设计及股权激励行权系统、产品托管等，通过投资银行平台，为客户提供股票及债券发行与上市、并购重组、可交换债券、资产证券化等服务。2017年，海通证券威海高山街营业部交易额746亿元，实现利润2600万元。

（刘　兵）

【中投证券有限责任公司威海公园路证券营业部】 中国中投证券有限责任公司是在深圳注册成立的全国性综合类证券公司，由中国国际金融股份有限公司全资控股，注册资本金50亿元。2017年，中投证券与中金公司战略重组，成为中金公司的全资子公司，综合实力进一步提升，为216家分支机构超过300万客户提供优质服务。公司经营范围涵盖证券经纪、证券投资咨询、证券交易、证券投资活动有关的财务顾问、证券承销与保荐、证券自营、证券资产管理等。中国中投证券有限责任公司威海公园路证券营业部自2005年成立，各项业务增长迅速。2017年，证券交易额376亿元，营业收入1089万元，营业利润230万元，客户资产合计42亿元。

（梁　琰）

【中信证券（山东）有限责任公司威海文化东路营业部】 中信证券（山东）有限责任公司是中信证券股份有限公司的全资子公司。中信万通证券威海青岛北路证券营业部成立于2009年8月，2014年4月15日公司更名为中信证券（山东）有限责任公司威海青岛北路证券营业部。2016年5月，营业部迁址至威海市文化东路-33-8号，并更名为威海文化东路营业部，有员工26人。营业部经营证券经纪、证券投资咨询、融资融券、证券投资基金代销、代销金融产品，为期货公司提供中间介绍业务、中国保监会批准的财产保险和人身险等。2017年，营业部沪深A股、基金交易总额324亿元，营业收入730.35万元，上缴税金229万元，客户总数1.89万户。

（娄　妤）

编辑　李传强

科学技术

综　述

【概况】 2017年，全市以争创国家创新型城市为总目标，贯彻实施新发展理念和创新驱动发展战略，加快推动新旧动能转换，全社会研发投入资金78.2亿元，占GDP比重为2.4%，比上年提高0.16个百分点，增幅居全省前列。年内，编制实施《威海市“十三五”科技创新规划》，印发《威海市企业研究开发财政补助资金管理暂行办法》《威海市新型研发机构认定管理办法》《威海市技术先进型服务企业认定管理办法》《威海市专利权质押贷款项目管理办法》等文件；威海（荣成）海洋高新技术产业园成为首批挂牌成立的省级农高区，并作为理事长单位牵头组建省农业科技园区协同创新战略联盟。

【高新技术及其产业】 年内，新增“千帆计划”入库企业485家，总数2008家；净增高新技术企业69家，总数297家，新增科技部火炬中心认定科技型中小企业114家，居全省第2位。全市高新技术产业产值达3015.15亿元，占规模以上工业总产值比重为41.1%，比上年提高1.18个百分点。

【科技孵化器建设】 2017年，全市新增国家级科技孵化机构3家、省级24家，全市科技孵化机构数量增至106家，其中国家级20家、省级56家，孵化总面积突破180万平方米，在孵企业总数1517家。举办各类项目路演、创业指导等活动20多场次，500多个团队和个人参加比赛，评选获奖项目55个，引进创新团队、项目26个，承办山东省中小微企业创新竞技行动计划的新材料和海洋科技2个领域的赛事，141个企业、团队进入省科技厅计划支持名单。

【科技计划】 2017年，全市组织实施市级以上各类科技计划320项。其中，市级项目98项，拨付资金2.18亿元；省级以上项目222项（国家重点研发计划4项、省重点研发计划23项、自然科学基金18项、其他类项目177项），获批经费2.06亿元。

科技成果

【概况】 2017年，4名创新创业领军人才被列入2016年度科技部创新人才推进计划，5人入选国家第三批“万人计划”工程，14名高层次人才入选省泰山产业领军人才，其中科技创业类6名、战略性新兴产业类6名、高效生态农业类2名，支持市校地合作人才14名。由威海市企业牵头及合作的3项科技成果获评国家科学技术进步二等奖，数量占全省的1/6，其中由迪沙药业集团主导完成的“坎地沙坦酯原料与制剂关键技术体系构建及产业化”项目，是2013年以来全市首个由企业为牵头单位的国家级科技奖获奖项目。6项成果获评山东省科技进步奖，其中科技进步一等奖1项、二等奖2项、三等奖3项。

【技术创新平台建设】 持续推进空港地面设备、海产贝类国家级工程技术研究中心、山东省碳纤维技术创新中心等重大平台建设；依托威高集团获批建设山东省高端医疗器械技术创新中心，山东省热打印及特种扫描设备工程技术研究中心等6家省级工程技术研究中心升级为示范中心。全市备案19家新型研发机构，新认定12家市级重点实验室和26家市级工程技术研究中心。

山东省碳纤维技术创新中心研发大楼外景　　市科技局提供

2017年威海市备案新型研发机构一览表

表21

机构名称	依托单位	所属区市
威海市机器人与智能装备产业研究院	威海市机器人与智能装备产业研究院	市直
哈工大（威海）创新创业园有限责任公司	哈工大（威海）创新创业园有限责任公司	威海高技术产业开发区
山东船舶技术研究院	山东船舶技术研究院	市直
威海市蓝拓工业自动化研究院	威海市蓝拓工业自动化研究院	威海经济技术开发区
工业和信息化部威海电子信息技术综合研究中心	工业和信息化部威海电子信息技术综合研究中心	威海高技术产业开发区
威海中玻新材料技术研发有限公司	威海中玻新材料技术研发有限公司	威海临港经济技术开发区
山东高创医疗器械国家研究院有限公司	山东高创医疗器械国家研究院有限公司	威海高技术产业开发区
威海芸祥家纺技术服务有限公司	威海芸祥家纺技术服务有限公司	文登区
威海赛宝工业信息技术研究院有限公司	威海赛宝工业信息技术研究院有限公司	威海高技术产业开发区
威海数字文化产业研究院	威海数字文化产业研究院	环翠区
山东光威碳纤维产业技术研究院有限公司	山东光威碳纤维产业技术研究院有限公司	威海临港经济技术开发区
北京化工大学威海技术转移中心	北京化大宏博应用技术研究院有限公司威海分公司	威海高技术产业开发区
迪沙海洋药物与功能食品研究院	迪沙药业集团有限公司	威海经济技术开发区
威海正洋海洋生物技术研究院	威海正洋海洋生物技术研究院	乳山市
威海西港玻璃钢船舶技术开发有限公司	威海西港玻璃钢船舶技术开发有限公司	环翠区
威海天鑫现代服务技术研究院有限公司	威海天鑫现代服务技术研究院有限公司	威海高技术产业开发区
山东德瑞博新能源汽车研究院	山东德瑞博新能源汽车制造有限公司	威海南海新区
润辉生物药物GMP产业研发中心	润辉生物技术（威海）有限公司	威海南海新区
威海索通油品净化研究院	威海索通节能科技股份有限公司	威海经济技术开发区

2017年威海市新建市级重点实验室一览表

表22

名　称	依托单位	所属区市
威海市高性能钨材料重点实验室	威海多晶钨钼科技有限公司	威海临港经济技术开发区
威海市先进树脂基复合材料重点实验室	威海光威复合材料股份有限公司	威海高技术产业开发区
威海市热打印和图像识别技术重点实验室	山东新北洋信息技术股份有限公司	威海高技术产业开发区
威海市氟硅新材料重点实验室	威海新元化工有限公司	环翠区
威海市夹具重点实验室	山东威达机械股份有限公司	威海临港经济技术开发区
威海市绿色环保PVC助剂制备及应用技术重点实验室	山东万图高分子材料股份有限公司	文登区
威海市医学微生物与免疫学重点实验室	威海市立医院	市直
威海市薯类脱毒技术重点实验室	威海市农业科学院	市直
威海市金属结构增材制造与再制造重点实验室	山东船舶技术研究院	市直
威海市海洋通信与组网观测技术重点实验室	山东船舶技术研究院	市直
威海市海洋微生物技术重点实验室	山东大学（威海）	市直
威海市自身免疫性疾病重点实验室	威海市中心医院	市直

2017年威海市新建市级工程技术研究中心一览表

表23

中心名称	依托单位	所属区市
威海市移动装备动力转换技术及应用工程技术研究中心	威海人合机电股份有限公司	威海高技术产业开发区
威海市网络威胁态势感知工程技术研究中心	威海神州网云信息安全技术有限公司	威海高技术产业开发区

续表23

中心名称	依托单位	所属区市
威海市石墨深加工工程技术研究中心	哈尔滨工业大学（威海）	市直
威海市现代鲁绣工艺技术研究及应用工程技术研究中心	山东伊尔依服装有限公司	威海高技术产业开发区
威海市增材制造工程技术研究中心	威海职业学院	市直
威海市高性能连续纤维增强热塑性复合材料工程技术研究中心	威海汇兴纤维制品有限公司	文登区
威海市电子胶黏剂工程技术研究中心	威海佳美化工有限公司	威海经济技术开发区
威海市高速精密锻挤自动化装备工程技术研究中心	荣成华东锻压机床股份有限公司	荣成市
威海市高性能混凝土预制品工程技术研究中心	威海齐德新型建材有限公司	环翠区
威海市装配式建筑应用工程技术研究中心	威海职业学院	市直
威海市新型轻量化房车工程技术研究中心	荣成康派斯新能源车辆股份有限公司	荣成市
威海市精密铸造工程技术研究中心	威海威达精密铸造有限公司	威海临港经济技术开发区
威海市新型电机与智能驱动工程技术研究中心	山东大学（威海）	市直
威海市通信光缆工程技术研究中心	宏安集团有限公司	文登区
威海市环境分析仪器工程技术研究中心	哈尔滨工业大学（威海）	市直
威海市特色果蔬高值加工工程技术研究中心	威海海洋职业学院	市直
威海市海洋功能成分与应用工程技术研究中心	迪沙药业集团有限公司	威海经济技术开发区
威海市外科微创器械工程技术研究中心	山东威瑞外科医用制品有限公司	威海高技术产业开发区
威海市土壤改良工程技术研究中心	威海索尔生物科技有限公司	威海高技术产业开发区
威海市海洋油污染处理工程技术研究中心	山东交通学院威海校区	市直
威海市污水集约化处理工程技术研究中心	威海格润环保科技有限公司	环翠区
威海市智慧消防工程技术研究中心	威海智鑫消防科技有限公司 哈尔滨工业大学（威海）	威海高技术产业开发区
威海市中药现代化工程技术研究中心	威海人生药业有限公司	环翠区
威海市水处理设备集成化工程技术研究中心	威海英卡瑞环保科技有限公司	威海经济技术开发区
威海市油品净化工程技术研究中心	威海索通节能科技股份有限公司	威海经济技术开发区
威海市海洋生物肥料工程技术研究中心	荣成鸿德海洋生物科技有限公司	荣成市

2017年度威海市获得省级以上科技奖项目情况表

表24

奖项	项目名称	完成单位
国家科学技术进步奖二等奖	坎地沙坦酯原料与制剂关键技术体系构建及产业化	迪沙药业集团有限公司 济南大学 上海医药工业研究院 威海迪素制药有限公司
	鱿鱼贮藏加工与质量安全控制关键技术及应用	渤海大学 浙江兴业集团有限公司 蓬莱京鲁渔业有限公司 荣成泰祥食品股份有限公司 浙江海洋大学 大连东霖食品股份有限公司 大连民族大学
	寰枢椎脱位中西医结合治疗技术体系的创建与临床应用	中日友好医院 河南省洛阳正骨医院（河南省骨科医院） 中南大学湘雅二学院 山东省文登整骨医院 上海市第一人民医院 南华大学附属第一医院 西南医科大学附属医院

【创新服务】 深入实施创新券政策，大型科学仪器共享设备增至1412台（套），全年产生网上预约1207单，市级创新券兑现600万元；开展各类创新服务培训20余次，800余家企业、6000余人参训。市级备案技术转移服务机构55家，技术经纪人360人，完成技术合同登记858项，技术交易额达30多亿元，比上年增长11.1%。

【科技金融结合】 威海市获批全省首批科技成果转化贷款风险补偿资金合作市，发展威海市商业银行、中国银行威海分行、交通银行威海分行3家签约合作银行。新增齐鲁股权交易中心挂牌企业25家，其中科技板挂牌7家，总数126家，累计融资3.59亿元。威海市商业银行、交通银行威海分行、兴业银行威海分行3家科技支行发展试点企业294家，为184家企业办理授信业务，授信总额31.2亿元，累计发放贷款48.5亿元。

8月6日，第十届国际树枝状大分子峰会在威海召开　　市科技局提供

科技合作与交流

【国内科技合作与交流】 2017年，举办“英创会科技专场——2017复合材料专用树脂技术及产业发展（威海）大会”“2017威海政产学研金合作大会”等大型产学研活动10余次，与省科学院、青岛大学等4家院所、高校建立战略联盟关系，全市产学研合作战略联盟单位增至20家，促成青岛大学威海工业研究院、山东省科学院威海中试和成果转化基地等平台签约，设立“威海市人民政府—山东省科学院产学研协同创新基金”，全年促成“多系列抗感染、抗凝血功能医用导管”“可回收热塑性游艇船体用复合材料”等产学研合作项目102项。加快实施中科院—威高计划，累计立项39项，落地实施并产业化5项，实现新增产值近43亿元。

【国际科技合作与交流】 组织举办“中俄技术创新合作洽谈会”“2017年中欧膜技术研究与应用研讨会”“第十届国际树枝状大分子峰会”大型技术对接交流活动3次。其中，“2017年中欧膜技术研究与应用研讨会”实现从学术研讨向产业化实施的转变。会议期间，市政府、中国膜工业协会、欧洲膜学会、哈工大（威海）就共同推动中欧膜技术研究院建设、集聚国内外资源在威海市规划布局中欧水处理及膜技术创新产业园达成共识，并推动达成12项合作意向。全年组织出访团组3个，对接国际先进技术120余项，促成合作32项，哈尔滨工业大学（威海）海洋工程材料及深加工技术国际联合研究中心被认定为山东省首批品牌国际科技合作基地。

【军民融合科技协同创新】 加快科技军民融合深度发展，市政府与国家科技评估中心就共建威海市军民融合科技评估平台签订合作协议，在全市开展军民融合潜力评估和全市创新环境评估。组织实施军民融合科技创新促进行动计划，举办全市军民融合科技创新研讨会等3场军民融合技术项目对接活动，与航天十二院、航天科技集团等单位建立合作关系，建立中国航天（威海）军民融合产业转移中心、海空天一体化观测平台等军民科技协同创新平台，实施军民融合科技创新项目20多项。

知识产权工作

【知识产权创造】 2017年，实施专利质量提升工程，加快推动知识产权强市建设，全市专利申请量8326件，其中发明专利申请量3074件、实用新型专利申请量4178件、外观设计专利申请量1074件。全市专利授权量3870件，其中发明专利授权量552件、实用新型专利授权量2648件、外观设计专利授权量670件。PCT（专利合作条约）国际专利申请量33件，万人有效发明专利8.41件。

【知识产权运用】 实施知识产权示范企业培育工程，通过知识产权管理规范认证企业22家，新增省级以上知识产权示范企业27家，全市有国家知识产权示范企业2家，国家知识产权优势企业18家、省级知识产权示范企业37家、通过企业知识产权管理国家标准贯标认证企业55家。鼓励支持企业进行知识产权质押融资，全市知识产权质押融资登记13件，质押金额3.75亿元。

【知识产权保护】 山东省2017年专利行政执法上岗培训班在威海市举办。开展区市联合执法活动，查处各类专利案件23起。与国家知识产权局专利审查协作天津中心建立合作，依托威高集团、三角轮胎等企业共建实训基地。引进国专山东知识产权认证评估中心威海办事处等2家高端服务机构，获批国家知识产权局第四批知识产权纠纷仲裁调解试点，是9个试点单位中唯一的地级市，以钓具产业为重点建立知识产权纠纷快速解决渠道，为产业发展提供法律保障。

（修鹏远）

气象工作

【概况】 2017年，威海市气象局坚持“抓发展、促和谐、强管理”的工作思路，推进气象现代化建设，完成基本实现气象现代化目标任务。威海市暴雨次生灾害预报预警系统研究等7项科研成果入选山东省气象现代化科研成果汇编，数量居全省地市气象部门之首。

【气象现代化建设】 出台县级综合气象业务改革实施细则，因地制宜设置岗位，优化业务布局和流程，建立岗位多责化、功能集约化、业务一体化综合业务。开展降水天气现象平行观测，为实现自动观测业务运行做好准备。升级改造17个区域自动站，在荣成、乳山新增2个土壤水分加密观测站。完成4个海岛站的设备升级。移动气象台升级完成交付使用。荣成高空气象站建成全省首个自动放球系统，荣成新一代天气雷达通过国家气象局组织的业务验收。

【气象服务】 全年制作气象服务材料295期，为市政府制作雾和霾天气形势预测52期。发布暴雨雪、大风、大雾、雷电、道路结冰等气象预警信号74次，为各级政府和有关部门发送手机短信268次。为市政府研判干旱形势提供决策服务，开展增雨作业15次。开展智慧城市气象服务，气象APP接入市民网首页。完成乳山、文登山火扑救，荣成海上溢油处置等气象服务，完成“铁人三项赛”等重要活动的气象保障服务。

【防灾减灾】 组织开展气象灾害应急演练。与近20个部门建立合作关系，共享信息，提升防灾减灾应急处置能力。增加预报服务频次，利用雷达等现代化气象观测设备开展即时订正服务，提升百姓幸福感。推进军民融合发展，与驻威海部队建立资料共享和天气会商机制。

【气象科技创新】 研发的“威海市网格化智能海上航线预报服务系统”获全省气象部门创新成果二等奖。研发全国首个“智能海洋气象预警系统”，实现预警信息即时推送和任意海区实时查询。参加省气象局、总工会、人力资源和社会保障厅在济南联合举办山东“技能兴鲁”职业技能大赛，获团体第一，个人全能第一名和第四名，1人获得“山东省富民兴鲁劳动奖章”。

5月9日，市气象局开展人工增雨作业　　市气象局提供

【社会管理】 防雷安全纳入市安监局安全监管平台。与市安监、消防、质监等部门联合开展涉氨执法检查5次，建立监管台账，确保监管行业的安全稳定形势。加强对全市气象部门行政审批工作的督导管理，严格按照法定权限、法定程序和审批时限开展行政许可工作，年度群众满意率达100%。

【科普宣传】 在“3·23”世界气象日、“5·12”防灾减灾日等重要时间节点，开展气象科普进农村、进学校、进社区等活动，增强防灾意识和能力，市中小学生综合实践教育中心被评为全省气象科普示范站。完善“两微一端”等新媒体气象服务方式，建立全媒体覆盖的气象信息发布网络。新浪气象微博用户连续实现大幅增长，达13万户，比上年增长44%。

【气候概况】 气温　2017年，全市平均气温13.3摄氏度，较常年（12.2摄氏度）偏高1.1摄氏度。其中1—9月全市平均气温均偏高，10—12月全市平均气温均偏低。

降水量　全市平均降水量566.7毫米，较常年（737.7毫米）下降23.2%。3—6月，全市降水明显偏少，全市平均降水量79.6毫米，较常年下降58.3%，且降水量每月均偏少。其中，3—5月降水量仅36.3毫米，气温偏高，田间蒸发较大。其间全市大部分地段出现中等程度以上的干旱现象，部分山地丘陵地区出现重度干旱。

日照　全市平均日照时数2409.6小时，较常年同期偏少70.4小时。

（周浩亮）

地震工作

【概况】 2017年，市地震局以地震监

测、震害防御和应急救援三大工作体系建设为契机，以服务政府、服务经济社会发展、满足公众地震安全需求为目标，创新发展。年内，深化放管服改革、优化政务环境，明确县级地震主管部门对建设工程抗震设防要求的监管职责，将地震2项审批事项全部纳入政务服务中心网上服务平台管理，实现网上申报、网上审批，半天即可办结。落实"双随机、一公开"监管模式改革要求，开展双随机执法行动2次。调整明确市县两级防震减灾工作领导小组成员单位。在全省市级防震减灾工作目标责任考核中获"优秀单位"称号，被评为全省地震应急指挥中心优秀集体；被市政府评为全市应急管理工作先进单位。

【地震事件】 2017年，荣成海域发生2.3级及以上地震事件4次。7月14日5时4分，荣成海域（震中：北纬36.60度，东经122.10度）发生3.4级地震，震源深度7公里，距荣成陆域约30公里；6时18分该震中位置附近再次发生3.0级地震。7月17日13时11分，荣成海域（震中：北纬36.58度、东经122.10度）发生2.5级地震，震源深度9公里。7月18日20时57分，荣成海域（震中：北纬36.58度、东经122.09度）发生2.6级地震，震源深度5公里。4次地震，经电话调查震中附近镇村群众，均无震感。

【地震监测台网中心搬迁改造】 地震监测台网中心位于市地震局办公楼4楼，拟搬迁至5楼。项目是市防震减灾"十三五"规划重点项目，市级财政总投资156万元，按照国家标准对设施设备进行升级改造，于9月底完成搬迁改造。改造后的中心机房新增用电状态、温湿度情况和消防安全等环境实时监控系统，并具有远程操作和报警功能；增加UPS备用电源的容量，应急使用时间由原来的12小时增加到24小时；配备存储管理专用软件，实现观测数据的自动备份。

宫家岛地震台外景　　市地震局提供

【宫家岛地震台】 建设海岛地震台是市防震减灾"十三五"规划重点项目，项目位于乳山市宫家岛，市级财政投资60万元，所需监测和供电设备由山东省地震局出资配备。项目土建工程于10月份启动，年底完工。宫家岛地震台采用离网光伏供电系统供电，通过3G传输方式将观测数据实时传送至山东省区域台网中心和威海市地震监测台网中心。宫家岛地震台的投测填补威海市海岛地震台的空白，提升海域地震监测能力，拓展全市地震台网的空间布局，为海岛地震台建设积累经验。

【科研成果】 年内，市地震监测台网中心配备3名专业技术人员。分3批派出业务骨干到全省防震减灾工作先进市局业务学习，参加山东省地震局举办的菏泽7级地震80周年研讨会。科研项目"威海市地震前兆观测台网项目"获得山东省地震局防震减灾优秀成果三等奖，《威海市地震信息系统平台的更新和完善》获得2017年威海市自然科学优秀学术成果三等奖。

【地震异常事件落实】 年内，接报畜牧网和水文网异常信息4起，均落实为误报或设备例行巡检所致。接报、处置2起社会地震预报意见。持续关注鲁32井水温和荣成钻孔倾斜仪数据异常情况。配合中国地震局和山东省地震局专家现场落实乳山大地电场干扰事件，协调相关部门对观测环境进行恢复。

【示范项目创建】 实施"重点培育+精细帮扶"，推进示范工程创建。印发《关于加强基层防震减灾示范工作的通知》，将示范项目年度创建目标进行分解落实，各区市地震部门均建有示范项目培育对象档案，市县两级协同制定有针对性的培育帮扶方案，主动上门指导服务。威海经济技术开发区皇冠街道乐天社区和环翠区张村镇永兴园社区入选2017年度国家地震安全示范社区，环翠区温泉镇滨城社区和环翠区竹岛街道竹岛路社区被命名为第六批山东省地震安全示范社区，9所学校被命名为山东省地震科普示范学校，3人获"山东省优秀地震科普辅导员"称号，威海瑞欣科技企业孵化器有限公司创建为全市首家全省地震安全示范企业。

（刘英兰）

编辑　李传强

教　　育

综　述

【概况】 2017年，威海市有幼儿园318所，在园幼儿7.32万人；小学90所，在校生11.58万人；初中86所（含九年一贯制学校35所），在校生8.0万人；普通高中18所（含十二年一贯制学校1所），在校生3.1万人；各类中等职业学校21所，在校生2.76万人；高等院校10所，在校全日制大专以上学生9.45万人；特殊教育学校4所，在校生459人。全市学前三年幼儿入园率99%以上，小学和初中适龄人口入学率均为100%，小学和初中在校生巩固率均为100%，初中毕业生升学率为99.6%（含外地市考入威海的学生）。

【教育综合改革】 以全国“义务教育学校管理标准”实验区、全省基础教育综合改革试验区和全省学前教育改革发展实验区建设为契机，统筹设计，系统推进，深化各项改革。实施中小学德育综合改革，威海市被评为第五届全国未成年人思想道德建设工作先进城市，被列为全省家庭教育实验区和“德育一体化”试点地区，在全省第一个实现“社会主义核心价值观组歌传唱”活动对市域内中小学校全覆盖，年内创建国家级“文明校园”1所，省级“文明校园”4所、国家级心理健康教育特色校3所、省级心理健康教育特色校5所。适应高考、中考改革，在全省率先全面推开普通高中学校“选课走班”试点、实施义务教育阶段学校“小班化”教学改革试点。中小学校长职级制改革在全省率先将副校长、副书记纳入改革范围，全面完成校长职级评定工作，校长职级绩效工资陆续发放到位。在全省唯一市域内全面实施小学生免费课后托管，并率先建立专项经费保障政策。

【基础教育优质均衡发展】 推进解决中小学大班额问题，投入资金15.9亿元，新建、改扩建学校18所，增加学位2万个，在全省率先彻底消除超大班额，全面消除起始年级大班额；3年内累计投入32.2亿元，全面完成新建、改扩建学校50所，增加学位4.4万个的目标任务，各项指标均位居全省前列。深化“义务教育学校管理标准”建设，发挥63所义务教育学校管理标准示范校的引领作用，提高教育质量和办学水平；全市21条典型案例入选教育部《义务教育管理标准操作手册》，在全国推广；承担代拟《山东省义务教育学校管理标准》的任务；在全国义务教育学校管理标准现场推进会上，省教育厅以威海经验为主进行典型发言。加快实施特色学校建设战略，优化学生个性化成长教育环境。《中国教育报》“学习贯彻十九大精神　写好教育奋进之笔·基层看落实”栏目开栏以头版头条对威海市推进城乡教育一体化均衡发展的做法进行报道。

【学前教育优质普惠发展】 完成第二期学前教育3年行动计划，提高公益普惠性学前教育资源总量和覆盖率，年内新建、改扩建幼儿园17所，增加学位4890个，全市普惠性幼儿园比例84.3%，比上年提高4.3个百分点；普惠性幼儿园在园幼儿比例84.5%，提高1.8个百分点。增强学前教育财政保障力度，指导各区市落实幼儿园生均财政拨款标准，公办、公办性质和普惠性民办幼儿园生均财政拨款标准分别按照不低于1200元、800元、500元标准拨付。提高幼儿园保教质量，指导各幼儿园规范办园行为、培育办园内涵、提升办园水平。年内，全市省级示范幼儿园比例48.8%，提高5.8个百分点，高出全省平均水平38个百分点；市级以上示范幼儿园比例82.1%，提高2个百分点。

【现代职业教育体系建设】 优化全市

威海市职业中等专业学校外景　　丛培彬　摄

职业教育布局，完成3所市属公办中职学校整合建设威海市职业中等专业学校工作，威海艺术学校从乳山市搬迁至城区办学，全市全面构建起“一县一所骨干示范校”格局，中央电视台《新闻1＋1》栏目对威海市整合职业教育资源、加强技术技能人才培养工作进行评论报道。提升职业教育基础能力，年内4所中职学校被评为山东省示范性及优质特色学校立项建设学校，全市中职学校创建国家级中职教育改革发展示范校、省级示范性及优质特色校比例24%；公办中职学校省级规范化学校比例100%。深化人才培养模式改革，畅通中职学生接受高等教育渠道。

6月2日，塔山小学举办首届动感篮球TBA文化节　　李晓娟　摄

【特殊教育、高等教育和民办教育】　制订第二期特殊教育提升计划，结合全市实际建立二期提升计划项目库，对特殊教育学校建设、资源教室、资源中心等详细规划，提出明确要求。加大引进建设高等院校和校地合作力度，威海南海新区引进建设山东铝业职业学院；联合市财政局、商务局、东部滨海新城指挥部印发《关于东部滨海新城引进建设高等教育机构的意见》，与上海交大产业投资管理（集团）有限公司达成协议，“十三五”期间引进国外高水平应用型大学与国内大学合作，在威海东部滨海新城实施中外合作办学项目。山东大学（威海）普通高考招生计划中设立普通高考100名威海生源本科走读生计划。加大民办教育支持力度，批准设立威海市实验外国语学校和威海紫光实验学校，丰富市民子女接受国际教育、民办普通高中教育的多元化选择。

【素质教育】　在全市全面推开德育课程一体化工作，广泛开展传唱社会主义核心价值观组歌、文明出行三项行动、经典诵读等活动。全市小学、初中、高中均开设中华优秀传统文化课程；印发《威海市中小学建设“图书馆式”学校　实施师生“大阅读”工程的实施方案》，推动读书活动开展。强化体卫艺教育，下发强化学校体育促进学生身心健康全面发展的实施意见，增强学校体育工作保障力度；举办3800余人次参加的中小学生体育“六大联赛”和1万名师生参加的全市校园艺术节器乐舞蹈展评活动、中小学师生现场书画大赛等。创建全国青少年校园足球特色学校12所，总数26所；创建全国体育工作示范学校10所；评选市级体育传统项目学校16所、优秀文化传承学校15所、校园足球特色学校30所，总数分别达50所、48所、88所。加强学校卫生工作，实现每校至少配备1名卫生专业技术人员。举办威海市青少年科技创新大赛、青少年科普报告百校行等活动，提升学生的科学意识和素养；组织学生参加国家、省青少年科技创新大赛、中小学电脑制作活动、青少年机器人竞赛等，获得相关奖项近300项，其中在全国无人机大赛中，威海市7人获一等奖。荣成市实验中学被评为全国航空特色学校，5所学校被评为山东省航空特色学校，威海高技术产业开发区第一小学获得第十二届DI创新思维中国区总决赛特别奖——“达芬奇”奖，获得参加DI全球赛资格。促进家庭教育和学校教育相结合，制订实施威海市中小学家庭教育实验区实验方案；市及各区市分别举行家庭教育暨心理健康广场咨询活动，对家长和学生进行现场指导和服务，发放《与孩子一路同行》《威海市中小学生家庭教育优秀案例选编》2200余册。

【教师队伍建设】　严格教师职称评审工作，全市参评中小学正高级教师9人，通过9人；参评高级教师370人，通过296人；参评中小学一级教师590人，通过532人；参评中专正高级讲师3人，通过3人；参评高级讲师8人，通过7人；参评中专讲师24人，通过20人。创新教师队伍管理机制，全面建立以课时量为核心的教师激励约

10月12日，环翠区小学生进行足球操表演　　李传强　摄

束机制，增强一线教师教学积极性。深化教师“县管校聘”管理改革和校长教师交流轮岗，文登区、荣成市被评为全省教师“县管校聘”管理改革示范区；年内交流轮岗教师1114名，占应交流人数的17.4%，其中骨干教师361名，占交流总数的32.4%。加强教师队伍培养培训，落实教师培养培训5年行动计划，开展多形式、多层次教师培训4万人次；完成第二期“四名工程”考核工作，培养名师90人、名班主任46人、名校长16人、名课程团队45个；对7个“威海教育名家工作室”建设情况进行年度考核；有11名教师被评为山东省特级教师，1名教师被提名参加国家“万人计划”评选，1名教师通过山东省有突出贡献中青年专家评选，2名教师被评为第三期齐鲁名师建设工程人选；举办8期“威海教育大讲堂”，覆盖1.5万人次。加强农村教师队伍建设，全面落实乡村教师支持计划实施办法，推动改革完善乡村教师补充机制、健全完善城乡校长教师交流机制等7项重要举措落实；启动农村学校校长和骨干教师助力培训“双助工程”，组织74名校长参加集中培训和跟岗培训；继续开展“质量下乡百校行”活动，培训农村学校校长、教师1.4万人次。进一步保障教师待遇，中小学班主任津贴标准调整到每班每月600元，校长职级绩效工资全部落实到位，全部由同级财政负担，纳入绩效工资总量。

【教育教学研究】 关注高考改革动向，召开4次培训活动以及教学视导、订单教研等活动，引领全市高中教师科学实施有效教学与备考。采取教研训相结合的方式，加强生命化课堂研究与中考教学指导与培训工作。制定《威海市市级教学成果奖励办法》《威海市教学能手与学科带头人评选和管理办法》等，以评价为引领加快提升教师的科研能力和水平。围绕科研主题进行深度专业指导和培训，高中围绕基于课程标准的课程纲要的开发与实施、教育信息化与有效教学深度融合；初中围绕基于课程标准的试题命制与生命化课堂构建，小学围绕深度学习等主题开展科研培训活动，举办100多次学科主题式科研培训活动。完成11项山东省教育科学规划课题、31项山东省教学研究课题和45项山东省教育科学重点规划课题“翻转课堂的教学理论与实践研究”子课题，完成87项省级课题或子课题的结题鉴定工作。完成全国教育科学“十三五”年度课题的申报和山东省教育科学“十三五”规划2016—2017年度海北州教育合作专项课题的申报工作，全年申报各级各类课题51项。

【招生考试】 组织各类招生、自学考试和社会证书考试25次，入考考生26万人。其中，夏季高考报名1.1万人，录取8092人；春季高考报名1381人，本科录取137人；美术统考报名629人；海军招飞报名70人，全面检测合格10人，录取4人；民航招飞报名145人，全面检测合格16人，录取3人；研究生初试报名5238人；高中学业水平考试2次，2.08万人报考10.95万科次；初中学业考试报名5.64万人，其中初四学业考试1.92万人，初三学业考试1.76万人，初二学业考试1.96万人。普通高中录取1.04万人。普通中专学校录取7880人，其中“3＋4”师范本科316人，“3＋4”高职本科86人，五年制高职、“三二连读”高职、五年制师范专科1981人，普通中专5497人。成人高考报名5121人，其中专科升本科3452人，高中起点本科289人，高中起点专科1380人；高等教育专升本考试报名355人。组织高教自学考试2次，8059人次报考2.35万科（次），5145人次取得1.11万科合格成绩；办理毕业证书316人，其中本科292人、专科24人。组织各类社会证书考试8次，报考人数11万人。其中，组织全国英语等级考试2次，2342人报考；组织全国计算机等级考试2次，1.89万人报考；组织初中学业信息技术考试1次，1.97万人报考，1.87万人获得C级以上等级；组织初中英语听说考试1次，1.93万人报考；组织大学英语四六级考试2次，5.21万人报考；组织中小学教师资格考试2次，7547人报考1.57万科次；组织生物实验技能操作测试1次，1.7万人报考，组织理化实验技能操作测试1次，1.9万人报考；组织城区体育与健康课程学业考试1次，8037人参加；组织市直高中美术特长生专业考试1次，661人考试。

【校园安全】 建立安保维稳工作制度，先后开展6次隐患排查化解工作；落实“1530”警示教育制度和“互联网＋安全教育”模式，实现31.3万名学生全覆盖；推广每月固定开展1次、课堂或课间随机“1+X”常态化应急演练机制，组织应急演练活动3305次，74.7万人次参加；印发《进一步增强校车安全服务能力保障学生交通安全的意见》，创新性提出自备校车代管和经费分担机制，增强全市校车服务能力；推进“护校安园”等专项整治活动，组织检查60余次，发现和整改隐患1245项。

【学生资助和精准扶贫】 年内，发放各类资助资金2981.1万元，受助学生3.09万人次。其中，学前教育政府助学金780.32万元，受助学生1.3万人次；普通高中国家助学金639.63万元，受助学生6361人次；普通高校国家助学金1204.85万元，受助学生8032人次；中等职业学校国家助学金356.3万元，受助学生3563人次；全年拨付中职公用经费和免学费资金6191.26万元。以实现“应贷尽贷”为目标，推进高校助学贷款工作，全年为569名贫困大学生办理贷款金额461.61万元。开展教育系统“爱心一日捐”活动，筹集捐款372.46万元。拓宽社会资助渠道，联合威高集团设立“威高助学金”，为2017年考入高校的194名本、专科学生发放助学金176.5万元。其中，本科生169人，每人资助1万元；专科生25人，每人资助3000元；为576名市直高中贫困学生发放就餐补助115.2万元，资助标准每人每年2000元。加大精准扶贫力度，面向建档立卡贫困家庭学生发放资助资金105.6万元，资助学生1090人次；义务教育阶段建立学校结对帮扶关系51对，实现对省定扶贫工作重点村所在镇（街道）的中小学校100%全覆盖；加强涉农专业建设，年内9所学校设置15个涉农专业，招生600余名；与威海新华书店合作，向扶贫工作重点村所在44个镇（街道）的学校、1663名贫困家庭学生发放55.3万元的购书券；全面完成面向枣庄市和重庆市云阳县的年度扶贫协作任务。

【教育经费】 增加教育经费投入，威海市地方教育经费总收入95.90亿元，比

改造后的威海市第二中学塑胶运动场　　　　市教育局提供

上年增加11.08亿元，增长13.1%；地方教育总支出95.51亿元，增加10.82亿元，增长12.8%。地方公共财政预算安排的教育经费86.10亿元，增加9.93亿元，增长13.0%。

生均公共财政预算教育事业费支出　普通高等学校由1.32万元提高到1.44万元，增长9.4%；中等职业学校由3.43万元提高到3.45万元，增长0.7%；普通高中由3.88万元提高到4.10万元,增长5.7%;普通初中由3.33万元提高到3.54万元，增长6.2%；普通小学由1.60万元提高到1.68万元，增长4.7%。

生均公共财政预算公用经费支出　普通高等学校由5989.59元下降到5689.52元，下降5.0%；中等职业学校由1.92万元下降到1.88万元，下降1.8%；普通高中由2.03万元提高到2.18万元，增长7.8%；普通初中由1.61万元提高到1.84万元，增长14.5%；普通小学由6538.83元提高到6939.46元，增长6.1%。

生均公共财政预算日常公用经费　普通高等学校由740.62元提高到2094.86元，增长182.9%；中等职业学校由3277.76元提高到3297.93元，增长0.6%；普通高中由1040.20元提高到1047.01元，增长0.7%；普通初中由1767.43元提高到1813.48元，增长2.6%；普通小学由1341.23元提高到1389.57元，增长3.6%。

公共财政教育事业费支出　威海市教育部门及其他部门公共财政教育事业费拨款支出86.10亿元，其中人员经费支出41.65亿元，占总支出的48.4%，下降2.92个百分点；公用经费支出44.45亿元，占总支出的51.6%，提高2.95个百分点。

【教育督导】　开展春季和秋季开学督导检查、推进基础教育综合改革、义务教育学校基本办学条件、规范幼儿园办园行为等督导检查活动，推动教育政策的落实；做好国家“义务教育发展基本均衡县”复查、申报创建国家“中小学校责任督学挂牌督导创新县”和“义务教育优质均衡发展县”等工作，通过“以评促建”“以评促改”，全面提升全市教育教学水平和质量。

基础教育

【学前教育】　2017年，全市有幼儿园318所，比上年增加18所，有教学班2348个，在园幼儿7.32万人，增加6897人，其中女幼儿3.51万人；教职工7657人，其中园长459人，专任幼儿教师4349人；园长中具有高中段以上学历的456人，占总数的99.4%；专任教师中具有高中段以上学历的4332人，占幼儿教师总数的99.6%，提高0.61个百分点。全市学前教育3年幼儿入园率99%以上。扩增普惠性学前教育资源，新建、改扩建幼儿园17所，增加学位4890个，全市普惠性幼儿园比例84.3%，提高4.3个百分点；普惠性幼儿园在园幼儿比例84.5%，提高1.8个百分点。提高幼儿园保教质量以创建省、市级示范幼儿园为契机，指导各幼儿园规范办园行为、培育办园内涵、提升办园水平。年内，全市省级示范幼儿园比例48.8%，提高5.8百分点，高出全省平均水平38个百分点；市级以上示范幼儿园比例82.1%，提高2个百分点。

【普通中小学教育】　全市有普通中小学198所，其中普通高中18所（含十二年一贯制学校1所），普通初中86所（含九年一贯制学校35所，农村初中54所），小学90所（其中农村小学47所），特殊教育学校4所。

小学招生2.28万人，比上年增加98人，其中女生1.09万人，增加35人,比重47.8%。在校生11.58万人(其中农村5.59万人)，增加2618人；在校女生5.52万人，比重47.6%。全市小学学龄儿童入学率100%，与上年持平。全市小学毕业生2.13万人，增加24人，小学毕业生升学率100%。小学在校生辍学率（退学人数/上学年在校生数）为0。小学教职工8362人，其中专任教师7836人，减少27人。专任教师中高中及以上学历的7836人，学历达标率100%，与上年持平。其中，专科及以上7732人，比例98.7%，提高0.48个百分点；中学高级教师329人，小学高级教师3217人、小学一级教师3574人、小学二级教师202人、小学三级教师0人;研究生学历152人，本科6633人、专科948人，高中阶段毕业104人，高中阶段以下毕业0人。小学生师比为14.78∶1，低于上学年的18.10∶1。

初中招生2.16万人，增加219人，其中女生1.01万人，比重46.9%。在校生8.0万人(其中农村3.84万人)，增加897人，其中女生3.77万人，比重47.1%。毕业生2.04万人，增加288人。初中在校生辍学率（退学人数/上年在校生数）为零。全市初中教职工9463人，其中专任教师8645人，减少38人。专任教师中专科及以上学历的

8641人，学历达标率99.9%，提高0.11个百分点；本科及以上8194人，比例94.8%，提高0.94个百分点。其中，高级教师1393人、一级教师4042人、二级教师2892人、三级教师2人；研究生198人、本科7996人、专科447人，高中阶段毕业4人，高中阶段以下毕业0人。普通初中生师比为9.25：1，高于上学年的8.30：1。

普通高中招生1.04万人，增加283人。在校生3.10万人，减少651人，其中女生1.70万人，比重54.8%。全市普通高中教职工4349人，其中专任教师3816人，增加22人。普通高中专任教师中本科及以上学历3781人，学历达标率99.1%，提高0.24个百分点。其中，高级教师910人、一级教师1603人、二级教师1123人、三级教师2人；研究生200人、本科3581人、专科35人，高中阶段毕业0人，高中阶段以下毕业0人。普通高中生师比为8.12：1，高于上学年的7.32：1。

普通中小学（不含特殊教育学校）平均在校生规模为小学1287人、初中930人、高中1720人，小学、初中、高中平均班数分别为31个、21个、39个，平均班额分别为42人、44人、44人。小学班额中46人以上的超员班451个，占全市小学总班数的16.2%，减少13.83个百分点；其中城市小学班额中46人以上超员班有158个，占城市总班数的比例11.1%；56人以上的超员班有45个，占城市总班数的3.2%；全市25人以下的小班有109个，占小学总班数的3.9%，主要分布在镇区。全市初中56人以上的超员班有31个，占总班数的1.7%，减少1.09个百分点，主要分布在镇区。

特殊教育学校招生106人，增加21人；在校生459人，增加65人。全市特殊教育学校教职工176人，其中专任教师140人，增加2人。专任教师中高中及以上学历140人，学历达标率100%，与上年持平。生师比3.28：1，低于上学年的2.26：1。

【"义务教育学校管理标准"实验区和特色学校建设】 充分发挥63所义务教育学校管理标准示范校的引领作用，提高教育质量和办学水平；全市12个典型案例入选教育部《义务教育管理标准操作手册》，在全国推广。修订完善特色学校建设评价指标，评选第四批威海市特色学校10所，市级特色学校总数48所，呈现出书香校园、阳光教育、海洋教育、生命教育等学校特色，打造管理规范、特色鲜明、内涵深厚的品牌领军学校，优化学生个性化成长的教育环境。

职业教育

【中等职业教育】 2017年，全市有各类中等职业学校21所（5所职业学校与技工学校合署办公），有在校生2.76万人。年内，全市普通中专、职业高中、技工学校招生9853人，比上年减少1647人；全市高中段学校（含普通高中、普通中专、职业高中、技工学校）招生2.03万人，减少1364人。高中段学校有在校生5.86万人，减少3106人。普通高中、普通中专、职业高中、技工学校占高中阶段在校学生总数的比例分别为52.9%、27.4%、8.6%、11.1%。普通中专招生6002人，在校生1.60万人。职业高中招生1875人，在校生5043人。技工学校招生1976人，在校生6519人。全市普通中专、职业高中有教职工2515人，其中专任教师1969人，增加87人。专任教师中本科及以上学历1867人，学历达标率94.8%，提高0.35个百分点。

【职业教育布局优化和基础能力提升】 改善实践教学条件，实施市级示范实训基地创建工程，年内建成市级示范实训基地8处，总数59处。启动市级品牌专业建设工程，评选出首批市级品牌专业5个，总数10个。年内创建省级品牌专业4个，总数10个。2所学校通过省级规范化建设项目学校验收，3所学校通过省级规范化学校认定。4所中职学校被评为山东省示范性及优质特色学校立项建设校，全市中职学校创建国家级中职教育改革发展示范校、省级示范性及优质特色校比例24%；公办中职学校省级规范化学校比例87%。

【人才培养模式改革深化】 全市"3＋4"本科贯通培养项目专业总数4个，年招生计划402人，有360名学生进入本科院校学习；"三二连读"专业总数17个、年招生计划1550人，有1060名中职学生进入高职院校就读，进一步畅通中职学生接受高等教育渠道。

民办教育、社区教育和继续教育

【民办教育】 2017年，全市有民办教育学校、幼儿园138所，招生1.14万人，在校生3.66万人。其中，民办幼儿园126所，招生8311人，在园幼儿2.65万人；民办小学1所，招生318人，在校生1449人；民办初中1所，招生400人，在校生1498人；十二年一贯制1所，含小学招生177人，在校生850人；初中招生172人，在校生637人；高中招生268人，在校生929人。普通中等专业学校3所、职业高中6所，招生1791人，在校生4680人。

【民办教育机构管理】 对全市民办教育机构（含民办教育学校、幼儿园及教育培训机构）开展年度检查，检查民办教育机构251所，其中223所合格，5所民办教育培训机构及18所民办幼儿园被责令整改，停办5所不合格民办教育培训机构和幼儿园。开展民办教育机构大检查，对全市教育部门审批的115所民办教育培训机构办学行为和安全管理工作进行1次集中检查，对辖区的各类培训机构进行1次全面摸底，印发《关于进一步加强民办教育机构管理工作的通知》，对民办教育管理权限及日常监管提出明确规范管理意见。

【社区教育和继续教育】 举办威海市暨环翠区2017年全民终身学习活动周，围绕"推动全民终身学习，加快建设学习型社会"主题，广泛开展全民终身教育和学习理念宣传和社区活动。开展全市社区教育机构设置情况调研，为加强社区教育意见提供决策依据。配合省教育厅完成驻威海高校函授站和远程教育学习中心的年检，对招生、教学、考试、学籍管理等环节进行监管。

（刘宝富）

技工教育

【技工教育改革发展】 2017年，推进技工教育集团化发展，构建牢固的技能人才教育体系，市人社局联合市教育局联合印发《关于做好2017年全市中等职业学校技工院校招生工作的通知》，搭建中职教育统一招生平台，优化招生环境，招生1976人。

【学生资助政策】 做好技工院校免学费和助学金工作。转发省人社厅《关于进一步做好技工院校学生资助管理工作的通知》《关于开展2017年全省技工院校学生资助管理专项检查工作的通知》，成立技工院校学生资助管理专项检查组，抽调专业人员，聘请第三方专业机构，全面开展专项检查，对发现问题跟踪整改落实，确保资助制度完善规范、资金安全有效。

【安全管理】 加强技工院校安全管理工作。印发《关于进一步做好技工院校和民办职业培训机构安全管理工作的通知》，建立健全技工院校和民办职业培训机构安全管理责任体系，开展安全管理大检查，防范校园安全事故的发生。

（丛海平　丛瑜）

高等教育

【概况】 2017年，全市有山东大学（威海）、哈尔滨工业大学（威海）、威海职业学院（市技术学院）、山东药品食品职业学院、山东交通学院威海校区、山东外事翻译职业学院、哈尔滨理工大学荣成校区、威海海洋职业学院和北京交通大学（威海）、山东铝业职业学院威海校区10所高等院校，全日制本专科招生2.81万人，在校学生9.45万人。

（刘宝富）

【山东大学（威海）】 山东大学威海分校创建于1984年，是山东大学与威海市政府联合共建的多学科、开放式、综合性大学校区。2012年，更名为山东大学（威海）。学校位于威海高技术产业开发区玛珈山南麓，占地面积108.5公顷。设有10个本科学院、2个教学部，另设继续教育学院和国际教育学院。2017年，威海校区设有45个本科专业，涵盖文学、艺术学、法学、经济学等八大学科门类，可在25个一级学科招收硕士研究生、20个一级学科招收博士研究生、16个一级学科招收博士后，形成培养博士生、硕士生、本科生、留学生等多层次的教育体系。有全日制统招本科生1.44万人，留学生993人，博硕士研究生1200余人；教职工1200余人，其中专任教师816人，教授、副教授359人，博士、硕士生导师314人。

学科建设与科学研究　2017年，空间学科创新引智基地参加国家“111计划”项目评审；新组建空间电磁探测技术实验室，开展地磁台与电离层探测系统等地基空间环境的建设。东北亚学科入选山东大学“学科高峰计划”，东北亚研究中心和韩国研究院2个科研机构入选教育部区域国别研究中心备案名单，东北亚研究进入中日韩政府间合作网络。海洋学科围绕蓝色经济区和海上粮仓建设需求，构建海洋牧场全产业链研究体系，1个项目获国家重点研发计划立项。年内，制定“十三五”学科学术提升计划，加强和巩固优势学科，培育和发展新兴交叉学科。全年获各类项目立项237项，实到科研经费5000余万元。山东省海洋生物繁育工程技术研究中心获省级立项，法律方法与立法学研究中心入选“十三五”山东省高校科研创新平台，技术转移与成果推广中心成为省级技术转移机构。

服务地方工作　印发《山东大学（威海）服务威海新旧动能转换行动方案》，与威海市签署《山东大学、威海市人民政府深入推进校地合作共建协议》，加强与威海市政府、环翠区政府、大连海洋岛水产集团等的合作共建。

人才队伍建设　加强人才引进和培养工作，优化师资队伍结构。印发《杰出人才体系建设方案》，年内新增“长江学者”特聘教授、中组部国家“万人计划”青年拔尖人才等高层次人才9人；9人入选“青年学者未来计划”，选派17名教师赴海内外名校开展访学和合作研究，选派21名教师参加教学技

11月28日，山东大学与威海市政府签署深入推进校地合作共建协议

山东大学（威海）提供

能研修班。全年引进教师13人，新入站博士后22人。专任教师中具有博士学位（含在读）教师占专任教师总数的70%，具有1年以上海外经历的教师占专任教师的比例增至30%。加强师德师风建设，学校教师获得“赵九章优秀中青年科学奖”、2017美国地球物理学会日地系统科学BASU早期科研生涯奖、第九届“全国辅导员年度人物”、山东高校辅导员名师等国家级、省级表彰和奖励。

教育教学与人才培养　通过教育部本科教学审核评估。深化人才培养模式改革，推进教育教学资源共享，5个学院与校本部对口学院签订跨校区教育教学资源共建共享合作协议。深化学分制改革，新增7项省级教学改革项目，建立创新创业教育与专业教育、通识教育有机融合的课程体系。拔尖、复合人才培养成效显著，3人入选泰山学堂。加强研究生教育，博士研究生年度招生突破30人，9项研究生教育创新计划成果获评山东大学研究生学术成果奖。推进继续教育工作，年内职业技能和在职培训8000余人。学生在各类竞赛实践活动中获得国家奖69项、省级奖500余项。获得“挑战杯”全国大学生课外学术科技作品竞赛国家一等奖1项，在全国大学生智能汽车竞赛中获国家一等奖3项、二等奖2项，在第三届中国“互联网+”大学生创新创业大赛中获国家银奖1项；15个社会实践项目和团队获得国家级奖励，校区再次获评“三下乡”全国社会实践活动优秀单位；女篮获得大学生篮球联赛阳光组（山东赛区）冠军，女排获得山东省大学生排球联赛冠军。

招生与就业　生源质量再创新高，省外文史类有19个省份录取分数线超出一本线50分以上，理工类有24个省份超出一本线60分以上。2017届毕业生总体就业率91.8%。

国际化办学与留学生工作　完善国际化交流网络，签订校际交流协议9项，年内外派学生近600人，2017届本科毕业生中有374人赴国外高校攻读研究生，占毕业生总数的11.4%。“山东大学—澳大利亚国立大学联合国际理学院”完成教育部申报答辩。与澳大利亚皇家墨尔本理工大学合作举办的机械设计制造及其自动化专业本科教育项目，通过教育部评估。长期国际学生近1100人，生源地达22个国家。国际学生参加山东省国际学生汉语演讲比赛，包揽前三名。

学院建设　推进民生工程。新建学生宿舍、体育训练馆投入使用，科技大厦B座和专家公寓完成教育部备案和地方立项，与威海市立医院合作建立门诊部，改善师生学习工作生活条件。推进实验平台建设，年内完成立项的16个实验室建设项目，搭建仪器设备先进、环境布局合理的共享平台。推进信息化校园建设，扩大校园网络覆盖范围，新建及改造济南、威海、青岛三地交互网络视频会议室、互动教室5间。

（顾炜　赵林林　司献英）

【哈尔滨工业大学（威海）】　哈尔滨工业大学威海分校经原航天工业部批准于1985年成立，2002年更名为哈尔滨工业大学（威海）。2014年，国家海洋局与工业和信息化部签署共建哈工大船海学科协议，威海校区逐步形成“立足海洋，服务山东，拓展国防，走向国际，面向国民经济主战场”的办学特色。学校坚持以工为主，理、工、经、管、文相结合的多科性学科特点，校区设有10个院（系），2个教学部，37个本科专业，共享校本部18个博士点和30个硕士点，单独设有船舶与海洋工程、海洋科学2个一级学科硕士点。拥有8个山东省重点学科，6个山东省特色专业，设有机器人研究所等各类科研机构60个。校区教职工856人，其中专任教师531人，教授89人、副教授219人。全日制在校本科生1.07万人，研究生610人；成人教育在册学生9065人。

教学综合改革　修订培养方案，加强通识教育课程体系构建，确定首批立项的4个系列包含14门课程及12门单门课程。推进新工科建设，完成新工科的6个建设专业培养方案以及课程体系建设，完成新工科研究与实践项目申报工作。加强MOOC教学改革，选用多个平台71门MOOC课程，超过1.2万名学生选修，鼓励校内教师进行MOOC/SPOC/翻转课堂教学方法和考试方法改革。加强校内课程建设工作和教学督导工作，组织督导专家对238名教师的257门课程进行课堂教学质量评价。推行大一年度项目计划，全校立项474项，参与学生2000余人；继续推行卓越工程师培养计划，派出近100名学生进驻企业进行联合培养；选拔149名学生进入工程领军人才计划，完成工程领导力系列课程的授课工作。校内立项23项教学研究改革项目及24项教学改革青年专项项目，优化选拔申报山东省教改项目，获批重点项目3项、面上项目7项。

学科建设与科学研究　完成船舶与海洋工程和海洋科学2个一级学科硕士授权点合格评估及车辆工程领域专业学位授权点自我评估工作。筹备船海特色学科博士点建设工作，推进申报

12月8日，海信智能商用——哈工大企业与服务智能计算联合实验室揭牌仪式在学校会议室举行　　哈尔滨工业大学（威海）提供

"船舶与海洋工程"山东省一流学科培育项目。申报基础研究项目获国家自然科学基金资助21项、山东省自然科学基金17项、哈工大创新基金重点项目9项、创新项目4项。获批山东省重点研发计划（公益类项目）9项、山东省重大创新工程4项、山东省重点研发计划（国际合作类项目）1项。获批航天科学技术基金9项，首次覆盖船、海、车特色学科；申报科工局基础科研项目2项，获批军委国防科技项目5项、获批军委装备发展部"十三五"装备预研共用技术项目1项；获批国家社科基金2项，教育部人文社科基金1项、山东省教育规划项目2项、山东省人文社科规划项目1项。获批立项省级科研平台10个，人文社会科学创新平台实现零的突破；先进焊接与连接国家重点实验室在威海校区建立分支机构，对海监测与信息处理工信部重点实验室落户威海校区，新一代海空天对海观测技术综合试验平台等"双一流"基本建设项目获批，哈工大威海创新创业园园区成为威海国家区域创新中心三大平台之一，一批创新企业开始运营。

师资队伍建设　开拓渠道引进高层次人才，聘任专任教师18人、兼职外籍专家6人、全职外籍专家1人、全职中国籍"海归"1人。开展教师"长聘""准聘"工作，打造人才高地，聘长聘岗4人，准聘教授2人、准聘副教授2人。完成各类人员考核制度顶层设计，首次实现量化考核的全覆盖。开展专业技术职务晋升工作，聘任教授4人、副教授12人、讲师2人、高级工程师3人、工程师3人。支持教师留访学及在职提高，派出9名教师外出访学，4人获得博士学位；新增博士生导师6人、硕士生导师12人、校外导师9人，27人被评为优秀硕士生导师。

学生工作　构建全员全方位全过程育人体系，深化学生学业支持计划，完善学生关怀网络建设，建立学生舆情分析系统，凝练书院文化。推进实践育人规范化建设，暑期组建18个专题300余支实践团队（国家重点1支、省重点2支、校重点41支）近4000名学生赴全国各地开展实践活动。推动双创平台建设，参加2017年"挑战杯"全国大学生课外学术科技作品竞赛，获得全国三等奖1项，山东省一等奖1项、二等奖1项、三等奖8项，校区被山东省评为优秀组织单位；组织HERO机器人团队参加全国大学生机器人大赛（ROBOCON）获得全国二等奖、山东省亚军；参加全国"互联网+"大学生创新创业大赛，获得山东省银奖1项；组织参加第四届山东省科技创新大赛，获得一、二、三等奖各2项；HRT车队被授予2017年度大学生"小平科技创新团队"称号。

招生和就业　生源质量稳步提升，高考录取分超过一本线100分、90分、80分、70分的省份分别有10个、17个、19个、26个，山东省录取最低分排名比上年提高500多名。毕业生就业率稳中有增，提高就业质量，本科毕业生初次就业率95.9%，比上届提高2.3个百分点；硕士毕业生初次就业率为98.1%，提高4.2个百分点。2017届毕业生中，27.7%就业于中华英才网公布的2016年最佳雇主前100强单位和智联招聘公布的2016年最佳雇主前100强单位；35.3%就业于《财富》公布的世界500强企业；9.2%就业于航天科技、航天科工、中国船舶等单位。

国际合作与交流　初步建立国际化合作网络，与15个国家近120所国外一流高校和科研院所建立合作关系，签订合作协议近80项，拥有留学项目120余项。推进大学生国际化能力提升计划，出国留学人数大幅度增加，520余人出国留学或交流访问。引进外国专家9名，申请山东省高端外专和双百外专项目2项。推进同strathclyde大学及南特中央理工大学联合申报中外合作办学机构，实现中韩"韩语+专业"联合人才培养，访问韩国、孟加拉、印尼等国家，签订招生中学20余家、招生留学院4家，留学生招生网络基本建成。

校园建设　学校学生十二公寓、新留学生公寓、丁香园二期、七人制足球场等基础设施相继竣工。推进后勤服务综合改革，提高精细化管理和服务水平。改善和优化办学条件与办学资源。学生书院陆续建成，以校区主干线为轴的校训文化区、松海园、校区地标原点等系列文化阵地逐渐形成，打造校区的中轴线文化。

（谷　静）

【威海职业学院（市技术学院）】　位于威海高技术产业开发区科技新城，占地面积193万平方米，校舍建筑面积40.7万平方米。2017年，教育经费投入2.47亿元，其中国家拨款1.51亿元、自筹经费9658万元。固定资产总值9.07亿元，其中教学、科研仪器设备资产总值2.03亿元。图书馆建筑面积2.3万平方米，纸质图书123.89万册、电子图书3000GB。计算机6015台，多媒体教室261个，信息化设备资产8238万元，网络信息点1.48万个，校园网出口总带宽2100兆，电子邮件系统用户100个，上网课程423门，管理信息系统数据总量9300GB。设置14

10月18日，山东省旅游人才（全域旅游）培训基地暨威海职业学院刘公岛学院揭牌仪式在威海职业学院举行　　威海职业学院提供

个系（部），开设55个高职教育专业，国家重点专业10个。教职工939人，其中专任教师627人，具有高级职称的226人、国家教学名师1人、全国模范教师1人。2017年，招生5473人。毕业生5485人。9月23日，学院举行第一次党代会，选举产生中国共产党威海职业学院第一届委员会和中国共产党威海职业学院纪律检查委员会。9月1日，成为山东省第一批优质高职院校建设工程立项单位。

专业与二级学院建设　新增环境监测与控制技术等3个专业，撤销机电设备维修与管理等7个专业。启动重点一流专业建设工程。实行1年顶岗实习的教学体制。机电一体化技术被确定为教育部第二批现代学徒制试点专业。投资1.8亿元启动76项校内建设改造工程。完善以章程为核心的现代大学治理体系。推行“理论教学、实操实训、科技研发、社会服务”四位一体的评价体系。举办威海建设集团建筑学院、家家悦工商管理学院、新北洋学院、刘公岛学院等二级学院。成立万斯达学院、顺通学院2个混合所有制二级学院。

学生综合素质培养　成立“非遗学院”，引进9位非物质文化遗产传承人建立工坊带徒授艺。成立“国防学院”，建立山东省首个高校预备役连队。成立“菜鸟驿站”等9个学生小微公司。

校企合作与国际交流　获批山东省旅游人才（全域旅游）培训基地、山东省退役士兵定点培训院校、威海市企业人才培训合作院校等培训平台。牵头组建山东省智能制造产教融合联盟、威海职业教育联盟、威海检验检测认证联盟。与俄罗斯、乌克兰8所高校建立合作关系，14位外国专家到校讲学。12月14日，召开“中俄职业技能生成教育联盟”筹备会议。

（宋　阳）

7月11日，山东药品食品职业学院第一次党员大会召开

山东药品食品职业学院提供

【山东药品食品职业学院】　始建于1958年，是山东省食品药品监督管理局直属事业单位，总占地面积69.53公顷，校舍面积21.05万平方米。学院以“为药品食品事业服务，为人民群众健康服务”为办学宗旨，主要为全省药品食品生产加工企业、批发零售企业、医院药房、药品食品检测监督部门等培养高素质技能型人才，开设药品生产技术、食品营养与检测等27个专业。2017年，有教职工600余人，高职在校生1.02万人。

人才培养和队伍建设　学院引进并培养博士4名，中高级人员7名，注重引进具有企业一线工作经验的高学历人才，形成高层次人才梯队。23名教师入选威海市中高级职称评审委员会评委，3名教师入选省食药监局药品安全专家，获批职业教育名师工作室2个、职业教育技艺技能传承创新平台项目1个。

学院建设　7月11日，学院第一次党员大会召开，选举产生中国共产党山东药品食品职业学院第三届委员会和中国共产党山东药品食品职业学院纪律检查委员会。12月15日，山东食品药品职业教育集团成立大会在威海召开，审议通过山东食品药品职业教育集团章程和第一届理事会理事单位名单等，省内外近60家食品药品企业、食品药品职业教育院校和科研院所参加成立大会。

科研和社会服务　年内，获批3个新专业，获批立项本年度省职业教育精品资源共享课程8门，省教改课题9项；承担相应专业教学标准制定；牵头承担国家药品经营与管理专业资源库建设，参与省级药物制剂技术专业资源库建设。参与国家级食品营养与检测专业教学资源库建设，入选备选库。药学专业品牌专业群建设通过省教育厅验收。全年获得省级及以上教师教学比赛和学生技能大赛二等奖6个、三等奖12个。学院药物研发中心被山东省教育厅立项省级“十三五”工程技术研发中心，与威高集团联合成立第三方食品检测中心，与中国知网成立联合创新实验中心。鲁南制药捐资助学，威高集团捐赠设备238万元。获批立项山东省中医药科技发展计划项目2项，获资助经费80万元。获批立项威海市重点研发计划1项，获资助经费40万元。承接国家、省、市监管业务培训12期、培训2500人。

创新创业教育　立足行业服务地方，晋级为省创业创新学院，获批省中华职教社“山东省创新创业学院”，“智健康”众创空间获得省科技厅省级众创空间备案。开展学生创业训练营3期、培训学员108人；师资训练营2期，培训教师82名，20人入选省创新创业教育导师库，孵化学生创业项目21个，其中6家进入创业苗圃。获省“互联网＋”大学生创新创业大赛青岛赛区选拔赛创意组铜奖1项、第二届威海市创业大赛驻威海高校大学生类三等奖1项，在省级黄炎培职业教育奖双创大赛中获高职组一等奖1项、二等奖3项和优秀组织奖1项。

招生和就业工作　2017年，录取新生3078人，其中山东省文科最低录取分数358分，理科最低录取分数307分，文理科成绩在全省同类74所院校中分别位居第25位、26位。毕业生上报就业率99.2%,完成毕业生派遣工作。

交流与合作　持续深化与新西兰、韩国、日本等国家友好合作院校的合作关系，与新西兰坎特伯雷学院、日本关西大学、韩国西原大学，以及台湾树德科技大学达成友好合作意向，向日本西山短期大学输送学生7名，向台湾大仁科技大学输送短期交流学生30名，与韩国西原大学签订“3 + 2”专升本合作办学项目协议书。

（冀国强）

【山东交通学院威海校区】　位于威海市双岛湾科技城和兴路1508号，校区占地面积66.67公顷，建有山东省“十二五”高等学校科研创新平台建设工程重点实验室——船舶与海洋运输实验室等30多个大型重点专业实验室，是以培养涉海类和涉外类专业人才为重点的大学校区。校区设有3个学院和1个基础教学部，开设18个本专科专业和5个硕士培养方向，在校生3300人，教职工200余人，持有无限航区船长、轮机长适任证书的“双师型”教师占60%以上。

教学科研工作　2017年，新增轮机工程（陆上方向）、安全工程（港口与航运安全方向）和金融学（航运金融方向）3个本科专业，招收本科学生161人，年末教职工博士比例较上年翻一番。山东交通学院船员教育和培训质量管理体系通过国家海事局船员教育与培训质量管理体系换证审核，航海学院的质量管理体系获得“DNV · GL”国际标准认证，船舶与海洋工程领域获批山东省A类硕士学位授予立项建设，山东省船舶操纵与安全虚拟仿真实验教学平台获批省级虚拟仿真实验教学平台。校区教师获批山东省自然科学基金等项目21项、省研究生教育创新课题2项，厅级课题4项、获奖5项，市厅级科研平台1项；发表论文30余篇，授权发明专利1项。

学生工作　2017年,制定校区“双创”教育实施方案，引进大学生创新创业实训软件，加快“蔚蓝空间”众创空间建设，争创市级创新创业示范基地。开展校区“海洋科技节”“全国大学生船艇设计大赛”等大型活动，重点培育创业训练项目5项。组织学生参加科技类学术活动，获得国家实用新型专利3项；竞赛获奖140余项，其中国家级特等奖3项、一等奖4项、二等奖31项、三等奖59项。参加第四届中国海员技能大比武，在10所院校组成的本科组中名列第二位。

产学研和社会培训　校区有25个船员培训资质，是山东辖区唯一通过液化气船货物操作基本培训及高级培训项目核验的培训机构。全年社会培训500期、1.4万人次，实现收入1200万元。举办首届海事公约与法规暨航海教育研讨会，成立山东航海教育联盟，被推荐为理事长单位。校地合作有效融合，5人参评威海市科技智库专家遴选，10人参评威海市科技评审专家，成立“山东交通学院威海校区技术转移中心”，提升社会服务能力。

校企合作　校区与5家企业建立产学研合作基地、“三明治班”和“订单班”联合培养；与海尔集团在人才培养方面达成战略合作关系，推进订单培养和招生工作；与华光（香港）控股有限公司、山东国际海事集团共建“山东交院华光海运液货船员技能服务有限公司”产教融合平台，引进青岛锦航正船舶公司、上海泰华船舶公司入驻，与威海海事局达成协议；引入社会资本参与实训室建设，建成双创实训室和邮轮人才培训中心，吸引社会投资240多万元。

国际化建设　校区成立东盟船员技能培训基地，开展第一期东盟船员技能培训班，与德国不莱梅哈芬应用技术大学就教师互访、学分互认、船舶电子电气工程专业“3 + 1”联合培养等进行深入对接，完成“优本”项目的申报工作。

招生就业　2017年，校区遴选、建立优质生源基地3家，开展“交院学子母校行”活动,招收硕士研究生7人、本科生781人、专科生519人；毕业硕士研究生1人、本科生226人、专科生194人。举行航海类专业毕业生就业双选会，参会企业84家，提供岗位3997个，供需比达1 ∶ 7.9，毕业生总体就业率92.1%，正式就业率78.7%。

（吕　静）

【山东外事翻译职业学院】　山东外事翻译职业学院是一所以文学学科为主，经济学、管理学、工学等学科协调发展、外事翻译特色鲜明的高等学校。学校创建于1999年。2004年7月,经山东省政府批准，教育部备案，成为全日制普通高等职业院校。设有外国语学院、国际商学院、管理学院、信息工程学院、国际交流学院5个二级学院，开设34个高职专业，在校生9467人。学院有11个应用外语专业，其中应用意大利语、应用葡萄牙语和应用荷兰语填补山东省高校外语语种的空白。

学生工作　学院先后在学工队伍中举办首届辅导员技能大赛、单个军人队列动作集训等活动。11名学生管理工作人员参加省教育厅、省市高校工委组织的培训活动，1人获“山东省优秀辅导员”称号。修订《辅导员管理办法》，完善学工队伍管理机制；开展“安全生产月”系列活动，邀请乳山市农村商业银行、中国农业银行乳山支行等单位对学生进行“金融知识进校园”专题讲座。

教学工作　省教育厅专家组完成对学院外国语品牌专业群验收。组织外国语学院英语本科“3 + 2”对口贯通分段培养试点专业转段考核测试，英语本科“3 + 2”班38名学生全部被山东师范大学录取。印发《关于推进课程体系改革的实施意见》，召开课程体系改革实施方案研讨会，修订完善课程体系改革实施方案。印发《关于调整教学督导委员会委员的通知》《教学督导委员会章程》等文件，教学督导组开展“内部质量保证体系诊断与改进模糊评价系统”的试测，17位教学督导组专家听课270余次。

科研工作　加强科研队伍建设，提升课题立项层次。组织申报省社会科学规划研究项目、教育科学“十三五”规划等各类课题,获立项15项。其中,省社会科学规划研究项目立项重点项目1项，获得资助经费7万元；省教育科学“十三五”规划课题立项专项重点1项，资助经费2万元；专项一般1项，资助经费1万元；省社会科学基金项目职业教育研究专项课题立项重点课题1项，资助经费2000元。申报省高等学校优秀科研成果奖、威海市第二十次社会科学优秀成果奖等，获一等奖1项、二等奖1项、三等奖1项。

学院基础建设　2017年，学院采购图书8.83万册，其中3.6万册中

山东外事翻译职业学院外国语学院外景　　刘忠伟摄

文图书、4000余册外文原版图书，馆藏纸质图书130.04万册。增订以语言类、经济类等资料为主的期刊200余种，馆藏纸质期刊508种。开通试用数据库15家，新增读秀电子资源库等3个数据库，学院拥有数据库5个。学院对核心网络设备进行万兆升级，增强网络安全性。与上海寰创通信科技股份有限公司建立战略合作关系，实现有线、无线网络全覆盖及一体化智能管理。在2000兆出口带宽的基础上，接入千兆专线1条、百兆专线2条，网络总带宽3300兆。新建学生公寓3栋、实验楼1栋投入使用，完善扩建1000吨污水处理厂后续工程并投入使用，完成校内道路沥青、东体育场塑胶跑道、篮球场和网球场塑胶场地铺设，提升校园景观和功能。

（刘忠伟）

【哈尔滨理工大学荣成校区】 2006年，经黑龙江省和山东省人民政府批准，哈尔滨理工大学与山东省荣成市政府签订协议，组建哈尔滨理工大学荣成校区。校区总占地面积51.33公顷，建筑面积25万平方米。校区基础设施齐备，教学配套完善，建有图书馆、多媒体教室、实验室等教学设施。有12个教学系(部)，开设21个本科专业。2017年，校区有教职工499人，其中教授20人、副教授32人、博士19人、在读攻读博士学位48人。有在校生8328人，毕业生2199人。

教育教学　2017年，完成各类科研项目申报15项，其中纵向课题12项（省部级3项）、横向课题3项、国家自然科学基金项目1项；发表学术论文49篇，其中SCI检索5篇；授权专利29项。开展数学建模比赛、沙盘模拟经营大赛、全国机器人锦标赛等各类学习与科技竞赛。获得国际级一等奖9项，国家级一等奖3项、二等奖5项，获得地区一等奖8项、二等奖2项，获得省级一等奖27项、二等奖25项、三等奖11项。学院艺术系航拍作品被中央电视台《春天的中国》采用并播放。

人才培养与学生工作　结合半岛蓝色经济区域发展特色，确定地方性、国际化、应用型人才培养的办学目标和理念。年内，校际学生交换项目41名学生赴韩国和俄罗斯学习；组织9场留学说明会，推介出国留学及海外实习项目；配合荣成市委组织部完成干部自主选学工作，做好教师的选聘工作，培训学员2700余人次。组织近1000名学生参加纪念“一二·九”运动合唱比赛；出版《求知》团报13期近4万份；组织2000余人参与暑期社会实践活动，与荣成市委组织部合作编排纪念“两弹一星”专家郭永怀大型音乐剧《爱在天际》；参加国际马拉松大赛、全国航空嘉年华等大型赛事的志愿服务工作。

招生和就业　2017年，新增广东、甘肃2个本科招生省份，招生人数1837人。理工类录取最低分6个批次高出控制线90分，3个批次高出控制线100分。学院本科毕业生就业率91.7%，其中升学206人。建立就业宣传立体化平台，网站单日最高浏览量近4万次，微信平台关注量近8000次。招聘企业数量由每年不足300家增加到450家。

创新创业与校企合作　成立创新创业学院，提升创业培训质量。2017年，培训学员406人，其中397人获得山东省提高创业能力培训项目合格证书，培训合格率超过97%。开发创新创业课程，培养双创师资。创业基础、“SYB＋创业模拟实训”等陆续开课，总选课人数超过1500人。建设新型孵化器，创新创业成果显著。创客工场注册大学生创业企业178家，在孵学生创业团队39个，在孵大学生创业企业92家，年内新增注册企业83家。开展产学研合作，发掘和整理技术需求35个，与企业开展协同创新和技术合作11项。服务半岛蓝色经济区域发展，与荣成市宁津街道、成山集团泰祥集团等签订战略合作协议，推动荣成市全域旅游建设发展，与部分企业建立实训实习合作意向。

（徐盈盈）

【威海海洋职业学院】 于2013年成立，占地面积39.2公顷，建筑面积24万平方米，基建投资9亿元，教学仪器设备总值1.1亿元，是经山东省人民政府批准、教育部备案的国有公办全日制普通高等专科学校，被列为山东半岛蓝色经济区科技人才支撑体系重点建设项目。2017年，招生2118人，毕业711人，在校生6045人。学院先后获评共青团中央“青年之声”国学教育示范基地、2017年度山东最具网民口碑高职院校、山东省无偿献血先进集体，获得2017年度山东高校校园文化宣传奖。

教育教学　成立学校、专业、课程、教师、学生五层面研究小组，推进“五系统、五层面、一平台”内部质量保证体系建设。围绕五大专业群建设，开设专业22个。构建由专业教育、通识教育和创新创业教育组成的工学结合课程体系，推进信息技术与教育教学的深度融合，成为山东省第二批教育信息化试点单位。建设省、院级品牌专业群5个、精品资源共享课程50多门，获批国家级、省级教研教改课题8项、省级职业教育名师工作室2个，开发校本教材60多门，师生在各级各类比赛中获奖200多人次。“明德学院”开设通识课程45门，成立社团40个，参与学生2万人次，走进社区开展系列讲座。

社会服务　建设“船舶控制工程与智能系统”等4个省、市级工程技术研究中心，授权、受理和申报各种专利26项，在研威海市科技发展计划项目3项；组建17个科研团队，转化成果12项。开发建设专业技术培训网，对全市各类专业技术人员提供继续教育网络在线培训服务。发挥“山东省海洋与渔业实用人才培训基地”等培训基地和鉴定机构的职能，年培训人员和开展鉴定技能5000多人次。

就业创业　与椅子网合作创建教学、就业、创业为一体的教育空间，与500余家用人单位合作举办毕业生就业双选会，2017年首届毕业生就业率99.6%。设立就业与创新创业指导中心，建有大学生创新创业孵化基地，入驻学生200多人，入孵学生企业16个，孵化企业2个。

合作办学　与百步亭船业有限公司合作建造的“海院号”综合实训船投入使用，与威海华鹏玻璃有限公司、成山集团、京东集团合作建立“订单班”。与台湾大仁科技大学开展学生深造研修等交流活动。

（张　涛）

【北京交通大学（威海）】　于2015年9月正式投入使用，是北京交通大学“一校多区”的国际化项目办学校区，位于威海南海新区。威海校区由威海市政府整体规划和建设，并配备基础办学设备。威海市为项目提供用地，面积74.1公顷，校园建设一期工程于2014年完工，总建筑面积10.6万平方米；二期工程总建筑面积12万平方米，其中3座新增学生公寓的建设于2016年底完成，2017年8月投入使用。3月13日，北京交通大学兰卡斯特大学学院新增“工商管理”与“会计学”2个本科专业的申请获得教育部批复。威海校区有中美、中英合作办学本科专业7个、硕士研究生专业2个。有本科学生840人，国际学生140人，留学预科项目学生23人，学生总数超过1000人。教职工总数173人，其中任课教师71人，管理人员102人。

教育教学　结合中外教学手段与管理体系要求，威海校区针对合作办学具体实践，制定合作办学专业学生手册、教师手册、学业管理规定等制度文件，推进中外制度融合互补。9月1日，北京交通大学兰卡斯特大学学院学术委员成立，促进中外合作办学项目的高质量发展。威海校区开办ACCA精英班、H3C网络工程师认证培训，为学生提供职业培训服务与在校实践平台。

实验室建设　结合中外大学对合作办学专业的实验室建设要求，完成信息管理与信息系统专业实验室、计算机科学与技术专业实验室等6个专业实验室一期建设工作。

学生培养　威海校区探索具有国际化特色的创新实践育人体系，形成以学生为主、管理人员为辅的“志愿者服务团队”，包括教务的学业支持中心、信息中心的学生技术服务团队、实验中心的科普义务讲解员团队，以及30多个学生社团等，发掘学生专业技能与实践技能，逐步建立学生自管理、自服务的培养模式。年内，威海校区107名本科生参加兰卡斯特大学暑期学校、罗彻斯特理工学院暑期项目与国际奖学金项目、国际志愿者活动等，有留学经验的学生占同级学生数的27%。国际学生占全体学生数的14%，25个国家和地区的国际学生相处融洽，参加各类属地文化活动。

社会服务　年内，国家级实验教学示范中心（全国科普教育基地）威海校区分中心获批成为威海市科学技术协会“科普教育基地”和威海教育系统培训基地，获得山东省科普资助10万元。科普教育基地开展中小学生以及本科学生的科普教育工作，建立大学生讲解队伍，与威海市教育局合作，承接威海市中学生科学教育教师培训班等活动。

（潘　悦）

【山东铝业职业学院威海校区】　山东铝业职业学院威海校区是中铝职教园的重要组成部分。中铝职教园是威海南海新区与世界500强企业中国铝业集团合作共建，总建筑面积约30万平方米，包括中铝高等职业教育校区、中铝员工培训基地、研发基地、创新创业孵化基地和实训基地5个板块。其中一期工程16万平方米，包括1幢综合楼、4幢教学楼、8幢宿舍楼、2幢实训车间、2幢餐厅和1幢图书馆和公共教学实验楼。威海校区设有经济管理、电气工程、汽车工程、大数据与信息工程等10个教学部门，涉及电子商务、会计、计算机网络技术、电气自动化技术、金属压力加工、有色冶金技术等30个专业。2017年，威海校区招生4000余名。

对外合作　加强校企合作，拓展育人空间。与天津迅腾集团、山东普照公司等洽谈合作建设二级学院，共建符合社会需求的前沿专业，增进校企合作的深度和广度。校企共建生产性实训基地，为商贸、财会、金融专业的学生提供近300个工位的校内实训基地；共建智能制造中心，为装备制造类专业的学生提供校内实训基地。2017年，学院与台湾树德科技大学、马来西亚城市大学达成初步合作意向。

学生工作　学院坚持“全员育人、全过程育人、全方位育人”的教育理念，提升学生素质能力与核心竞争力，构建学生养成训练体系和大学生核心竞争力培养模型。以大学生人文素质模型为导向，开设人文素质课程，提高大学生人文素养。落实政策，完成全年学生资助工作。继续推进“三维度”人才培养模式创新，构建新模式引领下的人才培养新体系。实行素质教育学分制等系列措施推进学院素质教育进程。加强学院辅导员队伍建设，建立科学、高效的学生工作考核评价机制。建立学生安全防控机制和安全信息反馈网络，加强安全教育和安全检查，杜绝安全责任事故。

（李宗良）

编辑　李传强

文　　化

综　述

【概况】　2017年，威海市获批第四批国家公共文化服务体系示范区创建城市资格，公共文化服务标准化试点工作通过国家标准化管理委员会专家组的考核验收。市图书馆新馆和群众艺术馆新馆主体工程完工，文化艺术中心建成并投入使用，中国数字图书馆威海分馆建成。至年底，全市共有公共图书馆5座，文化（艺术）馆6座，博物馆8座，美术馆5座，书画院4个，文物管理机构4个，电影放映公司5家，广播电台4座，电视台5座，城市数字影院21座，剧院5座，专业艺术表演团体4个。有线数字电视用户69.74万户。广播人口综合覆盖率和电视人口综合覆盖率均达100%。

9月15日，威海公共文化服务标准化试点通过终期考核评估
市文广新局提供

【文化惠民工程】　2017年，建设完成村（社区）综合性文化服务中心452处，全市总数达2798处，基本实现全覆盖。通过由省文化厅组织的关于综合性文化服务中心建设及文化站效能发挥的第三方考核，抽查的4个镇28个村全部达标。按照“政府买单、群众受益”的原则，实施一村一年一场戏，全年累计送戏演出3097场；送电影下乡3.2万场。广播电视节目无线数字化覆盖工程持续推进。实施文化精准扶贫，为扶贫村免费送戏下乡演出180场，培训扶贫村文化管理员、文艺骨干1700余人，开展文化活动组织、广场舞、图书管理等培训399课时。出台《威海市扶持社会文艺团体发展实施细则》，采购送戏演出100场，戏曲进校园20场，儿童剧进校园10场。为24家社会文艺团体配备音响、服装、道具等演出设备。挖掘阅读资源，联结社会力量开展阅读推广活动。采购威海市民网服务，发布新剧预定、展览及各类文化活动信息等1000余条。

【文化志愿者协会】　7月，全省首个在民政系统注册成功的文化志愿者协会——威海市文化志愿者协会成立，负责对全市的文化志愿活动统一策划，对志愿者统一管理。至年底，文化志愿者协会有团体会员81个，个人会员562人，组织开展节日文化志愿服务活动和各种培训2000多场次，受益群众9万多人次，9个项目被评为2017年度山东省文化志愿服务项目，3人被评为2017年度山东省文化志愿服务先进个人，3人被评为第三届威海市文化名家。

【文化交流】　2017年，省级非物质文化遗产项目“威海锡镶技艺”参加中国山东文化旅游产品（东京）展示会和第19届（大阪）中国山东省出口商品展览会暨孔子家乡——山东文化贸易展览会；传统锔艺、威海剪纸、威海锡镶技艺参加在香港理工大学举行的山东非物质文化遗产走进香港体验交流活动。市非物质文化遗产精品展（台湾）入选“山东省2016年度优秀对外（港澳台）文化交流项目”，锡镶非遗项目入选山东省庆祝2017年“文化和自然遗产日”非物质文化遗产系列活动启动仪式暨“一带一路”非物质文化遗产交流展。

（迟斌　陈琳）

文学艺术

【概况】　2017年，全市出版文学艺术专著50余部。其中，获中宣部精神文明建设“五个一工程奖”1项，获山东省“精品工程奖”2项，获“泰山文艺奖”3

项，3部长篇文学作品入选省重大题材文学创作扶持项目。开展文艺志愿服务200余场次，参与志愿者4000多人次，举办各类书画艺术展览交流活动50余次。

【小说】 年内，出版的长篇小说有李喜华的《奔跑吧，克瑞！》《大宋绝恋》。于美芹的《李龙传奇》，乔洪明的《杨子荣后传》和刘方计、安立、王春波的《不夜·女娲后传》被省作家协会列为重大题材文学创作扶持项目。中短篇小说中，殷汝金的《红雪》获省“喜迎十九大”主题征文优秀奖，夏照强的《父亲树》获“悦月佳教育杯”全国闪小说大赛一等奖，刘方计的《老黑卖鳖》获首届“德泰银海杯”全国闪小说大赛征文优秀奖。嘉男的中短篇小说集《尘劳》、段晓光的小说集《段晓光文集》出版发行。宋潇凌的《温凉的时光刀》、刘爱玲《了无痕迹的人》《秘密的N次方》《读白石》《遗失与灿烂》、周海亮的《韶光》等作品在《人民文学》《小说选刊》《中篇小说选刊》等报刊发表。

【诗歌散文】 年内，出版的有范蕊的散文《在红楼梦中遇见自己》和《在海滩上种花》、田序强的散文《晨霜暮雪》、苗华舟的散文《正棋山下汤泉河》、荒田的散文《我和一座村庄的宿命》、刘胜谟的诗集《心旌》、田序强的诗集《南山诗草》等。其中，王艳秋的散文《法门寺怀思》获第五届全国人文地理散文大赛二等奖，于秋雨的《朝见玉龙雪山》获三等奖。苏军的诗歌《湖蓝》获首届“仙女湖杯”全国爱情诗大奖赛佳作奖。

【纪实文学】 唐明华的长篇报告文学《沧海九歌》获省第十二届精神文明建设“精品工程奖”，王华英的《韧如蒲草》获省“美德地税”征文活动一等奖，史怀宝的《穿越时代的光芒》入选省作家协会重大题材文学创作扶持项目。史怀宝发表纪实文学《中国好人》《把脉江河　大医精诚》《琴韵苦寒香民间》《人间大爱》《高原军魂》《巾帼女神医》等15篇，于福水发表《14年青春700万巨债》《九岁男孩投毒：仇恨背后是爱的渴望》《最放肆的高危处置》等10篇。

【文学评论】 年内出版的文学论著有许丙泉的《孔子儒家思想与美学研究》、刘冰的《融合新闻》、芮欣的《上帝的苦弱：一个事件的神学》等。文学评论以驻威高校为主，正式出版的有周婷婷的《中国音乐审美的文化研究》、钟晓红的《粉红莲钟晓红古筝独奏专辑》、张锐的《小提琴协奏曲——四季》、张剑的《从森林破汇到可持续聚落——生态景观的艺术蜕变》、赵丹的《郑午昌艺术和理论研究》、曲笛鑫的《跪羊图》、张平的《竹笛无词歌（三）——难忘的旋律》、郭敏的《西楚霸王》和王岩的《声乐艺术指导理论与实践的多维度探析》等。

【声乐音乐】 戚建波作曲的《“幸福少年”社会主义核心价值观组歌》获中宣部第十四届精神文明建设“五个一工程奖”和省“泰山文艺奖”音乐类一等奖。曲波作词的《拉住老区人民的手》获省第十二届精神文明建设“精品工程奖”，《沂蒙组歌》获省“泰山文艺奖”二等奖，《美丽中国》获江苏省第十届精神文明建设“五个一工程奖”第一名，《北京花语》获北京世界园艺博览会全球征歌“十大金曲奖”，《礼仪东方》入选“2017国家艺术基金”支持项目。姜人文作词、胡兆生作曲的歌曲《渔家人的梦想》获省群众文化学会年度论文、作品评奖二等奖。刘昌法作词、陶锐作曲的歌曲《妻子是家》获全国原创公益歌曲征集三等奖。陶锐作曲的《感动中国》获“我的小康，我的梦”正能量全国原创歌曲征集银曲奖。

【书法】 年内，开展“我们的中国梦·书法艺术走进千家万户”活动，组织书法家走基层进社区，免费赠送书法艺术作品给2000个家庭。市委宣传部、市文联和书法家协会举办“翰墨飘香——威海市书法作品迎春展”“喜迎建市三十周年威海市书法作品展”。省书法家协会王羲之书法创作培训（威海）基地在威海钓鱼台旅游文化产业基地揭牌。郑德东在全国第四届青年书法篆刻展、第九届“观音山杯”全国书法艺术大展中获优秀奖。

【绘画】 年内，市美术家协会举办“喜迎建市三十周年”美术作品展等展览、展示及学术讲座活动30场次，获省级以上展览成果70项，其中国家级展览成果40项。于向志的《老军港的一天》《繁忙的渔港》《丝路风景》，于博、丛荣启的《高天厚土》，张玉的《铁骨铮铮向苍穹》，安立的《陕北情韵》，于来的《海之岸》《山河不老》，时红明的《恰是春光明媚时》，孟庆波的《绿色家园》，丛学进的《背影》，毕承萌的《松树赞》等作品入选全国各类美术作品展。

【摄影】 在2017年世界摄影大会暨第五届国家摄影大典上，马世民获“2016年中国摄影年度人物”称号，白淑珍获“北斗之星金马艺术家”称号。白淑珍的摄影作品《比翼幻影》《群虎戏凤》《驼腾犬欢》《雪域牧马》《雪中情》《蒸汽时代》《渴望》、王士波的《驼腾犬欢》《草原上的牧马人》《纯净的眼神》《大山里来了陌生人》《沧桑岁月》《姐弟》、张德山的《舞动的梦幻》、田宏耀的《新疆坎儿井》、宋林继的《雪地舞者》、严迎莉的《醉美草原》等获国内外各类摄影奖。

【戏曲影视】 孙宪导演的威海原生态电影《承诺》获第21届“阿尔忒弥斯女神奖”。山东省电影厂拍摄完成袁学强、刘军伍、刘华峰编剧的电影《美丽小渔村》，在中央电视台电影频道播映。威海农村数字电影院线公司与八一电影制片厂联合摄制威海当地农村故事影片《小官大道》。八一电影制片厂拍摄完成李娜编剧的电影《爱在归途》。陈丽萍编剧抗战题材电视剧本获威海市文艺精品专项资金扶持。谷伟杰的微电影作品《文明三项行动》获全国中小学校园影视评选“银犊奖”。

【舞蹈】 年内，举办2017威海市舞蹈大赛、“腾舞中国”全国青少年艺术节威海赛区比赛、“盛泉豪业杯”威海市广场舞蹈大赛、2017CTDU中联艺术威海第六届国际舞蹈公开赛等赛事。威海舞协代表队的舞蹈《小小的我们大大的梦》获“七彩阳光全国青少年才艺总决赛”金奖。赵鸿的《舞蹈编导艺术的发展与探究》、赵青的《古典舞基本功训练》《青舞神扬——赵青原创作品集》等舞蹈学术专著出版发行。

（史怀宝）

群众文化

【概况】 2017年，全市开展各类群众文化活动1000余场，参与群众200多万人次；举办各类文化艺术展览110多场；开展各类公益培训100余期，培训人数8000多人。市文化广电新闻出版局被山东省新闻出版广电局评为全省农家书屋全面建设十周年先进集体。

【群众性文化活动】 年内，市文化系统组织“幸福威海”广场文化活动演出68场，演职人员1.2万余人，观众人数12余万人次，被中国文化馆协会评为2017年全国文化馆（站）优秀群众文化品牌。举办“永远跟党走 共筑中国梦”庆祝中国共产党建党96周年专题晚会、2017雅马哈未来艺术家全国巡演（威海站）音乐会、“军民融合 筑梦前行”威海市庆祝建军90周年双拥文艺晚会等活动。围绕建市30周年和中共十九大的召开，举办“三十年礼赞——飞扬中国梦·舞动威海情”全市广场舞大赛、“迎接十九大·颂歌献给党”广场文艺演出、“喜迎十九大·共筑中国梦”合唱展演、“盛世放歌 唱响山东”山东省2017群众歌咏比赛等主题活动。

【公益培训】 年内，市群众艺术馆组织开展基层文艺辅导短期培训21期；举办2017“群星大讲堂”春秋季成人公益班和寒暑假少儿公益班100多期，开设舞蹈、美术、声乐等专业课程40余种，培训人数4000多人；威海市图书馆尼山书院举办春季班、秋季班，以及寒暑假国学夏令营4期公益课程，内容涵盖非物质文化遗产葫芦烙画、民间艺术剪纸、传统面艺等20多个门类，培训学员3000余人。开展“京剧艺术”展示活动30余场，将国粹文化送进学校、社区。推进学校教育与社会教育协调互动，蓓蕾艺术工作站挂牌“暖阳春苗文化志愿服务站”省级示范点；至年底，威海6个市级示范点、58个区级示范点完成挂牌工作。

3—8月，市委宣传部、市直机关工委等部门联合举办“岁月如歌”——地级威海市成立30周年合唱音乐会　　市文广新局提供

【“岁月如歌”合唱音乐会】 3月，由中共威海市委宣传部、市直机关工委、市总工会等部门联合举办的“岁月如歌”——威海建市30周年合唱音乐会正式启动。合唱音乐会以“风雨兼程三十年”为主题，以合唱比赛的形式开展，赛程历时5个多月，全市256支队伍参赛。

（王娜 史春秋）

【农家书屋建设】 开展全市农家书屋工作大检查活动，对全市1244个书屋进行摸底调查，逐个登记造册。2个村（社区）获评国家新闻出版广电总局全国示范农家书屋；1人获评国家新闻出版广电总局农家书屋全面建设十周年先进个人，2人获评全国优秀农家书屋管理员。市文化广电新闻出版局被山东省新闻出版广电局评为全省农家书屋全面建设十周年先进集体；3个村获评全省示范农家书屋；3人获评全省农家书屋全面建设10周年先进个人；3人获评全省优秀农家书屋管理员。学生作品《书屋伴我成长》《小小书屋伴我成长》被国家新闻出版广电总局办公厅评为2016年和2017年“我的书屋·我的梦”农村少年儿童阅读实践活动优秀征文奖；《我是书屋小主人》和《我的书屋，梦想起航》《与书同行》《一所屋子给我带来的“光”》分别被省新闻出版广电局、省教育厅评为2017年“我的书屋·我的梦”农村少年儿童阅读实践活动二、三等奖。

【传统文化下基层】 9月1日，启动“弘扬好家风 共筑中国梦”传统文化公益讲座暨优秀传统文化下基层公益活动，面向全市72个镇（街道）举办优秀传统文化讲座。以市图书馆尼山书院为主阵地，举办猜灯谜、端午诗会、做月饼等“我们的节日”活动，开设古琴、茶艺、书法、剪纸等课程，开展传统文化讲座、经典诵读、传统武术推广等活动，全年免费培训近2000人次。推进社区儒学和乡村儒学发展，结合基层综合性文化服务中心建设，在有条件的镇（街道）、村（社区）建设儒学讲堂，定期举办传统文化讲座、传统节日民俗传承、志愿服务、社区互动等活动，教育引导群众孝老爱亲、和睦邻里，树立良好村风民风。

【历史文化展示工程】 整合文化、文物、党史、民政、档案、史志等部门文化资源，加强对镇史、村史的挖掘，开展历史文化展示工程建设，推荐11处历史展示馆参评全省县及县以下历史文化展示“十百千”示范点。5月，荣成市赤山民俗博物馆、乳山市大孤山镇历史文化展览馆等5处获评省级示范点。至年底，全市建成15处历史文化展览馆并对公众开放。

【非物质文化遗产】 年内，入选第五批国家级非物质文化遗产传承人1人，入选第五批省级非物质文化遗产传承人5人，荣成泰祥集团和恒茂集团入选第三批省级非遗生产性保护基地，“乳山市中国秧歌之乡”入选2016年度山东省非物质文化遗产保护十大亮点。乳山市依托乳山大秧歌、文登区依托文登书法，获第五批“山东省民间文化艺术之乡”称号。加强非遗传承，在威海职业学院成立非遗学院；联手中央电视台拍摄专题片《锔艺心生》并在科教频道播出；联合酷客非遗平台进行“锔瓷艺术的复苏”专访；在北京主办“锔气·传统锔艺和生活器物修复美学——耿海胜、格锔师徒作品展”“山东非物质文化遗产——锔瓷工艺走进北京工业大学艺术设计学院”等活动；出版《传统·传承（二）——威海市非物质文化遗产》。开展“非遗月”活动，策划展演、展示、巡游等活动15项。

（迟斌　王娜）

文　博

【概况】　2017年，全市各博物馆拥有基本陈列39个，举办临时展览43个，开展流动展览进乡村、进社区、进校园活动40次，开展馆际交流活动24次，参观人数221.36万人次。市文物部门对市区不可移动文物的保存状况进行检查评估，对部分重要不可移动文物采取进一步的保护措施，确保文物安全。在《威海晚报》开设《文物·讲述》专栏，展示第一次全国可移动文物普查成果。市博物馆与武汉博物馆、烟台博物馆等开展馆际交流7次。成立中国近代海军口述历史研究中心，开展“甲午历史寻迹”活动。荣成市博物馆“永怀讲堂”获评全省博物馆优秀社会教育活动案例。

【文物保护重点项目】　《刘公岛甲午战争纪念地总体保护规划》完成第四稿修改，机械局屯煤所、鱼雷修理厂部分得到维修，北洋海军提督署防雷工程获国家文物局审批进入具体实施阶段，可移动文物本体保护修复项目完成并通过省文物局验收。《威海英式建筑——华勇营总指挥官邸保护维修方案》编制完成；荣成市留村石墓群保护工程全部完工，海草房总体保护规划方案编制获省文物局批复；乳山市公布第七批县级文物保护单位6处，围绕马石山革命片区对周边文物保护单位进行修缮，完成东尚山村记忆馆、电影《山菊花》拍摄地场景复原等项目建设；文登区改造天福山起义纪念馆，修缮胶东特委临时会址旧址，打造胶东党性教育基地和民族复兴教育基地。

【水下考古工作】　8月11日，山东省水下考古威海工作站成立暨水下考古工作启动仪式在市博物馆举行，工作站分别设立在威海市博物馆和中国甲午战争博物院。10月25日，山东威海清北洋水师沉舰水下考古调查协调会召开，威海湾水下考古调查项目正式启动，通过磁力设备对威海湾内进行覆盖式扫测，初步确定威海湾“定远”舰等沉舰疑点分布范围，为开展潜水探摸和遗迹确认工作提供准确的物探数据信息。

【郭永怀事迹宣讲团获中宣部表彰】　11月，荣成博物馆郭永怀事迹宣讲团参加中宣部学习贯彻党的十九大精神研讨班，作题为《弘扬永怀精神　凝聚筑梦力量》典型发言，获评中宣部全国基层理论宣讲先进集体。自2016年开始，郭永怀事迹宣讲团足迹遍布机关、企业、学校、社区、农村和基层党组织，宣讲“两弹一星”元勋郭永怀事迹2300多场次，受众人数10万余人。《人民日报》9月12日《理论宣讲在基层》专栏刊发题为《郭永怀事迹宣讲团——让“永怀精神”鼓舞每个人》的文章，报道郭永怀事迹宣讲团的事迹。

【《威海馆藏文物选萃》出版发行】　11月，《威海馆藏文物选萃》由山东画报出版社出版发行。市文物管理办公室从散存于全市26家国有文博机构的5万余件藏品中精选187件（套）馆藏文物向社会推介，展示第一次全国可移动文物普查成果，反映地级威海市建市30周年文物博物馆事业的发展成就。

《威海馆藏文物选粹》　市文广新局提供

【一战华工纪念馆筹备研究工作】　11月，市博物馆举办一战华工纪念馆展陈工作研讨会，启动纪念馆大纲的编写工作。12月，比利时以西弗兰德省省长、西弗兰德大学孔子学院理事卡尔·德卡卢维一行4人到威海访问，参观威海市博物馆及一战华工纪念馆。市博物馆聘请西弗兰德大学2名博士为博物馆客座研究员，开展一战华工的研究工作，为征集一战华工文物、搜集一战华工文献资料打下基础，推动纪念馆建设。

【文物定级】　12月7日，威海市博物馆邀请相关专家，对市博物馆通过购买、接受捐赠等方式征集的678件（套）文物进行定级，共鉴定珍贵文物108件（套）。其中，一级文物8件（套），二级文物11件(套)，三级文物89件(套)。

（马春萌）

图　书

【概况】　2017年，市图书馆增加新书20多万册，平均每周有4000多册新书上架，馆藏总量达100万册。图书年流通量110万册，接待读者60多万人次，被中国图书馆学会评为全民阅读示范基地。

【“全民阅读·书香威海”城市文化品牌】　4月，威海市被省新闻出版广电局评为第二届全民阅读示范市，荣成市夏庄镇、乳山市图书馆被评为全民阅读示范单位，1人被评为全民阅读推广人。落实《威海市全民阅读三年行动计划（2017—2019）》，评选出100个阅读推广示范点，培训阅读推广人近300名，开展“点燃阅读之灯　播洒幸福的种子”阅读推广人走基层活动；组建儿童阅读推广讲师团，将优秀儿童阅读推广资源直接送到全市72个镇(街道）中心幼儿园。开展“阅宝起航”活动，举办讲座20余场，参与人数5000余人次。为市区0～3岁的婴幼儿免费发放阅读大礼包1200份，开展绘本亲子共读、“周末小书房”故事会等阅读活动，培养少年儿童阅读兴趣。举办“三十礼赞 逐梦扬帆”威海市第四届读书朗诵大赛、“4·23世界读书日”主题宣传、“家庭阅读那些事”主题征文比赛、新书推荐等主题活动23次，参与市民4万余人次。在“第十二届全省读书朗诵大赛”中，威海选手获二、三等奖。

【城市书房】 4月，出台《城市书房建设的实施意见》《城市书房建设规范》等文件，推动城市书房建设。至年底，全市共建成城市书房11个，初步形成城市“15分钟阅读文化圈”。市图书馆为城市书房提供8.3万余册图书，举办城市书房管理员培训班，规范书房管理。

【流动图书馆】 2017年，市图书馆使用流动图书车4辆，设置服务点16个，每天开放8小时，实现图书与市图书馆通借通还，接待读者6万余人次。

（迟斌　史春秋　孙华藜）

文化产业

【概况】 2017年，全市有规模以上文化企业260家；动漫游戏、数字出版、艺术写生等专业化服务功能平台15个；市级以上文化产业园区（基地）和重点文化企业100多家，其中国家级文化产业示范基地2家，省级文化产业示范园区（基地）8家。芸祥绣品、万得集团2家企业被评为国家特色文化产业项目，刘公岛实业发展有限公司入围全国文化产业园区100强，华夏集团、芸祥绣品2家企业入选山东省文化企业30强，电子科大（威海）数字有限公司被评为国家级版权示范基地，山东延长线企业管理咨询股份有限公司在齐鲁股权交易中心挂牌。

【文化服务贸易】 年内，九鼎影视、金镶玉工艺品、海依达斯、奇悦电子等文化企业参加中国山东文化旅游产品（东京）展示会、中国（义乌）文化产品交易会、中国（深圳）文化产业博览会等大型展会。芸祥绣品、云龙绣品和艺利达等3家企业申报2017—2018年度国家文化出口重点企业和重点项目，光远文化、万得集团等5家企业申报2017—2018年度山东省重点文化产品和服务出口企业，迪尚集团、光远文化2家公司入围文化服务贸易领军人才评选。光远文化与蓝海彤翔签署战略合作协议，搭建山东动漫服务贸易平台。

【落实政策扶持】 年内，全市有14家企业申报2017年度中央财政文化产业发展专项资金，其中3个项目被推荐至文化部。建立市级文化产业重点项目库，佳润文化创意产业园区等35个项目入选省级重点文化产业项目库，华夏文旅等32家文化企业入选全省年度文化企业融资贷款信息库项目，光远文化、佳润文化和福地传奇等文化产业项目入选市经济社会发展典型项目库。

【首届威海市文化惠民消费季】 7月，市政府出台《关于印发首届威海市文化惠民消费季实施方案的通知》，启动威海市文化惠民消费季活动，特约文化企业商户50家、门店233家。依托市民卡公司搭建威海市文化惠民消费季平台，与省“文惠购”平台同时使用，推进消费季活动开展，发放市级优惠券2.8万张，补贴资金240万元，直接带动文化消费1003.84万元。

【文化创意产业】 推进城市特色文化街区建设，佳润文化创意产业园区和威高民俗文化邨等项目正式营业。芸祥绣品、海马地毯、金镶玉工艺品、海依达斯等22家具有威海特色的优秀文化产品生产企业入驻文化产品电商平台“中国文化尚品交流会”，佳润文化、盛泉文化和芸祥绣品等3家企业入选第二批全省文化创意集市创建单位，万得集团、芸祥绣品等15家企业加入山东省文化创意设计协会。市博物馆挖掘“威海名人馆”馆藏文化资源的价值内涵和文化元素，推出毕克官漫画童趣系列茶具、萧桐柏戏曲人物漫画茶具、黎青水墨漫画人物茶具等文化创意产品，推动优秀文化的创造性转化和创新性发展。

（杨　静）

【影视创作】 年内，山东柏艺影视传媒有限公司、威海青年影视文化传媒有限公司等4家企业申办广播电视节目制作经营许可，全市广播电视制作经营机构19家。威海市广播电视节目《先行先试在威海》《誓言无声》等26件作品获山东省优秀广播电视节目奖，《小官大道》《美丽小渔村》等影视作品受到好评，电影《爱在归途》于年底公映，《承诺》获第21届世界企业论坛“阿尔忒弥斯女神奖”。组织辖区内广播电视播出机构、制作机构做好国产纪录

7月26日，首届山东省文化惠民消费季威海特约文化企业签约仪式举行
市文广新局提供

片重点创作项目的推荐工作，威海市广播电视台报送《筑起爱的长城》《天福山血脉》，文登区广播电视台报送《情怀》。在山东省广播电视优秀公益广告评选中，《节约用水》等2部作品获三等奖，乳山市广播电视台被评为优秀传播机构。

（迟斌　陈琳）

【公益电影放映】　按照《山东省农村公益电影标准化放映实施细则（试行）方案》，扎实推进农村公益电影放映工作，全市放映农村公益电影3.2万场次，在完成“一月一村放映一场电影”的任务目标的基础上，将放映范围覆盖到部分社区。围绕群众需求、时事热点选片，高质量做好“送电影进福利机构”的公益电影放映工作。加强监督管理力度，对辖区农村公益电影放映工作进行调研。

【电影市场】　年内，新增荣成新娱国际巨幕影城、乳山当代国际影城，全市影院总数达21座。电影票房总收入9342.73万元，比上年增长30.3%。

（刘砚铭　张雅婷）

【扶持实体书店】　4月，出台《关于扶持实体书店发展的实施意见》，落实实体书店扶持奖补专项资金100万元，并将专项资金列入全市文化产业发展资金。9月，严格按照申请条件，重点对积极参与“书香威海”建设和首届“文化消费季”、具有较好社会效益和经济效益的17家实体书店发放第一批奖补资金。威海高技术产业开发区天赐书社获评省新闻出版广电局2017年“山东最美书店”。

【新闻出版产业】　威海印刷机械有限公司的生产型彩色数码喷墨印刷设备的研发与升级改造项目申报山东省新闻出版广播影视产业项目库和2017年度山东省新闻出版发展宏观调控专项资金。山东省（威海）数字出版基地组织开展“数字出版三个一百工程”，全年完成授权120家出版单位使用“出版业融合发展整体解决方案技术系统”，上传各类数字图书15万种。

（付城荣）

【图书发行工作】　全年，市新华书店实体门店一般书销售3274万元，占总销售的20.9%；完成教材教辅销售1.24亿元，比上年增长46.7%。中共十九大召开后，完成征订《中国共产党章程》22.8万册、《十九大报告》22.5万册、《党的十九大文件汇编》1.13万册、《党的十九大报告辅导读本》1.7万册，总码洋294.4万元，位列全省地级市第四。与威海校友三人行众创空间有限公司合作开设的山东大学（威海）校园书店——新华书店三人行书吧、与环翠区鲸园街道办事处共同打造的新华书店光明社区店分别营业，助推全民阅读活动。

（刘雪峰）

文化市场管理

【概况】　2017年，市文化市场综合执法局提升执法能力，完成文化市场综合执法体制改革，推动文化娱乐行业转型升级。执法办案取得重大突破，获国家版权局查处侵权盗版案件有功单位一等奖，2人获国家版权局查处侵权盗版案件有功个人二等奖。

【“网吧环境提升年”工程】　加强网吧环境治理，严格落实网吧入场实名登记制度，杜绝网吧违规接纳未成年人行为，确保网吧市场规范有序。全年立案查处违规网吧37家，罚款6.91万元。加强网吧内容监管，推广使用“舜盈互联网上网服务营业场所管理系统V3.0版”，全市网吧场所在线率98.3%，位列全省前三。引导网吧转型升级，市区实有网吧127家，比上年减少47家，其中A类22家、B类77家、C类28家。

【演出市场监管】　主动介入演出市场监管，对“威海第一届国际马术艺术节”“半月湾沙滩音乐节暨士林亚太风情美食狂欢节”“韩乐坊文化艺术节”“中韩企业家年会联谊会”等有外籍艺人参演的临时性大型组合演出活动和威海保利大剧院等常规性剧场演出活动、“神游华夏”等固定景区演出活动加强事前、事中管理，确保监管、服务双到位。在重要节日期间，突击抽查市区旅游演出市场，及时叫停内容低俗演出3场次。通过与省市演出登记备案信息平台、市公安局“110”指挥中心信息互通，建立外来民间流动演出专项查处工作协作、协查机制，以城乡接合部、农村集市为重点，重点加强对外来民间流动演出团体的监管，制止驱离非法流动演出6场次。

【文化市场安全监管】　3月2日，全市文化市场安全生产暨网吧整治工作会议召开，出台《威海市文化市场综合执法局关于落实安全生产责任制工作的实施方案》《威海市文化市场安全生产应急处置预案》等管理文件，签订互联网上网营业场所安全生产责任书230余份、娱乐场所安全生产责任书70余份，对与会人员进行消防安全知识专题培训。开展“2017文化市场暑期专项整治行动”和“忠诚卫士、金秋行动”等文化市场专项整治行动，下达责令整改通知书13份。

【出版物市场监管】　开展春节期间出版物市场集中检查清理行动、打击侵权盗版专项行动、校园周边出版物市场专项整治行动、秋季中小学教辅材料专项检查行动4个专项行动，出动执法人员1600多人次，检查印刷企业和出版物经营单位706家次，收缴擅自出版、侵权盗版等各类非法出版物5.4万余册，取缔非法经营出版物的游商、地摊8个。

【卫星电视接收设施监管】　年内，开展卫星电视地面接收设施专项整治行动4次。对擅自安装、使用卫星电视地面接收设施的行为立案查处1处，没收卫星电视接收设施1套，罚款1.1万元。

【电影院监管】　3月，组织召开电影院负责人消防安全及法规培训会议，与影院签订威海市电影院消防安全责任书。每季度巡查影院1次，下达责令整改通知书2家。4月，依据新颁布的中华人民共和国电影产业促进法，开展电影市场专项整治行动，查处瞒报截留票房收入影院1家，罚款8.76万元。

【非法广播电台监管】 配合公安、无线电管理等部门，开展联合执法行动，加强日常监测，查处并捣毁"黑广播"6处。

【网络视听节目监管】 开展"整治网络非法传播视听节目·绿网2017"专项行动，责令整改、警告违规网站5家，删除影视剧、动画片、微视频2000余部(集)。对辖区内25块户外大屏幕及酒店、楼宇电视进行梳理统计，建立台账，发现违规播放影视节目的立即责令改正；对市区公交车及客运汽车违规播放侵权影视剧及其他视听节目的行为下达限期整改通知书。

【印刷企业监管】 开展印刷复制发行专项整治行动，重点查处政治类、历史类、宗教类和内部资料性出版物，全年检查印刷企业600余家次，纠正违规企业12家，查处擅自从事出版物印刷经营活动案件1起，与企业负责人签订安全生产责任书78份。

【"9·26"侵犯著作权案】 市文化市场综合执法局移交市公安局的"9·26"侵犯著作权案查办取得突破，该案于2016年11月被国家版权局挂牌督办，2017年7月被全国"扫黄打非"工作小组、国家版权局、公安部、最高人民法院和最高人民检察院5部门挂牌督办，国家版权局先后对该案补助办案经费22万元。2017年12月22日，威海经济技术开发区人民法院对该案4名被告人宣判。

【"扫黄打非"专项行动】 确定2017年为全市"扫黄打非"进基层活动年，建立"扫黄打非"基层点118个，提报省级以上示范点8个，其中环翠区鲸园街道古北社区示范点被确定为国家级示范点。组织开展"清源、净网、固边、护苗、秋风"专项行动，出动执法人员5460人次，检查各类经营单位2385家次，删除网络不健康影像、图片、文章等信息7条，收缴非法出版物1.25万盘(册)，取缔非法经营出版物游商、地摊4处，集中销毁侵权盗版及非法出版物6.15万件、销毁赌博游戏机10台、卫星电视地面接收设施35套。

(玄华青)

【版权保护与利用】 开展"创造 继承 尊重——2017威海版权保护月"系列主题活动。威海海马地毯有限公司被评为全国版权示范单位，威海金镶玉工艺品有限公司被评为山东省版权示范单位。全市共有国家级版权示范单位2家，省级版权示范单位9家。

(付城荣)

报刊·网络

【概况】 2017年，威海日报社按照党管媒体的要求，坚持正确的政治方向和舆论导向，定位"日报要稳、晚报要活，日报侧重政务、晚报侧重服务"，实施差异化办报，稳步推进报业改革。

提升新闻宣传水平 严格遵守宣传纪律，出台涉敏报道管理规定，做好社会热点的引导，用主流声音占领宣传主阵地。年内，策划"喜迎十九大""我与总理面对面""致敬地级威海市成立30周年系列述评"等重大宣传活动和"全域城市化、市域一体化""精准扶贫""环保督查"等重点宣传报道，编发专栏、专版、专题400多个，报道1000多篇。

加强媒体平台建设 日报强化头题建设，紧扣市委、市政府中心工作，策划100多个头题选题方案；以服务经济建设为中心，创办《经济专刊》，推出专题报道6期。晚报推出服务品牌《小晚》，刊出700多个版，为市民提供就学、就业、就医等方面的服务。以日报、晚报和"掌上威海"微信公众号为依托，推出《威海视新闻》《小晚早新闻》《威海微新闻》3档音频视频节目，成为日报社新媒体的亮点。

推进报业改革 按照后续改革实施方案要求，注销报业集团事业单位法人，完成审计和评估工作，为符合条件的事业编制人员办理提前退休手续，重设内部机构岗位，完成5个职能部门和4个公司相关岗位的竞聘和调整。

【《威海日报》】 《威海日报》是中共威海市委机关报，由威海日报社主办。2017年，《威海日报》设新闻和专刊板块，每周出版6期。新闻板块常设《要闻》《综合新闻》《城事快报》《图说威海》《区域新闻》《镇街有约》《威海论坛》《时事新闻》《文体新闻》等版面；专刊板块轮流出版《经济专刊》《特色小镇》《健康》《海岬》等，每期4版。

重点报道和活动策划 3月，在报纸、微信、网站开设专栏(专版)《喜迎党代会 实现新跨越》《展代表风采 树先锋形象》，推出中共威海市第十五次代表大会系列报道60余篇。4月，国务院总理李克强到威海视察，推出《为了总理的嘱托》专栏，刊发回访系列报道5篇；推出《撸起袖子加油干》专栏，刊发全市落实领导指示精神系列报道近10篇。围绕市委、市政府中心工作，结合全市重要战略部署，策划"全域城市化、市域一体化""三年突破看发展""深化改革进行时"等八大全媒体新闻行动，推出新闻选题100个，推动市委、市政府的决策部署落到基层。8月，配合中央环保督察宣传报道，开设《生态威海 绿色发展》专栏，刊发报道50余篇。9月，开展地级威海市建市30周年系列主题宣传，开设《我们走过30年·城市印记》《幸福威海我的家 我们走过30年》等专题专栏，刊发稿件100余篇。10月，开展中共十九大系列宣传报道，开设《喜迎十九大·我的幸福故事》《我们眼中的十九大》《十九大精神在基层·记者蹲点报道》等专题专栏，并在重要版面、显著位置刊发新华社重要稿件和长篇报道，刊发报道200余篇。

媒体融合和全媒体宣传 运用H5、图片、视频、动漫、秒拍、航拍、直播等多种形式，打造一批"现象级"融媒体产品。其中，2017年"两会"期间制作的《图解〈政府工作报告〉主要指标数据》动画视频二维码被印在《政府工作报告》上，受到广泛关注；《威海日报》微信公众平号粉丝量达5万人，单条微信最大阅读量达10万次以上。11月，推出《威海视新闻》融媒体栏目，以当天威海发生的重要时政新闻为主，突出权威性、时政化。日报新媒体部推出《我为威海全域文明城市点赞》互动H5，获众多市民参与点赞。《威海日报·经济专刊》微信公众号“财智威海”正式上线运营。12月31日，推出《精彩2017：威海这一年》新媒体产品，全面盘点威海2017年的发展成就，受到社会各界的广泛关注。

（刘元玉　李晓静）

【《威海晚报》】　《威海晚报》由威海日报社主办，是威海市唯一的综合性都市生活类平面媒体，创刊于1995年10月1日，4开版，每周6期。2017年，《威海晚报》获山东新闻奖一等奖、赵构新闻奖一等奖；主打品牌《小晚服务》，获山东省地市报好专栏一等奖。

重点报道策划　2017年，《威海晚报》围绕中共十九大、李克强总理视察威海、地级威海市成立30周年等重大事件，策划推出《不忘初心　继续前行·十九大专题报道》《十九大精神在威海》《牢记总理的嘱托》《新起点　新跨越》《我们走过三十年》等系列报道，共300多个版；配合文明城市建设，推出《最美威海人》专栏，报道典型人物20多个，弘扬社会正能量。

新服务品牌建设　5月，推出“小晚服务”品牌，以“贴近民生、服务百姓”为核心，为广大读者深入解读民生政策，及时跟踪报道百姓关心的民生话题，为广大读者在衣食住用行游乐学等生活方面提供指导性服务，开设《小晚读政策》《小晚百事通》《小晚当导游》等10多个子栏目，每天报道规模2～6个版，累计刊发700多个版。围绕青年、老年、儿童三大平台建设，全面推进经营创新，举办威海市首届农产品展销会、威海市首届民办教育展、世界地球日儿童爱心义卖等活动。策划“地产全案代理营销”，转型经营新模式，拉动经营创收。与省内城市晚报和都市报密切合作，成立山东省晚报联盟，为晚报走向全省打好基础。

网络新媒体运营　《威海晚报》官方微信推送的《威海厉害了！最新文件：威海或将升为大城市！》《李克强总理到威海考察啦！快来看看什么让总理竖起了大拇指？》《百余名市长在威海骑行，世卫组织驻华代表还给威海点了赞！》等内容受到广泛关注；《三分钟解读政府工作报告》《威海是这样一座城》等H5作品受到市领导的肯定。10月，《威海晚报》官方微信平台获中央网信办授予每天多发的权限，扩展新媒体对突发重点新闻事件的及时跟进报道。11月，推出《小晚早新闻》音频栏目。至年底，《威海晚报》官方微信增加粉丝2万人、官方微博增加粉丝12万人。

（朱凯辉）

【《威海广播电视报》】　2017年，《威海广播电视报》按照专刊式办报思路，调整为每周出版1期，提升版面自采量、可读性，全年出报52期。出版艺术类刊物《艺海》26期，在《威海广播电视报》微信公众平台开辟《艺海》专栏，与周刊同步，推介威高民俗文化邨、金石湾艺术园区、刘公岛画家村等艺术园区；推介画家、书法家、篆刻家、民俗学者等各类艺术家近100位；举办威海艺术家、藏家参与的艺海沙龙10多次。

（楚　德）

【威海政府网】　威海市人民政府网站，简称威海政府网。2017年，网站实现信息公开系统、部门网站和威海政府网之间数据互联共享，提高信息发布效率和保障能力，部分栏目由原来的威海市大数据和电子政务管理中心维护改为由各区市、部门和单位维护。开通“有问有答”互动交流平台，通过全员网上办理，跨部门办件流转等功能设置，让公众关心的问题直接与部门对接，系统自动对部门回复情况即时统计，公开问题回复红黑榜，开通公众评价渠道，促进各部门回应问题的主动性，形成“互联网＋督办”模式。服务频道实现与政务服务网一体化对接，开通门户网站客户端（手机APP），拓宽信息传播和政务服务渠道。网站建设在山东省信息化工作领导小组办公室开展的“2017年山东省政府网站绩效评估”中获全省第一名；在中国社会科学院信息化研究中心、国脉互联政府网站评测研究中心开展的“2017年全国地市级政府网站绩效评估”中获全国第五名、全省第一名；在清华大学国家治理研究院、清华大学公共管理学院开展的“2017年中国政府网站绩效评估”中获优秀层级，在全国地市级政府网站中排第八名、全省第一名；在中国软件评测中心开展的“第十六届（2017）中国政府网站绩效评估”中获全国第十二名、全省第二名。

（李春燕）

【威海市民网】　威海市民网由神州数码和北洋集团共同出资建设，于2014年10月18日上线运行，通过与各部门和单位的对接开发，统一服务入口，实现面向市民的服务整合，提供面向不同对象的流程化服务。2017年，市民网入选中国智慧城市“互联网＋政务＋民生公共信息便民工程”、网信办“中国在线服务”创新实践案例。

“一网通办”服务模式　通过整合孤立分散的政务、公共和便民服务资源，逐步实现全人群覆盖、全天候受理和“一站式”办理。组织市科技局、民政局等30个部门和单位，合作建设企业信息查询、法律援助、不动产登记等140余项服务，网站服务总数达2410项，其中700余项在线办事服务、15类生活账单查询缴费，实现服务由被动向主动、由独立分散向一体化集中的管理。

“融合场景”服务模式　综合分析时事热点、微观咨询、用户习惯、服务使用量等数据，发掘市民最关心的问题，对政务服务中心的服务内容重新梳理和全面改版，优化办事预约、在线预审等功能，上线办事指南服务622项，精简464项，实现1000余项服务可预约，500余项可预审。与市住建局、人社局、公安局合作开发住房、医保、养老、出入境等6个场景服务，融合市民相关的服务信息，为市民提供官方、权威、最具指导性的服务内容，减少往来不同部门和单位的繁琐，提高市民办事效率。

“一网/APP”服务模式　按照市委、市政府“一个政府，一个窗口”的要求，深入推进市民网“一网/APP”模式，让市民在市民网即可享受全市所有部门和单位提供的服务。参与建设文化云、居民健康网、环保APP、信用威海二期、科普威海、公安惠民视频、质量威海等智慧城市项目。深化与市民卡融合，在打造线上线下全方位、立体化服务基础上，开展卡采集、卡运营等多项合作，为市民提供多服务渠道的贴身服务，提升用户体验和服务质量。

“多渠道”服务模式　在全市2000多台自助终端机部署市民网便民服务

90余项，让市民服务就在家门口。与微信、支付宝合作，建设“威海市民网微服务”小程序、支付宝城市服务，丰富服务渠道。完成市民网APP和微信服务号的版本升级，增加主动推送、消息提醒和定位服务等新功能，定时为用户推送社保、公积金、水、电等账单信息，增强用户体验。

（王慧博）

【威海新闻网】 威海新闻网是威海地区最早开通的有刊载新闻资格的综合性门户网站，由威海日报社主办，于2004年12月14日正式上线运营。2017年，威海新闻网秉承“求真务实，合作共赢”的办网理念，突出新闻发布、政务服务、城市形象推介、生活服务信息发布、企业合作等主要功能，依托《威海日报》《威海晚报》等当地新闻媒体资源，与国内重要知名网站媒体合作，发展成为威海地区最大的网上新闻发布中心、网上咨询服务中心、对外宣传服务工作的主要窗口。年内，策划制作《克强总理来威海》《威海大型政论专题片》《致敬威海三十年》等大型专题，宣传重要会议精神和全市重点工作，服务威海经济社会发展。在2017年威海铁人三项世界杯赛、2017中国山地自行车公开赛（威海·环翠站）、保护海洋等活动报道中，发挥重要宣传作用。

（孙美玲）

【“掌上威海”】 “掌上威海”是威海日报社的官方微信公众号之一，为威海市民提供及时、权威、有用的生活资讯。2017年，“掌上威海”对中共十九大报告、威海建市30周年、2017百位市长威海绿色骑行等事件和活动重点报道；对第十三届中国·威海（文登）昆嵛山樱桃节、成山头吃会等活动进行视频直播；与威海新闻网、“威海发布”官方微博形成全媒体联动，组织互动评选、品牌推广、公益活动等30余场次，参与人数110万人次。

（钟春燕）

【“威海播报”】 “威海播报”是威海日报社的官方微博，发布威海当地新闻资讯，聚焦网民关注的热点话题。至2017年底，粉丝量超过31万人，发布微博1.7万余条。由威海播报发起的“韩乐坊·中韩国际珠宝文化城”“里约奥运”等话题，单条微博阅读量突破29万人次。

（王 钰）

广播电视

【概况】 2017年，市广播电视台树立“围绕中心、服务大局”工作理念，确保舆论导向正确、安全优质播出，提升节目质量、经营创收和内部管理水平，获2017年度山东电视宣传先进集体一等奖和山东广播宣传先进集体一等奖，连续15年被省精神文明建设委员会表彰为“全省文明单位”。全台有22件作品获省级以上奖励。

【新闻宣传】 围绕中共十九大召开，在广播电视《威海新闻》节目策划推出《砥砺奋进的五年》《喜迎十九大、争当排头兵、实现新跨越》等10多个专题。围绕新旧动能转换、全域城市化、产业强市等20多个主题，在重点新闻节目开设《全面深化改革》《新旧动能转换》《美丽乡村行》等专栏，全面宣传威海经济社会发展的成就和典型经验。围绕建市30周年，组织实施大型联合采访报道，开设《爱恋威海》《城市印记》《30年大事记》等10多个专栏，播出相关报道200多篇、电视专题片14集。推出2017年威海铁人三项世界杯赛暨2017年威海超级铁人三项系列赛直播和主题报道，利用新媒体技术直播赛事，在中央电视台各栏目播发新闻10多条次，在中央电视台体育频道《体育晨报》和山东体育频道分别播发赛事专题节目。聚焦“君子之风·美德威海建设”、文明市民培育工程、“爱文明家园 做文明市民”三项行动以及乡村文明行动等主题，开办《文明出行》《同在蓝天下》《社区我们的家》等专栏，播出报道100多篇。至年底，在中央电视台发稿49条，在省电视台发稿570条；在中央人民广播电台《新闻与报纸摘要》节目发稿12条，在省人民广播电台《山东新闻》发稿200条。

【节目创新】 结合特色定位，创新广播电视节目内容，推出《出门逛逛》《谈房论家》《直通人社》等节目。优化升级电视海洋频道的《中国海洋资讯》《魅力海洋》《海洋论坛》等节目；设立电视《精彩威海》频道，在每天5点到5点半直播市区主要繁华地段的实况。广播《行风热线》播出节目240期，受理听众热线电话2000多个，网上受理问题800多个，回访率100%。完成大型舞台剧《寻梦威海》的拍摄录制和庆祝建市30周年全市合唱比赛颁奖晚会等多台大型文艺节目的录播任务。

【产业经营】 加强对全台资源、品牌线下活动的整合营销，挖掘广电活动品牌，形成“广电＋”的口碑，策划推出“金融创新高峰论坛暨博览会”“全民广场舞电视大赛”等10多个活动，实现从单纯靠广告创收向广告经营与产业发展多元并举转型。联合全省其他城市台成立战略联盟，联合打造新节目、推介新产品。推出威海电视台品牌孵化战略，用优质时段、优惠政策扶持发展中小企业成长。

【媒体融合】 全台自办的重点节目开通视听一体的微信公众号22个，开设直播平台账号8个。其中，“威海广播电视台”微信公众号粉丝超过10万人；威海传媒网与大型网络直播平台合作，实现手机直播85场，累计直播170小时，平均每场观看达50万人次，单场观看最高达185万人次。

（楚 德）

【无线数字化覆盖工程】 承担中央广播电视节目无线数字化覆盖工程的昆嵛山发射台、奈谷山发射台和乳山广播电视发射台进入试播阶段，覆盖范围内的市民具备收看条件。在全省率先推进省级、市县级电视节目无线数字化覆盖工程，建成后，配备无线数字机顶盒，可免费收看20余套电视节目。

（刘砚铭 张雅婷）

史志工作

【概况】 2017年，全市史志系统围绕中心工作，全力推进“三全”目标的落实和史志开发利用、史志文化服务社会等工作的开展。《威海市志》通过终审出版，并交付印刷。“威海传统村落”课题研究被列为市级机关创新创效项目。全市史志系统开展史志成果“六进”（进机关、进社区、进乡镇、进学校、进企业、进军营）活动，年赠送书籍1万余册。

【二轮修志】 12月，《威海市志》志稿通过终审出版，并于年底交付印刷。《文登市志》召开评议会，《荣成市志》《乳山市志》完成评议稿。年内，全市在编或出版的基层志20部。其中，《陶家夼社区志》入选第一批中国名村志文化工程，《南桥村志》获省优秀史志成果奖。

【年鉴编纂】 《威海年鉴（2017）》首次采用彩色印刷，于9月出版发行，比上年提前1个月。《荣成年鉴》复刊，各区市全部完成年鉴编纂任务，并达到“一年一鉴、公开出版”的要求，实现年鉴编纂“全覆盖”。

【方志馆筹建】 威海市方志馆建筑面积3600平方米，土建工程于年底完工。年内，通过对标学习苏州、杭州、菏泽、东营等地经验，完善方志馆功能定位、结构布局、管理应用等方案。至年底，馆藏图书总量达9000册，图片8万张。

【史志资源开发利用】 推动资料年报工作常态化，年内征集各部门和单位年报资料70余家。《威海传统村落》出版发行，全书收录186个村落资料，字数91万字、图片近1000幅。推动全市已出版志书年鉴资料全部录入省地情库，入库资料1100万字，地情库文字总量达6000万字。威海市情网文字量达2700万字，访问量累计70余万人次。“威海史志”官方微博和微信公众号发布地情信息400余条。

（沙　鋆）

档案工作

【概况】 2017年，全市档案工作立足“大意识、大档案、大数据、大文化”，开展档案管理体制机制改革，档案中心建设模式在全省得到推广，县级档案馆建设全部开工。市档案局开发的档案一体化管理平台被国家档案局列为2017年科技项目计划。市档案局和环翠区、文登区、荣成市、乳山市档案局被评为全省档案宣传工作先进集体。

【服务中心工作】 市档案局协助市委办公室编辑出版《威海名人》，收录威海出生、威海籍及在威海工作、生活、学习的人士596位；与市委宣传部、市发改委联合举办建市30周年成就展，选调6名工作人员全程讲解；为各单位开展纪念活动提供照片1627张；为昆仑影视拍摄电视政论片提供录像3盘、照片134张。派专人跟踪服务环保督查、文明城复查、“2017威海长距离铁人三项世界系列赛”等重大活动。

【档案法治建设】 在“国际档案日”期间，组织开展档案工作者走进档案中心，档案服务进学校、进企业、进社区、进家庭，档案馆开放日等活动。对38个单位132个案卷进行行政执法检查，下达整改意见书。举办全市档案管理人员培训班，开展2016年度文件归档指导服务工作，培训396人次。

【档案资源体系建设】 市档案馆接收474项活动的文件181件、照片6719张、录音录像2296分钟、光盘55张，电视台视频资料338.6GB，“2017威海长距离铁人三项世界系列赛”文件材料279件、照片292张、录像315分钟、实物30件、资料8件，公证档案8985卷、目录5本，破产企业档案1532卷，个人捐赠档案资料2200件，李克强总理签名簿一册，首届威海“纹石宝滩杯”全国摄影大赛作品集及151幅（组）获奖、入选作品电子版。启动市直及省属驻威单位2001—2015年文书档案移交进馆工作。

【档案利用体系建设】 年内，全市档案系统共接待查档6000余人次，提供档案2万余卷（件）、照片6000余张。市档案局对馆藏40卷、583件档案进行梳理，对75卷、892件革命历史档案进行登记。完成《威海年鉴》《山东档案年鉴》《骆克哈特家书》《齐鲁记忆·山东档案精品丛书》《一战华工档案》的编研任务。

【档案安全体系建设】 市档案中心建设工程全面竣工，县级档案馆全部开工建设；组织人员赴广州、珠海考察办展情况，研究细化布展方案。开展档案安全督导检查，完善档案保密措施，加强保密管理。赴省电子文件容灾备份中心完成全市重要档案数据备份工作，全市所有档案馆都与合作档案馆签订异地备份协议。

（林永茂）

编辑　沙　鋆

卫生 · 计划生育

综　述

【概况】 2017年，全市卫生计生系统创新举措，狠抓落实，加快健康城市建设，抓好深化医改、计划生育和医疗服务等重点领域工作，全方位、全周期维护人民健康。全市人均预期寿命达81.48岁，孕产妇和婴儿死亡率分别为5.1/10万和3.5‰，主要健康指标在全国、全省领先。全年开展诊疗服务1410万人次，人均就诊5次以上。全市合法生育率99.4%，出生人口性别比保持在合理范围，人口均衡发展水平持续提高。威海市被评为首批公立医院综合改革国家级示范城市，被确定为全省医养结合示范先行区。

【医药卫生体制改革】 坚持三医联动，强化工作督导，严格按照任务分工和预定节点推进各项工作。2017年，全市公立医院医疗收入比上年增长7.5%；药占比26.4%，下降2个百分点；医务性收入占比27.6%，提高1.9个百分点，公立医院收入结构逐步优化。威海市被国务院办公厅表彰为公立医院综合改革真抓实干成效明显市，被确定为公立医院综合改革首批国家级示范城市。市及各区市均成立公立医院管理委员会，全面推行目标绩效考核；在21所公立医院开展法人治理结构改革试点，二级以上公立医院全部实行人员控制总量备案；成立公立医院药品采购联合体，根据临床需求开展集中挂网药品联合采购议价工作，11月1日在全省率先启动实施“两票制”；市政府印发推进医疗联合体建设工作方案，推动市级公立医院通过学科合作、联合、托管等形式，精准对接下级医疗卫生服务机构，打造市级医联体和专科联盟。推动县级公立医院以资产、管理和技术等为纽带，精准对接镇卫生院和村卫生室，组建一批县镇村一体化的县域医共体。全市组建医联体16处，其中紧密型4处。组建跨区域专科联盟27个，市级专科联盟2处。印发加快推进和完善家庭医生签约服务工作的实施意见，推进家庭医生签约服务，年内重点人群签约服务人数67万人以上，其中残疾人签约服务人数1.8万人以上，登记在册的贫困人口签约服务人数3.8万人以上。加强健康信息化建设，建立健康医疗数据中心，日均采集数据100万条，入库数据5亿条，形成以居民身份证号为主索引的健康管理大数据流；完善全民健康信息平台和“健康威海”医疗服务平台，利用互联网、云计算、大数据技术，提升全市健康医疗大数据发展应用、智慧医疗应用协同、健康医疗信息化惠民服务等能力，逐步实现网上预约、在线支付、报告查询和健康管理等功能，为群众提供更加便捷的医疗健康服务。

【公共卫生服务】 规范实施基本和重大公共卫生服务项目，人均基本公共卫生服务补助经费提高到50元，拓展项目内涵与种类，建立城乡居民健康档案196万份，高血压、糖尿病、重性精神疾病规范管理人数17万人，孕产妇、儿童和老年人等重点人群管理人数33.13万人。全市启动重大公共卫生服务妇幼新项目，启动实施孕妇遗传性耳聋基因筛查和产前无创DNA检测2个免费新项目，分别检测1.57万人和1525人。全市适龄妇女宫颈癌和乳腺癌筛查实现城乡全覆盖，年内完成筛查13万人。继续推进孕妇产前血清学筛查、产前诊断和52种新生儿遗传代谢性疾病免费筛查，筛查孕妇1.51万人、产前诊断1996人、筛查新生儿2.17万人。年内

5月19日，市政协医药卫生界、市疾病预防控制中心到农村开展医疗服务
市卫计委提供

免费为4775名农村妇女发放叶酸2.19万板，有效预防神经管缺陷发生。预防艾滋病、梅毒和乙肝母婴传播项目实现城乡全覆盖，免费开展艾滋病、梅毒、乙肝检测2.64万人。

【卫生应急】 组织全市各级医疗卫生机构广泛开展H7N9流感防控培训，培训卫生应急和急救人员280余人次。联合检验检疫局进行传染病防控实战演练，开展突发事件医疗救援突击演练4次。联合市总工会组织市级卫生应急技能竞赛，文登区获得团体一等奖，3名选手获得市总工会授予的“金牌职工”称号。加强应急装备建设，配备传染病防控、医疗急救等专业应急物资和后勤保障装备20多台（件）。参与“5·9”事件、渔船起火等多起突发事件应对处置，开展医疗救援和保障服务。“5·9”事件先后安排医务人员300多人次、心理医生40多人次，出动救护车60多台次，为事件妥善处置提供医疗保障。

【卫生和计划生育依法治理】 深化“放管服”改革，完善公共服务清单，简化服务流程，提高服务质量和效率。严格落实规范性文件“三统一”、备案审查、集体讨论决定制度，全面规范合同签订的各项程序，健全法律顾问参与规范性文件和合同合法性审查机制，确保规范性文件和合同签订的合法性、有效性。建立公平竞争审查制度，规范有关行为，防止出台排除、限制竞争的政策措施，逐步清理废除妨碍公平竞争的规定和做法。建立行政执法全过程记录、重大行政执法决定法制审核、行政执法公示制度，提高卫生计生行政执法的透明度，切实保障公民、法人和其他组织的合法权益。在全省卫计系统率先实行“一站式”全流程办理机制，将原来20个工作日的办理时限压缩一半以上，办理“零跑腿”服务事项36件，“只跑一次”服务事项5863件，累计为申请人节省审批时限5万个工作日，实现审批全过程提速增效。审批窗口被威海市创建青年文明号活动领导小组授予2017年度“威海市青年文明号”称号，被威海市人力资源和社会保障局、市政务服务中心授予“群众最满意窗口”称号。

【卫生和计划生育宣传】 加大宣传力度，实现宣传效果最大化。会同中央、省市媒体策划“牢记‘总理的嘱托’”主题宣传活动。与市委宣传部开展卫生计生新闻奖评选活动，评出35件优秀作品。制作《威海建设健康城市纪实》《传承、创新、融合、发展——砥砺前行的威海中医药》等宣传片在多个全国性会议上播放。开展全媒体宣传，统筹发挥好传统媒体和新媒体的传播优势，打造“报、台、网、微”等各类传播平台，在内容、渠道、管理方面实现深度融合。做好H7N9的科普宣传和舆情监测宣传工作，在新旧媒体开展多种形式对H7N9防控知识宣传，及时回应社会关切的问题，引导群众理性对待、科学应对。强化医德医风教育，弘扬卫生职业精神，开展“最美乡村医生”“仁心医生”“美丽护士”等评选活动，培树先进典型，改善行业作风。制定《威海市“十三五”健康促进与健康教育工作规划》，成立市级健康教育专家库，承担全市的健康教育与指导、健康咨询与促进工作，举办健康知识讲座500余场，发放健康宣传资料200余万份。创建省级健康促进医院12个，环翠区为第二批省级健康促进县（市、区）创建单位，文登区、乳山市为第三批省级健康促进县（市、区）创建单位，在全省率先实现省级健康促进县“一片红”。为提升全民健康素养，培育健康理念，编印100万册《威海市居民健康读本》向城乡居民发放。

【爱国卫生工作】 开展卫生城镇创建。6月23日，乳山市被全国爱国卫生运动委员会办公室命名为“国家卫生城市”。完成对文登区张家产镇、乳山市海阳所镇创建国家卫生镇的市级基础评估工作，指导做好迎接省爱卫办组织的暗访和明察工作。乳山市下初镇、威海经济技术开发区泊于镇获批省级卫生乡镇，文登区张家产镇车卧岛村等43个村获批省级卫生村，环翠区张村镇嘉祥社区居民委员会等27个单位获批省级卫生先进单位。确定命名31个单位为2017年度威海市卫生先进单位，重新复查确认315个单位为威海市卫生先进单位。推进城乡环境卫生整洁行动。科学开展病媒生物防制工作。结合爱国卫生月活动以及健康城市建设，组织开展爱国卫生运动65周年系列纪念活动，威海市报送的创建第1个国家卫生城市授牌仪式照片获评全省一等奖，获二等奖1个、优秀奖5个；报送的征文作品获二等奖2个、三等奖1个、优秀奖10个。

【智慧医疗】 2017年，建立覆盖市、县、镇三级的远程医疗服务体系，设置威海市立医院、威海中心医院2处全市远程会诊中心及区域心电诊断中心，设置文登区人民医院、荣成市人民医院、乳山市人民医院3处区域性远程会诊中心，为各基层卫生医疗机构提供远程诊疗指导和服务，全市心电会诊2.7万例。“健康威海”移动医疗服务平台上线接入威海市立医院，通过微信服务号、支付宝服务窗以及APP等多种形式，提供市域内统一的预约诊疗、在线支付、排队叫号等医疗便民服务。加快智慧医院建设，威海市立医院建立全市首家“预约挂号＋分时就诊＋便捷自助”的智慧门诊系统，以身份证、医保卡、威海市民卡（居民健康卡）为载体，居民就医实现自助挂号、充值、缴费、查询打印和智能取药等便捷就医流程。威海市中心医院通过移动医疗系统打造医护联动工作模式，实现临床应用与医疗护理管理一体化，减少医护人员工作量，加强与病人沟通交流，提升患者满意度。

【健康城市建设】 1月，威海市爱国卫生运动委员会印发《威海市健康村镇建设实施方案》，启动健康村镇建设。开展城乡居民健康状况及其影响因素调查，编制《威海市健康城市建设规划（2017—2020年）》，按照各成员单位工作职责进行任务分解。威海市、乳山市及5个镇和10个村被列入山东省首批健康城市、健康村镇试点名单。推进健康社区、家庭和学校等健康单位建设活动，新建改造12处健康主题公园、30多条健康步道、65处镇级全民健身中心，完成绿道建设1286.6公里。配合录制中央电视台中文国际频道《国家记忆》节目，威海市爱国卫生工作在“爱国卫生运动”系列节目——《迈向健康中国路》中进行播放。在健康中国大型主题晚会——“生命之歌”上，威海市作为唯一地级市代表，在晚会上分

7 月 27 日，全国卫生城镇和健康城市工作经验交流会在威海市召开

市卫计委提供

享政府主导、跨部门协作、全社会共同参与的全民共建共享卫生与健康工作大格局的经验做法。7 月 27 日—28 日，全国卫生城镇和健康城市工作经验交流会及健康城市研讨会在威海市召开。威海市健康城市建设经验先后在爱国卫生运动 65 周年暨全国爱国卫生工作座谈会、山东省卫生与健康大会、全国卫生城镇和健康城市工作经验交流会上作典型发言。

【国家级医养结合试点单位工作】 强化政策引领，市政府印发《威海市人民政府办公室关于印发威海市加快推进医养结合暨养老服务业转型升级实施方案的通知》，在完善机制、政策扶持、资金扶持等方面加大保障力度。完善医养联动工作机制，医疗机构（不包括村级卫生室、诊所）全部建立老年人就医绿色通道，100% 的养老机构实现医疗服务，实现双覆盖。创新服务模式，针对需求设计老年人家庭医生签约个性服务包，建设家庭医生管理信息系统，加强健康管理，推进居家和社区医养结合。实施项目示范带动工程，加快“养中有医”“医中有养”医养结合机构建设和“医养联动”类型的医疗养老联合体或共同体建设，新增项目 31 处，荣成万福苑老年公寓被评为首批山东省医养结合示范单位。5 月 22 日，国家卫生计生委副主任王培安到威海市调研，充分肯定威海市医养结合工作。

【行业作风建设】 狠抓行业作风建设，注重医德医风建设，将医务人员贯彻执行“九不准”、加强行风建设情况列入绩效考核、医德考评的重要内容。对先进典型进行“一面党旗展风采，百名党员争奉献”系列报道，对系统内全国卫生计生系统先进工作者和先进单位进行集中宣传，弘扬“敬佑生命、救死扶伤、甘于奉献、大爱无疆”的职业精神，宣传典型 120 多人。

医疗服务

【概况】 严格落实《山东省医疗机构设置规划 2016—2020)》《威海市“十三五”医疗机构设置规划（2016—2020)》，明确功能定位，优化资源布局，推动医疗机构有序、健康发展。至 2017 年末，全市拥有各级各类医疗卫生机构 2252 处，其中非公立医疗机构 1408 处；卫生技术人员 2.1 万名，其中非公立医疗机构 4263 名；每千人口执业医师数 2.82 人、每千人口注册护士数 3.46 人；总床位数 1.84 万张，其中非公立医疗机构 2523 张，千人床位数 6.51 张；全市二级以上医院 28 所，其中社会办二级综合医院 1 所、专科医院 8 所；中外合资合作医院 2 所。

【便民惠民服务】 继续在县及县以下医疗机构开展先诊疗后结算服务，实行全市建档立卡贫困人口住院“先诊疗后结算”机制。会同人社部门印发《关于进一步加强临床路径管理工作的通知》，选择 143 个病种实行单病种付费或最高限价等支付方式，二级以上公立医院全面启动实施临床路径管理。7 处二级以上公立综合医院 2017 年出院病例数量 29.07 万人，进入临床路径病例数量 9.52 万人，占出院病例总数的 32.7%，入组率 87.5%，入组后完成率 95.1%。在全省 225 处二级以上综合医院中，威海市立医院开展临床路径病种数名列全省第九位，威海市中心医院入组率 99.7%，名列全省第四位。开展 2017 年度“服务百姓健康行动”大型义诊活动，890 名医师参加活动，累计发放健康宣传资料 4.2 万份。5 处市级三级医院均启动医联体建设，市级建成人、财、物统一管理的紧密型医联体 1 处，签订协议 1 处，中医合作型医联体 1 处，市级专科联盟 2 处；建立县域医联体 10 处，其中紧密型医联体 4 处；依托省级、市级临床重点专科，与国家级、省级医院跨区域组建专科联盟 27 个；85 处基层医疗机构统一配备远程会诊视频终端及远程心电终端。建设区域胸痛中心、卒中中心，与“120”联动，健全急性心脑血管疾病救治网络，畅通就近就急转运的区域协作绿色通道，提高危重患者抢救成功率。在全省率先发布卒中溶栓地图，覆盖 11 处二级以上医院，王陇德院士到威海为“地图医院”揭牌。威海市立医院、中心医院通过国家脑卒中防治委员会的现场评估。威海市中心医院胸痛中心通过国家胸痛中心认证委员会的现场评估。2017 年，威海市立医院、中心医院开展日间手术 3918 例，未发生医疗事故和患者投诉。日间手术病种平均住院日由之前的 3 ~ 5 天下降到 1 天，缩短患者住院等候时间和治疗时间，提高医院的床位合理使用率，降低医疗费用和医保基金支出。2017 年上半年审核通过 57 人次，核拨疾病应急救助基金 60.28 万元。下半年组织专家审核确认各区市 35 人次，核实费用 25.86 万元；委属 6 个医疗机构核实 20 人次，核实费用 30.39 万元。

【医疗质量管理】 质控中心建设管理 加强质控体系建设，成立门诊、骨科、口腔、眼科4个专业5个市级质控中心，总数32个。制发2016年度市质控中心工作情况报告汇编，公布2017年度市级质控制项目（病种），23个市级质控中心确定65个项目开展市级质控。发挥质控中心专业层面的指导管理作用，召开病理、麻醉、临床输血等专题质控会议46次，开展培训58场，总培训1.07万人次；肿瘤质控中心开展癌痛示范病房现场验收；市精神科质控中心对4处县级精神卫生防治机构医疗救治工作进行质控、指导；麻醉药品、抗菌药物质控中心开展麻醉药品、辅助用药品、抗菌药物及处方点评专项检查等20多项市级质控检查。

医疗质量安全管理 落实《医疗质量管理办法》，开展医疗质量安全专项整顿，启动医疗质量安全核心制度落实年活动，开展血液透析室（中心）拉网式检查，对全市医疗机构医疗废物管理、血液透析、人间传染的病原微生物实验室安全等工作督导检查。召开病案管理培训会议，开展二级以上医院规范化病历、死亡病例评审评价，评选优秀规范化病历13份、优秀死亡病例9份。组织参加全省三级医院重点病历（例）集中评价，根据山东省80家三级综合医院病历书写质量评价结果，威海市立医院病案首页填报质量评价全省第1名。

大型公立医院巡查 抽调14名专家，历时5天，完成对威海市立医院、威海市中心医院党风廉政建设和行风“九不准”、医院管理、经济管理3个方面的巡查，完成书面巡查报告。

【医疗机构标准化建设】 印发《威海市基层医疗卫生机构标准化建设工作推进方案》和《威海市社区卫生服务提升工程实施方案》，明确3年建设目标与任务。从组织管理、人力资源管理、临床技术管理和质量控制等7个方面做好医疗机构标准化建设。威海市立医院通过三级甲等综合医院复审现场评价。启动实施基层医疗卫生服务机构标准化建设，环翠区新迁建环翠楼社区卫生服务中心，孙家疃医院更名为孙家疃社区卫生服务中心，年内消除社区卫生服务中心空白点。开展“群众满意镇卫生院”等创建活动，6处镇卫生院获评国家级群众满意镇卫生院，1处社区卫生服务中心获评国家级示范社区卫生服务中心。

【医疗服务监管】 2017年，为威海爱尔眼科医院、威海海大护理院、文登龙港护理院核发医疗机构执业许可证，为威海紫光医学检验实验室核发医疗机构机构设置批准书。召开2017年国家执业医师资格审核工作会议、国家医师资格考试威海考点实践技能考试考务与考官培训会议，896人参加医学综合笔试，676人参加护士执业资格考试。完成2016—2017年度医师定期考核工作，7828名医师参加医师定期考核。加强平安医院建设，会同市公安局对各区市、委属部分医疗机构进行平安医院创建及维护医疗秩序督导专项检查，检查医疗机构13家。联合14个部门转发山东省《关于做好新形势下医疗纠纷综合处置工作的意见》，修订完善《威海市医疗纠纷预防与处置办法》。市医学会完成医疗事故技术鉴定7起，医调委受理医疗纠纷95起。

【血液管理】 召开2017年全市血液管理工作专题会议。开展全市临床合理用血宣传月活动，举行“6·14”世界献血者日启动仪式及现场义诊，将每年6月份定为“临床合理用血宣传月”，组织全市各医疗机构开展大型义诊活动，通过多种形式宣传献血、用血知识，推广输血新技术、新方法。推进核酸检测工作，2012—2017年检测标本15万例，阳性率0.8‰，对检测出的乙肝、丙肝、梅毒、艾滋病信息通过疾病预防控制信息直报系统及时上报，未发生经血液途径传播疾病。国家、省血液安全技术核查组，对威海市中心血站、1处综合医院采供献血服务、实验室管理及医院临床输血等工作进行督导检查。根据国家技术核查标准，结合工作实际，印发《威海市血液安全技术核查标准（2018版）》，对全市医疗机构临床用血进行专项检查。

【院前急救】 健全院前急救网络，威海高技术开发区新增1处急救站，全市院前急救网络医院40处，其中22处农村急救站获得市级运行奖补资金255万元。市“120”急救指挥中心升级更新指挥调度系统，全年受理呼救电话15.5万个，派出救护车6.9万辆次。加强“120”急救调度质量控制和院前急救网络医院督查管理，保证急救网络的高效规范运行。举办2期院前急救知识培训，培训院前急救人员270多人次，提高急救人员能力和素质。加入半岛航空医疗救援联盟，拓展急救服务领域。加强特种车辆管理，全市各级医疗卫生机构170多台特种车安装行车记录仪，80多台特种车安装卫星定位设备。

【“12320”卫生热线】 自2006年9月开通，2017年12月29日，根据市政府要求呼叫转移至“12345”政务热线。卫生热线累计受理和呼出电话3万例，其中健康咨询电话2万例，投诉举报电话400多例，开展电话戒烟服务征集戒烟志愿者100多名，完成全程戒烟干预60多人次。承接医疗服务满意度、住院病人满意度、两癌筛查满意度、艾滋病知晓率调查等外呼电话累计6000多例。

【卫生教育】 加强住院医师规范化培训。组织结业考核，对2014级首批147名住院医师规范化培训学员进行结业考核，合格率90.5%，成绩位居全省前列。开展2017年住院医师规范化培训学员招录工作，招收计划174人，实际招收161人。做好英才计划相关工作。在全市重点专科（学科）中，选拔4名优秀人才到国外培训，4名学科带头人、18名技术骨干到省级、国家级医疗机构培训或进修，并给予资金补助。组织第25批援坦桑尼亚医疗队员选拔报送工作，选派1名重症医学专业技术人员参加援外工作。加强继续医学教育工作。组织申报2017年继续医学教育项目，国家级、省级继续医学教育项目29项，市级98项。开展有关卫生技术人员继续医学教育任期考核。组织申报省级卫生与健康新技术培训基地，威海市立医院神经内科、消化内科被确定为山东省第一批卫生与健康新技术培训基地，组织基层医疗卫生机构参加山东省适宜卫生技术推广培训10余场次。威海市立医院与山东大学、延边大学等研发前沿院校及科研机构建立合作关系，开展科研横向合作，参与国家级、省级各类科研合作项目8项，有63名山东大学在读博士及20名延边大学在读硕士。威海市中心医院与青岛大学合作，成为青岛大学非直属教学医院（第8临床医学院），完成青岛大学医学部第二批在职研究生班的理论学习工作。

中医药事业

【概况】 2017年，全市有公立中医院4所，其中三级甲等医院3所、二级甲等医院1所。全市公立中医院全年门诊104.08万人次，出院8.03万人次，出院人数比上年增长1.4%；业务收入13.31亿元，增长5.1%。中医业务用房面积17.2万平方米，门诊中医治疗率由52.7%提高到61.8%，编制床位3041张。全市二级以上综合医院和妇幼保健院中医科年门诊人次9.53万人，增长59.3%；年业务收入4314.3万元，增长1.7%；全市各级各类医疗机构中医药人员1404人，增长16.5%；所有社区卫生服务中心和镇卫生院提供中医药服务。

【中医药发展政策】 印发《威海市中医药发展“十三五”规划》《威海市基层中医药服务提升工程“十三五”行动计划》《威海市人民政府办公室关于建立威海市中医药工作联席会议制度的通知》等文件，明确发展任务和目标，强化组织领导，落实“十三五”期间中医药事业发展专项资金3310.4万元，用于基层医疗机构国医堂、中医药适宜技术推广等项目。深化中医药支付方式改革，新增3个中医优势病种，有39个中医优势病种施行按病种收费，其中16个病种纳入医保定额结算范围。改革经验被国家中医药管理局及国务院深化医药卫生体制改革领导小组简报刊登，被国家中医药管理局新闻办公室和《中国中医药报》列为全国2017年中医药十大新闻之一。

【中医药服务网络】 由市中医院牵头组建中医医疗集团，逐步健全“集团—医院—社区”三级医疗网络和管理网络，形成完善、互动的区域医疗协作运行体系。市财政投入2000万元，用于市中医院康复中心建设，主体工程竣工。召开威海市中医医联体建设工作推进会，与68家基层医疗机构签订医联体合作协议。各级投入近300万元完成基层医疗机构国医堂建设25处，实现全市79家镇卫生院、社区卫生服务中心国医堂全覆盖。加大适宜中医技术培训考核力度，组织市级基层中医药适宜技术竞赛，选拔3名优秀选手代表威海市参加省级竞赛，获得团体三等奖。环翠区通过全国基层中医药工作先进单位期满复审，威海市中心医院通过国家综合医院示范单位复审。

【中医药人才队伍】 全市有4人获评省级名中医药专家、6人获评省级基层名中医，评选市级名中医20人、基层名中医15人；7人获评山东省中医药发展“三经传承”宣讲团专家、1人获评山东省中医健康养生大讲堂授课专家，13人获评山东省五级师承教育项目第一批继承人，7名专家和14名优秀中医人才获评国家和省级中医药学术经验继承工作指导老师和继承人。

【中医药专科建设】 评选市级第三批中医药重点专科11个，获批2017—2018年度省中医药科技发展计划项目11项、国家级继续教育项目3项、省级继续教育项目13项。山东省中医骨伤质量控制中心挂靠文登整骨医院；威海市首批中医病案、中药饮片、针灸中医医疗质量控制中心，挂靠威海市中医院。

【中医药文化传承和普及】 施行经典传承、经方运用和经验传授的“三经传承”战略。制定《威海市民间中医资源普查工作方案》，在全市范围内开展民间中医资源普查。东部滨海新城国医养生院建设主体完工。北竹岛小学研学旅行基地落户威海市中医院，组织专家编写中小学中医药文化读本。韩国大同大学到威海市开展中医药学术交流活动，推动中医药对外文化合作。开展中医药科普宣传教育，推动中医药知识进社区、进机关、进农村、进课堂、进家庭。开展“中医药进农村”助力“精准扶贫”活动。举办中医中药中国行——中医药健康文化推进行动启动仪式和齐鲁名中医药专家科普巡讲活动，举办《中华人民共和国中医药法》和中医药文化有奖知识竞赛活动。威海市中医院等3家单位被确定为省中医药文化建设示范单位。

【中医药健康服务业】 召开威海医疗健康产业发展座谈会，邀请国医大师和相关领域专家为全市医疗健康产业发展建言献策，中国医疗保健国际交流促进会中医学分会与威海市中医药管理

7月6日，威海市中医药管理局与中国医疗保健国际交流促进会中医学分会举行战略合作签约仪式　　市卫计委提供

7月6日，威海医疗健康产业发展座谈会在东山宾馆召开　　市卫计委提供

局签署战略合作意向书。威海市被确定为山东省首个中医药健康旅游示范区建设单位，3个单位被确定为山东省中医药健康旅游示范项目创建单位，10个单位被确定为威海市首批中医药健康旅游示范基地。

疾病预防控制

【概况】　2017年，全市疾病预防控制工作以“强基层、抓落实、拓新路、促提升”为重点，完善疾控体系建设，提高疾病预测预防能力，加强重大疾病防控，实施扩大国家免疫规划，巩固提高地寄病防治成果，推进慢病防治工作，落实严重精神障碍患者管控措施，实现“传染病防控保平稳，非传染性疾病防控有突破，严重精神障碍患者不肇祸”的总体目标。

【疫情信息管理】　完善全市疫情监测网络，加强疫情报告质量的控制，疫情报告及时率和准确率均达99%以上，漏报率始终控制在2%以内，处于全省前列。

【艾滋病防控】　召开全市防治艾滋病工作委员会成员单位联络员会议和高校艾滋病防治专题会议，通报艾滋病防治工作开展情况2次、学校艾滋病疫情分析报告7期，完善联防联控工作机制。扶持社会组织和志愿者参与艾滋病防治工作，支持学生社团开展高校艾滋病宣传干预。加强监测检测管理，深入开展国家哨点监测、自愿咨询检测、在押人员检测及医疗机构扩大检测服务活动，检测各类人群31.6万人次，比上年增长14%。规范抗病毒治疗管理，1月1日起抗病毒治疗工作全面移交至定点医院，完善工作流程，强化培训和指导，加强沟通和质控，抗病毒治疗覆盖率92%，病人随访治疗管理各项指标继续保持在较高水平。落实“四免一关怀”政策，减免、补助病人体检费、交通费7.2万元，为25人申请香港智行基金会“受艾滋病影响儿童和青少年救助项目”经费，发放2.3万元救助基金及价值2800元的生活慰问品，组织1人参加首届智行基金会2017年青少年暑假夏令营活动。

【结核病防治】　强化结核病防控医防合作，加大结核病患者发现和治疗管理力度，患者总体到位率98.0%，肺结核患者成功治疗率92.1%。完善耐多药结核病防治服务体系，推广使用快速诊断技术，对所有涂阳患者开展免费耐多药筛查。做好TB/HIV双感防控工作，肺结核病人HIV抗体免费检测率97.3%，艾滋病感染者和病人免费胸片检查率99.4%。加强学校结核病的防控，对全市531所学校开展结核病防治基本情况摸底调查，新生入学结核病筛查率98.7%；在45所学校开展“无核校园，从我做起”宣传活动，规范处置学校散发疫情32起，维护学校的正常教学秩序。参加第二届全国结核病防治知识网络竞赛，获得市、县级优秀组织单位4个、国家级优秀个人奖6个、省级优秀个人奖11个；参加山东省结核病防治技能竞赛以总分第五名的成绩获团体三等奖，获个人一等奖1名、优秀奖3名。

【免疫规划】　推进预防接种门诊建设，新建2个数字化预防接种门诊，完成海大医院、环翠楼社区卫生服务中心2个预防接种门诊改建和21个预防接种门诊的数字化改造，全市86个预防接种门诊实现数字化全覆盖，位居全省前列。开展信息化推进年活动，完成疫苗及注射器管理、冷链监控系统建设，实现预防接种全过程信息化管理。转变第二类疫苗采购供应模式，在全省率先完成以市为单位的集中议价，从省公共资源交易平台采购第二类疫苗23.88万剂。开展预防接种全员培训工作，累计培训1488人次。全年报告出生儿童2.66万人，儿童建卡建证率100%；接种一类、二类疫苗累计76.12万（针）次；2～3岁儿童八苗全程接种率97.7%，麻疹首针及时接种率92.0%。做好疫苗紧缺、不合格无细胞百白破疫苗事件的处置，完成6例疑似预防接种异常反应调查诊断及5例预防接种异常反应补偿工作，防范和化解风险。

【慢性病防控】　开展死因监测和肿瘤、脑卒中、冠心病等重点慢性病的报告管理，完成各类慢病监测报告卡4.06万张，其中死亡卡1.93万张、肿瘤卡8338张、脑卒中卡1.02万张、冠心病卡2702张、伤害卡3895张，监测质量保持全省先进水平。推进慢病示范区建设，乳山市通过国家级慢病示范区复审，文登区、荣成市完成省级慢病示范区的市级初评，环翠区创建省级慢病示范区。推进重点慢性病筛查和早诊早治，完成上消化道肿瘤、大肠癌高危人群筛查及早诊早治1500人；在崮山镇、孙家疃街道完成脑卒中初筛5200人；在乳山市完成心血管疾病早期筛查2000人和常见消化系统疾病流行病学调查864人；在全市开展农村居民胃癌筛查4000人。加强推进慢病危险因素干预，发放骨质疏松宣传册1800本、知识要点1100张、海报120套；糖尿病手册1900本；盐与儿童减盐海报2800本、学校减盐手册4000本，各类宣传品1.17万份，宣传减盐降压知识。启动“一评二控三减四健”专项行动，参加国家和省级职业人群健步走大赛与维持健康体重系列活动；举办全市职工健骨操大赛，文登区代表队代表威海市参加省级比赛，取得全省团体一等奖。

【地方病防控】 开展全市居民碘盐消费现状调查，召开威海市地方病防治工作协调会，通报全市碘缺乏病防治工作现状，就部门履职和今后工作提出要求。完成全市居民生活饮用水水碘含量调查、碘缺乏病病情和碘盐监测工作。在文登区和荣成市实施碘缺乏病健康教育项目，各区市在“5·15”碘缺乏病宣传日开展大型宣传和现场咨询活动，通过广播、电视、报纸等大众传媒，宣传碘缺乏病防治知识，累计发放宣传画8000张、宣传折页3800张、小学生健康教育手册80本，制作宣传栏35期、黑板报30期。对环翠区和文登区的15处饮水型地方性氟中毒病区村的改水工程运转情况和水源水氟含量进行调查检测，所有改水工程均运转正常，水源水氟含量均小于0.5毫克/升，病区未发现氟斑牙和氟骨症患者。

【寄生虫病防控】 以消除疟疾为重点，开展肠道寄生虫病高危感染人群筛查，强化部门合作，重视业务培训和督导检查，提升寄生虫病防控能力与服务水平。举办全市寄生虫病防治工作岗位技能竞赛，组团参加全省技能竞赛获得团体一等奖。做好疟疾监测和病例处置，血检“三热病人”4118人，复检血片454张，复检率11.0%。召开全市输入性疟疾联防联控工作会议，规范疟疾病例的处置，对26名输入性疟疾及时上报疫情并做好病例的治疗、流行病学调查及疫点处置工作，完成疟疾病人休止期治疗4人，避免输入性病例的传播。在文登区开展肠道寄生虫病调查，调查1018人，检出鞭虫阳性30人，未检出蛔虫及钩虫卵，阳性率2.9%；用透明胶纸肛拭法对粪检人群中3～9周岁儿童采集蛲虫标本72份，未检出蛲虫卵。

4月22日，威海市暨环翠区“健康中国行——合理膳食”主题宣传活动在大世界步行街广场举行　　市卫计委提供

【健康教育】 示范基地创建工作。整合扩建全市中小学生健康教育基地，涵盖疾病防控教育馆、应急救护教育馆、交通安全教育馆等7个主题健康教育馆，设立健康餐厅、阳光运动区等；全年授课30多次，培训市区中小学生4600人次。与《威海晚报》、市广播电台合作开设健康驿站和疾病防控专栏，累计发稿72期，公益广告1095次，专家讲座12期，参加3次“行风热线”，广泛宣传防病知识。网站、微博等新媒体累计发布信息1407条，微博发送健康知识2000条，总阅读量20万人次。卫生纪念日开展大型活动10次，发放各种宣传材料4.7万份，接受各类健康咨询约3200人次。开展“爸爸我爱你，我要告诉你”烟盒警示套设计活动，近1000名孩子参加；全市30多所中小学开展“拒吸第一支烟，做不吸烟新一代”主题签字活动。完成全市首次居民健康素养调查，全市居民健康素养水平为12.2%，与全省平均水平12.08%基本持平，高于全国平均水平2个百分点。

【精神卫生管理与服务】 以“着力抓好精神卫生管理，实现稳步推进再提高”为目标，加强组织领导及责任落实，建立部门联动排查机制，规范严重精神障碍患者“查收管治”四环节的管理。全市基层医疗机构按照“镇不漏村、村不漏户、户不漏人”的排查原则，进行严重精神障碍患者摸底调查，对疑似患者由专科医生进行确诊和评估，对排查出的易肇事肇祸或近期评估危险性3级及以上的患者协助送诊。开展基层医疗机构临床医师精神科执业培训，85名基层医师参训并结业，提高基层精神卫生工作专业水平和服务能力。

卫生计生监督

【概况】 2017年，全面开展“卫生计生综合监督规范年活动”，以推进监督体系、执法主体、执法行为、执业服务、示范区创建“五个规范化”为目标，履行法定监管职责，实现卫生和计划生育监督执法工作新跨越。在乳山市率先成功创建省级综合监督示范区的基础上，环翠区、文登区和荣成市3个区市通过省级现场考评验收。

【执法效能建设】 按照监督执法重心下移的指导思想，联合市编办、财政局、人社局印发《关于进一步加强卫生计生综合监督行政执法工作的实施意见》。全市各级卫生计生监督机构新增编制37人，新招录人员10人，新增设计划生育监督科4个，聘用监督协管人员410人，聘用卫生、计生监督协管信息员1286人，初步建立起市、县、镇、村“三级四层”监督执法体系。按照《全省卫生计生综合监督培训规划（2016—2020）》，组织监督员网络培训注册143人，注册率100%，考核总人数125人，网络培训时间平均每人每年42.03学时，完成率100%；落实监督员资格认证、持证上岗制度，全市卫生监督员持执法证人数125人，执法人员持证上岗率100%。

【信息化和长效机制建设】 7月26日，威海市卫生和计划生育监督执法支队和文登区卫生计生监督执法大队通过省审核评估组的审核评估，自8月1日起运行山东省卫生计生监督业务应用系统；环翠区、荣成市、乳山市于12月25日统一开通业务应用系统。执法过程全记录建设稳步推进。国家“双随机”完结率100%，市“双随机、一公开”抽查监管平台实现监督全覆盖。

【执法检查】 2017年，全市应监督户数9344户，实监督户数9341户，监督覆盖率99.97%；办理行政处罚案件319起，实际履行罚没款122.5万元；移送公安机关无证行医涉嫌犯罪案件3起，申请人民法院强制执行非法行医案12起。市政务服务中心卫生计生委窗口受理办结各类卫生行政审批事项8000多件，接受社会来人来电咨询近1万人次，按时办结率100%，无投诉举报事件发生。

医疗卫生监督　开展医疗机构依法执业专项监督检查，全市检查各级医疗机构721家，抽查医务人员4218人，查处案件22件。开展社会资本办医疗机构依法执业专项监督检查，检查591家，监督覆盖率74.6%，对29家社会资本办医疗机构进行行政处罚；联合市公安、人社、工商等部门印发《严厉打击非法医疗美容专项行动实施方案》，开展医疗美容专项整治行动，全市检查医疗机构296家；开展查处违法违规应用人类辅助生殖技术专项行动，与10个部门联合印发《关于转发鲁卫监督字〔2017〕29号文件组织开展查处违法违规应用人类辅助生殖技术专项行动的通知》，检查医疗机构86家，未发现违法违规应用人类辅助生殖技术的违法行为。开展传染病防治法等“一法四规”专项监督检查，检查医疗卫生机构228家。开展医疗卫生机构传染病防治分类监督综合评价试点工作，完成176家医疗卫生机构的分类监督、综合评价及数据录入工作。

学校卫生和生活饮用水卫生安全专项整治　对学校传染病防控、教学生活环境卫生等进行监督检查。监督检查学校469户次，托幼机构369户次，监督抽检学校130所，综合监督评价学校95所，下达卫生监督意见书631份；开展生活饮用水卫生安全专项整治，重点检查城市集中式供水、农村百吨以上集中式供水单位，督促落实消毒措施，建立将监督检查发现的卫生安全问题和隐患向主管部门通报制度，督促不达标水厂落实整改措施，依法规范供水行为；与市疾控中心配合开展生活饮用水出厂水、管网末梢水水质联合监测工作，建立水质信息内部共享机制，对29家集中式供水单位、20家二次供水单位、18家涉水产品生产企业、2061家农村供水单位进行监督检查，监督覆盖率100%。对3家城市供水、1家涉水产品生产企业、330台现制现售水售水机进行监督抽检，办结各类案件16起。

计划生育监督　开展计划生育监督专项抽查，联合市食品药品监督部门抽查单位102家，对取得母婴保健技术许可和配备B超设备的医疗机构进行监督。开展产前筛查和诊断技术依法执业等专项监督检查，规范计划生育技术服务。

环保督查专项检查　在全市范围内开展环保督查专项检查活动，对医疗废物和医疗污水处置、医疗机构放射卫生、生活饮用水卫生和公共场所卫生开展执法监督专项活动，对检查中发现的违法问题加大处罚力度，对14家监管业户的违法行为予以立案查处，罚款3.7万元。

10月27日，市卫生计生监督机构对公共场所卫生进行检查　市卫计委提供

医学科研

【概况】 2017年，威海市获得省自然基金2项，省重点研发（科技攻关）计划2项，省医药卫生科技发展计划项目13项；市级重点项目4项，其中威海市立医院微生物与免疫学重点实验室、威海市中心医院自身免疫性疾病重点实验室被确定为2017年威海市重点研发计划创新平台类项目，每个项目获得支持资金30万元；威海市立医院消化内科、文登整骨医院骨伤科2个重点专科被确定为威海市科技发展计划项目技术创新类项目，每个项目获得支持资金40万元。年内，获得省科协组织的山东省医学科技奖二等奖5项、三等奖3项。获得威海市科技进步奖24

项，占全市获奖总数的近1/3，其中一等奖2项，二等奖15项，三等奖7项。全年发表SCI论文29篇，影响因子3.0以上的4篇。

【医疗新技术应用】 射频消融术 威海市立医院开展射频消融术，一名长QT伴尖端扭转室速的患者，室速20余种，威海市立医院术中除颤24次，经过12小时消融及ICD植入治疗，成功完成手术，患者术后未出现室速，随访1个月，未出现室速。器质性心脏病由于心脏结构尤其心室结构发生改变，其电传导通路相应发生改变，导致室性心动过速发生。由于患者病因、缺血、心脏纤维化存在差异，故其心脏结构及电传导通路改变也存在差异。手术难点在于患者需要个体化标测、个体化消融；没有固定的手术模式，每个患者都是一个迷宫。手术风险大，患者心脏结构发生改变，心衰、恶性室性心律失常发生率明显增加，死亡率相应增加。硬件设施不足，需克服条件完成手术。

智能化AR精准导航联合3D打印技术 威海市中心医院基于增强现实（AR，Augmented Reality）技术精准导航系统的应用，结合3D金属打印技术，在全国率先应用于椎体肿瘤的切除与椎体置换。该技术将现代的放射影像技术融合到三维影像当中，将虚拟影像导入AR眼镜，使医生准确了解到肿瘤与重要的神经血管及其他重要器官的相邻位置，有效指导术前手术方案的设计和手术路径的进行，利于术中避开患者重要血管、神经，减少出血，提高安全性。手术成功后，被中央电视台等20多家媒体报道。“AR＋3D”金属打印技术主要用于辅助骨盆、脊柱巨大肿瘤切除及骨骼重建。66岁患者，在威海市中心医院检查时发现骶尾部有最大直径约11厘米的梭形细胞瘤。运用“AR和3D打印”技术进行手术。手术前，经过多学科会诊，通过三维技术将患者肿瘤、骨骼和周围重要神经、血管、组织等重建，进行模拟手术，确定手术方案。医生戴着AR眼镜，通过虚拟技术创建的影像与患者叠加，在此引导下实施手术，将提前运用3D技术打印好的椎体植入患者体内。经过4个小时，成功完成手术。

计划生育

【概况】 2017年，全市各级卫生计生部门贯彻落实上级工作部署，坚持计划生育基本国策，稳妥实施全面两孩政策，推进计划生育服务管理改革，全市计划生育工作平稳健康发展。年末，根据计生WIS统计数据，全市出生人口2.23万人，其中二孩出生9452人，二孩占出生总数的42.4%，

【全面实施两孩政策】 强化政策宣传。利用广播、电视、网络等多种媒体，对全面两孩政策实施情况进行宣传，引导群众理性生育。广泛宣传全面两孩政策和计划生育免费、优惠服务政策；加强舆论引导，引导群众生育观念由过去少生优生向优生优育、按政策生育转变。加强出生人口动态监测和分析预警。根据计生WIS统计数据，各项指标基本符合预期。推进生育保障机制建设，在机场、车站等交通枢纽，医院、商场等公共场所以及用工单位配置母婴便民设施186处。

【计生服务管理转型发展】 改革计生服务管理。规范计生办证办事流程，畅通信息化渠道，全面推行首接负责、委托代办、个人承诺等制度和婚育证明电子化。镇（街道）成立卫生计生办，统筹承担计划生育、公共卫生和健康教育、卫生计生监督等职能。推进流动人口服务均等化。将流动人口基本公共卫生计生均等化服务纳入健康城市建设规划，开展流动人口健康服务年活动，实施流动人口健康促进5年行动计划，开展流动人口健康促进示范企业、学校和健康家庭创建活动；实施流动人口和农村留守儿童关爱行动，年走访慰问3万人次，流动儿童一类疫苗接种率97.2%，流动人口传染病报告率和及时率100%，计划生育免费技术服务实现目标人群全覆盖。按照新时代计划生育“三个转变”的总体要求，探索创新，在全市评选表彰“加快推进医养融合发展破解计生家庭养老难题”等7个创新项目，以创新示范引领全市计划生育转型发展，提高群众获得感。

【计划生育利益导向】 严格落实各项计划生育奖励、扶助、救助制度，按程序开展政策宣传、对象资格确认、相关数据审核录入、资金发放等工作，将符合政策要求的居民及时纳入奖励扶助范围，做到程序合法、信息准确、文案齐全。2017年，全市确认各类计划生育奖励扶助救助对象40.2万例，下发各项计划生育奖励扶助资金2.4亿元。强化计生特殊家庭扶助关怀工作，完善特殊家庭“一对一”帮扶联系等制度，落实精准服务，完善计生

9月12日，基层计生协管员到建设工地开展流动人口健康服务　市卫计委提供

特殊家庭扶助政策。

【计划生育协会组织建设】 全面清理、整顿会员和志愿者队伍，规范计生协网络、制度、阵地和活动建设。全市建企业和流动人口计划生育协会267个，流动人口计划生育协会示范点12个，金田小商品市场通过省级流动人口计划生育协会示范点项目评估。在威海市卫生学校成立以师生为主体的计划生育协会，为在校师生提供生殖健康知识普及和计划生育服务。

【生育关怀】 开展青春健康教育进学校、社区、企业活动，对全市青春健康工作师资进行培训，打造市级青春健康教育示范基地9个，哈尔滨工业大学（威海）中标国家级青春健康高校项目，山东大学（威海）中标省级青春健康高校项目，威海市中小学生综合实践教育中心、威海市卫生学校、威海市第七中学3个单位获评省级青春健康教育示范基地，青春健康工作全市受益学生4万人。组织计划生育协会志愿者为计划生育家庭开展志愿服务活动。募集人口关爱基金16.1万元，对计划生育困难家庭进行走访慰问和帮扶救助。计划生育家庭保险规模继续增长，全年全市计划生育家庭保险参保人数12.5万人，投保金额622万元，位居全省前列，获全省计划生育家庭保险工作一等奖；赔付金额501万元，赔付率80.5%，彰显“小保险、大保障”的效用。

【计划生育宣传】 开展“5·29”会员活动日宣传服务、优生优育知识进社区活动，表彰100名从事计划生育工作20～30年的优秀乡村计生主任。修订《婚育宝典》，从源头为计划生育家庭提供生命全周期的服务、咨询和指导。

【计生药具发放】 构建全市免费药具均等化服务格局，投放药具免费自助服务发放机138台，提供药具自助服务13万人次，自助服务发放比例占年总发放量的19%，为全省最高，提升城区人口和流动人口药具均等化服务水平。

2月1日，市卫计委开展流动人口卫生计生关怀关爱专项行动　市卫计委提供

【计划生育基层群众自治】 通过实施计划生育基层群众自治，指导村（居）做好计划生育协会换届，制定计划生育村规民约范本，保证群众对计划生育事务的知情权、参与权、决策权和监督权。开展计生基层群众自治示范单位创建活动，全市计划生育基层群众自治示范村（居）比例70%。

【出生人口性别比治理】 开展出生人口性别比重点治理活动，市出生人口性别比综合协调领导小组办公室举办全市打击“两非”（非医学需要的胎儿性别鉴定、非医学需要的人工终止妊娠）培训班，定期召开相关部门联席会议，开展部门联合执法督查，建立健全起齐抓共管、协调一致的工作机制。与5个部门联合组织开展整治“两非”专项行动；与9个部门联合加强打击防控采血鉴定胎儿性别行为，加大整治“两非”行为力度。规范基层出生人口性别比综合治理服务管理工作制度，加强源头治理。实行月调度、季通报制度，加强动态监控。利用各类宣传平台、节日节点等开展宣传活动，实施“关爱女孩行动”，营造社会性别平等的良好氛围。全市出生人口性别比继续保持在合理范围，有20个单位、50名个人分别被评为全市出生人口性别比综合治理先进单位和先进个人。

（蒋　锐）

编辑　李传强

体　育

综　述

【概况】　2017年，威海市体育局以发展壮大体育产业、全力打造体育赛事、广泛开展体育运动、提高体育竞技水平、加快建设体育设施为主线，促进全市体育事业全面协调发展。发展76个镇级和1614个村级体育总会，实现镇级体育总会全覆盖。成立30个协会党支部或联合党支部，协会党组织基本实现全覆盖。建成34处镇级全民健身中心。举办全市性大中型群体赛事94项次，体育人口稳步增长，达37%。举办威海市第五届运动会、全市中小学生六大体育联赛、中小学生游泳普及和健康夏令营活动。举办国际铁三世界杯赛暨超级铁三系列赛、UIM世界XCAT摩托艇锦标赛和全国海钓锦标赛等品牌赛事，铁三赛经济效益评估达2.35亿元。各场馆运营良好，年均承接各类赛事活动30余项次。体彩销量达5.9亿元。威海市被命名为中国钓鱼名城，威海市体育局被评为山东省文明单位。市体育局及环翠区、文登区、荣成市、乳山市政府等8个单位被评为全国群众体育先进单位，实现全域一片红，5人被评为先进个人。

【《威海市人民政府关于加快公共体育服务体系建设的实施意见》】　1月23日，市政府印发《威海市人民政府关于加快公共体育服务体系建设的实施意见》，明确重点任务，提出到2020年，全市基本建成布局合理、设施完善、组织健全、活动丰富、服务优质、群众满意的现代公共体育服务体系，公共体育服务效能明显提高，实现公共体育服务均等化、标准化和全覆盖。

（刘　洁）

【山东省威海体育训练中心】　2017年，山东省威海体育训练中心完成中华人民共和国第十三届运动会备战参赛工作。选派70人参加3个大项13个小项的比赛，参赛项数和人数均创中心新高，获得2金（男、女橄榄球队）、2银（男子手球队、女子铁饼冯彬）、1铜(男子跳高张国伟)的成绩。其中，山东男女橄榄球队连续两届全运会包揽男女七人制橄榄球项目冠军，创造山东竞技体育历史最好成绩。11月21日，国家体育总局小球运动管理中心在国家体育总局会议室召开中国国家橄榄球俱乐部成立签约仪式暨研讨会，山东省与国家体育总局签署国家橄榄球俱乐部战略合作协议，以山东运动员为班底全国选拔运动员组建中国（山东）男女国家橄榄球俱乐部队。

（赵　斐）

群众体育

【概况】　2017年，开展专项社会体育指导员培训，培训滑雪等12个项目二级社会体育指导员991人，全市社会体育指导员达9200人。邀请体育运动专家为全体学员做科学健身、运动伤病预防与治疗等方面知识讲座。成立4个单项体育协会、4个体育俱乐部，市级单项体育协会达36个、体育俱乐部达54个。推动体育“四进”（进机关、进社区、进农村、进企业）活动，全市全年开展“四进”活动42次。组（带）队参加省全民健身运动会太极拳、羽毛球球等25项比赛，承办空竹、棒垒球和航空模型项目的比赛。组队参加省足球／篮球争霸赛等10余项比赛活动。举办威海市第七届全民健身运动会羽毛球、毽球等33个项目的比赛，各区市组织本级全民健身运动会项目50个。威海市体育局被授予山东省第七届全民健身运动会优秀组织奖，环翠区、文登区、荣成市体育局获评山东省第七届全民健身运动会先进单位。全年利用省级体彩公益金830万元，用于扶贫村健身工程、拼装泳池、笼式足球等。完成180个省定扶贫工作重点村体育脱贫任务。印发《威海市全民健身实施计划（2016—2020年)》。

【威海市第七届全民健身运动会】　1月8日至10月29日，威海市第七届全民健身运动会在市县两级举行，市级设越野跑、铁三系列赛、乒乓球（老年）等33个项目。比赛采用社会力量办赛的方式，有31个事业单位、社会组织及企业承办全部33项比赛，40余家企业为运动会冠名或提供赞助，直接参与人数达6万人，带动参与全民健身运动人数超过70万人。

【“与文明同行　向健康出发”全民健步走】　4月15日，由市体育局、文明办、卫计委共同指导的山东燕喜堂健民杯“与文明同行　向健康出发”全民健步走活动在威海体育场南广场举行，全程约8公里，有4000多名市民参加活动。

【“家家悦九龙城·佳得乐杯”全民健身运动赛】 4月23日，由市体育局、广播电视台、威海经济技术开发区管委和山东家家悦集团有限公司联合主办的第四届“家家悦九龙城·佳得乐杯”全民健身运动赛在威海公园中心广场举行。路线全长约6公里，有3000余名市民参加活动。

【“汤泊温泉杯”2017年全国老年门球系列赛（文登站）】 5月16日，由山东省老年人体育协会主办，山东省门球运动协会、威海市体育局、环翠区政府联合承办的“汤泊温泉杯”2017年全国老年门球系列赛（文登站）在汤泊温泉旅游度假村门球场举行。赛期2天，按照分组循环赛和淘汰赛两个阶段进行，全国各地的24支代表队200多名运动员参加比赛。

【2017年全国群众登山健身大会（文登站）暨第十三届中国·威海（文登）昆嵛山樱桃节】 5月20日，2017年全国群众登山健身大会（文登站）暨第十三届中国·威海（文登）昆嵛山樱桃节在文登区昆嵛山举行。登山大会分专业组登山比赛和群众组登山活动，登山距离为6公里，全国各地500多名专业登山运动员、登山爱好者参加。

【威海市第七届全民健身运动会足球比赛暨第二届“璟川杯”足球联赛】 6月11日，由威海市体育局主办，市足球协会、威海 川体育文化传播有限公司承办的威海市第七届全民健身运动会足球比赛暨第二届“璟川杯”足球联赛在威海市体育场开幕，10支球队参赛，比赛采用单循环积分制，利用周六、周日进行比赛，比赛历时3个月。

【2017年“德丰利达杯”中国门球冠军赛（山东站）】 6月16日—17日，由山东省门球运动协会主办，威海市体育局、文登区政府承办的2017年“德丰利达杯”中国门球冠军赛（山东站）在文登区葛家镇德丰昆嵛山门球基地举行，有36支代表队200多名运动员参加比赛。

【威海国际棒球邀请赛】 6月24日—25日，由山东省小球运动管理中心、威海市体育局、威海临港经济技术开发区管委联合主办的2017威海国际棒球邀请赛在临港区全民健身中心举行。有6支棒球队参赛，赛期2天，比赛同时评选出优秀投手奖、优秀击球员奖、优秀教练员奖和本垒打奖。

【全国棒球冠军赛暨全国棒球公开赛】 7月3日，由国家体育总局手曲棒垒球运动管理中心主办，山东省小球运动管理中心、威海市体育局承办的全国棒球冠军赛暨全国棒球公开赛在威海临港经济技术开发区全民健身中心棒球场开赛。北京、山东、江苏等8支代表队参加。赛期6天，分别进行分组单循环预赛、交叉淘汰赛和决赛，江苏队获得冠军，北京棒球队与天津体育学院附属中专部分别获得亚军和季军。

【2017荣成环樱花湖全国自行车邀请赛】 7月29日—30日，由荣成市政府主办，荣成市体育局、威海市自行车运动协会承办的农商行杯·2017荣成环樱花湖全国自行车邀请赛在荣成市樱花湖体育公园举行。邀请赛设有荣成环樱花湖全国自行车邀请赛和荣誉骑游荣成最美赛道两大主题活动，比赛路线为环绕樱花湖，单圈6公里。分为男子精英组（40周岁以下）、男子大师组（40周岁以上）、女子组、团体组四大组别，全国各地300名选手参加比赛。山东联队、九尾车队、RTS迈腾车队分别获得团体冠、亚、季军。

【威海市第七届全民健身运动会篮球赛暨第八届“海港杯”篮球赛】 8月1日—12日，由市体育局和市体育总会联合主办，市篮球协会承办的威海市第七届全民健身运动会篮球赛暨威海市第八届“海港杯”篮球赛在市体校篮球馆举行，分普通组和老年组2个组别，有23支队伍225人报名参加，金碧建筑俱乐部获普通组冠军，大地评估俱乐部和精密机械代表队分获男女老年组冠军。

【威海市全民健身日启动仪式暨威海市第七届全民健身运动会社会体育指导员技能展示大赛】 8月8日，由威海市体育局主办，社会体育指导员协会、体育场馆管理中心、奥林国际健身中心联合承办的威海市全民健身日启动仪式暨威海市第七届全民健身运动会社会体育指导员技能展示大赛在市体育馆举行。在全民健身日前后，举行威海市第七届全民健身运动会篮球、跆拳道、武术比赛及市第五届运动会铁人三项和足球等比赛。开展义务为市民进行国民体质检测，组织宣讲团赴各区市进行健身知识宣讲，组织部分社会体育指导员深入社区进行健身技术指导等多项全民健身志愿服务活动。

【威海市第七届全民健身运动会暨2017威海市“东方神参杯”第四届体育舞蹈锦标赛】 8月12日，由威海市体育局主办，市体育舞蹈运动协会承办的威海市第七届全民健身运动会暨2017威海市“东方神参杯”第四届体育舞蹈锦标赛在市体育馆举行，德州、日照、威海等地市的11支代表队600多名运动员参赛。

【“中国体育彩票杯”山东省第七届全民健身运动会空竹比赛】 9月4日—6日，由山东省体育局主办，省直机关老年人体育协会承办，乳山市政府和乳山市体育局协办的“中国体育彩票杯”山东省第七届全民健身运动会空竹比赛在乳山市举行，比赛分为集体竞赛、个人自选套路、空竹交际舞等项目，全省19支队伍240人参加。

【“中国体育彩票杯”山东省第七届全民健身运动会棒垒球比赛】 9月15日—17日，“中国体育彩票杯”山东省第七届全民健身运动会棒垒球比赛在威海举行，全省20支代表队300余名选手参加。济南市第三中学棒球队、济南琢玉棒球队、威海博鸿棒球队分别获棒球比赛的前三名。

【“歌尔杯”2017荣成全国航空嘉年华暨山东省第七届全民健身运动会航空航天模型比赛】 10月2日—4日，由中国航空学会、山东省体育局、歌尔集团联合主办，荣成市政府与北京领飞文化传播有限公司共同承办的“歌尔杯”2017荣成全国航空嘉年华暨山东省第七届全民健身运动会航空航天模型比赛在荣成举行，活动设2017中国遥控飞行器竞速巡回大奖赛、蓝天飞梦全国青少年模拟飞行大赛、青少年教育无人机竞赛（荣成站）和VR体验活动等六大主题，全国各地的180支参赛队、500余名飞手参赛。

【2017年全国徒步大会（威海站）暨鲁滨逊“11＋11”持杖健走活动】 11月11日，2017年全国徒步大会（威海站）暨鲁滨逊“11＋11”持杖健走活动在威海半月湾铁人三项主会场举行。参与人员从主会场出发，沿棉花山健身步道行走，总距离为10公里，全国各地2000多名健身爱好者参与。

（司雨浓）

竞技体育

【概况】 2017年，全市62名运动员代表山东体育代表团参加中华人民共和国第十三届运动会，获得12枚金牌、8枚银牌、6枚铜牌，创造参赛全运会的历史最好成绩。组织全市运动员参加田径、游泳等26个项目的省年度锦标赛、冠军赛，单项比赛获得46金、37银、54铜，集体项目取得9个前八名的成绩（手球女甲获得第二名）。承办3项全国性、7项省级专业比赛。培训教练员、裁判员291人。向省级以上运动队及高等院校输送优秀运动员45人。向省级申报一级运动员12人，审批二级运动员97人。评选出30所校园足球特色学校，招聘校园足球教练员15人。

【威海市第五届运动会】 “市民卡杯”威海市第五届运动会由威海市政府主办，市体育局、市直机关工、市教育局等联合承办，比赛设专业组22个大项、业余组8个大项，首次实行四会合一，首次引入田径电子计时系统和威海市运动会综合管理系统。自3月6日开赛至10月16日闭幕，历时8个月，全市131个单位8149名运动员参赛，产生2826枚金牌、820枚银牌和732枚铜牌，36个单位获得体育道德风尚奖，26个单位获得优秀组织奖。

【威海市中小学生体育联赛】 3—8月，市体育局与教育局联合举办威海市中小学生乒乓球、田径、篮球、足球、排球、健美操六大体育联赛，全市3701名学生参赛。选拔出威海市第一中学等17所学校组队参加山东省中小学生体育联赛。

【山东省青少年BMX小轮车锦标赛】 4月27日—28日，由山东省射击自行车运动管理中心主办，威海市体育局承办的2017年“中国体育彩票杯”山东省青少年BMX小轮车锦标赛在市小轮车训练场举行。全省7个地市81名运动员参赛，威海市小轮车队获得2金3银1铜。

【山东省沙滩排球锦标赛】 6月22日—25日，由山东省排球运动管理中心主办，威海市体育局承办的“中国体育彩票杯”山东省沙滩排球锦标赛（甲组）在乳山银滩举行。锦标赛是山东省内沙滩排球最高级别赛事，全省11地市51支代表队100余名运动员参赛。青岛一队、淄博一队、威海一队获得女子甲组前三名，济南一队、淄博一队、青岛一队获男子甲组前三名。

【全国沙滩手球锦标赛暨国际沙滩手球邀请赛】 6月24日—26日，由国家体育总局手曲棒垒球运动管理中心主办的2017年全国沙滩手球锦标赛暨国际沙滩手球邀请赛在威海南海新区国家沙滩手球训练基地举行，塞浦路斯、匈牙利、越南等国内外26支代表队400余名男女队员参赛。

【全国青少年帆板锦标赛】 7月4日—9日，由国家体育总局水上运动管理中心主办，山东省青岛体育训练中心、威海市体育局、荣成市政府承办的“那香海杯”2017年全国青少年帆板锦标赛在荣成市好运角旅游度假区那香海海水浴场举行。比赛分8个组别、24个项目，全国15个省市140余名帆板专业选手参赛。

【威海市中小学生游泳普及活动】 7月10日至9月30日，市体育局、教育局、财政局联合开展威海市中小学生游泳普及活动，全市15所学校4800名中小学生免费参加培训。

【威海市中小学超体重学生健康夏令营】 7月13日至8月1日，由市体育局、教育局、财政局等举办的2017年威海市中小学超体重学生健康夏令营活动在市中小学生综合实践教育中心举行，全市800名10～14周岁的超体重学生参加。

【山东省青少年山地自行车锦标赛】 7月20日—21日，由山东省射击自行车运动管理中心、威海市体育局主办，文登区体育局、山泰种养殖生态园有限公司承办的2017年山东省青少年山地自行车锦标赛在文登区山泰生态园举行。比赛设男子甲、乙组山地车越野赛和女子甲、乙组山地车越野赛4个大项，全省各地市75名运动员参赛。

【山东省大中小学生体育联赛篮球比赛（女子高中组）】 7月20日—25日，由山东省体育局、教育厅、财政厅主办，省篮球运动管理中心承办的2017年“中国体育彩票杯”山东省大中小学生体育联赛篮球比赛（女子高中组）在威海市体校篮球馆举行。全省各地市18所高中学校代表队244名运动员参赛。潍坊市第一中学、日照市第一中学和山东师范大学附属中学获得前三名，威海市第一中学获得第七名。

【山东省帆船帆板冠军赛】 9月19日—21日，由山东省青岛体育训练中心主办，威海市体育局、威海高技术产业开发区管委承办的2017年山东省“中国体育彩票杯”帆船帆板冠军赛在威海开赛。设男子甲组、男子乙组、女子甲组、女子乙组、男女乙组混合、OP组6个组别，全省10余个地市100余名运动员参赛。

【山东省羽毛球冠军赛】 10月15日—20日，由山东省羽毛球运动管理中心主办，威海市体育局和文登区体育局联合承办的2017年“中国体育彩票·翎美杯”山东省羽毛球冠军赛在文登区体育馆举行。全省13个地市250多名运动员进行400多场比赛，决出甲组、乙组团体，甲A、甲B、乙A、乙B组男子女子单打、双打、混合打等21个比赛项目的名次。

10 月 28 日—29 日，2017 中国山地自行车公开赛在环翠区华夏城举行　李晓娟　摄

【中国山地自行车公开赛（威海·环翠站）】　10 月 28 日—29 日，由中国自行车运动协会、山东省体育局、威海市政府主办，山东省射击自行车运动管理中心、威海市体育局、环翠区政府承办的 2017 中国山地自行车公开赛(威海 · 环翠站）在环翠区华夏城举行。设专业组和公开组 2 个组别，全国 800 余名运动员参赛。

【山东省篮球冠军赛】　11 月 2 日—9 日，由山东省篮球运动管理中心主办，文登区体育局承办的 2017 年“中国体育彩票杯”山东省篮球冠军赛（男子甲组、乙组)在文登区体育馆举行。全省 16 支代表队 220 多名运动员参赛。济南代表队获男子甲组、男子乙组第一名，青岛代表队获男子甲组、男子乙组第二名，枣庄代表队获男子甲组第三名，烟台代表队获男子乙组第三名。威海市运动员获男子乙组第 5 名和男子甲组第 7 名。

2017年威海市运动员参加中华人民共和国第十三届运动会获奖情况表

表25

姓　名	项目	名次	奖牌
韩　旭	女篮　（青少组）	第一名	1 金
刘禹彤		第一名	1 金
黄美科	女子橄榄球	第一名	1 金
阮洪婷		第一名	1 金
唐铭琳		第一名	1 金
于　伟	20 公里竞走　团体	第一名	1 金
孙承刚		第一名	1 金
崔圆圆	女子射箭团体	第一名	1 金
毕文军	场地自行车男子　凯林赛	第一名	1 金
李海涛	男子橄榄球	第一名	1 金
蔻　蒂	三人女子篮球　公开赛	第一名	1 金
周玉波	男子 1000 米四人　皮划艇	第一名	1 金
薛博文	男篮（青少组）	第二名	1 银
马振宇		第二名	1 银
宋朋强	男子手球	第二名	1 银
于亚男		第二名	1 银
于性哲		第二名	1 银
李朝鹏		第二名	1 银
杨一凡	女子 4×200 米自由泳接力	第二名	1 银
任　烨	激流回旋	第二名	1 银
王英竹	女篮（成人组）	第三名	1 铜
胡　嘉	蛙泳全能（青少组）	第三名	1 铜
王　毅	蝶泳全能（青少组）	第三名	1 铜
刘　威	场地团体追逐赛	第三名	1 铜
周艳华	女子篮球（三人）	第三名	1 铜
徐佳斌	男子 1000 米双人皮划艇	第三名	1 铜

2017年威海市运动员参加省锦标赛冠军一览表

表26

姓名	项目	比赛名称
王龙飞	男子甲组 56 公斤	山东省举重锦标赛
王涵楚	男子甲组 105 公斤	
赵　腾	自由跤男子甲组 74 公斤	山东省国际跤锦标赛
周　景	自由跤男子甲组 86 公斤	
史　杰	男子甲组 8 公里	山东省越野竞走锦标赛
程延壮	男子甲组场地自行车争先赛	山东省自行车锦标赛
程延壮	男子甲组场地自行车全能赛	
王涵青	男子甲组公路个人计时赛	
刘　炜	男子乙组	山东省 BMX 小轮车锦标赛
刘　炜　陈于诚　戴宗源	男子乙组团体	
赵发旺	男子乙组轻量级 2000 米单人艇	山东省赛艇锦标赛
赵发旺　林海城	男子乙组轻量级 2000 米双人单桨	
孙　源	女乙轻量级 2000 米单人艇	
孙　源	女乙轻量级 1000 米单人艇	
张　松　周伟楠	女子甲组	山东省沙滩排球锦标赛
孟　鑫	女子乙组个人	山东省现代五项锦标赛
刘芯萌　袁　媛　李伯彤　俞欣颖	女子团体	山东省公开水域游泳锦标赛
俞欣颖	女子乙组	山东省铁人三项锦标赛
王　毅	男子甲组 B100 米自由泳	山东省游泳锦标赛
王　毅	男子甲组 B200 米自由泳	
杨一凡	女子甲组 A100 米仰泳	
杨一凡	女子甲组 A200 米仰泳	
袁　媛	女子甲组 A50 米自由泳	
袁　媛	女子甲组 A100 米自由泳	
胡　嘉	男子甲组 A100 米蛙泳	
胡　嘉	男子甲组 A200 米蛙泳	
李伯彤	女子甲组 A200 米混合泳	
赵海荣	女子乙组跳远	山东省田径锦标赛
赵海荣	女子乙组三级跳	
于金硕	女子乙组 800 米	
孙泽玺	女子乙组铅球	

（王增国）

品牌赛事

【概况】 2017 年，举办 2017 年锦湖轮胎女子高尔夫公开赛、第 12 届横渡刘公岛海湾全国邀请赛、2017 年威海铁人三项世界杯赛暨“威高地产杯”2017 年超级铁人三项系列赛等大型赛事，开展威海三项线上体验赛、威海铁人三项微电影征集评选活动等 10 项主题系列活动以及帆船帆板运动进校园等普及性活动，扩大城市影响力和知名度。

【威海铁人三项运动主题系列活动】 2—9 月，威海市先后开展铁人三项运动主题系列活动。成立威海市铁人三项运动协会裁判员委员会，举办裁判员培训班，全市 141 人参加培训。举行威海铁人三项· 家庭迷你马拉松赛，比赛分为家庭迷你马拉松接力赛（21 公里）、情侣迷你马拉松（10 公里）、健康快乐使者马拉松（21 公里）3 个组别，267 名选手参赛。面向全国开展威海铁人三项微电影征集、“我与威海铁人三项赛”主题征文活动，举办威海铁人三项知识竞赛。在半月湾铁人三项主会场举行 2017 年“中国体育彩票杯”威海铁人三项骑跑两项赛，比赛分“竞彩”骑跑 2 项个人赛（30 公里）、“超级大乐透”骑跑 2 项接力赛（15 公里）、“顶呱刮”亲子骑跑体验赛（3 公里）3 个组别，210 名选手参加比赛。举行威海铁人三项酷炫 300 大奖赛，比赛分入坑、初铁、大铁 3 个组别，选手自行完成相应距离的跑步、骑行或游泳，全市373名运动员参加比赛。举行“豪仕达杯”2017年威海铁人三项自行车趣味计时赛，比赛分“竞彩”男子组和女子组、“超级大乐透”男子组和女子组4个组别，203名铁人三项和自行车运动爱好者参赛。在咕咚手机APP平台举行2017年威海铁人三项·线上体验赛，比赛为简化版的骑跑两项比赛，全国3万人通过手机APP参加线上体验赛。

【威海市帆船帆板进校园活动】 4月27日至8月10日，市体育局、教育局举办2017年威海市帆船帆板运动进校园活动，322名中小学生参加帆船帆板训练营。8月10日，“市民卡杯”威海市第五届运动会OP级帆船比赛暨“中复西港杯”2017年威海市OP级测试赛在半月湾海水浴场举行，全市18所特色学校的79名中小学生参加比赛。

【“威海南海万和杯”2017年全国海钓锦标赛（山东威海站）】 6月9日—11日，由中国钓鱼运动协会、威海市体育局、威海南海新区主办的“威海南海万和杯”2017年全国海钓锦标赛（山东威海站）在威海南海新区举行，天津、江苏、河北等地25支队伍100名专业选手参赛。山东阿雷特石岛战队、山东正道海钓俱乐部、天津钓协二队分获团体前三名。

【泰祥·2017荣成滨海国际马拉松赛】 6月11日，由威海市体育局、荣成市政府主办，荣成市体育局承办的泰祥·2017荣成滨海国际马拉松赛在荣成市体育中心举行，中国、美国、俄罗斯等18个国家和地区的1万名选手参加比赛。比赛分全程（42.195公里）、半程（21.0975公里）、10公里和迷你马拉松（约5公里）4个项目。肯尼亚选手Jonathan Kibet Kipkosget以2小时27分54秒获得男子全程马拉松冠军，肯尼亚选手Chebokel Consolata Jepkosgei以2小时57分24秒获得女子全程马拉松冠军。

【2017年中国女子职业高尔夫球巡回赛暨锦湖轮胎女子高尔夫公开赛】 7月7日—10日，由国家体育总局小球运动管理中心、中国高尔夫球协会、山东省体育局主办，省小球运动管理中心、威海市体育局和锦湖韩亚高尔夫俱乐部（威海）有限公司承办的2017年中国女子职业高尔夫球巡回赛暨锦湖轮胎女子公开赛在威海锦湖韩亚高尔夫俱乐部举行。比赛采取3轮54洞比杆赛制，中韩两国121名女子职业高尔夫运动员参加比赛。韩国选手朴宝美获得冠军，中国选手冯珊珊位列第四。

【“刘公岛杯”第12届横渡刘公岛海湾全国游泳邀请赛】 8月26日，威海市重大体育赛事组委会主办的“刘公岛杯”第12届横渡刘公岛全国邀请赛在威海刘公岛海域举行，全国11个省、直辖市，37个城市的900名运动员参加比赛，参赛人数创新高。比赛路线从刘公岛铁码头内沙滩至金海岸大酒店前海边，全程约5000米。烟台、潍坊、威海代表队获得团体前三名。

【“中复西港杯”2017年威海国际（青少年）激光帆船邀请赛】 9月2日—3日，“中复西港杯”2017年威海国际（青少年）激光帆船邀请赛在半月湾海水浴场举行，中国、加拿大、德国等5个国家的20名青少年选手参加比赛。

【2017年威海铁人三项世界杯赛暨“威高地产杯”2017年威海超级铁人三项系列赛】 9月30日至10月1日，2017年威海铁人三项世界杯赛暨“威高地产杯”2017年威海超级铁人三项系列赛在半月湾铁三主赛场举行。世界杯赛是奥运系列赛，由国家体育总局自行车击剑运动管理中心、中国铁人三项协会、山东省体育局、威海市政府主办，竞赛总距离51.5千米（1.5千米游泳、40千米骑行、10千米跑步），巴西、新西兰等22个国家89名运动员参加比赛，西班牙运动员尤尼克索·阿布因·阿瑞斯以1小时56分15秒的成绩获得男子优秀组冠军，瑞士选手乔兰达·安内以2小时9分47秒的成绩获得女子优秀组冠军。超级铁三系列赛是威海市自主推出的赛事，由山东省体育局、威海市政府和威海市重大体育赛事组委会主办，超级铁三系列赛全程、全程接力、体验组竞赛总距离分别是51.5千米、51.5千米、9.55千米，超级铁三组比赛总距离128千米，包括游泳3千米，自行车100千米，山地跑步25千米。中国、丹麦、美国等14个国家和地区1239名运动员参赛。

【2017年“鱼游四海杯”中国威海国际路亚精英赛】 10月14日—15日，由山东省钓鱼协会，威海市体育局、海洋与渔业局、中小企业局等联合主办，市鱼游四海钓鱼服务中心、威海西港水产有限公司承办的2017年“鱼游四海杯”中国威海国际路亚精英赛在小石岛国家级海钓场举行。比赛采用路亚海钓赛制，使用组委会统一定制的装备和钓船，以威海海域特有的鲅鱼、鲈鱼、石鲽鱼等为主要目标鱼种。中国和澳大利亚等20多个国家和地区32支代表队参赛，中国江西选手徐觉非、姜宗良凭借总重5.94公斤的成绩获得冠军，1号船俄罗斯法国联队、11号船缅甸队分获亚、季军。6号船孟加拉队的李图钓得2.06公斤重鲅鱼，11号船

9月30日，2017年铁人三项世界杯赛暨“威高地产杯”2017年威海超级铁人三项系列赛男子优秀组获得冠、亚军、季军选手上台领奖　市体育局提供

缅甸队的快野衣钓得 2.66 公斤的重鲈鱼，分获鲅鱼类、非鲅鱼类单尾最重奖。

【2017 年 UIM 世界 XCAT 摩托艇锦标赛中国系列赛威海大赛】 10 月 20 日—22 日，由国际摩托艇联合会主办，国家体育总局水上运动管理中心、中国摩托艇运动协会、山东省体育局、威海市重大体育赛事组委会承办的“威海·南海杯”2017 年 UIM 世界 XCAT 摩托艇锦标赛中国系列赛威海大赛在威海南海新区金滩国际海水浴场开幕。意大利、澳大利亚、俄罗斯等国家的 12 个顶级职业动力艇参加淘汰赛、排位赛和大奖赛。赛事期间，主办方设置水上飞人秀、赛艇极限体验、水上摩托冲浪表演等活动。各级媒体全程跟踪报道赛事，观众约 1 万人次。

（丛 婉）

体育设施

【概况】 2017 年，全市建成 34 处镇级全民健身中心，至年末，全市镇级全民健身中心 65 处。按照省定标准为 180 个省定重点扶贫村配强配齐健身器材。落实有条件的公共体育设施向社会免费或低收费开放，推进体育设施向社会开放的学校达 52 所。

【威海体育场】 位于威海市文化中路 90 号，是市政府投资兴建的一座综合性的体育场，总建筑面积 3.8 万平方米，可容纳观众 3.1 万人。工程于 1999 年 10 月 1 日动工建设，2003 年 7 月 8 日通过综合验收。体育场的主体结构为桩基础现浇框架结构，看台罩篷采用全张拉空间索膜结构。体育场工程设计被评为优秀设计二等奖和山东省“泰山杯”奖；塑胶场地是国际标准的 400 米环行跑道，被国家体育总局评定为国家一类比赛场地。

【威海体育馆】 位于威海市文化中路 92 号，建于 1997 年 9 月，建筑面积 1.75 万平方米，可容纳观众 4600 人。馆内设有中央空调、灯光、音响、电子屏幕等设备，是集体育活动、贸易洽谈、文艺演出等为一体的多功能综合性场馆。

【威海市全民健身中心】 位于威海市花园中路 139 号（市体育场北门西侧），南临文化中路，西临福山路。中心集健身、休闲、娱乐为一体，自 2012 年开工建设，2013 年 5 月启用。整体布局分为成人和儿童健身区，分室内和室外两部分。其中，室内部分配备青少年体育培训、有氧器械、自由重量器械等健身设施和国民体质监测室。室外部分，成人健身区建有橄榄球足球训练场、网球场等设施。儿童健身区包括儿童迷宫、乐园、游泳池、塑胶跑道等设施。

【威海乒羽健身中心】 位于市体育中心区域西南角，福山路与文化路交会处，是全市最大的专业化乒羽健身场所，总建筑面积 2.9 万平方米，2015 年 4 月 11 日启用。地下一层车库建筑面积约 6600 平方米，设计车位 103 个。一层建筑面积约 5220 平方米，为体育用品专卖。二层建筑面积约 5230 平方米，为综合健身场馆。三层建筑面积约 5150 平方米，为乒乓球场地，有 40 副国际比赛指定球台及 4 间 VIP 乒乓球室。四层为羽毛球场地和看台，有 29 片符合国家专业比赛的羽毛球场地，面积约 4000 平方米，其中 2 片 VIP 羽毛球场地，4 个独立功能的包间，看台座席 600 余个。

【威海市儿童游泳馆】 位于市体育中心区域东南角，是威海市首家儿童游泳馆，建筑面积约 800 平方米，2015 年 5 月 31 日启用。馆内建有适合 0 ~ 8 周岁以内不同年龄儿童的游泳池，主要用于婴幼儿早期游泳训练和推广普及少儿游泳运动。游泳项目主要有游泳拓展训练课、戏水游泳课、普通游泳训练课，其中游泳拓展训练课为特色项目，由专业游泳教练指导，根据儿童的能力和年龄的不同，整个课程分为九级标准。

【威海市体校教学训练综合馆】 于 2014 年 9 月 30 日开工建设，总投资 3780 万元，建筑面积达 7484 平方米，其中地下一层为重竞技训练场馆，地上一层为篮球、排球场地，五层为阶梯教室，大楼南区为办公区。2015 年底完成建筑主体施工、主体室内外装饰等工程，市体校教学训练综合馆竣工，经综合验收后，2016 年正式投入使用。

【里口山国际山地自行车赛道】 位于里口山风景名胜区，2015 年 7 月 28 日开工，已完成赛道国际授牌认证工作。赛道主要由休闲绿道、技巧公园、中高级越野赛道等组成。赛道一期工程总长 14 公里，其中休闲绿道 9 公里、中高级赛道 5 公里、技巧公园 1 处、驿站 2 处，赛道专用标示牌 55 处，沿线防火蓄水池 6 处。休闲绿道与健身、休闲、观光功能相一致，体能要求较低，适用于普通市民；中高级越野赛道利用自然山势中崎岖起伏的地形构造出坡度、弯度、难度，体现浓厚地域特色，体能要求较高，适用于专业人士且配备专业运动装备；技巧公园是由美国 IMBA 研发的山地自行车骑行训练系统，利用堆土、木桥和石块形成连续多个自然坡度、弯度，训练骑手的柔韧性和协调性，用以提高选手的操控能力。

【里口山国家级登山健身步道】 是山东省首条国家级登山健身步道，国内首条山海景观登山健身步道，经国家体育总局批准，由国家体育总局登山运动管理中心认证。地处威海中心区域，青山向海，依托优越的自然资源和层次分明的山海景观，结合牛仙山、佛顶等里口山独有的民俗文化特点，凸显生态、休闲、健康、美丽、文化五大元素。全长 200 公里，其中一期修建 45 公里，A 级路线 24 公里，B 级路线 13 公里，C 级路线 8 公里。A 级、B 级以运动健身休憩为主，体能要求较低，适用于普通市民；C 级路线以极限探险为主，适用于专业户外人士且配备专业户外运动装备。一期步道全程建有福德庄、塔山公园、抱山泉水库等 9 个出入口。按照《国家登山健身步道建设标准》，步道全程为非硬化土石路面。路线全程设一级导视装置 8 组、二级导视装置 9 组、三级导视 63 处、太阳能定位灯杆以及休憩及景观点多处。

【文登体育公园】 位于文登区文山路东首城市文化商务区，占地面积 30 公项，一期工程投资5亿元。规划建设体育馆、体育场、训练馆及附属设施等。体校建筑面积1.07万平方米，投资2000余万元，可容纳500余名学生就读、食宿和训练。2009年11月，体校校舍建成并投入使用。2011年9月，体育场建成并投入使用，建筑面积4.03万平方米，可容纳观众2.75万名，可承接国内外各级各类田径比赛。2012年9月，体育馆建成并投入使用，建筑面积为2.65万平方米，可容纳观众5450名，承接篮球、排球、乒乓球等比赛项目。

【荣成市文化体育中心】 位于荣成市桑沟湾畔，主要由体育场、体育馆和市民健身中心组成。2008年被国家体育总局命名为山东荣成国家队夏训转训基地，被山东省体育局命名为山东省优秀运动队训练基地、山东省体育后备人才训练基地。

荣成市体育场　2007年竣工，总投资3.2亿元，建筑面积5.82万平方米，可容纳观众3万人。场内设400米标准橡胶跑道、体育运动学校、运动员公寓及文化设施。体育运动学校主要有教室、实验室、餐厅，及举重、柔道训练房等设施，总面积7430平方米。运动员公寓面积3780平方米，配备客房105间，多功能厅1200多平方米，设有接待室及休闲娱乐设施等。

荣成市体育馆　2007年竣工，总投资2.4亿元，建筑面积3.04万平方米，建筑高度45米，可容纳6548人。

荣成市民健身中心　2008年竣工，投资1800万元，占地面积6万平方米，设田径、网球、篮球、手球、排球、羽毛球等标准场地。

【环翠区全民健身中心】 位于张村镇大光华国际学校南侧，占地面积7.7万平方米，分两期实施。一期工程建成篮球场4片、羽毛球场4片、笼式足球场2片；二期工程拟建设标准足球场、门球场各1片，健身中心、服务中心各1处。

【文登区全民健身中心】 位于文山路东首，改建面积2万平方米。依托区体育公园进行建设，在原有场地（标准足球场2片、篮球场4片、网球场4片、手球场和排球场各1片）的基础上，增建笼式足球场2片，室外灯光排球场、篮球场各1片，连片灯光门球场8片，改建室内羽毛球场15片，健身路径36套。

【荣成市全民健身中心】 位于成山镇裕兴路北，荣成六中东，占地面积11.8万平方米，室外体育场建成羽毛球场2片、篮球场4片、排球场2片、标准足球场1片、笼式足球场1片、健身路径1套；室内体育馆建有篮球场1片、羽毛球场2片、乒乓球场1片。

【乳山市全民健身中心】 位于新华街以南，幸福二路以北，幸福三路以东，幸福一路以西区域，占地面积10.7万平方米。一期工程建成篮球场2片、网球场2片、羽毛球场3片、乒乓球场1片，以及健身广场、健身步道、停车场等；二期工程建成篮球场2片、足球场3片（其中笼式足球场2片）、排球场2片、健身路径50余套。

【威海经济技术开发区全民健身中心】 位于开发区乐天体育公园内，2015年改建，面积1万平方米。对原有场地改造后，建有笼式足球场2个、篮球场4个、网球场6个、羽毛球场6个、排球场2个、门球场4个。

【威海临港经济技术开发区全民健身中心】 位于威海临港经济技术开发区江苏东路以南，占地面积7.8万平方米，总投资1800万元，2015年竣工。建设标准足球场2个、网球场4个、篮球场4个、排球场2个、棒球场1个、门球场1个和乒乓球场4个，配套建设健身路径、淋浴房、漫步道等。

【镇级全民健身中心建设】 全年建成34处镇级全民健身中心，至年末，全市镇级全民健身中心65处，其中环翠区5处、文登区10处、荣成市7处、威海高技术产业开发区1处、威海经济技术开发区3处、威海临港经济技术开发区1处。室外场地标准为建筑面积2000平方米以上，能长期开展5个体育活动项目，以球类和操舞类活动为主，且能够实现功能转换。室内场地标准为总建筑面积不少于200平方米，可开展5个室内运动项目。

（刘　洁）

体育产业

【概况】 2017年，威海市被命名为“中国钓鱼名城”；创建1处省级体育产业基地（文登区）、1处省级体育产业示范单位（山东东海集团）。利用市级财政资金安排体育产业引导资金500万元，扶持18个体育产业项目；开展体育产业机构名录库建设，推动体育产业统计调查工作常态化。全年体彩实体渠道销量5.9亿元。

【威海市获评中国钓鱼名城】 1月，威海市通过中国钓鱼运动协会关于“中国钓鱼名城”的审核。拥有全国性比赛的优先承办权，在钓鱼运动发展、赛事设施建设等方面得到国家级技术支持。6月9日，“威海南海万和杯”2017年全国海钓锦标赛（山东威海站）开幕式在威海南海新区举行，现场举行“中国钓鱼名城”授牌仪式，威海市成为全国首个获评“中国钓鱼名城”的城市。

【威海市体育产业研讨培训班】 5月19日—21日，威海市体育产业研讨培训班在文登区开班。全市450余名体育产业从业人员参加培训。组织温泉产业专题研讨会，形成运用“体育+”打造温泉养生新模式。

【威海市体育产业机构名录库建设】 7月17日，印发《威海市体育产业机构名录库建设方案》，建设2016年体育产业机构名录库。山东省体育局、统计局联合发布2016年山东省体育产业规模及增加值数据的公告，威海市体育产业规模为192.35亿元，增加值为43.47亿元，总规模居全省第4位，增加值占GDP的比重居全省第3位。其中，体育用品及相关产品制造业和销售业、体育健身休闲业为全市体育龙头产业，产出分别为164.68亿元、7.18亿元和7.17亿元。

（丛　婉）

编辑　李传强

社会生活

人力资源和社会保障

·人才队伍建设·

【专业技术人才队伍建设】 2017年，市人社局参与研究制定《关于深化人才发展体制机制改革的实施意见》，牵头推进落实人社领域具体改革任务，创新人才流动、引进、培养、评价等配套政策。协调人力资源和社会保障部国家“千人计划”专家下基层、中国博士后科技服务团等活动落户威海，23名国家“千人计划”专家、16名高校博士后为全市重点产业领域集中破解一批技术和发展难题。为山东安绿能源科技有限公司、迪沙药业集团有限公司聘任院士发放科研经费和省政府津贴。落实联系服务专家制度，组织泰山产业领军人才、省市突出贡献专家等市级以上人才专家开展休假疗养和健康查体工作，走访慰问重点产业及相关行业专家代表，营造尊重人才、服务人才的良好环境。完善博士后工作激励和管理机制，指导34家设站单位规范建立博士后人员招收考核、科研经费、工资福利等配套制度，先后推动全市建站企业与中国科学院、清华大学、北京大学等30多所高校院所深入合作，为博士后人员提供良好科研条件。迪沙药业集团有限公司的抗高血压药坎地沙坦酯片——迪之雅项目获国家科技进步二等奖，2家企业获得省博士后创新项目三等资助，8个设站单位分别获得市级博士后资金资助。深化职称制度改革，将中小学教师、工程技术等17个专业的职称申报评审和相应的职称资格确认工作，分别向区市、行业主管部门下沉，并开展业务培训及指导工作。提升职称评审的科学化、规范化水平，全面梳理完善职称评审工作政策体系，在全国率先创建职称评审分级管理清单责任机制。创新评审模式，突出职称评审专家负责制，完善职称评审程序和评审规范。在部分专业探索开展异地评审和区市交叉评审，在经济、工程、卫生等系列职称评审工作中推行考评结合或现场答辩等模式。全年组织申报职称评审2576人。发挥行业部门、用人单位主体作用，开展继续教育培训项目备案管理，多途径、多形式组织专业技术人员知识更新培训6.5万人次。发挥高级研修班辐射带动作用，先后承办全国留学人员回国创业高级研修班、全省引进高层次高技能人才服务窗口能力建设培训班、国家“千人计划”专家联谊会工程与材料专委会2017年会等活动。

【高技能人才队伍建设】 开展职业能力建设工作，组织职业技能鉴定2.8万人，合格发证2万人。新增高技能人才8871人，完成全年计划的296%，高技能人才总量达9.6万人。7人获“齐鲁首席技师”称号、3人获“全国技术能手”称号、1人获“全国交通行业技术能手”称号，选拔市技术能手19人，技能人才队伍日益壮大。推进企业设立技师工作站，搭建企业人才培养平台。落实资金补助政策，紧密结合生产实际，开展传授技艺、技术攻关、高技能人才培养等活动。新建市技师工作站1家，评选市示范技师工作站4家。威海市技术学院、威海市芸祥绣品有限公司获评齐鲁技能大师特色工作站。市人社局印发《关于报送2016年度民办职业培训学校年度报告的通知》，对民办职业培训机构依法办学、制度建设、教师队伍建设等情况实行年度报告制度，优化职业培训机构发展环境，提升办学水平。

【引进国外智力】 年内，组织实施市级引智重点项目38个，获批国家和省级引智项目6个，落实各级引智经费355万元。加强引智成果示范推广基地建设，威海神山葡萄科技有限公司的“鲜食葡萄优新品种及栽培技术基地”获批省级引智成果示范推广基地，全市引智基地（单位）总数57个。完成外国人到华工作许可试点任务，办理外国人到华工作证件近1900件。3名外国专家和1个外国专家团队入选山东省“外专双百计划”，数量居全省第二。威海维特佳特种材料涂层有限公司西班牙专家罗蒙获得“齐鲁友谊奖”，并参加省外国专家建言会；授予30名俄罗斯、乌克兰院士专家为威海市“外国专家智库”特聘专家称号。严格出国（境）培训管理，按照省外专局下达的出国（境）培训计划，审核并办理高端制造、现代服务业、现代果业等领域13人随省团出国培训相关手续。

【人才引进】 国际英才创新创业大会围绕服务新旧动能转换重大工程，完善“国际英才创新创业大会”招才引智长效机制。建设启用“英创会”网络宣传平台，开辟创新创业环境展示、网上项目对接、活动公告等板块，方便参会人才了解活动详情。开展人才技术项目需求征集活动，征集高层次人才需求237个、技术项目需求172个、创业项目需求20个，形成《威海市高层次人才技

9月21日，2017中国威海·国际英才创新创业大会主会场开幕仪式在东山宾馆举行　　市人社局提供

术项目需求信息手册》，通过国际人才交流大会、海内外引才工作站和“人才威海”公众号、“英创会”官方网站等发布宣传；赴乌克兰、俄罗斯、韩国、日本等国举办近20场人才创新创业环境推介和项目大赛等活动。按照集中与分散办会相结合的方式，分批举办海外博士（日本）威海行、千人计划专家走进威海、中德人才技术交流对接等18场分会场活动；9月，集中举办国家“千人计划”专家下基层、海外赤子为国服务行动计划等主会场活动，16个国家7名院士在内的180多名外国专家及人力资源和社会保障部“千人计划”专家、创业导师、海外留学人才，与企业签约和达成合作意向157个。

人才引进培养　全年引进各类人才2.9万人，其中硕士以上学历1217人。分季节举办驻威海高校毕业生就业集中招聘活动，先后到宁波大学、江南大学、清华大学等高校开展人才招聘活动，组织50多家企业参加山东半岛蓝色经济区高层次人才招聘会、山东一名校人才直通车等活动，累计达成引才意向8000多人。围绕推进“一区一园一策”工程，在环翠区启动全市首家博士创新创业孵化基地建设，引进入驻企业6家，入驻博士14人，吸纳承载博士等高层次人才创新创业。推动欧美同学会（中国留学人员联谊会）留学报国基地以及国内首个中国留日同学总会双创基地落户威海，与韩中文化经济友好协会、威海职业技术学院就建立中韩职业教育合作中心签订三方合作协议。加强与国际引才组织联系合作，新增海外引才工作站1家，总数8家。

人才管理和服务　落实“威海英才计划”及其配套文件，开展2017年度“重点产业紧缺人才引进计划”“企业博士聚集计划”评价认定工作，12人入选“重点产业紧缺人才引进计划”、8人入选“企业博士聚集计划”。三角轮胎“轮胎性能测试评价及预测分析技术研究”等6个项目入选2017年度山东半岛蓝色经济区人才发展项目，获得扶持资金60万元。服务留学人员创业，认定留学人员创业企业15家，发放一次性创业资助290万元。威海索尔生物科技有限公司入选人力资源和社会保障部“2017年度最具成长潜力的留学人员创业企业”，4名回国创业留学人员入选山东省“泰山产业领军人才工程科技创业类（海外）”，4家优秀留学人员企业入选山东省“留学人员来鲁创业启动支持计划”，威海市果树茶叶工作站“现代苹果产业转型升级发展项目”和山东农友软件有限公司“经济新常态与军民融合深度发展项目”获批山东省专业技术人才知识更新工程2017年高级研修项目。完善高层次人才服务绿色通道，出台一系列人才服务配套文件，为引进人才提供交通出行和森林公园、体育场馆免费开放等多项服务。联合组织部门举办威海双招双引高级研修班，提升人才工作者队伍素质。

人力资源服务业发展　发挥市人力资源服务业协会在行业协作、行业自律方面的作用，新成立人力资源服务机构27个，总数165个。市级人力资源服务产业园获批省级产业园，新增市级诚信服务示范机构7家，扩大行业规模，增强产品创新能力，形成劳务派遣、猎头服务、线下招聘等产品体系。举办2017人力资源高峰论坛和省、市级从业人员培训，累计培训近1000人次，推动行业服务提档升级。

【人事考试】　落实人事考试“标准化、信息化、一体化”建设要求，投入资金90余万元，推进以安全指挥平台、标准化考点建设为核心的“智慧化人事考试”工作。通过自筹资金、合作共建等方式，完成3个考点100多个标准化考场建设任务。研发具有远程视频巡查功能的人事考试安全指挥平台，应用到具体考试实施中。联合市经信、教育、公安等6部门建立人事考试工作联席会议制度，全年协调使用考点39个、考场1300多个；组织实施报名及资格审查30多项3.8万人次，完成14项4万人次的考试任务，连续9年实现“零事故，零差错，零投诉”。

·就业创业工作·

【就业工作】　2017年，全市城镇新增就业3.76万人，失业人员实现再就业1.74万人，就业困难人员实现再就业5478人，全年各类用人单位接收毕业生1.1万人，城镇登记失业率1.7%，保持全省较低水平。

就业政策落实　为623家单位吸纳的1460名就业困难人员发放社保补贴和岗位补贴3660.6万元，为11家企业吸纳的81名农村新成长劳动力发放一次性就业岗位补贴15.7万元，为8959名灵活就业人员发放社保补贴3915.3万元。

公共就业服务　举办“春风行动”“就业援助月”等就业服务专项活动，开展“线上+线下”人力资源招聘活动364场，劳动者和企业达成就业意向3.5万个次。实行就业援助4项制度，组织走访有转移就业意向的农村劳动者家庭561户，帮扶338名农村劳动力转移就业；走访就业困难人员家庭237户，登记认定的175名就业困难人员全部实现稳定就业。推进“半小时公共就业服务圈”建设，环翠区海源社区入选第四批国家级充分就业社区、29个社区入选首批省级四型就业社区、7个社区入选省级充分就业社区，评估认定市级充分就业星级社区17个。

高校毕业生就业　实施高校毕业生就业创业促进计划，利用高校毕业生离校未就业实名登记服务系统，对回生源地未就业毕业生逐个联系登记，提供精准就业创业服务。开展2017年高校毕业生系列招聘活动50场，专门搭建高校毕业生就业集中招聘网络平台，参与单位超过500个，提供就业岗位1.2万个，达成就业意向8000多个。市人社局、财政局联合印发《关于进一步做好就业见习工作的通知》，调整就业见习基地管理权限，重新认定40家就业见习基地。市人社局印发《关于做好高校毕业生就业服务工作的通知》，将就业手续办理权限下放到区市毕业生就业主管部门，取消毕业生转正定级手续，提高服务毕业生和企业办事效率。鼓励小微企业吸纳高校毕业生就业，为全市15家小微企业吸纳的32名毕业生发放社保补贴33.9万元。加大“三支一扶”计划实施力度，征集“三支一扶”计划大学生258人，占全省招募数量的17.3%，招募238名大学生上岗，比上年增长204%。实施“万名大学生聚威创业计划”，为5个市直单位引进的7名博士、17名硕士发放博士硕士住房补助18.6万元。全年各类用人单位接收毕业生1.1万人，离校未就业高校毕业生登记就业率95%，全省最高。

职业技能培训　在全市定点培训机构启用职业技能培训远程视频监控系统，加强实时动态监管，开展“就业创业培训五年规划”培训1.5万人，发放培训补贴1545.1万元。举办“2017年威海市—云阳县电子商务乡村旅游培训班”，依托覆盖各区市的10个培训基地和15个中心镇培训点，免费开展“就业创业培训下基层”专题培训班535期，培训农村居民2.1万人次，转移劳动力1.03万人，助推农村居民市民化进程。

服务企业用工　拓展“现场＋网站＋微信＋自助＋手机＋媒体”六位一体用工信息发布渠道，实现“一点登陆，全市查询”，为7635家（次）用人单位发布岗位需求21.8万个(次)。加强省内外劳务合作，组织56家企业分赴枣庄及河北邯郸、重庆云阳开展劳务对接活动11场，达成用工意向3416个，缓解企业用工需求；引导企业改善用工环境，增强招工留工吸引力，全市110家重点企业平均返工率达89%。

【创业工作】　实施“创业威海”行动计划，落实各项扶持政策，打造“最暖创业城市”。落实《关于印发普惠金融发展专项资金管理办法》《山东省创业担保贷款实施办法（试行）》，发放创业担保贷款740笔1.2亿元、创业补贴1211笔914.4万元（其中小微企业一次性创业补贴187笔368万元），直接扶持创业1951人，吸纳带动就业5853人。鼓励引导全市各级政府、企业、高校和社会力量，对标上海、宁波、无锡等地做法，优化创业孵化平台功能，新建创业孵化基地（园区）10处，总数52处，总面积60万平方米，入驻企业2600多家。市人社局印发《关于开展创建市级众创空间工作的通知》，鼓励各类社会组织、个人投资建设或管理运营众创空间，启动市级众创空间备案工作，将创业平台建设情况列入区市目标绩效考核。开展年度市级创业孵化示范基地和市级众创空间评估认定工作，新增市级创业孵化示范基地2家，总数25家；首次评选认定市级众创空间11家。实施大学生创业引领计划，组织2140名大学生开展创业培训，引领1241名大学生自主创业。市人社局联合发改委、财政局等9部门举办第二届威海市创业大赛，设立综合类和驻威海高校大学生专项赛，吸引556个创业项目报名参赛，评选优秀项目42个，为创业者提供项目展示和资源对接平台。参加“领创齐鲁追梦前行”创业服务系列主题活动，7个项目获首届“全国创业就业服务展示交流活动”优秀项目奖。

2017年，威海市开展就业创业培训下基层活动，图为免费为农村居民开展月饼、花式面点制作培训　　市人社局提供

·社会保险工作·

【“标准化、信息化、一体化”建设】2017年，按照省人社厅关于推进公共服务“标准化、信息化、一体化”建设要求，完善一体化信息便民服务机制，打造“柜台＋网络＋自助＋手机”线上线下相结合的“5A”服务模式。探索在县级以上经办机构推行“综合柜员制”，完善同城“通收通办”机制，变“多头受理”为“一口受理”，变“群众来回跑”为“部门协同办”，方便群众就近、快速办理业务。推行社保业务快速办结制度，将面向社会提供的131个服务项目全部纳入快速办结范围，其中即时办结112项，即时办结率85%以上，提升办事效率。优化线上服务体系，推广手机APP，下载用户超过17万人；配合相关部门将人社自助服务终端升级并上线运行全市智慧民生“一端通”平台，整合聚集公安、民政、气象等部门的民生服务事项。全年办理社保业务1173.1万笔，其中线上渠道办理量超过87%。威海市在全省人社信息化创新应用展中获评一等奖，“互

联网＋社保服务”入选国家行政改革蓝皮书（2017），先后有上海、天津、吉林等80个省市人社部门900多人次到威海学习复制改革经验。

【养老保险】 2017年，全市企业职工基本养老保险参保109.2万人，基金收入68.4亿元，发放养老金82.9亿元。连续第13次调增企业退休人员基本养老金，月人均提高8.3%，惠及33.4万名企业职工。机关事业单位养老保险参保11.1万人，基金收入16.1亿元，发放养老金21.3亿元。连续第二年机关事业单位与企业同步调整退休人员养老金，惠及3.7万人。实施“全民参保登记计划”，扩大城乡居民养老保险覆盖范围，基本实现适龄参保人口应保尽保。全市参保居民90.1万人，适龄人口参保率99%；年基金收入15.2亿元，人均缴费水平名列全省全列。全市居民基础养老金标准提高至每人每月120元，高于省定标准20元，为38.2万名居民按时足额发放养老金8.3亿元。落实社保扶贫相关政策，做好重度残疾人等困难群体的参保缴费和民办教师等群体人员待遇发放工作，为2496名重度残疾人等代缴养老保险费46万元；为符合条件的1868名重度残疾人提前落实养老金待遇；为2.2万名民办教师、乡村医生和电影放映员代发补助资金4782万元。被征地农民养老保障工作取得重大进展，逐步将多年累积的征地保障资金落实到被征地农民个人账户中，为全市56万名被征地农民落实账户资金11.9亿元，实现新征收土地“即征即保”，征地保障工作初步迈入制度化、规范化轨道。

【医疗保险】 2017年，全市职工医疗保险参保93万人，基金收入32.6亿元，为42万名参保职工支付医疗费35.1亿元。全市居民基本医疗保险参保159万人，参保率99%，政府补助标准提高到每人每月元480元，高于省定标准30元，基金收入10.8亿元，为25.3万名居民支付医疗飞费10.8亿元。建立职工大病保险制度，实现大病保险政策职工、居民全覆盖。落实基本医保政策，完善大病保险政策，将参保人员使用18种特殊药品的医疗费纳入保障范围，对参保职工和居民分别报销60%和40%，年最高补偿20万元，起付线2万元，对建档立卡贫困人口不设起付线。全年为1.8万人补偿大病保险医疗费1.2亿元，有效解决患重大疾病人员因病致困、因病返贫的问题。优化完善“总额预付与病种付费相结合”的住院医疗费用结算办法，对定点医疗机构的总额预付指标和定额结算病种费用实行总量控制和动态监测。将精神分裂症、双相情感障碍等6种重症精神类疾病纳入基本医保定额结算病种范围，参保职工全免费、参保居民报销80%。基本医保定额结算病种数量137个，全年为10.3万人次报销医疗费7.02亿元，大幅降低群众的就医经济负担。将干燥综合征、骨关节炎等纳入基本医保门诊慢性病病种范围，全市居民和职工医保门诊慢性病病种分别达77种和76种，全省领先。自10月1日起，全面启动跨省异地就医直接结算工作，全市34家医院接入结算平台，占比全省最高，实现直接结算531人次，报销医疗费717.5万元，平均每人次减少垫付1.35万元，减轻垫资压力和线下报销事务性负担。深化医保支付方式改革，对紧密型医联体实行打包付费方式，切实减轻参保患者就医负担。

【工伤保险】 2017年，全市工伤保险参保72万人，基金收入3.8亿元，为6342名工伤职工和1063名供养亲属发放工伤保险费用3.04亿元。推进建筑业参加工伤保险工作，全面落实建筑业“同舟计划”方案，提高建筑业工伤保险参保率。市人社局、卫计委等部门联合印发《关于调整威海市劳动能力鉴定委员会成员的通知》，重新调整市劳动能力鉴定委员会组成人员。连续第13次为1～4级工伤职工调增伤残津贴、生活护理费和工亡职工供养亲属抚恤金，为6342名工伤职工和1063名供养亲属发放工伤保险费用3.04亿元。加强和规范工伤康复管理，推行早期介入政策，全年组织286名工伤职工参加工伤康复筛选，为116名具有康复价值工伤职工进行工伤康复。全年认定工伤案件4890起、工伤鉴定3043人、病退鉴定986人，满意率均达100%。

【失业保险】 2017年，全市失业保险参保57.7万人，基金收入3.43亿元，失业保险金发放标准由1000元提高到1080元，为2.5万名失业人员发放失业保险金及缴纳医疗保险费4.1亿元。做好失业保险稳岗补贴发放和扩大支出试点工作，为全市符合条件的824户化解产能严重落后、节能减排、兼并重组等五类企业和其他类企业发放稳岗补贴2801万元。在连续执行失业保险缴费费率下调50%政策基础上，将企业缴纳失业保险费率由1%降为0.7%，为企业减负4.3亿元。

【生育保险】 作为全省唯一、全国12个试点城市之一，7月1日，威海市启动生育保险和职工基本医疗保险合并实施国家试点工作，市政府印发《威海市生育保险和职工基本医疗保险合并实施试点方案》，制定配套政策，统一参保登记、基金征缴管理、医疗服务管理、经办和信息服务，建立两险一体化管理制度体系和运行机制，降低生育待遇享受门槛，提升管理综合效能，增强基金支付能力。

【社保基金监督】 开展城乡居民养老保险经办机构内部控制专项检查、养老保险重点指标专项核查，针对存在的问题与不足组织进行整改，切实维护城乡居民养老保险基金的规范安全。开展大病保险承办商业保险机构选定工作，确定中国人寿保险股份有限公司威海分公司为全市2017—2019年度职工和居民大病保险业务承办商业保险机构。应用社会保险基金监管系统，开展网络监督工作，严肃查处违法违规行为。推进对2015年医疗保险基金审计和企业职工退休审核审批发现的问题整改，配合审计部门、省人社厅采集相关电子数据，协调处理乳山破产企业滞纳金问题。开展全市基金监管工作人员基金监管系统应用培训，组织参加业务培训班，提高基金监督人员业务工作水平。

·劳动关系协调和权益维护·

【劳动关系管理】 2017年，市人社局、总工会等部门联合印发《关于做好2017年和谐劳动关系创建工作的通知》，对创建工作标准进行流程梳理和完善，推进和谐劳动关系创建工作，4家企业获评省劳动关系和谐企业，威海临港经济技术开发区获评省劳动关系和谐工业园区；评选市级劳动关系和谐单位195家。6月1日起，全市企业最低工资标准调整为1810元，小时最低工资标准调整为18.1元。确定企业工资指导线,发布301个职位（工种）的人力资源市场工资指导价位，督促指导企业依据效益合理增加职工工资。做好企业工资收入分配“三项制度”备案工作，备案率达90%以上。开展企业薪酬调查工作，完成全市703家样本企业的薪酬调查任务。推进国有企业负责人薪酬制度改革，市人社局印发《关于公布2016年度市管企业负责人基本年薪基数的通知》，审核兑现市管企业负责人2016年度薪酬。

【劳动保障监察】 联合市公安、住房和城乡建设、海洋与渔业等部门，在全市组织开展劳动保障书面审查、日常巡查，农民工工资支付情况等专项整治行动，全面落实“双随机、一公开”工作机制，完善劳动保障守法诚信等级评价、重大劳动保障违法行为社会公布办法、拖欠农民工工资“黑名单”管理办法等制度。全年检查各类用人单位1.21万户次，受理各类举报投诉案件1081起，预警处置各类突发性群体案件19起，清退抵押金5.6万元，追讨工资待遇及社会保险费3923.81万元，依法申请法院强制执行案件10起，移交公安机关涉嫌拒不支付劳动报酬犯罪案件3起，涉及金额121.5万元。发挥劳动保障监察“两网化”调处劳动纠纷的作用。按照威海市《劳动保障监察“两网化”管理工作实施方案》和省人社厅《关于建立劳动保障监察举报投诉联动平台的通知》要求，对全市63名专职监察员和323名兼职监察员、协管员进行全面培训，加强劳动保障网上年审、群体性突发性事件预警上报和举报投诉案件线上处理、转办等工作。全市网上年审用人单位5762户，采集和录入用人单位信息2.9万户，涉及劳动者62.2万人，协调解决一般性劳资纠纷1261起，及时上报群体性突发事件7起，较好发挥二、三级网格作用，维护劳动者的合法权益。

【劳动人事争议处理】 开展基层调解网络建设，搭建便捷灵活的协商平台，建立小微企业调解委员会，健全大中型企业劳调会，加强与基层调解中心等专业性调解组织密切协作，发挥区域行业性调解组织作用，健全劳动争议协商解决机制，推进专业化调解规范化建设，全年基层调解组织调解纠纷1560起，调成率达68%以上，挽回损失3105.4万元，发挥化解争议的第一道防线作用。健全人民调解、仲裁调解、司法调解“三调联动”工作机制，加大人民调解力度，40%的争议实现案前化解。加强调、裁、审衔接，构建协商、调解、仲裁“一站式”服务体系，简化办案流程，推行庭前证据交换，提高“一裁终局”率。全市立案受理劳动人事争议案件2074起，当期审结2054起（含上年度未结案件2起），仲裁结案率99%，调撤率55%，为企业和职工挽回经济损失9101.6万元。强化与市综治办、司法等部门沟通协调，加大联系服务企业力度，指导提高企业调解组织的管理服务水平。完善专业性劳动争议调解工作机制，分类抓好国有企业和非公企业争议预防机制和协商调解机制建设，提高基层自主预防和化解争议的能力，从源头上减少和避免争议发生。

· 法治人社 ·

【制度建设】 2017年，贯彻落实《威海市法治政府建设实施纲要（2016—2020）》，制定出台重大行政执法案件法制审核、行政执法信息公示、行政执法全过程记录、公平竞争审查等文件，“法治人社”建设制度体系进一步健全。

【执法监督】 召开全市人社系统行政应诉和法治建设工作会议，总结2016年行政应诉工作情况，分析人社系统应诉案件特点，部署工作开展。加大合法性审核力度，审核重大行政处罚决定6件、规范性文件及涉法性文件8件、合同60多份，集中梳理规范性文件80件。发挥政府法律顾问作用，做好行政复议和行政应诉工作，牵头办理行政复议、应诉案件19件。完成执法人员执法证件年度审验和新申领工作，开展行政处罚、行政许可、工伤认定等行政执法案卷抽样自查工作，组织参加省、市典型案例分析研讨和行政应诉庭审观摩等执法培训18次，提升全系统依法行政能力。

【普法宣传】 4—5月，开展“普法宣传月”“扶贫攻坚专项法治宣传”等活动，首次实现省、市、县三级联动普法，先后到山东大学（威海）、哈尔滨工业大学（威海）等10余所高校（技校）举办公益讲座18场，宣传讲解与就业创业、劳动维权方面的政策和法律知识，为在校大学生提供创业指导、创业培训、项目推介等服务，受益师生约7000人。利用“扶贫日”，到文登区张家产镇岚村等6个贫困村开展扶贫政策宣传“直通车下乡”活动，向群众发放扶贫宣传手册2000多本，解答疑难问题70多个。开展“‘12·4’国家宪法日宣传”“精准扶贫宣传”等政策法规宣传活动,提高社会知晓度、关注度。创新组建新媒体工作室，主要负责“威海人社发布”“人才威海”2个微信公众号和威海电视台《直通人社》电视专栏的信息采编与发布工作，第一时间宣传人社政策法规、工作动态、惠民措施等，自6月份正式运营至年末，“威海人社发布”微信公众号关注人数超过11万人，在全市政务微信WCI（传播指数）排名中位列市级部门单位第一名。与《威海日报》、威海电视台和广播电台等媒体合作，推出“社保时空”“就业时空”“人事考试专版”等专题宣传，全年宣传760多期次。与公交公司合作,利用172个公交电子站牌,500部公交车载电视，进行200次／天的高密度人社政策宣传。综合运用部门网站、官方微博、微信和自助终端机、手机APP等新媒体渠道搭建“互联网+”新闻宣传平台。

【行政审批】 全面推行网上审批深度办理，8个行政许可事项实现“零跑腿”网上办理。承接省下放“辖区内外国人来华工作许可”事项，办结境外工作许可通知89件，境内工作许可202件，注销44件，延期565件。将人力资源服务许可、经营劳务派遣许可事项下放至环翠区人社局。推进人力资源服务业发展，审批人力资源服务许可22件、经营劳务派遣许可（备案）29件，注销

5家机构的劳务派遣经营许可证；审批设立民办职业培训机构6个、终止民办职业培训机构2个。加强对集体合同的审查备案工作，审理70家企业备案集体合同、工资集体协商专项合同等；完成58家企业特殊工时工作审查，新批准台湾、香港、澳门居民到威海就业2人次。

【信访咨询】 全年接待群众信访人访1113件，涉及群众1560余人次，其中办理群众信访81件、接待人访740起、到市信访部门协助接访7次。参加《行风热线》节目6次，解答和处理群众反映问题67件，回复和处理网上行风热线群众反映问题220件。全年接听群众电话7.2万个，办理市长公开电话转办件1008件，均较上年增长30%；办理市长信箱信件591件，局长信箱信件419件，政府网“有问有答”留言174件；回复局官方网站、政务微博留言480条。

（丛海平　丛瑜）

住房公积金管理

【概况】 2017年，威海市住房公积金管理中心推进新旧动能转化，深化“放管服”改革，适时调整资金管理政策，持续发挥公积金的住房保障作用。至年末，全市开立住房公积金账户并正常办理业务的单位7109个，缴存职工53.4万人，其中市区（含文登区）39.9万人，荣成市9.7万人，乳山市3.8万人。全市住房公积金覆盖率94.1%。全市住房公积金归集规模进一步扩大，完成住房公积金归集额33.5亿元，其中市区24.5亿元（含文登区），荣成市6.6亿元，乳山市2.4亿元。全市累计归集总额为225.1亿元，比上年末增长18.4%。全市向9789户职工家庭发放住房公积金个人购房贷款34.2亿元，占全年归集额的102.1%，其中市区（含文登区）28亿元，荣成市4.3亿元，乳山市1.9亿元。全市累计向7.74万户职工发放住房公积金个人购房贷款183亿元。全年全市39.09万人次提取使用住房公积金，提取金额20.2亿元，增加5000万元，占全年归集额的60.3%，其中市区（含文登区）14.8亿元，荣成市3.9亿元，乳山市1.5亿元。至年末，全市117.66万人次累计提取住房公积金108.3亿元，占累计归集额的48.1%。

【暂停执行部分住房公积金政策】 5月4日，市住房公积金管理中心印发《关于暂停执行部分住房公积金政策的通知》，暂停执行部分住房公积金政策。暂停执行“职工连续足额缴存住房公积金6个月（含）以上，可申请住房公积金个人住房贷款”的规定，恢复执行“职工连续足额缴存住房公积金12个月（含）以上，可申请住房公积金个人住房贷款”的规定。暂停执行“最高贷款年限延长至40年”“借款人还款能力按不高于借款人和共同还款人月缴存工资基数的70%核定”的规定，恢复执行“最高贷款年限30年”“借款人还款能力按不高于借款人和共同还款人月缴存工资基数的50%核定”的规定。暂停执行“缴存职工不使用住房公积金贷款的，购买普通自住住房后，可在取得有效购房凭证1年内，一次性同时提取职工本人及配偶、父母、子女的住房公积金”的规定，恢复执行“缴存职工不使用住房公积金贷款的，购买普通自住住房后，可在取得有效购房凭证1年内，一次性同时提取职工本人及配偶的住房公积金”规定。暂停执行“申请使用住房公积金个人贷款后，可在1年内一次性提取职工本人及配偶的住房公积金，用于支付的购房首付款”的规定。暂停执行“夫妻双方均符合贷款条件的职工家庭，最高贷款额度环翠区、高区、经区、临港区为60万元”的规定，恢复执行“借款人及配偶均符合住房公积金贷款条件，最高贷款额度为50万元”的规定。

【住房公积金贷款政策调整】 8月30日，威海市人民政府办公室印发《关于加强市区房地产市场调控工作的意见》，对住房公积金贷款政策进一步调整。提高首付比例。将首套住房公积金贷款首付比例由20%提高至30%，购买第二套房的公积金贷款首付比例不得低于40%。收紧贷款额度和发放范围。贷款额度不得超过住房公积金账户余额的20倍，不得向购买第三套以上住房及已经两次使用住房公积金贷款的缴存职工家庭发放住房公积金贷款。暂停发放异地住房公积金贷款。

（毕崇征　王漓江）

民　政

【概况】 2017年，全市民政系统围绕建设“现代大爱民政”的总目标，以“走前列、争一流、创品牌”为目标，抓重点、补短板、防风险。城乡社区治理和服务创新、优待抚恤工作、养老服

11月29日，全省优抚精细化管理服务推进会在威海市文登区召开

市民政局提供

务业转型升级等工作走在全省前列。省民政厅分别在荣成市和文登区召开标准化工作和优抚对象精细化服务现场会，推广威海市经验。在民政部主办的全国城乡社区治理创新现场会上，威海市作大会发言。获评全国殡葬改革综合试点地区，殡葬改革经验在全国殡葬会议上交流。在全国居家和社区养老服务改革试点中期测评中，威海市被确定为优秀等次。在省民政厅对17地市的考核中，威海市名列前茅，被确定为优秀等次。

（史明辉）

5月15日，优抚对象红色疗养活动启动，图为市复退军人康宁医院组织优抚对象参观红色胶东馆　　冯贻柱　摄

【双拥工作】 全年走访慰问驻军单位189个，二等功臣家庭16个。企业、社区及社会组织走访驻威海部队400余次，赠送慰问金、慰问品1200多万元。结合中国人民解放军建军90周年，举办双拥联欢会、参加全国双拥模范创建成果长城融合展等活动16场次。开展“双拥法规宣传月”活动，发放政策解答明白纸、宣传手册等，举办全市双拥国防教育专题讲座，全年开展国防教育活动21次。转发由省民政厅等五部门联合印发的《关于组织动员公园景点面向现役军人和残疾军人开展优待承诺工作的通知》，为现役军人、残疾军人提供优待。在驻威部队中开展专项救助困难士兵家庭活动，累计为57名困难士兵发放救助金17.1万元。市委、市政府赠送慰问金20万元，支持新组建部队建设。开展部队移防官兵在威海家庭专项帮扶活动，解决实际困难20个。市领导和驻军部队主官在部队与官兵同过“军事生活日”。组织驻威海部队团以上单位主官观摩地方经济社会发展情况。

（王　颖）

【优待抚恤】 全年发放抚恤补助金1.37亿元，调整义务兵优待金的发放标准，向全市2217名义务兵家庭发放义务兵优待金4110万元。组织各区市依次开展优抚对象短期疗养和健康查体，完成短期疗养300人、健康查体3000人的工作计划。创新性的开展优抚对象红色疗养工作，全年完成260名优抚对象的红色疗养任务。组织120名重点优抚对象到青州、泰安荣军医院疗养。投资70万元为优抚对象维修房屋116间。全年举行各种烈士纪念活动1300多场次，参加人数达102万人次。开展异地祭扫的核查工作联系，安排10户烈属家庭前往异地祭扫。9月30日，举办烈士公祭活动，全市有6.2万名社会各界代表参加。

（李　淦）

【退伍安置】 开展退役士兵安置和权益保障工作，采集1978—2014年符合政府安排条件的1.59万名退役士兵信息。成立领导小组办公室和政策落实工作专班，解决2258人历史遗留问题，维护退役士兵的合法权益。联合人社部门先后举行2场全市退役士兵专场招聘会和职业教育技能培训动员大会，62家大型企事业单位现场招聘，提供就业岗位2510个，有695名退役士兵现场与企业达成录用意向。组织全市947名退役士兵参加技能培训，推动退役士兵早日创新创业。配合省民政厅组织全省198名军休干部进行短期疗养活动。举行“军旅人生，相爱相随——威海市军休干部伉俪金婚纪念活动”，分批分期组织全市军休干部进行短期疗养，举办首届全市军休干部运动会。加快推进军休服务管理社会化，率先在全省出台规范性文件，威海市的实施细则在全省转发推广。

（邹明辰）

【基层政权和社区建设】 实施农村社区服务中心建设“三年行动计划”，全市新建农村社区服务中心165个。加强社区治理创新，印发《关于加强城乡社区协商的实施意见》《威海市城乡社区服务体系建设规划（2017—2020)》，作为中小城市代表在全国城乡社区治理创新现场会上进行典型发言。举办“国际社工日”主题宣传活动，发放宣传手册1.3万份，近600名社工、志愿者、市民参与活动。组织全市4家社工机构参加全省社区社会工作服务项目大赛，2个项目获奖。启动全市村和城市社区“两委”换届选举工作，召开换届选举工作动员部署会议和骨干培训会议，印发《威海市民政局关于村民委员会换届选举若干问题的意见》和《威海市村（居）民委员会换届选举规程》。

（刘朋日）

【社会救助】 2017年，城市低保标准为每人每月540元；农村低保标准为每人每年3850元，自10月1日起，再次将城市低保标准提高到每人每月580元，农村低保标准提高到每人每年4500元，城乡低保比例达1.55 ∶ 1；将城乡特困人员基本生活标准分别确定为每人每月870元和每人每年5850元，城乡集中护理标准按照自理程度分别为每人每年10990元、5495元和3297元。全市城乡低保保障1.76万户2.43万人，发放低保金6819.2万元。其中，城市低保保障1510户2223人，发放低保金1081.5万元；农村低保保障1.60万户2.21万人，发放低保金5737.7万元。农村特困人员1.04万人，发放供养金6089.8万元。其中集中供养4227人，分散供养6176人。全年投入医疗救助资金1602.76万元，救助困难对象3448名，资助3.13万名困难群众参加城镇居民医疗保险。救助困难家庭学生392人，发放教育救助资金69.7万元。

（姜春丽）

【养老服务】 率先在全省养老服务领域实现地方立法，印发《威海市居民养老服务保障条例》。制定威海市“十三五”养老服务业和老龄事业发展规划等5个规范性文件，为养老服务业发展提供政策支持。落实上级专项资金1.15亿元，配套市级资金3200余万元，扶持一批养老机构、日间照料服务设施建设运营，养老人才补助等项目。推进养老机构社会化改革，全市民办和公建民营养老机构超过80%，比例位居全省第一。投资400万元，建立全市老年人信息数据库，对全市62万名老年人逐人逐户进行普查和身体能力评估，为失智老年人免费发放黄手环1.8万个。全市新建医养结合机构16个，新增护理型床位1638张，开展医疗服务的养老机构比例达100%。新建农村幸福院100个，城市社区养老服务中心20个，新增养老床位3508张，千名老人拥有床位数达41张。养老机构质量安全问题整治成效明显，累计投入消防整改资金1100余万元，全市127家养老机构消防设施改造全部达标。

【社会福利】 全面落实失能老人和重度残疾人护理补贴、困难残疾人生活补贴制度。其中，为城乡低保家庭、特困对象中失能、半失能老年人发放护理补贴，标准为每人每月60元，保障158人。提高困难残疾人生活补贴标准，由每人每月80元提高至100元，启用残疾人“两项补贴”信息系统，累计录入2.90万人。规范残疾人两项补贴资金申请审批和发放程序，享受残疾人护理补贴2.07万人、生活补贴8299人。

（曲桂贤）

【社会组织管理】 至年末，全市登记注册社会组织1987家。其中，社会团体641家，民办非企业单位1341家，基金会5家。市委办公室、市政府办公室印发《关于改革社会组织管理制度促进社会组织健康有序发展的实施意见》。市社会组织孵化园更名为市社会组织创新创业园，区市级社会组织孵化（创业）园建成并完成提档升级，镇（街道）社会组织服务中心每区市建成不少于1处。开展第五批市管社会组织等级评估工作，11个社会组织获得AAA以上等级并获资金奖励。配合市发改委开展行业协会商会与行政机关脱钩工作，依据《威海市行业协会商会与行政机关脱钩实施方案》，50多个市管行业协会商会在机构、职能、财产等方面与行政机关脱钩。11个社会组织获得公益捐赠税前扣除资格，13个社会组织被认定为慈善组织，8个社会组织获得公开募捐资格。首次采取“双随机、一公开”监管方式对60个社会组织进行执法检查，检查结果在“威海社会组织”网公开发布。市社会组织孵化园、市金融消费权益保护协会被省民政厅确定为全省社会组织创新示范点。《中小城市社会组织孵化培育机制创新研究》获民政部“2017年全国民政政策理论研究”三等奖。

（房振华）

【社会事务】 *婚姻家庭* 2017年，全市各婚姻收养登记机关依法登记，规范管理，办理结婚登记1.67万对、离婚登记5768对、补发婚姻登记证7494对，收养登记23件，登记合格率、群众满意度均为100%，切实维护当事人的合法权益。加强救助管理机构规范化建设，对在救助管理机构超过3个月以上无法查询核实身份的滞留人员，明确移交单位和接收安置单位的职责、任务及费用承担，为62名受助人员办理落户手续，纳入保障范围；开展专项救助行动，建立健全四级救助网络，发布寻亲信息102条，救助1639人次，其中跨省救助810人，护送返乡177人。

殡葬管理 推进殡葬改革工作。全市殡仪馆火化尸体2.45万具，火化率达100%。清明节期间，联合11部门发出“平安清明”倡议书，建立应急保障机制，接待14.95万人祭扫，车辆总数2.5万辆，做到零投诉、零事故、零警情。督导各区市建成树葬区、改建骨灰堂，举办树葬、海葬等活动，中央电视台、《中国社会报》等媒体进行报道。全市有1390例选择生态安葬，比上年提高近30%。2012—2017年，全市举行8次海葬活动，543名逝者骨灰撒入大海。在全国率先试点运行信息化管理系统，完成全市所有公益性公墓的基本数据测量和电子地图绘制及全市殡葬机构网络线路升级和信息化设备改造工作。完成殡葬学会换届，举办第三届骨灰盒招标活动。8月，威海市殡葬改革做法在全国殡葬工作会议上进行交流；11月，威海市被民政部确定为全国殡葬改革综合试点城市。

儿童基本生活保障 按照集中和分散供养每人每月1200元、720元的标准，保障孤儿185人。按照困境儿童基本生活费每人每月540元标准，保障困境儿童202人。印发《关于加强困境儿童保障工作的实施意见》，建立健全困境儿童分类保障制度，将福利机构集中供养孤儿标准由每人每月1200元提高到1500元，社会散居的孤儿供养标准由每人每月720元提高到1000元，位居全省前列。建立农村留守儿童关爱保护联席会议制度，明确成员单位责任分工。开展“合力监护、相伴成长”关爱保护农村留守儿童专项行动，全市202名留守儿童全部落实受委托监护人，签订委托监护责任书，在全省率先实现留守儿童监护全覆盖。

（王华东）

【区划地名】 2017年，完成威海市第二次全国地名补查工作，通过省民政厅检查验收。收集各类地名1.39万条，文件资料590份。开展平安边界建设工作。与烟台市民政局签订《2017年度两市共创平安边界协议书》。指导两区两市签订《行政区域界限管理责任书》。对环翠—文登线、乳山—海阳线2条行政区域界线进行联合检查。对市区内的35条道路进行命名，对5条道路进行更名，对6条道路的起止点进行调整，对2条道路进行注销。对市区规划区域内的12个住宅小区进行命名。

（王书清）

【居民家庭经济状况核对】 建立困难群众信息数据库，录入困难群众基础信息7.2万条，约占全市人口3%，为社会救助决策提供技术支撑；同时录入4.9万名扶贫对象基础信息，助推社会救助与精准扶贫有效衔接。开发三级联网的居民家庭经济状况核对系统，与“威海市信息资源共享交换平台”“省居民家庭经济状况核对系统”完成对接，实现信息数据资源共享。2017年，全市核对社会救助家庭1.77万户、2.32万人。通过比对，取消495户1035人的低保、临时救助、住房保障低收入家庭申请资格；终止302户864人低保待遇，确保社会救助公平公正。

（吴　刚）

8月16日，威海市举行2017年“慈善·福彩”遇困高考新生救助活动

市民政局提供

慈善事业

【概况】　2017年，全市募集善款7762.02万元。其中，“慈心一日捐”捐款3882.08万元，企业认捐慈善基金利息413.5万元，冠名慈善基金1314.42万元，定项捐赠714.57万元，日常捐款1437.15万元。市慈善总会募集1669.67万元。全市支出善款6586.63万元，惠及困难群众8.6万人次，其中市慈善总会支出善款1609万元，惠及遇困群众1.78万人。至年末，全市各级慈善组织募集善款10.62亿元，累计投入8.78亿元，救助困难群众81万名，取得良好的社会效益。

【慈善助医】　2017年，全市支出慈善大病救助款2606.56万元，惠及遇困群众5554人。其中市慈善总会支出救助款200万元，救助大病患者193人。支出日常助医款397万元，惠及大病患者309人。

【慈善助学】　2017年，“慈善·福彩”遇困高考新生救助活动，全市发放115.7万元，惠及困难学生310人。其中市慈善总会支出80万元，救助遇困学生203人。“威高爱心助学”活动，支出500万元，对1000余名市直高中贫困生开展“爱心助学”“就餐补助”“学费补助”活动。支出教育分会助学款372.46万元。开展冠名慈善基金助学、定项助学等救助活动，支出600余万元，惠及遇困学生4000余人。

【定项救助活动】　建筑业困难农民工“关爱行动”支出救助款70万元，救助建筑业遇困农民工579人。“夕阳扶老”“情暖万家”等救助活动，全市支出善款1199万元，资助遇困群众3万人。慈善助残活动，支出善款102.69万元，开展帮扶贫困残疾人等救助活动，惠及341人。慈善赈灾活动，支出善款17.1万元，开展慈善赈灾活动，惠及受灾群众165人。“慈善义工爱心助教”项目，对市区300多名困难家庭的在校学生，实施22个科目的免费辅导培训。精准扶贫工作，全市支出精准扶贫款422.42万元。其中，实施精准扶贫保险项目，支出133.8万元，为全市孤儿及50周岁（含）以上低保、五保人员2.73万人，购买商业人身意外伤害保险及医疗保险；扶持村级扶贫基金发展，全市各级慈善组织向180个省定贫困村的村级扶贫基金注入善款190多万元；重阳节期间支出善款61.8万元，采购棉被3000床、大米1.98万公斤，联合市扶贫办走访慰问建档立卡贫困人员。冠名慈善基金救助活动，引导与联合冠名慈善基金设立人，对全市血友病患者、困难学生及零售商户等困难群众实施救助，支出130.45万元，惠及困难群众1016人。

【慈善信息化建设】　新建慈善信息化网站，遇困群众可以在线求助，爱心人士可通过支付宝、财付通等方式在线捐赠，捐赠和救助信息在网站、微信同步公开并向捐赠人实时反馈，支持社会各界查询。网站接入新浪微博、百度分享等系统，传播慈善信息，扩大慈善工作的社会影响力。年内在平台公示接收、拨付信息4300多条，网络募集善款478万元，救助遇困群众5000多人次。

【援助药品发放】　与中华慈善总会沟通协调，直肠癌药品爱必妥、肺癌二代靶向药泰瑞莎于5月在威海发放，发放药品5种，发放药品总值3910万元，惠及重病患者1836人次。

（刘舒悦）

红十字事业

【概况】　2017年，威海市红十字会大力开展“三救三献”（救灾救援、社会救助、救护培训，献血、献造血干细胞、捐献遗体器官）工作，获评全省红十字会系统先进单位、应急救援救助工作先进单位、红十字文化传播工作先进单位、造血干细胞捐献工作先进单位、天使救助项目先进集体、信息化工作先进集体。

【救灾救助】　年内，强化备灾物资和仓库的管理，采购价值20万元的备灾

2月16日，市红十字会联合以岭药业开展药品捐赠活动　市红十字会提供

帐篷、床，提高灾害应急处置能力。筹集各类款物总价值619万元，开展形式多样的帮扶救助活动。开展红十字送温暖活动，向困难群体筹集发放温暖箱、羽绒服等帮扶物资价值11.2万元，向37户困难家庭发放救助资金7.4万元。与石家庄以岭药业联合举办药品捐赠活动，募集发放连花清瘟胶囊94箱，价值55.8万元。牵线搭桥，向市立医院捐赠CT机1台，价值450万元。落实小天使和天使阳光基金58万元，救助患病儿童14人。

【造血干细胞和遗体器官捐献】　年内，完成干细胞志愿者血样采集201人份，王梓宁、周经海、于浩、崇融4名志愿者成功捐献造血干细胞。至年末，全市入库造血干细胞志愿者累计1.28万人，累计捐献达62例，捐献总数全省第二名，人均捐献数量全省第一名。完成遗体捐献4例、眼角膜捐献10例、器官捐献8例。全市累计登记遗体器官捐献志愿者301人，实现遗体捐献26例、眼角膜捐献43例、器官捐献21例。

【救护培训】　全国应急救护培训基地以及配套活动项目落户威海，获得中国红十字会扶持资金87.34万元。开展“学校+社区”安全教育系列活动，承办学校健康安全辅导员培训班，培训救护师资40名。举办校园亲子讲座6场、公益讲座2期、校园应急演练3场。全年培训红十字救护员2700人。选拔社区志愿者参加山东省红十字社区应急救护技能大赛，获得三等奖和优秀组织奖。指导威海七中在校园内建设红十字生命健康安全教育实践基地。

【红十字志愿服务】　投入志愿服务资金20万元，采取项目运作的方式，开展红十字人道传播、帮老扶贫、艾滋病预防、红十字青少年生命安全教育等多个志愿服务项目。利用财政资金支持，为红十字志愿救援队伍采购价值49.71万元的水上救援装备。

【红十字宣传】　在环翠楼公园广场，举办纪念“5·8”世界红十字日暨贯彻新修订的《中华人民共和国红十字会法》广场宣传活动。召开2017年全市红十字工作观摩会，组织全系统干部职工实地观摩威高时光城红十字生命体验教育基地、威海高技术产业开发区西涝台社区红十字服务中心等4处红十字示范点。与各级媒体合作，传播红十字好故事，唱响红十字好声音，宣传志愿者周经海“二次捐献”造血干细胞，威海好人殷树山、刘彩凤夫妻相继捐献遗体的事迹。

（苗延颂）

老龄工作

【概况】　2017年末，全市有60周岁以上户籍老年人口69.63万人，总人口255.72万人，老龄化比例为27.2%。其中，60～69周岁40.95万人，占老年人口58.8%，占总人口16.0%；70～79周岁18.90万人，占老年人口27.1%，占总人口7.4%；80～89周岁8.49万人，占老年人口12.2%，占总人口3.3%；90～99周岁1.26万人，占老年人口1.8%，占总人口0.5%；100周岁以上262人，占老年人口0.04%，占总人口0.01%。威海市1人获“山东省十大孝星”称号，2人获孝星提名奖。市老龄办获得山东省银龄风采艺术大赛组织奖。组织参加第九届中国（山东）国际老龄产业博览会，获得最佳组织工作奖。参加第六届老年健康与长寿理论研讨会，威海市报送4篇论文，1篇获得一等奖、2篇获三等奖。组织参加第六届山东省老年书法美术大赛，威海市3人获优秀奖。文登区博物馆获评山东省敬老文化教育基地，乳山市幸福苑老年公寓获评山东省敬老文化教育示范点。威海市5家基层老年文体组织获评山东省银龄之家，威海市老年人体育协会艺术团获评山东省优秀老年艺术团体。

【老年人权益保障】　印发《威海市“十三五”老龄事业发展规划》，为应对人口老龄化，促进威海市老龄事业持续健康发展提供政策保障。为全市9.94万名80周岁及以上老年人发放高龄津贴1570余万元。开展银龄安康工作，全年全市银龄安康保费达1012.88万元，承保42.58万人次。投入133.8万元实施“精准扶贫保险项目”，为50周岁（含）以上低保、五保人员，每人购买1份人身意外伤害保险及医疗保险。全市有3家养老机构被省老龄办确定为2017年省重点扶持单位，每家扶持额度为18万元。

【公益宣传】　通过多种媒体对“十大孝星”“敬老文明号”等典型事迹进行广泛宣传，开展“关爱老年人　欢庆十九大”“提高老人防骗意识，谨防电信网络诈骗”等主题活动，为全市老年人送去节日问候，营造出敬老爱老的社会氛围，提高老年人识骗防骗能力，切实维护老年人的切身利益。

（高凌雪）

残疾人事业

【概况】 2017年，突出强化创新举措，聚焦残疾人脱贫奔康。夯实综合服务平台，发挥500平方米市残疾人综合服务大厅作用，建立联动机制，完善服务功能，为残疾人提供一站式窗口受理、一条龙服务，被评为2017年度“巾帼文明岗”。构建“互联网＋残联政务服务”平台，开发威海市残联政务服务一体化软件系统，为残疾人提供便捷高效的服务。强化媒体宣传平台，与多家媒体合作开办4个残疾人宣传专栏，开通“12385”热线直播间。在市扶贫办开展的扶贫宣传考核中，市残联得分位居前5名。完善社会助残平台，建立助残社会组织孵化机制，汇聚社会助残合力。全市采取“六借力”措施、借助社会力量助残扶贫的做法，被省政府办公厅2017年第374期《专报信息》刊发。全市残联系统全面完成市政府交办的残疾人民生实事任务。市县两级投入资金3904.4万元，为3.17万人提供残疾人生活补贴、护理补贴、居家托养、免费白内障手术等保障和服务，完成全年任务的130%。全系统（荣成市除外）落实中央、省拨付残疾人事业发展资金755万元，比上年增长16.4%。

【残疾人社会保障】 协调落实困难残疾人生活补贴惠及8536人，重度残疾人护理补贴惠及2.07万人。协调出台重度残疾人参加居民养老保险政府代缴扩面政策，政府按照最低标准全额代缴的范围，由低保重度残疾人扩大到重度残疾人。实施助学项目，资助残疾人大学生、困难残疾人家庭子女大学生40名。协调落实教育、养老、住房、医疗等领域各项惠残政策，增强残疾群众的幸福感、获得感。

【康复服务】 荣成市列入全国残疾预防综合试验区，环翠区、荣成市列入全国19个县级单位残疾人精准康复先行试点，威海市成为全省唯一双试点地市。年内，市残联协调有关部门印发《残疾人精准康复服务行动实施方案（2017—2020年）》等16个康复政策文件。为全市9261名有康复需求的残疾人提供康复服务，康复服务率100%，位居全省第一，残疾预防和精准康复工作经验在全国交流、推广。残疾儿童康复救助范围由0～12周岁扩大到15周岁，救助标准0～12周岁由每人每年1.2万元提高到1.5万元，13～15周岁由每人每年200元提高到6000元。市级及环翠区、文登区残疾人康复中心建设加快推进，中心城区2个公办三甲医院、1个大型民营医院新设立残疾儿童康复中心。依托文登区人民医院精神科建立精神残疾人托养中心，建筑面积2600平方米、床位100张，医疗和管护人员32人，集中收治管护五保、低保、流浪乞讨等重度精神障碍患者93人。8月25日，首个“全国残疾预防日”当晚，中央电视台《新闻直播间》以《山东威海：健全康复网络　助力残疾预防》为题做专题报道。

【就业扶贫】 安置或辐射带动残疾人就业从业1662人。新培育创建3家省级、17家市级残疾人就业扶贫基地，全市投入基地建设资金220万元，是上年的4倍。创建4个省级、6个市级、10个县级残疾人文化从业创业基地，重点打造、培育1个国家级残疾人文化创意产业示范园，帮助123名残疾人通过油画、刻瓷等工艺品制作从业创业。市级为126名残疾人提供电商、保健按摩、油画等技能培训，召开5场残疾人就业专场招聘会。创新开展市直事业单位招聘残疾人大学生工作，一次性定向招聘5名残疾人大学生进入市交通局、工商局等部门工作。培育、扶持26名创业标兵、致富能手。对新开设的盲人按摩机构一次性给予扶持资金1万元。开展“基层党组织结对助残扶贫”活动，结对帮扶贫困残疾人家庭1000户（每户扶持资金2000元）。5月21日，中央电视台综合频道报道“威海7540名建档立卡贫困残疾人全部脱贫”。

【无障碍建设】 在全省率先开展重度残疾人家庭无障碍智能化、个性化改造，全年投入资金294万元，完成改造1084户。威海市连续3年投入700万元、改造超万户的做法，在全国、全省推广。在全国率先开展无障碍健康宜居示范城市创建活动，举办“2017·威海健康宜居城市无障碍融合战略座谈会”，22名领导和专家、学者到威海指导。

【文体活动】 年内，环翠区、荣成市获批省级文化体育建设示范区市。组建启航残疾人艺术团、红色经典残疾人合唱团、飞翔之梦残疾人艺术团，组织开展威海市第七届残疾人艺术汇演、第八届残疾人文化周等活动。残疾人体育取得历史最好成绩，威海市运动员陈鑫在西班牙、泰国国际残疾人乒乓球公

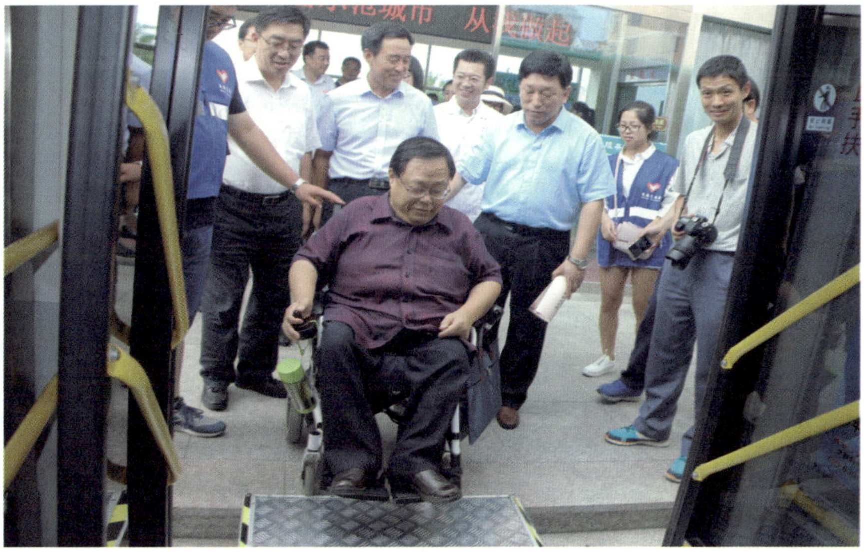

8月26日，中国残联副主席吕世明（中）出席“2017·威海健康宜居城市无障碍融合战略座谈会”，调研无障碍建设成果　　　　市残联提供

开赛上获得金牌、银牌各 1 枚、铜牌 2 枚，其他运动员获得残疾人赛事国家级铜牌 1 枚，省级金牌 5 枚、银牌 17 枚、铜牌 3 枚。

（吴　溪）

民族·宗教

【概况】　威海市属少数民族散杂居地区。2017 年，全市有 46 个少数民族，少数民族户籍人口 2.20 万人（其中农村少数民族群众 5921 人），暂住人口 5.3 万人，总人口 7.5 万人，占全市总人口的 2.7%。其中，朝鲜族 2.04 万人，占少数民族总人口的 27.2%；满族 1.73 万人，占少数民族总人口的 23.1%；佤族 6483 人，占少数民族总人口的 8.6%；彝族 6160，占少数民族总人口的 8.2%；蒙古族 5732 人，占少数民族总人口的 7.6%。

【全市民族宗教界庆祝建市 30 周年文艺汇演】　9 月 23 日，由市民宗局主办，市五大爱国宗教团体及威海“民族一家亲”艺术团承办的全市民族宗教界庆祝建市 30 周年文艺汇演，在海军礼堂举行。市委常委、统战部部长戴龙成，市人大常委会副主任丛培卿，市政府副市长张伟，市政协副主席刘亚东等观看演出。参演少数民族群众和信教群众 700 余人，全面展示民族宗教界的爱国情怀。

【民族团结进步创建活动】　市民宗局致力于打造民族团结进步创建示范精品，不断完善全市已命名示范单位的软硬件指标，指导各区市以优化服务为重点，侧重平台搭建，协调有关部门为辖区少数民族群众提供多方面便民服务，营造各民族文化融合、生活融合、精神融合的和谐氛围。9 月，威海经济技术开发区韩乐坊社区与市毛纺织集团被评为第四批省级民族团结进步创建示范单位。12 月，威海经济技术开发区韩乐坊社区被命名为第五批全国民族团结进步创建示范社区。

【清真餐饮“爱心拉面”活动】　市民宗局组织全市清真拉面馆开展为环卫工人献“爱心拉面”活动。1 月，在威海高技术产业开发区 20 家清真拉面馆进行活动试点；12 月，城区 104 家清真拉面馆参加活动，形成“一碗爱心面，温暖一座城”的浓厚氛围。全年为 1786 名环卫工人提供免费拉面，提高全市清真拉面馆的整体形象，促进全市各族群众和谐共融。活动被各级媒体广泛报道，“爱心拉面”成为威海市民族工作的重要品牌。

【宗教活动场所互观互学活动】　9 月，市民宗局组织市直宗教活动场所开展互观互学活动，各宗教团体负责人和宗教活动场所负责人参观广福寺、天主堂和基督教福门堂，互相学习工作亮点，沟通特色经验。通过互观互学，推动全市各宗教团体“三簿三册一账”建设，推进宗教活动场所规范化建设整体上新台阶。

9 月 23 日，威海市民族宗教界庆祝建市 30 周年文艺汇演在海军礼堂举行

市民宗局提供

【宗教活动场所网上赋码及宗教基础信息数据核改】　3 月，市民宗局开展全市宗教活动场所统一社会信用代码网上赋码及宗教活动场所登记证换发工作。对涉及宗教活动场所、宗教教职人员、宗教团体及宗教事务部门的 198 条宗教基础信息数据进行核改，对宗教活动场所登记证及组织机构代码证进行收缴，对多次协调整改不达标的宗教活动场所予以撤销登记。至年末，完成全市 49 处依法登记的宗教活动场所的新证换发工作。

【“宗教中国化”思想研讨】　市宗教界贯彻中共十九大关于坚持宗教中国化方向的要求，市基督教界举办专题培训班，开展 3 期以“宗教中国化”为主题的神学思想研讨。市佛教协会举办“传统文化讲座”，用中华优秀传统文化浸润宗教。市道教协会举办教内基础业务培训，对教规教义做出符合当代中国发展进步要求、符合中华优秀传统文化的阐释。

【宗教慈善】　8 月 7 日—11 日，市民宗局引导宗教界开展宗教慈善周活动，为智障儿童、孤寡老人、困难家庭及肿瘤医院专项救助基金捐助善款 48 万元。其中，市佛教协会成立的大病救助基金、市基督教两会的教内救助、文登区佛协的“关爱学子工程”、荣成法华院的“希望工程”、乳山市的“暖衣工程”，成为全市宗教慈善的品牌和亮点，取得良好的社会效益。

（于春永）

人民生活

【居民收入增长】　2017 年，全市居民人均可支配收入为 3.38 万元，比上年增长 9.2%。其中，城镇居民人均可支配收入 4.27 万元，增长 8.5%，增幅居全省第 3 位；农村居民人均可支配收入 1.90 万元，增长 7.9%。农村居民人均收入增速明显低于全市及城镇居民人均收入增速，主要是由于近年威海市城镇化率显著提升，一部分在农村地区属于较高收入人群人口从收入较低的农村地区向收入较高的城镇地区流动。

威海市围绕提高城乡就业质量，实施积极的就业促进、培训和援助政策，统筹推进高校毕业生、农村劳动力、失业人员等城乡各类群体实现充分稳定就业。2017 年，人均工资性收入 1.97 万元，增长 9.0%，占人均可支配收入的 58.2%，拉动居民人均可支配收入增长 5.3 个百分点，是居民收入增长的主力。其中，城镇居民工资性收入 2.55 万元，增长 8.0%；农村居民工资性收入 9890 元，增长 8.6%。最低工资标准再次上调，机关事业单位工资标准调整、警衔津贴审核发放以及公务用车制度改革等，促进工资性收入增长。2017 年，民营经济市场主体户数和实缴税金分别增长 14.7% 和 25.8%，保持较快增长。全市居民人均经营净收入 6763 元，增长 7.5%，占人均可支配收入的 20.0%，其中城镇居民经营净收入 7545 元，增长 8.4%；农村居民经营净收入 5462 元，增长 4.5%。随着金融投资品种不断增加，住房、商铺等房屋租赁市场日趋扩大，居民财产性收入来源日益丰富，城乡居民财产净收入保持较快增速。全市居民人均财产净收入 2297 元，增长 10.9%。其中，城镇居民财产净收入 3468 元，增长 8.7%；农村居民财产净收入 349 元，增长 17.8%。

【社会保障系统完善】 2017 年，全市继续围绕“市域一体化”和“同城同待遇”目标，不断完善覆盖城乡、市域一体的社会保障体系，连续第 13 次调增退休人员养老金标准，惠及全市 37.1 万名退休人员；居民基础养老金最低标准提高至 120 元。社保制度不断优化，覆盖范围不断扩大，保障水平不断提高，推动城乡居民转移性收入以较快速度增长。全市居民人均转移净收入 5061 元，比上年增长 11.4%。其中，城镇居民转移净收入 6142 元，增长 10.6%；农村居民转移净收入 3262 元，增长 10.9%。

【居民生活品质提升】 2017 年，全市居民人均生活消费支出 2.18 万元，比上年增长 9.7%。其中，城镇居民人均生活消费支出 2.79 万元，增长 8.8%；农村居民人均生活消费支出 1.17 万元，增长 8.8%。从构成看，八大类消费支出均有增长。其中，食品烟酒支出 6133 元，增长 2.7%；衣着支出 2335 元，增长 2.9%；居住支出 3551 元，增长 10.7%；生活用品及服务支出 1575 元，增长 9.6%；交通通信支出 3442 元，增长 18.0%；教育文化娱乐支出 2062 元，增长 15.3%；医疗保健支出 1951 元，增长 18.9%；其他用品和服务支出 776 元，增长 18.6%。

（于　淼）

社会风尚

【见义勇为】 *柏国建　付杰*　均系环翠区环翠楼街道居民。6 月 11 日 11 时许，环翠区向阳街 19 号楼东第二户草厦子店铺出现火情，现场浓烟滚滚。柏国建见状拨打电话报警，跑到旁边的店铺拿起 2 个灭火器，将其中一个递给付杰，两人奋不顾身冲进火场。店内一个液化气罐已经着火，液化气不停地向外泄露。二人不顾生命危险，对液化气罐进行喷射灭火，将明火扑灭。二人刚跑出屋外，身后一声巨响，液化气罐泄漏气体发生爆炸，巨大的气浪将草厦子的铝合金门窗掀翻在地。城里派出所民警和消防队员先后赶到，将火扑灭。事后发现其中一个液化气罐软管已经烧断，如果不及时扑灭明火，4 个液化气罐极有可能爆炸，后果不堪设想。

王谦军　管海玉　王谦军，文登区环山街道八里张家村村民。管海玉，国网威海市文登区供电公司职工，中共党员。3 月 24 日，环山街道八里张家村一村民家中发生入室盗窃，该村民发现后大喊抓小偷并追赶，嫌疑人邢某用刀将该村民手臂刺伤，向八里张家村西山逃窜。王谦军听到呼救后，与路过的管海玉两人不顾安危，王谦军斜插小路包抄，管海玉顺路追赶，共同将嫌疑人邢某制服，移交派出所。王谦军发现该村民流血过多伤势严重，联系“120”救护车，并将其抬上管海玉的轿车，与救护车及时对接，将其送到医院。经及时抢救，该村民脱离危险。

伊群　吴延伟　伊群，荣成市委政法委员会涉法涉诉信访办主任，中共党员。吴延伟，荣成市委办公室专用通信局副局长，中共党员。5 月 29 日上午 10 时许，一名 10 岁左右的男孩在昆嵛山景区内“王母娘娘洗脚盆”景点玩耍，不慎滑落到深水区。男孩的父亲发现后冲到水中救人，因不会游泳很快被水没过头顶，父子二人在水中挣扎。伊群、吴延伟等 4 人路过遇见险情。伊群没脱衣服就跳进水中，快速游到落水父子身边，用力将其二人向岸边推。男孩父亲紧紧抓住伊群的胳膊不放，施救非常困难。吴延伟跳进水中，从前面拉住二人的衣服，全力向岸边拖，同时向岸上的同伴呼救。同行的王国强和李波闻声赶来，众人合力将二人救上岸。

唐　硕　荣成市崖头街道居民。7 月 17 日深夜 12 时许，唐硕的母亲听到楼下有声响，看到有人戴着口罩在楼下来回走动，比较可疑，让唐硕父子下楼查看。下楼后，唐硕问其深夜在这里干什么，为什么戴口罩，嫌疑人转身就跑，唐硕立即追赶，在中信银行路口西边追上并扭住其胳膊，展开搏斗。民安小区的保安闻声赶来拦截，唐硕用力抱住嫌疑人腰部，将其摔倒在地制服，并拨打“110”报警。天亮后，发现嫌疑人在楼下空调机附近架起梯子，图谋入室盗窃。经查，该犯罪嫌疑人曾在青阳小区实施盗窃。

杜玉亭　乳山市海阳所镇杜家岛村村民。3 月 25 日上午 8 时许，杜玉亭在远离岸边的深海区作业，听到对面船只有喊叫声。天冷浪大且距离较远，杜玉亭不清楚具体情况，有多年出海经验的杜玉亭预感情况危急，急忙驾船前往，发现对面船已开始下沉，4 名船员在深海中挣扎。为减轻重量，杜玉亭扔掉自己的渔网，最大马力驾船到事故船只前面，不顾自己胳膊的旧

伤，跳入海中，将2名年龄较大的落水者救到自己船上，随后将另外2名抓着漂浮物的落水者救到船上。事故船只完全沉入海中，杜玉亭对落水者实施简单的抢救措施并送到岸上。落水的4人为海阳所镇李家村某养殖户雇工。

王春花（女） 威海交运校车管理服务有限公司职工。9月29日晚6时，公司接送温泉学校学生的21号校车自南向北行驶后，停靠在温泉明珠站点，王春花在校车门口引导学生安全下车。一辆白色越野车违规停靠在校车北侧的站点，车内没有司机且未拉手刹，由于路面北高南低，白色越野车车尾向学生方向滑行。校车司机罗寿和向王春花大喊："赶紧顶住！"王春花把孩子推向一边，冒着被车辆碾压的危险扑到车尾后面用力顶住。车身重，王春花被车推行2米多，在罗寿和与多名学生的齐心协力下拦住滑行的越野车。

（摘自《威海日报》）

【2017年"中国好人榜"威海好人】

王胜忠 威海市文登威力工具集团有限公司产品研发部部长、高级技师。从业34年，高中毕业的王胜忠参与一线生产，认真研究技术升级改造，先后完成几十项技改项目，亲手研制50多种新产品、拥有5项国家实用新型专利，参与起草2项大力钳国家行业标准，从学徒工到"维修钳工高级技师""山东省五金行业技术能手"，用敬业奉献诠释工匠精神。

张义江 威海临港经济技术开发区桐康物业服务有限公司总经理。1996年，张义江开始无偿献血，21年间无偿捐献血和血小板109次、5.38万毫升，献血足迹遍布北京、上海等地。利用捐献血小板的误工补助，成立爱心专项资金，定期到敬老院、福利院探望老人和儿童。每次献血之余，开展献血志愿服务活动，影响和带动近百人参与到献血队伍。先后两次获评全国无偿献血奉献奖金奖，1次银奖，用自己的热血为别人送去生的希望，用无偿献血的方式践行助人为乐的高尚品德。

曲麟昌 荣成市公安局俚岛边防派出所战士。2016年12月8日16时许，荣成市俚岛镇两名船员在出海作业时落入冰冷的海水中。俚岛边防派出所接警后，派出3名警力驾驶舢板出海营救。在多次营救不成的情况下，20岁的边防战士曲麟昌跳入海水中施救，最终将两名船员救起。在托举过程中，曲麟昌不慎被舢板击中导致左臂脱臼，受伤住院治疗。

毕忠晶（女） 威海高技术产业开发区神道口小学教师，一名有着14年教龄的小学教师。2012年暑假，毕忠晶被查出患"右听神经瘤"，必须进行开颅手术，这次生病给家庭带来磨难，对教学工作带来极大阻碍。术后第一学期，不顾大病未愈的身体，担任2个班的语文教学任务，后期接手班主任工作。5年来，拖着病痛的身体坚持在教学前线，用高度责任感诠释一名普通教师的担当和奉献。利用闲暇时间学习，提高业务水平，在2017年举行的开发区校本课程优质课比赛中获得区级一等奖；参与省级、市级课题研究，多个课题顺利结题。2016年，被评为威海高技术产业开发区第二届道德模范。2017年，推荐为"威海市最美青年"候选人。

刘艳芬（女） 荣成市石岛管理区宣传群团办公室群众团体科科长。2006年，创建关爱弱势儿童群体志愿组织——芬芳青少年社工中心，资助困难学生116人，让困难家庭重燃希望。10余年来，个人收养或倡议救助困难儿童近200人，个人资助和号召志愿者累计捐款100余万元。个人被评为威海市"最美志愿者"，芬芳青少年社工中心被评为"荣成市优秀志愿服务组织"。

李　燕（女） 威海临港经济技术开发区国家税务局税政科科长。面对家中3位老人患重病、常年瘫痪在床等困难，李燕奔波于岗位与病床间，未因此耽误工作。每天早晨4点起床，照顾完老人后，准时出现在办公室，晚上下班后到医院照料。为方便纳税人，李燕改进工作方法，一个窗口设两台电脑，一人同时办理两项业务；合理划分申报时段，均衡分流纳税人并进行延时服务等。把每一个岗位都视作新起点、更重责任和更高要求。先后获得"山东好人之星""省国税先进工作者""最美威海人"等称号，被市政府记二等功一次。

（摘自威海文明网）

编辑　李传强

区市概况

环翠区

【概况】 全区总面积275.87平方公里，海岸线长43公里，辖8个镇（街道）、170个村（社区）。2017年末，全区户籍人口31.22万人。全年实现地区生产总值364.15亿元，按可比价格计算（下同），比上年增长8.5%。其中，第一产业增加值23.59亿元，第二产业增加值141.19亿元，第三产业增加值199.37亿元，三次产业比重为6.4∶38.8∶54.8。全社会固定资产投资下降17.0%，其中房地产开发投资下降9.0%；社会消费品零售总额267.8亿元，增长10.5%；进出口总额243.3亿美元，其中出口207.9亿美元，分别增长19.5%、19.0%。一般公共预算收入46.51亿元，增长9.2%；一般公共预算支出30.04亿元，下降2.8%。年末驻区银行存款余额368.95亿元，下降0.1%；贷款余额261.18亿元，增长8.5%。

全年实现农林牧渔业增加值25.37亿元，比上年下降5.4%；农林牧渔服务业增加值1.78亿元，增长8.0%。粮食播种面积1697公顷，粮食总产8299吨，下降6.7%；水产品产量（不含远洋）36.9万吨，下降4.4%；肉类总产量2555吨，增长36.9%；羊牛奶产量662吨，下降24.0%；禽蛋总产量1606吨，下降48.9%；成片造林面积371.9公顷。年末拥有农业机械总动力11.5万千瓦；农田有效灌溉面积1733公顷，其中节水灌溉面积1667公顷；农业产业化重点龙头企业14家。规模以上工业企业112家，实现增加值比上年增长8.5%，实现产品销售收入268.74亿元，下降1.3%；实现利税28.62亿元、利润19.2亿元，分别增长8.8%、4.1%。资质以上建筑业企业81家，实现建筑业增加值48.89亿元，增长7.1%。

公路通车里程507.9公里（含农村公路、国省道）。全年完成城建重点工程32大项、96小项，户籍人口城镇化率88.36%。安居工程基本建成住房502套，新开工209套，其中棚户区改造开工209套。国家AAA级及以上旅游景区5家，住宿营业额9.9亿元，比上年下降1.2%；餐饮营业额5.8亿元，增长5.9%。

年末全区有中等职业学校2所，在校学生964人；普通初中8所、小学19所、九年一贯制学校3所、十二年一贯制学校1所，在校学生4.67万人。取得重要科技成果15项，专利申请量1172件，授权专利612件。有文化馆1座，公共图书馆1座，美术馆1座，电影院5座。各级各类卫生机构279个，有床位1140张，卫生技术人员3509人。全年举办区级以上较大型体育活动55次，新建社区、镇（街道）体育工程设施等5处，在市级以上体育比赛中获金牌550.5枚。

全区城镇新增就业4976人，年末城镇登记失业率为1.65%。城镇居民人均可支配收入4.37万元，农村居民人均可支配收入1.84万元，分别比上年增长8.7%、8.2%。全区有9.02万人参加城镇职工基本养老保险，3.85万名离退休职工享受养老保险。有10.63万人参加城镇职工基本医疗保险，12.25万人参加居民医疗保险。有1186人领取失业保险金，5282名职工享受生育保险待遇，1748名女职工享受生育津贴待遇。投资241.89万元，将470名低保对象纳入保障范围；投资61.86万元，保障全区“五保”老人82人，有敬老院3所。全区收养性社会福利单位拥有床位2328张，收养人员856人。

【威海蓝海银行开业】 6月29日，威海蓝海银行股份有限公司开业仪式举

6月29日，省、市领导出席威海蓝海银行股份有限公司开业仪式　李晓娟　摄

行。省政府副省长王书坚、省政府副秘书长辛树人，省金融办主任李永健，市领导孙述涛、张惠、张伟等出席仪式。威海蓝海银行由威高集团有限公司、赤山集团有限公司、迪尚集团有限公司等7家企业发起设立，注册总资本20亿元，是全国第一家以服务海洋经济为特色定位的民营银行，也是山东省首家民营银行，致力于打造线上线下融合发展的轻资本、交易型、类互联网化银行。

【威海华夏城景区晋升国家AAAAA级旅游景区】 2月23日，威海华夏城景区晋升国家AAAAA级旅游景区。华夏城景区是以展示东方古典文化为主的大型生态文化景区，占地面积180公顷，主要景点有华夏第一牌楼、神游海洋文化馆等10多处景点及杂技、马术等传统特色演出。

【威海创新园工业设计中心揭牌】 12月6日，威海创新园工业设计中心揭牌暨威海市首届工业设计大赛开赛仪式在威海创新园工业设计中心举行。市领导张伟出席仪式。该中心是威海市首个工业设计服务机构，以“设计引领工业创新，创意助推动能转换”为宗旨，通过整合政府、高校、科研机构、企业等多方资源，面向工业设计、“互联网+”、文化创意、科技、服务贸易等领域的项目和企业提供专业孵化服务。

【2017中国山地自行车公开赛（威海·环翠站）举行】 （详见第312页《体育·竞技体育》）

【2017年全国徒步大会（威海站）暨鲁滨逊“11+11”持杖健走活动举行】 （详见第311页《体育·群众体育》）

【环球渔具入选全国制造业单项冠军示范企业】 11月27日，工业和信息化部正式发布《关于公布第二批制造业单项冠军企业和单项冠军产品名单的通告》，山东环球渔具股份有限公司入选全国制造业单项冠军示范企业，公司鱼竿年产能超1000万支，鱼竿出口连续多年在全国同行业中位居第一。制造业单项冠军示范企业由工业和信息化部和工业经济联合会确定，是制造企业的第一方阵、“中国制造”的排头兵。

2017年环翠区镇（街道）基本情况表

表27

名称	村（社区）（个）		总面积（平方公里）	海岸线长（公里）	总人口（万人）		生产总值（亿元）	一般公共预算收入（亿元）	居民可支配收（万元）		名优特产
	村	社区			户籍	常住			农村	城镇	
张村镇	5	15	49.03	2	3.24	9	33.8	6.44	2.36	4.32	里口山蟠桃、草莓
羊亭镇	28	6	76.54		2.38	3	79.18	2.79	2	4.2	贝草夼杏、北上夼樱桃、宝丰猕猴桃
温泉镇	22	10	66.60		2.65	4	18.2	2.6	1.9	4.2	山花地毯、威海卫啤酒
鲸园街道		17	6.45	3	7.68	8.9	48.5	3.69		4.4	丝绸
嵩山街道	9	3	31.78		1.3	2.34	22.1	1.76	1.75	4.2	海参、蓝莓、锡镶壶、蘑菇
孙家疃街道		14	17.91	31.5	1.51	2.16	30	1.5		3.8	海参、对虾、鹰爪虾、扇贝、小黄鱼
竹岛街道		23	19.38	5	8.04	8.96	45.31	7.32		4.43	鲐鱼片、鲅鱼片、赤贝等水产品
环翠楼街道		18	4.39	1.5	4.4	5.5	3.8	5.38		4.37	地毯、皮鞋

（陈超然）

文登区

【概况】 2017年末，全区总面积1615.60平方公里，海岸线长155.88公里，辖15个镇（街道），761个村（社区），常住人口57.6万人。全年实现地区生产总值829.70亿元，比上年增长7.8%。其中，第一产业增加值62.85亿元，第二产业增加值381.12亿元，第三产业增加值385.73亿元，三次产业结构调整为7.58∶45.93∶46.49。全社会固定资产投资631.9亿元，增长10%。一般公共预算收入51.68亿元，增长9.7%，一般公共预算支出63.49亿元，增长4.2%。

全年实现农林牧渔服务业增加值3.32亿元，比上年增长4.9%。农业增加值15.91亿元，增长2.4%；林业增加值0.14亿元，增长3.9%；牧业增加值17.53亿元，增长3.5%；渔业增加值29.28亿元，增长4.9%。粮食播种面积3.73万公顷，粮食总产19.99万吨，水产品总产45.08万吨；肉、蛋、奶总产量18.32万吨，大牲畜存栏2.2万头。年末，拥有农业机械总动力

145.7万千瓦，农业产业化重点龙头企业37家。全区规模以上工业企业472家，实现总产值1546.25亿元、主营业务收入1515.09亿元、利税120.92亿元、利润82.03亿元，分别增长14.2%、12.9%、14.5%、16.9%。资质以上建筑业企业77家，实现建筑业总产值20.09亿元，增长10.4%。

公路通车里程2519.9公里（含农村公路、国省道）。铁路完成客运量19.9万人次、货运量18.7万吨；公路完成客运量406.5万人次、客运周转量3.89亿人公里，完成货运量835万吨、货运周转量17.4亿吨公里。港口完成货物吞吐量55.1万吨。新增机动车1.1万辆，保有量17.6万辆。

全年完成城建重点工程69项，完成投资2.23亿元。保障廉租家庭96户，发放补贴36.33万元；经济适用住房保障家庭62户，发放补贴372万元，公共租赁住房分配23套，棚户区改造开工5070套。市区空气质量指数优良率为88.6%（AQI6项指标）。年末城市建成区绿化覆盖率46.7%，人均绿地面积26.2平方米。全区国家AAA级及以上旅游景区6处。

有普通中等专业学校3所、在校学生4413人，普通中小学44所、在校生3.87万人。获得省级及以上科技奖励3项，发明专利申请量204件，授权量42件。博物馆1座，电影院3座，公共图书馆1座，文化馆1座。医疗卫生机构（等级医院）22个，有床位3540张、卫生技术人员4866人。全年举办群众性体育活动36次，新建镇级全民健身中心10处，在全市率先实现镇级全民健身中心全覆盖，在第13届全运会上夺得4枚金牌和4枚银牌，取得历届全运会最好成绩。

全区城镇新增就业6924人，年末城镇登记失业率1.4%。城镇居民人均可支配收入4.04万元，农村居民人均可支配收入2.02万元，分别比上年增长8.4%，7.9%。全区有46.12万人（职工20.02万人、居民26.10万人）参加养老保险，54.03万人参加基本医疗保险，11.8万人参加工伤保险，9.1万人参加失业保险。保障城镇居民最低生活保障人数380户531人，发放保障金236.97万元；农村居民最低生活保障5042户6685人，发放保障金1613.29万元。再次提高“五保”供养标准，供养“五保”老人2690人，其中集中供养1400人，分散供养1290人。全区养老机构拥有床位8300多张，入住人员5200多人。

【当选2017百佳深呼吸小城】 5月20日，在广西壮族自治区林州市举行的中国生态旅游投资与发展论坛上，中国国土经济学会发布2017百佳深呼吸小城入选名单，威海市文登区当选，这是中国国土经济学会2014年启动推选工作以来发布的第四届“百佳深呼吸小城”榜单。

【威海至德国汉堡中欧班列（威海—二连浩特—汉堡）开通】 9月2日，威海至德国汉堡中欧班列（威海—二连浩特—汉堡）开通仪式在文登火车站举行。上午10时58分，首列由威海始发的铁路集装箱国际货运班列驶出文登火车站。该班列每周发运一班，经内蒙古二连浩特出境，途经蒙古国、俄罗斯、白俄罗斯、波兰，到德国汉堡，全程约1.1万公里，运行时间15～18天。（参见第196页《交通·邮政·铁路建设与运输》）

【文登启用新标识图与城市宣传语】 11月2日，文登区公布启用最新的城市形象标识及“文德天下 登峰如画”城市宣传语。城市形象标识以汉字“文登”为原形进行艺术延伸，整体形象似秦朝建筑，又像文人墨客行礼，生动呼应“文登”名称由来，充分展示文登的人文渊薮。

【界石镇梧桐庵村被评为全国美丽乡村示范村】 9月15日，住房城乡建设部、中央农村工作领导小组等五部委联合公布2017年全国改善农村人居环境示范村名单，分为99个保障基本示范村、97个环境整治示范村和99个美丽乡村示范村。界石镇梧桐庵村被评为全国美丽乡村示范村。

【2017年中国门球冠军赛总决赛在文登区举行】 10月26号，“德丰利达杯”2017年中国门球冠军赛总决赛在文登区葛家镇昆嵛健康养生园门球基地开赛。开幕式上，中国门球协会授予文登区“全国门球之乡”牌匾，文登区成为全国7处“全国门球之乡”之一。在为期4天的比赛中，全国各地的100多支队伍近1000名运动员参赛。

【威海紫光实验学校建成投入使用】 9月11日，威海紫光实验学校投入使用，该校是北京紫光教育机构创办的一所民办全日制、寄宿制高级中学，由原文登天福山中学旧址改建而成，校园占地面积9.07公顷，是一所面向新高考、熟悉国内外多元升学的具备现代教育理念与模式的新型学校。

（于美超）

文登区新启用的城市形象标识　　文登区史志办提供

2017年文登区各镇（街道）基本情况表

表28

名称	村（社区）（个）		总面积（平方公里）	海岸线长（公里）	常住人口（万人）	生产总值（亿元）	一般公共预算收入（万元）	名优特产
	村	社区						
大水泊镇	89	1	123.4		3.4	37	2678	文登花香菇、西洋参、梨、苹果
张家产镇	56		78.6		2.3	83	3563	文登西洋参、黄芪、东汤村粉条、安子泊土姜
高村镇	46		96.67	7	2.93	133.24	1493	脉田糖瓜、沙柳西红柿、西山蜜桃、万家草莓、鲈鱼
泽库镇	23		91.2	39.84	2.33	88.32	5471	刺参、牡蛎、梭子蟹、爬虾、安康鱼、虾酱、南海大饽饽
侯家镇	38		86.3	16.25	2.25	68.37	5462	对虾、海参、海蜇皮、文登蜢子虾酱、水貂、狐狸、西洋参
宋村镇	53		161.9	20.1	3.83	180	3553	昌阳牌无公害蔬菜、姚米虾、蛤
泽头镇	48		115	29.65	3.4	66.64	2496	大姜、西洋参、苹果、草莓、海参、对虾、河鲀、肉食鸡
小观镇	47	1	128.2	25.58	3.98	106	6685	黄瓢蛤、毛蛤、文蛤、海参、桃花虾、文登蚝、河鲀、牛舌鱼、虎头蟹、梭子蟹
葛家镇	68		185.3		5	205	8619	文登大樱桃、蟠桃、文登苹果、葡萄、梨、花生
米山镇	44		85.2		2.3	112	9517	大银鱼、鲈鱼、鲢鱼、草莓、蓝莓
界石镇	65		187.8		3	89.3	3012	小樱桃、大樱桃、昆嵛山绿茶、苹果、梨
文登营镇	70		110		2.31	111.2	1361	猕猴桃、梅花鹿、苹果、桑葚
龙山街道	12	14	32.8		4.6	117.6	9770	苹果、葡萄、草莓、桃
环山街道	7	19	39.44		6.6	61	16272	苹果、桃子、梨
天福街道	9	19	30.2		6	68	14000	西洋参、苹果、桃子、
埠口港	8	1	27.76	8.73	0.9	27.1	2126.5	对虾、缢蛏、海参、海蜇、牡蛎、河鲀、西洋参、苹果

（王淑君）

荣成市

【概况】 2017年末，全市总面积1526.20平方公里，海岸线长近500公里，辖22个镇（街道）、944个村（社区）。常住人口71.02万人，户籍人口66.21万人。全年实现地区生产总值1160.3亿元，比上年增长8.3%。其中，第一产业增加值91.2亿元，第二产业增加值515.3亿元，第三产业增加值553.8亿元，三次产业比重为7.9∶44.4∶47.7。全社会固定资产投资890.4亿元，增长11.9%，其中房地产开发投资59.3亿元，增长23.9%。社会消费品零售总额400.8亿元，增长10.4%；进出口总额219.8亿元，其中出口164.9亿元，分别增长7.9%、8.8%。一般公共预算收入71.9亿元，一般公共预算支出102.4亿元，分别增长9.7%、6.9%。年末，金融机构本外币各项存款余额764.7亿元，其中住户存款余额451.3亿元，分别比年初增加72.4亿元、31.4亿元。全年保险机构保费收入16.1亿元，比上年增长0.8%，支付各项赔款和给付6.5亿元，下降8.9%。

全年实现农林牧渔业（含农林牧渔服务业）增加值94.0亿元，比上年增长3.6%；粮食总产量19.0万吨，水产品总产123.2万吨，肉、蛋、奶总产6.7万吨；造林面积1133公顷。年末，拥有农业机械总动力221.8万千瓦；农田有效灌溉面积5.32万公顷，其中节水灌溉面积3.49万公顷；农业产业化重点龙头企业75家。规模以上工业企业全年实现增加值比上年增长9.5%，资质以上建筑业企业83家，完成建筑业总产值68.67亿元，增长13.5%。

公路通车里程1764.5公里（含农村公路、国省道），其中高速公路40.4公里。青荣城际铁路全年发送旅客119.6万人次，比上年增长33.4%。完成港口货物吞吐量2530万吨，增长3.0%；集装箱吞吐量26.7万标准箱，下降23.0%。新增机动车1.8万辆，保有量 20.1 万辆。完成电信业务总量 5.2 亿元，邮政业务总量 1.0 亿元，分别增长 2.0%、12.0%。年末，常住人口城镇化率 59.98%。市区空气质量指数优良率为 91.9%。年末，城市建成区绿化覆盖率 46.5%，人均绿地面积 26.5 平方米。国家 AAA 级及以上旅游景区 14 处。

全市有普通高等院校 1 所、在校生 8300 人，高职院校 2 所、在校生 8200 人，普通中小学 50 所、在校生 5.3 万人。取得重要科技成果 14 项，获得省级科学技术奖 1 项、国家科学技术奖 1 项，专利申请量 2404 件，授权专利 698 件。博物馆 1 座，电影院 6 座，公共图书馆 1 座，文化馆 1 座。广播、电视人口综合覆盖率均为 100%。医疗卫生机构（等级医院）20 个，有床位 5391 张、卫生技术人员 4441 人。在第 13 届全运会上 3 人获第一名。举办 2017 荣成滨海国际马拉松、环樱花湖全国自行车邀请赛、烟威地区高校轮滑比赛、山东省第三届沿海骑行比赛，承办 2017 全国青少年帆板锦标赛、山东省青少年公路自行车冠军赛、山东省全民健身航空航天模型大赛，国内外 1.12 万人次参赛。

全市城镇新增就业 8035 人，年末城镇登记失业率 1.71%。城镇居民人均可支配收入 4.13 万元，农村居民人均可支配收入 2.07 万元，分别比上年增长 8.5%、7.8%。全市有 25.4 万人参加养老保险，63.5 万人参加基本医疗保险，14.3 万人参加工伤保险，10.5 万人参加失业保险。投资 1258 万元，将 4264 名低保对象纳入保障范围；投资 2874 万元，保障全市特困人员 4194 人，有敬老院 14 所。

【入选国家市政创新工作重点城市】 3 月，荣成市被国家发展改革委、住房城乡建设部确定为国家重大市政工程领域 PPP 创新工作重点城市，是山东省唯一入选城市。荣成市在基础设施建设和公共服务领域筛选一批符合经济发展需要的 PPP 项目进行重点推广应用。全市在财政部 PPP 项目信息平台储备项目 9 个，4 个 PPP 项目入选省级示范项目，其中固废综合处理和应用产业园、城区教育基础设施建设 2 个 PPP 项目获批财政部国家级示范项目。

6月11日，泰祥·2017 荣成滨海国际马拉松在荣成市体育场馆开赛　王福东　摄

【泰祥·2017 荣成滨海国际马拉松赛】 6 月 11 日，泰祥·2017 荣成滨海国际马拉松在荣成市体育中心开赛，中国、美国、俄罗斯、英国、肯尼亚、埃塞俄比亚等 18 个国家和地区的 1 万余名选手参赛，肯尼亚运动员 Jonathan、Cheboi 分获男子组、女子组冠军。

【樱花湖体育公园投入使用】 樱花湖体育公园于 2016 年 8 月开工建设，2017 年 6 月底，正式投入使用，总面积 2.8 平方公里，总投资 1.7 亿元。公园以“湖”为主题，以“樱花”为景观，集休闲旅游、群众健身、体育赛事为一体，并融入“海绵城市”理念，因地制宜设计储水池、下沉式绿地、植草沟等海绵设施，实现城市生态的自然循环。

【“歌尔杯”2017 荣成全国航空嘉年华暨山东省第七届全民健身运动会航空航天模型比赛】 10 月 2 日—4 日，“歌尔杯”2017 荣成全国航空嘉年华暨山东省第七届全民健身运动会航空航天模型比赛在荣成市举办，全国各地的 180 支参赛队 500 余名选手参赛。“歌尔杯”2017 荣成全国航空嘉年华由中国航空学会、山东省体育局、歌尔集团联合主办，荣成市政府与北京领飞文化传播有限公司承办，含中国遥控飞行器竞速赛、全国青少年模拟飞行大赛等六大主题活动。

【获“全国文明城市”称号】 11 月 14 日，中国文明网公布第五届全国文明城市名单，荣成市获“全国文明城市”称号，市蜊江小学、荣成海关、崂山街

樱花湖体育公园　　姜　潇　摄

道地宝圈村分获“第一届全国文明校园”“第五届全国文明单位”“第五届全国文明村镇”称号。

【“和谐云港”号交付使用】 12月4日，黄海造船有限公司为连云港港口控股集团有限公司建造的亚洲最大的豪华新型客滚船“和谐云港”号正式交付使用。该船总长196米、型宽28.6米、总吨位3.4万吨，航速23节，船身上部结构首次采用最新材料和工艺，船舶运营更节能环保，稳定性和抗风浪能力更强。该船将投入连云港至韩国仁川的中韩航线运营。

2017年荣成市镇（街道）基本情况表

表29

名称	村（社区）（个）		总面积（平方公里）	海岸线长（公里）	户籍人口（万人）	生产总值（亿元）	一般公共预算收入（亿元）	名优特产
	村	社区						
俚岛镇	60	14	106.14	69	3.6	63.9	3.12	海带、海参、海胆、牡蛎、鲍鱼
成山镇	52	14	122.58	94	3.8	106.3	3.19	深海鱼油、昆布、皱纹盘鲍、海参
港西镇	21	1	49.14	51	1.5	51.2	3.33	无花果、深海刺参、鲍鱼、飞蟹
埠柳镇	37	1	96.55		2.1	14.9	0.42	红富士苹果、小国光苹果、无花果
夏庄镇	33	1	50.33		1.2	17.5	0.26	花生、板栗、富士苹果、猕猴桃、葡萄
崖西镇	49	1	84.02		1.9	14.5	0.19	苹果、葡萄、核桃、草莓
荫子镇	43	1	47.63		1.3	14.7	0.14	茶叶、草莓、蓝莓、西洋参
大疃镇	45	1	70.72		1.6	15.4	0.20	西洋参、草莓、葡萄、红富士苹果
上庄镇	45	1	84.93	9	2.4	18.5	0.27	西洋参、富士苹果、葡萄
虎山镇	46	5	115.25	39	3.8	57.9	1.64	刺参、鲍鱼、对虾
人和镇	85	4	120.68	52	6.3	73.0	1.79	海米、虾皮、鱿鱼、大理石、特种动物皮毛
滕家镇	41	1	84.03		2.7	26.2	0.31	富士苹果、西洋参、草莓
崖头街道	26	26	58.71	6	13	129.4	14.29	牡蛎、海带、扇贝、鹰爪虾、海参
寻山街道	37	4	50.14	26	2.2	105.0	1.19	海带、龙须菜、鲍鱼、扇贝、牡蛎
崂山街道	29	1	59.21	29	2.1	85.4	1.19	草莓、樱桃、牡蛎、扇贝、魁蚶
城西街道	40	1	53.23		1.8	60.2	0.34	苹果、梨、樱桃、小麦、花生
港湾街道		21	30.78	30	4.9	74.4	1.61	海产品、特种动物皮毛、花卉苗木
斥山街道	22	8	48.36		3.2	91.3	1.43	盛家火烧、牡蛎、海带、苹果、草莓
东山街道	31	1	43.24	15	1.7	31.5	0.16	牡蛎、海带、扇贝、鹰爪虾、草莓
王连街道	32	1	61.36	0	1.7	30.2	0.21	苹果、葡萄、猕猴桃、茶叶
桃园街道	14	2	19.79	12	1.11	39.3	0.75	海参、牡蛎、猕猴桃、无花果
宁津街道	45	6	67.17	55	2.3	39.5	0.75	对虾、海参、鲍鱼、金、铁、铜、锌、石英砂

（姜　潇）

乳山市

【概况】 全市总面积1665平方公里，海岸线长199.27公里，辖15个镇（街道），760个村（社区）。2017年末，全市常住人口56.28万人，其中城镇常住人口29.47万人。全年实现地区生产总值546.79亿元，比上年增长7.9%。其中，第一产业增加值43.14亿元，第二产业增加值255.02亿元，第三产业增加值248.63亿元，三次产业比重为7.89 ∶ 46.64 ∶ 45.47。全社会固定资产投资增长11%；其中房地产开发投资22.29亿元，增长11.56%。社会消费品零售总额262.08亿元，增长10.3%；进出口总额59.21亿元，其中出口45.88亿元，分别增长10.8%、4.0%。一般公共预算收入31.76亿元，一般公共预算支出43.88亿元，分别增长9.0%、6.7%。年末金融机构本外币各项存款余额349.07亿元，比年初增长11.8%；本外币各项贷款余额168.10亿元，增长0.5%。全年保险机构保费收入6.49亿元，比上年下降6.7%；支付各项赔款和给付3.5亿元，增长10.9%。

全年实现农林牧渔业（含农林牧渔服务业）总产值93.98亿元，比上年增长0.8%；粮食播种面积4.76万公顷，粮食总产26.43万吨，水产品总产42.72万吨，肉、蛋、奶总产12.96万吨；成片造林面积1333.33公顷。年末拥有农业机械总动力99.8万千瓦；新增水土流失综合治理面积220公顷，水土流失综合治理面积4.18万公顷，其中小流域综合治理面积3.14万公顷。规模以上工业企业355家，实现主营业务收入761亿元、利税56.46亿元、利润33.55亿元，分别增长10.9%、10.6%、11.9%；工业产品产销率98.88%。全年完成建筑业总产值71.66亿元，增长15.1%。

公路通车里程1844.82公里（含农村公路、国省道），其中高速公路68.67公里。年末，全市拥有公交车营运线路79条、公共汽车297辆，年客运量1247.9万人次，运营里程2005万公里；出租车270辆，年载客量522.8万人次，运营里程4136万公里。拥有陆岛交通航线2条，客运量2.85万人次，客运周转量16.17万人公里。乳山口港完成吞吐量85万吨。全年完成邮电业务总量比上年增长8.7%。年末，固定电话用户6.37万部，移动电话用户56.91万部，宽带上网用户14.65万户；建成区面积34.24平方公里，绿化覆盖面积1567.59公顷，绿化覆盖率45.79%；用水、燃气及生活垃圾无害化处理率均为100%，污水处理率98%。国家AAA级及以上旅游景区11处，全年实现旅游消费总额65.8亿元。

有普通高等院校1所、在校生9746人，中等职业学校1所、在校生1409人，普通高中3所、初中18所、小学19所，在校生2.84万人，特殊教育学校1所，在校生107人。全年受理申请发明专利337件，授权发明专利23件，新增知识产权“贯标”企业2家、山东省知识产权示范企业1家、国家知识产权优势企业1家。博物馆1座，纪念馆1座，电影院1座，公共图书馆1座，文化馆1座，美术馆1座。有线电视用户10.3万户。医疗卫生机构48个，有床位2234张，卫生技术人员2268人。全年举办群众性体育活动25次，新建社区、镇（街道）体育工程设施等51处，在市级以上体育比赛中获金牌77枚。

全市城镇新增就业6327人，完成年度计划的111.1%。城镇居民人均可支配收入2.54万元，农村居民人均可支配收入1.60万元，分别比上年增长9.3%、8.0%。参加职工养老保险9.95万人，收缴保险费7.92亿元；居民养老保险10.04万人，收缴保险费5900万元；医疗保险48.7万人，收缴保险费 5.63亿元；失业保险4.6万人，收缴保险费2000万元；工伤保险9.66万人，收缴保险费2800万元；生育保险5.2万人。全市敬老院14所，拥有床位3392张。全年发放“五保”供养资金1602万元，供养“五保”老人2689人，其中集中供养1011人，分散供养1678人。

【获评全国文明城市】 2017年，乳山市持续推进全国文明城市创建工作。市创建全国文明城市办公室印发《乳山市创建全国文明城市工作的实施意见》，指导全市文明城市创建工作。重点投资近1亿元推进城乡环卫一体化全覆盖，实施拆除违建、改造便民摊点群等10项城市环境专项整治提升行动；投资30亿元完成5条主干道、60条非主干道、30条背街小巷动态维护管理。11月14日，中央文明办公布第五届全国文明城市名单，乳山市以排名18位的成绩获评全国文明城市。

【农村党组织和党员“十星级”评定管理】 2017年，乳山市在全市农村推行党组织和党员“十星级”评定管理，对党组织设置班子坚强、队伍优良等10颗星，对党员设置理想信念、致富带富等10颗星，将农村各项重点工作和对党员的要求全部纳入星级管理，挂钩党组织的运转经费、村干部补贴及党员评先选优。年末，“十星级”评定管理体系获威海市组织工作创新奖，被山东省委组织部、《大众日报》等宣传推介。

【打造“红色+”精品旅游路线】 2017年，乳山市对马石山、胶东育儿所红色教育基地沿线46个村连片整治，对下石硼、东尚山等相关遗址进行修缮保护，恢复胶东人民兵工历史陈列、胶东军区被服厂旧址等处红色遗址原貌，将红色文化、风土民俗、青山绿水生态环境结合，打造“红色+”精品旅游路线，探索推进“乡村振兴”战略的新路径。

【乳山河地下水库工程开工】 3月1日，威海市首座地下水库——乳山河地下水库工程正式开工。工程位于乳山河流域下游，分为上下级库，上级库位于乳山河干流于家庄附近，下级库位于乳山河干流凤台顶村附近，水库规模为中型，库容2197万立方米，主要建设橡胶坝3座、地下截渗工程7.6公里、生产桥及管理设施等。工程总投资2亿

北海银行历史陈列馆内景　　乳山市党史市志办提供

元，计划2018年底完工。

【大型现代吕剧《邵本道》首演】 现代吕剧《邵本道》以“中华慈善突出贡献奖”获得者邵本道为创作原型，演绎乳山市夏村镇邵家村89岁共产党员邵本道把省吃俭用攒了一辈子的30.5万元积蓄全部捐给村集体，用于村公益事业，为党、为人民奉献一生的感人事迹。4月26日，首场演出在威海市机械工程高级技工学校报告厅举行。

【院里水库引调水工程通水】 乳山市投资2000万元实施乳山市院里水库引调水工程。工程自院里水库至乳山市第三水厂，管线全长14公里，6月20日通水，每日调水3万立方米。

【乳山口港获批一类开放口岸】 乳山市投资4亿元，规划扩建乳山口港，新增2个2万吨级散杂货泊位码头，开挖2万吨级单向内航道，配套完善港口生产经营设施设备。7月，国务院正式批准乳山口港区实施一类开放。批准开放范围涵盖整个乳山口港湾内水域，包括1450米的岸线6个开放泊位。以此为契机，乳山市规划3平方公里的临港产业园，将国际航运物流产业作为发展突破口，建成以拥有客滚、散杂货、集装箱多功能的规模化码头聚集区。

【莱荣高铁乳山段项目启动】 10月9日，乳山市莱荣高铁乳山段项目启动，莱荣高铁线路全长202.38公里，设计最高时速350公里，总投资311亿元，设莱西北、莱阳南、海阳、乳山、文登南、荣成6个车站。乳山市境内长43公里，投资概算66.2亿元，规划线路基本与青威高速并行，站点设在乳山经济开发区。

【乳山口大桥工程立项获批】 11月，山东省发展改革委印发《关于G228丹东线乳山口大桥工程可行性研究报告的批复》，正式批准乳山市乳山口大桥工程立项。乳山口大桥工程是国家新公路网规划的沿海高等级公路G228丹东线的重要节点，总投资12.21亿元，起点位于环海公路威海段中海阳所至乳山口路段，终点位于琵琶岛附近市界位置，接G228丹东线海阳段，预计2022年建成投用。路线全长3310米，其中桥梁总长2635米，主桥为双跨连续钢箱梁悬索桥。采用双向四车道一级公路技术标准，设计速度80公里／小时，大桥标准宽度28.5米。

【绿城台依湖特色小镇项目签约】 12月19日，绿城中国与乳山市签约绿城台依湖特色小镇项目。项目总开发区域8000公顷，其中核心开发区域2133公顷，规划打造集生态农业、葡萄酒文化、创意研发、度假庄园等功能于一体的山水风情酒庄酒产业小镇。

2017年乳山市镇（街道）基本情况表

表30

名称	村（社区）（个）		总面积（平方公里）	常住人口（万人）	一般公共预算收入（万元）	名优特产
	村	社区				
夏村镇	45	12	97.66	3.7	5590	蓝莓、草莓、苹果、板栗、大姜、水蜜桃
乳山口镇	41	14	107	3.3	4956	秦米、寨虾、海参、对虾
海阳所镇	39	13	89.86	2.92	3970.52	牡蛎、茶叶、大姜
白沙滩镇	47	11	104.1	3.8	14376.85	大姜、牡蛎、茶叶、海鸭蛋、蓝莓、海参、鲍鱼
大孤山镇	36	10	97.5	2.4	1598	大姜、茶叶、蓝莓
徐家镇	23	7	68	1.81	4509	中鲁果蔬汁、华隆花生、乳山牡蛎、乳山茶叶、无花果
南黄镇	33	9	88.9	2.3	874.3	不老莓、新高梨、大榛子、无花果、茶叶
冯家镇	53	14	136	3	2422.49	苹果、温泉
下初镇	37	9	127.2	2.59	4794	桑葚、樱桃、蓝莓
午极镇	35	8	110	2.94	1008	蓝莓、苹果、蓖麻、大姜、猕猴桃
崖子镇	58	14	187.4	3.45	594.2	苹果、樱桃、板栗、核桃
诸往镇	49	11	160.1	3.81	2221.4	苹果、桃子、大姜、板栗、葡萄
育黎镇	42	8	119.4	3.3	671.9	苹果、葡萄、草莓、茶叶、蔬菜
乳山寨镇	44	11	136.4	2.296	677.7	草莓、茶叶、苹果、板栗、花生、大姜、螃蟹、牡蛎、文蛤、泥蚶
城区街道	19	17	28.6	15.4	43897	蓝莓、苹果

（高献东）

编辑　李洪格

开发区建设

威海火炬高技术产业开发区

【概况】 威海火炬高技术产业开发区是1991年3月6日经国务院批准成立的国家级高新技术产业开发区，由科技部、山东省政府和威海市政府共同创办，是全国三个火炬高技术产业开发区之一。全区总面积 140 平方公里,海岸线长 46.5 公里,辖 4 个镇(街道)、83个村（社区）。2017年末，全区常住人口28.77万人。全年实现地区生产总值252.9亿元，按可比价格计算（下同），比上年增长8.6%。其中，第一产业增加值1.9亿元，第二产业增加值137.9亿元，第三产业增加值113.1亿元，三次产业比重为0.8 ：54.5 ：44.7。全社会固定资产投资202.7亿元，增长20.7%；房地产开发投资14.5亿元；社会消费品零售总额142.4亿元，增长10.1%；进出口总额236.9亿美元，其中出口169.1亿美元，分别增长8.6%、3.0%。一般公共预算收入27.8亿元，一般公共预算支出19.1亿元，分别增长9.7%、12.2%。年末金融机构本外币各项存款余额 251.9亿元，其中城乡居民储蓄存款余额128.5亿元，分别比年初增长7.1%、5.0%。全年保险机构保费收入8.8亿元，下降15.3%；支付各项赔款和给付1.8亿元，增长19.5%。粮食播种面积1733公顷，粮食总产量5200吨，增长40.2%；水产品总产量2.23万吨，肉、蛋、奶总产量2153吨，分别下降68.8%、59.9%；成片造林面积52公顷。年末拥有农业机械总动力4.5万千瓦；农田有效灌溉面积1800公顷，其中节水灌溉面积267公顷；农业产业化重点龙头企业4家。规模以上工业企业130家，全年实现增加值比上年增长9.7%，实现主营业务收入1021亿元、利税130.6亿元、利润95亿元，分别增长12.1%、11.9%、10.6%。资质以上建筑业企业70家，实现增加值11.74亿元、利税1.76亿元，分别增长4.4%、45%。

公路通车里程194.58公里（含农村公路、国省道），其中高速公路8.12公里。完成电信业务总量3.1亿元，下降0.5%；邮政业务总量 0.3亿元，增长9.5%。全年完成城建重点工程28项，完成投资15.75亿元，年末城镇化率96.87%。棚户区改造开工466套。年末，城市建成区绿化覆盖率46.8%。国家AAA级及以上旅游景区3处，全年实现旅游消费总额48亿元。

有普通高等院校5所、在校生6.5万人，中等职业学校 3 所、在校生1700人，普通中小学14所、在校生1.92万人。取得重要科技成果18项，获得市级及以上奖励 2项，专利申请量1864件，专利授权量1034件。电影院4 座，城市书房2处。电视安装用户占符合条件用户的80%以上。医疗卫生机构29个，有床位461张、卫生技术人员616人。全年举办群众性体育活动1次，新建社区、镇（街道）体育工程设施1处，在市级以上体育比赛中获金牌181枚。

全区城镇新增就业4317人，年末城镇登记失业率1.15%。城镇居民人均可支配收入4.37万元，农村居民人均可支配收入1.84万元，分别比上年增长8.7%、8.2%。有12.06万人参加养老保险，16.01万人参加基本医疗保险（合并生育保险），6.24万人参加工伤保险，7.54万人参加失业保险，参保人数分别比上年末增长1.9%、28%、0.6%、4.3%。投资100.75万元，将251名低保对象纳入保障范围；投资68.86万元，保障全区“五保”对象179人。有敬老院1所、老年公寓4处、幸福院9所、社区养老服务中心4处、社区老年人日间照料中心35个。

【“一城三园”工程】 “一城”即统筹双岛湾科技城和初村科技新城，打造总面积63平方公里的科技创新城；“三园”即科技创新城内18平方公里的医疗器械与生物医药产业园、8平方公里的电子信息与智能制造产业园、10平方公里的科技创新园。威海医疗器械与生物医药产业园中威北化项目一期2万平方米投产，二期1万平方米动工；山东省医疗器械产品质量检验中心威海分中心主体工程封顶。管委主导、市场化运作的64万平方米创新载体，一期22万平方米厂房完工，二期42平方米工程加快建设；投资3亿元的格瑞仕特抗感染生物制药、投资1.6亿元的恒瑞新型医用包装膜、投资1亿元的纽普生物快速诊断试剂等总投资13.3亿元的12个工业项目入驻，租赁厂房10万平方米。威海电子信息与智能制造产业园以新北洋、万丰奥威、海富光子等为代表的25家企业投入运营，产业规模80亿元，在信息安全、大功率光纤激光器、磁惯导AGV等领域进入全国乃至世界前列。重点拓展区引进项目20多个，总投资80多亿元。其中，亿和精密、茂森集团、大振电子等OA项目为惠普配套，总投资12亿美元。总投资5亿美元的亿和精密已

亿和精密项目实现当年引进当年投产　　威海高技术产业开发区管委办提供

投产，由韩国上市公司一诺科技投资1.5亿美元的一诺科技工业园一期2万平方米全面开工。管委主导、市场化运作的23万平方米产业双创示范基地完工；投资2000万美元的韩国爱思特高度传感器、投资1.2亿元的金丰电子LED、投资1亿元的电新能源科技电子新能源材料等总投资12亿元的14家企业签约入驻，租用厂房13万平方米。科技创新园36万平方米的国家(威海）创新中心大厦、16万平方米的工业和信息化部电子信息技术综合研究中心大厦开工建设，工业和信息化部电子信息与智能装备研究院、国家网络空间安全产业园等10多家国家级平台和科技项目入驻。中国检验检疫学会、山东出入境检验检疫局、威海市政府三方共建山东（威海）检验检测高技术服务业集聚区，威海检验检测认证学院挂牌，20多家检验检测机构入驻，申报国家检验检测高技术服务业集聚区。在2017年全市六大高端产业园区考核中，电子信息与智能制造产业园和医药器械与生物医药产业园分获第一、二名。

【获批国家双创示范基地】 6月，国务院办公厅印发《关于建设第二批大众创业万众创新示范基地的实施意见》，公布3大类92个示范基地，威海火炬高技术产业开发区入选区域示范基地，迪尚集团入选企业示范基地。

【美国惠普公司入驻开发区】 10月5日，中国商务部正式批准美国惠普公司收购三星电子有限公司打印机业务。11月1日，惠普公司在威海火炬高技术产业开发区举行惠普三星打印机业务首日暨惠普入驻威海仪式，威海高技术产业开发区实现“留住三星（山东)、整合三星（苏州)、引进美国惠普公司”的目标。

【西港小石岛基地获评全国精品休闲渔业示范基地】 11月2日，在厦门举行的2017年度全国休闲渔业品牌发布会上，西港小石岛基地获评全国精品休闲渔业示范基地(休闲渔业主题公园)。小石岛风景优美，紧邻烟威渔场，鱼类资源丰富，具有发展休闲渔业的天然优势，先后获评第一批国家级休闲渔业示范基地、国家级健康养殖示范场、国家级刺参原种场、国家AAA级旅游景区、中国十大海钓·路亚休闲基地等。

【威里医院投入运营】 11月2日，威里医院正式运营，威海市立医院和威里医院医联体签约仪式同时举行。威里医院是由威高集团和吞武里医疗集团（泰国）合资在威海设立的威海市首家中外合资二级综合医院，项目总投资2.5亿元，医院建设面积1.6万平方米，拥有标准床位150张、医护人员199人，开设诊疗科室32个。威里医院与威海市立医院建立医联体合作，实现优势互补、资源共享。

【迪尚集团获批工业和信息化部纺织服装创意设计试点园区（平台)】 1月，工业和信息化部发布第一批纺织服装创意设计试点园区（平台）名单，迪尚集团凭借迪尚智慧时尚生活方式集成创新平台成为威海市唯一进入该名单的纺织企业。

【获评中国产学研合作创新示范基地】 11月12日，第11届中国产学研合作

11月1日，惠普三星打印机业务首日暨惠普入驻威海仪式举行　　市商务局提供

创新大会在济南举办，威海火炬高技术产业开发区获评中国产学研合作创新示范基地，表彰其在建立以企业为主体、市场为导向、产学研深度融合的技术创新体系方面取得的突出成绩。

【威高集团并购美国爱琅公司】 12月11日，威高集团在美国投资8.8亿美元并购爱琅医疗器械控股有限公司项目正式获得商务部备案核准。该项目是地级威海市建立后最大的境外投资项目。美国爱琅医疗器械控股有限公司主要经营血管介入器械制造与销售，主要产品受到临床医生的广泛认可，活检类产品几乎覆盖活检器械的全部领域，其中血管介入产品是美国FDA唯一指示使用的外周血管触壁血栓切除系统。

2017年威海高技术产业开发区镇（街道）基本情况表

表31

名称	村（社区）个）		总面积（平方公里）	海岸线长（公里）	户籍人口（万人）	一般公共预算收入（万元）	居民人均可支配收入（万元）	名优特产
	村	社区						
初村镇	31	1	59.6	18	2.3	3200	1.96	虾酱、苹果
怡园街道		25	24.5	10.5	15.5	6600		苹果、梨、沙、“神龙泉”矿泉水
田和街道		16	14		7.8	2300		鱼竿
双岛街道	10		42	22	0.76	1000	2.04	双岛蛤、核桃

（姜玲　张楷昕）

威海经济技术开发区

【概况】 威海经济技术开发区是1992年10月21日经国务院批准成立的国家级经济技术开发区。2000年4月，国务院批准在区内设立威海出口加工区，实行“两区合一”的管理体制。2017年12月11日，威海经济技术开发区出口加工区管理局更名为威海综合保税区北区管理局，隶属于威海综合保税区管理委员会。全区总面积278.36平方公里，海岸线长44公里，辖6个镇（街道）、143个村（社区）。2017年末，全区户籍人口17.33万人。全年实现地区生产总值242.17亿元，比上年增长8.6%。其中，第一产业增加值7.95亿元，第二产业增加值118.05亿元，第三产业增加值116.17亿元，三次产业比重为3.28：48.75：47.97。全社会固定资产投资206.51亿元，增长20.7%，其中房地产开发投资65.23亿元，增长118.9%；社会消费品零售总额145.49亿元，增长10.6%；进出口总额423.54亿元，增长34.1%，其中出口126.49亿元，增长10.6%。一般公共预算收入26.52亿元，一般公共预算支出20.74亿元，分别增长9.0%、19.7%。年末，金融机构本外币存款余额299.07亿元，本外币贷款余额191.86亿元，分别增长10.6%、15.2%。

全年实现农林牧渔业（含农林牧渔服务业）增加值8.30亿元，比上年增长1.0%；粮食播种面积3967公顷，下降30.5%；粮食总产量9900吨，下降68.4%；水产品总产量1.00万吨，下降51.1%；肉、蛋、奶总产量2.10万吨，下降11.3%；成片造林面积46.67公顷。年末，拥有农业机械总动力16.33万千瓦，农田有效灌溉面积2802公顷，农业产业化重点龙头企业13家。规模以上工业企业130家，全年实现增加值比上年增长7.0%，实现主营业务收入343.69亿元、利润16.66亿元，分别增长3.2%、20.5%。资质以上建筑业企业44家，实现增加值16.11亿元，增长5.7%。

公路通车里程354.33公里（含农村公路、国省道）。地方铁路发送旅客270.2万人次，比上年增长3.0%；威海港完成货物吞吐量4468万吨，其中外贸2334万吨，集装箱73.3万标准箱；运送旅客130.1万人次、滚装车辆13.7万辆。完成邮政业务总量3835.07万元，增长33.6%。完成通信业务总量2.65亿元，增长2.0%。年末，常住人口城镇化率71.59%。安居工程基本建成住房4388套，新开工1565套，其中棚户区改造开工1565套。市区空气质量指数优良率为88.1%（AQI6项指标）。年末，建成区公共绿地面积208万平方米。国家AAA级及以上旅游景区3处，全年实现旅游消费总额75亿元。

有中等职业学校1所、在校生854人，普通中小学16所、在校生1.99万人。取得专利申请量653件，授权专利182件。文化馆1座，市民文化中心1个，电影院4座。医疗卫生机构191个，有床位1179张、卫生技术人员1416人。全年举办群众性体育活动11次，新建社区、镇（街道）体育工程设施3处，在市级以上体育比赛中获金牌39枚。

全区城镇新增就业3378人，年末城镇登记失业率为1.2%。城镇居民人均可支配收入4.37万元，农村居民人均可支配收入1.84万元，分别比上年增长8.7%、8.2%。全区有6.98万人参加养老保险，7.1万人参加基本医疗保险，7.25万人参加工伤保险，5.31万人参加失业保险，6.09万人参加生育保险。投资418.8万元，将1157名低保对象纳入保障范围；投资108.5万元，保障全区“五保”老人138人，有敬老院3所。

【李克强到开发区考察】 4月20日，中共中央政治局常委、国务院总理李克强，在省委书记刘家义，省委副书记、代省长龚正，市委书记孙述涛，市委副书记、市长张惠等陪同下，到威海经济技术开发区考察皇冠市场监管所，听取威海市清单管理工作和威海经济技术开发区市场监管工作情况汇报。李克强对威海市大力推进“互联网＋政务服务”改革、1/3以上事项实现网上全程办理、让群众“零跑腿”和开发区实施工商质监食药三职合一的做法给予肯定。

【《威海市产城融合示范区总体方案》获省发展改革委批复】 5月31日，《威海市产城融合示范区总体方案》获省发展改革委批复。威海市产城融合示范区依托威海经济技术开发区创建，示范区规划面积98平方公里，主要任务是深化区域开放合作与改革创新，探索陆海统筹、产城融合发展路径。

【威海市首届花海竞美艺术节暨“花海桥头”休闲观光游活动】 4月25日，由威海广播电视报传媒有限公司、桥头镇政府主办的威海市首届花海竞美艺术节暨“花海桥头”休闲观光游活动启动仪式在桥头镇恩特千亩杜鹃园举行。活动持续至5月7日，其间，开展休闲垂钓比赛、车展、民俗特产展示、摄影比赛、文艺汇演等活动。

威海服务贸易产业园施工现场　　威海经济技术开发区管委办提供

【威海服务贸易产业园全球外包软件园项目开工奠基】 5月3日，威海服务贸易产业园全球外包软件园项目开工奠基仪式举行。项目总投资1.5亿美元，规划建筑面积28万平方米，主要包括国际BPO中心、技术研发中心、云服务中心、B2B进出口业务等板块，是软件银行集团集中资源优势打造的全球服务外包基地，也是威海服务贸易产业园开工建设的第一个项目。至2017年末，浪潮集团“一带一路”云服务运营中心、东华软件、中软国际、韩国气加电商系统中国总部等17个项目签约入驻。

【通过“全省农村无害化卫生厕所全覆盖”认定】 8月，威海经济技术开发区通过“全省农村无害化卫生厕所全覆盖”认定，成为全省首批农村无害化厕所全覆盖区。全区改造无害化厕所1.33万户，完成计划的111%。

【威海出口加工区】 12月11日，威海经济技术开发区出口加工区管理局更名为威海综合保税区北区管理局，由隶属威海经济技术开发区管理委员会调整为隶属威海综合保税区管理委员会。年内，威海出口加工区实现外贸进出口总值73.7亿元，比上年增长16.2%；产品销售收入29.7亿元，增长21.2%；固定资产投资1.7亿元，增长173.5%；完成税收收入5802万元，增长29.3%；保税物流进出区货值5.1亿美元，减少22.8%。自加工区成立至2017年末，累计入区项目49个，总投资9亿美元，其中外资及港澳台资企业项目36个，实际到账资金5.1亿美元；累计实现工业总产值367亿元，年均增长21%；固定资产总额35亿元，年均增长2%；完成进出口总额125亿美元，年均增长26%；税收收入5.6亿元，年均增长49%。自2009年3月出口加工区叠加保税物流功能后，区内物流企业累计完成进出区货值54亿美元，年均增长5%。年内，出口加工区投产企业34家，其中电子企业13家、食品企业3家、汽车零部件企业3家、物流企业6家、其他企业9家，就业人数8276人。

4月25日，威海市首届花海竞美艺术节暨“花海桥头”休闲观光游活动启动仪式在桥头镇恩特千亩杜鹃园举行

威海经济技术开发区管委办提供

2017年威海经济技术开发区镇（街道）基本情况表

表32

名称	村（社区）（个）		总面积（平方公里）	海岸线长（公里）	户籍人口（万人）	一般公共预算收入（亿元）	居民人均可支配收入（万元）	名优特产
	村	社区						
崮山镇	16	8	50.62	18	1.82	1.52	2.10	无花果
泊于镇	27	6	73.59	14	2.54	0.75	2.00	无花果、草莓
桥头镇	51	1	111.19		2.96	0.52	1.50	苹果、花生
皇冠街道		13	24.49	12	5.10	9.95	2.44	
凤林街道		10	10.47		2.55	5.79	2.43	
西苑街道		11	8.00		2.35	4.90	1.97	

（徐敬侠）

威海临港经济技术开发区

【概况】 威海临港经济技术开发区起步于2005年初，2006年3月成立省级开发区，2008年4月成立威海工业新区，2013年11月20日，经国务院批准升级为国家级经济技术开发区。全区总面积297.19平方公里，辖4个镇（街道）、167个村（社区），人口13万人。2017年，全区完成生产总值84.17亿元，比上年增长8.6%，其中工业增加值64.3亿元，增长9.2%，三次产业比重为5.68：76.39：17.93；固定资产投资95.3亿元，增长13.1%；一般公共预算收入7.09亿元，增长11.1%。城镇居民人均可支配收入4.37万元，增长8.7%；农村居民人均可支配收入1.8万元，增长8.2%。

全区实现农业总产值10.02亿元，粮食总产量5万吨，果品总产量6.11万吨，蔬菜总产量2.3万吨，肉类总产量4300吨，全年造林面积300公顷。樱聚缘农业、文峰集团、欣旺农业等农业产业化龙头持续做大，新增省级农业标准化生产示范基地5家、市级农民专业合作社示范社2家、市级家庭农场2家，培育各类新型经营主体300余家，规模经营面积3300多公顷；出台《威海临港区新型职业农民认定管理办法（暂行）》，培育新型经营主体负责人100人。汪疃镇现代农业产业园获评威海市4个市级现代农业产业园之一，园区内实施全省首批、全市唯一的美丽乡村标准化和全国首批、全市唯一的万亩综合开发高标准农田创新试点项目，新建2处规模化大型沼气工程，开展5大类81个农田水利项目，实施移民扶持项目6项、脱贫解困项目1项，实施23个村的农村饮水安全巩固提升工程、3个批次抗旱应急打井工程，开展中小河流治理项目东母猪河临港区段（干流）综合治理工程，对16座塘坝进行除险加固。完成新增造林267公顷、森林抚育600公顷。

大力推进高端化、集群化。全区工业企业625家，新增规模以上企业8家、总数82家，主营业务收入过1亿元企业23家，三角轮胎、威达集团均超过10亿元；工业用电量6.9亿千瓦小时，比上年增长15.6%。规模以上工业总产值175.95亿元、利税12.48亿元、利润8亿元，分别增长13.9%、17.3%、17.1%。对外贸易平稳运行，全区进出口企业198家，实现外贸进出口总额57.02亿元，下降10.6%；合同利用外资额8.85亿元，下降14.7%；实际到账外资额7.56亿元，下降8.2%；全年利用国内资金88.94亿元，增长15%。实施品牌战略和质量强区，全区新增山东名牌产品1个、山东省服务名牌1个、中国地理标志商标3件，新增市级“守合同重信用”企业6家。指导拓展纤维修订国家标准立项，指导明洋渔具、银球渔

文峰生态博览园一角　　威海临港经济技术开发区管委办提供

具和嘉和社区等5项地方标准立项，组织国际物流园申报国家级服务业标准化试点项目。区政务服务省级标准化试点项目通过验收。

全区实现服务业增加值15.09亿元，比上年增长7.8%，占GDP的比重为17.9%。调度推进12个市级服务业重点项目，带动三产固定资产投资增长106.3%，新增服务业市场主体占比达75%；实现社会消费品零售总额9.63亿元，增长10.2%。加快培育平台载体，颐高·之信国际电子商务产业园、威海创新经济产业园等高标准建设；国际物流园、钓具博览城、汽车交易等商贸市场运行良好；乡村旅游不断提档升级，休闲农业接待游客35万人次，实现收入突破6000万元。环翠楼红参生物科技股份有限公司获批威海市首批中医药健康旅游示范基地。

全区调度54个市、区级重点项目，完成投资51.13亿元。重点推进21个市级重点项目、9个市级重点工业投资项目和16个技改膨胀项目，保持开工一批、建成一批、投产一批、膨胀一批的良性循环。碳纤维产业园、威海创新经济产业园、威高生物科技产业园等43个项目按计划开复工建设。威高生物科技产业园一期、优精特数控机床、威海国际智能房车产业园等24个项目投产，实现项目按期新开续建、达产。

全区新增高新技术企业9家。金泓管材、拓展纤维2家省级工程技术研究中心在2017年度考核评估中获得优秀等级。新增国家级星创天地1家、国家级众创空间1家、省级农科驿站1家、市级重点实验室2家、市级工程技术研究中心1家。18家企业分别入围“省中小微企业创新竞技行动计划”科技经费支持立项项目、落实新锐类企业科技金融补助立项项目。11家企业通过国家科技型中小企业评价。引进世界500强首席工程师游晓蓉，列入全省三个、全市唯一的顶尖人才“一事一议”。全年发明专利申请量102件、授权量19件。金融服务成果显著，完成规模企业规范化改制13家，改制率50%，新增“新三板”挂牌企业1家，新增区域股权交易市场挂牌企业2家，樱聚缘农业、观澜国际等企业实现股权融资1850万元。全区3家银行机构吸纳存款15.77亿元，发放贷款8.86亿元；科技支行完成贷款1.38亿元，小微企业风险补偿贷款新增960万元。

4个村被列入2018年全省棚户区改造计划，回迁安置项目天亿学府开工建设。恒和花园、威高锦和花园及温泉建康城项目开工。高标准推进林泉河湿地公园三期工程及配套服务设施建设，创建全省海绵城市建设示范点。引入威高集团投资，打造田园综合体，与美丽乡村建设融合发展。结合中心区主干路网综合改造提升，同步组织实施省道S202（金华南路—云南路）管线搬迁及给排水、电、燃气等管线配套工程，实施祥和路等5条路段给排水工程，铺设管线10公里。完善地下管线信息管理系统，对中心区2012年后敷设的管线进行补测、补绘、补录。重点推动威海创新经济产业园创建省级装配式示范项目，A1、A2综合楼被列入全省装配式建筑示范工程；扶持壮大威高建材的建筑产业化生产基地，威高建材项目被列入全省装配式建筑产业基地；推进农村改路、改电、改校、改房、改厕、改水、改暖“七改”工程，改厕三年任务两年完成，获得省级表彰。

全区民生支出5.96亿元，占一般公共预算支出的76%，比上年提高3.5个百分点。居民养老、医疗和城乡低保、农村“五保”等基本保障对标全市最高标准，实现动态增长、应保尽保。出台《临港区关于进一步完善医疗救助制度全面开展重特大疾病医疗救助工作的意见》等，完善困难群众医疗救助制度。全区公益性普惠幼儿园率先在全市达到100%，汪疃中学成为全区首个全国足球特色学校，2所幼儿园成为省级示范幼儿园，3所学校成为国防教育特色学校。开展环境综合整治集中攻坚，群众满意度调查在全省31个开发区中位列第五。开展首届“文明家庭”评选等活动，培树“威海好人”8人、“山东好人”3人、“中国好人”2人。1人当选威海市文化产业领军人才，1人当选齐鲁文化之星。开展全区政务服务事项清理，创建社区文化，打造社区品牌，完成15个村“撤村并居”工作。各级调解组织调处化解各类民间纠纷成功率95.3%以上。

【国际树枝状及超支化聚合物应用创新中心落户开发区】 8月6日，由中国化学会主办，威海晨源分子新材料有限公司、上海交通大学等单位共同承办的第十届国际树枝状大分子峰会在威海开幕。威海市委副书记、代市长张海波，省科技厅副厅长于书良，副市长张伟等出席开幕式。会议确定将全球首个国际树枝状及超支化聚合物应用创新中心设在威海临港经济技术开发区的威海晨源分子新材料有限公司，旨在促进技术孵化、技术对接、成果转化，加强国际交流，促进树枝状及超支化聚合物领域的产业化应用。

【碳纤维产业园】 园区一期规划面积

8月6日，国际树枝状及超支化聚合物应用创新中心在威海晨源分子新材料有限公司揭牌　　威海临港经济技术开发区管委办提供

244.5公顷，分为创研与成果孵化区、碳纤维生产区、复合材料加工区、生活区四大功能区。碳纤维生产区的光威复材于9月1日在深圳证券交易所上市，成为碳纤维产业"第一股"，引领产业园进入龙头扩张、链条延伸、高端合作加速期。研发创研与成果孵化区10.2万平方米的研究院大楼、产业孵化区等已建成并投入使用；引进国家碳纤维产业计量测试中心、碳纤维制备及工程化国家工程实验室、山大—斯威本先进制造业联合研究中心、光威—武汉理工先进复合材料研究院等11家科研平台和叁星飞荣碳纤维研磨分散及其纳米及复合材料研发中心、飞牛树枝状高分子与碳纤维复合材料加工项目、无人机研发与生产基地项目等14个产业项目。复材加工区先进复合材料研发中心、株丕特巴赫复合材料生产基地启动建设。

【德国马夸特汽车系统及开关项目落户开发区】 9月19日，威海市首个德国独资项目——马夸特开关（威海）有限公司奠基仪式在威海临港经济技术开发区举行。市委副书记、代市长张海波，副市长杨丽，马夸特集团首席执行官哈罗德·马夸特出席仪式。项目计划总投资1.6亿欧元，规划总占地面积10公顷，从事汽车电子控制系统及部件、嵌入式电子集成系统、各类控制开关系统及开关设备的设计、研发、生产与销售。

2017年威海临港经济技术开发区镇（街道）基本情况表

表33

名称	村（社区）（个）		总面积（平方公里）	户籍人口（万人）	一般公共预算收入（亿元）	名优特产
	村	社区				
草庙子镇	31	6	82.60	2.14	4.80	打铁豆腐、苹果、花饽饽
苘山镇	30	5	50.62	3.68	1.37	玫瑰花制品、薰衣草制品、大夼草梅、大屋葡萄、北申格桑葚
汪疃镇	58	1	103.40	2.64	0.40	葡萄、樱桃、桑葚、草莓、苹果、葡萄酒、黑猪、花饽饽、大花生
黄岚办事处	35	1	60.57	1.50	0.29	山马于西瓜、佃里大米、山马埠猕猴桃、东黄岚玫瑰

（李　佳）

威海南海新区

【概况】 威海南海新区于2007年3月启动开发，是国家战略山东半岛蓝色经济区重点建设的海洋经济新区之一，总面积160平方公里，海岸线长156公里，辖2个镇、74个村。2017年末，全区常住人口8.9万人，其中29个城市小区常住人口2.4万人。年内，全区完成固定资产投资261亿元；外贸进出口总额75.2亿元，增长142.4%；新批准外资项目3个，实际利用外资1.74亿美元。规模以上工业企业65家，工业用电量增长85%。全年完成城建重点工程17项，完成投资25.8亿元，年末城镇化率53%。安居工程基本建成住房4070户，新开工2216套，其中棚户区改造开工2116户，完成无害化厕所改造3413户、农村危房改造56户。新型社区建设稳步推进，16个村实现分房到户。区内有普通高等院校2所、在校生9000余人，普通中小学5所、在校生3329人。医疗卫生机构28个，有床位87张、卫生技术人员82人。专利申请量135件，专利授权量374件。

全年新引进华润电力新能源、永固建筑科技、润辉生物科技等10多个项目，石墨烯、汽车及零部件、镁铝合金、生物医药等骨干产业稳步发展。汽车及零部件产业园与北汽集团合作，共同成立新能源汽车零部件产业基金。石墨烯产业园与世界500强及行业顶尖企业签订合作协议，引进中铝集团铝银浆、国电南瑞超大型储能装备、北京天瑞利达燃煤助剂等项目。

中铝职教园一期工程山东铝业职业学院于3月动工，教学楼、学生宿舍楼等于9月交付使用。至年底，有在校学生8232人，通过"校企相容、产学互动"，与区内16家企业建立合作，实行"订单式"人才培养。北京交通大学国家级物理实验教学示范中心（威海）获批威海市教育科普基地并挂牌。南海实验学校于2月建设"创客教室"，研究机器人探索和机械臂使用，12月初在新西兰举行的第11届亚洲机器人竞标赛上获金奖。2016年，在全省率先实行"十五年普惠制"免费教育，至2017年底，爱心基金共为区内幼儿园、南海高中、南海实验中学、南海实验中小学和泽库中小学拨款553.4万元。

签约引进体育休闲小镇项目，承接世界摩托艇锦标赛、全国沙滩手球锦标赛、全国海钓锦标赛、全市首届龙舟邀请赛等一系列体育赛事活动15次；举办第十届中国威海沙雕文化艺术节、第二届国际生蚝旅游文化节等特色节庆活动，接待游客30多万人次；打造万和海洋福岛等一批滨海旅游与休闲渔业项目，金滩牡蛎养殖专业合作社获评全国休闲渔业示范基地。

全年申报推荐7名市级以上人才项目、3个引进外国专家项目、1名市级重点产业紧缺人才。1人入选国家千人计划，4人入选省外专双百计划，1人获评省泰山产业领军人才。打造专业研发平台，建设西北工业大学材料研究院、南海碳材料研究院、润辉生

5月29日，威海市首届龙舟邀请赛暨威海南海新区第三届龙舟赛在威海南海新区蓝湖公园举行　　威海南海新区管委办提供

物医药实验室等高端研究院、实验室。

【国家沙滩手球训练基地落户威海南海新区】 4月17日，威海南海新区国际沙滩运动基地被中国手球协会命名为国家沙滩手球训练基地并正式落户威海南海新区。基地占地面积6.33公顷，分沙滩比赛、沙滩娱乐等6大功能区，设有可同时容纳2000人的比赛看台，可承接沙滩足球、沙滩篮球等各级别沙滩类赛事。

【入选全省第二批经济开发区体制机制创新试点单位】 5月，全省第二批经济开发区体制机制创新试点单位名单公布，威海南海新区入选，为威海市唯一入选试点单位。威海南海新区将按要求在创新行政管理体制、用人分配机制、项目审批机制、市场化开发运营机制、综合执法5个方面进行先行先试。

【入选山东省海洋重点开发区域】 8月25日，山东省政府印发《山东省海洋主体功能区规划》，将全省海洋国土空间分为优化开发、重点开发、限制开发和禁止开发四类区域。威海南海新区入选重点开发区域，重点发展海洋装备制造、临港物流和临港产业，加快港口建设，适度发展休闲渔业，离岸海域发展海洋生态渔业，开展海洋生态国家级海洋特别保护区的保护工作。

【西洋海笋无土试种成功】 11月15日，全国首例西洋海笋无土栽培在威海南海新区试种成功。西洋海笋营养丰富，已被研究证明的功能包括降血压、降血糖和血脂肪、抗氧化、消炎杀菌、免疫调节等。

【省内首艘军民融合产业科考船下水】 12月11日，山东省内首艘军民融合产业科考船“海梦号”下水。船长35.79米、宽14.6米，排水量480吨，是由威海南海新区自主设计、拥有全部自主知识产权的高精度多功能综合科考船，可进行石油、可燃冰等资源勘探。

【获评中国慢生活休闲体验区】 12月，威海南海新区被国家林业局评为中国慢生活休闲体验区。南海新区有156公里海岸线，坡平浪缓，12公里金色沙滩设有海水浴场、南海公园等，万亩松林空气清新，被称为“天然氧吧”，适合疗养、避暑和度假，2009年被联合国人居署授予“中国优秀示范新区”称号。

（田汶鑫）

各区市开发区建设

【威海环翠省级旅游度假区】 1992年，威海环翠经济技术开发区成立。1993年11月8日，在开发区的基础上成立威海环翠省级旅游度假区。1994年10月23日，与张村镇合署办公。位于环翠区西部，北邻威海火炬高技术产业开发区，东接竹岛，南连羊亭，西临双岛湾，总面积49平方公里，辖5个村、15个社区，总人口近10万人。2017年，完成生产总值33.8亿元，比上年增长10%；实现一般公共预算收入6.4亿元，增长4.7%；完成固定资产投资67.6亿元，下降37.5%；农村居民人均可支配收入2.36万元，增长7%。实施区级以上重点产业项目18个，15个项目投产运营。新注册、签约项目24个，实际利用外资额3400万美元。征收土地194.93公顷，拆除建筑8.8万平方米，盘活厂房、楼宇8.9万平方米。投资2.29亿元，建设重点项目12个。其中，投资2872万元，修建道路7条29.32公里，亮化道路2条，安装路灯120盏；投资1000多万元，对柳沟河、福德庄南河等河道进行治理，对庐山路、峨眉路等5条道路及村松小区、怡沁园小区的地

金花河湿地公园　　威海南海新区管委办提供

下管网、室外绿化等设施进行升级改造；投资1.82亿元，续建体育中心、福泰小学等8项公共设施，建筑面积9.25万平方米。

【环翠北海省级旅游度假区】 2015年9月17日获山东省政府批复成立，位于威海市区北部、孙家疃街道境内，东临刘公岛，西连威海火炬高技术产业开发区。2017年末，总面积17平方公里，海岸线长31.5公里，辖14个社区，户籍人口1.5万人。度假区内旅游资源丰富，森林覆盖率达68%，每立方厘米负氧离子含量高达5万个。环海路沿线分布着七星楼、望夫石、龙王庙等15个历史遗迹和传统民俗旅游景点以及半月湾、葡萄滩、远遥湾等多处天然海水浴场，滨海风光、历史遗迹、海蚀风貌、渔家文化、民俗体验等旅游主题突出。2017年，度假区实现一般公共预算收入1.55亿元，内资实物工作量2423万元，到账外资额8375万元，完成进出口总额9.6亿元。按照“一年成形、两年成势、三年成熟”的目标定位，投资3000万元，全力打造“中国油画小镇”。威海环翠创新园时尚创意中心西侧1万平方米由中欧时尚设计中心负责运营，东侧“L”型8000平方米由区商务局负责运营，一体两翼打造集服装设计展示、定制加工、设计交流为一体的时尚创意平台。突出民生工程建设，投资560万元，装修改造孙家疃第二幼儿园；投资280万元，打造北海文化广场、体育公园；投资100万元，建设半月湾服务用房。

（陈超然）

【文登经济开发区】 1992年，经山东省政府批准设立，管委会驻广州路46号。开发区辖金山管理委员会。2017年末，金山管理委员会辖1个村、21个社区，户籍人口2.68万人。2017年，全区规模以上工业企业实现主营业务收入319亿元，完成固定资产投资85.5亿元，一般公共预算收入4.23亿元，外贸进出口总额55.82亿元，实际利用外资3228万美元，服务外包、服务贸易出口总额9440万美元，新增服务外包8家、服务贸易5家，被威海市委、市政府评为2017年度开放工作先进省级园区。社区居民人均可支配收入2.2万元。全年基础设施建设投资1.1亿元，实施道路整修改造、污水管网配套、河道综合治理等6项基础设施工程。福惠家园、营南花园在建17万平方米安置楼基本完工，6个回购安置小区的棚改贷款到位2.5亿元。全年民生支出8421万元，完成被征地农民养老保险工作，保险总额6170万元，受益群众1.43万人。新签约产业项目37个，其中投资过1亿元的项目15个，盘活闲置厂房5.2万平方米；在建项目19个，建设面积14万平方米，其中新开工项目10个，新开工面积8.7万平方米；景程新材料、博凯机械等14个项目投产。天润曲轴入选首批国家绿色制造示范名单，世洁新能源被列入省高效环保锅炉示范建设项目计划，大溪谷文化创意小镇被评为省级特色小镇，顺意电机在“新三板”挂牌，广建石油、云龙绣品在区域性股权交易中心挂牌。汽车及零部件、机电工具、家纺服装、电子信息、现代服务业、新兴产业六大支柱产业不断提速发展，产业格局更加协调稳固。

（王淑君）

【荣成经济开发区】 成立于1992年12月，是山东省首批8家省级开发区之一，海岸线长50公里。2006年5月，经山东省政府批准进行体制理顺，辖设崖头、寻山、崂山、城西4个街道。2017年末，辖144个村（社区），总面积227平方公里，人口21万人。2017年，完成生产总值393亿元，一般公共预算收入17亿元，固定资产投资234.8亿元，实际利用内资78.8亿元，进出口总额45亿元，实际利用外资1509.1万美元。辖区内有农业人口9万人，耕地面积5666.67公顷，实现农村经济总收入267.5亿元，比上年增长9.8%，农民人均可支配收入2.02万元，增长13%；渔业总收入61.6亿元，增长1.8%，水产品产量14.5万吨。青荣城际铁路、荣乌高速、国道G309起点集于区内，距威海国际机场20公里，交通便利，综合实力连续16年位列省级开发区前十强，2017年居第四位。拥有工业企业963家，其中规模以上企业134家，主营业务收入过100亿元企业1家、过10亿元企业5家、过1亿元的企业15家。拥有国家AAAA级旅游景区1处，全年接待游客34万人次。有省、市级规范化学校16所，高中2所、初中5所、小学9所，在校生2.3万人。有各类医疗机构171个、床位1480张、卫生技术人员1870人。

【荣成市石岛管理区】 2005年1月1日，荣成市石岛管理区成立（挂石岛旅游度假区牌子）。2017年末，总面积270.69平方公里，海岸线长125公里，辖6个街道、183个村（社区），人口20万人。2017年，完成生产总值306.2亿元，一般公共预算收入18.8亿元，固定资产投资541.1亿元，实际利用内资79亿元，进出口总额83.6亿元，实际利用外资2183万美元。城镇居民人均可支配收入4.13万元，农村居民人均可支配收入2.07万元。全区粮食播种面积6572公顷，粮食总产量4.5万吨。海上养殖面积6667万公顷，渔业码头19处，各类渔船2789艘，水产品总产量38.7万吨。规模以上工业企业161家，实现主营业务收入860.5亿元、利润59.9亿元，三次产业比重6.4∶40.3∶53.3。拥有国家级一类开放港口石岛港，开通至韩国仁川、群山和日本东京等6条国际、国内航线，2017年，港口吞吐量16万标准箱、散货200万吨，出入境旅客33万人次。城市化率69%，城市公共绿地面积548.3万平方米，绿化覆盖率42.5%。国家AAA级及以上旅游景区3处，2017年累计接待中外游客203.2万人次，实现旅游消费总额13.8亿元。拥有省、市级规范化中小学13所，在校生1.6万人，医疗卫生机构176个。年内，被威海市委、市政府授予“开放工作先进省级园区”称号。

【荣成市好运角旅游度假区】 成立于2012年12月30日。2017年末，总面积280平方公里，辖3个镇、121个村（社区），人口7.5万人。全年实现生产总值172.4亿元，比上年增长8.4%，其中，第一产业增加值19.48亿元，第二产业增加值86.37亿元，第三产业增加值66.54亿元。一般公共预算收入6.94亿元，固定资产投资44.94亿元，进出口总额20.97亿元。全区粮食播种面积4300公顷，粮食总产量2.38万吨；水

10 月 28 日，好运角社会福利中心投入运营　　荣成市党史史志办提供

产品总产量 36.93 万吨，渔业总收入 184.8 亿元。全年新增造林面积 900 公顷，林木绿化率 45%。规模以上工业企业 84 家，实现主营业务收入 503.96 亿元、利润 30.39 亿元、利税 39.33 亿元。拥有国家 AAAA 级旅游景区 2 处、国家 AAA 级旅游景区 3 处，全年接待游客 350 万人次，实现旅游消费总额 10 亿元。普通中小学 8 所，在校生 7800 人。医疗卫生机构 63 个，有床位 390 张、卫生技术人员 384 人。各类福利院床位 316 张，收养 162 人。

（姜　潇）

【乳山经济开发区】 1992 年 12 月，经山东省政府批准成立，2009 年 2 月，与乳山口镇合并，辖 41 个村。总面积 107 平方公里，海岸线长 35 公里，拥有国家一类开放港口——乳山口港。开发区累计引进各类项目 333 个，财政收入逐年增加。2017 年，实现地方财政收入 1.48 亿元。强化资本招商，力促产业集聚发展。围绕临港产业、装备制造、海洋食品、新材料四大板块，依托“光彩海洋科技基金”“中国·以色列科技产业投资引导基金”等产业基金的设立，赴京津冀、长三角、珠三角及省内重点城市开展精准招商活动 100 次，引进新项目 13 个，其中过 1 亿元项目 7 个。坚持以项目建设为龙头，完善联企服务全程代理工作机制和项目分包督导考核机制，完成新开工项目 9 个。突出创新驱动，加快新旧动能转换，全年重点实施华信食品、博诺制衣等 12 家企业的技改扩规工作。强化创新平台支撑，拥有威海市级以上创新平台 64 个、省级以上创新平台 31 个。区内企业与 100 家高等院校、科研院所开展产学研合作，成立山东华信食品院士工作站等多家院士工作站。重点实施河道治理、道路亮化、新建道路、起步区改造四项工程，总投资 6278 万元。

【乳山市滨海新区】 成立于 2012 年 12 月 26 日，是“一体化”大威海新格局和乳山“南部提升”战略的重要组成部分，规划总面积 348.94 平方公里。按照产业布局规划和打造特色园区的长远目标，规划银滩旅游度假区、大乳山滨海旅游度假区、海湾新城、新兴产业园、塔岛湾海洋生态国家级海洋特别保护区、食品与生物科技产业园、科技产业园等 7 个功能片区，规划定位为打造高端产业聚集区、幸福宜居养生区、休闲旅游样板区、城市发展中心区和中日韩合作先导区。2017 年，统筹推进招商引资、项目建设、基础配套、社会稳定，实现一般公共预算收入 1.56 亿元。推动旧动能向“大健康”新动能转换，聘请团队规划主导产业和重点园区，构建“大健康”产业体系，促进产业集群集聚发展。引进泛海阳光健康能源、菲密亚保健品等 20 个产业大项目，泓联水转印纸项目实现当年开工、当年投产；搭建哈尔滨新区国合基地、中国科学院两大招商平台，达成铁路轨道检测车等科技含量高、产品定位高端的产业项目；引进云南新兴职业学院医养护理专科、莫斯科航空大学中国分校等项目，构建城区对接、产城融合格局；创作城市文化宣传片、主题曲等 5 部（首），承办“金鼎杯·2017 乳山银滩全国自行车邀请赛”等赛事，加大宣介力度。全年洽谈项目 120 个，年内落地 4 个、签约实施 9 个。基础设施建设投资 17.6 亿元，完成涵盖 5 大类 11 项内容的便民利民实事工程。投资 8.18 亿元，完成威海蓝区重大事项 8 项。投资 4.5 亿元，完成威海市级重点项目 5 个。

9 月 3 日，金鼎杯·2017 乳山银滩全国自行车邀请赛在乳山市滨海新区举行
乳山市党史市志办提供

（高献东）

编辑　李洪格

人　　物

市领导简介

·中国共产党威海市委员会·

孙述涛　山东省政府党组成员、副省长，中共威海市委书记、党校校长。山东高密人。1965年1月出生。1987年7月参加工作。1985年11月加入中国共产党。1983年9月至1987年7月，在山东农业大学林学专业学习。1987年7月至1990年1月，任山东农业大学林学系辅导员。1990年1月至1991年9月，任山东农业大学林学系团总支副书记。1991年9月至1994年7月，为南京林业大学资源与环境学院森林经理专业硕士研究生。1994年7月至1997年7月，为南京林业大学森林资源与环境学院造林学专业博士研究生。1997年7月至10月，任山东农业大学林学院教师。1997年10月至2000年6月，任山东农业大学林学院院长。2000年6月至2001年1月，任山东农业大学林学院院长，挂职任菏泽地区行署专员助理。2001年1月至2月，任菏泽市副市长。2001年2月至2007年7月，任省委组织部副部长。2007年7月至2008年2月，任省委组织部副部长兼省干部学院院长。2008年2月至7月，任威海市委副书记，威海市政府副市长、代市长、党组书记。2008年7月至2011年12月，任威海市委副书记，威海市政府市长、党组书记。2011年12月至2012年4月，任威海市委书记、党校校长。2012年4月至2017年3月，任威海市委书记、党校校长，市人大常委会主任、党组书记。2017年3月至2018年1月任威海市委书记、党校校长。2018年1月至2018年3月任山东省政府党组成员、副省长，中共威海市委书记、党校校长。

张海波　中共威海市委副书记，市政府市长、党组书记。山东威海人。1969年5月出生。1991年7月参加工作。1988年7月加入中国共产党。1987年9月至1991年7月，在青岛大学物理系应用物理专业学习。1991年7月至1993年10月，任青岛大学外文系政治辅导员。1993年10月至1997年5月，任青岛大学团委副主任科员。1997年5月至1999年1月，任青岛大学团委主任科员（1997年8月至1998年1月，在共青团青岛市委挂职）。1999年1月至2000年6月，任青岛大学团委副书记。2000年6月至2002年1月，任青岛大学团委副书记，挂职任章丘市委副书记。2002年1月至2002年12月，任青岛大学党委组织部正处级组织员，挂职任章丘市委副书记。2002年12月至2004年2月，任章丘市委副书记（正处级）。2004年2月至2006年10月，任章丘市委副书记（正处级）兼明水经济开发区管委会党委书记。2006年10月至2007年1月，任济阳县委副书记、代县长（2005年4月至2007年1月，在清华大学公共管理学院MPA专业学习，获公共管理硕士学位）。2007年1月至2011年1月，任济阳县委副书记、县长。2011年1月至2012年3月，任济南市历下区委副书记、区长。2012年3月至2017年4月，任济南市副市长。2017年4月至7月，任济南市委常委、副市长。2017年7月至2018年1月，任威海市委副书记，市政府副市长、代市长、党组书记。2018年1月起任中共威海市委副书记，市政府市长、党组书记。

霍高原　中共威海市委副书记。山东武城人。1965年3月出生。1981年12月参加工作。1986年12月加入中国共产党。1981年12月至1982年8月，任夏津县外贸局干事。1982年8月至1985年7月，在山东省广播电视大学汉语言文学专业学习。1985年9月至1989年6月，任夏津县政府办公室干事。1989年6月至1990年6月，任夏津县政府办公室秘书科副科长。1990年6月至1991年6月，任夏津县政府办公室信访处科长。1991年6月至1992年12月，任夏津县苏留庄镇党委副书记（1989年8月至1992年6月，在中共中央党校函授学院本科班经济管理专业学习）。1992年12月至1993年9月，任夏津县左王庄乡党委副书记、乡长。1993年9月至1995年9月，任夏津县李楼乡党委书记。1995年9月至1997年7月，在省委党校党政干部研究生班学习。1997年7月至2001年5月，任省纪委党风室正科级检查员。2001年5月至2003年1月，任省纪委党风室副处级检查员（2000年6月至2001年8月，挂职任邹城市副市长；2001年8月至2003年1月，挂职任邹城市委副书记）。2003年1月至2008年2月，任东阿县委副书记、县长（2005年2月至12月，在省委党校第十五期中青年干部培训班学习）。2008年2月至2011年11月，任高唐县委书记（2008年8月至2010年6月，在南开大学商学院高级管理人员工商管理硕士专业学习，获高级管理人员工商管理硕士学位）。2011年12月至2013年6月，任枣庄市副市长。2013年6月至2015年9月，任枣庄市副市长、市中区委书记。2015年9月至11月，任枣庄市副市长。2015年11月至2016年12月，任威海市委常委、组织部部长。2016年12月至2017年3月，任中共威海市委常委。2017年3月至12月，任威海市委副书记。

王　亮　中共威海市委常委，市政府副市长、党组副书记。山东荣成人。1963年1月出生。1981年7月参加工作。1984年4月加入中国共产党。1979年9月至1981年7月，在荣成师范学校史地专业学习。1981年7月至1983年5月，任荣成县第十五中学教师。1983年5月至1984年7月，任荣成县政协办公室秘书。1984年7月至1987年9月，任荣成县委办公室秘书。1987年9月至1988年10月，任威海市政府办公室秘书。1988年10月至1990年1月，任威海市政府办公室副科级秘书。1990年1月至1991年9月，任威海市政府办公室正科级秘书（1987年10月至1990年12月，在山东省高等教育自学考试汉语言文学专业大专学习）。1991年9月至1992年2月，任威海市政府办公室秘书科科长。1992年2月至1992年8月，任威海市政府办公室调研科科长。1992年8月至1994年4月，任威海市政府办公室副县级秘书、调研科科长。1994年4月至1997年6月，任威海市政府办公室副主任、党组成员。1997年6月至1999年6月，任威海市政府副秘书长、办公室党组成员。1999年6月至2001年6月，任威海市政府副秘书长、办公室党组成员，调查研究室主任（1998年9月至2001年6月，在吉林大学经济学院国民经济学专业学习，2001年6月获经济学硕士学位）。2001年6月至2002年12月，任威海市政府副秘书长、办公室党组成员，调查研究室主任，信息产业局局长。2002年12月至2003年1月，任威海市环翠区委副书记、代区长。2003年1月至2005年2月，任威海市环翠区委副书记、区长。2005年2月至3月，任文登市委副书记、代市长。2005年3月至2006年2月，任文登市委副书记、市长。2006年2月至3月，任文登市委副书记、市长，市政协主席。2006年3月至5月，任文登市委书记、市政协主席。2006年5月至2007年11月，任文登市委书记、党校校长。2007年11月至2011年12月，任文登市委书记、党校校长，市人大常委会主任。2011年12月至2012年4月，任威海市委宣传部部长。2012年4月至2017年3月，任威海市委常委、宣传部部长。2017年3月起任中共威海市委常委，市政府副市长、党组副书记。

傅　逊　中共威海市委常委、市纪委书记，市监察委员会主任。山东嘉祥人。1967年1月出生。1990年7月参加工作。1986年4月加入中国共产党。1986年9月至1990年7月，在山东师范大学中文系汉语言文学专业学习。1990年7月至1996年4月，任省纪委信访室干事（1990年9月至1991年10月，在滕州市纪委下派锻炼；1994年3月至1995年9月，挂职任博兴县委办公室副主任）。1996年4月至12月，任省纪委信访室副科级检查员。1996年12月至1997年12月，任省纪委办公厅副科级检查员。1997年12月至2004年6月，任省纪委办公厅正科级检查员。2004年6月至2009年6月，任省委巡视工作办公室副处级检查员［2006年9月至2008年7月，在中国石油大学（华东）人文社会科学学院马克思主义理论与思想政治教育专业学习］。2009年6月至2014年2月，任省纪委监察综合室副主任（2011年6月至2013年12月，任省援疆指挥部党委委员、纪委书记兼机关党委副书记）。2014年2月至2015年4月任，任省委第三巡视组副组长（巡视专员）。2015年4月至2018年1月，任威海市委常委、市纪委书记。2018年1月起任中共威海市委常委、市纪委书记，市监察委员会主任。

侯世超　中共威海市委常委、秘书长。山东乳山人。1963年4月出生。1980年10月参加工作。1986年12月加入中国共产党。1980年10月至1983年7月，任乳山县水产供销公司和尚洞水产站职工、团支书。1983年7月至1985年7月，任乳山县水产良种场会计。1985年7月至1989年3月，任乳山县玻璃厂财务科长、办公室主任、副厂长。1989年3月至1990年9月，任乳山县水产研究所干部。1990年9月至1992年11月，任乳山县水产局企业管理股副股长（1989年8月至1992年6月，在中共中央党校函授学院大专班经济管理专业学习）。1992年11月至1994年12月，任乳山县（市）海阳所镇副镇长。1994年12月至1995年12月，任乳山市海阳所镇党委副书记、副镇长。1995年12月至1998年1月，任乳山市冯家镇党委副书记、镇长。1998年1月至2000年3月，任乳山市冯家镇党委书记（1999年4月至7月，在威海市委党校第九期中青年干部培训班学习；1997年9月至2000年1月，在山东省委党校业余本科班经济管理专业学习）。2000年3月至2001年1月，任乳山市政府党组成员、办公室主任。2001年1月至2005年2月，任乳山市委常委、办公室主任兼市直机关工委书记。2005年2月至2006年12月，任乳山市委副书记、办公室主任兼市直机关工委书记（2006年2月至5月，在山东省委党校第十八期县委书记培训班学习）。2006年12月至2007年12月，任威海市林业局副局长、党委副书记（正县级）。2007年12月至2009年1月，任威海市林业局局长、党委书记。2009年1月至2010年2月，任荣成市委副书记（正县级）。2010年2月至2011年11月，任荣成市委副书记、市长。2011年11月至2015年6月，任荣成市委书记、党校校长（2009年9月至2012年6月，在山东省委党校在职干部研究生班经济管理专业学习）。2015年6月至7月，任威海市委常委，荣成市委书记、党校校长。2015年7月至8月，任威海市委常委、统战部部长，市社会主义学院院长，荣成市委书记、党校校长。2015年8月至2016年2月，任威海市委常委、统战部部长，市社会主义学院院长。2016年2月起任中共威海市委常委、秘书长。

刘　运　中共威海市委常委、组织部部长。山东平邑人。1969年7月出生。1991年7月参加工作。1989年7月加入中国共产党。1987年9月至1989年9月，在临沂师范专科学校外语系英语专业学习。1989年9月至1991年7月，在聊城师范学院英语系英语专业学习。1991年7月至1992年11月，任山东省引进国外智力领导小组办公室干部。1992年11月至1996年1月，任山东省引进国外智力领导小组办公室科员。1996年1月至1999年3月，任山东省引进国外智力领导小组办公室副主任科员。1999年3月至2001年6月，任山东省引进国外智力领导小组办公室主任科员（1996年9月至1999年7月，在山东大学国际政治经济关系学院科学社会主义与国际共产主义运动专业学习）。2001年6月至2003年9月，任山东省外国专家局主任科员。2003年9月至2008年11月，任山东省人事厅专业技术人员管理处副处长（2002年9月至2005年6月，在山东大学政治学与公共管理学院科学社会主义与国际共产主义运动专业学习）。2008年11月至2013年1月，任山东省留学人员和专家服务中心主任（2005年11月至2009年6月，在山东大学经济学院应用经济学博士后科研流动站经济学学科从事博士后研究工作）。2013年1月至7月，任山东省人力资源和社会保障厅专业技术人员管理处处长、省留学人员和专家服务中心主任。2013年7月至2015年5月，任山东省人力资源和社会保障厅专业技术人员管理处处长（2014年3月至2014年7月，在山东省委党校第二十四期中青班学习）。2015年5月至2016年9月，任山东省人力资源和社会保障厅人才开发处处长。2016年9月至12月，任山东省人力资源和社会保障厅副巡视员。2016年12月起任中共威海市委常委、组织部部长。

戴龙成　中共威海市委常委、统战部部长，威海市社会主义学院院长，威海东部滨海新城建设指挥部总指挥。江苏盐城人。1976年5月出生。2002年9月参加工作。1998年4月加入中国共产党。1994年9月至1998年7月，在南京理工大学制造工程学院机制工艺与设备专业学习。1998年7月至2002年9月，在南京理工大学兵器发射理论与技术专业研究生学习。2002年9月至2003年1月，任烟台市牟平区科技副区长。2003年1月至2003年4月，任烟台市牟平区科技副区长兼区外经局局长。2003年4月至2005年2月，任烟台市牟平区副区长兼区外经局局长。2005年2月至2007年10月，任烟台市牟平区副区长。2007年10月至2008年5月，任烟台市牟平区委常委、宣传部部长。2008年5月至2011年11月，任共青团烟台市委书记、党组书记。2011年11月至2012年1月，任烟台市福山区委副书记、副区长、代区长，福山区农业高新区管理办公室主任。2012年1月至2014年8月，任烟台市福山区委副书记、区长，福山区农业高新区管理办公室主任。2014年8月至2015年6月，任烟台市福山区委副书记、区长。2015年6月至9月，任烟台市福山区委书记、区长。2015年9月至2016年11月，任烟台市福山区委书记。2016年11月至12月，工作待安排。2016年12月至2017年1月，任烟台市政府党组成员。2017年1月至3月，任威海市委常委。2017年3月起任中共威海市委常委、统战部部长，威海市社会主义学院院长，威海东部滨海新城建设指挥部总指挥。

傅广照　中共威海市委常委、政法委书记。山东龙口人。1963年2月出生。1984年7月参加工作，1985年5月加入中国共产党。1980年9月至1984年7月，在莱阳农学院农学专业学习。1984年7月至1986年5月，任蓬莱县北沟镇团委书记。1986年5月至1987年1月，任蓬莱县委组织部干事。1987年1月至12月，任龙口市直关党委干事。1987年12月至1992年12月，历任龙口市委组织部组织科、企干科干事，办公室副主任、主任。1992年12月至1993年9月，任共青团龙口市委副书记（主持工作）。1993年9月至1995年12月，任龙口市黄山馆镇党委书记。1995年12月至1997年12月，任龙口市黄山馆镇党委书记、人大常委会主任（1995年9月至1997年12月，在山东省委党校研究生班经济管理专业学习）。1997年12月至2001年1月，任蓬莱市副市长。2001年1月至2002年12月，任莱阳市委副书记、副市长。2002年12月至2003年1月，任烟台市牟平区委副书记、代区长。2003年1月至2006年12月，任烟台市牟平区委副书记、区长（2006年2月至12月，在山东省委党校中青年干部培训班学习）。2006年12月至2007年3月，任乳山市委书记、党校校长。2007年3月至2011年11月，任乳山市委书记、党校校长，市人大常委会主任（2005年10月至2007年7月，在大连理工大学EMBA专业学习）。2011年11月至12月，任乳山市人大常委会主任。2011年12月至2012年4月，任威海市政府党组成员。2012年4月至2015年4月，任威海市政府副市长、党组成员。2015年4月至2017年3月，任威海市人民政府副市长、党组成员，市委高校工委书记。2017年3月起任中共威海市委常委、政法委书记。

刘广华　中共威海市委常委、宣传部部长。山东烟台人。1962年9月出生。1983年12月参加工作。1985年12月加入中国共产党。1980年9月至1983年12月，在山东广播电视大学烟台分校机械专业学习。1983年12月至1986年5月，任烟台市芝罘区物价局物价员。1986年5月至1987年4月，任烟台市芝罘区委组织部干部科干事。1987年4月至1989年5月，任烟台市芝罘团区委副书记。1989年5月至1990年4月，任烟台市芝罘团区委书记。1990年4月至1993年2月，任烟台市芝罘区黄务镇党委副书记、镇长。1993年2月至1995年9月，任烟台市芝罘区黄务镇党委书记。1995年9月至1998年1月，任招远市委常委、宣传部部长（1993年9月至1996年7月，在山东农业大学经济管理专业在职学习）。1998年1月至12月，任招远市副市长。1998年12月至2000年1月，任招远市委副书记、副市长。2000年1月至2002年12月，任烟台市莱山区委副书记，高新区工委副书记，中俄基地工委副书记、管委副主任。2002年12月至2006年12月，任烟台市莱山区委副书记，高新区工委副书记、管委主任，中俄基地工委副书记、管委主任，亚太经合园区管委主任。2006年12月至2007年1月，任烟台市国资委党委副书记。2007年1月至2008年2月，任烟台市国资委主任、党委副书记（2004年9月至2007年6月，在山东省委党校在职干部研究生班经济管理专业在职学习）。2008年2月至

2011 年 11 月，任栖霞市委书记、党校校长，市人大常委会主任。2011 年 11 月至 2012 年 4 月，任烟台市政府党组成员。2012 年 4 月至 5 月，任烟台高新技术产业开发区管委会主任（副厅级）、市政府党组成员。2012 年 5 月至 2013 年 2 月，任烟台高新技术产业开发区管委会主任（副厅级），市政府党组成员，烟台东部高技术海洋经济新区建设指挥部副总指挥兼办公室主任，市城市建设发展有限公司董事长、党支部书记。2013 年 2 月至 7 月，任烟台高新技术产业开发区管委会主任（副厅级）、市政府党组成员、烟台东部海洋经济新区建设指挥部副总指挥。2013 年 7 月至 8 月，任威海市政府党组成员。2013 年 8 月至 2016 年 7 月，任威海市政府副市长、党组成员。2016 年 7 月至 2017 年 3 月，任威海市人民政府副市长、党组成员，威海综合保税区管委主任、工委书记。2017 年 3 月起任中共威海市委常委、宣传部部长。

邹积军　中共威海市委常委、威海军分区司令员。山东烟台人。1965 年 9 月出生。1981 年 9 月参加工作。1983 年 9 月加入中国共产党。1981 年 9 月至 1984 年 9 月，在济南陆军学校机炮专业学习。1984 年 9 月至 1986 年 11 月，任济南军区某团排长。1986 年 11 月至 1987 年 11 月，任济南军区某团司令部正排职参谋。1987 年 11 月至 1989 年 3 月，任济南军区某团司令部副连职参谋。1989 年 3 月至 1991 年 11 月，任济南军区某团连长。1991 年 11 月至 1992 年 6 月，任济南军区某团司令部正连职参谋。1992 年 6 月至 1994 年 4 月，任济南军区某团司令部副营职参谋。1994 年 4 月至 1997 年 3 月，任济南军区某团司令部股长。1997 年 3 月至 1999 年 3 月，任济南军区某团副参谋长。1999 年 3 月至 2002 年 9 月，任济南军区某团参谋长。2002 年 9 月至 2008 年 12 月，任济南军区某团团长。2008 年 12 月至 2014 年 11 月，任烟台警备区参谋长（2011 年 3 月至 2012 年 3 月，代理海军威海水警区副司令员）。2014 年 11 月至 2017 年 6 月，任威海军分区参谋长。2017 年 6 月至 11 月，任威海军分区司令员。2017 年 11 月起任中共威海市委常委、威海军分区司令员。

·威海市人民代表大会常务委员会·

王学文　威海市人大常委会主任、党组书记。山东乳山人。1963 年 4 月出生。1984 年 7 月参加工作。1984 年 5 月加入中国共产党。1980 年 9 月至 1984 年 7 月，在莱阳农学院园艺系果树专业学习。1984 年 7 月至 1985 年 4 月，任乳山县马石店乡团委干事。1985 年 4 月至 11 月，任乳山县委老干部局干事。1985 年 11 月至 1989 年 2 月，任乳山县委组织部干事。1989 年 2 月至 12 月，任乳山县委组织部干部科副科长。1989 年 12 月至 1991 年 1 月，任乳山县委办公室行政科科长。1991 年 1 月至 1992 年 6 月，任乳山县委办公室副主任。1992 年 6 月至 1994 年 7 月，任乳山县（市）冯家镇党委书记。1994 年 7 月至 1995 年 8 月，任乳山市地税局局长、财政局副局长。1995 年 8 月至 1996 年 12 月，任乳山市委办公室主任、市直机关工委书记。1996 年 12 月至 1997 年 12 月，任乳山市委常委、办公室主任，市直机关工委书记。1997 年 12 月至 2001 年 1 月，任乳山市委副书记（2000 年 9 月至 12 月，在省委党校县委书记进修班学习）。2001 年 1 月至 3 月，任乳山市委副书记、代市长。2001 年 3 月至 2002 年 12 月，任乳山市委副书记、市长。2002 年 12 月至 2003 年 1 月，任荣成市委副书记、代市长。2003 年 1 月至 2005 年 11 月，任荣成市委副书记、市长。2005 年 11 月至 2007 年 5 月，任威海市环翠区委书记、党校校长。2007 年 5 月至 2008 年 11 月，任威海市委常委，环翠区委书记、党校校长。2008 年 11 月至 2011 年 11 月，任威海市委常委，荣成市委书记、党校校长。2011 年 11 月至 2012 年 1 月，任威海市委常委。2012 年 1 月至 2016 年 1 月，任中共威海市委常委、秘书长。2016 年 1 月至 2017 年 3 月，任中共威海市委常委，威海市人民政府副市长、党组副书记。2017 年 3 月起任威海市人大常委会主任、党组书记。

毕礼伟　威海市人大常委会副主任、民建威海市委主委。山东威海人。1966 年 12 月出生。1988 年 7 月参加工作。2005 年 10 月加入中国民主建国会。1985 年 9 月至 1988 年 7 月，在烟台大学中文系汉语言文学专业学习。1988 年 7 月至 1990 年 5 月，任威海市纺织工业公司技改科干部（1989 年 3 月至 7 月，在北京达美集团培训中心外贸英语培训班学习）。1990 年 5 月至 1991 年 9 月，任威海市纺织器材厂供销科科长。1991 年 9 月至 1992 年 1 月，任威海市纺织器材厂副厂长。1992 年 1 月至 1993 年 3 月，任威海市环翠区经委技改科副科长。1993 年 3 月至 1995 年 2 月，任威海环翠省级旅游度假区招商公司经理（1994 年 7 月至 10 月，在环翠区委党校中青年干部班学习）。1995 年 2 月至 1996 年 1 月，任威海环翠省级旅游度假区招商局副局长。1996 年 1 月至 1997 年 7 月，任威海环翠省级旅游度假区招商局副局长、张村镇副镇长。1997 年 7 月至 1998 年 2 月，任威海环翠省级旅游度假区管委会副主任、经济发展局副局长，张村镇副镇长。1998 年 2 月至 2006 年 2 月，任威海市环翠区政府副区长（1997 年 8 月至 1999 年 12 月，在中共中央党校函授学院涉外经济管理专业学习；2000 年 9 月至 2003 年 6 月，在省委党校在职干部研究生班经济管理专业学习）。2006 年 2 月至 7 月，任威海市政协副主席、环翠区政府副区长。2006 年 7 月至 2007 年 12 月，任威海市政协副主席、环翠区政府副区长、民建威海支部主任（2006 年 9 月至 12 月，在省委党校人大政协进修班学习）。2007 年 12 月至 2008 年 1 月，任威海市政协副主席、民建威海支部主任委员。2008 年 1 月至 2010 年 4 月，任威海市人大常委会副主任、民建威海支部主任委员（2007 年 9 月至 2009 年 11 月，在北京师范大学政治学与国际关系学院公共管理专业学习；2009 年 9 月至 11 月，在山东省委党校市人大政协领导干部进修班学习）。2010 年 4 月起任威海市人大常委会副主任、民建威海市委主委。

丛培卿（女）　威海市人大常委会副主任、党组副书记。山东威海人。1961

年10月出生。1981年7月参加工作。1982年11月加入中国共产党。1979年9月至1981年7月，在烟台师范专科学校政治系政治专业学习。1981年7月至1984年6月，任文登县汪疃公社、初村公社妇联干事。1984年6月至1985年2月，任文登县妇联干事。1985年2月至1986年11月，任文登县妇联妇女儿童权益部副部长。1986年11月至1987年8月，任威海市（县级）计生委文书。1987年8月至1989年12月，任威海市妇联干事。1989年12月至1992年12月，任威海市妇联办公室副主任（1992年9月至1992年11月，在威海市委党校领导干部进修班学习）。1992年12月至1996年6月，任威海市妇联研究室主任（1995年5月至1995年8月，在威海市委党校中青年女干部培训班学习）。1996年6月至1998年11月，任威海市妇联副主席、党组成员（1993年9月至1996年7月，在山东省经济管理干部学院本科班经济管理专业学习）。1998年11月至2003年4月，任威海市妇联副主席、纪检组长、党组成员。2003年4月至2007年12月，任威海市妇联副主席、党组成员（2003年9月至2004年7月，在山东大学威海分校继续教育学院韩语班学习）。2007年12月至2012年1月，任威海市妇联主席、党组书记。2012年1月至4月，任威海市妇联主席、党组书记，市人大常委会党组成员。2012年4月至2017年3月，任威海市人大常委会副主任、党组成员。2017年3月起任威海市人大常委会副主任、党组副书记。

张　竞（女）　威海市人大常委会副主任、党组成员，市总工会主席、党组书记。山东平度人。1965年4月出生。1988年7月参加工作。1993年6月加入中国共产党。1984年9月至1988年7月，在华东政法学院法律系法学专业学习。1988年7月至1993年10月，任威海市妇联法律顾问处干事。1993年10月至1995年1月，任威海市妇联法律顾问处副主任。1995年1月至11月，任威海市妇联办公室副主任。1995年11月至1998年10月，任威海市妇联办公室主任。1998年10月至2000年6月，任乳山市副市长（挂职）。2000年6月至10月，任威海出口加工区管理委员会（市保税区建设管理委员会）副主任。2000年10月至2003年11月，任威海经济技术开发区出口加工区管理局副局长。2003年11月至2006年12月，任威海经济技术开发区建设局副局长。2006年12月至2007年1月，任文登市委副书记。2007年1月至2011年11月，任文登市委副书记，市政府市长、党组书记。2011年11月至12月，任文登市委书记、党校校长，市政府党组书记。2011年12月至2012年2月，任文登市委书记、党校校长。2012年2月至2013年8月，任文登市委书记、党校校长，市人大常委会主任。2013年8月至2014年3月，任文登市委书记、党校校长，市人大常委会主任，威海南海新区工委第一书记。2014年3月至2016年2月，任威海市文登区委书记、党校校长，区人大常委会主任，威海南海新区工委第一书记。2016年2月至2016年11月，任威海市文登区委书记、党校校长，威海南海新区工委第一书记。2016年12月至2017年3月，任威海市政府党组成员。2017年3月至4月，任威海市人大常委会副主任、党组成员。2017年4月起任威海市人大常委会副主任、党组成员，市总工会主席、党组书记。

李文基　威海市人大常委会副主任、党组成员。山东乳山人。1964年7月出生。1980年7月参加工作。1990年5月加入中国共产党。1978年9月至1980年7月，在山东省淄博商业学校计划统计专业学习。1980年7月至1988年3月，任乳山县农牧局经管站经管员（1985年9月至1987年7月，在农牧渔业部农村经济管理干部学院会统系统计专业学习）。1988年3月至1989年6月，任乳山县财政局预算股会计、副股长。1989年6月至1992年5月，任乳山县财政局预算股股长。1992年5月至1996年9月，任乳山县（市）财政局副局长、党组成员（1993年9月至1996年7月，在山东省经济管理干部学院业余本科班经济管理专业学习）。1996年9月至1997年1月，任威海市财政局预算外管理处科长（1996年9月至1997年1月，借调威海市财政局预算科工作）。1997年1月至2001年6月，任威海市财政局预算科科长。2001年6月至2003年4月，任威海市财政局预算外资金管理处主任。2003年4月至2009年1月，任威海市财政局副局长、党委委员。2009年1月至2011年6月，任威海市财政局副局长、党委委员，市政府投融资管理中心主任。2011年6月至2017年3月，任威海市财政局局长、党委书记。2017年3月起任威海市人大常委会副主任、党组成员。

于东海　威海市人大常委会副主任、党组成员。山东乳山人。1966年2月出生。1988年7月参加工作。1987年12月加入中国共产党。1984年9月至1988年7月，在山东省委党校理论班党史党建专业学习。1988年7月至9月，任威海市委党史征集委员会科员。1988年9月至1990年7月，任威海市委直属企业工委（与市委组织员办合署）科员。1990年7月至1993年8月，任威海市委组织部科员（1991年3月至1992年7月，在文登市泽头镇党委挂职）。1993年8月至1995年7月，任威海市委组织部副科级巡视员。1995年7月至1997年3月，任威海市委组织部知识分子工作科副科长。1997年3月至1998年4月，任威海市委组织部干部教育科副科长。1998年4月至6月，任威海市委组织部干部科副科长。1998年6月至2001年2月，任威海市委组织部干部科副科长、主任科员。2001年2月至2002年2月，任威海市委组织部干部科副科长、干部调配科科长。2002年2月至2003年4月，任威海市委组织部干部科科长、干部调配科科长。2003年4月至2004年11月，任威海市委组织部助理调研员、干部科科长、干部调配科科长。2004年11月至2007年8月，威海市委组织部助理调研员、干部科科长。2007年8月至2008年3月，任威海市委组织部副部长、干部科科长。2008年3月至2010年12月，任威海市委组织部副部长。2010年12月至2014年12月，任威海市委组织部副部长、老干部局局长。2014年12月至2017年3月，任威海市委组织部常务副部长、市属国企工委书记。2017年3月起任威海市人大常委会副主任、党组成员。

·威海市人民政府·

张海波 2017年7月至2018年1月，任中共威海市委副书记，市政府副市长、代市长、党组书记。2018年1月起任中共威海市委副书记，市政府市长、党组书记。（详见第349页《人物·市领导简介·中国共产党威海市委员会》）

王　亮 2012年4月至2017年3月，任中共威海市委常委、宣传部部长。2017年3月起任中共威海市委常委，威海市人民政府副市长、党组副书记。（详见第350页《人物·市领导简介·中国共产党威海市委员会》）

杨　丽（女） 威海市人民政府副市长、市工商联主席。辽宁沈阳人。1971年8月出生，1992年7月参加工作。1989年9月至1992年7月，在东北工学院分院外经外贸专业学习。1992年7月至1992年12月，任远东经济贸易总公司职员。1992年12月至2000年3月，任沈阳百货大楼驻俄罗斯代表（1993年12月至1998年7月，在俄罗斯西伯利亚消费合作大学经济系国民经济计划与管理专业学习）。2000年3月至2002年7月，任烟台中俄基地管委项目官员。2002年7月至2004年8月，任烟台市经济贸易委员会副主任（2002年9月至2004年6月，在中国政法大学经济法学专业学习）。2004年8月至2008年1月，任烟台市对外贸易经济合作局副局长。2008年1月至2017年1月，任烟台市政府副市长。2017年1月至4月，任威海市政府副市长。2017年4月起任威海市人民政府副市长、市工商联主席。

叶立耘 威海市人民政府副市长、党组成员，市公安局局长、党委书记、督察长。山东海阳人。1962年11月出生。1980年7月参加工作。1984年7月加入中国共产党。1978年10月至1980年7月，在山东省生建工业学校工业电气自动化专业学习。1980年7月至1987年11月，任山东省公安厅办公室档案科办事员（1984年9月至1986年7月，在山东广播电视大学党政管理干部基础理论专修科党政专业学习）。1987年11月至1989年5月，任山东省公安厅办公室档案科科员。1989年5月至1994年12月，任山东省公安厅办公室档案科副科长。1994年12月至2001年2月，任山东省公安厅办公室档案科科长。2001年2月至2005年10月，任山东省公安厅办公室副主任（2002年9月至2005年10月，担任丽山大厦执行总经理、副总经理；2002年10月至2004年9月，挂职任济宁市市中区公安分局副局长、党委委员）。2005年10月至2010年7月，山东省公安厅出入境管理局政委、丽山大厦总经理（2007年3月至12月，在山东省委党校第十七期中青班学习；2008年6月至11月，赴美国圣荷塞州立大学培训；2006年9月至2009年7月，在中共中央党校在职研究生班经济管理专业学习）。2010年7月至2011年12月，任山东省公安厅警务装备保障部主任（财务处处长）。2011年12月至2012年4月，任威海市公安局局长（副市级）、党委书记。2012年4月至10月，任威海市政府党组成员，市公安局局长（副市级）、党委书记、督察长。2012年10月至2016年1月，任威海市政府党组成员，市公安局局长（副市级）、党委书记、政委、督察长。2016年1月至2月，任威海市政府副市长、党组成员，市公安局局长（副市级）、党委书记、政委、督察长。2016年2月起任威海市人民政府副市长、党组成员，市公安局局长、党委书记、督察长。

张　伟 威海市人民政府副市长、党组成员。山东诸城人。1969年4月出生。1992年8月参加工作。2000年6月加入中国共产党。1988年9月至1992年7月，在哈尔滨科学技术大学机械工程一系工业造型设计专业学习。1992年7月至8月，待业。1992年8月至1995年4月，任山东三联电子集团公司应用技术开发公司研究所助理工程师。1995年4月至1997年11月，任山东省体改委宏观调控体制处科员。1997年11月至2000年10月，任山东省体改委农村体制处副主任科员。2000年10月至2003年4月，任山东省体改办宏观与市场体制处主任科员。2003年4月至2005年6月，任山东省体改办宏观与市场体制处副处长。2005年6月至2009年8月，任山东省发展和改革委资本市场发展处副处长（2003年10月至2007年6月，在山东大学法学院法律硕士专业学习）。2009年8月至2010年2月，任山东省发展和改革委资本市场发展处调研员。2010年2月至4月，在山东省金融办证券与资本市场处工作。2010年4月至10月，任山东省金融办证券与资本市场处调研员。2010年10月至2016年3月，任山东省金融办证券与资本市场处处长。2016年3月至2017年1月，任山东省金融办副巡视员。2017年1月至2月，任威海市政府副市长。2017年2月起任威海市人民政府副市长、党组成员。

高书良 威海市人民政府副市长、党组成员，市委高校工委书记，市计生协会会长、红十字会会长。山东荣成人。1963年8月出生。1982年7月参加工作。1984年1月加入中国共产党。1979年7月至1982年7月，在山东省农业机械化学校农业机械化专业学习。1982年7月至1984年6月，任荣成县崖西公社（乡）农机管理员。1984年6月至1986年5月，任荣成县崖西乡党委秘书。1986年5月至1988年11月，任荣成县政府办公室秘书。1988年11月至1990年11月，任荣成县（市）政府办公室副科级秘书。1990年11月至1992年2月，任荣成市政府办公室副主任。1992年2月至1995年3月，任荣成市宁津镇党委副书记、镇长。1995年3月至1997年12月，任荣成市大疃镇党委书记（1993年9月至1996年7月，在山东经济学院大专班国际贸易专业学习；1997年3月至9月，在威海市委党校中青年干部培训班学习）。1997年12月至2001年1月，任乳山市委常委、政法委书记。2001年1月至2002年12月，任乳山市委常委、组织部部长（1999年9月至2002年7月，在中央农业广播学校乳山市分校经济管理专业学习）。2002年12月至2003年1月，任乳山市委常委。2003年1月至2006年1月，任乳山市委副书记、市纪委书记（2001年9月至2003年12月，在山东省委党校业余本科班法律专业学习）。2006年1月至2006年9月，任乳山市委副书记、副市长（2004年3月至2006年3月，挂职任费县县委副书记、副县长；2004年3月至2006年7月，在中国农业大学农学与生物技术学院农业推广学专业学习）。2006年9月至2007年3月，任乳山市委副书记、副市长，乳山市政协党组书记（正县级）。2007年3月至12月，任乳山市委副书记，市政协主席、党组书记。2007年12月至2008年11月，任乳山市委副书记（正县级）、政法委书记。2008年11月至2009年1月，任乳山市委副书记、代市长。2009年1月至2011年11月，任乳山市委副书记、市长(2007年9月至2010年6月,在山东省委党校在职干部研究生班经济管理专业学习)。2011年11月至12月，任乳山市委书记、党校校长，市政府市长。2011年12月至2012年2月,任乳山市委书记、党校校长。2012年2月至2016年2月，任乳山市委书记、党校校长，市人大常委会主任（2014年11月至2015年1月，在中共中央党校第一批县委书记研修班学习）。2016年2月至11月，任乳山市委书记、党校校长。2016年11月至12月，任乳山市委党校校长。2016年12月至2017年3月，任威海市政府党组成员。2017年3月至4月,任威海市政府副市长、党组成员，市委高校工委书记。2017年4月起任威海市人民政府副市长、党组成员，市委高校工委书记，市计生协会会长、红十字会会长。

周永迪 威海市人民政府副市长、党组成员，威海东部滨海新城建设指挥部副总指挥。山东海阳人。1965年3月出生。1985年7月参加工作。1986年4月加入中国共产党。1981年9月至1985年7月，在山东建筑工程学院建筑工程系工业与民用建筑专业学习。1985年7月至1988年12月，任山东建筑工程学院建工系教师。1988年12月至1991年8月，任威海市建筑工程质量定额监督管理站监督员、监督一室主任。1991年8月至1992年4月，任威海市建筑工程质量定额监督管理站站长助理、监督一室主任。1992年4月至1993年12月，任威海市建筑工程质量定额监督管理站站长助理、第三建设监理公司经理。1993年12月至1997年2月，任威海市建筑工程质量定额监督管理站副站长。1997年2月至2001年7月，任威海市建委综合科科长。2001年7月至2003年4月，任威海市建委工程建设科科长。2003年4月至8月，任威海市城市住宅小区物业管理办公室主任。2003年8月至2004年10月，任威海市城建监察支队支队长。2004年10月至2008年3月,任威海市建委副主任、党委委员，市委建设工委委员。2008年3月至8月,任威海市建委副主任、党委委员，市委建设工委委员，市规划局副局长。2008年8月至2012年10月，任威海市建委副主任、党委委员，市委建设工委委员，市规划局局长、党组副书记。2012年10月至12月，任威海市城乡建设委主任、党委书记，市委建设工委委员。2012年12月至2013年7月，任威海市城乡建设委主任、党委书记，市委建设工委书记。2013年7月至2014年12月,任威海市城乡建设委主任、党委书记，市委建设工委书记，市城市综合管理委员会办公室主任。2014年12月至2017年3月，任威海市住房和城乡建设局局长、党委书记，市委建设工委书记。2017年3月起任威海市人民政府副市长、党组成员，威海东部滨海新城建设指挥部副总指挥。

·中国人民政治协商会议威海市委员会·

高旭光 威海市政协主席、党组书记。山东乳山人。1965年2月出生。1982年11月参加工作。1985年9月加入中国共产党。1982年11月至1984年8月，任文登县米山镇税务所专管员。1984年8月至1985年4月，任文登县税务局干事。1985年4月至1987年9月，任文登县纪委干事。1987年9月至1989年7月，在中国科学院管理干部学院纪律检查专业学习。1989年7月至1991年8月，任威海市纪委干事。1991年8月至1992年2月，任威海市委办公室秘书。1992年2月至1993年5月，任威海市委办公室副科级秘书。1993年5月至1994年5月,任威海市委办公室正科级秘书。1994年5月至1996年8月，任威海市委办公室秘书科副科长、正科级秘书（1993年8月至1995年12月，在中共中央党校函授学院经济管理专业学习）。1996年8月至1997年6月，任威海市委办公室秘书科、秘书一科科长。1997年6月至2001年2月，任威海市委党史研究室副主任（1997年3月至9月，在威海市委党校中青年干部培训班学习；1998年10月至2001年2月，挂职任荣成市副市长）。2001年2月至2003年1月，任荣成市副市长。2003年1月至8月，任威海市政府副秘书长、办公室党组成员。2003年8月至2010年5月，任威海市旅游局局长、党委书记(2001年9月至2004年6月,在省委党校在职干部研究生班经济管理专业学习；2006年2月至12月，在山东省委党校中青年干部培训班学习)。2010年5月至2013年6月，任威海市委常委、山东省第一批援青干部领队（援助青海任海北州州委常委、副州长）。2013年6月至2016年1月,任山东省政府副秘书长、办公厅党组成员。2016年1月至2月，任威海市委常委。2016年2月至2017年3月，任中共威海市委常委、统战部部长，威海市社会主义学院院长。2017年3月起任威海市政协主席、党组书记。

李淑芳（女） 政协威海市委员会副主席、民革威海市委主任委员。山东栖霞人。1958年7月出生。1975年5月参加工作。1989年4月加入中国国民党革命委员会。1975年5月至1978年9月，为甘肃省嘉峪关市新城公社知青。1978年9月至1982年7月，在山东化工学院橡胶系橡胶制品专业学习。1982年7月至1983年5月，任威海轮胎厂成型车间技术员。1983年5月至1987年12月，任威海轮胎厂技术开发室副主任（主持工作）。1987年12月至1992年8月，任山东轮胎厂技术处工程师。1992年8月至1995年1月，任山东轮胎厂技术处副处长（主持工作）、高级工程师。1995年1月至1999年4月，任三角集团有限公司技术处处长。1999年4月至2001年3月，任三角集团有限公司斜交胎管理部副部长兼技术处处长。2001年3月至2001年12月，任威海市政府副市长。2001年12月至2008年1月，任威海市政府副市长、民革威海市委副主任委员。2008年1月至2016年6月，任政协威海市委员会副主席、民革威海市委副主任委员。2016年6月起任政协威海市委员会副主席、民革威海市委主任委员。

戚建波 政协威海市委员会副主席、山东省文联副主席、威海市第一中学副校长。山东威海人。无党派人士。1959年10月出生。1980年2月参加工作。1978年2月至1980年2月，在蓬莱师范学校音乐专业学习。1980年2月至9月，任威海第七中学音乐教师。1980年9月至1995年1月，先后任威海市第一中学教师、政教处副主任、办公室副主任。1995年1月至1997年1月，任威海市第一中学办公室主任。1997年1月至9月，任威海市第一中学副校长、办公室主任。1997年9月至1998年2月，任威海市第一中学副校长。1998年2月至2001年3月，任威海市环翠区政协副主席、市第一中学副校长。2001年3月至2002年9月，任威海市政协副主席、市第一中学副校长(1998年9月至2001年7月,在省委党校业余大专班行政管理专业学习)。2002年9月起任政协威海市委员会副主席、山东省文联副主席、威海市第一中学副校长（2002年9月至12月，在省委党校人大政协班学习）。

刘亚东（女） 政协威海市委员会副主席、威海市体育局副局长。山东蓬莱人。无党派人士。1958年7月出生。1976年7月参加工作。1976年7月至1978年9月，为蓬莱县于家庄知青。1978年9月至1982年7月，在山东师范大学生物系生物学专业学习。1982年7月至1983年4月，任蓬莱一中教师。1983年4月至1991年9月，任文登二中教师。1991年9月至1994年7月，任文登一中教导处副主任。1994年7月至1995年4月，任文登市政府市长助理。1995年4月至2001年3月，任文登市政府副市长。2001年3月至2003年1月，任威海市政协副主席、文登市政府副市长。2003年1月至2004年12月，任威海市政协副主席、威海职业学院副院长。2004年12月起任政协威海市委员会副主席、威海市体育局副局长。

任慧春 威海市政协副主席、党组副书记。山东海阳人。1960年5月出生。1980年7月参加工作。1985年6月加入中国共产党。1978年9月至1980年7月，在山东省烟台粮食学校会计统计专业学习。1980年7月至1984年1月，任烟台市芝罘区计委、统计局办事员。1984年1月至1986年1月，任烟台市统计局科员。1986年1月至1992年1月，任烟台市统计局副科长（1986年6月至1987年12月，挂职任莱阳县河洛乡副乡长；1989年9月至1991年7月，在烟台大学干部专修科经济管理系企业管理专业学习）。1992年1月至11月，任威海市第一轻工业局财务科科长。1992年11月至1994年6月，任威海市经济技术开发投资公司副经理。1994年6月至1996年6月，任威海市预算外资金征收管理处主任。1996年6月至1998年6月，任威海市预算外资金征收管理处主任（机构升格）（1995年9月至1997年12月，在山东省委党校业余本科班经济管理专业学习）。1998年6月至11月，任威海市财政局副局长、党组成员，预算外资金征收管理处主任。1998年11月至2000年10月，任威海市财政局副局长、党组成员。2000年10月至2001年6月，任威海市财政局副局长、党组成员，市国有资产管理局（公有资产管理委员会办公室）副局长（副主任）。2001年6月至2003年1月，任威海市财政局副局长、党委委员，市国有资产管理局（公有资产管理委员会办公室）副局长（副主任）。2003年1月至4月，任威海市民用航空管理局（民航站）副局长（副站长）、党委副书记（主持工作）。2003年4月至2006年12月，任威海市民用航空管理局（民航站）局长（站长）、党委书记。2006年12月至2010年1月，任威海市劳动和社会保障局局长、党委书记。2010年1月至8月，任威海市人力资源和社会保障局局长、党委副书记（机构改革）。2010年8月至2012年1月，任威海市发展和改革委员会主任、党组书记。2012年1月至4月，任威海市政协党组成员，市总工会主席、党组书记。2012年4月至2017年3月，任政协威海市委员会副主席、党组成员，市总工会主席、党组书记。2017年3月起任威海市政协副主席、党组副书记。

徐东明 政协威海市委员会副主席、党组成员，威海综合保税区管委主任、工委书记。山东威海人。1962年4月出生。1978年8月参加工作。1984年6月加入中国共产党。1978年8月至1980年9月，任威海市交通局市区管理站、联运办公室会计。1980年9月至1984年6月，任威海市交通局干事。1984年6月至1986年9月，任威海市委组织部干事。1986年9月至1988年7月，在山东大学干部专修科法律系涉外经济专业学习。1988年7月至1991年2月，任威海市委组织部干事。1991年2月至1992年1月，任威海市委组织员办公室副科级组织员。1992年1月至11月，任威海市第一轻局办公室主任。1992年11月至1996年9月，任威海市保税区建设管理委员会办公室主任（1992年8月至1994年12月，在中共中央党校函授学院本科班经济专业学习；1995年9月至1996年1月，在威海市委党校中青年干部培训班学习）。1996年9月至1999年6月，任威海市保税区筹建处副主任。1999年6月至2000年6月，任威海市保税区建设管理委员会副主任（主持工作）、党委副书记。2000年6月至10月，任威海出口加工区管理委员会（市保税区建设管理委员会）主任、党委书记。2000年10月至2001年3月，任威海出口加工区管委副主任、党委委员，出口加工区管理局局长、党委书记，威海经济技术开发区党委委员。2001年3月至2003年11月，任威海经济技术开发区（出口加工区）管委副主任、工委委员，出口加工区管理局局长、党委书记。2003年11月至2008年3月，任威海经济技术开发区(出口加工区）管委副主任、工委委员，经济发展局局长（2003年9月至2004年6月，在清华大学继续教育学院国际经贸与公共管理高级研修班学习；2007年3月至2007年12月，在山东省委党校中青年干部培训班学习）。2008年3月至2009年9月任威海经济技术开发区（出口加工区）管委副主任、工委委员。2009年9月至2012年1月任威海市中小企业局（民营经济办公室）局长（主任）、党组书记。2012年1月至4月任威海市商务局局长、党委副书记。2012年4月至2015年2月任威海市商务局局长、党委书记。2015年2月至2017年3月任威海市发展和改革委主任、党组书记。2017年3月起任政协威海市委员会副主席、党组成员，威海综合保税区管委主任、工委书记。

夏景华　政协威海市委员会副主席、党组成员。山东文登人。1962年9月出生。1982年7月参加工作。1983年12月加入中国共产党。1980年9月至1982年7月，在山东省文登师范学校普通班专业学习。1982年7月至1983年2月，任文登县泽库小学教师（1982年7月至1983年2月，借调文登县委组织部、人事局工作）。1983年2月至1984年7月，任文登县人事局科员。1984年7月至1987年8月，任烟台市委组织部科员。1987年8月至1989年1月，任文登县（市）编办副主任（1985年12月至1988年12月，在山东省高等教育自学考试党政干部基础科专业大专学习）。1989年1月至4月，任文登市人才开发办公室副主任。1989年4月至1991年2月，任威海市委组织部干事。1991年2月至1992年9月，任威海市委组织部副科级巡视员。1992年9月至1993年8月，任威海市委组织部正科级巡视员。1993年8月至1996年12月，任威海市委组织部干部科副科长、正科级巡视员（1993年9月至1996年7月，在山东省经济管理干部学院业余本科班经济管理专业学习）。1996年12月至1997年6月，任威海市委组织部干部调配科科长。1997年6月至2001年2月，任威海市政府办公室副主任、党组成员。2001年2月至2003年8月，任威海市政府副秘书长、办公室党组成员。2003年8月至2007年12月，任威海市政府副秘书长、办公室党组成员，调查研究室主任。2007年12月至2009年7月，任威海市政府副秘书长，办公室主任、党组副书记、纪检组组长。2009年7月至2012年1月，任威海市政府副秘书长，办公室主任、党组副书记。2012年1月至10月，任威海市政府秘书长、党组成员，办公室主任、党组书记。2012年10月至2017年3月，任威海市政府秘书长、党组成员，办公室党组书记。2017年3月起任政协威海市委员会副主席、党组成员。

陈伟胜　政协威海市委员会副主席、民进威海市委筹委会主委。山西大同人。1959年2月出生。1976年11月参加工作。2008年10月加入中国民主促进会。1976年11月至1978年6月，任青海省玉树藏族自治州煤矿会计。1978年6月至1984年9月，任青海省玉树藏族自治州水利电力队技术员（1983年3月至1983年7月，在华南工学院无线电子工程系电工、电子技术培训班学习）。1984年9月至1989年7月，任西宁市粮食公司东川中心粮站调运员、会计（1987年7月至1989年7月，在武汉市经济管理干部学院工业财务会计专业学习）。1989年7月至1990年12月，任西宁市粮食局汽车队会计。1990年12月至1993年6月，任西宁市审计局审计师。1993年6月至1995年1月，任威海市审计师事务所审计师。1995年1月至1997年8月，任威海市审计师事务所副所长（副科级）。1997年8月至1998年5月，任威海市审计师事务所副所长（正科级）。1998年5月至1999年1月，任威海市监察局副局长（1996年8月至1998年12月，在中央党校函授学院本科班涉外经济管理专业学习）。1999年1月至2010年8月，任威海市监察局副局长。2010年8月至2011年9月，任威海市监察局副局长、正县级监察员。2011年9月至2017年3月，任威海市监察局副局长、正县级监察员，民进威海市委筹委会主委。2017年3月至12月，任政协威海市委员会副主席、民进威海市委筹委会主委。2017年12月起任威海市政协副主席，民进威海市委筹委会主委。

（市委组织部提供）

先进人物

鞠立民　威海市卫生和计划生育委员会党委副书记、市中医药管理局专职副局长。山东威海人。1963年2月出生，1985年7月参加工作，1984年10月加入中国共产党。2017年8月被人力资源社会保障部、国家卫生计生委、国家中医药管理局授予“全国卫生计生系统先进工作者”称号。

丛培杰　荣成市农产品质量安全管理办公室主任。山东荣成人。1965年8月出生，1986年7月参加工作，1991年4月加入中国共产党。2017年12月被人力资源社会保障部、农业部授予“全国农业先进工作者”称号。

李长青　荣成市寻山街道青鱼滩村党支部书记，荣成寻山集团有限公司党委书记、董事长，威海长青海洋科技股份有限公司董事长。山东荣成人。1967年10月出生，1988年9月参加工作，1990年9月加入中国共产党。2017年12月被人力资源社会保障部、农业部授予“全国农业劳动模范”称号。

刘增虎　威海市环翠区温泉镇林业站站长。山东威海人。1981年4月出生，2000年10月参加工作，2009年6月加入中国共产党。2017年12月被人力资源社会保障部、国家林业局授予“全国林业系统劳动模范”称号。

苗　倩　威海市城市管理执法监察支队副支队长。山东威海人。1974年5月出生，1994年5月参加工作，2011年7月加入中国共产党。2017年12月被人力资源社会保障部、住房城乡建设部授予“全国住房城乡建设系统先进工作者”称号。

崔军波　威海市第二热电集团有限公司董事、总经济师、党委委员。山东青岛人。1971年12月出生，1995年12

月参加工作，1995年5月加入中国共产党。2017年12月被人力资源社会保障部、住房城乡建设部授予“全国住房城乡建设系统劳动模范”称号。

乔秀丽（女） 威海市立医院消化内科主任。山东潍坊人。1963年7月出生。1985年7月参加工作。2009年6月加入中国共产党。2017年5月被中华全国总工会授予“全国五一劳动奖章”。

郭　刚 山东渔翁信息技术股份有限公司董事长、总裁。山东乳山人。1966年7月出生，1989年8月参加工作。2017年1月被威海市人民政府授予“威海市有突出贡献的中青年专家”称号，2017年2月被中国电子企业协会授予“全国电子信息行业优秀企业家”称号。

朴恩女（女） 致公党威海经济技术开发区支部主委、威海瑞翔电子装配有限公司总经理。吉林延边人。1970年7月出生，2012年6月加入致公党。2017年10月获评致公党中央社会服务工作先进个人。

贾国哲 九三学社威海市委员会主任委员。陕西武功人。1959年4月出生，1982年7月参加工作，1992年7月加入九三学社。2017年11月获九三学社中央坚持和发展中国特色社会主义学习实践活动“全国先进个人”称号，并被九三学社中央授予“参政议政全国先进个人”称号。

（各相关单位提供）

编辑　沙　鋆

香水河大桥夜景　　威海南海新区管委办提供

附　录

统计公报

2017 年威海市国民经济和社会发展统计公报

2017 年，全市上下深入学习贯彻党的十九大精神，以习近平新时代中国特色社会主义思想为指导，牢牢把握争当全省走在前列排头兵的目标定位，大力实施全域城市化、市域一体化战略，大力实施产业强市、工业带动、突破发展服务业战略，大力实施城市国际化战略，统筹推进稳增长、促改革、调结构、惠民生、防风险等各项工作，实现了经济平稳健康发展和民生福祉持续改善，现代化幸福威海建设的步伐更加坚实有力。

一、综合

初步核算，全年地区生产总值 3480.10 亿元，按可比价格计算，比上年增长 8.1%，其中，第一产业增加值 235.48 亿元，增长 2.5%；第二产业增加值 1580.49 亿元，增长 7.5%；第三产业增加值 1664.13 亿元，增长 9.6%。三次产业结构调整为 6.8:45.4:47.8。

全市城镇新增就业 3.76 万人，其中，失业人员实现再就业 1.74 万人。回生源地离校未就业高校毕业生登记就业率为 100%。城镇登记失业率为 1.65%。

全年居民消费价格上涨 1.3%，在消费八大项中，食品烟酒类价格上涨 0.2%，衣着类价格上涨 1.2%，居住类价格上涨 1.5%，交通和通信类价格上涨 2.4%，教育文化和娱乐类价格上涨 2.0%，医疗保健类价格上涨 4.4%，其他用品和服务类价格上涨 0.9%，生活用品及服务类价格下降 0.7%。全年工业生产者出厂价格上涨 4.1%，工业生产者购进价格上涨 8.9%。

年末实有市场主体 270622 户，增长 14.4%，其中，新登记市场主体 50921 户，下降 4.1%。实有注册资本 5626.74 亿元，增长 27.4%，其中，新登记注册资本 992.84 亿元，增长 8.5%。

二、农林牧渔业

全年实现农林牧渔及服务业增加值 245.92 亿元，增长 2.7%。其中，农业增加值 58.36 亿元，增长 2.2%；林业增加值 0.58 亿元，增长 10.1%；畜牧业增加值 32.07 亿元，下降 0.3%；渔业增加值 144.47 亿元，增长 3.3%；农林牧渔服务业增加值 10.44 亿元，增长 9.4%。

根据粮食产量抽样调查数据显示，全年粮食总产量 64.44 万吨，下降 8.2%，其中，夏粮产量 18.05 万吨，下降 38.1%；秋粮产量 46.39 万吨，增长 13.0%。

全年水果总产量 113.06 万吨，增长 11.7%，其中，苹果 102.15 万吨，增长 12.1%。

全年肉类总产量 18.28 万吨，下降 0.7%，其中，猪肉 10.57 万吨，下降 1.8%。禽蛋类总产量 14.77 万吨，下降 5.8%。奶类总产量 11.66 万吨，下降 18.6%。

全年水产品总产量 257.37 万吨，增长 0.6%。水产养殖面积 8.32 万公顷，增长 0.9%；养殖产量 170.22 万吨，增长 2.2%。全年投产专业远洋渔船 302 艘，远洋渔业产量 37.00 万吨，增长 0.5%。

年末农业机械总动力 515.14 万千瓦，增长 1.1%；农用排灌机械动力 50207 台，增长 2.0%；农用拖拉机 288770 台，增长 0.5%；全年机耕作业面积 12.98 万公顷，机播面积 17.97 万公顷，机收面积 17.17 万公顷。有效灌溉面积 12.62 万公顷，其中，节水灌溉面积 9.00 万公顷。

年末规模以上农业产业化龙头企业发展到 391 家，其中，国家级农业产业化重点龙头企业 10 家，省级农业产业化重点龙头企业 44 家，市级农业产业化重点龙头企业 162 家。新注册农民专业合作社 269 家，总数达到 3616 家，入社成员 16.46 万户，辐射带动农户 28.46 万户。

三、工业和建筑业

年末规模以上工业企业 1860 家。全年规模以上工业增加值增长 8.1%，其中，股份制企业增加值增长 6.9%，外商及港澳台商投资企业增加值增长 12.0%；轻工业增加值增长 9.6%，重工业增加值增长 6.7%，轻工业生产快于重工业2.9个百分点。在37个行业大类中，有27个行业实现增长，其中，医药制造业增长8.1%，计算机、通信和其他电子设备制造业增长9.4%。大中型工业企业增加值增长8.0%。

全年规模以上工业企业主营业务收入增长7.9%；利税增长10.6%；利润增长10.6%。产销衔接良好，产品销售率为98.82%。

全年建筑业增加值190.11亿元，增长11.2%。

四、固定资产投资

全年固定资产投资增长8.7%，第一产业投资下降13.3%；第二产业投资增长12.6%，其中，工业投资增长14.2%；第三产业投资增长2.9%。一、二、三产业投资结构为1.4 ∶ 65.0 ∶ 33.6。

全年房地产开发投资275.44亿元，增长28.1%。从房屋建设用途看，住宅投资216.46亿元，增长23.8%，占全部房地产开发投资的78.6%；商业营业用房投资26.46亿元，增长21.7%，占全部房地产开发投资的9.6%。全年房屋施工面积3824.79万平方米，增长7.5%；竣工面积498.94万平方米，增长1.9%；商品房销售面积1006.51万平方米，增长10.3%，其中，住宅销售面积890.67万平方米，增长7.7%，占全部销售面积的88.5%。

五、国内贸易

全年社会消费品零售总额1607.94亿元，增长10.4%。从城乡领域看，城镇消费品零售额1323.41亿元，增长10.4%；乡村消费品零售额284.53亿元，增长10.1%。从行业分类看，批发和零售业零售额1428.50亿元，增长10.1%；住宿和餐饮业零售额179.43亿元，增长13.0%。从经济成分看，非公有经济零售额1280.55亿元，增长10.5%；公有经济零售额327.39亿元，增长9.8%。从商品类别看，与人们日常生活密切相关的商品以及消费升级类商品全面增长，其中，粮油、食品类增长17.5%，家用电器和音像器材类增长18.9%，通讯器材类增长19.2%。

六、对外经济

全年对外贸易进出口总额1404.91亿元，增长17.8%，其中，出口855.71亿元，增长8.9%；进口549.20亿元，增长35.2%。从企业性质看，内资企业进出口909.92亿元，增长27.0%，占全市的64.8%；外商投资企业进出口494.98亿元，增长7.1%，占全市的35.2%。从贸易方式看，一般贸易进出口862.56亿元，增长24.0%，占全市的61.4%；加工贸易进出口500.46亿元，增长9.4%，占全市的35.6%；其他贸易进出口41.89亿元，增长62.8%，占全市的3.0%。

全年新批准外资项目191个；合同外资74.84亿元，增长11.3%；实际到账外资87.95亿元，增长10.1%。从实际到账外资投向看，第一、二、三产业到账外资分别为1.84亿元、50.93亿元和35.18亿元，分别占全市到账外资的2.1%、57.9%和40.0%。

全年新核准设立境外企业（机构）25家，完成中方投资额60.54亿元，增长40.3%；对外承包工程完成营业额66.28亿元，增长8.6%；外派各类劳务人员12675人，增长5.6%。

全年利用国内资金972.17亿元，增长15.1%。

七、交通、邮电和旅游

年末公路通车里程7064.46公里（含农村公路、国省道）。全年铁路（不含城际铁路，下同）、公路、海运共完成客运量3592.03万人次，增长6.8%；货运量9877.68万吨，增长12.3%。全年铁路、公路、海运共完成客运周转量36.23亿人公里，增长3.3%，其中，铁路3.08亿人公里，增长3.9%；公路29.31亿人公里，增长4.2%；海运3.84亿人公里，下降3.5%。全年铁路、公路、海运完成货运周转量411.15亿吨公里，增长7.8%，其中，铁路0.60亿吨公里，增长3.8%；公路165.83亿吨公里，增长9.7%；海运244.72亿吨公里，增长6.5%。全年港口货物吞吐量7806.46万吨，增长3.3%；集装箱吞吐量100.10万标箱，下降5.9%；港口发送旅客163.29万人，下降4.6%。全年新增机动车7.25万辆，保有量达80.18万辆，其中，新增小型汽车6.08万辆，保有量达66.16万辆。

全年邮电业务总量58.86亿元，其中，邮政业务总量14.92亿元，电信业务总量43.94亿元。年末固定电话交换机总容量173万门，用户总数40.77万户；移动电话交换机总容量830万门，用户总数338.49万户，其中，4G及以上移动电话用户203.18万户。年末城市出口带宽1200G，宽带用户总数108.86万户。

全年接待旅游总人数4311.93万人次，增长10.3%；实现旅游消费总额596.50亿元，增长14.9%。接待入境游客49.18万人次，增长1.4%，入境游客消费2.73亿美元，增长0.3%；接待国内游客4262.74万人次，增长10.4%，国内游客消费553.55亿元，增长15.1%；居民出游前后消费24.57亿元，增长22.3%。

八、财政税收、金融和保险

全市一般公共预算收入273.08亿元，增长9.5%，其中，税收收入216.62亿元，增长9.5%。全市一般公共预算支出359.56亿元，增长6.2%，其中，医疗卫生与计划生育支出增长10.7%，文化体育与传媒支出增长19.3%，公共安全支出增长8.8%，教育支出增长7.2%。

年末金融机构本外币存款余额3380.16亿元，比年初增加267.33亿元，其中，住户存款余额1800.68亿元，比年初增加108.98亿元；非金融企业存款余额997.55亿元，比年初增加144.96亿元；广义政府存款余额563.48亿元，比年初增加33.76亿元。年末金融机构本外币贷款余额2217.64亿元，比年初增加315.24亿元，其中，个人住房贷款余额501.16亿元，比年初增加107.38亿元；非金融企业及机关团体短期贷款余额721.05亿元，比年初增加63.94亿元，中长期贷款余额645.24亿元，比年初增加138.13亿元。

全年保险机构保费收入99.34亿元，增长14.1%，其中，财产险保费收入25.21亿元，增长7.8%；人身险保费收入74.12亿元，增长16.4%。各项赔款和给付34.52亿元，下降3.1%，其中，财产险赔款和给付14.95亿元，增长8.8%；人身险赔款和给付19.57亿元，下降10.5%。

九、科学技术

全年获得科技类国家级奖励3项。全年促成技术合同858项，成交金额33.10亿元。全年专利申请量8326件，其中，发明专利申请量3074件，占总申请量的36.9%。全年专利授权量3870件，其中，发明专利授权量552

件，占总授权量的14.3%。

全年新获批认定国家级科技企业孵化器1家、国家级众创空间1家、国家专业化众创空间1家，省级科技企业孵化器8家、省级众创空间16家。年末全市拥有国家级科技企业孵化器7家、省级19家，国家级众创空间12家、国家专业化众创空间1家、省级众创空间37家。全市孵化机构总数达到106家，新增孵化面积24.4万平方米，总孵化面积达到180万平方米；新增在孵企业176家，在孵企业总数达到1517家。大型科学仪器平台入网仪器新增106台，总数达到1412台。全市产业技术创新战略联盟累计达到26家，其中，国家级2家，省级5家。

年末全市“千帆计划”入库企业达到2008家。全年高新技术产业产值3015.15亿元，占规模以上工业总产值比重为41.1%。

全市拥有中国驰名商标35件，地理标志商标41件，山东省著名商标133件，威海市知名商标230件。拥有中国名牌产品19个，山东名牌产品247个，山东省服务名牌88个，中国质量奖提名奖1个，山东省省长质量奖获奖企业4家，获奖个人1名。

十、教育、文化、卫生计生和体育

年末全市共有普通高等院校9所，在校学生90538人；普通中等专业学校13所，在校学生16049人；职业中专(高中)7所,在校学生5043人;普通高中18所，在校学生30967人；普通初中86所，在校学生80003人；小学90所，在校学生115805人，小学学龄儿童入学率为100%；特殊教育招生106人，在校生459人；幼儿园318所，在园幼儿73172人。

年末全市共有专业剧团4个，图书馆、文化馆、博物馆、美术馆等22处，文物管理机构4个，威海大剧院1个，电影公司5个，电影院21座，广播电台4座，电视台5座。有线数字电视用户69.74万户。广播人口综合覆盖率和电视人口综合覆盖率均达到100%。建设村(社区)综合文化服务中心2798个,城市书房11个，农家书屋1129个。市文化艺术中心建成并投入使用，建成了中国数字图书馆威海分馆。

年末全市拥有卫生机构2252所,其中，医院50所，妇幼保健机构5所，社区卫生服务中心（站）86所，卫生院63所，村卫生室1169所，门诊部54所，诊所、卫生所、医务室737所，采血机构1所,疾病预防控制中心5所,专科疾病防治院（所、站）3所。各类卫生机构实有床位18116张，其中医院拥有床位13801张。卫生技术人员21874人，其中，执业医师及执业（助理)医师8097人,注册护士9901人。已婚育龄妇女42.60万人，一孩总数34.35万人，已婚妇女领取独生子女证书22.13万份。建立电子健康档案196.45万份，纳入管理的孕产妇、儿童及老年人32.5万人，规范管理高血压、糖尿病患者28.16万人。家庭医生服务团队累计组建556个，常住居民家庭医生签约服务率达到44.5%。

全年共举办群众性体育活动244次，参加活动人数达到70万人次。新建社区、乡镇街道等体育工程设施34处。全市共有942名运动员参加了田径、游泳等26个项目的山东省锦标赛，共获得金牌46枚、银牌37枚、铜牌54枚，9个集体项目跻身前八名。

十一、城市建设、环境保护和安全生产

全市城镇化率66.46%，比上年提高1.46个百分点。

年末全市城市建成区面积282.51平方公里，建成区绿化覆盖率46.09%，建成区绿地率44.00%，生活垃圾无害化处理率100%。年末市区城市建成区面积193.47平方公里，建成区绿化覆盖率46.04%，建成区绿地率44.17%，生活垃圾无害化处理率100%。

全年发电155.54亿千瓦时，下降2.9%。全社会用电量117.03亿千瓦时，增长7.7%，其中，工业用电量71.97亿千瓦时，增长8.3%。

全年全市天然气供气量17190万立方米，增长27.7%，燃气普及率100%;集中供热面积7722万平方米，增长10.3%。全年市区天然气供气量12914万立方米，增长21.9%，燃气普及率100%；集中供热面积6070万平方米，增长11.7%。

年末市区公共汽车运营线路140条，运营线路总长度4564.8公里；公共汽车1537辆，公共汽车客运总量16919.4万人次，平均日客运量46.35万人次。市区出租汽车1895辆。

年末全市环境保护系统共有环境监测站4个，环境监测人员93人。地表水集中式饮用水源保护区12个，面积1406平方公里。

全年完成污染减排项目56个，投资额9.29亿元。全市空气质量优良率88.1%，蓝天白云天数362天，空气质量全省最优。

全年累计发生各类生产安全事故24起，死亡36人，直接经济损失758.21万元。

十二、人口和人民生活

年末全市常住人口282.56万人,其中，城镇人口187.79万人，比上年末增加4.54万人。

全年全体居民人均可支配收入33788元，增长9.2%，其中，城镇居民人均可支配收入42703元，增长8.5%；农村居民人均可支配收入18963元，增长7.9%。全体居民人均消费支出21826元，增长9.7%，其中,城镇居民人均消费支出27898元,增长8.8%；农村居民人均消费支出11728元，增长8.8%。全体居民食品烟酒消费支出占消费总支出的比重为28.1%，其中，城镇居民食品烟酒消费支出占消费总支出的比重为27.8%，农村居民食品烟酒消费支出占消费总支出的比重为29.2%。

十三、社会保障和社会福利事业

2017年全日制就业劳动者月最低工资标准为1810元，非全日制就业劳动者小时最低工资标准为18.1元。全市有210.29万人参加基本养老保险,连续第13次调增企业退休人员养老金,惠及全市35.13万名退休人员，居民基础养老金标准提高至每人每月120元。有251.97万人参加基本医疗保险，居民医保补助标准提高到每人每年480元；有2.51万人领取失业保险金。有6342名职工享受工伤保险待遇,有1.79万名女职工享受生育津贴待遇。

年末全市各类养老机构及收养性社会福利单位共139家，其中敬老院50所，拥有床位26697张，收养人员12609人。全市为24343名低保对象发放低保金6819.2万元。投入资金6089.8万元，供养10403名五保老人。2017年1月至9月城市低保标准为每人每月540元，农村低保标准为每

人每年3850元，农村五保集中供养标准每人每年7000元，分散供养标准每人每年4600元；自10月1日起，将城市低保标准提高到每人每月580元，农村低保标准提高到每人每年4500元，城乡低保标准比例达到1.55:1以内，将城市特困人员基本生活标准按照城市低保标准的1.5倍确定为每人每月870元，农村特困人员基本生活标准按照农村低保标准的1.3倍确定为每人每年5850元，城乡特困人员集中护理标准按照完全丧失自理能力、具备部分自理能力和具备生活自理能力分别确定为每人每年10990元、5495元和3297元。

注释：

1．本公报数据为初步统计数，最终数据以《威海统计年鉴—2018》为准。

2．地区生产总值、各产业增加值、有关行业增加值绝对数按现价计算，增长速度按可比价格计算。

3．未经特殊说明，本文“增长”、“下降”均为同比口径。

4．部分数据因四舍五入的原因，存在总计与分项合计不等的情况。

资料来源：

本公报中城镇新增就业、城镇登记失业率、最低工资标准、社会保障数据来自市人力资源社会保障局；市场主体、商标数据来自市工商局；水产品数据来自市海洋与渔业局；农业机械数据来自市农机局；灌溉面积数据来自市水利局；农业产业化龙头企业数据来自市农业局；进出口、利用外资、内资数据来自市商务局；公路通车里程数据来自市公路局；铁路运输数据来自市铁路局；公路运输、海运、港口货物吞吐量、公交数据来自市交通运输局；机动车数据来自市公安局；邮电业务数据来自市邮政管理局；固定电话、移动网络数据来自市经济和信息化委；旅游数据来自市旅游发展委；财政数据来自市财政局；金融数据来自市人民银行；保险业数据来自烟台保监分局；科技、专利数据来自市科技局；名牌产品数据来自市质监局；教育数据来自市教育局；专业剧团、博物馆、有线电视等数据来自市文化广电新闻出版局；卫生计生数据来自市卫生计生委；体育数据来自市体育局；建成区面积、建成区绿化覆盖率、建成区绿地率、生活垃圾无害化处理率和供气、供热数据来自市住房城乡建设局；电力数据来自威海供电公司；环保数据来自市环保局；安全生产数据来自市安监局；社会福利数据来自市民政局；粮食总产量、城乡收支数据来自威海调查队；其他数据均来自市统计局。

法规、规章、规范性文件

·法规、规章、规范性文件目录·

2017年威海市法规、规章、规范性文件一览表

表34

序号	规范性文件名称	文号
1	威海市节约用水条例	威海市人民代表大会常务委员会公告第10号
2	威海市饮用水水源地保护条例	威海市人民代表大会常务委员会公告第14号
3	威海市人民政府规章制定程序规定	威海市人民政府令第59号
4	威海市建筑垃圾管理办法	威海市人民政府令第60号
5	威海市饮食业油烟污染防治办法	威海市人民政府令第61号
6	威海市户外广告设置管理办法	威海市人民政府令第62号
7	威海市公共体育服务办法	威海市人民政府令第63号
8	威海市审计结论落实办法	威政发〔2017〕2号
9	威海市网络预约出租汽车经营服务管理实施细则	威政发〔2017〕14号
10	威海市巡游出租汽车经营服务管理办法	威政发〔2017〕15号
11	威海市市级财政专项资金管理办法	威政办发〔2017〕12号
12	威海市守信联合激励和失信联合惩戒办法	威政发〔2017〕18号
13	威海市人民政府重大行政决策程序规定	威政发〔2017〕22号
14	威海市人民政府关于公布市政府规范性文件清理结果的决定	威政发〔2017〕23号
15	威海市鼓励金融业发展奖励办法	威政发〔2017〕24号
16	关于调整威海市区土地级别与基准地价的通知	威政发〔2017〕26号

·法规、规章、规范性文件选编·

威海市节约用水条例

（威海市人民代表大会常务委员会公告第 10 号）

2017 年 6 月 28 日威海市第十七届人民代表大会常务委员会第三次会议通过
2017 年 7 月 28 日山东省第十二届人民代表大会常务委员会第三十一次会议批准

第一章 总则

第一条 为了节约利用水资源，提高用水效率，促进经济社会可持续发展，根据《中华人民共和国水法》等有关法律、法规，结合本市实际，制定本条例。

第二条 本市行政区域内的节约用水及用水管理，适用本条例。

第三条 市、区（县级市）人民政府应当把节约用水工作纳入国民经济和社会发展规划、年度计划，制定完善相关政策，推动全社会节约利用水资源，建设节水型社会。

第四条 市、区（县级市）水行政主管部门负责本行政区域内节约用水的监督管理工作。

发展改革、经济和信息化、教育、科技、财政、国土资源、住房城乡建设、农业、卫生和计划生育、工商行政管理、质量技术监督、物价等部门按照职责分工，共同做好节约用水工作。

第五条 开发利用水资源应当按照优先利用地表水、限制开采地下水、鼓励使用非常规水的原则，实行统一调度、合理配置。

第六条 各级人民政府应当广泛开展节约用水宣传教育活动，将节约用水纳入市民文明素质教育和中小学教育教学内容，普及节约用水知识，提高全社会保护水资源意识和节约用水意识。

每年三月为全市节约用水宣传月。

第七条 任何单位和个人都有节约用水的义务，并有权对浪费水资源的行为进行举报。

市、区（县级市）水行政主管部门应当健全节约用水举报处理机制，及时调查处理接到的举报。

第二章 用水管理

第八条 市、区（县级市）水行政主管部门应当会同有关部门，根据本地区经济社会发展要求、水资源状况和水资源综合规划，编制节约用水规划，报本级人民政府批准实施。

编制城乡规划、区域和行业发展规划，应当包括节约用水的内容。

第九条 实行规划期用水控制指标和年度用水控制指标相结合的用水总量控制制度。

对用水量达到或者超过规划期用水控制指标、年度用水控制指标的区域，水行政主管部门应当停止审批该区域内新建、改建、扩建建设项目的取水许可。

第十条 使用城市公共供水管网供水的居民生活用水实行阶梯价格制度。

第十一条 非居民用水户用水实行计划管理。

纳入计划管理的非居民用水户应当于每年十二月三十一日前向水行政主管部门提交下一年度用水计划建议；年度内新增非居民用水户应当在用水前提交本年度用水计划建议。

水行政主管部门应当于每年一月三十一日前，根据年度用水控制指标、用水计划建议、用水定额和生产经营计划等，下达本年度用水计划。

第十二条 有下列情形之一的，水行政主管部门应当核减非居民用水户的用水计划指标：

（一）单位用水量高于用水定额标准的；

（二）使用国家和山东省明令淘汰的用水技术、工艺、产品或者设备的；

（三）洗浴、游泳、水上娱乐等行业的淋浴设施未采用符合国家和山东省标准的节水型器具的；

（四）洗车等行业未采取节约用水措施的；

（五）未按照规定进行水平衡测试的；

（六）具备使用非常规水条件而不使用的。

第十三条 使用城市公共供水管网供水、纳入计划管理的非居民用水户用水量超过计划的部分，按照下列标准加收超计划用水加价水费：

（一）百分之十以内的部分，按照到户综合水价的一倍加收；

（二）超过百分之十至百分之三十的部分，按照到户综合水价的二倍加收；

（三）超过百分之三十的部分，按照到户综合水价的三倍加收。

超计划用水加价水费纳入政府非税收入管理，专项用于节约用水设施、设备的建设和管理。

第十四条 非居民用水户应当建立用水管理制度，做好用水记录和统计台账，加强对用水状况的日常管理。

第十五条 纳入计划管理并且年用水量二万立方米以上的非居民用水户，应当每三年进行一次水平衡测试，并将测试结果报水行政主管部门备案。生产技术、工艺流程和规模等发生变化的，非居民用水户应当重新进行水平衡测试。

水行政主管部门应当依据水平衡测试国家标准，对非居民用水户的水平衡测试工作进行技术指导和监督。

第十六条 市、区（县级市）价格主管部门应当每三年对城市公共供水进行一次定期成本监审，根据成本监审结果，综合考虑水资源供求形势、经济与社会发展要求以及社会承受能力，按照法定程序适时调整城市供水价格。

在启动城市公共供水定调价程序时，市、区（县级市）价格主管部门应当对城市公共供水进行定调价成本监审，并向社会公开成本监审结论。

第十七条　严格控制开采地下水。确需开采地下水的，应当经过科学论证，办理取水许可手续，并限制取水量。

在地下水超采区内，禁止农业、工业和服务业新增取用地下水，逐步压缩地下水开采量。在地下水限制开采区内，严格限制新开凿取水井的数量和地下水的开采量。在地下水禁止开采区内，不得新建、改建或者扩建地下水取水工程。

第十八条　禁止在城市公共供水管网覆盖区域内为家庭生活等非经营性活动开凿水井。

对城市公共供水管网覆盖区域内的自备取水井，水行政主管部门应当采取措施逐步封存，并做好封存后的管理工作。

第三章　节约用水措施

第十九条　用水单位和个人应当安装计量合格的用水计量器具。

居民住宅应当分户安装用水计量器具。工业企业的生产用水和生活用水应当分别计量，主要用水车间和用水设备应当单独安装用水计量器具。

第二十条　用水单位和个人应当采用节水型工艺、设备和产品。

禁止使用国家和山东省明令淘汰的高耗水工艺、设备和产品。

第二十一条　禁止生产、销售国家明令淘汰的高耗水设备和产品。

第二十二条　新建、改建、扩建建设项目，应当制订节约用水措施方案，配套建设节约用水设施。节约用水设施应当与主体工程同时设计、同时施工、同时投入使用。节约用水设施未经验收或者验收不合格的，主体工程不得投入使用。

第二十三条　建设单位应当使用低耗水建筑材料。建设用水应当优先使用建筑基坑水、再生水等非常规水。

第二十四条　城市绿化应当优先选用耐旱型或者低耗水植物。绿化灌溉应当优先使用雨水、再生水、建筑基坑水、池塘水等非常规水。鼓励采用喷灌、微灌等节水灌溉技术。

第二十五条　洗浴、游泳、水上娱乐等行业的淋浴设施应当采用符合国家和山东省标准的节水型器具。

洗车行业应当采用低耗水洗车技术，降低用水消耗。鼓励洗车用水循环利用。

第二十六条　提倡居民生活用水一水多用。

第二十七条　城市公共供水单位应当加强对供水管网的日常维护管理，建立巡查制度，定期进行管网查漏。

城市公共供水管网的漏损率应当符合国家标准，超标准的部分不得计入水价成本。

第二十八条　用水单位和个人应当定期对用水设施、设备进行检修和保养，减少水的漏损量。用水设施、设备损坏造成跑水、冒水、滴水、漏水的，应当及时维修。

第二十九条　因自然灾害、突发事件等原因影响正常供水时，市及县级市人民政府可以采取限制用水措施，并优先保障居民生活用水。

第四章　非常规水利用

第三十条　鼓励和支持使用雨水、再生水、海水、建筑基坑水等非常规水，并纳入水资源统一配置，优化用水结构。

凡有条件使用非常规水的，禁止将自来水作为城市道路清扫、城市绿化、景观用水和洗车使用。

第三十一条　新建、改建和扩建下列建设项目，建设单位应当按照再生水利用设施建设规范和标准，配套建设再生水利用设施：

（一）建筑面积二万平方米以上的宾馆、饭店、公寓、综合性服务楼；

（二）建筑面积三万平方米以上的国家机关、非企业单位和综合性文化体育设施；

（三）日均排水量超过三百立方米的工业企业。

鼓励住宅小区配套建设再生水利用设施。

第三十二条　新建、改建、扩建城市基础设施、建筑和住宅小区，应当同步建造雨水收集、利用、下渗等设施，推行雨污分流，提高雨水的资源化利用效率。

第三十三条　鼓励现有城市基础设施、建筑物产权单位或者管理单位，改造建设再生水利用设施和雨水收集利用设施。

第三十四条　再生水的管道、水箱不得与自来水、地下水供水管道直接连接。

公共场所的再生水出水口应当标有“非饮用水”字样或者其他明显标志。

第三十五条　工业企业应当采用先进的技术、工艺和设备，提高水的重复利用率。

再生水输配管网覆盖区域内的工业企业，使用冷却循环再生水的比例不得低于企业循环用水量的百分之二十。

火力发电使用再生水的比例不得低于总用水量的百分之五十。

第三十六条　新建、改建、扩建污水处理厂，应当采用先进的污水处理技术、工艺，提高再生水水质标准，满足再生水使用者的用水需求。

新建、改建、扩建污水处理厂，应当配套建设再生水利用设施，提高再生水利用率。

再生水输配管网覆盖区域内的用水户应当优先使用再生水。

第三十七条　鼓励有条件的单位建设海水淡化、海水直接利用等设施，科学开发利用海水资源。

第三十八条　市、区（县级市）人民政府应当将地热水、矿泉水纳入矿产资源总体规划，对地热水、矿泉水进行合理开发和综合利用。

严格控制地热水、矿泉水取水井的审批数量。开发利用地热水、矿泉水应当依次分别向水行政主管部门、国土资源行政主管部门提出申请，经批准后方可组织实施。

第五章　激励和保障措施

第三十九条　市、区（县级市）人民政府应当根据当地经济发展水平和水资源状况，在确保居民基本生活用水的基础上，按照补偿成本、合理收益、优质优价、公平负担的原则，建立激励节约用水的水价机制，推动全社会节约用水。

第四十条　市、区（县级市）人民政府或者水行政主管部门应当建立节约用水奖励制度，对有下列情形之一的单位和个人，予以表彰或者奖励：

（一）非居民用水户在节约用水、减少水资源消耗方面取得显著成效的；

（二）公共供水单位供水损耗明显低于国家标准的；

（三）在非常规水利用工作中做出显著成绩的；

（四）研究推广节约用水技术、工艺、设备、产品等有突出贡献的；

（五）在节约用水宣传教育工作中表现突出的；

（六）对严重浪费水的行为予以举报，经查证属实的。

第四十一条　市、区（县级市）人民政府应当加强节约用水资金保障，培育和发展节约用水产业，加强节约用水配套设施建设。

市、区（县级市）人民政府应当采取措施，扶持节约用水技术、设备和产品的研究、开发、推广和利用，将重点节约用水技术研究开发项目优先列入各类技术创新计划和科技计划。

第四十二条　各级人民政府应当建设完善非常规水输配管网等设施，提高非常规水供水能力。

第四十三条　各级人民政府应当加大财政投入，支持节约用水农业设施和小型水利设施建设。鼓励农村集体经济组织、新型农业经营主体和个人对池塘、水坝等进行保护、开发与利用，建设蓄水工程，拦蓄雨水，增加有效水源。

各级人民政府应当推行节约用水灌溉方式，因地制宜推广渠道防渗、管道输水灌溉、喷灌和微灌等灌溉技术，发展节水高效农业。

第四十四条　市、区（县级市）农业、水利等行政主管部门应当推进农业节约用水社会化服务体系建设，提高农业用水效率。

第四十五条　市、区（县级市）水行政主管部门应当会同农业、科技等有关部门，加强对用水单位和个人节约用水的技术指导和培训，推广节约用水先进经验和做法。

第四十六条　市、区（县级市）经济和信息化主管部门应当做好国家和山东省明令淘汰的高耗水工艺、设备和产品的公开公示工作，依法查处生产、销售、使用国家或者山东省明令淘汰的高耗水工艺、设备和产品等行为。

第四十七条　市、区（县级市）质量技术监督部门应当做好用水计量的监督管理工作，依法查处使用应当强制检定而未检定或者经检定不合格的用水计量器具等行为。

第四十八条　市、区（县级市）工商行政管理部门应当加强对用水计量器具销售行为的监督管理，依法查处销售不合格用水计量器具等行为。

第四十九条　市、区（县级市）水行政主管部门应当定期开展节约用水检查，并有权采取下列措施：

（一）要求被检查单位或者个人提供有关文件、证照、资料；

（二）要求被检查单位或者个人就有关问题作出说明；

（三）进入被检查单位或者个人的用水场所进行调查。

被检查的单位和个人应当予以配合，提供真实情况，不得拒绝、妨碍监督检查人员依法执行公务。

第六章　法律责任

第五十条　对违反本条例规定的行为，法律、法规已规定法律责任的，从其规定；法律、法规未规定法律责任的，依照本条例的规定执行。

第五十一条　水行政主管部门或者其他有关部门工作人员在履行职责过程中玩忽职守、滥用职权、徇私舞弊的，由其所在单位或者有关机关依法给予行政处分；构成犯罪的，依法追究刑事责任。

第五十二条　违反本条例第十一条规定，纳入计划管理的非居民用水户无正当理由未在规定期限内向水行政主管部门提出用水计划建议的，由水行政主管部门责令限期改正，予以警告；逾期不改正的，处一千元以上一万元以下罚款。

第五十三条　违反本条例第十五条规定，非居民用水户未按照规定进行水平衡测试的，由水行政主管部门责令限期改正；逾期不改正的，处五千元以上二万元以下罚款。

第五十四条　违反本条例第十八条规定，用水单位和个人在城市公共供水管网覆盖区域内为家庭生活等非经营性活动开凿水井的，由水行政主管部门责令限期拆除取水设施；逾期未拆除的，处一万元以上二万元以下罚款，并由作出行政处罚决定的水行政主管部门依法申请人民法院拆除。

第五十五条　违反本条例第二十条规定，用水单位和个人在生产经营过程中使用山东省明令淘汰的高耗水工艺、设备和产品的，由经济和信息化主管部门责令停止使用，限期更换或者进行节约用水改造；逾期未更换或者改造的，处一万元以上三万元以下罚款。

第五十六条　违反本条例第三十条规定，有条件使用非常规水而不使用，将自来水作为城市道路清扫、城市绿化、景观用水或者洗车使用的，由水行政主管部门责令限期改正，处一万元以上三万元以下罚款。

第五十七条　违反本条例第三十一条规定，新建、改建、扩建建设项目，建设单位未按照规定配套建设再生水利用设施的，由住房城乡建设主管部门或者其他有关部门责令限期改正；逾期未改正的，处十五万元以上二十万元以下罚款。

第五十八条　违反本条例第三十四条规定，单位或者个人将再生水管道、水箱与自来水、地下水供水管道直接连接的，由水行政主管部门责令限期改正，处五千元以上一万元以下罚款。造成损害的，依法追究民事责任；构成犯罪的，依法追究刑事责任。

第五十九条　违反本条例第三十八条规定，未经批准擅自开采地热水、矿泉水的，由国土资源行政主管部门责令停止开采，赔偿损失，没收违法所得，可以并处违法所得百分之五十以下罚款，没有违法所得的，可以处五万元以下罚款；构成犯罪的，依法追究刑事责任。

第七章　附　则

第六十条　本条例自2017年9月1日起施行。

威海市公共体育服务办法

（威海市人民政府令第63号）

第一章 总 则

第一条 为了规范和保障公共体育服务，提升公众健康水平，根据《中华人民共和国体育法》《公共文化体育设施条例》《全民健身条例》等有关法律、法规，结合本市实际，制定本办法。

第二条 本市行政区域内公共体育服务的提供、保障和管理适用本办法。法律、法规和规章另有规定的，从其规定。

第三条 本办法所称公共体育服务，是指由政府主导，以满足公众健身需求为主要目的而提供的体育设施建设、体育组织培育、体育活动管理等服务。

本办法所称公共体育设施，是指由政府举办或者社会力量举办的，向公众开放用于开展体育活动的公益性的各类体育场馆、社区健身设施、健身公园以及与公共体育服务相关的其他场地和设施设备。

第四条 市、区（县级市）人民政府应当将公共体育事业纳入本级国民经济和社会发展规划，将公共体育事业经费列入本级财政预算，建立与公共体育事业发展需求和经济社会发展水平相适应的财政保障机制。

第五条 市、区（县级市）人民政府体育主管部门负责本行政区域内的公共体育服务工作。

发展改革、教育、公安、民政、财政、住房城乡建设、规划、城管执法、环境保护、旅游、物价等部门，应当根据各自职责做好公共体育服务相关工作。

第六条 市、区（县级市）人民政府应当组织建设公共体育信息服务平台，公开本行政区域内公共体育设施目录、开放时段、收费标准、免费项目、健身服务等信息，制定和发布科学健身指南，为群众科学健身提供指导。

第七条 各级人民政府和有关部门可以通过政府购买服务的方式，委托社会力量提供公共体育标准研究、统计分析、信息平台建设、设施运营与管理，以及体育运动竞赛组织与实施、公益性体育培训、健身指导等公共体育服务，组织承办体育交流与推广等公益性体育活动。

第八条 鼓励和支持公民、法人和其他组织通过兴办实体、资助项目、赞助活动、提供设施、捐赠产品等方式，提供公共体育产品和服务。

第九条 市、区（县级市）人民政府体育主管部门以及公共体育设施管理单位应当引导、帮助社会体育指导员、教师、学生、运动员、教练员、医务工作者等人员成立公共体育志愿服务队伍，建立志愿服务信息数据库，并建立健全指导、培训、评价和激励机制，促进公共体育志愿服务活动健康发展。

第十条 市、区（县级市）人民政府体育主管部门应当建立并实施公共体育服务绩效评估制度，提高公共体育服务评估的科学化水平。

第二章 设施建设与管理

第十一条 市、区（县级市）人民政府应当按照有关规定，将公共体育设施建设纳入土地利用总体规划和城乡规划。

市、区（县级市）人民政府体育主管部门应当会同有关部门编制公共体育设施布局规划，依照法定程序报本级人民政府批准后实施。

第十二条 公共体育设施的规划和建设应当遵循统筹规划、合理布局、规范实用和方便群众的原则，充分考虑未成年人、老年人和残疾人的特殊要求，满足不同人群的健身需要。

农村地区公共体育设施的规划和建设应当考虑农村生产劳动和文化生活习惯。

第十三条 市、区（县级市）人民政府应当按照有关规定，建设公共体育场、全民健身活动中心、体育公园、健身广场等设施，在城镇、农村社区实施体育健身工程。

各级人民政府和有关部门应当利用公园、绿地、广场、河库沿岸、沿海风光带、城市道路等区域，建设健身步道、登山步道、自行车道或者绿道等公共体育设施。

第十四条 市、区（县级市）人民政府城乡规划主管部门在实施建设项目规划许可时，应当执行国家有关体育设施建设标准。

新建、改建、扩建居民住宅区，应当按照有关规定规划和建设相应的体育设施，并与居民住宅区主体工程同步设计、同步施工、同步投入使用。未与居民住宅区主体工程同步设计、同步施工的，市、区（县级市）城乡规划主管部门不予核发建设工程竣工规划核实认可文件。

已建成的居民住宅区没有按照规定建设体育设施的，应当予以补建。

鼓励在居民住宅区建设专用健身步道。

第十五条 市、区（县级市）人民政府应当结合城市修补、老旧居民住宅区整治改造，利用腾出的空闲用地统筹规划建设公共体育设施。

老旧城区、社区公共体育设施未达到国家有关标准的，市、区（县级市）人民政府应当在保障安全、合法利用的前提下，依托旧厂房、仓库、老旧商业设施和空闲用地等闲置资源，逐步补建公共体育设施。

第十六条 公共体育设施管理单位应当自公共体育设施竣工验收合格之日起三十日内，将该设施的名称、地址、服务项目、收费标准等内容报所在地区（县级市）人民政府体育主管部门备案。

第十七条 公共体育设施管理单位应当建立公共体育设施使用、安全和卫生管理制度，在设施所在场所公告设施的使用方法、注意事项和本单位的联系方式，定期对体育设施进行检查、保养。

公共体育设施需要修理、更换的，由产品经营者依照法律规定和约定负责。政府投资兴办的公共体育设施，超出产品保质期或者没有约定修理、更换义务的，由市、区（县级市）人民政府统筹安排修理、更换经费。

第十八条 市、区（县级市）人民政府体育主管部门应当建立健全公共体育设施管理制度，组织公共体育设施管理单位对公共体育设施使用情况进行检查，及时处理安全隐患。

第十九条 各级人民政府和体育主管部门鼓励、支持社会力量建设健身场馆和设施，组建提供体育健身、体质测定、健康咨询、康复理疗、体医结合等服务的单位，依法参与公共体育设施的建设、运营和管理。

第三章 公共体育设施开放

第二十条 公共体育设施应当全年向公众开放，并在公休日、法定节假日和学校寒假暑假期间适当延长开放时间。

政府兴办的公共体育设施的开放时间应当遵守下列规定：

（一）体育场馆开放时间每周不少于二十八个小时；

（二）镇、街道办事处的全民健身中心以及城市社区、行政村的室内公共体育设施开放时间每周不少于五个工作日；

（三）城市社区、行政村的室外公共体育设施全天开放。

第二十一条 公共体育设施管理单位应当免费或者低收费开放公共体育设施；实行收费的，收费项目和标准由市、区（县级市）人民政府有关部门批准，并应当对学生、老年人、残疾人和现役军人给予优惠。

公共体育设施应当在全民健身日向公众免费开放。

免费或者优惠开放的公共体育设施的管理单位，按照国家规定享受补助。

第二十二条 公共体育设施管理单位应当建立健全服务规范，在公共体育设施显著位置公示服务内容、收费标准、免费项目和开放时间。

第二十三条 任何单位或者个人不得擅自改变公共体育设施的用途和功能。

公共体育设施因维修等原因需要改变公共体育服务事项或者停止开放的，公共体育设施管理单位应当提前七日向社会公告。因突发情况需要变更服务的，公共体育设施管理单位应当及时公告。

第二十四条 学校应当在课余时间、公休日、法定节假日和寒假暑假向学生开放体育设施。

第二十五条 有条件的公办学校应当在教学活动之外的时间向公众开放体育设施，具体开放时间由区（县级市）人民政府体育主管部门会同教育部门确定并公布。

有条件的公办学校，是指体育场地相对独立并与教学、生活等区域之间有隔离设施，同时具备下列条件之一的公办学校：

（一）有二百米以上跑道的田径场；

（二）有足球场或者篮球场等场地；

（三）有室外乒乓球台或者其他室外健身设施。

鼓励符合条件的民办学校向公众开放体育设施。

第二十六条 向公众开放体育设施的学校应当建立健全体育设施设备的使用、维修保养、安全检查等管理制度，与公众依法约定卫生、安全责任，对外公布开放时间，保证学校体育设施开放安全、有序。

第二十七条 区（县级市）人民政府应当对向公众开放体育设施的中小学校提供经费保障，并为其办理有关责任保险。

镇人民政府、街道办事处应当采取措施，协调辖区内学校向公众开放体育设施。

第四章 体育活动管理

第二十八条 市、区（县级市）人民政府体育主管部门至少每四年组织一次大型综合性运动会。

学校每学年至少组织一次全校性的运动会。

鼓励机关、团体、企业事业单位和其他组织举办职工运动会。

第二十九条 机关、团体、企业事业单位和其他组织应当把职工健身列入工作计划，提供健身场地，配置必要的健身设施、器材，组织工前或者工间体育锻炼。

第三十条 学校应当组织开展广播操和多种形式的课外体育活动，保证学生在校期间每天有不少于一小时的体育活动时间。

鼓励学校开展体育运动项目教学，培养学生至少掌握一项体育运动技能或者健身方法。

幼儿园应当开展适合幼儿的体育活动，增强幼儿身体素质。

第三十一条 各级人民政府和体育、旅游等部门应当鼓励发展体育旅游，重点开发山地户外旅游、水上运动旅游、汽车摩托车旅游、健身养生旅游等体育旅游新产品，推动建设体育旅游目的地和体育旅游示范基地，培育体育旅游精品赛事，打造体育旅游精品线路，扶持特色体育旅游企业。

第三十二条 举办、参加徒步走、广场舞、骑行等健身活动，应当遵守健身设施管理制度和道路交通安全、噪声污染防治等相关规定，不得破坏场地、器材和环境，不得扰乱公共秩序，不得影响其他公民的正常工作和生活。

在烈士纪念设施保护范围内不得开展广场舞等健身活动。

第三十三条 任何组织或者个人不得在健身活动中宣扬封建迷信、邪教、色情、暴力和其他违背公序良俗的不健康内容，不得利用健身活动进行赌博等违法行为。

第三十四条 市、区（县级市）人民政府体育主管部门应当积极培育体育类社会组织，支持镇、街道设立体育总会、老年人体育协会、社会体育指导员协会和单项体育协会。

鼓励企业事业单位以及行业建立体育健身组织、运动队伍等。

第三十五条 市、区（县级市）人民政府应当建立和完善公共体育人才使用、培养和激励机制，根据本行政区域内人口规模，合理配备公共体育服务人员。

镇人民政府、街道办事处应当至少配备一名专兼职体育管理人员，必要时可以吸收社会力量补充公共体育服务队伍。

第三十六条 市、区（县级市）人民政府体育主管部门应当制定社会体育指导员等公共体育服务人员轮训计划，定期开展技能培训。鼓励运动员、教练员、体育教师等人员参与公共体育服务。

公共体育设施管理单位应当根据不同岗位要求，编制从业人员培训计划，对从业人员进行分级分类培训。

第五章　法律责任

第三十七条　违反本办法，在健身活动中有宣扬封建迷信等不健康内容、损毁公私财物、损害公民身心健康等扰乱公共秩序、妨害社会管理的行为的，由公安机关依法给予处罚；构成犯罪的，依法追究刑事责任。

第三十八条　违反本办法，公共体育设施管理单位有下列行为之一的，由体育主管部门责令限期改正；情节严重的，对负有责任的主管人员和其他直接责任人员，由主管机关依法给予处分：

（一）未按照规定将设施名称、地址、服务项目、收费标准等内容报送备案的；

（二）未按照规定将设施向公众开放，或者停止开放未向社会公告的；

（三）未按照规定免费、低收费或者优惠开放设施的；

（四）未制定管理制度，公告本单位联系方式的；

（五）未定期对设施进行检查、保养的。

第三十九条　各级人民政府有关行政主管部门及其工作人员在公共体育服务工作中不履行本办法规定的职责、玩忽职守、滥用职权、徇私舞弊的，对直接负责的主管人员和其他直接责任人员依法给予行政处分；构成犯罪的，依法追究刑事责任。

第六章　附　则

第四十条　本办法自2018年3月1日起施行。

威海市守信联合激励和失信联合惩戒办法

（2017年8月4日　威政发〔2017〕18号）

第一章　总　则

第一条　为了加快推进“信用威海”建设，构建信用联合奖惩机制，营造诚实守信的信用环境，根据《国务院关于建立完善守信联合激励和失信联合惩戒制度加快推进社会诚信建设的指导意见》（国发〔2016〕33号）、《威海市公共信用信息管理办法》（威政发〔2016〕27号）等有关规定，结合我市实际，制定本办法。

第二条　本市行政区域内自然人、法人、非法人组织（以下统称信息主体）守信激励和失信惩戒及其管理，适用本办法。

第三条　市发展改革委、人民银行威海市中心支行（以下统称市信用主管部门）负责对信息主体信用行为认定及奖惩工作进行监督和指导。

各区市、国家级开发区、南海新区公共信用信息工作主管部门负责协调推进本辖区信用联合奖惩工作。

第四条　威海市社会信用管理中心（以下简称市信用中心）负责市公共信用信息平台和“信用威海”网站的建设、运行和维护，为实施联合奖惩提供保障。

第五条　市级行政机关、司法机关、法律法规授权的具有管理公共事务职能的组织、群团组织（以下统称职能部门），应当根据职责权限和实际情况，建立本领域守信“红名单”和失信“黑名单”制度，制定守信、失信行为认定标准和信用奖惩实施细则，组织实施信用联合奖惩。

第二章　守信激励和失信惩戒

第六条　有下列情形之一的，职能部门应当将信息主体纳入守信“红名单”，作为联合激励对象：

（一）获得县级以上单位表彰、奖励的；

（二）被职能部门在分类监管中确定为优良等级的；

（三）经职能部门认定的其他守信情形。

第七条　相关职能部门可以在法定权限内对联合激励对象采取以下激励措施：

（一）公开发布守信“红名单”；

（二）减少日常检查和专项检查的频次；

（三）在办理行政许可过程中，根据实际情况给予“容缺受理”和“绿色通道”等便利化服务措施；

（四）在参加政府投资建设项目招标投标、公共资源交易、申请财政性资金和政府优惠政策时，给予适当加分或优先考虑；

（五）在教育、就业、创业等公共服务方面给予重点支持和优先便利；

（六）在干部选拔、评先选优等方面给予优先考虑；

（七）依法可以采取的其他守信激励措施。

第八条　有下列情形之一的，职能部门应当将信息主体纳入失信“黑名单”，作为联合惩戒对象：

（一）在食品药品、生态环境、工程建设、产品质量、安全生产、消防安全、强制性产品认证等领域有严重危害人民群众身体健康和公共安全行为的；

（二）在招标投标、合同履行、知识产权保护、公共资源交易、社会中介服务等方面有严重破坏市场公平竞争秩序行为的；

（三）有非法占用土地、林地、海域等自然资源，或者严重违反城乡规划建设管理行为的；

（四）有逃税骗税、非法集资、传销、无证照经营、恶意欠薪、散布虚假广告、侵害消费者权益、破坏网络空间传播秩序等严重扰乱社会秩序行为的；

（五）有履行能力但拒不履行、逃避执行法院生效的法律文书、仲裁机构生效的裁决或行政机关生效的行政决定等行为的；

（六）有拒不履行国防义务，拒绝、逃避兵役，拒绝、拖延民用资源征用或者阻碍对被征用的民用资源进行改造，危害国防利益，破坏国防设施等行为的；

（七）对违法违规行为拒不改正的；

（八）经职能部门认定的其他失信情形。

第九条　相关职能部门可以在法定权限内对联合惩戒对象采取下列行政性约束和惩戒措施：

（一）公开发布失信“黑名单”；

（二）列为日常重点监管对象，加强监管；

（三）限制参加评先评优或撤销既得荣誉；

（四）限制担任企业法定代表人、负责人；

（五）限制参加公共资源交易；

（六）限制取得政府资金等政策支持；

（七）限制上市融资、发行债券；

（八）限制或禁止市场和行业准入；

（九）从严核准或审批企业新增项目；

（十）作为金融机构严格信贷审批的重要参考；

（十一）依法可以采取的其他失信惩戒措施。

第三章　联合奖惩程序

第十条　职能部门应当根据管理实际，确定守信“红名单”和失信“黑名单”信息公布方式和范围。

守信“红名单”和失信“黑名单”信息应当自发布之日起5个工作日内，按照相关程序推送至市公共信用信息平台。

第十一条　守信“红名单”和失信“黑名单”信息，主要包括下列内容：

（一）信息主体的基本信息，包括自然人的姓名、身份证号码，法人及非法人组织的名称、统一社会信用代码、法定代表人或主要负责人姓名及身份证号码等；

（二）列入守信“红名单”和失信“黑名单”的事由，依据有权机关决定列入的，应当载明有关法律文书的名称和编号；

（三）守信“红名单”和失信“黑名单”信息移出日期；

（四）应当披露的其他信息。

第十二条　市信用中心应当依托市公共信用信息平台，在10个工作日内对守信“红名单”和失信“黑名单”信息进行比对、归类、整合，并推送到各职能部门。

信息主体被列入守信“红名单”后发生失信行为的，应当移出守信“红名单”。

第十三条　相关职能部门在收到市公共信用信息平台推送的守信“红名单”和失信“黑名单”信息后，应当根据各自职能，在本系统内对联合奖惩对象采取相应的奖惩措施。

第十四条　鼓励社会法人、非法人组织和自然人在开展信用交易或者其他活动过程中，查询和使用信息主体信用信息，降低交易风险。

第四章　权益保护

第十五条　职能部门将信息主体列入守信“红名单”和失信“黑名单”前，应当书面告知信息主体并听取意见，信息主体提出不同意见的，应当进行调查核实。

第十六条　守信“红名单”和失信“黑名单”信息移出日期由提供信息的职能部门（以下称信息提供单位）确定，披露期限最长不超过5年，法律、法规、规章另有规定的，依照其规定。在失信信息主体尚未全面履行法定义务前，暂不设定移出日期。

失信信息主体全面履行法定义务后，信息提供单位应当及时报送其履行信息，并设定移出日期。

第十七条　信息提供单位应当建立有利于自我纠错、主动更新的信用修复机制。

信息主体符合以下情形之一的，可以向信息提供单位提出信用修复申请：

（一）初次列入失信“黑名单”，但已按规定全面履行法定义务或完成整改，且在其后6个月内再未发生严重失信行为的；

（二）非初次列入失信“黑名单”，但已按规定全面履行法定义务或完成整改，且在其后12个月内再未发生严重失信行为的；

（三）有信息提供单位认可的其他重大悔改表现，并已采取有效措施防止再次发生严重失信行为的。

第十八条　信息提供单位收到信息主体信用修复书面申请后，根据其实际悔改表现决定是否提前移出失信“黑名单”。符合提前移出条件的，应当在15个工作日内作出决定，并书面告知市信用中心；不符合提前移出条件的，应当告知信息主体，并说明理由。

市信用中心应当按照信息提供单位的决定，及时对失信“黑名单”相关信息进行修改。

第十九条　列入守信“红名单”和失信“黑名单”信息主体存在异议的，可按照《威海市公共信用信息管理办法》有关规定，向市信用中心提出书面异议申请。

第五章　管理和保障

第二十条　市信用主管部门应当定期督查、考评职能部门执行信用联合奖惩情况，及时总结、推广好的做法和经验。

各职能部门应当每季度向市信用主管部门报送信用联合奖惩实施情况报告。

第二十一条　违反本办法规定，有下列行为之一的，由市政府给予通报批评；情节严重的，依法追究相关单位负责人和直接责任人的责任：

（一）未建立本领域守信“红名单”和失信“黑名单”制度的；

（二）未及时推送守信“红名单”和失信“黑名单”信息的；

（三）未对信息主体实施联合奖惩的；

（四）记录信息不实或提供错误联合奖惩信息产生不良影响的。

第六章　附　则

第二十二条　本办法自2017年8月4日起实施，有效期至2022年7月31日。

威海市鼓励金融业发展奖励办法

（2017 年 11 月 18 日　威政发〔2017〕24 号）

第一条　为了优化金融生态环境，加快金融业改革发展，提高金融业服务经济社会发展的能力，根据《山东省地方金融条例》、《山东省人民政府办公厅关于金融支持实体经济发展的意见》（鲁政办发〔2016〕28 号）、《山东省金融业转型升级实施方案》（鲁政办字〔2016〕155 号）等有关规定，结合本市实际，制定本办法。

第二条　本办法适用于对在本市设立的金融机构、地方金融组织以及监管机构、金融行业自律组织的奖励或者补助。

第三条　本办法下列名词的含义：

（一）金融机构，是指在本市设立的银行业、保险业、证券业地方法人金融机构或者银行业、保险业、证券业金融机构在本市设立的市级及以上分支机构。

（二）地方金融组织，是指在本市设立的小额贷款公司、民间资本管理公司、融资性担保公司、民间融资登记服务公司和开展信用互助的农民专业合作社。

（三）监管机构，是指威海银监分局。

（四）金融行业自律组织，是指威海市保险行业协会。

第四条　市政府按照物质奖励和精神奖励相结合的原则，设立威海市金融发展贡献奖，每年对作出重大贡献的金融机构、地方金融组织、监管机构和金融行业自律组织给予资金奖励，并对金融机构和监管机构进行通报表彰。

第五条　由市金融办牵头，按照公平、公开、公正的原则，对金融机构、地方金融组织、监管机构和金融行业自律组织贯彻落实市委、市政府决策部署情况和对威海经济社会发展的贡献情况进行绩效考核，考核结果作为给予奖励和通报表彰的重要依据。

第六条　威海市金融发展贡献奖的奖金总额为每年 300 万元，具体分配办法如下：

（一）对金融机构和地方金融组织的奖金为 275 万元，专项用于改进服务、打造品牌、支持地方经济社会发展。奖金额度按照以下方式分配：

1. 对银行业金融机构的奖金为 167 万元。其中，设一等奖 1 名，奖金 20 万元；二等奖 5 名，奖金各 15 万元；三等奖 9 名，奖金各 8 万元。

2. 对保险业金融机构的奖金为 60 万元。其中，设一等奖 1 名，奖金 12 万元；二等奖 2 名，奖金各 9 万元；三等奖 5 名，奖金各 6 万元。

3. 对证券业金融机构的奖金为 24 万元。其中，设一、二、三等奖各 1 名，奖金分别为 10 万元、8 万元、6 万元。

4. 对地方金融组织的奖金为 24 万元。其中，考核得分前三名的小额贷款公司、民间资本管理公司以及考核得分前两名的融资性担保公司、民间融资登记服务公司、开展信用互助的农民专业合作社的奖金均为 2 万元。

（二）对监管机构和金融行业自律组织的奖金为 25 万元。其中，威海银监分局创新金融监管及风险防控手段、推动小微企业信贷持续增长，给予 20 万元奖金；威海市保险行业协会做好保险业运行调度分析、努力服务金融重点工作、有效推动险种创新，给予 5 万元奖金。

第七条　本办法施行前未在本市设立分支机构的银行业、证券业、保险业金融机构，本办法施行后首次在本市新设立分支机构的，市政府给予一次性资金补助，用于新设立分支机构的开办、宣传等工作。具体补助额度如下：

（一）银行业金融机构新设分行的，补助 50 万元；设立支行的，补助 20 万元。

（二）保险业金融机构新设市级分支机构的，补助 10 万元。

（三）证券业金融机构新设证券营业部的，补助 10 万元。

第八条　每年 5 月底前，市金融办根据金融业发展绩效考核结果提出威海市金融发展贡献奖的奖励方案，经市财政局复核后报市政府审定。

第九条　金融机构申请一次性资金补助，应当在开业后 2 个月内向市金融办提出书面申请，并提供监管部门颁发的金融许可证、营业执照、开业批复等证明资料。市金融办对申请材料审核无误后，转市财政局核拨。

第十条　金融机构、地方金融组织、监管机构和金融行业自律组织有下列情形之一的，取消其当年奖励资格：

（一）不服从市委、市政府决策部署的；

（二）当年发生重大风险事件并引发群体性上访事件的；

（三）发生重大违法违规经营行为的；

（四）高级管理人员涉嫌金融领域重大违纪违法案件以及按照相关监管规定被约谈或者被处罚的。

第十一条　按照本办法受到奖励或者补助的金融机构和地方金融组织符合相关条件的，可以享受本市其他产业扶持政策，但同一机构或者组织不得就相同事项重复申请市级资金扶持。

第十二条　本办法由市金融办负责组织实施。

第十三条　本办法自 2017 年 11 月 18 日起施行，有效期至 2022 年 11 月 17 日。

外地传媒中的威海

荣获中华环境奖，成为山东首个“气质”达标城市
威海：天厚爱 人自爱
（绿色家园）

无论山东威海的市民，还是到访威海的游客，大家都爱晒风景：没有一丝云彩的“威海蓝”、棉花糖般的朵朵白云、碧海白沙……“晒”的背后，有的是一份自豪，有的是一份发自内心的喜爱。

说起自己生活的环境，威海人有理由骄傲。去年6月，中科院发布《中国宜居城市研究报告》，威海宜居指数位列前十；11月举起环保界最高奖中华环境奖的奖杯。1月17日，山东省环保厅公布“大气环境质量2016年度17城市排名”，威海所有8项指标全部位居全省第一，而且2016年度空气质量率先达到国家二级标准，填补了山东省无达标城市的空白。

坚持生态立市，守住空间规划、土地规划和环保规划的红线

每次评选，看着威海老拿第一，兄弟城市有的会有点“不服”。有人说，老天爷把好的地理位置、得天独厚的环境优势都给了威海，生态环境能不好吗？记者把这个问题提给威海市环保局的同志。

“不是在你记者面前这么说，威海是有先天优势，但更得益于市委市政府‘生态立市’理念和坚持。”威海市环保局调研员李彬打开话匣子，“成立地级市以来，历届市领导都高度重视生态保护，大家秉承着建市之初的共识：论历史、论知名度、论实力，跟其他沿海开放城市，咱们没得拼。唯一可以比拼的就是环境，必须在保持优势的前提下，缩小差距。”

怎么保持这一优势，在经济发展的同时，留住好的环境？拒绝“两高一资”项目是底线之一。上世纪80年代末，韩国某财团看中威海的环境，计划投资2.5亿美元在威海建设一个大型水泥厂。“那个年代对我们来说真是大项目啊，可市政府一点没犹豫，断然拒绝这个项目落地。”李彬很有感慨。

“把先天优势比作一张白纸，假如胡抹乱画，可能是一团涂鸦，要是有规划地描绘，那就可能是一幅美景。”威海市环保局同志口中的规划，是《威海市环境总体规划（2014—2030年）》。安全稳定的生态格局、可持续利用的环境资源、健康安全的环境品质、公平共享的环境公共服务，这些目标在规划中化作一个个明晰的指标。比如，大气环境一级管控区面积比例到2020年不小于7.1%，意味着412平方公里范围内要执行环境空气质量一级标准，禁止新建、改建、扩建涉及大气污染物排放项目，还要对现有工业大气污染源（燃煤锅炉、工业炉窑等）责令关停或实施搬迁。

有人说，环保规划就是一张画，墙上挂挂，大家看看而已。在威海，环保规划可不是如此。作为城市环境总体规划编制试点城市，威海实现了空间规划、土地使用和环保规划三张电子地图的叠加管控。想上项目，不用找人问行不行，三张图上就能清楚地告诉你合不合规、能不能上。

“大自然的这份厚爱为威海这座城市赢得了较高的知名度，要把生态文明建设融入经济社会发展全过程，推进绿色发展、循环发展、低碳发展。”威海市委书记孙述涛讲得很到位。

抓落实，靠精细化管理、科技化手段，靠各部门联防联动联控

要落实理念、规划，实现碧海蓝天常在，靠什么？

“靠精细化管理、靠科技化手段，更要靠团结一心的队伍！”市环保局调研员王进喜回答得干脆。

怎么管算精细？以连续几年的环境隐患大排查为例，威海市通过摸查排查，把所有影响环境安全的问题都梳理出来，而且，将环境隐患按影响和危害分类，根据类型倒排解决时间表。市环保局副局长刘昌军告诉记者，2016年各区（市）、单位自查上报的环境隐患有318项，其中一类问题9项，二类问题263项。每周三各部门安排调度会，解决的情况、存在的难点一目了然。

威海港散货码头长期没有散煤装卸密闭设施，严重影响周边空气质量，也影响百姓正常生活，信访不断，被列为一类问题。在市领导和各相关部门不断敦促下，威海港投资千万元铺设管道，购置喷淋车用以降尘，投资数亿元的密闭卸煤设施已经进入项目论证阶段。

每年解决一批环境隐患问题，不仅缓解了环境监管压力，更增强了百姓对环境的安全感和获得感。

正在开座谈会，环保局几位同志的手机忽然一起震动起来，大家不约而同地拿起来看。看到记者很纳闷，王进喜解释说，大家收到的是一条企业在线监测排放超标的信息。“我们开发了平台，有超标马上能收到信息，相关的调查、处置程序就会立即启动，我们不能容忍超标多发生片刻。”

在线监测、实时预警只是科技化手段之一。威海市正在发展“智慧环保”，利用物联网、大数据、云计算等先进科技，提升监管水平，实现环境管理、服务与决策的实时化、智能化。

环保工作质量连续多年全省第一，监察执法、监测、应急大比武样样

拿回一等奖，刘昌军说这是努力拼出来的。有一年，全省环境应急暨监察监测大比武，比赛结束前，一心想拿第一名的威海环保代表队得知与第一名还有微弱差距，一位负责人5分钟内嘴上就起了大水泡。“我们的队伍就是这样，拼的是个心气，要做就是最好！”

“环保靠队伍，不光是环保部门，更要靠各部门的联防联动联控，打好组合拳。”市环保局局长毕建康说，围绕改善空气质量，经信、环保等部门联手开展油气回收治理，环保部门与交通管理部门联手开展机动车排气治理，住建部门开展建筑施工扬尘治理专项行动，城管部门整治露天烧烤行为……

实现自由呼吸自在生活，少不了企业和公众的参与

干净整洁的街道，精心修剪的绿植，优美自然的岸线——威海无论城市和乡村都很干净、安静，让人印象深刻。

记者抵达荣成市寻山街道赵家村的时候，大雪下得正紧。这样的天气到农村采访，真担心会弄脏我们乘坐的车辆。可一下车，完全出乎预料，农村街道整洁干净，路面虽然湿滑，却见不到一点泥水。这里垃圾、污水处理设施一应俱全，而且一些村落的污水处理用的是“高大上”的膜处理技术。

“胶东老百姓爱干净，这是一直以来的传统。”荣成市城乡建设局工作人员江涛告诉记者，虽然膜处理成本略高，但百姓确实感受到环境变得更好了，又有财政支持，大家觉得这钱花得值。

威海热电集团离城区不远，正值采暖季，这里会不会排放大量污染物，为洁净的空气添负担？公司董事长赵爱国自信地摇摇头。这家热电企业刚刚完成超低排放改造，在环保中控室，各项污染物排放实时数据不断闪烁：二氧化硫15毫克／立方米，氮氧化物57毫克／立方米，烟尘仅为3～5毫克／立方米。

不仅在超低排放上投入巨资，威海热电集团还承担了几十万户居民住宅节能改造的任务。“改造得好，可以降低能耗，同样也是在为保护环境做贡献。”赵爱国告诉记者，煤场防护网、中水利用项目，都是企业自觉建设的，耗费大量投资，不为别的，土生土长的本地企业，得多给这个城市减负增光。

“你知道我们这地方是很少见塑料袋的，有天起大风，我办公室窗外很高的一棵树上，挂上了个塑料袋。别扭了好长时间，一直在想把它给弄下来。”当地一家外贸企业的负责人赵锦胜说。折腾了半天，他和员工终于把这个“碍眼”的东西弄下来了。“我们享受到威海的好环境，也都想让自己的家更干净、更美！”

多年来，威海市委、市政府从发展战略层面加强顶层设计，努力构建资源统筹、标本兼治、多方联动、共建共享的大环保格局。

自由呼吸、自在生活，这是小城荣成的城市口号，也是威海人对美好生活的期盼。“对环境友好型社会的钟情与坚守，是根植于威海血脉中的城市基因。市委、市政府和全市人民为此执着追求，共建、共治、共享、共荣。”举起中华环境奖奖杯的那一刻，市长张惠的这段话引起了很多共鸣。“共建、共治、共享、共荣”，这个被很多专家推崇的环保理念，在这里落地生根，开花结果。

（《人民日报》刊载　孙秀艳）

幸福威海　康养宝地

健康是促进人全面发展的必然要求，是经济社会发展的基础条件，是民族昌盛和国家富强的重要标志，也是广大人民群众的共同追求。党的十八届五中全会，将建设健康中国正式上升为国家战略。2016年召开的全国卫生与健康大会进一步强调，没有全民健康，就没有全面小康。健康工作已成为今后党和政府的一项重要工作，建设健康城市、发展康养产业，更是顺民意、得民心、惠民生的“健康工程”。

作为地处改革开放前沿的东部沿海城市，威海市始终紧跟国家战略步伐，密切关注新兴产业的培育发展，经过不懈努力，已具备了发展康养产业的独特优势和良好基础。在新旧动能转换重大工程实施过程中，威海完善组织领导和工作机制，推动健康产业和事业互促共进，着力构建社会、环境和人群三位一体的健康体系，努力争当健康城市建设排头兵，将威海市打造成国际化康养产业发展示范区和全国健康城市典范。

钟灵毓秀　禀赋独厚

“千里海岸线，一幅山水画”。发展康养产业，威海有着得天独厚的自然条件，也有着深厚的历史积淀。

威海地处北纬37度、山东半岛的最东端，春温秋爽、冬暖夏凉、海水清澈、空气优良，沙滩、岬湾相间，温泉、森林密布，丰富的山、海、湾、滩、岛、泉、林等资源，成就了中国少有的四季养生福地。

威海是一座既有“颜值”又有“气质”的城市。2016年省测“蓝天白云”天数359天，林木绿化率42.7%，空气质量在山东省率先达到国家二级标准。海岸线985.9公里，约占山东省的1/3，全国的1/18，自然岸线保有率65.1%，近岸一类海水水质标准海域占89.9%，被评为首批国家级海洋生态文明示范区。

2000多年前，秦皇汉武东巡至此，观海祀日，祈福长生。道教全真派于此发源，历来被视为修身养性的洞天福地。至今仍是远近闻名的长寿之乡，人均期望寿命81.4岁，百岁以上老人占总人口的比例约是全国的5倍。胶东半岛14处温泉，威海独占9处，天然温泉滋养身心，有着“浑身爽如酥，祛病妙如神”的神奇功效。

威海现有国家一类对外开放口岸5个，开通国际国内航线23条；国际空港连通，北京、上海、首尔飞机1小时航程；青荣城际铁路全线贯通，形成青烟威1小时经济圈；与189个国家（地区）开展经贸合作，连续10余年举办国际长距离铁人三项赛、国际帆船赛等大型赛事，年接待海内外游客近4000万人次。

动能转换　产业引擎

康养产业是新旧动能转换的强劲引擎。近年来，威海市大力发展康养产业，培育了以医疗器械和生物医药为主体的健康制造业，以养老养生、休闲度假、健康旅游为支撑的健康服务业和以中药材种植、海珍品养殖为龙头的健康农业，先后荣获国家农产品质量安全市、国家食品安全示范城市，成为全国首批健康城市试点、国家级医养结合试点城市、公立医院综合改革首批国家级示范城市，山东省首个国家中医药综合改革试验区，全市康养产业发展步入快车道。

康养产业规模持续扩大。总规模约1000亿元，实现增加值235亿元，占GDP比重达到7.3%，获批全国首批健康城市试点城市。新医药、医疗器械产业总产值500亿元，是国内最大的医疗器械生产基地。威海也是西洋参等中药材种植基地、海珍品养殖基地，中药材种植面积达到5.8万亩，海珍品养殖面积8.3万公顷，为康养产业发展提供了有力支撑。

康养产业发展优势持续增强。大力发展产业集群和知名品牌，医用高分子制品等健康制造业全国领先，涌现出威高集团、迪沙药业、达因制药、百合生物等31家行业龙头企业，拥有中国驰名商标3个、山东名牌产品8个；威高集团荣获第四届中国工业大奖（全国共13个），其“妙手S”微创手术辅助机器人系统获得2016年中国优秀工业设计奖金奖（全国共9个），心脏支架技术和产品打破国外垄断，填补国内空白，国内市场占有率约30%。

康养服务体系逐步完善。大力推进公立医院综合改革，26处试点医院全部取消药品加成政策，全面实施基本药物制度。加快医疗卫生事业发展，拥有医疗卫生机构2600多处，其中三级以上9处，社会资本举办医疗机构14个、养老机构内设护理院2处，床位总数2260张，占全市总数的12.6%；引进了泰国吞武里、韩国延世医科大学整形外科等来威建设国际高端医院项目；获批国家中医药综合改革试验区，创建三级甲等中医院3处、拥有名中医专家54人。医疗健康产业与多业态融合发展，健康养生、健康养老、健康旅游、医学美容等新业态、新模式发展势头强劲；被民政部批准为全国医养结合试点城市，各类养老机构及收养性社会福利单位共147家、拥有床位3万张，所有养老机构均实现全天候医疗服务，涌现出盛泉、祥福家、万福苑、瑞云祥等一批具有较强实力和提供多元服务的民办养老机构。

康养产业集聚态势不断凸显。结合资源禀赋、产业基础、区位优势，积极培育优势突出的特色康养产业，中心城区已形成医疗康复、健康管理、养生养老等健康服务业发展核心区；文登区、经区已形成医药化工和生物医药的产业集聚能力；高区在医疗器械、医用高分子制品为主的健康产品研发生产方面已经具备较强的竞争力；荣成市海洋食品、健康食品产业规模不断扩大，实力不断提升；乳山市、南海新区的养生养老产业已经形成独有的特色，健康产业形成了竞相发展的局面。同时，规划建设国际医疗健康产业城、医疗器械与生物医药产业园等重点园区，进一步促进产业集群集聚发展。

重点领域　率先突破

立足于资源优势和产业发展基础，威海确定了康养产业发展的重点领域。

特色医疗，通过差异化发展，做大做强优势行业，做优做精细分领域，重点发展妇产、儿科、眼科、口腔、骨科、肿瘤、心脑血管、运动医学、老年病、医学整形、心理专科等领域的特色高端医疗服务。

康复疗养，通过市场化运作打造医养结合综合体，支持有条件的医疗机构转型为康复、护理等医养结合机构。市、县、镇三级康复服务体系完善，全市二级以上公立医院全部设立康复科。推进分级诊疗和医联体建设，优化医疗资源配置。支持多种市场主体提供专业化、多形式的健康服务，以12349居家服务呼叫中心为载体的居家养老服务网络实现市域全覆盖。

养生保健，依托深厚的养生文化，构建传统与现代相结合、中式与西式相融合的养生保健服务体系，发展中医康疗、中医养生、康体保健、针灸、药膳、中药泡浴、水疗（SPA）、瑜伽、按摩等康养项目，打造山东半岛最具吸引力的生态养生中心。举办高层次传统医药文化论坛，大力引进国外养生保健机构，建设国际标准的养生保健服务先行示范区。

健康管理，服务模式由“重疾病治疗”向“重疾病预防”转变，建立覆盖妇幼保健、健康教育和促进、慢病预防到临终关怀的全过程健康服务。实行家庭医生签约服务和网格化管理，搭建智慧医疗健康信息平台，实现健康资源共享。引导建设高端专业的健康管理服务机构，城市社区构建“15分钟健康服务圈”。

中医医疗，继承发扬中国传统医学“以人为本”“天人相应”“形神统一”的健康理念以及“治未病”等养生保健方法，通过发展重点专科，带动中医优势病种研究。创新服务模式，打造国医品牌，组建中医医疗集团，建设高端化、国际化的威海国医馆，打造国际中医药医疗旅游服务先行区、中日韩传统医学交流中心。

医学美容，拓展医疗健康产业链条，引入国内外投资集团、高端医学美容机构，韩国及其他国家先进医学美容设备、技术以及服务理念、服务模式、服务标准，打造“医学美容到威海”服务品牌。

医疗器械，加快突破高精尖诊疗设备及植入器械技术，建设产、学、研一体化的医疗器械产业集聚区，推动产业发展，提供综合支撑，打造国家级医疗器械产业示范基地。

生物医药，重点突破化学创新药、海洋生物及基因工程药物、中药现代分离纯化、中药缓控释制剂等关键技术，提升产业布局，优化产品结构，打造国内重要的生物医药研发生产基地。

推动多种业态融合，健康+旅游：旅游与康复、健身、养生等有机结合，医疗机构与旅游企业深度融合，拓展服务空间，延伸产业链，为游客提供医学美容、中医药养生、温泉养生、美食养生等健康服务。健康+文化：把丰富的历史文化资源转化为康养产业发展新动能，将生态宜居的自然人文环境充分融入康养产业发展，文化体验与健康养生协调共进。健康+体育：多层次、多样化的体育产品和服务供给，丰富消费者的健康生活，增加健康体验，提升健康价值。

康养新城　魅力无限

大发展需要大平台。在东部滨海新城，威海正在高标准规划建设一处国际水准的医疗健康产业城；在西部双岛湾科技城，一个国内领先、世界一流的医疗器械与生物医药产业园同时崛起。

东部滨海新城位于威海中心市区东南，总规划面积191平方公里，其中，核心区面积73平方公里，规划容纳45万人。东部滨海新城是未来威海新城区、城市新中心和公共服务中心，围绕“三年成势、五年成形、十年成城”的目标，建设重要的现代服务业聚集区、产城融合发展示范区、生态宜居宜业现代化新城。经过三年的发展，已累计投入100多亿元，交通、水利、地下综合管廊等基础设施逐步完善，市委党校、市档案中心、中职学校、威海一中新校区等一批社会民生项目正在快速推进，新城已经形成加快发展之势。

威海国际医疗健康产业城在产业布局上，以以医院为主的高端医疗机构、康复机构和服务机构为核心，发挥毗邻日韩优势，先期重点打造国际（特色）医疗中心、体检中心、整形美容中心及以中医为主的“国医馆”、中（汉）医学国际交流中心等。

国际医疗健康产业城分为A区（康养服务区）和B区（健康医疗区），总面积2万亩。A区（康养服务区）总面积1.69万亩，分为健康养生区、运动休闲区、科研服务区三个功能区。健康养生区重点发展中医医疗、康复理疗、健康管理、养生保健、健康养老等产业，规划建设国际化、高端化的威海国医馆，开展中医诊疗、中医养生、健康管理、学术交流等服务，打造中医药国际博览中心、文化交流中心。目前，已落地实施了三甲医院、中医药特色小镇、海峡两岸医养融合创新示范产业园等一批重点项目。运动休闲区是国际医疗健康产业城的“绿肺”，规划建设体育场馆、健身步道等运动休闲场所。科研服务区重点发展医学技术研发、医疗健康培训以及相关配套产业，积极引进国内外医学、医药研究机构，规划建设医学医药产业孵化基地。远期，可向南、向东拓展。B区（健康医疗区）重点发展高端医疗、特色医疗、医学美容等产业，拟引进建设东部滨海新城医院等医疗项目。

为加快推进威海国际医疗健康产业城建设，威海研究制定了《关于扶持威海国际医疗健康产业城的若干意见》，拟定了22条扶持政策，并设立专项扶持资金，从土地、财税、金融等方面为在医疗健康产业城落地实施的医疗、健康养生养老（不含地产项目）、医疗医药研发、高等医科院校及健康管理机构等项目提供支持，比如，对按照三级标准建设的综合或专科医院以及健康管理机构，按实际投资额的10%给予扶持；对企业设立或合作设立研发（医学研究、实验）中心，被认定为国家级、省级的，将分别奖励500万元、200万元；对入驻的总部企业，按实际投资的10%给予补助（最高不超过300万元），等等。通过在政策上的大力支持，精准高效地引进一批医疗、科研、高校和养老养生项目，促进康养产业快速发展，推动医疗健康产业城快速成形、成势、成城。

而位于双岛湾科技城医疗器械与生物医药产业园，以高端医疗器械和医药新材料产业为主导，着重引进发展医用电子仪器设备、医用光学设备等八大类30个系列的上千种产品，已被认定为山东省制造业（医疗器械）创新中心，正在申请国家级制造业创新中心。园区正在构建以威海为中心，覆盖全球的集研发、孵化、中试、生产、生活于一体的医疗器械技术和产品供应网络，打通医疗器械的全产业链，建设国内领先、世界一流的医疗器械与生物医药产业园，园区建成后产业规模将达到1500亿元。

在城市其他区域，还有好运角旅游度假区、乳山滨海新区、里口山风景名胜区等六大康养平台各臻其妙、竞显风韵，共同编织出康养之城的产业经纬。

一夜好风吹，新花一万枝。

这，就是威海。一部演绎奇迹的康养宝典，一个生机盎然的财富故事。

（《大众日报》刊载　彭辉）

山东省威海市：创新驱动聚变新动能

引进建设工信部电子信息技术综合研究中心，校地共建哈工大（威海）创新创业园，一批国字号、省字号创新平台先后落户威海，加速集聚国内外高端创新资源，全力打造国家区域创新中心……目前，山东省威海市各类技术创新平台达到628家，全市科技型企业达到1877家，高新技术企业今年有望突破300家。

威海市深入贯彻落实创新驱动发展战略，突出资源整合，加快推进技术创新工作，区域创新、产业创新、技术创新、公共创新服务等各类创新平台建设有序推进，有力推动了全市新旧动能转换重大工程实施和国家创新型城市建设。

创新要素集聚　各类技术创新平台达628家

“迪沙不是研制药物的吗？怎么还有洗洁精、衣裤、面膜等产品呢？”12月6日，记者走进迪沙海洋药物与功能食品研究院，就被展柜中各式各样的产品所吸引。

“这是从螃蟹壳中提取成分做成的面膜。”工作人员指着桌上一盒看似普通的面膜产品说。记者这才发现，这里的产品处处隐藏着高科技。

“我们在药剂方面取得突破性发展的同时，也把这些技术充分利用到一些生活用品上，研发出可降解、无污染的新产品。”工作人员说。

作为威海市重点支持建设的26个支撑产业创新的公共创新平台之一，迪沙海洋药物与功能食品研究院先后获批了国家企业技术中心、省级示范工程技术研究中心、院士工作站等研发平台，组建了威海市海洋药物结晶技术重点实验室等，释放出强大的创新动能。“目前，我们在壳聚糖、壳寡糖等研发成果方面申请了国家发明专利5项，研发成果已转化为海甲胶囊等系列海洋生物健康产品。”该院相关负责人说。

近年来，威海市把创新作为引领发展的第一动力、建设现代化经济体系的战略支撑，加快建设以企业为主体，产学研相结合的技术创新体系，在创新平台建设上取得阶段性突破进展，初步形成了行业企业创新平台为基础、公共研发平台为骨干、公共创新服务平台为保障的科技公共创新平台体系。

山东省碳纤维技术创新中心作为全省首家技术创新中心，吸引了国家碳纤维工程技术研究中心山东分中心等一批研究机构入驻；山东省高性能医疗器械创新中心落户威高，吸引了威海市31家企业和科研单位组建联盟；迪尚服装时尚设计国家专业化众创空间和国家双创示范基地，吸引了600多名设计师入驻平台……截至目前，全市各类技术创新平台达628家，其中省级平台281家，国家级平台22家；全市科技型企业达1877家，高新技术企业今年有望突破300家。

协同创新　产学研合作共建

“即将通车的港珠澳大桥，在桥梁水下焊接中就采用了我们研发的特种焊接技术。”山东船舶技术研究院工作人员自豪地说，这项科研成果还被运用到山东核电、中海油海上钻井平台、“远望7号”远洋科考船等重点工程项目中。

由省科技厅、威海市政府、哈工大（威海）共建的山东船舶技术研究院成立以来，先后与近30家国内外高校院所、技术优势企业的相关研发团队建立了合作关系，搭建起15个内设研发平台。截至目前，该院牵头实施了国家和省级各类重点科技项目10余项，申请发明专利30余项，授权发明专利16项，形成了在特种船舶设计、特种焊接、探测、通信及先进材料等领域的研发优势，成为区域船海产业创新发展的重要支撑平台。

为突出支持企业创新和产业发展，威海市打破校地、区域、所有制限制，通过政府引导、以高校院所和骨干企业为龙头，按行业、产业整合建立协同创新平台，开放创新资源，开展联合攻关，威海市80%以上的创新平台采取产学研合作共建模式。

在国内合作方面，威海市与22个高校院所建立产学研战略联盟关系，组建产业技术创新联盟25个，引导企业建设院士工作站26家，院士专家工作站10家，引进院士及高层次人才团队80余个。

国际合作方面，威海市与32个国家和地区的70多所高校和研究机构建立了科技合作关系，建成中欧膜技术研究院、中韩技术转移中心、中以蓝色孵化器、中澳先进制造业联合研究中心、中俄科技创新中心等国际技术合作平台20个。

同时，威海市还围绕推进重点产业创新发展，加强博士后工作站建设，先后设立博士后科研工作站17家，有近60名博士到威海市开展产学研合作。

据了解，进站博士后先后承担了省级以上科研项目40余项，突破技术瓶颈80余个，获得市级以上科技奖项30余项，取得发明专利100多个，多项研究成果填补了国内空白。其中，威高集团博士后工作站在站导师殷敬华先后带领8名博士后进站科研，取得了国家科技进步二等奖、国家技术发明二等奖各1项。

“进站博士后以生动的实践把论文写在了威海产业发展史上，研究成果转化应用换来了真金白银的经济效益。据统计，在医疗器械、生物医药、电子信息、机械制造、海洋渔业等重点行业领域产生了16个经济效益超过1000万元的产业项目。”市人社局相关负责人介绍，仅威高集团的“功能化、高性能化医用高分子材料”、“医用耐辐照高分子材料的制备及其在一次性使用医疗器械（具）中的应用研究”等博士后研究成果转化，就为企业创造产值高达38亿元。

高端引领
全力打造国家区域创新中心

初冬时节，哈工大（威海）创新创业园施工现场仍是一幅热火朝天的场面。据介绍，该项目主体工程已经建到第六层以上，预计年底主体完工；2000平方米的创客空间和创业学院已着手装修。

基础设施建设加速推进的同时，创新载体平台也在紧锣密鼓地筑基。据了解，哈工大（威海）创新创业园由市政府、高区与哈工大共建，围绕哈工大的学科优势和威海市的产业布局，规划建设12个专业技术研究院，其中，机器人与先进装备技术研究院、中欧膜技术研究院、现代服务技术研究院、山东船舶技术研究院4个研究院已经开始运营，成为孵化高科技企业的种子基地。

注册资本1亿元，成立仅两个月，市场覆盖国内十几个省市……从哈工大（威海）创新创业园孵化出来的山东天潀水处理科技有限公司，一下子成为创新型高科技企业中的一匹黑马。

如今，哈工大（威海）创新创业园共孵化出6家像山东天潀水处理科技有限公司这样的创新型高科技企业，涉及到信息、环境工程、新能源和汽车工程等领域，总注册资本超过2亿元。

与此同时，高性能医疗器械创新中心基础设施建设基本成型——4万平方米的办公大楼和1.5万平方米中试车间主体完工，已经进入装修阶段；16万平方米的工信部电子信息技术综合研究中心即将年底施工，电子信息产品试验检测中心也将同期建设；国家暖温型海洋大气自然环境试验站主体完工，年底即将交付使用……

威海市突出高端化平台顶层设计和布局，今年整合1亿元市级财政科技资金，集中投放到工信部威海电子信息技术综合研究中心、哈工大（威海）创新创业园和国家高性能医疗器械创新中心上。

“接下来，我们要重点在事关‘筋骨’、影响长远的重大平台上加快突破，集中科技系统资源，全力助推国家区域创新中心加快建成，力争在国家创新型城市、国家军民科技协同创新平台、国家科技和金融结合试点城市、国家知识产权示范城市、国家科技成果转移转化示范区关键枢纽城市方面尽快突破，争取最大政策红利，抢占创新先机。”市科技局相关负责人介绍说。

（新华网刊载　贾森）

威海：扬威奋进三十年　而今迈步从头越

生态立市　内外兼修
打造令人向往的宜居城市

1987年，地级威海市成立后召开的首次市委常委会，就确立了环保优先的发展理念，明确提出：“污染重、耗能高的项目，经济效益再好也不上。”

1996年，当国家明确实施可持续发展战略后，威海提出要把污染物排放总量和环境容量作为产业环境准入必要条件，绝不以牺牲环境为代价换取一时的经济增长，生态立市理念日益明确。

正是这种勇气和坚守，让威海用一条条生态红线划出了绿色发展的充足空间，也为城市宜居品牌的打造蓄足了动力。1997年，成为第一批“国家环境保护模范城市”的一员；2002年，成为全国首个国家环保模范城市群；2003年，因在“改善人居和城市环境方面的突出贡献”，荣获全球人居环境领域最高规格的奖项——“联合国人居奖”……威海以其良好的城市形象与品牌，成为城市可持续发展的典范。

2016年11月15日，在人民大会堂，威海捧起了中国环境保护领域最高社会性奖项——第九届中华环境奖奖牌。这是对威海30年来不懈坚守的最高褒奖，也是对威海市一以贯之的绿色发展理念的肯定。

宜居，不仅需要优良的生态，也需要功能完善的城市。城市，实际上蕴含着“城”和“市”两个概念，城是市的载体，市是城的繁荣，只有为市造城、为人造城、为经济社会可持续发展造城，才能真正实现人的城市化，实现城市的持久繁荣。

2012年4月9日，中共威海市第十四次代表大会报告中第一次提出“构建一体发展新格局”和“中心崛起，两轴支撑，环海发展，一体化布局”的战略发展方向。2013年7月5日召开的全市城市化工作会议，进一步明确威海未来发展方向，提出了“全域城市化、市域一体化”和“着力推进规划全域覆盖、交通全域畅通、产业全域布局、社会公共服务全域均衡”的发展目标思路，并抓住入选“国家新型城镇化综合试点城市”的契机，全力推进东部滨海新城、双岛湾科技城、威海南海新区、好运角旅游度假区、里口山城市山地公园和乳山滨海新区等六大重点区域开发建设。截至目前，六大重点区域开发建设累计实施基础设施项目170余个、产业项目270余个，城市发展大框架全面拉开。2016年，全市户籍人口城镇化率达到57.3%，常住人口城镇化率达到65%。

如果说城市是宜居的载体，那么文明就是宜居的内在需求。建市以来，威海始终坚持物质文明与精神文明一起规划、一起部署、一起实施，真正做到“两手抓，两手硬”。特别是党的十八大以来，以培育和践行社会主义核心价值观为根本，扎实推进“君子之风·美德威海”建设，促进了城市环境面貌和内涵品质同步提升、市民文明素质和社会文明风尚显著改善。“城市因文明而美丽，人民为城市而骄傲”。2015年2月28日，威海市以新参评地级城市第一名的成绩荣获第四届全国文明城市荣誉称号，2015年、2016年连续两年在全国文明城市复查中成绩位居全省首位。

搭建平台　汇聚动能
打造充满活力和吸引力的宜业城市

创新创业要有坚实的产业来支撑。近年来，威海大力实施“产业强市、工业带动、突破发展服务业”战略，加快推进新旧动能转换，构建更具持续创新能力和较强竞争力的现代产业体系，塑造更多依靠创新驱动、更多发挥先发优势的引领型发展。

威海大力实施产业集群发展战略，加快发展新信息、新医药与医疗器械、新材料及制品等战略性新兴产业，改造提升机械制造、食品加工、运输设备、纺织服装等传统优势产业，培育发展海洋生物、智能装备、物联网等未来产业，促进产业结构优化升级。2016年，三大战略性新兴产业和四大传统优势产业实现主营业务收入6047.7亿元，占全市规模以上工业企业的比重达到86.8%，其中，三大战略性新兴产业占比达到26.6%。服务业企业达到4.9万家，其中规模以上企业1950家。2016年，实现服务业增加值1519.5亿元，占生产总值的比重由1987年的15.6%提高到47.3%。

眼下，威海正在推进建设五大高端产业园区，使之成为创新创业者的乐园。碳纤维产业园，重点引进碳纤维生产和应用研发机构，打造国家级碳纤维技术创新中心和碳纤维及复合材料产业基地。医疗器械与生物医药产业园，以高端医疗器械和医药新材料产业为主导，建设集研发、孵化、中试、生产、生活于一体，国内领先、世界一流的医疗器械和生物医药产业园区。电子信息与智能制造产业园，以电子信息和智能制造等高技术产业为主导，打造高端产业聚集区、中国智造示范区。海洋高新技术产业园，以海洋生物医药、海洋生物制品、海洋生态养殖、临港服务、会展交易及电子商务、生态旅游、现代科技服务业等产业为主导，打造国家级海洋高新技术产业高地。软件和服务外包产业园，以新信息、智能制造、物联网及服务外包、文化创意、电子商务、科技信息等现代服务业为主导，打造国际化信息产业园区。

威海通过深入实施“威海英才计划”、蓝色产业领军人才团队支撑计划，积极打造“国际英才创新创业大会”招才引智品牌，正在逐步成为高层次人才聚集高地。目前，全市共有“全国杰出专业技术人才”1人、“百千万人才工程国家级人选”1人、国家“千人计划”专家10人、享受国务院特殊津贴专家85人，省有突出贡献中青年专家24人、省泰山系列工程入选者60人、获中国政府友谊奖和齐鲁友谊奖外国专家26人、省级以上技能人才称号104人；人才队伍总量61.9万人，其中博士924人、硕士11349人。

威海深入实施政府提速工程，推进“互联网+政务服务”和行政机关首问负责制，打通服务企业和群众“最后一公里”，让全社会创业激情和创造活力竞相迸发。建立小微企业创业服务中心，设立股权投资引导基金、创投基金、天使基金，国家级、省级众创空间分别达到11家、21家，建成42处创业孵化基地，获评国家级创业孵化示范基地1处、省级10处。率先创建“威海创业大学”，创新实施“一总部、多分校”创业实训“威海模式”，建成分校16处，实训后创业成功率超过10%，被评为首批“省级示范创业大学”。建立“威海市创业大赛”长效机制，通过大赛发现优秀创业人才，扶持优秀创业项目，营造创新创业光荣的社会氛围。设立“一站式”创业服务大厅，累计发放创业担保贷款13.93亿元，扶持创业1.4万人，吸纳带动就业4万余人，入选首批全国创业先进城市。

全域旅游　深耕细作
打造海内外游客心目中的宜游城市

地级威海市成立以来，威海加快构建一体化综合交通运输体系，铁路、机场从无到有，青荣城际铁路顺利通车，威海港各港区协同发展，高速公路贯通内外、通达所有区市，公交一体化全域覆盖，市域“一小时生活圈”基本形成，正在从陆路交通的末端变成联通国际的交通枢纽。

便捷畅通的交通让中外游客“来得了”“玩得好”。目前，威海拥有省级旅游度假区5处，A级以上旅游景区47处，其中5A级2处、4A级12处。省级以上工业旅游示范点35个、农业旅游示范点78个，省级旅游强镇38个、特色村73个，精品采摘园32个。拥有红色旅游资源40多处，刘公岛被认定为“全国红色旅游经典景区”，马石山惨案遗址入选第一批国家级抗战遗址名录。民族复兴（威海）教育基地被山东省委确定为胶东（威海）党性教育基地，被中组部、中央党校、中国社科院、国防大学等选定为党性培训基地。2014年6月12日，威海市成功创建全国旅游标准化示范城市。2016年2月1日，文登区、荣成市入选首批国家全域旅游示范区创建单位；10月21日，威海市入选国家全域旅游示范区创建单位。2016年，全市接待旅游总人数3910万人次，实现旅游消费总额519.4亿元。

威海以创建国家全域旅游示范区

为抓手，强化产业支撑，加快乡村旅游提档升级步伐，突破发展工业旅游，提升旅游服务和管理水平，努力为市民和游客提供可以“多样游、便捷游、安心游”的城市旅游环境。多样游，就是加大产业融合力度，积极引进优质旅游项目，切实丰富旅游产品供给，为市民和游客提供多业态的旅游产品，让市民和游客在威海玩得丰富。便捷游，就是给市民和游客提供更加方便、快捷的旅游服务，让市民和游客在威海游得便利。安心游，就是为市民和游客打造更加规范、有序的旅游环境，让市民和游客在威海玩得放心。

目前，全市上下正在强化全域旅游思维，深入实施“旅游+”战略，坚持整体规划布局、综合统筹管理、一体化营销推广，加快推进旅游业全区域、全要素、全产业链发展，构建点线面相结合、城乡一体的全域旅游发展新格局，打造国内一流、世界知名的滨海休闲度假旅游目的地。到2020年，努力实现全市旅游消费总额突破700亿元，接待游客突破5000万人次，年均分别增长10%和7%以上。

创新引领　全球引智

打造科教资源优势突出的宜学城市

宜学城市，应该是一座科技发达、教育领先的城市。建市以来，历届威海市委、市政府在科技和教育方面投入巨大的人力、物力、财力。从建市初期的“科教兴威”“人才强市”等战略，到2008年提出“以自主创新为第一动力，打造高层次人才聚集区、产学研结合密集区、科技成果转化汇集区”，到市第十四次党代会提出“加快创新型城市建设，走符合实际、有威海特色的自主创新道路”，大力实施“千帆计划”等科技创新工程，威海市科技创新工作不断迈上新台阶。以企业为主体的自主创新体系日益完善，科技型中小企业数量达到1523家，高新技术企业数量达到228家。全市高新技术产业产值由2004年（可统计）的470.4亿元增长到2016年的2827.1亿元，占规模以上工业总产值的比重达到40%，全社会研发投入（R&D）占生产总值的比重达到2.43%。市及所辖环翠、文登、荣成、乳山全部荣获“全国科技进步考核先进单位”称号，成为全省唯一满堂红的地级市。

目前，威海已在重点产业领域布局建设了山东省碳纤维技术创新中心、山东省医疗器械技术创新中心及山东船舶技术研究院、中欧膜技术研究院、机器人与智能装备产业研究院等26个产业公共创新平台。全市省级以上各类企业研发平台总数达到282家，其中国家级22家，累计组织实施市级以上科技计划项目9200多项，获得国家科学技术奖30项，一批骨干企业迅速成长，成为行业技术领军企业和行业标准制定者，涌现出一批创新型领军企业。

1987年9月28日，山东大学威海分校首届开学典礼隆重举行；时隔一年，哈工大威海分校也迎来首批新生。2015年9月，北京交通大学威海校区正式招生，继山东大学和哈尔滨工业大学之后，威海迎来第三所“211高校”分校区，至此，已有10所高校在威海城市发展阔大的棋盘上欣然落子。

威海实施教育优先发展战略，以均衡发展、提升质量为主线，不断深化教育综合改革，实现教育事业健康快速发展，在全省科学发展综合考核中始终走在前列。市域义务教育优质均衡发展、农村校车运营管理、义务教育学校管理标准等列为国家改革试点，中小学校长职级制改革等列为省级改革试点，被确定为全省基础教育、学前教育改革实验区，是国家首批、全省第一个国家“义务教育发展基本均衡县（市区）”满堂红地市。目前，全市学前三年幼儿入园率达到99%以上，高出全省平均水平17.4个百分点；全市义务教育巩固率达到100%，高出全省平均水平7.2个百分点；高中阶段教育毛入学率达到98%以上，高出全省平均水平2个百分点；职业教育国家级改革发展示范校、省级规范化学校比例达到30.4%。

教育，涵养着城市的文明，传承着城市的文脉，高等院校更是一座城市的智慧、思想之泉。威海业已向海内外抛出橄榄枝，以最大的诚意、最优的政策吸引国内外知名高校落户。随着更多高校的落户，必将为威海的幸福新跨越助力添彩！

（《大众日报》刊载　任松高　彭辉　张军）

2017年终盘点之诚信篇：诚信威海　彰显城市好品格

人无信不立，业无信不兴，国无信不强。诚信是一个人的宝贵品格，也是一个城市文明与否的重要指标。十九大报告指出，要深入实施公民道德建设工程，推进诚信建设和志愿服务制度化，强化社会责任意识、规则意识、奉献意识。眼下的威海，诚信已经成了单位、企业、个人的社交名片，无论是行政审批还是日常生活，做事前先打开电脑或手机查查信用记录已逐渐成为人们的习惯，诚信之风吹遍城市的每个角落。

2016年4月，威海及荣成同时获批创建全国信用示范城市。2017年11月份，在第一批11个全国创建信用示范城市全员参评的情况下，威海及荣成作为第二批创建示范城市主动参评，彰显了威海市在信用体系建设方面的决心和信心。

信用从无形变为有形

打开“信用威海”网站，最新一期的“守信公示”中，威海市181家“守合同重信用”企业名单得以公示，它们和纳税信用A级纳税人名单、第四届市级道德模范、第五届省级道德模范、2016年市长质量奖名单等，一起登上“信用红榜”。

这是威海市信用建设的重要举措。

2017年，威海市在18个领域开展了两批次信用“红黑名单”发布工作，单位、企业的信用状况实现公开、透明，个人信用记录也在多个领域中使用。

27日上午，市民李先生来到市政务服务中心市发改委的办事窗口，向工作人员出示身份证，并填写了一份《法人（个人）信用记录查询申请表》。工作人员审核后，现场为李先生打印了信用记录。

“信用本来是个看不见、摸不着的东西，现在白纸黑字写着，我的信用状况如何，一查就知道。”李先生说。

哪些信用信息被纳入信用记录？“数据清单”上的52个部门、285个类别一目了然，基本实现所有行政、司法和公共服务单位全覆盖。

哪些行政管理和公共服务事项中应用信用信息？查查《威海市级查询使

用信用记录事项清单（2017年版）》就知道，45个部门的263个行政管理和服务事项中都能查询使用信用记录，涉及评先选优、干部任用、行政审批、财政性资金安排、公共资源交易等很多领域。

目前，威海市已累计发布市级13类“红名单”和9类“黑名单”信息，共计3317条信息，累计归集了1亿多条信息，并通过“信用威海”网站发布，实现了企业信用信息可查询。

2017年11月份，“信用威海”手机APP上线，它依托的是威海市公共信用信息平台，采用大数据、人工智能等科技，对用户行为进行归集、分析，客观反映用户信用等级，提供个人、企业信用信息。打开这款软件，政府部门发布的信用“红黑名单”都可以查到，方便又快捷。

联合奖惩营造诚信氛围

建立“红黑名单”，目的是让“守信者处处受益、失信者处处受限”。

2017年8月，威海市发布了《威海市守信联合激励和失信联合惩戒办法》，对诚实守信主体采取16项激励措施，对严重失信主体采取29项惩戒措施，在全市营造起褒扬诚信、惩戒失信的良好社会氛围。

为此，威海市编制了“联合奖惩措施清单”，在吸纳国家有关部委联合惩戒备忘录的基础上，增加了交通出行、劳动保障、社会保障、海洋渔业、住房城乡建设、旅游、价格、纳税信用等级评价、消防等9个领域的严重失信责任主体，联合惩戒范围累计达到29个领域。

与此同时，威海市还开发建设了联合奖惩应用平台，建立“发起－响应－执行－反馈”工作机制，大力推行“清单式、模块化、嵌入型”联合奖惩，实现从查询到反馈全过程系统自动操作。

2017年3月，威海市一家医药企业因为销售劣质药品被查处，该信息被纳入公共信用信息平台，随后在“全市消费者满意单位”评选中，该药企因此被一票否决。

据威海市社会信用管理中心统计，目前，通过实施联合奖惩，全市2494名法院失信被执行人主动履行义务，200多家企业因失信受到联合惩戒。

“信用威海”成为城市品牌

2016年4月，威海及荣成同时获批创建第二批全国信用示范城市（全国共32个），地级市和所辖县级市同时创建信用示范城市，这在全国都是唯一的。

回顾创建信用城市的经历，威海市社会信用管理中心主任王波用“十分不易”四个字来概括。

在国家每月发布的261个地级城市信用监测排名中，威海市从去年6月第一次发布排名时的56名，逐月上升，近半年来，均保持在13名左右。威海的许多经验做法均属首创，得到了省发改委的认可。省外3个地市、省内11个地市，均到威海市考察学习信用建设工作。

荣誉的背后是多项指标的全国领先：率先在全省建设了公共信用平台，率先出台了一系列信用规章制度，率先在数据归集上取得突破，率先建立信用应用查询机制，率先建立信用联合奖惩机制，率先开展了“信用+”系列工作，六个“率先”为创城夯实了基础，“诚铸威海、信行天下”也随之成为威海又一个亮闪闪的城市品牌。

拥抱2018　信用建设永远在路上

围绕创建全国社会信用体系建设示范城市，打造“信用威海”城市品牌这一目标，威海市将2016年确定为“信用建设年”，2017年为“信用推广年”，2018年为“信用提升年”，计划到2020年底将全面建成制度规范、运行有效的社会信用体系运行机制。

2018年，威海市将以应用为导向，深入开展“信用提升年”活动，按照“信用信息评级化、行业管理规范化、信用应用产品化、联合奖惩常态化、创新试点特色化”的思路，推动各行各业着力构建以信用为核心的市场监管机制，全面提升“信用威海”城市品牌在全国的影响力。

推进信用信息评级化。完善信用评价指标体系和模型，采取分维度积分和综合积分相结合的方式，对企业和个人开展信用积分和评价，直观体现其信用水平。

推进行业和重点人群信用管理规范化。按照“有记录、有制度、有承诺、有红黑名单、有分级分类结果”的要求，统筹推动全市各领域及会计、教师、医务人员、律师、导游、中介从业人员等14类重点人群的信用制度建设，全面建立以信用为核心的事中事后监管制度。

推进信用应用产品化。在银行信贷、资金扶持、劳动就业、医疗卫生、交通出行、文化旅游等方面开发信用应用产品，推动实施信用惠民政策。探索将信用信息加载到市民卡上，在教育、劳动就业创业、社会保险、医疗卫生、公交出行、社会保障、社会服务、住房保障、文化体育旅游、信贷审批等领域，对诚信主体实施“信用惠民”政策，充分体现其信用价值。

推进联合奖惩常态化，完善“红黑名单”定期发布制度，完善联合奖惩应用系统，建立常态化的“发起－响应－执行－反馈”联合奖惩运行机制。按照“成熟一个，推进一个”的原则，力争明年按照国家要求做到全市有30个领域定期发布“红黑名单”信息。

（《威海晚报》记者　王春苗）

数说信用

●开发建设了以“一网、三库、一平台”为核心，集信息归集、查询、公示、共享及信用监管、核实、预警、分析等功能于一体的市公共信用平台。目前已连续两年编制了数据清单，归集部门扩大到52个、数据类别扩大到285类。

●在45个部门的263个行政管理和服务事项中查询使用信用记录，涉及评先选优、干部任用、行政审批、财政性资金安排、公共资源交易等领域。

●确定了16项激励措施和29项惩戒措施的具体适用对象和执行部门。在18个领域开展多批次信用“红黑名单”发布和联合奖惩工作。目前，已累计发布市级13类“红名单”和9类“黑名单”信息，共计3317条信息，通过实施联合奖惩，全市2494名法院失信被执行人主动履行义务，200多家企业因失信受到联合惩戒。

●累计归集了1亿多条信息，并通过“信用威海”网站实现了企业信用信息可查询。

（中国文明网刊载　胡杨　孙美玲）

编辑　沙鋆

索　　引

说明：

一、本索引各主题词按汉语拼音字母顺序排列。同音字按声调排列，首字相同者按第二字音序排列，依次类推。

二、索引名称后的数字表示内容所在的页码，数字后用拉丁字母 a、b、c 分别表示该页的左栏、中栏、右栏。

三、类目、分目和子目用黑体字标明；插图及特载、大事记、人物、附录的具体内容及随文图片不做索引。

四、索引词一般采用中心词和简称。

G

H

J

T

X